全本全注全译丛书
中华经典名著

刘云军◎译注

梦粱录 上

中华书局

图书在版编目(CIP)数据

梦粱录/刘云军译注. —北京:中华书局,2025.6. —(中华经典名著全本全注全译丛书). —ISBN 978-7-101-17177-8

Ⅰ.K295.5

中国国家版本馆CIP数据核字第2025B7W511号

书　　名	梦粱录(全二册)
译注者	刘云军
丛书名	中华经典名著全本全注全译丛书
责任编辑	肖帅帅　王守青
装帧设计	毛　淳
责任印制	韩馨雨
出版发行	中华书局
	(北京市丰台区太平桥西里38号　100073)
	http://www.zhbc.com.cn
	E-mail:zhbc@zhbc.com.cn
印　　刷	北京中科印刷有限公司
版　　次	2025年6月第1版
	2025年6月第1次印刷
规　　格	开本/880×1230毫米　1/32
	印张 38⅜　字数 850千字
印　　数	1-8000册
国际书号	ISBN 978-7-101-17177-8
定　　价	106.00元

总目

上册

前言	1
卷一	3
卷二	73
卷三	127
卷四	184
卷五	217
卷六	303
卷七	335
卷八	384
卷九	449
卷十	535

下册

卷十一	583
卷十二	644
卷十三	712
卷十四	754

卷十五……………………………………816
卷十六……………………………………867
卷十七……………………………………921
卷十八……………………………………1013
卷十九……………………………………1103
卷二十……………………………………1145

目录

上册

前言 …………………………………………… 1

梦粱录序 ……………………………………… 1

卷一 …………………………………………… 3
    正月 ……………………………………… 3
    元旦大朝会 ……………………………… 6
    立春 ……………………………………… 21
    元宵 ……………………………………… 25
    车驾诣景灵宫孟飨 ……………………… 37
    二月 ……………………………………… 56
    八日祠山圣诞 …………………………… 61
    二月望 …………………………………… 70

卷二 …………………………………………… 73
    三月佑圣真君诞辰附 …………………… 73
    诸州府得解士人赴省闱 ………………… 78
    荫补未仕官人赴铨 ……………………… 92
    清明节 …………………………………… 99
    诸库迎煮 ………………………………… 105

州府节制诸军春教 …… 111

二十八日东岳圣帝诞辰 …… 117

暮春 …… 121

卷三 …… 127

四月 …… 127

皇太后圣节 …… 129

宰执亲王南班百官入内上寿赐宴 …… 134

皇帝初九日圣节 …… 156

僧寺结制 …… 162

五月重午附 …… 166

士人赴殿试唱名 …… 173

卷四 …… 184

六月崔真君诞辰附 …… 184

七月立秋附 …… 188

七夕 …… 190

解制日中元附 …… 193

八月 …… 197

中秋 …… 200

解闱 …… 203

观潮 …… 208

卷五 …… 217

九月重九附 …… 217

明禋年预教习车象 …… 222

明堂差五使执事官 …… 228

驾出宿斋殿 …… 236

五辂仪式 …… 243

差官祓祭及清道 …………………… 248

　　驾诣景灵宫仪仗 …………………… 250

　　驾回太庙宿奉神主出室 …………… 262

　　驾宿明堂斋殿行禋祀礼 …………… 270

　　明禋礼成登门放赦 ………………… 286

　　郊祀年驾宿青城端诚殿行郊祀礼 … 290

卷六 …………………………………… 303

　　十月 ………………………………… 303

　　立冬 ………………………………… 306

　　孟冬行朝飨礼遇明禋岁行恭谢礼 … 308

　　十一月冬至 ………………………… 319

　　十二月 ……………………………… 322

　　除夜 ………………………………… 330

卷七 …………………………………… 335

　　杭州 ………………………………… 335

　　大河桥道 …………………………… 342

　　小河桥道 …………………………… 347

　　西河桥道 …………………………… 350

　　小西河桥道 ………………………… 355

　　倚郭城南桥道 ……………………… 358

　　倚郭城北桥道 ……………………… 365

　　禁城九厢坊巷 ……………………… 372

卷八 …………………………………… 384

　　大内 ………………………………… 384

　　德寿宫 ……………………………… 395

　　太庙 ………………………………… 402

景灵宫…………………………………… 405

万寿观…………………………………… 412

御前宫观　东太乙宫…………………… 415

西太乙宫………………………………… 420

佑圣观…………………………………… 424

显应观…………………………………… 428

四圣延祥观……………………………… 431

三茅宁寿观……………………………… 435

开元宫…………………………………… 439

龙翔宫…………………………………… 442

宗阳宫…………………………………… 446

卷九………………………………………… 449

三省枢使谏官…………………………… 449

六部……………………………………… 454

六部监门………………………………… 463

诸寺……………………………………… 466

秘书省国史敕令附……………………… 473

诸监……………………………………… 478

大宗正司………………………………… 484

省所……………………………………… 487

六院四辖………………………………… 491

三衙……………………………………… 504

阁职……………………………………… 507

监当诸局………………………………… 511

诸仓……………………………………… 523

内司官…………………………………… 528

内诸司奉安 …………………… 530

卷十 ………………………… 535

　诸官舍 ………………………… 535

　府治 …………………………… 537

　运司衙 ………………………… 541

　后戚府 ………………………… 543

　诸王宫 ………………………… 548

　家庙 …………………………… 551

　馆驿 …………………………… 555

　本州仓场库务 ………………… 558

　点检所酒库 …………………… 562

　安抚司酒库 …………………… 567

　厢禁军 ………………………… 569

　防隅巡警 ……………………… 574

　帅司节制军马 ………………… 578

前言

《梦粱录》是宋元时人吴自牧编撰的一部历史琐闻类的笔记著作，清代编修《四库全书》时，将其收入"史部·地理类·杂记之属"。该书详细记载了南宋行都临安府（今浙江杭州）的朝廷礼仪、科举、节日、桥道、宫殿、官署、山川湖泊、祠祀、人物、物产、户口、风俗等内容，是后人了解这一时期社会经济文化生活方面的重要史料。

《梦粱录》的内容及其价值

《梦粱录》共二十卷，每一卷包括六至十五条内容。其中卷一至卷六，按照时间顺序，介绍了从农历正月到年底十二月除夕每个月南宋皇帝举行的重要仪礼以及本月中杭州人的主要节日活动，可以看作是南宋时期杭州君臣士民一年四季重要活动情况的概述。卷七全卷二十，分别介绍了杭州的自然景观（如桥道、湖河、岩岭泉洞等）、政府主要部门构成及职能（如三省六部、秘书省等）、历史遗迹（如宫观祠庙、塔墓等）和历代名人，以及杭州的物产、民俗和娱乐活动等内容，展现了南宋临安府高度发达的经济和社会生活。正如《四库全书总目提要》中对《梦粱录》的评价："所纪南宋郊庙官殿，下至百工杂戏之事，委曲琐屑，无不备载。"该书可以看作是一部微型的南宋社会的百科全书，为研究南宋社会生活史、民俗文化提供了宝贵的资料，具有十分重要的价值。

《梦粱录》对南宋杭州的手工业生产、商业贸易、货币制度、物价水平、商业税收等内容有多处描述,多方面记录了杭州经济发展的状况,展示了南宋经济的高度发达,为研究当时的经济政策和经济运行提供了重要依据。

《梦粱录》还是南宋杭州城市史研究的重要史料。《梦粱录》对南宋杭州城的城池布局、街道坊巷、桥梁建筑、寺庙园林等有详细描述,为了解南宋时期杭州城市规划和建设提供了直观的参考,再结合今天的考古发掘,我们可以更好地复原南宋杭州城。

《梦粱录》是社会生活与风俗的百科全书。详细记载了南宋杭州的宫廷礼仪、官署规制、岁时节令、婚丧嫁娶、民间娱乐等内容,生动再现了当时都城的繁华景象和普通民众的生活百态,为研究南宋时期的社会生活提供了极为丰富的第一手资料。

此外,《梦粱录》还继承与创新了"梦华体"文学。"梦华体"文学是指以《东京梦华录》为代表的宋代笔记文学流派,其主要特征是通过细腻的笔触和丰富的细节,记录城市生活、风俗习惯、社会风貌等,具有独特的文学风格和审美价值。《梦粱录》在体例上仿效了《东京梦华录》,但在内容和写法上有所创新,开创了以笔记形式记录城市生活和社会风貌的先河,为后世的笔记体文学、游记文学等提供了范例。

《梦粱录》还是文学创作的素材来源。《梦粱录》详细记载了南宋杭州城的社会生活、风俗习惯、商业活动、文化娱乐等内容,特别是书中对市井生活的细腻描写,成为后世文学作品描写城市生活的重要参考。

《梦粱录》还具有重大的语言学研究价值。《梦粱录》词汇丰富、口语色彩浓厚,记载了大量名物词,比如书中大量的"儿"尾词,保留了北方官话的特征,反映了南北语言交融的事实。还有许多当时人对某些事物的称谓,如"看垛钱""打碗头""涉儿""开门七件事"等,为研究南宋杭州人的语言提供了重要的语料。

《梦粱录》的成书过程

虽然《梦粱录》有着丰富的内容和比较重要的史料价值,但该书并非完全原创,而是主要抄录改写自宋人著述,如《东京梦华录》《咸淳临安志》《都城纪胜》《武林旧事》等书,现根据学者们的研究成果,将《梦粱录》与相关宋人著作的关系概述如下。

《梦粱录》与《东京梦华录》

《梦粱录》无论在书名上、写作动机上还是篇目设置上,都在刻意模仿《东京梦华录》。不过《梦粱录》与《东京梦华录》的内容编排上正好相反,《东京梦华录》将北宋都城开封一年内每月举办的节日活动以及皇帝的重要典礼活动放在第二部分,而《梦粱录》则放在第一部分。除了这点不同外,《梦粱录》的前六卷48个条目大多沿袭仿写自《东京梦华录》中的后五卷内容,只是将描写对象由开封转向了杭州;后十四卷内容中也有多处以《东京梦华录》为蓝本仿写的篇目。如卷八《大内》仿《东京梦华录》卷一《大内》;卷十三《都市钱会》仿《东京梦华录》卷三《都市钱陌》;卷十六《分茶酒店》开头部分仿《东京梦华录》卷二《饮食果子》,同卷《面食店》仿《东京梦华录》卷四《食店》;卷十九《雇觅人力》仿《东京梦华录》卷三《雇觅人力》;卷二十《嫁娶》仿《东京梦华录》卷五《娶妇》,同卷《育子》仿《东京梦华录》卷五《育子》等。

除了直接抄录《东京梦华录》中的文字外,《梦粱录》更多的是进行改写,包括文字增删、同义词替换等,如《东京梦华录》卷十《驾诣郊坛行礼》:"舞者如击刺,如乘云,如分手。"《梦粱录》卷五《驾宿明堂斋殿行禋祀礼》作:"舞者形如击刺,如乘云,如分手。"增加了一个"形"字。《驾诣郊坛行礼》:"宫架乐罢,鼓吹未作。"《驾宿明堂斋殿行禋祀礼》作:"宫架乐止,鼓吹未作。""乐罢"改作"乐止",意思相同。

《梦粱录》与《咸淳临安志》

据学者统计,《梦粱录》与《咸淳临安志》相关的内容非常多,约占全书的百分之六七十。《梦粱录》卷七至卷十八121个条目中，与《咸淳临安志》极其雷同的有86个条目之多，其中卷八、卷九和卷十中的42个条目中，除去《内司官》等4个条目外，其余38个条目都来自《咸淳临安志》（具体情况见本书相关条目的题解）。

除去直接抄录文字外，《梦粱录》还存在将《咸淳临安志》两条内容压缩为一条，一个条目拆分的情况，如《梦粱录》卷七《禁城九厢坊巷》系由《咸淳临安志》卷十九《坊巷》《厢界》两个条目合并而成；卷九《监当诸局》和《诸仓》两条，便都是由《咸淳临安志》卷九的《监当诸局》条目拆分而来。

《梦粱录》与《都城纪胜》

不同于十卷的《东京梦华录》和上百卷的《咸淳临安志》，《都城纪胜》是南宋人灌圃耐得翁所作的一部一卷本的短小作品。正因如此，除了卷十九《塌房》是大段抄录《都城纪胜》外，其他相关内容都是在其文字基础上增加了一些新的内容。如《梦粱录》卷十二《湖船》改自《都城纪胜·舟船》；卷十三《铺席》改自《都城纪胜·铺席》；卷十六《茶肆》改自《都城纪胜·茶坊》，《酒肆》改自《都城纪胜·酒肆》；卷十九《社会》《闲人》两条改自《都城纪胜·瓦舍众伎》，《四司六局筵会假赁》改自《都城纪胜·四司六局》；卷二十《妓乐》《小说讲经史》改自《都城纪胜·瓦舍》。

除了以上比较明显的抄录外，《梦粱录》在编撰时还参考了南宋人周密的《武林旧事》，不过《武林旧事》大多是史料的简单列举，《梦粱录》对其进行了加工润色。此外，《梦粱录》中还有一些篇目杂糅了多部宋人文献，如卷十九《园囿》，杂糅了《咸淳临安志》卷八十六《园亭》、《都城纪胜·园苑》、《武林旧事》卷五《湖山胜概》的内容，同卷《社会》融合了《都城纪胜·社会》、《武林旧事》卷三《社会》，卷二十《妓乐》杂糅了《都城纪胜·瓦舍众伎》、《武林旧事》卷四《乾淳教坊乐部》，《小说讲经史》杂糅了《都城纪胜·瓦舍众伎》、《武林旧事》卷六《诸色伎艺人》等。

《梦粱录》中虽有少数内容是吴自牧原创的（当然不排除来自我们

未曾见过的其他宋代史料），但该书在有限的篇幅内，根据相关主题，汇集了多部宋人史籍的记载，条理清晰，内容丰富，比较全面地反映了南宋杭州君臣士民的社会经济生活，成为研究宋代文化史、杭州城市史不可或缺的材料。另外，吴自牧在对诸书的抄录改写过程中，提供了许多异文，可以作为史籍校订、理解疑难词语有用的例证。

《梦粱录》的未解之谜

由于其丰富的内容和多方面的价值，《梦粱录》面世后，便受到人们的重视，明清时期有多部抄本、刻本。不过该书目前还有一些问题没有完全搞清楚，下面在学界相关研究的基础上，对这些问题加以简单分析讨论，供广大读者们在阅读过程中参考。

《梦粱录》作者之谜

关于《梦粱录》的作者，人们一般根据该书自序文末的"钱塘吴自牧书"，认为《梦粱录》的作者是吴自牧。关于此人的生平事迹，除了这几个字透露出来的吴自牧是临安府钱塘（今浙江杭州）人外，其他情况完全不得而知，但吴自牧是否为宋人也是存疑的，比如明朝中期人郎瑛认为吴自牧是元朝人，虽然晚明藏书家祁承爜收藏的《梦粱录》中，吴自牧题为宋人。到了清代，关于吴自牧生平的研究仍未取得新的进展，《四库全书》的编者在为《梦粱录》撰写《提要》时只有寥寥数笔的简单介绍："《梦粱录》，宋吴自牧撰。自牧，钱塘人。仕履未详。"

二十世纪八十年代，有学者根据明人编著的《红雨楼书目》中记载的一条内容，推断出吴自牧原籍新安（今安徽歙县），是唐朝文学家吴少微的后裔。后迁居钱塘，遂自署为"钱塘吴自牧"。吴自牧还有个弟弟名吴自中，亦能文。吴自牧、吴自中及其远祖吴少微、吴巩的著作均收入其"家集"《新安吴氏倡于篇》中。但这种说法后来被他人推翻，因为清康熙刻本《歙县志》卷九《人物志》中有"吴自牧小传"，里面记载吴自牧字益谦，歙县南溪人。而明人程敏政编辑的《新安文献志》卷八十七中有南宋新安人吕午撰写的《吴益谦（自牧）墓志铭》，其中明确记载吴自牧卒于宋理宗嘉熙元年（1237）四月二十日，享年七十七岁。据此可推算出吴自牧生于宋高宗绍兴三十一年（1161）。而《梦粱录》中有宋度宗咸淳七年（1271）的记事，这与新安吴自牧的生平相悖，不可能是同一个人。

学者们于是试图通过《梦粱录》的文笔和文本内容来钩沉出吴自牧的一些蛛丝马迹。比如清人已经注意到该书文笔拙劣，"详于叙述，而拙于文采，俚词俗字，展笈纷如，又出《梦华录》之下"（《四库全书总目提要》）。此外，《梦粱录》在抄录他书材料时，出现了许多非常低级的错误。由此，人们推断吴自牧不属于士大夫阶层，知识文化水平应该不是很高，缺乏优秀的写作能力，甚至很可能只是一名粗通文字、为书坊工作的下层文人。另外，吴自牧可能出生并生长在杭州城，目睹了社会生活的方方面面，并触及了广泛的社会素材，从而为《梦粱录》的撰写提供了基础性支撑。

《梦粱录》成书时间之谜

《宋史·艺文志》并没有著录《梦粱录》，明清的书目题跋中也没有著录或提及该书的任何宋元本，我们仅能根据《梦粱录》序文末所署的"甲戌岁中秋日"推算成书时间。通过干支计算出，"甲戌岁"可能是宋度宗咸淳十年（1274），或者是元顺帝元统二年（1334），由此便出现了南宋成书说、元代成书说两种说法，后来又衍生出了南宋末年到元朝初年成书说。

由于《梦粱录》序文中有"时异事殊……缅怀往事，殆犹梦也"之语，明显带有南宋灭亡之后遗民的语气，于是清代《四库全书总目提要》的编者指出："考甲戌为宋度宗咸淳十年，其时宋尚未亡，不应先作是语。意甲戌字传写误欤？"意思是如果《梦粱录》撰写于宋度宗咸淳十年，此时南宋尚未灭亡，序中不应该有亡国遗民的口吻，可能是时间记载错误。清代学者卢文弨、钱大昕支持《四库全书总目提要》的看法，断定《梦粱录》应成书于元顺帝元统二年。

不过，仅仅根据《梦粱录》序中透露出的感情色彩来断定其写作年代,似乎过于草率。如学者曾洁指出,宋度宗咸淳十年的前一年,即咸淳九年(1273),历时近6年的襄阳之战以南宋襄樊失陷而告终。此战对双方势力之消涨变化影响甚大,稍有远见之人在亡国之前已深感南宋大厦将倾,由此生出"时异事殊""殆犹梦也"的感慨,也是不足为奇的,并不一定要到宋亡之后才能有此感慨。她指出,要断定《梦粱录》的成书年份,最终还应回到文本中去寻找线索。《梦粱录》全书中多次出现"度宗""度庙"称谓,完全不似咸淳年间的语气。《梦粱录》中有数个条目在《咸淳临安志》中可找到对应的章节,检视《咸淳临安志》的对应条目,可发现一个值得注意的现象,即《梦粱录》的作者非常刻意地把《咸淳临安志》中的"今上"一概改作了"度宗"或"度庙"。如果该书确实是咸淳年间所作,这样的称谓改动是不会在书中出现的。宋度宗驾崩于咸淳十年(1274),谥号的确定是在咸淳十年的八月初六,而吴自牧在《梦粱录》的自序中所题的时间为甲戌岁中秋日,也就是八月十五,若是这里的"甲戌"确实对应咸淳十年,那么,从咸淳十年八月初六宣布度宗谥号,到八月十五吴自牧成书,仅有9天的空隙。而"度宗"之称谓又散见于全书,仅仅这9天时间,作者断然无法完成《梦粱录》这样篇幅的作品。由此,《梦粱录》作者自序中所记成书时间"甲戌岁中秋日"中之"甲戌",当不是南宋度宗咸淳十年(1274),而六十年后的元顺帝元统二年(1334),才是更加合理的结论。(详细内容可见曾洁《〈梦粱录〉成书年代考论》,《新闻世界》2014年第4期。)

在此基础上,又有学者对《梦粱录》成书于元代做了一些新的补充。比如"梦粱"这一书名本身便是对"梦华"的剿袭,而《东京梦华录》是在南宋情境下对北宋开封的追忆,因此该题名已明确包含着缅怀前朝的意义。咸淳十年八月,元军尚未渡江,若于此时公然题名"梦粱",不啻成为不祥的谶语,于情理颇为不通。作为书坊编辑的大众性书籍,若于此际出此危言,未免过于骇俗。其次,《梦粱录》中的确有许多宋朝口气的语言,但同时也多次出现"宋朝"等说法。这些刻意的更动必然是元代以后所为。

不过,需要提及的是,中国台湾地区"中研院"史语所收藏的清钞本《梦粱录》上有清人翁同书的手书题记,称"此本乃从宋椠景钞"。清代丛书《学津讨原》本《梦粱录》卷末张凤池跋文称,"池家《梦粱录》……缘从宋版钞录"。不过,这两个所谓影抄宋本的说法恐怕都不可信,因为这两个清本既没有保留所谓的宋本的版刻样式,正文也与其他明清抄本、刻本一样,都出现了大量明显是宋朝之后的用语,而这些文字和用语完全不涉及任何违碍,不会是清人刻意改动的结果,只能是所据底本的原文如此。这恰好可以证明,这两个清本的底本根本不可能是宋本。

另外,《梦粱录》清翁同书校抄本与黄裳先生收藏过的一部《梦粱录》抄本颇为相似,目录后有"临安府棚北大街睦亲坊南陈解元书籍铺刊行"两行刊记文字。石勖言先生指出:如果这一刊记可信,那么《梦粱录》最初曾是书棚本,"临安府"一语则是此书成于宋末的有力证据。南宋陈起、陈思父子开设书籍铺于临安府棚北大街睦亲坊南,所刻书属坊刻本中上乘,后人称之为棚本。但是,陈宅书籍铺的主要活跃时段是在南宋嘉定至景定年间,即便认为陈思是陈起之子,陈思的刻书活动最晚的记录也只到咸淳三年为止。在存世书棚本中,未发现咸淳年间的刻本实物。如果《梦粱录》是书棚本,那么将会成为陈宅书籍铺年代最晚而唯一的刻书记录。这则刊记在《梦粱录》的其他抄本、刻本上都不存在,其真伪目前难以断定。根据孤证不立原则,暂且只能采取存疑态度。确实,在目前所见的《梦粱录》抄本、刻本中,除清翁同书校抄本外,尚未在其他版本上发现这个刊记。而《学津讨原》本所据的张凤池本来自于钱曾抄本,钱曾的跋文中,仅提到他的抄本是借抄录自毛晋之子毛扆(字斧季)的藏本,并未提到是抄录自宋本,而毛扆书出自明朝藏书家李开先(号中麓)的藏本。李开先的藏本源自何本,目前由于资料不足,无法做进一步探讨。在这种情况下,张凤池跋文中所言的"从宋版钞录",可能只是他的一种猜测。(详可参见石勖言《〈梦粱录〉制作方式考辨:兼议作者及其年代问题》,《宋代文化研究》第二十八辑,北京:线装书局,2021。)

故而,在目前尚无新资料发现的情况下,如果序文所记干支无误的话,那么《梦粱录》成书于元顺帝元统二年(1334)可能是更靠谱的说法。

《梦粱录》书名之谜

关于该书书名,从明到清,一直有《梦粱录》《梦粱录》两种写法。其中国家图书馆藏明杨循吉删节本、中国台湾地区图书馆藏明安愚柳氏蓝格抄本书名题为《梦粱录》,而国家图书馆藏杨守敬跋清抄本、清刻本,上海图书馆藏清群碧楼抄本,天一阁藏清抄本,中国台湾地区"史语所"藏清翁同书校抄本,台湾地区图书馆藏吴兴张氏韫辉斋抄本,清朱点抄本,清东里龚雪江抄本,《武林掌故丛编》本,《学海类编》本,《学津讨原》本,《知不足斋丛书》本,《四库全书》本等书名均题为《梦粱录》。此外,明代的《澹生堂藏书目》(史部下)、《文渊阁书目》(卷二)、《南濠居士文跋》(卷二)、《万卷堂书目》(卷二)、残本《永乐大典》,清代的《千顷堂书目》(卷八)、《居易录》(卷十七)、《抱经堂文集》(卷九《梦粱录跋》)、《读书敏求记》(卷二之下)等,在著录该书时,均写作《梦粱录》。清代的《天一阁书目》(卷二之二史部)、《文选楼藏书记》(卷六)则题为《梦粱录》。很显然,明本和明代书目题跋将该书的书名基本上都写作《梦粱录》,而日期更晚的清代各种抄本、刻本和书目题跋等多写作《梦粱录》,究竟哪个书名是该书原名?

从序文和正文来看,该书是仿效《东京梦华录》所作,书名也有效仿之意。《梦华录》将宋朝视作"华",隐含华夷之辩。而《梦粱录》,"粱"指北宋都城开封"大梁",同样隐含有追忆宋朝之意。如果作《梦粱录》,则与《梦华录》没有对照关系。不过,之所以又出现《梦粱录》这个书名,明显是受到序中"黄粱梦""缅怀往事,殆犹梦也"等词语的影响,这可能是清人采用《梦粱录》作为该书书名的原因。

鉴于目前《梦粱录》的书名流传已久,为人们所熟知并接受,本次整理依旧沿用该书名。

《梦粱录》的版本与整理情况

目前我们能看到的最早的《梦粱录》是国家图书馆所藏的明抄本（简称明抄本），残本《永乐大典》中还保留着十余条《梦粱录》引文，此外是大量的清抄本、清刻本，多见于丛书中。这些刻本、抄本文字整体上差异不大，但细微处差异极多，互有优劣。大体上看，《学津讨原》本、《学海类编》本、清翁同书校抄本文字大体一致，而《知不足斋丛书》本、《武林掌故丛编》本文字大体一致。

本次整理，底本采用《知不足斋丛书》本，以《学津讨原》本、《学海类编》本、《武林掌故丛编》本、文渊阁《四库全书》本（简称四库本）、《中华再造善本》影印天一阁藏清抄本（简称天一阁本）、国家图书馆藏明杨循吉删节本（简称明节本）、清刻本、杨守敬题清钞本（简称清杨本）、中国台湾地区图书馆藏安愚柳氏蓝格钞本（与国家图书馆藏明抄本为同一本子）、吴兴张氏韫辉斋抄本、东里龚雪江清钞本、清朱点手钞本、台湾"中研院"史语所藏清翁同书校抄本（简称清翁校抄本）等进行对校，并参校《东京梦华录》《咸淳临安志》《都城纪胜》等相关文献进行整理。对于根据不同版本和《咸淳临安志》等他书进行的文字改动，均在相应注释中予以指出。

本书的标点分段和注释，参考了国内外学者的各种著作、文章、学位论文等，同时还利用了各种网络检索资源，择优吸收，限于体例，不一一注明出处。宋代职官方面，主要参考了龚延明先生编著的《宋代官制辞典》。此次整理，除了对生僻字注音，对字词、典故等进行注释外，还对一些宋代职官、典章制度、专有名词等进行注释。限于时间和整理者水平，本书的标点和注释可能还存在若干问题，敬请广大读者不吝批评指正。

刘云军

2025年4月

梦粱录序

　　昔人卧一炊顷①,而平生事业扬历皆遍②,及觉则依然故吾③,始知其为梦也,因谓之"黄粱梦"④。矧时异事殊⑤,城池苑囿之富⑥,风俗人物之盛⑦,焉保其常如畴昔哉⑧!缅怀往事⑨,殆犹梦也⑩,名曰《梦粱录》云⑪。脱有遗阙⑫,识者幸改正之⑬,毋哂⑭。甲戌岁中秋日⑮,钱塘吴自牧书⑯。

【注释】

①一炊顷:指烧一顿饭的很短时间。
②扬历:谓显扬贤者居官的治绩,后多指仕宦的经历。
③觉(jué):醒悟。故吾:过去的我,从前的我。
④黄粱梦:比喻虚幻的梦想和不能实现的欲望。典出唐代沈既济《枕中记》。文中记卢生在邯郸客店遇到道士吕翁,卢生自叹穷困没有出路,道士借给他一个枕头,要他枕着睡觉。这时店家正煮小米饭。卢生在梦中享尽了一生荣华富贵。一觉醒来,小米饭还没有熟。
⑤矧(shěn):况且。时异事殊:时间不同,事情也和以前不一样。意思是事情会随着时间变化而发生改变。亦作"时异势殊"。
⑥苑囿(yuàn yòu):中国古代畜养禽兽供帝王玩乐的园林。

⑦人物：指才能杰出或声望卓著、拥有地位的人。

⑧畴（chóu）昔：从前，往日。

⑨缅（miǎn）怀：追念，怀念。

⑩殆（dài）：大概，几乎。

⑪名：起名字。

⑫脱：倘若，或许。遗阙：遗漏缺失。

⑬识者：有见识的人。

⑭哂（shěn）：讥笑，嘲笑。

⑮甲戌岁：根据干支推算，甲戌有宋度宗咸淳十年（1274）、元顺帝元统二年（1334）两个时间点，从语气和全文内容来看，应为元顺帝元统二年。详见前言。

⑯钱塘：今浙江杭州。公元前222年，秦始皇设置钱唐县，隶属于会稽郡。隋朝置杭州，钱唐县成为首县。唐朝时，为避国号讳，改钱唐为钱塘。南宋时，定都杭州，将其升为临安府，钱塘县与仁和县升为赤县，同为临安府首县。吴自牧：生平事迹不详，根据《梦粱录》内文看，应该是一社会下层文化程度不高的读书人，对临安府的情况比较熟悉。

【译文】

从前有人仅仅睡了短短一顿饭的时间，便在梦中过完了显贵的一生，等睡醒了，他发现一切依然如故，才知道原来这只是一场梦，因此称作"黄粱梦"。况且时间不同，事情自然也不一样了，雄伟壮观的城池、景色宜人的皇家园林、丰富多彩的风俗习惯和层出不穷的各类人才，如何能让这些美好的事物像往常一样保持不变呢！追怀往事，大概犹如做梦一般，故而将本书叫作《梦粱录》。倘若本书记载有所遗漏，希望有识之士帮我改正过来，千万不要讥笑我。甲戌年八月十五中秋日，钱塘人吴自牧书写。

卷一

正月

【题解】

本条"正月"概述了南宋杭州正月士庶之人的节日活动。在正月里,杭州人穿新衣,互相恭贺节日,到庙宇宫观游玩并举行各种宴会,街道上还充斥着各种商业活动,充满了浓郁的节日气氛。从中我们可以看到南宋杭州对于正月的重视程度。本条内容与《东京梦华录》卷六《正月》中对于北宋开封城的正月节日描写有雷同之处,虽然随着时间的推移以及地域不同会带来文化差异,但南北宋文化的继承与延续也可在字里行间略见一斑。本书开篇以一派喜气洋溢的正月节日气氛,拉开了全书对昔日南宋杭州繁华景象的追忆,更容易令人慨叹。

正月朔日①,谓之元旦,俗呼为新年②。一岁节序③,此为之首。官放公私僦屋钱三日④,士夫皆交相贺,细民男女亦皆鲜衣⑤,往来拜节⑥。街坊以食物⑦、动使⑧、冠梳⑨、领抹⑩、缎匹⑪、花朵、玩具等物,沿门歌叫关扑⑫。不论贫富,游玩琳宫梵宇⑬,竟日不绝⑭。家家饮宴,笑语喧哗。此杭城风俗,畴昔侈靡之习⑮,至今不改也。

【注释】

① 朔日：农历每月初一。
② 俗呼：指民间或通俗的称呼。
③ 节序：节气、节令的顺序。
④ 放：免去。僦（jiù）屋钱：租赁房屋的租金。僦，租赁。
⑤ 细民：平民，普通百姓。鲜衣：指鲜艳美丽的衣服。
⑥ 拜节：指节日里亲友们彼此往来道贺。
⑦ 街坊：街市，此处指街市上做生意的人。
⑧ 动使：又作"动事"，泛指日常使用的器具。
⑨ 冠梳：宋代妇女的一种头饰。是冠和梳篦的结合体，先用漆纱、金银、珠玉等做成两鬓垂肩的高冠，用以掩遮鬓、耳，然后再在冠上插白角长梳（羊角或牛角制成），其数四六不一，上又加饰金银珠花。冠梳冠身硕大，造型复杂，制作起来十分奢靡。传世的宋人《娘子张氏图》中有"冠梳"形象。（宋）王栐《燕翼诒谋录》卷四："旧制，妇人冠以漆纱为之，而加以饰，金银珠翠，采色装花，初无定制。仁宗时，宫中以白角改造冠并梳，冠之长至三尺，有等肩者，梳至一尺。议者以为妖，仁宗亦恶其侈，皇祐元年十月，诏禁中外不得以角为冠梳，冠广不得过一尺，长不得过四寸，梳长不得过四寸。终仁宗之世无敢犯者。其后侈靡之风盛行，冠不特白角，又易以鱼枕；梳不特白角，又易以象牙、玳瑁矣。"
⑩ 领抹：领系之类的围领、披巾等服饰，既具有装饰性，又具有实用性。
⑪ 缎匹：泛指丝织品。
⑫ 歌叫：以韵语说唱叫卖来招揽生意。关扑：以商品为诱饵，用赌博的方式买卖物品的游戏，又称"扑卖"。（宋）孟元老《东京梦华录》卷六《正月》："正月一日年节，开封府放关扑三日。"宋朝政府严禁赌博。《宋史》卷五《太宗纪二》载："（淳化二年闰二月）己丑，诏京城蒲博者开封府捕之，犯者斩。"因此，这种赌博性游

戏平时是被禁止的，只有节日期间官方才会临时放开。

⑬琳宫梵（fàn）宇：道观佛寺。琳宫，仙人居住的地方，后来作为道观的美称。梵宇，佛寺。

⑭竟日：终日，从早到晚。

⑮畴昔侈靡之习：以本书写作背景看，似指北宋以来杭州的风俗习惯。

【译文】

农历正月初一，人们称作元旦，民间叫作新年。每年的节令顺序，元旦排在首位。元旦这天，官府下令公私出租屋免除三天房租，士大夫们都彼此庆贺节日，普通百姓，无论男女也都衣着光鲜，往来道贺节日。街市上做生意的人，拿着食物、日用品、冠梳、领抹、丝织品、花朵、玩具等物品，挨家挨户吟唱叫卖，引诱人们前来关扑。无论富人还是穷人，都会前往道观寺庙中游玩，因此道观寺庙中游玩的人一整天都络绎不绝。杭州城正月里，家家户户都举行宴会，欢声笑语充溢其间。这是杭州城的风俗习惯，往日奢侈浪费的习气，至今仍然未曾改变过。

元旦大朝会

【题解】

本条记述了南宋"元旦大朝会"的盛况。朝会是传统帝制中国非常重要的国家典礼,隋唐时期定于五礼的嘉礼中,北宋徽宗时期编写的《政和五礼新仪》将朝会仪列为宾礼,嘉礼体现的是人们对美好生活的向往与追求,强调的是"和合"理念,宾礼体现的是外交礼仪和等级观念,显示了唐宋统治者对朝会礼的不同认识。此外,唐宋朝会仪最大的不同,主要体现在宋代朝会仪更趋烦琐、以雅乐为唯一仪式用乐等,展现了宋朝崇儒尚雅的治国方略和文化政策。

北宋建立后,沿用前代制度,在元旦、五月朔、冬至举行大朝会。其中前两者主要是朝贺,凸显庆贺意涵;后者只朝不贺,明确君臣之义。北宋大朝会经历了太祖太宗初创探索、真宗仁宗中衰变动、神宗至徽宗重订承接三个时期。与北宋相比,南宋朝会发生了一些变化。南宋建立之初,北方女真人不断南下入侵,高宗朝廷颠沛流离,居无定所,在这种情况下,很多大型礼仪活动便取消或者从简。比如元旦和冬至的朝会,宋高宗率领文武百官向被金人俘虏到北方的徽宗、钦宗二帝行遥拜礼,然后在常御殿接受群臣的拜表问候。据《文献通考》卷一百八《王礼考三》"建炎之初,銮舆南幸,庶事未备,而朝会之仪未暇举焉,正、至但循例宰臣率文武百官拜表称贺而已。绍兴改元,以道君皇帝、渊圣皇帝北狩,权宜皇帝躬率百僚遥拜毕,次御常御殿朝参官起居"。绍兴十二年(1142)十月,礼部、太常寺请复朝贺之礼,"欲望自今冬至、元正举行朝贺之礼,以明天子之尊,庶几旧典不至废坠。诏来年举行"(《宋会要辑稿》礼八之四)。事实上,由于种种原因,大朝会并未依期举行,一直拖到绍兴十五年(1145)正旦,南宋才第一次正式举行大朝会,但"时无大庆殿,遂权于崇政殿行之,以殿狭,辇出房,不鸣鞭,他如故事。是日,设宫架乐,百官朝服上寿如仪。"(《文献通考》卷一百八《王礼考三》)。然而此后,大朝会一再"权免",即使举行朝贺,也只是百官立班称贺,举行朝贺仪而非大朝会仪。据《宋史》卷一百四十三《仪卫一》,"中兴大朝会,四朝惟一讲,绍兴十五年正月朔旦是也……自是正旦、冬至俱免大朝贺,以为定例焉"。北宋统治167年,共举行五十次大朝会。南宋统治152年,仅举行过一次大朝会。因此,本条描述的"元旦大朝会",应该是宋高宗绍兴十五年正旦大朝会的情况。孟元老《东京梦华录》卷六《元旦朝会》,描述了宋徽宗宣和六年(1124)北宋最后一次元旦大朝会的盛况,通过比较,我们发现南宋大朝会继承了北宋大朝会一些仪制。比如北宋时外国使节来贺大朝会,"翌日,诣大相国寺烧香。次日,诣南御苑射弓"(《东京梦华录》卷六《元旦朝会》)。南宋时外国使节来贺大朝会,"翌日,至明庆、灵隐等寺烧香,次至玉津御园射弓"。

除了延续北宋大朝会仪制外,南宋大朝会的程序规模大大缩减:殿庭立仗人数减少。徽宗政和年间规定大朝会黄麾大仗五千七十五人,高宗绍兴十五年大朝会用三千三百五十人(《宋会要辑稿》礼八之七)。乐工人数也由北宋时的六百余人,减少到二百三十四人(《宋会要辑稿》礼八之九)。减少了一半还多。大朝会所用物品规格下降。殿内臣僚所用金银器皿件物,由金爵盏、白成银爵盏降为镀金银盘盏、屈卮和白成银盘盏、屈卮(《宋会要辑稿》礼八之六)。另外,绍兴十五年大朝会没有使用"地衣"(《宋会要辑稿》礼八之八)。参加朝会的外国使臣减少。北宋大朝会,有辽、高丽甚至真腊等国使臣前来朝贺,而南宋基本上除了金朝使节,很少看到其他国家使节。大朝会"依仪合设诸蕃贡物",但南宋政府礼部、太常寺商议后,"令户部行下所属,将市舶之物量数陈设,所贵依仪不阙"(《宋会要辑稿》礼八之十)。

与现存描述南宋大朝会的史料相比,《梦粱录》此处对大朝会的记载更为简略,更少细节化的描述,属于一种概述性记载。

元旦侵晨①,禁中景阳钟罢②,主上精虔炷天香③,为苍生祈百谷于上穹④。宰执百僚待班于宫门之次⑤,犹见疏星绕建章⑥。但禁门未启⑦,而虾蟆梆鼓并作⑧,攒点即放鱼钥⑨,闻阖门下⑩,方启龙闱⑪。执梃人传呼⑫,头帽号纷然⑬,卫士杂廷绅报到⑭。闱开,百僚联辔入宫城⑮,簇拥皆从殿庑行⑯。

【注释】

① 侵晨:天快亮时,拂晓。侵,渐近。
② 禁中:指皇帝居住的内官。(汉)蔡邕《独断》卷上:"汉天子正号曰皇帝……所居曰禁中,后曰省中……禁中者,门户有禁,非侍御者不得入,故曰禁中。"景阳钟:南朝齐武帝萧赜以宫禁深重听不到端门的鼓漏声,在景阳楼上置钟。宫人听到景阳楼的钟声,早起收拾。文武百官听到钟声,早朝议政。后世相沿以景阳钟为皇帝上朝时所击的钟。《南齐书》卷二十《武穆裴皇后传》:"上数游幸诸苑囿,载宫人从后车。宫内深隐,不闻端门鼓漏声,置钟于景阳楼上,宫人闻钟声,早起装饰。至今此钟唯应五鼓及三鼓也。"
③ 精虔:虔诚恭敬的样子。炷天香:点燃祭神的香。炷,烧,燃。天香,宫廷中祭神用的御香。
④ 百谷:谷类的总称。百,形容很多。上穹:上天,天帝。
⑤ 宰执:宋代宰相与执政的统称。自宋初同中书门下平章事至南宋

左、右丞相,皆为宰相之职任。执政为职官总名,包括参知政事、枢密使、枢密副使、知枢密院事、同知枢密院事、签书枢密院事、同签书枢密院事等。待班:臣僚等待皇帝上朝。

⑥疏星绕建章:出自(宋)苏轼《上元侍饮楼上三首呈同列·其一》:"淡月疏星绕建章,仙风吹下御炉香。侍臣鹄立通明观,一朵红云捧玉皇。"该诗描绘了正月十五日夜晚仙境般的宫殿外观。疏星,稀疏的星星。建章,建章宫的简称。西汉汉武帝时,柏梁宫发生火灾,于是修造建章宫,位于未央宫的西面。此处借指南宋的宫阙。

⑦禁门:指禁宫之门。

⑧虾蟆(há ma):即"虾蟆更"。古代击木柝来警夜,因为柝声听起来像蛤蟆叫声,所以称为虾蟆更。

⑨攒(zǎn)点:宋制,宫中更漏比民间短,宫中五更过后,民间才是四更尽;宫中五更完毕,棚鼓交作,始开宫门,称为"攒点"。俗称虾蟆更、六更。明清沿用,清代又谓之发擂。《宋史》卷七十《律历志三》:"常以卯正后一刻为禁门开钥之节,盈八刻后以为辰时,每时皆然,以至于酉。每一时,直官进牌奏时正,鸡人引唱,击鼓一十五声,惟午正击鼓一百五十声。至昏夜鸡唱,放鼓契出,发鼓、击钟一百声,然后下漏。每夜分为五更,更分为五点,更以击鼓为节,点以击钟为节。每更初皆鸡唱,转点即移水称,以至五更二点,止鼓契出,凡放鼓契出,禁门外击鼓,然后衙鼓作,止鼓契出亦然,而更鼓止焉。五点击钟一百声。鸡唱、击鼓,是谓攒点,至八刻后为卯时正,四时皆用此法。"鱼钥:鱼形的锁。

⑩阊阖(chāng hé):传说中的天门,后泛指宫门或都城的城门。南宋百官待班于丽正门外。

⑪龙闉(yīn):指装有龙头形状铺首的瓮城门。闉,古代瓮城的门。

⑫执梃(tǐng)人:一般为仪卫前导。宋时,天子宫中仪卫有主辇二

十四人,辇头一人穿紫绣袍,执涂金裹银杖作督领。梃,杖,棍棒。

传呼:传声呼喊。

⑬头帽号:以官帽借指等候上朝的官员们。

⑭廷绅:泛指朝廷上的官员们。绅,古代士大夫束腰的大带子,引申为束绅的人。

⑮联辔(pèi):犹联骑。

⑯庑:堂下周围的走廊、廊屋。

【译文】

元旦这一天天快亮时,禁中敲罢景阳钟,皇帝虔诚恭敬地点燃天香,为天下苍生向上天祈求五谷丰登。此时宰执和文武百官们都在皇宫门外等待上朝,因为尚未天明,人们还能看到天上稀疏的星星围绕着宫阙。宫阙的大门还没有开启,随着蛤蟆梆子和更鼓一起敲响,六更时分,宫门的鱼形锁被打开,装饰着龙头形铺首的宫门缓缓开启。手执梃杖的仪卫高声传呼,只见官帽错杂,卫士夹杂着朝廷官员们前来报到。宫门大开,文武百官联马进入宫城,卫士们簇拥着他们从宫殿的走廊下行进。

　　遇大朝会①,驾坐大庆殿②,有介胄长大武士四人立于殿陛之角③,谓之"镇殿将军"④。殿西庑皆列法驾卤簿仪仗⑤,龙墀立青凉伞十把⑥,效太宗朝立诸国王班次⑦,如钱武肃⑧、孟蜀王等也⑨。百官皆冠冕朝服⑩,诸州进奏吏各执方物之贡⑪。诸外国正副贺正使随班入贺⑫。百僚、执政俱于殿廊待班,而阁门催班吏高唤云⑬:"那行⑭!"吏进序班立毕⑮。内侍当殿厉声问⑯:"班齐未?"禁卫人员随班奏:"班齐!"昔人诗曰⑰:"千官耸列朝仪整⑱,已见龙章转御屏⑲。日表才瞻临玉座⑳,连声清跸震班庭㉑。"

【注释】

① 大朝会：始于西周的一种礼仪规格最高的朝仪，每逢岁首举行，届时百官、诸侯、外国使节朝见天子。秦汉直至明清，历朝历代承袭不改。《宋史》卷一百一十六《礼志十九·宾礼一·大朝会仪》："大朝会。宋承前代之制，以元日、五月朔、冬至行大朝会之礼。"（宋）赵昇《朝野类要》卷一《故事·大朝会》："本朝礼制，有元日大朝会，如古之诸侯述职也。凡监司帅守，悉赴正旦大宴。乡贡进士亦预焉，诸道之进奏官亦预焉。盖进奏官乃唐之藩镇质子留司京都。承发文字，如今之机宜，故谓之候邸。"

② 驾：古代车乘的总称，也特指帝王乘坐的车，后专指帝王。大庆殿：北宋东京（今河南开封）宫城中的重要宫殿。《宋史》卷八十五《地理志一》记载，大庆殿"旧名崇元，乾德四年重修，改曰乾元，太平兴国九年改朝元，大中祥符八年改天安，明道三年改今名"。《东京梦华录》卷一《大内》："入宣德楼正门，乃大庆殿。庭设两楼，如寺院钟楼，上有太史局保章正测验刻漏，逐时刻执牙牌奏。每遇大礼，车驾斋宿及正朔朝会于此殿。"南宋初年宋高宗驻跸临安，宫殿狭窄，皇朝仅有射殿和后殿，根据不同场合需要临时更换殿名而已。《宋史》卷八十五《地理志一》："建炎三年闰八月，高宗自建康如临安，以州治为行宫。宫室制度皆从简省，不尚华饰。垂拱、大庆、文德、紫宸、祥曦、集英六殿，随事易名，实一殿。"绍兴十二年（1142）宋金和议后，朝臣请恢复朔日视朝礼，于是十一月，以射殿改为崇政殿，朔望权作文德殿、紫宸殿。绍兴十五年（1145）以后，正旦、冬至大朝会又以崇政殿权作大庆殿。《宋史》卷一百一十六《礼志十九》："（绍兴）十四年九月，有司言：'明年正旦朝会，请权以文德殿为大庆殿，合设黄麾大仗五千二十七人，欲权减三分之一；合设八宝于御坐之东西，及登歌、宫架、乐舞、诸州诸蕃贡物。行在致仕官、诸路贡士举首，并令立

班。'诏从之。十五年正旦,御大庆殿受朝,文武百官朝贺如仪。"

③介胄(jiè zhòu):披甲戴盔。长大:体貌高大魁梧。

④镇殿将军:即新年朝会时立于殿角的武装侍卫,一般为四人,立于殿内四角。这样的武装侍卫一般选取身形高大的人担任。

⑤法驾:帝王出行车驾的一种。天子的卤簿分大驾、法驾、小驾三种,其仪卫之繁简各有不同。《史记》卷九《吕太后本纪》:"乃奉天子法驾,迎代王于邸。"裴骃《集解》引蔡邕曰:"天子有大驾、小驾、法驾。法驾上所乘,曰金根车,驾六马,有五时副车,皆驾四马,侍中参乘,属车三十六乘。"卤簿(lǔ bù):古代帝王出行时扈从的仪仗队。出行之目的不同,仪式亦各有不同。自汉以后亦用于后妃、太子、王公大臣。

⑥龙墀(chí):即丹墀,指宫殿的赤色台阶或赤色地面。《宋书》卷三十九《百官志上》:"殿以胡粉涂壁,画古贤烈士。以丹朱色地,谓之丹墀。"青凉伞:即青罗伞,青罗制成的伞盖。在中国古代是皇帝作为奖励,按照等级给重臣使用的青色伞,以区别于皇家的华盖。(宋)叶梦得《石林燕语》卷七:"京城士人旧通用青凉伞。祥符五年(1012),始诏惟亲王得用之,余悉禁。六年,中书、枢密院亦许用,然每车驾行幸扈从,皆撤去。既张伞而席帽仍旧,故谓之重戴。余从官遇出京城门,如上池赐宴之门外,皆张伞,然须却帽。"

⑦效太宗朝立诸国王班次:北宋太宗时,通过武力和军事压迫,彻底消灭了五代十国割据势力,各国末代国君都被拘押在都城开封。为了表示礼遇,宋太宗在朝堂上为这些亡国之君设立班次。随着这些亡国之君相继去世,这种班次成为一种摆设,显示宋朝的仁厚。太宗朝,976—997年。北宋第二位皇帝宋太宗在位期间,先后有太平兴国、雍熙、淳化、至道四个年号,共21年。

⑧钱武肃:原指五代十国吴越国的创建者钱镠,字具美(一作巨

美),小字婆留,杭州临安(今浙江杭州临安区)人,吴越国开国国君。钱镠因吴越国地域狭小,强敌环绕,便采取依靠中原王朝的政策,尊奉其正朔,不断遣使进贡以求得庇护。同时钱镠采取保境安民政策,使得吴越国经济强盛,文化繁荣。钱镠去世后,庙号太祖,谥号武肃王,人称钱武肃王。从时间上看,宋太宗即位时钱镠早已过世,故而此处"钱武肃"似应为"钱忠懿"之误,指降宋的吴越国末代君主钱俶。钱俶,原名钱弘俶,后避宋太祖之父赵弘殷名讳,只称俶。钱镠孙,文穆王钱元瓘第九子,忠逊王钱倧之弟。后汉天福十二年(947),吴越将领胡进思发动政变,废黜忠逊王钱倧,迎立钱俶为吴越王。钱俶嗣位三十余年,恭事后汉、后周和北宋等中原王朝。宋太宗太平兴国三年(978),钱俶在北宋强大军事压力下,被迫献所据吴越之地,史称"吴越归宋"。端拱元年(988)八月,钱俶暴卒。谥号忠懿。

⑨孟蜀王:此处应泛指降宋的后蜀国国君的后人。因为宋太祖乾德三年(965),后蜀末代之君孟昶降宋,旋卒,根本不可能出现在宋太宗朝。

⑩冠冕:古时指帝王、臣僚上朝时所戴的帽子,此处专指官员们上朝时所戴的官帽。朝服:君臣朝会,举行隆重典礼时所穿的服装。《宋史》卷一百五十二《舆服志》:"朝服:一曰进贤冠,二曰貂蝉冠,三曰獬豸冠,皆朱衣朱裳。"

⑪进奏吏:即进奏院小吏。宋初,诸州以本州将吏作为进奏官驻京城,掌呈送本州公文,并接受诏令与朝廷各部门的信息,将其送回本州。南宋时隶属门下省,以给事中主管,掌承转诏旨和政府各部门命令、文件,摘录章奏事由,投递各项文书。《事物纪原》卷六《进奏院》:"唐大历十二年敕,诸道旧置上都留院,并宜改曰上都进奏院。此盖其始也。《宋朝会要》曰:唐藩镇皆置邸京师,谓之上都留院。大历十二年,改上都知进奏院。五代支郡听自置邸。

国初缘旧制,各置进奏院。太平兴国八年十月,诏于大内侧近置都进奏官,人兼三四州也。"方物:本地产物、土产。

⑫贺正使:贺正旦国信使的简称。宋、辽,宋、金间和议后,互相派遣向对方皇太后、皇帝或皇后祝贺正旦的使臣。

⑬阁门催班吏:指催促百官列班上朝的阁门吏。阁门,即閤门,东、西上閤门司的简称。属于内诸司,先后隶属门下省、台察、中书省。閤门原指古代宫殿的侧门。唐高宗以后,皇帝在紫宸殿单日常朝称作"上閤",届时须传唤仗卫自宣政殿(正衙)东、西两门进入紫宸殿,称为"东、西上閤门"。原本是一种上朝仪式,其后閤门逐渐演变成官署。北宋沿置,设在紫宸殿南廊,有东、西上閤门司之分。南宋高宗建炎元年(1127)十二月二十一日,合二司为一,径称"閤门"。东上閤门司负责前、后殿朝会、宴集、常朝起居臣僚朝见、辞谢范仪等,西上閤门司负责国忌进名、行香、临奠等有关凶礼之事。设有閤门使、副使、閤门通事(宣赞)舍人、閤门祗候等官职。班,朝班,指百官在朝堂集合排班。

⑭那(nuò)行:閤门使提醒百官快步前行的祈使语,犹言快走。(宋)陆游《老学庵笔记》卷四:"百官入殿门,閤门辄促之曰:'那行'(那音糯)。予去国二十七年,复还,朝仪寖有不同,唯此声尚存。"

⑮序班:班序,官员的班行位次。

⑯内侍:指宦官。

⑰昔人诗曰:据清翁同书校抄本补。

⑱耸列:直立站好排成行列。朝仪:朝廷上应遵守的礼仪。(宋)赵昇《朝野类要》卷一《班朝·朝仪》:"趋朝之仪,如出入不由端礼门,不端简朝堂,行私礼,交互幕次,语笑喧哗,殿门内聚谈,行立失序,立班交语相揖,无故离位,拜舞不如仪,穿班仗出之类,皆谓失仪,即閤门弹奏有责。"

⑲已见龙章:《学津讨原》本、《武林掌故丛编》本、清刻本、清翁同书

校抄本同,《学海类编》本、天一阁本、清杨本、明抄本作"龙章已见"。龙章:画或绣龙之服,天子之服,此处指宋天子。
⑳ 日表:指皇帝的仪表。玉座:皇帝的御座。
㉑ 清跸(bì):旧时谓帝王出行,清除道路,禁止行人,此处指皇帝临朝听政,百官肃静。

【译文】

遇到朝会大典,皇帝端坐大庆殿。四名披甲戴盔身材高大的武士站立在大庆殿的四角,他们被称作"镇殿将军"。大殿西侧的廊庑下陈列着法驾、卤簿仪仗,宫殿的台阶上竖立着十把青凉伞,这是仿效宋太宗朝为各国降王如钱武肃王、孟蜀王在朝堂上设立班次。参加大朝会的文武百官都头戴冠冕,身穿朝服,各州府的进奏院小吏们拿着地方特产前来进呈。外国派遣来的各位庆贺元旦的正、副使节们随同朝班一同拜贺皇帝。文武百官与执政大臣们都待在大殿廊檐下,这时听到阁门催班吏高声喊道:"快走!"催班吏催促百官排好班次。内侍在大殿之上厉声询问:"朝班到齐了没有?"随班的禁卫人员上奏道:"朝班已齐!"从前有人写诗道:"千官笏列朝仪整,已见龙章转御屏。日表才瞻临玉座,连声清跸震班庭。"

上御正衙①,有绿衣吏执仪剑突趋殿前②,声谇厉不可晓③,乃大珰走办耳④。宰执百僚听召宣⑤,领班蹈舞⑥,皆称寿再拜⑦,声传折槛边⑧。禁卫人高声嵩呼⑨,声甚震,名为"绕殿雷"。枢密臣候称寿毕⑩,登殿立折槛侧。百僚俱鞠躬听制⑪。宣制曰⑫:"履兹新庆⑬,与卿等同。"朝贺毕⑭,就殿赐燕宰执百僚⑮、外国正副使人⑯。次日就馆赐宴⑰,使、副及三节人俱与焉⑱。

【注释】

① 正衙：唐宋时正式朝会听政的处所。《宋史》卷一百一十六《礼志十九》："常朝之仪。唐以宣政为前殿，谓之正衙，即古之内朝也。以紫宸为便殿，谓之入阁，即古之燕朝也。……正衙则日见，群臣百官皆在，谓之常参，其后此礼渐废。后唐明宗始诏群臣每五日一随宰相入见，谓之起居，宋因其制。皇帝日御垂拱殿。文武官日赴文德殿正衙曰常参，宰相一人押班。其朝朔望亦于此殿。"

② 仪剑：仪卫所持之剑。亦借指仪卫中之捧剑者。趋：小步快走。

③ 谇（suì）厉：严厉呵斥。

④ 大珰走办：泛指内侍。大珰，指当权的宦官。走办，指供奔走的小宦官。珰，汉代宦官充武职者的冠饰，后即作为宦官的代称。

⑤ 召宣：皇帝召见臣子。

⑥ 蹈舞：犹舞蹈。臣下朝贺时对皇帝表示敬意的一种仪节。（宋）赵昇《朝野类要》卷一《班朝·舞蹈》："谓舞蹈有七拜大起居。"

⑦ 称寿：祝人长寿。

⑧ 折槛（shé kǎn）：殿槛正中一间横槛不设栏杆，谓之折槛。典出《汉书》卷六十七《朱云传》。汉槐里令朱云朝见成帝时，请赐剑以斩佞臣安昌侯张禹。成帝大怒，命将朱云拉下斩首。云攀殿槛，抗声不止，槛为之折。经大臣劝解，云始得免。后修槛时，成帝命保留折槛原貌，以表彰直谏之臣。后用为直言谏诤的典故。

⑨ 嵩呼：又称"山呼"，指帝制时代臣下对皇帝的祝颂仪式，叩头高呼"万岁"三次。《汉书》卷六《武帝纪》："（元封元年，武帝）亲登嵩高，御史乘属，在庙旁吏卒咸闻呼万岁者三。"

⑩ 枢密臣：指枢密院的官员们。宋设枢密院，与"中书"分掌军政大权，号称"二府"。宋代枢密院官职设置有枢密使（知枢密院事），为正任官，枢密副使（同知枢密院事）、签书枢密院事、同签书枢密院事等，皆为副贰官。候：等候，等待。

⑪听制：聆听皇帝的命令。制，皇帝的命令。《史记》卷六《秦始皇本纪》："臣等昧死上尊号，王为'泰皇'，命为'制'，令为'诏'，天子自称曰'朕'。"《集解》引蔡邕曰："制书，帝者制度之命也，其文曰'制'。"

⑫宣制：宣布皇帝的诏令。

⑬履兹新庆：恰逢元旦佳节。履，谓经历某种情况。兹，代词，此，这。

⑭朝贺：朝觐庆贺。

⑮就：依照现有情况或趁着当前的便利，顺便。赐燕：亦作"赐宴"，指君主命臣下共宴。"燕"，通"宴"。

⑯使人：即使者，奉命出使之人。

⑰馆：指朝廷设置的负责接待外国使节的馆驿，隶属于鸿胪寺。如同文馆接待高丽使节，瞻云馆接待诸番国使节等。

⑱三节人："三节人从"的省称。指宋辽金时期出国使节的随员。《金史》卷三十八《礼志十一》："新定夏使仪注：夏国使、副及参议各一，谓之使。都管三。上节、中节各五，下节二十四，谓之三节人从。"

【译文】

皇帝端坐文德殿，有身着绿衣的小吏手执仪剑突然快走到殿前，口中发出严厉呵斥之声，但无法知晓其意，这人是宦官。宰执与文武百官们聆听皇帝宣召，随着领班众臣向皇帝行大礼，都向皇帝恭祝万寿无疆，然后再次行礼，声音一直传到大殿的折槛外面。禁卫人员也高声齐呼万岁，声音非常响亮，这被称作"绕殿雷"。等到众人向皇帝行礼完毕，枢密院的官员们上殿，站立在折槛旁边。文武百官都躬身聆听皇帝的旨意。此时宣布皇帝诏命："恰逢元旦新年欢庆，朕与众卿同乐。"朝贺结束，皇帝便在大殿内赐宴招待宰执、文武百官和前来庆贺正旦的外国正、副使节们。第二天，皇帝会在馆驿赐宴，届时外国正、副使节以及随从们都会一起参加宴会。

翼日①,至明庆②、灵隐等寺烧香③,次至玉津御园射弓④。朝家选能射武臣伴射⑤,就园赐宴。先列招箭班士十余人于垛子前⑥,使人多用弩子射⑦,其班士裹无脚小帽子⑧、锦袄子,踏开弩子⑨,舞旋搭箭⑩,过与使人⑪。彼窥得端正⑫,止令使人发牙⑬。例朝廷差来伴射武臣用弓箭⑭,中的则得捷⑮,上赐闹装银鞍马匹⑯、衣帛、金银器物有差。迎迓还舍⑰,观者纷然⑱。如朝使入朝辞⑲,赐宴饯行,仍赐马匹、银帛,礼物甚盛。三节人依例给赐而去。

【注释】

①翼日:第二天,次日。
②明庆:即明庆寺,旧名明庆院。其地位相当于北宋时的大相国寺,是南宋朝廷举行国家祭祀活动的寺院。(宋)潜说友《咸淳临安志》卷七十六《寺观》:"唐大中二年,僧景初建,为灵隐院。大中祥符五年,改今额。中兴驻跸,视东京大相国寺,凡朝廷祷雨旸,宰执、百僚建散圣节道场,咸在焉。淳熙十四年六月、嘉定元年六月、嘉熙四年七月,皆以祷雨,车驾临幸。理宗皇帝回銮撤盖,甘雨随至,平章乔公行简献诗贺,上用韵以赐。又御书'明庆'二大字。淳祐六年,重建法堂,御书'南山道场'为额。景定三年,建阁藏御书,扁曰'宸奎万寿之阁'。咸淳三年,建祝圣大佛宝殿,寺有苏文忠公书《观音经碑》及题识大智祖师书《弥陀字碑》。"亦见本书卷十五《城内外寺院》。
③灵隐:即灵隐寺。又名云林寺,位于今浙江杭州,背靠北高峰,面朝飞来峰。始建于东晋咸和元年(326),南朝梁武帝赐田并扩建。五代吴越王钱镠再度开拓寺庙,并赐名灵隐新寺。宋宁宗嘉定年间,灵隐寺被誉为江南禅宗"五山"之一。

④玉津御园:即玉津园。宋朝历史上有两个玉津园,北宋玉津园位于都城开封南郊,"凡契丹朝贡使至,皆就园赐宴"(《宋会要辑稿》方域三)。此为南宋临安玉津园。绍兴十七年(1147),宋高宗在杭州重建玉津园,其布局基本仿照北宋东京玉津园,由宦官监领。玉津园也成为南宋外交场所之一。每逢金使来宋,皇帝必定会"赐射"玉津园。见(宋)周密《武林旧事》卷八《北使到阙》。射弓:射箭。

⑤朝家:朝廷。伴射:指陪伴外国使节一起射弓。(宋)赵昇《朝野类要》卷一《故事·伴射》:"殿前、马、步三司轮差,借观察、承宣之官,环卫、四厢之职,以伴蕃使射。射于玉津御园,胜则有金带升转官资之赏。"

⑥招箭班:宋朝禁军番号,属于殿前司诸班。为皇宫近卫,或为外国使者表演射技。

⑦弩子:即弩弓。古代一种利用机械力量射箭的弓。春秋时期出现弩,西汉对强弩加以改进。宋朝为了对付北方辽金的骑兵,格外重视弩的使用,弩手多用脚踏张弩,并采用多组轮射,提高了弩在战场上的杀伤力。

⑧无脚小帽子:指卫士戴的帽子没有后面的带子。

⑨踏开:用脚蹬开。《汉书》卷四十二《申屠传》颜师古注:"今之弩以手张者曰擘张,以足蹋者曰蹶张。"

⑩舞旋:宋代一种舞蹈形式,特点是急速旋转,轻快激烈。此处形容转动身体搭箭动作的迅速流畅。

⑪过:递,转交。

⑫窥:从小孔、缝隙或隐蔽处偷看。此处指从弩弓瞄准处看。

⑬发牙:拨动弩上的机牙。牙,即机牙,指弩上发箭的含矢处和钩弦制动的机件。

⑭例:按规定的,照成规进行的。

⑮中的：指箭射中靶心。
⑯闹装：亦作"闹妆"。指用金银珠宝等杂缀而成的腰带或鞍、辔之类饰物。
⑰迎迓（yà）：犹迎接。
⑱纷然：杂乱状。
⑲朝使：方国向中央政府朝贺的使者。此处指向南宋朝廷朝贺的外国使者。

【译文】

次日，使节们前往明庆寺、灵隐寺等寺庙烧香，接着他们又到玉津园射箭。朝廷挑选擅长射箭的武臣陪同使节们射箭，并在玉津园赐宴款待他们。射箭前，先让十余名招箭班军士站立在箭靶前，使节们大多使用弩弓射，招箭班军士们头上戴着无脚的小帽子，身穿锦缎做成的夹袄，用脚蹬开弩弓，转动身体搭好箭，再递给使节们。军士们已经让弩弓瞄准靶心，只让使节们扣动弩弓的扳机。按照惯例，朝廷派来陪同射箭的武臣使用弓箭射击，射中靶心就算获胜，皇帝会赏赐他们装饰华美的银马鞍的骏马、衣服布帛，还有各种金银器物等。活动结束后，使节们被迎送回馆驿，沿途人们纷纷围观。如果外国使节入朝叩辞皇帝准备离京，皇帝会赐宴为其饯行，另外还赏赐他们马匹、金银、布帛等物品，礼物非常丰厚。随同的三节使人依照惯例给予赏赐一并离去。

立春

【题解】

本条记述了南宋临安府的立春风俗。"立春"乃农历二十四节气之首，古人非常重视。《史记·天官书》记载："正月旦，王者岁首，立春日，四时之始也。"《东京梦华录》卷六《立春》介绍了北宋都城开封的立春情况。开封府向禁中进献春牛，供鞭春使用。同时开封、祥符两县也会在开封府前准备好春牛，等待立春这一天府僚打春。街市上百姓售卖各种装饰精美的春牛，既应景，还能用来做礼物馈送。皇帝会在立春这一天赐朝廷官员们金银幡胜，戴在帽子上。南宋临安府的立春活动主要是朝廷和临安府衙鞭春牛、戴春幡，上自朝廷，下至地方官府、普通民众，都积极参与到迎接立春到来的活动中。《梦粱录》中记载的内容很多地方都与《东京梦华录》相同。

临安府进春牛于禁庭①。立春前一日②，以旗鼓锣吹妓乐③，迎春牛往府衙前迎春馆内④。至日侵晨，郡守率僚佐以彩仗鞭春⑤，如方州仪⑥。太史局例于禁中殿陛下奏律管吹灰⑦，应阳春之象⑧。街市以花装栏坐乘小春牛⑨，及春幡⑩、春胜⑪，各相献遗于贵家宅舍⑫，示丰稔之兆⑬。宰臣以下⑭，皆赐金银幡胜⑮,悬于幞头上⑯,入朝称贺。

【注释】

① 临安府:南宋都城,治今浙江杭州。宋高宗建炎三年(1129),升杭州为临安府,称为行在。绍兴八年(1138),定为都。临安南倚凤凰山,西临西湖,北部、东部为平原,城市呈南北狭长的不规则长方形。辖境相当于今浙江桐溪、富春江以北,天目山东南地区以及杭州湾北岸的海宁等地。春牛:劝农春耕的象征性的牛,泥捏纸粘而成,也叫"土牛"。古时习俗,立春前一日,要进行迎春仪式,鞭打春牛,以示迎春和劝农。北宋和南宋均举行此礼。(宋)孟元老《东京梦华录》卷六《立春》:"立春前一日,开封府进春牛入禁中鞭春。开封、祥符两县,置春牛于府前,至日绝早,府僚打春,如州仪。"(宋)周密《武林旧事》卷二《立春》:"(立春)前一日,临安府造进大春牛,设之福宁殿庭。及驾临幸,内官皆用五色丝彩杖鞭牛……临安府亦鞭春开宴,而邸第馈遗,则多效内庭焉。"(宋)陈元靓《岁时广记》卷八《立春·绘春牛》:"春牛之制,以太岁所属彩绘颜色,干神绘头,支神绘身,纳音绘尾足。如太岁甲子,甲属木,东方青色,则牛头青。子属水,北方黑色,则牛身黑。纳音属金,西方白色,尾足俱白。"禁庭:亦作"禁廷",指宫廷。

② 立春:二十四节气之一,在每年公历2月4日左右,俗以此节为春季开始。

③ 妓乐:指妓人表演的音乐舞蹈。

④ 迎春馆:指为迎接立春到来所设立的馆驿。

⑤ 郡守:官名。郡的长官,主一郡之政事。宋以后郡改府,知府亦称郡守。此处指临安府知府。僚佐:属官,属吏。彩仗:彩饰的仪仗。鞭春:也称"打春"。旧俗,州县于立春日鞭打春牛,以祈丰年。南北宋均有此俗。

⑥方州：指州郡长官。
⑦太史局：官署名。原名司天监，宋神宗元丰改制后改名太史局，隶秘书省。掌测天文，考定历法。每日向朝廷报告所测日月、星辰、风云、气候、灾祥，每年制订历法呈报皇帝后颁布。选择祭祀、冠婚及其他重大典礼日期。太史局官员有太史令、太史正第等。《宋史》卷一百六十四《职官志四·太史局》："掌测验天文，考定历法。凡日月、星辰、风云、气候、祥眚之事，日具所占以闻。岁颁历于天下，则预造进呈。祭祀、冠昏及大典礼，则选所用日。其官有令，有正，有春官、夏官、中官、秋官、冬官正，有丞，有直长，有灵台郎，有保章正。其判局及同判，则选五官正以上业优考深者充。保章正五年、直长至令十年一迁，惟灵台郎试中乃迁，而挈壶正无迁法。其别局有天文院、测验浑仪刻漏所，掌浑仪台昼夜测验辰象。"律管吹灰：律管吹起飞灰，古代测候季节变化的方式。在密室内将不同长度的十二根律管，按地支十二方位埋入土内，上端与地面平，管端充以葭莩灰，覆以薄绢。当某一节气到来时，相应律管中的葭灰会被吹出，表示该节气已到。在中国古代，这一做法不仅用于预测节气，还与音律、历法相结合，体现了"律历合一"的思想。不过，现代科学认为这种方法缺乏科学依据。律管，亦称"律管"，用竹或金属制成的管子。
⑧阳春：温暖的春天。
⑨栏坐：即栏座，指有栏杆的底座。
⑩春幡（fān）：春旗。旧俗于立春日或挂春幡于树梢，或剪缯绢成小幡，连缀簪之于首，以示迎春之意。宋代男女立春时都会戴春幡。（宋）高承《事物纪原》卷八《岁时风俗·春幡》："《续汉书·礼仪志》曰：'立春之日，京都立春幡。'南朝宋范晔《后汉书》曰：'立春皆青幡帻。'今世或剪彩错缯为幡胜，虽朝廷之制，亦镂金银或缯绢为之，戴于首。亦因此相承设之。或于岁旦刻青缯为小幡

样，重累凡十余，相连缀以簪之。此亦汉之遗事也。俗间因又曰'年幡'，此亦其误也。"

⑪春胜：旧俗于立春日剪彩成方胜为戏，形状像两个菱形部分重叠相连，有金、银、罗帛、纸等多种，多为罗帛制作。

⑫贵家：高门大族之家。

⑬丰稔（rěn）：丰收。

⑭宰臣：指宰相。

⑮幡胜：男女元旦、立春之日所戴饰物。将彩帛、色纸、金箔剪成方胜、旗幡、飞燕、蝴蝶、鸡雉及金钱等形状，装缀于簪钗之首，插于双鬓，表示迎春。

⑯幞（fú）头：古代包头软巾，有四带，二带系脑后垂之，二带反系头上，令曲折附顶。也称四脚、折上巾。（宋）沈括《梦溪笔谈》卷一《故事一》："幞头，一谓之'四脚'，乃四带也。二带系脑后垂之；二带反系头上，令曲折附顶，故亦谓之'折上巾'。唐制，唯人主得用硬脚。晚唐方镇擅命，始僭用硬脚。本朝幞头，有直脚、局脚、交脚、朝天、顺风，凡五等，唯直脚贵贱通服之。又庶人所戴头巾，唐人亦谓之'四脚'。盖两脚系脑后，两脚系额下，取其服劳不脱也；无事则反系于顶上。今人不复系额下，两带遂为虚设。"

【译文】

临安府向宫廷进奉春牛。立春前一天，人们举着旗，敲锣打鼓并伴随着妓乐表演迎接春牛，将其送往临安府衙前的迎春馆内。到了立春这一天拂晓，临安知府率领属官们用彩仗鞭打春牛，如同古代州郡长官鞭春牛的仪式。太史局官员们按照惯例在禁中宫殿台阶下，向皇帝奏称律管吹起了飞灰，应和阳春气象。临安街市上，人们用花朵装饰栏杆，驾驭着小春牛，拿着春幡和春胜，各自向富贵人家的宅舍赠送这些物品，以预示来年粮食丰收。宰相以下的文武官员们，皇帝都会赏赐给他们金银幡胜，他们将幡胜挂在幞头上，入朝向皇帝庆贺立春之喜。

元宵

【题解】

　　本条详细描述了南宋行都杭州的元宵节习俗。元宵节又被称作"元夕""元夜""上元"等,是中国传统年俗中最后一个重要节令,时间是农历正月十五,这也是新年第一个月圆之夜,因此受到人们的重视。关于元宵节的起源,说法颇多。比如西汉文帝诛乱说。吕后去世后,大臣周勃、陈平等协力消灭诸吕,拥立汉文帝,而平乱的时间正好是农历正月十五,为了表示庆贺,汉文帝每年这一天晚上出宫与民同乐。还有一种说法认为元宵节起源于祭祀太一神的习俗。在中国古代,太一神被视为至高无上的神,地位在三皇五帝之上。《史记》卷二十四《乐书第二》:"汉家常以正月上辛祠太一甘泉,以昏时夜祠,到明而终。常有流星经于祠坛上。使僮男僮女七十人俱歌。"宋人洪迈、朱弁等人都赞同这一观点。此外,道教和佛教也都将元宵节列入各自的重要节日。道教将宇宙分为天、地、水三界,分别由天官、地官、水官掌管,北魏时期,道教将三官与三节相配,农历正月十五为天官诞辰,为上元节。佛教认为,佛祖释迦牟尼示现神变,降伏神魔就是农历正月十五。为了纪念佛祖神变,这一天需要举行燃灯法会,"西域十二月三十日,乃中国正月之望,谓之大神农变月。汉明帝令烧灯,以表佛法大明"(《岁时广记》卷十引《僧史略·汉法本传》)。随着佛教和道教在中国的流行,它们关于元宵节的说法也逐渐被人接受。

隋唐时期，元宵节张灯观灯已经成为民间习俗，所以元宵节又被称作"灯节"。孟元老《东京梦华录》卷六《元宵》和《梦粱录》本条内容，以及（宋）周密《武林旧事》卷二《舞队》等文献让我们看到了北宋都城开封和南宋行都临安府热闹的元宵节场景，其中非常重要的活动之一就是观灯，这是一场从上到下全民参与的活动。北宋开封元宵节，皇帝会下令在皇宫前扎山棚，上面有文殊、普贤菩萨像，并装饰着无数灯烛。夜晚，皇帝登上宣德楼观灯，取与民同乐之意。宋人无名氏的词《鹧鸪天·日暮迎祥对御回》生动地描述了这一场景："日暮迎祥对御回。宫花载路锦成堆。天津桥畔鞭声过，宣德楼前扇影开。奏舞乐，进尧杯。传宣车马上天街。君王喜与民同乐，八面三呼震地来。"南宋行都杭州的元宵节，则更凸显了民间娱乐氛围，各种舞队一连数天在街市上表演，观者如堵。宫廷画师朱玉创造于宝祐年间的作品《元朝灯戏图》，画的就是南宋临安城中的一支元宵社火舞队，生动描绘了当时杭州元宵庙会时的热闹场景。夜晚，人们纷纷走上街头，四处游玩，或者赏灯，或者逛各处园囿、游乐场所，节日气氛一直持续到正月十六日夜才结束。南宋李嵩画的《观灯图》，描绘了元宵节期间的花灯，两个小童分别提着兔儿灯和瓜形灯，旁边桌子上还放着一只走马灯。南宋人朱弁在《续骫骳说·元宵词》(《全宋笔记》第十编第十二册)中简单记述了当时元宵节人们逛街的热情："故族大家、宗藩戚里，宴赏往来，车马骈阗，五昼夜不止。每出，必穷日尽夜漏乃始还家，往往不及小憩，虽含醒溢疲思，亦不暇寐，皆相呼理残妆，而速客者已在门矣。又妇女首饰至此一新，髻鬟簪插，如蛾蝉、蜂蝶、雪柳、玉梅、灯球，袅袅满头，其名件甚多。"元宵节在宋代是重要节日，朝廷会下令放假，而且假期还很长。北宋人庞元英《文昌杂录》卷一记载："祠部休假，岁凡七十有六日：元日、寒食、冬至各七日，天庆节、上元节同。"

正月十五日元夕节①,乃上元天官赐福之辰②。昨汴京大内前缚山棚③,对宣德楼④,悉以彩结山沓⑤,上皆画群仙故事。左右以五色彩结文殊、普贤跨狮子、白象⑥,各手指内五道出水。其水用辘轳绞上灯棚高尖处⑦,以木柜盛贮⑧,逐时放下⑨,如瀑布状。又以草缚成龙,用青幕遮,草上密置灯烛万盏,望之蜿蜒如双龙飞走之状⑩。上御宣德楼观灯,有牌曰"宣和与民同乐"⑪,万姓观瞻⑫,皆称万岁⑬。

【注释】

①元夕节:旧称农历正月十五日为上元节,是夜称元夕,与"元夜""元宵"同。

②上元天官赐福:按照道教说法,农历正月十五是上元节,届时天官赐福于人。上元天官,即"上元一品赐福天官",也称紫微大帝,隶属玉清境。传说天官由青、黄、白三气结成,每逢旧历正月十五日,即下人间降福赐福。

③昨:泛指过去,此处指北宋时。汴京:即北宋都城开封。开封原为唐朝汴州,故俗称汴京。在今河南开封。大内:即皇宫。北宋皇宫在汴京城内西北部,周长五里,原为唐朝宣武军节度使治所,五代后梁时在此建建昌宫。宋太祖建隆三年(962),诏令按照洛阳的宫殿规制重新加以修建。缚(fù):捆绑,此处指搭建。山棚:为庆祝节日而搭建的彩棚,其状如山高耸,故名。

④宣德楼:北宋都城开封宫城的正门楼。

⑤山沓(tà):系在山棚或灯山上面的大型彩色丝织品,可于其上描画神仙故事,以助节日气氛。

⑥五色:青、赤、黄、白、黑。文殊、普贤跨狮子、白象:文殊菩萨跨狮子,普贤菩萨骑白象。文殊菩萨、普贤菩萨与观音菩萨、地藏菩萨

合称为中国佛教四大菩萨。其中文殊菩萨是大智慧的象征,坐骑为一狮子,表示智能威猛。普贤菩萨是理德和大行愿的象征,象征真理。坐骑为一六牙白象,象征威灵。

⑦辘轳(lù lu):一种利用轮轴原理制成的井上汲水的起重装置。

⑧木柜:《学津讨原》本、《学海类编》本、天一阁本、清杨本、清翁校抄本、明抄本作"水柜"。

⑨逐时:按时。

⑩蜿蜒(wān yán):曲折延伸。

⑪宣和:北宋徽宗的第六个年号,1119—1125年。此处指代宋徽宗。

⑫万姓:万民,形容人非常多。观瞻(zhān):观赏,瞻望。

⑬皆称万岁:此句以上内容与《东京梦华录》卷六《元宵》多有雷同之处。

【译文】

正月十五元宵节,是上元天官赐福的时日。过去开封宫城前面正对着宣德楼搭建起山棚,山棚上全都结扎着彩色丝织品,上面画着各种神仙故事。彩山左右,是用五色彩带结成的文殊菩萨、普贤菩萨,文殊菩萨骑着狮子,普贤菩萨跨着白象,各自手指中流出五道水柱。这些水是用辘轳提水到灯棚的最高处,盛放在木柜中,按时放水,水柱犹如瀑布一般。人们又用草扎成龙的形状,将青色的帷幕遮盖在草上面,并密密麻麻地放置着数万盏灯烛,看过去草龙蜿蜒起伏如同双龙腾空飞行之状。皇帝登上宣德楼赏灯,有牌匾写着"宣和皇帝与万民同乐",成千上万的百姓们前来瞻仰皇帝的御容,都口称吾皇万岁。

今杭城元宵之际①,州府设上元醮②,诸狱修净狱道场③,官放公私僦屋钱三日,以宽民力。舞队自去岁冬至日④,便呈行放⑤。遇夜,官府支散钱酒犒之⑥。元夕之时,自十四为始,对支所犒钱酒⑦。十五夜,帅臣出街弹压⑧,遇舞队照例特犒。街坊买卖之人,并行支钱散给。此岁岁州府科额支行⑨,庶几体朝廷与民同乐之意。

【注释】

①杭城元宵:指杭州城元宵节。
②上元醮(jiào):指在农历正月十五日上元节,道士举行的醮仪。醮,道士设坛念经做法事。
③修:兴建。净狱道场:道教科仪的一种。为清净监狱所举行的法事活动。(宋)周密《武林旧事》卷二《元夕》:"三狱亦张灯建净狱道场,多装狱户故事,及陈列狱具。"道场,指和尚或道士做法事的场所。亦指所做的法事。
④舞队:舞蹈团体或是表演舞蹈的队伍,后演化成宋代民间舞蹈的总称。冬至:二十四节气之一。这一天夜最长,昼最短,古人称作"日短至"。
⑤行放:开始演出。
⑥支散:发放,散发。
⑦对支:双倍支付。
⑧帅臣:军职差遣名。宋代制置使、安抚使、经略使等都简称帅臣。南宋十六路各以守臣兼安抚使,此处指治所在临安府的两浙西路安抚使。宋初,以诸路遭灾或因边境用兵,特遣安抚使措置赈济,或抚平边衅等。事毕即罢。宋真宗景德年间以后,安抚使成为一路帅臣,掌管察治盗贼奸宄、抚绥良民。南宋初,帅府路安抚使总一路兵政,许便宜从事;遇到朝廷调发军马,安抚使负责措置办集,以授副总管,率领管内州郡副铃辖、副兵马都监,总兵出征。绍兴以后,每路设安抚使之制虽存,但军政事归都统制司,民政、刑政各归转运、提刑等司,安抚使特虚名而已。(宋)李心传《建炎以来朝野杂记》甲集卷十一《安抚使》:"安抚使旧号帅臣。"弹

压：亲临现场监督、管辖。

⑨科额：科配额度。

【译文】

如今杭州城元宵节那一天，州府举行上元醮，各监狱举行净狱道场的法事，官府免除公私出租屋三天房租，以缓解民众的经济压力。从去年冬至开始，舞队便一直在表演节目。遇到晚上表演时，官府会分发给舞队钱和酒水作为犒赏。元宵节期间，从正月十四开始，官府犒赏舞队的钱和酒水都是双倍。正月十五晚上，帅臣带兵在街市上维持秩序，遇到舞队，照例特别予以犒赏。遇到街坊上做买卖的人，官府也都一并分发给银钱。每年临安府都会从科配的钱额中拿出一部分来作为元宵节犒赏费用，就是为了体现朝廷与百姓同乐的意思。

姑以舞队言之，如清音①、遏云②、掉刀鲍老③、胡女④、刘衮⑤、乔三教⑥、乔迎酒⑦、乔亲事⑧、焦锤架儿⑨、仕女、杵歌⑩、诸国朝⑪、竹马儿⑫、村田乐⑬、神鬼、十斋郎各社⑭，不下数十。更有乔宅眷⑮、旱龙船、踢灯鲍老⑯、驼象社⑰。官巷口苏家巷二十四家傀儡⑱，衣装鲜丽，细旦戴花朵⑲，肩珠翠冠儿，腰肢纤袅⑳，宛若妇人。府第中有家乐儿童㉑，亦各动笙簧琴瑟㉒，清音嘹喨，最可人听㉓。拦街嬉耍㉔，竟夕不眠㉕。

【注释】

①清音：清越的声音。此处指清音社，专门演奏清乐的社。（宋）周密《武林旧事》卷三《社会》："二月八日为桐川张王生辰，霍山行宫朝拜极盛，百戏竞集。如绯绿社（杂剧）、齐云社（蹴球）、遏云社（唱赚）、同文社（耍词）、角觝社（相扑）、清音社（清乐）。"

②遏云：使云停止不前，形容歌声响亮动听。此处指遏云社，以说唱为主的社。
③掉刀鲍老：指舞掉刀的一种滑稽舞蹈表演。掉刀，又作"棹刀"，古代的一种战刀。鲍老，宋代一种滑稽舞蹈，舞者装扮为老年村夫，通过扭动的舞姿表现滑稽诙谐的风格，根据不同道具分为不同类型。后来这一表演形式也被傀儡戏吸收，假人傀儡扮演鲍老形象，常以悬丝傀儡的形式出现。宋代鲍老舞十分受人欢迎，民间出现许多专门的鲍老社。（宋）西湖老人《西湖老人繁胜录》："福建鲍老一社，有三百余人；川鲍老，亦有一百余人。"
④胡女：外国异族女子。此处指扮演外国异族女子的舞队。
⑤刘衮：宋金参军戏中的副净，类似后世的丑角，既能参演院本演出，也能表演傀儡戏。此处指扮演滑稽丑角色的舞队。
⑥乔三教：属于当时滑稽戏，表演者扮演三教人物进行表演。乔，即乔装打扮，以假乱真的意思。
⑦乔迎酒：指扮演迎酒人物进行表演。
⑧乔亲事：指扮演迎亲人物进行表演。
⑨焦䭔（duī）架儿：指模仿卖焦䭔的一种杂耍。焦䭔，类似蒸饼、烧饼一类的食物。（宋）陈元靓《岁时广记》卷十一《咬焦䭔》："《岁时杂记》：京师上元节食焦䭔最盛且久。又大者名栢头焦䭔。凡卖䭔，必鸣鼓，谓之䭔鼓。每以竹架子出青伞，缀装梅红缕金小灯球儿，竹架前后亦设灯笼，敲鼓应拍，团团转走，谓之'打旋罗'，列街巷处处有之。"因为叫卖焦䭔形式独特，极富感染力和戏剧性，被宋代舞队所仿效。"䭔"，原作"锤"，据明删节本改。
⑩杵歌：夯（hāng）歌，打夯号子，此处指模仿夯歌表演。
⑪诸国朝：大概是扮演前来宋朝朝贡的各外国人。
⑫竹马儿：即竹马舞，是宋代常见的一种道具舞，表演者胯下骑一竹竿或腰部套一假马。宋代的文物图像中多有竹马形象。

⑬村田乐：是以农人庆祝丰收，表现村田之乐为主要内容的真人表演的乐舞。
⑭十斋郎：也称舞斋郎，是宋代带有滑稽味道的表演节目，可单人演出，也可在舞队中列队表演。斋郎，郊社斋郎、太庙斋郎的通称。都属于非品官荫补官中最低等。（宋）高承《事物纪原》卷五《九寺卿少部·斋郎》："魏始有太常斋郎，唐有太庙、郊社之别。唐泊国家，其久次者，太庙又补室长，郊社即补掌坐、掌次，谓之黄衣选人。祖宗以来，又以为朝臣子弟起家之官。"由于斋郎地位低下且不受人重视，故而民间用歌舞来嘲讽他们。
⑮乔宅眷：装扮成富贵人家的女眷。宅眷，富贵人家的女眷。
⑯踢灯鲍老：一种鲍老杂耍表演形式，用脚不断把瓷质或纸糊的灯罩踢高，使里面的蜡烛光透露出来，同时还要唱曲或表演滑稽动作以助兴。
⑰驼象社：训练驼、象表演的社。
⑱官巷口：位于今浙江杭州西湖边，南宋时"郡市之盛，惟此为最"。傀儡：指木偶戏。
⑲细旦：宋代元宵节舞队中木偶或小儿模仿的美貌的女子，与"粗旦"相对。"粗旦"则是模仿粗笨愚蠢的妇人，做出种种丑态，表演风格滑稽诙谐。《武林旧事》卷二《舞队》中有"粗旦""细旦"。
⑳纤袅（niǎo）：指腰身纤细，体态轻盈。
㉑府第：贵族官僚或大地主的住宅。家乐：指富豪家所蓄的家庭乐人。
㉒笙（shēng）簧（huáng）琴瑟（sè）：泛指各种乐器。
㉓可人：称人心意。
㉔拦街：拥塞街道。
㉕竟夕：终夜，通宵。

【译文】

姑且说一下舞队，比如清音社、遏云社、掉刀鲍老社、胡女社、刘衮社、乔三教社、乔迎酒社、乔亲事社、焦锤架儿社、仕女社、杵歌社、诸国朝社、竹马儿社、村田乐社、神鬼社、十斋郎社等,不下数十个社。还有乔宅眷社、旱龙船社、踢灯鲍老社、驼象社。官巷口苏家巷二十四家木偶社,木偶服装鲜艳亮丽,细旦头上戴着花朵,顶着珠翠装饰的发冠,腰肢纤细婀娜,宛若女子一般。达官贵人家中有蓄养的家乐儿童,也各自弹奏笙簧琴瑟,声音嘹亮,十分悦耳动听。戏耍游玩的人堵塞了街道,人们整宿都不休息。

更兼家家灯火,处处管弦①,如清河坊蒋检阅家②,奇茶异汤,随索随应③,点月色大泡灯④,光辉满屋,过者莫不驻足而观。及新开门里牛羊司前⑤,有内侍蒋苑使家⑥,虽曰小小宅院,然装点亭台⑦,悬挂玉栅⑧,异巧华灯⑨,珠帘低下,笙歌并作⑩,游人玩赏,不忍舍去。诸酒库亦点灯球⑪,喧天鼓吹,设法大卖⑫。妓女群坐喧哗,勾引风流子弟买笑追欢⑬。诸营班院于法不得与夜游⑭,各以竹竿出灯球于半空,远睹若飞星⑮。又有深坊小巷⑯,绣额珠帘⑰,巧制新装,竞夸华丽。

【注释】
① 管弦:管乐器与弦乐器。此处泛指乐器。
② 清河坊:位于今杭州上城区河坊街西段。南宋时被封为清河郡王的张俊住宅就在当时称之为御街的太平巷,故这一带被命名为清河坊。南宋时,清河坊商铺林立,酒楼茶肆鳞次栉比,是杭城的政治文化中心和商贾云集地。检阅:宋代史官名。编修会要所检阅文字的简称。
③ 索:索取。

④月色:又称"月白",带蓝色的白色,因近似月色,故称。泡灯:古代一种在点燃的蜡烛外加透明罩的灯具。

⑤新开门:一称"新门"。为临安府城东门之一。牛羊司:宋官署名,属光禄寺。掌饲养牛羊,以供祭祀及宴享时宰杀。《宋史》卷一百六十四《职官志四·光禄寺》:"牛羊司、牛羊供应所掌供大中小祀之牲牷及太官宴享膳羞之用。"

⑥苑使:宋代武阶洛苑使、宫苑使的简称。

⑦装点:布置,点缀。

⑧玉栅(zhà):精美的鸟笼。

⑨华灯:雕饰精美的灯,彩灯。

⑩笙歌并作:泛指奏乐唱歌。

⑪酒库:宋代官府设置的酒的批发场所。宋代实行榷酒,酒的生产、销售都归政府。灯球:扎成球形的彩灯。

⑫设法大卖:宋朝设立煮酒库,目的是盈利,故而采用各种招揽生意的手段。(宋)王栐《燕翼诒谋录》卷三:"新法既行,悉归于公,上散青苗钱于设厅,而置酒肆于谯门,民持钱而出者,诱之使饮,十费其二三矣。又恐其不顾也,则命娼女坐肆作乐以蛊惑之。小民无知,争竞斗殴,官不能禁,则又差兵官,列枷杖以弹压之,名曰:'设法卖酒'。此'设法'之名所由始也。""大卖",原为"大赏",据《学津讨原》本、《武林掌故丛编》本、清刻本改。

⑬买笑:花钱买得美人一笑,指风化场中寻欢作乐。追欢:寻欢。

⑭诸营班院:指当时驻扎在临安府的各军营。

⑮飞星:流星。

⑯深坊:指距离闹市较远的坊。

⑰绣额:锦绣的门额。额,悬挂于门上的匾额。

【译文】

更加上家家户户都灯火通明,到处管弦声不绝于耳,比如清河坊蒋检阅家,各种口味独特的茶汤,随时索取,随时供应,点着月色的大泡灯,满屋子光亮,过往之人没有不停下脚步观看的。位于新开门里牛羊司前面的内侍蒋苑使家,虽然只是座规模很小的宅院,但宅院中布置有亭台,悬挂着精美的鸟笼、各种制作精巧的彩灯,珠帘低垂,笙乐并鸣,游人赏玩,流连忘返,不忍离去。各酒库也点亮灯球,锣鼓喧天,想方设法大肆推销酒水。妓女们成群地坐在一起喧笑打闹,勾引风流子弟前来买笑寻欢。驻扎在杭州城的禁军各军营按照法律规定不得参与元宵节夜间游玩,他们便各自用竹竿将灯球高高地挑在半空中,远远望过去好像流星一般。还有幽深的坊市小巷,锦绣的门额挂着珠帘,精心设计新装饰,竞相夸耀华丽不凡。

公子王孙、五陵年少①,更以纱笼喝道②,将带佳人美女,遍地游赏③。人都道玉漏频催④,金鸡屡唱⑤,兴犹未已⑥。甚至饮酒醺醺,倩人扶着⑦。堕翠遗簪,难以枚举。至十六夜收灯,舞队方散。

【注释】

① 五陵年少:指京城的富豪贵族子弟,此处泛指南宋临安的富豪子弟。五陵,汉代都城长安附近的长陵、安陵、阳陵、茂陵、平陵的合称,均在渭水北岸,今陕西咸阳附近。为西汉五个皇帝陵墓所在地。汉元帝以前,每立陵墓,辄迁徙四方富豪及外戚于此居住,令供奉园陵,称为陵县。

② 纱笼:纱制的灯笼。喝道:古代官员出行,仪仗前列导引传呼,令行人回避,谓之喝道。

③ 游赏:游玩观赏。

④ 玉漏:古代计时漏壶的美称。

⑤金鸡:传说中的神鸡,后为报晓雄鸡的美称。
⑥兴:兴致。
⑦倩(qìng)人:请人。倩,请。

【译文】

　　公子王孙、贵族子弟,更是让人打着纱制的灯笼在前面开道,带着美女佳人,在城中到处游玩观赏。人们都说计时的玉漏不断提醒着时间已经很晚了,公鸡不断打鸣表示天都要亮了,可人们游玩的兴致还意犹未尽。有人甚至喝得酩酊大醉,请人搀扶着前行。今夜地上遗落的珠翠发簪,数不胜数。一直持续到正月十六晚上收灯,舞队方才散去。

车驾诣景灵宫孟飨

【题解】

本条详细描述了南宋皇帝正月前往景灵宫行孟享礼的过程。宋朝皇帝为了自我神化,"推本世系,遂祖轩辕",以黄帝轩辕作为赵姓始祖。传说黄帝生于寿丘(今山东曲阜东北),于是宋真宗大中祥符五年(1012)改曲阜为仙源县,并将县城迁往寿丘之西,又修建了景灵宫奉祀黄帝。北宋景灵宫规模宏大。宋神宗元丰五年(1082),在景灵宫内修建十一座宫殿,将北宋历朝皇帝皇后神御迎奉其中,岁时祭祀。南宋时,历朝皇帝的神御也都放置于景灵宫内,这也成为太庙之外宋朝皇帝最为重要的祭祀场所。正因如此,南宋时景灵宫祭祀一年四次,在每个季节的第一个月举行,称作四孟朝献。届时皇帝亲往,十分隆重庄严。除四孟日祭祀外,遇到已故皇帝的驾崩日,皇帝还需要前往祭拜。《西湖老人繁胜录》中也有一段描述南宋皇帝朝拜景灵宫的记载:"车驾诣景灵宫朝拜祖宗,外百司迎驾:中书省、尚书省、门下省、后省、枢密院、秘书省、御史台、谏院、吏部、礼部、户部、兵部、刑部、工部、太常寺、太府寺、司农寺、大理司、宗正寺、将作监、军器监、国子监、榷货务、杂买场、惠民局、料量院、审计司、敕令所、玉牒所、安乐所、转运司、临安府。激赏诸酒库并三学学官、前廊诸僧及在城寺观僧道、两县耆老,各立起居幕次,香案、花瓶、麻炉、香烛,迎圣驾起居。驾头到,两边各有阁门一员坐马上,前有班直喝班到，起居拜，再拜毕，唱喏平身，立阁门，方行马。"很生动地表明朝拜景灵宫是一场规模宏大、肃穆庄重的皇家祭祀活动。

十六夜收灯毕，十七早五更二点，禁中催班。从驾官僚入殿起居讫①，出殿门外，俱立马于学士院②，恭俟驾兴③。而殿东折槛下，快行家皆执金莲烛炬④，以俟登辇⑤。

【注释】

①从驾：扈从或陪伴皇帝。起居：指每五日群臣随宰相入见皇帝。其制始于后唐明宗。宋代沿袭之。《新五代史》卷五十五《杂传·李琪传》："明宗初即位，乃诏群臣，五日一随宰相入见内殿，谓之起居。"

②学士院：官司名。始于唐玄宗开元二十六年（738），宋代沿置。学士院是皇帝秘书处，专掌大官任命书（制诰）的起草，以及国书、赦书、德音、大号令等撰述之事。因地在宫禁，待遇优异，号称"玉署""玉堂"。学士院设有翰林学士等职，为了便于皇帝随时宣召，翰林学士有轮直、宿直的职责。（宋）周淙《乾道临安志》卷一《院》："学士院，在和宁门里。"

③兴：动身。

④快行家：禁军卒。亦称"快行""快行客"。隶属皇城司。挑选亲从官中健步人员充当，供传唤及驾出仪仗等祗应差使，有"打烛快行""快行亲从"等名目。其随驾装束为脱膊、执把（或执黄罗伞、七宝剑，或背弓箭之类）等名目。"家"，在这里用作后缀，用在某些名词后面，表示属于那一类人。金莲烛炬：金饰莲花形灯炬，为皇帝所专用。

⑤登辇（niǎn）：登上辇车。辇，古代用人力拉动的车子，后多指天子或王室乘坐的车子。

【译文】

正月十六晚上花灯表演结束,正月十七早上五更天二点,禁中催促百官上朝。随驾文武官员们进入大殿向皇帝行礼后,走出大殿门外,都在学士院停住坐骑,恭候皇帝御驾动身。此时大殿东面折槛下,快行家们都手持金饰莲花形灯炬,等待皇帝登辇。

驾出和宁门①,诣景灵宫行春孟朝飨礼②。前后两行绛烛灯笼导引驾行。向有宝谟学士赵师罩诗③:"风传御道跸声清,两道纱笼列火城。云护帝尊天未晓,众星环拱极星明④。"驾近景灵宫前,撤去黄盖⑤,方入宫门,此见君王虔孝之忱⑥。

【注释】

①和宁门:南宋皇城北门。
②景灵宫:原在北宋都城开封内端礼街东西,东曰景灵东宫,西曰景灵西宫。为北宋朝廷奉艺祖以下御容之处。宋室南渡初,曾暂寓其宫于温州,后复迁建于临安。见本书卷八《景灵宫》。春孟朝飨(xiǎng)礼:指宋帝王在孟春举行的祭祀宗庙的祭礼。宋朝皇帝每年于孟春(农历正月)、孟夏(农历四月)、孟秋(农历七月)、孟冬(农历十月)举行孟飨礼。孟飨,一作"孟享"。孟,意为初始。
③宝谟学士赵师罩(gāo):宝谟,指宝谟阁。藏宋光宗御制。置学士、直学士、待制等职。赵师罩,字从善,号东墙,自号无著居士。南宋宗室,燕懿王赵德昭后裔,赵伯骕之子。宋孝宗淳熙二年(1175)进士,历任司农寺主簿、知吉州等。谄事韩侂胄,擢任工部尚书、知临安府,后遭罢。庆元三年(1197),以中奉大夫、直宝文阁、两浙运副除司农卿兼知临安府。四年,以华文阁待制与郡

罢。居家以终。

④"风传御道跸声清"几句：据《永乐大典》卷二千八百九引《维扬志》，此诗题为《驾诣景宁宫行春》。御道，供帝王通行的道路。跸声，谓古代帝王出入时左右侍卫止人清道的吆喝声。火城，古代朝会时的火炬仪仗。(唐)李肇《唐国史补》卷下："每元日、冬至立仗，大官皆备珂伞，列烛有至五六百炬者，谓之'火城'。宰相火城将至，则众少皆扑灭以避之。"

⑤黄盖：黄色的伞或黄色车盖。常借指皇帝的车驾。

⑥虔孝：恭敬孝顺。忱(chén)：心意，情意。

【译文】

皇帝銮驾出和宁门，前往景灵宫举行孟春日朝飨礼。銮驾前后有两行红烛灯笼，引导着銮驾前行。之前宝谟阁学士赵师罤有诗："风传御道跸声清，两道纱笼列火城。云护帝尊天未晓，众星环拱极星明。"銮驾到达景灵宫前，撤去黄盖，皇帝才进入景灵宫门，以此来显示君王虔诚恭孝的心意。

至宫幄少歇①，奉常更奏行礼②，内侍卷帘班导上御黄道③，步至殿前。崇禋馆道士二十四员在殿墀下叙立④，举《玉音法事》⑤。上登殿行礼，自西至东步而入。内侍下帘，先自前殿、中殿，次后殿，虔恭行礼，以遵奉先思孝之家法⑥。礼毕，外廊赐从驾官食而后对⑦，宣引宰臣以下入行殿赐茶⑧。

【注释】

①宫幄(wò)：宫中的帐幕。此处指宫室。

②奉常：太常寺卿的别称。宋前期阶官名，元丰新制职事官名。宋

前期因唐制,为正三品,元丰改制后为正四品。为太常寺长官,总领寺事,掌礼乐、宗庙、社稷、陵寝等事。

③黄道:帝王出游时所走的道路。(宋)陆游《老学庵笔记》卷七:"高庙驻跸临安,艰难中,每出犹铺沙藉路,谓之黄道,以三衙兵为之。绍兴末内禅,驾过新宫,犹设黄道如平时。明日寿皇出,即撤去,遂不复用。"(宋)周密《武林旧事》卷一《大礼》:"上服衮冕,步至小次,升自午阶。天步所临,皆藉以黄罗,谓之'黄道'。"

④崇禋(yīn)馆:(宋)周淙《乾道临安志》卷一《宗庙》:"崇禋馆道院在(景灵)宫之南。"殿墀(chí):殿前台阶。叙立:即序立,按照等级顺序站立。

⑤《玉音法事》:此书为道士举行斋醮法事时歌唱赞颂之词曲范本。全书分上、中、下三卷。载有各类步虚词、奉戒颂、白鹤词、三清乐、散花引、三皈依、华夏赞等,是保存至今最早的一部道教音乐的声乐谱集。

⑥奉先思孝:祭祀祖先,心想孝敬。

⑦对:回答,答话。

⑧宣引:皇帝宣召大臣,由内侍引见。

【译文】

皇帝到宫室中稍作歇息,奉常再次奏请皇帝行礼,内侍卷帘班引导皇帝沿着黄道,步行至景灵宫大殿前。二十四名崇禋馆道士在殿墀下按照等级顺序站好,演奏《玉音法事》。皇帝登殿行礼,从西向东,步行入殿。内侍放下帘子,皇帝按照先前殿、中殿,然后后殿的顺序,态度虔诚地恭敬行礼,以遵守奉先思孝的家法。行礼完毕,皇帝在大殿外廊赏赐随驾官员饮食且对答,然后宣召宰臣以下官员进入行殿,皇帝赐茶。

驾还内①,其亲从官皆顶球头大帽②、红缬锦团搭戏狮子衫③、镀金大玉腰带④,各执骨朵⑤;天武官皆顶双卷脚幞头⑥、红上大搭天鹅结带宽衫⑦；辇官顶双曲脚幞头⑧、红缬团花衫、镀金束带；殿前班直顶两脚屈曲幞头⑨，着绯结带、望仙花衫⑩，跨弓剑乘马，一扎鞍辔⑪，执缨绋前导⑫。数内有东三班，谓之"长入祗候"⑬，幞头后各以青红头须系之⑭，以表忠节之意。御龙直幞头⑮，一脚指天，一脚曲，着方胜缬衫⑯、花看带、镀金束带，执从物如校椅⑰、金花唾盂⑱、水罐、次锣⑲、乘垒⑳、龙凤掌扇㉑、缨绋之类，及执黄罗珠子蹙百花背座御椅子并脚踏㉒。快行家顶短小帽子，露半青头巾带金巾环㉓，绣体腰红缬衫、金束带、悬花看带㉔，手执御校椅、金花瓶、兽炉㉕、香座㉖、御靴、缨绋、玉拄杖、小黄罗伞㉗、御扇等物，俱搭步行㉘，俱口鸣"打打"头起之。

【注释】

①驾还内：指皇帝銮驾返回大内。内，指大内，禁中。南宋皇城在今杭州西南凤凰山东麓。高宗绍兴元年（1131）十一月始建。《乾道临安志》卷一《宫阙》："大内，在凤凰山之东，以临安府旧治子城增筑。"

②亲从官：禁军卒，隶皇城司。职掌官殿门管钥契勘，皇宫内巡察、宿卫及洒扫诸殿等事。"亲从，最为亲兵也"（《续资治通鉴长编》卷一百六十三）。顶：戴。

③红缬（xié）锦团搭：红色有花纹的纺织品。

④大玉：原作"天王"，据《学津讨原》本、清杨本改。

⑤骨朵：以铁或坚木制成的长棒形兵器，俗称金瓜，顶端呈一蒜形或蒺藜形。唐以后用为刑杖，宋以后并用为仪仗。

⑥天武官：原作"文武官"，据《东京梦华录》卷六《十四日车驾幸五岳观》改。宋禁军步兵编制之一，隶属殿前司，为上四军之一，是

殿前司步军诸军主力。后周显德元年(954),殿前禁军始有"控鹤"之号。北宋太平兴国二年(977)正月十九日,改为天武。主要职责是守京师、备征戍,还经常为皇帝的许多礼仪活动充当仪卫。宋人对于供职于衙门之人,不论职位高低,皆称作"官",这是一种敬语的用法。(宋)赵彦卫《云麓漫钞》卷七:"本朝多称官,如提领官、参谋官、检讨官、参议官、考校官、覆考官、详定官、参详官、判官、推官,下至吏胥,则有通引官、专知官、孔目官、直省官,走卒则有散从官,流外有克择官、阴阳官,军校有辇官、天武官之号。"

⑦结带:打结的带子。

⑧辇官:宋代辇官院所属供御辇官、次供御辇官、下都辇官的通称,负责皇帝所用御辇的供奉和后宫用车祗应。(清)徐松辑《宋会要辑稿》职官十九之十九:"(绍兴三十年)本院供御、次供御、下都共以一千人为额。"

⑨殿前班直:宋代皇帝近卫骑兵编制之一,隶属殿前司。主要是作为宫中禁旅,天子出行则扈从乘舆,入则侍卫殿陛。

⑩望仙花:即丽春花。

⑪鞍辔:鞍子和驾驭牲口的嚼子、缰绳。

⑫缨绋(fú):犹拂尘。

⑬长入祗候:后宫内职名,每日常在皇帝身边服侍的祗候人。

⑭头须:扎在发髻上类似穗子的装饰品。

⑮御龙直:宋朝皇帝近卫步兵编制之一,隶属殿前司。御龙直是皇帝近身卫士,天子出则扈从乘舆,入则侍从殿陛,担任天子内三重禁卫。

⑯方胜:又称作"叠胜"。古代一种首饰,由两个菱形压角相叠形成。这种形状后来被广泛用于装饰图案。此处指方胜纹样。

⑰从物:随身应用之物。校椅:即交椅。一种可以折叠有靠背的轻便

椅子。(宋)张端义《贵耳集》卷下:"今之校椅,古之胡床也。自来只有栲栳样,宰执侍从皆用之。因秦师垣宰国忌所,偃仰片时坠巾,京伊吴渊,奉承时相,出意撰制荷叶托首四十柄,载赴国忌所,遣匠者顷刻添上,凡宰执侍从皆用之。遂号太师样。今诸郡守伴,必坐银校椅,此藩镇所用之物,今改为太师样,非古制也。"

⑱唾盂:即痰盂。杭州市1982年7月北郊北大桥联片供热工程中发现的宋代墓葬里出土了一个保存尚好的带托座漆唾盂。见《文物》1988年11月号。

⑲次锣:诸本同,不可解,疑作"锶(sī)锣",一种铜制的盥洗用具。

⑳乘叁:诸本同,不可解,疑作"金罍"。为金属制成的盛水器皿,可用于祭祀或进食前洁手,相当于"罍洗"。

㉑龙凤掌扇:绘制着龙凤图案的长柄大扇。掌扇,一种长柄大扇,由人擎举紧随于轿子或舆辇之后,作为一种仪仗。

㉒脚踏:指供人垫脚用的矮木凳。

㉓巾环:缝缀在头巾上的扣环,两个一对,成对使用,通常由金、银、铜等金属制成。

㉔看带:宋人一种腰带。指在带具上再系一条带具,其中最外面的带具被称作"看带",意思是专门炫耀给别人看的,一般比较宽大,上面绣着精美图案。

㉕兽炉:兽型的香炉。

㉖香座:蒲团。

㉗黄罗伞:亦即华盖,一种仪仗行进中的伞盖。长杆,上顶有一直径三尺的伞盖,铁丝扎制,上蒙绸缎,黄顶,周围下垂两层伞沿,下层长约尺半,上绣彩色龙凤,黄缎或黄绸底,上层为半尺的荷叶沿,用红绸或绿绸,打荷叶边。

㉘搭:配合。

【译文】

圣驾返回皇宫大内,随行的亲从官都头戴球头大帽,身着红缬锦团搭戏狮子的衣衫,系着镀金大玉腰带,各自手执骨朵;天武官皆头戴双卷脚幞头,身着红上大搭天鹅结带宽衫;辇官头戴双曲脚幞头,身着红缬团花衫,系着镀金束带;殿前班直头戴两脚屈曲幞头,系着绯结带,身着绘着望仙花的衣衫,佩戴着弓剑骑着马,一手揽住鞍辔,一手执缨绋在大驾前面开道。殿前班直中有东三班,人称"长入祇候",幞头后面各自系着青红穗子,以表示忠节之意。御龙直的幞头,一脚指天,一脚弯曲,身着方胜纹样的缬衫,系着花看带、镀金束带,手中拿着校椅、雕刻有花饰的唾盂、水罐、次锣、乘垒、龙凤掌扇、拂尘之类随行物品,以及装饰着黄罗珠子百花簇在一起的背座御椅子和脚踏凳。快行家头戴短小帽子,帽子下露出半截青色的头巾,头巾上带有金色的装饰,身着红色的缬染衬衫,腰部有绣花装饰,系着金束带、悬花看带,手执御校椅、金花瓶、兽型香炉、蒲团、皇帝穿的靴子、拂尘、玉制手杖、小黄罗伞、御扇等物,这些人都是配合着步行,他们都一边走,一边口中发出"打打"的声音。

昔诸司库藏各用金刻字红牌前执,后以黄罗罩笼扛抬前导①。有本库官乘驭掌其职分②,如诸司库藏等司属,并衫帽随号③。幕士顶帽④、红罗缬衫、金带,悬黄帛。御马⑤、骐骥等院亦金字红牌呵喝⑥,牵辔马匹导引。亲事官各顶帽⑦、缬衫、镀银带⑧,执红纱贴金烛笼二百对,左右导行。

【注释】

①扛抬:谓共同用手或肩膀搬东西。
②乘驭:亦作"乘御"。驱使车马行进。
③衫帽:凉衫便帽。宋代士大夫闲居时的装束。衫,古代指无袖头

的开衩上衣。多为单衣,亦有夹衣。其形制及称呼相传始于秦。(汉)刘熙撰,(清)毕沅疏证《释名疏证》卷五《释衣服第十六》:"衫,芟也,芟末无袖端也。"毕沅疏证:"盖短袖无袪之衣。"帽,古代特指布帛制的圆形软帽。

④幕士:公吏名。隶属殿中省尚舍局。宋徽宗崇宁二年(1103)二月置,原为仪鸾司供御人。职掌张设皇帝行止处帐幕幄帘等事,编制一百人。

⑤御马:即御前马院。监当局名。在临安府皇城嘉惠门内外。南宋高宗建炎三年(1129)六月始置。职掌饲养御马及胡羊、驴,并教习骑御马,以奉朝会、典礼、行幸等御马祗应。

⑥骐骥:即左、右骐骥院。官署名。骐骥院"总国马之政",宋真宗咸平三年(1000)九月十一日,改隶属于群牧司。元丰改制,隶属太仆寺。骐骥院掌牧养官马以供皇帝车舆,以及赏赐王公大臣与外国使节及供给骑军、驿站等使用。呵喝:大声呵斥。《东京梦华录》卷七《驾回仪卫》:"用短缰促马头,刺地而行,谓之'鞅缰'。呵喝驰骤,竞逞骏逸。"

⑦亲事官:宋朝禁军卒。隶属皇城司。职掌听候应副皇城内宿卫、守门稽验四色敕号等差役。亲事官材勇不及亲从官,次于亲从一等。

⑧镀银带:《学津讨原》本、天一阁本、明节本、明抄本、清翁校抄本作"镀金带"。

【译文】

过去各个司的库藏,都用金字红牌走在前面,后面用黄色的罗纱罩笼扛抬着,作为前导。有本库官员骑着马,掌管这个库的事务,像各司库藏等官属,都穿戴着与职位相应的衣衫、帽子。幕士戴着帽子,穿着红罗缬衫,系着金带,悬挂着黄帛。御马院、骐骥院等院,也有人举着金字红牌,大声吆喝着,有马匹在前面作为引导。亲事官各自戴帽,身着缬衫,系着镀银带,手执二百对红纱贴金烛笼,分左右两行引导前行。

驾将至,左右首各一员阁门官属①,乘马执丝鞭。天武官前导引至官寮起居亭,高声喝曰:"躬身不要拜,唱喏直身立②,奏圣躬万福!"嵩呼而行。次有一员紫裳官,系阁门寄班,乘马,捧月样绣兀子覆于马上③。天武官—作天武中官。十余,簇拥扶策而行④。众喝曰:"驾头⑤。"次以近侍诸司官⑥,俱乘驭前后导从。三衙太尉⑦、御带⑧、环卫⑨、知阁⑩、内侍都知⑪,皆乘驭驾前导引。更有内等子⑫,即御前忠佐军头、引见司人员等⑬,各顶帽,鬓发蓬松,着红缬衫,两手握拳,顾望导行⑭。或有拦驾人,捶之流血。驾近则列横门⑮,数十人击鞭亲从⑯。围子三五重⑰,皆执骨朵。诸亲从等都管人员,并执骨朵列行导引。驾前有执金香座、玉斧⑱、玉拂⑲,及水精珠杖迎驾,高低弄把引行,如龙弄珠也。

【注释】

① 阁门:注释见本卷《元旦大朝会》条。本书卷九《阁职》:"阁门,在和宁门外,掌朝参、朝贺、上殿、到班、上官等仪范。"

② 唱喏(rě):也称声喏。唐代已见,指行礼答应,口中称"喏"。宋、明时期,唱喏是一种男用礼节,即扬声作揖。(宋)叶梦得《石林燕语》卷三:"三衙内中见宰执,皆横杖子,文德殿后主廊阶下唱喏,宰执出笏,阶上揖之。"唱喏原为下属对上级、小辈对长辈所用。按《名义考》:"贵者将出,唱便避己,故曰唱喏。"(宋)陆游《老学庵笔记》卷二:"先君言,旧制朝参,拜舞而已,政和以后,增以喏。然绍兴中余造朝,已不复喏矣,淳熙末还朝,则迎驾起居,阁门亦喝唱喏,然未尝出声也。"可见唱喏后来成了一般"致敬"之礼,并不一定要"唱"出声来。

③兀子：即杌子。小矮凳。

④扶策：搀扶，支撑。

⑤驾头：指皇帝出行时，仪仗队中的宝座。因为宋太祖即位时曾经坐过，所以后来皇帝出行都会将此驾头隆重携带。（宋）佚名《趋朝事类·驾头》："驾头者，祖宗即位时所坐也。"（宋）沈括《梦溪笔谈》卷一《故事一》："正衙法座，香木为之，加金饰，四足，堕角，其前小偃，织藤冒之。每车驾出幸，则使老内臣马上抱之，曰驾头。"（宋）陆游《老学庵笔记》卷二："驾头，旧以一老宦者抱绣裹兀子于马上。高庙时犹然，今乃代以阁门官，不知自何年始也。"

⑥近侍诸司官：指内侍省、入内内侍省各司官。

⑦三衙太尉：此处泛指宋代禁军三衙长官。三衙，指宋朝中央禁军殿前司、侍卫马军司、侍卫步军司。太尉，加官、阶官名。北宋前期，太尉为亲王、宰相、使相加官，元丰改制后，三公官起寄禄官阶之用，不预政事，领俸禄、示优宠而已。

⑧御带：宋代军职名。宋初置，北宋真宗咸平元年（998）改名带御器械。挑选三班使臣以上武艺精强亲信或内侍担任，属于心腹之寄。职能是身佩弓箭袋、御剑，为皇帝扈从近卫，以防不测。

⑨环卫：即环卫官。环卫官，唐朝时已经设立，领宿卫兵，如宋代三衙。北宋初沿设，无职事，用以除授宗室与任满还阙的地方帅守，或为武臣赠官。宋神宗元丰改制，宗室依旧外，外臣则概不授予。南宋高宗朝除授不常。孝宗朝恢复除授环卫官，凡以军事才略闻、堪任将帅及久任军职现暂归休的武臣，可兼领环卫官。

⑩知阁：职事官名。"知阁门事"的简称。南宋高宗建炎元年（1127）十二月二十一日，东、西上阁门合并为一，阁门司长官总名"知阁门事"。

⑪内侍都知：宦官名。全称"入内内侍省都知"。正六品。由宋初内中高品都知演变而来。宋真宗景德三年（1003）二月，改内侍

省入内内班院都知为入内内侍省都知。宋徽宗崇宁二年(1103)五月八日,改为知入内内侍省事。宋钦宗靖康元年(1126)复旧。由于入内内侍省都知不常除,故多以都知总辖省务,专职禁中供奉事,与副都知以下至内侍黄门轮番入直。凡祭祀、朝会、皇帝外出、宴会时宦官分侍左右,或出使四方宣达上旨,或奉使督察中外军事、民事,都得管领。

⑫内等子:禁卫人员。由内侍充任,称"内等子",隶属主管禁卫所,与军头司等子(招募军士充)有别。内等子扈从禁卫时,拇袖擎拳,高声喝叫。

⑬御前忠佐军头、引见司:禁军官司名。简称"军头引见司"。北宋初年,有军头司和引见司。宋太宗端拱二年(989)正月,改军头司为御前忠佐军头司,引见司为御前忠佐引见司。宋真宗朝后名为二司,实为一司。南宋沿置。职掌皇帝御后殿(便殿),有引见公事,与殿前司、皇城司分工祗应。本司掌禁卫军入见便殿呈试武艺,诸路部送罪人至阙下引对、决遣(或由本司法官审定以闻)等事。诸军戍还及拣阅、配隶,具名奏闻,并谕其进止之节;掌祗应后殿事的军头名籍,颁其禁令;凡乘舆行幸,有拦驾自诉者,审诘事状禀奏,如遇唐突不恭、喧噪滋事者,则殴击之;以及参与复试诸路解发武举人等。

⑭顾望:环视,巡视。

⑮横门:栅栏门,营门。

⑯击鞭:指鸣鞭,使人肃静。宋代皇帝出行,仪仗中有"击鞭"队。(宋)周密《武林旧事》卷一《四孟驾出》:"仪卫节次如后:击鞭(两行各七人)。"亲从:亲随,随从。

⑰围子:帝王巡幸时围成一圈的侍卫人员。《武林旧事》卷一《四孟驾出》:"亲从方围子(两行各一百四十人)。围子两边各四重:第一重(内殿直已下两边各一百人),第二重(崇政殿围子两边各一

百人),第三重(御龙直两边各一百人),第四重(崇政殿围子两边各一百人)。"

⑱玉斧:指用作仪式的柱斧,柄为玉石所制,故称作"玉斧",作为一种权威的昭示。柱斧的材质可以为水晶、玉石或银、铜、铁。(宋)叶梦得《石林燕语》卷一:"崇政殿即旧讲武殿。……崇宁初,始徙向后数十步。因增旧制,发旧基,正中得玉斧,大七八寸,玉色如截肪,两旁碾波涛戏龙,文如屈发,制作极工妙。余为左史时,每见之。盖古殿其下必有宝器为之镇。今乘舆行幸,最近驾前所持玉斧是也。"

⑲玉拂:即柄是玉石所制的柱拂子。拂,即拂子,是带有手柄的前面有缨穗的器具。

【译文】

皇帝大驾将至,左右首各有一阁门官,骑着马手执丝鞭。天武官在驾前引路,来到官员起居亭,他们便高声喝道:"躬身不要拜,唱喏后直身站好,奏圣躬万福!"天武官们齐声山呼万岁后继续行进。后面有一个身着紫色衣裳的官员,是阁门寄班官员,他骑着马,手里捧着绣着月样的机子,放在马背上面。十多名天武官,一作天武中官。簇拥着他前行。众人口中高声喊道:"驾头。"接下来是近侍各司的官员,他们都骑马前后引导开路。禁军三衙长官、御带官、环卫官、知阁事、内侍都知,都骑马在御驾前引路。还有内等子,即御前忠佐军头、引见司的人员,各自头上戴帽,鬓发蓬松,身着红缬衫,两手握拳,左右巡视,在大驾前面引导前行。如果遇到有人拦驾,他们便上前捶击来人,将其打得头破血流。御驾临近了,则会排列栅栏门,数十人手中鸣鞭,他们是皇帝亲从。兵士们围成三五重,每人都手执骨朵。诸亲从等都管人员,也都手执骨朵,排列成行在驾前引导。御驾前有人手执金香座、玉斧、玉拂,以及水精珠杖迎驾,这些队伍看上去高高低低,人们上下舞动着手中的物件,引导御驾前行,就像龙戏珠一样。

上升平头辇①,御龙直擎黄罗双盖②,后握双黄罗扇。驾近太庙③,则盖撤开,前行数步,上略抬身而过④,此见尊祖敬宗之意。驾后围子亦数重⑤,卫从诸班直马队从于驾后⑥。左有宰执、侍从官僚⑦,右有亲王南班⑧,俱从行。驾后有曲柄红绣伞、红绣日扇,命寄班官执驭而从⑨。

【注释】

①平头辇:又名"平辇""太平辇",宋天子乘舆的一种。《宋史》卷一百四十九《舆服志一》:"平辇,又名平头辇,亦曰太平辇,饰如逍遥辇而无屋。"

②黄罗双盖:指皇帝出巡时乘坐的平头辇顶上张着的双层黄色伞盖。

③太庙:古代帝王祭祀祖宗的宗庙。南宋太庙始建于南宋高宗绍兴四年(1134),位于今杭州紫阳山。(宋)周淙《乾道临安志》卷一《宗庙》:"太庙,在瑞石山之左。"本书卷八《太庙》:"太庙在瑞石山,绍兴间建,正殿七楹十三室,二车十驾款谒礼。"

④抬身:起身。

⑤重:用作量词,指有层次重叠的人或事物。

⑥诸班直:殿前诸班、御龙诸直合称。为皇帝最亲扈从的禁卫军。北宋时诸班直禁旅为三千六百余人,南宋宁宗时立定为两千二百五十二人员额。

⑦侍从:宋代侍从官有侍从(如翰林学士、给事中、六部尚书)、小侍从(如中书舍人、起居舍人、起居郎)和外侍从(观文殿学士以下至带诸阁学士、直学士、待制等职)之分。诸阁学士待制以上,皆谓之侍从官。

⑧南班:也被称为"环卫官",是指宋代宗室子弟被授予的一种无职事、无定员的虚衔,主要负责宫廷禁卫等礼仪性事务。宋仁宗在

郊祀时赐予皇族子弟官爵,称为"南班官",这种做法后来成为惯例。南班的名字来源于朝会时宗室子弟站在殿廷南部的位置。南班官是一种寄禄官,赋予宗室子弟一定的礼仪地位,并让其获得官阶和俸禄,但并无实际的行政或军事职责。南班宗室的主要职责是定期参加朝会,称为"奉朝请"。南班官制度成为宋代管理宗室子弟的重要手段,通过授予官职,既体现了对宗室的优待,又避免了宗室过多干预朝政。

⑨寄班官:指内侍省寄班、入内内侍省寄班。隶属内侍省。每天侍奉内朝,以备执行驿传急诏差使,天子行幸,随从执乘舆、御服,为亲近皇帝之职。执驭:驾驶车马。

【译文】

皇帝登上平头辇,御龙直举起黄罗制成的双层伞盖,在辇后面的卫士握着两把黄罗扇。御驾临近太庙,撤走黄罗盖,御辇又前行几步路,此时皇帝略微抬起身子,御辇继续前进,以此来体现皇帝尊敬祖宗。御驾后面也有好几重士兵组成的围子,负责护卫的诸班直马队跟在御驾后面。御驾左侧有宰执、侍从官僚,右侧有亲王南班,他们都一起跟随着御驾前行。御驾后面有曲柄红绣伞、红绣日扇,命令寄班官骑马跟在后面。

次日,驾再诣行后殿礼,幸太乙宫①、景阳宫,行款谒礼②。其日,用教乐所乐部驾前作乐导引③,驾后以钧容直乘马作乐而从④。驾出景灵宫,至回龙桥⑤。教乐所人员拦驾奏致语⑥,杂剧色打和和来⑦。及奏《礼成回銮曲》,快行先奏报禁中,使内侍排班迎驾起居⑧。前人有诗曰:"帘卷天街看驾回,锦身捷足走能齐。联声快报还宫后,扈从归来日未西。"

【注释】

① 太乙宫：亦作"太一宫"，祭祀太一神的宫殿。南宋临安太乙宫分东西两处：东太乙宫，在新庄桥南，祠五福太乙神；西太乙宫，在西湖孤山，安奉太乙十神帝像。见本书卷八《御前宫观　东太乙宫》《西太乙宫》。

② 款谒：拜谒。

③ 教乐所：乐司名。隶属修内司。北宋徽宗朝设置，宣和七年（1125）二月二十二日罢。南宋绍兴年间复置，宋理宗朝、宋度宗朝仍设。在废罢教坊后，承应大朝会、圣节上寿、驾前导引、岁时宴会等所需教坊乐。

④ 钧容直：亦省称"钧容"，宋代宫廷军乐的一种，成员是禁军中善音乐士卒，使用场合为巡省游幸时骑导车驾的奏乐，亦用于御楼观灯、赐酺等国家宴饮行为，以骑吹形式在"御驾"出行时演奏教坊乐。《宋史》卷一百四十二《乐志十七》："钧容直，亦军乐也。太平兴国三年，诏籍军中之善乐者，命曰引龙直。每巡省游幸，则骑导车驾而奏乐；若御楼观灯、赐酺，则载第一山车。……淳化四年，改名钧容直，取钧天之义。……有指挥使一人、都知二人、副都知二人、押班三人、应奉文字一人、监领内侍二人。……绍兴三十年，复诏钧容班可蠲省，令殿司比拟一等班直收顿，内老弱癃疾者放停。教坊所尝援祖宗旧典，点选入教，虽暂从其请，绍兴三十一年有诏，教坊即日蠲罢，各令自便。"

⑤ 回龙桥：一名观桥。旧址在今杭州中山北路与凤起路交叉口的西边。

⑥ 致语：古代宫廷艺人在演出开始时说唱的颂辞。

⑦ 打和（hè）：表演技艺。

⑧ 迎驾：（宋）赵昇《朝野类要》卷一《故事·迎驾》："车驾出幸，经由在京去处，凡百司局务官吏僧道，在百步之内，并迎驾往回起

居。若免拜，则只奏圣躬万福，山呼。若免起居，则不排设练亭香案也。"

【译文】

第二天，御驾再次前往景灵宫后殿行礼。皇帝又前往太乙宫、景阳宫，举行款谒礼。当天，教乐所乐部在御驾前演奏音乐引导前行，御驾后面以钧容直骑着马奏乐跟随。御驾离开景灵宫，来到回龙桥。教乐所人员拦住御驾上奏说唱颂辞，杂剧演员们接着表演技艺。等到演奏《礼成回銮曲》，快行先行一步向禁中奏报，让内侍准备迎接御驾。前人有诗记载："帘卷天街看驾回，锦身捷足走能齐。联声快报还宫后，扈从归来日未西。"

若次日出，则后宫后妃嫔侍皆诣景灵宫，以半帐鸾仪从而行①。皇太后、皇后乘舆，比檐子稍增广②，花样皆织龙，簟舆上皆立金龙③，护之剪鬃。妃则用金凤，嫔妤止用棕檐耳。次日或遇泥泞，委宰执分诣行事矣④。

【注释】

①半帐鸾仪：指用皇帝仪仗的一半，目的是突显皇帝的至高无上。

②檐（yán）子：肩舆之类，用竿抬，无屏障，唐宋时流行。《宋史》卷一百五十《舆服志二》："龙肩舆。一名棕檐子，一曰龙檐子，异以二竿，故名檐子，南渡后所制也。……中兴，以太后用龙舆，后惟用檐子，示有所尊也。其制：方质，棕顶，施走脊龙四，走脊云子六，朱漆红黄藤织百花龙为障；绯门帘，看窗帘，朱漆藤坐椅，踏子，红罗裀褥，软屏，夹幔。"

③簟（diàn）舆：竹制的舆。

④分诣：分别前往。（宋）赵昇《朝野类要》卷一《典礼·分诣》："四

孟朝献,如值雨及有故,或第二日值雨,皆命宰执分诣诸殿行事。"

【译文】

如果第二天皇帝出发,那么后宫后妃嫔侍都要一起前往景灵宫,她们使用半帐鸾仪跟随而行。皇太后、皇后的乘舆,比檐子稍微宽大一些,上面的花纹图案都是织就的龙,簟舆上都立着金龙,用剪鬃保护着。后妃们则使用金凤,嫔妤只用棕檐。第二天如果遇到下雨道路泥泞,皇帝便委派宰执代替自己分别前往各处祭祀。

二月

【题解】

　　本条简要记述了农历二月行都杭州的主要活动。二月初一是中和节，这个节日在宋代已经演变成一个朝廷和民间共同庆贺的节日，斗百草是中和节时广受欢迎的活动。并且这一天百官进农书，表明国家希望通过这个节日来表示重视农业生产。孔庙释奠礼是古代尊师重道、推崇儒学的一种寓教于礼的政治礼仪活动，宋代是孔庙释奠礼制进程的重要时期。举行礼仪这一天，从中央官学到地方州学都要祭祀孔子。中央国子监祭孔由长官祭酒主持，地方州县学祭孔由地方长官举行，显示了朝廷对传统儒家教育的重视。立春后的第五个戊日也是官方的一个重要祭典，即春社日祭祀社稷。朝廷以及地方州县都会在社日这一天祭祀社稷，祈祷风调雨顺，粮食丰收。除了这些节日外，杭州地方政府也会在二月从点检所支取钱财，雇人修葺西湖南北二山，并对湖堤上的各种游览设施进行维护装饰，还会栽种各种花卉，为游人游览西湖提供便利条件。

　　二月朔①，谓之"中和节"②。民间向以青囊盛百谷、瓜果子种互相遗送，为献生子③。禁中宫女以百草斗戏④。百官进农书，以示务本⑤。上丁日⑥，国学行释奠礼⑦，祭文宣王⑧，以祭酒⑨、司业为献官⑩。州县学宫⑪，以帅宰奉行。立春后五戊日为社⑫,州县祭社稷⑬,朝廷亦差官祭于太社、太稷坛⑭。

【注释】

①二月朔:农历二月初一。朔,每月初一日。

②中和节:唐德宗贞元五年(789)在大臣李泌建议下创建的一个节日,目的是祭祀古代传说中司管草木的勾芒神,祈求丰年。定在每年农历二月初一这天。《新唐书》卷一百三十九《李泌传》:"帝以'前世上巳、九日,皆大宴集,而寒食多与上巳同时,欲以二月名节,自我为古,若何而可?'泌谓:'废正月晦,以二月朔为中和节,因赐大臣咸里尺,谓之裁度。民间以青囊盛百谷瓜果种相问遗,号为献生子。里闾酿宜春酒,以祭勾芒神,祈丰年。百官进农书,以示务本。'帝悦,乃著令,与上巳、九日为三令节,中外皆赐缗钱燕会。"

③献生子:唐宋以来的一种民间风俗。在农历二月初一的中和节,以青囊盛五谷瓜果种子,互相赠送。寓意春天的生机与希望,还蕴含着祈求子嗣的寓意。(宋)朱胜非《绀珠集》卷二《邺侯家传·献生子》:"(李)泌谓以二月一日为中和节,人家以青囊盛百谷果实,更相馈遗,务极新巧,官中亦然,谓之献生子。"

④白草斗戏:又称"斗白草""斗草"。是一种由采草药衍生而成的中国民间流行游戏,属于端午民俗。最初的源起已不可考,普遍认为与中医药学的产生有关。斗百草最早见于魏晋南北朝时期的文献中。(南朝梁)宗懔《荆楚岁时记》:"五月五日,谓之浴兰节,荆楚人并踏百草。又有斗百草之戏。"每年端午节人们外出采药,收获之余,以奇花异草相互比赛,以新奇或品种多者为胜。儿童则以叶柄相勾,捏住相拽,断者为输。宋人不仅在端午节斗草,在春社和清明也有斗草游戏。(宋)范成大《范成大集》卷二

十八《四时田园杂兴六十首》:"社下烧钱鼓似雷,日斜扶得醉翁回。青枝满地花狼藉,知是儿孙斗草来。"

⑤务本:致力于根本。

⑥上丁日:农历每月上旬的丁日。自唐朝以后,历朝均规定每年仲春(农历二月)、仲秋(农历八月)的上丁日祭祀孔子。

⑦国学:国子监简称。释奠礼:祭祀礼的一种,原指陈列供品以祭神。早期的释奠礼主要与战争、田猎、外交相关,后来转向"文事"。唐肃宗上元元年(760),释奠始专指对文宣王孔子、武成王姜太公分别代表的文、武庙系统之祭祀。释,指依次陈列祭品。奠,置祭。(宋)赵昇《朝野类要》卷一《典礼·释奠》:"二月上丁日奠孔子也。凡学官并察官、太常礼官、郎官皆赴太学大成殿,同诸生行礼。亦分为初中终三奠,用太常乐。八月同。"

⑧文宣王:即孔子。唐开元二十七年(739),唐玄宗加封孔子为"文宣王"。北宋大中祥符五年(1012),宋真宗加封孔子为"至圣文宣王"。

⑨祭酒:即国子监祭酒。职事官名。宋初依唐制为从三品,元丰改制后为从四品。祭酒为国子监长官,掌管诸学之政令及教法等事。

⑩司业:国子监司业的简称。职事官名。"司业"之名,取《礼记·文王世子》"乐正司业"之义。司业是国子监的副长官,辅佐祭酒总领诸学之政令与教法。献官:献祭之官。

⑪州县学:宋代地方官学,是宋代官学教育体系中的重要组成部分。宋代州县学旨在培养地方人才,推进社会教化,巩固地方统治。学官:《学海类编》本、《武林掌故丛编》本、清刻同本,《学津讨原》本、天一阁本、清杨本、清翁校抄本作"学官"。

⑫五戊日:立春后的第五个戊日,古时以此日为春社。春社,古时于春耕前祭祀土神,以祈丰收,谓之春社。

⑬社稷:土神和谷神的总称。社,土地神。稷,谷神。

⑭太社、太稷坛：古代天子为群姓祈福、报功而设立的祭祀土地神、谷神的场所。

【译文】

农历二月初一，称作"中和节"。民间一向用青色袋子盛放着各种谷物、瓜果的种子，彼此互相赠送，称作"献生子"。皇宫中的宫女们，玩斗百草游戏。百官向皇帝进呈农书，以表示国家以农业为根本。上丁日，国子监举行释奠礼，祭祀孔子，祭祀时，以国子监祭酒、国子监司业作为献祭之官。州县学府，则以帅守、地方长官担任献官。立春后第五个戊日是社日，州县在这一天祭祀社稷，朝廷也会派遣官员在太社、太稷坛祭祀社稷。

州府自收灯后，例于点检酒所开支关会二十万贯①，委官属差吏倅雇唤工作②，修葺西湖南北二山③，堤上亭馆、园圃、桥道油饰装画一新，栽种百花，映掩湖光景色，以便都人游玩。

【注释】

①点检酒所："点检行在赡军激赏酒库所"的简称。官司名。隶属浙西安抚司。凡安抚司、总管司，均置激赏钱物（包括赡军酒），点检所掌赡军酒库（二十二库）、都钱库（包括公使钱、激赏钱等）等出纳公事。点检官总领其事，属官有主管文字、干办公事。关会：南宋纸币"关子"和"会子"的省称。关子，亦称"现钱关子"。北宋时有"金带关子"，起初是提取金带的凭证，到北宋末年已经成为可以买卖转让的票据。南宋高宗绍兴元年（1131），婺州（今浙江金华）屯兵，由于水路不通，运钱不便，朝廷便在婺州发行关子，召人出钱领取，可凭关子到杭州、越州（今浙江绍

兴）向榷货务兑换现钱或茶、盐、香货钞引，每一千钱贴十钱，类似于现代的汇票。后来关子的流通区域扩大到浙西路。宋孝宗年间，随着会子发行关子逐渐被取代。宋理宗景定五年（1264），因为当时会子发行过滥而贬值，贾似道当政，企图挽回信用，于是发行现钱关子（也称"铜钱关子""金银现钱关子""银关"），每贯折合铜钱七百七十文，十八界会子三贯。这种关子与绍兴年间发行的关子不同，与会子无异。结果现钱关子的发行不仅没能挽回信用，反而因为增加了纸币的流通量，造成物价更高，纸币更加贬值。度宗朝廷虽然一再试图通过行政手段进行干预，但无济于事。会子，又称"东南会子"，南宋时期由政府官办、户部发行的在全国范围内流通的纸币。宋高宗绍兴三十一年（1161）二月，朝廷正式成立行在会子务，发行会子，分一贯、二贯、三贯，在东南各路流通。宋孝宗隆兴元年（1163），又造二百文、三百文、五百文会子。随着会子发行量逐渐增多，为防止伪钞出现，宋孝宗乾道四年（1168），会子发行开始有分界，三年为一界，每界以一千万贯为限。届时以新会子收换旧会子，收回的旧会子焚弃，但未严格执行。随着会子发行量越来越大，政府无力回收旧会子。淳祐七年（1247），朝廷甚至规定第十七、十八界会子更不立限，取消了分界发行办法，最后造成了通货膨胀，宋度宗时权相贾似道发行现钱关子，试图取代会子，挽回信用，但无济于事。

②倅（cuì）：副。指官府中的副手、副职。雇唤：雇请。

③西湖南北二山：指南屏山、玉皇山。

【译文】

州府自元宵节收灯以后，按照惯例从点检酒所支取二十万贯会子，委派属官差遣吏人雇人干活，修饰西湖南北两山，堤上的亭馆、园圃、桥道都用油重新刷过，装饰一新，再栽种上各种花草，亭台楼阁、花草与湖光山色彼此相映成趣，以方便行都之人游玩。

八日祠山圣诞

【题解】

本条记述了农历二月初八杭州祠山张大帝诞辰的盛况以及西湖赛龙舟的热闹场景。祠山大帝是苏浙皖交界一带信奉的道教神祇，其信仰源于江南东路的广德军（今安徽广德），祖庙在军治西五里的横山之上。相传神姓张名渤，字伯奇，一说吴兴乌程（今浙江湖州）人，一说武陵龙阳（今湖南常德东）人。西汉神爵三年（前59）农历二月初八出生。其父张秉，曾效法大禹在吴中治水有功。张渤长大后，继承父业继续治水，他打算"自长兴之荆溪凿河至广德，以通舟楫之利"。因为工程浩大，张渤化身为"豨龙"（龙首的猪），驱使阴兵工作，不料被妻子李氏无意中撞破"怪之"，张渤"遂隐形遁去"。当地百姓感念他的功德，"即横山立祠以祀之，祈祭不辍"。详见（宋）张津等《乾道四明图经》卷十《烈港新建张王行庙记》。南宋和明代，张王信仰曾盛极一时，行祠遍布江南各地，"庙貌雄严，盛于浙右、江左，而江西、岭表多见"（马蓉、陈抗等《永乐大典方志辑佚·江州志》）。宋度宗咸淳二年（1266）十二月十二日，加封张王"正佑圣烈昭德昌福真君"，是宋朝官方规定的最高的八字真君。宋人周秉秀还编写了一部记载张王信仰的作品《祠山事要指掌集》。据记载，张王诞辰之日，广德祖庙"江、浙、荆、淮之民奔走徼福者，数千里间关不辞"（[宋]黄震《黄氏日抄》卷八十七《广德军沧河浮桥记》）。

南宋行都临安府有七座张王行祠,其中临安城有三座,霍山的张王行祠可能是当时除了广德祖庙之外最著名的张王庙。此庙始建于宋孝宗乾道六年(1170),宋光宗绍熙五年(1194)才完工,耗时二十五年。景定、咸淳年间,杭州地方官都对霍山行祠进行过修葺。每年农历二月八日张王诞辰,是临安府士民最热闹的节日之一,"倾城士女咸集焉"([宋]潜说友《咸淳临安志》卷八)。上自朝廷达官贵人,下至普通民庶,蜂拥而动,积极向霍山张王行祠献祭。临安知府也会派遣下属官员代替自己前往致祭,表明官方对于祠山神的支持与认可态度。祠山神诞辰这一天,杭州西湖上的画舫也开始出动,在临安府官方的主持下,西湖举行龙舟比赛。二月份,在祠山神诞辰和西湖赛龙舟的欢快气氛烘托下,人们游览西湖,并欣赏春日美景。

初八日,钱塘门外霍山路有神曰祠山正祐圣烈昭德昌福崇仁真君①,庆十一日诞圣之辰。祖庙在广德军②,敕赐庙额"广惠"③,自梁至宋④,血食已一千三百余年矣⑤。凡邦国有祷,士民有告,感通即应⑥。

【注释】

①钱塘门:杭州著名古城门之一,为古杭州城西城门。位于今杭州湖滨路与环城西路相接处。祠山正祐圣烈昭德昌福崇仁真君:又称祠山大帝,或称"张王",曾修建故鄣县(今浙江安吉北)县内由荆溪通往东亭湖的运河,未及事毕即殁,民念其恩立庙以祀,后来历代封赠。唐朝天宝年间,朝廷封其为"水部员外郎",改广德横山为祠山;宋仁宗时封为灵济王,宋宁宗嘉泰元年(1201)敕封,宋理宗时加封"正祐圣烈昭德昌福真君"。本书卷十四《外郡行祠》中有关于南宋张王信仰情况的简要描述。

②祖庙：原指供祀祖先的庙宇，此处指在神祇发源地供祀的庙宇。广德军：宋太平兴国四年（979），升广德县为广德军（今安徽广德），仅领广德一县。属江南东路。南宋建炎四年（1130），广德军属江南路建康帅府。绍兴初，广德军属江南东路。

③敕赐：皇帝赏赐。广惠：（宋）董嗣杲《西湖百咏》卷上《霍山祠》："在溜水桥西霍山广惠庙，长庆寺僧主香火。神姓张，名渤，血食。广德军祠山累封至真君。乾道中创行祠于此。"

④自梁至宋：从时间上推算，此处"梁"并非南朝梁（502—557），似应指西汉诸侯国梁国（前196—9）。待考。

⑤血食：古代杀牲取血以祭，故称"血食"。

⑥感通：谓此有所感而通于彼。意即一方的行为感动对方，从而导致相应的反应。

【译文】

农历二月初八，钱塘门外霍山路有神祇祠山正祐圣烈昭德昌福崇仁真君，十一日是真君的诞辰。祠山神的祖庙在广德军，皇帝赐庙额"广惠"，从梁到宋朝，祠山神已经享受祭祀一千三百多年了。但凡国家祈祷，士人百姓有所祷告，神祇都十分灵验。

其日，都城内外诣庙献送繁盛。最是府第及内官迎献马社仪仗整肃①，装束华丽。又有七宝行②，排列数卓珍异宝器③、珠玉殿亭，悉皆精巧。后苑诸作呈献盘龙走凤精细靴鞋④、诸色巾帽，献贡不俗。各以彩旗、鼓吹⑤、妓乐、舞队等社，奇花异果、珍禽水族、精巧面作、诸色鍮石⑥，车驾迎引。歌叫卖声，效京师故体⑦。风流锦体⑧，他处所无。台阁巍峨⑨，神鬼威勇，并呈于露台之上⑩。自早至暮，观者纷纷。

【注释】

① 内官：指宦官。

② 七宝行：指珠宝商人的行会组织。七宝：佛经中指七种珍贵的宝物，说法不一，后泛指多种珍宝。

③ 卓：桌子。

④ 后苑：亦称后苑作、后苑造作所，内庭官司名。隶属入内内侍省。掌制造宫廷生活所需及皇族婚娶物品。共有八十一作。

⑤ 鼓吹：演奏乐曲的乐队。

⑥ 鍮（tōu）石：黄铜矿石或黄铜。

⑦ 京师：指北宋都城开封。

⑧ 锦体：指文身。（宋）王明清《挥麈后录》卷二："质少不检，文其身，赐号'锦体谪仙'。"文身者还结社并举办赛事，其社命为"锦体社"。见本书卷十九《社会》，"又有锦体社、台阁社、穷富赌钱社、遏云社"。

⑨ 台阁：由木床与铁架构成，上面由人装扮成仙佛鬼神或故事，绑结而成，架空飞动。在节庆或神诞庙会期间的街道广场或露台上表演。组织者为官方或民间的"社会"。南宋时，"台阁"的基本形态已经大体确立。台阁这种游艺形式应该是受到佛教"行像"仪式的启发而被创造出来的。（宋）周密《武林旧事》卷三《迎新》："以木床铁擎为仙佛鬼神之类，驾空飞动，谓之'台阁'。"

⑩ 露台：高台。

【译文】

祠山神诞辰当日，杭州城内外之人，都前往祠山庙上供，十分热闹。其中最引人注目的是达官贵人的府第以及内侍组织的献马社，仪仗整齐严肃，装束华丽。还有七宝行，排列数桌奇珍异宝、珠玉装饰的殿亭，全都十分精巧。后苑各作进献盘龙走凤纹样做工精细的鞋靴，各种颜色的头巾帽子，朝献供奉之物都不是俗品。进献者各自都使用彩旗、鼓吹、妓乐、舞队等社,进献物品有奇花异果,珍禽水族,做工精致的面点,各种颜色的黄铜制品,且有车马开道。吟唱叫卖声,仿效东京开封从前的样子。放荡不羁的文身,其他地方都没有。台阁巍峨耸立,塑造的鬼神勇猛威严,都呈献在高台之上。从早到晚,观看之人络绎不绝。

十一日,庙中有衙前乐教乐所人员部领诸色乐部①,诣殿作乐呈献。命大官排食果二十四盏②,各盏呈艺③。守臣委佐官代拜④。

【注释】

①衙前乐:又称"衙前乐营"。乐司名。宋代州、府教集的乐部及妓女,为应奉帝后上寿等宴会的班子。教乐所:隶属修内司,建置于北宋徽宗朝。南宋废罢教坊后,教乐所负责承担大朝会、圣节上寿、驾前导引、岁时宴会所需教坊宴乐的演出活动。内庭凡有歌舞宣唤,即由教乐所负责点集衙前乐部与和雇艺人,入教乐所受专门教习后进宫供奉。在点集乐部时,其中吏员称谓如旧时教坊一般,有都管、色长、部头等乐官,这些乐官、乐人全由衙前乐部伶人充任。乐部:是具备乐舞技艺、不区分性别的"工伎"群体,也称作乐工、乐人,以技术性的演艺工作为主。

②大官:原指高官,后成为对他人的尊称,甚至僮仆亦被称作"大官"。此处似乎指厨师。排:排列成行。

③呈艺:献艺,献技。

④守臣:此处指临安知府。委:委托。佐官:指僚属。

【译文】

二月十一,祠山庙中有衙前乐教乐所人员率领各色乐部,前往大殿向神祇献乐。朝廷吩咐大官排列二十四盏食果,每排列一盏,教乐所都献上不同技艺。临安知府委派僚属代替自己向神祇行礼。

初八日，西湖画舫尽开①，苏堤游人来往如蚁②。其日，龙舟六只，戏于湖中。其舟俱装十太尉③、七圣、二郎神④、神鬼、快行、锦体浪子⑤、黄胖⑥，杂以鲜色旗伞、花篮、闹竿⑦、鼓吹之类。其余皆簪大花、卷脚帽子、红绿戏衫，执棹行舟⑧，戏游波中。帅守出城⑨，往一清堂弹压。其龙舟俱呈参州府，令立标竿于湖中⑩，挂其锦彩⑪、银碗、官楮犒龙舟快捷者赏之⑫。有一小节级披黄衫⑬，顶青巾⑭，带大花，插孔雀尾，乘小舟抵湖堂，横节杖声诺取指挥⑮。次以舟回朝诸龙，以小彩旗招之，诸舟俱鸣锣击鼓，分两势划棹旋转，而远远排列成行。再以小彩旗引之，龙舟并进者二，又以旗招之，其龙舟远列成行，而先进者得捷取标赏⑯，声喏而退，余者以钱酒支犒也。

【注释】

①画舫（fǎng）：装饰华丽的游船。
②苏堤：杭州西湖苏堤是北宋元祐五年（1090）苏轼任杭州知州时疏浚西湖，利用挖掘出来的淤泥构筑并历经后世演变而形成的，南起南屏山，北接岳王庙，分西湖为内外两湖。其间有桥六座，夹道杂植花柳。杭州人民为纪念苏东坡治理西湖的功绩，把它命名为"苏堤"，也叫"苏公堤"。因春景迷人，亦被称为"苏堤春晓"。
③十太尉：应该是民间以"太尉"为称呼的信仰人物。
④二郎神：即灌口二郎。起源于四川灌县（今四川都江堰）的泛水神信仰。唐初已经出现名为二郎神的神祇。起初信仰多集中于四川地区，主要流传的事迹为治水平患。宋代二郎神崇拜，其规模遍及全国，其功能也从治水平患转向了更为广泛的请水驱病、

消灾祈福、驱妖逐魔、护佑国家,无所不及。

⑤锦体浪子:指文身社团"锦体社"的成员,因为多为年轻人,故被称作浪子。

⑥黄胖:一种泥质儿童玩具,类似今日的泥娃娃。(宋)叶绍翁《四朝闻见录》卷五戊集《黄胖诗》:"韩(侂胄)以春日宴族人于西湖,用土为偶,名曰黄胖。以线系其首,累至数十人,游人以为土宜。"

⑦闹竿:亦作"闹杆"。一种悬挂各种玩具或诸色杂货的竹竿。

⑧棹(zhào):划船的一种工具,形状和桨差不多。

⑨帅守:"安抚使"的别称。

⑩标竿:作为标记之竿。

⑪锦彩:指华美的丝织品。

⑫官楮(chǔ):指官府发行的纸币。因系多由楮皮纸制成,故又称楮币或楮券。宋孝宗时,"楮币"二字曾入殿试策题。

⑬节级:厢都指挥使以下至押官诸职次(阶级)的泛称。此处泛指低级武官。

⑭青巾:指青色软帽。

⑮声诺:亦作"声喏"。古时谒见官长或会见宾客时叉手行礼,同时扬声致敬之谓。指挥:唐宋诏敕和命令的统称。

⑯标赏:谓竞赛所设的奖赏。

【译文】

二月初八,西湖湖面上的画舫全部出动,苏堤上来往游人像蚂蚁一样密密麻麻。当天,有六只龙舟在西湖中嬉戏。这六只龙舟上面都有人装扮成十太尉、七圣、二郎神、神鬼、快行、锦体浪子、黄胖等形象,混杂着颜色鲜艳的旗伞、花篮、闹竿、鼓吹之类。其余的人都头上簪着大花,戴着卷脚帽子,身着红色、绿色的戏衫,手持棹来划船,在波浪中嬉戏。帅守出杭州城,前往一清堂维持秩序。龙舟全部都提前向州府衙门报备,州府下令在西湖中树立标杆,上面悬挂着彩色的锦缎、银碗、官楮,这些东西都是用来犒赏速度快的龙舟。有一个小节级,身披黄衫,头顶青色软帽,上面戴着大花,插着孔雀尾羽,乘坐小船抵达湖堂,手横节杖,口中称"喏",领取长官命令。然后乘坐小船返回,朝着各艘龙舟挥动小彩旗,于是各艘龙舟一起鸣锣击鼓,分成两列划动船棹旋转,远远地排列成行。小节级又挥动小彩旗引导,龙舟们一起前进两次,小节级再次挥动彩旗,龙舟远远地排列成行,乘风破浪而来,先到达者获胜,得到标杆上面的奖励,得到奖励后,船工们口中称"喏"然后退下去,官府用钱和酒水来犒赏其他人。

  湖山游人,至暮不绝。大抵杭州胜景全在西湖①,他郡无此。更兼仲春景色明媚②,花事方殷③,正是公子王孙、五陵年少赏心乐事之时,讵宜虚度④?至如贫者,亦解质借兑⑤,带妻挟子,竟日嬉游,不醉不归。此邦风俗,从古而然,至今亦不改也。

【注释】

①胜景:优美的风景。
②仲春:春季的第二个月,即农历二月。
③殷:盛,大。
④讵(jù)宜:难道。
⑤解质:典当。宋代有质库(又名解库),即后来的当铺。借贷者以物品作抵押,向质库借贷,到期后加利息赎回。质库月息一般二至四分,有的很高。宋代城市质库业很发达。借兑:借支。

【译文】

  游览西湖和周围山川美景的人到晚上仍然络绎不绝。大致杭州的美景,全部都在西湖,其他州郡都没有这样的风光。再加上早春二月景色明媚，百花正盛，此时正是公子王孙、京城富豪子弟们到处游山玩水的时节，他们怎么会虚度呢？甚至贫寒之人，也典当东西，借贷钱款，携同妻子儿女，整天嬉戏玩乐，不醉不归。此地风俗，自古以来就是如此，至今仍然没有改变。

二月望

【题解】

本条记述了农历二月望日(十五日)临安人的活动。二月十五日是"花朝节",百花争艳,临安人纷纷走出家门,到城内外各处风景优美的园林赏玩。佛寺道观这一天也会举行各种法会,为民祈福,同时吸引士庶前往进香拜佛。

仲春十五日为花朝节①。浙间风俗,以为春序正中②,百花争放之时,最堪游赏,都人皆往钱塘门外玉壶、古柳林、杨府云洞,钱湖门外庆乐小湖等园,嘉会门外包家山王保生③、张太尉等园玩赏奇花异木。最是包家山桃开浑如锦障④,极为可爱。此日,帅守、县宰率僚佐出郊⑤,召父老赐酒食⑥,劝以农桑,告谕勤劬⑦,奉行虔恪⑧。

【注释】

① 花朝节:又名百花节,相传此日(农历二月十五)是百花生日,旧时江南民间有庆贺百花生日风俗。(明)田汝成《西湖游览志余》卷二十《熙朝乐事》:"二月十五日为花朝节。盖花朝月夕,世俗恒

言,二、八两月为春秋之中,故以二月半为花朝,八月半为月夕也。"

②春序正中:即春分日,因为春分这天正是春令九十天的正中分。

③包家山:《咸淳临安志》卷二十二《山川一·山·城南诸山》:"包家山,在城南近郊坛冷水峪,多桃花,为春日游览之胜,名'桃花关',门上旧有'蒸霞'二字。"

④锦障:锦步障。常被用来描绘壮丽的景色或豪华的氛围。

⑤县宰:县令,总治一县民政。

⑥父老:古时乡里管理公共事务的人,多由有名望的老人担任。

⑦勤劬(qú):辛勤劳动。

⑧虔恪:恭敬而谨慎。

【译文】

农历二月十五是花朝节。浙江当地风俗,以为春分在春季的正中,是百花争相开放之时,最适合游玩赏花,都城之人都前往钱塘门外的玉壶、古柳林、杨府云洞,钱湖门外庆乐小湖等园林,嘉会门外包家山王保生、张太尉等园林赏玩奇花异草。最好看的是包家山的桃花,开得如同锦障一般,极为可爱。花朝节这一天,帅守、县令率领属官们出城到郊外,召见当地父老,赏赐他们酒食,鼓励督促他们勤于农桑之事,告诉他们要辛勤劳作,恭敬谨慎地执行官府的命令。

天庆观递年设老君诞会①,燃万盏华灯②,供圣修斋③,为民祈福。士庶拈香瞻仰④,往来无数。崇新门外长明寺及诸教院僧尼⑤,建佛涅槃胜会⑥,罗列幡幢⑦,种种香花异果供养,挂名贤书画,设珍异玩具,庄严道场,观者纷集,竟日不绝。

【注释】

①天庆观：宋真宗于大中祥符二年（1009）下令各地修建，用以供奉赵姓始祖赵玄朗。观内常举行宗教、祝寿及奏告"圣祖"和报谢活动。杭州天庆观由唐代紫极宫改名而成。（宋）高承《事物纪原》卷七《天庆观》："又曰：大中祥符二年十月，诏天下州府军监关县建道观，一皆以天庆为名。"（宋）赵昇《朝野类要》卷一《故事·天庆观》："诸州皆置建之，所以奉圣祖天尊大帝。"递年：一年又一年，每年。老君诞会：指老子诞辰。传说农历二月十五日为老子诞辰，各个道观要举行庆祝活动。

②华灯：亦作"华镫"，指装饰华美、光彩灿烂的灯。

③供圣修斋：指供奉老君神像，会集道士供斋食做法事。

④士庶：士人与庶民。此处泛指百姓。拈香：敬香。

⑤长明寺：建于五代，位于今杭州上城区。

⑥佛涅槃：佛祖释迦牟尼在八十岁时涅槃，时为农历二月十五日。

⑦幡幢（fān chuáng）：即幢幡。指佛教、道教所用的旌旗。从头安宝珠的高大幢竿下垂，建于佛寺或道场之前。

【译文】

天庆观每年都举行老君诞辰会，届时点燃上万盏华灯，供奉老君神像，道士们一起做法事，为万民祈福。士人百姓们都前往天庆观敬香瞻仰老君神像，来往之人数不胜数。崇新门外长明寺以及各寺院僧尼，创建佛祖涅槃盛会，罗列幡幢，供奉各种香花异果，悬挂名贤的书画作品，陈列各种珍贵奇异的玩具，道场庄严肃穆，观看的人纷纷聚集而来，寺庙之中一整天都是人流不断。

卷二

三月佑圣真君诞辰附

【题解】

本条记述了农历三月，临安人的节日活动。先是上巳节，俗称三月三。上巳节是中国古代"祓（fú）除畔浴"活动中最重要的节日。人们结伴去水边沐浴，称为"祓禊（xì）"，这是一种带有巫术表演性质的仪式。汉代以前，上巳节是三月上旬巳日。魏晋南北朝时期，水边祓禊演变为曲水流觞、郊外游春的民俗节日，时间固定为三月三日，后代沿袭。唐朝时上巳节非常繁盛，皇帝会在曲江边大宴群臣，社会各阶层之人都会到郊外踏青游春。到了宋代，曲江宴饮已经不再举行，但踏青游玩习俗保留下来，而且上巳节逐渐与清明节合二为一。北宋人欧阳修的词《采桑子·清明上巳西湖好》："清明上巳西湖好，满目繁华。争道谁家。绿柳朱轮走钿车。游人日暮相将去，醒醉喧哗。路转堤斜。直到城头总是花。"描述了清明上巳西湖游春的热闹景象。在宋代，上巳节这一天又是北极佑圣真君诞节。北极佑圣真君即北极四圣之一的玄武，本是北方星宿之神。宋朝建立后，皇帝与玄武之间的关系日益紧密。宋真宗大中祥符年间，为避始祖赵玄朗讳，将玄武改称真武。天禧年间，先是京城禁军拱圣营士卒称看到龟蛇，于是在营地西南建造真武祠。次年真武祠侧有地下泉水涌出，"疾疫者饮之多愈"，宋真宗于是下诏在其地修建道官"祥源观"。可参见（宋）李焘《续资治通鉴长编》卷九十一，天禧二年闰四月。宋徽宗大观二年(1108),加封真武"佑圣真武灵应真君"。宋理宗宝祐五年(1257)二月,加封真武为"北极佑圣助顺真武福德衍庆仁济正烈真君",尊号高达十八字。在官方、道教和民间三种力量的互动之下,真武信仰逐渐成为宋代民众的重要信仰之一,真武神也被宋代官方和民间普遍祭祀。佑圣观设斋醮,上自朝廷下至民庶,纷纷前往观中进香,并举行各种庆祝活动。

三月三日上巳之辰①,曲水流觞故事②,起于晋时③。唐朝赐宴曲江④,倾都禊饮踏青⑤,亦是此意。右军王羲之《兰亭序》云⑥:"暮春之初,修禊事。"杜甫《丽人行》云⑦:"三月三日天气新,长安水边多丽人⑧。"形容此景,至今令人爱慕。

【注释】

①上巳:中国古代传统节日,俗称三月三,该节日在汉代以前定为三月上旬的巳日,曹魏以后,节日时间固定在三月三日。旧俗以此日在水边洗濯污垢,祭祀祖先,叫作祓禊、修禊、禊祭,后来演变成水边饮宴、郊外游春的节日。

②曲水流觞:农历三月三上巳日举行祓禊仪式之后,人们在弯曲的水流旁放置酒杯,酒杯顺流而下,停在谁的面前,谁就取杯饮酒,意为可以除去灾祸不吉。后来发展成为文人墨客诗酒唱酬的一种雅事。东晋穆帝永和九年(353)三月三日,王羲之与谢安、孙绰等四十一位朝廷高官在山阴(今浙江绍兴)兰亭"修禊",并举行曲水流觞活动,引为千古佳话。

③晋:指东晋。

④唐朝赐宴曲江:唐玄宗时,每年上巳节皇帝都要在曲江赐宴臣僚。对于新科进士,皇帝也会在这一天赐宴曲江。曲江,在今陕西西

安东南。为唐代著名的皇家园林。

⑤禊饮:指农历三月三上巳日之宴饮。

⑥右军王羲之:王羲之,字逸少,东晋时期著名书法家,达到了"贵越群品,古今莫二"的高度,被尊称为"书圣"。琅琊(今山东临沂)人,后迁会稽山阴(今浙江绍兴)。历任秘书郎、江州刺史、会稽内史等,因其曾任右军将军,故世称其为"王右军"。《兰亭序》:又名《兰亭集序》《临河序》《禊帖》《三月三日兰亭诗序》等。是晋代书法家王羲之于上巳日所写的书法作品。东晋穆帝永和九年(353)三月初三,王羲之与谢安、孙绰等四十一人,在会稽山阴(今浙江绍兴)的兰亭雅集,饮酒赋诗,辑为《兰亭集》,王羲之为之作序,这篇序文便是《兰亭集序》。《兰亭集序》记叙兰亭周围山水之美和曲水流觞的欢乐之情,并由此抒发作者对于人生无常的感慨。《兰亭集序》的书法具有极高的艺术价值和历史地位,宋代书法家米芾称其为"中国行书第一帖",后世书法名家公认其为天下第一行书。可惜长期以来,《兰亭集序》的真迹下落不明,大家能看到的都是后人的摹本。

⑦《丽人行》:本诗约作于天宝十二年(753),通过描写杨国忠兄妹曲江春游的情景,讽刺了他们的骄奢淫逸和作威作福的丑态。全诗如下:"三月三日天气新,长安水边多丽人。态浓意远淑且真,肌理细腻骨肉匀。绣罗衣裳照暮春,蹙金孔雀银麒麟。头上何所有,翠微盍叶垂鬓唇。背后何所见,珠压腰衱稳称身。就中云幕椒房亲,赐名大国虢与秦。紫驼之峰出翠釜,水精之盘行素鳞。犀箸厌饫久未下,鸾刀缕切空纷纶。黄门飞鞚不动尘,御厨络绎送八珍。箫鼓哀吟感鬼神,宾从杂遝实要津。后来鞍马何逡巡,当轩下马入锦茵。杨花雪落覆白苹,青鸟飞去衔红巾。炙手可热势绝伦,慎莫近前丞相嗔!"

⑧丽人:指美貌的女子。

【译文】

三月三日,是上巳节,曲水流觞的故事,起源于晋朝时。唐朝时皇帝在曲江赐宴,整个都城之人都在这一天在水边祭祀宴饮、郊游踏青,也是这个意思。右军王羲之的《兰亭序》中写道:"暮春时节,人们会聚集在水边举行修禊活动。"杜甫的诗歌《丽人行》中写道:"三月三日天气新,长安水边多丽人。"就是形容这个景象,至今让人心生喜爱之情。

兼之此日正遇北极佑圣真君圣诞之日①,佑圣观侍奉香火②。其观系属御前去处③,内侍提举观中事务④,当日降赐御香,修崇醮录⑤。午时朝贺⑥,排列威仪⑦,奏天乐于墀下⑧,羽流整肃⑨,谨朝谒于陛前,吟咏洞章⑩。陈礼士庶烧香⑪,纷集殿庭。诸宫道宇俱设醮事⑫,上祈国泰,下保民安。诸军寨及殿司衙奉侍香火者⑬,皆安排社会⑭,结缚台阁,迎列于道,观睹者纷纷。贵家士庶亦设醮祈恩。贫者酌水献花。杭城事圣之虔,他郡所无也。

【注释】

① 北极佑圣真君:即灵应佑圣真君(又叫真武大帝),北极四圣真君之一。佑圣真君是北帝的部下,原为星宿神,被称作"玄武",因北方在五色中属于黑色,又称"黑帝"。宋真宗大中祥符年间,为避圣祖赵玄朗讳,改玄武为真武。南宋时,真武神人格化形象日益丰富,其形象多为道服羽流,仗剑披发,脚踩龟蛇。

② 佑圣观:南宋绍兴十六年(1146),宋孝宗在此建宅第并居住三十年,光宗赵惇、宁宗赵扩均在此出生。淳熙三年(1176),宅第改为道院,以供奉北极真武佑圣君。绍定年间,理宗赐额"佑圣官",后毁于火灾。元大德七年(1303)重建,改名佑圣观。本书

卷八《佑圣观》详细描述了该观情况。

③御前去处：皇帝所在地方。

④提举：宋代差遣名目。掌管、管理之意，专门主管某种事务。

⑤醮录：即醮箓，一种重要的道教宗教仪式，主要用于祈福、消灾、超度等目的。

⑥午时：上午十一点到下午一点。

⑦威仪：帝王的仪仗、扈从。

⑧天乐：指宫廷的音乐。

⑨羽流：指道士，道人。整肃：严肃，端庄。

⑩洞章：指道教经书。道教经典分洞真、洞玄、洞神三部，故称。

⑪陈礼：施礼。

⑫道宇：犹言道观。醮事：道士设坛所做的斋醮祈祷之事。

⑬殿司："殿前都指挥使司"的简称。禁军官司名。掌殿前诸班、御龙诸直、骑军诸指挥、步军诸指挥官兵名籍，及统制、训练、轮番宿卫与戍守、迁补、赏罚政令等。奉侍：侍奉。

⑭社会：指中国古代社每逢节日举行的酬神庆祝活动。

【译文】

又赶上这一天正好是北极佑圣真君的诞辰，佑圣观侍奉北极佑圣真君香火。该道观之前为皇帝所在地方，由内侍负责管理道观中的事务，这一天皇帝赐下御香，举行醮箓。午时，百官朝贺，相关人等排列好皇帝的仪仗，乐师们在台阶下演奏宫廷音乐，道士们神情严肃，恭恭敬敬地在大殿台阶前向皇帝行礼拜谒，同时口中吟诵道教经书。来佑圣观烧香的士人百姓，聚集在道观殿庭中。这一天，杭州各道观都举行斋醮，向上祈祷国家安泰，向下祈祷百姓安居乐业。各军寨以及殿前司各衙供奉北极佑圣真君香火之人，都安排酬神庆祝活动，扎起各种台阁，在道路上迎接神，围观欣赏之人络绎不绝。高门贵族之家和普通百姓，也都设醮场以祈福。穷人则盛水献花。杭州城供奉北极佑圣真君态度虔诚恭敬，其他州郡都没有这种情况。

诸州府得解士人赴省闱

【题解】

本条记述了南宋发解试得中举子参加省试的情况。宋代科举考试分为三级：发解试、省试、殿试。从元祐三年（1088）起，殿试不再黜落举子，只是对最终排名有所调整，所以省试几乎决定了考生能否中第。唐代进士科考取谓之"及第"，及第之后并不马上授官，还要经过吏部选试，合格者才能释褐授官，且授官不过八九品小官。宋代举子中举后便直接授官。正因如此，为了保证科举考试的公正性，从宋初开始，朝廷格外重视省试，不断采取各种措施，努力杜绝科场舞弊行为。在考官方面，省试考官设有内帘官（知举官、同知举官、点检试卷官和详定官）和外帘官（封弥官、誊录官、监门官和巡捕官），前者主要负责出题、考校、排名、引保监察、考校放榜等，一般不直接面对考生，后者主要负责考场杂务，其任务较轻，但也很重要，尤其是封弥官和誊录官。他们分工明确，防弊措施严密，以确保实现公平取士。宋太宗淳化三年（992），殿试中采取糊名做法，将试卷上考生的姓名、籍贯、家世等文字都封贴起来，这样便杜绝了考官判卷时徇私舞弊。后来又采取誊录法，在考试结束后，由专门的誊录官将考卷誊录副本，考官根据誊录副本进行判卷，这样便进一步杜绝了考官通过笔迹等方式进行舞弊的机会。举子交卷后，编排官对试卷进行封弥，第以字号，然后誊录院负责誊写、对读，接下来由点检试卷官进行初考，对试卷定等、再封弥，交给覆考官，再次定等，结束后由详定官启封试卷，审阅所定等第异同，确定最后排名。编排官负责取中举考生的乡贯状、字号核对，调取真卷，决定魁选。审省奏号，放榜。唐代录取进士，每次不过二三十人，甚至少至几人。相比之下，宋代科举录取每次多达几百人，据统计，南北宋总录取人数超过十一万人。当成千上万人涌到临安府应举时，也给当地人来了巨大的商机，形成了一种独特的"科举经济"。

三月上旬①，朝廷差知贡举②、监试③、主文④、考试等官⑤，并差监大中门官诸司⑥、弥封⑦、誊录等官⑧，就观桥贡院放诸州府郡得解士人⑨，并三学舍生得解生员⑩、诸路运司得解士人⑪、有官人及武举得解者⑫，尽赴院排日引试⑬；及诸州郡诸路寓试试得待补士人⑭，并排日引试。国子监牒试中解者⑮，并行引试。如有避亲者⑯，就别院引试⑰。朝廷待士之重，差官之际，并令快行宣押所差官员入内⑱，到殿听敕。其知贡举、监试、主文并带羞帽⑲，穿执乘驭⑳，同诸考试等官，迎引下贡院㉑，然后锁院㉒，择日放试㉓。

【注释】

①上旬：十日为旬。每月第一日至第十日为上旬。
②知贡举："知礼部贡举事"的简称。宋代贡举法，朝廷临时派遣翰林学士等朝官领贡举事，资历稍浅者称"权知贡举"。知贡举只负责考场内事务，不负责阅卷等工作。（清）赵翼《陔余丛考》卷二十八《礼部知贡举》中详细介绍了知贡举这一职务的产生和发展："唐初明经进士，皆考功员外郎主试事。开元二十四年，考功员外李昂为举人诋诃，帝以员外郎望轻，遂移贡举于礼部，以侍

郎主之,后世礼部知贡举自此始。然其时知贡举者即主司,后世则知贡举者但理场务,而主试则别命大臣。按唐制,知贡举亦有不专用礼部侍郎而别命他官者……五代时亦或以他部尚书、侍郎为之,此又近代别命大臣主试之始也。"宋初承唐五代之制,每次省试设置一名主考官,宋太祖开宝八年(975),设置三名同知贡举以互相监督,沿用至宋末。

③监试:贡举考试时负责监督的官吏。宋太宗太平兴国二年(977),增监视官。雍熙二年(985),参加省试的举人达万人,为了加强贡院考场纪律,又增加了监门官和巡捕官。南宋宁宗朝,权臣韩侂胄为了进一步加强了对礼部贡院的监督,在三知举之外设立同知贡举一员,以谏官为之,嘉泰二年(1202)更名为"监试"。《宋史》卷一百五十六《选举志二》:"韩侂胄用事,将钤制士人,遂于三知举外,别差同知一员,以谏官为之,专董试事,不复干预考校,参详官亦不差察官。……嘉泰间,更名监试,其失愈甚,制造簿历,严立程限。"史弥远上台后,取消了"监试"之称,仍置四知举,其中一人由台谏官充任。此后,一人为知贡举,二人为同知贡举,一人为监试,职责分明。

④主文:即科举考试中的主考官,考前负责回答考生的疑问,考后负责考卷的最后定夺,是贡举试院文科考官别称。

⑤考试:官名。与监试官、知贡举等共同掌科举考试。

⑥监大中门官:即贡院临门官。掌引导举人进入试场,对号入座,并搜检是否夹带书籍。大中门,孔庙正门。

⑦弥封:又称"糊名"。指科举考试时,把试卷上填写姓名的地方折角或盖纸糊住,考官不知道考卷的作者,以防止舞弊。弥封始于宋太宗淳化三年(992),最初仅施行于殿试。宋真宗咸平二年(999),弥封推广到省试。宋仁宗明道二年(1033),弥封推广到州郡解试。弥封的目的是防止考官在评定举子等第时偏私,但考

官仍可以通过笔迹来辨认试卷，于是又出现誊录制度。

⑧誊（téng）录：科举考试中一种防止作弊的方法，将考生试卷让专人用工楷誊清抄录，杜绝了考官通过识别考生字迹来进行舞弊。（宋）吴曾《能改斋漫录》卷一《事始一·糊名考校》："取士，至仁宗始有糊名考校之律。虽号至公，然尚未绝其弊。其后袁州人李夷宾上言，请别加誊录。因著为令，而后识认字画之弊始绝。"宋真宗大中祥符二年（1009），誊录首先实施于殿试。大中祥符八年（1015），誊录推行于省试中。宋仁宗景祐四年（1037），誊录施行于解试中。

⑨观桥：旧址在今天的杭州中山北路与凤起路交叉口的西边。观桥之名甚古，起始于五代吴越国。据记载，931年吴越王钱镠建杭州观桥，并且在桥上留有题刻。贡院：有两层含义，一是指由礼部负责的省试机构，一是指举行省试的场所。北宋时，没有建造独立的礼部贡院，佛寺、武成王庙、太学等都曾临时做过礼部贡院。南宋绍兴和议前，举行了三次省试，都在观桥东面的净住院举行。绍兴十五年（1145），在新落成的礼部贡院举行第四次省试。至此，南宋有了独立的礼部贡院，一直到南宋灭亡。本书卷十五《贡院》介绍了南宋贡院情况。得解：指通过解试后获得州府荐送到中央参加礼部试的资格。（宋）赵彦卫《云麓漫钞》卷四："官府多用申解二字……士人获乡荐亦曰得解。"北宋初，解试时间在农历八月。宋仁宗天圣四年（1026）以后改为九月。考虑到路途远近和接下来的省试，福建解试提前在七月，而距离京城开封更远的四川、两广的解试则提前到六月举行。南宋初年，解试恢复到八月举行。

⑩三学舍生：指太学、武学、宗学中获得发解试的生员。

⑪诸路运司：指各路转运使司。路，宋元时代地方行政区划名。宋代的路相当于明清的省。宋初施行"道""路"并存的行政区

划。宋太宗至道三年（997），改"道"为"路"，"路"成为宋代地方行政区划。始定天下为15路。此后"路"的数量又有变化。南宋高宗绍兴十二年（1142），分全国为16路。宋宁宗嘉定元年（1208），把利州路分为东、西两路，变成17路。运司，转运使司的简称。官司名。属于路级监司之一，统治一路的主要机构，"婚田、税赋则归之转运"（《宋会要辑稿》职官四十五之四十二）。

⑫武举：又称"右科"。贡举科目之一。武举始创于武周时期。武则天长安二年（702），"诏天下诸州宣教武艺"，在兵部主持下，每年为天下武士举行一次考试，考试合格者授予相应武职。此时武举的选拔范围主要是军队和将门子弟。五代武举停废。宋仁宗天圣七年（1029）设置武举。次年，宋仁宗亲自参与选拔，开创了武举殿试先例。此后武举废置不常，直到宋神宗熙宁五年（1072），武举才确定三年一考，每次录取百人的制度。南宋时，武举进一步完善，在考试中增加了武艺与程文，以提高举子的军事理论修养。（宋）赵昇《朝野类要》卷二《举业·武举》："分二等。盖绝伦者挽二石以上斗力，平等者挽九斗以上可也。至日，步射两箭，马射正背，共五箭为头场。"本书卷十五《学校》简单介绍了南宋武举。卷十七《武举状元》列举了南宋孝宗朝至度宗朝武举状元名氏。

⑬排日：每日，逐日。引试：指引考生根据自己所报考的科目前往不同考场。

⑭寓试：指不在原籍，而在所居之地参加考试。寓，寄居。宋朝科举制规定，应举的士人一般要在原籍参加考试，但总会有些人由于种种原因无法在原籍参加科举考试，于是朝廷允许这些人在所居地应举。北宋时，举子不在原籍考试的情况就已经出现。靖康之乱后，大量北方人为了逃离北方战乱南迁，而南宋境内起初也并不安定，许多人不得不处于颠沛流离状态。在这种情况下，为了

笼络和招揽人才,南宋朝廷设置寓试。建炎四年(1130),宋高宗下诏"京畿、京东、京西、河北、陕西、淮南路士人,许于流寓所在州军,各召本贯或本路及邻路文官两员结除名罪保识,每员所保不得过二人,仍批书印纸,听附本州军进士试,别为号,以终场二十人解一名。余分或不及二十人亦解一名,不及五人附邻州试"(《宋会要辑稿》选举十六)。绍兴六年(1136),朝廷又对流寓士人有了进一步的优待,"流寓举人,每十五人解一名,余分或不及十五人亦许解一名,不及五人处,预牒本路转运司,类聚附试。仍召文臣二人委保,不得过三人"(《宋会要辑稿》选举十六)。待补:犹候补。

⑮国子监牒试中解者:指通过国子监入学考试获得取解资格的人。国子监,宋朝的教育机构和教育管理机构。宋太祖建隆二年(961),设置国子监,后改称国子学。宋太宗淳化五年(994),恢复称为国子监。国子监除了校勘出版图书外,还招收七品以上京朝官子孙入学,名额是七十人。宋朝中央官学与科举相结合,国子监也成为科举发解所。宋神宗时期三舍法的推行,太学生取代国子生成为中央官学的主要成员。南宋高宗绍兴十三年(1143),以临安府原岳飞旧宅建为国子监,同时在那里创建太学,置祭酒、司业各一员,博士三员,正、录各一员,养士七百人。不过,此时的国子监已经成为单纯的教育行政机构,没有专门为国子生所设立的校舍,虽有国子生,只是依附于太学就读而已。可参考本书卷九《诸监》记载。牒试:亦称"胄试"。科举考试中有关官员子弟、亲戚、门客,为避嫌疑,由官府用公牒送到别处贡院参加考试。为发解试的一种。凡宰执、侍从、在朝文武官的子侄等,牒送国子监附试;凡本州知州、通判的门客,本治所的同宗或异姓亲属,离乡两千里的随侍同宗亲属,考试官缌麻以上亲属及大功以上婚姻之家,须参加解试者,皆牒送本路转运司应试;本

路帅司、监司的上述子弟送邻路转运司应试。嘉熙元年（1237）此制遂废。

⑯避亲：亲嫌回避。指科举考试的主考官、同考官、阅卷官等与考生有亲属关系的必须回避。（清）赵翼《陔余丛考》卷二十九《科场回避亲族》："《宋史·张士逊传》：科场初用糊名法，士逊为巡捕官，以进士有姻党请回避，自是有亲嫌者皆移试，著为令。而宋制应回避之人有并及门客者。《夷坚志》汪义和预乡荐，淳熙辛丑，其弟义端为文院点检试卷官，牒诣别头乃奏名，以黄甲榜登第，此亲族回避也。黄若纳以禫服不及试大院，乃经营以某公门客避嫌例试别所，遂登科，此门客回避也。"

⑰就别院引试：此处指别头试。科举考试中，对于无法回避的情况，另设考场应试。宋朝别头试起因见（宋）李焘《续资治通鉴长编》卷六十八："（大中祥符元年四月）先是，监察御史张士逊为贡院监门官。时贡举初用糊名之法，士逊白主司有亲戚在进士中，明日当引试，愿出以避嫌。主司不听，士逊乃自言引去。上是之，记名于御屏，遂诏自今举人与试官有亲嫌者，皆移试别头。"

⑱宣押：指宣布朝廷签署的文告。凡公文需书押，因称。

⑲羞帽：科举考试时代考官与状元戴的一种帽子。诸位考官开考前进考场时会戴，放榜后状元游街时也会戴。见本书卷三《士人赴殿试唱名》。

⑳穿执：谓穿靴执笏。乘驭：驱使车马行进。

㉑迎引：犹言迎接导引。

㉒锁院：本义为锁闭院门以防机要之事泄露，后来成为科举考试防作弊的一种措施。（宋）赵昇《朝野类要》卷一《故事·锁院》："凡言锁院者，机密之谓也。故试士、撰麻皆如此也。试士则所差官预先入院议题，有司排办。"宋太宗淳化三年（992），苏易简等人受命知贡举，"既受诏，径赴贡院，以避请求，后遂为常制"（《续

资治通鉴长编》卷三十三,淳化三年正月)。这应该是宋代科举考试时实行"锁院"之始。此后皇帝曾专门下诏强调"锁院"的重要性。《续资治通鉴长编》卷八十三:"(大中祥符七年八月)丙子,诏:'自今差发解知举等授敕讫,即令阁门祗候一人引送镮宿,无得与僚友交言,违者阁门弹奏。如所乘马未至,即以厩马给之。'"据记载,锁院的时间长达五十天左右。这样可以减少考前漏题与考后说情的情况。

㉓放试:犹言举行考试。

【译文】

三月上旬,朝廷派遣知贡举、监试、主文、考试等官员,同时派遣监大中门官诸司、弥封、誊录等官员,在观桥贡院考试诸州府郡已经通过发解试的士人,太学、武学、宗学中通过发解试的生员,各路转运司考试后通过发解试的士人,和身为官员以及武举获得发解试之人,他们全部前往贡院安排时间参加考试,诸州郡、诸路寓居杭州通过发解试的待补士人,也一并安排好时间参加考试。国子监考试后获得发解试之人,一并参加科举考试。如果其中有需要回避亲戚的人,就去别院参加考试。朝廷对待举子十分重视,派遣考官的时候,命令快行护送所派遣的考试官员入内,到殿廷听候皇帝敕令。其中知贡举、监试、主文等考试官员,都头带羞帽,穿靴执笏,乘马而行。他们连同其他考试官员,在相关人员的引领下前往贡院,然后贡院上锁,选择时口开始考试。

诸州士人自二月间前后到都,各寻安泊待试①,遂经部呈验解牒②,陈乞纳卷用印③,并收买试篮、桌椅之类。试日已定,隔宿于贡院前赁房待试④,就看坐图。其士人各引试三场⑤:正日本经⑥,次日论,第三日策⑦。预试人照合试日分集于贡院竹门之外,伺候开门放试。士人各入院内,依坐位分廊占坐讫。知贡举等官于厅前备香案,穿秉而拜[8],诸士人皆答拜[9],方下帘幕,出示题目于厅额。题中有疑难处,听士人就帘外上请[10],主文于帘中详答之讫,则各就位作文,随手上卷[11]。至晡后开门[12],放士人出院,纳卷于中门外,书知姓氏,试卷入柜而出。

【注释】

①安泊:住宿。

②呈验:呈上检验。解牒:说明解试情况的公文。《宋史》卷一百五十五《选举志一》:"进士文卷,诸科义卷、帖由,并随解牒上之礼部。有笃废疾者不得贡。"

③纳卷:指应省试前,举子挑选自己平素所著的优秀作品编成一集呈递给礼部主司,由主试官们先行过目。"纳卷"始于唐玄宗天宝元年(742),礼部侍郎韦陟知贡举时所采用,目的是为了弥补完全以一场考试成绩的高低来定考生的缺陷。但"纳卷"最大的问题是主试官很难在短时间内遍览举子所纳作品,或者识鉴不精,于是又衍生出"行卷"。所谓"行卷",是应试的举子提前将自己的诗文呈献给高官名流,请求他们向科举考试官推荐。这种做法自然催生了许多弊病。宋朝建立后,科举考试逐步建立起完善的糊名和誊录制,还有锁院制等,"一切以程文为去留",纳卷逐渐不为举子所重视。

④隔宿:相隔一夜。

⑤引试:引保就试。宋时选举制度的一种规定。凡士子应举,须什伍相保,不许有大逆的亲属及诸不孝、不悌与僧道归俗等事。将临试期,知举官先引问联保,核对明白后,方得就试。《宋史》卷一百五十五《选举志一》:"知贡举宋白等定贡院故事:先期三日,

进士具都榜引试。"三场：三场考试。（宋）赵昇《朝野类要》卷二《举业·三场》："第一场本经义三道，小经义各一道，计五道。若诗赋人，八韵赋一道，省题诗一首。第二场论一道。第三场策三道，仍各有格式条限。若武举则以弓马为第一场，其次七书义五道，其策三道。"

⑥本经：指用以解释和传授的原始儒家经典。

⑦策：即试策。中国古代科举文体的重要组成部分，源于汉代，在唐代进士、明经、制举等不同考试科目中得到广泛应用，并逐渐发展成一种成熟的科举文体。宋神宗熙宁三年（1070）开始改用试策。试策分为策问与对策两部分，策问即提出问题的部分。宋代策问的内容十分广泛，"礼乐刑政、兵戎赋舆、岁时灾祥、吏治得失"等均可入策问。南宋时，科举中的策问更贴近时务，借以考察举子对历史沿革的认知程度与其致用能力。

⑧穿秉：穿礼服而执朝笏。穿，指身穿礼服。秉，指手执朝笏。

⑨答拜：回拜。

⑩上请：礼部试出试题，允许举子对试卷的疑难之处进行提问，称为"上请"，这一制度在唐朝时开始实行。（宋）叶梦得《石林燕语》卷八："唐礼部试诗赋题，题不皆有所出，或自以意为之，故举子皆得进问题意，谓之上请。"（宋）马端临《文献通考》卷三十一《选举考四》："本朝既增殿试，天子亲御殿，进士犹循礼部故事。景祐中，稍厌其烦渎，始诏御药院具试题，书经史所出，模印给之，遂罢上请之制。"

⑪随手：立即，随即。

⑫晡（bū）：申时，相当于如今的下午十五点至十七点。

【译文】

各州前来应举的士人，从二月份前后来到行都杭州，各自寻找住宿的地方等待考试，于是通过礼部进呈解牒检验无误后，请求纳卷并盖上官印，同时购买考试所用的篮子、桌椅之类。考试日期确定后，考试前一天，考生在贡院前租赁房间等待考试，并观看考试座位图。参加科举考试的士人各自引保就试三场：第一天考试本经，第二天考试论，第三天考试策。预备参加考试的人按照合试那一天的时间聚集在贡院竹门外，等候贡院开门。时间一到，贡院开门将参加考试的士人放进来，考生各自进入贡院内，依照考试座位分廊坐好。知贡举等官员在考厅前准备好香案，身穿礼服执朝笏肃穆礼拜，诸位参加考试的士人都回礼答拜。这一切结束后，考官才放下帘幕，在考厅门额上悬挂出考试题目。考题中有疑难的地方，听凭士人在帘幕外面进行提问，主文官在帘幕中详细回答完毕，考生便各自回到座位答题，随时可以交卷。考试至申时贡院开门，让士人出院，考卷放置于贡院中门外，书写上姓名，试卷放入柜中离场而出。

其士人在贡院中，自有巡廊军卒赍砚水、点心、泡饭、茶酒、菜肉之属货卖，亦有八厢太保巡廊事①。所纳卷子，径发下弥封所封卷头，不要试官知士人姓名，恐其私取故也。却于每卷上打号头②，三场共一号，方发往誊录所誊录卷子，依字号书写对读无差，方纳入考试官各房考校。如卷子考中，发过别房覆考③，如称众意，方呈主文，却于誊录所吊取真卷④，点对批取，定夺魁选。伺候申省奏号，揭榜取旨，差官下院拆号发榜⑤。

【注释】

① 八厢太保：又称作"八厢""八厢巡案"，指科举考试期间，负责考场巡逻治安纪律的行都八厢军卒。（宋）黎靖德编《朱子语类》卷一百二："皇城使有亲兵数千人，今八厢貌士之属是也，以武臣二

员并内侍都知二员掌之。本朝只此一项令宦者掌兵而以武臣参之,因笑曰:'此项又似制殿前都指挥之兵也。'"太保,原为三公之一,后来逐渐成为一种尊称,甚至仆役也可以尊称为太保。
②打号头:打上号码。号头,号码,号数。本书卷三《士人赴殿试唱名》:"旧制,士人卷子仍弥封,卷头打号,然后纳初放官,次下覆考,考定次第,后送定参详一同,方定甲名资次,而定夺三魁。"
③覆考:再次考定。《宋史》卷一百五十六《选举志二》:"旧制,御试初考既分等第,印封送覆考定之,详定所或从初,或从覆,不许别自立等。嘉祐中废。"
④真卷:宋代科举实行誊录制度,考试结束后,将弥封过的试卷交给负责誊录的誊录所,由书吏抄写成副本,将这些试卷的副本送给阅卷官批阅,考生本人所写的原试卷便被称为"真卷"。
⑤拆号:指拆开事先封弥好的试卷。发榜:放榜。

【译文】
士人在贡院中考试,自然有巡廊军卒携带着砚台水、点心、泡饭、茶酒、菜肉之类前来售卖,还有八厢太保巡视考场。考生交纳的试卷,直接发到弥封所封弥卷头,不让考试官知晓士人姓名,这是疑心他们私心录取的缘故。却在每张考卷上打上号头,三场考试共用一个号头,然后再将考卷发往誊录所誊录试卷,依照字号誊录,对读无误后,才将卷子送到各位考试官房间中进行批阅。如果试卷通过,则会将试卷发到其他房间的考官那里复查,如果考卷让众考官都满意,方才呈送给主文官,并去誊录所调取考卷原件,检点对照批示录取,决定第一名的人选。等待申报三省,上奏封弥试卷,揭榜领旨,派遣官员到贡院拆开封弥好的试卷公布录取名单。

中省魁者殿试陞甲恩例^①,前十名亦如之。补试中榜者^②,参太、宗、武三学为生员^③。举人中省闱者^④,俟候都堂点请覆试⑤,不过一论冒而已⑥。覆试毕,然后到殿也。此科举试,三年一次,到省士人不下万余人,骈集都城⑦。铺席买卖如市⑧,俗语云"赶试官生活"⑨,应一时之需耳。

【注释】

①省魁:即省元。殿试:科举考试中的最高一级,皇帝亲临殿廷策试。也称廷试。宋开宝八年(975),太祖于讲武殿策试贡院合格举人,并颁定名次,自此始为常制。恩例:指帝王为宣示恩德而颁布的条例、规定。

②中榜:指参加科举考试登科。宋初进士登第,朝廷会制作类似"录取通知书"的"榜帖"。宋真宗咸平元年(998),由于登第人数多,为了节省成本,朝廷取消了榜帖,改为像唐朝一样,将登第者名字在礼部墙上张榜公布。

③武:指武学。宋仁宗庆历二年(1042),为了培养军事人才,朝廷建武学。学生以百人为额,学规以太学学规为基准。挑选文武官知军事者为教授,许未参政使臣与门荫、草泽人经京官保荐,人材弓马试验合格者入学,学习诸家兵法。三年后考试,及格者按等第授官,不及格者明年再试。宋徽宗崇宁年间,诸州亦置武学,仿儒学制度立考选升贡法,分立三舍。宣和二年(1120),废州县武学。南宋高宗绍兴十六年(1146)复旧制。宋代武学生学成后大多在地方维持治安,甚少领兵对敌作战,这与宋代设置武学培养将帅之才的初衷相违背,这反映了宋代武学和武举的尴尬。

④举人:指取得发解后送礼部应试者。明清时专指乡试录取者。省闱(wéi):唐宋时试进士由尚书省的礼部主持,故称"省闱"。又称"礼闱"。

⑤都堂:宋代宰辅集团处理国政、办公议事、接待僚属的机构,以及重要官员聚议的处所,在中枢政务运行中发挥了重要作用。北宋

前期，中书门下的办公地称为政事堂，也称作都堂。元丰改制后，撤销中书门下，以尚书省都堂为政事堂，是宰相聚议治事之所。南宋时期，都堂成为三省、枢密院共有的理政之所。

⑥论冒：相当于八股文中的"破题"，有点题之意。

⑦骈（pián）集：聚集，汇集。

⑧铺席：铺面，店铺。

⑨生活：指生计，活儿，工作。

【译文】

省试的第一名在参加殿试时有机会提升名次的恩例，同样也适用于省试前十名的考生。补试中榜的考生有资格进入太学、宗学和武学这三所学校学习，并成为生员。通过省试的举子，等待都堂点名奏请皇帝复试，复试不过简单点明题目意思罢了。复试完毕，然后到大殿之上。这就是科举考试，三年举行一次，参加省试的士人，不下万人，这些人都聚集在行都。杭州店铺的生意非常红火，俗话说"赶试官生活"，应付一时的需求罢了。

荫补未仕官人赴铨

【题解】

本条记述了未入仕荫补者参加铨试的情况。在皇帝诞辰、祭祀,官员告老还乡、临终时,不同级别的官员可以根据制度荫补不同人数的子弟、亲戚甚至门客等入仕,有些官员甚至能够一次荫补数十人。荫补属于皇帝对官员的一种恩典,可以让他们的子弟规避竞争日益激烈的科举考试从而轻松直接为官,对于笼络官员安心为朝廷效力有一定作用。但同时许多不学无术的官僚子弟轻而易举地入仕为官,一方面容易挫伤依靠苦读诗书通过科举考试入仕的学子;另一方面,这些构成了宋朝官场中人数最多的荫补官,他们中许多人并不具备行政能力,更容易尸位素餐,甚至鱼肉百姓。根据南宋人李心传的《建炎以来朝野杂记》统计,南宋嘉定六年(1213)的官员中,荫补出身的占57%,科举出身的仅占28%,其他出身的占15%,由此可以清楚地看出,荫补入仕者远远多于科举入仕者。当然,荫补入仕之人往往在仕途上受到很多限制,绝大多数都难以升迁到更高的职位,所以一些有志于仕进之人,或者不屑于通过荫补入仕,或者入仕后再次参加各种科举考试,以此摆脱荫补入仕的身份,换取仕途上更好的发展机会。

每岁三月上旬,应文武官荫授子弟、宗子荫补者①,并赴铨闱就试出官②。朝廷差监试、主文、考试等官,就礼部贡院放试。试中者,三名取一名。文臣试两场:本经及《刑统》义③,第三日愿试法科者听④。武臣试《七书》义⑤。三学生员入试,中榜者陞内舍⑥。其时亦有试宏词⑦、法科、馆职⑧、贤良方正⑨。三省堂后官及六部吏并试法科⑩,陞补额名。并是排日放试,合差外诸司等官吏,并循诸试例。如省闱年分,移于八月放试,中榜者赴吏部伺候帘试过参⑪,注差遣⑫。武选中者,就兵部右选厅铨量读法⑬,注授出官⑭。

【注释】

① 宗子:皇室子弟。荫补:犹荫叙,谓因先世荫庇补官。宋朝规定文武官员、内外命妇等达到一定级别,可以奏请一定人数的亲属或者他人入仕。

② 铨闱:政府设置的选拔官吏的考试场所。就试:应考,参加考试。出官:离开京城到外地做官。

③《刑统》义:《刑统》,即《宋刑统》。宋代的主要法典。北宋建国之初,因袭"唐律、令、格、式",并沿用五代后周的《显德刑统》,因其"科条繁浩,或有未明",建隆四年(963),宋太祖依据工部尚书判大理寺窦仪的建议,命窦仪、苏晓、冯叔向等人沿袭唐律,在《显德刑统》的基础上,重新制定了《重详定刑统》,简称《刑统》,后人称《宋刑统》。这是中国历史上第一部镂版印行的法典。这是宋太祖为巩固统一,加强中央集权,维持其统治秩序所采取的立法措施。义,墨义。中国古代科举考试中的一种考试形式,要求考生能够准确背诵经典著作中的内容,并能够对其中的义理进行解释,这种考试形式注重考生对经典知识的记忆和理解。墨义考试通常有固定的格式和标准答案,考生的回答需要符

合官方认可的解释。

④法科：宋代科举科目之一，属于制科，考察举子法律、刑事、民事等方面的知识和才能，主要用来选拔司法和监察官员。宋朝是中国历史上第一个设立法科的朝代，宋太祖乾德二年（964），开始实行法科。法科录取者，不必再经过吏部试，可以直接授官，也不必从低级官职开始，而是直接担任司法和监察官。最初法科只有明法科一科，考察举子的法律知识和才能；后来根据不同的司法和监察需要，分设了多个分科。宋朝法科的考试时间与进士科的考试时间相对应，采用笔试的方式。

⑤《七书》义：七书，又称"武经七书"，北宋元丰间颁行的武学生应试必读的七种兵书。即《孙子》《吴子》《六韬》《司马法》《黄石公三略》《尉缭子》《李卫公问对》。《宋史》卷一百五十七《选举志三》："凡武学生，习'七书'兵法、步骑射。"义，墨义。

⑥内舍：北宋王安石变法期间，将太学分为外舍、内舍、上舍三等，分别为两千人、三百人和百人。官员子弟可以免试入学，平民子弟考试合格方可入学。三舍生通过定期考核升舍，"上等命以官，中等免礼部试，下等免解"。后来地方官学也推行此法。宋徽宗宣和三年（1121）废除了州县学的三舍法，但太学三舍法一直在施行，南宋时期，太学三舍法还有一定的发展。（宋）赵昇《朝野类要》卷二《举业·内舍》："入上庠、宗学者，皆外舍生。若校定满年、行食分数之人，如公试中等，即依例升补内舍，与公试榜同出，自后方得为长、谕。若内舍私试，连三次不中者，降为外舍。"

⑦宏词：即宏词科。北宋哲宗绍圣二年（1095）五月，下诏设立宏词科。应试者是进士及第的有官人，考试时间是在省试放榜之后，一般在三月举行，考试地点是上舍生试的考试院。宏词科考章表、露布、檄书、颂、箴、铭、序、记九种文体，"临时取四题，分作两场引试"。箴、铭限一百字以上，其他文体并限二百字以上。宏词科的

试题,或为时事,或为本朝故事。"词理俱优者为上等,词理次优者为次等。"宏词科录取人数多则五人,少则一二人不等。《宋会要辑稿》选举十二之二:"别立宏词一科。每科场后,许进士登科人经礼部投状乞试;依试进士法,差官考校试诏诰或表章、杂文共三篇;应者虽多,所取不过十人;中程者申三省看详,仍分为两等:上等循两资,中等循一资,承务郎以上比类推恩;词格超异者,临时取旨。"

⑧馆职:馆职皆为文学高选,必经召试而后除授;不试而命者,或出于皇帝恩宠与赏功慰劳,省府、监司资格深者能获得。宋人视馆职为仕途终南捷径,两制、宰执官多取自馆职。(宋)洪迈《容斋随笔》卷十六《馆职名存》:"国朝馆阁之选,皆天下英俊,然必试而后命。一经此职,遂为名流。其高者,曰集贤殿修撰、史馆修撰、直龙图阁、直昭文馆、史馆、集贤院、秘阁。次曰集贤、秘阁校理。官卑者,曰馆阁校勘、史馆检讨。均谓之馆职。"

⑨贤良方正:"贤良方正能直言极谏科"简称。宋代制科科目之一。西汉文帝时始设置。宋朝沿置,规定由各路长官荐举或自行在原籍投状应试。宋仁宗庆历六年(1046),改为随礼部贡举,不准自荐。宋神宗熙宁七年(1074),罢。此后屡经废复,直到宋末。

⑩三省堂后官:即中书省录事、门下省录事、尚书省都事。

⑪帘试:宋代学校和选举官员考试方法之一。学生和选人在场屋帘前应试,以防代笔之弊,谓之"帘试"。宋徽宗政和七年(1117)规定,初次考试补入县学者,须经帘试核实。各地州县学生投考太学合格,亦须赴太学复试,由国子博士、学正、学录各一员,垂帘考试。试卷不糊名、誊录。南宋光宗绍熙元年(1190),荫补子弟铨试合格后,由吏部在帘前复试。(宋)赵昇《朝野类要》卷二《举业·帘试》:"补试中者,再于长官帘前试一次。治经人作《语》《孟》义,辞赋人作省题诗。优者行食。其有任子铨试,过赴吏部,帘试经义破题。或有诗,亦谓之帘试。"

⑫差遣：实任职事官。为加强中央集权，北宋前期官、职、差遣分离。宋神宗元丰改制，正官名，以阶易官、官复原职，又以职事官代差遣，但差遣作为职事官的同义词仍然为大家所行用。《宋史》卷一百六十一《职官志一》："其官人受授之别，则有官、有职、有差遣。官以寓禄秩、叙著着，职以待文学之选，而别为差遣以治内外之事。"

⑬右选：宋代负责武官铨叙选授的尚书右选和侍郎右选，属于吏部四选。北宋前中期，以审官东院、审官西院、流内铨、三班院掌管中下级文武官除授等事务。元丰改制，铨选之法归吏部，以原审官东院所掌归吏部尚书左选，以原审官西院所掌归吏部尚书右选，以原流内铨所掌归吏部侍郎左选，以原三班院所掌归吏部侍郎右选。高级文武官员磨勘、升改及重要差遣的除授仍归三省与枢密院。尚书左、右选由吏部尚书主管，所管官员的品级较高；侍郎左、右选分置吏部侍郎主管，所管官员的品级较低。其中尚书右选和侍郎右选为武官选。铨量：注官前的一种手续。由吏部或所在路监司审验将赴新任之人的能力、身体与有无疾病等。

⑭注授：指职官铨选时的登记、授受。

【译文】

每年三月上旬，凡是凭借父辈荫补授官的文武官员子弟、宗室，一并前往铨闱参加外出任官考试。届时朝廷派遣监试官、主文官、考试官等官员，在礼部贡院举行考试。考试通过者，三人中录取一人。文官考试两场：本经和《刑统》义，第三天考生可自愿参加法科考试。武官考试《七书》义。太学、武学、宗学的学生参加考试，考中者升入内舍。当时还有人参加博学宏词试、法科试、馆职试、贤良方正试。三省堂后官和六部的吏，都参加法科考试，升级补缺部门名额。这些考试逐日举行，那些应该被派遣到行都以外各部门的官吏，都遵循各考试的先例。比如省试年份，挪到八月份举行考试，铨试考中者都要前往吏部长贰厅参加帘试，通过者注授差遣。武选通过者,则前往兵部右选厅考察阅读律文,然后授予差遣。

其文武铨魁特转一资①。恩例②,铨魁仍置局,造题名集③,设同年宴于西湖④。帅、运诸司俱有送助⑤,以为局费。盖临安辇毂之下⑥,中榜多是府第子弟⑦,报榜之徒皆是百司衙兵⑧,谓之"喜虫儿"⑨。其报榜人献以黄绢旗数面,上题中榜新恩铨魁姓名,插于门左右,以光祖宗而耀闾里⑩。乞觅搔搅酒食豁汤钱会外⑪,又以一二千缗犒之⑫,此其常例也。

【注释】

①铨魁:铨试第一名。资:资序。
②恩例:帝王为宣示恩德而颁布的条例。
③题名集:又称"题名录""登科录""同年小录"等。同一年及第举人的题名册。唐朝进士及第,在慈恩寺塔下题名。宋朝进士及第,朝廷拨款,状元选差同年任职事官,主编和刻印题名登科录,登记甲次、名次、姓名、乡贯等。(宋)赵昇《朝野类要》卷一《故事·题名》:"进士及第,各集乡人于佛寺,作题名乡会。此起于唐之慈恩寺塔也。若官司州县厅事,各立题名碑者,盖备遗亡尔。"
④同年宴:又名"同年会"。中国古代科举考试中同榜登科者的聚会。这一习俗最早见于唐代。同年,指同榜登科者。
⑤帅、运诸司:指掌管军事与民政的安抚使司和掌管财赋与转运的转运使司。
⑥辇毂(niǎn gǔ):皇帝的车舆,代指京城。
⑦府第:借指官宦人家。
⑧报榜:进士录取榜单公布后,有人赶制出类似榜帖的喜报,送到考

生住处,称作"报榜"。由于报榜可以向主家讨要喜钱,所以往往不止一批报榜者。
⑨喜虫儿:传递喜讯的人。后来逐渐演变为媒人的职业称谓。此处特指将科举考试中榜消息传递给考生家人的人,他们大多是官府衙门中的士兵。
⑩闾(lú)里:里巷,平民聚居之处。此处指周围的邻居。
⑪搔搅:胡乱搅扰。此处是客气话,表示因为报喜而打扰了考生家。豁(huò)汤:古代红白喜事时吃的待客饭。汤汁由猪大骨熬制而成,食用时配以多种食材。钱会:即会子。宋代发行的一种纸币。
⑫缗:原指穿钱用的绳子,后引申为量词,古代通常以一千文为一缗。

【译文】

其中文武官铨试第一名专门转一级官资。按照恩例,铨试魁首还要安排聚会,编制题名集,在西湖召开同年宴会。届时安抚使司、转运司等各司,均会送上钱财,作为聚会的花费。大概临安乃是天子脚下,中榜之人多是官员子弟,报榜人都是各司的衙兵,称之为"喜虫儿"。届时,报榜人在中榜者家门前献上数面黄绢旗,旗子上题写着中榜魁首的名姓,然后将旗子插在大门左右两边,以光耀祖宗并夸示邻里。报榜人除了讨要酒食豁汤及会子外,中榜家还会另外犒赏他们一两千缗,这些都是惯例。

清明节

【题解】

本条记述了南宋临安人清明节的活动。宋代之前,清明节、寒食节、上巳节三个节日日期相近。宋元时期,清明节地位上升,逐渐融合了寒食节与上巳节的活动,形成了一个以祭祖扫墓、踏青郊游为中心的传统节日。南宋高翥在《清明日》一诗中写道"南北山头多墓田,清明祭扫各纷然。纸灰飞作白蝴蝶,泪血染成红杜鹃。日落狐狸眠冢上,夜归儿女笑灯前。人生有酒须当醉,一滴何曾到九泉"([宋]陈思编《两宋名贤小集》卷三百一十四引《菊磵小集》),生动反映了南宋时清明节上坟祭祖的情况。清明节除了凭吊先人,还是外出踏青旅游的日子,南宋临安的商家们自然不会放过这样大好的赚钱机会,正如《西湖老人繁胜录》中记载:"公子王孙、富室骄民踏青游赏城西,店舍经营,辐凑湖上,开张赶趁。"

清明交三月①,节前两日谓之"寒食②"。京师人从冬至后数起③,至一百五日便是。此日,家家以柳条插于门上④,名曰"明眼"。凡官民不论小大家,子女未冠笄者⑤,以此日上头⑥。寒食第三日即清明节,每岁禁中命小内侍于阁门用榆木钻火⑦，先进者赐金碗、绢三匹。宣赐臣僚巨烛⑧，正所谓"钻燧改火"者，即此时也。禁中前五日，发宫人车马往绍兴攒宫朝陵⑨，宗室南班亦分遣诸陵行朝享礼⑩。向者从人官给紫衫⑪、白绢、三角儿青行缠⑫，今亦遵例支给。至日，亦有车马诣赤山诸攒并诸宫妃王子坟堂行享祀礼⑬。官员士庶俱出郊省坟⑭，以尽思时之敬。车马往来繁盛，填塞都门。

【注释】

①清明：二十四节气之一，时间在农历春分后第十五天，公历4月5日前后。清明节是中华民族传统节日，这一天主要是扫墓怀念逝去的亲人，同时这一天也是踏青郊游的日子。交：连接。

②寒食：即寒食节。又称作"禁烟节""冷节"。中国传统节日之一。起初节日日期并不固定，后来逐渐固定为冬至后105或106天，即清明节前一两天。关于寒食节的起源，有多种说法，如"禁火说""改火说""子推说"等。寒食节源远流长，唐朝时寒食节成为国家法定节日。宋朝延续唐朝寒食节禁火的传统，并将寒食节视作与冬至、元旦并重的三大节之一。不过，起初寒食节只在北方地区流行，到了南宋后期，南方地区也已经普遍流行寒食节了。宋代之后，随着清明节地位日渐上升，寒食节逐渐被清明节所取代。寒食节最初只禁烟火、吃冷食，后来逐渐增加了祭扫、踏青等活动。宋代寒食节禁火三天，所以人们会在节前一天准备好过节的食品，称作"炊熟"。寒食节主要吃麦粥、稠饧、撒子等。

③冬至：又称"日南至""亚岁"等。中国传统二十四节气之一，也是宋代三大节日之一。宋代冬至习俗与年节大致相同。北宋人对冬至尤为看重。《东京梦华录》卷十《冬至》："十一月冬至。京师最重此节，虽至贫者，一年之间，积累假借，至此日更易新衣，备

办饮食,享祀先祖。官放关扑,庆贺往来,一如年节。"
④家家以柳条插于门上:(宋)陈元靓《岁时广记》卷十五《寒食上·插柳枝》:"《岁时杂记》:今人寒食节,家家折柳插门上,唯江淮之间尤盛,无一家不插者。北人稍办者,又加以子推。"
⑤冠笄(jī):指古代男女成年时分别举行的冠礼、笄礼。《礼记·乐记》:"昏姻冠笄,所以别男女也。"(汉)郑玄注:"男二十而冠,女许嫁而笄,成人之礼。"
⑥上头:古代清明节男子束发加冠、女子束发插笄,表示成年。
⑦榆木钻火:《周书·月令》:"春取榆柳之火,夏取枣杏之火,季夏取桑柘之火,秋取柞楢之火,冬取槐檀之火。一年之中,钻火各异木,故曰'改火'也。"
⑧宣赐臣僚巨烛:寒食节传统上禁火,吃冷食,但皇帝会赏赐大臣燃烛。(宋)潘自牧《记纂渊海》卷二《清明》:"《传记》:唐朝,清明取榆柳之火以赐近臣,顺阳气也。"宣赐,(宋)赵昇《朝野类要》卷一《故事·宣赐》:"俗谓经由阁门,有司出给关照之物为明宣赐,不经由有司,特旨赐之,则曰暗宣赐。"
⑨攒(cuán)宫:指帝、后灵柩暂殡之所。宋朝南渡后,帝、后茔冢均称"攒宫",表示暂厝,准备收复中原后迁葬故都。南宋皇陵位于今浙江绍兴越城区宝山南麓,部分皇后攒宫及太子、公主的攒所在今杭州,最为重要且集中的地点是南屏山西北麓。攒,等待埋葬的棺柩。朝陵:帝王拜扫祖先陵墓。
⑩朝享:亦作"朝飨"。古代祭祀宗庙之仪式。
⑪紫衫:(宋)袁文《瓮牖闲评》卷六:"今之紫衫,下吏之服也。自南渡以前,士大夫燕服止是冠带,惟下吏便于趋走,则服紫衫。既而金人南下,兵革扰攘,以冠带不甚轻便,士大夫亦尽服紫衫,且欲便事,不以为非也。迨绍兴末,有臣僚上言:'今天下承平而百官如扰攘时常服紫衫,不称。'于是朝廷之上、郡县之间悉改服凉

衫纯白之衣。未几，显仁升遐，亦其验已。又有臣僚上言：'凉衫近丧服，不可用，仍合只用紫衫。'故至今皆服而不疑。天下事固有循习之久而不可改者，如本朝衣制，亦尝屡更矣。独恨前后臣僚既言紫衫、凉衫不可用，而略无一言仍用冠带，坐使承平之风不复见于后世，岂不重可叹哉！"

⑫行缠：裹足布，绑腿布。古时男女都用，后唯兵士或远行者用。

⑬坟堂：建于墓地，用来祭祀的享殿。享祀：犹言祭祀。

⑭省坟：祭扫坟墓。

【译文】

　　清明连着三月，节前两天称之为"寒食"。京城人从冬至后开始数到一百零五天，就是寒食。这一天家家户户都在门上插上柳条，称为"明眼"。不论大小官宦之家还是普通百姓人家，子女尚未成人者，都在这一天举行成人礼。寒食第三天，就是清明节，每年清明节，禁中命令小内侍在阁门用榆木钻火，先进献火种者赏赐金碗和三匹绢。皇帝赏赐大臣大号蜡烛，所谓的"钻燧改火"，就是在这个时候。清明前五天，禁中派遣宫人乘坐车马前往绍兴攒宫朝拜诸皇陵，宗室也派人前往各皇陵，举行朝飨礼。从前随行人官府给予紫衫、白绢、三角儿青色裹足布，如今仍然遵照惯例支给。到了清明这一天，还有车马前往赤山诸攒宫，以及诸后宫嫔妃、王子的坟堂，举行祭祀礼。大小官员和士人百姓们，这一天也都到郊外祭扫坟墓，以表达思念时节的礼敬之意。来来往往的车马络绎不绝，以至于堵塞了行都的城门。

　　宴于郊者，则就名园芳圃、奇花异木之处；宴于湖者，则彩舟画舫，款款撑驾①，随处行乐②。此日又有龙舟可观，都人不论贫富，倾城而出，笙歌鼎沸③，鼓吹喧天，虽东京金明池未必如此之佳④。殢酒贪欢⑤，不觉日晚。红霞映水，月挂柳稍,歌韵清圆⑥,乐声嘹喨,此时尚犹未绝。男跨雕鞍,女乘花轿,次第入城⑦。又使童仆挑着木鱼、龙船、花篮、闹竿等物归家,以馈亲朋邻里。杭城风俗,侈靡相尚⑧,大抵如此。

【注释】

①款款:从容自由的样子。

②行乐:消遣娱乐。

③笙歌:吹笙唱歌,此处泛指奏乐唱歌。

④金明池:北宋著名的皇家园林,又名西池、教池,位于宋代东京顺天门外,遗址在今河南开封西。园林中建筑全为水上建筑,池中可通大船,战时为水军演练场。金明池始凿于五代后周时期,又经北宋王朝多次营建,而成为一处规模巨大、布局完备、景色优美的皇家园林。靖康年间,随着东京被金人攻陷,金明池亦"毁于金兵",池内建筑被破坏殆尽。

⑤湎(tì)酒:醉酒,沉湎于饮酒。

⑥清圆:谓声音清亮圆润。

⑦次第:表示依次,按照顺序一个一个地。

⑧相尚:彼此推崇,互相攀比竞争。

【译文】

在郊外举行宴会的人,则会选择去知名的园林和花圃,种植着奇花异草之处;在西湖饮宴之人,则端坐于彩舟画舫上,从容不迫地缓缓撑舟,到处消遣娱乐。这一天还可以欣赏到龙舟,行都之人不论贫富,全都涌出城外,奏乐唱歌,人声鼎沸,吹吹打打,锣鼓喧天,即使是东京开封的金明池也未必有如此之好。人们沉湎于酒水,贪恋欢娱,不知不觉天色已晚。天边红霞映在水面上,月亮挂在柳梢上,歌声清亮圆韵,乐声嘹亮,此时还没有断绝。男子跨骑雕鞍马,女子乘坐花轿,依次入城。又让奴仆挑着木鱼、龙船、花篮、闹竿等物品回家,用来馈赠亲朋好友和邻里。杭州城的风俗,人们彼此攀比奢侈淫靡,情况大概就是这样。

诸库迎煮

【题解】

本条记述了南宋行都杭州诸酒库在清明节前酒库开煮及迎新酒的盛况。在宋代，酒属于国家专卖产品，除专门批准外，严禁私人酿酒销售。本书卷十《点检所酒库》《安抚司酒库》就记录南宋两种官酒库的情况。南宋时，杭州经济繁荣，酒文化尤为发达。酒库的开煮和迎新酒活动是当时重要的社会经济活动之一。每年清明节前，酒库开始酿造新酒，并在清明节前开始销售。各酒库提前向临安府点检所呈报，并选择吉日开沽呈样。届时酒库会提前颁布告示，通知官私妓女参加活动，并雇佣社队鼓乐以增加热闹气氛。活动当天，各酒库排列整齐，前往州府教场等候点呈。酒库的布牌高悬，上面写明该库选用了有名酒匠酿造的高质量酒。除了酒样展示，还有各种社队表演。酒库里还设有妓女招揽生意，此时，官私妓女被分为三等，上等妓女穿着华丽，佩戴珠宝，手持乐器或花斗鼓，排列在队伍前面。即使是地位较低的妓女，也需要借备衣装首饰，否则会受到责罚。酒库官员和随从人员头戴新巾，身穿紫衫，骑马跟随在妓女之后，州府还会赏赐彩帛、钱会、银碗等，以示荣耀。酒库开煮和迎新酒活动不仅是酒类销售的重要环节，也带动了相关产业的发展，如社队表演、市食销售等。这一活动反映了南宋时期临安的社会风俗和文化特色，体现了当时社会的繁荣与热闹。

临安府点检所管城内外诸酒库①。每岁清明前开煮，中前卖新迎年，诸库呈覆本所，择日开沽呈样②。各库预颁告示，官私妓女新丽妆着③，差雇社队鼓乐，以荣迎引。至期侵晨，各库排列整肃，前往州府教场伺候点呈④。首以三丈余高白布写"某库选到有名高手酒匠，酝造一色上等酦辣无比高酒⑤，呈中第一"，谓之"布牌"，以大长竹挂起，三五人扶之而行。次以大鼓及乐官数辈，后以所呈样酒数担。次八仙道人⑥、诸行社队，如鱼儿活担⑦、糖糕、面食、诸般市食⑧、车架、异桧奇松⑨、赌钱行、渔父、出猎⑩、台阁等社。又有小女童子执琴瑟、妓家伏役婆嫂，乔妆绣体浪儿，手擎花篮、精巧笼仗⑪。其官私妓女，择为三等，上马先以顶冠花衫子裆裤⑫，次择秀丽有名者，带珠翠朵玉冠儿，销金衫儿⑬、裙儿，各执花斗鼓儿，或捧龙阮⑭、琴瑟。后十余辈，着红大衣带皂时髻⑮，名之"行首"，各雇赁银鞍闹妆马匹，借倩宅院及诸司人家虞候押番⑯，及唤集闲仆浪子，引马随逐，各青绢白扇、马兀供值⑰。

【注释】

①点检所：即"点检酒所"。

②开沽：卖酒。此处特指开始出售新酒。宋朝有三四月尝新酒的习俗。（宋）周密《武林旧事》卷三《迎新》详细描述了南宋临安酒库迎新的盛况："户部点检所十三酒库，例于四月初开煮，九月初开清，先至提领所呈样品尝，然后迎引至诸所隶官府而散。"

③新丽：新奇绮丽。

④教场：旧时操练和检阅军队的场地。点呈：谓检验呈献的样酒。

⑤酝(yùn)造：酿造。酦(nóng)辣：味道浓烈的酒。
⑥八仙道人：中国民间流传的道教的八位神仙。八仙之名，明代之前说法不一。宋代八仙故事已经广泛流传，并被纳入道教神仙谱系中。元杂剧中，八仙首次以集体形式出现。明代吴元泰的小说《东游记》排定了"上洞八仙"的顺序：铁拐李（李玄）、汉钟离（钟离权）、张果老（张果）、吕洞宾（吕岩）、何仙姑（何琼）、蓝采和（许坚）、韩湘子、曹国舅（曹景休）。后来人们也接受了这一说法。
⑦鱼儿活：指养殖、售卖金鱼的职业。
⑧市食：街市商店出售的食品。
⑨桧(guì)：常绿乔木，木材桃红色，有香气，可作建筑材料。亦称"刺柏"。
⑩出猎：即打猎社。
⑪笼仗：箱笼。
⑫裆裤(kù)：一般指穿于下体的常服，由裤腰、裤裆、裤管三部分组成。宋代社会各阶层女子多穿合裆裤，穿着方式有两类，一类作为贴身内裤穿于开裆裤之内；另一类套穿于普通的合裆裤外，作为外裤显露于外。外穿的裆裤多外侧缝开衩，侧缝开衩处有收褶设计，使裆裤呈现喇叭形的造型特点，突出了外裤的时装效果。裆裤外穿的现象北宋较为少见，多见于南宋时期。南宋佚名画《蕉荫击球图》、李嵩《骷髅幻戏图》中可见着裆裤的女性形象。
⑬销金：一种工艺，在丝绸上铺镂空板，然后刷胶，再把金箔铺在上面，最后把没有涂粘胶部分的金箔抖掉。由于销金的图案由整块金箔粘贴而成，所以经过销金工艺呈现出来的图案相对更闪亮，而金箔脱落时形成的细微不规则边缘，也使图案多了几分手工作品独有的灵动。北宋真宗、仁宗、英宗等多次下诏禁止使用销金。南宋皇帝如高宗也曾下诏禁用销金。但屡禁不止。宋人对于使

用销金多有抨击。如北宋名臣包拯就上奏反对销金,《包拯集校注》卷三《请断销金等事》:"自近年以来,时俗相尚,销金之作,寖以公行,近日尤甚。其戚里及臣僚士庶之家,衣服首饰并用销金及生色内间金之类,并无避惧。盖是匠人等故违条制,厚取工钱,上下相蒙,无敢言者。若不速行禁止,切虑糜坏金宝,扇长浇风,竞事浮华,大损圣化。"

⑭龙阮:柄上刻饰龙形的拨弦乐器阮。

⑮时髻(jì):时下的发髻。髻,盘在头顶或脑后的发结。

⑯借倩:暂借,借用。虞候:"将虞候"的简称。军职名。为禁军骑军都一级员僚,有左将虞候、右将虞候之分,分管本都军士。此处泛指雇用的侍从,不属于官吏。南宋时在临安可向"行老"雇用。参见本书卷十九《雇觅人力》。押番:宋代禁军中的低级头目,为都一级员僚的最下等。

⑰马兀:亦作"马杌"。坐具。大方凳。

【译文】

临安府点检所,负责管理杭州城内外各酒库。每年清明节前酒库开始酿酒,节中卖新酒迎接新年,各酒库向点检所报告,挑选日期卖酒并向官府进呈新酒。各酒库预先颁布告示,官私妓女都身着新鲜华丽的衣服画着精美的妆容,差人雇佣社队鼓乐,迎送引新酒显得十分荣耀。到了那一天天刚蒙蒙亮,各酒库人员排列整齐,严肃端庄,前往州府教场,等待点检所官员检验进呈的新酒。队伍前用三丈多高的白布写着"某库选到有名高手酒匠,酿造一色上等酦辣无比高酒,呈中第一",称之为"布牌",用大长竹竿挂起来,三五个人扶着竹竿行进。接下来是大鼓以及数位乐官,后面是数担要进呈的样酒。接下来是八仙道人、诸行社队、如鱼儿活担、糖糕、面食、诸般市食、车架、异桧奇松、赌钱行、渔父、出猎、台阁等社。还有小女童子,手执琴瑟;娼妓家伏役婆嫂,乔装打扮成绣体浪儿,手捧着花篮,拿着精巧的笼仗。当时的官妓和私妓,被分为三等。

先让头戴上顶冠,穿花衫子、裆裤的妓女上马,然后挑选长相秀丽有名气的,头戴珠翠朵玉冠儿,身着销金衫儿、裙儿,各自手执花斗鼓儿,或捧着龙阮、琴瑟。后面十余人,都身着红色大衣,头戴黑色的时令发髻,称之为"行首",各自雇佣带有银制鞍具的华丽装饰的马匹,借用达官贵人家和各司人家的虞候押番,还召集来闲散仆人、浮浪子弟,让他们牵着马跟随在自己后面。这些人各自准备好青绢白扇、马机等随时使用。

预十日前,本库官小呈;五日前,点检所佥厅官大呈①。虽贫贱泼妓,亦须借备衣装首饰,或托人雇赁,以供一时之用,否则责罚而再办。妓女之后,专知大公②,皆新巾紫衫,乘马随之。州府赏以彩帛、钱会、银碗,令人肩驮于马前,以为荣耀。其日,在州治呈中祗应讫③,各库迎引出大街,直至鹅鸭桥北酒库,或俞家园都钱库,纳牌放散。最是风流少年,沿途劝酒,或送点心。间有年尊人不识羞耻④,亦复为之,旁观哂笑⑤。诸酒肆结彩欢门⑥,游人随处品尝,追欢买笑,倍于常时。

【注释】

① 佥(qiān)厅官:"签书节度判官厅公事"的简称。幕职官名。负责助理府政与诸幕职官分案治事,分掌付受、催督簿书、案牍、文移,凡府事与知府、通判同签书。

② 专知大公:公吏名。掌管所在库出纳、记账、结账及钱粮财物等事。

③ 州治:州最高行政长官的官署。亦指它的所在地。祗(zhī)应:恭敬地伺候,照应。

④ 年尊人:年长者。

⑤ 哂(shěn)笑:嘲笑。

⑥欢门:(宋)孟元老《东京梦华录》卷四《食店》:"近里门面窗户,皆朱绿装饰,谓之欢门。"

【译文】

十天前,本酒库官先检验新酒;五天前,点检所签厅官检验新酒。即便是下等贫穷娼妓,也必须借衣装首饰,或者托人租赁,以供一时之用,否则受到责罚还得再置办。妓女之后,专知大公,都头戴新头巾身着紫衫,骑马随后跟着。州府赏赐的彩帛、钱会、银碗,吩咐人背着走在马前,以此为荣耀。这一天,在州治进呈新酒检验完毕,各酒库迎引新酒走出大街,直走至鹅鸭桥北酒库,或者俞家园都钱库,收起布牌人们散开。风流少年最活跃,他们沿途向人劝酒,或者送人点心。期间有年纪大的长辈,不知羞耻,也这样做,旁观之人都嘲笑他们。各酒肆都扎起彩色的欢门,游人随处品尝新酒,追求欢乐,热闹的情形比平常多了好多倍。

州府节制诸军春教

【题解】

本条记述了南宋临安府帅臣春季检阅士兵。按照南宋制度规定,每年春秋二季临安府帅臣要检阅所属部队。春季检阅部队在浦桥,受检阅的各支部队提前到场,按照事先安排好的项目演练阵法、模拟上阵杀敌之状,并伴有将士表演骑射、相互比试等节目。部队检阅时,并不禁止外人观看,所以这一天临安人也会前往观看。目睹南宋将兵盔明甲亮、威风凛凛,心中可能对于朝廷也有了一丝安心。而朝廷也借这个机会向世人展现强大的国力。南宋从建国伊始,就面临着来自北方的沉重军事压力,先是女真人建立的金朝,后来是蒙古人建立的元朝。为了保证军队的战斗力,时刻保持警惕,每年的春秋二教成为南宋军队训练的必修课,也是向国人展现国力,凝聚人心,增强自信心的一次绝佳"表演"。在与金人和蒙古人的常年对抗中,南宋的军队得到了锻炼,军事力量从一开始的不堪一击逐渐强大起来,甚至能够平分秋色。不过,由于统治者专注于权力集中和内斗,随着南宋朝政日益腐败,军队也受到了很大的影响,最后在蒙古铁骑的强大攻势下一败涂地,无力回天。

帅守衔带"节制军马"之职[①],每岁春秋二教[②]。三月正当春阅时候[③],择日告报本州所统军马、诸县巡尉兵卒[④],

及节制殿、步两司军马⑤,并赴蒲桥下后军教场教阅军伍⑥,以备起发防秋⑦。至期,浙西路钤辖并节制诸军统制等官属⑧,带领各部军马诣教场伺候教阅,鸣锣击鼓,试炮放烟,诸军排阵,作迎敌之势。将佐呈比体挑战之风,试弩射弓,打毬走马⑨,武艺呈中,赏犒有差,军卒劳绩⑩,给以钱帛。

【注释】

① 帅守衔带"节制军马"之职:南宋升杭州为临安府后,知府为知临安军府事,并兼任浙西安抚使、管内劝农使、马步军都总管、点校行在赡军激赏酒库所等职。节制,指挥统辖,此处有兼领之意。
② 春秋二教:指春秋两个季节的军事训练。教,训练。
③ 春阅:即春教。《西湖老人繁胜录》:"春教,马步军都总管、京尹节制本府厢禁军。副总管数员。路钤、路分正将、监押帐前统领,拨发官、隅官、帐前使臣、六局提拔二百余员。钱塘县尉司、仁和县尉司、城东都巡检使、城西都巡检使、外沙巡检、茶槽巡检、海内巡检、管界巡检、南荡巡检、硖石巡检、赭山巡检、许村巡检、黄湾巡检、东梓巡检、奉口巡检,各带士兵一二百人入都辖,总辖缉捕。各有鼓乐,各用马军,受宣军员,骁骑呈武艺,大军合教终日,犒赏毕,放教于路,各施呈武艺,正近遇婺除烧香,都城自有百余社,各迎引。"
④ 巡尉:巡检、县尉的合称。巡检,军职名。凡供奉官(从八品)以下小使臣任巡警之职,不带使,直称巡检。县尉,职事官名。掌部辖弓手、兵士巡警,捕盗解送县狱,维持一县治安。各县置一员,大县、极边县置二员分东、西尉。南宋时,两赤县尉从八品,京畿县尉正九品,诸州上、中、下县尉从九品。序位在县丞、主簿下。
⑤ 殿、步两司:指殿前司和侍卫步军司。

⑥蒲桥：原系茆山河所经，绍兴年间，宋高宗宠信的医生王继先将河道堵塞，遂不通舟楫。

⑦防秋：古代北方游牧民族部落多在秋季马肥体壮时南下掳掠，中原王朝届时便会提前在北方边境增强巡守，保境安民，谓之"防秋"。南宋建立后，北方先后面临金朝和蒙元的南下压力，防秋任务一直很艰巨。

⑧钤辖："兵马钤辖"的简称。钤辖初为将帅之职，行营统兵出征，受本路都部署（都总管）节制，屯泊则掌禁旅驻扎、守御、训练之政令。南宋绍兴年间以后，兵官多，兵卒少，每年赴诸州校阅，特存故事而已；或有得旨训练禁军、葺治军器者，亦无常职；不过多以处贵游子弟，享厚禄而已。《宋史》卷一百六十六《职官志六·临安府》："临安府，旧为杭州，领浙西兵马钤辖，建炎三年诏改为临安府。""辖"，据《学津讨原》本、四库全书本补。

⑨打毬（qiú）：我国古代军中用以练武的一种马上打球游戏。亦有徒步打球的。《宋史》卷一百二十一《礼志二十四》："打毬，本军中戏，太宗令有司详定其仪。三月，会蹴大明殿，有司除地，竖木东西为毬门……左右分朋主之，以承旨二人守门。"走马：骑马疾走，驰逐。

⑩劳绩：功劳，业绩。

【译文】

帅守官衔中带有"节制军马"一职，每年春秋两次教阅部队。三月正是春天校阅部队的时候，选择吉利日子告知本州所统帅的军马、各县的巡尉兵卒，以及所管辖的殿前司、侍卫步军司两司军马，一并赶赴蒲桥下后军教场教阅队伍，以备调动军队应付秋季敌人来袭。到了检阅部队的那天，浙西路钤辖以及所管辖的诸军统制等官属，带领各部军马，前往教场等候教阅，鸣锣击鼓，放炮燃烟，诸军排列阵形，做出迎敌的阵势。将佐则呈现出一种模拟实战挑战的风貌，他们踏弩射箭，打球骑马，展现各种武艺,获得不同的犒赏,军卒有功,赏赐给他们钱帛。

午后放散,迎回府治,伺候帅座回衙①,方行逐便回军寨②。其帅首马前,排列军仗,八卦、辰宿③、诸色旗队甚夥④。辕门⑤、帐门界限严肃⑥,人不敢视。亲从对对,衫帽新鲜。士卒威风,凛凛可畏。使马牵控,宝装鲜新⑦。黄轿前引,帜旗后随。乐骑拥后,威声震慑。佐官弹压,以警无良⑧。观者如堵⑨,至暮方归。

【注释】

①帅座:即安抚使。(宋)胡继宗《书言故事·监司·帅使》:"诸路安抚曰帅使、帅座、帅台。安抚掌一道兵权,故曰帅。"
②逐便:乘便,顺便。
③辰宿:星座,星宿。
④甚夥(huǒ):非常多。夥,多。
⑤辕门:古代帝王出行,宿营时以车为屏,出入处以两辕相对如拱门。后用来指将帅营帐,官署的外门。
⑥帐门:帷帐的出入口。严肃:庄重,使人感到敬畏。
⑦宝装:指精美的装束。
⑧无良:不善。
⑨观者如堵:观看的人像一堵墙一样,形容观看人数众多。堵,墙壁。

【译文】

午后检阅结束,部队迎帅守回府衙,等帅守返回衙门后,各部队才顺便返回军寨。帅首马前,排列着军仗,八卦旗、星宿旗、各色旗队非常多,辕门和帐门,界限庄重,人都不敢仰视。帅守亲随一对对,衣衫帽子崭新。士卒威风凛凛,令人心生畏惧。骑兵手操缰绳,精美的装束簇新光鲜。黄色的轿子在前面开道引路,后面跟着帜旗。乐骑在后面簇拥着,咸声震慑。佐官负责弹压,来警戒那些无良之徒。围观者众多,一直到晚上才回家。

向有端明厉尚书讳文翁开阃于杭①,仪仗异于帅守甚夥,旗帜多用斧钺之器。御马苑诸营教阅,传旨宣押。禁中教场呈试武艺,飞枪斫柳,走马舞刀,百艺俱呈,使臣奏乐,声彻九霄。提点以下②,锡予甚隆。使臣、兵卒颁降从例③,殿、步司所隶将佐军伍,俱出郊合教于椤木教场之上,赐帅将金器彩匹,加之食品御酒,主兵官卒,俱沾雨露之恩也④。

【注释】

①端明厉尚书讳文翁:厉文翁,字圣锡,号小山,婺州(今浙江金华)人。开庆元年(1259)十二月,权户部尚书。景定元年(1260)二月,任端明殿学士、两浙制置使兼临安知府及浙西安抚使。端明,即端明殿学士。职名。正三品,位于资政殿学士之下,枢密直学士之上。最初,端明殿学士为翰林学士承旨以及学士久任者的加职。元丰以后,多为执政离任带职。南宋时,为签书枢密院事、同签书枢密院事带职。开阃(kǔn):古时指将领开置府署,掌管一方的军务。

②提点:官名。有负责、管理的意思。宋代许多部门都设有提点官,负责相关部门事务。如诸路设有提点刑狱公事,开封府有提点开封府界诸县镇公事,工部军器监设有提点官等。此处泛指提点官。

③兵卒:原作"兵车",据明节本改,《学津讨原》本、天一阁本、四库本、清翁校抄本、明抄本作"率",显然是"卒"之误。

④雨露之恩:指皇帝的恩泽。因为雨水和露水都能滋长万物,故而

比喻为恩泽。

【译文】

从前端明殿学士、历文翁尚书担任杭州帅守，他的仪仗与别的帅守不同，旗帜多使用斧钺等器具。御马苑各营教阅，宣布皇帝旨意。在禁中教场，士兵们表演武艺，投掷飞枪砍柳，骑马舞刀，各种武艺纷纷呈献，使臣奏乐，乐声响彻九霄。提点官以下，赏赐特别丰厚。使臣、士兵，根据惯例颁旨赏赐，殿前司、侍卫步军司所属将佐、部队，都出城郊，在椤木教场一起校阅。皇帝赏赐帅将金器彩匹，再加上食品御酒，统率部队的官卒，都享受到皇帝的恩泽。

二十八日东岳圣帝诞辰

【题解】

本条记述了农历三月二十八日东岳大帝诞辰时临安府的盛况。东岳大帝即泰山神,原本是自然神,因为泰山是封禅圣地,所以受到历代帝王的重视,包括泰山在内的五岳祭祀一直列入中国历代王朝的祀典中。唐玄宗开元十三年(725)封禅泰山,封泰山神为"天齐王"。宋真宗大中祥符四年(1011),加封泰山"天齐仁圣帝"。元世祖忽必烈至元二十八年(1291)封泰山"天齐大生仁圣帝"。元代之后,祭祀泰山神多由皇帝遣官致祭。辛亥革命后,此制遂废。宋代是东岳信仰的重要发展阶段,东岳行祠遍布天下。每到其诞辰,各地东岳庙香火鼎盛,还有兴盛的庙会。明代小说《水浒传》中便描述了泰山东岳庙庙会的情景。

三月二十八日,乃东岳天齐仁圣帝圣诞之日①。其神掌天下人民之生死②,诸郡邑皆有行宫奉香火③。杭州有行宫者五,如吴山④、临平⑤、汤镇⑥、西溪⑦、昙山⑧,奉其香火。惟汤镇、临平殿庑广阔,司案俱全⑨。吴山庙居辇毂之下,人烟稠密,难以开拓,亦胜昙山梵宫内一小殿耳。

【注释】

① 东岳天齐仁圣帝：又称"东岳大帝"，即泰山神，掌管人间生死。宋真宗大中祥符元年（1008），诏封东岳天齐仁圣王。四年，又尊为东岳天齐仁圣帝，加封帝后为淑明皇后。

② 其神掌天下人民之生死：在中国古代，人们认为人死后会魂归泰山。（晋）张华《博物志》卷一引《援神契》："太山，天帝孙也，主召人魂。东方万物之始，故知人生命之长短。"

③ 行宫：京城以外的供皇帝外出时居住的宫殿。此处指泰山东岳祖庙以外各地修建的东岳庙。

④ 吴山：又名胥山。位于今浙江杭州西湖东南。山势绵亘起伏，左带钱塘江，右瞰西湖，由延绵的宝月、娥眉、浅山、紫阳、七宝、云居等小山组成。

⑤ 临平：山名，位于浙江杭州临平区。相传因山俯临平原，故名。（宋）施谔《淳祐临安志》卷九《临平山》："《祥符经》云：去仁和县旧治五十四里。山高五十三丈，周围十八里……山上有塔，有龙洞、砺洞，有天井，下有东岳庙。"

⑥ 汤镇：即汤村镇。在今浙江杭州临平区。

⑦ 西溪：位于今浙江杭州西湖区。

⑧ 昙（tán）山：又名狮子山，在今杭州云泉山东侧，灵山公路旁边，铜鉴湖畔。

⑨ 司案：指东岳神下属的各种专职办事机构。道教和民间认为，东岳神下辖七十二司（或七十六司），负责阴间各种事宜。

【译文】

三月二十八日，是东岳天齐仁圣帝的诞辰。东岳神掌管天下人民的生死，各郡县都有东岳行宫供奉香火。杭州有五座东岳行宫，如吴山、临平、汤镇、西溪、昙山，供奉东岳神香火。只有汤镇、临平东岳庙殿宇广阔，司案齐备。吴山东岳庙位于天子脚下，行都人烟稠密，庙宇难以向外拓展，但也超过昙山梵宫内一座小殿的规模。

都城士庶自仲春下浣①，答赛心愫②，或专献信香者③，或答重囚带枷者④，或诸行铺户以异果名花⑤、精巧面食呈献者，或僧道诵经者，或就殿庑举法音而上寿者⑥，舟车道路，络绎往来，无日无之。又有丐者于吴山行宫献彩画钱幡⑦，张挂殿前，其社尤盛。闻之此幡钱属后殿，充脂粉局收管。其殿下有佐神⑧，敕封美号曰"协英灵显安镇忠惠王"⑨。其神姓刘，父子俱为神，灵显感应⑩，人皆皈依。五月二十九日诞日，诸社献送，亦复如是。姑书以记之耳。

【注释】

① 下浣（huàn）：指农历每月的下旬。唐代规定官吏每十天休息一次，称作"休浣"。后人即以十天为浣，称每月上中下旬为上中下浣。（明）杨慎《丹铅总录》卷三《时序·三浣》："俗以上浣、中浣、下浣为上旬、中旬、下旬，盖本唐制十日一休沐。故韦应物诗曰：'九日驱驰一日闲。'白乐天诗'公假月三旬'。然此乃唐制，而今犹袭用之，则无谓也。"
② 答赛：报祭神灵。心愫（sù）：心愿。
③ 信香：佛教等宗教谓香为信心之使，虔敬烧香，神佛即知其愿望，因称信香。（宋）赞宁《大宋僧史略》卷中《行香唱导》："经中长者请佛，宿夜登楼，手秉香炉，以达信心。明日食时，佛即来至，故知香为信心之使也。"
④ 答：受了别人的好处，还报别人。
⑤ 铺户：店铺。
⑥ 法音：佛教语。解说佛法的声音，此处指诵经。上寿：向人敬酒，

祝颂长寿。

⑦匄者：此处指祈福者。幡（fān）：用竹竿等挑起来直着挂的长条形旗子。

⑧佐神：辅佐的神祇。

⑨敕封：朝廷封赠官爵，称为"敕封"。美号：褒扬赞美的称号。

⑩灵显：神通广大。

【译文】

行都的士人百姓，从农历二月下旬开始，向东岳神还愿，或者专门进献信香，或者身带枷锁扮作重囚犯，或是各行店铺以奇异的水果名花、精巧面食呈献之人，或是僧道诵经，或者在东岳庙殿内诵经为东岳神祝寿之人，乘身坐车，络绎不绝而来，每天都有人前来。还有祈福者在吴山东岳行宫进献彩色绘画的钱幡，张挂在大殿前，他们组成的社尤其盛大。听说这些幡钱属于后殿脂粉局掌管。后殿塑着东岳神的辅佐神祇，朝廷封赠神祇美号"协英灵显安镇忠惠王"。该神祇姓刘，父子都是神祇，神通广大，有求必应，人们都皈依信奉。五月二十九日是忠惠王的诞辰，各社都前来进献礼物，也像东岳神诞辰一样。姑且将其记下来。

暮春

【题解】

　　本条记述了暮春时节临安府百花盛开，市人纷纷购买鲜花的场景。据史料记载，南宋时期的杭州，一年四季鲜花盛开，本地繁育和外地引进的花卉品种多达上百种。比如菊花，杭州的菊花品种多达六十多种。花卉栽培技术、盆栽造型等方面都取得了显著进步。比如牡丹，唐代时牡丹被引入杭州，南宋时牡丹品种更加丰富，不仅有红、黄、紫、白等多种颜色，还培育出许多名贵品种，甚至出现冬季和秋季开花的牡丹新品种。南宋时梅花也多了许多新的品种，绿萼千叶、香梅、千叶梅、福梅等新品种的出现，丰富了梅花的多样性。

　　南宋时期，盆栽和盆景艺术已经达到了相当高的水平。据《武林旧事》记载，宫廷"又置茉莉、素馨、建兰……南花数百盆于广庭，鼓以风轮，清芬满殿"，说明当时已经出现了盆花的应用。此外，南宋的盆景艺术也在民间得到了广泛推广。当时的菊艺尤为出色，能够搭建起高达"千尺"的菊花塔，气势非凡，令人叹为观止。同时，还能织起精致玲珑的"菊花障子"，犹如"生采翡翠铺屏风"，金光闪闪，美不胜收。这些都充分展现了当时杭州栽培花卉与制作盆景的时尚风貌。

　　临安人还有"争先为奇"的习惯，为了能早日上市卖得好价钱，花农们甚至采用了温室催花技术来促使梅花提前开放。这种创新举措无疑进一步推动了花卉栽培技术的发展。

马塍作为都城内种植奇异花木的胜地,其经营规模堪称全国之首。这里土质宜花,居民多以园艺为业,南宋时杭城四时花卉多来源于此。每日吸引了众多好事者前来选购,以备观赏。园内高手云集,"园人多工于种接,为都城之冠",更增添了这里的吸引力。

杭州城内最大的鲜花市场——和宁门外的鲜花市场,在节日时举办盛大的产品展销会,这一盛况在诗人杨万里的《经和宁门外卖花市见菊》诗中得到了生动描绘。诗中赞美市场"花如海",可见其繁华程度。花商们不惜血本,大做广告,以吸引买家的目光。面对着"金钱装面密如积,金钿满地无人拾"的绚丽景象,买花、赏花的人群络绎不绝。同时,杨万里在另一首诗中以梅为例,记述了都城花卉价格高昂的情况:"官路桐江西复西,野梅千树压疏篱。昨来都下筠篮底,三百青钱买一枝。"诗中的"都下"即指南宋都城临安。虽然作者诗中的三百文只是概言整数,但从中可见当时都城嗜花者众多,栽培技艺精湛,花卉因而身价不菲。

是月春光将暮[1],百花尽开,如牡丹、芍药、棣棠[2]、木香[3]、酴醾[4]、蔷薇[5]、金纱、玉绣球[6]、小牡丹、海棠[7]、锦李、徘徊[8]、月季[9]、粉团[10]、杜鹃、宝相[11]、千叶桃[12]、绯桃[13]、香梅[14]、紫笑[15]、长春[16]、紫荆[17]、金雀儿[18]、笑靥[19]、香兰[20]、水仙[21]、映山红等花[22],种种奇绝[23]。卖花者以马头竹蓝盛之,歌叫于市,买者纷然。当此之时,雕梁燕语,绮槛莺啼,静院明轩,溶溶泄泄[24],对景行乐,未易以一言尽也。

【注释】

[1]是月春光将暮:农历三月,春季末期。暮,晚,将尽。

[2]棣(dì)棠:蔷薇科,落叶灌木。叶长椭圆状卵形,边缘有重锯齿

暮春开花,金黄色,非常绚丽,单生于短枝顶端。栽培供观赏。

③木香:与荼蘼花相似。(清)李渔《闲情偶寄》卷五《种植部·藤本第二》:"酴醾之品,亚于蔷薇、木香,然亦屏间必须之物,以其花候稍迟,可续二种之不继也。"

④酴醾(tú mí):又名荼蘼,古人又称其百宜枝、独步春、琼绶带、白蔓君、雪梅墩等。落叶或半常绿蔓生小灌木,攀援茎,茎绿色,茎上有钩状的刺,羽状复叶,有五片椭圆形小叶,上面有多数侧脉,致成皱纹。初夏开花,夏季盛放,花单生,背面被柔毛,托叶与叶柄贴生,全缘。伞房花序。花白色,有芳香。果近球形,深红色。

⑤蔷薇:双子叶植物,蔷薇科。落叶或常绿灌木。茎直立、攀援或蔓延,枝上常有刺。花有白、黄、粉红等色,有芳香。果为蔷薇果。除供观赏外,可提取芳香油和供药用。(明)高濂《遵生八笺》卷十六《燕闲清赏笺下·四时花纪·蔷薇花》:"有大红、粉红二色,喜屏结,肥不可多。"

⑥玉绣球:即木本绣球。落叶灌木,叶青色。夏季开花,成五瓣,簇聚呈球形,色白或淡红,甚美丽,为著名观赏植物。(清)汪灏等编《广群芳谱》卷三十八《花谱·绣球》:"木本,皴体,叶青色微带黑而涩。春月开,花五瓣,百花成朵,团圞如球,其球满树。花有红、白二种,宜寄枝,用八仙花体。"

⑦海棠:蔷薇科苹果属,落叶乔木。叶长卵形,春日开淡红色花。种类很多,有单瓣或重瓣,果实球形,略带酸味。《遵生八笺》卷十六《燕闲清赏笺下·四时花纪·海棠花七种》:"海棠有铁梗色如朱红;有木瓜粉红;有西府;有树海棠二种,一紫一白;有垂丝海棠,吐丝美甚,冬至日用糟水浇则来春花盛若秋海棠,娇冶柔软,真同美人倦妆。此品喜阴,一见日色即瘁。九月收枝,上黑子撒于盆内地上,明春发枝,当年有花老根,过冬者花发更茂。"

⑧徘徊:玫瑰花的别称,也称"徘徊花"。(明)田汝成《西湖游览志

余》卷二十四:"玫瑰花类,蔷薇,紫艳馥郁,宋时官院多采之,杂脑麝以为香囊,芬氲袅袅不绝,故又名徘徊花,其似是而非者名缫丝花。"即因用玫瑰花制成的香囊香味袅袅不绝,久久不散,故称作"徘徊"。

⑨月季:蔷薇科。常绿或半常绿低矮灌木,茎有刺,奇数羽状复叶,四季开花,多深红、粉红,偶有白色,可供观赏。花及根、叶均可入药。《遵生八笺》卷十六《燕闲清赏笺下·四时花纪·月季花二种》:"俗名月月红。凡花开后即去其蒂,勿令长大,则花随发无已。"

⑩粉团:有紫、白两色,白色的也称为"绣球"。《遵生八笺》卷十六《燕闲清赏笺下·四时花纪·粉团花二种》:"麻叶,花开小而色边紫者为最,其白粉团即绣球花也。宜种牡丹台处,与牡丹同开,用为衬色甚佳。"

⑪宝相:蔷薇花的一种。《遵生八笺》卷十六《燕闲清赏笺下·四时花纪·宝相花》:"花较蔷薇朵大而千瓣塞心,有大红、粉色二种。"

⑫千叶桃:即碧桃。又名"销恨花""助娇花"。(五代)王仁裕《开元天宝遗事》卷上《助娇花》:"御苑新有千叶桃花,帝亲折一枝插于妃子宝冠上,曰:'此个花尤能助娇态也。'"属于观赏桃花类的半重瓣及重瓣品种,花色有白、粉红、红和红白相间等色。碧桃性喜阳光,耐旱,不耐潮湿的环境。喜欢气候温暖的环境,耐寒性好,能在零下25摄氏度的自然环境安然越冬。碧桃花朵丰腴,色彩鲜艳丰富,花型多。

⑬绯桃:桃花一种,花期较晚。《遵生八笺》卷十六《燕闲清赏笺下·四时花纪·桃花十种》:"也有绯桃,俗名苏州桃,花如剪绒者,比诸桃开迟而色可爱。"

⑭香梅:即蜡梅。蜡梅起源于中国,早在唐代,蜡梅花就已经被人们

广为种植。在宋代,蜡梅花为文人雅士所喜爱。明清时期,蜡梅花逐渐传入日本和欧洲。蜡梅花色丰富,花期长,香气浓郁,生命力顽强。

⑮紫笑:即含笑花。含笑花有紫白两种,其花常开不足,仿佛含笑貌。

⑯长春:全株无毛或仅有微毛,略有分枝,茎形状近方形,有红、紫、粉、白、黄等多种颜色。长春花从春至深秋开花不断,因此得名。

⑰紫荆:落叶乔木或灌木。叶圆心形,春开红紫色花。供观赏。树皮、木材、根均可入药。《遵生八笺》卷十六《燕闲清赏笺下·四时花纪·紫荆花》:"花碎而繁色浅紫。每花一蒂,若柔丝相系,故枝动朵朵娇颤不胜,俗名怕痒,是指此耳,亦以根分。"

⑱金雀儿:落叶灌木,因花多为黄色或金黄色,形状酷似雀儿,故名金雀儿。《遵生八笺》卷十六《燕闲清赏笺下·四时花纪·金雀花》:"春初开黄花,甚可爱,俨状飞雀。且可采以滚汤,着盐焯过,作茶供一品。"

⑲笑靥(yè):别名李叶绣线菊,为蔷薇科绣线菊属灌木,枝条蔓而柔软,纤长伸展,弯曲成拱形,繁花点点,眼目清凉,衬上绿叶翠枝,赏心悦目。《遵生八笺》卷十六《燕闲清赏笺下·四时花纪·笑靥花》:"花细如豆,一条千花,望之若堆雪。然无子可种,根窠丛生,茂者数十条,以原根劈作数墩,分种易活。"

⑳香兰:兰科,花黄白色。

㉑水仙:石蒜科水仙属,多年生草本。底部的鳞茎略呈卵状,外皮黑色,下端有白色须根。叶丛生,狭长呈线状,质厚,带白绿色。冬末春初时开花,花色白,有香味。通常生长于暖地的河边,或栽培于庭园。亦称为"凌波仙子""金盏银台"。

㉒映山红:野生的杜鹃花。《遵生八笺》卷十六《燕闲清赏笺下·四时花纪·映山红》:"本名山踯躅,花类杜鹃,稍大,单瓣色浅,若生满山顶,其年丰稔,人竞采之,外有紫、粉红二色。"

㉓奇绝:奇妙到极点。

㉔溶溶泄泄(yì):亦作"溶溶曳曳",晃动荡漾的样子。

【译文】

本月春天即将过去,百花全部开放,如牡丹、芍药、棣棠、木香、酴醾、蔷薇、金纱、玉绣球、小牡丹、海棠、锦李、徘徊、月季、粉团、杜鹃、宝相、千叶桃、绯桃、香梅、紫笑、长春、紫荆、金雀儿、笑靥、香兰、水仙、映山红等花,种种鲜花奇妙非常。卖花的人用马头形状的竹篮盛着盛开的鲜花,在市场上叫卖,买花的人络绎不绝。每当这个时候,雕刻花纹的屋梁上面有燕子在喃喃细语,华丽的栅栏上有黄莺在欢快的啼叫,寂静的院子,明亮的门窗上,光影树影摇曳,人们对着美景取乐,实在不容易用一两句话说尽此情此景。

卷三

四月

【题解】

本条概述了南宋行都杭州四月的气候以及社会各阶层在本月的主要活动。四月是夏季的开始，昼长夜短，杭州天气开始转热，新荷叶刚刚长出来，石榴即将开花，燕子、黄莺等鸟儿飞来飞去十分活跃。对南宋杭州人来说，四月也是人们游玩饮宴的好时节。对于皇帝来说，四月上旬要举行孟夏礼。为了显示皇恩浩荡，皇帝会下令免除御驾经过地方的房屋租金。

四月谓之初夏①，气序清和②，昼长人倦。荷钱新铸③，榴火将燃④，飞燕引雏⑤，黄莺求友⑥。正宜凉亭水阁围棋⑦、投壶⑧，吟诗度曲⑨，佳宾劝酬，以赏一时之景。上旬之内，车驾诣景灵宫行孟夏礼⑩，驾过处，公私僦金⑪，官放三日。第二日为新暑初回，令宰执分诣。

【注释】

①四月谓之初夏：农历夏季是四、五、六月，分别称作孟夏、仲夏、季夏。初夏，夏季第一个月，又称作"孟夏"。

②气序清和：气候晴朗和暖。气序，气候。清和，晴朗和暖。
③荷钱：指初生的小荷叶。因其形状如钱，故名。
④榴火将燃：指绚烂的石榴花即将开放。石榴花于仲夏时节开放，颜色红艳似火。
⑤飞燕引雏：指燕子引领雏鸟飞翔。
⑥黄莺求友：指黄莺鸟飞来飞去互相追逐，如同寻找朋友一般。
⑦水阁：靠近水的楼阁。
⑧投壶：古代宴会时的娱乐，宾主依次投矢于壶中，以投中次数决定胜负，胜者斟酒给败者喝。《礼记·投壶》："投壶之礼，主人奉矢，司射奉中，使人执壶。"
⑨度曲：制作乐曲。
⑩车驾：本指马驾的车，后用来借指帝王。《汉书》卷一《高帝纪》："车驾西都长安。"（唐）颜师古注："凡言车驾者，谓天子乘车而行，不敢指斥也。"孟夏礼：指在农历四月举行的礼仪。孟夏，夏季的第一个月，即农历四月。
⑪僦金：又称"僦钱"。指租金。原为"僦舍"，据《学海类编》本、明节本、天一阁本改。

【译文】

农历四月称之为初夏，气候晴朗和暖，白天长人容易困倦。此时荷叶刚刚长成铜钱大小，火红的石榴花含苞欲放，燕子带领着雏鸟飞翔在天空，黄莺飞来飞去到处寻找同伴。这个时节适宜待在凉亭水阁中，下棋投壶，吟诗作曲，与嘉宾们一起开怀畅饮，以欣赏一时的美景。四月上旬，皇帝前往景灵宫举行孟夏礼，皇帝车驾经过的地方，官府下令免除公私出租屋三天的房租。次日是新一年暑季刚刚到来，皇帝命令宰执分别祭祀。

皇太后圣节

【题解】

本条简要描述了宋度宗朝皇太后谢道清圣节的情况。宋理宗无子,以宋度宗为养子。宋度宗即位后,尊理宗皇后谢道清为皇太后。宋朝皇帝、皇太后等的生日被尊称为"圣节",谢道清的生日是农历四月初八,她的圣节为寿崇节。圣节前一个月,朝廷文武高官便到明庆寺举行祝圣道场,地方州府召集衙前乐乐人练习祝寿礼仪和节目。祝圣道场结束后,朝廷高官们前往贡院参加斋筵。浙江地方官们前往西湖放生,然后回府举行宴会,宴会的礼仪与饮酒的盏数,都与御宴相同。我们可以看出,谢道清的圣节是南宋朝廷与地方官广泛参与的一个十分隆重的节日,体现了宋度宗的孝道。关于谢道清圣节宴会的详细情况,见下一条《宰执亲王南班百官入内上寿赐宴》的记载。

初八日,寿和圣福皇太后圣节①。前一月,尚书省②、枢密院文武百僚诣明庆寺启建祝圣道场③,州府教集衙前乐乐部及妓女等④,州府满散进寿仪范⑤。向自绍兴以后⑥,教坊人员已罢⑦,凡禁庭宣唤⑧,径令衙前乐充修内司教乐所人员承应⑨。初四日,枢密院率修武郎以上⑩;初六日,尚书省宰执率宣教郎以上⑪,并诣明庆寺满散祝圣道场,次赴贡院斋筵⑫。帅臣与浙西仓宪及两浙漕⑬,率州县属官并寄居文武官⑭,就千顷广化寺满散祝圣道场,出西湖德生堂放生⑮,然后回府治锡宴簪花⑯,其礼仪、盏数与御宴同也。

【注释】

①寿和圣福皇太后:指宋理宗皇后谢道清。谢道清,临海县(今属浙江)城东下渡人。宰相谢深甫孙女,因为谢深甫拥立杨太后有功,谢道清被选入官,并在杨太后坚持下,于宝庆三年(1227)十二月被册立为宋理宗的皇后。景定五年(1264),宋理宗驾崩,宋度宗即位。咸淳三年(1267),宋度宗尊谢道清为皇太后,上尊号为寿和圣福太后。咸淳十年(1274),宋度宗驾崩,宋恭帝即位,尊谢道清为太皇太后。德祐二年(1276)二月,元军兵临临安城下,谢道清派人赴元大都(今北京)向元世祖忽必烈进降表。三月,元军破临安,将宋恭帝等南宋君臣押往大都。谢道清因为患病在床,暂时留在临安。八月,元军将谢道清押往大都居住,降封为寿春郡夫人。至元二十年(1283),谢道清去世,享年七十四岁。归葬家乡,墓葬临近其父亲的墓室。四月八日是谢道清的生日。圣节:古代皇帝、皇太后生日所定的节日,谢道清的圣节为寿崇节。(宋)赵昇《朝野类要》卷一《故事·圣节》:"国朝故事,帝后生辰,皆有圣节名。后免之,只名生辰,惟帝立节名。盖自唐明皇千秋节始也。"(清)顾炎武《日知录》卷十四《圣节》详细讲述了圣节来源和其中的各种礼节。

②尚书省:官署名。北宋初尚书省名存实亡,所领事务甚微。宋神宗元丰改制后,尚书省依据《唐六典》振举其职,掌执行经由门下省所付制、诏、敕、令,统管吏部、户部、礼部、兵部、刑部、工部六

部及其所属二十八司。朝廷有疑事,集百官商议可否;六部难以决定的事务,予以总决;如需请示裁夺,则按民事、军事分送中书省或门下省;凡更改法令,议定后上奏;文武百官奖赏、惩罚事,每一季度汇总付进奏院通过邸报通报全国;大礼前,掌百官受誓戒。

③枢密院:官署名。掌兵符、武官选拔除授、兵防边备及军师屯戍之政令。南宋初,命宰相兼知枢密院。高宗绍兴七年(1137)复置长官枢密使,仍以宰相兼任。二十六年(1156)罢宰相兼领枢密,三十二年(1162)复令宰相兼枢密使,后不改。枢密院之下又分兵、吏、户、礼、刑五房,元丰新官制为十二房,后又增为二十五房。南宋乾道又并为兵、吏、礼、刑、工五房。祝圣道场:指庆祝谢太后圣节举行的道场。

④衙前乐:乐司名。宋代州、府教集的乐部及妓女,为应奉帝后上寿等宴会的班子,称衙前乐。

⑤满散:功德结束时,将福物散发,故称功德圆满结束为满散。(宋)赵昇《朝野类要》卷一《故事·满散》:"满散者,终彻也。每遇圣节生辰,宰执赴明庆寺预先开启祝寿道场,至期满散毕,赐宴。"

⑥绍兴:南宋第一位皇帝宋高宗的第二个年号,1131—1162年。

⑦教坊:乐司名。凡朝廷大宴、曲宴、圣节、上元观灯、皇帝游幸及赐大臣与宗室筵宴,皆由教坊演奏乐曲、杂剧、歌舞之类娱乐节目,比之太常雅乐,教坊乐显得轻松、欢快、随和,通过故事贯串,寓有谏诤、鉴戒之意。平时,教坊掌教习伶人,并考核伶人技艺以进退。(宋)赵昇《朝野类要》卷一《故事·教坊》:"自汉有胡乐琵琶、筚篥之后,中国杂用戎夷之声,六朝则又甚焉。唐时并属太常掌之,明皇遂别置为教坊。其女乐,则为梨园弟子也。自有《教坊记》所载。本朝增为东西两教坊,又别有化成殿钧容班。中兴以来亦有之。绍兴末,台臣王十朋上章,省罢之。后有名伶达伎,皆留充德寿宫使臣,自余多隶临安府衙前乐。今虽有教坊之名,

隶属修内司教乐所,然遇大宴等,每差衙前乐权充之。不足,则又和雇市人。近年衙前乐已无教坊旧人,多是市井歧路之辈。欲责其知音晓乐,恐难必也。"

⑧禁庭:指宫廷。

⑨径令:直接命令。修内司:宋代官署名。掌皇城内宫殿垣及太庙修缮之事。南宋时并兼造御前军器。绍兴年间省废教坊后,由修内司下属教乐所掌管临安府衙前乐人,供宫廷宴乐所用。《都城纪胜·瓦舍众伎》:"绍兴三十一年,省废教坊之后,每遇大宴,则拨差临安府衙前乐人等充应,属修内司教乐所掌管。"原作"条内司",据明节本改。承应:指妓女、艺人应宫廷或官府之召表演侍奉。

⑩修武郎:武阶名。南宋高宗绍兴年间将其定为入品武阶五十二阶的第四十四阶,位于训武郎之下。正八品。

⑪宣教郎:文散官。宋徽宗政和四年(1114)九月一日,改宣德郎为宣教郎。正七品。

⑫斋筵:做斋事时设的筵席。

⑬浙西仓宪:指两浙西路提举常平广惠仓司。主要负责常平仓、义仓钱谷、庄产、户绝田土等,丰年贱籴,凶年平粜,缓解百姓生活疾苦等。两浙漕:指两浙转运使。掌管一路财赋。

⑭寄居文武官:即寄居官。寓居他州府或居住本贯的无职事祠禄官、分司官、待阙官、丁忧居体官、责降官之总称。

⑮德生堂:庆元四年(1198),知临安府赵师睪建。(宋)施谔《淳祐临安志》卷六《城府·楼观》:"在放生池上。庆元戊午,府尹赵公师睪建。淳祐戊申,府尹赵公与蕙重建,规制始壮。皇上御书'德生堂''泳飞亭'六大字。"

⑯锡宴:赐宴。指皇帝赐予群臣宴席。簪花:插花于冠。宋人喜欢簪花于冠,除了鲜花外,还会簪假花。

【译文】

农历四月初八日,是寿和圣福皇太后的诞辰。圣节前一个月,尚书省、枢密院文武百官前往明庆寺开始设立祝贺皇太后诞辰的道场,地方州府将衙前乐各乐部以及妓女等召集在一起训练,然后州府进寿礼仪结束。从前自高宗绍兴年间以后,朝廷已经停止招收教坊人员,但凡内廷宣唤艺人表演,直接下令衙前乐人充当修内司教乐所人员来承担表演事宜。四月初四日,枢密院长官率领修武郎以上官员;初六日,尚书省宰执率领宣教郎以上官员,一并前往明庆寺结束祝圣道场,然后赶赴贡院参加斋筵。而浙西安抚使与两浙西路提举常平广惠仓司以及两浙转运使,率领州县下属官员,连同寄居官,在千顷广化寺举行完祝圣道场后,出寺前往西湖德生堂举行放生礼,然后返回府衙参加皇帝所赐的宴会,宴席上官员们头上插花,宴会的礼仪与饮酒的盏数,都与御宴相同。

宰执亲王南班百官入内上寿赐宴

【题解】

本条详细记录了宋度宗时"宰执亲王南班百官"入宫参加皇太后谢道清圣节皇帝赐宴的情况。本条内容,与孟元老《东京梦华录》卷九《宰执亲王宗室百官入内上寿》中对宋徽宗政和年间举行的天宁节盛大官廷宴会的描述内容大体相同,反映了南宋政府沿用北宋礼制的情况。谢道清圣节,整场寿宴采用"分盏供乐"的方式进行,即歌舞活动按照皇家宴饮活动中举盏的次数进行表演,举盏一次的时间为一个表演单元。"一盏"包括皇帝(或皇太后)举酒——饮,宰臣举酒——饮,百官举酒——饮三个程序。歌舞音乐在这个时间段内表演。根据宋朝礼制规定,酒宴盏数越多说明所庆祝的节日越重要,宴饮时间自然更长,宴乐表演时间和规模也自然随之增加。谢道清圣节的祝寿宴会一共分为九盏酒,属于级别最高的皇家赐宴,显示了皇帝对谢道清圣节的高度重视,而穿插在宴会中间的各种歌舞表演和各种食品,向读者展现了南宋宫廷艺人表演情况以及南宋宫廷宴会的食谱,具有珍贵的史料价值。

初八日,宰执、亲王南班、百官入内起居,邀驾过皇太后殿上寿起居,舞蹈嵩呼毕,回诣紫宸殿宴①。乐未作,殿前山棚彩结飞龙舞凤之形,教乐所人员等效学百禽鸣②。内外肃然③,止闻半空和鸣④,鸾凤翔集⑤。阁门东班引平章⑥、宰执、亲王以下起居,上殿赐坐,谢恩坐讫。赐平章、宰执、侍从、亲王南班、武臣观察使以上坐于殿上⑦,余卿、监、郎、丞及武臣防御使以下坐于殿庑间⑧,军校排在山楼之后⑨。

【注释】

①紫宸殿:即文德殿用于上寿时所用殿名。南宋大内规制狭窄,经常一殿多用,殿名也是"随事揭名"。如文德殿,上寿时称紫宸殿,朝贺时称大庆殿,宗祀时称明堂殿,策士时称集英殿。见《咸淳临安志》卷一《宫阙·大内》。

②效学:模拟,模仿。

③肃然:安定平静,秩序良好。

④和鸣:互相应和鸣叫。

⑤鸾凤:鸾鸟和凤凰。翔集:众鸟飞翔而后群集于一处。根据上下文意,此句"鸾凤翔集"前疑脱一"若"字。

⑥平章:"平章军国重事""平章军国事"的简称。贵官名。唐中宗神龙元年(705)六月十五日,始置平章军国重事。北宋哲宗元祐元年(1086)始入衔。用于优待元老重臣,位在宰相上。六日一朝,过问大典礼、大刑政以及进退侍从官、三京尹、三路安抚使以上高级臣僚。此处平章似乎应指南宋末年权相贾似道。

⑦观察使:武阶名。宋代观察使无职事,无定员,为武臣、宗室、内侍迁转官阶。宋神宗元丰改制后为正五品,高于防御使,低于节度观察留后。

⑧防御使:武阶名。宋代防御使无职事,无定员,为武臣、宗室、内侍迁转官阶。宋神宗元丰改制后为从五品。

⑨军校:军中的副官。此处泛指一般的禁军军士。

【译文】

农历四月初八,宰执、亲王南班以及文武百官入宫向皇帝行起居礼,然后邀请圣驾前往皇太后所居宫殿行祝寿起居礼,向皇太后行大礼并山呼万岁后,君臣回到紫宸殿,举行宴会。音乐尚未响起,紫宸殿前山棚用彩带结成飞龙舞凤的形状,教乐所人员模仿百鸟鸣叫。此时紫宸殿内外安定平静,只听到半空中百鸟和鸣,宛若鸾鸟凤凰一起翱翔在宫殿中。阁门东班引导平章军国重事、宰执、亲王以下官员向皇帝行起居礼,皇帝下旨让他们上殿并赐座,众人谢恩落座。皇帝恩赐平章军国重事、宰执、侍从、亲王南班、武臣观察使以上官员坐在殿上,其余卿、监、郎、丞以及武臣防御使以下官员坐在殿廊间,禁军军士们则排列在山楼后面。

殿上坐杌,依品位高低坐。第三四行黑漆矮偏凳坐物①。每位列环饼②、油饼③、枣塔为看盘④。若向者高宗朝,有外国贺生辰使副朝贺赴筵,于殿上坐使、副,余三节人在殿庑坐。看盘如用猪、羊、鸡、鹅连骨熟肉,并葱、韭、蒜、醋各一楪,三五人共浆水饭一桶而已⑤。所有知阁门事官与御带、环卫等官,及阁门职事官,俱立殿陛之下也。

【注释】

①坐物:供人坐的用具。
②环饼:又称馓子。一种用糯粉和面扭成环状的油炸面食品。(宋)庄季裕《鸡肋编》卷上:"食物中有馓子,又名环饼。或曰:即古之寒具也。"
③油饼:一种面食。(元)佚名《居家必用事类全集》庚集《从食品》列有"肉油饼"和"素油饼"。肉油饼的做法是:"白面一斤,熟油二两半,猪、羊脂各二两剉碎。酒一小盏,与面同和。如硬,入羊

骨髓。分作十剂,扞开包馅。用托子印花样,入炉煿熟。筵席上大者每分供二个,小者供四个。馅与馒头、生馅同,或者供素食蜜穰馅、枣穰亦可。"素油饼的做法是:"仿肉油饼造馅,用蜜或枣穰包。"

④枣塔:面团擀成大小不一的面皮,上面放枣,然后蒸熟,形似宝塔。看盘:陈列在餐桌上供装饰用的各种吃食,包括糕点、果品、猪羊鸭鹅等熟食,用于看而并非吃,目的是营造一种视觉上的丰盛感。

⑤浆水饭:用浆水做成的饭。浆水,又名酸浆。用芥菜、包菜、芹菜、曲曲菜、萝卜缨、黄豆芽等为原料(还有其他原料,依口味习惯选择一样,也可以是几样搭配而作),在沸水里烫过后,拌以少量面粉,加温水,酵母发酵而成。《居家必用事类全集》巳集《浆水类·浆水法》:"熟炊粟饭乘热倾在冷水中,以缸浸五七日,酸便好吃。如夏月逐日看,才酸便用;如过酸,即不中使。"

【译文】

坐在紫宸殿上的官员们坐机子,依据品位高低落座。第三四行的官员坐黑漆矮偏凳。每个座位前陈列着装满环饼、油饼、枣塔等物品的看盘。如果是从前的高宗朝,有外国祝贺生辰的正副使节前来朝贺参加宴会,正、副使坐在大殿上,其余使节人员都坐在殿廊间。看盘上如果摆放着猪、羊、鸡、鹅连骨的熟肉,便还有葱、韭、蒜、醋各一碟,三五个人给一桶浆水饭罢了。所有的知阁门事官与御带、环卫等官员,以及阁门职事官,都站立在殿陛之下。

上公称寿①,率以尚书执注碗斟酒进上②。其教乐所色长二人③,上殿于阑干边立,皆诨裹④、紫宽袍、金带、黄义襕⑤,谓之"看盏"。如斟御酒,看盏者举其袖,引曰⑥:"绥御酒⑦。"进毕,拂双袖于阑干而止。主上以宝卮先从东后西⑧，宣示宰执⑨、亲王以下及外国使副。阁门宣赞分班躬身⑩，齐传宣饮尽酒者三⑪。群臣拜于坐次后⑫，捧卮饮而再拜，坐。宰臣酒，色长则曰"绥酒"，如前。

【注释】

① 上公：古代五等爵位中公爵的尊称，此处泛指高官显宦。称寿：祝人长寿。
② 注碗：或称"温碗"。中国古代一种温酒器，与注子配套使用，可在碗中盛以热水，再将装有酒的注子置入以温酒。
③ 色长：指宋代教坊司管理乐工的属官。宋代教坊乐分部，部下分色，一色就是一种名目。每色设色长，负责本色伶人的练习、演奏及器乐管理等事务。
④ 诨裹：指不按普通样式，独出心裁将头巾裹成各类滑稽样式，以逗笑取乐，多为教坊、诸杂剧人所戴，后逐渐成为大众喜好。
⑤ 义襕（lán）：宋代教坊艺人所着的一种围腰。所用颜色有所规定，一般制为两片，左右各一，使用时围于袍衫之外，别以腰带系束。亦泛指饰有义襕的服装。
⑥ 引：唱引，唱曲。
⑦ 绥（suí）御酒：指劝进御酒。御酒，指帝王饮用或赏赐的酒。（宋）叶梦得《石林燕语》卷五："公燕合乐，每酒行一终，伶人必唱'嗺（zuǐ）酒'，然后乐作，此唐人送酒之辞。本作'碎'音，今多为平声，文士亦或用之。"据此可知，宋代内宴的"绥御酒"即为"嗺御酒"之讹。
⑧ 宝卮（zhī）：珍贵的酒器。卮，古代盛酒的器皿。
⑨ 宣示：展示。
⑩ 阁门宣赞："阁门宣赞舍人"的简称。从七品。掌朝会、宴飨、巡幸时传宣辞令及相导仪规、察觉殿庭失仪、在殿陛应奉等事。

⑪传宣:传达宣布。
⑫坐次:座位。

【译文】

　　高官们祝寿,大都是尚书手执注碗斟酒进呈皇帝。届时教乐所的两名色长,上殿站立在栏杆两侧,两人都头戴诨裹,身穿紫宽袍,腰系金带,外面披着黄义襕,他们被称作"看盏"。如果要斟御酒,看盏之人就举起衣袖,吟唱道:"绥御酒。"御酒进呈完毕,看盏之人用双袖拂过栏杆。皇帝举起酒杯,先东后西,举杯向宰执、亲王以下官员,以及外国正副使节示意。阁门宣赞分班躬身行礼,一齐高声宣达皇帝旨意"饮尽杯中酒",如此反复多次。群臣们在座位向皇帝行礼,然后手捧酒杯一饮而尽,再次向皇帝行礼,然后落座。宰臣饮酒,色长像之前那样称"绥酒"。

　　教乐所乐部例于山楼上彩棚中①,皆裹长脚幞头,随乐部色服紫、绯、绿三色宽衫、黄义襕、镀金凹面腰带②。前列拍板③,次画面琵琶④。又列箜篌两座⑤,高三尺许⑥,形如半边木梳,黑漆镂花金装画⑦,台座张二十五弦,一人跪而交手擘之⑧。次高架画花地金龙大鼓二面。击鼓人皆结宽袖,别套黄窄袖垂结带⑨,金裹鼓棒两条,高低互击,宛若流星。后有羯鼓⑩,如寻常番鼓子,置之小桌上,两手皆执杖击之。次中间列铁石方响⑪,用明金彩画架子,双垂流苏⑫。次列箫⑬、笙⑭、埙⑮、篪⑯、觱篥⑰、龙笛之类⑱,两旁对列杖鼓⑲,皆长脚幞头、紫绣抹额⑳,皆系紫宽袍、黄窄袖结带、黄义襕。诸杂剧色皆诨裹㉑,各服本色紫㉒、绯、绿宽衫、义襕、镀金带。自殿陛对立,直至乐棚㉓。每遇供舞戏,则排立叉手㉔,举左右肩,动足应拍,一齐群舞,谓之"挼曲子"㉕。

【注释】

①山楼：临时搭建的彩饰楼棚。彩棚：用彩纸、彩绸、松柏树枝等装饰的棚子，多用于丧礼、婚仪或庆典。

②凹面：四面高，中间低，与"凸面"相对。"凹面"，原作"四面"，据《学津讨原》本、明抄本、清翁校抄本、四库本改。

③拍板：又称"檀板"，一种打击乐器，一般用木制成，用来打拍子。《旧唐书》卷二十九《音乐志二》："拍板，长阔如手，厚寸余，以韦连之，击以代抃。"

④画面琵琶：面子上绘有图画的琵琶。

⑤箜篌（kōng hóu）：中国古代传统弹弦乐器。《旧唐书》卷二十九《音乐志二》："箜篌，汉武帝使乐人侯调所作，以祠太一。或云侯辉所作，其声坎坎应节，谓之坎侯，声讹为箜篌。或谓师延靡靡乐，非也。旧说亦依琴制，今按其形，似瑟而小，七弦，用拨弹之，如琵琶。"文献中有"卧箜篌、竖箜篌、凤首箜篌"三种形制。箜篌音域宽广、音色柔美清澈，表现力强。古代除宫廷雅乐使用外，在民间也广泛流传。

⑥尺：古代的长度单位。每个朝代对"尺"的长短定义都不一样，在宋代，一尺大概是现在的27.68cm。

⑦金装画：精美的绘画。金装，盛装，美装。

⑧擘（bò）：拨弹琴弦的指法。《旧唐书》卷二十九《音乐志二》："竖箜篌，胡乐也，汉灵帝好之。体曲而长，二十有二弦，竖抱于怀，用两手齐奏，俗谓之擘箜篌。"

⑨结带：打结的带子。

⑩羯（jié）鼓：我国古代一种鼓。（唐）杜佑《通典》卷一百四十四《乐四》："羯鼓，正如漆桶，两头俱击。以出羯中，故号羯鼓，亦谓之两杖鼓。"

⑪方响：中国古代一种打击乐器，南朝梁时出现，后为隋、唐燕乐中

常用的乐器。它通常由十六块铁板根据音高顺序排列而成，用小铁锤或木锤敲击发音。《通典》卷一百四十四《乐四》："方响，以铁为之，修九寸，广二寸，圆上方下。架如磬而不设业，倚于架上以代钟磬。人间所用者，才三四寸。"

⑫流苏：由彩丝或羽毛做成的穗状饰物，常装置在马车、楼台、旌旗或帐幕的边缘。

⑬箫：又叫作"洞箫"。一种吹孔气鸣管乐器名。多为一根竹管制成，竖吹，上端有一吹气孔，在中上管部分安置六到八个按音孔。许多管子排在一起吹奏的，叫作"排箫"。

⑭笙：一种吹孔簧鸣乐器。主要由笙簧、笙苗（即笙体上的许多长短不一的竹管）和笙斗（即连接吹口的笙底座）三部分构成。汉代以前的笙管多以芦竹或紫竹制作，簧片用竹制作，笙斗用瓠制作，汉以后，簧片渐改用铜制。隋唐时期的笙斗改用木制，先秦时期的笙管数为12—18根，至唐宋时期，笙管增加到17—19根。

⑮埙（xūn）：古代用陶土烧制的一种吹奏乐器，圆形或椭圆形，有六孔。亦称"陶埙"。《旧唐书》卷二十九《音乐志二》："埙，曛也，立秋之音，万物将曛黄也。埏土为之，如鹅卵，凡六孔，锐上丰下。"

⑯篪（chí）：古代一种用竹管制成像笛子一样的乐器，有八孔。《通典》卷144《乐四》："篪，以竹为之，长尺四寸，围三寸，一孔，上出寸三分，名曰翘，横吹之。小者尺二寸。"

⑰觱篥（bì lì）：一种古代管乐器。即篥，也称管子，多用于军中和民间音乐。流行于我国各地。管身是木制的，上面开有八孔（前七后一），管口插一苇制的哨子而发音。《旧唐书》卷二十九《音乐志二》："筚篥，本名悲篥，出于胡中，其声悲。"

⑱龙笛：指管首制为龙形的笛子。《元史》卷七十一《礼乐志五》："龙笛，制如笛，七孔，横吹之，管首制龙头，衔同心结带。头管，制以竹为管，卷芦叶为首，窍七。"

⑲杖鼓：一种打击乐器。（宋）沈括《梦溪笔谈》卷五《乐律一》："唐之杖鼓，本谓之'两杖鼓'，两头皆用杖。今之杖鼓，一头以手拊之，则唐之'汉震第二鼓'也，明帝、宋开府皆善此鼓。其曲多独奏，如鼓笛曲是也。今时杖鼓，常时只是打拍，鲜有专门独奏之妙。古典悉皆散亡，顷年王师南征，得《黄帝炎》一曲于交趾，乃杖鼓曲也。"

⑳抹额：束在额前的颜色各异的条状巾饰，多饰以刺绣或珠玉。（宋）俞琰《席上腐谈》："以绡缚其头，即今之抹额也。"

㉑杂剧：宋代的一种由滑稽表演、歌舞和杂戏组合而成的综合性戏曲。演出时一般由四个角色组成，有的增添一人。北宋的杂剧分为"艳段"和"正杂剧"两个部分。"艳段"是在正剧上演前表演的一段日常生活中的熟事。"正杂剧"又分为两段，表演一个完整的故事，是杂剧的主体。南宋，杂剧变为三个部分，即"艳段""正杂剧""杂扮"。"杂扮"是由民间的滑稽戏演变而来的，作为杂剧之后的散段，又称"杂班"或"拔扣"。

㉒本色：本来的颜色。此处指各行业特色、特点。

㉓乐栅：演出的场所。乐栅，《东京梦华录》卷九《宰执亲王宗室百官入内上寿》作"乐棚"。

㉔叉手：两手在胸前相交，表示恭敬。《纂图增新群书类要事林广记》丁集卷上《幼学类》："凡叉手之法，以左手紧把右手大拇指，其左手小指则向右手腕，右手四指皆直，以左手大指向上。如以右手掩其胸，手不可太着胸，须令稍去胸二三寸许，方为叉手法也。"

㉕捼（ruó）曲子：身体随着音乐节拍晃动来伴舞。各本为"按曲子"，据《东京梦华录》卷九《宰执亲王宗室百官入内上寿》改。

【译文】

教乐所的乐部们在山楼上的彩棚中排列成行，他们头上都裹着长脚幞头，依据所在乐部色，身着紫色、绯色、绿色三种颜色的宽衫，外面披着黄义襕，系着镀金凹面腰带。乐人们身前摆放着拍板，接下来是画面琵琶。还摆放着两座箜篌，每座箜篌都高约三尺，形状如同半边木梳，上面是黑漆镂花精美的图画。箜篌的台座上安置着二十五根弦，一人跪着两手交互弹弦。其次是两面高架画花地绘金龙大鼓。击鼓人都扎着宽袖，又套着黄色的窄袖，上面垂着打结的带子。鼓手挥舞着两条金箔包裹的鼓棒，忽高忽低轮流击鼓，速度之快，如同流星一般。高架大鼓后面有羯鼓，像普通的番鼓子一样放置在小桌上，鼓手两手都执杖击打羯鼓。接下来乐器间排列着铁石制成的方响，悬挂在明金彩绘的架子上，架子双端垂着流苏。其次排列着箫、笙、埙、篪、觱篥、龙笛之类乐器。乐器两旁相对排列着杖鼓，鼓手都头戴长脚幞头，系着紫绣抹额，身上都穿着紫宽袍、黄窄袖结带、黄义襕。各杂剧色部之人都头戴诨裹，身上穿着本色的紫色、绯色、绿色宽衫，外面披着义襕，系着镀金带。乐人们从大殿台阶一直到乐棚都相向站立。每当要进呈舞戏表演，这些排立之人便会两手交叉放在胸前，耸动左右肩膀，双脚踏动，应和节拍，一起舞蹈，称之为"接曲子"。

第一盏：进御酒，歌板色一名唱"中腔"一遍讫①，先笙与箫、笛各一管和之②；又一遍，众乐齐和，独闻歌者之声。宰臣酒，乐部起《倾杯》③；百官酒，《三台》④。舞旋多是诨裹、宽衫，舞曲破⑤、撷⑥，前一遍，舞者入；至歌拍⑦，续一人入，对舞数拍，前舞者退，独后舞者终其曲，谓之"舞末"⑧。

【注释】

①歌板色：乐部中手执拍板唱歌的角色。歌板，即拍板，歌唱时用以打拍子，故名。中腔：相对"歌头"而言，指大曲歌唱部分的主体曲，常独立出来付诸演唱。

②和（hè）：以声相应。

③《倾杯》：即《倾杯乐》，唐代教坊曲名，后用作词调名。（唐）段安节《乐府杂录·新倾杯乐》》："宣宗喜吹芦管，自制此曲。"

④《三台》：一种乐府曲调，产生于北齐，唐宋时得到充分发展，宫调多达十五种。体制既有大曲形式，也有纯器乐演奏形式，所用乐器以弦乐、管乐和打击器为主。《三台》还可以搭配舞蹈表演，宋代甚至有专门擅长《三台》舞的舞者。降至明清，《三台》仍然可歌可舞。

⑤曲破：唐宋乐舞名词。大曲的第三段称为"破"，单独演出时称"曲破"。节奏紧促，有歌有舞。宋代甚为流行，宫廷大宴时常同其他节目轮番演出。

⑥撷（diān）：原指用手托物上下晃动。在大曲中，"撷"位于"正撷"之前，通常用于承上启下，连接不同部分之间的音乐，具有过渡和调整的功能，能够帮助音乐在不同段落之间平滑过渡，确保整个曲目的连贯性和流畅性。

⑦歇拍：填词每阕之末，谓之"歇拍"，犹曲之煞尾。

⑧舞末：宋代舞曲的一种终结形式。

【译文】

第一盏酒：进御酒时，一名歌板色唱完一遍"中腔"，先由笙与一箫和一笛随着歌声伴奏；歌板色再唱一遍，各种乐器一起伴奏，不过人们却只听到歌者的声音。进宰臣酒时，乐部演奏《倾杯乐》；进百官酒时，乐部演奏《三台》乐。跳回旋舞的人大多头戴浑裹，身着宽衫，舞曲演奏到破、撷前一遍，舞者入场表演；到歇拍时，又有一舞者接着入场表演，两位舞者对舞数拍，先前的舞者退场，只剩下后入场的舞者一直跳到乐曲结束，称之为"舞末"。

第二盏：再进御酒，歌板色唱和如前式。宰臣，慢曲子^①;百官,舞《三台》。

【注释】

①慢曲子:又称"慢遍",相对"急曲子"而言,慢与急是按照乐曲的节奏来区分的,慢曲子节奏相对缓慢。(宋)张炎《词源》卷下:"慢曲不过百余字,中间抑扬高下,丁抗掣拽,有大顿、小顿、大柱、小柱、打、掯等字,真所谓上如抗,下如坠,曲如折,止如槁木,偶中矩,句中钩,累累乎端如贯珠之语,斯为难矣。"

【译文】

第二盏酒:进御酒,歌板色如同之前一样演唱伴奏。进宰臣酒,乐部演奏节奏舒缓的慢曲子;进百官酒,舞者伴随《三台》曲子起舞。

第三盏:进御酒。宰执、百官酒如前仪。进御膳,御厨以绣龙袱盖合上进御前珍馐^①。内侍进前供上食,双双奉托直过头。凡御宴,至第三盏方进下酒^②:咸豉^③、双下驼峰角子^④。宰执、百官以殿侍侧身跪传酒馔^⑤,即茶酒班仗役也^⑥。盖谓"殿侍高高捧盏行,天厨分胾极恩荣^⑦。傍筵拜起尝君赐,不请微闻匙箸声^⑧"。百戏呈拽^⑨,乃上竿^⑩、跳索^⑪、倒立、折腰^⑫、弄碗^⑬、踢磬瓶^⑭、筋斗之类。艺人皆红巾彩服。

【注释】

①御厨:供给皇帝饮食的厨房或厨师。绣龙袱(fú):绣着龙的布单。珍馐(xiū):亦作"珍羞",珍奇美味的菜肴。

②下酒:指佐酒的菜肴果品。

③咸豉(chǐ):用黄豆煮熟霉制而成,常用以调味。(唐)韩鄂《四时

纂要》卷三载咸豆豉作法:"大黑豆一斗,净淘择去恶者,烂蒸,一依罨黄衣法。黄衣遍即出,簸去黄衣,用熟水淘洗沥干。每斗豆用盐五升,生姜半斤,切作细条子。青椒一升,拣净即作盐汤,如人体同入瓮器中,一重豆,一重椒、姜,入尽即下盐水,取豆面深五七寸乃止,即以椒叶盖之,密泥于日中着二七日,出暶干汁则煎而别贮之,点素食尤美。"

④双下驼峰角子:指上两份驼峰角子。驼峰角子,煎制的酥油驼峰状面食,类似于今天的酥油角。《居家必用事类全集》庚集《驼峰角子》:"面二斤半,入溶化酥十两,或猪羊油各半代之,冷水和盐少许,搜成剂。用骨鲁槌扞作皮,包炒熟馅子,捏成角儿,入炉熬煿,熟供。素馅亦可。"

⑤殿侍:北宋无品武阶官名,为最低级的供奉武官。酒馔:犹酒食。

⑥茶酒班:"茶酒班殿侍"的简称。无品武官名。殿侍之一。

⑦分脔(luán):分肉。脔,切成小块的肉。

⑧匙箸(chí zhù):泛指餐具。匙,舀汤用的小勺子。箸,筷子。

⑨百戏:各种舞乐杂技表演的总称。呈拽:安排。

⑩上竿:古代杂技名,似今之爬竿。(宋)晏殊《咏上竿伎》:"百尺竿头袅袅身,足腾跟挂骇傍人。汉阴有叟君知否,抱瓮区区亦未贫。"

⑪跳索:即走索。杂技之一种,演员在悬空的绳索上进行表演。

⑫折腰:古百戏之一,向后弯腰。(宋)马端临《文献通考》卷一百四十七《乐考二十·拗腰伎》:"盖翻折其身,手足皆至于地,以口衔器而复立也。"

⑬弄碗:俗作顶碗。早在汉代初年的"百戏"之中就有"弄碗"。唐代艺人用头顶盛满水的碗,饮酒、演奏而不坠地、不滴水。宋代瓦舍勾栏中,弄碗技艺有了新的发展,将顶碗、柔术和优美的形体动作结合在一起,给人以美的享受。

⑭踢磬瓶:艺人仰卧,用双脚踢弄石磬或瓶子,使其在双脚上旋转滚

动,或飞舞下降,主要表演艺人腿、脚和腰上的功夫。

【译文】

第三盏酒:进御酒。进宰执酒、进百官酒与前面的仪式相同。进御膳,御厨把绣着龙图案的布单盖在食盒上面,将美味佳肴进呈御前。内侍走上前来把食物进献给皇帝,他们都用双手恭敬地将食盒高高举过头顶。但凡御宴,到第三盏酒才进下酒菜:咸豉、双份驼峰角子。宰执、文武百官让殿侍侧着身体跪着传送酒菜,殿侍即茶酒班杂役。这大概就是"殿侍高高地捧着菜盏行进,御厨将肉分给大家乃是莫大的恩荣。大臣在筵席一侧向皇帝跪拜起身品尝皇帝恩赐的美食,不必请示隐隐听到汤匙和筷子交错的声音"。这时各种表演都纷纷登场,有上竿、跳索、倒立、折腰、弄碗、踢磬瓶、筋斗等表演。表演的艺人都头系红巾,身着彩服。

第四盏:进御酒,宰臣、百官各送酒,歌舞并同前。教乐所伶人以龙笛、腰鼓发诨子①,参军色执竹竿②、拂子③,奏俳语④、口号⑤,祝君寿。杂剧色打和毕,且谓:"奏罢今年新口号,乐声惊裂一天云。"参军色再致语,勾合大曲舞⑥。下酒杯⑦:炙子骨头⑧、索粉⑨、白肉⑩、胡饼⑪。

【注释】

①诨子:犹打诨。以滑稽的动作戏耍。

②参军色执竹竿:目的是指挥音乐演奏、停止,引领演员上场,并作"致语"。参军色,唐宋时"参军戏"的角色名。

③拂子:即拂尘。古代用以掸拭尘埃和驱赶蚊蝇的器具。

④俳(pái)语:戏笑嘲谑的言辞。

⑤口号:艺人念诵的赞美之词。《宋史》卷一百四十二《乐志十七》:"第六,乐工致辞,继以诗一章,谓之'口号',皆述德美及中外蹈

咏之情。"

⑥勾合：串，联。大曲：乐曲名。由汉、魏至唐、宋间渐渐发展而成的一种大型歌舞乐曲。渊源于汉、魏时代的相和歌及清商曲，《宋书》卷二十《乐志三》录有大曲十五曲，多用流传的诗篇配乐，增减字句，以合音节。唐大曲多以诗篇配乐迭唱，而宋大曲的歌词则以词为主。

⑦下酒杯：诸本同，不可解。《东京梦华录》卷九《宰执亲王宗室百官入内上寿》作"下酒榼（kē）"，此处指酒席。伊永文《东京梦华录笺注》疑"榼"假借为"磕"，转为象声词，大声之意。

⑧炙（zhì）子骨头：烧烤羊肉骨头，烤羊排。

⑨索粉：也称粉丝，线粉。以绿豆粉或其他豆粉制成的细条状食物。

⑩白肉：指砧压去油之肉。（宋）灌圃耐得翁《都城纪胜·食店》："又有误名之者，如呼熟肉为白肉是也，盖白肉别是砧压去油者。"

⑪胡饼：一种烤制的饼，因来自胡地，故称为"胡饼"。类似于现在新疆烤馕中的素烤馕。

【译文】

第四盏酒：进御酒，分别给宰臣、百官送酒，歌舞表演一如之前。教乐所伶人们吹奏龙笛、敲击腰鼓来表演滑稽逗笑的节目。参军色手执竹竿、拂子，说着滑稽搞笑的言辞，念诵赞美之词，祝贺寿诞。杂剧色应和完毕，念道："奏罢今年新的赞颂之词，乐声响起惊裂一天的云彩。"参军色再次致颂词，然后引导大曲舞蹈上场。盛放下酒菜的器具里面有炙子骨头、索粉、白肉、胡饼等。

第五盏：进御酒，琵琶色长上殿奏喏①，独弹玉琵琶。前辈有诗咏曰："宝轴琵琶奏上欢，玉钩珠结响珊珊②。群臣倾听天朝乐③，却笑乌孙马上弹④。"宰臣酒，方响色长上殿奏喏，独打玉方响，亦有诗咏之："垂珠宝架玉牌方，催送黄金万寿觞。疑是飞仙朝帝阙⑤,玲珑环佩互宫商⑥。"凡色长独奏玉乐器,例有宣赐,其弹玉琵琶者赐五两五匹,打玉方响者赐三两三匹,乐伶当殿谢恩祗受讫⑦。百官酒,乐部起《三台》舞。参军色执竿奏数语,勾杂剧入场,一场两段。是时,教乐所杂剧色何雁喜、王见喜、金宝、赵道明、王吉等俱御前人员⑧,谓之"无过虫"⑨。再下酒:群仙炙⑩、天仙饼⑪、太平毕罗⑫、干饭⑬、缕肉羹⑭、莲花肉饼⑮。

【注释】

①奏喏(rě):行礼,同时出声致敬。

②珊珊:玉佩声。

③天朝:对朝廷的尊称。

④乌孙:中国西北地区的古代民族,主要活动在今伊犁、天山一带。张骞出使西域,乌孙与西汉结盟。后来乌孙逐渐与其他民族融合。此处泛指少数民族。

⑤飞仙:会飞的仙人。

⑥环佩:环形的玉佩。

⑦祗(zhī)受:恭敬地领受。

⑧御前人员:指在皇宫演出过,有御赐"封号"的艺人。

⑨无过虫:原指杂剧中以戏谑调笑为行当特征的艺人。在这里便是指戏曲艺人一类的优伶俗称。

⑩群仙炙:多种肉混合在一起烤熟。类似于烤肉拼盘。

⑪天仙饼:(宋)庞元英《文昌杂录》记作天花饼。大概就是用蘑菇、大枣、糖制作的一种酥饼。

⑫毕罗:也作饆饠,是一种包有馅心的面制点心。始于唐代,类似于今天的包子。

⑬干饭:蒸米饭。

⑭缕肉羹:肉丝羹。

⑮莲花肉饼:莲花状的肉馅饼。原作"花肉饼",据《学津讨原》本、《东京梦华录》卷九《宰执亲王宗室百官入内上寿》改。

【译文】

第五盏酒:进御酒,琵琶色长上殿行礼致敬,然后玉琵琶独奏。前辈有诗咏叹道:"宝轴琵琶奏上欢,玉钩珠结响珊珊。群臣倾听天朝乐,却笑乌孙马上弹。"进宰臣酒,方响色长上殿行礼致敬,独自打击玉方响,也有诗咏叹道:"垂珠宝架玉牌方,催送黄金万寿觞。疑是飞仙朝帝阙,玲珑环佩互宫商。"但凡色长用玉乐器独奏,照例皇帝会有赏赐,其中赏赐弹奏玉琵琶的色长银五两、绢五匹,赏赐打玉方响的色长银三两、绢三匹,受赏的乐伶们当殿谢恩领受赏赐。进百官酒,乐部演奏《三台》曲,起舞。参军色手执竹竿上前奏语,引导杂剧演员入场,一场演出两段。当时,教乐所杂剧色何雁喜、王见喜、金宝、赵道明、王吉等人都是皇家演员,称作"无过虫"。再次端上下酒菜肴,有群仙炙、天仙饼、太平毕罗、干饭、缕肉羹、莲花肉饼。

前筵毕,驾兴①,少歇,宰臣以下退出殿门幕次伺候②。须臾传旨追班③,再坐后筵,赐宰臣、百官及卫士、殿侍、伶人等花,各依品位簪花④。上易黄袍、小帽儿,驾出再坐,亦簪数朵小罗帛花帽上⑤。宰臣以下起居,坐。有诗咏曰:"玉带黄袍坐正衙,再颁花宴侈恩华⑥。近臣拜舞瞻龙表⑦,绛蕊高笼压帽纱。"乐伶色长看盏。

【注释】

①驾兴:皇帝起身。

②幕次：临时搭的帐幕。伺候：等待。

③趋班：百官按照位次排列谒见皇帝。

④簪花：宋朝典礼君臣流行在幞头上戴花，称作"簪花"。《宋史》卷一百五十三《舆服志五》："簪戴。幞头簪花，谓之簪戴。中兴，郊祀、明堂礼毕回銮，臣僚及扈从并簪花，恭谢日亦如之。大罗花以红、黄、银红三色，栾枝以杂色罗，大绢花以红、银红二色。罗花以赐百官，栾枝，卿监以上有之；绢花以赐将校以下。太上两宫上寿毕，及圣节、及锡宴、及赐新进士闻喜宴，并如之。"

⑤罗帛花：指用罗、帛制成的像生花。（宋）蔡絛《铁围山丛谈》卷一："国朝燕集，赐臣僚花有三品。生辰大燕，遇大辽人使在庭，则内用绢帛花，盖示之以礼俭，且祖宗旧程也。春秋二燕，则用罗帛花，为甚美丽。至凡大礼后恭谢，上元节游春，或幸金明池琼花，从臣皆扈跸而随车驾，有小燕谓之对御……又赐臣僚燕花，率从班品高下，莫不多寡有数；至滴粉缕金花为最，则倍于常所颁。此盛朝之故事云。"

⑥侈：夸大。恩华：犹恩荣。指受皇帝恩宠的荣耀。

⑦龙表：指皇帝仪容。

【译文】

前筵结束，皇帝起身离开御座，稍微歇息一会儿，宰相以下文武官员都退出殿门到临时搭建的帐篷内等待皇帝宣召。过了一会儿，皇帝有旨令文武百官按照位次排列觐见，皇帝再次驾坐后筵，赏赐宰相、文武百官以及卫士、殿侍、伶人等人花，诸人都依据品位簪花。皇帝换上黄袍，头戴小帽儿后再次现身落座，帽子上也簪着数朵小罗帛花。宰相以下文武官员都躬身向皇帝行礼，然后落座。有诗咏叹道："玉带黄袍坐正衙，再颁花宴侈恩华。近臣拜舞瞻龙表，绛蕊高笼压帽纱。"乐伶色长负责看盏。

第六盏：再坐斟御酒，笙起慢曲子。宰臣酒，龙笛起慢曲子；百官酒，舞《三台》。蹴毬人争胜负①，且谓："乐送流星度彩门②，东西胜负各分番。胜赐银碗并彩缎，负击麻鞭又抹枪③。"下酒供：假鼋鱼④、蜜浮酥捺花⑤。

【注释】

① 蹴毬：唐宋时期一种类似足球的运动。(宋)马端临《文献通考》卷一百四十七《乐考二十》："蹴毬盖始于唐，植两修竹，高数丈，络网于上，为门以度球。球工分左右朋，以角胜负否。岂非蹴鞠之变欤？"

② 彩门：彩色装饰的球门。

③ 麻鞭：用麻皮或冰草拧成的短柄鞭子。抹枪：用彩粉、墨涂抹在脸上。(宋)孟元老《东京梦华录》卷七《驾登宝津楼诸军呈百戏》："次有一击小铜锣引百余人，或巾裹，或双髻，各着杂色半臂、围肚看带，以黄白粉涂其面，谓之'抹枪'。"

④ 假鼋（yuán）鱼：用其他食材仿制的甲鱼。

⑤ 蜜浮酥捺花：《文昌杂录》作"蜜浮斯奈花"，疑应作"柰花"。柰花，茉莉花的别名。可能就是茉莉花制作的一种甜食。也可能是形似茉莉花的面酥，浇上蜜汁。

【译文】

第六盏酒：皇帝再次落座，斟御酒，笙演奏慢曲子。进宰臣酒，龙笛吹奏慢曲子；进百官酒，舞者伴随《三台》曲子起舞。毬场上踢毬人互争胜负，正所谓："乐送流星度彩门，东西胜负各分番。胜赐银碗并彩缎，负击麻鞭又抹枪。"提供的下酒菜肴有假鼋鱼、蜜浮酥捺花。

第七盏：进御酒，筝色长上殿奏喏，七宝筝独弹①，宣赐谢恩。有诗咏曰："雁行飞入玉琮琤②，满殿齐看七宝筝。弹到急催花片处,春声依约上林莺③。"宰臣酒,慢曲子;百官酒,舞《三台》。参军色作语,勾杂剧入场三段。下酒供:排炊羊④、胡饼、炙金肠⑤。御前宣劝殿上宰执⑥、亲王、使相、侍从、外国使副毕,中使二员至御座前奏过⑦,分东西殿庑,传宣台官、卿、监、郎、丞、簿饮,尽酒者三,拜而饮之。并传宣外国使、副下三节官属,皆厉声喏三声,拜而饮。有诗咏曰:"内臣拱立近天光⑧,奏罢传宣下御廊。来听番官三节喏⑨,不须重译尽来王⑩。"

【注释】

① 七宝筝:指用多种珍宝如黄金、琉璃、珊瑚等采取大漆髹饰工艺镶嵌的筝。七宝,并非实指七种宝物,应为"多宝"之意。
② 琮琤(cóng chēng):状声词。形容玉石碰击声。
③ 依约:仿佛。上林莺:皇家园囿里的莺鸟。上林,原指上林苑,此处泛指皇家园囿。
④ 炊羊:羊汤。
⑤ 炙金肠:抹上蛋黄烤熟的羊肠。
⑥ 宣劝:指皇帝赐酒劝饮。
⑦ 中使:宦官。
⑧ 拱立:两手合起来站着,表示恭敬。天光:比喻君主。因为皇帝称为天子。
⑨ 番官:外国官员。
⑩ 重译:辗转翻译。

【译文】

第七盏酒:进御酒,筝色长上殿行礼致敬,七宝筝独奏,弹奏完毕,皇帝赏赐,筝色长当殿谢恩。有诗咏叹道:"雁行飞入玉琮琤,满殿齐看七宝筝。弹到急催花片处，春声依约上林莺。"进宰臣酒，乐部演奏慢曲子；进百官酒，舞者伴随《三台》曲子起舞。参军色上前致语，引导杂剧演员入场，表演三段杂剧。提供的下酒菜肴有排炊羊、胡饼、炙金肠。天子赐酒并劝饮坐于大殿之上的宰执、亲王、使相、侍从、外国正副使节完毕，两名宦官来到皇帝御座前回奏，然后分东西殿廊，向台官、卿、监、郎、丞、簿等多次传达饮尽杯中酒的旨令，这些官员都向皇帝跪拜行礼，然后饮酒。宦官同时向外国正副使节手下的各级官属传达饮酒之令，这些人都语气严肃地三次应声，跪拜行礼后饮酒。有诗咏叹这一情景："内臣拱立近天光，奏罢传宣下御廊。来听番官三节喏，不须重译尽来王。"

第八盏：进御酒，歌板色长唱《踏歌》。宰臣酒，慢曲子；百官酒，舞《三台》。众乐作，合曲破舞旋。下酒供：假沙鱼①、独下馒头②、肚羹③。

【注释】

①假沙鱼：即用其他食材仿制的鲨鱼肉。沙鱼，即鲨鱼。
②独下馒头：指一份馒头。
③肚羹：可能是羊肚做成的羹。

【译文】

第八盏酒：进御酒，歌板色长演唱《踏歌》。进宰臣酒，乐部演奏慢曲子；进百官酒，舞者伴随《三台》曲子起舞。各种乐器一起演奏，合着曲破，舞者舞旋。提供的下酒菜肴有假沙鱼、独下馒头、肚羹。

第九盏：进御酒、宰臣酒，并慢曲子；百官酒，舞《三台》。左右军即内等子相扑①。下酒供：水饭②、簇饤下饭③。

【注释】

①内等子:禁卫人员。由内侍充,称内等子。

②水饭:即浆水饭。

③簇钉(dìng)下饭:不特指某类食物,指堆叠在餐具中供陈设的食品。

【译文】

第九盏酒:进御酒、进宰臣酒,乐部都演奏慢曲子;进百官酒,乐部演奏,舞者伴随《三台》曲子起舞。左右军即内等子表演相扑。提供的下酒菜肴有水饭、簇钉下饭。

宴罢,群臣下殿谢恩,退。前辈有诗云:"宴罢随班下谢恩①,依然骑马出宫门。归来要俢需云盏②,留得天香袖上存③。"

【注释】

①随班:谓依照官位等次入朝供奉。

②云盏(zhǎn):像云朵一样的酒盏。

③天香:天上传来的香气,此处指宫廷中用的熏香、御香。

【译文】

宴会结束,群臣下殿谢恩,然后退走。前辈有诗描述道:"宴罢随班下谢恩,依然骑马出宫门。归来要俢需云盏,留得天香袖上存。"

皇帝初九日圣节

【题解】

本条简单描述了宋度宗过圣节的情况。首先是文武百官前往明庆寺为宋度宗举办祝圣道场,接下来是百官入宫向度宗祝寿,然后宋度宗下令赐宴。宋度宗圣节宴会的仪式应该与谢太后圣节宴会仪式相仿,故而本条对此略而不书,只重点叙述了圣节宴会的排办情况,包括参加宴会的文武百官的座次、宴会菜肴等内容。另外,《东京梦华录》卷九《天宁节》记载了北宋徽宗过生日(天宁节)的情景,与本条宋度宗圣节内容进行比较,可以看出南北宋皇帝圣节的异同之处。

四月初九日,度宗生日①,尚书省、枢密院官僚诣明庆寺,如前开建满散。至日侵晨,平章、宰执、亲王南班、百官入内大起居②,舞蹈称贺,随班从驾过皇太后殿起居毕,回集英殿赐宴③,仪式不再述。

【注释】

①度宗生日:农历四月初九,乾会节。度宗,赵禥,南宋第六位皇帝,宋太祖十一世孙,宋理宗同母弟荣王赵与芮之子。宋理宗无子,

宝祐元年（1253），收赵禥为皇子，景定元年（1260）六月初六，立为皇太子。景定五年（1264）十月继位。宋度宗即位后，荒怠朝政，信任大臣贾似道，使南宋日趋没落。咸淳十年（1274）七月，赵禥驾崩于临安福宁殿，庙号度宗。德祐元年（1275）正月，葬会稽永绍陵。

②大起居：宋朝群臣定期觐见皇帝的一种制度。（宋）宋敏求《春明退朝录》卷中："本朝视朝之制：文德殿曰外朝，凡不厘务朝臣，日赴，是谓'常朝'；垂拱殿曰内殿，宰臣枢密使以下要近职事者，并武班，日赴，是谓'常起居'；每五日，文武朝臣厘务、令厘务并赴内朝，谓之'百官大起居'。"（宋）姚宽《西溪丛语》卷下："每大起居，宰执侍班于垂拱隔门外东廊庐中，三帅庭下声喏。卷帘及半，起身答之，祖宗之制也。"

③集英殿：北宋皇宫官殿建筑之一，原名广政殿。宋仁宗明道元年（1032）更名为集英殿，宋徽宗政和五年（1115）又改名右文殿，是皇帝策试进士和每年举行春秋大宴的场所。南宋大内规制狭窄，经常一殿多用，殿名也是"随事揭名"，文德殿策士时称集英殿。

【译文】

四月初九日，是宋度宗的生日，尚书省、枢密院的官员们提前前往明庆寺，如同前文谢太后圣节那样建祝圣道场。到了宋度宗生日这一天天刚亮，平章事、宰执、亲王南班、文武百官一起进入大内参加大起居，向宋度宗跪拜行礼贺寿，然后按照班次跟随宋度宗銮驾前往皇太后所居宫殿行礼。行礼结束后，君臣一起回到集英殿，宋度宗为文武百官赐宴，宴会具体仪式不再详细描述。

其赐宴殿排办事节云①：仪鸾司预期先于殿前绞缚山棚及陈设帏幕等②。前一日，仪鸾司、翰林司③、御厨宴设库、应奉司属人员等人④，并于殿前直宿⑤。至日侵晨，仪鸾司排设御座⑥、龙床,出香金狮蛮火炉子⑦、桌子衣帏等,及设第一行平章、宰执、亲王座物,系高座锦褥⑧;第二、第三、第四行,侍从、南班、武臣观察使以上,并矮坐紫褥;东西两朵殿庑百官⑨,系紫沿席就地坐⑩。翰林司排办供御茶床上珠花看果⑪,并供细果⑫,及平章、宰执、亲王、使相高坐果桌上第看果⑬。殿上第二行、第三、第四行侍从等平面桌子,三员共一桌。两朵殿廊卿监以下,并是平面矮桌,亦三员共一桌。果桌于未开内门时预行排办⑭。

【注释】

① 排办:安排,备办。事节:事情的细节。
② 仪鸾司:官署名。负责供应皇帝祭祀、朝会、巡幸、宴享和内廷所需的幕帘、帷帐以及相关陈设之物。绞缚(fù):缠绕捆绑。绞,缠绕。缚,捆绑。帷幕:帐篷。
③ 翰林司:官署名。属光禄寺。掌供应酒茗汤果,以备游幸、饮宴之用,兼掌翰林院执役者名籍及轮流值宿。
④ 应奉司:官署名。崇宁四年(1105),宋徽宗命置应奉局总领花石纲,方腊起义后罢。宣和三年(1121),设置应奉司,恢复诸应奉局,搜罗四方珍奇异物供应朝廷。
⑤ 直宿:值夜,守夜。
⑥ 排设:铺设,布置。
⑦ 香金狮蛮:指金质地的蛮人牵狮塑像。"狮蛮"的蛮人牵狮形象,也可用于其他物品的装饰。(宋)孟元老《东京梦华录》卷八《重阳》:"(重阳)前一二日,各以粉面蒸糕遗送,上插剪彩小旗,掺钉果实,如石榴子、栗子黄、银杏、松子肉之类。又以粉作狮子、蛮王之状,置于糕上,谓之'狮蛮'。"

⑧高座：指一种较高的座位，在宴会上供地位高贵的大臣使用。（清）赵翼《陔余丛考·高坐之始》中有记载："古人席地而坐，其凭则有几，《诗》所谓'授几有缉御'也；寝则有床，《诗》所谓'载寝之床'也。应劭《风俗通》：赵武灵王好胡服，作胡床。此为后世高坐之始。"

⑨朵殿：大殿的东西侧堂。

⑩紫沿席：指紫色边沿的席子。就地：在原地的意思。

⑪御茶床：宫廷中皇帝用的茶床。在中国古代，"床"早期是供人坐、卧的家具，由安人身之具进而引申指称安放器物的支架、几案等。茶床，放茶具的几案。看果：以木、土、腊等制作的果品。供祭祀或观赏用。

⑫细果：精致的茶食。

⑬高坐：即"高座"。果桌：宴饮时陈放酒食果品的桌子。上第：最高等级或最优异的质量。

⑭内门：大内之门。

【译文】

宋度宗赐宴大殿安排各项事务如下：仪鸾司预先在大殿前缠绕捆绑好山棚，并陈设好帐篷等。生日前一天，仪鸾司、翰林司、御厨宴设库、应奉司属人员等，一并在殿前值夜。宋度宗生日这一天天刚亮，仪鸾司安排好御座、龙床，搬出香金狮蛮火炉子、桌于衣帙等，并安排好第一行平章事、宰执、亲王等人的座位，这些人的座位都是锦褥铺就的上座。第二、第三、第四行，是侍从、南班、武臣观察使以上官员的座位，这些人的座位是矮坐上面铺着紫褥。坐在大殿东西两侧殿廊的百官们，都是直接坐在铺在地上的紫沿席子上。翰林司安排好御茶床上的珠花看果，并摆好精美的茶点，以及平章事、宰执、亲王、使相等上座果桌上的优等看果。大殿上第二、第三、第四行侍从等官员使用平面桌子，三名官员共用一张桌子。坐于大殿两侧殿廊的卿监以下官员，都是使用平面矮桌子，同样三名官员共用一桌。果桌在内门尚未开放时提前安排好。

  御前头笼燎炉[1]、供进茶酒器皿等,于殿上东北角陈设,候驾御玉座应奉。其御宴酒盏皆屈卮如菜碗样[2],有把手,殿上纯金,殿下纯银。食器皆金棱漆碗楪。御厨制造宴殿食味,并御茶床上看食[3]、看菜[4]、匙箸、盐楪、醋樽,及宰臣、亲王看食、看菜,并殿下两朵庑看盘、环饼、油饼、枣塔,俱遵国初之礼在,累朝不敢易之。故礼,其宴设库提点监造五局宴食常行油撒[5],百官食味[6],秤盘斤两,毋令阙少。御酒库排办前后御宴酒[7],及宣劝御封酒[8]。

【注释】

[1]燎(liáo)炉:供烘烤或取暖用的炉子。

[2]屈卮:圆形曲柄的酒器。卮为古代酒樽名。

[3]看食:酒席上的点心类食品,赴宴者拘于礼仪略尝辄止,故名。

[4]看菜:正菜上桌前摆放的仅供欣赏不能吃的菜肴。

[5]五局:御厨按分工划为五局。一为肉从食馎饼局,二为铛食面粉局,三为蒸作炙爆局,四为脍锤笼局,五为盘饭口味局。油撒:疑作"油馓(sǎn)",即油炸馓子。馓子,一种用糯粉和面扭成环的油炸面食品,细如面条,呈环形栅状。

[6]食味:品尝食物。

[7]御宴酒:指宫廷的设宴用酒。

[8]御封酒:专供宫廷皇室使用,又称"黄封酒"。黄封酒,因用黄罗帕或黄纸封口,故称。(宋)祝穆《事文类聚》卷十三《御宴》:"官酒以黄帕封,故谓之黄封酒。"黄色自古象征尊贵,为皇室专用,以黄帕封酒即象征为宫廷专供。

【译文】

御前头笼燎炉、供皇帝使用的茶酒器皿等,都陈设在大殿的东北角,等候皇帝驾临玉座后随时供应。御宴上使用的酒盏都是曲柄酒杯,式样如同菜碗,酒杯上有把手,殿上的宴席使用纯金酒杯,殿下宴席使用纯银酒杯。御宴使用的盛放食物的器皿都是精美的金棱漆的碗碟。御厨负责烹制宴会大殿上的各种食物,御茶床上摆放的各种看食、看菜、匙箸、盐碟、醋樽,以及宰臣、亲王饭桌上摆放的看食、看菜,连同大殿下两侧殿廊宴席上摆放的看盘、环饼、油饼、枣塔,都遵循北宋初年的礼制,历朝都不敢更改。按照从前的礼制,御宴设置库负责监督五局制造宴会上常用的食物油撒子。百官宴会上品尝的食物,都经过认真的斤两称重,不要让宴会上的食物不够。御酒库负责前后殿的御宴酒供应,还负责劝饮御封酒。

僧寺结制

【题解】

本条简要记述了南宋僧人在农历四月十五日结制的情况。从结制日起,南宋僧人们都安居禅院中,不再外出,每天诵经焚香或者建道场。皇帝也会在这个时候赏赐寺庙一些钱财,而寺庙也会举行祈忏会,祈祷国泰民安。四月份正是瓜、茄等蔬菜刚刚上市的时候,包括禁宫之人在内的有钱人都不吝钱财,加价抢购新鲜蔬菜来尝鲜。

四月十五日结制①,谓之"结夏"。盖天下寺院僧尼庵舍设斋供僧②,自此僧人安居禅、教、律寺院③,不敢起单云游④。自结制后,佛殿起楞严会⑤,每日晨夕,合寺僧行持诵经咒⑥,燃点巨烛,焚爇大香⑦。或有寺院,朝廷降赐钱会、匹帛、金银钱,启建祈忏会四十九昼夜⑧,每日六时修忏⑨,祈国安民,其僧人一刻不敢妄出⑩,斋戒严肃,不敢触犯,神天报应在目前。大刹日供,三日或五日换堂,俱都寺主办⑪,皆十方檀信施助耳⑫。盖孟夏望日⑬,乃法王禁足⑭、释子护生之日⑮,自此有九十日可以安单办道⑯。

【注释】

① 结制：即结夏，指佛教僧尼自农历四月十五日起静居寺院九十日，不出门行动。（宋）宗赜《禅苑清规》卷二《结夏》："行脚人欲就处所结夏。须于半日前挂搭。所贵茶汤人事不至仓卒。四月十四日斋后挂念诵牌。至晚知事豫备香花法事于土地前集众念诵。知事预令行者祗候。才闻略声法事即使打鼓。堂司预设戒腊牌香花供养。次第巡堂就位坐。知事一人行法事。念诵已前先写牓。呈首座请之。十五日粥前。知事头首小师法眷先来方丈内人事。如住持人隔宿免人事。更不须上方丈也。升堂罢。知事近前两展三礼。次首座到僧堂前面南向。大众面北。各触礼三拜。依戒腊巡堂立定。知事入堂。圣僧前大展礼三拜起。于首座前触礼三拜。大众答拜。巡堂出。住持人入堂烧香。大展三拜起。于首座触礼答拜。巡堂同前。住持人出堂。首座已下对礼三拜云。此际幸同安居。恐三业不善。且望慈悲。首座已下归寮如候众寮寮主。首座已下各触礼三拜。致语同堂中之法。住持人从库堂起巡寮。次第大众相随。送至方丈大众乃退。然后众僧各行随意人事。堂头库司首座次第就堂煎点。然后堂头特为知事头首请首座大众相伴。次日库司特为书记头首已下请首座大众相伴。然后首座就寮。特为知事头首请众相伴。自余维那已下诸头首退院长老立僧首座。特为知事头首就本寮煎点。"（明）谢肇淛《五杂组》卷二《天部》："四月十五日，天下僧尼就禅刹搭挂谓之'结夏'，又谓之'结制'，盖方长养之辰，出外恐伤草木虫蚁，故九十日安居。"

② 庵舍：小寺庙。设斋：指为纪念或追福而备办素食的仪式。供僧：将财物等施舍给僧人。此处指供养僧人。

③ 禅、教、律寺院：禅寺、教寺、律寺等寺院。此处泛指各种寺院。禅，禅寺，中国佛教禅宗修行道场。教，教寺，从事世俗教化的寺

院。律,律寺,着重研习及传持戒律的律宗修行寺院。

④起单:指僧人离开原住寺庙,外出云游或另谋他所。单,指题有众僧之名,贴在僧堂壁上的小纸片,有单之位,亦谓之单位。起单者自其单位起身。云游:行踪无定,任意遨游。多指僧、道、尼等的游历。

⑤楞严会:佛教禅林古法。自农历四月十三日至七月十三日九十天中,众僧要禁足安居,设楞严坛,每日早晨粥罢,服装整齐地在坛前集合,讽诵经咒,咒罢,唱摩诃,举行楞严会。

⑥僧行:僧众。

⑦焚爇(ruò):焚烧。爇,烧。

⑧祈忏会:悔罪祈福的一种法事活动。

⑨六时:佛教分一昼夜为六时:晨朝、日中、日没、初夜、中夜、后夜。修忏:修行忏悔。

⑩妄出:随便出入。

⑪都寺:总管寺院内外事务的执事僧。

⑫十方:佛教用语。佛教以东、西、南、北、东南、西南、东北、西北、上、下为十方。泛指各处、各界。檀(tán)信:犹施主。谓修檀行的信士。施助:施舍布施。

⑬孟夏望日:即农历四月十五日。望日,每月十五日。

⑭法王禁足:指高僧不外出。法王,佛教对释迦牟尼的尊称,此处借指高僧。禁足,禁止外出。此处指佛教僧尼坐夏,避免灾祸或因过失受罚而不得外出。

⑮释子:即僧徒。僧人出家,从释迦之教,皆舍弃本姓而从佛姓,故名释子。护生:以慈悲心对待一切有缘众生,拔除它们的痛苦,给予它们快乐。佛教强调慈悲为怀,倡导不杀生、不伤害任何生命,并通过放生、护生等行为来体现这一理念。

⑯安单:凡僧侣游方到寺,皆可请求挂单暂住,如挂单已久,知其行

履确可共住者,即送入禅堂,此即称为安单。此后该僧即正式成为丛林清众之一员。办道:修道,学道。

【译文】

农历四月十五日僧人结制,称作"结夏"。天下寺院的僧尼庵舍这一天都会准备素食供养僧人,从此日起,僧人们安居禅、教、律各寺院中修行,不敢离开寺院到处云游。自结制开始后,佛殿内举办楞严会,每天早晚,全寺院的僧人都要念诵经咒,点燃巨烛,燃大香。有些寺院,朝廷会赏赐它们会子、绢帛、金银等,举行一连四十九个昼夜的悔罪祈福的法会。僧人们每天不分日夜修行忏悔,祈祷国泰民安,此时寺中的僧人们一刻都不敢随便出门,斋戒庄严肃穆,不敢触犯戒律,因为神祇上天的报应就在眼前。大寺院每日供奉,三五天更换佛堂,这一切都由都寺来负责操办,一应花费都是来自四面八方施主的布施。农历四月十五日是高僧禁止外出、僧徒护生的日子,自此九十天僧人可以安单修道。

是月,园圃瓜茄初生,禁中增价市之[①],进以赏时新[②]。内侍之家及府第富室亦如此。

【注释】

①市:购买。
②时新:应时而鲜美的东西。

【译文】

本月园圃里面的瓜、茄等蔬菜刚刚长成,非常鲜嫩,皇宫大内加价来购买,用于进奉内廷以品尝应时鲜美之物。宦官以及有钱有势的人家也是如此。

五月 重午附

【题解】

此条描述了南宋社会各阶层人民在五月份的活动。内容分为两部分,第一部分主要叙述了南宋皇帝以及达官贵人在端午节的活动。皇帝在端午节这一天会赏赐文武大臣各种物品,以应节日,主要是避瘟疫。第二部分描述了南宋杭州五月初一至端午节的活动。关于南宋杭州端午节的情况,还可以参看(宋)周密《武林旧事》卷三《端午》。《东京梦华录》卷八《端午》记述了北宋都城开封的端午节活动,可与此条内容比较参看。

仲夏一日①,禁中赐宰执以下公服罗衫②。五日重午节③,又曰"浴兰令节"④,内司意思局以红纱彩金盝子⑤,以菖蒲或通草雕刻天师驭虎像于中⑥,四围以五色染菖蒲悬围于左右。又雕刻生百虫铺于上,却以葵、榴、艾叶、花朵簇拥。内更以百索彩线⑦、细巧镂金花朵⑧,及银样鼓儿⑨、糖蜜韵果⑩、巧粽⑪、五色珠儿结成经筒⑫、符袋⑬。御书葵榴画扇⑭、艾虎⑮、纱匹段,分赐诸阁分、宰执、亲王。兼之诸宫观亦以经筒、符袋、灵符⑯、卷轴⑰、巧粽、夏橘等送馈贵宦之家。如市井看经道流⑱,亦以分遗施主家。所谓经筒、符袋者,盖因《抱朴子》问辟五兵之道⑲,以五月午日佩赤灵符挂心前⑳,今以钗符佩带㉑,即此意也。

【注释】

① 仲夏一日,即农历五月初一。仲夏,夏季的第二个月,即农历五月。因处夏季之中,故称"仲夏"。

② 公服:古代官员在公事、常朝、谒见等时所穿的一种礼服。相当于现在公务员所穿的制服。与朝服相比,公服省去了许多烦琐的佩饰,故而公服又被称作"从省服"。

③ 重午节:即端午节。农历五月为午月,五、午同音,五、五相重,故端午节又名"重午节"或"重五节",有些地方也叫"五月节"。

④ 浴兰令节:即端午节。浴兰,指用香草泡水洗澡,现在韩国年年端午都举行"浴兰汤"保健的传统仪式。古人认为兰草可以避不祥之物,所以常常在祭祀前以兰汤沐浴。令节,佳节。

⑤ 内司:宋代内侍省所属内东门司、合同凭由司、军头引见司等的统称。彩金盝(lù)子:指合金制成的盝子。盝子,古代一种小型妆具。常多重套装,顶盖与盝体相连,呈方形,盖顶四周下斜。多用作藏香器或盛放玺印、珠宝。

⑥ 菖(chang)蒲:单子叶植物,天南星科。多年生水生草本,有香气。根状茎粗壮,叶狭长似剑,初夏开黄花,果实红色。遍布中国各地,民间常在端午节将菖蒲和艾叶结扎成束。通草:即通脱木。五加科通脱木属,常绿灌木或小乔木。树干直,全株有毛。叶大而圆,呈掌状分裂,丛生于枝端。花小,白色。果实球形,熟时成黑色。茎的中心有白色纸质的髓,可代替纸使用,或制作装饰的工艺品。天师驭虎像:指道教张天师手持七星宝剑,座下黑虎降妖伏魔,为民除害的画像。每逢五月端午,宋朝家家户户都

悬挂着张天师驭虎像,用以去疾避邪。天师,汉张道陵后裔的封号。宋真宗赐其后裔信州龙虎山道士张正随号真静先生。元至元十三年(1276)命其三十六代孙张宗演为辅汉天师。明洪武元年(1368)革去旧号,封其后裔张正常为正一嗣教护国阐祖通诚崇道宏德大真人,秩二品。清初沿明制,乾隆十七年(1752)革去其封袭,部议改为正五品。后民间亦泛称张道陵及其后裔为"张天师"。

⑦百索彩线:又名五色丝线,是由青、黄、赤、白、黑等五色丝线及布帛缠合、编织、缝制而成的线环。在每年端午节时系在小孩的手臂上或脖子上,是端午节习俗之一,风俗认为这样可以辟邪。(南朝梁)宗懔《荆楚岁时记》:"以五彩丝系臂,名曰辟兵,令人不病瘟。又有条达等织杂物,以相赠遗。"杜公瞻注曰:"一名长命缕,一名续命缕,一名辟兵缯,一名五色丝,一名朱索,名拟甚多。青赤白黑以为四方,黄为中央,襞方缀于胸前,以示妇人蚕功也。"

⑧细巧:精致巧妙。

⑨银样鼓儿:一种小鼓。

⑩蜜韵果:是一种用栗子粉加糖蜜制成的形制美观的果品。"果"在宋代不仅可指水果,还可指糕点、蜜饯、点心等食品。"韵"是对食物的美称。常用五色韵果堆在餐具中以供陈设,故"韵果"之名取其精致好看义,是宋代端午和日常的常见食品。

⑪巧粽:指精致美观的小粽子。可用作端午节日装饰,还常作为端午馈赠的节时礼物。宋代端午时有将巧粽结为楼台船车以作装饰的习俗。(宋)周密《乾淳岁时记》中还有皇帝赐巧粽给后妃和大臣的记录。

⑫经筒:一种用于安置经卷的容器,通常制成圆筒形或八角形,并附有金银泥绘的花纹。这种容器有时会被埋于地下,为了防止腐朽,会在其外层镀上金银,或者改用铁、陶、石等其他材料制作。

⑬符袋:挂在小孩颈上的布制袋形护身符。

⑭葵榴：蜀葵、石榴。蜀葵可达一丈以上，花多为红色，故又称"一丈红"。因6月间麦子成熟时开花，得名"大麦熟"。正因有此，人们将它的花期作为麦收的吉日。此时又刚好端午节，所以又称其为"端午花"。石榴花盛开于农历五月。古代民间多认为五月为毒月，特别是南方地区梅雨季的到来，潮湿便容易滋生瘟疫，甚至山林中还时不时有瘴气，因此有"五毒"之说，即蛇、蜈蚣、蝎子、壁虎和蟾蜍，避"五毒"也是过端午节的初衷之一。鉴于此古人就用五种植物或花卉来克制驱除"五毒"。（明）张岱《夜航船》卷一《天文部·五瑞》："端阳日以石榴、葵花、菖蒲、艾叶、黄栀花插瓶中，谓之五瑞，辟除不祥。"

⑮艾虎：端午节采艾叶制成虎型饰物佩戴，用来辟邪驱秽。（南朝梁）宗懔《荆楚岁时记》注："今人以艾为虎形，至有如黑豆大者，或剪彩为小虎，粘艾叶以戴之。"

⑯灵符：道教的符箓。

⑰卷轴：装裱好有轴可卷舒的书或字画，泛指字画。

⑱市井：指做生意的地方。《管子·小匡第二十》："处商必就市井。"注："立市必四方，若造井之制，故曰市井。"看经：指不发声而默读经书。与"讽经"相对。后世施主请僧道看经，终了布施钱财。

⑲《抱朴子》：道教典籍，作者为晋代的葛洪。《抱朴子》分内外篇，内篇20卷论述神仙、炼丹、符箓等事，外篇50卷论述时政得失，人事臧否。辟五兵之道：见（晋）葛洪《抱朴子内篇》卷十五《杂应》。"或问辟五兵之道。抱朴子答曰：'吾闻吴大皇帝曾从介先生受要道云，但知书北斗字及日月字，便不畏白刃。帝以试左右数十人，常为先登锋陷阵，皆终身不伤也。'"五兵，五种兵器，所指不一。

⑳赤灵符：道士画的以避灾邪的符箓。

㉑钗符：又称钗头符。灵符之一种。端午节时将其插于发髻之上以

避邪。

【译文】

仲夏第一天,内廷赏赐宰执以下官员们纱罗制成的公服。第五天重午节,又称作"浴兰令节",这一天内司意思局人员将菖蒲或者通草雕刻而成的天师驭虎像放置在红纱彩金盝子里面,盝子四面是五色染的菖蒲,悬挂着围在天师驭虎像的左右。又雕刻了各种虫子铺在盝子上面,用葵、榴、艾叶、花朵簇拥着。盝子里面还用百索彩线、细巧镂金花朵,以及银样鼓儿、糖蜜韵果、巧粽、五色珠儿结成经筒、符袋。御书葵榴画扇、艾虎、纱匹段,分别赏赐给各阁分、宰执、亲王。各宫观也将经筒、符袋、灵符、卷轴、巧粽、夏橘等赠送达官贵人之家。像街市上读经的道士,也会将这些东西分别赠送施主家。所谓经筒、符袋,是因为《抱朴子》中记载着询问躲避各种兵器伤害的方法,就是在五月端午这一天将赤灵符佩挂在心口前,如今佩带钗符,就是这个意思。

杭都风俗,自初一日至端午日,家家买桃、柳、葵、榴、蒲叶、伏道①,又并市茭粽②、五色水团③、时果④、五色瘟纸⑤,当门供养⑥。自隔宿及五更⑦,沿门唱卖声满街不绝。以艾与百草缚成天师悬于门额上⑧,或悬虎头白泽⑨。或士宦等家以生朱于午时书"五月五日天中节⑩,赤口白舌尽消灭"之句⑪。此日,采百草或修制药品以为辟瘟疾等用藏之,果有灵验。杭城人不论大小之家,焚烧午香一月⑫,不知出何文典。其日正是葵榴斗艳,栀艾争香,角黍包金⑬,菖蒲切玉⑭,以酬佳景。不特富家巨室为然,虽贫乏之人,亦且对时行乐也⑮。

【注释】

① 伏道：指伏道艾。古代端午节用艾草叶辟邪，宋人以汤阴县伏道所产艾草为佳品，故称为"伏道艾"。

② 茭（jiāo）粽：用茭白叶包的粽子。

③ 五色水团：一种用糯米粉制作的团子，因杂五色、人兽、花果之状，故称。制作水团，要用糯米粉包裹糖或麝香等作馅，水煮而成。因其原料为糯米，故又称白团。（宋）陈元靓《岁时广记》卷二十一《造白团》："端五作水团，又名白团。或杂五色、人兽、花果之状，其精者名滴粉团，或加麝香。"

④ 时果：应时的水果。

⑤ 五色瘟纸：即五毒剪纸。剪镂蛇、蝎、蜈蚣、壁虎、蟾蜍五种"毒虫"。

⑥ 供养：奉祀，摆设供品。

⑦ 隔宿：相隔一夜。

⑧ 艾与百草缚成天师：宋代端午节有用艾草捆扎成人形悬挂于门的习俗，这种草人被称作"艾人"。（宋）孟元老《东京梦华录》卷八《端午》："钉艾人于门上。"有的则直接以艾人为张天师，称"天师艾"。（宋）项安世《平庵悔稿》卷十三《重午饷菜楚俗也邓抚幹以诗来谢次韵答之三首》之一："大家朱书亭午时，小家艾人张天师。"（宋）刘克庄《后村集》卷二十二《乙卯端午十绝》之七："座无曲道士，门有艾天师。"门额：门楣上边的部分。

⑨ 白泽：传说中的上古神兽。能开口说话，善于识别甚至捉拿鬼怪。

⑩ 生朱：指生朱砂。朱砂原矿石按照传统练泥方法加工成的朱泥。天中节：端午节的别称。（清）厉荃辑《事物异名录》卷二《岁时部·五月·天中节》："《提要录》：五月五日午时为天中节。"

⑪ 赤口白舌：古代迷信谓主口舌争讼的恶神。旧俗多于端午节书帖悬门以禳之。（宋）周密《武林旧事》卷三《端午》："又以青罗作'赤口白舌'帖子，与艾人并悬门楣，以为禳襘。"

⑫午香：旧俗阴历五月每日中午用以祭祀的香。
⑬角黍包金：指粽子包好后烧艾灰淋汁煮之，其色如金。（宋）陈元靓《岁时广记》卷二十一《裹黏米》："因古人箪米而以菰叶裹黏米，名曰：'角黍'。相遗俗作糉（子弄反，亦作粽）。或加之枣，或以糖。近年又加松栗、胡桃、姜桂、麝香之类。近代多烧艾灰淋汁煮之，其色如金。"角黍，指包成角状的糯米粽子。黍，糯米。（晋）崔豹《古今注》卷下《草木第六》："稻之黏者为黍。"
⑭菖蒲切玉：菖蒲碧绿如美玉切割般光泽有亮度。宋代端午节，有将菖蒲、木瓜等食物切成细丝，与香料拌匀盛在食盒的习惯。
⑮对时：一整天。

【译文】

　　行都杭州的风俗，自五月初一至端午这一天，家家户户购买桃、柳、葵、榴、蒲叶、伏道艾，插在门上，还一并购买菱粽、五色水团、应时水果、五色瘟纸，对着门祭祀。经过一夜到五更天，商贩沿门叫卖，唱卖声满大街不绝于耳。人们将艾草与百草捆扎成张天师的样子悬挂在门额上，或是悬挂虎头白泽。有仕宦人家用生朱砂在午时书写"五月五日天中节，赤口白舌尽消灭"的句子。端午节这一天，人们采集百草或者制作药品，为了避瘟疫疾病等用处收藏起来，果然很灵验。杭州城的人们不论高门还是一般人家，都会燃烧午香一个月，不知道这出自什么经典。端午节这一天，葵花、榴花盛开争奇斗艳，栀子、艾草争相发出香味，粽子包好后烧艾灰淋汁煮之，颜色如金，菖蒲叶随风摇摆，碧绿的叶子如同美玉切割般光泽有亮度，正好用来酬谢美景。不仅有钱人和世家大族这样做，即便是穷苦人家，也会在端午节这一天消遣娱乐。

士人赴殿试唱名

【题解】

本条详细描述了南宋士人参加殿试唱名的情形,包括殿试的考试流程、考试结果公布、中举士子的官职安排,等等。涉及文官的科举试以及武举。科举是宋代最重要的入仕途径之一,而殿试是科举的最后一道门槛,殿试结束,中第举子的身份从民变成官,真正实现了人生的大跨越。通过本条记载,我们可以比较完整地了解到南宋士人如何通过殿试实现"鲤鱼跳龙门",跻身官场之中。

诸路过者举人①,排日赴都堂帘引讫②,伺候择日殿试③。前三日,宣押知制诰④、详定⑤、考试等官赴学士院锁院,命御策题,然后宣押赴殿。士人诣集英殿起居,就殿庑赐坐引试,依图分庑坐定⑥,各赐印刊策题,其士人止许带文房及卷子⑦,余皆不许挟带文集。士人入东华门,各行搜检身内有无绣体私文⑧,方行放入。午则赐食与士人⑨,其砚水之类,皆殿直祗直供办⑩。午后纳卷而出。旧制,士人卷子仍弥封,卷头打号,然后纳初放官⑪,次下覆考⑫,考定次第。后送定参详一同,方定甲名资次⑬,而定夺三魁⑭。

【注释】

① 诸路过者举人：指各路通过省试的举子。"诸路过者举人"，原作"诸路举人到者"，据四库本、《学海类编》本、明节本、清杨本、清翁校抄本、天一阁本改。

② 帘引：即帘试。

③ 择日：选择吉利日子。

④ 知制诰：差遣名。唐开元初，以他官代中书舍人掌拟诏敕策命者，称"兼知制诰"。宋代因之，为清要之职。掌草拟诰命，与翰林学士对掌外制、内制。

⑤ 详定：即详定官。贡举考试官，宋代设置。掌管详审殿试举人试卷。自内外知制诰、六部尚书、台谏官、学官中选差。凡殿试举人，试卷由初考官先审评、定等；封弥后，再交复考官复评。其后由详定官对照初考官、复考官所定等第，如相同则不得变动，相异则择一而从。

⑥ 依图分庑坐定：指依据座位图区分廊屋坐好。（元）刘一清《钱塘遗事》卷十《南宋科目条格故事·丹墀对策》："廷试之日，士人由和宁门入，徐行，执号乐卫士收数，成行而入。至集英殿门外，中官展视而收之。殿外挂混图于露天，甚高。良久，天大明了然分明，知位次。士人聚于殿门外，待百官常朝毕，方引士人进拜，列于殿下。宰臣进题，上览焉。天子临轩，天颜可瞻。起居赞曰：'省元某人以下躬拜，再拜。'又躬身而退，各依坐图行列而坐。每位有牌一枚，长三尺，幕以白纸，已书某人某乡贯或东西廊第几人，不得移动及污损。"庑，堂下周围的走廊、廊屋。

⑦ 文房："文房四宝"的简称。文房，本指读书人的书房。因读书常常要用笔墨纸砚，因此也用"文房"来指笔墨纸砚"文房四宝"。

⑧ 绣体：刺青。此处指应试的举子为了作弊，提前将答案刺绣在身体上。

⑨午则赐食与士人：午时则赏赐饭食给应试士人。（元）刘一清《钱塘遗事》卷十《南宋科目条格故事·丹墀对策》："散题后，驾已兴入内，进膳赐食于士子，太学馒头一枚，羊肉泡饭一盏。食毕，不见赐谢恩。或要登东作旋，则抱牌卷卷子而往，卫士相引而去，亦不甚远。"

⑩殿直：与御侍同为内官之贵者，能够亲近供奉皇帝。祗直：宋朝对值班人员的称呼。

⑪初放官：即"初考官"，宋代设置。掌管贡举考试试卷初审定等之事。省试、殿试中常设，为临时委任。应试举人试卷，经弥封、点数、誊录后，送交初放官用朱笔品阅考检，并拟定等第，再密封送交复考所。

⑫覆考：即覆考官，贡举考试官名，有文献写作"复考官"。宋代设置，贡举殿试时选官充任。负责对初考官审校定等的卷子进行进一步的审核，再次定等。

⑬资次：此处指次第、名次。

⑭三魁：指科举考试殿试中前三名：状元、榜眼、探花。

【译文】

诸路通过省试的举子，每天前往都堂经过帘试后，等候朝廷挑选日子举行殿试。殿试前三天，朝廷签署命令送知制诰、详定官、考试官等官员前往学士院并将学士院锁闭，准备御试考题，签押后将考题送到集英殿。应试士人前往集英殿向皇帝行礼，皇帝当场下旨赐座让士人在殿廊考试，考生依据座位图分廊坐定，每个士人都得到赐下的刊印好的御试策题，士人只允许携带笔墨以及试卷，其他的都不允许挟带文集。士人进入东华门，都要被搜检身上有没有刺绣的私文，没有，方才放入。午时皇帝会赏赐食物给士人，砚水之类东西，都由殿直当值人员提供。午后士人交卷出门。旧制，士人的考卷仍旧要弥封，卷头打号，然后交付初放官，接下来是交给覆考官，评定名次。再经过讨论意见一致，方才确定甲第名次,并决定前三名的人选。

伺候上御文德殿临轩唱名①,进呈三魁试卷,天颜亲睹,三魁排定姓名、资次,然后宣唤三魁姓名。其三魁听快行宣唤数次,方敢应名而出。扣问三代乡贯②、年甲同③,方请入状元待班处更换所赐绿襕④、靴、简。第一名状元及第,第二名榜眼,第三名探花。其状元官授承事郎⑤,职除上郡签判⑥;榜眼授承奉郎⑦;探花授承务郎⑧,职注中郡或下郡签判。或无见阙,则节推⑨、察推之职⑩。三魁进诗谢恩,上赐御筵、赐诗。与状元以下第一甲举人赐进士及第,第二甲赐进士出身,第三至第五甲并赐同进士出身。如有魁及前下名太、宗学内舍生员,并陞甲。恩例,其老榜者,谓之"特奏名"⑪,为魁者附第五甲,补迪功郎⑫。余皆授诸州文学⑬、助教⑭。

【注释】

①唱名:指殿试结束后,皇帝御殿呼名召见及第进士。(元)刘一清《钱塘遗事》卷十《南宋科目条格故事·丹墀对策》:"唱名之日,亦由和宁门而入。身襕袍,而足亦穿靴。列行举号,数人收号,一如廷试之日。候常朝毕,赞者引入廷下再拜。皇帝临轩,宰臣进三名卷子,读于御案前。用牙篦点读毕,宰执拱立于上前,阁门立于御案之西向。宰执先于御案前拆视姓名,则曰某人,阁门则承之,以传于阶下卫士。凡六十人,皆齐其声,传其名而呼之,谓之胪传,亦谓绕殿雷也。凡呼而唱者三四声,士人方从众中出应,卫士夹而翼之,问乡贯父名,翼至廷下,对玉墀直躬未拜,廷上问以

乡贯父名，卫士则以对。对毕，过轩下，少立，就甲入次。其荣在此也，非特名登天府，三代祖父名达于圣听矣。待一甲毕，则往两廊角取敕黄而执之。甲内人齐，则廷上呼谢恩，士人廷下立，躬身再拜而退，立于轩下。状元则便独班谢恩，不待甲内齐也。自第二名、第三名为一班，便赐食，相身为袍，各设位赋诗，以答皇恩。第四名至第十名终为一班，第二甲全甲为一班，谢恩了，皆自执敕黄而立，敕黄用麻纸两幅连粘，大书某人等，宣唱某等科第。"

② 乡贯：籍贯。

③ 年甲：年龄。

④ 绿襕：指在衫下施横襕的绿色的裳。襕，古代衣与裳相连的长衣下摆所加的作为下裳形制的横幅。

⑤ 承事郎：寄禄官名，有名衔而无职事。为文臣京朝官寄禄官三十阶的第二十八阶。正九品。为状元及第以及宰相荫子之官。

⑥ 上郡：上等郡。宋代州府分为京府、次府、辅州、雄州、望州、紧州、上州、中州、下州九个等级。签判："签书判官厅公事"简称，宋代各州、府选派京官充当判官，掌诸案文移事务。

⑦ 承奉郎：寄禄官名。为文臣京朝官寄禄官三十阶的第二十九阶。正九品。

⑧ 承务郎：寄禄官名。为文臣京朝官寄禄官三十阶之第三十阶，即末阶。从九品。

⑨ 节推：节度推官的简称。幕职官、阶官名。北宋神宗元丰改制后，为从八品。其系衔冠以节度军额名。

⑩ 察推：观察推官的简称。幕职官、阶官名。北宋神宗元丰改制后，为从八品。宋哲宗元祐以后为从九品。其系衔冠以州府名。

⑪ 特奏名：即"恩科"。贡举名目之一。宋制，举人年高且屡经省试或殿试落第者，遇殿试时，许由礼部贡院另立名册上奏，参加附试，称"特奏名"。礼部贡院合格奏名举人，则称"正奏名"。正

奏名是通过了发解试、省试之后，进入殿试的，其过程严格遵循科举考试程序。特奏名不需要参加发解试和省试，只需要各州郡依据历次科举存档和下第举人自己提出的申请，保明申报礼部，由礼部核准，向皇帝奏名，即可直接参加殿试。南宋建立初，为了笼络士心，并宣示正统，大大降低了特奏名的条件，凡是三举以上且年龄超过五十岁的下第进士，皆可获得"推恩"。建炎二年（1128），下诏制定了特奏名的条件"今来下第举人，进士六举、曾经御试。八举、曾经省试，年四十以上；进士四举、曾经御试，五举、曾经省试，并年五十以上。内河北、河东、陕西举人，特与各减一举。曾经元符三年以前到省，前后实得两解并免解共及两举人，更不限年"（《宋会要辑稿》选举四之二〇）。

⑫迪功郎：选人阶官名。北宋徽宗政和六年（1116）十一月，由将仕郎阶改名，为选人新阶第九阶，从九品。

⑬文学："州文学参军"的简称。散官名。宋代十等散官的第九等。从九品。其官衔系所除州名。

⑭助教："州助教"的简称。宋代州助教为散官十等之第十等，即末等。从九品。其官衔系所除州名。其职能多用于授予纳粟人、恩泽人、特奏名及第除授。

【译文】

等待皇帝驾临文德殿临轩呼名召见中第的举子，有人进呈进士前三名的试卷，皇帝御览试卷，排定殿试前三名的姓名、名次，然后传唤前三名进士的姓名。前三名进士听到快行传唤数次，方才敢随着叫名出列。快行询问祖上三代的籍贯、年龄都吻和后，才请他们进入状元待班处更换皇帝赏赐的绿襕、靴和简笏。进士第一名状元及第，第二名榜眼，第三名探花。状元授官承事郎，除授上郡签判；榜眼授承奉郎；探花授承务郎，担任中郡或下郡签判。如果这些职位现在没有空缺，则让他们担任节度推官、观察推官。前三名进士写诗谢恩，皇帝赐御筵、赐御诗。状元以下第一甲举人赐进士及第,第二甲赐进士出身,第三至第五甲并赐同进士出身。如果其中有第一名以及以前的下名太学和宗学内舍生员,都一并提升甲第。朝廷恩例,多次参加进士试的举子,称之为特奏名进士,其中第一名附于第五甲,补授迪功郎。其余人都授予各州的文学、助教。

武举进士,前三名照文科为状元、榜眼、探花。恩例,各赐紫囊、金带、靴、笏①。状元授秉义郎②,榜眼授从义郎③,探花授保义郎④,俱殿、步司正副将之职⑤。除武举进士,皆循文科例,赐进士及第出身。如进士欲赴御教场内射弓陞甲,听从其便,盖招箭班祗直也。

【注释】

① 各赐紫囊、金带、靴、笏:(元)刘一清《钱塘遗事》卷十《南宋科目条格故事·丹墀对策》:"殿上传曰,赐进士袍笏。袍笏积于殿外之南庑下,士人出殿门,于上廊争取之,往往皆不暇脱白襕,而便就加绿袍于其上。其所赐:淡黄绢衫一领,袖如绿袍之宽大;淡黄带子一条;绿罗公服一领;笏一面。士人披衫系带未毕,则殿上催谢恩。谢恩罢,拜而出,紫绿相间,璀灿可观。紫袍牙笏以取左,宗了拜所赐也。"

② 秉义郎:武阶名。属小使臣八阶列。北宋徽宗政和二年(1112),由西头供奉官改名。南宋高宗绍兴时厘定为入品武阶五十二阶之第四十六阶,位次于从义郎。

③ 从义郎:武阶名。属小使臣八阶列。北宋徽宗政和二年(1112),由东头供奉官改名。南宋高宗绍兴时厘定为入品武阶五十二阶之第四十五阶,位于修武郎下。

④ 保义郎:武阶名。属小使臣八阶列。北宋徽宗政和二年(1112),

由右班殿直改名。南宋高宗绍兴时厘定为入品武阶五十二阶之第五十阶,位于成忠郎下。

⑤正副将:军职名。南宋高宗绍兴五年(1135),神武中军归隶殿前司后,三衙始有正、副将军职之设,为将一级编制的长官。

【译文】

武举进士,前三名按照文科为状元、榜眼、探花。恩例,各赏赐紫囊、金带、靴、笏。状元授予秉义郎,榜眼授予从义郎,探花授予保义郎,都任殿前司、步军司正副将之职。除授武举进士,都遵循文科例子,赐进士及第出身。如果武举进士想要到御教场内展现自己的射箭等武艺来借此提升科举名次,考生可以根据自己的意愿选择是否参加,大概是招箭班当值人员负责考核箭术。

帅、漕二司于未唱名前,差人吏客司官等项行排办①,礼部贡院充文科状元局②,或别院,或借祥符寺充武科状元局③,以伺唱名。帅、漕与殿、步司排办鞍马仪仗,迎引文武三魁,各乘马带羞帽到院安泊款待④。每日祗直,皆两司给官钱供应。及于诸州府守臣、诸路三司,及制阃⑤、殿、步三司等官,俱有馈送助局钱酒。两状元差委同年进士充本局职事官,措置题名登科录。帅司差拨六局人员⑥,安抚司关借银器等物,差拨妓乐,就丰豫楼开鹿鸣宴⑦,同年人俱赴,团拜于楼下⑧。

【注释】

①客司官:负责各种接待事务的官员。

②文科状元局:指科举考试结果公布后,专门设立的招待前三名中第进士的局。(元)刘一清《钱塘遗事》卷十《南宋科目条格故

事·置状元局》:"状元一出,都人争看如麻,第二、第三名亦呼状元。是日迎出,便入局。局以别试所为之,谓之三状元局,中谓之期集所。大魁入局,便差局中职事,一一由状元点差,牒请、纠弹、笺表、小录、掌仪客、司计、掌器、掌酒果、监门,多者至五六十员,少者亦不下四十员。视事官送牒,例皆二十。初第八多喜入局,得陪侍三状元,与诸同年款密。他日仕途相遇,便为倾盖。常例五日一会食,否则日中有酒杯点心果子二色。局中职事官虽多,入局而食者常半之。令罢出入无妨。三状元常宿于局中,不可出宿于外。月余而罢局。凡预局中,执职事官员纳小录题名钱,非职事官须纳钱五千,而后得小录题名一本。状元入局之初,依全赐钱一千七百贯,及诸公纳到助小录钱亦一千三百贯有奇。"

③祥符寺:即大中祥符寺。《咸淳临安志》卷七十六《寺观二·大中祥符寺》:"在礼部贡院西。梁大同二年,邑人鲍侃舍宅为寺,旧名发心。唐正观中,改众善。神龙元年,改中兴。三年,改龙兴。本朝大中祥符初,改赐今额。旧传寺基广袤九里有奇,南渡初,斥为军器所,留西南隅建寺,余地多为民居。"武科状元局:见"文科状元局"条注释。

④安泊:安置。

⑤制阃:统帅一方的军事将领,此处应指帅臣。

⑥六局:果子局、蜜煎局、菜蔬局、油烛局、香药局、排办局。见本书卷十九《四司六局筵会假赁》:"凡官府春宴或乡会,遇鹿鸣宴,文武官试中设同年宴,及圣节满散祝寿公筵,如遇宴席官府各将人吏差拨四司六局人员督责,各有所掌,无致苟简。"

⑦丰豫楼:即丰乐楼。位于丰豫门,故又名丰豫楼。(宋)周密《武林旧事》卷五《湖山胜概·南山路·丰乐楼》:"旧为众乐亭,又改耸翠楼。政和中改今名。淳祐间,赵京尹与𥲤重建,宏丽为湖山冠。又瞪月池立秋千,梭门植花木,构数亭。春时游人繁盛,旧为

酒肆，后以学馆致争，但为朝绅同年会拜乡会之地。"鹿鸣宴：亦作"鹿鸣筵"。科举时代，乡举考试后，州县长官宴请得中举子，或发榜次日，宴主考、执事人员及新举人，歌《诗·小雅·鹿鸣》，作魁星舞，故名。鹿鸣，源于《诗经·鹿鸣》："呦呦鹿鸣，食野之苹。我有嘉宾，鼓瑟吹笙。"据《新唐书·选举志上》记载："每岁仲冬……试已，长吏以乡饮酒礼，会叔僚，设宾主，陈俎豆，备管弦，牲用少牢，歌《鹿鸣》之诗，因与耆艾叙长少焉。"其后历代沿用该习俗，如（宋）欧阳修《送楚建中颍州法曹》："曾陪鹿鸣宴，遍识洛阳生。"

⑧团拜：指聚在一起互相祝贺。

【译文】

杭州安抚司、转运司在殿试结果尚未公布前，预先派遣人吏客司官等先行安排，以礼部贡院充当文科状元局，或是贡院别院，或是借用祥符寺充当武科状元局，以等候殿试结果。安抚司、转运司与殿前司、步军司安排好鞍马仪仗，迎接文武进士前三名，前三名进士各自骑马头戴羞帽前往贡院，安歇并受到款待。每天的值日士兵，都是殿前司、步军司两司给官钱。各州府的守臣、各路的三司官员，以及帅臣、殿前司、步军司等官员，都会赠送钱和酒来助局。文武两状元委托同年进士充当本局职事官，安排进士题名登科录。安抚司派遣六局人员，安抚司借给银器等物品，支使妓乐，在丰豫楼开设鹿鸣宴，进士同年都前往赴宴，并在楼下集体拜贺。

文武状元注授毕，各归乡里，本州则立状元坊额牌所居之侧以为荣耀。州县亦皆迎迓，设宴庆贺。如遇龙飞年分①，则三魁黄甲及其余进士皆倍加恩例②，却与常年不同，则状元可除下州通判③。于此可见士子读书之贵，而朝家待士之厚，不可不知也。故书以记，为士者察之。

【注释】

①龙飞：指皇帝登基。

②黄甲：科举甲科进士及第者的名单。因用黄纸书写，故名。（宋）赵昇《朝野杂记》卷二《举业·黄甲》："正奏名五甲也。吏部谓之黄甲阙榜。第五甲旧多贵显，故或称为相甲。"（明）彭大翼《山堂肆考》卷八十四《科第·拜黄甲》："黄甲由省中降下，唱名毕，以此升甲之人，附于卷末，用黄纸书之，故曰黄甲。是日贡院设香案于庭下，状元引五甲内士人拜香案，礼部亦遣官来赞导，置黄甲于案中，而望阙引拜。"

③下州通判：通判，"通判某州军州事"的简称。差遣名。宋神宗元丰改制后，明令通判为副贰，入则贰政，出则按县；凡本州兵民、钱谷、户口、赋役、狱讼听断之事可否裁决，与知州通签书施行；所辖官属有善、否，及职事修举、废弛，得按刺以闻。南宋通判实际地位下降，主要分掌常平、经总制钱等财赋之属。上州通判正七品，中、下州通判从七品。州各一员（不及万户州不置，以武臣为知州者除外），大郡二员。"下州通判"，原作"下通判"，据明节本改，《学津讨原》本作"下郡通判"。

【译文】

文武状元授官结束，各自回归本乡，本州则在状元所居之地旁边树立状元坊额牌作为荣耀。州县也都会迎接状元，设宴庆贺。如果遇到皇帝登基年份，那么进士前三名以及其余中第进士都会享受到更加优厚的恩例，与平常年份不同，状元可以除授下州通判。由此可见士子读书的重要性，而皇家优待士人之丰厚，不可不知。所以我将这些书写下来，作为士人应该了解这些。

卷四

六月 崔真君诞辰附

【题解】

本条主要讲述了三方面内容:一是农历六月夏季天气炎热之时朝廷的应对之法;二是六月份的崔府君诞辰活动;三是杭州城人在炎热的夏季的各种消暑活动。古代中国人应对炎热夏季也有自己的办法,像皇家和达官贵人们会建造冰窖,冬季的时候大量藏冰,到了炎夏便会取出藏冰来降温。南宋皇家显然已经采用这一做法,而且还会赏赐"冰雪"给禁卫人员,说明藏冰数量很多。崔府君是中国古代的传统信仰之一,由于"泥马渡康王"故事的流传,南宋时受到朝廷的重视,连带着也在民间获得更大的关注度。本条内容寥寥数语,简单介绍了崔府君得到南宋朝廷重视的原因。《东京梦华录》卷八《六月六日崔府君生日、二十四日神保观神生日》简单介绍了崔府君信仰在北宋的情况,两相比较,可以看出这一信仰的延续性和随着时间推移的变化。此外,夏天虽然炎热,但挡不住杭州人游玩的兴趣,乘船游览西湖成为当时人一项重要乐趣。

六月季夏①,正当三伏炎暑之时②。内殿朝参之际③,命翰林司供给冰雪,赐禁卫殿直观从以解暑气。

【注释】

①季夏:夏季的最后一个月,农历六月。

②三伏:即初伏、中伏、末伏。农历夏至后第三庚日起为初伏,第四庚日起为中伏,立秋后第一庚日起为末伏。三伏是一年中最热的时段。

③朝参:古代百官上朝参拜君主。

【译文】

农历六月是夏季的最后一个月,正当三伏天炎炎暑热之时。文武百官在内殿朝见皇帝的时候,皇帝命令翰林司提供冰雪,并赏赐给禁卫军殿直观从以消解暑气。

六月初六日,敕封护国显应兴福普佑真君诞辰,乃磁州崔府君①,系东汉人也。朝廷建观在阛门外聚景园前灵芝寺侧②,赐观额名曰"显应"。其神于靖康时高庙为亲王日出使到磁州界③,神显灵卫驾④,因建此宫观崇奉香火,以褒其功。此日内庭差天使降香设醮⑤,贵戚士庶多有献香化纸⑥。

【注释】

①磁州:今河北磁县。崔府君:中国民间信仰的神祇之一,东汉人崔瑗,字子玉。相传靖康年间金兵南下,时为康王的赵构躲避金人追捕,夜宿崔府君庙,梦见神人告知金兵将至。赵构惊醒,仓促中骑上庙外的马匹狂奔,并顺利渡过黄河的一条支流。摆脱险境后天已大亮,赵构才发现所乘之马是泥塑之马。这就是"泥马渡康王"。赵构称帝后,为感谢崔府君救驾有功,加封护国显灵真君。

②阛门:即清波门。本书卷七《杭州》:"曰清波,即俗呼为阛门也。"聚景园:位于清波门外。(宋)周密《武林旧事》卷四《故都宫

殿·御园·聚景园》:"清波门外,孝宗致养之地,堂扁皆孝宗御书,淳熙中屡经临幸。嘉泰间,宁宗奉成肃太后临幸,其后并皆荒芜不修。"灵芝寺:原本是吴越王园囿,有灵芝生于园中,遂舍园为寺庙。南宋时,灵芝寺受到皇家重视,规制宏大。元朝末年,寺毁于战乱。明朝永乐初年,重建。

③靖康:宋钦宗赵桓年号,1126—1127年。高庙:指宋高宗赵构。高宗是赵构死后的庙号。靖康元年(1126),金军第二次南下攻宋,高宗以亲王身份奉命出使金营求和。路过磁州时,守臣宗泽劝高宗留在磁州,不要前往金营。后来磁州人与高宗随行人员发生冲突,打死副使王云,高宗离开磁州前往相州(河南安阳)。

④神显灵卫驾:即"泥马渡康王"。

⑤内庭:指禁中。天使:指天子派遣的使者。降香:进香。多指有身份的人的烧香。(宋)赵昇《朝野类要》卷一《典礼·降香》:"凡祈祷晴雨,皆降御香。乃内侍省掌其事,差快行赍送。重则差内侍供奉官。"

⑥贵戚:帝王本姓宗亲,身份地位高贵。化纸:焚烧纸钱。民俗认为纸钱可供鬼神在冥间当货币使用。

【译文】

农历六月初六日,是朝廷敕封的护国显应兴福普佑真君的诞辰,真君是磁州的崔府君,东汉人。朝廷在阊门外聚景园前面的灵芝寺旁边为真君修建了宫观,并赐观名"显应"。靖康年间当时还是亲王的宋高宗奉命出使金营来到磁州地界,真君显灵护驾,因此朝廷修建宫观以崇奉香火,来褒奖真君的功劳。真君诞辰这一天,禁中派遣使者前来宫观降香并设斋醮,达官贵人和士人百姓也多有进香烧纸。

是日,湖中画舫俱舣堤边①,纳凉避暑,恣眠柳影,饱挹荷香②,散发披襟③,浮瓜沉李④。或酌酒以狂歌⑤,或围棋而垂钓,游情寓意,不一而足⑥。盖此时烁石流金⑦,无可为玩,姑借此以行乐耳。

【注释】

①舣(yǐ):停船靠岸。
②挹(yì):吸取。
③散发披襟:蓬松着头发,敞开衣襟,形容不修边幅的悠闲神态。
④浮瓜沉李:指暑天把瓜、李等放在冷水中浸凉后食用。
⑤狂歌:纵情高歌。
⑥不一而足:指同类的事物不止一个而是很多,无法列举齐全。
④烁石流金:指温度高得能够熔化金石。形容天气炎热。

【译文】

这一天,西湖中的画舫都停靠在湖堤边,游人乘凉避暑,在柳树荫里恣意舒展着身体酣睡,满湖的荷花香味浓浓地吸入鼻中,有人散着头发披着衣襟,在泉水里浸泡着瓜李用以消暑解渴。有人一边饮酒一边纵情高歌,有人一边下围棋一边垂钓,通过游玩以寄托心意,这种行为很多,没法一一列举。大概因为这个时候天气酷热,没有可以玩的,姑且借此来行乐罢了。

七月 立秋附

【题解】

本条简单记述了南宋朝廷在七月份的重要活动。皇帝在七月上旬要前往景灵宫举行孟享礼。立秋这一天，太史局官员要通过一定仪式向皇帝报告秋季到来。而此时的杭州城内，从早晨开始满大街都是叫卖楸叶的商贩，妇女儿童购买楸叶，将其剪成花样插在头发上来迎接秋天的到来。《东京梦华录》卷八《立秋》同样记载了北宋开封城满街叫卖楸叶，妇女儿童买来剪成花样戴在头上以应节序的习俗。此外这个月的北宋开封还是瓜果梨枣丰收的季节。

七月秋孟①，例于上旬内车驾诣景灵宫行孟享之礼。以秋阳正炎，上命宰执分诣。立秋日，太史局委官吏于禁廷内以梧桐树植于殿下②，俟交立秋时，太史官穿秉奏曰："秋来。"其时，梧叶应声飞落一二片，以寓报秋意。都城内外，侵晨满街叫卖楸叶③，妇人、女子及儿童辈争买之，剪如花样，插于鬓边，以应时序。

【注释】

①秋孟:即孟秋,农历七月。

②太史局:官署名。原名司天监,北宋神宗元丰改制后改名太史局,属秘书省。掌测验天文,考定历法,每日向朝廷报告所测日月星辰、风云、气候、祥眚,每年制订历法呈报皇帝后颁布。亦负责选择祭祀、冠婚及其他重大典礼日期。

③楸(qiū)叶:楸树叶。唐宋习俗用以象征秋意。(明)李时珍《本草纲目》卷三十五《木之二·楸》:"唐时立秋日,京师卖楸叶,妇女、儿童剪花戴之,取秋意也。"楸树,落叶乔木,干高叶大,木材质地致密,耐湿,可造船,亦可做器具。

【译文】

农历七月,按照惯例皇帝在本月上旬前往景灵宫举行孟享礼。因为秋天的阳光还很炎热,皇帝吩咐宰执大臣分别前往祭祀。立秋这一天,太史局委派官吏在禁廷内的大殿下植下梧桐树,等到立秋到来之时,太史官身穿官服手执朝笏上奏:"秋天来到。"这时,梧桐叶应声飞落一两片,以寓意报道秋天的到来。行都杭州城内外,天刚亮满街都是叫卖楸叶的声音,妇人、女子以及孩童们都争相购买,她们将楸叶剪成花样,插在发髻边,用来顺应节气。

七夕

【题解】

　　本条详细描述了南宋杭州人如何过七夕节。作为中国传统节日，七夕最初源于古代的星纪崇拜，后来逐渐衍生出牛郎织女相会的爱情故事。汉魏以后，七夕节主要成为表达女性愿望、展示女性技巧的节日。唐宋时期，七夕节则由家庭节日演变成为一种社会节日，特别是在宋代，七夕节的节日气氛达到顶点。宋朝将七夕节定为国家法定节假日，而且摆脱了以往"乞巧""祈星"的单一形式，形成了多元化复合化的节日模式，节日的娱乐性和商业性更浓。七夕这一天，杭州城的妇女儿童不仅会穿新衣，还会举行各种活动。比如女子遵循传统习惯"乞巧"，孩子们则追逐好看精致的磨喝乐，人们互相馈送礼物，一派浓郁的节日喜庆气氛。对比《东京梦华录》卷八《七夕》记载的北宋都城开封的七夕节情况，我们会发现，南宋大体上保留了北宋七夕节的热闹习俗。

　　七月七日，谓之"七夕节"。其日晚晡时①，倾城儿童、女子，不论贫富，皆着新衣。富贵之家于高楼危榭安排筵会②，以赏节序，又于广庭中设香案及酒果③，遂令女郎望月瞻斗列拜④，次乞巧于女、牛⑤。或取小蜘蛛，以金银小盒儿盛之,次早观其网丝圆正,名曰"得巧"⑥。内庭与贵宅皆塑卖磨喝乐⑦,又名"摩睺罗孩儿",悉以土木雕塑,更以造彩装襕座,用碧纱罩笼之,下以桌面架之,用青绿销金桌衣围护,或以金玉珠翠装饰尤佳。又于数日前,以红鸡⑧、果食⑨、时新果品互相馈送。禁中意思蜜煎局亦以鹊桥仙故事⑩,先以水蜜木瓜进入⑪。市井儿童手执新荷叶,效摩睺罗之状。此东都流传⑫,至今不改,不知出何文记也。

【注释】

① 晡(bū)时:十二时辰之一,即申时,相当于今15时至17时。
② 危榭(xiè):耸立于高台上的屋宇。
③ 广庭:宽阔的庭院。
④ 瞻斗:抬头仰视北斗星。列拜:依次叩拜。
⑤ 乞巧:旧时风俗,农历七月七日夜(或七月六日夜)妇女在庭院向织女星乞求智巧,称为"乞巧"。女、牛:织女星和牵牛星。
⑥ 得巧:也称之为"德巧"。除了此处描述的观察小蜘蛛结网形状是否圆正来判断得巧,中国古代还有其他"得巧"方式。比如七月七日夜,妇女在月光下以五彩丝缕穿七孔针或九尾针,先成者谓之得巧。(唐)祖咏《七夕》:"向月穿针易,临风整线难。不知谁得巧,明旦试看看。"
⑦ 贵宅:贵家大宅,显贵之家。磨喝乐:梵语Mahoraga的音译,又称"摩睺罗"等。原为佛教八部众神之一的摩睺罗伽。唐宋时借其名制作为一种土木偶人,于七夕供养。(宋)周密《武林旧事》卷三《乞巧》:"立秋日,都人戴楸叶,饮秋水、赤小豆。七夕节物,多尚果食、茜鸡。及泥孩儿号'摩睺罗',有极精巧,饰以金珠者,其直不赀……七夕前,修内司例进'摩睺罗'十卓,每卓三十枚,大

者至高三尺,或用象牙雕镂,或用龙涎佛手香制造,悉用镂金珠翠。衣帽、金钱、钗镯、佩环、真珠、头须及手中所执戏具,皆七宝为之,各护以五色镂金纱厨。制闻贵臣及京府等处,至有铸金为贡者。"

⑧红熝（āo）鸡:即红曲熝制的鸡,颜色呈红色,故称红熝。熝,指用微火慢慢熬煮食物。

⑨果食:以油面糖蜜等制成的食品。

⑩蜜煎局:宋朝廷设立的专门负责酒席下酒物品供应的部门。（宋）耐得翁《都城纪胜·四司六局》:"蜜煎局,专掌糖蜜花果,咸酸劝酒之属。"鹊桥仙故事:指农历七月初七日牛郎、织女鹊桥相会的故事。

⑪水蜜:指蜜蜂还未完全酿造成熟的蜂蜜,水分占蜂蜜总体的20%以上,质地稀薄如水。

⑫东都:指北宋都城开封。

【译文】

农历七月初七,称作"七夕节"。这一天晚上的申时,整个杭州城的儿童、女子,不论贫富,都身穿新衣。富贵人家在耸立于高台之上的屋宇里集会宴请宾客,来欣赏七夕佳节。他们还在宽阔的庭院中摆设香案放置好美酒和水果,吩咐家中女孩儿们仰望月亮,对着北斗星依次叩拜,接下来她们向织女星和牵牛星祈求让自己心灵手巧。她们有的人取来小蜘蛛,将它们盛在金银小盒子里面,第二天早晨看到蜘蛛结的网丝又圆又正,称作"得巧"。皇宫大内和显贵之家都会塑造售卖磨喝乐,又称作"摩睺罗孩儿",都是用土和木头雕塑而成,再用彩色装扮围栏和底座,上面用青纱罩子蒙着,下面用桌面架着,用青绿销金的桌衣围着,或者用黄金美玉珍珠翠石装饰就更好了。在七夕数天之前,人们互相赠送红熝鸡、果食、时令果品。禁中意思蜜煎局也根据牛郎织女鹊桥相会的故事,先进呈水蜜浸渍的木瓜。市井儿童手里拿着新鲜的荷叶,模仿摩睺罗的样子。这是东京汴梁流传的习惯,至今没有改变,不知道出自哪篇文章的记载。

解制日 中元附

【题解】

本条记述了农历七月十五日南宋杭州城人的活动。七月十五日既是道教的中元节,又是佛教的盂兰盆节,同时又是佛教徒解制日,因此这一天很受宋人重视。解制标志着僧尼解除了仅能居于寺院中念经的结制生活,恢复了正常的外出活动。这一天,作为盂兰盆节和中元节,佛寺道观都会举行各种法事超度亡魂恶鬼。包括皇家在内的杭州城人也在这一天出城拜祭先人,祭祀神鬼。另外,七月也是瓜桃梨枣纷纷上市的季节,人们竞相购买一饱口福。

七月十五日,一应大小僧尼寺院设斋解制①,谓之"法岁周圆之日"②。自解制后,禅教僧尼从便给假起单③,或行脚④,或归受业⑤,皆所不拘。其日又值中元地官赦罪之辰⑥,诸宫观设普度醮⑦,与士庶祭拔宗亲。贵家有力者于家设醮,饭僧荐悼⑧,或拔孤魂。僧寺亦于此日建盂兰盆会⑨,率施主钱米与之荐亡家⑩。市卖冥衣⑪,亦有卖转明菜花、花油饼、酸馅⑫、沙馅⑬、乳糕⑭、丰糕之类⑮。卖麻谷窠儿者⑯,以此祭祖宗,寓预报秋成之意⑰。鸡冠花供养祖宗者,谓之

"洗手花"⑱。

【注释】

①一应:一切。解制:犹解夏。

②法岁:佛教语。出家受戒后的僧人,每年夏天安居三月。安居毕,即增加一年的"法岁",因以"法岁"称僧人出家的年资。(明)田汝成《西湖游览志余》卷十四《方外玄踪》:"宋时僧家以四月十五日结制,安居刹院,不敢起单云游。建楞严会,每日诵经修忏。朝廷降赐金帛,檀信随喜,施助无虚日。至七月十五日设斋解制,谓之法岁周圆。"

③从便:任意,随便。

④行脚:谓僧人为寻师求法而游食四方。

⑤受业:从师学习。

⑥中元:即中元节,农历七月十五,这一天道观做斋醮,佛寺做盂兰盆会。地官:神名。道教三官大帝之一。传说地官赦罪。

⑦普度醮:普遍度化一切有情众生的醮仪。

⑧饭僧:向僧侣施饭,是一种修善祈福的行为。荐悼:做佛事悼念死者。

⑨盂兰盆会:盂兰是梵文音译,意思是"救倒悬";盆是汉语,为盛供品的器皿。据说盂兰盆可以解先亡倒悬之苦。"盂兰盆会"是根据西晋竺法护译的《佛说盂兰盆经》而超荐历代祖先的佛事。

⑩荐亡:指为死者念经或做佛事,使其亡灵早日脱难超生。

⑪冥衣:指为死者焚化的纸衣。

⑫酸馅:一种类似带馅馒头的面食,馅料不拘材料,但一般应为素馅。《居家必用事类全集》庚集《素食•酸馅》:"馒头皮同褶儿较粗,馅子任意。豆馅或脱或光者。"。

⑬沙馅:通常指豆沙馅。此处指豆沙馅做成的食品。沙馅食品可做成多种样子,如龟形的。《东京梦华录》有"龟儿沙馅"。

⑭乳糕：用乳与米粉做成的糕点。
⑮丰糕：疑后文的"丰糖糕"，用糯米及粳米稀、绵白糖、油等做成的类似沙琪玛的糕点。
⑯麻谷窠儿：捆成把的麻苗或粟苗。
⑰秋成：收获，收成。
⑱洗手花：鸡冠花的别名。（宋）袁褧《枫窗小牍》卷下："鸡冠花，汴中谓之洗手花。中元节则儿童唱卖，以供祖先。"

【译文】

农历七月十五，一切大小僧尼寺院都备办斋饭解夏，称作"法岁周圆之日"。自解夏以后，禅宗僧尼就便给假离开寺院，或是外出行走四方，或是回去跟随师父学习，都不限制。这一天又赶上中元节地官赦罪的日子，各道教宫观都举办普度醮，为士人和普通百姓死去的宗亲祈福赎罪。权贵人家则在家里举行斋醮，向僧人施饭，做佛事悼念死者，或是将孤魂从地狱中解救出来。佛寺也在这一天举办盂兰盆会，根据施主布施的钱米来为他们死去的家人做佛事。市场上有人售卖冥衣，还有人售卖转明菜花、花油饼、酸馅、沙馅、乳糕、丰糕之类物品。售卖麻谷窠儿的，是用此物来祭祀列祖列宗，寓意预先报告秋季庄稼丰成之义。供养列祖列宗的鸡冠花，称为"洗手花"。

此日，都城之人有就家享祀者，或往坟所拜扫者。禁中车马出攒宫，以尽朝陵之礼，及往诸王、妃嫔等坟行祭享之诚。后殿赐钱，差内侍往龙山放江灯万盏。州府委佐官就浙江税务厅设斛①，以享江海神鬼。

【注释】

①斛：一种量器。

【译文】

这一天,行都杭州的人们有的在家祭祀祖先,有的前往墓地祭拜洒扫。大内有车马前往攒宫,以尽帝王拜扫祖先陵墓的礼节,以及前往诸王、妃嫔等坟墓虔诚祭祀。后殿赐钱,派遣内侍前往龙山燃放万盏江灯。州府委派属官前往浙江税务厅设斛,来祭祀江海神鬼。

是月,瓜、桃、梨、枣盛有,鸡头亦有数品①,若拣银皮子嫩者为佳,市中叫卖之声不绝。中贵②、戚里多以金盒络绎买入禁中③。如宅舍市井欲市者④,以小新荷叶包裹,掺以麝香⑤,用红小索系之。

【注释】

① 鸡头:芡实的别名。(宋)孟元老《东京梦华录》卷八《立秋》:"立秋日……鸡头上市,则梁门里李和家最盛,中贵戚里,取索供卖。内中泛索,金合络绎。士庶买之,一裹十文,用小新荷叶包,掺以麝香,红小索儿系之。"
② 中贵:中贵人,指显贵的宦官。
③ 戚里:帝王外戚的聚居地,后借指外戚。
④ 市:购买。
⑤ 麝(shè)香:为雄麝的肚脐和生殖器之间的腺囊的分泌物,干燥后呈颗粒状或块状,有特殊的香气,可以制成香料,也可以入药。

【译文】

本月,瓜、桃、梨、枣十分丰富,芡实也有多个品种,挑选其中外皮银色果实鲜嫩的作为佳品,市场中叫卖的声音不绝于耳。内侍、外戚大多用金盒盛着络绎不绝买入大内。如果是一般人家想要购买,就用新鲜的小荷叶包裹着,掺上麝香,用红色小线系好。

八月

【题解】

本条简单描述了八月份朝廷各部门的活动。上旬丁日,各级官方学校要举行秋丁释奠礼。秋社日,自上朝廷,下至州县各级政府,都要祭祀社稷。中秋节前,各酒库准备迎接新酒上市。中秋节前,杭州的帅臣校阅部下士兵,场面宏大,引得无数杭州人观看。另外,民间已婚妇女会在秋社日回娘家,临走时,会收到新葫芦、枣等礼物。《东京梦华录》卷八《秋社》也记述了北宋都城开封秋社的情况,除了已婚妇女回娘家外,北宋开封这一天人们还会互相赠送食物,称作"社饭"。

八月上旬丁日①,太、宗、武、府、庠、县学俱行秋丁释奠礼②。秋社日③,朝廷及州县差官祭社稷于坛,盖春祈而秋报也④。秋社日,有士庶家妻女归外家回⑤,皆以新葫芦、枣儿等为遗,俗谚云谓之"宜良外甥儿"之兆耳⑥。

【注释】

①上旬丁日:每月的第一个丁日。
②太、宗、武、府、庠(xiáng)、县学:分别指宋代的官学太学、宗学、武

学、府学、庠学、县学。其中太学、宗学、武学是中央官学,府学、庠学、县学是地方官学。秋丁:宋朝每年仲春二月、仲秋八月上丁日举行盛大的祭祀孔子的活动,其中仲秋上丁日祭祀称为秋丁。本书卷十四《祠祭》:"太学春秋二仲上丁日祭先圣文宣王,配先贤兖国公、邹国公、沂国公、郕国公及十哲先贤,从祀七十二贤、历代贤哲、忠孝公卿。武学祀昭烈武成王,配留侯、历代忠烈臣子。"

③秋社:古代秋季祭祀土神的日子,在立秋后第五个戊日。

④春祈而秋报:指春秋两季祭祀土神,春耕时祈祷风调雨顺,秋季报答神功。

⑤外家:此处指娘家。已婚女子自己父母的家。

⑥宜良外甥儿:(宋)孟元老《东京梦华录》卷八《秋社》:"人家妇女皆归外家,晚归即外公、姨、舅,皆以新葫芦儿、枣儿为遗,俗云'宜良外甥'。"

【译文】

农历八月上旬第一个丁日,太学、宗学、武学、府学、庠学、县学都举行秋丁祭孔礼。秋社这一天,朝廷以及州县都派遣官员在祭坛祭祀社稷,这就是春祈秋报。秋社这一天,士大夫和普通百姓家的妻子女儿从娘家回来,娘家都会给予新葫芦、枣等物品,民间流传的谚语说这是"对外甥儿有好处"的吉兆。

中秋前,诸酒库申明点检所①,择日排办迎新。帅府率本州军伍及九县场巡尉军卒②,并节制殿、步两司军马,往蒲桥教场教阅,都人观睹,尤盛于春季也。

【注释】

①申明:郑重说明。"申明"前原衍一"中"字,据四库本删。

②九县:指南宋临安府下辖的九个县,分别是钱塘县、仁和县、余杭

县、临安县、富阳县、於潜县、新城县、盐官县、昌化县。

【译文】

中秋节前,各酒库向点检所郑重说明,会挑选时间安排迎新酒。安抚司率领本州军卒以及所辖九个县的巡尉军卒,并统率殿前司、步军司两司军马,前往蒲桥教场教阅,杭州城人都前往观看,比春季校阅规模更大。

中秋

【题解】

　　本条描述了南宋杭州人如何过中秋节。作为中国四大传统节日之一,宋代中秋节不仅是家人团聚的节日,也是宗教祭祀、民俗娱乐的重要时间。宋人过中秋节最重要的习俗是赏月,中秋之夜,杭州人家往往一边饮宴,一边登高赏月。这个夜晚,赏月之人络绎不绝,街市买卖甚至通宵达旦,整个城市沉浸在一片节日氛围中。除了赏月,宋代文人墨客还特别喜欢借中秋月夜表达思乡、怀旧之情和人生感悟,比如北宋诗人苏轼的词《水调歌头》,其中的"但愿人长久,千里共婵娟"成为千古流传的佳句。除了赏月、吟诗,宋人还会在中秋夜拜月。(宋)金盈之《新编醉翁谈录》卷四《京城风俗记》记载:"中秋,京师赏月之会,异于他郡。倾城人家子女,不以贫富,能自行至十二三,皆以成人之服服饰之,登楼或于中庭焚香拜月,各有所期。男则愿早步蟾宫,高攀仙桂……(女)则愿貌似常娥,员如皓月……旧传是夜月色明朗,则兔弄影而孕,生子必多。"反映了宋人对月亮的敬仰与对美好生活的向往。

　　八月十五日中秋节,此日三秋恰半①,故谓之"中秋"。此夜,月色倍明于常时,又谓之"月夕"②。此际金风荐爽③,玉露生凉④,丹桂香飘⑤,银蟾光满⑥,王孙公子、富家巨室,莫不登危楼⑦，临轩玩月⑧，或开广榭⑨，玳筵罗列⑩，琴瑟铿锵，酌酒高歌，恣以卜竟夕之欢⑪。至如铺席之家⑫，亦登小小月台，安排家宴，团圞子女⑬，以酬佳节。虽陋巷贫窭之人⑭，解衣市酒⑮，勉强迎欢，不肯虚度。此夜天街卖买直至五鼓⑯，玩月游人婆娑于市⑰，至晓不绝，盖金吾不禁故也⑱。

【注释】

①三秋：农历七月为初秋，八月为仲秋，九月为季秋，合称"三秋"。

②月夕：月夜，月明之夜。此处特指八月十五日中秋节。这一用法后世也有沿用。（明）田汝成《西湖游览志余》卷二十《熙朝乐事》："二月十五日为花朝节。盖'花朝月夕'，世俗恒言，二、八两月为春、秋之中，故以二月半为'花朝'，八月半为'月夕'也。"

③金风荐爽：指秋风送爽，带来了凉意。金风，即秋风。古人常以阴阳五行解释季节变化，秋于五行中属金，故称秋风为"金风"。

④玉露：秋露。

⑤丹桂：桂树的一种，秋季开花，花色较深，呈浅橙黄色、橙黄色至橙红色或深橙红色。

⑥银蟾光满：指圆月明亮。银蟾，月亮的别称。传说月中有蟾蜍，故称。

⑦危楼：高楼。

⑧玩月：赏月。

⑨广榭：建筑在台上的面积宽阔的房屋。

⑩玳筵（dài yán）：玳瑁（mào）筵，亦作"瑇（dài）瑁筵"。指豪华、珍贵的宴席。

⑪竟夕：通宵，终夜。

⑫铺席之家：指商贾人家。铺席，店铺，商店，引申为商贾。

⑬团圞（luán）：团聚。

⑭贫窭(jù)之人:贫穷之人。
⑮解衣市酒:脱下衣服换酒。
⑯天街:京城中的街道。
⑰婆娑(suō):原指舞蹈的样子,此处形容游人醉态蹒跚貌。
⑱金吾:"左、右金吾街司"的简称。官司名。掌击街鼓、警场、清道、巡逻京师街道、传呼备盗、纠察违制犯法行为、请纳鼓契等事,并差街司人从赴宰执、侍从官等处役使。不禁:此处指没有宵禁。

【译文】

农历八月十五日中秋节,这一天正好处于三秋中间,故而称之为"中秋"。中秋节的晚上,月光比平时更加明亮,又称之为"月夕"。此时秋风送爽,秋露带来丝丝凉意,丹桂开花香气四溢,圆月明亮,贵家子弟、有钱人家都登上高楼,靠着轩窗赏玩明月,或是打开高台上的房屋,安排丰盛的宴会,琴瑟声悠扬,饮酒高歌,通宵达旦纵情饮酒作乐。至于商贾人家,也会登上小小的月台,安排家宴,和子女团圆,来度过中秋佳节。即便是简陋巷子里的穷人们,也会典当衣服以买酒,勉强寻欢,不肯虚度。这一夜杭州城主街道上做生意的直到五更天,赏玩月亮的游人在市场上醉意朦胧,步履蹒跚,到了天亮仍然络绎不绝,大概是金吾没有宵禁的缘故。

解闱

【题解】

本条描述了南宋科举考试的发解试。作为科举考试的第一环,发解试非常重要,直接决定着举子能否参加后续的考试。南宋的发解试根据举子情况,在不同地方举行。地方举子在本州贡院发解,太学、宗学、武学学生在礼部贡院考试,官员子弟则在国子监考试。杭州作为南宋行都,解额多于地方州府,所以杭州参加发解试的举子犹多,这一度造成考试前杭州房租价格上涨,也反映了南宋科举考试的发达。发解试结束后,中第之人获得参加下一级科举考试的资格,算是正式开启了个人的入仕拼搏之旅。

三年一次。八月十五日,放贡举应试[1],诸州郡府及各路运司并于此日放试[2]。其本州贡院,止放本州诸县应举士人[3];运司放一路寓居士人,及有官文武举人并宗女夫等[4]。本州贡院在钱塘门外王家桥,运司贡院在湖州市[5]。三学生员就礼部贡院赴解试[6],宰执、侍从、在朝文武官子侄等并于国子监牒试,则就州县,并于十五日为头排日,试三场。若诸州府及各漕司,亦于十五日放试。其诸处贡院前赁待试房舍,虽一榻之屋⑦,赁金不下数十楮。亲朋馈送赴解士人点心,则曰"黄甲头魁鸡"⑧。以得物称之⑨,是为佳谶⑩。

【注释】

① 放贡举:举行科举。贡举,科举考试。
② 郡府:原作"郡县",据四库本、《学津讨原》本、《学海类编》本、明节本、天一阁本、明抄本、清翁校抄本、清杨本改。
③ 应举:参加科举考试。
④ 宗女夫:宗室女的丈夫。
⑤ 湖州市:此处并非宋代两浙路十二州之一的湖州,而是指杭州的粮食市,因为南宋杭州粮食供应多来自湖州,故称。(明)田汝成《西湖游览志》卷二十二《北山分脉城外胜迹·衢巷河桥》:"归锦桥,俗称卖鱼桥,自此而上至左家桥夹城巷皆称湖墅,俗讹为湖州市。"李榕《(民国)杭州府志》卷七十五《风俗二》:"杭州人烟稠密,城内外不下数十万户百十万口,每日街市食米,除府第官舍宅舍富室及诸司有该俸入外,细民所食,每日城内外不下一二千石,皆需之铺家。然本州所赖苏、湖、常、秀、淮、广等处客米到来,湖州市、米市桥、黑桥俱是米行,接客出粜。"
⑥ 解试:中国古代贡举考试方法之一。宋代解试包括乡试(州试)、漕试(转运司试)、太学试等。每三年举行一次,举人考试合格,即由州、转运司或太学等按解额解送礼部,参加省试。
⑦ 榻:古代一种狭长而矮的坐卧用具。
⑧ 黄甲头魁鸡:指科举考试顺利得中状元的美好寓意。黄甲,通常指科举考试进士及第,尤其是指殿试中名列前茅。头魁,指的是第一名。鸡,与"吉"谐音,寓意吉祥。
⑨ 得物:原作"德物",据《学津讨原》本、明抄本、天一阁本、四库本、清翁校抄本、清杨本改。

⑩佳谶(chèn):吉利的预兆。

【译文】

解试三年举行一次。农历八月十五,举行贡举考试,各州府以及各路转运司都在这一天举行科举考试。杭州的贡院,只考试本州各县的应举士人;转运司考试本路的寓居士人,以及有官身的文武举人和宗女的丈夫等。杭州贡院位于钱塘门外王家桥,转运司院位于湖州市。太学、武学、宗学三学的生员在礼部贡院参加发解试,宰执、侍从、在朝文武官的子侄等都在国子监参加考试,连同州县,都是十五日为考试第一天,考试三场。像各州府以及各漕司,也在十五日举行考试。各处贡院提前租赁待试的房屋,即便是只有一张床的房间,租金也不少于数十楮币。亲戚朋友赠送参加解试的士人点心,称作"黄甲头魁鸡"。用这样的好名字来称呼所得到的食物,是吉利的预兆。

杭城辇毂之地,恩例特优。本州元解额七十名①,今增作八十九名。诸州各有定额,两浙运司寓试士人,约一百名取一名;有官文武人及登仕郎②,皆十人取一人;国子牒试,则五人取一名;太、宗、武学士人,约四五人取一名。

【注释】

① 解额:唐制,进士举于乡,给解状有一定名额,故称解额。科举考试中,士人只有通过发解试才能取得参加省试的资格。不同种类的发解试都有一个朝廷规定的录取名额,即"解额"。设置解额不仅可以限制参加省试的人数,更重要的是保证了录取的质量。

② 登仕郎:选人阶名。北宋徽宗崇宁二年(1103)九月二十五日,由试衔知县、知录事参军改名,为崇宁选人新阶第六阶。政和六年(1116)十一月,改登仕郎为修直郎,易假承务郎为登仕郎,属政

和选人十阶第九阶,用以奏补未出职的吏人。

【译文】

杭州城是天子脚下,解额恩例特别优厚。杭州原本的解试名额是七十人,如今增加到八十九人。各州自有固定的解试名额,两浙转运司的寓试士人,大约是一百人中取一人发解;文武官和登仕郎,都是十人取一人发解;国子监考试,则是五人取一人发解;太学、宗学、武学士人,大约是四五个人中取一人发解。

举州贡院发榜之际,帅臣亲往院中开拆一银牌,亲书得解人姓名,付捷音往报①。诸路州郡供设鹿鸣宴待贡士。又取程文次者为待补②,名数无定额,伺来岁朝廷放补③,诸州路得补士人皆到都就试,中榜者则入太学为生员④,免三学。得补者经吏部给授绫缙,然后参学。此朝廷待士之重,功名皆自此发轫也⑤。

【注释】

① 捷音:原指胜利的消息,此处指科举中第结果。
② 程文:科场应试者进呈的文章。
③ 来岁:来年,明年。
④ 太学:两宋最高学府。汉武帝始设太学,历代多因其旧。北宋仁宗庆历四年(1044),置太学,内舍生二百人,由八品以下官员子弟及平民优秀子弟中招收。宋神宗熙宁元年(1068)增置外舍人一百人。四年行三舍法,自外舍升内舍,再升上舍。宋徽宗创辟雍为外学,外舍生都入外学,名额三千。太学内舍生六百人,上舍生二百人。南宋高宗绍兴十三年(1143)重建太学。太学设学官和学职。学官有国子祭酒、司业、博士、直讲、丞、主簿等。学职有

学正、学录、学谕等。北宋太学生大致由官府供给饮食，南宋内舍生和各斋长、谕由官给食，外舍生自费。

⑤发轫（rèn）：比喻事物的开端。

【译文】

州贡院发布录取榜单的时候，安抚使亲自前往贡院中拆开一个银牌，亲自书写解试通过者姓名，将解试录取结果发布出去。各路州郡设置鹿鸣宴招待得解士人。又挑选应试文章中稍差者作为待补，没有固定名额，等到明年朝廷举行补试，各州各路得补的士人都到行都杭州参加考试，中榜者则进入太学成为生员，免除从外舍升内舍、上舍的过程。得补者由吏部授予绫绢和缗钱，然后入学。这是朝廷对士人的重视，功名都自此开始。

观潮

【题解】

　　本条非常详细地描述了杭州八月份观赏钱塘江潮的盛况。本条不仅引用了白居易、苏轼、林逋等唐宋人的诗词，还全文引用了北宋知杭州官员蔡襄的《戒约弄潮文》，以此来展现宋代杭州人对于观潮弄潮的高度热情。对于南宋人而言，观潮除了可以欣赏到钱塘江波涛汹涌的壮观景象，还能看到当时水军的现场操练。通过展现水军整齐划一的威风面貌，南宋政府也借此向世人展现国力，增强民众向心力和凝聚力。（宋）周密《武林旧事》卷三《观潮》，通过描写作者耳闻目睹钱塘江大潮潮来前、潮来时、潮过后的景象，以及观潮的盛况，用十分精练的笔墨，分四段描绘出钱塘江潮的壮观景象、水军演习的动人情景、弄潮健儿的英姿飒爽和观潮人群的惊叹不已，可以与本条内容互补。

　　临安风俗，四时奢侈①，赏玩殆无虚日②。西有湖光可爱，东有江潮堪观，皆绝景也③。每岁八月内，潮怒胜于常时④，都人自十一日起便有观者，至十六、十八日倾城而出，车马纷纷，十八日最为繁盛，二十日则稍稀矣。十八日盖因帅座出郊，教习节制水军⑤，自庙子头直至六和塔⑥，家家楼屋,尽为贵戚、内侍等雇赁作看位观潮⑦。

【注释】

① 四时:四季。

② 殆无虚日:几乎没有一天空着,形容几乎天天如此。殆,几乎,大概。

③ 绝景:绝美的景色。

④ 潮怒:指江水暴涨、气势盛。

⑤ 教习:教练,训练。

⑥ 六和塔:位于今浙江杭州钱塘江畔月轮山。北宋开宝三年(970)为镇江潮而建。因该地旧有六和寺,塔以寺名。(宋)潜说友《咸淳临安志》卷八十二《寺观八·佛塔·六和塔》:"在龙山月轮峰,即旧寿宁院。开宝三年,智觉禅师延寿始于钱氏南果园开山建塔,因即其地造寺以镇江潮。塔高九级,长五十余丈,内藏佛舍利,或时光明焕发,大江中舟人瞻见之,后废。已而江潮汹涌荡激石岸,舟楫沉匿,至绍兴二十二年,奉旨重造。二十六年,僧智昙捐巿钱及募檀越,因故基成之七层而止,自后潮为之却,人利赖焉。"

⑦ 看位:即看棚,临时搭建的看台。

【译文】

临安的风俗,一年四季人们都追求奢侈生活,赏玩游乐儿乎没有一天空闲。临安城西面有可爱的西湖风光,东面有钱塘江大潮足以观赏,这些都是绝美的风景。每年农历八月间,钱塘江江水暴涨,江潮比平时更为壮观,行都之人从十一日起便有观潮者,到十六、十八日,整个杭州城的人都涌出城外,观潮的车马络绎不绝,十八日观潮人最多,二十日观潮人稍微稀少些。十八日人最多大概是因为帅守出城在郊外操练水军,从庙子头直到六和塔,家家的楼屋都被皇亲和内侍等租赁作为观潮的看台。

向有白乐天咏《咏潮》诗曰[1]:"早潮才落晚潮来,一月周流六十回[2]。不独光阴朝复暮,杭州老去被潮催。"又苏东坡《咏中秋观夜潮》诗[3]:"定知玉兔十分圆[4],已作霜风九日寒。寄语重门休上钥[5],夜潮留向月中看。万人鼓噪骇吴侬[6],犹似浮江老阿童[7]。欲识潮头高几许,越山浑在浪花中。江边身世两悠悠,人与沧波共白头。造物亦知人易老,故教江水更西流[8]。吴儿生长狎涛澜[9],冒利轻生不自怜。东海若知明主意,应教斥卤变桑田[10]。江神河伯两醯鸡[11],海若东来气吐霓[12]。安得夫差水犀手[13],三千强弩射潮低。"林和靖《咏秋江》诗云[14]:"苍茫沙嘴鹭鸶眠[15],片水无痕浸碧天。最爱芦花经雨后,一篷烟火饭鱼船。"治平郡守蔡端明诗[16]:"天卷潮回出海东[17],人间何事可争雄[18]?千年浪说鸱夷怒[19],一汐全疑渤澥空[20]。浪静最宜闻夜枕[21],峥嵘须待驾秋风[22]。寻思物理真难到[23],随月亏圆亦未通。"

【注释】

① 白乐天:指唐朝诗人白居易,字乐天,号香山居士,又号醉吟先生。白居易是唐代最高产的诗人之一,其诗歌题材广泛,语言平易通俗,与元稹共同倡导新乐府运动,世称"元白"。

② 周流:周遍流动。

③ 苏东坡:即北宋著名文学家、书法家、画家,唐宋八大家之一苏轼。字子瞻,又字和仲,号东坡居士,世称苏东坡。

④ 玉兔:传说月中有玉兔、蟾蜍,后世因以玉兔指代月亮。

⑤ 重门:九重天门。

⑥ 鼓噪:击鼓呼叫。骇吴侬(nóng):使吴人震慑。吴地自称曰我侬,

称人曰渠侬、个侬、他侬。因称人多用侬字,故以"吴侬"指吴人。

⑦阿童:指西晋人王濬。字士治,小字阿童,弘农郡湖县(今河南灵宝西)人,西晋名将。他在蜀地制造战船、练水军,顺流东下,一举消灭了东吴。《宋书》卷三十一《五行志二》:"孙皓天纪中,童谣曰:'阿童复阿童,衔刀游渡江,不畏岸上虎,但畏水中龙。'晋武帝闻之,加王濬龙骧将军。及征吴,江西众军无过者而王濬先定秣陵。"

⑧江水更西流:指海水上潮,江水势不能敌,所以出现逆流情况,随潮西流。

⑨狎(xiá):亲昵,玩弄。涛澜:波澜,大浪。

⑩斥卤:盐碱地。

⑪醯(xī)鸡:即蠛蠓(miè měng)。一种小虫。体微细,将雨,群飞塞路。古人以为是酒醋上的白霉变成。

⑫海若:传说中的北海神,也泛指海神。

⑬夫差:春秋时期吴国国王,此处借指五代时的吴越王。水犀手:披水犀牛甲的弩手。

⑭林和靖:指北宋初年著名隐逸诗人林逋(bū)。字君复。隐居杭州西湖,结庐孤山。林逋终生不仕不娶,无子,唯喜植梅养鹤,自谓"以梅为妻,以鹤为子",人称"梅妻鹤子"。去世后,仁宗赐谥"和靖先生"。《咏秋江》:一作《秋江写望》。

⑮鹭鸶(sī):白鹭。

⑯治平:北宋英宗年号,1064—1067年。蔡端明:指北宋书法家、文学家、茶学家蔡襄。字君谟。兴化军仙游县慈孝里赤岭(今福建仙游)人。北宋仁宗天圣八年(1030)进士,曾任馆阁校勘、枢密院直学士、翰林学士、三司使、端明殿学士等职,出任福建路转运使,知泉州、福州、开封和杭州府事。谥号"忠惠"。文中蔡襄这首诗题为《和江上观潮》,见《蔡襄全集》卷六。

⑰天卷潮回：《蔡襄全集》卷六《和江上观潮》作"地卷潮回"。海东：指海以东地带，常指日本。

⑱人间：指整个人类世界，世间。

⑲浪说：漫说。鸱（chī）夷：皮囊，借指春秋时期吴国大臣伍子胥。伍子胥名员，字子胥。楚人。其父伍奢被杀，伍子胥逃亡到吴国，帮助公子光（即吴王阖闾）刺杀吴王僚，夺取王位。吴王夫差在位时，伍子胥劝谏夫差不要答应越国求和，触怒吴王，被赐死。夫差将其尸体盛于皮囊内掷于钱塘江中，后伍子胥成为潮神。

⑳渤澥（xiè）：指东海。古代渤海被称作渤澥，因东海与渤海相邻，故东海有时也被称作渤澥。

㉑浪静：《蔡襄全集》卷六《和江上观潮》作"寂静"。

㉒峥嵘：形容山的高峻突兀或建筑物的高大耸立，此处指钱塘江潮声势浩大。

㉓物理：此处指海潮的规律。

【译文】

之前白居易有一首《咏潮》诗："早潮才落晚潮来，一月周流六十回。不独光阴朝复暮，杭州老去被潮催。"苏东坡《咏中秋观夜潮》诗："定知玉兔十分圆，已作霜风九日寒。寄语重门休上钥，夜潮留向月中看。万人鼓噪骇吴侬，犹似浮江老阿童。欲识潮头高几许，越山浑在浪花中。江边身世两悠悠，人与沧波共白头。造物亦知人易老，故教江水更西流。吴儿生长狎涛澜，冒利轻生不自怜。东海若知明主意，应教斥卤变桑田。江神河伯两醯鸡，海若东来气吐霓。安得夫差水犀手，三千强弩射潮低。"林逋《咏秋江》诗："苍茫沙嘴鹭鸶眠，片水无痕浸碧天。最爱芦花经雨后，一篷烟火饭鱼船。"治平年间，杭州太守蔡襄有诗："天卷潮回出海东，人间何事可争雄？千年浪说鸱夷怒，一汐全疑渤澥空。浪静最宜闻夜枕，峥嵘须待驾秋风。寻思物理真难到，随月亏圆亦未通。"

其杭人有一等无赖不惜性命之徒①,以大彩旗或小清凉伞、红绿小伞儿,各系绣色缎子满竿,伺潮出海门,百十为群,执旗泅水上②,以迓子胥弄潮之戏③,或有手脚执五小旗浮潮头而戏弄。

【注释】

①一等:一些,一种。无赖:游手好闲,刁滑强横的人。

②泅(qiú):游水。

③迓:迎。子胥弄潮:据说吴王夫差听信谗言赐死了伍子胥,还把他的尸体抛进了钱塘江中。伍子胥一腔冤魂,豪气长存,他的尸体在江中随流而兴波,动作若惊骇,声音若雷霆,荡激堤岸,形成了著名的钱塘江大潮。

【译文】

杭州城人中有一些游手好闲、不爱惜生命的家伙,他们将大彩旗或者小清凉伞、红绿小伞,各自用彩色缎子系满整个旗杆,等待江潮涌出海门,他们便数十人上百人为一群,手执旗子游于水面之上,来迎接伍子胥弄潮之戏,或者有人手执脚绑着五面小旗浮在潮头上玩耍。

向于治平年间①,郡守蔡端明内翰见其往往有沉没者②,作《戒约弄潮文》云③:"斗、牛之外④,吴、越之中⑤,惟江涛之最雄,乘秋风而益怒。乃其俗习,于此观游。厥有善泅之徒⑥,竞作弄潮之戏⑦,以父母所生之遗体⑧,投鱼龙不测之深渊,自谓矜夸,时或沉溺,精魄永沦于泉下⑨,妻孥望哭于水滨⑩。生也有涯,盍终于天命⑪;死而不吊⑫,重弃于人伦。推予不忍之心,伸尔无家之戒。所有今年观潮,并依常例,其军人、百姓辄敢弄潮,必行科罚⑬。"自后官府禁止,然亦不能遏也。向有前辈作《看弄潮》诗云⑭:"弄罢江潮晚入城,红旗飐飐白旗轻⑮。不因会吃翻头浪,争得天街鼓乐迎。"

【注释】

① 向于:作为介词,表示"在……时候"。
② 内翰:唐宋称翰林学士为内翰。(宋)高承《事物纪原》卷四《内翰》:"《唐百官志》曰:'开元二十六年,改翰林供奉为学士,别置学士院,其后选用益重,号为内相。'又《陆贽传》:'贽入翰林,虽外有宰相主大议而贽常居中参裁可否,时号内相。'则是其称自陆贽始也。由此,今亦呼翰林学士为内相,亦曰内翰。"
③《戒约弄潮文》:《蔡襄全集》卷二十九作《杭州戒弄潮文》。
④ 斗、牛之外:《蔡襄全集》卷二十九作"斗、牛之分"。斗、牛,原指二十八宿中的斗宿和牛宿。因吴越地区当斗、牛二宿之分野,故借指吴越地区。
⑤ 吴、越之中:指杭州处于吴越的中心。吴、越,泛指江南地区。
⑥ 厥有:于是,因此。
⑦ 弄潮之戏:指出没江潮波涛中以为游戏。
⑧ 遗体:自己的身体。古人认为子女的身体为父母所生,故而称子女的身体是父母的"遗体"。《礼记·祭义》:"身也者,父母之遗体也。"
⑨ 精魄:《蔡襄全集》卷二十九作"魂魄"。泉下:黄泉之下。指人死后所居之处,也指阴间。
⑩ 妻孥(nú):妻子儿女。孥,子女。
⑪ 天命:人的自然寿命,天年。
⑫ 不吊:谓不为天所哀悯庇佑。
⑬ 科罚:刑罚,处罚。

⑭前辈作《看弄潮》诗:本诗原名《看弄潮回》,作者是南宋人高翥(zhù)。初名公弼,后改名翥,字九万,号菊磵,是江湖诗派的重要人物,有"江湖游士"之称。
⑮飐飐(zhǎn):风吹颤动的样子。

【译文】

从前在治平年间,杭州太守、翰林学士蔡襄见弄潮人经常有人溺水身亡,便撰写了《戒约弄潮文》一文:"斗宿、牛宿所在的地方是吴越,杭州是吴越的中心,当地唯独江潮最为壮观,趁着秋风江潮更加汹涌澎湃。此时观潮游玩,乃是当地的习俗。于是便有善于游水的人,竞相弄潮嬉戏,将父母所生的身体,投身到鱼和龙都难以意料的深渊中,自我夸耀,经常有人溺水而亡,魂魄永远沉沦在黄泉之下,妻子儿女在水边对着江水恸哭。人生也有尽头,何不寿终正寝;人死了却不为上天庇佑,再被人伦所抛弃。将我的不忍之心推广开来,来对你们无视家庭的行为进行训诫。所有今年观潮,都依据常例,其中军人、百姓胆敢弄潮,一定予以严惩。"自此之后官府禁止人们弄潮,但也不能遏止这一做法。从前有前辈曾写作《看弄潮》一诗:"弄罢江潮晚入城,红旗飐飐白旗轻。不因会吃翻头浪,争得天街鼓乐迎。"

且帅府节制水军,教阅水阵,统制部押于潮未来时①,下水打阵展旗②,百端呈拽。又于水中动鼓吹,前面导引,后抬将官于水面,舟楫分布左右,旗帜满船,上竿舞枪飞箭,分列交战,试炮放烟,捷追敌舟,火箭群下,烧毁成功,鸣锣放教③,赐犒等差。盖因车驾幸禁中观潮,殿庭下视江中,但见军仪于江中整肃,部伍望阙奏喏,声如雷震。余扣及内侍,方晓其尊君之礼也。其日帅司备牲礼④、草履、沙木板⑤,于潮来之际,俱祭于江中,士庶多以经文投于江内。是时正当金风荐爽,丹桂飘香,尚复身安体健,如之何不对景行乐乎?

【注释】

①部押:督率。

②打阵:攻打对方的战斗队列,此处指模拟进攻。阵,指古代交战时布置的战斗队列。

③放教:此处指解散部队。

④牲礼:祭祀时的用牲之礼,视等级不同而有差异。

⑤沙木板:一种木板。(清)彭遵泗《蜀故》:"黎州德昌卫出沙木板,有阳山者名沈村,阴山者名吴村。阳山者为上,其皮厚而软用以作枕,能避蚤虱,骡一头可负一块,有最上者两骡方可负一块,本地价不甚贵,但路险难出耳。"

【译文】

安抚司统率水军,检阅水阵,统制官率领士兵在江潮尚未来临时,下水做攻打敌阵的样子,挥动军旗,摆出各种花样。士兵们又在水中演奏鼓吹,前面有人引导,后面将将官抬在水面上,舟楫分布在左右,船上插满旗帜,上竿舞枪飞箭,分列两方交战,按照预定的设计爆炸放烟,获胜追击敌船,火箭齐发,烧毁敌船取得战斗成功,然后鸣锣解散部队,按照等级犒赏诸军。因为皇帝在大内观潮,殿庭俯视江面,但见江水中军仪整齐肃穆,士卒都抬头望向大内口中奏喏,声音如同雷鸣一般。我询问宦官,方才知晓他们在行尊重君主的礼仪。这一天安抚司准备好祭祀用的供品、草鞋、沙木板,在江潮到来之际,将这些东西都投入江中祭祀,士人和普通民众大多将经文投掷到江水中。这时正当秋风送来凉爽,丹桂开花香气弥漫,况且身体健康体格强健,如此,为何不对着美景及时行乐呢?

卷五

九月 重九附

【题解】

本条描述了南宋杭州城人如何过重阳节。重阳节是中国传统节日之一,时间是农历九月九日。根据《易经》的说法,"九"是阳数,九月九日,日月并阳,两九相重,故称作"重阳"。重阳节源于天象崇拜,始于上古,西汉为人所熟悉,唐代以后臻于鼎盛。古代重阳节有登高祈福、拜神祭祖、赏菊、饮宴祈福等习俗,后来又增加了敬老内容。唐代著名诗人王维的《九月九日忆山东兄弟》一诗,生动描述了身在异乡的作者在重阳节对家乡的思念之情,其中"遥知兄弟登高处,遍插茱萸少一人"就体现了重阳节登高和插茱萸的习俗。除了按照传统习俗登高、赏菊外,宋人还习惯在重阳节饮掺着菊花、茱萸的酒。此外,杭城人还会在这一天吃"重阳糕",并互相赠送,算是节日食品。《东京梦华录》卷八《重阳》记载了北宋开封过重阳节的情况。与北宋开封相比,南宋杭城没有寺院举行狮子会的活动,从中我们看到南北宋都城重阳节的异同之处。

日月梭飞,转盼重九①。盖九为阳数②,其日与月并应,故号曰"重阳"。是日,孟嘉登龙山落帽③,渊明向东篱赏菊④,正是故事⑤。今世人以菊花、茱萸浮于酒饮之⑥,盖茱萸名"辟邪翁",菊花为"延寿客",故假此两物服之⑦,以消阳九之厄⑧。

【注释】

①转盼:犹转眼。喻时间短促。重九:指农历九月初九日。又称重阳。
②阳数:奇数。
③孟嘉登龙山落帽:形容才子名士的风雅洒脱、才思敏捷。出自《晋书》卷九十八《桓温列传·孟嘉》:"(孟嘉)后为征西桓温参军,温甚重之。九月九日,温燕龙山,僚佐毕集。时佐吏并着戎服,有风至,吹嘉帽堕落,嘉不之觉。温使左右勿言,欲观其举止。嘉良久如厕,温令取还之,命孙盛作文嘲嘉,着嘉坐处。嘉还见,即答之,其文甚美,四坐嗟叹。"孟嘉,生卒年不详。字万年。东晋时期名士、官员,著名田园诗人陶渊明的外祖父。晚年长期在桓温幕府任职,担任桓温的从事中郎、长史。
④渊明:即陶渊明,又名潜,字符亮,别号五柳先生,私谥"靖节",世称靖节先生。东晋末至南朝宋初期的杰出诗人、辞赋家。陶渊明曾任江州祭酒、彭泽县令等职,后弃官隐居,被誉为"田园诗派"之鼻祖。
⑤故事:典故。
⑥今世人以菊花、茱萸浮于酒饮之:重阳节除了饮用含有菊花、茱萸的酒之外,宋人还会佩戴菊花、茱萸。(宋)吕希哲《岁时杂记》:"九日,采菊佩茱萸以延年。"茱萸,又名"樧""藙"。有山茱萸、吴茱萸、食茱萸三种。生于川谷,香气辛烈。古代风俗,九月九日重阳节佩茱萸能祛邪避恶。
⑦假:凭借,借助。
⑧阳九之厄:古代一种数术说法,认为此日有厄会和灾害。

【译文】

日月如梭,转眼间到了农历九月初九。九是阳数,这一天日与月数字相同,二九相遇,因此称之为"重阳"。这一天,孟嘉登龙山而帽子被风吹落下来,陶渊明靠近东篱赏菊,正是典故。如今世人将菊花、茱萸泡在酒中饮用,大概是因为茱萸被称作"辟邪翁",菊花被称作"延寿客",所以借服用这两物,来消除阳九的灾厄。

年例①,禁中与贵家皆此日赏菊,士庶之家,亦市一二株玩赏。其菊有七八十种,且香而耐久,择其尤者言之:白黄色蕊若莲房者名曰"万龄菊",粉红色者名曰"桃花菊"②,白而檀心者名曰"木香菊"③,纯白且大者名曰"喜容菊",黄色而圆名曰"金铃菊",白而大心黄者名曰"金盏银台菊"。数本最为可爱④。

【注释】

①年例:谓历年如此的常例。
②桃花菊:(宋)史正志《菊谱》:"桃花菊,花瓣全如桃花,秋初先开,色有浅深,深秋亦有白者。"
③檀(tán)心:浅红色的花蕊。
④本:本义指树根,量词"本"由"树根"义引申而来,用来称量花草树木等。

【译文】

历年的惯例,禁中与权贵之家都在这一天赏菊,士人和普通民众之家,也会购买一两株菊花来玩赏。菊花有七八十种,都有香味且香味持久,挑选其中突出的说一下:黄白色花蕊像莲房的叫作"万龄菊",粉红色花蕊的菊花叫作"桃花菊",白色花瓣而浅红色花心的菊花叫作"木香菊",花瓣纯白色且花朵很大的菊花叫作"喜容菊",花瓣黄色且花朵呈圆形的菊花叫作"金铃菊",花瓣白色而花蕊黄色的菊花叫作"金盏银台菊"。数种菊花最可爱。

  兼之此日都人店肆以糖面蒸糕①,上以猪羊肉、鸭子为丝簇饤②,插小彩旗,名曰"重阳糕"③。禁中阁分及贵家相为馈送④。蜜煎局以五色米粉塑成狮蛮⑤,以小彩旗簇之,下以熟栗子肉杵为细末,入麝香、糖、蜜和之,捏为饼糕小段,或如五色弹儿,皆入韵果、糖霜⑥,名之"狮蛮栗糕"⑦,供衬进酒⑧,以应节序。

【注释】

①店肆:商店。

②簇饤(dìng):堆叠在餐具中供陈设的食品。

③重阳糕:又称作"麻葛糕"。重阳节食用的带肉丝的糖糕。

④阁分:宫中妃嫔和皇帝子女们的住处,此处借指后宫妃嫔和皇帝子女们。"阁分"原作"阁下",据《学津讨原》本、《学海类编》本、明抄本、天一阁本、四库本改。

⑤狮蛮:指蛮人牵狮的形象。宋代重阳节制作重阳糕常用蛮人牵狮形象装点。(宋)周密《武林旧事》卷三《重九》:"又作蛮王狮子于上,及糜栗为屑,合以蜂蜜印花脱饼,以为果饵。"

⑥糖霜:白糖。制作糖霜之法相传起于唐大历年间。宋人王灼撰有《糖霜谱》,详细记载糖霜起源及制作食用方法。

⑦狮蛮栗糕:指塑造成蛮人牵狮形象的栗子糕点,为重阳节节食。

⑧供衬:亦称为"衬供"。旧俗祭祀时,以三牲为正当供品,而以蜜供、月饼相衬,谓之"衬供"。

【译文】

加以这一天行都杭州的店铺用糖面蒸糕,上面用猪羊肉、鸭子切成丝堆积在一起点缀,插着小彩旗,叫作"重阳糕"。大内各阁分以及权贵人家互相赠送。蜜煎局用五色米粉塑成狮蛮,用小彩旗簇拥着,下面用熟栗子肉捣碎成细末,加入麝香、糖、蜜拌和,捏成小段饼糕,或者像五色的弹球,都加入韵果、糖霜,叫作"狮蛮栗糕",祭祀进酒的时候作为衬托,来应和节气。

其日诸寺院设供众僧①。顷东都有开宝仁王寺院设狮子会②,诸佛、菩萨皆驭狮子,则诸僧亦皆坐狮子上作佛事③,杭都却无此会也。

【注释】

① 供:供养。
② 顷:刚刚,不久以前。开宝仁王寺院:开宝寺的前身是北齐天保十年(559)建立的独居寺。北宋开宝三年(970),宋太祖赵匡胤以开宝年号将其改名为开宝寺。开宝寺设有二十四禅院,其中仁王院最为著名。《咸淳临安志》卷七十六《寺观二·开宝仁王寺》:"在七宝山。先是,东京开宝寺有仁王院,僧慧照大法师晔随驾南渡。绍兴五年,奏请权建于七宝山,主大内祈禳事。绍兴三年,始赐敕额。"狮子会:北宋时重阳节汴京僧人举行的法会。
③ 诸僧亦皆坐狮子上:指诸僧坐在狮子座上。佛教称佛是人中狮子,佛所坐之处及坐具为狮子座。此处泛指高僧说法的座席。

【译文】

这一天各寺院为众僧提供供养。不久以前的东都开封开宝仁王寺院会安排狮子会,各位佛、菩萨都坐狮子座,僧侣们也都是坐在狮子座上做佛事,行都杭州却没有此等盛会。

明禋年预教习车象

【题解】

　　本条主要描述了南宋朝廷举行明堂礼前的准备活动。"明禋"指的是明堂祭祀，这是中国古代一项重要的国家祭祀活动，体现了对天地和祖先的崇敬，通常每三年举行一次。祭祀时，皇帝会祭拜天地，同时配享祖宗。明堂礼不仅是宗教仪式，也是一种展示国家威严和社会秩序的方式。明堂礼源于隋唐，宋朝沿用。"预教习"指的是在正式祭祀举行之前，预先进行礼仪演练和准备。按照事先的规划，在明堂祭祀的前两个月，有关部门便开始进行车象的训练。其目的是确保祭祀过程中车驾和仪仗的顺利进行。"车象"是祭祀活动中使用的仪仗车辆和大象。明堂礼中的车辆是五辂中的一种，装饰华丽，车上设有旗帜和鼓，祭祀时，有身着紫衫头戴帽子的士兵在辂车左右护卫，显得十分严肃庄重。大象的"象"与"祥"谐音，象征着吉祥和太平，再加上大象体型巨大、步履稳重、仪态庄严，在祭祀中体现着皇帝的权威。因此，在南宋朝廷祭祀中，大象是仪仗的重要组成部分。南宋时，大象主要通过外国进贡获得，像安南（位于今越南北部）多次向南宋进贡大象。为了保证祭祀活动时大象能够按照规定指令行动，南宋朝廷会提前两个月安排专人对大象进行专门训练，训练内容包括列队、行走、回转，甚至做出类似"拜"的动作。每头大象由专人驾驭，手持银镬以防止大象不听指挥。在演练过程中，御街观者如堵，人们都来观看大象，市井中还会售卖与大象相关的玩具和画作。另外，本条以及其他条目中都有一些对仗工整的语句，如"选差三卫羽林兵，营筑天街砥样平"等，显然是某篇诗作中的语句，不过我们在现存史料中无法找到该诗的作者和诗作的全文。

明堂大祀①，三年一次。春首颁诏天下明禋②，以九月逢上辛日大飨天地③，侑以祖宗④，咨尔百官⑤，各扬乃职⑥。此循隋、唐制也。夏首修筑泥路⑦，"选差三卫羽林兵⑧，营筑天街砥样平⑨。黄道中间明日月，备严法驾欲安行"。预于两月前教习车象。其车每日往来，历试于太庙前至丽正门⑩，回车辂院一次⑪。若仅阅车，每车须用铁千斤压之。如郊禋之岁⑫，以车五乘教习。正谓"辂马仪车五色轮⑬，双扶彩索稔擎云。遥知帝势巍巍重，精铁应须压万斤"。

【注释】

①明堂：古代帝王宣明政教的地方。凡朝会、祭祀、庆赏、选士、养老、教学等大典，都在此举行。南宋的明堂大礼多在大庆殿举行。绍兴元年（1131），因郊祀之岁，且"日至在晦"，南宋朝臣援引宋仁宗皇祐二年（1050）的明堂祭祀"故事"，将越州州治中的设厅增筑地步为明堂，进行祭祀。其祭祀空间以常御殿增筑地步为明堂，因空间狭小，摆设也甚是简陋，其内仅设天地祖宗四位，位版朱漆，青字，长二尺五寸，宽一尺一寸，厚一寸。南宋明堂常礼实施祖宗配天制度，宋光宗朝以前由宋太宗配享，之后则由宋高宗配享。宋理宗淳祐二年（1242）以前，明堂大礼实施宋太祖、太宗并配制度；淳祐二年以后，明堂大礼实施严父加祖宗并配制度，有宋太祖、太宗加考父的三圣并侑模式或者宋太祖、太宗、高宗加考

父四圣并侑模式。大祀：祭祀分为大祀、中祀、小祀三个等级，不同等级祭祀的对象不同。大祀是最隆重的祭祀，包括祭天地、上帝、太庙、社稷、先师孔子等。

②春首：初春。明禋（yīn）：指明洁诚敬的献享。禋，古代烧柴升烟以祭天，后泛指祭礼。

③上辛日：农历每月上旬的辛日，宋代例于次日南郊祈谷，祀昊天上帝。大飨（xiǎng）：古代帝王遍祭五方天帝。

④侑（yòu）：酬答。

⑤咨尔：语气词。常用于句首，表示赞叹或祈使。

⑥扬：振奋，发挥。

⑦夏首：夏初。

⑧选差：选择派遣。三卫：即"三衙"。宋中央禁军最高指挥机构殿前司、侍卫亲军马司、侍马亲军步军司合称。

⑨砥（dǐ）样平：像磨刀石那样平。砥，细的磨刀石。

⑩历试：屡试，多次考验或考察。丽正门：南宋行都大内南门。（宋）周淙《乾道临安志》卷一《行在所官阙》："大内在凤凰山之东，以临安府旧治子城增筑南曰丽正门，门外建东西阙亭、百官待漏院。"

⑪车辂（lù）院：官署名。宋朝置，隶太仆寺，掌乘舆、法物，供大驾、法驾、小驾所用辇辂，并奉引属车，辨车辂、法物之名数及陈列先后之序。（宋）潜说友《咸淳临安志》卷九《行在所录·车辂院》："在嘉会门外，为库四，曰玉辂，曰金根，曰金象，曰革木，各一又有小库，藏太平等车。咸淳二年，圣上初郊，诏修五辂院之库，屋皆一新之。"

⑫郊禋：帝王升烟祭祀天地的大礼。

⑬辂马：天子乘车之驾马。仪车：皇后、妃嫔所乘之车。

【译文】

明堂大祀，每三年举行一次。初春朝廷向天下颁布诏令要举行明禋礼,以农历九月上旬的辛日隆重祭祀天地,以祖宗配享,尔等文武百官,在各自的职位上奋发努力。这是遵循隋朝、唐朝的旧制。初夏修筑泥路,"挑选派遣三衙中的羽林兵负责执行任务,修筑天街,使其像磨刀石那样平整,便于皇帝车驾通行。御道中间象征着皇帝的威严和天命,如日月高悬,准备好庄重的法驾,确保皇帝出行的庄重与安全"。朝廷在明堂礼两个月前预先训练车象。车象每天来来往往,从太庙前到丽正门,再回车辂院一次,屡屡进行测试。如果只是检阅车驾,每辆车必须用千斤铁压车。如果在举行郊祀的年岁,以五乘车教导练习。正所谓"辂马仪车的车轮都装饰着五彩的颜色,车驾两侧有彩索,有专人扶持,彩索装饰华丽,仿佛能擎起云彩。在远处就能感受到皇帝的威严和尊贵,为了体现车驾的庄重,必须用精铁压在车上,仿佛有万斤之重"。

其明禋年,止一车以代玉辂①。仪注:车上置青旗二面、鼓一面,驾以数马,挟车卫士皆紫衫、帽子。车前数人击鞭行车,前列朱旗数十面,铜锣、鼙鼓十数面②。执旗鼓人俱服紫衫、帽子。后以大象二头,每一象用一人,裹交脚幞头、紫衫,跨象颈而驭③,手执短柄银镬④,尖其刃,象有不驯者击之。至太庙前及丽正门前,用镬使其团转,行步数遭成列⑤;令其拜,亦令其如鸣喏之势。御街观者如堵。市井扑卖土木粉捏妆彩小象儿⑥,并纸画者,外郡人市去,为土宜遗送⑦。

【注释】

①玉辂:古代帝王所乘之车的一种,用玉作装饰。为五辂中最尊者。《宋史》卷一百四十九《舆服志一》:"玉辂,自唐显庆中传之,至宋曰显庆辂,亲郊则乘之。制作精巧,行止安重,后载太常舆阁戟,分左右以均轻重,世之良工,莫能为之。其制:箱上置平盘、黄屋,

四柱皆油画刻镂。左青龙，右白虎，龟文，金凤翅，杂花，龙凤，金涂银装，间以玉饰。顶轮三层，外施银耀叶，轮衣、小带、络带并青罗绣云龙，周缀缐带、罗文佩、银穗球、小铃。平盘上布黄褥，四角勾阑设圆鉴、翟羽。虚匿内贴银镂香罨，轼匿银龙二，衔香囊，银香炉，香宝，锦带，下有障尘。青画轮辕，银毂乘叶，三辕，银龙头，横木上有银凤十二。左建青旗，十有二旒，皆绣升龙；右载阇戟，绣黻文，并青绣绁杠。又设青绣门帘，银饰梯一，拓叉二，推竿一，银镏头，银装行马，青缯裹挽索。驾六青马，马有金面，插雕羽，鞶缨，攀胸铃拂，青绣屉，锦包尾。又诞马二，在辂前，饰同驾马。驾士六十四人……政和三年，议礼局更上皇帝车辂之制，诏颁行。玉辂，箱上平盘、黄屋以下皆如旧。顶轮三层，内一层素，轮顶上施金涂银山花叶及翟羽，青丝绣云龙络带二，周缀杂色缐带八、铜佩八、银穗球二。平盘上布红罗绣云龙褥，曲几、扶几，上下设银螭首二十四。四角勾阑设圆鉴一十六，青罗绣宝相花带，火珠二十八。香匣设香炉，红罗绣宝相花带香囊，香宝，银结绶二，红罗绣云龙结绶一，红锦帜龙凤门帘一。青画轮辕，银毂乘叶。轼匿、横辕、前辕并饰以金涂银螭首，横辕上施银立凤一十二。左建太常，十有二旒；右载阇戟，绣黻文。杠袴一，以青绣，杠首饰以银螭首。金涂铜钹，青牦牛尾拂，青缯裹索。驾青马六，马有铜面，插雕羽，鞶缨，攀胸铃拂，青线织屉，红锦包尾。又踏路马二，在辂前，饰同驾马。凡大祭祀乘之。"

② 鼙（pí）鼓：乐器名。为古代打击乐器。专用于祭祀鬼神时奏乐之用。

③ 象颈：原为"象头"，据《学津讨原》本改。

④ 钁（jué）：大锄，一种类似镐的用来挖掘土地的农具。

⑤ 数遭：数次，数周。

⑥ 扑卖：宋元间盛行的一种赌博方式，以钱币的正反面来判定输赢，

负者损失财物,胜者赢得钱财。(宋)鲁应龙《闲窗括异志》:"又有张湘,亦以乙卯魁亚荐,揭晓两夕前,梦人持巨海蟹扑卖。湘一扑五钱皆黑,一钱旋转不已,竟作字。"这种游戏在宋代不仅用于娱乐,也被商家用来招揽生意。

⑦土宜:亦即"土仪",以土产为馈送之礼。

【译文】

举行明禋礼的年岁,只用一辆车来代替玉辂。仪注规定:车上放置两面青旗、一面鼓,用数匹马驾车,车两边护卫的卫士都身穿紫衫,头戴帽子。车前面有几个人扬鞭驾车,车前陈列着数十面红旗,十余面铜锣、鼙鼓。执旗鼓人都身着紫衫,头戴帽子。车后面是两头大象,每一头大象使用一个人,此人头裹交脚幞头,身着紫衫,跨在大象的脖颈上来操控大象。此人手执短柄银镬,镬刃已经磨尖,有不驯服的大象就用镬刃来刺它。大象来到太庙前和丽正门前,骑象人用镬让大象围着转圈,让它们走好几圈,然后排成列;驯象人命令大象跪拜,还命令大象发出如同"诺"的声音来。御街围观的人特别多。街市上到处都在扑卖泥塑、木雕和面粉捏制而成的彩绘小象,以及纸画的象,杭州外的人买去,作为土特产来送人。

明堂差五使执事官

【题解】

本条叙述了南宋朝廷明堂祭祀礼中官员分工及其职责。五使指的是在明堂祭祀活动中设置的五位主要负责官员,分别是大礼使、礼仪使、仪仗使、卤簿使、桥道顿递使。五使各司其职、协同合作。其中大礼使是整个明堂祭祀活动的总指挥,礼仪使负责祭祀礼仪的具体安排和执行,仪仗使负责仪仗的组织和管理,卤簿使负责祭祀队伍中卤簿的排列和秩序,桥道顿递使负责祭祀路线的清理和祭祀活动期间的物资供应。除了大礼五使之外,还有许多负责具体事务的官员,比如大宗伯、太常少卿、进接大圭、进爵、进牲、进册、捧册、读册官等,他们在五使的指挥下,共同保证明堂礼的顺利举行。而大礼五使在明堂礼举行的前期准备阶段,如祭品的准备、祭器的清洁、祭祀牲畜的饲养等方面需要认真督察,在祭祀过程中,还要安排各执事官按照礼仪规范完成各自的任务,如进献祭品、奏乐、舞蹈等。祭祀结束后,朝廷会根据各位官员的表现给予赏赐,而这些官员也会重返各自的工作岗位。通过本条,我们可以看到南宋明堂典礼的复杂性与严谨性,表明南宋朝廷对于明堂礼的高度重视。另外,本条在叙述明堂礼的过程时,几乎每个步骤都会引用一两句诗文来加以说明,但这些诗文的作者和全文现均无法考证。

明禋：差大礼使①、礼仪使②、仪仗使、卤簿使③、桥道顿递使④，及差摄侍中⑤、大宗伯⑥、太常少卿⑦、进接大圭⑧、进爵⑨、进牲、进册、捧册、读册官、太常丞⑩、协律郎⑪、光禄卿丞⑫、捧币官、诸百执陪祀官、分献功臣官⑬、九宫贵神⑭、十二宫神⑮、诸星陪祀、分祀社稷官、执绥官、总务官，及巡警、都巡检使，及诸执事官，俱敕牒差候。礼成日，各推赏锡赐金银⑯、绢匹有差，仍转行宫。而其总务官，职任甚繁，皆亲历坛壝事务⑰，事无大小，俱亲点视也⑱。如擦祭器，涤濯无垢⑲，以奉粢盛⑳。次视涤官得其牲牢豢养肥丰㉑，以严荐飨。继往文思、军器、法物等库㉒，点视仪仗整备无缺，法物顿增光彩，以表虔恭。"前期修奉卜刚辰㉓，役使太匠方兴作，修整坛堂十分新。"点察帅府，严差官吏，监造酝五齐㉔，"须用黄幄严围护，诚心供飨荐馨香㉕"。修视太常旂裳组绣之具㉖、琴瑟钟磬之乐，监督"宝装銮辂欲增明㉗，例耗黄金数百星。躬督工程无弊蠹，不惟省费又晶荧㉘。翰苑鸿传进乐章，和格神人皆允洽㉙。百执宗臣赴太常，教习仪范各宜恭。聒天雅奏随品节㉚，节止毋令乱旧章"。

【注释】

① 大礼使：宋代行南郊等大礼时置，以宰相充任，参掌大礼，事毕即罢。

② 礼仪使：唐宋皆置，掌五礼。凡国有大礼，皆任命大臣掌其事，称之为礼仪使。

③ 卤簿使：掌天子车驾仪仗的使职。

④ 桥道顿递使：掌事先周知皇帝郊祀时所要经过的道路桥梁，安排皇帝居息之所，并运送郊祀需用之物至举行郊祀之处。

⑤摄：代理，兼任。宋代高官兼领低官称作"摄"。侍中：古代职官名。秦始置，两汉沿置，为正规官职外的加官之一。因侍从皇帝左右，出入宫廷，与闻朝政，逐渐变为亲信贵重之职。晋以后，曾相当于宰相。隋因避讳改称纳言，又称侍内。唐复称，为门下省长官，乃宰相之职。北宋犹存其名，南宋废。

⑥大宗伯：周官名，春官之长，掌邦国祭祀、典礼等事。《周礼·春官·大宗伯》："大宗伯之职，掌建邦之天神、人鬼、地祇之礼，以佐王建保邦国。"此处与前面的侍中一样，都是出于祭祀典礼需要，仿照礼制派遣他官暂代。

⑦太常少卿："太常寺少卿"的简称。宋朝前期阶官名、元丰新制职事官名。北宋前期无职事，为文臣寄禄官。神宗元丰改制后为从五品职事官，为太常寺副长官。掌管有关礼乐、郊庙、社稷、坛壝、陵寝、医药等事。

⑧大圭：佩玉，丁字形，用途如笏，插在腰带间以记事备忘。

⑨进爵：犹敬酒。爵，酒器。

⑩太常丞："太常寺丞"的简称。北宋前期文臣寄禄官阶，无职事。神宗元丰改制后职事官名，参领寺事。

⑪协律郎："太常寺协律郎"的简称。职事官名。宋朝前期遇大朝会、宴享、皇帝亲郊祀，临时遣官摄协律郎事。宋哲宗元祐朝设置，隶属太常寺。徽宗崇宁二年（1103），隶属大晟府。南宋临时差摄。一人，从八品。凡有祠仪或典礼，协律郎掌登歌时节奏举麾，及监乐工、歌词、乐器之节。

⑫光禄卿丞："光禄寺卿""光禄寺丞"的简称。北宋前期为寄禄官名，元丰改制后为职事官名。北宋前期无职事，为文臣迁转官阶。神宗元丰改制后始成为职事官，为光禄寺长官，领本寺职事，并充朝享太庙等祠祭行事官。

⑬分献：古代祭祀，向配飨者行献爵献帛礼。与"正献"相对而言。

(宋)赵昇《朝野类要》卷一《典礼·分献》:"凡三岁大礼,有大臣亚献终献之外,众天神则在坛下分献,其余神则差官往各处行礼。"

⑭九宫贵神:神名。为古代传说中的九颗星宿名。唐玄宗于天宝三年(744),始置太一、天一、招摇、轩辕、咸池、青龙、太阴、天符、摄提九宫神坛,四时行祭。

⑮十二宫神:又称"十二宫辰星君"。包括天称宫尊神、天蝎宫尊神、人马宫尊神、磨蝎宫尊神、双鱼宫尊神、宝瓶宫尊神、白羊宫尊神、金牛宫尊神、阴阳宫尊神、巨蟹宫尊神、狮子宫尊神、双女宫尊神。

⑯推赏:迁官赏赐。

⑰坛壝(wēi):坛场。祭祀之所。壝,古代祭坛四周的矮墙。

⑱点视:查点察看。

⑲涤濯:洗涤。

⑳粢(zī)盛:古代盛在祭器内以供祭祀的谷物。

㉑牲牢:犹牲畜。

㉒法物:古代帝王用于仪仗、祭祀的器物。

㉓刚辰:刚日,即单日。古代以十干纪日,甲、丙、戊、庚、壬五日居奇位,属阳刚,故称为"刚日"。

㉔五齐:古代按酒的清浊,将酒分为五等,合称"五齐"。后亦泛指酒。《周礼·天官·酒正》:"辨五齐之名:一曰泛齐,二曰醴齐,三曰盎齐,四曰缇齐,五曰沈齐。"

㉕供飨:亦作"供享"。摆设供品以祭祀。馨香:指用作祭品的黍稷。

㉖组绣:华丽的丝绣服饰。

㉗銮辂:犹銮驾。

㉘晶荧:明亮闪光。

㉙允洽:得当。

㉚聒(guō)天:声音震天。

【译文】

明禋：朝廷派遣大礼使、礼仪使、仪仗使、卤簿使、桥道顿递使，以及派遣官员暂代侍中、大宗伯、太常少卿、进接大圭官、进爵官、进牲官、进册官、捧册官、读册官、太常丞、协律郎、光禄卿丞、捧币官、诸百执陪祀官、分献功臣官、九宫贵神官、十二宫神官、诸星陪祀官、分祀社稷官、执绥官、总务官，及巡警、都巡检使和各执事官，这些官员都使用敕牒派遣任命。明禋典礼完成之日，每人都会赏赐数量不等的金银、绢匹，并转行宫。总务官的职任非常繁重，坛壝各项事务都要亲力亲为，事情无论大小，都要亲自检查。比如擦洗祭器，清洗后没有污垢，用来盛放祭祀的谷物。接着视察涤官找到的牲畜中豢养的肥大牛羊，用来严肃献祭。接着又前往文思库、军器库、法物库等库，查点仪仗完整准备没有缺失，法物顿时光彩绚烂，以表示虔诚恭敬之意。"在祭祀典礼前，通过占卜挑选良辰吉日进行准备工作，然后派遣工匠开始修建和修整祭祀的场所，祭祀的坛堂经过修整焕然一新。"视察帅府，派遣官吏一丝不苟，监造祭祀用的五齐酒，"祭祀时需要使用黄色的幄帐严密围护起来，诚心诚意地准备供品，以便祭祀时献上馨香的供品"。检查太常制衣工具，琴瑟钟磬等乐器，监督"用珍宝装饰的銮辂显得更加明亮，按照惯例，装饰銮辂需要耗费大量黄金，数量之多如同繁星。皇帝亲自监督工程，确保没有存在贪污腐败和浪费的情况。通过皇帝亲自监督，不仅节省了费用，还使的銮辂的装饰更加晶莹剔透。翰林院发来奉命撰写的祭祀时使用的乐章，乐章的编排符合礼仪规范，人神和谐，都很满意。文武百官和宗室都赶赴太常寺，官员们学习和练习祭祀的仪范，表现出恭敬的态度。祭祀时的雅乐演奏宏大而庄重，按照规定的节奏和程序进行，不得随意更改扰乱既定的礼仪规范"。

五使以下[①]，集于贡院，"笙镛琴瑟按工师[②]，八音竞奏无违节[③]，想像灵坛率凤仪[④]"。五使集百僚及执事官于尚书省,集习景灵⑤、太庙、明堂仪。若郊祀,习郊坛仪于郊坛⑥,"奉璋秉德如神在⑦,匪事仪刑欲可观⑧,敕差太社令积薪⑨"。扫设神席,升坛束茅,当"仰止宸衷严祀事⑩,扫清坛壝不留尘"。总务官拱立于龙墀,"秉辂进呈入正阙,历试御路止庙宫,都人观瞻称万岁"。五使、百僚赴都堂受誓戒⑪,"秋卿仪立凛冰霜⑫,森列朝班政事堂⑬。祀事旨严须誓戒,耸听谁敢不斋庄⑭"。宿斋之日⑮,宣押国戚入禁中⑯,守护内钥事务。晡时,平章率百官及陪祀官等入内,奏请主上致斋于大庆殿⑰。"卫士铁衣官结佩,帷宫斋洁于仪刑。"

【注释】

① 五使:即大礼五使。大礼使、礼仪使、仪仗使、卤簿使、桥道顿递使合称"大礼五使"。

② 笙镛(yōng):亦作"笙庸",古乐器名。镛,大钟。《尚书·益稷》:"笙镛以间,鸟兽跄跄。"孙星衍注引郑玄曰:"东方之乐谓之笙。笙,生也,东方生长之方,故名乐为笙也。西方之乐谓之庸。庸,功也,西方物熟有成功。亦谓之颂,颂亦是颂其成也。"工师:乐师。

③ 八音:我国古代对乐器的统称,通常为金、石、丝、竹、匏、土、革、木八种不同质材所制。

④ 凤仪:凤凰的仪态。比喻英俊的姿容。

⑤ 集习:集中练习。

⑥ 郊坛:古代为祭祀修筑的设在南郊的土坛。

⑦ 秉德:保持美德。

⑧ 仪刑:楷模,典范。

⑨ 太社:古代天子为群姓祈福、报功而设立的祭祀土神、谷神的场所。积薪:集聚木柴。用以燃柴祭天。

⑩仰止:仰慕,向往。宸衷:帝王的心意。
⑪誓戒:约束训诫。
⑫秋卿:刑部长官。《周礼》以秋官司寇掌刑,后世因称刑部长官为秋卿。
⑬森列:排列森严。
⑭耸听:恭敬地听,认真地听。斋庄:严肃诚敬。
⑮宿斋:举行祭祀等礼仪前的斋戒。
⑯国戚:天子的亲戚。泛指外戚。
⑰致斋:举行祭祀祖先、天地典礼之前的清整身心的仪式。(宋)赵昇《朝野类要》卷一《典礼·致斋》:"行祀事之官,预先于本局致斋,谓不治事,以谨洁其身也。"

【译文】

大礼五使以下相关人员,都集中在贡院,"祭祀仪式中乐师们演奏笙、镛、琴、瑟等乐器,各种乐器竞相演奏,但严格遵循音乐的节拍和节奏,没有丝毫的紊乱。音乐的和谐演奏让人想象到祭祀灵坛上神灵降临,凤鸟翩翩起舞"。大礼五使将文武百官以及执事官集中在尚书省,让他们集中练习祭祀景灵宫、太庙、明堂的礼仪。如果是郊祀,则在郊坛练习郊坛礼仪,"官员们手捧着玉璋,以虔诚的态度进行祭祀,仿佛神灵就在眼前。祭祀仪式并不仅仅是形式上具有可观性,而是要通过庄重的仪式来表达对神灵的敬意。皇帝下令派遣太社令准备祭祀所需的木柴,为祭祀仪式做好准备"。打扫干净地面铺设祭神的席子,祭官走上祭坛将茅捆好,应当"敬仰皇帝严肃对待祭祀事宜,打扫干净祭坛不留下任何灰尘"。总务官在龙墀下拱手而立,"将辂车驾入宫殿正门,车驾在御路上反复试驾,最终停在庙宫前,沿途的行都之人都围观这一盛大仪式,纷纷高呼'万岁'"。大礼五使、文武百官前往都堂接受誓戒,"刑部长官仪态庄重站立着,凛然犹如冰霜。官员们整齐地排列在政事堂。祭祀事务极为严肃,需要进行约束和训诫,所有人都恭敬地聆听,不敢有丝毫懈息"。宿斋那一天,皇帝有旨命令外戚赴大内,负责守护大内锁钥事务。晡时,平章事率领文武百官以及陪祀官等进入大内,奏请皇帝在大庆殿致斋。"卫士们身穿铠甲,官员们都佩戴着玉佩,帷宫内斋戒整洁庄重,遵循严格的礼仪规范。"

驾出宿斋殿

【题解】

本条记载了南宋皇帝在明堂礼前,前往斋殿宿斋的仪式过程。"驾出"指皇帝离开平常居住的宫殿,前往祭祀地点的斋殿。这是明堂礼的重要环节之一,象征着皇帝对祭祀的重视和虔诚。"宿斋殿"是祭祀前的准备工作之一。按照礼仪规定,皇帝需在斋殿中斋戒。斋戒期间,皇帝要禁欲、禁食荤腥、沐浴更衣等,以表示对神灵的敬畏。明堂礼举行前三天,宰执文武百官会恭请皇帝前往大庆殿宿斋。皇帝离开常居宫殿前往斋宫,有严格的仪仗和警跸制度。仪仗包括法驾、卤簿等,钟鼓楼上的太史局生员会负责报时。而文武百官也会穿戴整齐礼服,陪同皇帝前往斋殿。宿斋期间,斋殿内外有着严格的警戒措施。数万禁卫将斋殿团团围住,严密布防,负责皇帝的安全。此外,晚上还有士兵巡逻,十数队"喝探兵士"从一更到四更通过呼喊和应答来确认是否安全。宿斋是传统中国皇帝祭祀活动的重要组成部分,体现了礼仪的严谨性和对神灵的敬畏。通过斋戒,皇帝和参加祭祀的文武百官能够以最庄重虔诚的心态进行祭祀,来获得神灵的庇佑。另外,本条同样引用了若干不知名作者的诗句,用于更生动地描写仪式过程。

明禋行礼前三日,平章、宰执率百官恭请主上宿大庆殿

致斋。寄班舍人殿上亲警跸①,要知不是御常朝②。上御驾出,绣锦包兀子安于殿中御榻上。盖太祖受位之初③,累帝明禋、郊祀俱坐之,三年一次,增锦包一层耳。法驾、仪仗、卤簿,俱列龙墀之左右。禁廷钟鼓楼上有太史局生员官测验刻漏④,每刻作鸡鸣⑤,击鼓一下,则服绿者一人执牙牌至殿下奏曰⑥:"某时几刻。"或曰:"某时正也。"

【注释】

①警跸（bì）:古代帝王出入时,于所经路途侍卫警戒,清道止行,谓之"警跸"。

②常朝:宋代文武官每日赴文德殿朝见皇帝。（宋）宋敏求《春明退朝录》卷中:"本朝视朝之制:文德殿曰外朝,凡不厘务朝臣,日赴,是谓'常朝'。"

③太祖:指宋朝开国皇帝太祖赵匡胤。祖籍涿郡（今河北涿州）。五代后周时任殿前都点检,于960年发动陈桥兵变,逼迫周恭帝禅位,建国号宋。赵匡胤称帝后,加强皇权,平定了地方节度使的反抗,削夺禁军将领和藩镇的兵权,出兵消灭南方割据政权,巩固了宋朝统治,为结束五代长期混战割据局面奠定了基础。受位:接受皇位。宋太祖通过禅让方式取得皇位,故而称作受位。

④刻漏:古计时器。以铜为壶,底穿孔,壶中立一有刻度的箭形浮标,壶中水滴漏渐少,箭上度数即渐次显露,视之可知时辰。

⑤刻:传统中国用刻漏计时,一昼夜分为一百刻,按照节令,昼夜刻数不同。冬至昼四十五刻,夜五十五刻;夏至昼六十五刻,夜三十五刻;春分、秋分昼五十五刻半,夜四十四刻半。

⑥牙牌:指象牙或骨角制作的记事签牌。

【译文】

明禋礼举行前三天,平章事、宰执率领文武百官恭敬地请皇帝夜宿大庆殿举行斋戒之礼。寄班舍人在大殿上亲自警戒,要知道这不是皇帝驾临常朝。皇帝的御驾出发,绣锦包杌子安放于大庆殿中的御榻上。太祖皇帝接受皇位禅让登基之初便坐在上面,以后历朝皇帝举行明禋礼、郊祀礼时都坐在上面,每三年一次,杌子上增加一层锦包。法驾、仪仗、卤簿,都排列在丹墀的左右两侧。禁廷的钟鼓楼上面有太史局生员官测验刻漏,每一刻发出鸡叫的声音,击一下鼓,那就会有一个身着绿衣的人手执牙牌来到大庆殿下上奏:"某时几刻。"或者说:"某时是正点。"

宰执百僚皆服法服①、环佩、法履②、头冠。其头冠各有品从:宰执、亲王九梁③,加貂蝉笼巾④;侍从官七梁;余官六梁至二梁有差;台谏官增豸角耳⑤。所谓梁者,则冠前额梁上排金铜叶是也。俱服绛袍,皂绿方心曲领⑥、中单环佩⑦、云头履鞋⑧,随执简笏⑨。余执事人皆介帻绯袍⑩,亦有等差。惟阁门、御史台诸吏加方心曲领⑪。后堂官俱依品位服入殿⑫。祗应人服色依法定色服⑬,各给黄方号,余黄长号、绯方长号,各有入殿宫坛门去处,如无号妄入者,准违制论也⑭。

【注释】

① 法服:古代根据礼法规定的不同等级的服饰。
② 法履:举行祭祀礼时所穿的鞋。
③ 九梁:九梁冠。朝冠上装饰有九条横脊。
④ 貂蝉笼巾:即貂蝉冠。《宋史》卷一百五十二《舆服志四》:"貂蝉冠一名笼巾,织藤漆之,形正方,如平巾帻。饰以银,前有银花,上缀玳瑁蝉,左右为三小蝉,御玉鼻,左插貂尾。三公、亲王侍祠大

朝会,则加于进贤冠而服之。"

⑤台谏官:宋朝御史官与谏官的合称。豸(zhì)角:獬(xiè)豸的角。獬豸,古代传说中神兽。生一角,能别曲直,触邪佞。

⑥方心曲领:套在宋代朝服交领上的用白罗制成的饰件,上圆下方,形似璎珞,是宋代朝服最为显著的特点,它是宋代遵循唐制的结果,体现了天圆地方这一中国古代最核心的世界观宇宙观。据沈从文《中国古代服饰研究》,方心曲领可以防止衣领拥起,且有压贴之用。

⑦中单:亦作"中禅"。古时朝服、祭服的里衣,衣领露于外。

⑧云头:云状的装饰物。

⑨简笏(hù):大臣上朝时所持的手板。

⑩介帻(zé):古代的一种长耳裹发巾。始行于汉魏,即后来的进贤冠。《隋书》卷十一《礼仪志六》:"帻,尊卑贵贱皆服之。文者长耳,谓之介帻。"

⑪御史台:官司名。御史台是皇帝耳目之官,掌纠察文武百官歪风邪气、贪官污吏,肃正朝廷纪纲法规。有大事得在朝廷、皇帝面前辩论抗争,小事则上奏弹劾;且许以风闻言事,不必有足够证据。京师命官犯罪审讯,须报御史台备案,并参与诏狱审理,疑难案件判决,婚、田、钱谷以及各种诉讼处理等。

⑫后堂官,指在中书门下政事堂服务中最高级别的吏职人员。北宋神宗元丰改制后,尚书省都事和门下省、中书省录事为堂后官,即后堂官。职掌点检审核各房习当官、主书、主事等史职人员所处理的各项公文书,然后上呈给郎官押讫,在整个文书处理流程中,居于相当重要的位置。

⑬祗(zhī)应人:即"祗候人",宋徽宗政和六年(1116)改作"祗应"之名。后宫内职名,后改为御侍,无品,但有亲近皇帝机会。

⑭违制:违反制度。

【译文】

宰执和文武百官都身着法服，佩戴着环佩，脚穿法履，头戴头冠。官员们的头冠各自有品级：宰执、亲王是九梁冠，上面加貂蝉冠；侍从官是七梁冠；其余官员是六梁冠到二梁冠不等；台谏官的头冠上增加豸角。所谓梁，是冠前额梁上成排的金铜叶。官员们都身着绛袍，佩戴皂绿方心曲领，袍里面穿着中单，外面佩戴着环佩，脚穿云头履鞋，手执简笏。其余执事人都是头戴介帻身着绯袍，服饰也有等级差别。唯独阁门、御史台的吏衣服上加上方心曲领。后堂官都依据品位着装进入大庆殿。祇应人的衣服颜色依照法定的服装颜色，每个人都给他们黄色方号，其余人是黄色长号、绯色方长号，进入大庆殿斋宫祭坛门各自都有去处，没有号妄自进入者，则按照违反制度论处。

奏请致斋日，殿门内外及丽正门外皆禁卫羽林兵，俱全装铁骑①，数万围绕大内。是夜，殿前仪卫之外，左右六军、仪仗、卤簿分列于丽正、和宁。更有裹锦缘小帽②、服锦络缝宽衫兵士，十余人作一队，各执银裹头黑漆杖子，谓之"喝探兵士"③，聚首而立，凡十数队。各队一名，喝曰："是与不是？"众声答曰："是。"又曰："是甚人？"众声应曰："殿前都指挥使某人④。"及喝五使姓名，更互喝叫不停声。或作鸡鸣，是众人一同喝道。自初更至四更一点方止，此谓之"禁更"⑤。前人诗咏之曰："将军五使欲来时，停着更筹问'是谁⑥？'审得姓名端的了⑦，齐声喝道不容迟。"

【注释】

①全装：全副武装。

②锦缘：以锦为缘，即在其他材质的边缘镶上一段锦。"锦缘"原作

"绿",诸本同,据《永乐大典》卷一万三千四百五十一引《梦粱录》"兵士"、同书卷十《车驾宿大庆殿》改。

③喝探:呵止并探查询问。宋代天子宿于斋殿时,殿门外的禁卫士兵巡逻警戒时,喝声相问,称为"喝探"。

④殿前都指挥使:"殿前司都指挥使"的简称。军职名。从二品。位在节度使上。南宋时,都指挥使或虚而不授,则以资浅者为主管殿前司公事代之。

⑤禁更:禁卫军人夜间戒严,以特定的口令互相喝问,以示警惕,称为"禁更"。

⑥更筹:古代夜间报更用的计时竹签。

⑦端的:确实,果真。

【译文】

奏请致斋那一天,大庆殿门内外以及丽正门外都是禁卫羽林兵,士兵都是全身铠甲的骑兵,数万士兵将大内团团围住。当天夜里,大庆殿前仪卫之外,左右六军、仪仗、卤簿分列于丽正门、和宁门。还有头戴锦缘小帽、身着锦络缝宽衫的兵士,十多人作为一队,各自手执银裹头黑漆杖子,称之为"喝探兵士",他们聚集在一起站立着,总共十多队。每队中有一人,高声喊喝:"是与不是?"众人齐声回答:"是。"此人又喊喝:"是什么人?"众人齐声回应:"殿前都指挥使某某。"并高声喊喝大礼五使的姓名,彼此高声喊喝声不停。有人发出鸡叫声,则是众人一同喊喝。喊喝声从初更到四更一点方才停止,这称之为"禁更"。前人有诗歌咏道:"将军五使欲来时,停着更筹问'是谁?'审得姓名端的了,齐声喝道不容迟。"

又置警场于丽正门外①,名为"武严兵士",以画鼓、画角二百②,其角皆以彩帛如小旗脚结其上。兵士皆小帽、黄绣抹额、黄绣宽衫、青窄衬衫。日晡及三更时③,各奏严也④。每奏，先鸣角二声罢。一军校执一长软藤条，上系朱拂子。擂鼓时，众鼓手观其拂子，随其高低，以拂子应其鼓声高下。宿太庙、宿郊坛青城行宫，俱用严更警场也⑤。

【注释】

① 警场：古代帝王祭祀行礼前，奏乐严鼓、仪卫警跸、止人清场。《宋史》卷一百四十《乐志》："皇祐中大飨明堂，帝谓辅臣曰：'明堂直端门，而致斋于内，奏严于外，恐失靖恭之意。'诏礼官议之，咸言：'警场本古之鼖鼓，所谓夜戒守鼓者也。王者师行、吉行皆用之。今乘舆宿斋，本缘祀事，则警场亦因以警众，非徒取观听之盛，恐不可废。若以奏严之音去明堂近，则请列于宣德门百步之外，俟行礼时，罢奏一严，亦足以称虔恭之意。'帝曰：'既不可废，则祀前一夕迩于接神，宜罢之。'"

② 画角：古管乐器。传自西羌，形如竹筒，本细末大，以竹木或皮革等制成，因表面有彩绘，故称。发声哀厉高亢，古时军中多用以警昏晓，振士气，肃军容。帝王出巡，亦用以报警戒严。

③ 日晡（bū）：同"日餔"，天将暮时。三更：指半夜十一时至翌晨一时。

④ 严：指戒夜更鼓。《新唐书》卷十五《礼乐志五》："其日未明四刻，捶一鼓为一严；二刻，捶二鼓为再严。"

⑤ 严更：警夜行的更鼓。

【译文】

还在丽正门外设置负责守夜警卫的士兵，称作"武严兵士"，用二百个画鼓和画角，画角都用彩帛像小旗脚那样系在上面。武严兵士都头戴小帽，系着黄绣抹额，身着黄绣宽衫、青窄衬衫。日晡和三更时，分别奏严。每奏严，先鸣画角两声。一名军校手执一长条软藤条，上面系着朱拂子。擂鼓时，众鼓手看着拂子，随着拂子高低擂动，以拂子与鼓声高低相应和。皇帝斋宿太庙、宿郊坛青城行宫，都使用严更和清场警卫。

五辂仪式

【题解】

本条介绍了南宋朝廷祭祀典礼中所使用的五辂的式样。根据文中的说法，明堂礼只使用玉辂，郊祀使用五辂。"五辂"指的是传统中国皇帝使用的五种不同用途的车驾，分别是玉辂、金辂、象辂、革辂和木辂。五辂颜色、装饰和用途均不同，体现了南宋皇帝祭祀仪式的严谨性和复杂性。五辂源于上古礼制，最早见于《周礼》等文献记载中。据说黄帝时已经出现了车驾，周代正式确立了五辂制度。五辂各有分工，其中玉辂用于祭祀，金辂用于宾礼飨射，象辂用于朝会，革辂用于军事活动，木辂用于田猎。汉代进一步完善了五辂制，汉武帝制定了详细的舆服制度，五辂成为帝王礼仪的重要组成部分，用于祭祀、巡狩、狩猎等重大活动。宋朝建立后，沿用了传统的五辂制。五辂不仅是交通工具，更是古代礼仪制度的重要象征。不同用途的辂车对应着不同的礼仪场合，五辂制体现了传统中国严格的等级制度，古代帝王对礼仪的重视，以及通过礼仪来维护社会秩序和统治的理念。另外，为了进一步解释五辂，本条在介绍五辂时，引用了《周礼》中的文字和汉代郑玄的注释，以及作者不详的诗句描述。

明禋止用玉辂，郊祀用五辂①，俱顿于太庙侧辂屋下②。

玉辂，按《周礼·春官·巾车》："掌王之玉辂。锡③，繁音盘。缨十有再就④，建太常⑤，十有二斿以祀⑥。"康成注曰⑦："玉辂，以玉饰诸末。"今玉辂顶耀叶三层，凡八十一叶，皆镂金间真玉龙。大莲叶攒簇，四柱栏槛镂玉盘花龙凤，悬挂照山河社稷大镜，及悬缨斿佩。御座后真锦绣围之，后出青绣山河龙凤旗二面。有诗咏曰："镂琼云朵贴瑶箱⑧，珠网雕檀七宝床。首建太常鸣大佩，玉龙耀叶发祥光。"

【注释】

①五辂：亦作"五路"，古代帝王所乘的五种车子，即玉辂、金辂、象辂、革辂、木辂。

②顿：停顿，安置。

③锡：应作钖（yáng）。又称当卢，马额上的半月形饰物，以熟牛皮为之而镂饰以金。

④繁（pán）缨：古代天子、诸侯所用辂马的带饰。繁，马腹带。缨，套马的革带。就：一圈，一重。

⑤太常：是一种画有日月徽号的旗。下边缀有十二根旒，旒上画有龙。

⑥斿（liú）：同"旒"。旗旁的飘带状饰物。

⑦康成：指郑玄，字康成，北海郡高密县（今山东高密）人。东汉末年儒家学者、经学大师。

⑧瑶箱：用珠玉镶嵌的精致匣子。

【译文】

明禋礼只使用玉辂，郊祀使用五辂，都停放在太庙一侧的辂屋下面。玉辂，按照《周礼·春官·巾车》的记载："掌管天子的玉辂。驾车的马有用金镂饰的当卢，辂马的带饰有十二重。车上竖着太常旗，旗上有十二条飘带，这些装饰用于祭祀。"郑玄注释："玉辂，用玉装饰车的各末端。"如今的玉辂顶上有三层耀叶,总共八十一片耀叶,全部都镂金嵌真玉龙。大莲叶簇聚在一起,四根栏槛镂玉盘花龙凤,悬挂着照山河社稷大镜子,还悬挂着缨旗佩。御座后面用真锦绣围着,后面有两面绣着山河龙凤图案的青色旗帜。有诗咏叹道:"镂琼云朵贴瑶箱,珠网雕檀七宝床。首建太常鸣大佩,玉龙耀叶发祥光。"

余金、象、木、革四辂俱镀金耀叶簇之,俱按《周礼·巾车职篇》曰:"金辂,钩①,繁缨九就。"康成注曰:"金辂,以金饰辂。"制以"五凤升龙间火珠,黄衣黄弁驾黄车。画轮金辂旂裳裹,铃响螭头震九衢②。"

【注释】

①钩:马领下的装饰物。

②螭头:古代彝器、碑额、庭柱、殿阶及印章等上面的螭龙头像。亦借指殿前雕有螭头形的石阶等。九衢:纵横交叉的大道。此处泛指整个行都。

【译文】

其余金辂、象辂、木辂、革辂这四种车,都装饰着镀金的耀眼金属叶片。这些车都依照《周礼·巾车职篇》的记载:"金辂,驾车的马身上装饰有金饰的钩,辂马的带饰有九重。"郑玄注释说:"金辂,是用黄金装饰辂。""车上装饰着五条凤、飞升的龙,还有火珠的图案。身穿黄色衣服,头戴黄色礼帽的人驾驶着黄色车子。金辂的车轮和车辕都绘有彩画,车上的旌旗飘扬。车辆行驶时,螭头上的铃铛发出声响,响声传遍了杭州城的大街小巷。"

"象辂,朱①,繁缨七就。"康成注曰:"象辂,以象饰辂。"

制以"铜叶金涂灿有光,贴牙樾轼坐龙床。赤号六驾繁缨七,旗绣红罗鸟集翔。"

【注释】

①朱:郑玄注曰:"象路无钩,以朱饰勒而已。"按,勒即笼头,朱饰盖画为朱色。

【译文】

"象辂,驾车的马身上配有朱饰的笼头,辂马的带饰有七重。"郑玄注释说:"象辂,用象牙来装饰。""象辂装饰的铜片表面上涂金,色彩鲜明有光泽。车上有象牙的装饰,有横木做成的轼供乘车者凭扶,车内设有龙床,供皇帝乘坐。象辂上有赤旗,六匹马驾车,马的带饰有七重。车上的旌旗用红色纱罗制成,上面绣着飞翔的鸟雀。"

"革辂①,龙勒②,条缨五就③。"康成注曰:"革辂,鞔之以革而漆之④,无他饰。"制以"赤白飞铜六驾驰,联翩龙虎浅黄旗,龙虎当作熊虎。革鞔漆制条缨五,戎弁宽裁对凤衣。"

【注释】

①革辂:即蒙有漆饰之革(犀牛皮)而无其他装饰的车。
②龙勒:即駹勒,用杂饰以白黑二色的兽皮制成的马勒(笼头)。龙,当作"駹(máng)",谓杂有白黑二色毛的牲口。
③条缨:条,通"绦(tāo)",用丝线编织成的花边或扁平的带子或绳子,可装饰衣物。
④鞔之:原为"挽之",据《学津讨原》本、天一阁本、明抄本、《周礼》卷六《春官·宗伯下》改。以下"挽"均改为"鞔"。鞔(mán),蒙上。

【译文】

"革辂,驾车的马身上配有白黑二色皮革做成的马笼头,绦缨五重。"郑玄注释:"革辂,用革蒙车并涂漆,没有其他装饰。""革辂的装饰以赤白相间的铜装饰为主,六匹马驾车。车上的旗子以浅黄色为底,上面绣着龙虎图案。龙虎当作熊虎。革辂的车身用皮革包裹并涂漆,马的缰绳上装饰着五条璎珞。官员们穿着宽大的衣服,戴着戎弁,与凤衣相对。"

"木辂,前繁鹄缨建大麾①。"康成注云:"木辂,不鞔以革,漆之。前读为锱剪之剪,浅黑。"制以"凤衔铃佩响交加,御座华裀织百花②。十六金龙齐夹毂,皂罗麾上绣龟蛇。"

【注释】

①前(jiǎn):通"翦",指浅黑色。鹄(hú):指白色。
②华裀(yīn):华美的褥垫。裀,通"茵"。垫子,褥子。

【译文】

"木辂,用浅黑色牛皮装饰马大带,用白色牛皮装饰缨。"郑玄注释:"木辂,不用革来蒙,涂漆。前读为锱剪之剪,浅黑。""木辂上装饰着凤衔铃,行进时铃铛发出清脆的声音,铃佩相互碰撞,声音交杂。御座后有华美的褥垫,上面织着各种花卉图案。车轮两侧装饰着十六条金龙,车上的旗帜用皂罗制成,上面绣着龟蛇图案。"

差官軷祭及清道

【题解】

　　本条叙述了南宋明堂礼时軷祭和清道的仪式以及相关安排。軷祭是古代祭祀行道之神的一种仪式，目的是祈求行进途中平安顺利。具体做法是在行进的道路上封土为山象，以草木作为神主进行祭祀，祭祀结束后，让车碾压过去，象征路途之上无险难。清道是指皇帝前往明堂前，派人对沿途道路进行清理和警戒的仪式。届时，除了层层卫兵护卫，还有八个人夹道而行，他们手持黑漆杖，穿着武弁、绯袍、绣衫，负责驱赶行人和清理道路。夜晚清道时，相关人员除了站好位置各负其责，还会要求街道两旁都熄灭灯烛，以示警戒。軷祭和清道制度源于上古礼仪，最早见于《周礼》。軷祭象征着对旅途平安的祈愿，而清道则是对祭祀活动的庄重安排，都体现了古人对礼仪的严谨性和对神灵的敬畏。

　　禋祀与郊祀①，俱差祠官軷祭②。按《周礼》："大驭掌玉路，以祀及犯軷。"注曰："行山曰軷。犯者封土为山象，以菩刍、棘、柏为神主③。既祭以车轹之而去④，喻无险难也。"清道之神⑤，乃三重。王出入，则八人夹道行，服武弁⑥、绯袍、绣衫，执黑漆杖。按《周礼·秋官》⑦，"条音涤。狼氏，掌执鞭以趋避"之义也。愚详之，即半夜而过，连声告报两街看位，俱令灭灯烛者是也。

【注释】

①禋祀：古代祭天的一种仪式。先烧柴升烟，再加牲体或玉帛于柴上焚烧。郊祀：古代于郊外祭祀天地。

②軷(bá)祭：祭祀行道之神。祭后以车轮碾过祭牲，表示行道无艰险。

③神主：灵牌或牌位。

④轹(lì)：车轮碾压。

⑤清道：古代帝王出巡时预先清扫道路，禁人行走来往。

⑥武弁(biàn)：武官戴的帽子。

⑦秋官：原作"祀"，据《学海类编》本改。"条狼氏，掌执鞭以趋避"，出自《周礼·秋官·条狼氏》。

【译文】

禋祀与郊祀，朝廷都派遣祠官軷祭。根据《周礼》的记载："大驭负责驾驶王的玉辂，前去祭祀和祭祀行路之神。"郑玄注释："山地行驶是軷。祭祀者用土堆成山的样子，以菩刍、棘、柏作为神主。祭祀之后，驾车从封土上碾过，表示从此行路没有危险困难。"清道神，乃三重。王出入，八人夹道而行，身着武弁、绯袍、绣衫，手执黑漆杖。根据《周礼·秋官》"条音涤。狼氏，掌管手拿鞭子走在前面清除行人"的含义。我详细考察，就是半夜经过，连声告诉两街的看棚，命其熄灭灯烛的人。

驾诣景灵宫仪仗

【题解】

本书卷一《车驾诣景灵宫孟飨》,详细描述了南宋皇帝正月前往景灵宫举行孟享礼的过程。本条则侧重于叙述景灵宫孟享礼的仪仗。景灵宫是宋朝皇家祭祀祖先的场所,类似于太庙的性质,用于供奉皇室祖先的神位。南宋皇帝在每个季节的第一个月前往景灵宫祭祀,一年四次,称作四孟朝献。届时皇帝亲往,十分隆重庄严。祭祀前,皇帝先在大庆殿斋戒,陪同祭祀的文武百官穿戴好礼服严肃等待时辰的到来,仪仗队伍包括各种旗帜(如告止幡、传教幡等)、典礼武器(如画戟、长矛)、甲胄士兵,以及装饰华丽的大象等,显示出景灵宫祭祀的庄严性。到了出发时间,皇帝乘坐逍遥辇,在仪仗队伍引导下前往景灵宫,途中锣鼓喧天,场面宏大。到达景灵宫后,皇帝进入宫殿行礼,乐队演奏《乾安》等乐章,乐舞《发祥》等曲目。祭祀结束,皇帝返回太庙斋宿。在叙述具体仪仗时,本条多处引用了不具名作者的诗句。另外,本条有多处文字与《东京梦华录》卷十《驾行仪卫》相似。如"卤簿、仪仗有高旗大扇、画戟长矛,以五色介胄跨马之士,或小帽锦绣抹额者,或顶黑漆圆顶幞头者,或以皮为兜鍪者,或漆皮如戽斗而笼巾者,或衣红黄罨画锦绣服者,或衣纯青、纯皂以至鞋袜皆纯青皂者,或裹交脚幞头,或锦为绳如蛇绕系身者,或数人唱引大旗行过,或执大斧胯剑、锐牌、持镫棒者,或持竿上悬豹尾者,持短竿者于戟上缀五色结带铜铎者。"《驾行仪卫》作:"次第高旗大扇、画戟长矛,五色介胄跨马之士,或小帽锦绣抹额者,或黑漆圆顶幞头者,或以皮如兜鍪者,或漆皮如戽斗而笼巾者,或衣红黄罨画锦绣之服者,或衣纯青纯皂以至鞋袴皆青黑者,或裹交脚幞头者,或以锦为绳如蛇而绕系其身者,或数十人唱引持大旗面过者,或执大斧者、胯剑者、执锐牌者、持镫棒者,或持竿上悬豹尾者,或持短杆者,其矛戟皆缀五色结带铜铎。"虽然这可能表明南宋与北宋皇帝景灵宫祭祀仪仗的延续性,但更可能是《梦粱录》的文字改写自《东京梦华录》。

主上宿大庆殿致斋,次早五更,摄大宗伯诣殿前执牙牌奏中严外办①。护卫铁骑自四更时接续番里导行诸司局分、内侍人员司属前往宫闱排班。百官各法服、冠、佩入朝起居毕,各出殿门簉驭,在学士院伺候。快行、卫士各执莲炬,在槛下伺驾登逍遥辇②,从驾诣景灵宫行奏告礼③。次第朱旗数十面,锣鼓队引驱象二头,各以宫锦为衾披之,以金装莲花宝座安于背中,金辔笼络其首体。宝座前,一衣锦袍人执银镬,跨颈驱行。

【注释】

①中严:谓中庭戒备。古代帝王元旦朝会或郊祀等大典的仪节之一。外办:警卫宫禁。

②逍遥辇:宋代帝王乘坐的一种轿子。《宋史》卷一百四十九《舆服志一》:"逍遥辇,以棕榈为屋,赤质,金涂银装,朱漆扶版二,云版一,长竿二,饰以金涂银龙头。常行幸所御。又鱼钩,粉锚,梅红绦。辇官十二人,春夏服绯罗衫,秋冬服白师子锦袄。东封,别造辟尘逍遥辇,加窗隔,黄缯为里,赐名省方逍遥辇。中兴之制,赤质,金涂

四柱，棕屋上有走脊金龙四，中起火珠凸顶，四面不设窗障，中有御踏子，制甚简素。祇应人员服帽子、宜男方胜缬衫。"

③奏告：奏陈，上奏。（宋）赵昇《朝野类要》卷一《典礼·奏告》："凡有典礼及祥瑞祈祷，皆差官奏告天地、宗庙、社稷、五岳、四海等处。"

【译文】

皇帝夜宿大庆殿致斋，次日早晨五更天，暂代大宗伯的官员前往大庆殿前，手执牙牌奏称中庭戒备警卫已经到位。护卫铁骑自四更天时接续宿卫引导各司各局分、内侍人员前往宫闱排班。文武百官身穿法服、着头冠、带环佩入朝向皇帝行起居礼后，各自出殿门上马，在学士院等候。快行、卫士各自手执莲花烛炬，在殿槛下等待皇帝登逍遥辇，然后跟随圣驾前往景灵宫举行奏告礼。辇后面依次是数十面红旗，锣鼓队引导着驱赶的两头大象，每头大象背上都披着宫锦做成的被子，将黄金装饰的莲花宝座安放在象背上，大象脑袋上戴着金辔笼络。莲花宝座前面，一个身着锦袍的人手执银镬，跨在大象颈上驱使大象前行。

按，《晋书·舆服志》及汉卤簿①。在前宋朝开宝初②，广南来贡③，吴越王以广南④、交趾献于朝⑤，以备大驾。南渡以后⑥，入贡南郊⑦，给锦衾覆之。理庙朝⑧，安南贡至⑨，令备大驾先驱之仪仗。卤簿有幡帜者⑩，谓之"告止⑪、传教⑫、信幡⑬"，各以绯帛杂错采⑭。告止者，以为行之节；传教者，有教令所不及，置幡以传；信幡者，题表官号以为符信也⑮。盖谓"教信幡传告止幡，凌风朱佩锦衣间。一停一举皆如节，直自圜丘至九关⑯。"

【注释】

①按，《晋书·舆服志》及汉卤簿：此句似未完，而后面记录的北宋贡

象情况,并非这两处所记。《晋书》卷二十五《舆服志》:"象车,汉卤簿最在前。武帝太康中平吴后,南越献驯象,诏作大车驾之。"
② 前宋朝:从前的宋朝。《梦粱录》史料缺乏裁剪,对宋朝及其皇帝的描述,经常是宋人和后人的口吻混用,此处即是采用后人的口吻。开宝:北宋太祖的第三个年号,968—976年。
③ 广南:五代时期,"广南"被用来指称南汉政权。宋灭南汉之后,"广南"被继续用来指称原南汉统治区,并与"岭南"混用。
④ 吴越王:似乎指五代吴越割据政权国王。
⑤ 交趾:原为古地区名,泛指五岭以南。越南于十世纪三十年代独立建国后,宋亦称其国为交趾。
⑥ 南渡:犹言南迁。靖康之变,宋徽宗、宋钦宗都被金人俘虏到北方,北宋灭亡。继位的宋高宗南下渡过长江,迁都临安,称作"南渡"。
⑦ 南帑:宋朝皇帝的私人财物库之一。(宋)杨万里《诚斋集》卷六十九《转对札子》:"且天下之财,孰非天子之有?今也有私藏焉,已非先王之制矣,而又有曰封桩者焉,又有曰南帑者焉。南帑今为西上帑矣。左帑之用,西上帑之用,则朝廷之经费也。"
⑧ 理庙:指宋理宗赵昀。
⑨ 安南:越南古名。
⑩ 幡帜:旗帜。
⑪ 告止:告止幡。为古代帝王及臣僚出行时,于仪仗前引路者所执之旗。
⑫ 传教:传教幡。传布命令文告的旗帜。
⑬ 信幡:古代题表官号、用为符信的旗帜。
⑭ 错采:亦作"错彩"。色彩错杂。
⑮ 符信:凭证。
⑯ 圜丘:古代帝王冬至祭天的地方。后亦用以祭天地。九关:指宫阙,朝廷。

【译文】

根据《晋书·舆服志》以及汉卤簿记载。在宋朝开宝初年,南汉前来进贡大象,吴越王将来自广南、交趾的大象进献给北宋朝廷,用来准备皇帝的大驾。高宗南渡以后,进贡的大象都被送入南帑,背上盖着锦被。理宗朝,安南进贡大象,朝廷下令将其作为大驾前行开路的仪仗。卤簿中带有旗帜的,分别称为告止幡、传教幡和信幡,这些幡帜通常以红色帛布为主要材料,并夹杂其他颜色。告止幡,用于控制队伍行进的节奏。传教幡,口头命令无法传达时,通过设置传教幡来传递信息。信幡,上面题写官号,作为身份或职务的标识和凭证。正是所谓"仪仗队中使用了告止幡、传教幡和信幡三种幡,仪仗队中的卫士们身着红色佩饰,身穿锦绣衣服,迎风而立。仪仗队的一停一动都严格遵循既定的节奏和规范,从祭祀的圜丘一直到宫阙都是如此。"

卤簿、仪仗有高旂大扇、画戟长矛[1],以五色介胄跨马之士[2],或小帽锦绣抹额者,或顶黑漆圆顶幞头者,或以皮为兜鍪者[3],或漆皮如戽斗而笼巾者[4],或衣红黄罨画锦绣服者[5],或衣纯青、纯皂以至鞋袜皆纯青皂者,或裹交脚幞头,或锦为绳如蛇绕系身者,或数人唱引大旗行过,或执大斧胯剑、锐牌、持镫棒者[6],或持竿上悬豹尾者,持短竿者于戟上缀五色结带铜铎者[7]。又有仪仗内名檛_{步角切。稍小卓切。}者[8]。

【注释】

① 画戟:有彩饰的戟,古代常用作仪仗。
② 五色介胄:为仪卫士兵服装,以黄粗布为面,用青绿色画成甲叶的纹样,胸前绘有人的面目,从后背至前胸,用绵带缠绕。
③ 兜鍪(móu):一种古时战士戴的头盔。

④戽斗（hù dǒu）：形状似斗，用于汲水灌田的农具。

⑤罨（yǎn）：覆盖，掩盖。

⑥镫（dèng）棒：古代一种棒形武器，其一端饰马镫形铜制品。后用作仪仗。

⑦铜铎：与风铃相似的一种比较小的乐器，外形如钟，少数内部有舌如铃。常挂在牲口颈部，或屋檐、庙塔的高处，通过撞击发出声响。

⑧犦矟（bó shuò）：亦作"犦槊"。古代的一种仪仗。刻有犦牛形，以示威武。（宋）程大昌《演繁录》卷二《犦矟》："今金吾仗以犦槊为第一队，则是犦槊云者，刻犦牛于槊首也，他说皆非也。"《宋史》卷一百四十八《仪卫志》："犦矟……一云象犦牛，善斗，字从牛。唐金吾将军执之。宋制，如节有袋，上加碧油。常置朝堂，车驾卤簿出，则八枚前导；又四枚夹大将军者，名卫司犦矟。"

【译文】

卤簿、仪仗中有高旗大扇、画戟长矛，有身穿五色铠甲骑马的武士，他们或是头戴小帽系着锦绣抹额，或是头顶黑漆圆顶幞头，或以皮做成兜鍪，或漆皮像斗且戴貂蝉冠，或者身穿红黄色上面绘着锦绣的服装，或者身着纯青、纯皂以至鞋袜都是纯青皂色，或者裹着交脚幞头，或者锦做成绳子像蛇一样缠绕在身上，或者几个人吟唱着引导大旗经过，或者手执大斧胯剑、锐牌、镫棒，或者手持竿子上面悬挂着豹尾，手持短竿的人在戟上缀着五色结带铜铎。仪仗内还有犦步角切。矟小卓切。

按《开元礼志》①："金吾将军执犦矟以察队伍②，去其非违。形如剑而三刃，以虎豹皮为袋盛之。其制始于秦汉，《尔雅》云：'犦矟，牛抵触③，百兽不敢当，故制牛首于上。'"正谓"虎剑囊封似剑形，刻成牛首兽皆惊。后先卤簿彰威德，纠察非违孰敢撄"。或持朱藤结方圆网者，名"罼毕密切。罕呼案切。④"。按,徐妥《释疑》曰:"乘舆黄麾内⑤,左罼右罕,以朱藤结网二螭首⑥,红丝拂。盖罼方罕圆,取毕、昴二星象⑦。"又云:"天文毕、昴之中,谓之天街,故以罼罕前导也⑧。"

【注释】

① 《开元礼志》:指《大唐开元礼》,唐玄宗时代官修的一部礼仪著作,一百五十卷。唐初礼司无定制,遇事临时议定礼仪。开元中从张说奏,取贞观、显庆礼书,折中异同,以为定制。由徐坚等创始,萧嵩等完成,开元二十年(732)颁行,名《大唐开元礼》,分吉、宾、嘉、军、凶五礼。杜佑曾采其一部分,载入《通典》,新旧《唐书·礼志》亦以此为蓝本。

② 金吾将军:官职名。掌殿内宿卫及车驾巡幸勘箭、唱和、喝探等事。

③ 牛:《尔雅》作"犕牛"。犕(fēng)牛,一种领肉隆起的野牛。

④ 罼罕(bì hǎn):古代皇帝出行时前导的仪仗。

⑤ 黄麾:古代皇帝和大臣所乘车舆的一种装饰品。《宋史》卷一百四十八《仪卫志》:"黄麾,古有黄、朱、缥三色,所以指麾也。汉卤簿有前黄麾护驾御史。宋制,绛帛为之,如幡,错采成'黄麾'字,下绣交龙;朱漆竿,金龙首,上垂朱绿小盖。"

⑥ 螭(chī)首:古代彝器、碑额、庭柱、殿阶及印章等上面的螭龙头像。

⑦ 毕、昴二星:即毕宿与昴宿,属于二十八宿。二星至秋季时,晨见于东方,故常以表示天将黎明。

⑧ "天文毕、昴之中"几句:中国古代天文学认为,昴宿和毕宿之间的区域是"天街"。《隋书》卷二十《天文志中》:"昴、毕间为天街,天子出,旄头罕毕以前驱,此其义也。"

【译文】

按照《开元礼志》的记载:"金吾将军手执㨊稍来检察队伍,去除队伍中违反礼制之人。㦸形状像剑,三面有刃,用虎豹兽皮做成的袋子盛着。礼制中使用㦸始于秦汉,《尔雅》记载:'㦸,牛用角来顶撞百兽,百兽不敢抵敌,故而在㦸顶上制作了牛头。'"正所谓"行状类似剑的虎头剑用囊封装,虎头剑上面刻有牛头图案,百兽都被惊走。㦸在卤簿前后彰显皇家威严和德行,仪仗队中设有纠察,负责监督官员和卫兵的行为,确保无人敢违反礼仪规范"。有手持朱藤结成方圆网的人,叫作"罼毕密切。罕呼案切。"。根据徐妥《释疑》的解释:"皇帝车舆的黄麾内,左罼右罕,用朱藤结网两个螭龙头,红丝拂。罼是方形,罕是圆形,采用毕、昴两星的星象。"又解释:"天文中毕、昴二星之间的区域,称为天街,所以用罼罕在前面引导。"

建物旗者,其制有黄龙负图①、君王万岁、天文彩绣、日月合璧、五星连珠、重轮庆云、五岳四渎②、四方祥物、祥光瑞气、双莲秀芝、嘉禾瑞瓜、金牛赤豹③、鸾凤龙麟、白狼鹦鹉④、鹖鸡番锦⑤、帜罽犀祥⑥、鹤扈君王。执方伞⑦、曲盖⑧、朱圆扇者。按,张帛避雨谓之伞,赤质紫表,正方四角,有铜螭头。其曲盖者,武王时大风折柄⑨,太公用之而制曲⑩。绣团朱扇,按汉制,乘舆用也。

【注释】

①黄龙负图:龙旗的一种,绘有黄龙背负八卦图的图案。(唐)欧阳询《艺文类聚》卷九十八《祥瑞部上·龙》:"《瑞应图》:'黄龙者,四龙之长,四方之正色,神灵之精也。能巨细,能幽明,能短能长,乍存乍亡。王者不漉池而渔,则应和气而游于池沼。'又曰:'舜东巡狩,黄龙负图,置舜前。'"(宋)王应麟《玉海》卷八十三《车服·黄龙负图旗》:"《唐六典》有黄龙负图太平旗。今黄龙负图

旗，青色错采为黄龙，负一九二四六八三七五之数。政和四年六月十一日所改。"

② 五岳四渎：五岳，指东岳泰山、西岳华山、南岳衡山、北岳恒山、中岳嵩山。四渎，指长江、黄河、济河、淮河。

③ 赤豹：毛赤而有黑色斑纹的豹。古代认为是一种祥瑞。

④ 白狼：白色的狼。古代认为是一种祥瑞。

⑤ 鹍（kūn）鸡：古代指像鹤的一种鸟。

⑥ 罽（jì）：用毛做成的毡子一类的东西。

⑦ 方伞：方形的伞，在仪仗中使用。《宋史》卷一百四十八《仪卫志》："伞，古张帛避雨之制。今有方伞、大伞，皆赤质，紫表朱里，四角铜螭首。六引内者，其制差小。"

⑧ 曲盖：帝王仪仗中用的曲柄伞。《宋史》卷一百四十八《仪卫志》："盖，本黄帝时有云气为花花之象，因而作也。宋有花盖、导盖，皆赤质，如伞而圆，沥水绣花龙。又有曲盖，差小，惟乘舆用之。人臣则亲王或赐之，而以青缯绣瑞草焉。"

⑨ 武王：指周武王。姬姓名发，西周开国君主。周文王姬昌去世后，姬发继位，重用太公望、周公旦等人治理国家，国力日益强盛，然后联合诸多部落，讨伐商朝，在牧野与商朝军队展开决战，是为牧野之战。商朝大败，商纣王自焚于鹿台，商朝灭亡，周王朝建立。克商三年后，周武王驾崩。

⑩ 太公：指太公望。姜姓吕氏，后世称为姜子牙、吕尚、姜尚等，西周开国元勋。太公望生于商朝末年，见纣王无道，于是辅佐周文王、周武王治国灭商。周朝建立后，太公望因功受封于齐，成为齐国始祖。周武王驾崩后，太公望与周公旦等辅政，平定"三监之乱"。

【译文】

设置物旗，有黄龙负图旗、君王万岁旗、天文彩绣旗、日月合璧旗、五星连珠旗,重轮庆云旗、五岳四渎旗、四方祥物旗、祥光瑞气旗、双莲秀芝旗、嘉禾瑞瓜旗、金牛赤豹旗、鸾凤龙麟旗、白狼鹦鹉旗、鹍鸡番锦旗、帜属犀祥旗、鹤扈君王旗。有人手执方伞、曲盖、朱圆扇。按,张帛避雨称之为伞,伞表面是紫色,里面是红色,正方形有四个角,角上有铜螭龙头。曲盖,周武王时大风吹折扇柄,太公望将其制成曲柄。绣团朱扇,依照汉朝的制度规定,是皇帝所使用。

法驾、卤簿、仪仗队引者,如"节幢殳戟带祥烟①,角氂弓刀列后先。五十队中分六引,设官领袖尽华韉②。"有大旗,名盖天旗,立于丽正门外御路中心。又有旗高三四丈,谓之"次黄龙旗"③,往太庙前立;若郊祀,移于青城行宫门外立之,亦名"盖天旗"也。更有含索旗座,以百余人立之。有天武、金吾、亲勋诸班,号"奉神队"。神作宸。"密匝九重环宝辇④,绣衣飞采卷香尘。"又有交脚幞头、胯剑足靴,如四直使者一二百人,不可名状。诸殿直亲从官皆帽衣结带红锦,或红罗上紫团搭戏狮子短后打甲背子⑤。御龙直裹真珠结络花儿短巾、衣紫,上杂色小绣花衫、镀金束带,腰悬花看带、彩鞋。天武官皆顶朱漆金装笠儿,衣红,上团花背子。

【注释】
① 节幢:用作仪仗的竹制符节和各种旌旗。殳(shū)戟:用于仪式的两种武器。
② 韉(jiān):垫马鞍的东西。
③ 次黄龙旗:《东京梦华录》卷十《驾行仪卫》:"又有旗高五丈,谓之'次黄龙'。"

④九重：泛指多层。
⑤打甲背子：钉有甲片的短袖。宋代多用于仪卫、武士。（宋）高承《事物纪原》卷三《背子》："秦二世诏衫子上朝服加背子，其制袖短于衫，身与衫齐而大袖。今又长与裙齐而袖才宽于衫，盖自秦始也。"（宋）程大昌《演繁露》卷三《背子中禅》："今人服公裳，必裹以背子。背子者，状如单襦袷袄，特其裾加长，直垂至足焉耳，其实古之中禅也。'禅'之字或为单，皆音单也。"

【译文】

法驾、卤簿、仪仗队的引领者，如"仪仗队中使用节幢、氅、戟等仪仗道具，仿佛带有祥瑞之气。仪仗队中的卫士们身着角氅，手持弓刀，前后排列整齐。整个仪仗队分为五十个小队，整体分为六个引导。仪仗队设有专门的官员负责领导，这些官员都骑着华美马鞍装饰的马匹"。有大旗，名叫盖天旗，竖立在丽正门外御路中心。还有一杆高三四丈的旗，是"次黄龙旗"，在太庙前竖立；如果遇到郊祀，则将其移到青城行宫门外竖立，该旗也叫"盖天旗"。还有含索旗座，用一百多人竖立。有天武、金吾、亲勋各班，号称"奉神队"。神应作宸。"仪仗队士兵层层环绕在皇帝乘坐的宝辇周围，士兵们身着绣着精美图案的绸衣，色彩鲜艳，行动间扬起的尘土都仿佛浮动着香气。"还有头戴交脚幞头，腰里挎剑脚上穿靴，如四直使者一二百人，没法描述。诸殿直亲从官都身穿帽衣结带红锦，或是红罗上紫团搭戏狮子短后打甲背子。御龙直裹真珠结络花儿短巾、紫色衣服，上面是杂色小绣花衫，系着镀金束带，腰悬花看带，足穿彩鞋。天武官都头顶朱漆金装笠儿，穿红色衣服，上面是团花背子。

其国朝九宝①，如大朝会，置于殿陛前；郊明大祀，迎于仪仗中。符宝官二员，左右奉宝以从驾，谓之"迎宝舆"也。三衙太尉并御带、环卫官，皆小帽、背子，或紫绣战袍，跨马前导。内侍亦小帽、紫绣袍从驾导行，千乘万骑。驾到景灵宫，入次少歇，奏请诣圣祖殿行礼②，以醪茗蔬果麸酪飨之③，乐奏《乾安》《大安》《灵安》《兴安》《祖安》《正安》《冲安》《报安》之章，乐舞《发祥》《流庆》《降真》《观德》之曲。奏告毕，驾回太庙宿斋。

【注释】

①国朝：本朝。此处指宋朝。这段史料显然是宋人口吻。九宝：指九方御玺。（宋）周煇《清波别志》卷中："古唯六玺，至唐始名曰宝，增数至八，国朝所用。一曰镇国神宝，二曰受命之宝，三曰天子之宝，四曰天子信宝，五曰天子行宝，六曰皇帝之宝，七曰皇帝信宝，八曰皇帝行宝。政和七年，增定命宝，以九宝为称。"

②圣祖殿：供奉赵宋始祖赵玄朗的宫殿。本书卷八《景灵宫》："殿门扁曰思成，前为圣祖殿，宣祖至徽宗殿居中，东西廊俱图配飨功臣像于壁，元天圣后与昭宪太后而下诸后殿居于后。朝家欲再广殿庑，刘氏余地，其子孙复献，遂增建前殿五楹，中殿七楹，后殿十七楹，自是斋殿、进膳、更衣、寝殿次第俱备焉。"

③醪（láo）茗：酒和茶。

【译文】

国朝九宝，如果是大朝会，则安置在殿陛前面；如果是郊明大祀，则置于仪仗中。有符宝官两员，左右奉宝跟随御驾，称之为"迎宝舆"。三衙太尉和御带、环卫官，都头戴小帽，身着背子或穿着紫绣战袍，骑着马在仪仗前面引导。内侍也头戴小帽，身着紫绣袍跟随御驾引导前行，骑马的人有成千上万。御驾到达景灵宫，皇帝进入宫殿稍作歇息，有人奏请皇帝前往圣祖殿行礼，使用茶酒、蔬菜水果、麸酪祭飨，奏《乾安》《大安》《灵安》《兴安》《祖安》《正安》《冲安》《报安》乐章，表演乐舞《发祥》《流庆》《降真》《观德》。奏告完毕，圣驾返回太庙宿斋。

驾回太庙宿奉神主出室

【题解】

本条主要记录了皇帝在景灵宫祭祀结束后返回太庙,并奉迎神主出室的过程。景灵宫祭祀结束后,皇帝乘坐平头辇,返回太庙斋殿。禁卫将太庙重重围起来,保护皇帝的安全。到了晚上三更时分,皇帝在礼直官引导下前往太庙各室进行祭祀。皇帝在太庙殿上行三献礼,同时奏乐舞,包括《乾安》《兴安》等乐章。祭祀结束后,皇帝恭敬地捧着太祖、太宗、高宗的神主走出殿室,皇帝身着礼服,登上御辇,由内侍以仪仗迎往明禋殿。本条体现了南宋皇帝对祖先的尊崇。《东京梦华录》卷十《驾宿太庙奉神主出室》描述了北宋皇帝相同的活动,里面有部分相似的文字。比如"上御冠服,如图画星官之状。其通天冠俱用北珠卷结,又名'卷云冠'",《驾宿太庙奉神主出室》作:"驾乘玉辂,冠服如图画间星官之服。头冠皆北珠装结,顶通天冠,又谓之卷云冠。服绛袍,执元圭。"

上御平头辇,回宿太庙斋殿,其禁卫铁骑尽移至太庙,绕瑞石山前后护卫①。天武、金吾、武勋、羽林等兵士并列卫。六军仪仗、卤簿移屯太庙后,夜移丽正,喝探严更警惕,并如致斋夕。于黄昏时,钟鼓院官赴太庙前报出动更筹②,

喝过姓名,如前同也。

【注释】

①瑞石山:即今杭州紫阳山。(宋)潜说友《咸淳临安志》卷二十二《山川一·瑞石山》:"在太庙后,今为禁山,有瑞石泉在太庙待班阁子西山下。"

②更筹:古代夜间报更用的计时竹签。此处借指时间。

【译文】

皇帝乘坐平头辇,返回住宿在太庙斋殿,禁卫铁骑全都移动到太庙,将瑞石山团团围住,前后护卫。天武、金吾、武勋、羽林等兵士也都同时守卫。六军仪仗、卤簿移置太庙后面,夜晚移置丽正门,喝探严格更加警惕,一切如同致斋的晚上。黄昏时,钟鼓院官前往太庙前奏报皇帝动身的时间,大声喊喝姓名,和前面一样。

三更行事,大宗伯奏中严外办,上出斋殿,礼直官等导引诣太庙诸室殿庭①,行奏告礼。上诣殿上东南隅,面西立,行三献②,献牲牢。宫架乐奏《乾安》《兴安》《正安》《禧安》之章③,乐舞《文德》《武功》《皇武》《大定》《昭文》《美成》《治隆》《大明》《重光》《承天》《瑞庆》《大德》《大伦》《大和》之曲。礼毕,奉太祖、太宗、高宗三神主出室。殿下横街之北分设七祀位④,如司命、户、灶、中溜、门、厉、行等神。横街之南,设配飨功臣赵韩王以下二十五位分祀⑤。差南班宗室奉行其三神主,命内侍以仪仗迎往明禋殿。

【注释】

①礼直官:主要负责宋朝国家祭祀及王朝各种典礼。

②三献：古代举行祭典时，初次献酒为初献，再次献酒为亚献，第三次献酒为终献，合称为"三献"。

③宫架乐：南宋宫廷的一种雅乐表演形式。呈现方式分为"堂上之乐"和"堂下之乐"两种。"堂上之乐"布局方式按照"丝不如竹，竹不如肉""贵人声"的祖制，将演唱的歌队设在堂上，配以琴、瑟和单个的黄钟、钟磬等少量的乐器。而"堂下之乐"规模却十分庞大，依照东、南、西、北四个方位，摆放数十架编钟、编磬等各类乐器。各方阵间的乐部，布局巧妙，"举丝以见瓦，举竹以见匏，举革以见木"，足见当时歌舞表演、乐队声学水准和舞台艺术组织水平。

④七祀：周代设立的七种祭祀，即司命、中溜、国门、国行、泰厉、户、灶。《礼记正义》卷四十六《祭法二十三》："王为群姓立七祀，曰司命，曰中霤，曰国门，曰国行，曰泰厉，曰户，曰灶。（正义）司命，主督察三命。中溜，主堂室居处。门、户，主出入。行，主道路行作。厉，主杀罚。灶，主饮食之事。"

⑤配飨：亦作"配享"。合祭，袝祀。赵韩王：指北宋开国功臣赵普。赵普积极协助赵匡胤策划陈桥兵变，推翻后周建立北宋。宋朝建立后，赵普事太祖、太宗两朝，三度拜相，协助宋太祖削夺藩镇兵权、罢免禁军宿将兵权、改革官制等，并参与谋划削平各地割据政权，为巩固北宋统治做出重要贡献。赵普死后追封真定郡王，赐谥号"忠献"。宋真宗时，加封为韩王，配飨宋太祖庙庭。宝庆二年（1226），宋理宗于昭勋崇德阁图画二十四功臣像，赵普位列其中。

【译文】

三更天举行仪式，大宗伯上奏称中庭戒备警卫已全部到位，皇帝从斋殿出来，礼直官等引导着皇帝前往太庙各室殿庭，举行奏告礼。皇帝前往殿上东南隅，面向西站立，举行三献礼，献祭牲牢。宫架乐演奏《乾安》《兴安》《正安》《禧安》乐章，表演乐舞《文德》《武功》《皇武》《大定》《昭文》《美成》《治隆》《大明》《重光》《承天》《瑞庆》《大德》《大伦》《大和》。祭祀礼结束，皇帝恭敬地用手捧着太祖、太宗、高宗的神主走出供奉的殿室。大殿下横街的北面分别设置七祀的神位，如司命神、户神、灶神、中溜神、门神、厉神、行神等神。横街的南面，设置配飨赵韩王以下二十五位功臣分祀。朝廷派遣南班宗室恭敬地捧着三个神主，命令内侍用仪仗将神主迎往明禋殿。

天明时，乘黄令进玉辂①，奏请登玉辂。"珠旒牙戟翠流苏，环佩天香爇宝炉。中敕乘黄亲进御，玉虬拥驾下云衢②。"上御冠服，如图画星官之状。其通天冠俱用北珠卷结③，又名"卷云冠"；服绛袍，玉佩，执玉玄圭④，正坐玉辂上。左右各一内侍名"御药"⑤，冠服执笏侍立。左首栏槛边，一从侍中书宦者，曲身冠服，旁立于栏，以红丝绦系定，免致疏失，名为"执绥官"，以备玉音顾问⑥。"和鸾争羡侍中裾⑦，玉辂亲承接帝俞⑧。儒学已通稽古力，更求民瘼备嘉谟⑨。"

【注释】

①乘黄令：专门负责皇帝御马的官员。乘黄，原指一种神马，后专指御马。

②玉虬：传说中的虬龙，此处指装饰着玉勒的马。云衢：云中的道路，此处比喻皇帝乘坐玉辂如同行驶在空中。

③通天冠：也称高山冠，下文又称作"卷云冠"。《后汉书》志三十《舆服志下》："通天冠，高九寸，正竖，顶少邪却，乃直下为铁卷梁，前有山、展筒、为述，乘舆所常服。"北珠：一称"东珠"。松花江下游及其支流所产的珍珠。颗大光润，为当地人民对外交换物品之一。

④玄圭：一种黑色的玉器，上尖下方，古代用以赏赐建立特殊功绩的

人。《尚书·禹贡》:"禹锡玄圭,告厥成功。"孔传:"玄,天色,禹功尽加于四海,故尧赐玄圭以彰显之,言天功成。"

⑤御药:指在御药院服务的内侍。御药院职掌按验秘方真伪,应时配置药品,以供奉皇帝和宫中之用;兼供职皇帝行幸扶侍左右、奉行礼仪、御试举人、臣僚夏药给赐、传宣诏命及奉使督视等事,实为皇帝近习亲信。

⑥玉音:皇帝的语言。

⑦和鸾:古代车上的铃铛。挂在车前横木上称"和",挂在轭首或车架上称"鸾"。裾(jū):衣服的前后部分。

⑧帝俞:指君王的旨意。

⑨民瘼(mò):民众疾苦。嘉谟:嘉谋,好的谋略。

【译文】

天亮时,乘黄令进呈玉辂,奏请皇帝登上玉辂。"用珠宝装饰的旌旗和用象牙装饰的戟都垂着翠绿色的流苏,官员和侍从们身上佩戴的环佩发出清脆的声响,宝炉中燃烧着天香,发出浓郁的香味。皇帝敕命乘黄令自己要亲自祭祀,车驾在玉龙的簇拥下缓缓前行,如同从云端降临。"皇帝戴冠身着礼服,如同图画上星官的样子。皇帝的通天冠都用北珠卷结,又名"卷云冠";皇帝身着绛袍,带玉佩,手执玉玄圭,端正坐在玉辂上。玉辂左右各有一名称作"御药"的内侍,戴着冠身穿礼服手执笏板在一旁侍立。左首栏槛边,一名侍中书宦者,弯腰戴冠身穿礼服站立在栏旁,用红丝绦系定,以免出现失误,名为"执绥官",用来应对皇帝询问。"和鸾发出清脆的声响,侍中的衣裾随风飘动,众人羡慕不已。皇帝亲自乘坐玉辂,接受君王的旨意。皇帝已经精通儒学,并掌握了丰富的知识和智慧。还关心民众的疾苦,为国家制定良好的政策。"

驾辂卫士裹漆圆顶盖耳帽子,着黄生色宽衫①、青衬衫、青袜头裤、青履系锦绳。辂后四人攀行,如攀枝孩儿②。

辂前有服法服、朝冠二人,执简导辂行。辂之左右亦二人服法服,乘马从辂行。"办严于辂放行时,参政前遮奏'少迟'。预饬金吾街仗使③,威容浸盛务如仪。"盖奏请少迟,欲令万骑千官整齐导引。"法仪森严按典刑④,逍遥平辇小舆轻。金龙间饰彤霞彩,缓引天街宝辂行。"

【注释】

①生色:生动鲜艳的色彩。

②攀枝孩儿:攀爬树枝的小孩儿,这是宋代瓷器等上面常见的儿童形象。

③金吾街仗使:掌巡察街道,弹压非法事。

④法仪:法度礼仪。

【译文】

驾驶玉辂的卫士头戴漆圆顶盖耳帽子,身着黄生色宽衫、青衬衫,青袜头裤,青色的鞋子上系着锦绳。玉辂后面有四人攀行,像攀枝孩儿。玉辂前面有身着法服、头戴朝冠的两人,手执简引导玉辂前行。玉辂的左右两侧也有两人身着法服,骑马跟随玉辂前行。"在玉辂准备出发时,一切准备工作均已就绪,等待出发的命令。参知政事上前挡住玉辂,奏请皇帝稍作停留。预先命令金吾卫的街仗使做好准备,确保仪仗的威严和秩序。"参政奏请玉辂稍等,是想要骑马的众多官员们整齐划一。"仪仗队的法度和礼仪都非常严格,严格按照典章制度执行。皇帝乘坐的逍遥辇、平辇和小舆显得轻盈而舒适。车驾和仪仗装饰有金龙图案,间杂着红色霞光般的色彩。仪仗队缓慢行进在天街上,引导着宝辂前行。"

诞马六匹①。按宋孝武诏王侯诞马不得过二匹②。诞,散也。旧并施鞍鞯③。景祐初志令辂前凡六匹诞马者④,正谓之"红檐诞马控双行,项下朱丝系彩缨。驺士锦衫勤执御⑤,共夸汗血似云轻⑥。"按马者,衣锦宝相花衫也。又御马常仪外,有甲骑缀以金铃,在辂前引行。"銮铃犀甲控青骢⑦,凡马俄惊一洗空⑧。御笔赐名犹记得,牙牌金刻'草头风'。"此本朝故事,郊禋皆遵制导引矣。

【注释】

① 诞马:亦作"但马"。古时王室或贵官出行,随从卤簿中不施鞍驾车的散马。(宋)程大昌《演繁露》卷三《诞马》:"《通典》:宋江夏王义恭为孝武所忌,忧惧,故奏革诸侯国制,但马不得过二。其字则书为但,不书为诞也。但者,徒也;徒马者,有马无鞍,如人袒裼之袒也……谓之但马,盖散马备用,而不施鞍辔者也。"

② 宋孝武:指南朝刘宋王朝孝武帝刘骏。字休龙,小字道民,宋文帝刘义隆第三子,宋明帝刘彧异母兄。元嘉三十年(453),太子刘劭弑父,刘骏起兵攻杀刘劭,夺得帝位。刘骏在位期间,政治上推行了一系列加强中央集权的改革,经济上抑制土地兼并,军事上击败北魏收复济水以北的失地,文化上尊孔崇佛。统治末年,刘骏大兴土木、奢侈无度,耽于享乐。同时为了巩固帝位,过度削弱宗室力量,动摇刘宋统治基础。

③ 鞍鞯:马鞍和衬在马鞍下的垫子。

④ 景祐:北宋仁宗第三个年号,1034—1038年。

⑤ 驺(zōu)士:古时高官出行,骑马跟在官员前后护卫的人。

⑥ 汗血:指汗血宝马,后来用于形容良马。

⑦ 青骢(cōng):毛色青白相杂的骏马。

⑧ 凡马俄惊一洗空:此处化用了唐代诗人杜甫《丹青引赠曹将军霸》中的"斯须九重真龙出,一洗万古凡马空",形容御马的非凡

与尊贵。

【译文】

诞马六匹。依照南朝刘宋孝武帝的诏令，王侯诞马不得超过两匹。诞，散的意思。以前诞马都加鞍鞯。景祐初年记载，现在的玉辂前面共有六匹诞马，正是所谓"马鞍和缰绳装饰着红色檐状饰物的诞马排成两行，诞马项下系着红色的丝带和彩色的璎珞。负责驾驭马匹的骖士身着锦缎制成的衣衫，勤勉地驾驭着御马，众人都夸赞这些马是汗血宝马，奔跑起来轻盈如同云朵"。驾驭诞马的人，身着锦宝相花衫。除御马常仪外，还有身着铠甲的骑兵，马上缀着金铃，在玉辂前面引导前行。"马身上佩戴的鋬铃响动，全副铠甲的武士操控着青骢马行进，这些装饰华丽的御马将普通马匹的光彩都掩盖了。皇帝亲自为这些马匹赐名，这些马匹的名字被记录下来。马匹的牙牌用黄金镂刻，上面刻有'草头风'字样。"这是本朝的传统，郊祀都遵循制度引导。

驾宿明堂斋殿行禋祀礼

【题解】

本条叙述了皇帝在明堂斋殿举行禋祀礼的过程。"禋祀"指祭祀昊天上帝以及皇帝祖先的仪式,通常在明堂举行。遵循先朝亲祀明禋的旧例,南宋皇帝从太庙出发,乘坐玉辂进入丽正门,晚上宿于明堂斋殿。礼官在明堂殿预先设好皇帝要祭拜的神位:居北面南的是昊天上帝,居东面西是宋太祖、宋太宗和宋高宗等神位,神位前设有祭器、玉册等。祭拜时,皇帝更换祭服,头戴二十四旒平天冠,身着青衮龙服,佩玉,行三献礼。仪式过程中,不断演奏各种乐章,如《乾安》《景安》等,伶人舞蹈。皇帝向神灵献玉帛、献酒,每个环节,都有相应的音乐和舞蹈。仪式结束后,皇帝饮福酒,接受祭肉,并焚烧祭品。整个仪式过程肃穆,相应官员各司其职,井井有条。祭祀结束,皇帝乘辇返回垂拱殿,宰执和文武百官一起向皇帝行礼庆贺祭祀完成。然后群臣一起在丽正门外等候天亮,皇帝出现宣布大赦。皇帝通过祭祀昊天上帝和祖先,体现了皇权的神圣性和合法性,同时也展示了皇帝作为"天子"的角色。

上自太庙御玉辂入丽正门,宿斋殿,遵先朝亲祀明禋故事。明堂殿即文德殿中配飨。太常寺奉常官于殿上立正配四位①,皆用黄褥设板位:居北面南,昊天上帝位②;居东面西,太祖、太宗③、高宗位④。惟矮案上设礼物,及殿庑设天星、岳渎、百神版位。推设祭器,设玉册于殿陛之间⑤,乃"玉刻金縢宝册文⑥,铺张景铄掩前闻⑦。在天列圣皆欣顾,宜有蕃厘锡圣君⑧"。凡大祀,差太祝一员⑨,进捄黍及肺⑩,祭奠玉册。得其"玉册文章礼极恭,为民祈福吁苍穹。凭谁设玉诣祠坛,帝敕清朝小府官。苍璧黄琮仍瓒爵⑪,灵光下烛宝光寒。"

【注释】

①太常寺:北宋初唯掌社稷及武成王庙、诸坛斋习乐事务。神宗元丰改制后,掌礼乐、封赠、郊庙、社稷、坛壝、陵寝之事,政令仍仰承尚书省礼部,凡礼乐仪制的损益,祀典、神祇、爵号与封袭、继嗣之事当考定者,皆上报礼部裁定。

②昊天上帝:又称皇天、天帝、皇天上帝、天皇大帝等,是主宰天地的至高无上的神,是超自然的最高的神,是代表天或等同于天的神,是华夏文明信仰中的最高神,是历代王朝和儒教信仰中最高的神。

③太宗:北宋第二任皇帝宋太宗赵炅。宋太祖赵匡胤的弟弟,本名赵匡义。宋朝建立后,避兄赵匡胤讳改名"光义"。即位后改名"炅"。开宝九年(976)十月,宋太祖突然驾崩,宋太宗继位。他先后迫使陈洪进和钱俶纳土归附,又亲征灭亡北汉,结束了五代十国的分裂局面。但宋太宗两次对辽朝用兵,希望夺取燕云地区,却均遭到失败,于是对辽不得不采取守势。对内方面,宋太宗进一步加强中央集权,奉行崇文抑武政策,奠定了日后宋朝的政治走向。至道三年(997),宋太宗驾崩,葬于永熙陵。

④高宗:即南宋第一任皇帝宋高宗赵构。字德基。宋徽宗第九子、宋钦宗之弟。北宋时,赵构曾被封为康王。靖康元年(1126)金

兵第二次南下攻宋,赵构奉命出使金营求和,他中途折返,远离前线,坐观成败。靖康之难发生后,赵构在南京应天府(今河南商丘)登基称帝,建立南宋。南宋建立后,赵构始终坚持通过与金求和达到稳固自己统治地位的目的,因此,虽然有南宋军民浴血奋战抗金,赵构最终重用秦桧与金人达成绍兴和议,以放弃收复北方失地,向金朝称臣纳贡的方式,换取偏安南方的局面。孝宗淳熙十四年(1187),赵构驾崩,庙号高宗,葬于永思陵。

⑤玉册:用玉制成的简册,帝王祭祀告天或上尊号时使用。(宋)赵昇《朝野类要》卷一《典礼·册宝》:"奉上尊号册宝,亦有奉上册宝使,用太常仪仗鼓吹也。凡玉册则金宝。所谓册者,条玉为之,红线相联,可以卷舒。字皆金填之,或谓玉以阶石代之。所谓宝者,印章也。并文思院供造。"

⑥金縢(téng):用金属制的带子将收藏书契的柜封存。

⑦铺张:铺叙渲染,夸张。景铄:盛美,盛明。

⑧蕃厘:洪福。

⑨太祝:"太常寺太祝"的简称。北宋前期为文臣寄禄官,从九品上,多用作门荫官,授宰相、公卿子弟。元丰改制后为职事官,从八品,祭祀掌读册辞。

⑩抟黍:指捏成的饭团。

⑪苍璧黄琮:古人祭祀天地使用的青色玉璧和黄色的瑞玉。苍璧,青色的玉璧。古人认为天圆地方,天是青色(苍色),故而用青色的圆形玉璧来礼天。黄琮,黄色的瑞玉。《周礼》卷五《春官·宗伯第三》:"以苍璧礼天,以黄琮礼地。"郑玄注:"礼神者必象其类,璧圜象天,琮八方象地。"瓒(zàn)爵:古代祭祀用的玉制酒勺。

【译文】

皇帝从太庙乘坐玉辂进入丽正门,夜宿斋殿,遵循先朝皇帝亲自举行明禋礼的传统。明堂殿就是文德殿中的配飨之处。太常寺奉常官在殿上树立起正配四神位,都用黄褥铺设板位:居北面南,是昊天上帝神位;居东面西,是宋太祖、宋太宗和宋高宗的神位。唯独矮案上安排礼物,殿庑设置天上星辰、五岳四渎以及各种神的版位。摆放祭器,在御殿前的石阶之间放置玉册,"玉册上刻有金色的文字,并用金线封存玉册。祭祀仪式宏大辉煌,超越了以往的记载和传闻。天上的祖先和神灵都会关注并满心欢喜这样的祭祀,祖先和神灵应该会赐予圣明的君主洪福,保佑国家繁荣昌盛"。凡是大祀,朝廷派遣一名太祝,进呈捏成的饭团以及牲畜的肺,用来献祭玉册。"玉册上刻有祭文,文字恭敬庄重。皇帝为天下百姓向苍天呼吁以祈福。是谁让专人负责将玉册、玉宝等祭祀用品放置在祠坛祭祀,原来是皇帝下令小府官来准备祭祀用品。祭祀用品包括苍璧、黄琮还有瓒爵,祭祀时,神灵的光辉降临,照耀着烛光和宝物发出光亮。"

镬水者①。按,《周礼·小司寇》:"凡禋祀五帝实镬水。"今差从官一员奉礼,"满倾镬水洁而清,耗试随时更沃增。腥熟视来无失节,馔成犹自气蒸腾②。光禄牵牲有旧章,诣厨更复属丞郎。各供乃职知严恪,芳荐丰陈鼎俎香③"。

【注释】

①镬(huò):古代的大锅。

②馔(zhuàn):陈设饮食。

③鼎俎:古代祭祀、燕飨时陈置牲体或其他食物的礼器。

【译文】

镬水。依据《周礼·小司寇》的记载:"凡是禋祀五帝,装满镬水。"派遣一名从官举行祭祀,"祭祀前,将大锅里倒满干净且清澈的水。祭祀过程中,根据水的消耗随时添水。祭品在烹饪过程中腥味逐渐散去,熟透后仍然保持完整的形态,没有失节。祭品烹饪完成后,热气腾腾。按照旧规,光禄寺官员牵着祭祀用的家畜前往厨房,负责监督祭品的准备。每位官员都认真履行自己的职责,祭品经过精心准备,盛放丰富祭品的鼎和俎散发出香味"。

荐牲官,"茧栗牺牲总用骍①,近坛视宰尚闻声。须臾玉俎供肥腯②,主上躬临奏荐牲。妙选甘泉侍从臣③,列祠太乙九宫神。高禋上锡垂灵贶④,同卫宸旒奉帝真⑤"。乃分祀九宫贵神于东青门外祠坛也⑥。"分祀农师重至諴⑦,有司设壝势岩岩⑧。报崇人主亲禋日,不比春祈咏《载芟》⑨。"

【注释】

① 茧栗:谓小牛的角初生时状如茧和栗子。古以牛犊祭祀,因以"茧栗"泛指祭品。牺牲:供祭祀用的纯色全体牲畜。骍(xīng):赤色的马和牛。亦泛指赤色。

② 玉俎:古代祭祀、设宴时,用以盛牲的礼器。肥腯(tú):肥壮的牲畜。

③ 妙选:精心挑选。甘泉:指甘泉宫。汉武帝时,甘泉宫是仅次于都城长安未央宫的重要君臣活动场所,许多重大政治活动都在这里举行。

④ 灵贶:神灵赐福。

⑤ 宸旒:帝王所戴的冠帽。后借指皇帝。

⑥ 东青门:约在今杭州庆春路与东清巷相交处。

⑦ 农师:古代掌管农事的官。諴(xián):诚,诚意。

⑧ 岩岩:威严貌。

⑨ 《载芟(shān)》:《诗经·周颂》中的一篇,共一章。诗序:"载芟,春籍田而祈社稷也。"该诗是周王在春耕时祀神而用的乐歌。亦

有人认为该诗是秋收后用新谷物祭祀宗庙时伴唱的乐歌。

【译文】

荐牲官,"祭祀用的牲畜总是使用赤色的。宰杀牺牲的地点靠近祭坛,宰杀过程中还能听到牲畜的叫声。被宰杀后的牲畜很快被放置在玉俎上,供奉好的牲畜十分肥美。皇帝亲自前来,奏乐声中献上牲畜祭品。皇帝精心挑选侍从大臣,负责祭祀仪式中的各项事务。祭祀太乙和其他九宫神灵。举行高禋礼时,上天赐福,保佑国家和人民。官员们共同护卫皇帝,供奉神灵"。于是在东青门外祠坛分别祭祀九宫贵神。"祭祀农师时庄重至诚,相关部门设置的坛墠规模很大,气势威严。皇帝亲自举行禋礼日,与春天祈求丰收的祭祀不同,更强调祭祀的庄严,而非单纯的祈福。"

其夜三更,摄大宗伯执牙牌奏中严外办,奏行事。驾出斋殿,面南设一大幄次①,更换祭服,青衮龙服,中单朱舄②,纯玉佩,裏平天冠二十四旒③,并大真珠为旒。知阁、御带④、环卫及大礼使、太常礼直官前导,二内侍御辇扶侍。上自黄道撒瑞脑香而行⑤,至明堂殿小幄次,请上升御座少歇,伺礼节严整。

【注释】

①幄次:古代帝王休憩或祀神用的帷帐。
②中单:穿在朝服、祭服内的里衣。舄(xì):鞋。
③平天冠:(宋)洪迈《容斋三笔》卷二《平天冠》:"祭服之冕,自天子至于下士执事者皆服之,特以梁数及旒之多少为别。俗呼为'平天冠',盖指言至尊乃得用。"
④御带:军职名。身佩弓箭袋、御剑,为皇帝扈丛近卫,以防不测。

⑤黄道：行大礼时，皇帝亲自步行的过道，铺上"黄罗"，雅称"黄道"。瑞脑香：香料名，即龙脑。

【译文】

当夜三更天，暂代大宗伯的官员手执牙牌奏称中庭戒备警卫已全部到位，奏请皇帝举行祭祀事宜。皇帝离开斋殿，面向南方设置一个大型帷帐，皇帝进入帷帐内更换祭服，身着青色衮龙服，里面是中单，脚穿红鞋，佩戴纯色玉佩，头戴平天冠垂二十四旒，以大珍珠作为旒。知阁门事、御带、环卫官以及大礼使、太常礼直官在驾前引导，两名内侍在御辇旁扶侍。皇帝沿着黄道前行，一路上有人撒着瑞脑香，到达明堂殿小帷帐，礼官请皇帝坐到御座上稍作歇息，等待礼仪规矩严密工整。

其登歌道士十余人①，列钟磬二架、歌色②、琴瑟等。有五七执事人在殿上执役。殿前设宫架乐，在列编钟、玉磬。其架如方响者同③，但增广而高大，立于地。编钟形稍褊。玉磬状似曲尺，系其曲尖处，皆上下四层挂之，架两角缀以流苏。次列数架大鼓，或三或五，以木穿贯立于架座上。节鼓有如琴而长者④，如筝而大者。截竹如箫管，两头存节而横吹者。有土烧成如圆弹而开窍者，如笙而大者，如箫而增管者，有歌声则声清亮。

【注释】

① 登歌：指古代举行祭典、大朝会时，乐师登堂所奏的歌。南宋登歌属于宫廷雅乐的一种表演形式，指在宫架乐队伴奏下，四十人以上的歌队集体歌唱。

② 歌色：乐队中手执拍板唱歌的角色。

③ 方响：古磬类打击乐器。由十六枚大小相同、厚薄不一的长方铁

片组成,分两排悬于架上。用小铁槌击奏,声音清浊不等。

④节鼓:古代乐器。状如博局,中开圆孔,恰容其鼓,击之以节乐。

【译文】

有十多名登歌道士,排列着两架钟磬、歌色、琴瑟等。有五七个执事人在殿上伺候。殿前设置着宫架乐,排列着编钟、玉磬。其乐架像方响乐架一样,不过增加了宽度且高大,立在地上。编钟形制稍窄。玉磬形状像曲尺,系着其曲尖处,都是上下四层悬挂,乐架两角缀着流苏。接着排列着数架大鼓,或三面或五面,用木穿起来立在架座上。节鼓有像琴但更长的,有像筝但更大的。将竹截断成箫管的样子,两头保存竹节横着吹奏。有用土烧制成像圆弹且有窍孔的,像笙且个头大的,像箫且加管的,有人歌唱则乐器发出清亮的声音。

宫架前立两竿,乐工皆裹介帻如笼巾①,着绯宽衫、勒帛②。其舞者顶紫色冠,冠上有横板,皂服、朱裙、履。乐作,初则文舞③,一紫囊盛一笛管结带。武舞,一手执短稍,一手执小牌④,比文舞者加数人,击铜铙⑤、响环⑥,又击如铺灶突者⑦,又两人共移一铜瓮就地击者。舞者形如击刺⑧,如乘云,如分手,皆舞容矣。"冕旒奕奕接灵光⑨,酌醴惟勤举祼将⑩。文德武功皆寓舞,自然缀兆合彝章⑪。""舞分八佾乐章谐⑫,执羽扬干古意回⑬。莫道缛仪无祖述⑭,两阶曾格有苗来⑮。"乐作,先击柷⑯,以木造,如方壶,画山水之状,每奏乐击之,内外共九下。乐止,则击敔⑰,如伏虎形,脊上皆锯齿,一曲终,以破竹刮之而乐止。

【注释】

①介帻:一种长耳的束发头巾。笼巾:也称"貂蝉笼巾""笼巾貂

蝉"。宋明两代王公贵族参加大礼盛典时,加戴于进贤冠上的一种装饰品。宋代笼巾以细藤编成,宋代笼巾外表涂漆,左右分为两扇,顶部方平;前有银花牌饰,中附一蝉,并簪以立笔;两侧各缀三枚小蝉,左侧插一貂尾。使用时加罩在进贤冠上。唯宰相、亲王、使相、三师、三公随帝祭祀或重大朝会可加此。

②勒帛:一种宽幅腰带,多以布帛制成,用于男子。

③文舞:中国古代雅舞的一种。与武舞相对。舞时左手执钥(状如排箫或笛的乐器),右手秉翟(用野鸡尾装饰的舞具)。历代帝王都制定歌颂本朝文德的文舞,用于郊庙祭祀。

④"一紫囊盛一笛管结带"几句:"一紫囊盛一笛管结带"至"一手执短稍,一"据《学津讨原》本补。

⑤铙:铜制,形似钹而中间隆起部分较小,两片为一副,相击发声,与相同大小的钹相比,铙的声音较为低沉而余音悠长。

⑥响环:一种乐器。

⑦灶突:灶上烟囱。

⑧舞者形如击刺:(宋)孟元老《东京梦华录》卷十《驾诣郊坛行礼》:"舞者如击刺,如乘云,如分手,皆舞容矣。"

⑨冕旒:古代大夫以上的礼冠。顶有延,前有旒,故曰"冕旒"。天子之冕十二旒,诸侯九,上大夫七,下大夫五。见《周礼·夏官·弁师》。

⑩裸(guàn)将:助王酌酒以祭祀祖先的礼仪活动。裸,灌祭。古代祭祀时,在神主之前铺上白茅,将酒洒沥在茅上,象神饮酒,叫作裸。将,献上祭品。

⑪缀兆:指古代乐舞中舞者的行列位置。彝章:常典,旧典。

⑫八佾(yì):亦作"八溢"或"八羽"。古代只有天子才有资格使用的舞蹈规格,为八行八列。一佾8人,八佾就是64人。据《周礼》规定,只有周天子才可以使用八佾,诸侯为六佾,卿大夫为四佾,

士用二佾。

⑬干：盾牌。

⑭祖述：效法遵循前人的学说或行为。

⑮格：击，打。有苗：即三苗，古国名。《尚书·舜典》："窜三苗于三危。"孔传："三苗，国名，缙云氏之后，为诸侯，号饕餮。"

⑯柷（zhù）：古代打击乐器，像方匣子，用木头做成，奏乐开始时敲打。

⑰敔（yǔ）：又称楬。古代打击乐器，以木制成，形状像趴着的老虎，背上装有二十七个金属片，以竹条刮奏，用于宫廷雅乐，表示乐曲的终结。

【译文】

宫架前面竖立着两根竿子，乐工们都头戴如同笼中的介帻，身穿绯色宽衫，束着勒帛。舞者戴着紫色的帽子，帽子上有横板，穿着黑色的衣服、红色的裙子和鞋子。音乐响起，先进行文舞，舞者手持一个紫色囊袋，囊袋内盛着一个笛管，系带便于手持。随后进行武舞，舞者一手执短稍，一手执小牌，人数比文舞时多了好几个人，舞者击打铜铙、响环，又击打像烟囱的乐器。还有两人一起移动一个铜瓮，就地敲打。舞者做出如同击刺，如同在云端漫步行走，如同分离告别时的动作，这些都是武舞的动作。"冕旒在祭祀时闪着亮光，仿佛与神灵的光辉相接，皇帝祭祀时勤勉地进行献酒。祭祀中的舞蹈体现了文德和武功，象征着国家的文治武功。祭祀的仪式和舞蹈自然都符合古代的礼仪规范。""舞队分八行八列，动作合着乐章。舞者手执羽毛挥舞着盾牌，象征着古代的文德与武功。不要说这些烦琐的仪式是无源之水，这两种仪式曾经使远方的三苗归顺。"音乐响起，乐人先敲击柷，柷由木头制造而成，形状如同方壶，上面画着山水图样，每次奏乐都敲击柷，内外共敲击九下。音乐停止，乐人则敲击敔，敔如同趴伏的老虎形状，脊上都是锯齿，一曲终了，以破竹刮敔音乐停止。

明堂乐章，奏《乾安》《景安》《嘉安》《广安》《化安》《丰安》《光安》《禧安》《彰安》《德安》《正安》《熙安》之曲。凡乐典共十九章，明禋祀俱用十二章；景灵宫及太庙四章，互相更易以奏，皆"安"字为名，"清庙灵宫暨禋坛，伶工总属奉常官。八音欲格神人悦①，乐曲更成十九安。"明堂乐舞，文德武功之舞，凡登歌、宫架乐，全凭押乐官掌之。凡大祀，用登歌、宫架乐，差摄太常丞二员，一则充坛上举麾，一则充坛下举麾。又差协律郎二员，一则视坛上举麾，一则视坛下举麾，则拜。"宫架登歌属奉常，举麾押乐选丞郎。殿堂互奏钧天乐，亟拜精虔合典章。"一常直官于小幄次奏请行礼，导引上至殿阶下，惟有礼直及大礼使两使扶侍上登殿，其知閤、御带、环卫俱侍立殿槛下伺驾回。

【注释】

①八音：中国古代根据金、石、丝、竹、匏、土、革、木八种制作材料对乐器的分类，如钟属金，磬属石，琴、瑟属丝，箫、笛属竹，笙属匏，埙属土，鼓属革，柷、敔属木。

【译文】

明堂礼的乐章，演奏《乾安》《景安》《嘉安》《广安》《化安》《丰安》《光安》《禧安》《彰安》《德安》《正安》《熙安》等曲子。乐典共十九章，明禋祭祀都用十二乐章；景灵宫以及太庙祭祀使用四乐章，互相交换演奏，乐章都以"安"字为名，"清庙、灵宫和禋祀祭坛是古代祭祀的重要场所，伶工们都由奉常官统一管理。八种乐器演奏的音乐旨在取悦神灵和祖先，乐曲共有十九章，用于不同的祭祀场合，每章以'安'命名。"明堂乐舞，使用文德武功之舞，凡登歌、宫架乐，全凭押乐官执掌。凡是大祀，用登歌、宫架乐,派遣两名暂代太常丞的官员,一名官员在祭坛上举旗子,一名官员在祭坛下举旗子。又派遣两名协律郎,一名官员看祭坛上举旗子,一名官员看祭坛下举旗子,则下拜。"演奏宫架乐、登歌乐的乐工,都由奉常官负责管理。太常丞和协律郎负责指挥乐工演奏。殿堂上交替演奏钧天乐,祭祀过程中,皇帝和官员们虔诚地跪拜,严格遵循典章制度。"一名常直官在小帷帐奏请皇帝行礼,引导皇帝走到殿阶下面,只有礼直官和两名大礼使扶侍皇帝登殿,知阁门事、御带、环卫官都侍立在殿槛下等候圣驾返回。

上登殿,诣正北一位昊天上帝前拜跪。摄殿中监察东向一拜,进爵,再拜。复次引诣正东太祖、太宗、高宗位拜跪,进爵,并行初献礼①。驾绕升殿,宫架乐止,则殿上登歌乐作。驾降殿,则登歌乐止,宫架乐复作。"龙衮初升殿陛墀②,奉天酌祖荝皇仪③。虎关夕启咸来燕,从坐纷纶卫百祇。"亚献,差亲王代行礼。理庙朝,委皇太子充亚献,其祭服准制度。按,《宋朝会要》④:"服衮冕,垂白珠九旒,章大小双绶,谓之'衮冕'。""□□珠旒荐二觞,九章双绶表储皇。由来钦若为家法,嗣服无疆有道长。"亚献毕,礼直官再奏请驾升殿,诣昊天上帝位前,左右二员奉玉册官登册而跪。上拜跪奠酒,执玉圭而跪,中书舍人读玉册。正谓"币玉高擎授上公,发函读册颂成功。捧来宝爵亲监涤,醴酒浮香琥珀红。"上复降殿小幄内。终献,差亲王行礼。"祇事明禋与几筵⑤,礼成三奠乐重宣。欲令庙祐如盘固⑥,宗祀先来肺腑贤⑦。"终献毕,礼直官奏请上登殿,饮酒受胙⑧,进玉爵跪进,上跪受。"穹皇鸿福万年觞,三咽仍分饮胙香⑨。敛锡庶民皆协极,受元纯福喜新尝。"饮胙毕,送神⑩。"景安乐舞众灵旋,诚达穹旻彻豆笾⑪。羽葆霓旌回盼独⑫,福流鸿祉万斯年。"

【注释】

①初献:祭祀时首次奠爵。

②龙衮:天子的礼服,上绣龙纹,此处代指皇帝。

③蒇(chǎn):完成,解决。

④会要:一种典志史书,专门用来记载某一朝代的治理制度、地理、民生等方面的内容,旨在补充和丰富正史书籍的不足。这种体裁起源于唐代,宋朝官方编纂了各朝代的大量会要。《宋朝会要》的书名显然是后人所改。

⑤衹事:恭敬事奉。几筵:祭祀的席位或者灵位。

⑥庙祏(shí):宗庙中藏神主的石匣,往往借指祖宗神灵。

⑦肺腑:心腹。

⑧受胙(zuò):接受胙肉。胙,古代祭祀时供的肉。

⑨饮胙:祭祀仪式中的一个环节,一般是皇帝先饮酒受肉,然后赐群臣祭酒祭肉。认为经过祭献之酒及肉,已受神之福,故称饮福受胙。

⑩送神:指祭祀结束,将所请的神送走。

⑪豆笾(biān):古代祭祀时盛果品等的器具,木制的叫豆,竹制的叫笾。

⑫羽葆:帝王仪仗中以鸟羽连缀为饰的华盖,也作为天子的代称。霓旌:一种仪仗,以五彩羽毛装饰的旗帜,因像虹霓,故称为"霓旌",亦借指帝王。

【译文】

皇帝登殿,到正北一位昊天上帝位前拜跪。暂代殿中监察的官员东向一拜,进爵,再拜。再次引导皇帝到正东太祖、太宗和高宗神位前拜跪，进爵，并举行初献礼。皇帝绕着走上大殿，宫架乐停止，大殿上开始演奏登歌乐。皇帝下殿，登歌乐停止，宫架乐再次演奏。"身着礼服的皇帝登上宫殿的龙墀，准备完成祭祀天地和祖先的仪式。傍晚，宫门开启，迎接众人前来参加祭祀宴会。众多官员和侍卫们护卫着神祇们，秩序井然。"亚献，皇帝派遣亲王代替自己行礼。宋理宗朝，皇帝委派皇太子充任亚献，皇太子祭服依照制度。根据《宋朝会要》记载："皇太子身着衮冕，冕垂九旒白珠，佩戴有花纹的大小双条绶带，称之为'衮冕'。""头戴冕旒的皇帝献酒两次，身着九章礼服佩戴双绶带的皇储参与祭祀。从来遵循祖宗家法和礼仪，皇储继承帝位，万寿无疆，国运长久。"亚献完毕，礼直官再次奏请皇帝升殿，到昊天上帝神位前，左右两名奉玉册官进玉册且下跪。皇帝拜跪将酒洒在地上祭神，然后手执玉圭跪着，中书舍人宣读玉册。正所谓"祭祀用的玉器和帛被高高举起交给高级官员，然后打开玉函，宣读玉册，歌颂祭祀的成功。捧过来用珍宝装饰的酒爵，由专人亲自监督清洗。随后，皇帝亲自献酒，酒香四溢，酒色呈现出琥珀般红润。"皇帝再次下殿进入小帷帐内。终献，皇帝派遣亲王代替自己行礼。"祭祀者恭敬地侍奉明堂祭祀的神灵，认真摆放祭品。祭祀仪式中，三次献祭，乐章多次奏响。想要通过祭祀让祖宗神灵得到安泰，宗庙的根基更加稳固。宗庙祭祀先让心腹贤臣前来。"终献结束，礼直官奏请皇帝登殿，饮酒并接受胙肉，礼直官跪进玉爵，皇帝跪受。"上天赐下鸿福祝颂皇帝福寿绵长，江山万年永固。祭祀仪式中，皇帝二次饮酒受肉，并分赐给参与祭祀的官员和百姓。皇帝将福泽赐予百姓，百姓共享这份福泽，皆大欢喜。百姓新接受皇帝赐福后眉开眼笑。"饮胙结束，送神。"祭祀中使用乐章和舞蹈，众神灵在乐舞中降临并旋舞。祭祀者诚意上达苍穹，还贯穿祭祀用的器具豆、笾之中。在祭祀的仪仗中，神灵降临，独自回望。神灵的福泽如洪流般降临，这种鸿福将延续万年。"

上降殿，诣小幄前拱立则望燎①，上殿礼科币帛、玉册，并由右阶而下。南去有燎炉②,上有一人点喝诸物,入炉焚之。殿侧与庑廊陪祀天星百神,陪祀官及执事官皆面北而立班,赞者喝"卿拜"③,众俱拜而出。上自小次前登小舆,还大次④,更服登辇。教乐所伶人在殿门排列,奏庆礼成曲。一甲士舞礼成曲破讫⑤,伶人进口号,乐复作。丽正门外诸军鼓吹俱作,声振天地。

【注释】

①望燎:望祭与燎祭。望祭,遥望而致祭。燎祭,燃火以祭天地山川。
②燎炉:祭祀用的炉子。
③赞者:指赞礼之人。举行典礼时司仪宣唱仪节,叫人行礼。
④大次:在祭坛之外设置的帷帐。(宋)黄庭坚《山谷别集》卷六《杂论》:"凡言设'大次''小次'者皆幄也,'大次'在坛之外,'小次'去坛远矣。"
⑤甲士:披甲的武士。曲破:唐宋乐舞。大曲的第三段称"破",单演唱此段称"曲破"。

【译文】

皇帝下殿,到小帷帐前拱手而立举行望燎,殿上用于祭祀礼的币帛、玉册,都由右阶取下来。向南走有燎炉,有一个人清点各祭物,放入燎炉中焚烧掉。殿侧与庑廊陪祀天星百神,陪祀官以及执事官都面向北立班,赞礼的人喊"卿拜",众人都跪拜,然后出去。皇帝从小帷帐前登上小舆,回到大帷帐,换好衣服登辇。教乐所的伶人们在殿门排列好,演奏庆祝礼成曲。一名披甲的武士舞一段礼成曲破,结束后,伶人进颂诗,音乐再次响起。丽正门外各军的鼓吹一起响起,声音震天动地。

辇入垂拱殿①,宰执、百官常服入贺,大起居②,蹈舞九拜③,嵩呼称寿。枢密宣制曰:"履兹新庆,与卿等同。"摄礼部郎奏解严于殿前④,宰臣、百官出丽正门外幕位伺候天明⑤,入登门放赦。

【注释】

①垂拱殿:皇帝日常接见群臣商讨国家大事的地方。(元)陶宗仪《南村辍耕录》卷十八《记宋官殿》引陈随应《南渡行宫记》:"垂拱殿五间,十二架,修六丈,广八丈四尺。檐屋三间,修广各丈五。朵殿四,两廊各二十间,殿门三间。"

②大起居:宋制,文武朝官每五日赴内殿参见皇帝,称为大起居。

③蹈舞:犹舞蹈。臣下朝贺时对皇帝表示敬意的一种仪节。九拜:九次礼拜。

④解严:解除非常的戒备措施。

⑤幕位:指官员的办公处所。

【译文】

皇帝乘辇进入垂拱殿,宰执、文武百官身着日常衣服入殿向皇帝祝贺,大起居,向皇帝行九拜大礼,高呼万岁,祝皇帝长寿。枢密宣布制书:"恰逢元旦新年欢庆,朕与众卿同乐。"摄礼部郎上奏殿前解除戒备措施,宰臣、文武百官出丽正门外办公处等候天明,皇帝登上门楼下令大赦。

明禋礼成登门放赦

【题解】

　　本条叙述了皇帝在明禋礼结束后举行赦免仪式。本卷从《明禋年预教习车象》到《明禋礼成登门放赦》，详细记录了明堂礼前的准备阶段到祭祀结束，向读者展现了南宋皇帝明堂礼的完整过程。皇帝明禋礼结束后返回宫中。此时，宰执百官已经在丽正楼下列班等候。皇帝登上丽正门，奏起宫驾乐，在扇盖的簇拥下，皇帝临轩而坐。此时丽正门楼上，立起一根高竿，顶端有金鸡衔红幡，幡上书写"皇帝万岁"字样。四名红巾百戏人沿着彩索向竿顶攀爬，最先到达顶端者手执金鸡并高呼"万岁"以谢恩。金鸡竿仪式完成后，御楼上以红锦索引金凤衔赦文放下，通事舍人在宣赦台接赦文并宣读。大理寺、帅漕两司等处的囚犯被带到丽正门下，囚犯身着褐衣，佩戴荷花枷，狱卒簪花跪伏。赦书宣读完毕后，囚犯当场被释放，百姓欢呼"万岁"。赦免仪式结束后，皇帝回宫，伞扇入内，伶人奏乐，迎驾入内。

　　宰执、百官立班于丽正楼下，驾兴，宫架乐作，上升楼，而"扇盖初临楼槛外①，卷帘敞坐正临轩。要令祭泽该方国②，先示尧民肆罪恩③"。丈竿尖直，上有盘，立金鸡衔红幡④,上书"皇帝万岁"。盘底以红彩索悬于四角,令四红巾百戏人争先沿索而上,先得者执金鸡,嵩呼谢恩⑤。前辈有诗曰:"立起青云百尺盘,文身骁勇上鸡竿。嵩呼争得金幡下,万姓均欢仰面看。"

【注释】

① 扇盖:古代仪仗中的扇和伞,用以障尘蔽日。

② 方国:四方诸侯之国。泛指天下。

③ 尧民:贤君尧治下的百姓。此处泛指仁君治下的百姓。

④ 金鸡:(宋)赵昇《朝野类要》卷一《故事·金鸡》:"大礼毕,车驾登楼,有司于丽正门下肆赦,即立金鸡竿盘,令兵士抢之。在京系左右军百戏人,今乃瓦市百戏人为之。盖天文有天鸡星,明则主人间,有赦恩。"

⑤ "盘底以红彩索悬于四角"几句:(宋)孟元老《东京梦华录》卷十《下赦》:"盘底有彩索四条垂下,有四红巾者争先缘索而上,捷得金鸡红幡,则山呼谢恩讫。"百戏人:宋代杂耍演员。

【译文】

宰执、文武百官在丽正楼下立班,皇帝起驾,宫架乐开始演奏,皇帝登上丽正楼,"皇帝的仪仗刚到宫殿的外侧,帘子卷起,皇帝敞坐在宫殿的轩窗前,准备接见群臣。皇帝希望通过祭祀活动将神灵的恩泽遍布天下,同时对百姓展示宽厚的恩泽"。丈长的竿子又尖又直,上面有个盘子,盘子里立着金鸡衔红幡,幡上面书写着"皇帝万岁"。盘子底部有红色绳索悬挂在四个角,命令四个头戴红巾的百戏人争先沿着彩索攀援而上,先到的人手执金鸡,口称万岁谢皇恩。前辈有诗:"立起青云百尺盘,文身骁勇上鸡竿。嵩呼争得金幡下,万姓均欢仰面看。"

御楼上以红锦索引金凤衔赦文放下至宣赦台前,通事舍人接赦宣读。大理寺①、帅、漕两司等处以见禁杖罪之囚,衣褐衣②、荷花枷③,以狱卒簪花跪伏门下,传旨释放。"汤网蠲除不任刑④,圣心仁恕给民生。传宣脱去花枷后,万岁声连快活声。"楼上帘已垂,伞扇已入,上回内,伶人乐大震,迎驾入内。"赦颁郡邑急翻行,迎拜宣传广圣仁。四海一家沾大霈⑤,尽令黎庶庆维新。"

【注释】

① 大理寺:官署名。负责详断各地奏报案件,送审刑院复审后,同署上报。

② 褐衣:粗布衣服,古代贫贱者所穿。

③ 荷:扛着。

④ 汤网:比喻以宽大仁厚的态度对待罪人。《吕氏春秋》卷十《第五篇异用》:"汤见祝网者置四面。其祝曰:'从天坠者,从地出者,从四方来者,皆离吾网。'汤曰:'嘻,尽之矣,非桀其孰为此也!'汤收其三面,置其一面,更教祝曰:'昔蛛蝥作网罟,今之人学纾。欲左者左,欲右者右,欲高者高,欲下者下,吾取其犯命者。'汉南之国闻之,曰:'汤之德及禽兽矣。'四十国归之。"后因以"汤网"泛言刑政宽大。汤,指成汤。

⑤ 大霈:谓皇帝大施恩泽,多指大赦。

【译文】

御楼上面用红锦索牵引金凤衔着赦文下放到宣赦台前面,阁门通事舍人接过赦文宣读。大理寺、帅司、漕司等处让在押的犯杖罪的囚犯,穿着褐衣、扛着花枷,并让狱卒簪花跪伏在丽正门下,传旨释放。"仁君宽厚仁恕,不滥用刑罚,以仁政治理国家,给予百姓安宁的生活。皇帝下令解去罪犯的枷锁后,罪犯们开心地连声高呼万岁。"丽正楼上的帘子已经垂下来,伞扇也已经转入内里,皇帝返回大内,伶人奏乐,乐声大震,迎接圣驾返回大内。"皇帝在祭祀结束后迅速颁布赦令,各地郡县急忙传达执行。百姓们纷纷迎接跪拜赦令,并宣传推广皇帝的圣明与仁德。皇帝的恩泽遍及天下,如同及时雨般滋润大地,使百姓们都能感受到新政策带来的喜悦与希望。"

郊祀年驾宿青城端诚殿行郊祀礼

【题解】

本条详细记述了宋度宗农历正月举行郊祀礼的过程。郊祀是中国古代重要的祭祀活动之一,主要用于祭祀天地神灵。古代帝王认为天是至高无上的神灵,因此会在郊外筑坛祭天,称为"郊祀"或"郊祭"。这种仪式体现了古代帝王对天地的敬畏之情,同时也彰显了皇权的神圣性。据文献记载,早在周代就已经有郊祀。宋代继承了郊祀传统,并在仪式上进行了详细的规定和规范。青城是宋朝皇帝在郊祀仪式中临时休息和斋戒的地方。它通常以青布为幕,上面画着砌砖的纹理,临时搭建而成,象征性地模拟城阙的结构。南宋时,青城行宫位于杭州城外三里处,以净明院为行宫,建有端诚殿。端诚殿是青城行宫内的主要建筑,皇帝在此斋戒、休息,并准备祭祀仪式。郊祀礼的流程非常复杂,包括斋戒、奏告、祭祀等多个环节。在举行郊祀前,皇帝需要在大庆殿、景灵宫和太庙进行斋戒和奏告,在端诚殿更换祭服,然后前往郊坛进行祭祀。祭祀时,会有严格的礼仪和音乐伴奏,皇帝需按照规定程序祭拜天地神灵。祭祀结束后,皇帝会返回端诚殿接受文武百官的庆贺。郊祀不仅是对天地神灵的祭祀,更是古代帝王展示皇权神圣、祈求国泰民安的重要仪式。通过这种仪式,皇帝表达了对天命的敬畏,同时也巩固了自己的统治地位。《东京梦华录》卷十《驾诣青城斋宫》展现了北宋皇帝郊祀的礼仪,除了祭祀地点不同外,南北宋郊祀礼仪一脉相承,显示了延续性。另外,从前六卷的编排来看,本卷应该叙述农历九月份南宋杭州人的节日活动和典礼情况,但可能这个月没有典礼举行,为了不显得本卷文字过于单薄,所以才加入了明禋礼和郊祀礼来凑字数。

向于咸淳年间①,度宗亲飨南郊祀,用正月朔正,系上辛日行事②。前三日,致斋于大庆殿内。次日,驾诣景灵宫奏告,回太庙致斋,奏请三祖出室。第三日,自太庙升玉辂,其金、象、革、木四辂从行,幸嘉会门外,至郊台次侧青城端诚行殿致斋③。"通天冠缀宝珠明,五彩云中警跸声。万骑千官齐导从,君王今夜幸端诚。"所谓青城,止以青布为幕,画甃砌之文④,旋结城阙⑤,以净明院为行宫⑥,建端诚行殿,以备一日之幸。旧东都宣和间,用土木盖造行殿,以青布幕围之。仪仗、卤簿排列至行宫,铁骑围绕卫护,分命三衙主管卫兵。"貔貅万旅护郊垌⑦,特戒都门早放局。分命三衙亲典领,卫严行殿悉安宁。"

【注释】

① 咸淳:南宋度宗赵禥(qí)的年号,1265—1274年。度宗,南宋第六位皇帝。字长源。宋理宗同母弟赵与芮之子。宋理宗无子,于宝祐元年(1253)收养赵禥为皇子,后立为皇太子。宋理宗驾崩后,赵禥继位,改元咸淳。宋度宗沉溺酒色,任凭权相贾似道独揽朝政,南宋政局日趋崩溃,逐渐走向灭亡。咸淳十年(1274),宋度宗驾崩,葬于永绍陵。

② 上辛:指正月的第一个辛日,古代祭祀活动常选择在辛日举行,因为"辛"有"新"的含义,象征着斋戒自新。

③端诚行殿：宋代皇帝郊祀在端诚殿。（宋）赵昇《朝野类要》卷一《班朝·御殿》："本朝殿名最多。如常朝，则文德殿。五日一次起居，则垂拱殿。遇忌前假及祠祀日分，则御后殿。正旦冬至及圣节称贺、大礼奏请、致斋，则皆大庆殿。贺祥瑞、胜捷、上寿赐宴，则紫宸殿。宴对蕃使则崇德长春殿。试进士，则崇政殿。若赐宴，则集英殿。郊祀称贺，则端诚殿。诸班直推垛子，则射殿之类。又有内殿，如万岁、复古、迩英、藻珠、凝华、福宁、睿思殿（原注：今上皇帝建缉熙殿之类）、北宫、后宫之殿，又不一也。"

④甃（zhòu）砌：以砖石等砌垒，此处指在青布幕上画出垒砌的墙壁的样子。

⑤旋：急忙。

⑥净明院：（宋）潜说友《咸淳临安志》卷七十七《寺观三·寺院·净明院》："天福七年，吴越王建，旧额广济。祥符元年，改今额。院有易安斋、梅岩亭。高宗皇帝绍兴二十五年亲郊，车驾临幸，有《御制梅岩诗》。"

⑦貔貅（pí xiū）：古籍中的两种猛兽，多连用以比喻勇猛的战士。郊坰（jiōng）：郊外。

【译文】

先前咸淳年间，宋度宗在正月初一亲自主持南郊祭祀，这一天正好是正月的第一个辛日。南郊前三天，宋度宗在大庆殿内致斋。第二天，宋度宗前往景灵宫奏告，然后返回太庙致斋，奏请宋太祖、宋太宗和宋高宗三祖神位离开供奉的房间。第三天，宋度宗从太庙升坐玉辂，金辂、象辂、革辂、木辂四辂跟随而行，到嘉会门外，到达郊祀台旁边的青城斋宫端诚行殿致斋。"通天冠上镶嵌的明珠闪闪发光，五彩云中传来警跸的声音。成千上万的骑兵和官员们整齐地引导和跟随圣驾前行，君王今天夜间住在端诚行殿。"所谓青城，只是用青布作为幕，上面绘制着砖石垒砌的墙壁的纹路，快速搭建成城阙的样子，以净明院作为行宫，建造端诚行殿,用来准备皇帝一天的亲临。从前东都开封宣和年间,朝廷使用土木盖造端诚行殿,用青布像幕一样围着。仪仗、卤簿排列在行宫,全副武装的骑兵围绕护卫着行宫,皇帝分别命令三衙主管卫兵。"上万名勇猛的将士被派到郊外进行护卫,同时特别下令早早开启行宫大门。皇帝分别命令三衙长官亲自负责指挥和管理士兵,通过士兵的严密防守,行殿内外一片安宁。"

上宿青城行宫,在都城外三里。总务官与殿帅、皇城司提点官遇夜互行提举卫兵①,谓之"锦韂金勒出宫城②,还入龙闉缀殿行。珠帽绣衣提举处,连营喏震四山声"。又有紫巾绯衣数队千余人,罗布郊野守卫。又差行宫都巡检使部领甲军,往来巡逻,至夜严更警场喝探③,并如明禋式。行宫前立盖天旗于青城御街中。"大旗五丈粲星躔④,高揭圆坛八陛前。君德天临无不盖,故令备物象纯乾。"

【注释】

① 皇城司:禁军官司名。负责执掌宫禁、刺探情报等。《宋史》卷一百六十六《职官志六·皇城司》:"幹当官七人,以武功大夫以上及内侍都知、押班充。掌宫城出入之禁令,凡周庐宿卫之事、宫门启闭之节皆隶焉。每门给铜符二、铁牌一,左符留门,右符请钥,铁牌则请钥者自随,以时参验而启闭之。总亲从、亲事官名籍,辨其宿卫之地,以均其番直。人物伪冒不应法,则讥察以闻。凡臣僚朝觐,上下马有定所,自宰相、亲王以下,所带人从有定数,揭榜以止其喧哄。"提举:掌管。

② 锦韂(jiān):锦制的衬托马鞍的坐垫,代指装饰华美的马匹。金勒:金饰的带嚼口的马络头,借指坐骑。

③严更：警夜行的更鼓。警场：古代帝王祭祀行大礼前夕奏乐严鼓，侍卫警夜，止人清场，谓之"警场"。"警场"原作"警惕"，据《学海类编》本、四库本改。喝探：呵止并探查盘问。

④星躔（chán）：日月星辰运行的度次。

【译文】

皇帝夜宿青城行宫，行宫在都城外面三里处。总务官与殿帅、皇城司提点官遇到夜晚彼此掌管卫兵，就是所说的"披着华丽马鞍垫、系着金色马缰绳的马匹离开宫城，最终进入宫门并继续前往大殿。头戴珠帽身着绣衣的士兵排列整齐，在指挥官的指挥下，整个军营的士兵发出震天的呐喊声，声音震动周围的山"。还有头裹紫巾身着绯衣的数队人马千余人，散布在郊野负责守卫。朝廷又派遣行宫都巡检使统率身着铠甲的军士往来巡逻，到了夜间严更警场喝探，一切都像明禋礼的警戒样子。在行宫前面青城御街中树立起盖天旗。"一面五丈高的大旗被高高矗立起来，旗帜上绘有星宿图案，显得光彩夺目。这面旗帜被树立在郊祀圆坛的前面，圆坛有八层台阶。皇帝的恩德如同上天照临下土覆盖了万物，无所不至，因此祭祀活动中准备了完备的祭品和仪式，象征天地的纯净和神圣。"

其夕澄明，天气清朗，星斗增辉，云彩缤纷。前人作诗咏曰："涓选休成举泰禋①，四方冠盖集都城②。格天圣德将何验③？昼日如春夜朗明。"三更时，摄大宗伯奏中严外办，礼直官奏请行事。"乌帻朱衣引近檐，奏知外办与中严。对传金字牙牌退④，帝幄中官喝卷帘。"

【注释】

①涓选：选择，选取。休成：圆满成功。

②冠盖:古代官吏的帽子和车盖,借指官吏。
③格天:感通上天。
④牙牌:象牙腰牌。出入宫门的凭证,上刻所佩者官职及标识。

【译文】

当天晚上空气清澈明净,天气晴朗,星光灿烂,天上云彩缤纷。前人有诗咏叹道:"涓选休成举泰禋,四方冠盖集都城。格天圣德将何验?昼日如春夜朗明。"三更天,暂代大宗伯的官员上奏称中庭戒备警卫已经到位,礼直官奏请皇帝举行祭祀礼。"头裹黑头巾身穿红衣的官吏引导皇帝接近祭祀的殿堂,此时,礼直官奏报皇帝知晓内外均已准备就绪。官员们传递过来金字牙牌,随后皇帝所在帷帐中的宦官高声喊喝卷起帘子,准备迎接皇帝进入祭祀场所。"

上出端诚殿,升安辇,南行曲尺,西去百步①,乃郊坛,入外壝东门②,至第二壝,里面南一大幄次。驾幸大次,更换祭服华,礼直官、知阁、御带、环卫、大礼使导引。"天步舒徐曳衮裳,旒珠圭玉俨斋庄。欲腾明德惟馨远,黄道先扬瑞脑香。属鞬特特选银珰③,班压朱衣与奉常。前导衮衣亲大祀,金槌铁甲斗争光。"上之坛下小幄,谓之"小次",设御座在内,奏升御座少歇,礼直官催礼科办严。鸣景阳钟,其声甚大且清。钟如寺观钟楼者大,上铸日月星斗列曜④,中铸五辂仪仗,下铸六街三市于钟上⑤。"礼严登极享高灵,枣栗牲牢荐德馨。虆持分切。鼓景钟催节奏⑥,洪声考击彻青冥⑦。"然后宫架乐作,奏请上升郊坛行事。

【注释】

①百步:约为一百五十八米。步,中国旧制长度单位,一步等于五

尺。宋代一尺约合31.6厘米。

②外壝：围绕祭坛的矮土墙。

③特特：特意。银珰：汉代近侍之臣中常侍的冠饰，珰当冠前，以白银为之，后以为宦者的代称。

④列曜：星宿。

⑤六街三市：泛指城市中的繁华街区或大街小巷。唐代长安城有六条大街，"三市"指早、中、晚三个时段的市集活动，或者是东市、西市和北市。

⑥鼖（fén）鼓：大鼓。《周礼·考工记·韗人》："鼓长八尺，鼓四尺，中围加三之一，谓之鼖鼓。"郑玄注："大鼓谓之鼖。以鼖鼓鼓军事。"

⑦青冥：青天，苍天。

【译文】

皇帝走出端诚殿，登上安辇，向南走直角，然后向西走百步，便是郊祀坛，进入外壝的东门，到达第二壝，里面南边有一个大帷帐。皇帝进入帷帐，更换祭服完毕，礼直官、知阁门事、御带、环卫、大礼使引导。"皇帝头戴冕旒冠，手持圭玉，拖曳着衮裳，迈着舒缓的步伐，象征着皇权的神圣与庄严。皇帝希望通过祭祀活动弘扬德行，使德行如馨香般远播，先在黄道上撒的龙脑香味四溢。皇帝特意挑选宦官佩戴弓箭，他们的队伍整齐有序，押班是身着红色官服的官员与奉常官。有人在前面引导着身着衮服的皇帝亲自参与祭祀活动，队伍中，手持金椎和穿着铁甲的卫士们显得威风凛凛，金光闪闪。"皇帝到祭坛下面称之为"小次"的小帷帐内休息，御座设在小帷帐内，礼官上奏皇帝上御座稍作歇息，礼直官催促礼科置办行装。有人敲击景阳钟，钟声十分响亮且清脆。景阳钟像寺观的钟楼那样大，钟上面铸造着日月星斗星宿，中间铸造着五辂仪仗，下面铸造着六街三市。"祭祀仪式严肃庄重，用来祭祀神灵。祭祀时使用的枣、栗和牲畜等祭品象征着对神灵的敬意。鼖持分切。鼓和景阳钟的演奏声催促着祭祀进行的节奏，洪亮的声响直冲云霄。"然后宫架乐演奏，奏请皇帝到郊坛上举行祭祀事宜。

其郊坛"象天立制筑圜丘,飨帝于郊法有周。坛陛崇高霄汉近,云车风马接灵游"①。坛高三层,有七十二级。坛面方圆各三丈。坛有四阶②,正南曰午阶,东曰卯阶,西曰酉阶,北曰子阶。坛上设黄褥四位③,大飨苍穹,奉太祖、太宗,配以高宗。昨孝庙时④,按周成王祀洛中,陟配于文王。惟汉武合祠汶上⑤,今推严于高宗也。坛龛十二壝,从祀诸神位七百六十有七⑥,板位系朱牌金字。"穹示宗祖萃天星,岳渎方维会百灵。金札明标朱板位,传令仿佛飨精诚。雅乐遵堂奏《豫和》⑦,声文昭假协登歌⑧。星驱日御均歆顾,天静无风海不波。"

【注释】

①风马:神马。

②坛有四阶:四阶,即圜丘四个方向的踏道名称。是以十二地支命名。在祭祀或重要仪式中,"踏道"指通往祭坛的台阶。皇帝通过踏道登上祭坛,象征着从凡间走向神圣的仪式空间。

③黄褥:黄色的褥了或垫了。

④孝庙:指南宋第二位皇帝宋孝宗赵昚。

⑤汉武:指西汉第七位皇帝汉武帝刘彻。汶上:即今山东汶上。

⑥从祀:配享,附祭。

⑦《豫和》:古乐名。祭天时所奏之乐。

⑧昭假:向神祷告,昭示其诚敬之心以达于神。

【译文】

郊坛"模仿天的样子立定规制修筑圜丘,皇帝在郊坛祭祀是效法周朝的做法。圜丘的坛陛高耸接近云霄，神灵降临时，仿佛乘坐云车神马来到人间游玩"。祭坛高三层，有七十二级。坛面方圆各三丈。坛有四阶，正南面是午阶，东面是卯阶，西面是酉阶，北面是子阶。坛上设置了四个黄色褥垫，祭祀苍穹，供奉宋太祖、宋太宗、宋高宗作配祀。之前孝宗皇帝在位的时候，按照周成王在洛阳祭祀时，以周文王作为配祀的礼仪。唯独汉武帝在汶上合祠祭祀，如今则推崇宋高宗的祭祀规格。祭坛设有十二道围墙，从祀的诸神位有七百六十七个，神位板是红牌金字。"祭祀时，祖宗神灵和上天星星汇聚在一起，四方的岳渎神祇与数百位神灵也一同降临。金札明确标明神位，传达命令放置祭品精心诚意请神灵享用。雅乐遵询神堂祭祀演奏《豫和》乐，向神祷告的声音和祭文都与登歌乐相和谐。星宿和日月都受到神灵的眷顾，天空平静无风，大海也波澜不惊。"

上登坛，登歌乐作，行初献礼毕，降坛，委亲王行亚献礼；上再登坛，读玉册，跪奠讫，再降坛。亲王行三献礼毕，升坛，饮福受胙①，送神毕。上登坛，立小次前。"邀请君王望燎光，礼严燔瘗各随方。奉常赞引令班退，环佩琮琤夜未央②。"其礼科币帛、玉册，并由西阶而下，出南壝门外。去坛百步有燎炉，高丈余，如明禋，点喝入炉焚之。

【注释】
①饮福：祭毕饮供神的酒，能受神明庇佑，故称为"饮福"。
②琮琤（cóng chēng）：形容玉石碰击声。

【译文】
皇帝登上祭坛，乐人演奏登歌乐，皇帝行初献礼完毕，下祭坛，委派亲王举行亚献礼；皇帝再次登上祭坛，宣读玉册，跪着祭奠结束，再次走下祭坛。亲王举行三献礼完毕，登上祭坛，饮供神的酒接受胙肉，送神完毕。皇帝登上祭坛，站立在小帷帐前。"邀请君王看燎祭的火光，礼仪严肃燔烧瘗埋各自依从方位。奉常官赞引命令随从官员们退下，官员们身上佩戴的环佩发出清脆的声音，此时夜深还未到天明。"祭礼所用的币帛、玉册等，都从祭坛的酉阶运下，出南壝门外。距离祭坛百步远有燎炉，高一丈多，像明禋礼，有人高声喊喝将这些祭祀仪物送入燎炉中焚化。

其郊坛三层四阶，有十二龛灯、十二宫神，内外壝俱设神位，每位一板位、一烛、一爵、一矮卓，置牺牲二、笾豆一，币各差。陪祀官及奉常吏赞礼焚燎讫①，宫架乐止，鼓吹未作，坛下肃然，惟闻轻风环佩声，恍若天仙下临，清雅之甚。维时近侍、禁卫、快行以灯烛二三百枝列成围子②，照如白日。上登安辇，幸大幄更衣。奏请升大安辇，辇如玉辂制度，无轮。"云龙耀叶叠三层，藤织金花御座新。十四穗球珠间结，四垂大带耀辉人。"此辇按唐制，合用五番，辇官四百五十人，服色如挟辂卫士同。以教乐所伶工在外壝东门排列，奏乐导引。驾回青城殿，受礼成贺。"桦焰光随万烛明，大安宝辇入端诚。百僚拜舞丹墀下，震地仙韶贺礼成。""前后钲铙奏礼成，导随法驾返青城。纯音直彻云霄外，疑是钧天广乐声③。"

【注释】

①赞礼：祭祀典礼时司仪唱读仪式叫人行礼。
②围子：帝王巡幸时的仪卫。
③钧天广乐：天上的音乐。钧天，天的中央。

【译文】

郊祀的祭坛有三层台阶四个层级,设有十二盏龛灯、十二位宫神,内外墙都设置了神位,每个神位有一块牌位、一支蜡烛、一个酒爵、一张矮桌,桌上放置两头祭祀用的牲畜、一个笾豆,还有数量不等的钱币。陪祀官以及奉常吏赞礼焚燎结束,宫架乐停止演奏,鼓吹此时尚未演奏,祭坛下一片肃然,只能听到轻风吹动环佩碰撞发出的声音,恍若天仙降临,十分清雅。当时,近侍、禁卫、快行用二三百个灯烛列成围子,灯光照耀,如同白天一样明亮。皇帝登上安辇,前往大帷帐更衣。有人奏请皇帝升坐大安辇,大安辇的制作像玉辂,没有车轮。"大安辇顶部装饰着重叠三层的云龙纹的耀叶,藤编的御座上装饰着金花,显得格外崭新。辇上十四个穗的球珠交错悬挂着,四条垂下的大带在阳光下闪耀着辇周围的人。"大安辇按照唐朝的制度,应该使用五拨人,四百五十名辇官,辇官的服装颜色与护卫玉辂两侧的卫士服装颜色一样。让教乐所的伶工们在祭坛外墙的东门排列好,演奏音乐引导大安辇。御驾返回青城殿,皇帝接受文武百官的礼拜祝贺祭祀完成。"桦树枝燃烧的火焰与上万支蜡烛的光芒交相辉映,在一片光亮中,皇帝乘坐的大安宝辇进入端诚殿。文武百官都在宫殿的红色台阶下向皇帝行拜舞礼,震动天地的仙韶乐,祝贺皇帝祭礼完成。""钲铙齐鸣标志着祭礼圆满完成,引导着众人跟法驾返回青城。祭祀仪式中演奏的音乐纯净而高远,声音直接响彻云霄之外,让人怀疑是天上的音乐声。"

上幸端诚殿,宰执、百官拜舞庆礼成,枢臣"宣制班庭尽鞠躬,履兹新庆与卿同。臣心归美将何报,愿祝君王寿亿穹"。百官班退。"法宫邃密护重帘①,跪执牙牌奏解严。班卷驾行莲炬暖,礼容犹自耸观瞻。"

【注释】

①法宫:正殿,古代帝王处理政事之处。

【译文】

皇帝驾临端诚殿,宰执、文武百官向皇帝行拜舞礼,庆贺祭礼完成,枢密院大臣"在殿前宣读皇帝的制书,文武百官都向皇帝鞠躬行礼。皇帝称恰逢祭祀成功,朕与众卿同乐。大臣们内心都将祭祀成功归于皇帝,将如何报答圣恩,唯愿祝贺君王万寿无疆"。文武百官们下朝散班。"皇帝所居的宫殿庄严肃穆,深邃严密,重帘低垂。官员们手执牙牌,跪奏解除戒严状态。官员们依次排列好,跟随在皇帝车驾后面,手持莲花烛炬的侍从跟随其后,营造出一种温暖的氛围。尽管祭祀礼已经结束,但祭祀整个过程的礼仪和规模依然令人印象深刻,引人注目。"

天明,仪仗、卤簿甲骑卷班回丽正门①。上登大安辇,左右二御药侍立,前有教乐所伶工作乐,后有钧容直及部伍鼓吹后从。上升辇,辇前侍中一员奏升降承旨。"紫坛彻后驾还宫,黄牒前期命侍中②。密扈衮衣升降处,辂前承旨示恩隆。"五辂从辇后回丽正门,上至内门里降辇,平章、宰执、百官立班于门下伺候。上登楼临轩,立金鸡竿放赦③,如明禋礼同。太皇"垂帘设幄内庭旁,慈母亲来看嗣皇。忽奉起居仍问劳,往来互遣贵貂珰④。""钦看回鸾报六宫⑤,内东帘幕舞翔龙。大安辇上瞻天表⑥,熙事圆成尚正容⑦。"

【注释】

①卷班:宋元朝拜皇帝时的一种制度。宋代垂拱殿常朝,群臣于殿庭皆有固定班位,朝拜皇帝之后,宰执上殿,余官则按先后顺序各随班首迤逦而退,谓之卷班。(宋)叶梦得《石林燕语》卷七:"起

居毕,宰执升殿,尚书以次各随其班,次第相踵,从上卷转而出,谓之卷班。"
② 黄牒:宋代任命状的一种。宋制,凡委任官员,有品者给告身;无品者及临时差遣,不论职任轻重,皆给黄牒。敕授者由中书省、吏部奏授者由门下省颁给。
③ 放赦:释放赦免。
④ 貂珰:汉代中常侍所戴的帽子。后以宦官为中常侍,故称宦官为"貂珰"。
⑤ 回銮:帝王及后妃的车驾为"銮驾",因称帝、后外出回返为"回銮"。
⑥ 天表:天子的仪容。
⑦ 熙事:吉祥的事。熙,通"禧",吉祥。

【译文】

天亮,仪仗、卤簿的重甲骑兵散班回到丽正门。皇帝登上大安辇,左右两名御药侍立,辇前面有教乐所伶工演奏音乐,辇后面有钧容直以及部伍鼓吹跟随。皇帝登上辇,辇前面有一名侍中上奏升降逢迎意旨。"祭祀结束后,皇帝从祭祀的紫坛上回驾还宫。祭祀开始前,皇帝通过黄牒任命侍中来负责相关事务。侍从等官员严密扈从在车驾周围,并在皇帝升降御辇时提供协助。在辂前官员们接受皇帝的圣旨,体现了皇帝对官员们的恩宠。"五辂跟在大安辇后面返回丽正门,皇帝到达内门里下辇,平章事、宰执、文武百官在门下立班等候皇帝。皇帝登上楼靠近轩窗,树立金鸡竿宣布赦令,像明禋礼一样。皇太后"在内庭旁边设置了垂帘和帷幄,慈爱的皇太后亲自到帷幄中来看望新任皇帝。皇太后突然派人前来问候皇帝的起居,并询问皇帝辛劳与否,皇太后与皇帝互相派遣高级宦官往来传递消息"。"皇帝返回宫中的消息被传递给六宫,内宫东侧的帘幕下,舞者翩翩起舞,像舞动的翔龙。皇帝乘坐大安辇,众人瞻仰皇帝的龙颜,祭祀仪式圆满完成,皇帝还保持着庄重的面容。"

卷六

十月

【题解】

本条简单记述了农历十月间杭州君臣百姓的活动。农历十月天气尚不十分寒冷,甚至还有一两朵花开。本月初一日,朝廷赏赐宰执以下官员各色锦,用于制作锦袄,并穿着上朝三日。君臣士庶会在十月节祭扫坟茔。随着天气日渐转冷,朝廷开始准备炭火取暖,寺院设开炉斋,杭州人也会借着开炉的机会举行宴饮活动。

十月孟冬①,正小春之时②,盖因天气融和,百花间有开一二朵者,似乎初春之意思,故曰"小春"。月中雨,谓之"液雨"③,百虫饮此水而藏蛰;至来春惊蛰④,雷始发声之时,百虫方出蛰⑤。

【注释】

①孟冬:冬季的第一个月,农历十月。
②小春:阴历十月,因天气温暖如春而得名。
③液雨:旧俗以立冬后壬日为入液,至小雪为出液。此时之雨谓之"液雨"。又称"药雨"。

④惊蛰：古名"启蛰"，为了回避汉景帝之名刘启，故而改为惊蛰。二十四节气之一。此时气温上升，土地解冻，春雷始鸣，蛰伏过冬的动物惊起活动。

⑤出蛰：结束冬眠，出来活动。

【译文】

农历十月，正是小春时节，因为天气和煦温暖，百花中偶尔有一两朵开放的，似乎有初春的意思，所以称之为"小春"。十月中下雨，称之为"液雨"，虫子们喝了此雨水后冬眠；等到来年春天惊蛰，春雷开始轰鸣的时候，各种虫子方才结束冬眠，外出活动。

朔日，朝廷赐宰执以下锦，名曰"授衣"。其赐锦花色，依品从给赐。百官入朝起居，衣锦袄三日①。士庶以十月节出郊扫松②，祭祀坟茔。内庭车马差宗室南班，往攒宫行朝陵礼。有司进暖炉炭。太庙享新③，以告冬朔。诸大刹寺院设开炉斋供贵家④。新装暖阁，低垂绣幕。老稚团圞⑤，浅斟低唱，以应开炉之序。

【注释】

①锦袄：锦制的袄。袄，短于袍而长于襦的有衬里上衣。

②扫松：扫墓。因为墓地多植松树，故称之。

③享新：将新的祭品、珍品献给祖先。

④开炉斋：十月一日是冬季的开始，宋代于这一天点燃炉子，以御冬寒。人们还要举行"暖炉会"，寺院则设"开炉斋供"，礼仪十分隆重。（宋）孟元老《东京梦华录》卷九《十月一日》："有司进暖炉炭，民间皆置酒作'暖炉会'也。"

⑤老稚(zhì)：老人和小孩。团圞(luán)：圆貌。

【译文】

农历十月初一日,朝廷赏赐宰执以下官员锦缎,称之为"授衣"。朝廷所赏赐的锦缎的花色,依照官员的官品给赐。文武百官入朝向皇帝行起居礼,穿锦袄三天。士人和普通百姓在十月节出郊扫墓,祭祀坟茔。派遣宗室南班成员乘坐大内的车马前往攒宫祭拜。相关部门进呈暖炉炭。太庙献祭新的祭品,向历朝祖先告知寒冬第一天的到来。各大寺院设置开炉斋供应权贵人家。新安装的暖阁,低低地垂着带有刺绣的帘幕。老人和小孩们环聚在一起,人们慢慢地饮酒轻声吟唱,以顺应开始用暖炉的季节。

立冬

【题解】

本条简单介绍了立冬时节南宋朝廷与士民的一些活动。立冬这一天，南宋朝廷会派遣官员祭祀神州地祇、天神太乙。十五日是道教水官解厄之日，宫观会为士庶举行各种斋醮活动。立冬之后，如果遇到天寒降雪，朝廷会支钱赏赐军民，免除一部分公私房租。(宋)孟元老《东京梦华录》卷九《立冬》简要描述了北宋都城开封立冬时君民的活动。由于开封地处北方，立冬时天气已经十分寒冷，所以无论皇帝还是普通民众都在立冬前大量储存过冬蔬菜，这展现了南北方气候差异下人们的不同活动。

立冬日，朝廷差官祀神州地祇①、天神太乙。十五日，水官解厄之日②，宫观、士庶设斋建醮，或解厄，或荐亡。立冬之后，如遇瑞雪应序③，朝廷支给雪寒钱关会二十万④，以赐军民。官放公私赁钱五七十⑤，以示优恤。

【注释】

①神州地祇：神名。为神州大地之神。

②水官：道教信奉的天、地、水三神官之一。道经称：天官赐福，地官赦罪，水官解厄。解厄：解救危难。

③瑞雪：冬季应时的雪，因可以杀死害虫，使作物丰收，故称为"瑞雪"。

④雪寒钱：指在下雪天气严寒的日子，朝廷为百姓发放钱会，以缓解生活压力。关会：南宋纸币关子、会子的合称。

⑤五七十：五七十文钱。此处并非指精确的钱数，而是一个大概的钱数范围。

【译文】

立冬这一天，朝廷派遣官员祭祀神州地祇、天神太乙。农历十月十五日，正是道教水官解救人们危难之日，宫观和士人百姓举办斋醮，或是为了解救危难，或是为了超度亡者。立冬之后，如果遇到应节气天降大雪，朝廷会拨付二十万关子、会子，称作"雪寒钱"，用来赏赐军民。同时，官府下令免除公私房租五七十文钱，以表示朝廷优待体恤民众。

孟冬行朝飨礼遇明禋岁行恭谢礼

【题解】

本条描述了南宋时孟冬朝飨礼和恭谢礼后的皇帝赐宴，重点记录了皇帝对各级官员的赐花。按照惯例，皇帝在孟冬（即农历十月，冬季的第一个月）上旬举行朝飨礼，通常在景灵宫或太庙进行，届时皇帝会亲自祭拜祖先，以表达对先祖的敬意。如果孟冬礼遇到举行"明禋"（指明堂礼）的年份，皇帝会在朝飨礼的次日举行恭谢礼，以感谢天地神灵的庇佑。届时文武百官向皇帝行礼完毕后，都会在学士院等待皇帝御驾出发，然后皇帝乘辇，教乐所伶人们在前面奏乐开道，舆辇后面是钧容直演奏鼓吹，一行人浩浩荡荡前往景灵宫行礼。祭祀完毕，皇帝会在景灵宫西斋殿赐宴文武百官。前宴结束后，皇帝会下令赐群臣簪花，甚至随驾的卫士等也都一并赐花。簪花的数量和种类根据官员的职位有所不同。宴会结束，皇帝车驾返回大内，犒赏食物予众人。除了记述朝飨礼和恭谢礼的礼仪过程，本条还记录了四首歌颂恭谢礼的词。虽然这几首词的作者不详，但通过文学手法描述了恭谢礼的仪式，让读者对这一仪式有更生动形象的理解。

每岁孟冬，例于上旬行孟冬礼。遇明禋，行恭谢礼①。系先一日朝飨，次日方行恭谢。百官与宰相起居，在学士院伺候驾出景灵宫。"待旦催班入帝廷,殿中椽烛彻空明②。卫军拱立听宣辇,华炬金莲引驾行。"驾前教乐所伶工导行作乐,逍遥辇后钩容直动鼓吹从后③,诣景灵宫行恭谢礼。礼成,就西斋殿赐平章、执政、亲王、百官宴,盏次、食品并如朝会、圣节同。凡群臣饮量,内侍先奏定,酒斟浅深,每盏用平尺量分数,各有定数,不得留残。

【注释】

①恭谢礼:(宋)赵昇《朝野类要》卷一《典礼·恭谢》:"大典礼之后,车驾诣景灵、太乙两宫,行恭谢之礼。"
②椽(chuán)烛:如椽之烛,形容烛粗大。
③钩容直:宋时从禁军中选拔组成的仪仗乐队。

【译文】

每年农历十月,按照惯例在上旬举行孟冬礼。遇到明禋,则举行恭谢礼。恭谢礼前一天祭祀宗庙,次日方才举行恭谢礼。届时文武百官与宰相向皇帝行起居礼,在学士院等候圣驾前往景灵宫。"天快亮时官员们被催促着排队入朝,大殿中像椽一样大的燃烧的蜡烛照亮了整个空间。卫士拱手而立,等待皇帝车驾的到来,而华丽的蜡炬和金饰莲花形灯炬引导着皇帝的车驾前行。"皇帝车驾前面是教乐所的伶工们,他们一边引导车驾前行一边演奏音乐,皇帝乘坐的逍遥辇后面,跟随着钩容直演奏鼓吹,一同前往景灵宫举行恭谢礼。祭祀结束,皇帝就在西斋殿为平章事、执政、亲王、百官赐宴,宴会酒盏的次数、食品都与朝会、圣节相同。凡群臣的饮酒量,宦官先奏请决定,酒斟的浅深,每盏用平尺量好容量,各自有定数,不得剩余残酒。

前筵毕,上降辇转御屏,百官小歇,传宣赐群臣以下簪花,从驾卫士、起居官、把路军士人等并赐花。检《会要》:"嘉定四年十月十九日降旨:遇大朝会、圣节大宴,及恭谢回銮,主上不簪花。"又条具:"遇圣节、朝会宴,赐群臣通草花①。遇恭谢亲飨,赐罗帛花②。"其臣僚花朵,各依官序赐之:宰臣、枢密使合赐大花十八朵、栾枝花十朵③;枢密使、同签书枢密使院事④,赐大花十四朵、栾枝花八朵;敷文阁学士赐大花十二朵⑤、栾枝花六朵;知閤官系正任承宣⑥、观察使,赐大花十朵、栾枝花八朵;正任防御使至刺史⑦,各赐大花八朵、栾枝花四朵;横行使副赐大花六朵⑧、栾枝花二朵;待制官大花六朵⑨、栾枝花二朵;横行正使赐大花八朵、栾枝花四朵;武功大夫至武翼赐大花六朵⑩,正使皆栾枝花二朵;带遥郡赐大花八朵⑪、栾枝花二朵;閤门宣赞舍人大花六朵,簿书官加栾枝花二朵⑫,閤门祗候大花六朵、栾枝花二朵;枢密院诸房逐房副使、承旨大花六朵;大使臣大花四朵⑬,诸色祗应人等各赐大花二朵。自训武郎以下⑭、武翼郎以下并带职人⑮,并依官序赐花簪戴。快行官帽花朵细巧,并随柳条。教乐所伶工、杂剧色浑裹上高簇花枝⑯,中间装百戏,行则动转。诸司人员如局干、殿干及百司下亲事等官⑰,多有珠翠花朵装成花帽者。惟独至尊不簪花⑱,止平等辇后两黄罗扇影花而已。

【注释】

①通草花:用通草制作的花。

②罗帛花:用罗帛制作的人造花,色泽艳丽,成本较高,一般用于春

秋两次宴会、大礼后恭谢、上元游春等。

③栾枝：一种常见的园林造景植物，与"小桃红"类似，不同之处在于栾枝的花长在梗上，花较小，花瓣多。

④同签书枢密使院事：职事官名。南宋时广为除授。为枢密院副贰，佐枢长治本院事。官品未详，位次签书枢密院事，居于枢密院副贰之末。

⑤敷文阁学士：职名。南宋高宗绍兴十年（1140）始置。从三品。位于徽猷阁直学士之下。无职事，备侍从、顾问，得之者为荣。南宋时多为六部侍郎、权尚书、御史中丞补外贴职。

⑥正任承宣：宋代承宣使、观察使、防御使、团练使、刺史皆无实际职掌，仅为武臣迁转之阶，凡不带阶官者为正任，否则为遥郡。正任能参预朝谒御宴，遥郡则否。正任按其品级依次迁转，遥郡则按其阶官迁转。承宣使，正任武阶名，正四品。

⑦刺史：正任武官阶。宋初，上州刺史从三品、中州刺史正四品、下州刺史正四品下。宋神宗元丰改制后为从五品。正任六阶中，位于末阶。

⑧横行：武阶总名。为武臣、内侍迁转之阶。北宋前期，横行阶包括内客省使、客省使、引进使、四方馆使、东上阁门使、西上阁门使、客省副使、引进副使、东上阁门副使、西上阁门副使等。宋徽宗政和二年（1112），改武选官名，横行阶易为十二阶，后增为十三阶。

⑨待制官：职名。唐太宗命京官五品以上，更宿中书、门下两省，以备访问。唐高宗永徽年间，命弘文馆学士一人，日待制于武德殿西门。唐睿宗文明元年（684），诏京官五品以上清官，日一人待制于章善、明福门。先天末年，又命朝集使六品以上二人，随仗待制。永泰年间，崔祐辅为相，建议文官一品以上更直待制。其后著令，正衙待制官日二人。宋因其制，于殿、阁均设待制之官，典守文物，位在学士、直学士之下。

⑩武功大夫：武阶名。属诸司正使八阶列。北宋徽宗政和二年（1112）九月二十五日，由皇城使改。南宋高宗绍兴年间，厘定为入品武阶五十二阶之第十五阶，规定非军功不得由武功大夫转至右武大夫以上阶。为正七品官。武翼：即武翼大夫。武阶名。属诸司正使八阶列。北宋徽宗政和二年，由供备库使改。南宋高宗绍兴年间，厘定为入品武阶五十二阶之第二十二阶，位在武义大夫之下。正七品。

⑪带遥郡：指武臣在未获得实际地方行政职务的情况下，遥领未统一地区州府的防御使、团练使、刺史等官职。这种遥领的官职被称为"遥郡"，其主要作用是作为武官的叙迁阶官，用于提升武官的品级和地位。遥郡的等级从低到高依次为刺史、团练使、防御使、观察使、节度观察留后。武官在升迁过程中，通常会先获得遥郡官职，然后再逐步升迁至正任官。遥郡官职虽然没有实际的行政权力，但具有一定的象征意义和经济待遇。此外，遥郡官职也可以作为武官的荣誉性称号，显示其资历和地位。需要指出的是，遥郡官职必须通过特旨落阶才能转为正任官。

⑫簿书官：中国古代与文书、簿籍管理相关的一类官员的总称。其职责和名称在不同历史时期有所变化。簿书官主要负责文书处理的事务性工作，但对于维护官府的正常运转和行政管理起到了关键作用，是各级官府中不可或缺的行政支持人员。

⑬大使臣：武阶总名。为武臣、内侍迁转官阶。大使臣之名始于北宋太宗创置内殿崇班后。大使臣包含的武阶，不同《官品令》有不同的规定。

⑭训武郎：武阶名。属大使臣二阶列。北宋徽宗政和二年（1112），内殿承制改名敦武郎。南宋绍兴年间厘定为入品武阶五十二阶之第四十三阶，位在武翼郎之下。正八品。光宗朝避光宗讳，改为训武郎。

⑮武翼郎：武阶名。属诸司副使八阶列。北宋徽宗政和二年由供备库副使改。南宋高宗绍兴年间，厘定为入品武阶五十二阶之第四十二阶，位在武义郎之下。从七品。带职：在本职之外兼领他职。
⑯浑裹：一种古代的巾帽，主要用于教坊和杂剧演员佩戴。
⑰局幹、殿幹："局幹办公事""殿幹办公事"的缩写。幹办公事，原作"勾当公事"，南宋避宋高宗（赵构）讳改，是诸路监司的属官。（宋）徐度《却扫编》卷下："旧制：诸路监司属官曰'勾当公事'。建炎初，避今上嫌名，易为'幹办'。时军兴，一切所置，官司数倍平时而皆有属官，所置纵横，有题于传舍者曰：'北去将军少，南来幹办多。'"
⑱至尊：至高无上的地位。用作皇帝的代称。

【译文】

前筵结束，皇帝降辇转回到御屏后面，百官稍作歇息，皇帝传旨赏赐群臣以下簪花，从驾的卫士、起居官、把路军士人等一并赐花。翻检《会要》记载："宋宁宗嘉定四年十月十九日皇帝降旨：遇到大朝会、圣节大宴，以及恭谢回銮，皇帝不簪花。"又分条陈述："遇到圣节、朝会宴会，赏赐群臣通草花。遇到皇帝恭谢宗庙，赏赐群臣罗帛花。"赏赐臣僚的花朵，依照官员等级次序赏赐：宰臣、枢密使合赐大花十八朵、栾枝花十朵；枢密使、同签书枢密使院事，赏赐大花十四朵、栾枝花八朵；敷文阁学士赏赐大花十一朵、栾枝花六朵；知閤官系正任承宣、观察使，赏赐大花十朵、栾枝花八朵；正任防御使至刺史，各自赏赐大花八朵、栾枝花四朵；横行使副赏赐大花六朵、栾枝花二朵；待制官大花六朵、栾枝花二朵；横行正使赏赐大花八朵、栾枝花四朵；武功大夫至武翼赏赐大花六朵，正使皆栾枝花二朵；带遥郡赏赐大花八朵、栾枝花二朵；閤门宣赞舍人大花六朵，簿书官加栾枝花二朵，閤门祗候大花六朵、栾枝花二朵；枢密院诸房逐房副使、承旨大花六朵；大使臣大花四朵，诸色祗应人等各自赏赐大花二朵。自训武郎以下、武翼郎以下并带职人，一并依照官员等级次序赐花簪戴。快行官帽花细巧，同时还有柳条。教乐所的伶工、杂剧色浑裹上面是高高簇拥的花枝，中间安装百戏，行动的时候百戏就会动转。诸司人员像局幹、殿幹以及百司下亲事等官，大多用珠翠花朵装饰成花帽。唯独皇帝不簪花，只是平辇后面有两个黄罗扇影花罢了。

都人瞻仰天表，御街远望如锦。向有朝臣吟二十八字曰："景灵行驾到和宁，头上宫花射彩云。归向慈严夸盛事①，誓殚忠力报吾君。"又有恭谢一二词咏之，名《满庭芳》："凤阁祥烟，龙城佳气，明禋恭谢时丰。绮罗争看，帘幕卷南风。十里仙仪宝仗，暖红翠，玉碾玲珑。銮回也，箫韶缓奏②，声在五云中③。千官迎万乘，丝纶叠叠④，锦绣重重。听鸣鞘辇路⑤，宴罢鳌宫⑥。瞻仰天颜有喜，君恩霈，寰宇雍容。生平愿，洪基巩固⑦，圣寿永无穷。"

【注释】

① 慈严：指父母。古代称自己的父母分别是家严、家慈。
② 箫韶：舜制作的乐曲。泛指美妙的音乐。
③ 五云：五色瑞云，多作吉祥的征兆。
④ 丝纶：帝王诏书。语出《礼记·缁衣》："王言如丝，其出如纶。"孔颖达疏："王言初出，微细如丝，及其出行于外，言更渐大，如似纶也。"
⑤ 稍（shuò）：古代兵器。长矛，槊。
⑥ 鳌（áo）宫：指禁中宫殿。因宫殿陛石镌刻巨鳌，故名。
⑦ 洪基：大业，多指世代相袭的帝业。

【译文】

行都的人们瞻仰皇帝的龙颜，御街远远望去如同锦绣一般。从前有朝臣吟诵二十八字诗句："皇帝从景灵宫移驾到和宁门，头上插的宫花直对着彩云。回来向父母夸耀祭祀盛事，发誓竭尽忠心报答我的君主。"还有一两首关于恭谢之事的词，词牌名字是《满庭芳》："华丽的楼阁中弥漫着祥瑞的烟气，行都中浮动着美好的云气。皇帝用明洁诚敬的礼仪举行祭祀，感谢上天赐予的丰收。人们身着华丽的衣裳争相展示，车驾的帘幕在南风中轻轻卷起。十里长的仪仗队伍像神仙一般，红车驾装饰华丽，红色和翠绿色的装饰品在阳光照耀下闪着亮光，玉石装饰品精巧玲珑。皇帝銮驾返回，美妙的音乐舒缓地演奏，乐声仿佛飘荡在五色祥云中。众多官员们前来迎接圣驾，皇帝颁布的诏书一份接一份，文采飞扬。听到槊敲击的声音，是在为玉辇开路。皇帝在宫中设宴庆祝，宴会结束。臣民瞻仰皇帝的龙颜十分喜悦，感受到皇恩浩荡，天下太平。生平的愿望，就是希望国家长治久安，皇帝万寿无疆。"

《庆清朝》："银漏花残①，红消烛泪。九重鱼钥，韶声沸。奏万乘祥曦门外②。盖圣君恭谢灵休③，谨防景明嘉礼。天意好，祥风瑞月，时正当小春天气。禁街十里香中，御辇万红影里。千官花底，控绣勒，宝鞭摇曳。看万年，永庆吾皇，撚指又瞻三载④。"

【注释】

①银漏：银饰的漏壶。漏，漏壶，古代的一种计时仪器。
②万乘：指皇帝。周代制度规定，天子地方千里，能出兵车万乘，因以"万乘"指天子、帝王。
③灵休：神灵的福佑。
④撚（niǎn）指：犹弹指，形容时间过得很快。

【译文】

《庆清朝》:"在银饰漏壶的水滴声中,花朵凋谢,红烛燃尽,流下如泪般的烛油。皇宫中九重宫门开启,伴随着鱼形锁钥的开启声响,人们欢声雷动。宫门外,在吉祥的阳光下,为皇帝演奏祥瑞的音乐。圣明的君王恭敬地感谢神灵的福佑,谨慎地举行光明祥瑞的礼仪。天意美好,祥风和瑞月相伴,此时正当小春天气。禁街上弥漫着花香,皇帝乘坐的御辇在万花丛中缓缓前行。众多官员站在花丛中。手持华美的缰绳和宝鞭,祝愿我们的皇帝万年长寿,并期待下一个三年庆典转瞬便来。"

《御街行》:"时康三载升平世,恭谢三朝礼①。群臣禁卫戴花回,龊巷儿郎精锐②,战袍新样团雕拥,重隘围子队。绣衣花帽挨排砌,锦仗天街里。有如仙队玉京来③,妙乐钧天盈耳。都民观望时,果是消灾灭罪。"

【注释】

①三朝礼:指正旦礼。三朝,正月一日,为岁、月、日之始,故曰三朝。
②龊(chuò)巷:街巷戒严。
③玉京:道家称天帝所居之处。

【译文】

《御街行》:"国家已经连续三年处于太平盛世,皇帝举行盛大的朝会礼仪来表示庆祝。群臣和禁卫都佩戴着皇帝赏赐的花朵,从朝会返回。负责街巷戒严的年轻将士们个个精神抖擞,装备精良,他们身上穿着新式战袍,战袍上面绣着精美的团雕图案。士兵队伍整齐,层层围护。官员们身着华丽的绣衣,头戴花帽,整齐排列在街道两旁。天街上,仪仗队排列整齐,锦旗飘扬。整个场景就像神仙队伍从天而降,美妙的音乐如同是天籁之音,充满人的耳中。行都的百姓围观这场盛大的庆典,认为这场仪式能够消除灾难,带来祥瑞。"

《瑞鹤仙》:"欢声盈万户,庆景灵礼毕,銮舆游步。西郊暖风布,喜湖山深锁,飞烟飞雾,传收绣羽①,骅骝驰骤狨缕②。望肜芳,稳稳金銮,衮鸾翔舞。云驭近回天厩③,锡宴琼津,洪恩均顾。霞天向暮,翠华动④,舞韶举,绛纱笼千点,星飞清禁,银烛交辉辇路。瑞光中,渺祝无疆,太平圣主。"车驾还内,"后妃殿阁蒙颁犒,饼胾高装数百重⑤。均给随銮禁卫士,狼餐皆有喜欢容。"

【注释】

① 绣羽:指鸟类美丽的羽毛,此处指带有鸟羽头饰的卫兵。
② 骅骝(huá liú):周穆王八匹骏马之一,后用以泛指红色的骏马。狨(róng):动物名。即金丝猴。原为"绒",据《学津讨原》本、明抄本、天一阁本、清翁校抄本改。
③ 云驭:谓驭云而行,传说仙人以云为车。天厩(jiù):皇帝养马的地方。厩,马棚。
④ 翠华:天子仪仗中以翠羽为饰的旗帜或车盖,用作御车或帝王的代称。
⑤ 胾(zì):切成大块的肉。

【译文】

《瑞鹤仙》:"欢声笑语充满了千家万户,祭祀景灵宫的礼仪结束,皇帝乘坐的銮舆开始漫步西郊。西郊暖风轻拂,湖光山色被云雾缭绕,营造出一种如梦如幻的仙境,让人不禁心生欢喜。皇帝传旨卫兵收队,羽林军和骏马奔驰。皇帝的銮舆在阳光照耀下看过去显得格外庄严,仿佛有鸾鸟在空中飞翔舞蹈。皇帝的车驾像驾驶着云一样快,返回到御马厩,皇帝举行盛大的宴会,皇恩遍及众人。傍晚时分,天空被晚霞染红,皇帝的仪仗缓缓移动,韶乐开始演奏。此时绛纱灯笼点亮,万千点烛光,如同繁星飞舞,银烛的光芒与之交相辉映,照亮了舆辇前进的道路。在一片祥光中,人们默默地祝愿皇帝万寿无疆,是太平圣主。"车驾返还大内,"后妃的殿阁中的宫人得到了皇帝颁发的犒赏,饼和切成大块的肉高高地装满,有数百层之多。犒赏的食物也平均分给随从銮舆的禁卫士兵,士兵们狼吞虎咽地吃着饼和肉,所有人都满心欢喜面露喜悦,感谢皇帝的赏赐"。

十一月冬至

【题解】

本条记述了农历十一月冬至南宋杭州的风俗和礼仪。冬至是中国传统二十四节气之一，通常在农历十一月，标志着太阳直射点最接近南回归线，白天最短、夜晚最长。在古代，冬至被视为重要的节日，有"冬至大如年"的说法。在南宋，无论士大夫还是平民百姓都非常重视冬至。冬至这一天，士大夫和庶民会互相赠送礼物，以示庆贺。宰相率领文武官员向皇帝行朝贺礼，皇帝命令宰执祭祀于圜丘，向太庙荐黍，一般人家也会备办饮食，祭祀祖先。官府会在冬至下令免除公私出租房三天房租，以示庆祝节日。冬至被古人视为"一阳复始"的重要时刻，象征着阳气的复苏和白昼的渐长。本条通过对冬至风俗的详细记载，展现了南宋杭州的社会风貌和文化传统。

十一月仲冬①，正当小雪②、大雪气候③。大抵杭都风俗，举行典礼，四方则之为师。最是冬至岁节，士庶所重，如馈送节仪④，及举杯相庆，祭享宗禋⑤，加于常节⑥，士庶所重。如晨鸡之际，太史观云气以卜休祥⑦，一阳后日晷渐长⑧，比孟月则添一线之功⑨。杜甫诗曰"愁日愁随一线长"⑩,正谓此也。此日,宰臣以下行朝贺礼⑪,士夫庶人互相为庆。太庙行荐黍之典⑫,朝廷命宰执祀于圜丘。官放公私僦金三日。车驾诣攒宫朝享⑬。

【注释】

①仲冬:冬季的第二个月,即农历十一月。处冬季之中,故称。
②小雪:传统二十四节气中的第二十个节气,时间在每年阳历11月22或23日。小雪节气的到来,意味着天气越来越冷,降水量渐增。中国古人将小雪分为三候:一候虹藏不见;二候天气上升地气下降;三候闭塞而成冬。
③大雪:传统二十四节气中的第二十一个节气,时间在每年阳历12月6日至8日。大雪节气象征着仲冬时节的正式开始,天气更冷,降雪的可能性比小雪节气更大。
④节仪:节日礼物。
⑤宗禋:祭祀祖宗。
⑥常节:正常的节律。
⑦休祥:吉祥的兆头。
⑧一阳:冬至后白天渐长,古代认为是阳气初动,故冬至又称"一阳生"。日晷(guǐ):日影,指时间。
⑨孟月:四季的第一个月,即农历正月、四月、七月、十月。
⑩杜甫诗曰"愁日愁随一线长":此诗题作《至日遣兴奉寄北省旧阁老两院故人》。全诗如下:"去岁兹辰捧御床,五更三点入鹓行。欲知趋走伤心地,正想氤氲满眼香。无路从容陪语笑,有时颠倒著衣裳。何人错忆穷愁日,愁日愁随一线长。"
⑪朝贺礼:文武百官等人上朝恭贺皇帝的一种礼仪。
⑫荐黍:献祭刚成熟的黍。
⑬朝享:宗庙之祭。

【译文】

农历十一月,正当小雪、大雪节气。大概行都杭州的风俗,每举行典礼,四方都以此为效法。冬至年节最重要,士人和普通百姓都很看重,比如人们馈送节日礼物,以及举杯相互庆祝节日,祭祀祖宗,比其他的节日更隆重,士人和普通百姓都很重视。比如早晨雄鸡报晓的时候,太史通过观察云气来占卜吉祥的兆头,冬至后日影逐渐拉长,比农历十月增添了极为细微的距离。杜甫的诗句"愁日愁随一线长",正是对此的描述。这一天,宰相以下官员向皇帝行朝贺礼,士大夫和普通百姓们互相庆贺。太庙举行祭礼,献祭刚成熟的黍,朝廷命令宰执在圜丘举行祭祀。官府免除公私出租房三天房租。皇帝车驾前往攒宫举行朝享礼。

十二月

【题解】

本条记述了农历十二月南宋杭州城君民的各种活动。本月是一年的最后一个月,也是天寒地冻时节。朝廷会根据天气情况,给军民发放钱币,免除杭州的部分房租,以减轻城内居民的负担,体现皇恩浩荡。本月人们仍然会搞庆祝活动。比如初八的腊八节,寺院准备腊八粥;二十四日,祭祀灶神;二十五日煮赤豆粥祭祀食神,还有月末的除夕。随着年末逐渐到来,杭州人会制作各种腊月食物和腊药,店铺里也会出售各种与年节相关的物品。总之,随着除夕的逐渐到来,杭州城的年味越来越浓。《东京梦华录》卷十《十二月》记载了北宋都城开封人在农历十二月的活动情况,文字与本条内容十分相似,很可能本条内容就是抄录自《东京梦华录》并略作修改。

季冬之月①,正居小寒②、大寒时候③。若此月雨雪连绵,以细民不易,朝廷赐关会,给散军民赁钱,公私放免不征。自冬至后戌日数至第三戌,便是腊日,谓之"君王腊"。腊月内可盐猪羊等肉,或作腊犯④、法鱼之类⑤,过夏皆无损坏。惠民局及士庶制腊药⑥,俱无虫蛀之患。

【注释】

①季冬:冬季的最后一个月,农历十二月。

②小寒:二十四节气中的第二十三个节气,也是冬季的第五个节气,标志着冬季时节的正式开始。每年公历的1月5日至7日间开始。小寒的意思是天气寒冷但还没有冷到极致的意思。

③大寒:农历二十四节气中的最后一个节气。时间是每年公历1月20日前后。大寒表示天气寒冷到极致,节气处于三九、四九,是一年中最寒冷的时节,也是一年中雨水最少的时期。

④腊犯:指腌制的猪肉。犯,为"豝"的俗字,本指母猪。因古代储存猪肉多腌制为干肉,故引申有干肉义。

⑤法鱼:指腊月腌制的鱼。《居家必用事类全集》巳集《淹藏鱼品》中记载了"法鱼"的做法:"好大鲫鱼,每十斤先净洗,控干一宿。破去肠肚胆,留子。鳞腮一方腮下切一刀,取,再拭干,别用炒盐二十四两、麦黄末十五两、神曲末二十两、川椒二两、莳萝一两半、马芹一两、红曲八两,右件拌为一处。入鱼腮实填满,有未尽物料入填鱼腹,并掺鱼身,又添入好酒浸没一二指,泥封固腊月造。""法鱼"之"法"为一种将食物加盐或调味品进行腌制的方法,宋代及后世沿用。

⑥惠民局:太平惠民和剂局的简称。(清)徐松辑《宋会要辑稿》职官二十七之六六:"惠民和剂局 高宗绍兴六年正月四日,语置药局以惠行在。太医局熟药东西南北四所为名,内将药局一所以和剂局为名,从户部侍郎王昊之请也。同日,诏和剂局置监官,文武各一员,差京朝官或大使臣依杂买场请熟药所,各差小使臣或选人一员除请受外,月支钱一十二贯,遇入局日支食钱二百五十文。"(宋)潜说友《咸淳临安志》卷九:"惠民和剂局,在太府寺内之右。制药以给惠民局,与暑腊药之备宣赐者。"腊药:指在腊月制作的药剂,是一种由多种药材调配,用红囊盛放互相馈赠

的节令礼物。《武林旧事》："医家亦多合药剂,侑以虎头丹、八神、屠苏,贮以绛囊,馈遗大家,谓之'腊药'。"宋代皇帝常将"腊药"作为时令礼物赐予大臣。(宋)崔与之《崔清献全录》卷九《宣赐腊药》:"嘉定十五年……今赐卿银合腊药,至可领也。"

【译文】

农历十二月,正是小寒、大寒节气。如果这个月雨雪连绵不停,考虑到平民百姓生活不容易,朝廷会赏赐关子、会子,给军民发放租金,免除公私租金不再征收。从冬至后的戌日往后数到第三个戌日,便是腊日,称之为"君王腊"。腊月里可以用盐腌制猪肉、羊肉,或者制作腊犯、法鱼之类,这些食物经过夏天都不会变质变坏。惠民局以及士人和普通百姓们都制造腊药,也都没有虫蛀的隐患。

此月八日,寺院谓之"腊八"。大刹等寺俱设五味粥①,名曰"腊八粥";亦设红糟,以麸②、乳、诸果、笋、芋为之,供僧或馈送檀施③、贵宅等家。

【注释】

① 五味粥:多种食材放在一起熬制而成的粥。五味,形容食材数量多,不一定是五种。(宋)孟元老《东京梦华录》卷十《十二月》:"是日,诸大寺作浴佛会,并送七宝五味粥与门徒,谓之'腊八粥'。都人是日各家亦以果子杂料煮粥而食也。"
② 麸(fū):小麦磨面过箩后剩下的皮。
③ 檀(tán)施:施主。

【译文】

这个月初八,寺院称之为"腊八"。大的佛寺都会在这一天准备五味粥,名叫"腊八粥";还会准备红糟,用麸、乳、各种果子、笋、芋做成,供给僧侣或者馈送给施主和权贵人家。

二十四日,不以穷富①,皆备蔬食饧豆祀灶②。此日市间及街坊叫买五色米食、花果、胶牙饧③、萁豆④,叫声鼎沸。其夜,家家以灯照于卧床下,谓之"照虚耗"⑤。

【注释】

① 不以:无论。

② 蔬食:素食。

③ 胶牙饧(xíng):即麦芽糖。饧,糖稀。

④ 萁(qí)豆:豆类植物,此处指用萁豆做成的食物。(明)宋诩《竹屿山房杂部》卷二十一《炒萁豆》:"清酒糟和水浸豆一宿,漉起眼略干,慢火炒,既大而脆,不必用沙也。"

⑤ 照虚耗:一种古代风俗,在十二月二十四日或除夕点灯照床下,以驱除秽邪鬼怪。(宋)孟元老《东京梦华录》卷十《十二月》:"二十四日交年,都人至夜请僧道看经,备酒果送神,烧合家替代钱纸,帖灶马于灶上。以酒糟涂抹灶门,谓之'醉司命'。夜于床底点灯,谓之'照虚耗'。"

【译文】

腊月二十四,不论穷人富人,都准备蔬食、饧豆祭祀灶神。这一天街市上以及街坊里叫卖五色米食、花果、胶牙饧、萁豆的声音鼎沸。当天晚上,家家户户都在卧室床的下面点燃灯照着,名叫"照虚耗"。

二十五日,士庶家煮赤豆粥祀食神,名曰"人口粥"①,有猫狗者,亦与焉。不知出于何典。考之此月虽无节序,而豪贵之家,如天降瑞雪,则开筵饮宴,塑雪狮,装雪山,以会亲朋,浅斟低唱,倚玉偎香②。或乘骑出湖边,看湖山雪景、瑶林琼树、翠峰似玉,画亦不如。诗人才子遇此景,则以腊雪煎茶，吟诗咏曲，更唱迭和。或遇晴明，则邀朋约友，夜游天街，观舞队以预赏元夕③。

【注释】

①人口粥：又称"口数粥"或"口数"。人口粥的配方中包含米、红豆、蔗糖等。（宋）范成大《腊月村田乐府十首》序："二十五日煮赤豆作糜，暮夜阖家同飨，云能辟瘟气，虽远出未归者亦留贮口分，至襁褓小儿及僮仆皆预，故名口数粥。"

②倚玉偎香：指同女子亲昵。

③预赏：指提前放灯，供人观赏。

【译文】

腊月二十五，士人和普通百姓人家都煮赤豆粥来祭祀食神，这种粥名叫"人口粥"，养有猫狗的人家，也会给猫狗喂食"人口粥"。这种做法不知道出于何种典籍记载。推求这个月虽然没有节令，但富豪权贵人家，如果遇到天降瑞雪，便会举行宴会开怀畅饮，塑造雪狮子，装饰雪山，会聚亲朋，悠闲自得地慢慢饮酒，低声吟唱，怀里拥着貌美的妓女，享受着美好时光。他们或是骑马前往西湖边，观赏湖山雪景，树林上一片银装素裹，青翠的山峰像美玉一般，画中的景象也比不上如此美景。诗人才子遇到这一美景，便用腊月天的雪来煎茶，吟诗唱曲，彼此之间互相唱和。如果遇到晴朗天气，他们便会邀约上朋友，晚上游览天街，提前观赏元宵节的舞队和花灯。

岁旦在迩①，席铺有货画门神桃符②、迎春牌儿，纸马铺印锺馗③、财马④、回头马等⑤，馈与主顾。更以苍术⑥、小枣、辟瘟丹相遗。如宫观羽流，以交年疏⑦、仙术汤等送檀施家⑧。医士亦馈屠苏袋⑨，以五色线结成四金鱼同心结子⑩，或百事吉结子,并以诸品汤剂送与主顾第宅,受之悬于额上,以辟邪气。

【注释】

①岁旦:一年的第一天。迩(ěr):近。

②货:卖。

③纸马铺:出售冥器冥钱香烛等的店铺。锺馗:中国传统民间吉神。相传锺馗是唐初人,满腹经纶,却因为相貌丑陋被剥夺状元功名,锺馗不忿之下撞柱而死。后唐玄宗梦中被恶鬼围攻,惊恐之际,锺馗现身救驾。唐玄宗醒后命画圣吴道子绘制锺馗画像置于卧室,从此不再做噩梦。后来民间便把锺馗奉作镇宅驱邪之神。

④财马:用黄纸印的财神画像。

⑤回头马:代表着转运和好运的到来。它预示着逆境将转为顺境,困局将得到破解。

⑥苍术(zhú):多年生草本植物,秋天开白色或淡红色的花,嫩苗可以吃,根肥大,可入药。

⑦交年疏:旧俗年节时僧尼道士送给施主的为其祈福的祝告文。

⑧仙术汤:指以苍术为主要成分的汤药,宋代腊月间道观常馈送施主。仙术汤之名,因其有辟邪的功效而名"仙"。中医药方名中,加"仙"字往往带有驱邪解毒的功效。仙术汤之"术"指其主要成分"苍术"。仙术汤最早见于宋代《太平惠民和剂局方》,是一种中医养生类药方。其记载的仙术汤成分包括苍术、枣、杏仁、麸、干姜、甘草、盐等。

⑨屠苏袋:盛放大黄、白术等辟邪药草的袋子。(明)高濂《遵生八笺》卷三《屠苏酒方》:"大黄(一钱)、桔梗、川椒(各一钱五分)、桂心(一钱八分)、乌头(六分炮)、白术(一钱八分)、茱萸(一钱二分)、防风(一两),以缝囊盛之悬井中。至元日寅时取起,以酒

煎四五沸,饮二三杯,自幼小饮起。"

⑩结子:用彩色绳线编制的工艺品。

【译文】

新的一年将近,店铺售卖绘制的门神桃符、迎春牌儿,纸马铺印制锺馗、财马、回头马等图画,赠送给主顾。还赠送苍术、小枣、辟瘟丹。像宫观的道士,将新旧岁交替之际的年疏、仙术汤等送给施主家。医生也赠送屠苏袋,用五色线结成四金鱼同心结子,或百事吉结子,还将各种汤剂送到主顾家,接受屠苏袋的人将其悬挂在门额上,用来辟邪气。

街市扑买锡打春幡胜①、百事吉斛儿②,以备元旦悬于门首,为新岁吉兆。其各坊巷叫卖苍术、小枣不绝。又有市爆杖、成架烟火之类。自此入月,街市有贫丐者,三五人为一队,装神鬼、判官、锺馗小妹等形③,敲锣击鼓,沿门乞钱,俗呼为"打夜胡"④,亦驱傩之意也⑤。

【注释】

①锡打春幡胜:类似于吊钱。

②百事吉斛儿:可能是壶瓶上扎束百事吉结子,如此方得悬于门首。

③锺馗小妹:(宋)赵叔向《肯綮录》:"皇祐中,金陵发一冢,有石志,乃宋宗悫母郑夫人,云有妹锺馗,便谓锺馗之设亦远,且明皇病中之梦,何足凭信。郑夫人之妹,偶然有此名耳,未必便为擒鬼者。今人家举动相效,何止此一事,但今人画锺馗,又画一女子于旁,谓之锺馗小妹,其讹至此。"

④打夜胡:是腊月时盛行于民间的一种驱邪逐疫的仪式。亦作"打野胡"。"夜胡""野胡"应为"野虐""邪呼"的讹写。"野虐"是驱逐鬼怪时的叫喊声。在驱鬼活动中,常常会伴有叫喊之声,所

以这种驱鬼的活动又被称作"野虐""邪呼"。

⑤驱傩:年终或立春时节驱鬼迎神赛会活动。(宋)高承《事物纪原》卷八《驱傩》:"《礼纬》曰:'高阳有三子,生而亡去为疫鬼,二居江水中为疟,一居人宫室区隅中善惊小儿。于是以正岁十二月,命祀官持傩以索室中而驱疫鬼。'……按《周礼》有大傩,汉仪有侲子,要之虽原始于黄帝而大抵周之旧制也。"

【译文】

街市上有扑卖锡打春幡胜、百事吉斛儿的,以备元旦悬挂在门口,作为新年的吉兆。各坊巷叫卖苍术、小枣络绎不绝。还有售卖爆仗、成架的烟火之类的。从这个月开始,街市上有乞丐三五人为一队,装扮成神鬼、判官、锺馗小妹等样子,敲锣打鼓,沿门讨钱,俗称"打夜胡",也是驱傩的意思。

除夜

【题解】

本条记述了南宋杭州除夕的风俗、礼仪和社会活动。除夕被视为一年的终结和新年的前奏,因此南宋杭州人不论贫富,家家户户都会在此日进行大扫除,洒扫门闾,去除尘秽,清洁庭户,以迎接新年的到来。此外,还会更换门神、挂锺馗像、钉桃符、贴春牌,并祭祀祖先。同时,宫廷中会举行盛大的驱傩仪式,由皇城司的士兵和教乐所的伶工扮演各种神祇,手持兵器和旗帜,驱逐邪祟,仪式结束后将邪祟"埋"于东华门外。宫廷内还会准备精巧的消夜果子盒,里面放置各种细果、蜜饯、糕点等食品,以及小巧的玩具和装饰品。并且禁中会燃放爆竹,举行烟火表演,声音震如雷鸣,热闹非凡。除夕当晚,无论贫富之家,都会围炉团坐,酌酒唱歌,通宵达旦,称为"守岁"。这种习俗象征着辞旧迎新,祈求新的一年平安吉祥。通过本条,我们可以了解到南宋宫廷与民间在岁末的互动,以及当时的社会生活状态。《东京梦华录》卷十《除夕》只用一两句话简单介绍除夕北宋都城开封人守岁,宫廷举行"埋祟"仪式。相比之下《除夜》虽然有文字残缺,但记载详细得多。

十二月尽,俗云"月穷岁尽之日①,谓之除夜②"。士庶家不论大小家,俱洒扫门闾,去尘秽③,净庭户,换门神,挂锺馗，钉桃符，贴春牌，祭祀祖宗。遇夜则备迎神香花供物，以祈新岁之安。

【注释】

①月穷岁尽：月底年终。

②除夜：即除夕。

③尘秽：污秽。

【译文】

农历十二月月末，俗称"月底年尽的日子，称作除夕"。士人和普通百姓家不论门户大小，都洒水打扫门庭，除去污秽，打扫干净庭院，更换门神，悬挂锺馗画像，钉桃符，贴春牌，祭祀祖宗。到了晚上则准备迎神的香花供物，以祈祷新年平平安安。

禁中除夜呈大驱傩仪①，并系皇城司诸班直戴面具，着绣画杂色衣装，手执金枪银戟、画木刀剑、五色龙凤、五色旗帜，以教乐所伶工装将军、符使②、判官、锺馗、六丁六甲神兵③、五方鬼使、灶君、土地、门神、户尉等神④，自禁中动鼓吹，驱祟出东华门外转龙池湾⑤，谓之"埋祟"而散。

【注释】

①禁中除夜呈大驱傩仪：驱傩在宋代有大傩仪、小傩仪之分。盛行于宫中的主要为大傩仪。据宋代人解释，大傩，意在"逐尽阴气为阳导也，今人腊岁前一日击鼓驱疫，谓之逐除是也"。

②符使：符官。即负责传递符节或执行命令的官员。在传统观念中，符使能够预测吉凶。

③六丁六甲：道教神名。"六丁"和"六甲"的合称。道教认为六丁

（丁卯、丁巳、丁未、丁酉、丁亥、丁丑）是阴（女）神，六甲（甲子、甲戌、甲申、甲午、甲辰、甲寅）是阳（男）神，为天帝所役使，能行风雷，制鬼神，道士可用符箓召请之"祈禳驱鬼"。

④户尉：也是门神的意思。道教称门神左者为门丞，右者为户尉。

⑤祟：鬼神的祸害。

【译文】

皇宫大内除夕夜表演大驱傩仪式，乃是皇城司诸班直戴着面具，身着五颜六色图画的衣服，手执涂金枪和涂银戟、绘着画的木刀剑、五色龙凤旗、五色旗，让教乐所伶工们装扮成将军、符使、判官、锺馗、六丁六甲神兵、五方鬼使、灶君、土地、门神、户尉等神，从大内演奏鼓吹，将祟驱赶出东华门外再转到龙池湾，称之为"埋祟"，然后队伍解散。

是日，内司意思局进呈精巧消夜果子合①，合内簇诸般细果、时果、蜜煎②、糖煎及市食③，如十般糖④、澄沙团⑤、韵果、蜜姜豉⑥、皂儿糕、蜜酥⑦、小鲍螺酥⑧、市糕、五色萁豆、炒榅栗⑨、银杏等品。及排小巧玩具、头儿、牌儿、贴儿。小酒器上插□□□□□□盒子中做造像生大安辇或玉辂、九□□□□□等。

【注释】

①消夜果子：宋代常将一种晚上吃的盒装什锦点心称为"消夜果子"。（宋）西湖老人《西湖老人繁胜录》："守岁饮酒，须要消夜果儿。每用头合底板，簇诸般采果、斗叶、头子、萁豆、市食之类。亦有中样合装者，名为消夜果儿，乃京城乡风如此。"据《武林旧事》记载，皇宫内制作的消夜果儿甚至由百余种点心组成，"后苑修内司各进消夜果儿，以大合簇钉凡百余种，如蜜煎珍果，下至花饧、

萁豆"。
② 蜜煎：原指中医中的一种治疗方法，后来用于食品制作，即用糖或蜂蜜煎制各种水果，偶尔也用于瓜蔬如姜、莲藕等。（宋）蔡襄《荔枝谱》专门记载了蜜煎的制作方法："蜜煎，剥生荔枝，榨去其浆，然后蜜煎之。予前知福州，用晒及半干者为煎，色黄白而味美可爱。"据《梦粱录》记载，南宋宫中有专门制作蜜煎的"意思蜜煎局""蜜煎库"，街市上还有"五间楼前周五郎蜜煎铺"。可见蜜煎在宋代的制作、销售都十分普遍，是一种在宫廷与民间均受欢迎的小吃。
③ 糖煎：糖渍果品。
④ 十般糖：十种不同的糖。本书卷十三："有标竿十样卖糖，效学京师古本十般糖。"
⑤ 澄沙团：可能是过滤后较细腻的豆沙做的糕团。
⑥ 蜜姜豉：一种甜品，混了蜜的肉冻。姜豉，即肉冻。选取带皮的猪肉，加水炖至肉烂汤稠，熄火后放置一段时间，使之凝结成块，肉质紧实，口感爽滑略弹。把切好的肉冻浇上辣姜蓉与豆豉酱汁就是姜豉了。因为制作时味香浓厚，汤汁凝冻，似豆豉而得名。（宋）陈元靓《岁时广记》卷十五《冻姜豉》引宋吕希哲《岁时杂记》："寒食煮豚肉，并汁露顿，候其冻取之，谓之'姜豉'，以荐饼而食之。或剡以匕，或裁以刀，调以姜豉，故名焉。"姜豉是北宋时寒食节的风俗饮食，南宋时成为人们日常喜欢食用的菜肴，并根据肉冻不同的原料，衍生出了更多的菜品，如食材用猪蹄即姜豉蹄子，食材用鸡肉即姜豉鸡，食材用白鱼即冻白鱼等。
⑦ 蜜酥：蜜制的酥糕点。
⑧ 小蚫螺酥：形如小鲍鱼的酥糕点，酥油和糖蜜混合做成。"蚫螺酥"一般冬季制作，常在酥饼上用酥油滴成花果图案，谓之"蚫螺滴酥"或"滴酥鲍螺"。蚫螺，又称"鲍螺"，即鲍鱼。

⑨炒槌(chuí)栗：炒即熬，如炒红果。槌栗，疑为槌碾过的栗子。

【译文】

这一天，内司意思局进呈精巧消夜果子盒，盒内堆放着各种精致的果子、时令果子、蜜煎、糖煎，以及街市商店出售的食品，如十般糖、澄沙团、韵果、蜜姜豉、皂儿糕、蜜酥、小蚫螺酥、市糕、五色萁豆、炒槌栗、银杏等食品，以及成排的小巧玩具、头儿、牌儿、贴儿。小酒器上面插□□□□□□盒子中做造像生大安辇或玉辂、九□□□□□等。

是夜，禁中爆竹嵩呼闻于街巷。□□□□□□烟火、屏风诸般事件，爆仗及送在□□□□□□爆竹声震如雷。士庶不以贫富，家□□□□□□如同白日。围炉团坐，酌酒唱歌，鼓□□□□□□，谓之"守岁"。

【译文】

当天夜里，大内燃放爆竹，欢呼声大街小巷都能听得到。□□□□□□烟火、屏风诸般物品，爆竹及送在□□□□□□爆竹声响震如雷。士人和普通百姓不论贫富，家□□□□□□如同白天。围坐在火炉边，饮酒唱歌，鼓□□□□□□，称之为"守岁"。

卷七

杭州

【题解】

本条先是简单介绍了杭州的渊源，然后重点介绍了杭州城各个城门的情况。作为南宋的都城，杭州城市规模和防御体系得到了极大的发展，城墙和城门的建设尤为显著。南宋杭州的城墙分为内城和外城。外城城墙设有旱城门13座、水城门5座。这些城门不仅是城市的交通要道，还具有重要的军事防御功能。朝天门即现在的杭州鼓楼，始建于吴越国时期，为杭州罗城城门之一，南宋定都杭州，它成为南宋皇城之门。盐桥门始建于隋朝，南宋时，盐桥门一带成为重要的交通要道和商业集散地。嘉会门建于绍兴二十八年（1158），其故址在今复兴立交桥一带，与临安皇宫相邻。候潮门位于杭州南面，因临近钱塘江，每日可候潮两次而得名。它是通往钱塘江的重要通道。艮山门是南宋杭州东北部的城门，位于菜市河西。它因地处城北小山而得名，是杭州东北方向的重要出入口。钱塘门是南宋杭州西城门之一，位于西湖附近，是通往灵隐寺、天竺寺的重要通道，门外多佛寺和楼台，始建于隋朝，南宋时期继续沿用。清波门位于西湖东南，是南宋西城门之一。因门临湖水，取"清波"之意命名。它也是通往南山的重要通道，门外有暗沟引湖水入城。涌金门位于西湖边，是南宋西城门之一。相传因西湖中金牛涌现而得名。它是通往西湖的重要通道，城门附近是市区繁华地段。武林门是杭州北大门,始建于隋代,南宋时称余杭门。它是杭州北部的重要出入口,门外是南北大运河的重要集市。南宋灭亡后,元朝禁止修建城墙,杭州的城门和城墙遭到严重破坏。到了明代,部分城门被重建并改名。近代以来,随着城市建设的发展,大部分城门被拆除,仅留下部分遗址和遗迹。凤山水城门是杭州现存唯一的古城门遗迹,建于1359年,是江南运河通往钱塘江的重要通道,2014年被列入世界文化遗产。钱塘门遗址位于今湖滨路与庆春路交叉口的六公园内,2008年考古发掘确认了其位置。南宋杭州的城门不仅是城市的重要组成部分,还承载了丰富的历史文化内涵。如今,虽然大部分城门已不复存在,但它们的遗址和遗迹仍然见证了杭州的历史变迁。另外,本条内容抄录自《咸淳临安志》卷十八《疆域三·城郭》。

杭城号武林①,又曰钱塘②,次称胥山③。隋朝特创立此郡城④,仅三十六里九十步,后武肃钱王发民丁与十三寨军卒增筑罗城⑤,周围七十里许。有南城门,称为龙山⑥;东城门号为南土⑦、北土、保德;北城门名北关⑧,今在余杭门外,人家门首有青石墩是也;西城门曰水西关,在雷峰塔前⑨。城中有门者三:曰朝天门⑩,曰启化门,曰盐桥门。

【注释】

① 武林:杭州的别称。源自武林山,武林山旧时为杭州西湖周围山峦的总称,今指灵隐山。

② 钱塘:旧县名。秦置钱唐县。唐代以"唐"为国号,始在"唐"字旁加"土"为"塘"。隋唐时,先后为杭州及余杭郡治所;五代吴越时,与钱江县同为杭州治所;宋时与仁和县同为两浙路及临安府治所。

③胥山:今杭州西湖东南的吴山,山上有伍子胥庙,故名胥山。
④隋朝特创立此郡城:隋文帝开皇十一年(591),迁杭州治凤凰山麓,杨素筑城。
⑤武肃钱王:指钱镠。唐昭宗大顺元年(890),钱镠初筑杭州夹城。景福二年(893),筑罗城。(宋)潜说友《咸淳临安志》卷十八《疆域三·城郭》:"隋杨素创,周回三十六里九十步(《九域志》)。唐昭宗景福二年,钱镠发民夫二十万及十三都军士筑罗城,周七十里。"(宋)钱俨《吴越备史》卷一:"王率十三都兵洎役徒二十余万众,新筑罗城,自秦望山由夹城东亘江干,洎钱塘湖、霍山、范浦,凡七十里。"罗城,城外的大城。
⑥龙山:五代吴越国时杭州城的南门,南宋时被更名为嘉会门。在今杭州玉皇山以南的群山一带。
⑦南土:南土门。位于今杭州环城东路与清泰路交叉口东侧。
⑧北关:北关门,一作"武林门"。在今杭州环城北路与武林路交叉口附近。
⑨雷峰塔:位于今杭州西湖区南山路,坐落在西湖的南岸,夕照山的中峰。(宋)潜说友《咸淳临安志》卷八十二《寺观八·佛塔·雷峰塔》:"在南山,郡人雷氏居焉。钱氏妃于此建塔,故又名黄妃,俗又曰黄皮塔,以其地尝植黄皮,盖语音之讹耳。"
⑩朝天门:位于今杭州中河南路与十五奎巷交义口西北。

【译文】

杭州城号称武林,又叫作钱塘,其次称作胥山。隋朝时特意创建这座郡城,方圆仅三十六里九十步,后来钱武肃王调发民夫与十三寨军卒增筑罗城,方圆七十余里。有南城门,称作龙山;东城门号称南土、北土和保德;北城门名叫北关,如今在余杭门外面,民户门首有青石墩便是;西城门是水西关,在雷峰塔前面。杭州城中有三个门,分别是朝天门、启化门和盐桥门。

宋太平兴国年间①,钱王纳土②,□□□□安有,号为宁海军。高庙于绍兴岁南渡③,驻跸于此④,遂称为"行在所"⑤。其地襟江抱湖,川凑□□□□衍,民物阜蕃⑥,非殊方下郡比也⑦。

【注释】

①太平兴国:北宋太宗第一个年号,976—984年。
②钱王纳土:指太平兴国三年(978),宋太宗令吴越王钱俶觐见。期间割据漳泉的陈洪进向北宋朝廷献出所领疆土。在这种情况下,被羁留北宋都城开封不得脱身的钱俶迫不得已,将吴越国土地献给北宋,史称"纳土归宋"。
③绍兴岁南渡:指宋高宗于绍兴元年(1131)十一月,以"漕运不继"为理由,从绍兴移驾杭州。八年(1138),正式以杭州为行在。
④驻跸(bì):帝王出巡时,途中停留暂住。
⑤行在所:帝王巡幸所在的地方。北宋灭亡后,宋高宗建立的南宋朝廷为了表示不忘收复故土,虽然定都杭州,但将其称作行在而不是都城。
⑥阜蕃:繁衍生息。
⑦殊方:远方。

【译文】

宋朝太平兴国年间,吴越王钱俶将所管辖的土地献给宋朝,□□□□安有,号称宁海军。宋高宗在绍兴年间南渡长江,停留在此地,于是称杭州为"行在所"。杭州位于钱塘江下游,西湖位于其中,川凑□□□□□衍,人口众多,物产丰富,非远方的下等州郡可比。

自归宋□□□□□易名。旱门仅十有三,水门者五。

城南门者一,曰嘉会,城楼绚彩,为诸门冠。盖此门为御道,遇南郊,五辂从此幸郊台路。城东门者七:曰北水门,曰南水门,盖禁中水从此流出,注铁沙河及横河桥下,其门有铁窗栅锁闭,不曾辄开;曰便门①;曰候潮门②;曰保安水门,河通跨浦桥,与江相隔耳;曰保安门,俗呼"小堰门"是也;曰新开门。

【注释】

①便门:在今杭州上城区南瓦子巷一带。

②候潮门:在今杭州上城区候潮路与江城路交叉口附近。因为城门濒临钱江,每日两次可以候潮,故名。

【译文】

自从杭州归附宋朝,□□□□□易名。杭州城的旱门仅有十三个,水门有五个。城南门有一个,是嘉会门,城楼绚丽多彩,位居各门之首。嘉会门是御道所在,遇到皇帝举行郊祀,五辂从嘉会门前往南郊。城东门有七个,分别是北水门、南水门,大内的水从这里流出来,注入铁沙河和横河桥下,城门有铁窗栅锁闭,不会随便打开。便门、候潮门、保安水门,河横跨浦桥,与长江相隔。保安门,俗称"小堰门"。还有新开门。

城东门者三:曰崇新门①,俗呼"荐桥门";曰东青门,俗呼"菜市";曰艮山门②。

【注释】

①崇新门:俗称"荐桥门",在今杭州清泰街与城头巷相交处附近。

②艮山门:在今杭州建国北路北端与环城北路交叉口附近。

【译文】

杭州城东门有三个：崇新门，俗称"荐桥门"；东青门，俗称"菜市"；艮山门。

城北门者三：曰天宗水门①；曰余杭水门②；曰余杭门③，旧名"北关"是也。盖北门浙西、苏、湖、常、秀④，直至江、淮诸道，水陆俱通。

【注释】

①天宗水门：位于今杭州天水巷与中山北路交叉口附近。
②余杭水门：位于今杭州武林路与环城北路相交处。
③余杭门：是杭州最古老的北大门，始建于隋代。位于今杭州武林路与环城北路相交处。
④苏、湖、常、秀：分别指苏州（今江苏苏州）、湖州（今浙江湖州）、常州（今江苏常州）、秀州（今浙江嘉兴）。

【译文】

城北门有三个，分别是天宗水门、余杭水门和余杭门。余杭门旧名"北关"。北门通浙西、苏州、湖州、常州、秀州，直到江、淮各道，水陆都很畅通。

城西门者四：曰钱塘门①；曰丰豫门②，即涌金；曰清波③，即俗呼"闸门"也；曰钱湖门④。其诸门内便门东青、艮山皆瓮城⑤，水门皆平屋。其余旱门，皆造楼阁。诸城壁各高三丈余，横阔丈余。禁约严切，人不敢登，犯者准条治罪。城内元三门俱废之，独朝天门止存两城壁，杭人犹以门称之。

【注释】

① 钱塘门：位于今杭州湖滨路与环城西路相接处。它曾是杭州城最西侧的城门，正对着西湖，因此得名。
② 丰豫门：位于今杭州上城区南山路。其东侧有水门，直通西湖。
③ 清波：位于今杭州上城区南山路61号学士公园内，紧邻西湖。
④ 钱湖门：大致在今杭州万松岭路西端。它曾是西湖东岸边最南的一座城门。
⑤ 瓮城：古代城外的月城，用于掩护城门、加强防御之用。

【译文】

城西门有四个，分别是钱塘门；丰豫门，即涌金门；清波门，即俗称的"闸门"；钱湖门。各城门内的便门东青门、艮山门都是瓮城，水门都是平屋。其余的旱门，都建造楼阁。每个城门的城墙高三丈多，宽一丈多。管束严格，人不敢登城，违犯的人按照律条治罪。杭州城内原先的三个城门都废弃了，唯独朝天门只保存下两处城墙，杭州人还用城门来称呼它们。

大河桥道

【题解】

本条记述了南宋杭州城内大河沿线的桥梁名称及其地理位置。"大河桥道"指杭州城内主要河道上的桥梁及其连接的道路。这些桥梁不仅是城市的交通要道，也是城市布局和水系的重要组成部分。从和宁门外的登平桥开始，依次记录了六部桥、黑桥、州桥、安永桥、国清桥、保安延寿桥。六部桥位于今杭州上城区紫阳街道太庙社区中河南段的水城门公园内，东面隔中河高架通六部桥直街，西连中山南路，始建于南宋，因桥西正对中央官署六部所在地而得名"六部桥"，是六部官员去六部衙门或进宫上朝的必经之路，现存的六部桥为清代重建。许多杭州宋桥现已不存，如位于杭州中河之上的黑桥、州桥、安永桥、国清桥、保安延寿桥等，不过这些桥的名称仍被用于周边地名和公交站名。总体上看，南宋杭州桥梁的命名多与周边的地理环境、建筑或历史背景相关，反映了南宋时期杭州的城市规划和水系布局。另外，本条抄录自《咸淳临安志》卷二十一《疆域六·桥道》。

自和宁门外登平坊内曰登平桥[①]。次曰六部桥，即都亭驿桥[②]。北曰黑桥。在玉牒所对巷曰州桥[③]。执政府大渠南曰安永桥，次曰国清桥，投东转北曰保安延寿桥[④]。榷货务东曰阜民桥，不通舟楫。合同场前曰过军桥。杂卖场西曰通江桥。沿大河直至曰望仙桥，次曰宗阳宫桥⑤。介真道馆前曰三圣桥⑥，荣王府前曰佑圣观桥⑦。沿河看位前曰荣王府桥。

【注释】

① 登平坊：（宋）潜说友《咸淳临安志》卷十九《疆域四·坊巷·右一厢》："登平坊（和宁门外东）。"

② 都亭：都邑中的传舍。驿桥：驿路上的桥。

③ 玉牒所：官司名。修《太宗皇帝玉牒》《真宗皇帝玉牒》等本朝历代皇帝玉牒。凡《皇帝玉牒》，按编年体，具载皇帝在位年月日、年号、历数，并系以朝廷政令、疆域户口、丰凶祥瑞之因革。

④ 投东：向东。

⑤ 宗阳宫桥：宋度宗咸淳年间，德寿宫改建，一半改为宗阳宫，祀感生帝，另一半改为民居，筑桥，称为宗阳宫桥。本书卷八《德寿宫》："咸淳年间，度庙临政，以地一半营建道宫，扁曰'宗阳'，以祀感生帝。其时重建，殿庑雄丽，圣真威严，宫围花木靡不荣茂，装点景界，又一新耳目。一半改为民居，围地改路，自清河坊一直筑桥，号为宗阳宫桥。每遇孟享，车驾临幸，行烧香典行。桥之左右，设帅、漕二司，起居亭存焉。"

⑥ 介真道馆：即介真馆。《咸淳临安志》卷十三《行在所录·介真馆》："在宫之西门曰介真之馆，堂曰太范，曰观复，曰灌妙，斋曰会真，曰澄妙，曰常静，亦皆揭以奎藻。"三圣桥：（明）田汝成《西湖游览志》卷十六《祠庙》："三忠祠在义和坊东，旧名旌忠庙，今觉苑寺是也。其神曰高永能、景思谊、程博古。宋元丰间同为统军，御虏银川，战死，庙食于凤翔和尚原。宣和间，方腊寇睦州，讨捕者祷神而胜敌，上其事，始封为侯。南渡后，张浚、吴玠总兵凤翔，神屡以阴功助武，朝议嘉之，加封王爵，建庙于望仙桥北，额曰

旌忠,俗称三圣庙。今三圣桥是其所也。"

⑦荣王府:宋理宗生父府邸。理宗即位后,追封生父为荣王。

【译文】

从和宁门外登平坊到里面的桥叫作登平桥。接着是六部桥,即都亭驿桥。北面是黑桥。玉牒所对面街巷的桥是州桥。执政府大渠南面是安永桥,接着是国清桥,向东再转北面是保安延寿桥。榷货务东面是阜民桥,该桥不通舟船。合同场前面的桥是过军桥。杂卖场西面的桥是通江桥。沿着大河直走到达望仙桥,接着是宗阳宫桥。介真道馆前面的桥是三圣桥,荣王府前面的桥是佑圣观桥。沿河看棚前面的桥是荣王府桥。

常庆坊东北曰太和楼桥①,俗名"柴垛"。富乐坊东曰荐桥②,北曰丰乐桥。善履坊东曰油蜡局桥③,旧呼新桥。兴福坊东曰盐桥④,上奉广福孚顺、孚惠、孚佑侯蒋相公祠⑤。桥东一直不通水,旱桥名蒲桥。咸淳仓前曰咸淳仓桥,元名东桥。御酒库东曰塌坊桥。仙林寺东曰仙林寺桥⑥。平籴仓北曰西桥。丰储仓后曰葛家桥,东曰通济桥,俗名"梅家桥"。御酒库北曰小梅家桥⑦。通济桥北曰田家桥,次曰普济桥。白洋池前曰白洋池桥,次曰方家桥。自大河直通天宗水门,至三闸也⑧。

【注释】

①常庆坊:(宋)潜说友《咸淳临安志》卷十九《疆域四·坊巷·府城·右一厢》:"常庆坊(都税务南,俗呼柴垛桥巷)。"

②富乐坊:(宋)潜说友《咸淳临安志》卷十九《疆域四·坊巷·府城·左二厢》:"富乐坊(修义坊北,俗呼卖马巷)。"

③善履坊:(宋)潜说友《咸淳临安志》卷十九《疆域四·坊巷·府

城·右三厢》:"善履坊(芳润桥东)。"

④兴福坊:《咸淳临安志》卷二十一《疆域六·桥道》,《淳祐临安志》卷七《城府·坊巷》作"兴德坊"。《咸淳临安志》卷十九《疆域四·坊巷·府城·右三厢》:"兴德坊(盐桥下西塈)。"盐桥:位于今杭州庆春路中段。

⑤广福孚顺、孚惠、孚佑侯蒋相公祠:南宋建炎元年(1127),宋室南迁杭州,一时间杭州人口陡涨,粮食供不应求,出现了贫穷者活活饿死、饿殍遍野的惨状。当时有蒋氏仨兄弟,蒋崇仁、蒋崇义、蒋崇信,寄居杭城惠济桥(盐桥)旁开米行。蒋崇仁便把家中的大量存粮捐给饥民,救活了不少人。次年,蒋崇仁与两位弟弟商量后,决定在秋收时,把家里的钱全部拿出来收购米谷,储藏在仓库里,等到第二年青黄不接时,允许百姓自带升斗,自量米谷,只付本钱,以保证百姓拥有最起码的"活命粮"。蒋崇仁去世后,他的两位兄弟依然年年捐资储粮,贱价卖粮,前后延续了六七十年,借此渡过难关活下来的人不计其数,百姓称道。南宋咸淳三年(1267),度宗赵禥恩准京尹所奏,表彰蒋氏三兄弟"为国忘家,舍己利人,既诚且久,慷慨济贫"的善德,赐祠额为"广福",并于南宋咸淳六年(1270)追封蒋崇仁为孚顺侯、蒋崇义为孚惠侯、蒋崇信为孚佑侯,以资褒奖。

⑥仙林寺:(明)田汝成《西湖游览志》卷十八《佛刹》:"仙林寺在安国坊。宋绍兴三十二年建,隆兴元年孝宗赐额曰隆兴万善戒坛。淳祐三年,埋宗赐额曰飞大法轮宝藏,又置钟铭。"仙林寺修建过程,见(宋)曹勋《松隐文集》卷三十一《仙林寺记》。

⑦御酒库:官署名。主要负责储存和供应宫廷饮用和赏赐之用的御酒。于禁中置局,设有主管官。

⑧三闸:清湖上中下三闸。

【译文】

　　常庆坊东北面是太和楼桥,俗称"柴垛"。富乐坊东面是荐桥,北面是丰乐桥。善履坊东面是油蜡局桥,以前称作新桥。兴福坊东面是盐桥,上面供奉的是广福孚顺、孚惠、孚佑侯蒋相公祠。桥东面一直不通水,旱桥名叫蒲桥。咸淳仓前面是咸淳仓桥,原名东桥。御酒库东面是塌坊桥。仙林寺东面是仙林寺桥。平籴仓北面是西桥。丰储仓后面是葛家桥,东面是通济桥,俗称"梅家桥"。御酒库北面是小梅家桥。通济桥北面是田家桥,接着是普济桥。白洋池前面是白洋池桥,接着是方家桥。从大河直通天宗水门,到达三闸。

小河桥道

【题解】

本条简要记述了南宋杭州城内小河区域的桥梁分布及其名称，反映了当时杭州城水系和交通网络的发达。这些桥梁不仅是交通要道，还承载着重要的地理和文化意义。文中提到的小河桥道从宗阳宫桥开始，向西依次经过锺公桥、清泠桥、熙春桥、灌肺岭桥等，涉及多个坊巷和地标性建筑。锺公桥、清泠桥、熙春桥位于今杭州河坊街的打铜巷到光复路之间。锺公桥本名宝剑营，亦作抱剑营，是五代吴越国钱王屯军之地。熙春桥是一座单孔半圆形石拱桥，始建于南宋，一直沿用到民国时期，其附近有临安城十八名楼之首熙春楼和城内五大娱乐场所之一南瓦，是当时娱乐场所附近的重要通道。金波桥、普济桥等桥梁连接了通和坊等居民区。观桥和众安桥因平坦且与御街相连，成为车驾前往景灵宫等重要场所的必经之路。此外，文中还提到一些桥梁的俗名和特殊用途，如"猫儿桥"等，展现了当时民间对桥梁的俗称和桥梁所承载的文化内涵。

　　自宗阳宫桥转西河曰锺公桥，次曰清泠桥。南瓦子前曰熙春桥①。南瓦内投西曰灌肺岭桥。通和坊东曰金波桥②，北曰普济桥，次曰巧儿桥。宝佑坊曰宝佑桥。五间楼巷东曰亨桥。贤福坊东曰平津桥③，俗名"猫儿桥"。桥北曰舍人桥,次曰永清桥。铁线巷西曰水巷桥,次曰新桥。羲和坊曰芳润桥④,元名炭桥。武志坊东曰李博士桥⑤,次曰棚桥。新安坊东曰新安桥⑥。

【注释】

①瓦子:也称作瓦舍、瓦肆,宋元时期城市中娱乐场所的统称。
②通和坊:(宋)潜说友《咸淳临安志》卷十九《疆域四·坊巷·府城·右二厢》:"通和坊(太平坊对,俗呼金波桥巷)。"
③贤福坊:《咸淳临安志》卷十九《疆域四·坊巷·府城·右二厢》:"贤福坊(市西坊对,俗呼坝东巷)。"
④羲和坊:《咸淳临安志》卷十九《疆域四·坊巷·府城·右二厢》:"羲和坊(寿安坊对,俗呼炭桥巷)。"
⑤武志坊:《咸淳临安志》卷十九《疆域四·坊巷·府城·右二厢》:"武志坊(羲和坊北,俗呼李博士桥巷)。"
⑥新安坊:《咸淳临安志》卷十九《疆域四·坊巷·府城·右二厢》:"新安坊(纯礼坊对,俗呼鹅鸭桥巷)。"

【译文】

自宗阳宫桥转西河是锺公桥,接着是清冷桥。南瓦子前面是熙春桥。南瓦子里面向西是灌肺岭桥。通和坊东面是金波桥,北面是普济桥,接着是巧儿桥。宝佑坊的桥叫作宝佑桥。五间楼巷东面是亨桥。贤福坊东面是平津桥,俗称"猫儿桥"。桥北面是舍人桥,接着是永清桥。铁线巷西面是水巷桥,接着是新桥。羲和坊内有芳润桥,原名炭桥。武志坊东面是李博士桥,接着是棚桥。新安坊东面是新安桥。

出御街投北曰众安桥,投东入延定坊曰鹅鸭桥①,次曰安国桥,又名北桥,桥北曰军头司桥。怀远坊出御街投北曰观桥②,桥之西曰贡院桥,次曰藩封酒库桥。杂作院西曰祥符桥,桥西曰小新庄桥。普宁坊东曰清远桥③。仁和县衙对巷曰仁和仓桥。县巷北曰万岁桥。六部架阁库前曰天水院桥④。淳祐仓前曰仓桥,次曰永新桥。出余杭水门,亦由于三闸水路也。其众安与观桥皆平坦,与御街同,盖四孟车驾经由此两桥转西礼部贡院路,一直过新庄桥,诣景灵宫行孟飨礼也。

【注释】

①延定坊:《咸淳临安志》卷十九《疆域四·坊巷·府城·右二厢》:"延定坊(戒民坊北,俗呼新楼桥巷)。"

②怀远坊:《咸淳临安志》卷十九《疆域四·坊巷·府城·右二厢》:"怀远坊(安国坊北,俗呼军头司巷)。"

③普宁坊:《咸淳临安志》卷十九《疆域四·坊巷·府城·右二厢》:"普宁坊(观桥北,俗呼清远桥巷)。"

④六部架阁库:主管六部已处理好并存放两年以上的档案文书,包括编制目录、登记及随时提供检索。

【译文】

出御街向北是众安桥,向东进入延定坊是鹅鸭桥,接着是安国桥,又名北桥,桥北面是军头司桥。怀远坊出御街向北是观桥,观桥的西面是贡院桥,接着是藩封酒库桥。杂作院西面是祥符桥,祥符桥西面是小新庄桥。普宁坊东面是清远桥。仁和县衙对巷是仁和仓桥。县巷北面是万岁桥。六部架阁库前面是天水院桥。淳祐仓前面是仓桥,接着是永新桥。出余杭水门,也是经过三闸水路。众安桥与观桥都很平坦,与御街相同,这是因为每年四季中各季的第一个月皇帝车驾要经过这两座桥转向西面礼部贡院路,一直通过新庄桥,前往景灵宫举行孟飨礼。

西河桥道

【题解】

本条记述了南宋杭州城内西河区域的桥梁分布及其相关信息。从众安桥开始，依次向西延伸，包括众乐桥、下瓦子桥、结缚桥、石灰桥、八字桥、马家桥、鞔鼓桥、洪桥、井亭桥等。众安桥位于今杭州庆春路与中山中路交叉处，北宋元祐四年（1089），苏轼知杭时，捐俸银五十两设安乐坊，坊旁桥梁被命名为众安桥。南宋时，众安桥是御街必经之地，皇帝前往景灵宫祭祖时会经过此桥。桥南有北瓦，内设勾栏十三座，是南宋时期重要的娱乐场所。此外，众安桥一带商业繁荣，有众多食铺和瓦子。1936年，填河筑路，桥废，仅存桥栏。1992年庆春路拓宽时，桥栏被拆除。众乐桥位于众安桥西侧，与众安桥同时建造，因众安桥东侧已有"安乐坊"，故在此桥上嵌入"乐"字，命名为众乐桥。众乐桥附近是南宋时期的娱乐中心之一，有众多瓦子和表演场所。下瓦子桥位于众安桥南侧，附近有众多瓦子和娱乐设施，是南宋临安城的娱乐中心之一。此外，文中还提到一些桥梁的俗名和特殊用途，例如"八字桥"原名"洗麸桥"，"石灰桥"因附近十官宅而得名。西河桥道作为临安城内重要的交通线路之一，其周边形成了繁华的桥市，成为当时经济贸易的重要场所。西河桥道上的桥梁不仅是交通要道，还与周边的商业、娱乐活动密切相关。例如，清河坊东的洪桥附近是南宋临安的商业中心之一。这些桥梁的存在极大地便利了居民的日常生活和货物运输,同时也促进了城市经济的繁荣。此外,本条内容引自《咸淳临安志》卷二十一《疆域六·桥道》。

自众安桥转西曰众乐桥,次曰下瓦子桥。沂王府北曰结缚桥①。十官宅前曰石灰桥②,次曰八字桥,元呼洗麸桥。南曰马家桥,次曰鞁鼓桥。清河坊东曰洪桥③,次曰井亭桥,曰施水坊桥。西横街有桥名曲阜,其桥不通舟楫,水脉自六房院后石桥下④,湖水从此流出也。韩府南曰军将桥⑤,次曰三桥子。西楼酒库前曰惠迁桥,俗呼金文库桥⑥。罗汉洞巷对曰侍郎桥,向有侍郎姓廉名郎叔居此⑦,又有贤德及人,里巷贤之以盛名,以桥记之。

【注释】

①沂王:宋宁宗从弟赵抦死后封为沂王。宋理宗即位前,曾于嘉定十五年(1222)被立为沂王嗣子。(宋)李心传《建炎以来朝野杂记》乙集卷三《沂靖惠王》:"吴兴郡王抦,以开禧二年五月薨,上临奠,辍视朝二日,赠太保,追封沂王,谥靖惠。王性早慧,然体羸多疾,上友睦甚至,及病侍医,每制药必先以方书取旨而后进王,其亲爱如此。王子垓早夭,均,嘉定初赐名,补右监门卫将军,再迁福州观察使,出就外傅,择卿监馆职二员兼教授。七年,更名贵和。上侍近属甚恩,前代所不及。安德军承宣使忳正,庄义太子继嗣也,光宗赐名揩,补右千牛卫将军。开禧初,除永州防御使,奉朝请,迁福州观察使。上立太子,加恩迁承宣使,嘉定七年,更今名。"

②十官宅:(宋)潜说友《咸淳临安志》卷十《行在所录·官宇》:"十官宅(在旧睦亲坊)。"

③清河坊:《咸淳临安志》卷二十一《疆域六·桥道》作"清和坊"。《咸淳临安志》卷十九《疆域四·坊巷·府城·左三厢》:"清和坊(洪福桥西杨和王府巷)。"洪桥:《咸淳临安志》作"洪福桥"。《咸淳临安志》卷二十一《疆域六·桥道》:"洪福桥(清和坊东)。"

④六房院:(宋)周淙《乾道临安志》卷一《院》:"六房院,在三桥之西。"《咸淳临安志》卷十二《行在所录·堂后官院》:"国朝旧制,三省有六房院,枢密院有五房院,主事以下集居其中,所以绝请谒,防泄漏。绍兴十五年二月,诏临安府两浙运司依在京例修盖两院。"

⑤韩府:指南宋初年武将韩世忠的府邸。

⑥金文库桥:原作"金叉库桥"。《咸淳临安志》卷二十一《疆域六·桥道》:"惠迁桥(即旧金文桥,界于西酒库、惠迁井之间,转北入三桥)。"(明)田汝成《西湖游览志》卷十四《南山分脉城内胜迹·衢巷河桥》:"惠迁桥,一名金文桥,其南宋有金文酒库。"据改。

⑦有侍郎姓廉名郎叔:此处文字疑有错误。此人似应为南宋人郎简,字叔廉,临安(今浙江杭州)人。郎简幼时家贫,但好学不辍,后考中进士,曾任宁国县令、福清县令、刑部侍郎等。郎简以清廉著称,尤其在福清县任内,他主持修筑石塘陂,灌溉废田百余顷,受到百姓的爱戴。

【译文】

从众安桥转向西面是众乐桥,接着是下瓦子桥。沂王府北面是结缚桥。十官宅前面是石灰桥,接着是八字桥,原称作洗麸桥。南面是马家桥,接着是鞔鼓桥。清河坊东面是洪桥,接着是井亭桥、施水坊桥。西横街有座桥名叫曲阜,该桥不通舟船,河流从六房院后面的石桥下流过,湖水从此流出。韩府南面是军将桥,接着是三桥子。西楼酒库前面是惠迁桥,俗称金文库桥。罗汉洞巷对面是侍郎桥,从前有姓廉名郎叔的侍郎居住在这里,品德贤良,里巷之人都认为他很贤德,有非常好的名声,用这座桥记录下来。

南真道馆前曰施家桥。断河头五显祠后曰普济桥。再自八字桥转西曰清湖桥，次曰黑桥。左藏库前曰左藏库桥。杨驸马府前投西曰安济桥①。潘阆巷路通接洋街路曰安福桥②，直抵故太学，次曰丁家桥。霍使君庙前曰长生老人桥③。钱塘县巷曰县桥，跨真珠河曰真珠河桥，此两桥俱不通舟。国子监前曰纪家桥，监后曰车桥，侧曰青龙桥。茶汤巷西曰长寿桥④，旧名杨姑桥⑤。万寿观前曰新壮桥⑥。景灵宫前曰车马桥。镇城仓西曰师姑桥。余杭门里曰中正桥。元呼斜桥。水门前曰钓桥，旧名便桥。水路出余杭水门，通三闸也⑦。

【注释】

①杨驸马：杨镇，严陵（今浙江桐庐西南）人，字子仁，号中斋，尚宋理宗女儿周汉国公主。（明）田汝成《西湖游览志》卷二十《城闉》："（丰财坊）又西为杨驸马府，即端孝公主第也。驸马名镇，方建第时，命巨珰董宋臣领之，大拓四旁，其最逼近者为太学生方大猷之居，均意其必雄据未易与语。一日，具礼往访之。方延入坐，珰未敢有请。方遽云：'内辖相访，得非以小屋奉上旨乎？'珰愕未及对，方徐曰：'内辖以某太学生将梗化耶？便当首献。'即案书契与之，珰以契奏，理宗大喜，数倍酬之。方表谢曰：'普天之下莫非王土，一毫以上悉出君恩。盖上用《毛诗》，下用苏子表语也。'理宗又奇之，自此擢第登朝，旋跻膴仕矣。"

②潘阆巷：（宋）潜说友《咸淳临安志》卷九十三《纪事》："潘阆居钱唐，今太学前，有潘阆巷，俗呼为潘郎。"潘阆：宋大名（今河北大

名东)人,字逍遥,一说号逍遥子。有诗名。其诗寒苦清奇,有孟郊、贾岛之风,为王禹偁、苏轼所赞赏。狂放不羁,交游皆当代名士。太宗时,应召入朝,赐进士及第,寻以其狂妄,追还诏命。坐王继恩事,亡命潜逃,后被捕获。真宗释其罪,授滁州参军。卒于泗州。著有《逍遥集》。

③霍使君庙:(宋)潜说友《咸淳临安志》卷七十三《祠祀三·古神祠·显忠庙》:"在长生老人桥西,俗名霍使君庙,绍兴间建。初吴王孙皓疾,有神降于庭,自言为汉霍光,求立祠于金山之咸塘以捍水患,见吴越王纪。宣和间,赐今额。绍兴初,加封忠烈顺济昭应王。"

④茶汤:《咸淳临安志》卷二十一《桥道》作"茶场"。长寿桥:《咸淳临安志》卷二十一《疆域六·桥道》:"长寿桥(茶场巷西,元名杨四姑桥)、新庄桥(万寿观前)。"

⑤杨姑桥:《咸淳临安志》卷二十一《疆域六·桥道》作"杨四姑桥"。

⑥新壮桥:《咸淳临安志》卷二十一《桥道》作"新庄桥"。

⑦三闸:清湖上中下三闸。

【译文】

南真道馆前面是施家桥。断河头五显祠后面是普济桥。再从八字桥转向西面是清湖桥,接着是黑桥。左藏库前面是左藏库桥。杨驸马府前面向西是安济桥。潘阆巷路通接洋街路是安福桥,直接抵达从前的太学,接着是丁家桥。霍使君庙前面是长生老人桥。钱塘县巷的桥是县桥,跨真珠河的桥是真珠河桥,这两座桥都不通舟。国子监前面是纪家桥,国子监后面是车桥,侧面是青龙桥。茶汤巷西面是长寿桥,以前叫作杨姑桥。万寿观前面是新壮桥。景灵宫前面是车马桥。镇城仓西面是师姑桥。余杭门里是中正桥。原先叫作斜桥。水门前面是钓桥,旧名便桥。水路出余杭水门,贯通三闸。

小西河桥道

【题解】

本条记述了南宋杭州城内小西河区域的桥梁分布及其相关信息。文中从西楼酒库侧的三桥开始,依次记录了多座桥梁及其位置关系。如惠迁桥位于惠迁井附近,太常寺后小桥紧邻太常寺,如意桥位于六房省院对面,永安桥又称五圣庙桥,渡子桥位于永安桥西侧。这些桥梁的存在极大地便利了居民的日常生活和货物运输,同时也促进了城市经济的繁荣。另外,本条内容引自《咸淳临安志》卷二十一《疆域六·桥道》。

自西楼酒库侧三桥南入惠迁桥西,过惠迁井①,曰太常寺后小桥,次曰台官街后门桥。六房省院对曰如意桥。度牒库后巷曰永安桥,即五圣庙桥,西曰渡子桥,次曰涌金桥,界于涌金三池之中矣。涌金门北沿城镘子井东曰镘子井桥。张府后俞家园东曰永安桥,六房后门曰石桥,此三桥俱不通舟,湖水溢于桥下暗沟,注于曲阜桥下,流出西河。

【注释】

①惠迁井:(宋)潜说友《咸淳临安志》卷三十三《山川十二·湖中》:

"南井（一名沈公井，一名惠迁井）在三桥西，金文西酒库北。"

【译文】

从西楼酒库侧面的三桥向南进入惠迁桥西面，经过惠迁井，是太常寺后小桥，接着是台官街后门桥。六房省院对面是如意桥。度牒库后巷是永安桥，即五圣庙桥，西面是渡子桥，接着是涌金桥，位于涌金三池之中。涌金门北面沿城镘子井东面是镘子井桥。张府后面俞家园东面是永安桥，六房后门是石桥，这三座桥都不通舟，湖水从桥下暗沟涌出，注入曲阜桥下面，流出西河。

俞家园九官宅曰白莲花桥，宅北投西巷曰红莲花桥，两桥俱旱桥耳。又自渡子桥转南转运司衙前曰普安桥。油车巷对曰德寿桥。府学前曰凌家桥[①]。谢二节使前曰定安桥。慈幼局前曰戒子桥、楼店务桥[②]。次曰流福桥，元呼闸儿桥。临安府治前曰州桥，俗名"懊来桥"，盖因到讼庭者[③]，到此心已悔也，故以此名呼之。

【注释】

① 凌家桥：《咸淳临安志》卷二十一《疆域六·桥道》："凌家桥（丰豫坊口）。"《咸淳临安志》卷十九《疆域四·坊巷》："左一北厢：……丰豫坊（凌家桥西，府学在此坊内）。"
② 慈幼局：宋代收养弃婴的机构。见本书卷十八《恩霈军民》。
③ 讼庭：审理讼案的法庭。

【译文】

俞家园九官宅的桥是白莲花桥，宅北面投西巷是红莲花桥，两座桥都是旱桥。又从渡子桥转向南面转运司衙门前面是普安桥。油车巷对面是德寿桥。府学前面是凌家桥。谢二节使前面是定安桥。慈幼局前面是戒子桥、楼店务桥。接着是流福桥,原来叫作闸儿桥。临安府治所前面是州桥,俗称"懊来桥",因为人来到讼堂,到此心里已经后悔了,故而用这个名字称呼它。

倚郭城南桥道

【题解】

本条记述了南宋杭州城南地区的桥梁分布及其周边地理环境。"倚郭"指的是靠近城郭（城墙）的区域。本条详细记录了杭州城南地区自白塔岭下桥开始的多座桥梁及其位置关系。如李家桥位于洋泮桥东，洋泮桥位于本厢治所南，红桥子位于马仓巷口，美政桥位于美政坊前，南新桥位于雪醋库东。这些桥梁不仅是杭州城南地区交通的重要节点，也反映了当时临安城的商业、居住和行政区域的分布情况。另外，本条内容引自《咸淳临安志》卷二十一《疆域六·桥道》。

城南所管地界，自白塔岭下桥曰进隆桥[①]，儿门里夏家桥[②]。交木场后曰杨蒌[③]，洋泮桥东曰李家桥。本厢治所南曰洋泮桥[④]。马仓巷口名红桥子。美政坊前曰美政桥。雪醋库东曰南新桥，俗呼"朱桥"。嘉会门外曰利涉桥。酒库巷内曰上梁家桥。颜家楼对巷曰下梁家桥。浙江亭侧跨浦桥，便门外投南横河桥。布行前亦名横河桥。鳖团前曰浑水闸桥[⑤]。南外库南曰萧公桥。太郎巷口曰上泥桥。南外酒库对巷曰清水闸桥。候潮门外南曰众惠桥。护圣步军南曰下泥桥。候潮门外直东曰上椤木桥,又名普济。白旗寨对巷曰下椤木桥。护圣上教场门东曰上洪桥,中教场门东曰中教场桥,下教场门东曰柴市桥。盛家衖东曰济众桥⑥。妙静寺北曰诸家桥⑦,桥西曰保安闸桥。保安水门外曰保安桥。新开门外富景园东名升仙桥⑧,此是旱桥。一直向东曰南新草桥。

【注释】

① 进隆桥:"桥"字原无,据《咸淳临安志》卷二十一《疆域六·桥道》、《淳祐临安志》卷七《城府·桥梁》补。
② 儿门里:《咸淳临安志》卷二十一《疆域六·桥道》、《淳祐临安志》卷七《城府·桥梁》作"兒门里"。
③ 杨婆(pó):诸本俱作"杨婽",婽,同"婆"。《咸淳临安志》卷二十一《疆域六·桥道》作"杨婆桥"。
④ 厢:宋代城市中一种居民管理区。
⑤ 鲞(xiǎng)团:贩卖海产的市场。团,市场。
⑥ 衖(xiàng):巷,胡同。
⑦ 妙静寺:(明)吴之鲸《武林梵志》卷二《城外南山分脉》:"妙静寺在钱塘县定山北二里,宋元祐中投子义青禅师开山,赐额明阳寺。建炎四年,法成禅师重建山门、两廊、僧堂,更名妙静……庆元六年庚申岁,绍隆禅师修。元至正二十五年,海悟禅师重修。"诸家桥:在保安门外,即民国车驾桥。
⑧ 新开门:原作"新门口门",据《咸淳临安志》卷二十一《疆域六·桥道》改。(宋)耐得翁《都城纪胜·园苑》载:"城东新开门外则有东御园(今名富景园)。"《武林旧事》卷四《故都宫殿》:"富景园(新门外,孝宗奉太后临幸不一,俗呼东花园)。"

【译文】

城南所管地界，从白塔岭下桥是进隆桥，儿门里夏家桥。交木场后面是杨㴩桥，洋泮桥东面是李家桥。本厢治所南面是洋泮桥。马仓巷口是红桥子。美政坊前面是美政桥。雪醋库东面是南新桥，俗称"朱桥"。嘉会门外面是利涉桥。酒库巷里面是上梁家桥。颜家楼对巷是下梁家桥。浙江亭侧是跨浦桥，便门外向南是横河桥。布行前面的桥也叫作横河桥。鳌团前面是浑水闸桥。南外库南面是萧公桥。太郎巷口是上泥桥。南外酒库对巷是清水闸桥。候潮门外南面是众惠桥。护圣步军南面是下泥桥。候潮门外一直向东是上桫木桥，又名普济桥。白旗寨对巷是下桫木桥。护圣上教场门东面是上洪桥，中教场门东面是中教场桥，下教场门东面是柴市桥。盛家街东面是济众桥。妙静寺北面是诸家桥，桥西是保安闸桥。保安水门外面是保安桥。新开门外富景园东面的桥名叫升仙桥，这是早桥。一直向东是南新草桥。

城东骆家跳曰骆家桥，西首寨前曰马军桥，桥东寨前曰步军桥。善应寺北曰四板桥，桥西曰万寿桥，又名吕家桥。景隆观后曰通利桥[①]，次曰米市桥。老儿营后曰五柳园桥[②]，北曰福济桥，又名席潭[③]。崇新门外直东曰章家桥，北曰淳祐桥。拱圣营东曰螺蛳桥[④]。小粉场前曰普安桥，又名横河桥，东曰广济桥。蒲场巷军巡铺前曰安济桥。游奕教场门曰教场门桥，桥东横河军巡铺前曰报恩桥。螺蛳桥北蟹行曰蔡湖桥。游奕军佑圣殿后曰游奕寨桥，桥北曰安荣桥，南路曰小蔡湖桥。殿司双寨门前曰前军桥，东青门外直东曰菜市桥。选锋军东曰太平桥，北曰端平桥，东青门曰十善桥，次曰黄姑桥。艮山门东曰顺应桥，旧名坝子桥。

【注释】

① 景隆观：《咸淳临安志》卷七十五《寺观一·宫观·城内外·景隆观》："在新门外，旧为通元庵，嘉定十四年，旨许建观，以旧修内司营地界之，羽士陈永年出力创造，宁宗皇帝御书名匾赐，有璇玑殿，理宗皇帝御书有景命万年之阁，奉今三殿元命。"

② 老儿营：《咸淳临安志》卷十四《行在所录》："寿慈宫营（俗呼老儿营），在新门外五柳园，金刚寺北，见存一百六十五人。"五柳园：在今杭州上城区的五柳巷一带。

③ 席潭：原作"席泽"，据四库本、天一阁本、明抄本、清翁校抄本、《咸淳临安志》卷二十一《桥道》、《淳祐临安志》卷七《桥梁》改。

④ 拱圣：宋代禁军之一。属殿前司，主要负责拱卫皇宫和京城。拱圣前身是"骁雄"，后改为"骁猛"，再改为"拱辰"，最终定名为"拱圣"。其指挥单位有二十一处。螺蛳桥：《咸淳临安志》卷二十一《疆域六·桥道》："螺蛳桥（崇新门外，拱圣营东）。"

【译文】

城东骆家跳的桥是骆家桥，西首寨前面是马军桥，桥东寨前面是步军桥。善应寺北面是四板桥，桥西面是万寿桥，又名吕家桥。景隆观后面是通利桥，接着是米市桥。老儿营后面是五柳园桥，北面是福济桥，又名席潭桥。崇新门外一直向东是章家桥，北面是淳祐桥。拱圣营东面是螺蛳桥。小粉场前面是普安桥，又名横河桥，东面是广济桥。蒲场巷军巡铺前面是安济桥。游奕教场门是教场门桥，桥东横河军巡铺前面是报恩桥。螺蛳桥北蟹行是蔡湖桥。游奕军佑圣殿后面是游奕寨桥，桥北是安荣桥，南路是小蔡湖桥。殿前司双寨门前面是前军桥，东青门外一直向东是菜市桥。选锋军东面是太平桥，北面是端平桥，东青门的桥是十善桥，接着是黄姑桥。艮山门东面是顺应桥，原名坝子桥。

仁和尉司前曰无星桥。法明寺前曰骆驼桥①，寺门外走马塘曰玺桥②。尉司后曰龚家桥。沙河角头水陆寺北曰韦家桥，桥侧曰广度桥。走马塘东石斗门铺前曰石斗门桥。尉司侧曰木板桥。沙河角头曰宋家桥。城东郑家园后曰翁泰桥，次曰冯家桥、章家桥、姚店桥。园后麦庄庙前曰麦庄桥。

【注释】

①法明寺：(明)田汝成《西湖游览志》卷十八："法明寺在艮山门内，宋建炎初建，以寓流僧，今并潮鸣寺、白莲寺在仙林桥。东晋开运元年，吴越王建，名华藏院。宋治平间改妙惠院，咸淳间僧祖显诵经持戒，地产白莲，因赐白莲妙惠寺额。"

②走马塘：即现在杭州的机场路。南宋时凡苏州、秀州各路紧急邮递、贩马，官商均从临平驿路抵赤岸经此路进杭城。玺桥：诸本俱作"玺桥"，《咸淳临安志》卷二十一《桥道》、《淳祐临安志》卷七《桥梁》作"蠒（jiǎn）桥"。《咸淳临安志》卷二十一《桥道》："蠒桥，艮山门外走马塘。"

【译文】

仁和尉司前面是无星桥。法明寺前面是骆驼桥，寺门外走马塘曰玺桥。尉司后面是龚家桥。沙河角头水陆寺北面是韦家桥，桥侧面是广度桥。走马塘东石斗门铺前面是石斗门桥。尉司侧面是木板桥。沙河角头是宋家桥。城东郑家园后面是翁泰桥，接着是冯家桥、章家桥、姚店桥。园后麦庄庙前面是麦庄桥。

城东九里松大路曰樟木庙桥①，庙前曰江家桥。城东卢家雪窨南曰行人桥②。走马塘范家村曰张娜儿桥。姚斗门铺曰新塘桥。石斗门铺前曰蔡家大桥。城东蔡家村曰蔡家小桥。高塘湾横塘路曰姚马四桥。城东官园里曰鸭舍桥。

桥大路曰李家桥。官园里北曰孙家桥。金家村曰猪坊桥。姚斗门铺前唐家村曰资福桥，曰小资福桥。斗门东南陆家村曰陆家桥，沈家塘口曰欧家桥。斗门南大路曰升仙桥。看经寺前曰看经桥。

【注释】

① 九里松：地名。在今杭州西湖北。唐刺史袁仁敬守杭时，于行春桥至灵隐、三天竺间植松，左右各三行，凡九里，苍翠夹道，人称九里松。后即以九里松名其地。

② 卢家雪窨：《(民国)杭州府志》卷三十一："卢家雪窨在城东五里塘……雪窨实即冰窨，其始设在绍兴时不久，遂以无冰而撤。"窨（yìn）：地下室。

【译文】

杭州城东九里松大路是樟木庙桥，庙前面是江家桥。城东卢家雪窨南面是行人桥。走马塘范家村是张娜儿桥。姚斗门铺是新塘桥。石斗门铺前面是蔡家大桥。城东蔡家村是蔡家小桥。高塘湾横塘路是姚马四桥。城东官园里是鸭舍桥。桥大路是李家桥。官园里北面是孙家桥。金家村是猪坊桥。姚斗门铺前唐家村是资福桥，是小资福桥。斗门东南陆家村是陆家桥，沈家塘口是欧家桥。斗门南大路是升仙桥。看经寺前面是看经桥。

城东胡陈畈等处其桥有九①，名曰范家、徐家、李家、陈家、杜家、姚家、仲家桥、普宁、桥下厢等桥②。五里塘路口张家桥，桥侧曰菩萨桥。殊胜寺前曰殊胜桥③。塘大路曰王家桥。行人庵侧曰严家桥。塘东曰新桥，桥侧曰鲍家桥，塘西曰飞家桥。

【注释】

①畈(fàn):成片的田。常用于村镇名。
②桥下厢:《咸淳临安志》卷二十一《疆域六·桥道》作"钱下庙"。
③殊胜寺:《咸淳临安志》卷八十一《寺观七·寺院·殊胜寺》:"在艮山门外三里,建隆元年吴越王建,元系最胜寺,治平三年改赐今额。"

【译文】

杭州城东胡陈畈等处有九座桥,分别叫作范家桥、徐家桥、李家桥、陈家桥、杜家桥、姚家桥、仲家桥、普宁桥、桥下厢桥。五里塘路口是张家桥,桥侧面是菩萨桥。殊胜寺前面是殊胜桥。塘大路是王家桥。行人庵侧面是严家桥。塘东面是新桥,桥侧是鲍家桥,塘西是飞家桥。

倚郭城北桥道

【题解】

本条记述了南宋杭州城北区域的桥梁分布及其周边地理环境,主要记录了城北从钱塘尉司西水磨头开始的多座桥梁及其位置关系。石函桥位于钱塘尉司西水磨头,又名西石头桥。宝佑桥位于西湖孤山路,俗称断桥。涵碧桥位于孤山路中,处士桥位于和靖林处士故居,西林桥位于延祥四圣观西,苏堤六桥,从南到北依次为映波桥、锁澜桥、望山桥、压堤桥、东浦桥、跨虹桥。袁公桥位于先贤堂前,因府尹袁韶建堂造桥而得名。小新堤桥位于曲院新堤路,行春桥位于曲院大路向东。归隐桥位于龙井路口,相传为苏东坡为方便过溪而建。文中还记录了其他多座桥梁,如孝义桥、新河桥、长桥、清化桥、聚景桥、昭庆广济桥等,这些桥梁分布在寺庙、园林、水路等周边,形成了复杂的交通网络。此外,文中提到的桥梁名称和位置也反映了南宋时杭州城的地理特征和人文风貌,为研究南宋杭州城市史提供了珍贵的史料。本条内容引自《咸淳临安志》卷二十一《疆域六·桥道》。

城北所管地界,自钱塘尉司西水磨头曰石函桥,又呼西石头桥。西湖孤山路曰宝佑桥,俗呼"断桥"[1]。孤山路中曰涵碧桥。和靖林处士故居所曰处士桥[2]。延祥四圣观西曰西林桥。苏堤南来第一桥曰映波,第二桥曰锁澜,第三桥曰望山,第四桥曰压堤,第五桥曰东浦,第六桥曰跨虹。先贤堂前桥曰袁公桥,盖府尹袁大资建堂造桥③,以名记之。曲院新堤路小桥曰小新堤桥。曲院大路向东曰行春桥。九里松左军教场大路西有桥,亦曰行春桥。飞来峰路口曰合涧桥。龙井路口曰归隐桥,盖东坡欲易于过溪,建此桥也。麦岭西太清宫前曰孝义桥。岭口寨前曰新河桥。麦岭至龙井,其桥有三:曰善安、永安、永福桥。茆家步至丁家山有桥者三:曰双井、丁家山、小丁家山桥。高丽寺侧曰惠因桥④。净慈寺北庆乐园前曰长桥⑤。

【注释】

① 断桥:(明)田汝成《西湖游览志》卷二《孤山三提胜迹》:"断桥本名宝祐桥,自唐时呼为断桥,张祐诗云'断桥荒藓合'是也,岂以孤山之路至此而断故名之欤?元时钱惟善《竹枝词》有段家桥之名,闻者哂之,以为杜撰,然杨萨诸诗往往亦称段桥,未可谓无证也。"

② 和靖林处士:指宋初隐士林逋。

③ 府尹袁大资:南宋大臣袁韶,字彦淳,庆元府(今浙江宁波)人,淳熙十四年(1187)进士,曾多次知临安府。

④ 高丽寺:(宋)周密《武林旧事》卷五《湖山胜概·高丽寺》:"旧名惠因寺。湖山间惟此寺无敕额,元丰间高丽王子僧统义天入贡,学贤首教于此,因施金建华严阁。有易庵、期忏堂、皇姑成国公主殡所。"

⑤ 净慈寺:即永明禅寺。(宋)王象之《舆地纪胜》卷二《景物下·净慈寺》:"在南山。显德元年建,号慧日院。太宗赐额曰慈化。自定慧禅师道潜开山,智觉禅师延寿继之,后有圆照大通禅师接武

于此,号为得人。绍兴改报恩光孝禅寺。寺后有罗汉洞。"

【译文】

杭州城北所管地界,自钱塘尉司西水磨头是石函桥,又叫作西石头桥。西湖孤山路是宝佑桥,俗称"断桥"。孤山路中是涵碧桥。和靖林处士故居处是处士桥。延祥四圣观西面是西林桥。苏堤南来第一桥叫映波,第二桥叫锁澜,第三桥叫望山,第四桥叫压堤,第五桥叫东浦,第六桥叫跨虹。先贤堂前的桥叫袁公桥,府尹袁韶建堂造桥,以他的名来记载此事。曲院新堤路小桥叫小新堤桥。曲院大路向东叫行春桥。九里松左军教场大路西面有座桥,也叫作行春桥。飞来峰路口的桥叫合涧桥。龙井路口的桥叫归隐桥,苏轼想要更容易过溪,便修建了此桥。麦岭西面太清宫前面的桥叫孝义桥。岭口寨前面的桥叫新河桥。麦岭至龙井有三座桥,分别是善安桥、永安桥和永福桥。茆家步至丁家山有三座桥,分别是双井桥、丁家山桥和小丁家山桥。高丽寺侧面的桥叫惠因桥。净慈寺北庆乐园前面的桥叫长桥。

钱湖门外沿城海子口隅下曰清化桥。清波门外,流福水路桥。聚景园前曰聚景桥。显应观前曰显应观桥。涌金门外城北水口上曰相国西桥,九曲小渡曰咸淳新建桥,曰九曲昭庆桥。大昭庆寺前曰昭庆广济桥①,寺西寨前曰策选寨桥。昭庆教场西曰教场桥,教场桥北曰崇福桥。

【注释】

① 大昭庆寺:《咸淳临安志》卷七十九《寺观五·大昭庆寺》:"乾德五年,钱氏建,旧名菩提。太平兴国七年,改赐今额。太平兴国三年,建戒坛。天禧中,圆净大师创白莲社,有堂二,曰绿野,曰白莲。轩二,曰碧玉,曰四观。古刻有《白莲堂诗文殊颂》《菩提寺

记》，皆毁于火。南渡初，以其地为策选锋军教场，惟存戒坛数间而已。自嘉定至宝庆初，渐复旧观。"

【译文】

钱湖门外沿城海子口隅下的桥叫清化桥。清波门外，有流福水路桥。聚景园前面的桥叫聚景桥。显应观前面的桥叫显应观桥。涌金门外城北水口上的桥叫相国西桥，九曲小渡的桥叫咸淳新建桥，叫九曲昭庆桥。大昭庆寺前面的桥叫昭庆广济桥，寺西寨前面的桥叫策选寨桥。昭庆教场西面的桥叫教场桥，教场桥北面的桥叫崇福桥。

霍山大路口曰羊坊桥。霍山行宫巷口曰保安桥[①]。羊坊巷北曰溜水桥。精进寺北曰小溜水桥。溜水桥西北曰沈家场桥，桥前一带曰安民桥。西马塍观音庵西曰八字桥。运司竹木场前曰马军桥。羊角埂上有桥者四：曰上泥、下泥、崇寿、阎家桥。马塍乌盆场曰富春桥，又名乌盆桥。羊角埂西双寨门曰策选马军桥。埂西入里曰神勇步人桥。本州试院前曰大通桥、王家桥。试院东曰道姑桥，试院西曰清水桥。石塘东曰西堰桥。古塘桥东曰方公桥，西曰观音桥。城西铜钱局前曰古塘桥，古塘里西曰惠安桥。北郭务前曰余杭桥。天宗水门外曰上堰桥。余杭桥侧曰下堰桥。北郭税务北曰糖饼桥。神勇铺曰过军桥。上闸南曰上斗门桥。下斗门西曰永兴桥，上闸南曰中斗门桥，上闸东陆家场前曰天宗栈库桥。

【注释】

①保安桥：《咸淳临安志》卷二十一《疆域六·桥道》："保安桥（霍

山庙巷口）。"

【译文】

霍山大路口的桥叫作羊坊桥。霍山行宫巷口是保安桥。羊坊巷北是溜水桥。精进寺北是小溜水桥。溜水桥西北是沈家场桥，沈家场桥前面一带的桥叫作安民桥。西马塍观音庵西面的桥叫作八字桥。运司竹木场前面的桥叫作马军桥。羊角埂上有四座桥，分别是上泥桥、下泥桥、崇寿桥和阎家桥。马塍乌盆场的桥叫作富春桥，又叫作乌盆桥。羊角埂西双寨门的桥叫作策选马军桥。埂西入里的桥叫作神勇步人桥。本州试院前的桥叫作大通桥、王家桥。试院东面的桥叫作道姑桥，试院西面的桥叫作清水桥。石塘东面的桥叫作西堰桥。古塘桥东面的桥叫作方公桥，西面的桥叫作观音桥。城西铜钱局前面的桥叫作古塘桥，古塘里西的桥叫作惠安桥。北郭务前面的桥叫作余杭桥。天宗水门外的桥叫作上堰桥。余杭桥侧面的桥叫作下堰桥。北郭税务北面的桥叫作糖饼桥。神勇铺的桥叫作过军桥。上闸南面的桥叫作上斗门桥。下斗门西面的桥叫作永兴桥，上闸南面的桥叫作中斗门桥，上闸东陆家场前面的桥叫作天宗栈库桥。

余杭门外上闸头曰上闸桥，上闸北中闸头曰中闸桥，中闸西曰唐家桥，又名寿安桥。中闸北下闸头曰下闸桥。米市桥南曰浴堂桥。下闸西北曰米市桥，米市里曰黑桥。麻线巷曰采莲桥。夹城巷口曰袁家桥。德胜桥北曰下斗门桥[①]。旧瓦子后曰邓家桥，又名广利桥。石牌头巷内曰袁公桥。籴场后德胜桥旧名堰桥，因韩太尉掩击苗傅[②]，故杭人称之曰长板桥，曰杨㻪桥[③]。下界仓后曰高家、梁㻪、张家三桥。五里塘大路曰东新桥。莫家场前曰范㻪桥，元系小石桥[④]。鱼行里曰水冰桥。接待寺南曰望佛桥，桥西曰复明桥，一名倪郎中桥，桥东曰雷道桥。鱼行里曰黑桥。接待寺前曰香火桥。北外酒库南大路曰佐家桥⑤。西仓南曰宝庆桥，又名葱版蛳桥。丰储西仓前曰西仓桥，仓北曰洞霄道院桥。

【注释】

① 德胜桥：《咸淳临安志》卷二十一《疆域六·桥道》："德胜桥（旧名堰桥。韩世忠于此掩击苗刘，故杭人呼为德胜）。"

② 韩太尉：指南宋初年武将韩世忠，字良臣，晚年自号清凉居士，延安府绥德军（今陕西绥德）人，与岳飞、张俊、刘光世合称南宋"中兴四将"。苗傅：上党（今山西长治）人。1129年，苗傅与刘正彦合谋发动政变，杀死武将王渊，逼宋高宗禅位皇子，请隆佑太后垂帘听政。后吕颐浩、张浚、韩世忠、张俊等人率领勤王军逼近临安，苗傅与刘正彦迫于形势，请高宗复位，后二人率军出逃。韩世忠率军追捕，刘正彦被擒，苗傅弃军变姓名，逃至建阳被俘，后与刘正彦同时被杀。

③ 故杭人称之曰长板桥，曰杨溇桥：据上文，疑底本此处有误，此句或为他处窜入。

④ 元：即原，原本。

⑤ 佐家桥：原作"左家桥"，据《学津讨原》本、《学海类编》本、天一阁本、《咸淳临安志》卷二十一《桥道》改。

【译文】

余杭门外上闸头的桥叫作上闸桥，上闸北中闸头的桥叫作中闸桥，中闸西面的桥叫作唐家桥，又名寿安桥。中闸北下闸头的桥叫作下闸桥。米市桥南面的桥叫作浴堂桥。下闸西北的桥叫作米市桥，米市里的桥叫作黑桥。麻线巷的桥叫作采莲桥。夹城巷口的桥叫作袁家桥。德胜桥北的桥叫作下斗门桥。旧瓦子后面的桥叫作邓家桥，又名广利桥。石牌头巷内的桥叫作袁公桥。籴场后面德胜桥以前叫作堰桥，因为韩世忠太尉掩击苗傅,故而杭州人称之为长板桥、杨婆桥。下界仓后面的三座桥叫作高家桥、梁婆桥、张家桥。五里塘大路的桥叫作东新桥。莫家场前面的桥叫作范婆桥,原是小石桥。鱼行里的桥叫作水冰桥。接待寺南面的桥叫作望佛桥,望佛桥西面是复明桥,一名倪郎中桥,桥东面的桥叫作雷道桥。鱼行里的桥叫作黑桥。接待寺前面的桥是香火桥。北外酒库南大路是佐家桥。西仓南面是宝庆桥,又名葱版狮桥。丰储西仓前面是西仓桥,仓北是洞霄道院桥。

城北厢巷口曰富春桥,一名茆家桥。西仓北醋坊桥。官界巡司东曰吴家桥,司西曰黄家桥。江涨税务东曰江涨桥,桥西南曰归锦桥。瓜山泾巷口曰洪桥,巷东曰杜公桥。董家巷北曰狮子桥,喻家桥桥侧葛家、余家二桥。喻家桥西叶家桥。北新东曰费家桥,北新南曰羊棚桥,桥北曰北新桥,元名中兴永安桥。北新隅北曰康家桥,桥侧曰丰惠桥。正等铺曰印墓桥。康家桥北塘上曰板桥。

【译文】

城北厢巷口是富春桥,一名茆家桥。西仓北面是醋坊桥。官界巡司东面是吴家桥,官界巡司西面是黄家桥。江涨税务东面是江涨桥,桥西南是归锦桥。瓜山泾巷口是洪桥,巷东是杜公桥。董家巷北面是狮子桥,喻家桥桥侧是葛家桥、余家桥两座桥。喻家桥西面是叶家桥。北新东面是费家桥,北新南面是羊棚桥,羊棚桥北面是北新桥,原名中兴永安桥。北新隅北面是康家桥,桥侧是丰惠桥。正等铺的桥叫作印墓桥。康家桥北塘上是板桥。

禁城九厢坊巷

【题解】

本条记述了南宋杭州城禁城九厢的行政区划、坊巷分布以及相关的社会管理情况,为我们提供了杭州城内部的详细地理信息和社会管理细节。"禁城"指的是南宋行都杭州的官城及其周边区域,是南宋皇室和中央政府的核心地带。"九厢"指禁城周边划分的九个行政区划单位,每个厢由一名小使臣负责管理,主要职责是维护治安、防范盗贼、处理烟火事故等。文中详细列举了禁城九厢内的坊巷名称及其位置关系。左一南厢包括大隐坊、安荣坊、怀庆坊、和丰坊等,主要分布在清河坊以南。左一北厢包括吴山坊、清河坊、融和坊、太平坊等,主要分布在御街以西。左二厢包括修义坊、富乐坊、众乐坊、教睦坊等,也分布在御街以西。左三厢包括钦善坊、清风坊、甘泉坊等,主要分布在钱塘县前。右一厢包括孝仁坊、登平坊、寿域坊、天庆坊等,主要分布在大街东西。右二厢包括清平坊、通和坊、宝佑坊、贤福坊、兰陵坊等,主要分布在御街以东。右三厢包括东巷坊、西巷坊、丰禾坊、善履坊等,主要分布在盐桥以西。右四厢包括兴礼坊、崇阳宫墙以东区域。每个厢的管理职能虽然较为基础,但涉及治安、消防、交通等多个方面,体现了南宋临安城精细化的管理特点。这些记载不仅反映了当时城市的繁荣景象,还展现了南宋政府在城市管理方面的细致安排。是研究南宋临安城城市布局、行政区划和社会管理的重要文献,为我们还原了当时城市的微观细节。本条内容引自《咸淳临安志》卷十九《疆域四·厢界》及《疆域四·坊巷》。

在城九厢界,各厢一员小使臣注授①,任其烟火、盗贼,收解所属②。其职至微,所统者军巡火下地分③,以警其夜分不测耳。曰宫、城、厢、庑、坊④、巷,东至嘉会门禁城角⑤,西至中军壁小寨门,南至八盘岭,北至便门巡铺城角矣。

【注释】

①小使臣:武阶总名。南宋《淳熙官品令》《庆元官品令》等,以从义郎(旧东头供奉官)、秉义郎(旧西头供奉官)、忠训郎(旧左侍禁)、忠翊郎(旧右侍禁)、成忠郎(旧左班殿直)、保义郎(旧右班殿直)、承节郎(旧三班奉职)、承信郎(旧三班借职)为小使臣。

②收解:收进与解出。

③军巡:似为军巡铺。凡官府坊巷二百余步置一铺。每铺差军兵四人、押铺一名。夜间击鼓以应更漏报时,声相闻,巡警火烛、寇盗。火下地分:指一队巡逻人员所管辖的区域范围。

④坊:里巷,后作为城镇居民管理组织。

⑤禁城:宫城。

【译文】

杭州城九个厢,每个厢都安排一名小使臣,负责该厢的烟火安全和盗贼,收进与解出所属。小使臣的官职非常小,所统辖的是军巡下辖的一片区域,来警惕夜间各种突发事件。宫、城、厢、庑、坊、巷,东至嘉会门禁城角,西至中军壁小寨门,南至八盘岭,北至便门巡铺城角。

左一南厢所管坊巷:曰大隐①、安荣②、怀庆③、和丰,并在清河坊内南首一带。

【注释】

①大隐：即大隐坊。位于今杭州上城区大井巷一带。
②安荣：即安荣坊。位于今杭州上城区，东起大井巷，过小井巷，西至华光路和粮道山巷，紧邻河坊街。
③怀庆：即怀庆坊。大致位于今杭州上城区大井巷一带。

【译文】

左一南厢所管坊巷：大隐坊、安荣坊、怀庆坊、和丰坊，都在清河坊内南首一带。

左一北厢所管坊巷：曰吴山坊①，即吴山井巷。清河坊，与南瓦子相对②。融和坊③，即灌肺岭巷。新街，融和之北。太平坊④，通和相对⑤。市南坊⑥，即巾子巷。市西坊⑦，俗呼"坝头"，又名三桥街，并在御街西首一带。南新街⑧，御史台相对。康裕坊⑨，俗呼"八作司巷"。后市街⑩，吴山北坊西相对⑪。泰和坊⑫，俗呼"糯米仓巷"。天井坊⑬，即天井巷，旧名通浙坊，稍西龙舌头路。中和坊⑭，元呼楼店务巷，旧名净因坊。仁美坊，俗呼"石坂巷"⑮，在通判北厅之东。近民坊，府治东。流福坊，府治前西。丰裕坊⑯，凌家桥西。美化坊，府学西。八巷并在清河坊北首一带，直至州府，沿河至府学前凌家桥西。

【注释】

①吴山坊：大致位于今杭州上城区大井巷一带，靠近河坊街。

② 南瓦子：南瓦子巷。位于今杭州上城区紫阳街道。

③ 融和坊：位于今杭州上城区高银街一带，靠近河坊街。

④ 太平坊：位于杭州上城区中山中路近惠民路。

⑤ 通和：通和坊。大致位于今杭州上城区中山中路西侧。

⑥ 市南坊：位于今杭州上城区中山中路西侧，其范围大致在今天的中山中路与惠民路交叉口附近。

⑦ 市西坊：坊在旧市之西，故名。坊西有三座桥，俗称"三桥街"。

⑧ 南新街：位于今杭州上城区，南起河坊街，北至太平坊巷。

⑨ 康裕坊：位于今杭州上城区河坊街中段，大井巷东。其范围大致在今天的叭蜡子巷一带，一头连着大井巷，另一头通往南宋御街。

⑩ 后市街：位于今杭州上城区，南起河坊街，北至羊坝头，与中山中路并行。

⑪ 吴山北坊：大致位于今杭州上城区河坊街附近，靠近吴山广场。

⑫ 泰和坊：大致位于今杭州上城区河坊街一带。

⑬ 天井坊：大致在今杭州上城区河坊街一带，靠近南宋御街。

⑭ 中和坊：大致位于今杭州上城区河坊街一带，靠近南宋御街。

⑮ 石坂巷：《咸淳临安志》卷十九《坊巷》、《西湖游览志》卷十三《衢巷河桥》作"石板巷"。

⑯ 丰裕坊：《咸淳临安志》卷十九《坊巷》作"丰豫坊"。《咸淳临安志》卷十九《疆域四·坊巷》："丰豫坊（凌家桥西，府学在此坊内）。"

【译文】

左一北厢所管坊巷：吴山坊，即吴山井巷。清河坊，与南瓦子相对。融和坊，即灌肺岭巷。新街，位于融和坊的北面。太平坊，与通和坊相对。市南坊，即巾子巷。市西坊，俗称"坝头"，又名三桥街，都在御街西头一带。南新街，与御史台相对。康裕坊，俗称"八作司巷"。后市街，与吴山北坊西相对。泰和坊，俗称"糯米仓巷"。天井坊，即天井巷，旧名通浙坊，稍西面是龙舌头路。中和坊，原先叫作楼店务巷，旧名净因坊。仁美坊，俗称"石坂巷"，在杭州通判北厅的东面。近民坊，位于临安府治的东面。流福坊，位于临安府治前西。丰裕坊，位于凌家桥西面。美化坊，位于临安府学的西面。八巷都在清河坊北头一带，直至州府，沿河至府学前面的凌家桥西。

左二厢所管坊巷：曰修义坊①，俗呼"菱椒巷"，即肉市。富乐坊②，俗呼"卖马巷"。众乐坊③，俗呼"虎跑泉巷"。教睦坊④，俗呼"狗儿山巷"。积善坊⑤，即上百戏巷。秀义坊，即下百戏巷。寿安坊⑥，俗名"官巷"。修文坊⑦，即旧将作监巷。里仁坊，元名陶家巷。保信坊⑧，俗呼"剪刀股巷"。定民坊⑨，即中棚巷。睦亲坊⑩，俗呼"宗学巷"。纯礼坊⑪，元名后洋街巷。保和坊⑫，旧称砖街巷。报恩坊⑬，俗名"观巷"。以上在御街西首一带。福德坊，在保和坊巷内。招贤坊⑭，仁和县前对巷。登省坊，县衙相对，系郭宰买民地创开此坊耳。

【注释】

①修义坊：大致位于今杭州上城区三元坊巷一带。东起中山中路，西至比胜庙巷，北接开元路东段。

②富乐坊：在今杭州中山中路保康巷。

③众乐坊：在今杭州中山中路东羊血弄。

④教睦坊：在今杭州中山中路279弄。

⑤积善坊：位于今杭州上城区湖滨街道，东通中山中路，对日新桥弄，北侧紧邻羊血弄。

⑥寿安坊：位于今杭州上城区中山中路一带，大致范围为邮电路口至积善坊巷口。

⑦修文坊：大致位于今杭州上城区邮电路一带。
⑧保信坊：在今杭州北山街至里仁坊巷间。
⑨定民坊：在今杭州中山中路与北山街间。
⑩睦亲坊：在今杭州中山中路与平海路交叉口附近。
⑪纯礼坊：在今杭州竹竿巷。
⑫保和坊：在今杭州中山北路与武林路间孩儿巷。
⑬报恩坊：在今杭州中山北路与麒麟街间的观巷。
⑭招贤坊：在今杭州中山北路与延安路间的百井坊巷。

【译文】

左二厢所管坊巷：修义坊，俗称"菱椒巷"，即肉市。富乐坊，俗称"卖马巷"。众乐坊，俗称"虎跑泉巷"。教睦坊，俗称"狗儿山巷"。积善坊，即上百戏巷。秀义坊，即下百戏巷。寿安坊，俗称"官巷"。修文坊，即旧将作监巷。里仁坊，原名陶家巷。保信坊，俗称"剪刀股巷"。定民坊，即中棚巷。睦亲坊，俗称"宗学巷"。纯礼坊，原名后洋街巷。保和坊，旧称砖街巷。报恩坊，俗称"观巷"。以上各坊都在御街西头一带。福德坊，在保和坊巷内。招贤坊，仁和县前对巷。登省坊，与县衙相对，是郭宰购买百姓土地开创的此坊。

左三厢所管坊巷：钦善坊①，井亭桥南，俗呼闻扇子巷③。甘泉坊③，相国井巷口，与井亭桥对。清风坊④，庄文府南，俗呼活水巷⑤。清河坊，洪福桥西杨和王府前⑥。兴庆坊⑦，结缚桥相对⑧，俗呼前洋街⑨。德化坊⑩，旧木子巷，在潘阆巷口。字民、平易，俱在钱塘县前。

【注释】

①钦善坊：大致位于今杭州井亭桥附近。

②俗呼:二字原无,据(宋)潜说友《咸淳临安志》卷十九《疆域四·坊巷·府城·左三厢》补。
③甘泉坊:大致位于今杭州上城区解放路。
④清风坊:在今杭州相国井遗址一带。
⑤俗呼:二字原无,据(宋)潜说友《咸淳临安志》卷十九《疆域四·坊巷·府城·左三厢》补。
⑥杨和王:即南宋武将杨存中,原名沂中,字正甫,代州崞县(今山西代县西南)人。北宋末年,杨存中应募从军击贼,后成为张俊部将。绍兴二年(1132),升任神武中军统制,开始掌管宿卫亲兵。其后于藕塘大破刘猊,名震北方。柘皋之战时,以长斧士大败金军"拐子马"。绍兴二十年(1150),封恭国公。绍兴三十一年(1161),罢为太傅、醴泉观使,进封同安郡王。金帝完颜亮南侵时,杨存中反对议和,并督军防守。乾道二年(1166),杨存中去世,年六十五。追封和王,谥号"武恭"。
⑦兴庆坊:大致位于今杭州的清河坊历史文化街区附近。
⑧相对:"相"字原脱,据《咸淳临安志》卷十九《疆域四·坊巷·府城·左三厢》补。
⑨俗呼:二字原无,据(宋)潜说友《咸淳临安志》卷十九《疆域四·坊巷·府城·左三厢》补。
⑩德化坊:在今杭州龙翔桥西南。

【译文】

左三厢所管坊巷:钦善坊,位于井亭桥南,俗称闻扇子巷。甘泉坊,位于相国井巷口,与井亭桥相对。清风坊,位于庄文府南,俗称活水巷。清河坊,位于洪福桥西杨和王府前面。兴庆坊,与结缚桥相对,俗称前洋街。德化坊,旧木子巷,在潘阆巷口。字民坊、平易坊,都在钱塘县前。

右一厢所管坊巷:孝仁①、登平二坊,和宁门外西东。

寿域坊[2]，太庙南，俗呼粮科院巷[3]。天庆坊，即天庆观巷。保安坊，元呼庙巷。怀信坊，俗呼"糍团巷"。长庆坊[4]，入忠清庙路。以上并在大街东西。新开坊，清平巷转东上抱剑营路。常庆坊，都税务南柴垛桥巷。富乐坊，荐桥西。

【注释】

①孝仁：即孝仁坊。在今杭州中山南路高士坊巷。

②寿域坊：在今杭州上城区白马庙巷。"寿域坊"原作"寿城坊"，据国图藏明抄本、《乾道临安志》卷二《坊市》、《咸淳临安志》卷十九《疆域四·坊巷·府城·右一厢》、《西湖游览志》卷十三《衢巷河桥》改。

③俗呼：诸本均无此二字，据（宋）潜说友《咸淳临安志》卷十九《疆域四·坊巷·府城·右一厢》补。

④长庆坊：在今杭州中山南路十五奎巷。

【译文】

右一厢所管坊巷：孝仁坊、登平坊二坊，位于和宁门外西东。寿域坊，位于太庙南面，俗称粮科院巷。天庆坊，即天庆观巷。保安坊，原名庙巷。怀信坊，俗称"糍团巷"。长庆坊，入忠清庙路。以上各坊都在大街东西。新开坊，位于清平巷转东上抱剑营路。常庆坊，位于都税务南柴垛桥巷。富乐坊，位于荐桥西面。

右二厢所管坊巷：清平坊，即旧沙皮巷。通和坊，金波桥路。宝佑坊，即福王府看位一直路。贤福坊[1]，即坝东巷，东通猫儿桥[2]。兰陵坊[3]，水巷桥巷。羲和坊，俗呼"炭桥巷"。武志坊[4]，元名李博士桥巷。戒民坊[5]，俗呼"棚桥巷"，为市曹行刑之地。新安坊，名为新桥楼巷。延定坊，鹅鸭桥巷。安国坊⑥,即北桥巷。怀远坊⑦,旧呼军头司营巷。普宁坊,在观桥之北,即清远桥巷。皆在御街东首一带。同德坊⑧,旧呼灯心巷,在大街北。嘉新坊,北酒库东⑨,面北⑩,俗呼七朗堂巷。教钦坊⑪,俗呼"竹竿巷",北酒库东,面南。新开南巷,荐桥富乐坊对。新开北巷,曰新桥东⑫。

【注释】

①贤福坊:《咸淳临安志》卷十九《疆域四·坊巷》:"贤福坊(市西坊对,俗呼坝东巷)。"

②坝东巷,东通猫儿桥:原作"坝东猫儿桥巷",据《咸淳临安志》卷十九、《西湖游览志》卷十三《衢巷河桥》改。

③兰陵坊:在今杭州中山中路老水漾桥弄。

④武志坊:在今杭州中山中路与光复路间李博士桥弄。

⑤戒民坊:大致在今杭州中山中路附近。

⑥安国坊:大致在今杭州长庆街一带。

⑦怀远坊:在今杭州军督司巷。

⑧同德坊:在今杭州灯芯巷。

⑨北酒库:"酒"字原脱,据《咸淳临安志》卷十九《疆域四·坊巷·府城·右二厢》补。

⑩面北:原作"西北",据《咸淳临安志》卷十九《疆域四·坊巷·府城·右二厢》改。

⑪教钦坊:在今杭州木场巷。

⑫曰新桥东:《咸淳临安志》卷十九《疆域四·坊巷·府城·右二厢》作"日新桥东"。

【译文】

右二厢所管坊巷:清平坊,即旧沙皮巷。通和坊,位于金波桥路。宝佑坊，即福王府看位一直路。贤福坊，即坝东巷，东通猫儿桥。兰陵坊，水巷桥巷。义和坊，俗称"炭桥巷"。武志坊，原名李博士桥巷。戒民坊，俗称"棚桥巷"，为市曹行刑的地方。新安坊，名为新桥楼巷。延定坊，即鹅鸭桥巷。安国坊，即北桥巷。怀远坊，旧名军头司营巷。普宁坊，在观桥之北，即清远桥巷。都在御街东头一带。同德坊，旧名灯心巷，在大街北。嘉新坊，位于北酒库东面，面北，俗称七朗堂巷。教钦坊，俗称"竹竿巷"，位于北酒库东面，面南。新开南巷，位于荐桥富乐坊对面。新开北巷，位于日新桥东面。

右三厢所管坊巷：东巷坊，即上中沙巷。西巷坊①，名下中沙巷。丰禾坊②，全皇后府东③。善履坊，即芳润桥东。兴德坊④，盐桥下西堍⑤。昌乐坊，蒲桥东。

【注释】

①西巷坊：因位于中沙河西岸，故又称"下中沙巷"。

②丰禾坊：位于南宋临安城的崇新门内。旧时面向西方，咸淳三年（1267）因建造皇后家庙宅第，坊巷被移至稍东，改为面向南方。

③全皇后：宋度宗皇后。度宗死后被尊为皇太后。1276年，元军兵临临安，太皇太后谢氏带领宋恭帝投降，全太后也随儿子被押解到大都。最后在大都的正智寺出家为尼而终。

④兴德坊：原作"兴化坊"，《咸淳临安志》卷十九、《淳祐临安志》卷七《坊巷》、《西湖游览志》卷十三《衢巷河桥》作"兴德坊"。（明）田汝成《西湖游览志》卷十四《南山分脉城内胜迹·衢巷河桥》："惠济桥，俗称盐桥；宋时，盐船待榷于此，上有广福庙。西堍，宋为兴德坊。"据改。

⑤堍（tù）：桥两端向平地倾斜的部分。"堍"，原为"北"，据《学津讨原》本、清翁校抄本、明节本改。

【译文】

右三厢所管坊巷：东巷坊，即上中沙巷。西巷坊，名下中沙巷。丰禾坊，全皇后府邸东面。善履坊，即芳润桥东。兴德坊，盐桥下西堍。昌乐坊，位于蒲桥东面。

右四厢所管坊巷名曰：兴礼，自宗阳宫墙之东至传法寺[①]、佑圣观、郭谢太后宅[②]、福田宫，出街直到宁海坊[③]，俱属所统也。

【注释】

[①]宗阳：宋度宗用德寿宫一半土地营建的道观。《咸淳临安志》卷十三《行在所录·官观》："宗阳宫：在三圣庙桥东。绍兴间望风者以其地有郁葱之祥。已而前后环建王邸。即绍开两朝，复为今上皇帝毓圣之所。天瑞地符，益大章显。咸淳四年四月诏筑官，赐名宗阳。门曰宗阳之官，曰开明之门，中为无极妙道之殿，以奉三清。"
[②]郭谢太后宅：指宋孝宗成穆郭皇后、宋理宗谢皇后的住宅。
[③]宁海坊：(宋)潜说友《咸淳临安志》卷十九《疆域四·坊巷·府城·右四厢》："宁海坊（荐桥东面北）。"

【译文】

右四厢所管坊巷：兴礼坊，自宗阳宫墙的东面至传法寺、佑圣观、郭谢太后宅、福田宫，出街直到宁海坊，都是右四厢所管。

盖杭旧有坊巷废之者七，如罗汉洞旧有坊名"美俗"，三桥涌金路旧名会昌坊，洪桥杨府巷元作紫云坊，癸辛街巷为从训坊，马家桥西曾立孝慈坊，洗麸桥南北二岸谓之通宝、丰财二坊，皆后人不可不知，姑并述之。

【译文】

杭州城以前的坊巷，现在废弃的有七座，如罗汉洞以前有美俗坊，三桥涌金路以前叫作会昌坊，洪桥杨府巷原先叫作紫云坊，癸辛街巷原是从训坊，马家桥西面曾叫作孝慈坊，洗麸桥南北两岸叫作通宝坊、丰财坊，这些都是后人不可不知道的，姑且一并叙述。

卷八

大内

【题解】

本条介绍了南宋杭州城皇宫大内的基本情况。前半部分介绍了大内的门、宫殿等，后半部分介绍了大内主要的活动人员及其职责。南宋杭州的皇宫大内，又称"南内"，是南宋皇城禁苑，位于今杭州凤凰山东麓宋城路一带，东起馒头山东麓，西至凤凰山，南至苕帚湾、宋城路一带，北至万松岭。其核心区域面积约为50万平方米，是当时南宋的政治中心和皇家宫殿区。南宋皇宫大内有三座主要城门，南门丽正门、北门和宁门和东门东华门。其中，丽正门是皇宫的正门。和宁门是官员上朝的主要通道，因为南宋临安城的布局是"南宫北市"，官员居住在皇宫北面，上朝走北门更为方便。皇宫内部布局分为朝会区、后寝区、后苑区、宫内服务区、东华门宫殿区和慈宁宫区。朝会区是皇帝处理政务的地方，有大庆殿、紫宸殿等重要建筑。后寝区是皇帝和皇后的居住区，后苑区则是皇家园林，有亭台楼阁和御苑景观。南宋定都杭州后，由于地势局促，皇宫大内明显比北宋都城开封规模小得多，最明显的特点便是一殿多用。比如举行重大典礼的大庆殿，朔日朝会的紫宸殿，颁降敕书的文德殿，临轩策士的集英殿，都是同一座宫殿根据不同需要临时悬挂不同的殿名。南宋灭亡后，皇宫大内逐渐损毁。元至元十四年（1277），因民间失火，皇城建筑被延及焚烧殆尽。元代曾将南宋皇城旧址改建为五座佛寺，元末这些寺院也基本被毁。明代时，南宋皇城遗址成为废墟，现仅在万松岭路南有一小段皇城北墙尚存。另外，本条内容与《咸淳临安志》卷一《行在所录·官阙一·大内》相似。中间部分内容与《东京梦华录》卷一《大内》相同。

  大内正门曰丽正，其门有三，皆金钉朱户①，画栋雕甍②，覆以铜瓦③，镌镂龙凤飞骧之状，巍峨壮丽，光耀溢目。左右列阙亭④、百官侍班阁子。登闻鼓院⑤、检院相对⑥，悉皆红杈子⑦，排列森然，门禁严甚，守把钤束⑧，人无敢辄入仰视。至晡时，各门下青布幕护之。

【注释】

①金钉：金色的门钉。钉，大门上的圆头装饰物。

②甍（méng）：古建筑中的屋脊或者梁栋。

③铜瓦：(唐)白居易《白氏六帖》卷三《铜瓦》："《汉武故事》云：起神屋，以铜为瓦，漆其外。"

④阙亭：原作"阙待"，据《学津讨原》本、天一阁本、明抄本、清翁校抄本、明节本改。

⑤登闻鼓院：官署名。宋初有鼓司，宋真宗景德四年（1007），改为登闻鼓院，由谏院谏官主判。宋神宗元丰改制后隶司谏、正言。掌受文武官员及士民章奏表疏，凡有关朝政得失、公私利害、军期机密、陈乞恩赏、理雪冤滥以及奇方异术的上书，无成例通进的，都在鼓院投进，如被拒绝，再到登闻检院投进。

⑥检院："登闻检院"的简称。官署名。唐朝垂拱二年（686），置理匦使接受四方上书。宋太宗雍熙元年（984），改理匦使为理检使，改匦院为登闻院。宋真宗景德四年（1007），改为登闻检院，

以朝臣主管。宋神宗元丰改制后隶谏议大夫。凡士民上书,都先向登闻鼓院投进,如被拒绝,则到登闻检院投进。登闻检院收到上书后,如事关紧急,即日上达皇帝,否则五日一次通进。

⑦权子:用于阻拦人马通行的木架,一般是由一根横木连接数对两相交叉的竖木构成,也称作行马。(宋)程大昌《演繁录》卷一:"晋魏以后官至贵品,其门得施行马。行马者,一木横中,两木互穿以成,四角施之于门,以为约禁也。《周礼》为之陛枑,今官府前叉子是也。"

⑧守把:把守,防守。钤束:管束,约束。

【译文】

大内正门叫作丽正门,有三个门,都是金色门钉的朱红色大门,有彩绘装饰的栋梁、雕刻纹饰的屋脊,覆盖着铜瓦,雕镂着龙飞凤舞的形状,门高大雄伟壮丽,光彩耀人夺目。门左右排列着阙楼、文武百官等待上朝的阁子。登闻鼓院、登闻检院相对,都设有红权子,排列得密密麻麻,门禁甚严,守把约束,无人敢轻易进入仰视。至申时,各门都用青布幕保护。

丽正门内正衙即大庆殿,遇明堂大礼、正朔大朝会①,俱御之。如六参起居②,百官听麻③,改殿牌为文德殿;圣节上寿,改名紫宸;进士唱名,易牌集英;明禋为明堂殿。

【注释】

①正朔:一年的第一天,即农历正月初一。正,一年的开始;朔,一月的开始。

②六参:指一个月朝见皇帝六次。(宋)赵昇《朝野类要》卷一《班朝·六参》:"又名望参,谓一五日之常礼也。在京大小职事及不厘务官,趁赴望参,不得连三次请假。"

③听麻:听宣麻制,即百官在殿上恭听委任宰执大臣的诏命。麻,指

麻制、白麻。"麻制"乃唐宋委任宰执大臣的诏命。因写在白麻纸上，故称。《宋史》卷一百一十一《礼志十四》："若百官受制，即自班中引出听麻，文班于宣制石东，武班于西，并如宰相仪，听讫，出赴朝堂。"

【译文】

丽正门内正衙是大庆殿，遇到明堂大礼、农历正月初一大朝会，皇帝都会驾临。像六参起居，百官听宣麻制，改殿牌为文德殿；遇到圣节上寿，改名紫宸殿；进士唱名，更换殿牌为集英殿；明禋礼改为明堂殿。

次曰垂拱殿，常朝四参起居之地①。内后门名和宁，在孝仁、登平坊巷之中，亦列三门，金碧辉映，与丽正同。把守卫士严谨，如人出入，守阍人高唱头帽号，门外列百僚待班阁子②，左右排红杈子，左设阁门，右立待漏院③、客省④、四方馆⑤。

【注释】

① 四参：即四参官。指参与特定朝会仪式的官员群体，主要包括宰执、侍从、武臣正任、文臣卿监、员郎、监察御史等官员。根据参加仪式的具体要求，四参官的职责和参与范围会加以调整。

② 阁子：小屋子。

③ 待漏院：古代官员在宫门外等候早朝时休息的地方，因古代官中用漏壶滴水报时，故得名"待漏院"。唐朝百官早朝时需在宫门外等候，后因避风雨而设立待漏院。宋代沿置，将待漏院设在丹凤门西边，象征着对勤政的倡导。（宋）赵昇《朝野类要》卷一《班朝·待漏》："宫内之前待漏院，所以俟候宫门开。及阁门呼报排班，则穿执而入也。又名待班阁子。"

④客省：官署名。掌国信使朝见与辞别皇帝时宴赐；接待各地进奉使、少数民族首领，受其贡献，返回时颁给诏书及赐物；按照官品等级颁赐宰相、近臣、禁军将校节日礼物等。《宋史》卷一百六十六《职官志六·客省》："客省使、副使各二人。掌国信使见辞宴赐及四方进奉、四夷朝觐贡献之仪，受其币而宾礼之，掌其饔饩饮食，还则颁诏书，授以赐予。宰臣以下节物，则视其品秩以为等。若文臣中散大夫、武臣横行刺史以上还阙朝觐，掌赐酒馔。使阙，则引进、四方馆、阁门使副互权。"

⑤四方馆：官署名。《宋史》卷一百六十六《职官志六·四方馆使》："二人。掌进章表，凡文武官朝见辞谢、国忌赐香，及诸道元日、冬至、朔旦庆贺起居章表，皆受而进之。郊祀大朝会，则定外国使命及致仕、未升朝官父老陪位之版，进士、道释亦如之。掌凡护葬、赙赠、朝拜之事。客省、四方馆，建炎初并归东上阁门，皆知阁总之。"

【译文】

接着是垂拱殿，这是文武官员常朝四参向皇帝行礼的地方。垂拱殿内的后门叫作和宁门，在孝仁坊、登平坊巷之中，也列有三个门，金碧辉煌，与丽正门一样。负责守门的卫士十分严格谨慎，如果有人出入，守门人通过高声喊喝来人的官帽尺寸来指出来者何人，门外排列着文武百官等待上朝的阁子，左右排列着红色杈子，门左边设有阁门，右边有待漏院、客省、四方馆。

入登平坊，沿内城有内门曰东华①，守禁尤严。沿内城向南，皆殿司中军将卒立寨卫护，名之中军圣下寨。寨门外左右俱置护龙水池。沿寨向南有便门，谓之东便门。

【注释】

①东华：即东华门。位于和宁门东面。

【译文】

进入登平坊，沿内城有内门叫作东华门，守禁尤其严格。沿着内城向南，都是殿前司中军将卒安营扎寨护卫，称作中军圣下寨。寨门外左右两侧都设置有护龙水池。沿着军寨向南有便门，称为东便门。

禁庭诸殿更有者十：曰延和①，曰崇政，曰福宁，曰复古，曰缉熙，曰勤政，曰嘉明，曰射殿②，曰选德③，曰奉神。御殿名"钦先孝思之殿"④。更有天章诸阁⑤，奉艺祖至理庙神御⑥、御书图制之籍。宝瑞之阁，建于六部山后，供进御膳。即嘉明殿，在勤政殿之前。勤政即木帷寝殿也。嘉明殿相对东廊门楼，乃殿中省六尚局⑦，御厨、祗应、内侍人员俱集于此。殿上常列禁卫两重⑧，时刻提警，出入甚严，内皆近侍中贵。

【注释】

①延和：宋孝宗淳熙八年（1181）八月，以后殿拥舍改作延和殿。

②射殿：宋高宗绍兴初年驻跸杭州，皇城十分简陋，仅有射殿和后殿。绍兴十二年（1142）宋金和议后，臣僚请恢复朔日视朝之礼，于是十一月，以射殿改建崇政殿，朔望权作文德殿、紫宸殿，以皇城司北内诸司地修建垂拱殿。

③选德：建于宋孝宗即位之初。

④钦先孝思之殿：即钦天孝思殿。南宋初年，皇朝仅有射殿和后殿。绍兴十二年（1142）十一月，改射殿为崇政殿。绍兴十五年（1145）八月，于崇政殿东建造神御殿，即钦天孝思殿。（清）徐松

辑《宋会要辑稿》方域二之十八:"(绍兴)十五年八月二十八日,入内内侍省东头供奉官王晋锡言:'神御殿遇旦望、节序、生辰,驾过酌献行香,御路窄狭。欲于射殿东修盖神御殿一座,告迁安奉,委是稳便。所有土工、人匠、材科,乞下临安府应副,同共修造。'从之。"(宋)李心传《建炎以来朝野杂记》甲集卷二《内中神御殿》:"内中神御殿,东都旧有之,号钦先孝思殿。绍兴十五年秋始创,在崇政殿之东。凡朔望、节序、生辰,上皆亲酌献行香,盖用家人礼也。"

⑤天章:即天章阁。用于收藏图籍、符瑞、宝玩之物及宗室名籍,并安奉宋朝历任皇帝画像等,仍设置学士等贴职。南宋高宗绍兴六年(1136)三月,朝廷打算将暂存于温州的北宋帝后神御迎到行都临安,于皇朝内修建天章阁。此举因为六月宋高宗以亲征名义驻跸建康府而未果。绍兴八年(1138)二月,宋高宗返回临安,稍后建有临时性的天章阁、神御殿。绍兴二十四年(1154)九月,在和宁门内建天章等六阁,十一月成,同阁异名,实为一所。(宋)岳珂《愧郯录》卷十四《天章阁》:"中兴而后,惟建天章一阁以藏祖宗诸阁御书。……今行宫大内之后万松岭有地名旧天章阁,盖六龙南渡之初,便有此阁,寓于是间。"

⑥艺祖:指宋太祖赵匡胤。神御:先朝帝王的肖像。御,谓御容。

⑦殿中省六尚局:官署名。唐初,改隋殿内省为殿中省,置监与少监为正副长官,所属有尚食、尚药、尚衣、尚舍、尚乘、尚辇六局。掌皇帝饮食、衣服、车马等事。宋代设判省事一员,以无职事朝官充任,掌管郊祀、元日冬至皇帝御殿及祫禘后庙神主赴太庙时供具伞扇等事宜。

⑧禁卫两重:(宋)范镇《东斋记事》卷二:"禁卫凡五重:以亲从官为一重,宽衣天武官为一重,御龙弓箭直、弩直为一重,御龙骨朵子直为一重,御龙直为一重。凡入禁卫一重,徒一年至三年止,误

者减二等。"

【译文】

大内还有十座宫殿,分别是延和殿、崇政殿、福宁殿、复古殿、缉熙殿、勤政殿、嘉明殿、射殿、选德殿和奉神殿。御殿名"钦先孝思之殿"。还有天章阁等阁,供奉宋太祖至宋理宗的肖像、所著图书。宝瑞阁,建在六部山的后面,为皇帝提供饭菜饮食。嘉明殿,在勤政殿的前面。勤政殿即木帷寝殿。嘉明殿相对东廊门楼,是殿中省六尚局,御厨、祇应、内侍人员都聚集于此。殿上常列两重禁卫,时刻提醒警惕,人员出入十分严格,里面服务的都是高级宦官。

殿之廊庑①,皆知省、御药、御带、门司、内辖等官幕次②,听候宣唤。小园子③、快行、亲从、辇官、黄院子④、内诸司司属人员等上番者俱聚于廊庑祇候服役⑤。如宫禁买卖进贡,皆由此入,惟此处浩穰⑥。每遇进膳,自殿中省对嘉明殿,禁卫成列,约栏不许过往。省门上有一人呼唱,谓之"拨食"⑦。次有紫衣裹卷脚幞头者,谓之"院子家"⑧,托一合⑨,用黄绣龙合衣笼罩,左手携一条红罗绣手巾进入,于此样约十余合,继后又托金瓜各十余合进入⑩。若非时取唤⑪,名曰"泛索"⑫。

【注释】

①廊庑:堂前廊屋。
②幕次:礼仪制度名。亦称班。为古代官吏行朝参、常朝等礼时,依等第高下的排序。
③园子:指内廷的杂役人员。
④黄院子:宫廷内的杂役宦官。

⑤内诸司：指唐五代以来由宦官或武臣担任的宫廷机构，主要负责管理宫廷内部及皇室事务。北宋内诸司情况，见（宋）孟元老《东京梦华录》卷一《内诸司》。上番：轮替执勤。

⑥浩穰：人多的样子。

⑦拨食：即拨食家，指宋代大内进膳时在门外呼喊上菜的官人。《东京梦华录》卷一《大内》："每遇早晚进膳，自殿中省对凝晖殿，禁卫成列，约栏不得过往。省门上有一人呼喝，谓之'拨食家'。"

⑧院子家："院子"是旧时称贵族家中专管出入收发的仆役。此处专指宫廷上菜的仆人。

⑨合：盒子。

⑩金瓜：瓜名。瓜皮为金黄色或红黄色。

⑪非时：不在正常规定时间内。

⑫泛索：临时需求，系时人口语，后演变为市语"点心"，因为点心可以随时取用并即食。（宋）周密《武林旧事》卷八《皇后归谒家庙用咸淳全后》："早泛索：下饭七件、菜蔬五件、茶果十合、小碟儿五件。"

【译文】

宫殿的廊屋下，都是知省、御药、御带、门司、内辖等官员的幕次，听候皇帝传唤。小园子、快行、亲从、辇官、黄院子、内诸司等待轮替值勤的司属人员都聚集在廊屋等待吩咐。比如宫禁买卖进贡，都从此进入，唯独此处人员甚多。每次遇到皇帝进膳，从殿中省到嘉明殿，禁卫排成列，阻拦人不许经过。省门上有一人大声唱名，称作"拨食"。接着有身穿紫衣、头裹卷脚幞头的人，称为"院子家"，托着一个盒子，用黄色绣龙的盒衣罩着，左手拿着一条红罗绣手巾进入，像这个样子的盒子大约有十多个，后面又有人托着十多盒子金瓜进入。如果皇帝非时传唤取要物品，称作"泛索"。

皇太后殿名曰"坤宁",皇后殿名曰"和宁",两殿各有大官及殿长、内侍,及黄院子、幕士①、殿属、亲从、辇官等人祗候。诸宫妃嫔等位次,亦有内侍提举,各阁分官属掌笺奏②,院子、小园子等人祗直。

【注释】

①幕士:宫廷卫士。

②阁分:指宫中妃嫔等位次的划分。笺奏:古代文书的一种,属于章奏一类。

【译文】

皇太后所在宫殿名叫"坤宁",皇后所在宫殿名叫"和宁",两殿各有大官以及殿长、内侍,以及黄院子、宫廷卫士、殿属、亲从、辇官等人伺候。各宫不同位次的妃嫔,也有内侍负责,各阁分的官员掌管笺奏,院子、小园子等人值班应付各种差使。

和宁门外红杈子,早市买卖,市井最盛,盖禁中诸阁分等位宫娥早晚令黄院子收买食品①、下饭于此②。凡饮食珍味、时新下饭、奇细蔬菜③,品件不缺。遇有宣唤,收买即时供进。如府宅贵家欲会宾朋数十位,品件不下一二十件,随索随应,指挥办集,片时俱备,不缺一味。夏初茄、瓠新出④,每对可直十余贯,诸阁分、贵官争进,增价酬之,不较其值,惟得享时新耳。

【注释】

①宫娥:宫中嫔妃、侍女。

②下饭:陪饭下肚之物,此处泛指菜肴、小菜。

③奇细：新奇纤细。

④瓠（hù）：一年生草本植物，茎蔓生，夏天开白花，果实长圆形，嫩时可食。

【译文】

和宁门外红杈子早市，是当时最繁华的市场，禁中各阁分不同位次的妃嫔、宫女早晚命令黄院子在此处购买食品、菜肴。凡是珍贵精美的食品、时新的菜肴、新奇纤细的蔬菜，花色品种都不缺。遇到传唤某物，现买马上就能提供。比如权贵人家想要召集数十位宾客朋友聚会，花色品种不下一二十件，随时索取随时供应，指挥办理，片刻都能一一完备，不缺一味。夏初茄、瓠刚刚上市，每对可值十多贯钱，各阁分、高官们争相购买，加价支付，不计较其价值，只为享受应时而鲜美的物品。

德寿宫

【题解】

本条介绍了南宋行都德寿宫的情况，包括德寿宫的由来演变、宫内各处殿亭的名称等，中间穿插着一些时人的诗词。德寿宫原本是宋高宗赐给宰相秦桧的府第。秦桧去世后，其家人将府第献给朝廷。绍兴三十二年（1162），宋高宗禅位宋孝宗后，修建德寿宫，作为自己退位后所居的宫殿。宋高宗喜好山水，所以德寿宫的修造颇费心思，宋孝宗所写的《冷泉堂》诗，从一个侧面体现了这一点。宋孝宗禅位宋光宗后，移居德寿宫，改名重华宫，后来宋高宗的皇后吴皇后、宋孝宗的皇后谢皇后都因为住在此宫殿而更改宫名。谢皇后去世后，德寿宫被闲置，逐渐荒废。直到宋度宗下诏将德寿宫一分为二，一半土地修建宫观，供奉感生帝；另一半土地被改为民居。至此，德寿宫彻底退出历史舞台。本条内容引自《咸淳临安志》卷二《行在所录·宫阙二》。

德寿宫在望仙桥东[①]，元系秦太师赐第[②]，于绍兴三十二年六月戊辰，高庙倦勤[③]，不治国事，别创宫庭御之，遂命工建宫，殿扁"德寿"为名。后生金芝于左栋，改殿扁曰康寿。其宫中有森然楼阁，扁曰聚远，屏风大书苏东坡诗"赖有高楼能聚远,一时收拾付闲人"之句④。其宫籞四面游玩庭馆皆有名扁⑤。东有梅堂,扁曰香远。栽菊间芙蕖⑥、修竹处有榭,扁曰梅坡松菊三径。酴醾亭扁曰新妍⑦。木香堂扁曰清新。芙蕖冈南御宴大堂,扁曰载忻。荷花亭扁曰射厅、临赋⑧。金林檎亭扁曰灿锦。池上扁曰至乐。郁李花亭扁曰半绽红。木樨堂扁曰清旷。金鱼池扁曰泻碧。西有古梅,扁曰冷香。牡丹馆扁曰文杏,又名静乐。海棠大楼子扁曰浣溪。北有椤木亭,扁曰绛华⑨。清香亭前栽春桃⑩,扁曰倚翠⑪。又有一亭,扁曰盘松。

【注释】

①德寿宫:位于今杭州上城区境内,原为南宋宰相秦桧的旧邸,因有望气之人称"有王气",秦桧亡故后就收归朝廷,改筑新宫。绍兴三十二年(1162),宋高宗禅位宋孝宗,移居新宫,并将其改名"德寿宫"。宋孝宗为表孝敬,将德寿宫一再扩建,时称"北内"或"北宫"。德寿宫东接吉祥巷、南至望江路、西临中河、北靠水亭址,其遗址已经过多次考古发掘并对外开放。

②秦太师:指南宋初年宰相秦桧。字会之,祖籍江宁(今江苏南京)。北宋徽宗政和五年(1115)进士及第。靖康之变时,秦桧因上书金人统帅反对废宋钦宗,立张邦昌为帝,随同被俘的宋徽宗、宋钦宗等人一同被押解到北方。宋高宗建炎四年(1130),秦桧回到南宋朝廷,受到高宗重用。秦桧对金力主和议,在宋高宗的支持下,与金人达成"绍兴和议"。绍兴十二年(1142),金人放还高宗生母韦后,秦桧被加封太师,进封魏国公。

③倦勤:谓帝王厌倦于政事的辛劳。

④赖有高楼能聚远,一时收拾付闲人:诗题为《单同年求德兴俞氏

聚远楼诗三首其一》。诗全文如下："云山烟水苦难亲，野草幽花各自春。赖有高楼能聚远，一时收拾与闲人。"

⑤宫籞（yù）：帝王的禁苑。名扁：即名匾。"扁"同"匾"，匾额。下同。

⑥芙蕖（qú）：荷花。

⑦新妍：诸本同，《咸淳临安志》卷二《行在所录·宫阙二·北宫·德寿宫》作"清妍"。

⑧射厅、临赋："射厅、临赋"原作"香榭听临赋"，据《学津讨原》本、清翁校抄本改，天一阁本、明抄本作"谢听临赋"。《宋史》卷一百五十四《舆服志六·宫室制度》："有楼曰聚远，禁籞周回，四分之。东则香远、清深、月台、梅坡、松菊三径、清妍、清新、芙蓉冈，南则载忻、欣欣、射厅、临赋、灿锦、至乐。"

⑨绛华：原作"绛叶"，据清翁校抄本、《咸淳临安志》卷二《行在所录·宫阙二·北宫·德寿宫》改。

⑩清香亭：《咸淳临安志》卷二《行在所录·宫阙二·北宫·德寿宫》作"茅香亭"。

⑪倚翠：《咸淳临安志》卷二《行在所录·宫阙二·北宫·德寿宫》作"俯翠"。

【译文】

德寿宫在望仙桥的东面，原是皇帝赏赐秦桧太师的府第，绍兴三十二年六月三十一日，宋高宗厌倦政务辛劳，不再治理国事，另外修建宫殿居住，于是命令工匠修建宫殿，殿额以"德寿"为名。后来德寿宫左殿正梁上生长出金芝，于是改殿匾额为"康寿"。德寿宫中有高耸的楼阁，匾额是"聚远"，屏风大书苏轼的诗句："赖有高楼能聚远，一时收拾付闲人。"禁苑四面游玩的庭馆都有匾名。东面有梅堂，匾名香远。栽种菊花，还穿插种着荷花、竹子的地方有亭榭，匾名梅坡松菊三径。酴醾亭匾名新妍。木香堂匾名清新。芙蕖冈南面的御宴大堂，匾名载忻。荷花亭匾名射厅、临赋。金林檎亭匾名灿锦。池上匾名至乐。郁李花亭匾名半绽红。木樨堂匾名清旷。金鱼池匾名泻碧。西面有古梅,匾名冷香。牡丹馆匾名文杏,又名静乐。海棠大楼子匾名浣溪。北面有楞木亭,匾名绛华。清香亭前面栽种春桃,匾名倚翠。还有一个亭子,匾名盘松。

高庙雅爱湖山之胜①,于宫中凿一池沼,引水注入,叠石为山,以像飞来峰之景,有堂扁曰"冷泉"。孝庙观其景,曾赋长篇咏曰②:"山中秀色何佳哉,一峰独立名'飞来'。参差翠麓俨如画,石骨苍润神所开③。忽闻彷像来宫闱④,指顾已惊成列岫⑤。规模绝似灵隐前,面势恍疑天竺后。孰云人力非自然,千岩万壑藏云烟⑥。上有峥嵘倚空之翠壁,下有潺湲漱玉之飞泉⑦。一堂虚敞临清沼,密荫交加森羽葆。山头草木四时春,阅尽岁寒人不老。圣心仁智情幽闲,壶中天地非人间⑧。蓬莱方丈渺空阔,岂若坐对三神山⑨。日长雅趣超尘俗⑩,散步逍遥快心目。山光水色无尽时,长将挹向杯中绿。"高庙览之,欣然曰:"老眼为之增明。"后孝庙受禅⑪,议德寿宫改扁曰"重华",御之。次宪圣皇太后欲御⑫,又改为慈福宫。寿成皇太后亦改宫扁曰"寿慈"御之⑬。继后宫室空闲,因而遂废。

【注释】

①雅爱:素来喜爱。

②孝庙观其景,曾赋长篇咏曰:宋孝宗这首诗名《冷泉堂》。

③石骨:坚硬的岩石。

④彷像:隐约状。

⑤指顾:一指一瞥之间,形容时间短暂、迅速。岫(xiù):山。

⑥千岩万壑：形容山峦连绵，高低重叠。
⑦潺湲（chán yuán）：水缓慢流动的样子。漱玉：形容泉水倾泻在石头上的声音非常清脆，有如敲击玉石。
⑧壶中天地：指道家悠闲清静的无为生活。"壶中天地"的故事出自《后汉书》卷八十二下《方术列传·费长房传》："费长房者，汝南人也。曾为市掾。市中有老翁卖药，悬一壶于肆头，及市罢，辄跳入壶中。市人莫之见，唯长房于楼上睹之，异焉，因往再拜奉酒脯。翁知长房之意其神也，谓之曰：'子明日可更来。'长房旦日复诣翁，翁乃与俱入壶中。唯见玉堂严丽，旨酒甘肴，盈衍其中，共饮毕而出。翁约不听与人言之。后乃就楼上候长房曰：'我神仙之人，以过见责，今事毕当去，子宁能相随乎？楼下有少酒，与卿为别。'长房使人取之，不能胜，又令十人扛之，犹不举。翁闻，笑而下楼，以一指提之而上。视器如一升许，而二人饮之终日不尽。长房遂欲求道，而顾家人为忧。翁乃断一青竹，度与长房身齐，使悬之舍后。家人见之，即长房形也，以为缢死，大小惊号，遂殡葬之。长房立其傍，而莫之见也。于是遂随从入深山……长房辞归，翁与一竹杖，曰：'骑此任所之，则自至矣。既至，可以杖投葛陂中也。'又为作一符，曰：'以此主地上鬼神。'长房乘杖，须臾来归，自谓去家适经旬日，而已十余年矣。即以杖投陂，顾视则龙也。家人谓其久死，不信之。长房曰：'往日所葬，但竹杖耳。'乃发冢剖棺，杖犹存焉。遂能医疗众病，鞭笞百鬼，及驱使社公。"
⑨三神山：传说东海中仙人所居之山，即蓬莱、方丈、瀛洲。《史记》卷二十八《封禅书》："自威、宣、燕昭使人入海求蓬莱、方丈、瀛洲。此三神山者，其傅在勃海中……盖尝有至者，诸仙人及不死之药皆在焉。其物禽兽尽白，而黄金银为宫阙。未至，望之如云；及到，三神山反居水下；临之，风辄引去，终莫能至云。"
⑩尘俗：尘世，人间。

⑪受禅：指新皇帝接受旧帝让给的帝位。

⑫宪圣皇太后：原作"宪明太皇后"，据《咸淳临安志》卷二《行在所录·宫阙二·北宫·德寿宫》改。宪圣皇太后，指南宋高宗第二任皇后吴皇后。十四岁入宫。绍兴十三年（1143），被册立为皇后，一生历经高宗、孝宗、光宗、宁宗四朝。谥曰宪圣慈烈皇后，祔于永思陵。

⑬寿成皇太后：原作"寿域皇太后"，据《学津讨原》本、清翁校抄本、《宋史·后妃传》改。宋孝宗赵昚的第三任皇后。

【译文】

宋高宗素来喜爱西湖山水的美景，在宫中开凿了一个水池，引水注入池中，堆叠石头为山，以模仿飞来峰的景象，还有匾名"冷泉"的堂。宋孝宗观赏这一美景，曾经写下长篇诗作来歌颂："山中秀美的景色为何如此美好，一座山峰独自矗立名叫'飞来'。青翠的山麓参差不齐俨然如画，坚硬的岩石青翠滋润像神仙所开。忽然听闻飞来峰隐约来到皇宫的园囿中，转眼间已经令人惊讶地变成成列的山。山峰的规模与灵隐寺前面的飞来峰极为相似，形势恍然疑似在天竺后面。谁说人力并非自然，山峦重叠隐藏云烟。上有高峻倚空的青翠山壁，下有缓缓流淌的泉水激到石头上发出清脆的声音。一座堂空阔宽敞靠近清澈的水塘，浓密的树荫交织在一起遮盖在皇帝的伞盖上面。山头上的草木四时如春般青翠，看尽一年的严寒时节人不老。圣心仁爱多智心情闲适自得，悠闲自得的道家生活并非人间。蓬莱、方丈杳渺空阔，何如坐着面对三神山。日长高雅的情趣超越尘世，散步逍遥愉快心和眼睛。山光水色没有穷尽，一直将绿色的酒盛到酒杯中。"宋高宗阅读了这首诗，高兴地说："我年老昏花的眼睛因为这首诗变得清楚明亮。"后来宋孝宗禅位宋光宗，商议将德寿宫的匾额改作"重华"，住在那里。接着宪圣皇太后想要住在那里，又将其改名为慈福宫。寿成皇太后也住在那里，改宫匾额为"寿慈"。之后这座宫殿空闲下来，因此被荒废了。

咸淳年间，度庙临政，以地一半营建道宫，扁曰"宗阳"，以祀感生帝①。其时重建，殿庑雄丽，圣真威严，宫围花木靡不荣茂，装点景界，又一新耳目。一半改为民居，圃地改路，自清河坊一直筑桥，号为宗阳宫桥。每遇孟享，车驾临幸，行烧香典礼。桥之左右，设帅、漕二司，起居亭存焉。

【注释】

①感生帝：古代认为王者之先祖皆感太微五帝之精以生。因称其祖所感生之帝为"感生帝"，亦省作"感帝""感生"。（宋）李如箎《东园丛说》卷下《杂说·感生帝》："五行之帝居太微中，受命之君必感其精气而生。东方木帝曰灵威仰，西方金帝曰白招拒，北方水帝曰叶光纪，南方火帝曰赤熛怒，中央土帝曰含枢纽。故以木德受命有天下者则祭灵威仰，金德受命有天下者则祭白招拒，水德则祭叶光纪，火德则祭赤熛怒，土德则祭含枢纽。谓之感生帝。故周人祀灵威仰，本朝祀赤熛怒是也。"

【译文】

咸淳年间，宋度宗临朝听政，以德寿宫一半土地营建道观，道观匾名"宗阳"，用来祭祀感生帝。当时重建，宫殿廊庑雄伟壮丽，神像容颜威武严肃，宫围中种植的花草树木都郁郁葱葱，枝繁叶茂，装饰的境况，又令人耳目一新。德寿宫另一半土地改为民居，园地改为道路，自清河坊一直修桥，称作宗阳宫桥。每次遇到孟享，皇帝驾临，举行烧香典礼。桥的左右，设有安抚使司、转运使司两司，此外还保存着起居亭。

太庙

【题解】

本条简单介绍了南宋太庙的情况,包括祭祀太庙、太庙庙室增加情况,所奉神主情况等。南宋太庙位于今杭州紫阳山东麓、中山南路西侧,是我国目前考古发掘的年代最早、规模最完整的太庙遗址。根据史料记载,南宋太庙始建于宋高宗绍兴四年(1134),是在"守臣梁汝嘉"的主持下建造的,初始规模较小。绍兴八年(1138)又进行了扩建。正殿共有七楹,每楹祭祀一个已故皇帝的神位,神位两旁还配有已故文武功臣。太庙的祭祀仪式非常隆重,每年每季的第一个月和冬季,皇帝、宗室诸臣都会前往太庙举行朝享礼。每三年,皇帝还会亲自主持盛大的祭祀礼。新皇帝登基时,也会朝拜太庙。通过考古发掘,在南宋太庙围墙北端外侧,发现了一处方形石砌遗迹,边长1.5米,推测是太庙大门两侧放置石狮的台基。2001年6月,作为南宋临安城遗址的一部分,南宋太庙遗址被国务院公布为全国重点文物保护单位。本条文字引自《咸淳临安志》卷三《行在所录·郊庙·太庙》及《行在所录·郊庙·四祖庙》。

太庙在瑞石山,绍兴间建正殿七楹十三室。二车十驾款谒礼后①,又幸建康②,改为圣祖殿。复奉神主还杭,仍复奉安于此。礼部太常寺遵典行郊禋礼。前一日,朝飨太庙,仍设七祀板位于殿庑横阶之北③，又设配飨文武功臣，自韩王赵普以下二十五位于横阶之南。后部寺奏请增建庙室，后东西增六楹，通旧十三楹为一室，东西二楹为夹室④。及增廊庑作西神门、册宝殿、祭器库屋，建斋殿及致斋阁子四十有四楹。

【注释】

①二车十驾款谒礼：指皇帝不辞辛劳，长途跋涉前往太庙隆重拜祭祖先的礼仪。二车，指拜谒太庙时使用两辆辂车。十驾，十天的路程。
②建康：南宋建炎三年（1129）以江宁府改名，治今江苏南京。
③七祀：始于周朝。即司命、中溜、国门、国行、泰厉、户、溜（灶）。此七神居人之间，司察小过，作谴告者。司命督察人三命，泰厉主杀罚，国门主进出都城，中溜主堂室居处，国行主道路，门户主出入，灶主饮食。
④夹室：古代宗庙内堂东西厢的后部，藏五世祖以上远祖神主的地方。

【译文】

太庙位于瑞石山，绍兴年间修建了正殿七间十三个室。皇帝不辞辛劳，长途跋涉举行拜谒礼后，又前往建康，将其改为圣祖殿。皇帝再次将神主送回到杭州，仍然再次将神主放置于此。礼部太常寺遵循典礼举行郊禋礼。郊祀前一日，皇帝朝飨太庙，仍然在殿廊横阶的北面设置了七祀的板位，还在横阶的南面设置了从韩王赵普以下二十五位配飨文武功臣的板位。后来礼部太常寺奏请增建庙室，太庙之后东、西面增加了六间庙室，原有的十三间作为一室，东、西两间作为夹室。并增加了廊庑作为西神门、册宝殿、祭器库屋，修建了斋殿以及致斋阁子四十四间。

咸淳添置一室，奉理庙神主，通为一十四室，皆正中。

又筑二成之台①，为祠宫升下，以奉神主出入之地。四祖庙在诸室之西，奉僖②、顺③、翼④、宣四祖神主耳⑤。每遇三年，以孟冬袷祫⑥，即庙行礼，次诣诸室恭行祀典。

【注释】

①成：古代十里平方的土地。

②僖：指宋太祖赵匡胤的高祖赵朓（tiǎo），在唐朝官至幽都（今北京）县令。赵匡胤称帝后，追尊文献皇帝，庙号僖祖。

③顺：指宋太祖赵匡胤的曾祖赵珽（tǐng），于唐朝任御史中丞。赵匡胤称帝后，追封皇帝，谥号惠元，庙号顺祖。

④翼：指宋太祖赵匡胤的祖父赵敬，历任营、蓟、涿三州刺史。赵匡胤称帝后，追尊曰简恭皇帝，庙号翼祖。

⑤宣：指宋太祖赵匡胤的父亲赵弘殷，后周时曾与赵匡胤一同掌管禁军。赵匡胤称帝后，追谥武昭皇帝，庙号宣祖。

⑥袷（xiá）祫：古代天子诸侯所举行的集合远近祖先神主于太祖庙的大合祭。《说文解字·示部》："袷，大合祭先祖亲疏远近也。《周礼》曰：'三岁一袷。'"《公羊传·文公二年》："大袷者何？合祭也。"

【译文】

咸淳年间太庙添加了一间庙室，用来供奉宋理宗的神主，至此太庙共有十四个室，庙室都位于太庙正中位置。又修筑了二十里平方的高台，作为祠宫，用来供奉神主出入。四祖庙在各室的西面，用来供奉僖祖、顺祖、翼祖、宣祖四祖的神主。每到三年，因孟冬袷祫，皇帝在太庙举行祭祀，然后前往各室恭敬地举行祀典。

景灵宫

【题解】

本条介绍了南宋景灵宫的情况。景灵宫是北宋真宗时修筑的皇家祭祀场所,起初为供奉赵宋圣祖,后又供奉历代祖宗神御。南宋建立后,继承了北宋皇家祭祀礼制,同样建造景灵宫,用于供奉和祭祀宋朝历代皇帝的神御(即祖先的牌位或画像)。南宋景灵宫位于杭州城西北部,靠近钱塘门附近,与太庙、御街等共同构成了南宋皇家祭祀体系。根据文献记载,南宋景灵宫的建筑规模较大,内部设有多个殿宇和祭祀设施。皇帝每年四孟(即孟春、孟夏、孟秋、孟冬)都会前往景灵宫祭祀祖先。此外,已故皇帝的逝世纪念日,皇帝还得去祭拜。每次皇帝前往景灵宫祭祀,都会从皇宫的和宁门出发,沿着御街经过太庙、六部桥等重要节点,最终到达景灵宫。景灵宫祭祀的仪仗规模十分庞大,充分显示出皇帝对于祭祀的高度重视。南宋灭亡后,景灵宫逐渐荒废,如今其遗址已难以寻觅。此外,本条文字引自《咸淳临安志》卷三《行在所录·郊庙·景灵宫》。

景灵宫在新庄桥,投北坐西,乃韩蕲王世忠元赐宅基①,其子献于朝,改为宫。向中兴初②,高庙銮舆幸此,四孟朝献俱于禁中行礼③。绍兴年间,臣僚奏:"景灵宫以奉祖宗衣冠之游④,即汉享庙也,今就便殿设位以飨,未副广孝之意。"遂诏临安府同修内司相度⑤,以蕲王宅基修盖宫庙。殿门扁曰"思成",前为圣祖殿,宣祖至徽宗殿居中,东西廊俱图配飨功臣像于壁,元天圣后与昭宪太后而下诸后殿居于后⑥。朝家欲再广殿庑无余地⑦,其子孙复献,遂增建前殿五楹、中殿七楹、后殿十七楹⑧,自是斋殿、进膳、更衣、寝殿,次第俱备焉。

【注释】

①韩蕲王世忠:南宋孝宗乾道四年(1168),追封韩世忠为蕲王。

②中兴:指南宋建立。北宋灭亡后,宋高宗南渡长江,后定都临安,建立南宋,南宋人将其视作是宋朝中兴。

③朝献:唐宋之时称天子亲自祭告太清宫、景灵宫或太庙。(宋)赵昇《朝野类要》卷一《典礼·朝献》:"四孟之月,驾诣景灵宫也。自神庙朝建此。如在恤制内,则权止。"

④奉祖宗衣冠之游:汉代制度,每月初一,要将汉高祖曾经穿戴过的衣服帽子从享庙中恭敬地请出来放置在仪仗上,按照固定路线外出巡行,以表达对祖宗的敬意。景灵宫放置宋代开国皇帝的衣冠,作用就像汉代的享庙一样,都是准备祖宗衣冠外出巡行。"游",原作"所",据四库本、明删节本、清翁校抄本、清杨本、《咸淳临安志》卷三《行在所录·郊庙·景灵宫》改。

⑤修内司:官署名。隶将作监。掌管宫城、太庙的修缮事务。相度:考察估量。

⑥元天圣后:即元天大圣后。赵宋始祖赵玄朗之妻。大中祥符五年(1012),宋真宗对宰相王旦等人谎称梦到玉帝命赵氏祖先授予他天书。赵氏祖先自称是九人皇之一,曾转世为轩辕黄帝,后奉

玉帝之命，降世为赵氏之祖，名叫赵玄朗。于是宋真宗下诏崇奉赵玄朗为赵宋始祖，并在当年闰十月，追尊赵玄朗之妻为元天大圣后。昭宪太后：指宋太祖、宋太宗的母亲杜氏。宋宣祖赵弘殷之妻，死后追尊明宪皇后。合葬于永安陵。乾德二年（962），追改谥号昭宪皇后。

⑦无余地：原为"刘氏余地"，国图藏明杨循吉删节本作"无余地"。《咸淳临安志》卷三《行在所录·郊庙·景灵宫》："韩世忠、家复以赐第献。"

⑧遂增建前殿五楹、中殿七楹、后殿十七楹：（宋）王应麟《玉海》卷一百《郊祀》："丁巳增筑（用韩世忠赐第为之）前殿五楹、中殿七楹、后殿十七楹，斋殿、进食殿皆备，期年而毕。"

【译文】

景灵宫在新庄桥，朝北坐西，是原先朝廷赏赐蕲王韩世忠的宅基地，他的儿子将其献给朝廷，改建为景灵宫。南宋建立之初，宋高宗车驾前往景灵宫，四孟朝献礼都在禁中举行。绍兴年间，有臣僚上奏称："景灵宫用来供奉祖宗服饰，即是汉代的享庙，如今就便殿设置神位以祭祀，不符合陛下推广孝道之意。"于是宋高宗下诏临安府会同修内司一起考察，以韩世忠的宅基地为基础修盖宫庙。殿门匾名"思成"，前面是圣祖庙，宣祖至徽宗殿居中，东、西两廊都在墙壁上图画着配飨功臣的画像，元天圣后与昭宪太后以下各皇后殿位于后面。皇家想要再拓展宫殿没有空地，韩世忠的子孙再次献地，于是增建了五间前殿、七间中殿、十七间后殿，自此以后，斋殿、进膳、更衣、寝殿，按照次序逐一具备。

咸淳年间，再命帅臣重修各殿，度庙亲洒扁目，自圣祖、宣祖、太祖至理庙十六殿，曰天兴、天元、皇武①、大定、熙文、美成、治隆、大明、重光、承元、端庆②、皇德、系隆、美明、垂光、章熙之扁。自元天圣后至杨太后十五殿[3],曰保宁、太始、俪极、辉德、衍庆、继仁、徽音、坤元、柔仪、顺承、缵德、章顺[4]、嗣徽[5]、顺天[6]、体德之扁。

【注释】

①皇武:原作"宣武",诸本同。《咸淳临安志》卷三《行在所录·郊庙》:"景灵宫:……殿名:……太祖皇武……钦宗端庆。"(宋)庞元英《文昌杂录》卷二:"景灵宫神御殿成,榜名皆上亲制。宣祖曰天元,后殿曰太姑。太祖曰皇武,后殿曰俪极。"据改。

②端庆:原作"瑞庆",诸本同。(宋)李攸《宋朝事实》卷六《庙制》:"绍兴十五年秋,复营建神御殿于崇政殿之东,朔望节序,帝后生辰,皇帝皆亲酌献行香,用家人礼。其殿名,徽宗曰承元,钦宗曰端庆。"《宋史》卷一百九《礼志十二》:"绍兴十五年秋,复营建神御殿于崇政殿之东,朔望节序、帝后生辰,皇帝皆亲酌献行香,用家人礼。其殿名,徽宗曰承元,钦宗曰端庆。"据改。

③杨太后:即宋宁宗第二任皇后杨氏。原名杨桂枝。宋理宗登基,尊为皇太后垂帘听政。卒谥恭圣仁烈太后。

④章顺:"章"字原脱,据《咸淳临安志》卷三《行在所录·郊庙·景灵宫》补。

⑤嗣徽:"嗣"字原脱,据《咸淳临安志》卷三《行在所录·郊庙·景灵宫》补。

⑥顺天:诸本同,《咸淳临安志》卷三《行在所录·郊庙·景灵宫》作"光顺"。

【译文】

咸淳年间,皇帝再次命令安抚使重修景灵宫各殿,宋度宗亲自为各殿题写匾额,自圣祖、宣祖、太祖至理宗十六座殿,匾额分别是天兴、天元、皇武、大定、熙文、美成、治隆、大明、重光、承元、端庆、皇德、系隆、美明、垂光、章熙。自元天圣后至杨太后十五座殿，匾额分别是保宁、太始、俪极、辉德、衍庆、继仁、徽音、坤元、柔仪、顺承、缵德、章顺、嗣徽、顺天、体德。

宫后有堂，自东斋殿西循庑而右，为大堂三，临池上左右为明楼，旁有蟠桃亭。堂南为西斋殿，遇郊禋恭谢，设宴赐花于此；西有流杯堂、跨水堂、梅亭；北为四并堂，又有橘井修竹，四时花果亭宇，不能备载。

【译文】
景灵宫后面有堂，自东斋殿向西沿着廊殿向右，分为三座大堂，靠临水池，左右是明楼，旁边有蟠桃亭。堂南面是西斋殿，遇到郊祀举行恭谢礼，皇帝在此设宴赐花；西面有流杯堂、跨水堂、梅亭；北面是四并堂，还有橘井修竹，四季花果亭宇，不能一一记载。

宫南建崇禋馆，命道流以奉洒扫晨香夕灯之职。仍设内侍官提举宫事务，及宫司皇城兵侍卫之。按《朝野杂记》①："太庙以奉神主，一岁五飨，朔祭而月荐新。其五飨，命宗室诸王奉礼，朔祭以太常卿行事。景灵宫以奉塑像，岁行四孟飨，主上亲祀之。帝后大忌，宰臣率文武官僚行香，僧道作法事，后妃、六宫亦皆继往天章阁奉绘像。时节②、朔望③、帝后生忌日④，皆遍荐，内臣行礼。内庭钦先孝思殿亦奉神御，主上每日炷香，凡朔望、帝后忌辰、节序，皆亲行酌献之礼。太庙之祭，以行俎豆礼⑤。景灵宫祭，以奉牙盘礼⑥。天章阁、钦先孝思殿，以奉常馔，行家人之礼。"

【注释】

① 《朝野杂记》：即《建炎以来朝野杂记》。南宋史学家李心传撰写的一部典制体著作，四十卷，分甲乙集，每集各二十卷。该书将南宋初年以来的事迹，分门编类，甲集分上德、郊庙、典礼、制作、朝事、时事、杂事、故事、官制、取士、财赋、兵马、边防十三门，乙集少郊庙一门，为十二门。作者虽以"杂记"为名，但其体例"实同会要"，因而与作者的另一部编年体的著作《建炎以来系年要录》互为经纬，互相补充。本条这段文字出自《朝野杂记》甲集卷三《太庙景灵宫天章阁钦先殿诸陵上官祀事》，文字略有不同。

② 时节：四时的节序。

③ 朔望：指农历每月初一、十五。朔，农历每月初一。望，农历每月十五。

④ 忌日：原指父母及其他亲属逝世的日子，因禁忌饮酒、作乐等事，故称作"忌日"。《礼记·祭义》："君子有终身之丧，忌日之谓也。"郑玄注："忌日，亲亡之日。"

⑤ 俎豆：俎和豆。古代祭祀、宴飨时，用来盛祭品的两种礼器。亦泛指各种礼器。

⑥ 牙盘：谓雕饰精美的盘子，亦代指这种盘子所盛的珍馐。

【译文】

景灵宫南修建了崇禋馆，朝廷命令道士负责打扫卫生，早晨燃香晚上点灯。朝廷还设置内侍官掌管景灵宫事务，以及景灵宫司皇城兵负责侍卫。根据《朝野杂记》的记载："太庙用来供奉祖宗神主，一年五次祭祀，农历每月初一祭祀，每月上供时新供品。五次祭祀，皇帝命令封王的宗室奉行典礼，每月初一的祭祀以太常卿执行。景灵宫用来供奉祖宗塑像，每年举行四孟飨，届时皇帝亲自祭祀。遇到皇帝、皇后的大忌日，宰相率领文武官僚一起焚香叩拜，僧侣道士做法事，后妃六宫也要相继前往天章阁供奉祖宗画像。遇到时令，农历每月初一及十五、皇帝皇后的生日忌日，都要举行祭祀活动，由宦官代为行礼。内庭钦先孝思殿也供奉神御，皇帝每天都会燃香，凡是每月初一十五、皇帝皇后忌日、节日，皇帝都会亲自举行酌献礼。太庙的祭祀，举行俎豆礼。景灵宫祭祀，采用牙盘礼。天章阁、钦先孝思殿，用来供奉日常饮食，举行家人礼。"

万寿观

【题解】

本条简单介绍了南宋杭州城万寿观的情况。万寿观位于皇城及西湖附近,与东太乙宫、西太乙宫并列为南宋杭州城最重要的宫观,承担着皇家祭祀和祈福的功能。万寿观内设有高宗的本命殿——纯福殿,用于供奉皇帝的本命神。此外,万寿观还设有御书阁,收藏了多位皇帝的御书。万寿观的建筑布局规整,主要建筑包括正殿、回廊、丹墀等。正殿面阔五间,进深五间,采用抬梁穿斗混合结构,前设石埋面丹墀。观内还有一对高浮雕盘龙石柱,工艺精湛。南宋灭亡后,万寿观逐渐衰落,但在明清时仍有多次修缮和重建。明洪武年间,万寿观被改建为福神观,奉祀玄天上帝。清顺治五年(1648),万寿观再次重修。如今,万寿观的建筑群已荒废,但仍然保留了明清时期的古建筑风貌。另外,本条文字引自《咸淳临安志》卷十三《行在所录·宫观·万寿观》。

万寿观,在新庄桥西。绍兴间建殿观宇,以太霄殿奉昊天①,宝庆殿奉圣祖,长生殿奉长生帝,西则纯福殿,奉元命②。后殿十二楹为二十二室,奉太祖以下。会圣宫、章武殿、应天璇运③,皆塑像,以存东都遗制。

【注释】

①昊天：指昊天上帝。为神话传说中天上的最高主宰。

②元命：天命，此处指皇帝的长寿。南宋皇帝的"元命"与本命信仰有关，皇帝会在特定寺观中建本命殿，用于祭祀和祈福。

③应天璇运：应天，顺应天命。《咸淳临安志》卷十三《行在所录·宫观》作"应天启运"。《咸淳临安志》卷十三《行在所录·宫观》："万寿观……由徽宗皇帝而右，凡七庙，皆二宫，曰会圣，曰应天启运（塑像），皆以存旧京遗制。"

【译文】

万寿观在新庄桥西。绍兴年间修建，以太霄殿供奉昊天上帝，宝庆殿供奉圣祖，长生殿供奉长生帝，西面是纯福殿，供奉皇帝的元命。后殿十二间是二十二个室，供奉宋太祖以下先皇帝。会圣宫、章武殿、应天璇运里面都塑像，用来保存北宋开封的遗制。

前殿东有圆庙室，扁曰"延圣"，章惠后室扁曰"广爱"①，温成后室扁曰"宁华"②。四孟庙献毕，上由御圃诣本观诸殿行烧香礼。景定改道院斋阁③，以奉皇太后元命，观东建神华馆，命羽士焚修④。

【注释】

①章惠后：指宋真宗淑妃杨氏，与刘皇后一起抚养宋仁宗。宋仁宗即位，尊杨淑妃为皇太妃。广爱：原作"广惠"。（宋）李攸《宋朝事实》卷六《庙制》："在万寿观曰广爱者，奉章惠太后。"（宋）李焘《续资治通鉴长编》卷一百二十："丙申，内出章惠太后合金千余两，市庄园、邸舍以给万寿观，时于万寿观建广爱殿，奉安章惠御容故也。"（宋）王明清《挥麈前录》卷一《神宗御神像所在》：

"又有慈孝之崇真,万寿之延圣,崇先之永崇,以奉真宗母后。……章惠在延圣之后,曰广爱。"据改。

②温成后:指宋仁宗张皇后,河南永安(今河南巩义)人,入宫后得到宋仁宗专宠,去世后追封皇后,谥号温成。

③景定:宋理宗的第八个年号,1260—1264年。

④羽士:道士的别称。焚修:焚香修行,泛指静修。

【译文】

前殿东面有圆庙室,匾名"延圣",章惠后室匾名"广爱",温成后室匾名"宁华"。四孟日庙献结束后,皇帝经由御花园前往万寿观各殿举行烧香礼。景定年间,万寿观改为道院斋阁,用来供奉皇太后元命,万寿观的东面修建了神华馆,命令道士在其中静修。

御前宫观　东太乙宫

【题解】

本条简单介绍了御前宫观和东太乙宫。御前宫观是南宋朝廷直接管理的道教宫观，具有极高的地位和规模。南宋御前宫观有九处，在杭州城的有六处，湖边的有三处，多是南宋皇帝即位前所居住的府邸改建，用于供奉皇帝的元命或感生帝。这些宫观不仅是道教活动的场所，还承担了皇家祭祀、祈福等功能。御前宫观内设有专门的官员负责管理，并有兵士守卫。东太乙宫是南宋杭州城最重要的御前宫观之一，位于新庄桥南，规模宏大，建筑布局严谨，包括三清殿、火德殿、元命殿、北辰殿、长生殿等。东太乙宫供奉的是五福太乙神，是道教中重要的神祇。南宋建立后，宋高宗下令在杭州建造东太乙宫，后来宋孝宗、宋度宗又分别下令增建元命殿和通真殿。东太乙宫不仅是祭祀场所，还设有八斋，斋名如观妙、潜心、泰定等，体现了浓郁的道教修真文化。此外，东太乙宫的园林景观也非常精致，体现了道教对自然景观的重视。另外，本条文字引自《咸淳临安志》卷十三《行在所录·宫观·太乙宫》。

御前宫观在杭城者六，湖边者三，多是潜邸改建琳宫[①]，以奉元命，或奉感生帝，属内侍提举宫事，设立官司守卫兵士。凡宫中事务，出纳金谷、日膳，道众修崇醮款，凡有修整宫宇,及朝家给赐银帛,殿阁贴斋钱帛,并皆主计给散②,羽士俱沾恩甚隆,外观皆不及也。

【注释】

①潜邸:指皇帝即位前的住所。琳宫:道观、殿堂之美称。

②主计:汉代官名,主管国家财赋。《史记》卷九十六《张丞相列传》:"(张苍)迁为计相,一月,更以列侯为主计四岁。"司马贞索隐:"谓改计相之名,更名主计也。"后泛指主管财政的官吏。

【译文】

御前宫观在杭州城有六座,在西湖边上有三座,大多是皇帝即位前所居府邸改建为道观,用来供奉皇帝元命,或是供奉感生帝,宦官负责掌管宫观事务,设立官府及守卫兵士。凡御前宫观中的事务、出入金钱谷物、每天工作人员的饮食、道士们举行斋醮所需钱款,凡是有修整宫宇,以及皇家赏赐银钱绢帛,各殿各阁补贴斋事的银钱和绢帛,都一并由财政官员拨付,道士们都享受到十分优厚的皇帝恩宠,外地宫观都比不上。

东太乙宫在新庄桥南,元东都祠五福太乙神也。驻跸于此,以北隅择地建宫以奉。礼寺讨论,宜设位塑像。按十神者①,曰五福、君基、大游、小游、天一、地一、四神、臣基、民基、直符。凡行五宫,四十五年一移,所临之地,岁稔无兵疫。绍兴间,命浙漕度地建宫,凡一百七十四区,殿门扁曰崇真,大殿扁曰灵休②,挟殿扁曰琼章宝室③,元命殿扁曰介福④,三清殿扁曰金阙寥阳,斋殿扁曰斋明,火德殿扁曰明离。两庑俱绘三皇五帝、日月星宿、岳渎⑤、九宫贵神等⑥,与从祀一百九十有五,遵太平兴国旧制。每祀用四立日⑦,

设笾豆簠簋尊罍⑧，如上帝礼，两庑以次降杀⑨。车驾遇四孟朝飨，尝亲诣焉。

【注释】

①十神：即十神真君，中国道教神谱的十个冥司神灵，对其祈祷可上消天灾，下禳地祸。《道法会元》卷四五和《上清灵宝大法》卷三九称：十神真君为"五福太一真君、天一太一真君、地下太一真君、四神太一真君、大游太一真君、小游太一真君、君基太一真君、臣基太一真君、民基太一真君、直符太一真君"。

②灵休：原作"云休"。《咸淳临安志》卷十三《行在所录·宫观·太乙宫》："太乙宫：凡一百七十四区，殿门曰崇真，大殿曰灵休。"（宋）李心传《建炎以来朝野杂记》卷二《郊庙·太一宫》："太一宫，以绍兴十七年建，明年宫成，凡一百七十楹，分六殿，大殿曰灵休，奉十神太一塑像。"（宋）王象之《舆地纪胜》卷第一《官观庙宇·太乙宫》："太乙宫，以绍兴十七年建，明年成。凡一百七十楹，分六殿。太一殿曰灵休，奉十神太一塑像。"据改。

③挟殿：大殿左右的官殿。

④元命殿：指为皇帝祈祷长寿的殿宇。元命，长寿。

⑤岳渎：山河。中国境内有著名的"五岳""四渎"，古人认为名山大川是群神所居之处，历代王朝均将对岳渎诸神的祭祀当作国家的祀典。

⑥九宫贵神：唐玄宗天宝三年（744）所置太一、天一、招摇、轩辕、咸池、青龙、太阴、天符、摄提等九宫神。

⑦四立日：即二十四节气中的立春、立夏、立秋、立冬四个节气的合称。

⑧簠簋（fǔ guǐ）：古代祭祀盛稻梁黍稷的两种器皿。尊罍（léi）：泛指酒器。

⑨降杀：递减，消减。

【译文】

东太乙宫在新庄桥的南面，原先开封的东太乙宫祭祀五福太乙神。高宗驻跸杭州，在城北角选择土地修建太乙宫来供奉五福太乙神。礼部太常寺经过讨论，认为应该设置神位塑像。所谓十神，是五福神、君基神、大游神、小游神、天一神、地一神、四神、臣基神、民基神和直符神。十神在东南西北中五个方位运行，四十五年移动一遍，神运行到的地方，一年都粮食丰收没有战乱。绍兴年间，朝廷命令浙江转运司考量土地建造太乙宫，总共一百七十四区，殿门匾名崇真，大殿匾名灵休，挟殿匾名琼章宝室，元命殿匾名介福，三清殿匾名金阙寥阳，斋殿匾名斋明，火德殿匾名明离。殿的两廊都绘制着三皇五帝、日月星宿、山河、九宫贵神等神的画像，还有从祀的一百九十五位神灵，都遵循宋太宗太平兴国年间的旧制度。每次祭祀都在立春、立夏、立秋、立冬四个立日举行，祭祀时排放笾豆、簠簋、尊罍，如同祭祀上帝的礼仪，两廊以下的神灵祭祀等级递减。皇帝遇到四孟日朝飨，曾经亲自前往太乙宫祭祀。

孝庙又建元命殿，扁曰崇禧。淳熙建藏殿①，扁曰琼章宝藏。钟楼扁曰琼音之楼。理庙建长生殿，奉南极②。度宗建通真殿，以奉佑圣③；申佑殿奉元命④，顺福殿奉太皇。元命，盖易"长生"名改为"延寿"，俱宸翰也⑤。又北辰殿奉北斗。崇真馆在宫南，有斋八：曰观妙、潜心、泰定、集虚、颐真、集真、洞微、虚白。馆有小圃，亭扁"武林"，山在宫后小坡，山乃杭之主山也。

【注释】

①淳熙：南宋孝宗的第三个也是最后一个年号，1174—1189年。

②南极：即南极老人星，古人认为主长寿。《史记》卷二十七《天官

书》:"狼比地有大星,曰南极老人。"(唐)张守节《史记正义》:"老人一星,在弧南,一曰南极,为人主占寿命延长之应。"

③佑圣:道教神,镇天真武灵应佑圣帝君,又称真武帝君、真武大帝、佑圣真君、玄武大帝。

④申佑殿:原作"中佑殿",据《咸淳临安志》卷十三《行在所录·官观·太乙宫》、《西湖游览志》改。(明)田汝成《西湖游览志》卷十九《南山分脉城外胜迹·佛刹》:"度宗元命殿,御书曰'申佑';皇太后元命殿,御书曰'顺福'。"

⑤宸翰:皇帝手书。

【译文】

宋孝宗又修建了元命殿,匾名崇禧。淳熙年间修建了藏殿,匾名琼章宝藏。钟楼匾名琼音之楼。理宗皇帝修建了长生殿,供奉南极老人星。宋度宗修建了通真殿,以供奉真武大帝;申佑殿供奉元命,顺福殿供奉太皇。元命,是将"长生"改为"延寿",这些匾额都是皇帝亲笔御书。还有北辰殿供奉北斗星。崇真馆在东太乙宫的南面,有八个斋,它们是观妙、潜心、泰定、集虚、颐真、集真、洞微和虚白。崇真馆里面有小花园,亭匾题为"武林",武林山在东太乙宫后面的小坡上,武林山是杭州的主山。

西太乙宫

【题解】

　　本条简单介绍了南宋杭州城的西太乙宫情况。西太乙宫位于西湖孤山,是在南宋淳祐十二年(1252),由四圣延祥观的西部划出土地而建,与东太乙宫相对。西太乙宫宫观规模虽较东太乙宫小巧,但位置佳,建筑精致。其主要建筑包括供奉太乙十神的黄庭殿,供奉皇帝元命的元命殿,用于迎接道教神灵的迎真殿,与四圣延祥观有关的延祥殿。此外,西太乙宫还包括"通真""养素"两斋。西太乙宫与四圣延祥观相邻,共同构成了南宋时期西湖孤山的皇家道教建筑群。南宋灭亡后,西太乙宫逐渐荒废。清康熙年间,孤山一带被改建为圣因寺行宫,西太乙宫的遗址今已不复存在。另外,本条文字引自《咸淳临安志》卷十三《行在所录·宫观·西太乙宫》。

　　西太乙宫在西湖孤山。淳祐间①,太史奏太乙临梁、益分②,请用天圣故事③,于国城西南别建新宫,以顺方向,于是择八角镇地,建宫奉安,遂析延祥观地为宫,以凉堂建正殿,扁曰黄庭之殿,殿门扁曰景福之门,安奉太乙十神帝像④。东有延祥殿,以备临幸,其外扁曰福祥之门。凡宫之事仪，四立祀典，皆如东太乙例遵行。

【注释】

①淳祐：南宋理宗使用的第五个年号，1241—1252年。

②太乙临梁、益分：太乙星临近梁州、益州地分。太乙，星名，亦作"太一"。在紫微宫中，天一星之南，古代曾以之为北极星。《晋书》卷十一《天文志上》："天一星在紫宫门右星南，……太一星在天一南，相近。"梁、益：指梁州、益州。传大禹将天下划分为九州，后人便将一些地方比附于九州之地。

③天圣：北宋仁宗使用的第一个年号，1023—1032年。故事：先例。（宋）李焘《续资治通鉴长编》卷一百六："（天圣六年三月）壬戌，诏于顺天门外八角镇建西太一宫。司天言五福太一在黄室宫吴、越分，凡四十五年，今当自黄室宫趋黄庭宫梁、蜀分故也。"

④太乙十神：即十神真君。分别为五福太一真君、大游太一真君、地乙太一真君、小游太一真君、臣基太一真君、太乙太一真君、君基太一真君、民基太一真君、直符太一真君、天乙太一真君。

【译文】

西太乙宫位于西湖孤山。淳祐年间，太史上奏称太乙星临近梁州、益州地分，请根据仁宗天圣年间的先例，在行都西南另外修建新的太乙宫，以顺应太乙星运行的方向，于是选择了八角镇地，修建宫殿来供奉太乙，划出延祥观的部分地方来修建宫殿，在凉堂所在修建了太乙宫的正殿，匾名黄庭殿，殿门匾名景福门，用来供奉太乙十神的帝像。东面有延祥殿，以备皇帝驾临之需，殿外匾名福祥门。凡是西太乙宫的各种事情和仪式，立春、立夏、立秋、立冬四个立日的祭祀典礼，都遵循东太乙宫的先例。

咸淳间，以德辉堂为元命殿，明应堂为太皇元命殿①。

迎真殿在宫之右,有斋者二,曰通真、养素。宫中旧有陈朝桧[2],至今七百五十余年矣。苏东坡尝为僧志诠作诗以记[3]。侧有小亭,孝庙宸翰其诗,石刻于亭下曰:"道人手种几生前,鹤骨龙姿尚宛然。双干一先神物化,九朝三见太平年。忽惊华构依岩出[4],乞与佳名到处传。此柏未枯君记取,灰心聊伴小乘禅[5]。"

【注释】

①太皇:此处指太皇太后。

②陈朝:指南北朝时期南方陈霸先建立的陈朝,史称南陈、南朝陈,是南朝的最后一个朝代。南朝定都建康(今南京),传五帝,共历三十二年。

③苏东坡尝为僧志诠作诗以记:这首诗即本节下文所引诗句,诗名《孤山二咏·柏堂》,据该诗"引":"孤山有陈时柏二株。其一为人所薪,山下老人自为儿已见其枯矣,然坚悍如金石,愈于未枯者。僧志诠作堂于其侧,名之曰柏堂。堂与白公居易竹阁相连。属余作二诗以记之。"志诠:一作惠诠。(宋)惠洪《冷斋夜话》卷六《东坡和惠诠诗》:"东吴僧惠诠佯狂垢污而诗句清婉,尝书湖上一山寺壁曰:'落日寒蝉鸣,独归林下寺。柴扉夜未掩,片月随行屦。唯闻犬吠声,又入青萝去。'东坡一见为和于后曰:'唯闻烟外钟,不见烟中寺。幽人夜未寝,草露湿芒屦。'"

④华构:原作"华表",据(清)查慎行《苏诗补注》卷十《柏堂》、《咸淳临安志》卷十三《行在所录·宫观》改。华构,壮丽的建筑物。

⑤小乘禅:即小乘佛教的禅,一般都有比较固定的内容和行法。小乘禅又分为许多种类,如四禅、四无量、四空定、八解脱、八胜处、十遍处等,其中又有世间禅和出世禅等不同的划分。概而言之,

小乘禅最有代表性的是四禅、八定和九次第定。

【译文】

　　咸淳年间，朝廷以德辉堂作为皇帝的元命殿，明应堂作为太皇太后的元命殿。迎真殿在西太乙宫的右面，有两个斋：通真斋和养素斋。西太乙宫中原有南朝陈朝种植的桧树，至今已经有七百五十多年了。苏轼曾经为僧人志诠写诗来记载此事。西太乙宫的侧面有小亭，宋孝宗亲笔写下苏轼的诗并将其刻石于小亭下："道人手种几生前，鹤骨龙姿尚宛然。双干一先神物化，九朝三见太平年。忽惊华构依岩出，乞与佳名到处传。此柏未枯君记取，灰心聊伴小乘禅。"

佑圣观

【题解】

本条简单介绍了南宋杭州城佑圣观的情况。佑圣观的前身是南宋孝宗即位前的府邸。南宋高宗绍兴十六年（1146），时为皇子的宋孝宗在此建宅并居住了三十年，后来他的儿子宋光宗和孙子宋宁宗也在此出生，宋光宗还在此被立为皇太子。因此，此处府邸对于南宋皇室具有重要意义。淳熙三年（1176），宋孝宗将潜邸改为道院，供奉北极真武佑圣真君。佑圣观的建筑规模宏大，坐北朝南，观内供奉北极真武佑圣真君，还设有道纪司，每年农历三月三日北极真武佑圣真君生辰，都会举行盛大的道教仪式，吸引众多信徒和民众前来观看。元大德七年（1303），佑圣宫毁于火灾，后重建。佑圣观在明清两代屡经兴废。民国时期，佑圣观被拆除，其所在的小巷被拓宽为佑圣观路，成为杭州城南一条重要的街道，见证了杭州的历史变迁。另外，本条文字引自《咸淳临安志》卷十三《行在所录·宫观·佑圣观》。

佑圣观在兴礼坊西①，元孝庙旧邸。绍兴间，以普安外第诞生光庙②。乾道年间，又开甲观之祥③。淳熙岁，诏改为道宫，以奉真武④。绍定重建观门⑤，曰佑圣之观，殿曰佑圣之殿，藏殿扁曰琼章宝藏，御制《真武赞》及宸翰《黄庭经》⑥，皆刻之石以赐。后殿奉元命，西奉孝庙神御，即明远楼旧址也。

【注释】

① 佑圣观：在今杭州佑圣观路南端。兴礼坊：(宋)潜说友《咸淳临安志》卷十九《疆域四·坊巷·右四厢》："兴礼坊（旧对清河坊，系咸淳四年建。今宗阳宫辟为上御路，遂移入内宫墙之东，属右四厢界）。"

② 以普安外第诞生光庙：绍兴十二年（1142），宋孝宗进封普安郡王，出宫居住。绍兴十七年（1147）九月乙丑，宋光宗出生于普安郡王府，为宋孝宗第三子。外第：宫外府第。光庙：指南宋第三任皇帝宋光宗赵惇。"诞生"原作"设立"，四库本、明删节本作"设生"，据文意，应为"诞生"。

③ 乾道年间，又开甲观之祥：指乾道七年（1171），宋孝宗立宋光宗为皇太子。乾道，南宋孝宗的第二个年号，1165—1173年。甲观，汉代楼观名，犹言第一观，为皇太子所居，后泛指太子宫。

④ 真武：即玄武。北方之神，道家奉为真武大帝。其像被发、黑衣，仗剑、裸足、蹈龟蛇，随从者执黑旗。每年三月初三为其神诞日。(宋)赵彦卫《云麓漫钞》卷九："朱雀、玄武、青龙、白虎，为四方之神。祥符间避圣祖讳，始改元武为真武，元冥为真冥，元枵为真枵，元戈为真戈。后兴醴泉观得龟蛇，道士以为真武现，绘其像为北方之神，被发黑衣，仗剑蹈龟蛇，从者执黑旗。自后奉祀益严，加号镇天佑圣，或以为金房之谶。"

⑤ 绍定：南宋理宗的第二个年号，1228—1233年。

⑥ 《黄庭经》：道教上清派的经典之一，也被道教内丹家奉为内丹修炼的主要经典，约成书于东汉晚期到晋朝之前。《黄庭经》分《内

景经》《外景经》，由七言歌诀组成，将人体的五脏六腑等都与天神一一对应，认为只要存思诸神，使之返归体内，便可得道成仙。

【译文】

佑圣观位于兴礼坊的西面，原本是宋孝宗的旧府邸普安郡王府。绍兴年间，宋光宗便出生在普安郡王府。乾道年间，宋光宗又在普安郡王府被册立为皇太子。淳熙年间，皇帝下诏改普安郡王府为道教宫观，来供奉真武大帝。绍定年间，重新修建道观的大门，道观称为佑圣观，大殿称为佑圣殿，藏殿匾名琼章宝藏，皇帝书写的《真武赞》以及皇帝墨宝《黄庭经》，都刻在石头上赐给佑圣观。佑圣观后殿供奉皇帝的元命，西殿供奉宋孝宗的御容，西殿所在是明远楼的旧址。

孝庙少年时题杜甫诗曰："富贵必从勤苦得，男儿须读五车书。"①理庙又书全篇，锓于东宫厅屏风上曰②："碧山学士焚银鱼③，白马却走深岩居。古人已用三冬足，年少今开万卷余。晴云满户团倾盖，秋水浮阶溜决渠。富贵必从勤苦得，男儿须读五车书。"延真馆在观之右，命道流修晨香夕炬之供④。馆有道纪堂、虚白斋。

【注释】

① 富贵必从勤苦得，男儿须读五车书：这两句出自杜甫《柏学士茅屋》诗。

② 锓（qǐn）：刻。

③ 银鱼："银鱼符"的简称。银质的鱼符。唐代授予五品以上官员佩带，用以表示品级身份。亦作发兵、出入宫门或城门之符信。

④ 修：信奉宗教的人虔诚地学习教义，并付诸行动。晨香夕炬：清晨焚香，傍晚天黑燃烛。

【译文】

宋孝宗少年时曾经题写杜甫《柏学士茅屋》其中两句诗："富贵必从勤苦得，男儿须读五车书。"宋理宗又将整首诗抄写下来，并刻在东宫大厅的屏风上："碧山学士焚银鱼，白马却走深岩居。古人已用三冬足，年少今开万卷余。晴云满户团倾盖，秋水浮阶溜决渠。富贵必从勤苦得，男儿须读五车书。"延真馆在佑圣观的右面，朝廷吩咐道士虔诚地执行清晨焚香傍晚燃炬，以供奉神灵。延真馆有道纪堂、虚白斋。

显应观

【题解】

本条简单介绍了南宋杭州城显应观的情况。杭州显应观的建立,与宋高宗"泥马渡康王"传说密切相关。宋孝宗出生,获得显应观神灵启示,后来继承皇位。于是显应观受到南宋皇帝的重视。显应观初建于杭州包家山(今八卦田一带),后改建于西湖边的灵芝寺(今柳浪闻莺景区钱王祠附近)。重建后的显应观规模宏大,建筑宏伟,成为南宋临安城的重要宫观之一。南宋灭亡后显应观逐渐衰落。清代时显应观已不复存在。另外,本条文字引自《咸淳临安志》卷十三《行在所录·宫观·显应观》。

显应观在丰城门外①,聚景园之北,处湖之东,水四面绕观,观额宣和所赐。靖康年间,高庙为康邸②,出使至磁州,神马引而南。建炎初③,秀邸妻梦神指一羊谓曰④:"以此为识。"遂诞毓孝庙⑤。由是累朝祠祀弥谨。

【注释】

①显应观:位于今杭州钱王祠南边,建于南宋绍兴年间。

②康邸：康王府邸。代指南宋开国皇帝宋高宗。宋高宗在称帝前曾被封为康王。
③建炎：南宋高宗的第一个年号，1127—1130年。
④秀邸：指宋孝宗生父赵子偁（死后追封秀王）的府邸。代指赵子偁。
⑤诞毓：诞生，养育。

【译文】

显应观位于丰城门外面，聚景园的北面，处于西湖的东面，四面有水环绕着显应观，显应观的观额是宣和年间皇帝所赐。靖康年间，高宗被封为康王，奉命出使来到磁州，显应观的神马引导高宗南行。建炎初年，秀王赵子偁的妻子梦到显应观供奉的神灵指着一只羊对她说："以此作为标识。"之后她便生下了宋孝宗。于是南宋历朝皇帝都十分恭敬小心地进行祭祀。

殿中为显应之殿，其神位曰"护国显应兴圣普佑真君"①。高庙为书殿扁，且揭以御名，昭其敬也。孝庙宸书"琼章宝藏"之扁②，理庙书《洞古经》以赐刻石③，宁庙御题观碑其额以表功忠④。观之东有崇佑馆。

【注释】

①护国显应兴圣普佑真君：金兵南侵之时，因崔府君显圣助康王赵构"泥马渡河"，南宋以来对其不断加封，宋孝宗封其为"护国显应兴圣普佑真君"。
②宸书：皇帝亲自书写，与"御书"同义。
③《洞古经》：道教经典之一，全称为《太上赤文洞古经》，属于《道藏》中的洞真部玉诀类。《洞古经》主要探讨了道家的修行理念，包括无为、守静、返本归真等核心思想。

④宁庙:指南宋宁宗。

【译文】

显应观的殿中是显应殿,供奉的神位是"护国显应兴圣普佑真君"。宋高宗书写殿的匾额,还题写上自己的名字,昭示他对神灵的恭敬。宋孝宗亲笔书写"琼章宝藏"匾额,宋理宗书写《洞古经》赐给显应观刻石,宋宁宗亲笔题写显应观碑额来表彰神灵的功忠。显应观的东面有崇佑馆。

四圣延祥观

【题解】

本条简单介绍了南宋杭州城四圣延祥观的情况。四圣延祥观位于西湖孤山南麓,供奉北极大帝手下四将,其建立与宋高宗的个人经历密切相关。据传,北宋末年宋高宗出使金营时,其母亲韦氏曾目睹四位神人护佑他,认为这是神灵庇佑。宋高宗即位后,为报答神佑之恩,决定在杭州建立祠庙。绍兴十六年(1146),宋高宗在孤山南麓选址,建立了四圣延祥观。四圣延祥观几乎占据了孤山南麓的大部分地块。在建设过程中,孤山上的其他建筑,如智果寺、玛瑙寺等被迁走,仅保留了林和靖墓。观内建筑宏伟,包括正殿、道院等设施。此外,四圣延祥观东部还设有御花园"延祥园",园内种植了数百株梅树,成为宋高宗春游的必到之处。南宋灭亡后,四圣延祥观逐渐荒废。元代至元二十二年(1285),四圣延祥观被改为万寿寺,观内文物被毁,道士被迫迁徙。此后,该地历经多次变迁,原址已不复存在。另外,本条文字引自《咸淳临安志》卷十三《行在所录·宫观·四圣延祥观》。

四圣延祥观在孤山①,旧名四圣堂。道经云:"四圣者,紫微北极大帝之四将②,号曰天蓬③、天猷④、翊圣⑤、真武大元帅真君。"元是显仁韦太后绘像⑥,奉事甚谨,朝夕不忘香火⑦。

【注释】

①四圣延祥观：在今杭州孤山南麓。绍兴十六年（1146）建。

②紫微北极大帝：全称是中天紫微北极大帝，又称北极大帝、北极星君。是道教尊神"四御"之中的第二位神，其地位仅次于最高尊神"三清"和玉皇大帝。北极大帝信仰来源于我国古代的星辰崇拜。根据道经记载，北极大帝执掌天经地纬，以率三界星神和山川诸神，能呼风唤雨，役使雷电鬼神。紫微大帝受到历代帝王的礼相，在宋代常与玉皇大帝一起奉祀。

③天蓬：北极四圣之首。《太上北极伏魔神咒杀鬼录》亦述天蓬的形象："三头六臂，执钺斧、弓箭、剑、铎、戟、索六物，身长五十丈，黑衣玄冠金甲，领神兵三十六万众。"

④天猷：北极四圣中排名第二位。道教护法神将。形象是披发，手执弓箭，领兵百万。啸聚风雷，横行三界，以斩妖除魔为己任。《太上九天延祥条厄四圣妙经》说他"上佐北帝，下临九州，肩生四臂，项长三头，身披金甲，手执戈矛，云随步发，海逐身流，红光杳杳，紫气悠悠，雄风猛雾飕飕，真气宛转，星斗回周，千神自朝，五岳巡游，金童鼓吹，玉女歌讴，名列金阙，位镇丰幽，苍禽狮子，巨海蛟虬，三十万兵，从我周游，逢妖即斩，遇鬼皆收，人遭尤善，祟遇无休，降临福气，涤荡无忧"。

⑤翊圣：即翊圣保德真君。宋真宗敕封的道教神仙。据北宋王钦若奉敕撰写的《翊圣保德传》称，宋太祖建隆初年，凤翔府周至县民张守真因游终南山遇到神仙显灵，自称为高天大圣玉帝辅臣，奉玉帝之命降世辅佐大宋皇朝。这位神祇教张守真道教斋醮的结坛之法。宋太宗嗣位后不久，召张守真作延祚保生坛，封神祇为翊圣将军，并在陕西终南镇建上清太平宫供祀。宋真宗大中祥符

七年（1014），翊圣将军又被加封为"翊圣保德真君"。

⑥显仁韦太后：宋徽宗赵佶的妃嫔、宋高宗赵构的生母。大观元年（1107）生赵构。靖康之变，韦氏与其他赵宋皇室成员一并被金人掳去北方。绍兴十一年（1141），南宋与金朝达成绍兴和议。次年，金人释放韦氏回到南宋。绍兴二十九年（1159），韦氏驾崩，谥号显仁。《宋史》卷二百四十三《后妃传》："初，高宗出使，有小妾言，见四金甲人执刀剑以卫。太后曰：'我祠四圣谨甚，必其阴助。'既北迁，常设祭；及归，立祠西湖上。"

⑦香火：指供奉神佛或祖先时燃点的香和灯火。

【译文】

四圣延祥观位于孤山，原名四圣堂。道经记载："四圣，是紫微北极大帝手下的四名将领，称为天蓬、天猷、翊圣、真武大元帅真君。"原先是显仁韦太后绘制四圣的神像，极为恭敬小心地供奉神灵，早晚不忘燃香点灯供奉。

高庙为康邸，出使将行①，见四金甲神人执弓剑以卫。绍兴间，慈宁殿出财建观侍奉②，遂于孤山古刹徙之为观③。次年，内庭迎四圣圣像，奉安此观。观额诏复东都"延祥"旧名，殿扁曰北极四圣之殿，殿门扁曰会真之门，三清殿扁曰金阙寥阳，法堂扁曰通真，元命阁扁曰清宁，皆理庙奎墨④。藏殿扁曰琼章宝藏，孝庙亲墨。有堂扁曰瀛屿，元是凉堂，扁曰建西宫，以堂为黄庭殿，别创新堂，以此扁奉之。观有瑞真道馆，即延祥观门也。

【注释】

①高庙为康邸，出使将行：指靖康元年（1126），金兵第二次南下攻

宋，时为康王的赵构奉宋钦宗之命出使金营求和。

②慈宁殿：南宋高宗绍兴九年（1139）正月，以大内旧承庆院地改建皇太后宫殿。宫殿依山势修筑，十月完工，名为慈宁宫。绍兴十二年（1142）五月，增筑慈宁殿。八月，宋高宗生母韦太后从北方金国返回南宋，定居慈宁宫。

③古刹：古寺。

④奎墨：御书，诏书。

【译文】

宋高宗还是康王时，奉命出使即将出发，看见四个金甲神人手执弓剑来护卫自己。绍兴年间，慈宁殿出钱修建道观供奉这四个金甲神人，于是将孤山上的古寺迁走，原址改建为道观。第二年，大内迎接四圣的神像，供奉在这座道观中。道观的观额，皇帝下诏恢复为开封原先的延祥旧名，大殿的匾名是北极四圣殿，殿门的匾名是会真门，三清殿的匾名金阙寥阳，法堂的匾名通真，元命阁的匾名清宁，这些都是宋理宗的墨宝。藏殿的匾名是琼章宝藏，是宋孝宗亲笔书写。观中有匾名瀛屿的堂，原本是间凉堂，匾名建西宫，以堂为黄庭殿，另外创建新堂，使用这块匾额。四圣观有瑞真道馆，就是延祥观门。

三茅宁寿观

【题解】

本条叙述了南宋杭州城三茅宁寿观的情况。三茅宁寿观位于杭州吴山西麓的七宝山,供奉茅氏三兄弟(茅盈、茅固、茅衷)。三茅宁寿观的前身可追溯至唐代的"三茅堂",最初由南岳道士邢令闻和诸葛鉴在此建堂修行。南宋绍兴二十年(1150),宋高宗赵构沿用北宋都城开封道观旧名,赐额"宁寿观",全称"三茅宁寿观"。观中有三件上古器物:南朝刘宋的鼎、唐朝的钟和唐书法家褚遂良书写的《阴符经》。三茅宁寿观是南宋重要的皇家道教宫观之一,被列为御前十大宫观之一,是南宋皇家祭祀和斋醮活动的重要场所。观内除了供奉宋徽宗御笔所绘的三茅真君像外,主殿太元殿中还供奉宋徽宗、宋钦宗、宋高宗的神御,象征赵宋皇室对道教的尊崇。此外,观后筑有"十二瑶台",遍植桃花,被誉为"瑶台万玉",是南宋吴山第一大观。宋高宗宠信的内侍刘敖,曾主管三茅宁寿观事务达十年之久。他在观中修行并扩建通玄观,留下了许多道教摩崖造像和碑刻。如今的三茅宁寿观遗址已被辟为景点,供游客参观。遗址附近有明代重刻的《宋三茅宁寿观尚书省牒碑》摩崖石刻,记录了宋高宗赐额宁寿观的敕令,是研究南宋道教文化的重要资料。三茅宁寿观不仅是南宋皇家道教文化的重要象征,也是杭州道教文化的重要遗迹,见证了南宋时期道教的兴盛和皇室对道教的尊崇。另外,本条文字引自《咸淳临安志》卷十三《行在所录·宫观·宁寿观》。

三茆宁寿观在七宝山①，元三茆堂，因东都三茆宁寿之名，赐观额宁寿，观殿扁曰太元，奉三茆真君像。观中有三神御殿。观中曾蒙赐三古器玩②，皆希世之珍：一曰宋鼎，乃宋孝武帝之牛鼎③，以祀太室之鼎④；二曰唐钟，系大唐常州澄清观旧物⑤，内庭出内帑金帛易以赐之，禁中每听钟声，以奉寝兴食息之节⑥；三曰褚遂良书小字《阴符经》⑦，此物宣取复赐贾秋壑⑧。观之外曰东山，为殿以奉元命。有亭扁曰寅宾⑨，俯见日出。又有庵，扁曰仁寿。

【注释】

① 三茆（máo）宁寿观：在今杭州七宝山东北处。绍兴二十年（1150）改建。茆，同"茅"。

② 三古：泛指古代。

③ 宋孝武帝：指南朝刘宋第五位皇帝孝武帝刘骏。字休龙，小字道民，宋文帝刘义隆第三子，宋明帝刘彧异母兄。元嘉三十年（453），太子刘劭弑父，刘骏起兵攻杀刘劭，夺得帝位。刘骏在位期间，在政治上推行了一系列加强中央集权的改革，统治末年，他大兴土木、滥杀无辜、奢侈无度、耽于享乐。为了巩固帝位，过度削弱宗室力量，引发宗室内斗局面，动摇刘宋统治基础。

④ 太室：太庙中央之室，亦代指太庙。

⑤ 常州澄清观：（宋）史能之《（咸淳）重修毗陵志》卷二十五《仙释·寺观·州》："澄清观在州南金斗城外西偏，旧在武进县尚宜乡。旧传王祥舍宅建，祥女妹皆入道，自后女多其族。国朝太平兴国三年，先徙于城东武烈庙。七年，州给教场废地改筑，广袤十

六亩,周都官绛为记。先是有铜钟一,唐广德中王玉仙募铸,逾千五百斤,音响清越。绍兴末,取入吴山三茅观,至今禁廷视为兴寝之节云。"常州,治今江苏常州西北。

⑥寝兴:卧起。食息:吃饭休息,亦泛指休息。

⑦褚遂良:初唐大臣、著名书法家。字登善,杭州钱塘(今浙江杭州)人。出身河南褚氏,博学多才,精通文史。隋末先追随西秦霸王薛举,担任通事舍人。归顺唐朝后,得到唐太宗重用,历任谏议大夫、黄门侍郎,累迁中书令,执掌朝政大权。贞观二十三年(649),与司空长孙无忌同受遗诏辅政。唐高宗继位后,升任右仆射,册封河南郡公,历任同州刺史、吏部尚书,累迁右仆射,参知政事。反对册立武则天为后,贬为潭州(今湖南长沙)都督。武后掌权后,迁桂州(今广西桂林)都督,再贬爱州(今越南清化)刺史,卒于任上。神龙革命后追赠右仆射,谥号"文忠"。天宝六年(747),配享唐高宗庙庭,累赠太尉。褚遂良工于书法,初学虞世南,后取法王羲之,与欧阳询、虞世南、薛稷并称"初唐四大家"。《阴符经》:又称《黄帝阴符经》,旧题黄帝撰,近代学者多认为其成书于南北朝。该书论涉养生要旨、气功、八卦、天文历法等方面。

⑧宣取:皇帝下旨索取某物。贾秋壑:指南宋末年权相贾似道。字师宪,别字允从,号悦生、秋壑,台州天台(今属浙江)人。依靠其姐贾贵妃,贾似道深受宋理宗器重,累官至太师、平章军国重事。德祐元年(1275),贾似道率精兵十三万出师应战元军于丁家洲(今安徽铜陵东北江中),大败,乘单舟逃奔扬州。群臣请求诛杀贾似道。于是,贾似道被贬为高州团练副使,循州安置。行至漳州木棉庵,为监押使臣会稽县尉郑虎臣所杀。

⑨寅宾:原作"宾日",据《咸淳临安志》卷十三《行在所录·官观·宁寿观》改。寅宾,恭敬引导。指在宁寿观外的东山上可以看到日出,暗合《尚书·尧典》:"寅宾出日,平秩东作。"孔安国

《传》曰:"寅,敬。宾,导,秩序也。岁起于东而始就耕谓之东作,东方之官敬导出日,平均次序东作之事以务农也。"

【译文】

三茅宁寿观位于七宝山,原是三茅堂,因为东都开封三茅宁寿的名字,皇帝赐观额"宁寿",大殿匾名太元,供奉三茅真君像。观中有三神御殿。三茅宁寿观曾经有幸得到皇帝赏赐的古代器玩,都是稀世珍宝:一个是南朝刘宋的鼎,是宋孝武帝的牛鼎,用来祭祀太庙的鼎;第二个是唐钟,是唐朝常州澄清观的旧物,大内出金帛交易此物赏赐给三茅宁寿观,禁中每次听到钟声,都以此来作为起床和上床休息的时间依据;第三个是褚遂良小字书写的《阴符经》,皇帝下旨索取这件物品又赏赐给贾似道。三茅宁寿观外面是东山,修建殿宇来供奉皇帝元命。有座亭子匾名寅宾,站在亭子上向下能看到日出。还有庵,匾名仁寿。

开元宫

【题解】

本条叙述了南宋杭州开元宫的情况。南宋定都杭州后,朝廷对道教宫观进行了大规模的扩建和修缮,这些宫观由朝廷拨款建造,规制宏伟,殿堂华丽,并有卫兵守护,开元宫成为南宋九大皇家道教宫观之一。开元宫位于南宋杭州城的西北区域,在今杭州上城区一带。这一区域是南宋时期贵戚功臣宅邸的聚集地,同时也是太学、国子监、宗学等学术教育机构的集中地。开元宫不仅是道教徒进行宗教活动的场所,也是皇帝、后妃、太子及文武大臣按规定朝拜及祭祀的场所。元代时,开元宫因火灾受损,后被并入江浙行省官署的扩建范围。明代时,开元宫继续作为重要的道教宫观存在,并被纳入明代杭州的道教管理体系。开元宫的遗址如今已不复存在。另外,本条文字引自《咸淳临安志》卷十三《行在所录·宫观·开元宫》。

开元宫在太和坊内秘书省后①,元宁庙潜邸,为道宫。向东都有开元阳德观,以奉火德。嘉泰年②,诏以嘉邸改充开元宫③,仪制皆视佑圣观,扁曰明离之殿,祀以立夏。又诏临安府即殿左别建阏伯宣明王殿④,遂徙大宗正司他所,悉以址为宫,作宁庙神御殿。又有璇玑殿,奉北斗,易扁曰北辰。衍庆殿以奉真武,顺福、神佑二殿奉元命。皆嘉明殿奎画⑤。宫北建阳德馆,以存修真之道侣。

【注释】

①开元宫:在今杭州后市街南端西侧。嘉泰元年(1201)建。

②嘉泰:南宋宁宗的第二个年号,1201—1204年。

③嘉邸:宋宁宗即位前的府邸,宋宁宗曾封嘉王。

④阏伯宣明王殿:阏伯,传说中远古人物。帝喾长子,与其弟实沈居森林中,相互争斗,被舜迁于商丘(今河南商丘南),命主祀火神。《宋史》卷一百三《礼志六》载孝宗乾道五年,太常少卿林栗等言:"本寺已择九月十四日,依旨设位,望祭应天府大火,以商丘宣明王配。二十一日内火,祀大辰,以阏伯配。大辰即大火,阏伯即商丘宣明王也。缘国朝以宋建号,以火纪德,推原发祥之所自,崇建商丘之祠,府曰应天,庙曰光德,加封王爵,锡谥宣明,所以追严者备矣。今有司旬日之间举行二祭,一称其号,一斥其名,义所未安。乞自今祀荧惑、大辰,其配位称阏伯,祝文、位板并依应天府大火礼例,改称宣明王,以称国家崇奉火正之意。"阏伯,原作"皇伯",据明节本改。

⑤奎画:帝王的墨迹。

【译文】

开元宫位于太和坊内秘书省的后面,原本是宋宁宗的潜邸,后改建为道教宫观。以前东都开封有开元阳德观,用来供奉火德。嘉泰年间,皇帝下诏将嘉王府邸改建为开元宫,礼仪制度都比照佑圣观,扁名明离殿,以立夏日举行祭祀。皇帝又诏令临安府在明离殿的左面另外修建阏伯宣明王殿,于是将大宗正司迁到其他地方,全部以其地修建为宫观,作为宋宁宗的神御殿。还有璇玑殿,供奉北斗,更换扁额为"北辰"。衍庆殿用来供奉真武,顺福殿、神佑殿两殿供奉元命。都是嘉明殿所藏的宋帝墨宝。开元宫北面修建阳德馆,让开元宫修道之人的伴侣住在那里。

龙翔宫

【题解】

本条简单介绍了南宋杭州城龙翔宫的情况。龙翔宫最初位于后市街，即今杭州上城区附近，是南宋理宗赵昀的潜邸。赵昀即位后，将此地改为道观，用来供奉感生帝，并赐名"龙翔宫"，寓意"飞龙在天"，象征自己从普通宗室摇身一变一跃成为皇帝。龙翔宫规模宏大，建筑包括正阳殿、三清殿、顺福殿等多个殿阁，还有专供皇帝休息的福庆殿。元代时，龙翔宫遭大火焚毁，后迁至清湖河畔的安济桥附近重建。元朝后期，龙翔宫被改为宁寿寺。龙翔宫附近曾是南宋临安城的繁华地段，有游乐场所大瓦子和官办酒楼，如今其遗址已不复存在，但相关地名仍被保留，成为杭州历史文化的重要组成部分。另外，本条文字引自《咸淳临安志》卷十三《行在所录·宫观·龙翔宫》。

龙翔宫在后市街[1]，元理庙潜邸，旧沂靖惠王府[2]。诏建道宫，赐名龙翔，以奉感生帝[3]。大门扁曰龙翔之宫，中门扁曰昭符之门，殿扁曰正阳之殿。

【注释】

①龙翔宫：在今杭州后市街北端。

②沂靖惠王：指宋孝宗次子魏王赵恺的次子赵柄。淳熙四年（1177）生于明州，生母是魏王赵恺的妾室卜氏。卒后追赠太保，追封沂王，谥"靖惠"。

③感生帝：古代认为王者之先祖皆感太微五帝之精以生。因称其祖所感生之帝为"感生帝"。亦省作"感生""感帝"。

【译文】

龙翔宫在后市街，原本是宋理宗的潜邸，过去是沂靖惠王的府第。皇帝下诏修建道教宫观，赐观名龙翔，用来供奉感生帝。宫大门匾名龙翔宫，中门名昭符门，大殿匾名正阳殿。

礼官讨论祀典，以正月上辛日，差侍从三献官等升为上祀行礼①，备牲牢礼料②，用十二笾豆，设祭歌宫架乐舞，受誓戒，望祭斋宫行事③。内牲牢依祀天地礼，例用羊豕，所有仪像服色制度④，有灵休殿庑下画像可遵⑤。朝议以龙翔宫奉感生帝，既属羽流，合用斋醮之法，其正月上辛日望祭，自如其旧，奉旨从之。

【注释】

①三献官：官名。掌皇帝祭天或祭祀祖先仪式三次献酒事。

②礼料：祭祀用的各种供品。

③望祭：遥望而致祭。

④仪像：形象。

⑤灵休殿：原作"灵体殿"，据《咸淳临安志》卷十三《行在所录·宫观》改。灵休，神灵的福佑。

【译文】

礼官讨论龙翔宫的祀典，以正月上辛日派遣侍从担任三献官等升为上祀行礼，准备祭祀用的牲畜和其他祭品，使用十二笾豆，设置祭歌宫架乐舞，祭祀前接受约束训诫，采取在斋宫望祭的方式。其中祭祀用的牲畜依据祭祀天地的礼仪，遵循惯例使用羊和猪，所有形象的服饰颜色制度，有灵休殿廊下画像可以遵循。朝廷讨论以龙翔宫供奉感生帝，既然属于道士供奉，应该使用斋醮之法，正月上辛日望祭，自当像之前一样，大臣们奉圣旨施行。

宫之左曰福庆殿，以待车驾款谒①，改为神御殿。正阳之后殿为醮殿。宫西奉南真馆，门曰南真之馆，中门曰启晨之门。三清殿扁曰三境储祥，后殿扁曰申佑，以奉元命。西曰顺福殿，以奉太皇元命。寿元殿奉南斗②，景纬殿奉十一曜③。钟楼扁曰和应之楼，经楼扁曰凝真之章。藏殿扁曰琅函宝藏。小位次以备车驾宴坐，扁曰仙源。羽士之室，扁曰澄虚。内侍之舍，扁曰泉石。有高士三斋，曰履和、颐正、全真。

【注释】

①款谒：叩见，拜谒。
②南斗：即南斗星君。道教神名，掌理人类的寿命长短。
③十一曜：在道经中一般称作"十一曜星君"或"十一曜真君"，指太阳帝君、太阴元君、木德岁星星君、火德荧惑星君、金德太白星君、水德辰星星君、土德镇星星君、神首罗睺星君、神尾计都星君、天一紫炁星君和太一月孛星君。

【译文】

龙翔宫的左面是福庆殿，用于皇帝车驾等待拜谒，改名为神御殿。正阳殿的后殿是醮殿。龙翔宫的西面是奉南真馆，门名南真馆，中门名启晨门。三清殿匾名三境储祥，后殿匾名申佑，用来供奉元命。西面是顺福殿，用来供奉太皇太后的元命。寿元殿供奉南斗，景纬殿供奉十一曜。钟楼匾名和应楼，经楼匾名凝真章。藏殿匾名琅函宝藏。小位次用来准备皇帝车驾宴坐，匾额名仙源。道士的房间，匾名澄虚。内侍的房间，匾名泉石。有三个高士斋，分别是履和斋、颐正斋和全真斋。

宗阳宫

【题解】

本条叙述了南宋杭州城宗阳宫的情况。宗阳宫的前身是南宋的德寿宫,最初是宋高宗禅位后退居之所,后来经过多次改建和更名。南宋咸淳四年(1268),宋度宗将德寿宫北部改建为道宫,命名为宗阳宫,南部则废为民居。元代时,宗阳宫仍有一定名气,成为许多学子进京赶考的聚集地。明代嘉靖年间,宗阳宫成为南关公署,其内的梅石成为公署后花园一景。宗阳宫的建筑规模宏大,殿庑雄丽,有三清殿等建筑,还设有讲堂用于宣讲论道。宫内花木繁茂,园林景观优美,曾有"宫囿花木,靡不荣茂"的记载。宗阳宫是南宋末期重要的道教宫观,具有较高的宗教地位,吸引了众多文人墨客,赵孟頫曾在此留下著名的《宗阳宫帖》。宗阳宫的遗址今已不复存在,但其历史遗迹和文化价值仍被后人所铭记。另外,本条文字引自《咸淳临安志》卷十三《行在所录·宫观·宗阳宫》。

宗阳宫在三圣庙桥东,以德寿宫地一半建宫赐名,以奉感生帝。盖此地前后环建王邸①,又建庙毓圣之所②,天瑞地符,益大彰显。诏两司相度建宫,大门扁曰宗阳之宫,中门扁曰开明之门，正殿扁曰无极妙道之殿，以奉三清；顺福殿奉太皇元命；三清殿后为虚皇之殿③，直北有门，扁曰真应之门，中建毓瑞之殿，以奉感生帝。后为申佑殿，奉元命。通真殿奉佑圣。自开明门内，左有玉籁之楼、景纬之殿、寿元之殿，右有栾简之楼、琼章宝书、北辰之殿。

【注释】

①建王：南宋高宗绍兴三十年（1160），宋孝宗被立为皇子，受封建王。

②毓圣：指皇帝诞生。

③虚皇：道教神名，即高上虚皇道君，早期《上清大洞真经》为"高上虚皇君"。《上清元始变化宝真上经》记载："高上虚皇君，元上皇之气，讳幽造字大法朗，形化七千万丈，以冬三月头建无上七曜宝冠，衣明光飞锦珠袍，佩丹皇玉华，常乘九色之云，坐九色狮子，光明焕耀在玉清之上。"

【译文】

宗阳宫在三圣庙桥的东面，以德寿宫的一半土地修建而成并赐名，用来供奉感生帝。此地前后环绕建王府邸，又在皇帝诞生的地方建庙，天降祥瑞，地上有相应的征兆，宗阳宫自然更加显赫。皇帝下诏两司考察修建宫观，大门匾名宗阳宫，中门匾名开明门，正殿匾名无极妙道殿，用来供奉三清；顺福殿供奉太皇的元命；三清殿后面是虚皇殿，一直向北有门，匾名真应门，中间修建毓瑞殿，用来供奉感生帝。后面是申佑殿，供奉元命。通真殿供奉佑圣。开明门里面，左边有玉籁楼、景纬殿、寿元殿，右面有栾简楼、琼章宝书、北辰殿。

规制祀典并视龙翔宫行，常以原飨回归行款谒礼。有降辇殿曰福临之殿，门曰福临殿门。进膳殿曰端拱。后有轩，扁曰劲霜；有圃，建堂二，曰志敬，曰清风。亭扁曰丹丘元圃。亭之北凿石池，堂扁曰垂福，后曰清境。圃内四时奇花异木，修竹松桧甚盛。

【译文】

宗阳宫的规制和祀典都比照龙翔宫，经常是皇帝祭祖返回后在宗阳宫举行拜谒礼。宗阳宫有降辇殿叫作福临殿，殿门叫作福临殿门。进膳殿叫作端拱殿。殿后面有轩，匾名劲霜；有圃，修建了两座堂，分别是志敬堂和清风堂。亭匾名丹丘元圃。亭的北面开凿了石池，堂匾名垂福，后面匾名清境。圃内有四季奇花异木，修长的竹子和松树、桧树生长得都非常茂盛。

宫西有介真馆，堂曰大范、观复①、灌妙②，斋曰会真、澄妙、常净，俱度庙奎藻。

【注释】

① 观复：原作"观后"，据《学津讨原》本、天一阁本、明抄本、清翁校抄本、《咸淳临安志》卷十三《行在所录·官观·宗阳宫》改。
② 灌妙：原作"观妙"，据《学津讨原》本、天一阁本、明抄本、清翁校抄本、《咸淳临安志》卷十三《行在所录·官观·宗阳宫》改。
③ 奎藻：指帝王诗文书画。

【译文】

宗阳宫西面有介真馆，堂名大范、观复、灌妙，斋名会真、澄妙、常净，都是出自宋度宗的墨宝。

卷九

三省枢使谏官

【题解】

本条简单介绍了南宋中央重要官司三省、枢密院和台谏所在的位置、工作要求等。北宋建立初，枢密院与中书门下并称"二府"，分别掌管军政和民政。宋神宗元丰改制，恢复三省职能，枢密院虽然没有废除，但由于对外战争的需求，宰相逐渐兼任枢密院长官。宋代谏院负责对皇帝的言行、政令进行规谏和纠正，以防止皇帝决策失误。御史台是宋代最高的监察机构，主要负责监督文武百官，纠察其行为是否符合规定，对违法失职的官员进行弹劾。宋代开创了台谏合一的制度，使得御史台与谏院的职能逐渐混同。谏官不仅负责规谏皇帝，还获得了对百官的弹劾权；御史台官员也参与谏言，二者共同监督朝廷百官。本条文字由《咸淳临安志》卷四《行在所录·朝省·枢密院》和卷五《行在所录·谏院》两条目合并而成。

三省，即尚书省①、中书省②、门下省③。枢密院④，国初循唐旧制，置院于中省之北，今在都堂东⑤，止为枢属列曹之所⑥。盖枢密使率以宰臣兼领，自知院以下⑦，皆聚于都堂治事。省院在和宁门北首，旧福宁寺也。枢密院后建经武阁，系藏《经武要略》之文⑧。中省、门下后省在都堂后⑨。

【注释】

① 尚书省：官署名。宋前期名存实亡，所领事务甚微。元丰改制后，尚书省依《唐六典》振举其职，掌执行经由门下省所付制、诏、敕、令，统管吏部、户部、礼部、兵部、刑部、工部六部及其所属二十八司（吏部五司、户部七司、礼、兵、刑、工部各四司）。朝廷有疑事，集百官商议可否；六部难以决定的事务，予以总决；如需请示裁夺，则按民事、军事分送中书省或门下省；凡更改法令，议定后上奏；文武百官奖赏、惩罚事，每一季度汇总付进奏院通过邸报通报全国；大礼前，掌百官受誓戒。

② 中书省：官署名。宋前期，为皇城外挂牌机构。仅掌郊祀大礼册文祝辞、皇帝死后的谥号册，本省所属玉册院等诸司吏人及祠祭官斋郎、室长等任满迁转或出职的奏请，幕职州县官考核，文官换赐官服，佛寺、道观取名赐额之类琐事。元丰改制后，为中央造令、传旨的政务机构。并掌有直接除授差遣官、阶官、贴职、侍从官等所谓堂除（不由吏部而由宰相）的大权。

③ 门下省：官署名。宋初仅主朝仪等事。元丰改制后，为中央审令机构，辅佐皇帝决策。凡中书省、枢密院所得皇帝旨令及尚书省六部所上有条法可依事，都须经由门下省审读通过，如发现不当，门下省有权请示皇帝予以驳回，小事可直接改正。由进奏院所上奏章，受而交付皇帝，俟有批示则分发给有关官司。

④ 枢密院：与中书号称二府，掌兵符、武官选拔除授、兵防边备及军师屯戍之政令。

⑤ 都堂：元丰改制复建尚书省都堂，为三省聚议之所，以代北宋前期之政事堂。

⑥ 止为：诸本俱作"上为"，据《咸淳临安志》卷四《行在所录·朝

省·枢密院》改。

⑦知院:"知枢密院事"的简称。职事官名。北宋太宗淳化二年（991）九月初设，以后与枢密使交错或并为枢密院长官。宋神宗元丰四年（1081）十一月，罢枢密使，独以知枢密院事为枢密院长官，南宋高宗绍兴七年（1137）后，又与枢密使交错或并置。佐皇帝掌兵政。正二品。

⑧《经武要略》：宋代兵书名，又名《经武略》。全书共290卷。熙宁三年（1070），枢密院编修司王存、顾临等共同编修，此后各朝还继续编修。

⑨门下后省：官署名。元丰改制后，门下、中书各增建后省。专掌封驳、书读诏命。

【译文】

三省，即尚书省、中书省、门下省。枢密院，宋朝初年遵循唐朝旧制，将枢密院安置在中书省的北面，如今在都堂的东面，只作为枢密院下属各曹的所在。这是因为枢密使大都是宰相兼任，自知枢密院事以下，都聚集在都堂办公。省院位于和宁门最北面，这里原本是福宁寺。枢密院后来修建了经武阁，收藏《经武要略》。中书省、门下后省位于都堂的后面。

谏院在后省之西①。检正②、左右司在谏院之右③，向东④。承旨⑤、检详⑥、编修在枢密院⑦。三省、枢密院监门⑧，大门之南⑨。三省、枢密院架阁在制敕院后⑩。

【注释】

①谏院：官司名。谏院职责在拾遗补阙。凡朝政阙失，大者在朝廷进谏规正；小者上实封论奏。即自宰相以下至百官，自中书门下（南宋为三省）至百司，任非其人，事有失当，都有责谏正。后省：

中书后省、门下后省通称。

②检正:"中书门下省检正诸房公事"的简称。专门检举通进司每日承受、进降、给发等文书,并检察中书门下省文字按限发放,不许留滞。

③左右司:"尚书省左、右司"的简称。掌受、付六部之事,而纠举文书的违失、稽滞。左司掌治尚书省吏房、户房、礼房、奏钞房、班簿房。与右司通治开拆房、制敕房、御史房、催驱房、封桩房、知杂房、印房。右司分治尚书省兵房、刑房、工房、案钞房文书,还掌纠察御史台及刑部刑狱。

④向东:即面东。

⑤承旨:即枢密院承旨司。官署名。枢密院承旨司掌理枢密院诸房公事。

⑥检详:枢密院检详所。枢密院检详所检用、审核枢密院诸房条例及行遣文字,并领外路兵官有关功赏、恩例、差遣、投牒文字及由本院相应处理后所付宣、札、告命等。

⑦编修:枢密院编修司。枢密院编修司负责修正、删除枢密院条令、用例中矛盾抵牾不可用者,汇编润饰成可供检用的枢密院诸房条例。

⑧三省、枢密院监门:南宋差遣官。看守三省、枢密院门,伺察出入朝廷的文武百官及其随从。如有擅自闯入三省、枢密院者,登记姓名上报,听候朝廷批示处理。

⑨大门之南:《咸淳临安志》卷四《行在所录·朝省·三省枢密院监门》作"在大门之南"。

⑩三省、枢密院架阁:即"三省枢密院架阁库"。京局名。三省、枢密院文案贮存所,共有四库十六间房。制敕院:吏署门。隶属中书门下。为中书门下五房堂后官以下吏人廨舍。制敕院共分五正房:孔目官、吏房、户房、兵礼房、刑房。此外又有生事房、勾销房。

【译文】

谏院位于后省的西面。检正、左右司位于谏院的右面,朝东。承旨、检详、编修都在枢密院。三省、枢密院监门,位于大门的南面。三省、枢密院架阁位于制敕院的后面。

御史台在清河坊内,北向,盖取严肃之义,内有朝堂,即台厅也①。自绍兴来,未尝置对②。有属台臣谳问③,则刑察就听于大理寺问罪矣④。

【注释】

①台厅:御史台审理案件的场所。
②置对:对答。此处指审案。
③台臣:御史台官员。谳(yàn)问:审理案件,议罪判定。
④刑察:明察刑事。大理寺:官司名。北宋前期,内外诸司刑案,如有冤诉或上奏,由大理寺掌推鞫覆审;然后送审刑院详议讫,同签署上奏于朝。大理寺断狱有冤,送御史台断,仍未息诉,即命大臣置制院推覆。宋神宗元丰改制,大理寺掌断刑兼治狱,职务分左右。

【译文】

御史台位于清河坊,朝北,取庄严的意思,御史台里面有朝堂,就是御史台审理案件的地方。自从绍兴年间以来,御史台未尝审案。有属于御史台官员的审理案件,明察刑事则由大理寺审讯定罪。

六部

【题解】

本条简单介绍了南宋尚书省六部的名字、职能情况。六部隶属于尚书省，包括吏部、户部、礼部、兵部、刑部和工部，每部职能不同，设有尚书、侍郎等官员。宋初六部仅存其名，实际职权被分散到其他机构，如三司（掌财政）、枢密院（掌军事）等。直到宋神宗元丰改制后，六部的职能才逐渐恢复和充实。南宋时尚书省是中央最高行政机关，负责执行皇帝的诏令和管理国家事务。吏部主管文武官员的选试、差遣、升迁、考核、荫补等事务，还负责封爵、策勋、赏罚等政令。吏部下设左右选，分别管理文官和武官的事务。户部主管全国户籍、土地、钱谷、税赋、财政预算等事务，还负责管理货币收支、仓库贮积等。礼部主管礼仪、祭祀、朝会、学校、科举等事务。礼部下设祠部、主客、膳部等司，负责具体礼仪事务。兵部主管军事事务，包括民兵、弓手、番兵等的管理，以及武官的铨选、校试武艺等，还负责管理皇帝仪仗等事务。刑部负责复核大理寺的案件，并管理全国的司法行政。工部主管全国城郭、官室、河渠、器械制造等事务，还兼管军器制造和水利工程等。南宋尚书省六部的职能与北宋相似，但在机构设置上有所调整。比如，南宋曾多次合并六部下属的司，以简化行政流程。六部的官署位于杭州城内，与三省相邻，东面出口处有一座"六部桥"，因六部而得名。另外，本条文字引自《咸淳临安志》

卷五《行在所录·六部》。

六部,在三省、枢密院之南。部之中堂名曰"论思献纳之堂"①。吏部掌天官②,依唐制,以文武有官人分左右铨选名之:尚左、尚右、侍左、侍右、司封、司勋、考功凡七司③,以掌文武注授④、到部推赏等事⑤。

【注释】

① 论思:议论,思考。特指皇帝与学士、臣子讨论学问。献纳:指献忠言供采纳。
② 吏部:官司名。北宋前期,吏部为空架子。宋神宗元丰改制后,吏部掌六品以下文武官铨选,举凡品、阶、爵、勋、俸、禄之制,选官、分职、功赏、考绩之事,统总于吏部。《宋史》卷一百六十三《职官志三·吏部》:"掌文武官吏选试、拟注、资任、迁叙、荫补、考课之政令,封爵、策勋、赏罚殿最之法。凡文阶官之等三十,武选官之等五十有六,幕职州县官之等七,散官之等九,皆以左右高下分属于四选。"天官:泛指百官。
③ 尚左、尚右、侍左、侍右、司封、司勋、考功:指吏部尚书左选、吏部尚书右选、吏部侍郎左选、吏部侍郎右选,司封司、司勋司、考功司。官署名。《宋史》卷一百六十三《职官志三·吏部》:"凡文阶官之等三十,武选官之等五十有六,幕职州县官之等七,散官之等九,皆以左右高下分属于四选。曰尚书左选,文臣京朝官以上及职任非中书省除授者悉掌之。曰尚书右选,武臣升朝官以上及职任非枢密院除授者悉掌之。自初任至幕职州县官,侍郎左选掌之。自副尉以上至从义郎,侍郎右选掌之……其属有曰司封,曰司勋,曰考功。凡官十有三:尚书一人;侍郎一人;郎中、员外郎,

尚书选二人，侍郎选各一人，司封、司勋、考功各一人。……（尚书）掌文武二选之法而奉行其制命。……（侍郎）分左右选：左选，掌文臣之未改官者……右选，掌武臣之未升朝者。……（司封）掌官封、叙赠、承袭之事。……（司勋）参掌勋赏之事。……（考功）掌文武官选叙、磨勘、资任、考课之政令。"

④注授：指职官铨选时的登记、授受。

⑤推赏：迁官给赏。

【译文】

六部，位于三省、枢密院的南面。六部的中堂称作"论思献纳堂"。吏部掌百官，依据唐朝的制度，将文武官员分为左右铨选，设立尚左、尚右、侍左、侍右、司封、司勋、考功，一共七司，来掌管文武官员铨选时登记，来到六部迁官给赏等事情。

户部名为地官①，又称民部②。掌天下州郡财赋，得财用耗而复衍，仓廪虚而复实之事③。

【注释】

①地官：户部的别称。《周礼》分设六官，司徒称地官，掌管土地和人民，后来户部便被称作"地官""司徒"。

②民部：即户部。官署名。隋朝初年置度支，隋文帝开皇三年（583）改为民部，唐高宗永徽初年，因避太宗李世民讳，复改称户部。

③仓廪：粮仓。实：充实，富足。

【译文】

户部称作地官，又称为民部。负责掌管天下各州郡的财赋，知晓财物的消耗和再次富足，仓库空虚又充实等事情。

礼部，谓之春官①。掌礼仪，讨论典故，讲习典礼②。大朝聘礼、庆贺朝仪、生辰圣节、元旦冬至朝会、郊祀、明堂、合祀天地祖宗典策③、秋享祭祀、社稷、封赐、祀典、祠庙、功臣勋烈配享④，及赐家庙祭器等事⑤。

【注释】

①春官：礼部的别称。《周礼》六官中有春官，掌邦国礼仪。

②讲习：研习。

③典策：即"典册"，记载典章制度等的重要书籍。

④勋烈：功业，功勋。

⑤家庙：私家所设立、供奉祖先神主的祠庙。古时有官爵者才能建家庙，作为祭祀祖先的场所。唐朝始创私庙，宋朝改为家庙。

【译文】

礼部，称作春官。负责掌管礼仪，讨论典故，研习典礼。大朝聘礼、庆贺朝仪、皇帝皇太后的生辰圣节、元旦冬至朝会、郊祀、明堂、合祀天地祖宗典策、秋享祭祀、社稷、封赐、祀典、祠庙、功臣勋烈配享，以及赏赐家庙祭器等事情。

兵部①，谓之夏官②。掌兵伍、厢军③、武举投试武艺④、金吾街仗人司兵⑤，及大将出征、告庙⑥、破贼露布⑦、卤簿、字图⑧，若番夷属户授官封爵等事，及天下地图、堡寨、烽堠⑨，番夷归服内附皆掌之⑩。又称驾部，掌辇辂车乘、厩牧杂畜⑪、乘具传驿之政令⑫，辨其出入之数。再名库部，掌军器、仪仗、卤簿法式⑬、随军、防城什物⑭，及供帐之事。是为四司主掌也⑮。

【注释】

①兵部：官司名。尚书省六部之一。北宋前期兵部职事为枢密院、三班院所分，本部仅掌仪卫、武举等事。宋神宗元丰改制后，兵部职权没有扩大多少，兵政总于枢密院，武官铨选除授归兵部，兵部只掌民兵、厢军名籍，蕃官加恩及领所属诸司局。

②夏官：《周礼》载周时设置六官，以司马为夏官，掌军政和军赋。

③厢军：宋初选诸州募兵之壮勇者，送京师充禁军。其余留驻名州，不加训练，只充劳役，称为厢军。也叫厢兵。

④武举投试武艺：指武举考试中，考生展示自身武艺技能来通过考试。宋代武举考试包括武艺和策论。武艺技能包括骑射、步射、马枪、刀枪等。

⑤金吾街仗人司兵：指金吾街仗司所属的士兵。金吾街仗司主要负责皇官和京城的宿卫、巡警以及仪仗等事务。南宋时，金吾街仗司并归兵部。

⑥告庙：古代自天子至诸侯，凡即位、出征、出猎等事，必禀告于祖庙。

⑦露布：古代军队的捷报。（唐）封演《封氏闻见记》卷四《露布》："露布，捷书之别名也。诸军破贼，则以帛书建诸竿上，兵部谓之露布。"亦作"露板"。

⑧字图：有文字的图画。（宋）欧阳修《太常因革礼》卷二十八《卤簿下》："《明堂记》：皇祐二年五月，卤簿使言明堂大享用法驾，卤簿准礼令法驾减大惊三分之一，兵部无字图故本，又文牍散逸，虽粗有名数，较之礼令未能裁决。诏令礼官与判兵部官同定图本以闻。"

⑨烽堠（hòu）：烽火台。用来侦察敌人的地方。

⑩内附：归附朝廷。指原本不属于中央政权的某地或某些群体主动归顺朝廷，接受中央政府的管理和统治。在中国古代，内附的地区和人群一般指边疆地区或少数民族。

⑪厩牧：饲养和放牧。杂畜：混在一起喂养。
⑫乘具：骑马的用具。传驿：传递文书的驿站。
⑬法式：标准的格式、制度。
⑭防城：原作"攻城"，据明节本、《文献通考》卷五十二《职官考六》改。
⑮四司：指兵部四司，即兵部司、职方司、驾部司和库部司。兵部司，本部司设郎中、员外郎，佐参本部尚书、侍郎事。职方司，职方司掌州县废复、四夷归附分属诸州；及全国地图与分路、分州地图，以周知全国版图及城池、堡寨、烽候之数。驾部司，参掌舆辇、车马、驿置、厩牧之事。库部司，掌军器、仪仗、卤簿、随军防城什物及供帐之事。

【译文】

兵部，称作夏官。负责掌管军队、厢军、武举考生展示武艺技能、金吾街仗人司兵，以及大将出征、告庙、破贼露布、卤簿、字图、境内归属宋朝的少数民族授官封爵等事情，以及天下地图、堡寨、烽堠，少数民族归顺归附朝廷，都由兵部负责掌管。兵部又称为驾部，掌管皇帝乘坐的辇辂车乘、各种牲畜的饲养和放牧、骑马用具和陆路驿站的政令，分析其出入的数量。兵部又称为库部，负责掌管军器、仪仗、卤簿法式、随军防城什物，以及供设帷帐等事。是四司的主管。

　　刑部①，谓之秋官②，掌邦典之重轻③、民讼之疑惑、重刑之出入、官僚之宪谳④，皆主之。盖民不问大小生死，事体所系，四方谳刑，得其平直，发于天庭，以称其职。唐制，刑部分为四司：曰刑部⑤，曰都官⑥，曰比部⑦，曰司门是也⑧。

【注释】

①刑部：官司名。尚书省六部之一。北宋前期刑部职事为审刑院所

分,只掌覆审大辟案及因犯罪除免职务官员,经大赦重新录用,或理雪冤案给出文牒证明等事。宋神宗元丰改制,罢审刑院归刑部,刑部始专掌其职。掌律法修订、天下狱讼、重新审议有疑点的定案并上奏、依据赦宥条格重新考虑犯科官员的赦免和录用等。
②秋官:《周礼》六官之一,掌刑狱,所司与后代刑部相当。
③邦典:国家法典。
④宪谳(yàn):依法定罪。
⑤刑部:官司名,刑部四司之一。分左、右曹(厅)治事,左掌详覆,右掌叙复官秩与平反冤案等事。
⑥都官:官司名。尚书省刑部四司之一。掌刑徒流放、犯谋反罪家族株连没为官私奴婢及其抄家,与吏员废、置、增、减、出职等事。
⑦比部:官司名。尚书省刑部四司之一。掌会计审核内外帐籍,追查百司侵吞经费,催索场务、仓库负欠帐物。
⑧司门:官司名。尚书省刑部四司之一。掌门关、桥梁、渡口、辇道之禁令,及桥梁废置、道路改易与修复等事。

【译文】

刑部,称为秋官,掌管国家法典的轻重高下、百姓诉讼的疑惑、重刑的裁量、官僚的依法定罪,这些都是刑部负责。大概无论百姓案件大小、生死攸关与否,只要涉及民众的诉讼和刑罚,刑部都要做到公正公平的处理,上报朝廷,这样才能对得起自己的职责。唐朝制度规定,刑部分为四个司:刑部、都官、比部、司门。

工部①,谓之冬官②,掌工役程式,及天下屯田③、文武官职田④、京都衢关⑤、苑囿、山泽草木、畋猎渔捕、运漕碾硙之事⑥。唐制名为四司:曰工部⑦,曰屯田⑧,曰虞部⑨,曰水部⑩,一皆所总也。

【注释】

①工部：官司名。尚书省六部之一。北宋前期本部几无所掌，宋神宗元丰改制，工部职事始举，掌城池、屋宇、街道、桥梁修造，舟、车器械百工制作及铸造钱宝等事。

②冬官：《周礼》六官，称司空为冬官，掌工程制作。

③屯田：中国古代政府利用戍卒或农民、商人垦殖荒地，用此措施取得军饷和税粮，称作"屯田"，有军屯、民屯、商屯之分。

④职田：又称"职分田"，北魏至明初按品级授给官吏作俸禄的公田。宋朝给外官知藩府以下田二十顷至二顷，京官不给。职分田于解职时移交后任，不得买卖。官吏受田佃给农民耕种，收取地租，宋时特称"职租"。因苛扰农民，一度停给职田。宋朝曾议停给，将岁入租课均给各官，然未实行。

⑤衢关：指位于交通要道的市集或关市，是古代用于征税、管理贸易的场所。

⑥运漕：通过水路运输粮食和其他物资。碾硙（wèi）：利用水力驱动石磨加工谷物。

⑦工部：工部：官司名。尚书省工部四司头司。佐尚书、侍郎，按程式，把制作、修造、计划、采伐材物等事分工授予有关司局。

⑧屯田：官司名。尚书省工部四司之一。参掌屯田、营田、职分田、官庄、塘泊、学校职分田及其租入等兴修、种割、给纳、检察、赏罚之事。

⑨虞部：官司名。尚书省工部四司之一。掌山林湖泊物产开采、猎取、废置等政令和事务。

⑩水部：官司名。尚书省工部四司之一。掌河流、水渠、堤防、渡桥、舟船漕运、水碾等事。

【译文】

工部，称为冬官，负责掌管土木工程的程序，以及天下屯田、文武官职田、京城关市、苑囿、山林川泽、打猎捕鱼、漕运和水利加工等事情。唐朝制度规定工部分为四个司,工部、屯田、虞部、水部,都由工部负责管理。

六部监门

【题解】

本条简单介绍了南宋朝廷六部监门和六部架阁的位置和职能。这两个部门都是尚书六部的下属部门,处理一些更具体的事务。六部监门位于六部大门之左,设置始于南宋高宗绍兴二年(1132),其秩比寺监丞郎官,属于正八品。主要负责六部大门的出入管理,同时还负责诸如处理对部门办事效能的投诉等事务。六部架阁库主要负责保存和管理六部的帐籍文书,还包括对文书进行分类、登记和管理,防止文件丢失或被篡改。六部架阁库始设于宋神宗朝,南宋时得到进一步完善,六部架阁官的选任体现了精英化与馆阁化的特点,主要从有一定文化素养和行政能力的官员中选拔,其仕途发展也较为广阔。六部架阁官制度既提高了行政效率,又有效防止了胥吏擅权乱政。总的来说,六部监门和六部架阁在南宋朝廷的政治运行中扮演了重要角色,体现了当时官僚体系的精细化和专业化。另外,本条文字由《咸淳临安志》卷五《行在所录·六部监门》和《行在所录·六部架阁》两条目合并而成。

六部监门在六部大门之左①,凡所掌之事隶于六部。部门受其出入之时,以听上稽访。门之司存,盖至是而愈重矣。奉行列曹之命②,以正胥吏之失,赞长贰之惩决③,以遵长官之意耳。

【注释】

①六部监门："监尚书省六部门"的简称。南宋高宗绍兴二年（1132）九月六日置，掌管尚书省六部大门之启闭、六部官员的出入、请假以及外来人员来访等事宜。
②列曹：分职治事的官署。此处泛指尚书省下属各个部门。
③赞：帮助，辅佐。长贰：正副长官。（宋）赵昇《朝野类要》卷二《称谓·长贰》："正官与副官之总名。"

【译文】

六部监门位于尚书六部大门的左面，其所掌管的事务隶属于尚书六部。各部人员出入，都要在监门登记，以便接受上级的稽核与查访。六部监门官署的存在，至此愈发重要。六部监门奉行尚书省下属各部门的命令，来规正胥吏的工作失误，辅佐六部正副长官的惩处措施，以遵循长官的意思。

六部架阁①，其库在天水院桥，掌六曹之文书，主二十四司之案牍②，故官置库掌其架阁，皆无失误矣。

【注释】

①六部架阁："管勾尚书六部架阁库"的简称。北宋神宗元丰年间始置，宋徽宗崇宁年间，六部各部置架阁官。南宋高宗绍兴三年（1133），复置尚书省六部架阁库官（不分部）。绍兴十五年（1145），置主管尚书某部架阁库。六部架阁主管六部已经处理好并存放两年以上的档案文书，包括编制目录、登记及随时提供检索等事宜。架阁官由进士出身、有政绩的选人担任，为储才之

地。具体官品、俸禄须视何官差充而定。架阁,指贮存档案的木架,数格多层,便于分类存放和检寻。《咸淳临安志》卷五《行在所录·六部驾阁》:"在天水院桥,绍兴三年置库。十五年,复置官四人,又治其栋宇而新之……嘉定中,增库为百有十楹。"《宋史》卷一百六十三《职官志三·六部驾阁库》:"掌储藏帐籍文案以备用。择选人有时望者为之。旧有管幹架阁库官,宣和罢之,绍兴十五年复置,吏、户部各差一员,礼、兵部共差一员,刑、工部共差一员,以主管尚书某部架阁库为名,从大理寺丞周楙请也。嘉定八年,又置三省、枢密院架阁官。"

② 二十四司:"尚书二十四司"的简称。尚书省六部所属二十四司的总称。吏部四司:吏部、司封、司勋、考功司;户部四司:户部、度支、金部、仓部司;礼部四司:礼部、祠部、主客、膳部司;兵部四司:兵部、职方、驾部、库部司;刑部四司:刑部、都官、比部、司门司;工部四司:工部、屯田、虞部、水部司。此隋唐以来习惯称呼,其实北宋神宗元丰改制后,吏部增为七司,户部增为五司,六部共二十八司。

【译文】

六部架阁,其库位于天水院桥,负责掌管尚书省六部的文书,主管尚书二十四司的官府文书,故而官府设置库来掌管贮存档案的架阁,工作都没有失误。

诸寺

【题解】

本条简单介绍了南宋中央机构太常寺、宗正寺、司农寺和太府寺的所在位置及其职能。太常寺是宋代九寺之一，主要负责礼仪、祭祀、音乐等事务。南宋时，太常寺的职能还包括管理宗庙、社稷坛等礼仪场所。太常寺的长官为太常卿，下设太常少卿、太常丞等职位。南宋初年，太常寺曾与宗正寺合并，但很快复置。宗正寺主要负责皇族事务，包括管理宗室名籍、修撰皇族谱牒、祭祀宗庙等。宗正寺的长官为宗正卿，正四品，下设宗正少卿、宗正丞等职位。司农寺主要负责粮食储备、仓廪管理、漕运调遣等事务。此外，还负责御园种植、皇帝籍田、官酒造曲等事务。司农寺的长官为司农卿，下设司农少卿、司农寺丞、主簿等职位。南宋初年，司农寺曾被裁撤，后于绍兴四年（1134）复置。太府寺主要负责国家财政收支、物资储备、货币管理等事务。太府寺的长官为太府卿，下设太府少卿、太府丞等职位。南宋时，太常寺、宗正寺、司农寺和太府寺分别负责礼仪、皇族事务、粮食储备和财政管理等职能，这些机构在南宋的行政体系中发挥了重要作用。另外，本条文字引自《咸淳临安志》卷六《行在所录·诸寺》。

太常寺在罗汉洞[①]，掌奉常礼仪[②]，讨论典故、祭器、太常乐器等事。寺内有昭勋崇德阁③,阁上绘像文武功勋大臣,自忠献赵韩王普以下二十五人于其上也④。

【注释】

① 太常寺:宋前期大部职事为礼院、礼仪院所占,本寺仅掌社稷及武成五庙、诸坛、斋宫、习乐之事。元丰改制后,礼院职事罢归,统掌礼乐之事,举凡大朝会、祭祀所用雅乐,及器服、郊祀、宗庙、社稷、陵寝、牺牲、籍田、祠祀、医药等,均得管领。

② 奉常:即太常。官名,秦置,为九卿之一,西汉惠帝改为奉常,汉景帝复原名。汉末建安中又为奉常,曹魏又为太常。唐高宗龙朔二年(662),改太常为奉常。咸亨元年(670)十二月,复旧称。

③ 昭勋崇德阁:《咸淳临安志》卷六《行在所录·诸寺》:"昭勋崇德阁:宝庆元年八月建。自赵韩王普,至葛文定公郯,合文武勋臣二十有三人,绘像其中。……端平(阙)年,以赵福王汝愚配飨,宁庙遂并图形于阁。"(宋)郑清之《安晚堂集》辑补辑诗"辑文附"《理宗御书昭勋崇德阁扁记》:"于是少师右丞相臣弥远奉俞咨阅故府,凡以功宗作元祀,自韩忠献王赵普至郕文定公葛郯,合文武二十有三人,爰即颂台建杰阁,肖像登绘,洎宝庆二祀,八月告成,赐名'昭勋崇德之阁'。"

④ 忠献赵韩王普:北宋开国功臣赵普死后累赠尚书令、韩王,谥号"忠献"。二十五人:《咸淳临安志》卷六《行在所录·诸寺》作"二十三人"。

【译文】

太常寺位于罗汉洞,负责太常所掌管的礼仪事务,讨论典故、祭器、太常乐器等事情。太常寺内有昭勋崇德阁,阁上绘着文武功勋大臣的画像,从韩王赵普以下共二十五人。

宗正寺^①、玉牒所在太庙南^②。玉牒建局，以宰臣提举，从官兼修撰。宗正卿、少以下^③，悉预修《宗藩庆系录》《仙源积庆图》等书^④。检讨官亦以他职兼耳^⑤。

【注释】

①宗正寺：官司名。宗正寺之设，始于北齐，两宋沿置。南宋高宗建炎三年（1129）四月十三日，并入太常寺。绍兴五年（1135）闰二月二十七日，复置寺。宗正寺掌宗室名籍，修纂牒、谱、图、籍，宗室赐名定名，奉宗庙、诸陵寝、园庙荐享等事。

②玉牒所：官司名。北宋隶宗正寺。南宋玉牒所与宗正寺实为同一官府，宰辅提举。北宋太宗至道元年（995），修玉牒始设官置局。南宋初停罢，高宗绍兴十二年（1142）五月九日复置所，以宰辅提举。职掌为修纂宋朝历代皇帝玉牒。

③宗正卿、少：即宗正寺卿、宗正寺少卿。宗正寺卿正四品，宗正少卿从五品。

④《宗藩庆系录》《仙源积庆图》：宋朝宗室的谱牒。《宋史》卷一百六十四《职官志四·宗正寺》："主簿各一人。卿掌叙宗派属籍，以别昭穆而定其亲疏，少卿为之贰，丞参领之。凡修纂牒、谱、图、籍，其别有五：曰玉牒，以编年之体叙帝系而记其历数，凡政令赏罚、封域户口、丰凶祥瑞之事载焉。曰属籍，序同姓之亲而第其服纪之戚疏远近。曰宗藩庆系录，辨谱系之所自出，序其子孙而列其名位品秩。曰仙源积庆图，考定世次枝分派别而系以本宗。曰仙源类谱，序男女宗妇族姓婚姻及官爵迁叙而着其功罪、生死。凡录以一岁，图以三岁、牒、谱、籍以十岁修纂以进。"

⑤检讨官："玉牒所检讨官"的简称。差遣官。多以侍从官兼。参预修皇帝玉牒。

【译文】

宗正寺玉牒所位于太庙的南面。玉牒所设局,以宰相负责,属官兼任修撰。宗正卿、宗正少卿以下官员,全都参预编修《宗藩庆系录》《仙源积庆图》等书。玉牒所检讨官也以其他官员兼任。

大理寺在仁和县西,设卿、少、丞、簿、评事、司直之官①,及治狱、都辖②、推吏等。家属皆居于寺内,以严出入之禁。掌朝廷刑棘廷尉之职③,按法断刑、治狱推劾等事④。

【注释】

①卿、少、丞、簿、评事、司直:官名。即大理寺卿(南宋时,从四品)、大理寺少卿(正六品)、大理寺丞(正八品)、大理寺主簿(从八品)、大理寺评事(正八品)、大理寺司直(正八品)。

②都辖:"右治狱都辖使臣"的简称。差遣名。武臣小使臣充。通管左、右推推司。

③刑棘:即大理寺。古代听讼于棘木之下,大理寺为掌刑狱的官署,故称。廷尉:官名,掌司法刑狱。始置于秦,汉景帝时改称大理,汉武帝时复称廷尉。东汉以后或称廷尉、大理和廷尉卿,北齐至明清都称大理寺卿。此处是使用的古官称。

④推劾:审问。

【译文】

大理寺位于仁和县的西面,设置大理寺卿、大理寺少卿、大理寺丞、大理寺主簿、大理寺评事、大理寺司直等官,以及治狱、都辖、推吏等。大理寺官员的家属都居住在大理寺里面,以严格进出的禁令。大理寺掌管大理寺卿等官职,根据法律断刑、治理狱事审问案件等事。

司农寺①,在保民坊内②。国制以户部掌国计,而司农列卿、少、丞、簿赞之,如诸州府县道每年上供,及宰执百官、军粮宣限米斛③,皆委专官,吏卒下各路州县坐征,以应宣限支用也。

【注释】

①司农寺:官司名。北宋前期沿唐五代制存其名,其职事多归三司,本寺只掌供籍田旧科、大、中、小祀所需猪、牲、蔬果、明房油,以及掌常平仓平籴利农等事。宋神宗熙宁三年至元丰五年(1072—1082)期间,司农寺事权大幅度增加,既是财务机构,又是推行新法的政务机构。元丰改制,司农寺依据《唐六典》正名。旧职并归户部右曹,本寺掌仓场储藏出纳、园苑种植,诸路上供京都官吏禄粟、京师驻扎禁军口粮漕运京师后的支遣,造酒曲,供给薪炭,导择米麦,皇帝亲耕籍田奉耒耜等。
②保民坊:《咸淳临安志》卷十九《疆域四·坊巷·府城·右一厢》:"保民坊(天庆坊北,俗呼庙巷)。"
③宣限:宣布期限,即朝廷限期征收粮食、赋税等。米斛:米粮。

【译文】

司农寺位于保民坊。宋朝制度规定,以户部掌管国家财政,司农寺卿、司农少卿、司农寺丞、司农寺主簿作为助手,比如各州府县道每年上供,以及宰执百官和朝廷规定的军粮粮食额度,都委派专门的官员,派遣吏卒到各路州县强行征收,来应付朝廷限期征收支取使用。

太府寺在保民坊内①,系《周官》职②。总局二十有四,如诸军诸司粮、审四院③、左藏二库④、买务、卖场及编、套两司⑤,和剂、惠民四局⑥,祇候钞引院⑦,皆属掌矣。

【注释】

① 太府寺：官司名。北宋前期，太府寺只掌供祠祭用香、币、神位席及制造标准的斗、秤、升、尺等计量工具。宋神宗元丰改制后，掌库藏、出纳、商税、度量、市易、平准、店宅之事。

② 系《周官》职：《周礼·天官》有大府（即太府），掌四方财赋贡物及府藏出纳。

③ 粮、审：指粮料院、审计司。《宋史》卷一百六十五《职官志五·太府寺》："粮料院，掌以法式颁廪禄，凡文武百官、诸司、诸军奉料，以准券给。审计司，掌审其给受之数，以法式驱磨。"

④ 左藏二库：指左藏东、西库。《宋史》卷一百六十五《职官志五·太府寺》："左藏东西库，掌受四方财赋之入，以待邦国之经费，给官吏、军兵奉禄赐予。旧分南北两库，政和六年修建新库，以东西库为名。西京、南京、北京各置左藏库、内藏库，掌受岁计之余积，以待邦国非常之用。"

⑤ 买务、卖场及编、套两司：买务、卖场，即杂买务、杂卖场。《宋史》卷一百六十五《职官志五·太府寺》："杂买务，掌和市百物，凡宫禁、官府所需，以时供纳。杂卖场，掌受内外币余之物，计直以待出货，或准折支用。"编、套两司，指编估局和打套局。见本卷《四院六辖》和《监当诸局》。《宋史》卷一百六十五《职官志五·太府寺》："编估局、打套局，二局系拣选市舶香药杂物等第，会其直以待贸易。"

⑥ 和剂、惠民：即和剂局（别名"惠民和剂局"）、太平惠民局。《宋史》卷一百六十五《职官志五·太府寺》："和剂局、惠民局，掌修合良药，出卖以济民疾。"

⑦ 祗候钞引院：官司名。主要职责是印制、管理和发放钞引。钞引，宋代一种经济凭证，类似于现代的票据或凭证。宋朝茶、盐、矾等物品的生产运销由政府管制，政府发给特许商人支领和运销这类

产品的证券,名茶引、盐引、矾引,统称"钞引"。

【译文】

太府寺位于保民坊,是《周官》中记载的官职。太府寺下辖总共二十四个局,如诸军诸司粮料院、审计司四个院,左藏东、西库,杂买务、杂卖场以及编估局和打套局两司,和剂局、太平惠民局四局,祗候钞引院,都是太府寺掌管。

秘书省 国史敕令附

【题解】

本条叙述了南宋秘书省、国史院和实录院等机构的位置及职能。南宋秘书省主要负责管理古今经籍图书、国史实录、天文历法等事务，同时还负责校对典籍、编纂日历等工作，集图书收藏、管理、修史、编撰、校勘和刻印为一体。秘阁最早设立于北宋太宗端拱元年（988），位于崇文院中堂，主要收藏三馆（昭文馆、集贤院、史馆）的善本图书、书画等珍贵文物。宋神宗元丰改制后，秘阁归秘书省。南宋建立后，逐渐恢复和重建了秘阁，秘阁成为重要的文化事业之一，主要负责回收北宋散逸的御书作品，并继续收藏和整理各类图书、文物。南宋设有专门的官员负责秘阁藏书的整理、保护和补充，秘阁为当时的学者提供了丰富的研究资源。学者们可以在此查阅典籍，进行学术研究和创作。作为南宋时期重要的文化机构，秘阁不仅保存了大量的图书、书画等文化遗产，还在文化传播、学术研究等方面发挥了重要作用。宋初沿袭五代旧制，以史馆为修史机构。南宋初年，国史院、实录院"皆寓史馆"，修实录则置实录院，修国史则置国史院，直到宋宁宗朝才又并设国史院、实录院。南宋国史、实录院在保存历史资料，传承文化方面发挥了重要作用，其编撰的实录和国史成为研究南宋历史的重要文献来源。另外，本条文字由《咸淳临安志》卷七《秘书省》、《国史院》和《敕令所》三条合并而成。

秘书省在天井坊之左①。东都建于禁中。绍兴间,以殿司寨基建。省有殿,扁曰右文之殿。秘阁在殿后,专奉御书、制书②、画、古器等,两庑列累朝制书石刻。

【注释】

①秘书省:官署名。宋初秘书省职事归三馆秘阁。宋神宗元丰改制后,秘书省始振其职,统掌图籍、国史、天文历数、祭祀祝词等。南宋高宗建炎三年(1129)四月十三日罢,绍兴元年(1131)二月十九日复置。南宋初,秘书省暂时设置于油车巷北法惠寺。绍兴十三年(1143),以旧殿司营寨地修建新省,次年建成。(宋)陈揆《南宋馆阁录》卷二《省舍》:"绍兴二年,移跸临安府,始寓于宋氏宅,再徙于油车巷东法惠寺。……绍兴十三年十二月,诏两浙转运司建秘书省。十四年六月二十二日,迁新省。省在清河坊糯米仓巷西,怀庆坊北,通浙坊东。地东西三十八步,南北二百步。"

②制书:以皇帝名义下达的各种形式命令文字的总称。

【译文】

秘书省位于天井坊的左面。北宋开封的秘书省位于皇宫大内之中。绍兴年间,秘书省建于殿前司营寨的宅基上。秘书省有殿,匾名右文殿。秘阁位于右文殿的后面,专门供奉皇帝的御书、制书、画、古器等物品,秘阁的两廊陈列着历朝皇帝制书的石刻。

国史、实录院在殿东①,提举官阁在殿西。道山堂,在阁后。东西二阁,监、少之位②;丞③、簿、馆职阁,列于两廊堂之前。著作之庭在堂后,有小轩,置石刻东坡画竹于中。西有四阁,著作、著佐之位④。国史日历所在著作庭东庑⑤,

有汗青轩。编纂会要所⑥,在著作庭西庑。《日历》《会要》库⑦、经史诸子书籍库共七库,俱列于殿外东西两庑。书板库在著作庭之右⑧。

【注释】

① 国史、实录院:即国史院和实录院。国史院,修正史机构名。北宋哲宗元祐五年(1090)初建,隶门下省,宰臣提举。南宋初,先后置修国史日历所、史馆。绍兴十年(1140),罢史馆。绍兴二十八年(1158)七月十九日,复置修国史院。实录院,修实录机构。实录院之名,始见于宋真宗咸平元年(998)正月,宋神宗元丰改制前,实录院于崇文院内临时设局。元丰改制后,遇修实录,即开实录院。宋宁宗嘉定元年(1208),开实录院,二年开国史院,此后国史院与实录院并置。

② 监、少:指秘书省监、秘书省少监。秘书省监,北宋前期阶官名,元丰改制后职事官名。正四品。秘书省少监,北宋前期为寄禄官名,元丰改制后为职事官名。秘书省佐贰,佐监领本省事。从五品。南宋时,监、少只置一人。

③ 丞:即秘书丞。北宋前期阶官名,元丰改制后职事官名。从七品。

④ 著作、著佐:即著作郎、著作佐郎。北宋神宗元丰改制后为职事官名,隶秘书省。开修时政记、起居注,修纂日历,祭祀祝辞的撰写等,都由著作郎、著作佐郎主掌。著作郎,南宋时为从七品;著作佐郎,元丰改制后,正八品。

⑤ 国史日历所:南宋时修日历机构名。隶秘书省。南宋高宗绍兴三年(1133)十一月,改修日历所为"修国史日历所"。次年五月二十四,改名史馆。十年(1140)二月二十二日,史馆罢归秘书省国史案。四月二十八日,秘书省国史案改名为国史日历所,主修日历事。

⑥编纂会要所：即编修国朝会要所。修本朝会要机构。南宋时隶秘书省。

⑦《日历》《会要》：均为宋朝官修史书。《日历》编修起于唐代，是官方在秘书省日历所编修的史书，一般是以《起居注》《时政记》等为基础编写而成，为编修实录等书提供资料。《会要》是关于国家政治、军事、经济等各项制度沿革的史料汇编，是在正史志的基础上发展起来，一般认为其编纂始于唐朝的苏冕，宋朝官修《会要》成为定制。

⑧书板库：原作"书列库"，据《咸淳临安志》卷八《书板库》改。

【译文】

国史院、实录院位于右文殿的东面，提举官阁位于右文殿的西面。道山堂在秘阁的后面。东西二阁，秘书省监、秘书省少监的所在；秘书丞、簿、馆职阁，列于两廊堂之前。著作庭在道山堂的后面，有小轩，在轩中放置着石刻东坡画竹。西面有四阁，秘书省著作郎、秘书省著作佐郎的所在。国史日历所在著作庭的东廊，有汗青轩。编纂会要所在著作庭的西廊。《日历》《会要》库、经史诸子书籍库共七库，都排列在右文殿外面的东西两廊。书板库在著作庭的右侧。

后圃有群玉堂，以东坡画竹真迹为屏。有蓬莱亭，前为凿池，度以石桥，池上叠石为山。又有亭者六，扁曰芸香、席珍、方壶、含章、茹芝、绎志。次有射圃矣①。含章亭后有浑仪基②，乃太史推占星象之用也。

【注释】

①射圃：习射之场。

②浑仪：古代观测天体的仪器。

【译文】

后园有群玉堂,以苏轼的画竹真迹作为屏风。有蓬莱亭,亭前开凿水池,根据水池宽度架设石桥,池上堆叠石头作为假山。还有六座亭,亭匾分别是芸香、席珍、方壶、含章、茹芝、绎志。接下来是射圃。含章亭后面有浑仪基,乃是太史推占星象所用。

敕令所在侍郎桥南①,专为详定编修诸司敕令,盖谨法度,广贤才耳。

【注释】

①敕令所:"详定一司敕令所"的简称。北宋神宗熙宁年间审定诸司所编敕、式机构名,与诸司敕式所并存。熙宁八年(1075)九月,所有各司编敕机构并入"详定一司敕令所"。职掌编修、删定历朝敕、令、格、式与条法,各以本朝年号为名。侍郎桥:《咸淳临安志》卷二十一《疆域六·桥道·西河》:"侍郎桥(郎简字叔廉,王荆公有寄诗,甚称其贤。以工部侍郎致仕居此,里人德之,遂以名桥)。"

【译文】

敕令所位于侍郎桥的南面,专门审查考订和编修各司敕令,大概是为了严谨法度,广纳贤才。

诸监

【题解】

本条叙述了南宋国子监、将作监和军器监的位置及其职能。国子监是南宋最高教育行政机构，负责管理中央和地方的官学教育事务，包括管理国子学、太学、武学、律学、小学等各级学校事务，制定和颁布官学的条令法规，任命和管理官学教师，检查国子监校勘图书的质量等。国子监设有祭酒，负责全面事务；司业，协助祭酒综理学校教务；博士，分经教授，考校程文，以德行、道艺训导学生；学正、学录、学谕，协助博士教学，执行学规，纠正并处罚犯规学生；三案（厨库案、学案、杂案），分别管理校内事务。将作监主要负责宫室、城郭、桥梁、舟车等土木工程的营缮和修造，管理各类建筑材料的采购和分配，监督工匠的生产活动。将作监设正副长官将作监、将作少监；丞，协助长官处理日常事务；主簿，负责文书和行政事务。南宋初年，将作监并入工部，绍兴三年（1133）复置。隆兴初年，将作监的营缮职能逐渐由临安府和工部分担，其长贰官职成为储才之地。军器监监督和修缮兵器、旗帜、戎帐等军用物资，管理兵器制造的工艺和质量，确保兵器符合标准，采购和管理制造兵器所需的原材料。监、丞负责军器监事务。主簿，负责文书和行政事务。南宋初年，军器监并入工部，绍兴三年复置。南宋后期，军器监的职能逐渐由工部的御前军器所承担，军器监事务稀简，成为储才之所。南宋的国子监、将作监和军器监分别负责教育管理、土木工程营缮和兵器制造等重要职能。这些机构在南宋的行政体系中发挥了重要作用,体现了南宋官制的分工与专业化。另外,本条文字引自《咸淳临安志》卷八《行在所录·诸监》。

国子监在纪家桥太学之侧,设祭酒、司业、丞、簿等官,专掌天子之学校,训导生员之职①,总掌国子、太学事务,生员出入规矩,考课试、遵训导。天子视学、皇太子齿胄②,则讲议释奠等礼也③。监厅绘《鲁国图》④。东西为丞、簿位,后有书库官位。中为堂,绘《三礼图》于壁⑤,用至道故事⑥。有圃亭,扁曰芳润,丞钱闻诗扁以隶古⑦。书板库在中门内。

【注释】

①生员:科举时代考试合格入各府、州、县学读书的学生,统称为"生员"。

②齿胄:指太子入学与公卿之子依年龄为序。《文选》卷四十六《三月三日曲水诗序一首》:"出龙楼而问竖,入虎闱而齿胄。"李周翰注:"公卿之子为胄子。言太子入学,以年大小为次,不以天子之子为上,故云齿胄。齿,年也。"胄,公卿之子。

③释奠:古代学校一种典礼,陈设酒食以祭奠先圣先师。

④《鲁国图》:指春秋时期鲁国都城的地图。图中绘制有城门十二座,城内有文宣王庙、白鹤观、庄公台、昭公台、孔圣村及鲁城内各里。城外有孔子墓、孔林、孔思墓、仲尼燕居堂等。

⑤《三礼图》:是中国古代对《周礼》《仪礼》《礼记》中宫室、舆服、礼仪等进行图解和注释的著作。汉郑玄、晋阮谌、唐张镒等均有《三礼图》,但都已经失传。现存北宋太常博士聂崇义参照前代六

种旧图,重加考订,删改增补,最终纂辑成《三礼图集注》。全书共二十卷,有图三百八十余幅,文字约十余万言。《三礼图集注》分为十六门类,依次为冕服图、后服图、冠冕图、官室图、投壶图、射侯图、弓矢图、旌旗图、玉瑞图、祭玉图、匏爵图、鼎俎图、尊彝图、丧服图、袭敛图和丧器图等。北宋以后的《三礼图》大体都会借鉴此书。《三礼图》以绘画形式把礼学经典中提到的物体描绘出来,使后人能够了解古代礼仪知识,同时也为现实中的礼仪活动提供参照,在古代社会的礼仪生活中发挥了重要作用。

⑥至道:宋太宗年号,995—997年。

⑦钱闻诗:字子言。宋孝宗淳熙八年(1181),钱闻诗知南康军,后移知严州。钱闻诗与朱熹有交往,为人工于诗,著有《庐山杂著》等,均已佚。

【译文】

国子监在纪家桥太学的侧面,设有国子监祭酒、国子监司业、国子监丞、国子监主簿等官,专门负责掌管皇帝手下的学校,有训导学生的职责,全面掌管国子学、太学事务,还负责制定学生出入学校的规矩,对学生定期考核,强调学生要遵循训导要求和规范。天子视察学校、皇太子与公卿之子依年龄入学,则讨论释奠等礼仪。国子监大厅内绘制着《鲁国图》。东、西为国子监丞、国子监主簿的位置,后面有书库官的位置。中间是堂,在墙壁上绘制着《三礼图》,使用宋太宗至道年间的传统。有圃亭,亭匾题"芳润",国子监丞钱闻诗采用古隶书来题写匾额。书板库在中门内。

将作监在保民坊①,设监、少、丞、簿,掌计料监造②,官司营房、舍屋皆隶焉。盖汉制,将作大匠沿袭秦官③,亦少皞氏以五雉为五工正④,以利器用,唐虞共工⑤,《周官·考工》之职也⑥。

【注释】

① 将作监:官司名。宋前期,工匠之政,归隶三司修造案。本监只掌祀祭供省牲牌、镇衣、香、盥手用具、焚版币等杂事。元丰改制后,罢三司,举凡土木工匠板筑造作之政令、城壁宫室桥梁街道舟车营造之事,总归本监掌管。南宋中后期,营造事由临安府与京畿转运司分管,职事较少。本监为储备人才之地。

② 计料:计算,计划。

③ 将作大匠沿袭秦官:秦设立将作少府,主要负责宫室等建筑的修建。西汉景帝中元六年(前144),改名将作大匠。

④ 少皞(hào)氏:即少昊氏,上古传说中的人物,被认为是黄帝之子,是东夷部落的首领,以鸟为官名,其部落善于治水和农耕。以五雉为工正:相传少昊时设置,派遣五种鸟,分别掌管木工、漆工、陶工、染工、皮工等五个工种,负责工匠营造。春秋时齐、宋、鲁等国设置,为掌百工之官。《左传·昭公十七年》:"秋,郯子来朝,公与之宴。昭子问焉,曰:'少皞氏鸟名官,何故也?'郯子曰:'吾祖也,我知之……我高祖少皞挚之立也,凤鸟适至,故纪于鸟,为鸟师而鸟名;凤鸟氏,历正也;玄鸟氏,司分者也;伯赵氏,司至者也;青鸟氏,司启者也;丹鸟氏,司闭者也。祝鸠氏,司徒也;鴡鸠氏,司马也;鸤鸠氏,司空也;爽鸠氏,司寇也;鹘鸠氏,司事也。五鸠,鸠民者也。五雉为五工正,利器用、正度量,夷民者也。'"。孔颖达《疏》曰:"贾逵云:西方曰鷷雉,攻木之工也。东方曰鶅雉,搏埴之工也。南方曰翟雉,攻金之工也。北方曰鵗雉,攻皮之工也。伊洛而南曰翚雉,设五色之工也。"

⑤ 唐虞:唐尧与虞舜的并称。亦指尧与舜的时代,古人以为太平盛世。共工:职官名。尧时负责治水及掌百工事宜的官吏。

⑥《周官·考工》:即《周礼》中的《考工记》。该文是中国所见年代最早的关于手工业技术的文献,记述了齐国关于手工业各个工种

的设计规范和制造工艺,保留了先秦的大量手工业生产技术、工艺美术资料,记载了一系列的生产管理和营建制度,一定程度上反映了当时的思想观念。

【译文】

将作监在保民坊。设将作监、将作监少监、将作监丞、将作监主簿等官职,掌管计算用料进行建造,官司的房舍的建造都隶属于将作监负责。大概汉代制度,将作大匠这一官职是沿袭秦朝的官职,这一官职也是少皞氏任用五种雉鸟为官而设置的五种不同的工匠官职,用来使工具器物精良。这就像唐尧虞舜时的共工,也是《周礼·考工记》中的官职。

军器监①,在保民坊。监有长贰②、丞、簿之官,率属治与《唐六典》建官不殊③,掌制造御前军器。别置提举、提辖等官莅其役④。近年专委殿岩而监制⑤,本监益以省也。

【注释】

①军器监:官司名。隶工部。北宋时在开封兴国坊,南宋时在临安府保民坊。北宋初年,军器监具官无员。宋神宗熙宁六年(1073)六月二十七日,以三司胄案为军器监,始实置监,总内外军器之政。《宋史》卷一百六十五《职官志五·军器监》:"元丰正名,始置监、少监各一人,丞二人,主簿一人。监掌监督缮治兵器什物,以给军国之用,少监为之贰,丞参领之。凡利器以法式授工徒,其弓矢、干戈、甲胄、剑戟战守之具,因其能而分任之,量用给材,旬会其数以考程课,而输于武库,委遣官诣所隶检察。凡用胶漆、筋革、材物必以时,课百工造作,劳逸必均,岁终阅其良否多寡之数,以诏赏罚。器成则进呈便殿,俟阅试而颁其样式于诸道。即要会州建都作院分造器械,从本监比较而进退其官吏焉。"

②监有长贰:指军器监监(正六品)和军器监少监(从六品)。职事

官名。南宋废置不一。

③《唐六典》：全称《大唐六典》，唐玄宗时张说、张九龄等人奉敕编纂的行政性质法典，是我国现存最早的一部行政法典，是记载唐代官制的专著。不殊：一样，没有区别。

④莅（lì）：官吏到任，执行职务或临朝治理政事。

⑤殿岩：犹言殿帅。宋代称统领禁军的殿前司长官都指挥使或殿前指挥使为殿帅。

【译文】

军器监，位于保民坊。军器监有正副长官军器监监和军器监少监、军器监丞、军器监主簿等官，统率下属进行治理，与《唐六典》中的官职设置没有区别，负责执掌制造御前军器。另外设置提举、提辖等官亲自监督制造。近年来专门委派殿帅监制，本监更加省减。

大宗正司

【题解】

本条叙述了南宋大宗正司所在位置、职能等情况。宋仁宗景祐三年（1036），为了更好地管理宗室，设立大宗正司。宋神宗元丰改制后，其职掌进一步明确和细化。南宋建立后，沿置大宗正司，其职能和组织架构基本保持不变。大宗正司主要负责纠合宗室族属，进行训导和管理，确保宗室成员遵守法度和礼仪。接受宗室成员的词讼，纠正其违失行为。对于有罪的宗室成员，有权劾奏，法例不能决者则奏请裁决。总管宗室服属远近之数，记录宗室成员的存亡情况，并每年将相关数据上报宗正寺。核实监督宗室成员的津贴发放情况，确保津贴的合理分配等。大宗正司设知大宗正事、同知大宗正事各一人，通常由宗室中团练、观察使以上有声望者充任。南宋时，还设有知大宗正丞一人，以文臣充任。下设士、户、仪、兵、刑、工六案，负责具体事务的处理。此外，还有主押官、押司官、前行、后行、正名贴司、守阙正名贴司、私名贴司等吏人。通过大宗正司的管理，南宋朝廷能够更好地维护宗室秩序，确保宗室成员的行为符合朝廷的要求，同时也保障了宗室成员的基本权益。另外，本条文字引自《咸淳临安志》卷八《行在所录·大宗正司》。

大宗正司在天庆坊内①，以魏惠宪王府旧址筑之②，掌亲属宗庙之事③,自汉、魏、隋、唐迄于宋,因而不改,以皇族官位高有德望者领之。又以本族尊属为判本司④,又增同知以为之辅⑤。宗司有阁,扁曰属籍之阁,于以见宗属蕃衍盛大而已。

【注释】

① 大宗正司:官司名。大宗正司掌管皇族的教育、训谕、政令,纠察违失,并裁决宗室中的纠纷、词讼,法例有疑、难以处理者,即同上殿奏闻以取裁。皇族及其子弟,凡奏事,必经宗正司而后闻,不得直接上殿。设知大宗正司事、同知大宗正司事各一人,知大宗正丞事二人。

② 魏惠宪王:原作"魏宪惠王",据《咸淳临安志》卷八《行在所录》改。宋孝宗次子、宋光宗赵惇的二哥赵恺。庄文太子去世后,作为次子的赵恺理当立为太子,但孝宗觉得第三子赵惇更合适,便越次立三子赵惇为太子,进封赵恺为魏王,判宁国府。淳熙七年(1180),赵恺病故于明州任上,谥惠宁。后人将其封号、谥号合在一起称呼他为魏惠宪王。《咸淳临安志》卷八《行在所录》:"大宗正司……五年六月甲子,诏以天庆坊魏惠宪王府旧址为之。"

③ 宗庙:天子、诸侯祭祀祖先之所。

④ 尊属:辈分高的亲属。判本司:指判大宗正司事。北宋仁宗庆历四年(1044),宗正司始置判。负责总领大宗正司事。一员。

⑤ 同知:即同知大宗正司事。职事官名。北宋英宗治平元年(1064)六月十三日始置,位次于知大宗正司事。

【译文】

大宗正司位于天庆坊内,在魏惠宪王府的旧址上修筑,负责掌管皇室宗亲宗庙事宜。从汉、魏、隋、唐到宋,一直设置大宗正司,没有改变,让皇族中官位高有德望的人领导大宗正司。又让皇族中辈分高的担任判大宗正司,还增加了同知大宗正司事作为辅助官员。宗正司有阁,匾名属籍阁,可见宗室人丁兴旺。

省所

【题解】

本条简单介绍了南宋茶盐所、会子所、公田所、封桩安边所的位置及其职能,还提到市榷所、牙契所、市舶所等因为存在种种弊端被废罢。茶、盐等一直是宋朝政府垄断专卖的重要财源,为了加强对茶盐的管理,增加财政收入,南宋政府在不同地区设置了多个茶盐管理机构。主要负责管理茶盐的生产和销售,征收茶盐税,发放茶引和盐引等有价证券,以确保茶盐贸易的合法性和国家财政收入的稳定。会子是南宋流通最广的纸币,会子所即会子务,主要负责印造会子,管理会子的流通,确保会子的信用和价值稳定。杭州城内设有六个会子务,除本务外,另外五务也负责将民众上交的铜钱兑换成会子。南宋政府为了增加赋税收入,缓解财政困难,于景定四年(1263)开始推行公田法,设立公田所。公田所主要负责征购民间土地,将其设为公田,并进行管理。公田仍租给农民耕种,官府按原有租额课征赋税。最初在平江、江阴、安吉、嘉兴、常州、镇江六郡施行,后逐渐扩大范围。封桩安边所的设立最初是为了管理没收的韩侂胄及其同党的田产,这些田产每年可收入大量粮食和钱财,用于军需和边防。淳祐七年(1247)后,封桩安边所还接收了田事所所得的公田,由都司提领。南宋的市榷所、牙契所和市舶所都是重要的经济管理机构。市榷所通过专卖制度和税收管理,增加了国家财政收入,同时也控制了重要商品的流通。牙契所主要负责管理商业交易中的契约事务。牙契所通过收取牙税增加了政府的财政收入,同时规范了商业交易行为。市榷所是管理国内贸易的机构,主要负责对特定商品(如盐、茶、酒等)的专卖和征税。市舶所即市舶司,市舶司是南宋管理海外贸易的官方机构,主要负责对进出口货物进行征税、检查和管理。市舶司的税收是南宋财政收入的重要来源之一,其年收入曾达到百万缗,约占南宋财政收入的五分之一。正因为这些机构每年获利巨大,所以也成为贪污腐败的滋生地,屡禁不止。另外,本条文字引自《咸淳临安志》卷八《行在所录·省所》。

茶盐所[①]、会子所[②]、公田所[③]、封桩安边所并在三省大门内[④],职以都司官兼提领[⑤]。旧有安边所,创于嘉定初,专充拘催簿录家产[⑥]。更有市榷所、牙契所[⑦],后因吏胥蠹弊[⑧],走卒繁扰,遂废其名,拨入封桩所以并掌之。今又创市舶所[⑨],官府察见吏奸,亦行省罢矣。

【注释】

①茶盐所:负责茶盐事务的宋朝机构。

②会子所:"行在会子务"的别称。监当局名。南宋高宗绍兴三十一年(1161)二月十三日,始置于临安府。初隶都茶场,后改由榷货务监门官兼领。宋理宗绍定五年(1232),改隶都司。以左藏库拨款七十万贯为本钱,印行会子,分为一千、二千、三千三等,流通于东南诸路,凡上供、军需均需许以会子代现钱。

③公田所:政和初年,宦官杨戬主后苑作时,胥吏杜公才献言汝州(今属河南)有地,遂置为稻田务。政和六年(1116)改名公田所。宣和初,又有张佑主营缮所,李彦主西城所,亦为检括公田机

构。宣和三年（1121），杨戬死，李彦将后苑作、营缮所的公田，皆并入西城所。京东、河北人民，以公田法克剥太甚，四起反抗。宣和七年十二月，诏罢西城所，其拘没到的土地，并给还旧佃人。次年初，李彦赐死。南宋晚期，财政紧张，为摆脱困境，宋理宗景定四年（1263）在宰相贾似道的支持下，置公田所，开始实施公田法，进行公田的购买。公田法规定购买的对象是品官之家超过"限田"以外之土地，数额为三分之一，庶民大地主也包括在内，限田的数量，一品五十顷，二至九品依次递减五顷，非官户以五顷为限。关于购买限外田地之价格，公田法也有详细规定。由于遭到品官势力的反对，公田购买很快便转向强迫征购中小地主的土地了。原来规定"二百亩以下者免"，实际上，不但二百亩者不得免，就是"百亩之家也不得免焉"。

④封桩安边所：北宋时，太祖于讲武殿后置内库，号"封桩库"，掌岁终国用盈余钱物。南宋时期，封桩库的功能逐渐扩展，与安边所合并，形成了封桩安边所。其主要职责是管理国家的财政储备，以备不时之需。封桩安边所设提领，通常由卿监级别的官员充任，下设拘催官等职位，负责具体事务。《咸淳临安志》卷八《行在所录·封桩安边所》："在三省大门内，以都司提领。旧有安边所，创于嘉定初，拘催簿录家产及有市所、牙契所，后因吏胥蠹弊，走卒繁扰，咸淳四年奉圣旨拨入封桩所。"

⑤都司官：尚书左、右司郎官的简称。尚书左、右司郎官包括尚书省左、右司郎中与员外郎。北宋前期为无职事，是文臣迁转官阶。元丰改制后为职事官，负责本司开拆、制敕、御史、催驱、封桩等各项事务，此外，还处理六曹之事。

⑥拘催：拘传催督。"拘催"原作"拘推"，据四库本改。

⑦牙契所：宋代负责管理和征收牙契税的官方机构。牙契税是一种针对土地、房产等不动产交易以及部分动产交易征收的契税，交

易双方在订立契约时,需向牙契所缴纳契税,税率在宋代逐步提高,到南宋时期,契税税率最高可达10%。(宋)刘克庄《后村集》卷六十七《承议郎范昌世牙契赏转朝奉郎》:"中兴以来,养兵之费广,生财之道狭,而牙契所入遂为国之大利,与筦榷并行尔。"

⑧蠹弊:弊病。

⑨市舶所:《咸淳临安志》卷八《行在所录·封桩安边所》:"又有市舶所,创于淳祐十二年,近亦因朝廷察见吏奸,于咸淳六年准指挥并行省罢。"

【译文】

茶盐所、会子所、公田所、封桩安边所都在三省大门之内,都以都司官兼领其职。原先有安边所,创设于嘉定初年,专门负责拘传催督查抄登记家产。还有市榷所、牙契所,后来因为吏胥存在腐败弊病,走卒繁杂纷扰,于是将其废罢,拨入封桩所一并掌管。如今又创立市舶所,官府洞察到胥吏存在不法行为,也裁减罢置了。

六院四辖

【题解】

本条叙述了南宋杭州城六院四辖所在位置和职能。根据赵昇《朝野类要》记载,六院指登闻检院、登闻鼓院、官告院、都进奏院、诸军司粮料院、两审计司,"皆储材擢用之地,凡作县有声等官多除此。""提辖左藏库、文思院、榷货务、杂买场,谓之四辖,亦为储材之地也。"可知六院和四辖是中等官员的储备机构,凡有声望、有作为的县令等官员可以进入六院四辖。六院四辖的工作大多都与财政有关,类似于一个拥有实权的实干机构,在一定程度上锻炼了官员们的政务处理能力。本条所述六院四辖与《朝野类要》的记载略有不同。六院指登闻检院、登闻鼓院、都进奏院、官告院、文思院、诸司诸军粮料院和审计院。其中登闻检院、鼓院,用于受理文武官员及士民的章奏表疏。都进奏院,掌管邦国传送之事,负责管理诸道传递官兵。官告院,负责官员的任命文书和告身的制作与发放。文思院,负责金银珠玉和铜铁竹木等原料的加工制造。诸司诸军粮料院,管理军队和官府的粮食供应。诸司诸军审计院,负责审计官禁、朝廷百僚、内侍御士及诸军兵卒的赋禄,审查名数,处理财政事务。四辖指榷货务都茶场、杂买务杂卖场、左藏东西库、封桩上下库。榷货务都茶场,负责管理茶、盐等商品的专卖事务,是朝廷重要的财政收入来源。杂买务杂卖场,负责宫廷和官府的物资采购与销售,管理宫廷日常用品的供应。左藏东西库，负责管理国家的财政储备，包括金银、钱币、布帛等财物。封桩上下库储存各种杂项税收收入，以备朝廷缓急之用。六院四辖的职能涉及财政、审计、物资管理等关键领域，对国家财政和政务运转至关重要。虽然与六部之间存在一定的职能重叠，但六院四辖更侧重于具体的事务管理和执行，而六部则更侧重于政策制定和宏观管理。本条文字引自《咸淳临安志》卷八《行在所录·院辖》。

登闻检院、鼓院始建于和宁，继移于丽正左右阙庭庭作亭。之南，左检院，右鼓院。按唐旧制，设四匦以通下情①，名曰崇仁、思谏②、申明、招贤，遵体以使四方贤才便其上达。

【注释】

①四匦（guǐ）：（宋）李焘《续资治通鉴长编》卷二十五："（太宗雍熙元年秋七月）庚申，改匦院为登闻检院，东延恩为崇仁检，南招谏匦为思谏检，西申冤匦为申明检，北通玄匦为招贤检，仍令谏院依旧差谏官一员主判。"

②思谏：原作"司谏"，据《续资治通鉴长编》卷二十五、《咸淳临安志》卷八《行在所录·院辖》改。

【译文】

登闻检院、鼓院始建于和宁门，继而迁移到丽正门左右阙庭庭作亭。的南面，左面是登闻检院，右面是登闻鼓院。按照唐朝旧制，设置四匦来通达下情，四匦分别是崇仁、思谏、申明、招贤，遵照体制以使四方贤才便于上奏皇帝。

都进奏院在朝天门外①，掌邦国传送之事，以钤辖诸道传递官兵，则《周官》行夫其职也②。

【注释】

①都进奏院：官署名。总领全国诸路监司及所属州、府、军、监与中央朝廷上下往来邮递事。宋前期，都进奏院所收受地方章奏交银台司；元丰新制后，改交门下省章奏房。宋前期承接诏敕及中书、密院宣札，诸司符牒，并颁于诸路，元丰改制后，承接诏敕及中书、门下、尚书省三省、枢密院宣札，与六部、寺监、百司符牒，递送诸路。

②行夫：《周礼·秋官·行夫》："行夫，掌邦国传遽之小事媺恶而无礼者。凡其使也，必以旌节。"郑玄注："传遽，若今时乘传骑驿而使者也。"

【译文】

都进奏院在朝天门外，掌管国家传送事宜，以节制管辖各地传递官兵，是《周官》中行夫的职责。

官告院在部门之北①。士大夫自一命以上至于公卿王爵②，军卒一资以上至于节钺③，告命皆隶院给之④。如文则吏部，武则兵部。宗戚及命妇⑤，司封属之⑥；考校勋绩，司勋掌之⑦。凡四司，皆集本部出诰耳。元丰改制⑧，俱悉吏部行文武告命钞，而蕃官隶兵部⑨。自后皆归吏部右选⑩。

【注释】

①官告院：官署名。隶属吏部。主管文武官、将校、蕃官及王公命妇除授封赠官告按照等级差别与不同格式制造。《宋史》卷一百六十三《职官志三·官告院》："主管官一员，以京朝官充（旧制，提举一人，以知制诰充；判院一人，以带职京朝官充）。掌吏、兵、勋、封官告，以给妃嫔、王公、文武品官、内外命妇及封赠者，各以本司告身印印之。文臣用吏部，武臣用兵部，王公及命妇用司封，

加勋用司勋。"

②一命:指低微的官职。周时官阶从一命到九命,一命为最低的官阶。《左传·昭公七年》:"三命兹益共。一命而偻,再命而伛,三命而俯。"杜预注:"三命,上卿也。"

③节钺:符节和斧钺,古代授予将帅,作为加重权力的标志,宋代指节度使。

④告命:指告身,授官之符。

⑤命妇:受有封号的妇人。在宫廷中则妃嫔等称为内命妇,在宫廷外则臣下之母妻称为外命妇。

⑥司封:即司封司。官司名。北宋前期仅掌讨论确定君臣谥名时,事先通知本部人吏赴会而已。宋神宗元丰改制后,掌官员封爵、赠官、奏荫、封号承袭等事。

⑦司勋:即司勋司。始置于隋文帝时,宋朝沿置。北宋前期无职掌,宋神宗元丰改制后,掌功勋、酬奖、审覆、赏格。

⑧元丰改制:宋神宗主持的官制改革。宋初沿袭唐、五代之制,又广设官僚机构,增置许多新的官职,造成机构叠床架屋,官员冗滥。王安石去职,宋神宗亲自主持新政不久,为维护和加强封建专制主义中央集权统治,便于推行新法,遂于元丰年间,调整、改革官制。史称"元丰改制"。改制虽仍有缺点与不足,但有利于加强中央集权和提高行政效率,基本上达到了预期目的。元丰,宋神宗的第二个年号,1078—1085年。

⑨蕃官:少数民族官员。"隶":《学津讨原》本、天一阁本、明抄本、清翁校抄本小字注作"隶作吏"。

⑩吏部右选:官署名。吏部尚书右选和吏部侍郎右选的合称。北宋神宗元丰五年(1082)五月,改审官西院为吏部尚书右选,改三班院为吏部侍郎右选。吏部尚书右选掌武臣外朝官皇城使以下,诸司使、副使、大使臣以上,职事官自左金吾街仗司使以下的选授,

即非枢密院所宣授者。吏部侍郎右选掌武臣东、西头供奉官以下考校、拟官、换官等。

【译文】

官告院位于部门北面。士大夫从低微的官职往上升至公卿王爵,军卒从低升至节度使,告命都由官告院给付。如果是文官,则归吏部,武官则归兵部。宗室、外戚和有封号的妇人,司封司负责;考校勋劳功绩,司勋司负责掌管。一共四司,都集中在本部出诰制。元丰官制改革,都由吏部发行文武告命钞,蕃官隶属于兵部。自此之后都归属吏部右选。

文思院①,在北桥东。京都旧制,监官分两界:曰上界,造金银珠玉;曰下界,造铜、铁、竹木、杂料。然两界监官廨舍毋得近本院邻墙并壁居,所以防弊欺也。但金银犀玉工巧之制,彩绘装钿之饰②,若舆辇、法物器具等皆隶焉③。

【注释】

①文思院:监当局名。北宋隶少府监,南宋隶工部。掌制作金银犀革象牙玉器等工艺之物,金采、绘素装钿之饰,以供帝后私生活所需,及舆辇、册宝、法物、器服等。熙宁四年十二月后,并掌管斗秤制造。

②钿:指把金属宝石等镶嵌在器物上做装饰。

③法物:古代帝王用于仪仗、祭祀的器物。

【译文】

文思院,位于北桥东面。北宋都城开封以前的旧规定,监官分为两界:监文思院上界负责制造金银珠玉,监文思院下界负责制造铜、铁、竹木和杂项物料。不过上下两界监官的廨属不得靠近本院的邻墙,并且不得隔壁居住,就是为了防止出现欺瞒弊病。用金银、犀牛角和玉石等为原料的精美工艺品的制作，在器物表面施以彩绘，并镶嵌各种装饰物以增加美观性的装饰，像舆辇、法物器具等都隶属文思院。

诸司、诸军粮料院①，在洋沙坑七官宅废屋。诸司、诸军察计院②，在保民坊内旧马军教场基置院。且如粮料院者，乃诸司、诸军仰上之禄均也，尤不可不严设官置吏，欲其专心致意，支拨无差失。

【注释】

① 粮料院：官司名。隶三司。北宋初年已经设置，在京师安定坊。宋太宗太平兴国五年（980）正月二十八日，粮料院一分为三：诸司粮料院、马军粮料院、步军粮料院。后马军粮料院与步军粮料院或合或分。粮料院掌发放文武百官、诸司、诸军俸禄的券历，并由所属指定仓库经审验核实后支付俸钱、衣料等。神宗元丰改制罢三司，粮料院归隶太府寺。粮料院与登闻检院、登闻鼓院、进奏院、官告院、审计院合称六院。

② 诸司、诸军察计院：在宋代官营手工业作坊中负责监督和核算的机构，负有管理和监督职能，其目的是确保生产效率和产品质量，同时防止贪污和浪费。

【译文】

诸司、诸军粮料院，位于洋沙坑七官宅废屋。诸司、诸军察计院，位于保民坊内旧马军教场基置院。像粮料院，各司、各军仰望上级发放的俸禄平均，尤其不可不严格设置官吏，想要他们专心致治，支付发放没有差错。

审计院者①，自宫禁朝廷百僚以下至于内侍、御士②，及于诸军兵卒,凡赋禄者,以式法审其名数而稽其辟名者③,惟郊祀赐缗已乃审禄,有疑予,则诏以法。凡四方之计籍④,上于大农⑤,则逆其会。凡有司议调度会赋,出则诹焉⑥。

【注释】

①审计院:南宋诸司审计司、诸军审计司的通称。
②御士:近卫之士。
③稽:原无,据《咸淳临安志》卷八《行在所录·院辖·诸司诸军审计司》补。辟名:谓库存财物与账面不符。指因钱财物资短缺而造假账,以无作有或以少作多。
④计籍:会计簿籍。
⑤大农:户部别称。
⑥诹(zōu):询问。

【译文】

审计院,从皇宫禁地、朝廷上的文武百官以下至于内侍、禁卫,以及各军的兵卒,凡是给予俸禄的人,根据财务规范审核其应得的俸禄名称和数量,并稽查财物与账面不符的人,只在郊祀赏赐缗钱后才审核所得俸禄,有可疑的给予,便下诏依法处理。但凡各方的会计簿籍,都送到户部那里,事先聚集在一起。凡是相关部门商议调度汇总财赋,支出则向其询问。

权货务都茶场①,在通江桥东②。盖国初循唐制,旧以九路之漕自达于淮,去则货茶,回则转盐。诸路留而庚之③。官纳钞引,以便商贾。但钞引之法通行,则设官专职主之。课衍事繁,官曹之选④,于斯重矣。

【注释】

① 榷货务都茶场：官署名。榷货务、都茶场为两司，为了便于统一管理，北宋徽宗朝置提领监官，南宋时又有提辖官、监官通衔管领。北宋称"在京榷货务都茶场"，南宋称"行在榷货务都茶场"，统管茶叶为主的山泽之产（包括盐、香药、矾）官买官卖，及印卖茶引等钞引以吸引商贾贩卖，确保政府的财政来源。宋孝宗乾道以后，小年历也由榷货务雕印出卖。
② 在通江桥东：原作"通在桥东"，据《咸淳临安志》卷八《行在所录·院辖》、《乾道临安志》卷一《场》、《舆地纪胜》卷一《场务》改。
③ 庾（yǔ）：储积。
④ 官曹：官吏办事机构。

【译文】

榷货务都茶场，在通江桥的东面。北宋建国初年遵循唐朝制度，从前将九路的漕运自行送达淮河，离去的时候卖茶，返回则运盐。各路将茶盐留下来并储存起来。官府引入钞引，以方便商人。通行钞引之法，则设置官员专门负责。考核任务繁多且事务纷繁，官曹的挑选，于此很受重视。

杂买务杂卖场①，在榷货务内。唐制谓之"宫市"，宋初为"市买司"。太平兴国年，方更名杂买务，奉禁中买卖而平其直。南渡后，合局于此。凡宫禁月料②、朝省纸劄③、文思制造、和剂修合、封桩所积，编估以时其直，打套以籍其数而就售焉。又置提辖，以总其务耳。

【注释】

① 杂买务杂卖场：监当局名。杂买务和杂卖场原为两个机构，南宋

高宗绍兴四年(1134),合二为一,称为"杂买务杂卖场"。《宋史》卷一百六十五《职官志五·太府寺》:"杂买务,掌和市百物,凡官禁、官府所需,以时供纳。杂卖场,掌受内外币余之物,计直以待出货,或准折支用。榷货务,掌折博斛斗、金帛之属。交引库,掌给印出纳交引钱钞之事。抵当所,掌以官钱听民质取而济其缓急。和剂局、惠民局,掌修合良药,出卖以济民疾。店宅务,掌管官屋及邸店,计置出僦及修造之事。石炭场,掌受纳出卖石炭。香药库,掌出纳外国贡献及市舶香药、宝石之事。"

②月料:按月供给使用的物资。

③朝省:此处指朝廷。朝指朝廷,省指王宫禁地,禁中。

【译文】

杂买务杂卖场,在榷货务内。唐朝制度称其为"宫市",宋朝初年称其为"市买司"。宋太宗太平兴国年间,方才改名为杂买务,奉命主持禁中的买卖并平衡其物价。南宋建立后,杂买务和杂卖场两个部门合二为一。凡是宫廷每月供给使用的物资、朝廷所用的纸札、文思院制造、和剂局和药、封桩库积蓄,编估局根据时令确定其价格,打套局籍定其数量然后销售。还设置提辖,来总领杂买务杂卖场的事务。

左藏库有东西二库①,在清湖桥。又韩蕲王所献赐第基建库。东库则掌巾帛、绁绸之属②,西库则掌金银、泉券、彩纩之属③。盖朝廷用度多靡于赡兵④,蜀、湖之饷,江、淮之赋则归于四总领⑤,饷诸屯军⑥,则东西两库岁入绢计者率百四十万,以缗计之率一千万,给遣大军,居什之七,宫禁百司禄赐裁三。有非泛浩繁之费则请于朝,往往出内帑桩以补其阙耳⑦。

【注释】

① 左藏库：监当局名。宋代中央最大的财库。宋初隶左藏库使，后隶三司，宋神宗元丰以后隶太府寺、户部。掌收受四方财赋，以供中央与地方经费开支，以及文武官吏、军兵俸禄与赐予等。

② 绨绸（shī chóu）：指粗质丝织品。

③ 彩纩（kuàng）：彩色的絮衣服的新丝绵。

④ 用度：开支，花费。

⑤ 四总领：南宋淮东总领、淮西总领、湖广总领、四川总领的合称。南宋初年，始于四川设置总领所，为宣抚处置使司措置财赋。高宗绍兴六年（1136），又于镇江设置总领所，以户部侍郎为长官，掌管屯驻江淮诸军钱粮。同年，鄂州亦设置总领所，以户部郎官负责，掌管岳飞军队的钱粮。绍兴十一年（1141），朝廷收诸帅之兵改为御前军，分屯诸处，于是设置淮东、淮西江东、湖广三总领所。以卿、少卿为总领，并带专一报发御前军马文字，使预闻军政。镇江诸军钱粮，淮东总领掌之；鄂州、荆南、江州诸军钱粮，湖广总领掌之；建康、池州诸军钱粮，淮西总领掌之。十五年，复于四川设置总领所，掌管兴元、兴州、金州诸军钱粮，不隶属于宣抚司。各置分差粮料院、分差审计司、大军仓库机构。属官有斡办公事、准备差遣等。宁宗开禧年间，朝廷下令总领所都由宣抚司节制。嘉定三年（1210），复自为一司。

⑥ 屯军："屯驻大军"的简称。南宋正规军。南宋初，军队经过整编，形成了韩世忠、刘光世、张俊、吴玠、岳飞五支屯驻大军，后分别以行营前、左、中、右、后护军为番号。高宗绍兴十一年（1141），朝廷解除韩世忠、岳飞等兵权，先后撤销各行营护军番号，改名为某州府驻扎御前诸军。连同殿前司、侍卫马军司、侍卫步军司三军，共有十三支屯驻大军，每支军队各有一万至数万人。

⑦ 内帑：官内府库的钱财。

【译文】

左藏库有东西两库,位于清湖桥。又以韩世忠所献的皇帝赏赐的府第地基建库。左藏东库掌管货币、布帛、粗制丝织品之类,左藏西库掌管金银、纸币、彩色丝绵之类。朝廷开支多浪费在养兵上,四川、两湖的军饷,两江、两淮的赋税归于四总领所,给诸屯驻大军发放军饷,东西两库每年收入,用绢计算约一百四十万匹,用钱计算大约一千万,分发给各军队,占了总收入的十分之七,宫廷和朝廷各部门的俸禄、赏赐才占十分之三。有特殊数额巨大的花费则向朝廷请示,往往出宫内府库的钱财来填补其阙额。

封桩上库①,在三省大门内。封桩下库②,在左藏库中门。安边太平库,在下库南。盖封桩上库肇于孝庙之时,以备缓急支拨。又徙户部钱物隶本所,则有上、下库之别。上库窠名者曰折帛③、总制④、增盐三分⑤、盐袋增额⑥、不排办人使⑦,下库窠名者曰煮酒⑧、酒息⑨、营田⑩、盐场⑪、芦柴⑫、坍江⑬、沙田额⑭、五厘关子⑮,为数至夥⑯。中因文移⑰,缓弊罅多⑱,诸郡纲额,亏数甚矣哉!

【注释】

①封桩上库:监当局名。隶尚书省都司。在临安府三省大门内。南宋孝宗淳熙六年(1179)八月创置。所掌窠名有折帛、总制、增盐三分、盐袋增额、不排办人使等封桩钱,供备紧急之用,除归都司提领外,设提辖官。

②封桩下库:监当局名。隶户部。由左藏西上库改名。所掌窠名为煮酒、酒息、营田、盐场、芦柴、沙田额等。

③上库窠名:指的是归属于朝廷封桩上库的特定财赋项目。折帛:

即折帛钱。南宋杂税名。特指"东南折帛钱",分夏税折帛与和买折帛。始征于南宋高宗建炎三年(1129)。后两浙路上供丝帛一半折纳,绢一匹折纳钱二贯。绍兴二年(1132),诸路均如两浙例,上供丝帛,并半折钱。此后钱额不断提高,绍兴十七年(1147)规定,两浙分为七贯文与六贯五百文,江东为六贯文。

④总制:即总制钱。南宋向地方征调的若干项财赋和杂税的总称。绍兴五年(1135),参政孟庾提领措置财用,设总制司,奏请令州军再增收头子钱,又先次拘收耆户长雇钱、抵当四分息、转运司移用钱、常平司七分钱、人户合零就整二税钱、免役一分宽剩钱、官户不减半民户增三分役钱、常平司五分头子钱、出卖系官田舍钱、茶盐司袋息钱等二十余项,合称总制钱,别立账收管,供朝廷调用。总制钱是南宋重要财政收入。

⑤增盐三分:指增加盐税三分税收。

⑥盐袋增额:指增加了盐袋的额外税收。

⑦不排办人使:指不用于日常开支的人使费用。

⑧煮酒:指通过煮酒获得的税收收入。

⑨酒息:指酒类交易中的利息或附加税。

⑩营田:指官府经营的屯田或营田的收入。

⑪盐场:指盐场的税收或盐业相关的收入。

⑫芦柴:指芦苇和柴草的税收或相关收入。

⑬坍江:可能指因江河坍塌而产生的赔偿或相关费用。

⑭沙田额:指沙田的税收或相关收入。前面原衍一"江"字,据《咸淳临安志》卷八《行在所录·院辖·封桩上库》删。

⑮五厘关子:指征收的五厘税,用关子支付。

⑯至夥:诸本均作"五夥",据《咸淳临安志》卷八《行在所录·院辖·封桩上库》改。

⑰文移:公文,文书。

⑱罅（xià）：缝隙。

【译文】

封桩上库，在三省大门内。封桩下库，在左藏库中门。安边太平库，在封桩下库南面。封桩上库始建于宋孝宗之时，以备情况缓急支付。又将户部所管钱物隶属本所，有上、下库的分别。封桩上库所掌条项是折帛、总制、增盐三分、盐袋增额、不排办人使，封桩下库所掌条项是煮酒、酒息、营田、盐场、芦柴、坍江、沙田额、五厘关子，数量十分繁多。中间因为文书运行缓慢，弊端漏洞很多，各州府的赋税额度，亏损十分严重啊！

三衙

【题解】

本条简单介绍了南宋三衙殿前司、侍卫亲军马军司、侍卫亲军步军司所在位置、衙署内建筑。本条文字引自《咸淳临安志》卷十《行在所录·三衙》。

殿前司在凤凰山八盘岭中①,置衙。有御书阁、凝香堂、整暇堂。山之上为月岩,有亭,扁曰延桂,最高处曰介亭。崖石嶙峋。亭之后为冲天楼,极高,江海湖山奇伟之观。

【注释】

①殿前司:禁军官司名。始置于五代后周,两宋沿置。掌殿前诸班、御龙诸直、骑军诸指挥、步军诸指挥官兵名籍,及统制、训练、轮番宿卫与戍守、迁补、赏罚之政令。

【译文】

殿前司在凤凰山八盘岭中,设置帅衙。有御书阁、凝香堂、整暇堂。凤凰山上有月岩,有亭,匾名延桂,山最高处是介亭。崖石突兀耸立。介亭后面是冲天楼,非常高,是江海湖山中奇伟的景观。

侍卫马军司移屯建康①，以行司边帅兼领。元有帅衙在保民坊内，改为寺监公宇②。

【注释】

①侍卫马军司："侍卫亲军马军司"的简称。禁军官名。为三衙之一。五代后周始置，北宋沿置。南宋孝宗乾道七年（1171）十二月，移马军司屯驻建康，称"马军行司"。掌侍卫亲军马军司诸军诸指挥之名籍，及统制、训练、轮番宿卫与戍守、迁补、赏罚等事。

②寺监公宇：《咸淳临安志》卷十《行在所录·三衙》："今为司农寺、将作监等公宇。"公宇：指官府处所。

【译文】

侍卫马军司移屯建康，以行司边帅兼领侍卫马军司。原先有帅衙在保民坊内，后改为司农寺、将作监的官府处所。

侍卫步军司在铁冶岭西①。衙有御书阁、湖山堂②、锦绣楼、相公井③。

【注释】

①侍卫步军司："侍卫亲军步军司"的简称。禁军官名。为三衙之一。五代后周始置，北宋沿置。掌侍卫亲军步军司诸军诸指挥之名籍，及统制、训练、轮番宿卫与戍守、迁补、赏罚等事。

②湖山堂：咸淳三年（1267），知临安府洪焘建。（宋）董嗣杲《西湖百咏》卷下《湖山堂》："在苏公堤先贤祠北第二桥下。咸淳三年，郡守创建，后三年增建。"

③相公井：《咸淳临安志》卷三十七《山川十六·井·城内外·相公井》："在铁冶岭步司衙。绍兴间，节度使赵密为步帅，日浚此井，

水极清甘,军人呼为相公井,上有亭。"

【译文】

侍卫步军司在铁冶岭的西面。帅衙有御书阁、湖山堂、锦绣楼、相公井。

阁职

【题解】

本条叙述了南宋阁门、四方馆、客省馆、御前忠佐军头引见司所在位置、职官人员、职能等。将这几个部门放在一起，是考虑到这些部门都负有各种接待任务，包括各级文武官员、军队、外交使节等。相比礼部，这些部门负责具体接待事务，工作更琐碎。阁门是宋代负责官员朝参、宴饮、礼仪等事宜的机关，掌管朝会、朝贺、上殿、到班、上官等仪范，负责官员的宣赞导引、文书通进以及外交事务，阁门官员多由外戚勋贵充任，属于武选官，地位较高。四方、客省馆是宋代接待外宾和地方官员的机构，安排其住宿和接待事宜，协助处理与外国使节和地方官员相关的礼仪和政务事务。御前忠佐军头引见司是宋代负责禁军管理和引见事务的官署，掌管供奉便殿禁卫、诸军拣阅、引见、分配等事务，负责皇帝外出时的陈诉事务，问明情况后回奏，南宋时期，该机构的官员多由阁门官充任。另外，本条文字引自《咸淳临安志》卷十《行在所录·阁职》。

阁门在和宁门外，掌朝参、朝贺、上殿、到班官等仪范[1]。上有知阁[2]、簿书[3]、宣赞[4]，及阁门祗候[5]、寄班等官。

【注释】

①仪范:礼法,礼仪。

②知阁:"知阁门事"的简称。职事官名。南宋高宗建炎元年(1127)十二月二十一日,东、西上阁门合并为一,阁门司长官总名"知阁门事"。绍兴五年(1135)六月九日,诏定带右武大夫以上武阶者称知阁门事,兼知客省、四方馆事;若武官阶未及右武大夫者,只称同知阁门事,同兼知客省、四方馆事。掌朝会、游幸、宴享赞相礼仪等事。

③簿书:"点检阁门簿书公事"的简称。兼官名。由阁门宣赞(通事)舍人或阁门祗候兼带。掌审验阁门簿书、催驱行遣文字等公事。

④宣赞:"阁门宣赞舍人"的简称。北宋徽宗政和六年(1116)八月二日,改阁门通事舍人为阁门宣赞舍人。南宋高宗绍兴年间规定为四十员,许在阁门供职,一旦注授内外差遣并赴任,即免供职,衔内落阁职之名。职掌为充掌宴会、朝会、皇帝巡幸时传宣辞令及相导仪规、察觉殿庭失仪、在殿陛应奉等事。

⑤阁门祗候:职事官名,阁职名。唐制,从中书省抽调通事舍人赴阁门祗应公事,即称通事舍人兼阁门祗候。宋初沿置。宋真宗咸平四年(1001),始直除阁门通事舍人,与阁门祗候分为二职。在阁门供职,分佐阁门通事舍人传宣、赞谒,及掌侍卫班列;与阁门通事舍人同为阁职,武臣在外许带行。从八品。

【译文】

阁门在和宁门外,掌管官员朝参、朝贺、上殿、到班官等礼仪。有知阁事、点检阁门簿书公事、阁门宣赞舍人,以及阁门祗候、寄班等官。

  四方、客省馆在东华门北。客省者①,掌收接圣节进奉香及贺表②,外国使人往来接伴之礼。

【注释】

①客省：内诸司名。先后隶台察、中书省。唐朝永泰年间，于右银台门置客省，隶鸿胪寺。北宋沿置。南宋高宗建炎元年（1127）十二月二十一日，西上阁门、引进司、四方馆官并归东上阁门、客省。至绍兴初，客省官也已并入东上阁门司。掌收接帝后诞辰节四方进奉香及外国使人往来接伴之礼；宰相、近臣、禁军将校节物，诸州进奉，侬等赐物回诏。

②进奉：原作"建奉"，据《咸淳临安志》卷十《行在所录·阁职》改。进奉，指向皇帝进献物品。

【译文】

四方、客省馆在东华门北面。客省，负责接收圣节进奉香以及贺表，外国使人往来接待陪伴的礼节。

四方馆者①，掌收接诸州府郡朔望正冬贺表②，及大礼贺表等事。

【注释】

①四方馆：内诸司名。先后隶台察、中书省。北宋初设南、北宾客馆，后改四方馆。南宋高宗建炎元年（1127）十二月二十一日，并入东上阁门司。本馆事由知阁门事、同知阁门事兼、同兼。掌通进章表，即举凡文武官朝见、辞谢、国忌赐香，及诸路元旦、冬至、朔日庆贺起居章表，统收受而后呈进；大朝会、郊祀，则确定蕃国使者、致仕官、未升朝官、贡士（进士）、道释主首、耆寿陪祠之版位（立班）；进奏人到阙仪范；宋初并掌通事舍人轮班供奉宣赞的名籍。

②正冬：冬至。

【译文】

四方馆,负责接收各州府郡每月初一十五、冬至的贺表,以及大礼贺表等事务。

御前忠佐军头、引见司在文思院后①。有内等子营②,以正厅知阁提点幕官,以大使臣为干办司官③。

【注释】

① 御前忠佐军头、引见司:禁军官司名。掌皇帝御后殿(便殿),有引见公事,与殿前司、皇城司分工祗应。本司掌禁卫军入见便殿呈试武艺、诸路部送罪人至阙下引对、决遣(或由本司法官审定以闻)等事。诸军戍还及拣阅、配隶,具名奏闻,并谕其进止之节;掌祗应后殿事的军头名籍,颁其禁令;凡乘舆行幸,有拦驾自诉者,审诘事状禀奏,如遇唐突不恭、喧噪滋事者,则殴击之;以及参与复试诸路解发武举人,等等。
② 内等子:禁卫人员。由内侍充,称"内等子"。
③ 大使臣:武阶总名。为武臣、内侍迁转官阶。两宋时期,列入大使臣阶的官职多有变动。

【译文】

御前忠佐军头、引见司在文思院后面。有内等子营,以正厅知阁门事提点幕官,以大使臣为干办司官。

监当诸局

【题解】

本条简单介绍了南宋朝廷车辂院、制造御前军器所、编估打套局、惠民利济局、太平惠民局、草料场、合同场、会子库、造会纸局、交引库、法物库、度牒库、市舶务、司农排岸司、三省枢密院激赏钱库、激赏酒库、左右骐骥院、象院、左右骑御直、左右教骏营、左右御马院使臣营、牛羊司所在的位置和职能。这些部门大致分为两类，一类与国家财政税收有关，如度牒库、市舶务、司农排岸务、三省枢密院激赏钱库、激赏酒库等，另一类与国家礼仪有关，如车辂院、象院、牛羊司等，反映了宋代监当部门的复杂性与多样性。监当涉及的事务十分繁杂，其官员被视为"管榷末吏"，宋代士大夫往往不乐充任，多由选人、使臣、宗室差充，也有京朝官责降为监当官者。如因罪谪降的官员可能会被派去担任监当官。监当官虽然在差遣注拟中多不及直接治理地方的"亲民官"，但其活动与大部分人的生活密切相关，也是宋代官僚队伍中一直不可忽视的力量。本条文字引自《咸淳临安志》卷九《行在所录·监当诸局》。

车辂院在嘉会门外①，置库安玉辂及太平等车②。

【注释】

① 车辂院:《咸淳临安志》卷九《行在所录·监当诸局》:"车辂院:在嘉会门外,为库四,曰玉辂,曰金根车,曰金象,曰革木,各一。又有小库,藏太平等车。"

② 太平:"太"字原脱,据《咸淳临安志》卷九《行在所录·监当诸局》补。太平,指太平车。一种由多头牲畜牵引,车两侧有拦板的古代载重的大车。(宋)孟元老《东京梦华录》卷三《般载杂卖》:"东京般载车,大者曰'太平'。上有箱无盖,箱如构栏而平,板壁前出两木,长二三尺许,驾车人在中间,两手扶捉鞭驾之,前列骡或驴二十余,前后作两行;或牛五七头拽之。车两轮与箱齐,后有两斜木脚拖夜;中间悬一铁铃;行即有声,使远来者车相避。仍于车后系骡驴二头,遇下峻险桥路,以鞭唬之,使倒坐缍车,令缓行也。可载数十石。官中车惟用驴差小耳。"

【译文】

车辂院在嘉会门外面,设立库用来安放玉辂以及太平车等车。

制造御前军器所在礼部贡院之西①,改隶殿司,所管工役每季所制器纳内库。

【注释】

① 制造御前军器所:官署名。先隶工部,后隶步军司、殿前司。北宋神宗元丰改制时始建。制造军器,包括盔甲、马甲、弓、枪、刀、箭等各色军器。

【译文】

制造御前军器所在礼部贡院的西面,改为隶属于殿前司,所管辖的工匠每个季度制造的器械交到内库中。

万全三指挥东西两作坊营在所之东北①。

【注释】
①万全：万全作坊。官办兵工场，由役兵承担制造，隶制造御前军器所。万全作坊下设四指挥。指挥：宋承五代后唐军制，以指挥为军队编制单位，指挥之上是厢、军，其下是都，都百人，五都为一指挥，故一指挥为五百人。指挥的统领叫作指挥使和副指挥使。东西两作坊营：原作"东西作两营"，据《咸淳临安志》卷九改。

【译文】
万全三指挥东西两作坊营在制造御前军器所的东北面。

编估打套局在左藏库门内①。

【注释】
①编估打套局：即编估局和打套局。编估局，监当局名。隶太府寺。掌广东、福建、浙江三路市舶司发到香药、货物，并诸州军起发到无用赃物如衣服之类，先交左藏东、西库收纳，然后经编估局编类、分拣，定出等第与名目，估出价格，申尚书省金部、太府寺复估，又经金部提振郎中厅审验，然后下打套局打套拍卖。打套局，监当局名。隶太府寺。收接编估局估价出卖的市舶香药、杂物，并依据金部、太府寺覆审所下的估帐符（正式公文），一一登记、编排、打套拍卖。

【译文】
编估打套局在左藏库门内。

惠民和剂局在太府寺内之右①，制药以给惠民局，合暑腊药以备宣赐②。

【注释】

①和剂局：原作"利剂局"，据《咸淳临安志》卷九《行在所录·监当诸局》改。监当局名，隶太府寺。配方制药，给惠民局出卖和备朝廷宣赐臣僚。

②暑腊药：暑季和腊冬所制的药剂。

【译文】

惠民和剂局在太府寺内的右面，制药以给惠民局，制作暑腊药以备皇帝赏赐。

太平惠民局置五局以藏熟药①，价货以惠民也。南局在三省前，西局众安桥北，北局市西坊南，南外局浙江亭②，北外二局以北郭税务兼领惠民药局收赎③。

【注释】

①太平惠民局：监当局名，隶太府寺。出卖和剂局所制熟药，普济四方，岁入助户部之用。南宋绍兴十八年（1148）后，设五局。熟药：经加工炮制过的药材。

②浙江亭：在今杭州闸口白塔岭下的钱塘江滨，宋代为观潮之所。

③北外二局以北郭税务兼领：《咸淳临安志》卷九《行在所录·监当诸局·太平惠民局》作："北外局（在北郭。外二局以各处税官兼领）。"收赎：收购。

【译文】

太平惠民局设置五个局来收藏熟药，售卖以惠民。南局在三省前面，西局在众安桥的北面，北局在市西坊的南面，南外局在浙江亭，北外二局以北郭税务兼领惠民药局收购。

草料场在天水院桥西,有厫十眼①,受畿内所输稻麦豆以给骐骥②、御马二院③,及宰执、三衙之马④。

【注释】

①厫(áo):收藏粮食的仓房。眼:此处为量词。《梦粱录》中主要用来称量仓房和水井。

②畿内:指京城管辖地区,此处指杭州城所辖地区。

③御马:《咸淳临安志》卷九《行在所录·监当诸局》作"良马"。御马院亦在嘉会门外,见本篇后"左、右御马院"条。

④三衙:宋中央禁军最高指挥机构殿前司、侍卫亲军马军司、侍卫亲军步军司合称。

【译文】

草料场在天水院桥的西面,有十眼仓房,接受畿内输送的稻、麦、豆以供给骐骥、御马两院,以及宰执、三衙的马匹。

合同场在过军桥之下①,掌茶盐钞引合同。

【注释】

①过军桥:《淳祐临安志》卷七《城府·桥梁》:"过军桥(小堰门里)。"

【译文】

合同场在过军桥的下面,掌管茶盐钞引合同。

会子库在榷货务置①,隶都茶场②,悉视川钱法行之③。

以务门兼职,以都司官提领,日以工匠二百有四人,以取于左帑而印会归库矣④。

【注释】

①会子库:会子务附属库。会子务,即行在会子务。监当局名。初隶都茶场,后改由榷货务监门官兼领。绍定五年,改隶都司。以左藏库拨款七十万贯为本钱,印行会子(纸币),分一千、二千、三千三等,流通于东南诸路,凡上供、军需均许以会子代现钱。
②都茶场:即榷货务都茶场。官署名。隶尚书省都司。掌给卖茶引等事。
③悉视川钱法行之:指会子务的事务都比照四川钱引法行事。
④以都司官提领,日以工匠二百有四人,以取于左帑而印会归库矣:《咸淳临安志》卷九《行在所录·会子库》:"以都司官提领工匠二百有四人,日印则取纸于左帑而以会归库矣。"左帑,指左藏库。

【译文】

会子库设置在榷货务,隶属于都茶场,都比照四川钱引法行事。以会子务门兼职,以都司官带领二百零四名工匠,每天印制则从左藏库取纸,将印好的会子纳入会子库中。

造会纸局,在赤山湖滨。先造于徽城①,次成都,以蜀纸起解②。后因路远而弗给,诏杭州置局于九曲池,遂徙于今。安溪亦有局③,仍委都司官属提领,但工役经定额,见役者日以一千二百人耳。

【注释】

①徽城:今安徽歙县。

②起解：地方政府将钱、粮等物解送上级政府。

③安溪：今福建安溪。

【译文】

造会纸局在赤山湖滨。先在徽城造会子纸，接下来是在成都造会子纸，将蜀纸运送到杭州。后来因为路途遥远无法供给，皇帝下诏在杭州九曲池设置造会纸局，于是造会纸局迁移到今天的位置。安溪也有造会纸局，仍然委派都司官属提领，但做工人数有定额，做工的人每天一千二百人。

交引库在太府寺门内①，专印造茶盐钞引，遂请丞、簿佥押②。

【注释】

①交引库：监当局名。隶太府寺。《宋史》卷一百六十五《职官志五·太府寺》："交引库，掌给印出纳交引钱钞之事。"

②佥押：在文书上签名画押表示负责。

【译文】

交引库在太府寺门内，专门印造茶盐钞引，请丞、簿签名画押。

法物库在梅家桥北，掌祭祀法服、朝服、冠佩、带舄①，及大礼明禋旗幡、衫袍等。内侍领其职。

【注释】

①带舄（xì）：腰带和鞋子。

【译文】

法物库在梅家桥的北面，负责祭祀法服、朝服、冠佩、腰带和鞋子，以及大礼明禋旗幡、衫袍等制作。宦官负责法物库。

度牒库在油车巷①,掌僧道二流承恩敕牒。

【注释】
①度牒库：监当局名。隶礼部祠部司。掌管印造、保管度牒。设监度牒库官一员。规定每年度牒库需储备一万一千道或一万四千道度牒。官印以"吏部度牒库印"六字为文。度牒，旧时官府发给合法出家人的证明文件。源于唐代，沿用到清代。上载僧尼的本籍、俗名、年龄、所属寺院、师名以及官署关系者的联署，僧尼以此牒为身份凭证，可免徭役。亦称为"戒牒"。

【译文】
度牒库在油车巷，掌管僧侣、道士蒙受皇恩颁发的敕牒。

市舶务在保安门外瓶场河下。凡海商自外至杭，受其券而考验之。又有新务，在梅家桥北。

【译文】
市舶务在保安门外瓶场河下面。凡是海商自外面到达杭州，市舶务接受他们的券并加以考验。还有市舶新务，在梅家桥的北面。

司农排岸司在前洋街①，掌拘卸诸州郡宣限纲运②，检察搜空而縶其不登数者③。

【注释】
①司农排岸司：即"司农寺排岸司"。南宋监当局名。初为临安府

排岸司，改名行在排案司，又改司农寺排岸司。掌拘押、下卸水运纲船上供粮斛，检察、搜空已卸纲船，如觉察数目有出入者，即禁系勘问。

② 拘卸：把货物搬下并放置。《咸淳临安志》卷九《行在所录·监当诸局》："司农排岸司：在前洋街。掌拘卸纲运、检察搜空，而絷其不登数者。"纲运：成批运送大宗货物，每批货物以若干车或船为一组，分若干组，一组称一纲，谓之"纲运"。其法始于唐朝刘晏，宋朝沿用。

③ 搜空：彻底搜索。絷（zhí）：拘捕。

【译文】

司农排岸司在前洋街，负责下卸诸州郡按照日期成批运送的大宗货物，彻底搜查并拘捕没有登记数量的人。

三省枢密院激赏钱库在俞家园①。

【注释】

① 三省枢密院激赏钱库：京局名。南宋初创置。原用于对金战争犒赏之用。绍兴和议后，专用于支付堂厨（宰执食堂）、东厨（枢密院食堂），玉牒所、日历所、敕令所、国史院及三省、枢密院的犒赏。此外，如朝廷急需钱物、金带，诸军将校告命绫纸，三省枢密院胥吏添给，则随时取给以备重赏、调遣与支付。

【译文】

三省枢密院激赏钱库在俞家园。

激赏酒库在钱塘县南①。

【注释】

①激赏酒库:"三省枢密院激赏酒库"的简称。京局名。初为御营司激赏酒库。南宋高宗建炎四年(1130)六月罢御营使司,激赏酒库归隶三省枢密院。其职能是备犒赏与堂厨、枢密院东、西厨供应宰执饮用酒。

【译文】

激赏酒库在钱塘县的南面。

左、右骐骥二院在漾沙坑①。两院以马二十四匹为额。每月朝参,各院以御马三匹至和宁门立于南向,朝罢回院。

【注释】

①左、右骐骥二院:即"左、右骐骥院"。宋神宗元丰改制后隶太仆寺。南宋沿置。左、右骐骥院领所属六坊、监国马饲养,并区别良马、驽马、中马以供军国之用。

【译文】

左、右骐骥二院在漾沙坑。两院以二十四匹马为额度。每月朝参,各院带领三匹御马到和宁门南向站立,朝参结束后带领马匹返回骐骥院。

象院在嘉会门外御马院,养喂安南王贡至象三絭①。

【注释】

①絭(juàn):用来束腰或衣袖的绳子,此处代指大象数量。

【译文】

象院在嘉会门外御马院,负责喂养安南王进贡的三头大象。

左、右骑御直在七官宅山上①。

【注释】

①左、右骑御直：即"骑御马左、右直"。禁军番号名。隶左、右骐骥院。北宋太宗太平兴国二年（977）始置。八年分为左、右二直。后增至八直。南宋沿置，减作左、右二直。职能是应奉常朝殿御马及车驾行幸牵引、从马等随马祗应事务。

【译文】

左、右骑御直在七官宅山上。

左、右教骏营在丽正门①。

【注释】

①左、右教骏营：禁军番号名。隶骐骥院。宋初称"左、右备征"，宋太祖建隆二年（961）改左、右教骏营。南宋沿置。职能是牧养、看守国马。共有四指挥。"教骏营"，原作"教骑营"，据天一阁本、四库本、明抄本、清翁校抄本、本卷《内诸词》改。

【译文】

左、右教骏营在丽正门。

左、右御马院使臣营在嘉会门外。

【译文】

左、右御马院使臣营在嘉会门外。

牛羊司在榷货务后①，掌御膳及祭之牲。有涤宫②，在六和塔之南。

【注释】

①牛羊司：监当局名。隶光禄寺。掌御厨及祭祀所需牛、羊、猪的饲养、管理。

②涤宫：古代官中饲养祭祀牲畜的房子。

【译文】

牛羊司在榷货务后面，掌管御膳以及祭祀所用的牲畜。有涤宫，在六和塔的南面。

诸仓

【题解】

本条简单介绍了南宋杭州城省仓上界、省仓中界、省仓下界、丰储仓、端平仓、淳祐仓、平籴仓、咸淳仓所在位置、仓库容量、职能等情况。省仓上界储藏上等粮米，专供皇家帝室、皇亲国戚和朝堂百官享用。省仓中界储藏中等粮米，供给在京的一般官吏和五军。省仓下界位置"极广袤"，储藏糙米，供给诸军与胥吏、杂役。丰储仓、端平仓、淳祐仓、咸淳仓，用于储存粮食，保障城市粮食供应。平籴仓则用于平价出售粮食，稳定米价。这些粮仓的设置和管理体现了南宋政府对粮食储备的重视，同时也反映了当时社会的等级制度。另外，本条文字系删节《咸淳临安志》卷九《行在所录·监当诸局》相关内容，最后的总结部分与《东京梦华录》卷二《外诸司》相似。

省仓上界在天水院桥北，其廒有八眼，受纳浙右米以充上贡，及宰执、百官、亲王、宗室、内侍，仍支给王城班直省部职员①。

【注释】

①仍支给王城班直省部职员：《咸淳临安志》卷九《行在所录·监当

诸局》作"及给皇城班直与吏之役于省部者。"

【译文】

省仓上界在天水院桥的北面,有八眼廒,接受储蓄浙右运来的米以上贡,以及供给宰执、文武百官、亲王、宗室、宦官等食用,并发给皇城班直省部的职员。

省仓中界在东青门外菜市塘,有廒三十七眼,皆受纳浙右苗纲、经常和籴、公田桩积等米,以供朝家科支①、农寺宣限。凡诸军、诸司、三学,及百司顾券②、诸局工役等人皆给焉。

【注释】

① 科支:限定取用。

② 顾券:《咸淳临安志》卷九《行在所录·监当诸局》作"雇募"。

【译文】

省仓中界在东青门外菜市塘,有三十七眼廒,都接受储蓄浙右的苗纲、经常和籴、公田桩积等米,以供朝廷限定取用,农寺在规定期限内使用。凡是各军、各司、太学、武学、宗学三学以及各部门的雇佣、各局的工匠役夫等人,省仓中界都支付粮食。

省仓下界在东仓铺,创于绍兴八年①,旧址极广袤。朝家更修,乃析三之二,建廒厅八十眼。

【注释】

① 绍兴八年:四字原无,据《咸淳临安志》卷九《行在所录·监当诸局·省仓下界》补。

【译文】

省仓下界在东仓铺,创建于绍兴八年,旧址极其广袤。朝廷重新修建,分出其中三分之二,修建了八十眼廒。

丰储仓在仁和县侧仓桥东,以公田租①浩瀚,诸仓不足以受纳,以丰储增创,成廒百眼。

【注释】

①公田租:"租"字原无,据《咸淳临安志》卷九《行在所录·监当诸局·丰储仓》补。

【译文】

丰储仓在仁和县侧仓桥的东面,因公田租数量巨大,各仓都无法接受容纳,增建了丰储仓,有廒一百眼。

丰储西仓在余杭门外佐家桥北,其廒五十九眼。

【译文】

丰储西仓在余坑门外佐家桥的北面,有廒五十九眼。

端平仓在余杭门外德胜桥东。元储漕籴①,后归农寺,莅以京局官而领之。咸淳重修,有木榜,扁曰介然,盖取太仓箴语而并箴刻于石②。有廒五十六眼。

【注释】

①漕籴:指漕籴米。通过漕运系统征收和运输的米粮。
②箴语:规劝、告诫的语言。

【译文】

端平仓在余杭门外德胜桥的东面。原本是用来储存漕籴米,后来归属司农寺,以京局官坐镇统领。咸淳年间重修,有木屋,匾名介然,大盖是选取太仓的箴语一并箴刻在石头上。有廒五十六眼。

淳祐仓在余杭门内斜桥南。元创以储米,粜于帅司。其后朝家拨支赈粜百姓,自后付农寺以给诸军诸司。有廒一百眼。

【译文】

淳祐仓在余杭门内斜桥的南面。原本创建用来储米,卖给安抚司。后来朝廷拨米出粜给百姓作为赈济之用,自此之后将淳祐仓交付司农寺以供给各军各司。淳祐仓有廒一百眼。

平粜仓在仙林寺东,创以储临安米,今农米皆入焉。

【译文】

平粜仓在仙林寺的东面,创建此仓用来储存临安府的米,如今司农寺的米都存入其中。

咸淳仓在东青门内后军寨北。议增建廪,以储公田岁入之米。买琼华废囿,及以内酒库柴炭屋掌于帅司,建仓廒一百眼,岁贮公田米六百余万石①。凡诸仓支纳下卸②,自有下卸指挥兵士③,遇月分支遣,皆至祗役。叉袋自有赁者应办④。如遇支界日,仓前成市⑤,水陆壅塞。诸军校给打诸粮,不许顾人搬担,须亲于廒中肩出仓外。此祖宗立法如此。

【注释】

①石：古代用作计量粮食的容积单位。

②支纳下卸：支取缴纳，装卸搬运。

③下卸指挥兵士：隶属司农寺下属机构下卸司，负责下卸、搬运纲船所运物品，有厢军装卸军五指挥。监官一员，以京朝官充任。

④叉袋：袋口成叉角的麻袋或布袋。

⑤成市：指像集市一样，形容人很多。

【译文】

咸淳仓在东青门内后军寨的北面。朝廷讨论增建仓廪，用来储存公田每年收入的米。朝廷于是购买琼华荒废的圃地，并将内酒库柴炭屋都归安抚司掌管，修建仓廒一百眼，每年贮存公田米六百余万石。凡各仓支取缴纳，装卸搬运，自有下卸指挥兵士负责，遇到发放粮食的月份，这些兵士都前来承担差事。叉袋自然由租赁者准备。如果遇到发放日期最后一天，仓前面人流如集市的一般多，水路陆路都堵塞了。发放给各军校的各种粮食，不允许他们雇人搬运，必须亲自从廒中用肩扛出仓外。祖宗就是如此立法。

内司官

【题解】

本条简单介绍了南宋朝廷内侍省的人员构成。内侍省是管理宫廷内部事务的重要宦官机构，负责宫廷内的日常事务，传达皇帝的诏旨和命令，管理禁中与外界的信息传递，确保宫廷与外界的沟通顺畅等。此外，内侍省还协助处理部分政务文书，如登记编目、伺候进呈、代批文字等。南宋时，内侍省的宦官和宫官被严格限制与外廷的接触，以防止机密泄露。政府重申禁令，不许宦官干预朝政，不准兼兵职，不准申请提领外朝官职，违反规定者将受到严厉惩处。但事实上，从宋高宗朝开始，一直到南宋末年，不断有皇帝宠信的宦官不仅勾结朝臣，还以各种机会干预朝政，像南宋初年的苗刘之变，就是因为宦官嚣张跋扈引起禁卫将领的兵变，宋高宗被迫退位。不过相比东汉、唐朝和明朝宦官专权，宋代宦官对政权的危害总体上还是被限制在一定范围内。

内侍省①：知省、都知②、御带③、御药、苑使、门司、殿长、阁长④、内辖、内监丞、受随都知、下都监、仪令、上名、扶持直掌、权苑提举、提辖、御前诸宫观提点、皇城司、御辇马、御马院兼提举诸内司、库藏司所等处。更有听唤一百员、团练四员,两攒宫宫使、随父旨教小直殿一百员。内宫散祗候,不记多数,各有所辖职名、主管事务。

【注释】

①内侍省:内庭宦官署。内侍省负责轮番直宿、拱侍殿中,并备洒扫之职及诸般杂事;或奉使中外,皇帝出巡,随从供役、供使唤等。

②都知:伶官名。

③御带:军职名。身佩弓箭袋、御剑,为皇帝扈丛近卫,以防不测。

④阁长:中等内侍之俗称。

【译文】

内侍省包含知省、都知、御带、御药、苑使、门司、殿长、阁长、内辖、内监丞、受随都知、下都监、仪令、上名、扶持直掌、权苑提举、提辖、御前诸宫观提点、皇城司、御辇马、御马院兼提举诸内司、库藏司所等。还有听唤一百人、团练四人,两攒宫宫使、随父旨教小直殿一百员。内宫散祗候,不论人数多少,各自有所辖职名、主管事务。

内诸司 奉安

【题解】

本条简单介绍了南宋朝廷内诸司的名字和职能。"内诸司"是指宫廷内部的各类管理机构,主要负责宫廷事务、皇帝生活起居以及部分政务辅助工作。这些机构通常由宦官管理,与内侍省密切相关。比如皇城司是南宋宫廷的特务机构,守卫宫廷,确保皇帝安全,探听情报,维护宫廷秩序。御药院负责管理皇帝和皇室成员的医药事务,是宫廷内重要的医疗管理机构。合同凭由司负责管理宫廷内的文书和凭证事务,确保宫廷内部事务的规范运作。往来国信所负责处理宫廷与外界的通信和外交事务,是宫廷与外界联系的重要桥梁。后苑造作所负责宫廷内的物品制造和供应,包括御用物品的制作和管理。这些机构共同构成了南宋宫廷内部的管理体系,体现了当时宫廷管理的精细化和制度化。另外,本条文字系删节《咸淳临安志》卷十《行在所录·内诸司》相关内容。

皇城司①:禁卫所、符宝所②、主管大内钥匙库、御药院③、内东门司④、内通进司、御前军器库、睿思殿库、内藏库⑤、奉宸库⑥、内军器库、南廊库、安放库、生料库⑦、果子库、香药库⑧、进奉库。

【注释】

①皇城司：禁军官司名。掌宫城管钥、木契，以时启闭宫门；每岁给换禁卫、殿门、宫门、皇城门四色敕号及审验；亲从官、亲事官诸指挥名籍，命妇伏天朝参显承殿时颁冰块，及宫中取索、国忌修斋醮设之事等。

②符宝所：即"奉安符宝所"。隶皇城司，以都提举奉安符宝所承受官主管。主要负责管理和保管皇帝的符玺、符节等重要物品，与皇权相关的礼仪活动，负责处理与符宝相关的文书工作。

③御药院：内廷官司名。本职掌按验秘方真伪，应时配置药品，以供奉皇帝及宫中之用；兼供职皇帝行幸扶持左右、奉行礼仪、御试举人、臣僚夏药给赐、传宣诏命及奉使督视等事，实为皇帝近习亲信。

④内东门司：内廷官司名。隶入内内侍省。掌受机密实封上奏文书，承诏向有关司局取索库务宝货、贡献的物品、市易的件直，受而交纳于官中。凡禁中须宣索修造、设宴所需物料，先期筹办；如需太医进宫诊治疾病，得领入内；凡皇亲一年四季时节所需衣物节料，按时供给。

⑤内藏库：监当局名。在宫内银台门外。皇帝特藏库。直隶御前。内藏库收受国库剩余经费，坊场课利，诸钱监岁供铜钱，榷货务入中金银，河北、淮南、山南东道、京东江南六十九州、军上供绢等，以备二司（元丰改制后之户部）经支用之不足，及供宫廷、郊祀、军用、赈恤、市易本钱等所谓"邦国非常之用"。《宋史》卷一百六十五《职官志五·太府寺》："内藏库，掌受岁计之余积，以待邦国非常之用。"

⑥奉宸库：监当局名。内庭宝库。直隶御前。宋太祖、宋太宗平定南北诸国所搜瑰宝奇物、金玉良货，分藏于宜圣殿五库（在延福宫），即宜圣殿内库、穆清殿库、崇圣殿库、崇圣殿受纳真珠库、崇圣乐器库。宋仁宗康定元年（1040）九月，五库合并为奉宸库一

库。掌珠宝金银以供宫廷消费。设监官二人,以入内内侍充任;提点一人,以内侍都知充任。

⑦生料库:官署名。元至元十一年(1274)置生料野物库,隶尚食局,二十年(1283)拟内藏库例,改为大都生料库,隶尚食局,定秩为从五品。设提点二人为主官,下设大使二人,副使三人。学者根据这一名词,判断《梦粱录》写作于元代,或者经过元人改写。

⑧香药库:监当局名。掌外国商人所贡市舶香药、宝石。(宋)庞元英《文昌杂录》卷三:"内香药库在谤门内,凡二十八库。真宗皇帝赐御诗二十八字以为库牌。其诗曰:'每岁沉檀来远裔,累朝珠玉实皇居。今辰内府初开处,充牣尤宜史笔书。'东库内有王烧金药一炉,至今犹在。又有辰砂一块,其上忽生新砂二十二颗,赤如火色。尝取之禁中,还送本库焉。"

【译文】

皇城司:禁卫所、符宝所、主管大内钥匙库、御药院、内东门司、内通进司、御前军器库、睿思殿库、内藏库、奉宸库、内军器库、南廊库、安放库、生料库、果子库、香药库、进奉库。

殿中省①:后苑、御膳所、御厨、六尚局、翰林司、仪鸾司②、八作司③、修内司④、御前内辖司、东西库、南北库、甲仗库、法物库、蜜煎库、内司纲房、青器窑、内司备内库、御前应奉所、万寿香一作官。所、御服所、裹御所、丝帛所、腰带所、八作司⑤、意思房、灯局、御马院、教乐所、天章阁、乐器库、翰林书艺局⑥、道场库、祗候库⑦、御醋库、主管往来国信所。

【注释】

①殿中省:官司名。宋前期,殿中省仅掌元旦、冬至天子御殿,郊祀、

禘祫与后庙神主赴太庙行祔庙礼时，准备伞、扇等仪仗队所用法物。元丰改制后，正其名，禁中无建省之所，实未建省。崇宁二年（1103）建殿中省后，总领六尚局，掌供奉天子衣、食、住、行、医药等政令。

②仪鸾司：官司名。掌供奉皇帝朝会、亲祠郊庙、巡幸、宴享及宫殿内供设幕帘帷帐等事。

③八作司："东、西八作司"的简称。掌京师内外修缮事。各司分八作，即泥作、赤白作、桐油作、石作、瓦作、竹作、砖作、井作。

④修内司：官司名。掌皇城内宫殿垣宇及太庙修缮事。南宋时兼制造御前军器。

⑤八作司：诸本同，与前面"八作司"重复，疑此处为衍文。

⑥翰林书艺局：即翰林御书院。掌皇帝亲笔文字，供奉书写之属、图籍之册及琴棋之艺。

⑦祗候库：监当局名。《宋史》卷一百六十五《职官志五·太府寺》："祗候库，掌受钱帛、器皿、衣服，以备传诏颁给及殿庭赐予。"

【译文】

殿中省：后苑、御膳所、御厨、六尚局、翰林司、仪鸾司、八作司、修内司、御前内辖司、东西库、南北库、甲仗库、法物库、蜜煎库、内司纲房、青器窑、内司备内库、御前应奉所、万寿香一作宫。所、御服所、裹御所、丝帛所、腰带所、八作司、意思房、灯局、御马院、教乐所、大章阁、乐器库、翰林书艺局、道场库、祗候库、御醋库、主管往来国信所。

东库：御辇院、车辂院、皇城辇宫营、骐骥院、教骏营、骑从马院、象院、大辇院、内辖司、濠寨司、织染所、奉安所、御酒库，主管翰林医官局、太医局、合同凭由司①、良马院、使臣院、快行营、黄院子营、皂院子营、轻鞴库。

【注释】

①合同凭由司：内廷官司名。隶入内内侍省。掌宫廷内宣取物事时开具合同凭由公文二份，一份付于传宣内侍去库务领取财物，一份密封差专人送往有关库务以审验真伪。监官二人，由入内内侍省内侍充。

【译文】

东库：御辇院、车辂院、皇城辇宫营、骐骥院、教骏营、骑从马院、象院、大辇院、内辖司、濠寨司、织染所、奉安所、御酒库，主管翰林医官局、太医局、合同凭由司、良马院、使臣院、快行营、黄院子营、皂院子营、轻鞦库。

外库：御前诸宫观、太庙营、景灵万寿宫、老儿营、慈元殿库、皇后殿库、吴益国位库，淑妃、昭容、修仪、美人、才人诸位库。以上并是内侍官兼职提点、提举等职。外有皇城司、御马院、象院，系知阁、御带、环卫官兼领幹办之职。其余外库院幹办之官，系右选官领其职也①。

【注释】

①右选官：即武官。宋代官员选拔、考核和任用由吏部四选负责，其中吏部尚书右选和吏部侍郎右选，负责高中低级武官的选拔、考核和任用。故而武官被称作"右选官"。

【译文】

外库：御前各宫观、太庙营、景灵万寿宫、老儿营、慈元殿库、皇后殿库、吴益国位库，淑妃、昭容、修仪、美人、才人诸位库。以上都是内侍官兼职提点、提举等。外面有皇城司、御马院、象院，是知阁、御带、环卫官兼领幹办之职。其余外库院幹办之官，是由武官负责其职事。

卷十

诸官舍

【题解】

本条简单介绍了南宋政府宰执、侍从、台官、省府、卿监郎官、后省官等几类官舍的所在位置。官舍是指供官员居住和办公的场所。左右丞相是南宋最高行政长官，负责全国政务，参知政事协助丞相处理政务。知枢密院事是枢密院的长官，负责全国军务，地位仅次于丞相。签书枢密院事是枢密院的副职，协助知枢密院事处理军务。侍从官是皇帝身边的近臣，负责侍奉皇帝，处理宫廷事务。台官可能指御史台的官员，御史台是宋代的监察机构，负责监察百官。七官宅、五官宅、三官宅、十官宅，这些可能是对某些特定官职的俗称或别称。省府官员包括尚书省、门下省、中书省等中央机构的官员，以及地方府衙的官员。卿监郎官包括九卿、九寺等机构的官员，如太常寺、宗正寺等。在南宋时期，官舍不仅是官员的住所，还承担了一定的行政和管理功能。本条文字由《咸淳临安志》卷十《行在所录·官宇》和卷十二《行在所录·堂后官院》合并而成。

　　左、右丞相①，参政、知枢密院事②、签书府，俱在南仓前大渠口。侍从宅，在都亭驿东③。台官宅，在油车巷。省府官属宅，在开元宫对墙。卿监郎官宅，在俞家园。七官宅，在郭婆井。五官宅，在仁美坊。三官宅，在潘阆巷。十官宅，在旧睦亲坊。六房院④，即后省官所居处，在涌金门东如意桥北。五房院⑤，即枢密院诸承旨所居处，在杨和王府西也。

【注释】

①左、右丞相：南宋孝宗乾道八年（1172）二月六日，改尚书左仆射、同中书门下平章事为左丞相，尚书右仆射、同中书门下平章事为右丞相。

②知枢密院事：原作"知枢密院使"，据《咸淳临安志》卷十《行在所录》改。为枢密院长官，佐皇帝掌兵致。

③都亭驿：在今杭州上城区六部桥直街。

④六房院：三省六房院省称。三省吏人居住公寓。

⑤五房院：枢密院五房院省称，为枢密院承旨司兵、吏、礼、刑、工五房吏人聚居集事之所。

【译文】

左右丞相、参知政事、知枢密院事、签书枢密院事，都在南仓前面的大渠口。侍从宅，在都亭驿的东面。台官宅，在油车巷。省院官属宅，在开元宫对墙。卿监郎官宅，在俞家园。七官宅，在郭婆井。五官宅，在仁美坊。三官宅，在潘阆巷。十官宅，在旧睦亲坊。六房院，即后省官的居处，在涌金门东如意桥的北面。五房院，即枢密院各承旨的居处，在杨存中府第的西面。

府治

【题解】

本条介绍了南宋行都临安府治的情况。临安府治遗址位于今杭州上城区荷花池头。2001年,杭州市文物考古所对该遗址进行了考古发掘,发掘面积达880平方米。遗址出土了丰富的南宋遗迹,包括书院厅堂、西厢房、庭院、天井、东回廊和七边形水井等。其中,西厢房总长度超过68米,与书院厅堂相连,北段和南段前方都有压栏石。此外,庭院西侧排水沟北端还有一个深4.5米的七边形水井。遗址还出土了大量南宋遗物,如木质仕女俑、建筑构件、弩石和瓷器碎片等。临安府治遗址的发现,为研究南宋时期的官署建筑提供了珍贵的实物资料。其建筑营造考究、规模宏大,反映了南宋官府建筑的高超技艺。该遗址与南宋皇城遗址、太庙遗址等共同构成了庞大的南宋建筑遗址群。另外,本条文字引自《咸淳临安志》卷五十二《官寺一·府治》。

临安府治在流福坊桥右。州桥左首亭扁曰奉诏亭,右首亭扁曰迎春。左入近民坊巷,节推[①]、察判二厅[②],次则左司理院[③]。出街右首则右司理院、府院及都总辖房[④]。入府治大门,左首军资库与监官廨[⑤],右首帐前统制司。次则客将客司房。转南入签厅都门，系临安府及安抚司金厅⑥，有设厅在内。金厅外两侧是节度库、盐事所、给关局、财赋司、牙契局、户房、将官房、提举房。

【注释】

①节推：州、府节度推官厅的省称。

②察判：观察判官厅的简称。

③左司理院：刑狱名。为宋代州、府、军、监刑狱机构。大州、刑讼事繁剧处，设左、右司理院，分别由左司理参军、右司理参军掌领。

④府院：即临安府院。狱名。在临安府治西。由录事参军提总。掌分治本府刑狱争斗公事。都总辖房：官衙名。职掌为承旨缉捕需追对公事的官吏，或缉捕盗贼。

⑤军资库：监当局名。宋代州、府、军、监均置，为一州、一府、一军、一监税赋民财出纳之所。其监临官称监某州（府、军、监）军资库。

⑥金厅：府、州、军、监长官厅为金厅。安抚司金厅为安抚使司签书公事处所。

【译文】

临安府的治所在流福坊桥的右面。州桥左边亭子匾名奉诏亭，右边亭子匾名迎春。从左面进入近民坊巷，是节度推官、观察判官二厅，接着是左司理院。出街右边是右司理院、府院以及都总辖房。进入临安府治所的大门，左边是军资库与监官衙，右边是帐前统制司。接下来是客将客司房。转向南面进入签厅都门，是临安府以及安抚司金厅，其中有设厅。金厅外面两侧是节度库、盐事所、给关局、财赋司、牙契局、户房、将官房、提举房。

投南教场门侧曰香远阁，阁后会茶亭。阁之左是见钱库、分使库、搭材、亲兵、使马等房。再出金厅都门外投西，正衙门俱廊,俱是两司点检所、都吏、职级、平分、点检等房。正厅例帅臣不曾坐,盖因皇太子出判于此,臣下不敢正衙坐。正厅后有堂者三,扁曰简乐、清平、见廉。堂后曰听雨亭,左首诵读书院。

【译文】

朝南教场门侧是香远阁,香远阁后面是会茶亭。香远阁的左面是见钱库、分使库、搭材、亲兵、使马等房。再出金厅都门外向西是正衙门,正衙的门都有廊,这些都是两司点检所、都吏、职级、平分、点检等房舍。按照规定安抚使从未就坐过正厅,这是因为皇太子曾经在此任职过,所以臣下不敢坐在正衙。正厅后面有三间堂,匾名分别是简乐、清平、见廉。堂后是听雨亭,左边是诵读书院。

正衙门外左首曰东厅,每日早晚帅臣坐衙①,在此治事。厅后有堂者四,扁曰恕堂、清暑、有美、三桂。东厅侧曰常直司,曰点检所,曰安抚司,曰竹山阁,曰都钱、激赏、公使三库。库后有轩,扁曰竹林。轩之后堂,扁曰爱民、承化、讲易三堂,堂后曰牡丹亭。东厅右首曰客位,左首曰六局房,祗候、书表司、亲事官、虞候、授事等房而已。府治外流福井,对及仁美坊,三通判、安抚司官属衙居焉。府治前市井亦盈,铺席甚多。盖经讼之人往来骈集,买卖要闹处也②。

【注释】

① 坐衙:指官员在衙门中办公、审案或处理政务。在中国古代,官员的日常办公和司法审判活动通常在衙门内进行。

②耍闹：嬉戏。

【译文】

正衙门外左边是东厅，每天早晚安抚使在衙门办公，就在此厅处理事务。东厅后面有四个堂，匾名分别是恕堂、清暑、有美、三桂。东厅侧面是常直司、点检所、安抚司、竹山阁，及都钱、激赏、公使三库。库后面有轩，匾名竹林。竹林轩的后堂，有三个堂，匾名分别是爱民、承化、讲易，堂后面是牡丹亭。东厅右边是客位，左边是六局房，祗候、书表司、亲事官、虞候、授事等房。府治外面流福井，对着仁美坊，三位通判、安抚司官属衙都在那里。府治前面的街市也十分繁华，店铺非常多。这是因为打官司的人都聚在那里，那里也是做人们做生意和嬉戏的地方。

运司衙

【题解】

本条叙述了南宋两浙转运司衙门所在位置、建筑情况等。两浙转运司是重要的地方行政机构之一,负责管理两浙地区的财政、漕运等事务。南宋两浙转运司衙门位于杭州城内俞家园一带,这里集中了多个官署,包括两浙转运司干办公事厅、卿监郎官宅、三省枢密院激赏钱库等。南宋时两浙转运司曾经过搬迁,分为东、西二衙,衙内建有多个堂。转运司下辖机构并不全在转运司衙门内,也有一些下属机构在其他地方办公。南宋两浙转运司衙门的建筑布局规整,采用传统的中轴对称形式。其建筑群由多组院落组成,每组院落由房屋建筑与围墙围合而成。衙门内设有干办公事厅、主管文字厅、都钱库官厅等主要建筑。干办公事厅用于日常办公,主管文字厅负责文书处理,都钱库官厅则用于财政事务的管理。南宋两浙转运司衙门的布局规整,功能分区明确,建筑形制体现了南宋时期的建筑特点。本条文字由《咸淳临安志》卷五十二《官寺一·两浙转运司》、卷五十三《官寺二·幕属官厅》合并而成。

两浙运司衙旧在双门北①,为南北二厅,今迁丰豫门南渡子桥西普安桥②,为东、西二衙:曰东衙,有宽民堂、福星楼、节爱堂、振襟堂,堂侧建别榭。曰西衙,有周咨堂、公生明堂、绣春堂、仁惠堂。堂后栽修竹而围之。运司金厅、提领犒赏酒库所俱在运司衙门。主管文字、幹办公事在俞家园。主管帐司厅在戒子桥之北③。

【注释】

① 两浙运司：原作"西浙运司"，据《咸淳临安志》卷五十二《官寺一·两浙转运司》改。

② 渡子桥：在今杭州上城区劳动路附近。《西湖游览志》卷十四《南山分脉城内胜迹·衢巷河桥》："转运桥俗称渡子桥，从此而南为普安桥，在运司前，河西有桑园巷，并入运司。"

③ 戒子桥：《咸淳临安志》卷二十一《疆域六·桥道·西河》："戒子桥（慈幼局前）。"（明）田汝成《西湖游览志》卷十三："戒子桥元为烧钞库，今为黄册库。"

【译文】

两浙转运司衙门以前在双门北面，有南北两个厅，如今衙门迁到丰豫门南面渡子桥西面的普安桥，有东西两座衙署：东衙，有宽民堂、福星楼、节爱堂、振襟堂，堂侧面修建别榭。西衙，有周咨堂、公生明堂、绣春堂、仁惠堂。堂后面栽种修长的竹子并围成一圈。运司金厅、提领犒赏酒库所都在运司衙门。主管文字、幹办公事则在俞家园。主管帐司厅在戒子桥的北面。

后戚府

【题解】

本条叙述了北宋后期宋哲宗孟皇后到南宋末年宋度宗全皇后在杭州城宅邸的位置以及家庙情况。后市街位于今杭州上城区,连接河坊街和西湖大道,在南宋是后戚们房舍的首选地,被称为"皇后街",如北宋哲宗的皇后、南宋光宗的皇后李凤娘以及理宗的皇后谢道清,都将宅邸安置于此。这里不仅是皇后府邸的集中地,也是酒楼瓦肆聚集的地方,皇家宅邸厕身于市井烟火之中,雕梁画栋掩映于摊贩叫卖之侧。在这些宅邸中,恭圣仁烈杨皇后宅遗址已被发掘,此遗址是全国首次发现的保存完好的南宋皇家园林,位于今杭州云居山北麓的缓坡上。遗址的主要遗迹包括正房、后房、庭院、水池、东西两庑和夹道等,形成一个相对封闭的长方形庭院。庭院东北角有假山和登假山用的岩蹬,后房台基和庭院之间的踏道保存较为完整。此遗址的发现为研究南宋时期园林提供了重要资料。本条文字引自《咸淳临安志》卷十《行在所录·诸后宅》。

昭慈圣献孟太后宅①,在后市街。显仁韦太后宅②,在荐桥东。宪节邢皇后宅③,在荐桥南。宪圣慈烈吴太后宅④,在州桥东。成穆郭皇后宅⑤,在佑圣观后。成恭夏皇后宅⑥,在丰乐桥北。成肃谢皇后宅⑦,在丰禾坊南。慈懿李皇后宅⑧,在后市街。恭淑韩皇后宅⑨,在军将桥。恭圣仁烈杨太后宅⑩,在漾沙坑。寿和圣福谢太后宅⑪,在龙翔宫侧。全皇后宅,在丰禾坊南。

【注释】

① 孟太后:宋哲宗赵煦第一任皇后,洺州(今河北邯郸永年区)人。曾经两度被废又两度复位。元祐七年(1092),孟氏受到高太后青睐,被立为皇后。绍圣三年(1096),因刘婕妤有盛宠,并诬陷孟皇后诅咒哲宗,导致孟皇后被废黜,移居瑶华宫。元符三年(1100),哲宗崩,徽宗赵佶继位,在向太后的授意下,徽宗恢复孟氏皇后名号,尊为"元祐皇后",位居"元符皇后"(即哲宗继后刘氏)之上。次年,向太后崩,崇宁元年(1102),孟氏再次被废黜,再居瑶华宫。靖康二年(1127),徽宗与大臣商议,决定再次恢复孟氏皇后名号,并尊为元祐太后,但诏书还未下达,金军便攻陷了皇宫,徽宗、钦宗被掳,史称"靖康之祸"。因孟氏是一位被废黜皇后,故孟氏并未被金军所掳,得以活命。高宗赵构登基后,复尊太后,绍兴元年(1131),孟太后崩,葬于会稽县上皇村。谥号昭慈献烈皇后。绍兴三年(1133),改谥号为昭慈圣献皇后。

② 显仁韦太后宅,在荐桥东:《咸淳临安志》卷十《行在所录·邸第·诸后宅·显仁韦太后宅》:"在荐桥东。咸淳五年十月,朝廷以中兴母后之家,恩例视开国昭宪杜太后,拨降钱米,令临安府重修家庙。"显仁韦太后,宋高宗赵构生母。

③ 邢皇后:名邢秉懿,开封(今属河南)人,宋高宗赵构第一任皇后。宣和四年(1122),嫁于时为康王的赵构为康王妃,封为嘉国夫人。靖康之难时,邢秉懿被金人掳走。高宗赵构登基后,于建

炎元年(1127)五月四日,遥册邢氏为皇后,并授予她的亲属二十五人为官。绍兴九年(1139),邢秉懿崩于五国城,享年三十四岁。绍兴十二年(1142),册谥懿节,附葬永佑陵。淳熙十五年(1188),改谥宪节,附宋高宗庙。

④吴太后:宋高宗第二任皇后,开封(今属河南)人。吴氏十四岁入宫,绍兴十三年(1143)被册立为皇后,死后谥曰宪圣慈烈皇后,祔葬于高宗永思陵。吴氏一生历经高宗、孝宗、光宗、宁宗四朝,在后位(含太后)长达五十五年,是中国历史上在后位最长的皇后之一。

⑤郭皇后:宋孝宗赵昚原配妻子,开封(今属河南)人。宋孝宗为普安郡王时,娶郭氏为妻,封为咸宁郡夫人,生宋光宗赵惇、庄文太子赵愭、魏惠宪王赵恺和邵悼肃王赵恪。南宋绍兴二十六年(1156),未及宋孝宗登基即去世,追封淑国夫人。绍兴三十一年(1161),追赠福国夫人,孝宗为太子,追册皇太子妃。宋孝宗即位,追册为皇后,谥号恭怀,不久改谥安穆皇后,宋孝宗驾崩,朝廷营建永阜陵时改谥为成穆皇后。

⑥夏皇后:为宋孝宗赵昚的第二任皇后,袁州宜春(今江西宜春)人。普安郡王夫人郭氏(成穆皇后)去世后,太后将夏氏赐给赵昚,绍兴三十一年(1161)二月二十日封齐安郡夫人。赵昚即位,于绍兴二十二年(1162)八月二十八日进贤妃。隆兴元年(1163)十月二十五日,奉太上皇赵构命,立为皇后。乾道三年(1167)六月二十五日崩,谥曰安恭,绍熙五年(1194)十月二十九日,改谥成恭。

⑦谢皇后:宋孝宗赵昚的第三任皇后,丹阳(今属江苏)人。年幼孤苦无依,长大后被选入宫,原为宪圣慈烈皇后吴氏的侍女,后获赐咸安郡夫人,宋孝宗即位后晋婉容,隆兴二年(1164)二月十一日,晋封贵妃。淳熙三年(1176),孝宗奉太上皇命,立谢氏为皇

后。光宗受禅，尊为寿成皇后。孝宗去世后改尊为皇太后，庆元六年（1200）宁宗尊称谢太后为太皇太后。开禧三年（1207）五月十六日崩于寿慈殿，谥曰成肃，附葬永阜陵。

⑧李皇后：宋光宗赵惇的皇后，相州府安阳县（今河南安阳）人。乾道四年（1168）生宋宁宗赵扩，卒谥慈懿。

⑨韩皇后：宋宁宗赵扩的第一任皇后，相州府安阳县（今河南安阳）人，为北宋名臣韩琦的六世孙，曾祖父是宋高宗时签书枢密院事韩肖胄，为宁宗时期权臣韩侂胄的侄曾孙女。谥曰恭淑，葬永茂陵。

⑩杨太后：原名杨桂枝，严州遂安（今浙江淳安）人，宋宁宗赵扩的第二任皇后。嘉泰二年（1202）十二月十三日，立为皇后。大臣韩侂胄曾劝宋宁宗立曹美人为后，由是杨皇后对韩侂胄心生怨恨。开禧三年（1207），借韩侂胄攻金失利之机，使丞相史弥远用计槌杀于玉津园。嘉定十七年（1224），宁宗崩，史弥远谋废皇子赵竑，杨桂枝与史弥远联手，矫诏废竑为济王，立理宗赵昀，杨被尊为皇太后垂帘听政。卒谥恭圣仁烈太后。

⑪谢太后：即谢道清。台州天台（今浙江天台）人。宋理宗赵昀的皇后，右丞相谢深甫的孙女。谢深甫因拥立杨太后有功，杨太后选谢女入宫，后被立为理宗皇后。德祐元年（1275），4岁的宋恭帝即位，太皇太后谢道清垂帘听政。宋恭帝德祐二年（1276），元军兵临宋都临安，谢太后求和不成，只好与宋恭帝等南宋君臣向元军统帅伯颜投降。元朝至元二十年（1283），谢太后去世。

【译文】

昭慈圣献孟太后宅邸，在后市街。显仁韦太后宅邸，在荐桥的东面。宪节邢皇后宅邸，在荐桥的南面。宪圣慈烈吴太后宅邸，在州桥的东面。成穆郭皇后宅邸，在佑圣观的后面。成恭夏皇后宅邸，在丰乐桥的北面。成肃谢皇后宅邸，在丰禾坊的南面。慈懿李皇后宅邸，在后市街。恭淑韩皇后宅邸，在军将桥。恭圣仁烈杨太后宅邸，在漾沙坑。寿和圣福谢太后宅邸,在龙翔宫侧面。全皇后宅邸,在丰禾坊的南面。

其后戚宅^①,元各赐家庙五室及祭器仪物^②。每四孟祭享,官给以御厨兵治祭馔,太常寺差奉常官行赞相礼^③,仍差主管官、影堂使臣及兵级守之^④,以子孙世领祠事。

【注释】

①后戚:与皇后有婚姻关系的亲属,类似于"外戚"的概念。
②家庙五室:是一种特定的家庙建筑布局,通常由一个主堂和两侧的四个房间组成,形成"一堂五室"的结构,中间一室通常供奉五世祖的神位,东侧两室供奉昭位(即辈分较近的祖先),西侧两室供奉穆位(即辈分较远的祖先)。
③赞相:指举行典礼时司仪赞唱导引各种仪式。
④影堂:存放先人遗像的灵堂为影堂,即家庙。兵级:宋代对兵丁和级节的合称。

【译文】

后戚宅,原先各自被赏赐家庙祭祀五室以及祭器仪式物品。每年四个孟月举行祭祀,官府提供御厨兵准备祭祀饮食,太常寺派遣奉常官辅助祭祀行礼,还派遣主管官、影堂使臣以及兵级守护家庙,让外戚子孙世世代代负责家庙祭祀事宜。

诸王宫

【题解】

本条叙述了南宋几座重要王府以及宋理宗女儿周汉国瑞孝长公主府第的位置与祭祀情况。作为南宋的都城,杭州成为赵宋皇室成员的聚居地。秀安僖王是宋孝宗的生父,庄文太子是宋孝宗的长子,沂靖惠王是宋孝宗孙子赵抦,景献太子是宋宁宗的养子,荣文恭王是宋理宗生父,周汉国端孝长公主是宋理宗的女儿。本条文字选自《咸淳临安志》卷十《行在所录·诸王府》。

吴王府①,在后洋街。益王府,在新桥。秀安僖王府②,在后洋街。汉王府,在西桥。庄文太子府③,在井亭桥。沂靖惠王府④,在清湖北。景献太子府⑤,在铁冶岭。荣文恭王府⑥,在佑圣观桥东。周汉国端孝长公主府⑦,在左藏库西。

【注释】

①吴王府:指的是宋高宗妻舅吴益的府邸。位于今杭州山子巷一带。吴王府内有假山园林及古井,井栏上面刻有"吴兴井""淳熙四年修"字样,这些古井栏现藏于西泠印社。吴益,字叔谦。宋

高宗吴皇后（宪圣皇后）的弟弟，开封（今属河南）人。因其姐姐吴皇后受宠，父吴近被追封吴王。

②秀安僖王：南宋宗室赵子偁，太祖次子赵德芳的五世孙，宋孝宗的生父。曾任秀水（今浙江嘉兴）县丞，孝宗被立为太子后，被加赠太师、中书令，封秀安僖王。

③庄文太子：宋孝宗长子赵愭，初名赵愉，母亲是成穆皇后郭氏。乾道元年（1165），立为皇太子。乾道三年（1167）秋，赵愭生病，医生误用药，病情加剧，三日后赵愭去世，享年二十四岁，谥号庄文。

④沂靖惠王：宋孝宗次子魏惠宪王赵恺的次子赵抦，生于明州（今浙江宁波）。从小深受祖父宋孝宗喜爱。宋宁宗开禧二年（1206），赵抦薨，赠太保，封沂王，谥号靖惠。

⑤景献太子：宋太祖长子赵德昭九世孙、宋宁宗赵扩养子赵询，初名赵与愿，六岁时被宋宁宗养于宫中。开禧元年（1205）五月，被立为皇子，更名赵𢟍。嘉定二年（1209），册文皇太子，更名赵询。嘉定十三年（1220）去世，年仅二十八岁，谥号景献太子，无后。

⑥荣文恭王：南宋宗室、燕王赵德昭八世孙赵希瓐，宋理宗生父。曾任绍兴府山阴县县尉。宋理宗即位后，追封赵希瓐为荣王。

⑦周汉国端孝长公主：宋理宗女儿，母亲是贾贵妃。景定二年（1261）四月，宋理宗因杨太后拥立自己，选太后侄孙杨镇尚主，为公主准备了丰厚的嫁妆，提拔杨镇为右领军卫将军、驸马都统。宋理宗十分宠爱女儿，为了能时时见到女儿，他就在嘉会门为公主修建府第。景定三年（1262）七月，公主因病薨逝，年仅二十二，无子，谥"端孝"。端孝，原作"瑞孝"据《宋史》卷二百四十八《公主传》改。

【译文】

吴王府，在后洋街。益王府，在新桥。秀安僖王府，在后洋街。汉王府，在西桥。庄文太子府，在井亭桥。沂靖惠王府，在清湖北面。景献太子府,在铁冶岭。荣文恭王府,在佑圣观桥的东面。周汉国端孝长公主府,在左藏库的西面。

各赐家庙祭器,岁时祭礼及影堂使臣、主奉官、兵级等,循戚宅前制行之矣。

【译文】
皇帝分别赐给他们家庙祭祀用的器具,每年固定时节举行祭祀礼仪以及守护影堂的使臣、负责主持祭祀的官兵等,一切都按照外戚宅第的相关制度施行。

家庙

【题解】

本条记述了南宋初年封王的武将张俊、韩世忠、刘光世、杨存中,以及南宋末年权相贾似道等文武大臣府邸的位置和朝廷赏赐家庙的情况。通过比较可以看出,在南宋初年几位封王的武将中,杨存中家的家庙祭器由将作监制造赏赐,显然比前几位武将待遇更高。而南宋末年权相贾似道的家庙待遇显然规格更高,鲜明体现出皇帝对他的恩宠和重视。

忠烈张循王府在清河坊①,赐庙祀循王以上五世祖,颁祭器法式,听其自造,仍差主管一员、影堂使臣二员、兵级二十七名,以子孙世领祠事。

【注释】

①张循王:即南宋初年武将张俊,字伯英,凤翔府成纪(今甘肃天水)人。与岳飞、韩世忠、刘光世并称南宋"中兴四将"。宋金绍兴和议,张俊首请纳兵权,被罢枢密使,进封清河郡王。又参与促成岳飞冤狱。绍兴二十四年(1154),张俊去世,追封循王,谥号"忠烈"。

【译文】

循王张俊的府第在清河坊,朝廷赏赐家庙,祭祀张俊以上五代祖先。朝廷颁发家庙祭器的标准格式,听凭张俊家自己制造,朝廷仍然派出一名主管、两名影堂使臣、二十七名士兵守护家庙,让张俊子孙世世代代负责家庙祠祀事务。

忠武韩蕲王府在前洋街,赐庙祀,颁祭器,惟赐铜爵、勺各一,余竹木颁图式,听其自制,一应事仪,如前制行。

【译文】

蕲王韩世忠的府第在前洋街,朝廷赏赐家庙祭祀,颁发祭器,唯独赏赐铜爵、勺各一个,其余竹木祭器则颁发图式,听凭韩世忠家自己制造,一应家庙祭祀事宜,都像前面张俊家庙制度一样行事。

忠勇刘鄜王府在明庆寺南①,建庙、赐祭器并如前式。

【注释】

①忠勇刘鄜王:指南宋"中兴四将"之一的刘光世。字平叔,保安军(今陕西志丹)人,因其"御军姑息,无克复志",饱受诟病。绍兴七年(1137),引疾罢去兵权。宋宁宗开禧元年(1205),追封鄜王。

【译文】

鄜王刘光世的府第在明庆寺的南面,建家庙、赐祭器都像前面张俊、韩世忠一样。

忠烈杨和王府在洪桥清河坊①,赐家庙与祭器,下将作监造以赐,岁时行礼,官给厨兵,太常遣赞相以奉常,余皆如前制行。

【注释】

①杨和王:指南宋初将领杨存中。南宋代州崞县(今山西代县)人,原名沂中,字正甫。初隶张俊,从讨苗傅、刘正彦兵变与李成叛军。绍兴六年(1136),大败伪齐军,获藕塘(今安徽定远东南)之捷。十一年,与刘锜等破兀术军,获柘皋(今安徽巢湖西北)之捷。旋与王德欲解濠州之围,大溃。高宗朝,任殿帅二十余年。三十一年(1161),完颜亮南下,同虞允文扼守镇江。隆兴二年(1164),都督江淮军马,协调诸将,坚持不能弃淮保江。次年,以太师致仕。宋孝宗乾道二年(1166),杨存中去世,追封和王。

【译文】

和王杨存中的府第在洪桥清河坊,朝廷赏赐家庙与祭器,下令将作监制造然后给赐,一年四季家庙祭祀行礼,官府提供厨兵,太常寺派遣赞相以辅助祭祀,其余都像前人一样施行。

太傅、平章、魏国公贾秋壑,按旧典赐第及家庙,在葛岭集芳园,改建庙,奉五室,同宇以飨①。四孟月祭器,皆尚方所赐②。凡点领官吏、洒扫兵士与花果,月颁之。隶版曹及京兆府③,如在京赐诸勋功庙仪式奏行。

【注释】

①宇:屋檐,泛指房屋。
②尚方:泛指为官廷制办和掌管饮食器物的官署、部门。
③版曹:宋代户部左曹的别称。因职掌版籍,故称。此处借指户部。
京兆府:唐朝玄宗开元元年(713)把长安所在的雍州改为京兆

府。北宋建立后,沿置京兆府。金朝天会八年(1130年),金兵占据长安,沿置京兆府,皇统二年(1142)改永兴军路为京兆府路,京兆府属之。故而此处"京兆府"应该指南宋行都临安府。

【译文】

太傅、平章、魏国公贾似道,按照旧时的制度在葛岭集芳园,朝廷赏赐府第以及家庙,改建家庙,以一屋五室的方式进行祭祀。每年四个孟月祭祀的祭器,都是尚方赏赐。凡是家庙点领官吏、洒扫兵士与花果,每月都由朝廷颁发。贾似道家庙隶属户部以及临安府,一切祭祀礼仪都像杭州城内赏赐各功勋大臣家庙的仪式一样实行。

馆驿

【题解】

本条简单记述了南宋樟亭驿、北郭驿亭、都亭驿的位置和职能。驿站是中国古代重要的交通和通信设施，分布在交通要道和重要城市之间，主要用于传递政令、文书，确保中央与地方的信息沟通顺畅，为官员和使节提供交通工具和食宿，方便人员往来等。作为南宋都城，杭州设有多个驿站，用于接待官员、使节和传递公文等。其中樟亭驿在唐代已存在，是南宋时期接待各地来京官员和文人的驿站。此外，被免去宰执职务的官员，常常在此驿等候命令。南宋时，樟亭驿成为观潮胜地，每年八月十八日，南宋京营水师在此校阅水师。北郭驿亭位于余杭门外北郭税务之右。主要用于接待往来官员和传递公文。都亭驿沿用了北宋汴京皇城内所设驿馆的名称，位于候潮门里泥路西侍从宅侧次，是南宋朝廷接待北方诸国来使的驿馆。南宋时，都亭驿不仅用于接待外国使节，也是大臣间相互宴请的场所。都亭驿附近出土了大量南宋早期官廷用瓷，显示了其重要地位。本条文字引自《咸淳临安志》卷五十五《官寺四·馆驿》。

樟亭驿①，即浙江亭也，在跨浦桥南江岸。凡宰执辞免名，出居此驿待报矣。向有白乐天先生往驿访杨旧②，曾赋诗曰:"往恨今愁应不殊,题诗梁下又踟蹰。羡君犹梦见兄弟,我到天明睡亦无。"③"夜半樟亭驿,愁人起望乡。月明何处见,潮水白茫茫。"④

【注释】

① 樟亭驿:位于今杭州白塔岭下的钱塘江滨。始建于唐代。
② 白乐天先生:指唐朝诗人白居易。往驿访杨旧:此记载有误,白居易所见者,仅仅是杨八当初所题诗句,并非杨八本人,故无"访杨旧"之说,且无"杨旧"之人。
③ "往恨今愁应不殊"几句:此诗题为《赴杭州重宿棣华驿,见杨八旧诗,感题一绝》。踟蹰(chí chú),徘徊,迟疑不决。
④ "夜半樟亭驿"几句:此诗为白居易《宿樟亭驿》。

【译文】

樟亭驿,即浙江亭,在跨浦桥南面江岸。凡宰执请求辞官免职,离开行都杭州待在樟亭驿等待朝廷的命令。之前有白居易前往樟亭驿寻访杨旧,曾赋诗说:"往恨今愁应不殊,题诗梁下又踟蹰。羡君犹梦见兄弟,我到天明睡亦无。""夜半樟亭驿,愁人起望乡。月明何处见,潮水白茫茫。"

北郭驿亭在余杭门外北郭税务之右,都亭驿在候潮门里泥路西侍从宅侧次,为馆伴外国使人之地也①。

【注释】

① 馆伴:古代陪同外族或外国宾客人士的官员。(宋)赵昇《朝野类要》卷二《故事·馆伴》:"蕃使入国门,则差馆伴使副同在驿,趋朝见辞游宴。"

【译文】

北郭驿亭在余杭门外北郭税务的右面,都亭驿在候潮门里泥路西面侍从宅的侧面,是馆伴陪伴外国使人的地方。

本州仓场库务

【题解】

本条叙述了南宋杭州城内外几个仓、场、库、务的所在位置。这些机构是负责管理国家物资储备、财政收支等事务的重要机构。其中仓、库等类似于物资的仓储机构,如镇城仓、常平仓主要用于储存粮食,保障城市人口的供给。盐事所负责本地盐政及监察盐务,下属都盐仓则是用于储存食盐的仓库。场、务则类似于财政收入机构。如诸盐场,显然是国家盐税的重要来源。交木场、抽解竹木场、铁场、炭场、船场、铸冶场等,都是国家重要的财政收入来源。各种税务,则是国家的税收机构。通过本条内容,我们可以看到,南宋的国家财政收入有多重进项,财务管理也有多种形式,各司其职,互相配合,形成了一张复杂而周密的网络,维持着南宋政权的稳定和发展。本条文字引自《咸淳临安志》卷五十五《官寺四·仓场库务等》。

镇城仓、常平仓、糯米仓,俱在余杭门外师姑桥。盐事所都盐仓,在艮山门外。天宗盐仓在天宗水门内,所辖诸盐场十有二:曰汤镇[1]、仁和[2]、许村[3]、盐官[4]、南路[5]、茶槽[6]、钱塘[7]、新兴[8]、蜀山[9]、岩门[10]、上管[11]、下管等场[12]。又新兴以下五场,西兴、钱清二场皆隶。

【注释】

①汤镇:一称"汤村镇",在今浙江杭州临平区乔司街道一带。

②仁和:在今浙江杭州余杭区东北。

③许村:在今浙江海宁许村镇。

④盐官:在今浙江海宁盐官镇。

⑤南路:在今浙江海宁盐官镇东六十里。北宋太宗太平兴国四年（979），盐官县境内设有八大盐场，其中南路盐场年产盐达26282石。

⑥茶槽:盐场主要分布在杭州。明清时期，茶槽盐场依然是两浙盐场的重要组成部分。

⑦钱塘:在今浙江杭州萧山区红山农场一带。

⑧新兴:在今浙江海宁东部。根据《海宁州志稿》记载，南宋时新兴盐场年产盐达19029石。

⑨蜀山:在今浙江海宁西部，其位置南宋时属于盐官县。北宋太平兴国四年（979），蜀山盐场正式设立，年产盐量达5926石。

⑩岩门:在今浙江海宁西南。

⑪上管:上管盐场位于盐官县西南1里，北宋太平兴国四年（979）设立，年产盐达43973石。

⑫下管:下管盐场位于盐官县东18里，北宋太平兴国四年设立，年产盐为20678石。

【译文】

镇城仓、常平仓、糯米仓，都在余杭门外的师姑桥。盐事所都盐仓，在艮山门的外面。天宗盐仓在天宗水门内，所管辖的盐场有十二个，分别是：汤镇、仁和、许村、盐官、南路、茶槽、钱塘、新兴、蜀山、岩门、上管、下管。另外，新兴之下有五个盐场，西兴、钱清两个盐场都隶属新兴。

交木场，在龙山。抽解竹木场，在浙江亭北。又三场在江涨桥南、余杭塘上、西溪，三路也。城内外场共二十有一处，以便诸官厅及民庶排日发卖①。铁场、炭场、船场、铸冶场，在东青门外北。瓶场、籴场，在余杭门外。卖酒局，在丰储仓边家渡之东。交钱局，在府治后。都钱库、激赏库、军资库、常平库、公使钱库、公使酒库、甲仗库、书版库、公使醋库，俱在州衙内。回易库，在荐桥北。外有公使醋子库②，于城内外十有一库耳。或自沽卖③，止日纳息钱于点检所。楼店务在流福桥北，有官设吏，令宅务合于人员收检民户年纳白地赁钱④。

【注释】

①发卖：出售。

②子库：大店的分店。

③沽卖：售卖。沽，卖。

④宅务：即店宅务，亦名楼店务。负责管理和维修国有房产，并向租住公房的人收取租金。《宋史》卷一百六十五《职官志五·太府寺》："店宅务，掌管官屋及邸店，计置出僦及修造之事。"白地：空地，没有树木或建筑物的地。

【译文】

交木场，在龙山。抽解竹木场，在浙江亭的北面。还有三个木场在江涨桥南、余杭塘上、西溪三条路上。杭州城内外场共有二十一处，以方便各官厅以及百姓每天出售木材。铁场、炭场、船场、铸冶场，都在东青门外的北面。瓶场、籴场，在余杭门外面。卖酒局，在丰储仓边家渡的东面。交钱局，在府治的后面。都钱库、激赏库、军资库、常平库、公使钱库、公使酒库、甲仗库、书版库、公使醋库，都在州衙内。回易库，在荐桥的北面。城外有公使醋库的分店,这样的分店杭州城内外有十一家。有的分店自行售醋,只是每天向点检所交纳利息钱。楼店务在流福桥的北面,有官府安排胥吏,令楼店务相关人员收取民户每年交纳的空地租赁钱。

税务凡五处,名曰都税务、浙江税务、龙山税务、北郭税务、江涨税务。但州府虽有税务之名,则朝家多有除放[1],以便商贾诸货壅于杭城[2]。其都作院在白龟池之侧[3],运司亦有木税场,在杭城外,共八场也。船场与架阁库,俱在荐桥门外。提领犒赏酒库所,在楼店务之侧。

【注释】

[1]除放:免除。

[2]壅:堵塞,此处形容商人和货物汇聚到杭州城非常多的样子。

[3]白龟池:原作"白鱼池",据《咸淳临安志》卷五十五《官寺四·仓场库务等》、本书卷十一《池塘》改。

【译文】

共有五处税务,叫作都税务、浙江税务、龙山税务、北郭税务、江涨税务。不过州府虽然有税务之名,朝廷经常会免税,以方便商人和各种货物都汇集到杭州城。税务都作院在白龟池的侧面,转运司也有木税场,在杭城外,共八个木税场。船场与架阁库,都在荐桥门外。提领犒赏酒库所,在楼店务的侧面。

点检所酒库

【题解】

本条介绍了南宋杭州点检所官酒库的情况。南宋杭州的点检所官酒库隶属于户部点检所,是重要的官营酒业管理机构,每个酒库设有两名监官,下有专吏和酒匠负责日常管理和酿酒。官酒库不仅直接销售官酒,还会批发给私营酒楼、酒店,形成了一个完整的销售网络。官酒库的利润主要用于地方财政和军队开支,其税收是南宋财政的重要来源之一,其收入远超商税。官酒库内设有官妓,她们通过歌唱和音乐引诱民众饮酒,为官府效力。官酒库不仅是饮酒场所,还成为文人墨客社交和娱乐的场所。杭州的官酒库包括多个大库和小库,分布在城市的各个区域。例如,东库位于崇新门里,西库位于桥西,南库位于清河坊南等。除了城内的酒库,还有分布在郊区和周边地区的酒库,如安溪库、余杭库等。南宋杭州的点检所官酒库不仅是重要的官营酒业机构,还在经济、文化和社交方面发挥了重要作用,其复杂的管理和运营方式体现了南宋官府对酒务的严格控制和商业运营的成熟度。另外,本条文字引自《咸淳临安志》卷五十五《官寺四·仓场库务等》。

点检所官酒库,各库有两监官,下有专吏酒匠掌其役。但新、煮两界①,系本府关给工本②,下库酝造,所解利息,听充本府赡军激赏公支,则朝家无一毫取解耳。

【注释】

①新、煮:指的是酒的两种类型,一种是新酿造的酒,另一种是经过煮制(加热处理)的酒。

②关给:发放。工本:制造物品所用的成本。

【译文】

点检所官酒库,各酒库有两名监官,下面有专门的胥吏和酒匠负责酒库事务。但新酒和煮酒,是临安府发放工本,下发酒库酿造,而酒库上交的利息,则听凭充当临安府赡军激赏库的公家支出,朝廷没有一丝一毫挪用。

曰东库,清、煮俱为一①,在崇新门里,有酒楼,名之曰太和,废之久矣。曰西库,又名金文正库:清界库在三桥南惠迁桥侧,煮界库在涌金门外,有酒楼,扁之曰西楼。南库,元名升阳宫:煮界库在社坛南;清界库在清河坊南,酒楼扁之曰和乐。北库:煮界库在祥符桥东;清界库在鹅鸭桥东,酒楼扁之曰春风。

【注释】

①清、煮:指清酒(经过过滤或沉淀的酒)和煮酒(经过加热处理的酒)。

【译文】

东库,清酒和煮酒的酿造都是一个库,位于崇新门里,东库有酒楼,叫作太和楼,废弃很久了。西库又名金文正库:清界库在三桥南面惠迁桥的侧面,煮界库在涌金门的外面,有酒楼,匾名西楼。南库原名升阳宫：煮界库在社坛的南面，清界库在清河坊的南面，酒楼匾名和乐。北库：煮界库在祥符桥的东面，清界库在鹅鸭桥的东面，酒楼匾名春风。

曰中库，在众乐坊北，造清界，有酒楼，匾之曰中和；煮库在井亭桥北。曰南上库，呼为银瓮子库：煮酒库在东青门外；造清界库在睦亲坊北，酒楼匾之曰和丰。南外库：造清界库在便门外清水闸，造煮界库在嘉会门外，名之曰雪醅库。北外库：造煮界库在江涨桥南；清界库在左家桥北，酒楼匾之曰春融。西溪库：清、煮两界俱在九里松大路，乃一门分两库耳。天宗库：造清界在天宗水门里，煮界库在余杭门外上闸东。赤山库：造清界库在赤山教场，煎煮库在左军教场侧。崇新库：清、煮两界俱在崇新门外。徐村库，在六和塔南徐村市中。其诸库皆有官名角妓就库设法卖酒[1]，此郡风流才子欲买一笑，则径往库内点花牌，惟意所择，但恐酒家人隐庇推托，须是亲识妓面，及以微利唊之可也[2]。

【注释】

① 角妓：是一种横跨官、私妓的特殊的妓女团体，高出一般的妓女，属上流妓女。她们经色艺选拔后才进入诸酒库当值，是为各酒库卖酒而产生设置的，其职业本亦以卖酒为主；但也承应各种风流才子的买笑活动，但买笑时须先径往酒库点花牌。角妓的管理机构是酒库，管理人员是酒库的监官、专吏或酒匠，角妓无权私自应承买笑行为。官府公宴和各种社会团体私家自行举办的集会皆由角妓出官差祇直。明代徐渭批《西厢记》云："宋人谓风流蕴藉为角，故有角妓之名。"

② 唊：拿利益引诱。

【译文】

中库在众乐坊的北面,造清界,有酒楼,匾名中和;煮库在井亭桥的北面。南上库称为银瓮子库:煮酒库在东青门的外面,造清界库在睦亲坊的北面,酒楼匾名和丰。南外库:造清界库在便门外清水闸,造煮界库在嘉会门外,称为雪醅库。北外库:造清界库在江涨桥的南面,清界库在左家桥的北面,酒楼匾名春融。西溪库:清、煮两界都在九里松大路,是一门分为两库。天宗库:造清界在天宗水门里,煮界库在余杭门外上闸的东面。赤山库:造清界库在赤山教场,煎煮库在左军教场的侧面。崇新库:清、煮两界都在崇新门外。徐村库,在六和塔南徐村市中。各酒库都有官方的名妓在库设法卖酒,本州的风流才子想要花钱买妓女一笑,则直接前往酒库内点花牌,只凭心意选择,不过恐怕酒家将妓女隐藏起来推托不见,必须是亲自认识妓女的面貌,并用小恩惠来引诱对方才可以。

又有九小库,如安溪①、余杭、奉口②、解城、盐官、长安、许村、临平、汤镇。更有碧香诸库。如钱塘门外上船亭南名为钱塘正库,有楼,扁曰先得。钱塘县前名钱塘前库。鹅鸭桥北曰北正库,正在醋坊巷口也。西桥东曰煮碧香库。礼部贡院对河桥西曰藩封栈库。外有藩封正库,在常州无锡县,并隶临安府点检酒所提领耳。

【注释】

①安溪:位于今杭州余杭区良渚街道。

②奉口:今位于今杭州余杭区仁和街道。

【译文】

还有九个小库,如安溪、余杭、奉口、解城、盐官、长安、许村、临平、汤镇。还有碧香各库。如钱塘门外上船亭南是钱塘正库,有楼,匾名先得。

钱塘县前面是钱塘前库。鹅鸭桥北面是北正库,正在醋坊巷口。西桥东面是煮碧香库。礼部贡院对着河桥西面是藩封栈库。外有藩封正库,在常州无锡县,都被临安府点检酒所管辖。

安抚司酒库

【题解】

本条简单叙述了南宋行都杭州安抚司酒库的名字和所在地。安抚司酒库隶属于浙西安抚司，是地方行政机构管理的酒库，承担了重要的经济和军事功能。与点检所酒库相比，两者还有一些不同。首先，隶属关系不同。点检所酒库属于户部点检所管理，安抚司酒库由安抚司管辖。其次，设置区域不同。点检所酒库多集中在都城临安及周边重要地区，安抚司酒库则分布在杭州以外的州县。第三，功能和作用不同。点检所酒库获取的利润交由户部处理，还承担着一定的皇室及官方用酒供应任务。安抚司酒库主要是为地方财政提供支持，补充地方的财政开支，同时也负责满足地方官员、军队以及民众的日常用酒需求。第四，规模不同。点检所酒库由于处于都城及重要地区，且有官方背景支持，经营规模较大，酒的品种丰富，能汇聚各地名酒。安抚司酒库的规模因各地经济发展水平和人口数量不同而有所差异。其酒品多以满足当地民众口味和消费需求为主，具有一定的地方性。本条文字引自《咸淳临安志》卷五十五《官寺四·仓场库务等》。

安抚司所管一道酒库，如余杭县闲林酒库，石濑步东西二酒库①，临安县青山、桃源二酒库外，有安吉州德清县市名为德清正酒库，五林闹市处曰德清东西二酒库，安吉州归安县曰琏市东西二酒库，嘉兴府华亭县曰上海酒库。

【注释】

①石濑步：今浙江杭州余杭区瓶窑镇的石濑村。

【译文】

安抚司所管一道酒库，如余杭县闲林酒库，石濑步东、西二酒库，临安县的青山、桃源二酒库外，还有安吉州德清县市的德清正酒库，五林闹市处德清东、西二酒库，安吉州归安县琏市东、西二酒库，嘉兴府华亭县上海酒库。

厢禁军

【题解】

本条简单记述了南宋杭州城驻扎的厢禁军的军号和所在地。厢禁军是南宋军队的重要组成部分,包括禁军和厢军。禁军是南宋的精锐部队,主要负责保卫皇宫和京师,而厢军则是地方驻军,主要负责地方治安和杂役,如修筑城池、制造武器、修路筑桥等。南宋时,厢禁军的编制和管理较为复杂,禁军和厢军之间存在一定的互补机制,例如厢军中的精壮士兵可以升为禁军,而禁军中表现不佳者则降为厢军。

临安居辇毂之下,盖倚以为重,武备一日不可弛阙,而守帅所统,则建炎之旧制。至防隅一军①,又必藉禁卫之士,别为部伍。三衙之兵亦听帅臣节制,以倡率之。姑以兵制、军号,一一述之,使知兵卫各有所统耳。

【注释】

①防虞一军:主要指用于城市防御和治安维护的军事力量。这支军队主要负责城市的巡逻、防火、治安等工作,类似于现代的警察和消防。南宋杭州的防虞军队分为城内和城外两部分,具体职能见

本卷下一条《防虞巡警》。

【译文】

临安府居于天子脚下,被倚仗为朝廷的重要支持,军事防备一天都不可以放松缺少,而两浙安抚使所统辖的军队,还是采用南宋初建炎年间的旧制度。至于防隅一军,又必须靠着禁卫,另外组成部队。三衙士兵也听从安抚使节制,来以身作则。下面姑且将兵制、军号,一一叙述,使人们知道士兵各自有所统属。

曰东南第三将,自太祖朝分隶驻劄,寨在东青门内。元管十指挥,后拨威果二十八指挥、雄节九指挥于平江外,见存者威节第一、第四、第五、第六指挥,雄节第八、第十六指挥,全捷第二、第三指挥,共统八指挥军也。

【译文】

东南第三将,自宋太祖朝分别隶属驻扎,军寨在东青门内。原管十个指挥,后来拨威果二十八指挥、雄节九指挥于平江外,现在尚存威节第一、第四、第五、第六指挥,雄节第八、第十六指挥,全捷第二、第三指挥,共统领八个指挥军。

曰京畿第三将①,元系东京畿县陈留、雍丘、尉氏、鄢陵、阳武屯驻兵,后张俊统卒来捕陈通②,存留驻劄③。营在东青门里,所统武骑两指挥、勇广四指挥④、广捷三指挥、忠节水军骁猛、神威、雄勇、雄威各管一指挥、效忠三指挥,共统十六指挥军也⑤。

【注释】

① 京畿第三将：《咸淳临安志》卷五十七《武备·兵制·禁军》作"京畿第二将"。

② 张俊：原作"刘俊"，据《建炎以来系年要录》卷十一改。陈通：原作"陈留"，据《咸淳临安志》卷五十七《武备·兵制》改。陈通，原南宋杭州捷胜军士兵，建炎元年（1127）八月，因知州叶梦得拖欠军饷，激起士兵不满，陈通趁机带头叛乱，囚禁叶梦得，占领杭州城，后陈通接受知秀州赵叔近的招安。御营司都统制王渊率军来到杭州，以赵叔近的名义骗陈通开城，然后杀死陈通。

③ 驻劄：（宋）赵昇《朝野类要》卷三《职任·驻扎》："沿江都统、诸路总管路钤等，及京畿、东南将副之类，皆曰某州驻扎者，盖本朝兵制所以示此乃天子之军也。"

④ 勇广四指挥：《咸淳临安志》卷五十七《武备·兵制》作"广勇三指挥"。

⑤ 共统十六指挥：原作"共统十七指挥"，根据本段所讲数量及《咸淳临安志》卷五十七《武备·兵制·禁军》"共管十六指挥"改。

【译文】

京畿第三将，原本是东京畿县陈留、雍丘、尉氏、鄢陵、阳武屯驻兵，后来张俊统率士卒抓捕陈通，留下驻扎。军营在东青门里，统领武骑两指挥、勇广四指挥、广捷二指挥、忠节水军骁猛、神威、雄勇、雄威各管一指挥、效忠三指挥，共统率十六指挥军。

曰兵马钤辖司兵马，勇节①、威果、全捷三指挥，宿州龙骑、归远二指挥，因讨睦寇留屯②，隶钤辖司所管矣。

【注释】

① 勇节：《咸淳临安志》卷五十七《武备·兵制》作"雄节"。

②睦寇：指北宋末年方腊起义，因方腊是睦州清溪（今浙江淳安西北）人，故而起义军被官府污称作"睦寇"。

【译文】

兵马钤辖司兵马，勇节、威果、全捷三指挥，宿州龙骑、归远二指挥，因征讨方腊义军而留屯，隶属钤辖司所管。

曰厢军，崇节、捍江、修江、都作院、小作院、清湖闸、开湖司、北城堰、西河广济、楼店务、长安堰闸、秤斗务、壮城①、鼓角匠、横江水军、船务、牢城②，各指挥兵士计一万五百八十七名之额。

【注释】

①壮城：原作"北城"，据《咸淳临安志》卷五十七《武备·兵制·厢军》、《乾道临安志》卷二《军营》改。宋代军制，专司修建城防的士卒称"壮城"。

②牢城：厢军之一种。其所收受之成员，皆为刺配的罪人，按指挥编制，称"牢城指挥"。

【译文】

厢军，崇节、捍江、修江、都作院、小作院、清湖闸、开湖司、北城堰、西河广济、楼店务、长安堰闸、秤斗务、壮城、鼓角匠、横江水军、船务、牢城，各指挥兵士总计一万五百八十七名。

曰城东、城西、外沙①、海内②、管界、茶槽、南荡、东梓、上管、赭山③、仁和、盐官、黄湾、硖石、奉口、许村巡检司十六寨④，计兵卒一千三百四十四名之额。

【注释】

①外沙:《咸淳临安志》卷五十七《武备·兵制·土军》:"外沙巡检司,寨在候潮门外,额管一百二十人。"

②海内:原作"海外",据《咸淳临安志》卷五十七《武备·兵制·土军》、《乾道临安志》卷二《军营》、《淳祐临安志》卷六《城府·军营》改。《咸淳临安志》卷五十七《武备·土军》:"海内巡检司,寨在嘉会门外,额管一百二十人。管界巡检司,寨在余杭门外,额管一百人。"《宋会要辑稿》方域十三之九:"其临安府海内巡检司管刻渔三百料,船二只,专一应副朝陵内人济渡不测使用。"

③赭山:《咸淳临安志》卷五十七《武备·兵制》:"赭山巡检司寨,在仁和、盐官两县界。"

④巡检司:官署名。宋置,掌训治甲兵,巡逻州县,擒捕盗贼。

【译文】

城东、城西、外沙、海内、管界、茶槽、南荡、东梓、上管、赭山、仁和、盐官、黄湾、硖石、奉口、许村巡检司十六寨,总计兵卒一千三百四十四名。

防隅巡警

【题解】

本条介绍了南宋行都杭州城的火警情况。作为南宋行都，杭州城人口众多，房屋拥挤，很容易发生火灾和盗窃等。为了维持城市秩序，杭州城专门设置了军巡铺，晚上巡逻，盗贼、火灾甚至争吵不休的情况，都在军巡铺士兵处理范围内。为了预防火灾，南宋朝廷有着比较严密的火灾预警规划，还有具体的救灾规定。比如杭州城划分为不同地区，每个地区都设有专门的望楼，早晚都有专人瞭望，一旦发现火警，白天通过旗帜，晚上通过灯火来指示方向，届时安抚使率领府治内相关士兵前往扑救。本条文字引自《咸淳临安志》卷五十七《武备·防虞》，且与《东京梦华录》卷三《防火》相似。

临安城郭广阔，户口繁夥，民居屋宇高森，接栋连檐，寸尺无空，巷陌壅塞，街道狭小，不堪其行，多为风烛之患。官府于坊巷近二百余步置一军巡铺，以兵卒三五人为一铺。遇夜巡警地方盗贼烟火，或有闹炒不律公事投铺①，即与经厢察觉，解州陈讼。更有火下地分，遇夜，在官舍第宅、名望之家伏路以防盗贼②。盖官府以潜火为重③，于诸坊界置立防隅,官屋屯驻军兵,及于森立望楼④,朝夕轮差兵卒卓望⑤,如有烟焰处⑥,以其帜指其方向为号,夜则易以灯。若朝天门内,以旗者三;朝天门外,以旗者二;城外以旗者一;则夜间以灯如旗分三等也。

【注释】

①闹炒:争吵,闹事。

②伏路:埋伏、隐藏在路旁,此处是为了防御盗贼。

③潜火:防火,灭火。

④森立:耸立,树立。

⑤卓望:瞭望。卓,远。

⑥烟焰(yàn):烟焰。

【译文】

临安府城池开阔,人口众多,民居房屋高大,一栋栋挨在一起屋檐相连,没有寸尺空间,街巷壅堵,街道狭窄,行走十分困难,经常有火灾的隐患。官府在坊巷二百余步的地方设置一个军巡铺,以三五名兵卒为一铺。到了夜晚,这些兵卒负责巡警地方上的盗贼和烟火,或有人争吵不守法纪,当事人到军巡铺投诉,兵卒与所在厢官员查明问题,便将人押送到州府提起诉讼。还有巡逻人员所管辖的区域,到了夜晚,军巡铺兵卒隐藏在官舍宅院、有名望人家的路旁来预防盗贼。官府重视防火,在杭州城各坊界设置防隅,官府房屋屯驻军兵,并在耸立的望楼上,白天黑夜轮流派遣兵卒眺望,如果发现有冒烟的地方,兵卒就用旗帜指示其方向作为信号,夜晚则将旗帜换成灯。如果是朝天门内发生火灾,使用三面旗发信号;朝天门外发生火灾,用两面旗发信号;杭州城外面发生火灾,用一面旗发信号;夜晚用灯示警,像用旗一样分为三个等级。

曰东隅，有望楼在柴垛桥都税务南①；曰西隅，有望楼在白龟池；曰南隅，有望楼在吴山至德观后；曰北隅，有望楼在潘阆巷内；曰上隅，有望楼在大瓦子后三真君庙前；曰中隅，有望楼在下中沙巷蜡局桥东塝；曰下隅，有望楼在修文坊内；曰府隅，有望楼在府治侧左院墙边；曰新隅，在长庆坊。曰新南隅，在候潮门里东；曰新北隅，在余杭门里；曰新上隅，在侍郎桥东皮场庙侧；曰西南隅，在寿域坊仁王寺前；曰南上隅，在丽正门侧仪鸾司相对；曰城西隅，在钱湖门外清化桥；曰城北上隅，在北郭税务桥；曰东北下隅，有望楼在北新桥北；曰钱塘隅，有望楼在水磨头放生亭后；曰新西隅，在九里松曲院路口；曰海内隅，在浙江亭南油局；曰外沙隅，在候潮门外外沙巡司；曰城东隅，在新门外城东巡司；曰茶槽隅，在东青门外茶槽巡司。

【注释】

①柴垛桥：《咸淳临安志》卷五十七《武备·防虞》作"柴垛坊"。

【译文】

东隅，有望楼在柴垛桥都税务的南面；西隅，有望楼在白龟池；南隅，有望楼在吴山至德观的后面；北隅，有望楼在潘阆巷内；上隅，有望楼在大瓦子后面的三真君庙的前面；中隅，有望楼在下中沙巷蜡局桥东塝；下隅，有望楼在修文坊内；府隅，有望楼在府治侧面的左院墙边；新隅，在长庆坊。新南隅，在候潮门里东面；新北隅，在余杭门里；新上隅，在侍郎桥东皮场庙侧面；西南隅，在寿域坊仁王寺的前面；南上隅，在丽正门侧面，与仪鸾司相对；城西隅，在钱湖门外清化桥；城北上隅，在北郭税务桥；东北下隅，有望楼在北新桥的北面；钱塘隅，有望楼在水磨头放生亭的后面；新西隅，在九里松曲院路口；海内隅，在浙江亭南油局；外沙隅，在候潮门外外沙巡司；城东隅，在新门外城东巡司；茶槽隅，在东青门外茶槽巡司。

如遇烟烶救扑①，帅臣出于地分，带行府治内六队救扑，将佐军兵及帐前四队、亲兵队、搭材队一并听号令救扑，并力扑灭，支给犒赏；若不竭力，定依军法治罪。

【注释】

①救扑：扑火。

【译文】

如果遇到扑救烟火，安抚使从所管辖地方出动，带领行府治内的六队扑救，安抚司下属将佐军兵以及帐前四队、亲兵队、搭材队一并听从号令扑救，合力扑灭火灾，发放犒赏；如果军兵救火不竭尽全力，必定依照军法治罪。

帅司节制军马

【题解】

本条接续前一条内容，介绍了南宋杭州城浙西安抚司如何统帅军兵救火的情况。为了更高效及时地扑灭火灾，在朝廷授权下，殿前司、步军司各自抽调千名士兵，由两名统制官分别统率，在杭州城内四角分别驻扎，以备随时受命调遣救火。后来又从殿前司和步军司各自抽调三百军卒，在城外四角驻扎，预防城外的火灾。平时官府出资购置好救火的各种器具，一旦发生火灾，这些军卒在统制官指挥下迅速赶到火灾现场，全力扑救。如果军卒因为救火受重伤，官府给予赏赐的同时，还会出钱医治。遇到火灾发生，官府会买水救火，有钱人家会出钱激励救火，甚至火灾严重惊动了皇帝，皇帝也会专门派遣使者前来监督救火。可以说，正是从上到下，从官府到民间的通力合作，南宋杭州的火警呈现出科学、高效的特点。本条文字节选自《咸淳临安志》卷五十七《武备·防虞》。

浙西安抚司节制殿、步两司军校①，虽系帅司节制，元无统属，遇有速欲调遣及救扑烟煜，须伺朝旨调遣，常不及事，遂请于朝省，得旨行下殿、步两司，各差官兵千人，各委统制官二员，带行正任兵马钤辖、都监，及添差兵马钤辖、副都监职任,于城内四壁置隅,以备调遣。复请朝堂,欲再于殿、步二司差军兵分任城外四壁防虞之责。遂行下各司再选精军三百人,各以统制官二员仍带本州钤辖路分之职分任也。并照城内四壁约束,俱隶帅司节制。

【注释】

①军校:军官。

【译文】

浙西安抚司节制殿前司、步军司两司军官,虽然这两司属于安抚司节制,但它们之间原本并没有上下级统属关系,遇到想要迅速调遣军卒以及扑灭烟火,必须等候朝廷旨意才能调遣,经常来不及,于是安抚司向朝廷请示并得到皇帝旨意,下发到殿前司、步军司两司,两司各自派遣千名官兵,各自委派两名统制官,统制官头衔带行正任兵马钤辖、都监,以及添差兵马钤辖、副都监,在杭州城内四壁设置隅,以准备调遣。安抚司再次请示朝廷,想要再从殿前司、步军司两司中派遣军兵分别担任城外四壁的防火之责。于是朝廷下令两司再次挑选三百名精兵,各自以两名统制官统率,这两名统制官的头衔中仍然兼带本州钤辖路分。并遵照杭州城内的四壁约束,城内、城外的统制官都归安抚司管理。

自后两浙运司申朝得旨,令分官城内外四壁军兵通行节制,以便救扑。且如防虞器具、桶索旗号①、斧锯灯笼、火背心等器具,俱是官司给支官钱措置,一一俱备。遇有救扑,百司官吏俱整队伍,急行奔驰驻劄遗漏地方,听行调遣,不劳百姓余力,便可扑灭。如宰执、帅、漕、殿、步帅臣间到地面指挥救扑②,百司官吏亦各诣所隶官司守局以备不测。其修内司搭材等兵级③,亦同内侍分头救灭。或火势侵及官舍、戚里之家,及烻烬畏威④,有伤百姓屋庐,内庭累令天使驭马传宣诸司帅臣,速令将佐兵士扑灭,毋致违慢,如有违误,定行军法治之。帅、漕二司遇行救扑,官舍钱买水浇灭,富室豪户亦喝钱助役。军士尽力扑灭,不致疏虞⑤。若救火军卒重伤者,所司差官相视伤处,支给犒赏,差医胗治⑥。

【注释】

①旗号:标明军队名称或将领姓氏的旗子。

②步帅:即步军都指挥使。

③修内司:掌皇城内官殿垣宇及太庙修缮之事。南宋时并兼制造御前军器。

④畏威:畏惧声威。此处形容火灾畏惧朝廷声威不敢肆虐。

⑤疏虞:疏忽,失误。

⑥胗(zhěn)治:即诊治,诊断治疗。胗,同"诊"。

【译文】

此后两浙转运司向朝廷申请获得旨意,命令将官城内外四壁军兵统一管理,以方便扑灭火灾。并且像预防火灾的器具、桶索旗号、斧锯灯笼、火背心等,都是官府拨放官钱置办,一一完备。遇到火灾,各司官吏都整齐队伍,急速奔跑前往驻扎遗漏的地方,听从调遣,不劳动百姓的余力,便可扑灭火灾。像宰执、安抚使、转运使、殿前都指挥使、步军都指挥使偶尔亲临现场指挥扑灭火灾,官府各司的官吏也都各自前往所隶属的官司守局以备不测。修内司搭材等军兵,也协同宦官分头救灾灭火。如果火势伤及官府衙门、外戚家,以及焰火烧到百姓房屋,大内便会多次命令皇帝派出的使者乘马告知各司的帅臣,迅速命令将佐兵士扑灭火灾,不要急慢命令,如果有人违背命令延误救火,必定执行军法予以惩治。安抚司、转运司两司遇到扑灭火灾,官府出钱买水浇火,有钱人家和权贵人家也出钱激励救火军卒。军卒全力以赴扑灭火灾，不致出现疏忽。如果救火军卒重伤，其所在官司派遣官吏查看患者伤处，给予犒赏，并派遣医生诊治。

全本全注全译丛书

中华经典名著

刘云军◎译注

梦粱录 下

中华书局

目录

下册

卷十一 ……………………………………… 583
    诸山岩 ………………………………… 583
    岭 ……………………………………… 596
    诸洞 …………………………………… 604
    溪潭涧浦 ……………………………… 611
    井泉 …………………………………… 621
    池塘 …………………………………… 633
    堰闸渡 ………………………………… 640

卷十二 ……………………………………… 644
    西湖 …………………………………… 644
    下湖 …………………………………… 666
    浙江 …………………………………… 672
    城内外河 ……………………………… 679
    湖船 …………………………………… 693
    江海船舰 ……………………………… 700
    河舟 …………………………………… 707

卷十三 ……………………………………… 712
    两赤县市镇 …………………………… 712

都市钱会……………………………… 714

　　团行…………………………………… 717

　　铺席…………………………………… 722

　　天晓诸人出市………………………… 729

　　夜市…………………………………… 734

　　诸色杂货……………………………… 743

卷十四………………………………………… 754

　　祠祭…………………………………… 754

　　山川神………………………………… 763

　　忠节祠………………………………… 772

　　仕贤祠………………………………… 782

　　古神祠………………………………… 793

　　土俗祠………………………………… 796

　　东都随朝祠…………………………… 804

　　外郡行祠……………………………… 807

卷十五………………………………………… 816

　　学校…………………………………… 816

　　贡院…………………………………… 828

　　城内外诸宫观………………………… 832

　　城内外寺院…………………………… 844

　　僧塔寺塔……………………………… 849

　　古今忠烈孝义贤士墓………………… 854

　　历代古墓……………………………… 862

卷十六………………………………………… 867

　　茶肆…………………………………… 867

　　酒肆…………………………………… 873

分茶酒店	880
面食店	896
荤素从食店诸色点心事件附	904
米铺	909
肉铺	913
鲞铺	917
卷十七	**921**
历代人物	921
状元表	944
武举状元	963
后妃列女	968
历代方士	978
历代方外僧	983
行孝	1009
卷十八	**1013**
民俗	1013
户口	1017
物产	1021
免本州岁纳及苗税	1088
免本州商税	1092
恩需军民	1094
恤贫济老	1100
卷十九	**1103**
园囿	1103
瓦舍	1118
塌房	1121

社会…………………………………1124

闲人…………………………………1131

雇觅人力……………………………1136

四司六局筵会假赁…………………1140

卷二十…………………………………1145

嫁娶…………………………………1145

育子…………………………………1162

妓乐…………………………………1167

百戏伎艺……………………………1178

角抵…………………………………1183

小说讲经史…………………………1187

卷十一

诸山岩

【题解】

本条简单介绍了南宋杭州城及周边地区的山岩景观，包括山名、所在位置等。其中一些山至今仍然是杭州地区的著名景观，如凤凰山是杭州城区的五大名山之一，北近西湖，南邻江滨，形似飞凤，故名。南宋时期，凤凰山麓是南宋皇城所在地，宋高宗在此修建宫城禁苑。凤凰山不仅有南宋皇城遗址，还有丰富的自然景观和人文遗迹，如排衙石、月岩、栖云寺等。玉皇山也是杭州的名山之一。位于西湖南岸，古时称龙山，与凤凰山并称"龙飞凤舞到钱塘"。南宋时，玉皇山也是重要的风景名胜地，山上有多处摩崖题刻和古迹。定山位于杭州西南部，因形似卧狮而得名，是杭州的古老名山之一。南宋时，定山脚下是重要的军事要地，曾筑有水师点将台。天目山位于杭州西北部，是杭州背后的靠山，南宋时被作为国家的祖山，皇帝在此祭祖。天目山以其雄伟的山势和丰富的自然景观著称，被誉为"江南第一山"。皋亭山位于杭州北部，南宋时因在半山腰建有娘娘庙而被称为半山。如今的半山国家森林公园是杭州著名的自然景观区，保留了丰富的历史遗迹和自然风光。南宋时，杭州周边的山川景色是文人墨客喜爱的游览胜地，也反映了当时社会对自然景观的审美和文化追求。本条文字由《咸淳临安志》卷二十二《山川一·山·城内诸山》至卷二十七数条合并而成。

大内坐山名凤凰①,即杭客山也。庙巷山名吴山,又曰胥山。上方多福寺,名七宝山。山前连者,谓之宝莲山。进奏院后名石佛山。太庙后名瑞石山。妙果尼寺前名金地山②。漾沙坑小山名茆山、浅山。宝月寺前名宝月山。八眼井前名峨嵋山、草场山。御厨营山谓之宝山。孝仁坊名清平山。府治名竹园山,秀峰诸山一脉耳。丰乐桥南有狗儿山,此古老相传称之而实无山迹。东太乙宫后圃内有小土山名虎林山,建亭在其上,扁曰武林,即杭之主山也。

【注释】

①凤凰:即凤凰山。位于杭州西湖南面的万松岭和慈云岭之间。

②妙果尼寺:(宋)潜说友《咸淳临安志》卷八十二《寺观八·尼院·城内外·妙果院》:"旧为兴福庵。乾道八年,移请在城妙果废院为额。按旧志,有妙果尼寺在金地山。清泰二年,钱氏建号金地寺。大中祥符元年,改妙果。"

【译文】

大内坐落的山名叫凤凰山,即杭客山。庙巷山名叫吴山,又叫胥山。山上有许多佛寺,又叫七宝山。山前面相连的山,称作宝莲山。进奏院后面的山名叫石佛山。太庙后面的山名叫瑞石山。妙果尼寺前面的山名叫金地山。漾沙坑小山名叫茆山、浅山。宝月寺前面的山名叫宝月山。八眼井前面的山名叫峨嵋山、草场山。御厨营山称为宝山。孝仁坊的山名叫清平山。临安府治的山名叫竹园山,属于秀峰山的一脉。丰乐桥南面被称作狗儿山,但实际上并没有山,这是历年久远的传说。东太乙宫后园里面有小土山名叫虎林山,山上建亭,匾名武林,即杭州城的主山。

城南冷水峪上名曰包家山①,山有桃花关,多贵官园囿,春间桃花数里,艳色如锦,杭人游宴甚夥。嘉会门外洋泮桥南名龙山,又曰卧龙山②。山西名月轮、大慈二山,低处名马鞍、五云等山。铁井栏谓之定山、秦望山③、浮山。范村北乡名排山。杨村名嵼山。巫山头名庙山,又谓之椂山。水乐洞前名南高峰山。九里松名灵隐山、灵苑山④、仙居山。灵隐寺后山名北高峰山,寺前名飞来峰、白猿峰、稽留峰、月桂峰、莲华峰、涟岩、巉岩。灵鹫寺右青林岩⑤、理公岩。灵隐山南名葛坞朱墅⑥、女儿山玉女岩⑦、龙井山、云栖山。范村诸坞山。西湖堤上名孤山,乃林和靖先生隐居处,其山耸立,傍无联附⑧,为湖山之绝胜也。

【注释】

①包家山:原作"包山",据《咸淳临安志》卷二十三《山川二·城南诸山》、本书卷二《二月望》改。在栖云山东,隔冷水峪,与金家山相望。

②卧龙山:原作"天龙山",据《咸淳临安志》卷二十三《山川二·城南诸山》、《淳祐临安志》卷八《城南诸山》改。位于杭州西湖区。

③秦望山:即今杭州将台山,在凤凰山西南,慈云岭东,连接凤凰山、玉皇山和慈云岭。

④灵苑山:原作"灵茆山",据《咸淳临安志》卷二十三《山川二·城南诸山》、《武林旧事》卷五《湖山胜概》、《舆地纪胜》卷二《景物下》改。(宋)周密《武林旧事》卷五《湖山胜概》:"武林山:又曰灵隐山,又曰灵苑山,又曰仙居山。有五峰,曰飞来,曰白猿,曰稽留,曰月桂,曰莲华。山前有涧,即武林泉也。"位于西湖南。

⑤灵鹫寺:《咸淳临安志》卷八十《寺观六·寺院·灵鹫兴圣寺》:

"在下天竺北,慧理法师卓锡之地。开运二年,吴越王建,旧名灵鹫。大中祥符八年改今额。嘉熙元年重建。淳祐十二年,又建灵山海会之阁,理宗皇帝御书扁,有理公岩、龙泓洞(已见《山川门》)、滴翠轩、九品观堂、东坡祠堂。"

⑥葛坞:指吴地方士葛孝先所居之地。朱墅:指南朝梁隐士朱世卿所居之别墅。《咸淳临安志》卷二十三《山川二·葛坞朱墅》:"晏元献公《舆地志》:'葛坞在灵隐寺,吴方士葛孝先所居也。'陆羽寺记云:'晋葛洪亦曾居此。'朱墅者,梁隐士盐官朱世卿之别墅。"

⑦女儿山玉女岩:(宋)施谔《淳祐临安志》卷八《山川·女儿山玉女岩》:"《太平寰宇记》:'灵隐山南一石状似人形,两髻分开,俗谓之女儿山。'顾野王《地志》云:'灵隐山南有玉女岩。'"

⑧联附:联系依傍。

【译文】

杭州城南冷水峪上面有山名叫包家山,山上有桃花关,有许多高官的园林,春天桃花盛开,绵延数里,桃花的颜色像锦一样鲜艳,许多杭州人来此游玩饮宴。嘉会门外面洋泮桥南有山名叫龙山,又叫卧龙山。山西面有月轮山、大慈山两座山,低处有马鞍山、五云山等山。铁井栏的山称为定山、秦望山、浮山。范村北乡有山名叫排山。杨村有山名叫㠝山。巫山头有山名叫庙山,又称作椽山。水乐洞前面有山名叫南高峰山。九里松有山名叫灵隐山、灵苑山、仙居山。灵隐寺后山叫北高峰山,寺前面的山名叫飞来峰、白猿峰、稽留峰、月桂峰、莲华峰、涟岩、巘岩。灵鹫寺右面有青林岩、理公岩。灵隐山南面有葛坞朱墅、女儿山玉女岩、龙井山、云栖山。范村各坞山。西湖堤上的山叫作孤山,是林逋隐居的地方,该山耸立,傍边没有相联依傍的山,是湖山绝佳的名胜。

钱塘界有粟山。县旧治南名巨石山石甑山①。寿星寺后巾子峰山②。大佛寺名大佛石山。张真君行宫前名霍山。兴教寺后曰南屏山③,其山怪石耸秀,中穿一洞,上有石壁,如屏障可爱,司马温公书《家人卦》刻之于石④,见存其迹矣。净慈寺对山名雷峰寺山,后有慧日峰山。龙井山侧名鸡笼山⑤。高丽惠因寺前名赤山⑥。更有一峰耸出,众山缭绕,古木列垂,森翠难描,谓之玉岑山也。报德寺有山名鸦鸡峰。无垢院有一峰如笔⑦,卓然而立,故名卓笔峰。大麦岭后花家山,又名蛇山。放马场侧灵石山。东山衕又名仙姑山⑧。王家桥试院后名西观音山、秦亭山、石壁山。西溪:龙门山⑨。长寿乡:大悲山坞⑩。崇化乡:观山、黄社⑪、茆、涤⑫、杨梅等山。城东北山:临平山、桐扣山⑬、赤岸山、皋亭山⑭、青龙山⑮、母山⑯、佛石山⑰、石膏山⑱、大婆山、白岩山、方山⑲、苎山⑳、杨山、唐墓山㉑、近山㉒、大遮山、鸟尖山㉓、饮马山㉔、安乐山㉕、石壁山、龙驹山、法华山㉖。

【注释】

① 巨石山(石甑(zèng)山):原作"巨石山石甑山",据《淳祐临安志》卷八《山川》、《咸淳临安志》卷二十三《山川二》记载:"巨石山,一名石甑山。"

② 寿星寺:《武林梵志》卷五:"寿星寺在智果寺侧,有寿星石、明远堂、垂云亭、寒碧轩、一击轩、平秀轩、东坡祠、杯泉观、堂江湖伟观扁,赵与蕙建。"

③ 兴教寺:《咸淳临安志》卷七十八《寺观四·兴教寺》:"在南屏山。开宝五年,吴越王建,旧名善庆。太平兴国中改今额(详见南屏山)。旧有齐云亭、清旷楼、米元章琴台,今皆废。"

④司马温公:北宋政治家、史学家、文学家司马光。字君实,号迂叟,世称涑水先生,陕州夏县涑水乡(今山西夏县)人。司马光于宋仁宗宝元元年(1038)中进士甲科,先后任谏议大夫、翰林学士、御史中丞等职。宋神宗任用王安石主持变法,司马光强烈反对,退居洛阳编撰《资治通鉴》。宋哲宗即位后高太后听政,召司马光回朝,任尚书左仆射兼门下侍郎,主持朝政。上台后全面废止新法。卒赠太师、温国公,谥"文正"。有《温国文正司马公文集》《稽古录》《涑水纪闻》等著作存世。《家人卦》:即《易经·家人卦》,宣扬修身齐家之道。

⑤鸡笼山:《咸淳临安志》卷二十三《山川二·城南诸山》:"慧日峰,在净慈寺后,今有慧日阁。雷峰,在净慈寺前,郡人雷氏筑庵居之,故名。世又谓之中峰。鸡笼山,在龙井风篁岭侧,高而圆,若鸡笼然。"

⑥高丽惠因寺:(宋)周密《武林旧事》卷五《湖山胜概·南山路·高丽寺》:"旧名惠因寺。湖山间惟此寺无敕额。元丰间,高丽王子僧统义天入贡,学贤首教于此,因施金建华严阁,有易庵、期忏堂。皇姑成国公主殡所。"

⑦无垢院:《咸淳临安志》卷七十八《寺观四·寺院·无垢院》:"光化二年,吴越王建,旧名无著系无著禅师塔所。嘉定十四年,移请今额。院后有鸦鸡岩及仙人台(旧传有三人入寺游,有'南坞数回泉石,西霞几叠烟云'之句,人以为仙云。事载《夷坚志》)。"

⑧东山衕(tóng):"衕"字原无,据《咸淳临安志》卷二十四《山川三·城东北诸山》、《西湖游览志》卷九《北山胜迹》补。衕,通"街"。仙姑山:《淳祐临安志》卷八《古迹·仙姑山》:"在钱塘门外东山衕。"

⑨龙门山:《淳祐临安志》卷八《古迹·龙门山》:"在钱塘县西溪之钦贤乡,地高峻上,存龙池寺。"位于西湖名胜区西北缘,北高峰

⑩大悲山坞:《咸淳临安志》卷三十八《山川十七·泉》作"大老山"。

⑪黄社:《咸淳临安志》卷二十四《山川三·城南诸山》、《淳祐临安志》卷九《山川·古迹》作"黄杜"。

⑫涤:《咸淳临安志》卷二十四《山川三·城南诸山》作"筱"。

⑬桐扣山:《淳祐临安志》卷九《城东·山·桐扣山》:"在仁和临平山之西,因山岸出石鼓,张华取蜀桐木刻作鱼形而扣之,声闻数里,故名之曰桐扣山。"位于杭州市临平区临平镇西四十里,里桥镇境内。

⑭皋亭山:《淳祐临安志》卷九《城东·山·皋亭山》:"《祥符经》云今属仁和县,在县之东北二十里,高百余丈,出云则雨。"位于杭州市上城区丁兰街道天鹤路。

⑮青龙山:《淳祐临安志》卷九《城东·山·青龙山》:"在皋亭山之东,高七十余丈,山脊苍翠偃曲如龙。"

⑯母山:《淳祐临安志》卷九《城东·山·母山》:"在皋亭山东北,约高一百余丈,比众山独高,张翼左右如母顾子,因以名之。"位于临平区皋亭山东北。

⑰佛石山:《咸淳临安志》卷二十四《山川三·城东北诸山》、《淳祐临安志》卷九《山川·城东诸山》作"佛日山"。《淳祐临安志》卷九《城东·山·佛口山》:"在母山之东北,高六十余丈,中有古刹名佛慧。东坡、少游、杨杰、司马才仲、范石湖皆有留题(详具佛慧寺)。"

⑱石膏山:《淳祐临安志》卷九《城东·山·石膏山》:"《太平寰宇记》:在钱塘县旧治之西五十七里。《钱塘记》云:'出石膏,色若雪。又县治亥地有岳,岳中产石膏,雨霁时出,药用为最,一名稽留山,无毒兽恶虫。'"

⑲方山:《淳祐临安志》卷九《城东·山·方山》:"在钱塘县崇化乡,

高三十丈。"

⑳苎（zhù）山：《淳祐临安志》卷九《城东·山·苎山》："在钱塘县孝女南乡，高一十丈，周回五里。"

㉑唐墓山：原作"唐峰山"，据《咸淳临安志》卷二十四《山川三·城东北诸山》、《淳祐临安志》卷九《山川·城东诸山》改。《淳祐临安志》卷九《山川·城东诸山》："唐墓山：在钱塘县孝女南乡，高一十五丈，周回八里。（故老相传云，昔有孝女唐丑娘，年十二三，母病笃，因取肝救母，病愈而丑娘以疮口入风而亡。里人美其孝，以唐墓名其山。旧志作唐慕，非也。）"

㉒近山：《淳祐临安志》卷九《城东·山·近山》："在钱塘县灵芝乡第四都，高十丈，周回一里。"

㉓大遮山、鸟尖山：《淳祐临安志》卷九《城东·山·大遮山鸟尖山》："在钱塘县孝女北乡，接连余杭县及安吉州武康县界，高三百丈。"

㉔饮马山：《淳祐临安志》卷九《城东·山·饮马山》："在钱塘县，高二十丈，周回二里。"

㉕安乐山：《淳祐临安志》卷九《城东·山·安乐山》："在钱塘县，高三十丈，周回三里，山上有石八郎祠。"

㉖石壁山、龙驹山、法华山：《淳祐临安志》卷九《城东·山·有山石壁山龙驹山法华山》："在钱塘县，东至西堰桥，西至钦贤乡，群山连接，约高四十余丈，占十余里（石壁山上有尊司土地）。"

【译文】

钱塘县界有粟山。县旧治南面有巨石山石甑山。寿星寺后面有巾子峰山。大佛寺有大佛石山。张真君行宫前面的山名叫霍山。兴教寺后面的山叫南屏山，该山怪石耸立秀丽，山中有一个洞，上面有石壁，像屏障一样可爱。石壁上刻有司马光书写的《家人卦》，现在还留其遗迹。净慈寺对面的山叫雷峰寺山，后面有慧日峰山。龙井山侧面的山叫鸡笼山。高丽惠因寺前面的山叫赤山。更有一座山峰耸立而出,众山环绕,古木排列垂立,树木森森翠绿难以描述,名叫玉岑山。报德寺有山叫鸦鸡峰。无垢院有一座山峰像笔,挺然而立,故名卓笔峰。大麦岭后面有花家山,又名蛇山。放马场一侧有灵石山。东山衕又名仙姑山。王家桥试院后面有山叫西观音山、秦亭山、石壁山。西溪,有龙门山。长寿乡,有大悲山坞。崇化乡,有观山、黄社、茆、涤、杨梅等山。城东北山:临平山、桐扣山、赤岸山、皋亭山、青龙山、母山、佛石山、石膏山、大婆山、白岩山、方山、苎山、杨山、唐墓山、近山、大遮山、乌尖山、饮马山、安乐山、石壁山、龙驹山、法华山。

仁和县界东北有黄鹤山①、永和等乡超山②、亭市山③、龙珠山④、大旗山⑤、南山⑥、南北山⑦、三峰山⑧、洛山⑨、蛾眉山⑩、乌头山⑪、石姥山⑫、独山⑬、赭山⑭、马嗥山⑮。

【注释】

①黄鹤山:《咸淳临安志》卷二十四《山川三·城东北诸山》:"黄鹤山:《祥符志》云在仁和县旧治东北三十八里。《寰宇记》旧有黄鹤楼,今佛日山之北,高约百余丈,巅有龙池,一名渥洼。北坞有龙洞,石裂为路,深险不可视。山之腰有黄鹤仙洞,外甚狭,中可容数人,深窈而黑,时有樵牧爇松明而入,愈行愈远,疑有龙在焉。池出云必雨。又有潭在山之东。(故老相传有诗云'但看黄鹤山顶云,化作白龙潭上雨'。或谓僧道潜作。)"位于杭州市临平区里桥街道,是天目山余脉的一部分。

②超山:《淳祐临安志》卷九《城东·山·超山》:"在仁和县之东北六十里永和乡,高三十七丈,周回二十里。"位于杭州市临平区塘栖镇超山村小白饯。

③亭市山:"山"字原脱,据《咸淳临安志》卷二十四《山川三·城东

北诸山》补。《咸淳临安志》卷二十四《山川三·城东北诸山》："亭市山：《郡国志》云：'杭州亭市山，余石乡亭市村多陶户，善作大瓮，今谓之浙瓮。'"

④龙珠山：《淳祐临安志》卷九《城东·山·亭市山》："在仁和县肇元乡五都，高约六七丈，形圆象珠，与皋亭山、黄鹤众山相望，一名巧山。"位于杭州市临安区柳溪江沿岸。

⑤大旗山：《淳祐临安志》卷九《城东·山·大旗山》："在仁和县黄鹤山之北，高约五十余丈，有青草坞，山下居民可二百户，名大旗村。"

⑥南山：《咸淳临安志》卷二十四《山川三·城东北诸山·南山》："在仁和县大旗山之北，高约四十余丈，东南与佛日山夹境，有杜牧坞，累累数冢，世传杜牧墓，无可考。"

⑦南北山：《咸淳临安志》卷二十四《山川三·城东北诸山》作"南鲍山"。《咸淳临安志》卷二十四《山川三·城东北诸山·南鲍山》："在仁和县南山之北，高约十余丈，山下有村名南鲍。"

⑧三峰山：原作"玉峰山"，据《咸淳临安志》卷二十四《山川三·城东北诸山》、《淳祐临安志》卷九《山川·城东诸山》改。《咸淳临安志》卷二十四《山川三·城东北诸山·三峰山》："在仁和县北四十里：东山高一十五丈，周五里；西山高一十八丈，周四里；南山高一十二丈，周一里。"（宋）王象之《舆地纪胜》卷二《景物下》："三峰山：在仁和县北四十里。"

⑨洛山：《淳祐临安志》卷九《城东·山·洛山》："在仁和县北四十四里，高五十八丈，周一十八里。"

⑩峨眉山：《淳祐临安志》卷九《城东·山·峨眉山》："在仁和县北一十里大云乡，高一十八丈，周六里。"

⑪乌头山：《淳祐临安志》卷九《城东·山·乌头山》："在仁和县肇元乡青龙山之东，高八十余丈，峰锐而秀。"位于杭州市临安区。

⑫ 石姥山:《咸淳临安志》卷二十四《山川三·城东北诸山·石姥山》:"在乌头山之东,高五十余丈,有岭,南接运河塘赤岸岭之西,有真珠坞,少宰刘正夫葬焉。"

⑬ 独山:《咸淳临安志》卷二十四《山川三·城东北诸山·独山》:"在仁和县治之北大云乡,约高数十丈,每出云,晴则雨,雨则晴,里人占之屡验,下瞰横溪,回环皆水荡。"位于杭州市桐庐县横村镇。

⑭ 石姥山、独山、赭山:原作"姥独山、赭石山",据《咸淳临安志》卷二十四《山川三·城东北诸山》、《淳祐临安志》卷九《山川·城东诸山》改。赭山,在今浙江杭州萧山区东北,因土石皆赤,故名。原在钱塘江北,为钱塘江入海口。后钱塘江改道由北大门入海,赭山被隔在钱塘江南。《咸淳临安志》卷二十四《山川三·城东北诸山·赭山》:"《旧图志》云:在仁和旧治东北六十五里,滨海产盐,有盐场。"

⑮ 马嗥山:《淳祐临安志》卷九《城东·山·马嗥山》:"《郡国志》:昔吴伐越至此山,遇大风,车破骑死,有马嗥呼,求其王,遂名之(《太平寰宇记》)。"

【译文】

仁和县界东北有黄鹤山,永和等乡有超山、亭市山、龙珠山、大旗山、南山、南北山、三峰山、洛山、蛾眉山、乌头山、石姥山、独山、赭山、马嗥山。

其余七县①,山脉缭复,峰峦巍峨,周围数百里,难以尽述矣。虎头岩在钱塘门外②,介于宝岩定业寺后山。葛澧《钱塘帝都赋》云③:"岩则虎头。"故老传云④,此山旧有岩石突出如虎头形,吴越钱王纳土后,奏有望气云杭州西湖有虎头形胜⑤,遂命匠凿去其形。两赤县有名岩者⑥,如连岩、青林岩、理公岩⑦、玉女岩⑧、象鼻岩、佛手岩。

【注释】

① 其余七县：临安府领赤县钱塘、仁和，畿县余杭、临安、富阳、於潜、新城、盐官、昌化。七县指七个畿县，京都近旁的县份。

② 虎头岩：《淳祐临安志》卷九《城东·山·虎头岩》："在钱塘门外，介于宝严定业寺后山。葛澧《钱塘帝都赋》云：'峰曰卓笔，岩则虎头。'（故老传云此山旧有岩石突出如虎头，吴越王纳土后，望气者曰杭州西湖山有虎头山形胜，命凿之，故名。）"位于杭州市西湖区。

③ 葛澧《钱塘帝都赋》：又名《钱塘赋》。全文见《咸淳临安志》卷九十四《纪遗六·纪文·赋》。

④ 故老：年老有德之人。

⑤ 望气：古代的占候方法，由观望云气而知道人事吉凶的征兆。形胜：指地理位置优越，地势险要。

⑥ 两赤县：钱塘县和仁和县。赤县，宋代都城治下的县，也是宋代最高等级的县。

⑦ 理公岩：《淳祐临安志》卷八《城西诸山·古迹·理公岩》："天竺山灵鹫院法堂后有理公岩在焉。"位于西湖景区飞来峰内。

⑧ 玉女岩：《淳祐临安志》卷八《城西诸山·古迹·女儿山玉女岩》："《太平寰宇记》：灵隐山南一石状似人形，两髻分开，俗谓之女儿山。顾野王《地志》云：灵隐山南有玉女岩，旧志载翰林苏公轼尝爱玉女洞中水，既致两瓶，恐后复出而为使者见绐，因破竹为契使，寺僧藏其一以为往来之信，谓之调水符。诗曰：欺谩久成俗，关市有契缣。谁知南山下，取水亦置符。古人辨淄渑，皎若鹤与凫。吾今既谢此，但视符有无。常恐汲水人，智出符之余。吾防恐无及，存置为长吁。"

【译文】

临安府其余七个县，山脉缭绕繁复，峰峦巍峨，周围数百里，难以详尽描述。虎头岩在钱塘门外,在宝岩定业寺后山之间。葛澧的《钱塘帝都赋》称:"山岩是虎头。"年老有德之人相传,此山原有岩石突出像虎头形状,吴越王钱俶向宋朝献出领土后,有人上奏称有望气的人说杭州西湖有虎头山川壮美之像,于是朝廷下令工匠凿去虎形。两赤县有叫岩的山,如连岩、青林岩、理公岩、玉女岩、象鼻岩和佛手岩。

岭

【题解】

本条简单介绍了南宋杭州城附近山岭的情况，如八蟠岭、铁冶岭、骆驼岭、慈云岭、分金岭、白塔岭、大麦岭、栖霞岭等，分别介绍了这些岭的所在位置、风景特点，间或记载了相关诗句描述等内容。八蟠岭位于南宋皇城西北侧，是凤凰山的一部分。南宋皇城西北侧城墙沿着八蟠岭山脊而建，目前仍保留有暴露于地面上的夯土墙遗迹。铁冶岭位于杭州吴山，铁冶岭脊下有土阜，元代书法家杨维桢曾居于此，号"铁崖"。骆驼岭位于栖霞岭附近，因山体形似骆驼而得名，石色如黑，也称乌石峰，是欣赏西湖全景的好地方。慈云岭位于杭州西湖附近，是杭州的古地名之一，因岭上有慈云寺而得名。慈云岭附近有多处人文古迹，其中造像为五代时期吴越王钱镠所建，是杭州地区重要的摩崖造像。分金岭位于杭州西湖群山中，因山势分隔而得名，是杭州众多山岭中的一部分。白塔岭位于杭州西湖附近，因岭上有白塔而得名，附近有多处自然景观和人文古迹。大麦岭位于杭州西湖附近，因山势和地形得名，是杭州西湖群山的一部分。栖霞岭位于杭州西湖畔，葛岭西面、岳王庙后面，因岭上旧时多桃花，春日桃花盛开时犹如满岭彩霞，故称栖霞岭。栖霞岭上有黄龙洞、紫云洞、金鼓洞、银鼓洞等景点，附近有岳王庙、黄宾虹纪念馆等人文景点。本条文字引自《咸淳临安志》卷二十八《山川七·岭》。

八蟠岭,在大内后殿司廨山上。万松岭,在和宁门外孝仁坊西岭上,夹道栽松。今第宅内官民居高高下下①,鳞次栉比②,多居于上。白乐天夜归赋诗,有"万株松树青山上,十里沙堤明月中"之句③。又东坡蜡梅诗有"万松岭下黄千叶"之句④。

【注释】

①第宅:宅第,住宅。

②鳞次栉比:像鱼鳞和梳子齿那样有次序地排列着,此处形容房屋等排列得很密很整齐。

③万株松树青山上,十里沙堤明月中:意思是说青山上一片松林,郁郁葱葱;明月当空,洁白的清光映照在十里沙堤之上。此两句出自白居易的《夜归》:"半醉闲行湖岸东,马鞭敲镫辔珑璁。万株松树青山上,十里沙堤明月中。楼角渐移当路影,潮头欲过满江风。归来未放笙歌散,画戟门开蜡烛红。"

④东坡蜡梅诗有"万松岭下黄千叶"之句:见于苏轼诗《腊梅一首赠赵景贶》(一题:《次履常腊梅韵》)。岭下,《腊梅一首赠赵景贶》作"岭上"。

【译文】

八蟠岭,在大内后面殿司廨山上。万松岭,在和宁门外面孝仁坊西岭上,夹道栽种松树。如今住宅内官房民房高高低低,排列得很密很整齐,大多在万松岭的上面。白居易夜晚归来写诗,有"万株松树青山上,十里沙堤明月中"的诗句。苏轼蜡梅诗有"万松岭下黄千叶"的诗句。

铁冶岭,在步司廨左虎翼营东①。紫坊岭,在漾沙坑七官宅之侧。骆驼岭,在三茅观之麓。灌肺岭,在大街清河坊北。狗儿岭,在教睦坊内。此二岭旧有坡阜,今夷为坦路,而名存焉。

【注释】

①虎翼营:北宋禁军中的主力之一,属于步军。分为殿前司虎翼军和侍卫步军司虎翼军。殿前司虎翼军有68指挥,侍卫步军司虎翼军有96指挥,规模在京城诸军中极为突出。其前身是宋初的雄武弩手。

【译文】

铁冶岭,在步军司衙门左虎翼营的东面。紫坊岭,在漾沙坑七官宅的侧面。骆驼岭,在三茆观的山脚下。灌肺岭,在大街清河坊的北面。狗儿岭,在教睦坊内。灌肺岭和狗儿岭这两座岭原有山坡,如今整成平坦的道路,不过还保存着原来的名字。

慈云岭,西在方家峪,东往郊坛路,有后唐石刻。风篁岭在钱塘门外放马场西,路通龙井。其岭最高峻,岭上有亭,名曰过溪,又曰二老,东坡赋诗纪之。又《探梅》诗有"问讯风篁岭下梅"①,又有《界亭诗》"丹青明灭风篁岭"之句②。

【注释】

①问讯风篁岭下梅:宋代僧人释道潜《探梅》诗中的一句,全文如下:"问讯风篁岭下梅,疏枝冷蕊未全开。繁英待得浑如雪,霜晓无人我独来。"

②丹青明灭风篁岭:宋人苏轼《介亭饯杨杰次公》诗,诗全文如下:"篮舆西出登山门,嘉与我友寻仙村。丹青明灭风篁岭,环佩空响

桃花源。前朝欲上已蜡屐,黑云白雨如倾盆。今晨积雾卷千里,岂畏触热生病根。在家头陀无为子,久与青山为弟昆。孤峰尽处亦何有,西湖镜天江抹坤。临高挥手谢好住,清风万壑传其言。风回响答君听取,我亦到处随君轩。"

【译文】

慈云岭,岭西在方家峪,岭东通往郊坛路,岭上有后唐石刻。风篁岭,在钱塘门外放马场的西面,道路直通龙井。风篁岭最为高大险峻,岭上面有亭,名叫过溪亭,又叫二老亭,苏轼曾写诗描述这个亭子。又有《探梅》诗写道"问讯风篁岭下梅",还有《界亭诗》中"丹青明灭风篁岭"的诗句。

分金岭,在钱塘旧治西。狗头岭,在旧治北。梯子岭,在方家峪南。钱粮司岭,在城西巡司前。五岭[①],在龙山之北。白塔岭[②],在龙山之东。徐村岭,俗呼"姜擦子岭"。礌马岭、牛坊岭[③],俱在钱塘定山北乡。牌山岭,在定山南乡。五云山岭[④],在徐村,及云栖山俱可往来。

【注释】

[①] 五岭:原作"五子岭",据《咸淳临安志》卷二十八《岭》、《淳祐临安志》卷九《城内外诸岭》改。

[②] 白塔岭:《咸淳临安志》卷二十八《山川八·白塔岭》:"在钱塘县龙山之东。"

[③] 礌马岭、牛坊岭:原作"礌岭马牛头岭",据《咸淳临安志》卷二十八《岭》、《淳祐临安志》卷九《城内外诸岭》改。

[④] 五云山岭:《咸淳临安志》卷二十三《山川二·城南诸山》、《淳祐临安志》卷八《山川·城南诸山》作"五云山"。《咸淳临安志》

卷二十三《山川二·城南诸山·五云山》:"在钱塘县,约高百丈,周回一十五里,有真际院。岭上有天井,大旱不竭。"

【译文】

分金岭,在钱塘县旧治所的西面。狗头岭,在钱塘县旧治所的北面。梯子岭,在方家峪的南面。钱粮司岭,在杭州城西巡司的前面。五岭,在龙山的北面。白塔岭,在龙山的东面。徐村岭,俗称"姜擦子岭"。礌马岭、牛坊岭,都在钱塘县定山北乡。牌山岭,在定山南乡。五云山岭,在徐村,以及云栖山,这些岭之间有路相通,都可以往来。

大麦岭[1]、小麦岭[2],今在高丽寺西,与步司右军相连,路通放马场[3],岭有观音阁,对山有东坡同王渝、杨杰[4]、张璹元祐五年三月三日游三竺过麦岭题名石刻存焉[5]。

【注释】

[1] 大麦岭:《咸淳临安志》卷二十八《山川七·岭·大麦岭》:"《祥符志》云:'在钱塘旧治西南,到县一十五里。'今与步司右军寨相连,路通放马场。旧多种麦,因以名。岭之巅有观音阁,对山有东坡同王渝、杨杰、张璹元祐五年三月二日游三竺过麦岭题名刻石。"

[2] 小麦岭:(宋)周密《武林旧事》卷五《湖山胜概》:"小麦岭(饮马桥前后至龙井,止九溪十八涧)。"

[3] 放马场:原作"坊马场岭",衍一"岭"字,据《咸淳临安志》卷二十八《岭》删。(宋)叶绍翁《四朝闻见录》丙集《慈明》:"母张夫人以乐部被宪圣幸,后以病中归李氏,死葬西湖小麦岭下,地名放马场。"

[4] 杨杰:北宋中期诗人、学者,字次公,自号无为子,无为军(今安徽无为)人。宋仁宗嘉祐四年(1059)进士。历任太常博士、礼部

员外郎、两浙提点刑狱等。喜好山水,常以山水为题进行创作,成果丰富,惜多散佚。南宋人将其遗作编为《无为集》十五卷。
⑤张璹(shú):原作"张铸",据《咸淳临安志》卷二十八《岭》改。字全翁,安陆(今属湖北)人,曾任京东转运使,坐事降通判太平州。六十九岁时以京东提刑致仕。元祐:宋哲宗赵煦的第一个年号,1086—1094年。三日:《咸淳临安志》卷二十八《岭》作"二日"。三竺:浙江杭州灵隐山飞来峰东南的天竺山,有上天竺、中天竺、下天竺三座寺院,合称"三天竺",简称"三竺"。

【译文】

大麦岭、小麦岭,如今都在高丽寺的西面,岭与步军司右军相连,道路连接放马场,岭上有观音阁,对面山上有苏轼同王谞、杨杰、张璹在元祐五年三月三日游三竺过麦岭题名石刻,如今还保存着。

南高峰下烟霞岭。葛岭,在西湖之西,葛仙翁炼丹于此①,有初阳台,高庙即其地创集芳园,理庙以此园赐贾秋壑建第宅家庙,盖贾公元有别墅在焉②。

【注释】

①葛仙翁:即东晋道士葛洪。字稚川,号抱朴子,丹阳句容(今江苏句容)人。出身于江南豪族,广览经、史、百家,以儒学知名,后从方士郑隐学道。隐居罗浮山修行炼丹,著书讲学。著有《肘后备急方》《抱朴子》等。
②别墅:本宅外另建的园林住宅。

【译文】

南高峰下面是烟霞岭。葛岭在西湖的西面,葛洪曾在此炼丹,有初阳台,宋高宗在其地创建集芳园,宋理宗将此园赏赐给贾似道用来修建家庙,贾似道原先有别墅在此。

栖霞岭又名剑门岭，亦名剑门关，在钱塘门外显明院之北①，旧多栽桃花，开时烂然如霞，故名之。岭下岳鄂王墓②。驰巘岭，在九里松东③。胭脂岭，在九里松曲院路西。石人岭又名冯公岭，在灵隐寺西去半里许。又有大青岭，在东墓岭南④。郎当岭，在大青岭南。黄泥岭，在行春桥水竹坞步司前军寨南。胡家岭，在钱塘长寿乡，其岭极峻峭，有石井，旱不涸。歌樵岭，在大慈山⑤。大石姥岭⑥，在仁和界。

【注释】

① 显明院：《咸淳临安志》卷七十九《寺观五·显明院》："广顺二年，吴越孟谦建，旧名兴福保清。大中祥符元年，改今额。旧志有鉴空阁、绿净堂，今废。绍兴初，为太傅仪王仲湜横所。"

② 岳鄂王：即南宋初年杰出的抗金将领、"中兴四将"之一岳飞。字鹏举，相州汤阴（今河南汤阴）人。少年从军，绍兴六年（1136），率师北伐，顺利攻取商州、虢州等地。绍兴十年完颜宗弼毁盟攻宋，岳飞挥师北伐，先后收复郑州、洛阳等地，在郾城、颍昌大败金军。宋金议和过程中遭秦桧、张俊等人诬陷入狱。绍兴十二年被以莫须有的罪名，与长子岳云、部将张宪一同遇害。宋孝宗继位，下旨为岳飞"追复原官，以礼改葬"，改葬于西湖畔栖霞岭。淳熙五年（1178），追谥武穆。宋宁宗嘉泰四年（1204），追封岳飞为鄂王，追赠为太师。宋理宗宝庆元年（1225），改谥忠武。

③ 九里松：地名。在今浙江杭州西湖北。唐刺史袁仁敬守杭时，于行春桥至灵隐、三天竺间植松，左右各三行，凡九里，苍翠夹道，人称九里松。后即以九里松名其地。

④ 东墓岭：《咸淳临安志》卷二十八《山川七·岭·东墓岭》："在灵隐之西，去城二十余里。"

⑤大慈山：原作"慈山大"，据《咸淳临安志》卷二十八《岭》改。

⑥大石姥岭：《咸淳临安志》卷二十八《山川七·岭·石姥岭》："在仁和肇元乡，高五十余丈。"

【译文】

栖霞岭又叫剑门岭，还叫剑门关，在钱塘门外显明院的北面。原先多栽种桃花，开花时灿烂如同云霞，故而叫栖霞岭。岭下有岳飞墓。驰巘岭，在九里松的东面。胭脂岭，在九里松曲院路的西面。石人岭又名冯公岭，在灵隐寺向西半里左右。还有大青岭，在东墓岭的南面。郎当岭，在大青岭的南面。黄泥岭，在行春桥水竹坞步军司前军寨的南面。胡家岭，在钱塘长寿乡。该岭极其峻峭，有石井，天旱的时候井水不干涸。歌樵岭，在大慈山。大石姥岭，在仁和地界。

诸洞

【题解】

本条简要介绍了南宋杭州城内外一些山洞的名字、特点和所在位置。如青衣洞位于吴山景区十二生肖石下坎，临近阮公祠，因传说中唐道士在此遇见青衣童子入洞而隐而得名。洞中泉水自洞中流出，称为"涌泉"。青衣洞附近有阅古泉，泉水经十二折流入宅第，砌成玛瑙池，是南宋权臣韩侂胄府邸的一部分。罗汉洞位于飞来峰青林洞内，是飞来峰三大洞穴之一，洞内有五代至元代的罗汉造像，是中国最早的十八罗汉造像实例之一。洞内造像生动，罗汉像带有题记，对于研究罗汉信仰的传播具有重要价值。金星洞位于凤凰山介亭下，洞内生长金星草，因此得名。金星洞规模虽小，但文化内涵丰富，洞内曾有苏东坡撰写的《金星草铭》。水乐洞位于西湖附近，因洞内水声潺潺如奏乐声而得名。洞内有自然形成的钟乳石和石笋，景观独特。风水洞位于西湖附近，因洞内风声和水声相互呼应而得名。洞内景观以钟乳石和石笋为主，是自然与人文景观相结合的代表。烟霞洞位于西湖附近，是中国现存最早的十八罗汉造像实例之一。洞内罗汉像生动自然，雕刻精美。山洞在南宋时期不仅是自然景观的象征，还具有重要的文化意义。一些山洞因历史人物或事件而闻名，成为研究南宋历史的重要线索。许多山洞被用作佛教或道教的修行场所，体现了当时宗教文化的盛行；而山洞中的摩崖题刻和佛像展现了当时高超的雕刻技艺,是研究中国古代石刻艺术的重要资源。本条文字引自《咸淳临安志》卷二十九《山川八·洞》。

杭城内有洞者三:曰青衣洞①,在三茅观之后;曰罗汉洞②,在敕令所北,其洞废塞已久,今仍呼其名;曰金星洞③,在凤凰山介亭下。太庙亦有洞,如其名也。

【注释】

①青衣洞:《淳祐临安志》卷九《山川·青衣洞》:"在城内三茅观后。故老相传昔人行至洞口,有青衣童子问之不应,良久入洞,逐之不见,闻风雨之声,毛发悚栗而出。"
②罗汉洞:《淳祐临安志》卷九《山川·罗汉洞》:"在敕令所北。旧有金文院,叠石为洞,塑罗汉于其中,后为酒库洞,废,名存。"
③金星洞:《淳祐临安志》卷九《山川·金星洞》:"在正觉院后。洞中生金星草,因此得名。(政和终废入神霄宫。)"

【译文】

杭州城内有三座洞:青衣洞,在三茅观的后面;罗汉洞,在敕令所的北面,该洞荒废已久,不过今天仍然叫这个名字;金星洞,在凤凰山介亭的下面。太庙也有洞,就叫太庙洞。

城外有洞者凡一十有七:曰南高峰烟霞洞,下曰水乐洞①,其洞前四望,林峦耸秀,岩石笋峙,洞虚窈淳涵如渊泉②,味且清甜可掬,洞中水声如金石之音。顷为杨和郡王别圃,凿石筑亭,最为幽雅,岁时都人游观集焉,历年多芜秽弗治③,水乐音声几绝。贾秋壑以厚直得之④,增葺其景,顾无其水音。秋壑俯睨旁听,悠然有契,曰:"谷虚而后能应,水激而后能有声。今水潴其中⑤,土壅其外,欲振声,得乎?"亟命疏壅导潴,有声自洞间出,节奏自然,二百年胜概,于今如始也。

【注释】

①水乐洞:《淳祐临安志》卷九《山川·水乐洞》:"在烟霞岭下。洞中常有水声如击金石,故以名之。旧属僧舍,今为慈明皇太后宅圃。"
②渟(tíng)涵:水积聚而不流动。
③芜秽:田地不整治导致杂草丛生。
④厚直:高价。
⑤潴(zhū):水积聚。

【译文】

杭州城外共有洞一十七个:南高峰烟霞洞,下面是水乐洞。在洞前眺望四方,林木山峦耸立秀美,岩石像竹笋一样笔直耸立着。洞幽深曲折,洞中水汇聚在一起如同深泉中的明珠。泉水清甜,可以用手捧起来。此处以前是杨存中郡王的别园,开凿石头筑造亭子,最为幽雅,一年四季行都人都前往游览聚集。过去很多年这座园圃无人整治,杂草丛生,如音乐般的流水声已经断绝。贾似道以优厚的价格得到这个地方,修葺了园景并予以扩建,但却没有听到流水声。贾似道俯下身子斜着眼睛看并侧耳倾听,悠然自得心有相合,说道:"山谷只有在空虚的状态下,才能产生回响。水流只有在受到激荡时,才能发出声音。今水集聚在洞中,土在洞外壅集,想要流水发出声响,可以吗?"他马上命人疏通壅堵的泥土,疏导洞中的积水。有水声间或从洞中传出来,节奏自然,两百年的美景,在今天恢复如初了。

杨村嵓山慈严寺之后,名风水洞①。郊台天真院有二洞,扁曰登云,曰灵化,东坡、和靖题名刻于石右。赤山殿司左军寨尼庵侧有洞名铁窗楞洞。

【注释】

①风水洞:《淳祐临安志》卷九《山川·风水洞（一名恩德洞）》:"《祥符经》云:钱塘旧治五十里,在杨村慈岩院。洞极大,流水不竭。顶上又有一洞,过立夏清风即自内出,立秋则止,故名风水洞。洞内石子各有红点如丹,持出则隐,置于内复然,此其异也。"

【译文】

杨村嵼山慈严寺的后面,有风水洞。郊台天真院有两个洞,匾额分别是登云和灵化,苏轼和林逋分别在石头右侧题名刻石。赤山殿前司左军寨尼庵侧面有洞叫铁窗楞洞。

天竺山有二洞,名呼猿、龙泓。烟霞石坞路大仁院有石屋洞①,极高大,状如屋,周围镌刻诸佛、菩萨、罗汉之像,其寺正为佛殿,朝香夕灯之供。乌坞山名烟霞洞②。石屋寺侧曰栖霞洞。下竺寺内有洞名香林③。临平山有洞名龙洞④。尼庵后有洞,名蝙蝠洞⑤、细砺洞⑥。

【注释】

①石屋洞:《咸淳临安志》卷二十九《山川八·洞·城内外·石屋洞》:"在烟霞石坞南山大仁院,洞极高,状似屋,周回镌罗汉五百十六身,中间凿释迦佛诸菩萨像。直下,入洞极底有泉。（详见大仁院。）"

②烟霞洞:《淳祐临安志》卷九《山川八·烟霞洞》:"《祥符经》云:在钱塘县旧治之西,去县一十六里。晋开运元年,有僧弥洪结庵

洞口,遇一神人指此山后有圣迹,何不显之? 洪寻至山后,乃见一洞内有刻石罗汉六尊。洪既亡,吴越王钱氏忽梦僧告云:'吾有兄弟一十八人,今方有六王可聚之。'梦觉,访得烟霞洞有六罗汉,遂别刻一十二尊,以符所梦。其洞极大,乃诸洞之首,在乌坞内。(洞旁有岩口佛手岩、象鼻岩,详具清修寺。)"

③香林:《淳祐临安志》卷九《山川八·香林洞》:"下天竺岩下石洞,深窈可通往来,名曰香林洞。慈云法师有诗:'天竺出草茶,因号香林茶。'其洞与香桂林相近。"

④龙洞:《淳祐临安志》卷九《山川八·龙洞》:"在临平山。《祥符经》云:自洞门至水际五丈,阔一丈五尺,高一丈三尺。其水深不可测,祷祈多有灵验。"

⑤蝙蝠洞:《淳祐临安志》卷九《山川八·蝙蝠洞》:"在钱塘县烟霞洞石屋洞后,内多蝙蝠,因以名之。故老传云,洞极深广,无泉。建炎间因兵火时,里人避难于中,容数百人,因而获免。今在尼庵民屋后。"

⑥细砺洞:《淳祐临安志》卷九《山川八·细砺洞》:"在临平山。《祥符经》云:深十余丈,阔二丈五尺,高一丈五尺。《舆地志》云:临平山有洞数丈出砺石。"

【译文】

天竺山有两个洞,名叫呼猿和龙泓。烟霞石坞路大仁院有石屋洞,洞极为高大,形状像房屋一样,洞周围镌刻着各种佛、菩萨、罗汉的塑像。寺正面是佛殿,早上燃香晚上点灯。乌坞山有洞名叫烟霞洞。石屋寺侧面的洞叫栖霞洞。下竺寺内有洞叫香林洞。临平山有洞名叫龙洞。尼庵后面有洞,叫蝙蝠洞、细砺洞。

钱塘崇化坊有白龙洞①,其洞有龙居焉,朝家曾祈雨旸有感②,敕封侯爵,为显灵孚济美号,赐庙额曰"敏应"。扫帚坞护国仁王寺有洞③,不载其名。

【注释】

①白龙洞:《淳祐临安志》卷九《山川八·大雄山白龙洞》:"在钱塘县崇化乡大雄山。故老传云有白龙藏于洞。嘉定八年,府尹赵公时侃以亢旱祷于龙祠,感应雨随至。奏于朝,封显灵孚济侯,赐庙额曰敏应。"

②雨旸(yáng):指雨天和晴天。旸,晴,晴天。

③扫帚坞护国仁王寺有洞:即护国仁王院洞。《淳祐临安志》卷九《山川八·护国仁王院洞》:"在钱塘门外扫箒坞山。有水洞流泉,虽旱不竭,旧为内侍黄氏园。淳祐中,僧慧开鬻也,建寺于洞下。丁未亢旱,丞相郑公、府尹赵公尝躬祷于洞口感应。"

【译文】

钱塘崇化坊有白龙洞,洞内有龙居住,朝廷曾经向白龙洞祈雨有感应,敕封侯爵,封为显灵孚济侯,赐庙额"敏应"。扫帚坞护国仁王寺有洞,不载洞名。

仁和界超山有洞名海云洞①,倏时干湿,建黑龙王祠祀之。古柳林杨和王园内名云洞②,盖以坡陁拥土成之,此夺天之奇巧也。

【注释】

①海云洞:《淳祐临安志》卷九《山川八·海云洞》:"在仁和县永和乡超山上。有干湿二洞、黑龙王祠。(嘉定八年,祷感应,赐额曰通灵之祠。先封慧应侯,继封宣济侯。淳祐七年,亢旱祷雨感应,加封昭慧,龙祠系圆满院掌管香火。)"

②云洞：原作"白云洞"，据《咸淳临安志》卷九《山川·诸洞》改。《咸淳临安志》卷九《山川·诸洞·云洞》："在钱塘门外古柳林杨和王园内。（因其坡陀拥土为之，可夺天巧矣。）"（宋）周密《武林旧事》卷五《湖山胜概》："云洞园，杨和王府。有万景天全方壶。云洞潇碧天机。"

【译文】

仁和县界超山有洞叫海云洞，干湿都非常快，人们建造黑龙王祠予以祭祀。古柳林杨存中园内有洞叫云洞，是用山坡堆土制造而成的，这是巧夺天工的技巧。

溪潭涧浦

【题解】

本条简单介绍了南宋杭州城及其周边的溪流、水潭、山涧和渡口等自然景观。杭州地处山林环绕、江湖相依的地理环境，溪潭涧浦众多，自然景观丰富。如西溪位于武林山之西，景色优美，有郭祥正诗题咏其景。安溪位于钱塘，溪上有大遮山祠。九溪在赤山烟霞岭西南，通徐村，出大江。黑龙潭位于吴山北麓宝月寺附近，潭水深不可测，亢旱不竭。相传与钱塘江相通，旧称通浙坊。白居易曾在此祭祀龙神，并改称此潭为天井。后因防人失足，加盖石板，改称八眼井。现为杭州吴山景区的一部分，附近有宝月寺遗址。白龙潭位于杭州西湖区转塘街道龙门坎村，称石盆谷，又称龙潭沟。潭水从二十多米高的悬崖峭壁上流下，形成"三潭三瀑"之美景。现为白龙潭风景区，是杭州近郊著名的瀑布景观，融合了山水文化、龙文化和佛文化。鱼浦潭位于钱塘江边，因地处钱塘江与浦阳江交汇处，渔业资源丰富，是南宋时期重要的渔港。龙游潭位于杭州西南的龙坞地区，因山势蜿蜒如龙、溪流清澈、潭水幽深而得名，与龙文化密切相关，是南宋时期文人墨客喜爱的游览胜地，现为杭州龙坞风景区的一部分。玉儿潭位于杭州城西，潭水清澈，因传说中有玉女在此沐浴而得名，是南宋文人墨客吟诗作画的胜地，现为杭州西溪湿地的一部分，自然景观优美。羊铁潭位于杭州城南。潭水深邃，因潭边多羊铁

（一种矿石）而得名，是当时重要的矿产资源地。现为杭州凤凰山景区的一部分。柳浦位于钱塘江边，因江边多柳树而得名，是当时重要的交通节点，是连接杭州城与江南地区的重要通道之一。铁幢浦位于杭州候潮门外，相传是吴越王钱镠射潮箭所止之处，曾立有铁幢以示纪念。南宋时，这里还设有亭子，供人观潮。灵隐浦位于南宋杭州城的西部，靠近灵隐寺。灵隐浦附近还有行春桥（今洪春桥），是当时有名的综合性市场，集娱乐、交易于一体。合涧位于灵隐寺附近，是南宋时西湖的重要水源之一。合涧由北涧和南涧汇合而成，北涧发源于西源峰，南涧发源于五云山，两涧在合涧桥下汇合后流入西湖。南宋时，西湖的船只可以通航至合涧桥。十八涧是杭州西湖周边著名的自然景观之一，与九溪并称"九溪十八涧"。十八涧的溪流发源于龙井村西北的狮峰，沿途经过多个支流汇合，最终流入钱塘江。南宋时，十八涧以其清幽的自然环境和曲折的溪流著称，成为文人墨客游历的对象。石门涧位于杭州西湖区的群山之中，因山涧两侧的山峰对峙如门而得名，是南宋时重要的自然景观之一。其水源来自五云山等地，汇入西湖。石门涧的景色以清幽、秀美著称，是当时文人雅士喜爱的游览胜地。金沙涧是西湖最大的天然水源之一，由西、北两涧汇合而成，始于灵隐合涧桥下。南宋时，金沙涧的溪水清澈见底，因溪底沙石呈金黄色而得名。惠因涧是南宋时期杭州西湖周边的另一条重要溪流，其水源来自灵隐寺附近的山涧，最终汇入西湖。本条文字由《咸淳临安志》卷三十六《山川十五》"溪""潭""涧""洲浦"四条目合并而成。

杭郡系南渡驻跸于此地，倚山林，抱江湖，多有溪潭涧浦缭绕郡境，实难描其佳处。自武林山之西名曰西溪，顷者有郭祥正诗题咏曰[①]："西溪在湖外，一派濯残阳。游子托渔艇，却愁归路长。"[②]九溪在赤山烟霞岭西南，通徐村，出大江,北达龙井。安溪在钱塘③,去北关五十里。溪上有大遮山,祠龙山在上④。古人相传风雨之夕,龙现珠有光。凌溪,在钱塘长寿。奉口溪,在钱塘安溪之北十八里。

【注释】

①郭祥正:北宋中期诗人。字功父,一作功甫,自号谢公山人、醉引居士、净空居士、漳南浪士等。当涂(今属安徽)人。宋仁宗皇祐五年(1053)进士,历官秘书阁校理、太子中舍、汀州通判、朝请大夫等。所到之处多有政声。一生写诗1400余首,著有《青山集》30卷。其诗纵横奔放,诗风酷似李白。

②"西溪在湖外"几句:见郭祥正《青山集》卷二十六《西溪》。

③安溪:《咸淳临安志》卷三十六《山川十五·安溪》:"在钱塘县去北关五十里。溪上大遮山有龙王穴,舟人相传风雨之夕,龙吐珠有光。"

④龙山:《咸淳临安志》卷三十六《山川十五·安溪》作"龙王"。

【译文】

宋高宗南渡驻跸于杭州,此地倚靠山林,怀抱江湖,有许多溪潭涧浦缭绕州境,实在难以描述其好处。武林山西面的叫西溪,从前有郭祥正写诗歌咏西溪:"西溪在湖外,一派濯残阳。游子托渔艇,却愁归路长。"九溪在赤山烟霞岭西南,能够到达徐村,出大江,向北到达龙井。安溪在钱塘,距离北关五十里。溪上有大遮山,上面祠祭龙王。古人相传风雨之夜,有龙现身,有珠发光。凌溪,在钱塘县长寿乡。奉口溪,在钱塘县安溪乡北面十八里。

  潭者,宝月山宝月寺之西,曰黑龙潭①。其潭莫测深浅,亢旱不竭,一名天井。山下有天井巷,晴则潭水碧色可爱,将雨则水黑,郡民于此候晴雨多验。唐守白乐天曾祭龙神②,撰祝文曰:"惟龙其色玄,其位《坎》③,其神壬癸④,与水通灵。日者历祷四方⑤,寂然无应,今故虔诚洁意,致命于黑龙。龙无水,顾何依?神无灵,将恐竭。泽能救物,我寔有望于龙。物不自神,龙岂无求于我?若三日之内雨一滂沛⑥,是龙之灵,亦人之幸。礼无不报,神其听之。"

【注释】

① 黑龙潭:《咸淳临安志》卷三十六《山川十五·潭·黑龙潭》:"在宝月山宝月寺之西,莫测深浅,亢旱不竭,一日天井。山下有天井巷,晴则潭水碧色可爱,将雨则湛黑,郡人以此候晴雨,多验。"
② 唐守白乐天:白居易于唐穆宗长庆二年(822)七月任杭州刺史。
③《坎》:《易》卦名,八卦之一,代表水,为北方之卦。
④ 壬癸:《易经》十天干中的第九位和第十位,壬属阳水,癸属阴水。从方位上讲,壬癸属北方,其色为黑。
⑤ 日者:往日,从前。
⑥ 滂沛:形容雨很大。

【译文】

潭,宝月山宝月寺的西面,有潭叫黑龙潭。潭水不知深浅,干旱时节潭水不干涸,又叫天井潭。宝月山下面有天井巷,天晴时潭水碧绿可爱,将要下雨的时候潭水变成黑色,杭州百姓在此判断晴雨多有灵验。唐朝杭州太守白居易曾经祭祀龙神,撰写祝文:"龙的颜色是深黑色,其方位对应八卦中的《坎》位,其神是壬癸。黑龙具有通灵的神力,能够掌控水。从前我向四方神灵祈雨,但都没有得到回应,现在因此怀着虔诚之心,向黑龙祈求。龙没有水,有何依仗?神灵不灵验,恐怕神力会枯竭。水泽能够拯救万物,我实在是对神龙有所期待。万物不能自己成神,龙岂能对我没有任何所求？如果三天之内大雨滂沱，这是黑龙有灵，也是百姓的荣幸。不能不以礼相报，希望神能接受我的祈祷。"

仁和临平镇东湖曰白龙潭①。渔浦潭，按今《舆地志》，在郡西南。龙游潭②，在仁和皋亭山。钵盂潭③，在南高峰及仁和大年乡石塘东。玉儿潭，在郡西五十里。浣纱潭④，在仁和临平乡。羊铁潭⑤，在艮山门外。西湖三潭，古人相传在湖中。

【注释】

①白龙潭：《咸淳临安志》卷三十六《山川十五·潭·城内外·白龙潭》："在仁和县临平镇东湖。旧有龙王庙。绍兴十四年四月水冲坏塘岸，版筑不就，祷于潭，重立庙乃成。"

②龙游潭：《咸淳临安志》卷三十六《山川十五·潭·城内外·龙游潭》："在仁和县肇元乡皋亭山。时有蜿蜒出没其门，乡人称为水瓮，亢旱祷必雨。"

③钵盂潭：《咸淳临安志》卷三十六《山川十五·潭·钵盂潭》："在南高峰（详见祠庙门），又仁和县太平乡石塘之东亦有潭曰钵盂。"

④浣纱潭：《咸淳临安志》卷三十六《山川十五·潭·临安县·浣纱潭》："在仁和县临江乡。"

⑤羊铁潭：《咸淳临安志》卷三十六作"羊铗潭"。《咸淳临安志》卷三十六《山川十五·潭·羊铗潭》："在仁和县艮山门外临江乡。"

【译文】

仁和县临平镇东湖，有潭叫白龙潭。渔浦潭，根据今天《舆地志》的记载，潭在杭州城西南方。龙游潭，在仁和县皋亭山。钵盂潭，在南高峰以及仁和县大年乡石塘的东面。玉儿潭,在杭州城西面五十里。浣纱潭,在仁和县临平乡。羊铁潭,在艮山门外。西湖三潭,古人相传在西湖中。

浦者①,考凤凰山下有柳浦②。《咸淳志》云③:"《隋志》置郡④。晋吴喜尝游军此地⑤。参之诸文无考。"便门侧名铁幢浦⑥,古人相传吴越王射潮,箭所止处立铁幢。又闻钱王筑塘时⑦,高下置铁幢凡三,以为镇压,潮水退则见其幢也。淳祐戊申⑧,帅司买民地,置亭其上。王荆公诗云⑨:"忆昨初为海上行,日斜来往看潮生。如今身是西归客,回首山川觉有情⑩。"

【注释】

①浦:《咸淳临安志》卷三十六作"洲浦"。

②柳浦:《咸淳临安志》卷三十六《山川十五·洲浦·城内外·柳浦》:"在凤凰山下。隋置郡处,晋吴喜尝进军此地,今无可考。"

③《咸淳志》云:此处引文与《咸淳临安志》有差异。《咸淳志》,即《咸淳临安志》。宋度宗咸淳年间潜说友撰。原书一百卷,今存九十五卷。该书以《乾道临安志》《淳祐临安志》为基础,旁搜博采,增补成书。《咸淳临安志》采用录、叙、记三种体裁,内容分为《都城志》和《府志》两部分,详细记录了当时都城的特点以及杭州地方情况。

④《隋志》:即《隋书·地理志》。

⑤吴喜:本名喜公,后被宋明帝改为吴喜,南朝刘宋时期著名将领。吴兴临安(今浙江杭州)人。初在领军将军沈演之麾下任职,因表现出色被推荐为主书书史,后升为主图令史。元嘉三十年(453)随沈庆之讨伐蛮族,结识了武陵王刘骏(后为宋孝武帝)

并被其赏识。刘骏即位后,吴喜历任多个官职,以性格宽厚著称,深受百姓爱戴。宋明帝即位后被任命为平叛将领,多次立下战功。泰始七年(471)因宋明帝猜忌,被赐死。游军:《咸淳临安志》卷三十六作"进军"。

⑥铁幢(chuáng):铁制柱子。幢,刻着佛号或经咒的石柱。

⑦钱王:前文所指吴越王。因为吴越统治者姓钱,故称。

⑧淳祐戊申:即宋理宗淳祐八年(1248)。

⑨王荆公:即北宋政治家、文学家、思想家、改革家王安石。字介甫,号半山。抚州临川(今江西抚州)人。宋仁宗庆历二年(1042)进士。宋神宗即位后任翰林学士,上《本朝百年无事札子》,阐述变法主张,受到宋神宗信任。熙宁二年(1069)任参知政事,主持变法。由于新法实施过程中出现了一些问题,反对者颇多,变法派内部也出现分裂,王安石罢相。元丰二年(1079),被封为荆国公。谥号"文",世称王文公。

⑩"忆昨初为海上行"几句:此诗名《铁幢浦》。

【译文】

浦,察考凤凰山下有柳浦。《咸淳临安志》记载:"《隋书·地理志》记载此处设郡。晋朝吴喜曾经进军此地。参考各书都没法考证。"便门侧面是铁幢浦,古人相传吴越王用箭射钱塘江大潮,箭所止处树立铁幢。又听闻吴越王筑塘时,高处低处设置了三座铁幢,以镇压江潮,潮水退去则会看到铁幢。淳祐八年,安抚司购买百姓土地,在上面建亭。王安石有诗:"忆昨初为海上行,日斜来往看潮生。如今身是西归客,回首山川觉有情。"

灵隐浦①,自灵隐山南徂东,临浙江一派,谓之北浦,今资国院前是也②,亦云灵隐步头③。有诗咏曰:"有灵何所隐?深浦老兼葭。渔父一舟泊,却疑秋汉槎④。"白石浦、鲜船渡浦、杨村浦⑤,俱仁和临江乡。

【注释】

① 灵隐浦:《咸淳临安志》卷三十六《山川十五·洲浦·城内外·灵隐浦》:"详具灵隐山。顾夷吾山川记云:灵隐山自南徂东临浙江一派,谓之灵隐浦,今资国院前是也,亦云灵隐步头。"
② 资国院:《咸淳临安志》卷七十九《寺院五》:"乾德三年,孙赟明舍宅建。元名报国。治平三年,改今名。咸淳五年,安抚潜说友重修,赟明今为履泰乡土神,钱氏封为履泰将军。"
③ 步头:埠头,水边停船处或渡口。步,同"埠"。
④ "有灵何所隐"几句:诗见(宋)郭祥正《青山集》卷二十六《灵隐浦》。蒹葭,荻草与芦苇。秋汉槎(chá),秋季天河上的木筏。汉,天河。槎,木筏。
⑤ 杨村浦:诸本同,《咸淳临安志》作"汤村浦"。

【译文】

灵隐浦,自灵隐山南面往东,临近浙江一脉,称为北浦,在今天的资国院前面,也称为灵隐步头。有诗咏叹道:"有灵何所隐?深浦老蒹葭。渔父一舟泊,却疑秋汉槎。"白石浦、鲜船渡浦、杨村浦,都在仁和县临江乡。

涧者,如合涧,在灵隐、天竺之间。十八涧在龙井山之西步司左军寨后,路通六和塔寺。石门涧,参军陆羽《灵隐寺记》①:"旧有卧龙石横涧中。"有诗咏曰②:"启闭何人见,湍流一涧分。仙家无路入,空锁石楼云。"

【注释】

①参军陆羽：陆羽少年时曾加入戏班，擅演"参军戏"，而且他还为参军戏撰词，故而被人称为"陆参军"。陆羽，唐代著名茶学家。名疾，字鸿渐，又字季疵，复州竟陵（今湖北天门）人。一生嗜茶，精于茶道。撰写《茶经》三卷，为世界上第一部茶叶专著。后世尊为"茶圣"。

②有诗咏曰：指宋人郭祥正《青山集》卷二十六《石门涧》。

【译文】

涧，比如合涧，位于灵隐、天竺之间。十八涧在龙井山西面步军司左军寨的后面，道路直通六和塔寺。石门涧，陆羽《灵隐寺记》："之前有卧龙石横在涧中。"有诗咏叹道："启闭何人见，湍流一涧分。仙家无路入，空锁石楼云。"

金沙涧在灵隐寺侧，自合涧桥绕寺山一带。唐家衕石桥在军寨门内①，至行春桥折入步司前军寨门，由曲院流入西湖。惠因涧在赤山高丽惠因寺侧，秦少游游龙井②，曾濯足于涧，题名记之云③："并湖而行④，出雷峰⑤，度南屏⑥，濯足于惠因涧⑦，入灵石坞⑧，得支径⑨，上风篁岭，憩于龙井亭⑩，酌泉投石而饮之⑪。"呼猿涧，在灵隐山呼猿洞之左右也。

【注释】

①在军寨：《咸淳临安志》卷三十六《山川十五·涧·城外》作"左军寨"。

②秦少游：北宋著名词人秦观，字少游，一字太虚，号淮海居士，别号邗沟居士，高邮（今属江苏）人。少从苏轼游，以诗见赏于王安石。元丰八年（1085）中进士第。后坐元祐党籍和党附苏轼，连

遭贬黜。与黄庭坚、晁补之、张耒合称"苏门四学士",为北宋婉约派重要作家。

③题名记之云:此文题为《龙井题名记》,见《淮海集》卷三十八,全文如下:"元丰二年,中秋后一日,余自吴兴来杭,东还会稽。龙井有辨才大师,以书邀余入山。比出郭,日已夕,航湖至普宁,遇道人参寥,问龙井所遣篮舆,则曰:'以不时至,去矣。'是夕,天宇开霁,林间月明,可数毫发。遂弃舟,从参寥策杖并湖而行。出雷峰,度南屏,濯足于惠因涧,入灵石坞,得支径上风篁岭,憩于龙井亭,酌泉据石而饮之。自普宁凡经佛寺十五,皆寂不闻人声。道旁庐舍,灯火隐显,草木深郁,流水激激悲鸣,殆非人间之境。行二鼓矣,始至寿圣院,谒辨才于朝音堂,明日乃还。"

④并湖:沿着湖。

⑤雷峰:山名,在今杭州西湖南岸夕照山。

⑥南屏:山名,在今杭州西湖南岸。

⑦濯:洗涤。

⑧灵石坞:山名,在杭州小麦岭西南,一名积庆山。

⑨支径:小路。

⑩憩(qì):休息。龙井亭:辨才法师所建。

⑪酌泉:舀取泉水。掁石:《淮海集》卷三十八《龙井题名记》作"据石",靠着石头。

【译文】

金沙涧在灵隐寺的侧面,自合涧桥围绕寺山一带。唐家衖石桥在军寨门内,至行春桥折入步军司前军寨门,由曲院流入西湖。惠因涧在赤山高丽惠因寺侧面,秦观游览龙井,曾经在金沙涧洗脚,题名记之:"沿湖步行,经过雷峰,越过南屏山,赤足涉水惠因涧,进入灵石坞,找到一条小路,登上风篁岭,在龙井亭上休息,舀上泉水靠着石喝下去。"呼猿涧,在灵隐山呼猿洞的旁边。

井泉

【题解】

　　本条介绍了南宋杭州城水井和泉水的名字与地理位置。作为南宋的都城，杭州城规模的扩大和人口的增加，使得居民饮水成为日常生活中一个非常重要的问题，水井和泉水受到人们的高度重视。吴山井位于杭州清河坊大井巷，是杭州现存最早的古井之一，由五代吴越国国师德韶开凿。初凿时周长四丈，规模宏大，因此被称为"吴山第一泉"。南宋绍兴年间，因井口无盖常有人落井，董德之用大石板盖住井口，留有六个井口。南宋淳祐七年（1247），杭州大旱，其他水井大多干涸，唯独此井不枯，且井水不增不减，被传为神迹。唐代杭州刺史李泌在钱塘门至涌金门一带开凿了六口井，分别是相国井、西井、金牛井、方井、白龟井和小方井。这些井通过竹筒或瓦筒引西湖水入井，解决了当时杭州居民的饮水问题。李泌六井在南宋时期仍被广泛使用，并多次修缮。北宋嘉祐年间，杭州知州沈遘在李泌六井之南新凿了一口大井，名为"南井"，后被称为"沈公井"。其位置在今西湖大道北侧，靠近涌金门。沈公井在南宋时期多次修缮，成为杭州重要的水源之一。郭婆井位于吴山脚下，是杭州井眼最多的古井，有"一井十眼"之称。郭婆井的水清澈甘甜，清代戏曲家李渔赞其为"美泉"。状元井位于南宋御街二十三坊巷的十五奎巷巷头，因传说喝了此井水后中状元的人众多而得名。南宋时，杭州知府为解决居民用水问题,在城内广凿水井,仅百井坊巷一带就凿井近百口。这些水井在当时极大地改善了居民的饮水条件。杭州的许多泉水不仅水质优良,还与当地的文化、宗教和自然景观紧密结合,成为文人墨客赞颂的对象。玉泉位于仙姑山北的青芝坞口,泉水晶莹透明犹如美玉,因此得名,是杭州著名的"西湖三泉"之一。玉泉的历史可以追溯到南齐时期,初为清涟寺的一部分,后在南宋时期成为观鱼胜地。泉水自池底涌出,清澈见底。南宋时,玉泉池中放养了五色鱼,鱼儿在泉水中游动,清晰可见,成为一道独特的风景。虎跑泉是杭州三大名泉之一,泉水甘甜清冽,被誉为"天下第三泉"。相传高僧性空在此结庐,因缺水欲迁走,但有神人化作二虎,用爪刨地出泉,故名"虎跑泉"。虎跑泉水质优良,适合泡茶,与龙井茶并称"西湖双绝"。龙井泉位于西湖西南的龙井村,泉水从山岩缝隙中渗出,常年不涸,是杭州重要的饮用水源之一。此外,龙井泉水质清澈,甘甜可口,适合泡茶,是杭州三大名泉之一。珍珠泉位于玉泉西侧内园中,泉水清澈见底,当游人用脚蹬地时,泉池内会有串串小水泡不断往上涌,犹如珍珠一般。法雨泉又称"晴空细雨泉",位于玉泉庭院内。泉水从泉眼涌出,形成细密的水珠,经阳光照射,仿佛雨点飘落,因此得名。本条文字由《咸淳临安志》卷三十三《山川十二·湖(中)》、卷三十七《山川十六·井》、卷三十八《山川十七·泉》合并而成。

杭城内外民物阜蕃①,列朝帅臣常命工开撩井泉②,以济邦民之汲,庶无枯涸之忧。吴山北大井曰吴山井③,盖此井系吴越王时有韶国师始开④,为钱塘第一井,山脉融液,泉源所钟,不杂江潮之水,遇大旱不涸。天井巷旧有曰天井。旧志云:"宝月山上亦有天井,后废之久矣。"万松岭上沈婆井,岭下有郭公井。铁冶岭北有郭婆井。青平山侧有郭儿井。寿域坊仁王院前上四眼井。长庆坊竹竿坊巷曰下四眼井。金地山步司寨前名白鳝井。青沙湾有鳗井。宝月山下上八眼井。祕书省相对下八眼井。后市街大眼井。六部前甜瓜井。四方馆北及南仓前各有大井。太学后及市西坊各名沈公井。祥符寺中，向吴越王于寺内开井九百九十眼，后改创军器所，埋塞仅存数井耳⑤。荐桥北有义井，亦呼四眼井。道明桥双井。丰乐桥西长惠井。棚前亦有双井。梵天寺灵鳗井⑥。钱王庙前乌龙井。六和塔南沙上曰沙井，上以铁井栏护之。西溪有井，名龟儿井⑦、方井⑧。净慈寺前四眼井。下竺藏院炼丹井。武林山烹茗井。清湖惠利井。铁冶岭相公井。甘泉坊相国井。安国罗汉寺名西井，又名成化井。三省激赏库名四井坊，俗呼"四眼井"。裴府前名小方井，俗呼"小眼井"。惠迁桥西有井一而三名，曰沈公井，曰金牛井，曰惠迁井。州治前流福坊名流福井。涌金门镊子井。自惠利而镊子计八井，于西湖置水口，引水归城，使民汲之。孤山有金沙井。风篁岭龙井，有名贤题咏甚多，秦少游题名石刻，丞相郑清之跋⑨，东坡之记存焉。治平寺葛公双井。杨村路上观音井。小林莲华院莲华井。仁和皋亭冯氏井。

【注释】

①民物：泛指人民、物产。

②开撩：开掘。

③吴山井：《咸淳临安志》卷三十七《山川十六·井·城内外·吴山井》："在吴山之北。钱氏时有韶国师者始开此井，品其水味为钱

塘第一。盖山脉融液独源所钟,不杂江湖之味,故泓深莹洁异于众泉。淳祐丁未大旱,城中诸井皆涸,独此日下万绠如常时,都人神之。赵安抚与籑奏立祠以旌异焉,又为亭覆井上。"

④韶国师:唐末天台宗高僧德韶。俗姓陈,字惠舟,处州龙泉(今属浙江)人,一说处州缙云(今属浙江)人。住天台山,禅宗法眼宗二祖。吴越王钱俶即位,延请德韶,申弟子之礼,封其为国师。

⑤"寿域坊仁王院前上四眼井"几句:《咸淳临安志》卷三十七《山川十六·井·城内外·上四眼井》:"在寿域坊仁王院前。下四眼井,在长庆坊竹竿巷。白鳝井,在金地山步军司衙兵寨。鳗井,在清沙湾。上井,在铁冶岭下。上八眼井,在宝月山下。下八眼井,在秘书省相对。六眼井,在后市街。沈婆井,在万松岭上。甜瓜井,在六部前。旧双门外大井,在四方馆之北。南仓前大井,在旧南省仓前。沈公井,在太学后。(绍定中因展拓学基,今在学后门,又市西坊内北亦有沈公井)。祥符寺井,吴越王开,凡九百九十眼,后为军器所埋塞,今仅存数井。"

⑥灵鳗井:《咸淳临安志》卷三十七《山川十六·井·城内外·灵鳗井》:"在凤凰山南塔寺(今额曰梵天寺),先是四明阿育王山有灵鳗井,传云护塔神也。后钱氏迎育王舍利归国,井中鳗不见,钱氏乃于寺廊南凿石为井而鳗常现。僧录赞宁有《鳗井记》刻塔石上,今不存。"

⑦龟儿井:《咸淳临安志》卷三十七《山川十六·井·城内外·龟儿井》:"在西溪。覆以石龟,穴其背以汲。"

⑧方井:《咸淳临安志》卷三十七《山川十六·井·城内外·西溪方井》:"在西溪。有亭扁曰方井,米元章书。"

⑨郑清之:南宋后期宰相。初名燮,字德源,又字文叔,别号安晚,庆元府鄞县(今浙江宁波)人。嘉泰二年(1202)进士及第,参与拥立宋理宗即位,历任参知政事兼签书枢密院事、同知枢密院事等

要职。权臣史弥远死后接任右丞相兼枢密使,后改为左丞相,累封齐国公。谥号"忠定",赠魏郡王。

【译文】

杭州城内外百姓繁衍生息,物产丰富,各朝杭州安抚使经常命令工人开挖井泉,用来帮助当地百姓打水,差不多没有水枯竭的担忧。吴山北面的大井叫作吴山井,此井是钱王统治时期德韶国师开始开掘的,这口井是钱塘第一口井,山脉融成了水液,流水源源不断地汇聚在一起,不掺杂江潮水,遇到天气大旱井水也不枯竭。天井巷原有天井。旧方志记载:"宝月山上也有天井,后来荒废许久。"万松岭上有沈婆井,岭下有郭公井。铁冶岭北面有郭婆井。青平山侧面有郭儿井。寿域坊仁王院前面有上四眼井。长庆坊竹竿巷有下四眼井。金地山步军司寨前有白鳝井。青沙湾有鳗井。宝月山下叫作上八眼井。秘书省对面是下八眼井。后市街大眼井。尚书六部前是甜瓜井。四方馆北面以及南仓前面各自有大井。太学后面以及市西坊各自有井叫作沈公井。祥符寺中,从前吴越王在寺内开掘九百九十眼井,后来改建军器所,填塞后仅存数眼井。荐桥北面有义井,也称作四眼井。道明桥有双井。丰乐桥西是长惠井。棚前也有双井。梵天寺有灵鳗井。钱王庙前面有乌龙井。六和塔南沙上叫作沙井,上面用铁井栏围护。西溪有井,叫作龟儿井、方井。净慈寺前面有四眼井。下竺藏院叫作炼丹井。武林山有烹茗井。清湖有惠利井。铁冶岭有相公井。甘泉坊有相国井。安国罗汉寺有西井,又名成化井。三省激赏库有四井坊,俗称"四眼井"。裴府前面叫小方井,俗称"小眼井"。惠迁桥西有一口井有三个名字,分别是沈公井、金牛井、惠迁井。州治前面流福坊叫作流福井。涌金门有镊子井。从惠利井到镊子井共计八口井,在西湖设置水口,引水归入杭州城中,让百姓打水。孤山有金沙井。凤篁岭有龙井,名人题咏非常多,秦观的题名石刻,丞相郑清之写的跋文,苏轼的记文还保存着。治平寺有葛公双井。杨村路上有观音井。小林莲华院有莲华井。仁和县皋亭有冯氏井。

泉者,以城外两赤县有冷泉①、醴泉、温泉,并见武林山。玉泉在钱塘九里松北净空院②,齐末有灵悟大师昙超开山说法③,龙君来听,抚掌出泉。有小方池深不及丈,水清彻可鉴,异鱼游泳其中。池侧立祠祀龙君,朝家封公爵,白乐天有诗云④:"湛湛玉泉色,悠悠浮云身。闲心对定水,清净两无尘。手把青藜杖⑤,头戴白纶巾。兴尽下山去,知我是谁人?"

【注释】

① 两赤县:钱塘县和仁和县。见本书卷十三《两赤县市镇》。

② 净空院:《咸淳临安志》卷七十九《寺观五·玉泉净空院》:"在豆腐桥南。齐建元中,灵悟大师昙超开山卓庵讲经演法(详见玉泉及富阳灵岩山)。天福三年,始建寺,名净空院。淳祐十一年,理宗皇帝赐御书'玉泉净空之院'六字。咸淳三年,太傅、平章贾魏公捐钱重修。五年,省札拨赐官田三百亩有奇。"

③ 齐末:《咸淳临安志》卷三十八《山川十七·泉·城外》作"南齐建元末",是。昙超:原作"云超",据《咸淳临安志》卷三十八《山川十七·泉·城外》改。南朝齐僧。俗姓张,清河(今河北清河)人。宋文帝元嘉末年前往南方。齐高帝初年奉命前往辽东弘扬佛法,后复归南方,归住钱塘灵隐山。

④ 白乐天有诗云:诗题为《题玉泉寺》。

⑤ 青藜杖:《白氏长庆集》卷六《题玉泉寺》作"青筇杖"。

【译文】

泉,杭州城外面两个赤县有冷泉、醴泉、温泉,这些泉都见于武林山。玉泉在钱塘县九里松北面的净空院,齐末有灵悟大师昙超开山说法,龙君来听法,拍手而涌出泉水。有小方池不到一丈深,池水清澈可以作为镜子,有奇异的鱼在水中游动。方池一侧建祠祭祀龙君,朝廷封龙君公爵,白居易有诗:"湛湛玉泉色,悠悠浮云身。闲心对定水,清净两无尘。手把青筇杖,头戴白纶巾。兴尽下山去,知我是谁人?"

真珠泉在大慈崇教院①,为张循王真珠园内也②。灵泉在寿星寺前,有亭;而广福院亦有之③。金沙泉在仁和永和乡,东坡诗有"细泉幽咽走金沙"之句。杯泉,详于寿星寺。卧犀泉,见于郑戬《灵隐天竺诗序》中④。萧公泉在灵隐寺后。岁寒泉,在龙井山崇因院。法华泉,在南山满觉寺。参寥泉,元祐年间⑤,此僧住上智果寺,寺有泉,东坡以僧之名为泉名,盖东坡《应梦记》云:"仆在黄州日⑥,参寥自吴中来访⑦,一日梦此僧赋诗,觉而记两句云:'寒食清明都过了,石泉槐火一时新⑧。'后七年,仆出守钱塘⑨,此僧始卜居西湖智果院,院有泉出石缝间。寒食之明日,仆与客泛湖,自孤山来谒,参寥子汲泉钻火,烹黄蘖茶⑩,忽悟予梦诗兆于七年前,众客皆叹,遂书始末并题之,非虚语也。"

#【注释】

①真珠泉:《咸淳临安志》卷三十八《山川十七·真珠泉》:"在大慈崇教院,今为张循王真珠园,盖因泉得名。周显德中,院东泉水迸出,因甃为方池。或闻扣击声则泉涌如贯珠。嘉祐中,太子少保元绛名之曰真珠泉,今官酿亦取以名。"崇教院:《咸淳临安志》卷七十八《寺观四·崇教院》:"开运二年,吴越王建,旧名荐福。大中祥符六年,改今额。院东有真珠泉。"

②张循王:即中兴四将之一,张俊。真珠园:《咸淳临安志》卷八十

六《园亭·真珠园》:"在雷峰北张循王园内,有真珠泉,故以名,有高寒堂。"

③广福院:《咸淳临安志》卷七十七《寺观三·广福院》:"开运三年,吴越王建,旧名宝福。熙宁元年,改寿圣宝福。绍兴三十年,改今额。旧志有渊堂、喷月泉。"

④郑戬:字天休,苏州吴县(今江苏苏州)人。北宋大臣。仁宗天圣二年(1024)进士甲科及第,历任太常丞、知制诰、权三司使、枢密副使等。

⑤元祐:北宋哲宗的第一个年号,1086—1094年。

⑥仆在黄州日:苏轼因为"乌台诗案"于宋神宗元丰二年(1079)由湖州知州被贬为黄州(今湖北黄冈)团练副使。元丰七年(1084),苏轼离开黄州,奉诏赴汝州任职。

⑦参寥:即宋僧道潜,俗姓何,本名昙潜,字参寥,杭州於潜(今浙江临安区於潜)人。自幼出家受戒。宋神宗熙宁十年(1077),苏轼守彭城,道潜往见之。哲宗元祐年间,道潜住西湖智果院。赐号妙总禅师。绍圣年间,苏轼南迁,道潜亦以诗得罪,返初服。徽宗建中靖国元年(1101),复祝发,师号如故。崇宁末年归老江湖。诗句清绝,有诗僧之称。颇得苏东坡赏识。

⑧槐火:用槐木取火。相传古时往往随季节变换燃烧不同的木柴以防时疫,冬取槐火。

⑨后七年,仆出守钱塘:宋哲宗元祐四年(1089),苏轼以龙图阁学士知杭州。元祐六年(1091)被召还朝,任翰林承旨。

⑩黄蘗(bò)茶:一种绿茶,产于今江西宜丰西北黄蘗山,号称"中州绝品"。自唐代开始为贡茶,与禅宗融为一体,茶禅一味。

【译文】

真珠泉在大慈崇教院,是张循王真珠园内的泉。灵泉在寿星寺的前面,有亭;广福院也有灵泉。金沙泉在仁和县永和乡,苏轼诗有"细泉幽咽走金沙"之句。杯泉,详见寿星寺。卧犀泉,见于郑戬《灵隐天竺诗序》中。萧公泉,在灵隐寺后面。岁寒泉,在龙井山崇因院。法华泉,在南山满觉寺。参寥泉,元祐年间,僧人参寥住上智果寺,寺里有泉,苏轼以僧人的名字作为泉的名字。苏轼《应梦记》记载:"我在黄州的时候,道潜从吴中前来拜访,一天我梦到他写诗,醒来后记得两句诗:'寒食清明都过了,石泉槐火一时新。'七年后,我任杭州知州,道潜开始定居西湖智果院,院中有泉水从石缝间流出。寒食节的第二天,我与客人一起泛舟湖上,从孤山前来拜谒道潜,道潜打泉水钻木取火,烹煮黄蘗茶,我忽然领悟七年前梦诗的先兆,客人们都慨叹不已。于是将此事的前前后后记载下来,说明并非是假话。"

颍川泉,在南高峰。观音泉者有三:法通、传灯、真如三寺也。喷月泉,在南山晴竹园广福院。定光泉,在西山长耳僧法相院西定光庵侧。白沙泉在灵隐寺西普贤院方丈之西,其泉自白沙中出,有诗咏曰:"不见泉来穴,沙平落细声。夜高寒月漾,银汉大分明。"周公泉又名北闸泉[①],在湖州市下闸。甘泉,在城北童家巷南。惠泉,在钱塘长寿乡大遮山惠泉寺。冰谷泉,在临平山寂光庵侧。寒泉旧名荐菊泉,在钱塘门外嘉泽庙。生绿泉[②],在南山福圣院。六一泉、仆夫泉,在孤山四圣太乙道馆园内。大悲泉,在上天竺。茯苓泉,在灵隐寺西无垢院。虎跑泉,在大慈山。持正泉,在六和开化寺[③]。涌泉在霍山行宫西清心院前山坡下,高庙日遣人汲泉入内瀹茗[④],寺中以朱栏护之,味极清甘,亢旱不竭。

【注释】

①周公泉:《咸淳临安志》三十八《山川十七·泉》作"周公惠泉"。

②生绿泉:疑为"僧录泉"。《咸淳临安志》卷三十八《山川十七·泉·城外》:"僧录泉,在南山暗竹园福圣院。"(明)田汝成《西湖游览志》卷四《南山胜迹》:"内有喷月泉、僧录泉在暗竹园下。"

③六和开化寺:《西湖游览志》卷二十四:"开化寺即塔院也。宋隆兴二年建,嘉靖十二年与塔俱火。傍有金鱼池、喷月泉、持正泉、秀江亭,铁井栏刻八卦以镇水怪。"

④瀹(yuè)茗:煮茶。

【译文】

颍川泉,在南高峰。观音泉有三处:法通寺、传灯寺、真如寺。喷月泉,在南山晴竹园广福院。定光泉,在西山长耳僧法相院西面定光庵的侧面。白沙泉在灵隐寺西面普贤院方丈的西面,泉水从白沙中流出,有诗歌咏此泉:"不见泉来穴,沙平落细声。夜高寒月漾,银汉大分明。"周公泉又叫作北闸泉,在湖州市下闸。甘泉,在杭州城北面童家巷的南面。惠泉,在钱塘县长寿乡大遮山惠泉寺。冰谷泉,在临平山寂光庵的侧面。寒泉原名荐菊泉,在钱塘门外面的嘉泽庙。生绿泉,在南山福圣院。六一泉、仆夫泉,在孤山四圣太乙道馆园内。大悲泉,在上天竺。茯苓泉,在灵隐寺西面的无垢院。虎跑泉,在大慈山。持正泉,在六和开化寺。涌泉在霍山行宫西面清心院前面的山坡下,宋高宗每天都派人打泉水入禁中煮茶,寺中用朱栏围护泉水,泉水极其清澈甘甜,大旱时节泉水也不会枯竭。

天泽泉在曲院小隐寺前,有亭覆之。安平泉在仁和安仁西乡安隐院,有池,扁曰安平,泉池边有亭,东坡诗曰①:"策杖徐徐步此山,拨云寻径兴飘然。凿开海眼知何代②,种出菱花不记年③。烹茗僧夸瓯泛雪④,炼丹人化骨成仙。当年陆羽空收拾⑤,遗却安平一片泉。"

【注释】

①东坡诗:此诗题为《安平泉》,作于宋神宗熙宁七年(1074),苏轼时任杭州通判已是第四个年头。
②海眼:泉眼。古人认为井泉的水潜流地中,贯通江海,故称"海眼"。
③菱花:此处指泉中涌出的水流像菱花一样清澈纯洁。
④泛雪:指浮在茶汤表面的白色泡沫。宋朝以茶汤色白称胜。
⑤空收拾:白忙活,徒劳无功。

【译文】

天泽泉在曲院小隐寺前面,泉上有亭覆盖。安平泉在仁和县安仁西乡安隐院,有池,匾名安平,泉池边有亭,苏轼有诗:"策杖徐徐步此山,拨云寻径兴飘然。凿开海眼知何代,种出菱花不记年。烹茗僧夸瓯泛雪,炼丹人化骨成仙。当年陆羽空收拾,遗却安平一片泉。"

城内有瑞石泉,在料粮院北瑞石山下,今太庙南,有井亭。青衣泉①,在太庙后三茅观园内。武安泉在皇城司营②,水清甘,有石刻"武安泉"三字。俱按《咸淳志》所载而述之也。

【注释】

①青衣泉:(明)郎瑛《七修类稿》卷二十八《青衣泉考》:"杭吴山重阳庵有泉曰青衣洞泉。《临安志》《杭州府志》皆以为唐开成间道士韩道古遇青衣童子入洞故名。按洞宋为宁寿观之地,韩侂胄凿山为园,作为流觞曲水,自青衣下注于壑十有二,折潴于阅古堂前,即名泉为阅古(见《说郛》)。故当时言官论侂胄有创造亭

馆,震惊太庙之山,盖宋太庙正当泉下之山也。又考陆放翁《阅古泉记》,则记中但言泉之甘寒清冽,铺叙地景,无青衣之事也。又曰泉壁有开成五年道士诸葛鉴元八分书,而《癸辛杂志》载为元年六月南岳道士邢令开,钱塘令钱华题名,道士诸葛鉴元书,俱不言道士韩道古事也。作记时,宁宗嘉泰三年,予意青衣之事必见于嘉泰之后咸淳之前,故陆记无而临安志有也。今二志以为开成非矣,而洞记以为见于大德丁酉尤非也。予又恐韩阅古讹而为韩道古未可知,若夫建庵之日必开成年间,凿石之字可证矣,但恐名非重阳。至大德间始有重阳之名,故石壁又有广微子书大重阳庵字。今庵记曰:韩之建庵无岁月,是考之不精,未知有八分题名之石刻,故泛云耳。惜八分之刻岁久石泐,今不明白,如末后诸葛鉴元书,止有'元书'二字,可叹。"

②武安泉:《咸淳临安志》卷三十八《山川十七·武安泉》:"在皇城司营。水清甘,有青石刻'武安泉'三字,故老云元为殿前司后军寨,故有此名。"

【译文】

杭州城内有瑞石泉,在料粮院北瑞石山下,今天太庙的南面,有井亭。青衣泉,在太庙后面三茅观园内。武安泉在皇城司营,泉水清冽甘甜,有石刻"武安泉"三字。这些都是根据《咸淳临安志》所载叙述。

池塘

【题解】

本条简单介绍了南宋杭州城的池塘名字和所在位置。南宋杭州城有许多池塘,这些池塘不仅是城市的重要水源,也承载着丰富的历史和文化意义。涌金池位于杭州城西,是五代吴越王钱元瓘为引西湖水入城而开凿的水池。传说西湖中有金牛出没,因此得名"涌金池"。涌金池是通往西湖的主要通道,西湖游船多在此处聚散。白龟池是唐代李泌引水入城的六井之一,位于今杭州湖滨路附近。相传池下有灵龟,其色如玉白。涌金池和白龟池都是杭州城内重要的水源地之一。白洋池又称南湖,位于杭州城东北。它既是南宋时杭州城内的重要水域之一,也是文人墨客赏心乐事的胜地。五里塘位于杭州城西北,因镇区到祥符桥约五里而得名。两岸商贾云集,以粮食、油车、酒酿、粉坊、丝绸、皮毛、典当等业为主。南宋时,五里塘还曾建过雪窖,用于储存冰雪。此外,五里塘也是南宋禁军水军、马军、后军的重要兵营所在地。官人塘位于杭州城东,与南宋官园相邻,是城东重要的灌溉和储水设施。月塘与南宋皇城御花园的月岩密切相关。月岩是南宋时期著名的赏月胜地,位于凤凰山的圣果寺遗址附近。这些水塘在南宋时不仅是重要的水利工程,还与杭州的经济、军事、文化生活密切相关,体现了当时杭州作为南宋都城的繁荣与复杂的城市功能。本条文字由《咸淳临安志》卷三十八《山川十七》

"池""塘"两条目合并而成。

涌金池在丰豫门里,引西湖水为池,吴越王元瓘大书"涌金池"三字[①],刻石识之,其旁书"清泰三年丙午之岁[②],建午之月[③],特开此池"。有前辈赋诗咏曰:"涌金春色晚,吹落碧桃花。一片何人得,流经十万家。"[④]"众沼皆涵碧,斯池独涌金。宝光终夜见,不是月华深。"[⑤]

【注释】

① 吴越王元瓘:五代吴越第二位国君。字明宝,原名传瓘。吴越武肃王钱镠第七子,为人聪敏,长期在外征战,屡立战功。天成三年(928)被钱镠立为继承人。钱镠去世后继承父位,先后被中原朝廷加封吴王、吴越王、吴越国王。死后庙号世宗,谥号文穆王。大书:特别记载或者书写。

② 清泰三年:即公元936年。清泰,五代后唐末帝李从珂的年号,934—936年。

③ 建午之月:五月。在干支历中,一年被分为十二个月建,每个月建对应一个地支和一个节气。夏历以寅月为岁首,所以五月为午月。

④ "涌金春色晚"几句:此诗为宋杨蟠《涌金池》。

⑤ "众沼皆涵碧"几句:此诗为宋郭祥正《和杨公济钱塘西湖百题 其二 涌金池》。月华,月光。

【译文】

涌金池位于丰豫门里,引来西湖水作为池水,吴越王钱元瓘特意书写"涌金池"三个字,刻在石头上作为标记。"涌金池"三个字旁边书写"清泰三年五月,特意开凿这个池"。有前辈曾经写诗吟咏:"涌金春色晚,吹落碧桃花。一片何人得,流经十万家。""众沼皆涵碧,斯池独涌金。宝光终夜见,不是月华深。"

圣母池在吴山中兴观侧,以石栏护之,上建圣母庙。白龟池①,在钱塘门里沿城南。金牛池已废。仁和仓池在仓南②。明清池在大理寺议厅,池畔有潘阆诗刻。白洋池③,在梅家桥南。鸿雁池,在龙山北。龙母池,在钱粮司岭。金鱼池在开化寺后山涧,水底有金银鱼。放生亭池,在西湖德生堂。瑶池在钱塘门外宝胜寺侧④,今属吕氏园。有二饮马池:一在西溪饮马山下,一在菜市门外庙子湾。西水池,在长桥东钱湖门外。碧沼水池,在湖州市左八郎庙巷池,广三亩⑤,水清甘,人多汲饮,有扁曰碧沼。磨剑池,临平山下有片石,俗传钱王磨剑于此⑥。

【注释】

① 白龟池:《咸淳临安志》卷三十三《山川十二·白龟池》:"此水不可汲饮,止可防虞。"

② 仁和仓池:《咸淳临安志》卷三十八《山川十七·仁和仓池》:"在仓之南。故老相传云仁和仓旧为县基,乃吴公子庆忌故居,元有此池。"

③ 白洋池:《咸淳临安志》卷三十八《山川十七·白洋池》:"在梅家桥东,周回三里。淳祐丁未夏旱,湖水涸,人争汲此水,至有以舟载卖如湖水者,一方赖之。"

④ 瑶池:《咸淳临安志》卷三十八《山川十七·瑶池》:"在钱塘门外宝胜寺侧,多芰荷,周回二里,遇旱不竭,今属吕氏园。"

⑤ 广:指面积、范围宽阔,与"狭"相对。

⑥ 钱王磨剑:民间传说五代吴越国第一任国君钱镠年轻时曾经在此

磨剑,然后提剑上阵杀敌,打下吴越江山。

【译文】

　　圣母池位于吴山中兴观旁边,周围有石栏护着,池上修建了圣母庙。白龟池,位于钱塘门里沿城南。金牛池已经荒废。仁和仓池,位于仁和仓南边。明清池位于大理寺议厅,池畔有潘阆诗的石刻。白洋池,位于梅家桥南。鸿雁池,位于龙山北。龙母池,位于钱粮司岭。金鱼池位于开化寺后面的山涧,水底有金银鱼。放生亭池,位于西湖德生堂。瑶池位于钱塘门外宝胜寺旁边,如今属于吕氏园。有两个饮马池:一个位于西溪饮马山下,一个位于菜市门外庙子湾。西水池,位于长桥东钱湖门外。碧沼水池位于湖州市左面八郎庙巷池,水池面积有三亩,池水清澈甘甜,人们多来池中打水饮用,池上有匾名碧沼。磨剑池,临平山下有一块石头,世俗相传钱王在这块石头上曾磨过宝剑。

　　宫城外护龙水池二十所,自候潮门里,南贴中军寨壁,宫城之东,直至便门里南水门北和宁门外,水池袤一百一十尺[①],自是近南居民去水绝远者[②],皆恃此防虞,以为安矣。城内外居民水远去处,官置防虞水池者二十有二[③],以便民之利。

【注释】

①袤(mào):长,一般指纵长。尺:每个朝代对"尺"的长短定义都不一样,宋代一尺大概是现在的27.68cm。

②居民:指民居,住处。

③防虞:防备不虞之患。

【译文】

　　宫城外护龙水池有二十处,从候潮门里,南面贴着中军寨壁,宫城的东面，直到便门里南水门北面和宁门外，水池南北长一百一十尺，从此靠近城南距离水源特别远的居民，都依靠这护龙水池以备不时之需，以此生活安稳。杭州城内外居民距离水源比较远的地方，官府设置以备不时之需的水池有二十二处，以方便百姓生活。

塘者，如艮山门外尉司衙侧名五里塘。艮山门外蔡官人塘。月塘，其地宜种瓜，有周姓者擅其利^①，土人呼"月塘周家箄筒瓜"是也^②。上塘在殿司右军教场侧，又在团园头石塘北。沈塘在北关门外^③，又名沈家湾。

【注释】

①擅：独揽。

②土人：世代居住本地的人。

③沈塘：《咸淳临安志》卷三十八《山川十七》作"沈家塘"。

【译文】

水塘，比如艮山门外尉司衙旁边的五里塘。艮山门外的蔡官人塘。月塘的土地适宜种瓜，有一姓周的人独占种瓜的好处，当地人称为"月塘周家箄筒瓜"。上塘位于殿前司右军教场旁边，还位于团园头石塘的北面。沈塘位于北关门外，又被称为沈家湾。

永和塘在仁和永和乡^①，地接石鼎湖。白龙潭俗谓之"三里阴"，水势涨溢，一遇卯风震荡^②，则数百顷瞬息湮没，乡民患之，后得邑士倡义捐财^③，以助修筑。塘成，岁无水患，邑宰范光命名曰永和堤^④。

【注释】

① 永和塘：《咸淳临安志》卷三十八《山川十七·永和塘》："在仁和县永和乡，地接古鼎湖白龙潭，俗谓之三里险。水势涨溢，一遇卯风，震荡则数百顷中，瞬息湮没，乡民患之。绍定己丑，邑士范武倡为义役，捐财以助修筑。塘成，岁无水患，邑宰范光名命曰永和堤。"

② 卯风：即东风。卯，十二地支的第四位，位于东方。

③ 邑士：本县士人。倡义：宣扬大义。

④ 邑宰：县邑之长，即县令。

【译文】

永和塘位于仁和县永和乡，其地连接着石鼎湖。白龙潭俗称"三里阴"，潭水上涨溢出，一遇到东风吹动，数百顷土地转眼间就被淹没了。永和乡民都忧虑此事，后来得到本县士人宣扬大义捐献钱财，来帮助修筑水塘。水塘修成后，每年都没有水患，县令范光将水塘命名为永和堤。

宦河塘在北新桥之北①，接广运河大塘。又有一塘曰西塘，袤一十八里，抵安溪，通四州驿路②，淳祐并加筑治，至今无颓圮之患矣③。

【注释】

① 宦河塘："宦"原作"官"，疑为形近错误，据《咸淳临安志》卷三十八《山川十七·宦河塘》改。《咸淳临安志》卷三十八《山川十七·宦河塘》："在北新桥之北，接连运河。大塘长三十六里，淳祐七年，赵安抚与蕙修筑塘之西。又有一塘曰西塘，袤十八里，抵安溪，通四川驿路，年深颓圮，亦加筑治。塘下田以万计，旧苦淫潦，自是其患遂息。"

② 四州：《咸淳临安志》卷三十八《山川十七·宦河塘》作"四川"。

③颓圮(pǐ)：坍塌。

【译文】

官河塘位于北新桥的北面，与广运河大塘相接。还有一个水塘叫西塘，长十八里，直抵安溪，能够到达四州驿路。淳祐年间朝廷对这些水塘进行重新修筑，至今没有坍塌的忧虑。

堰闸渡

【题解】

　　本条介绍了南宋杭州城的堰、闸、渡的名字和所在地。杭州城水系发达，堰、闸、渡等水利设施在城市供水、航运交通和防洪排涝中发挥了重要作用。堰是一种低水头水工建筑物，主要用于调节水位、灌溉和航运。南宋杭州的堰主要分布在运河和内河系统中，用于控制水位和水流。水闸主要用于调节运河和内河水位、控制水流以及保障航运安全。如圣塘闸位于昭庆寺东面，始建于南宋咸淳六年（1270），是西湖最大的出水口，用于调节西湖与城内水系的水流。龙山闸位于龙山河口，始建于五代吴越国时期，宋大中祥符二年（1009）重建为复闸，由浑水闸和清水闸组成。龙山闸用于放潮水入河，澄清后通过清水闸引入城内，同时供货船出入。浙江闸位于柳浦渡口，同样由浑水闸和清水闸组成，用于控制钱塘江与内河的水流，保障航运安全。清湖闸位于武林门外，原为堰，后改为闸，用于调节城内水系。渡口是水陆交通的重要节点，主要用于人员和货物的运输。浙江渡位于候潮门外浙江亭江岸，与对岸西兴渡遥遥相望，是杭州最古老的渡口之一。浙江渡附近设有税务机关，征收商税，是重要的交通枢纽。龙山渡位于六和塔下，与对岸渔浦渡相望，是重要的货物装卸码头，周围形成了繁华的龙山市镇。渔山渡位于大朱桥及盐仓前，是浙东诸州士大夫往来杭州的重要渡口。西兴渡位于越州萧山县，西连杭州，东达越州诸县，是往来钱塘江两岸的重要渡口。其他渡口还有头渡、周家渡、司马渡、萧家渡、边家渡、睦家渡、时家渡等。这些堰、闸、渡设施不仅保障了南宋杭州的水利和航运需求，还促进了城市的经济发展和文化交流，是南宋临安城市功能的重要组成部分。本条文字由《咸淳临安志》卷三十九《山川十八》"堰""水闸""渡"三个条目合并而成。

清河堰①，在余杭门外税务东里。沙河堰，在余杭门外仁和桥东。

【注释】

①清河堰：《咸淳临安志》卷三十九《山川十八》作"清湖堰"。

【译文】

清河堰，位于余杭门外税务东里。沙河堰，位于余杭门外仁和桥的东面。

澄水闸在西湖长桥南①，因钱湖门内诸山之水分流为三道②，一以钱湖门外北城下置海子口，流出省马院后为小渠③，引水直至澄水闸入湖，又为三渠出于湖，皆有石桥，后渠为民居湮塞④，然桥犹可记也。西闸，在赤山教场侧。龙山浑水闸、清水闸，在龙山。浙江清水、浑水二闸，在便门外。保安闸，在小堰门外。清湖上、中、下三闸，在余杭门外。石函桥闸在钱塘门外水磨头，因湖水涨壅，开此泄水，出于下湖⑤。安溪、化湾二斗门闸，在钱塘县北。

【注释】

① 澄水闸:《淳祐临安志》卷十《山川·水闸·澄水闸》:"(旧志载八闸,今增入二闸共十闸)在长桥南燿火寨上。南山水流分为三道,雨甚则泥淬侵浊西湖,故于省马院之后特置堤岸于湖侧,引水直至澄水闸。又有南闸,亦分方家峪之水,故置闸焉。古时疏此山之水为三渠,皆有石桥,后因民居湮塞此渠,然桥犹可记。嘉定中,府尹袁韶重修治二闸。(东闸在钱湖门外,西闸在赤山教场侧。)"

② 因:顺着。

③ 流出:原作"流水",根据文意,据《咸淳临安志》卷三十九《山川十八》改。

④ 湮塞:堵塞。

⑤ 下湖:在今杭州西湖以北。其源出于西湖,因西湖一称作上湖,故称下湖。《淳祐临安志》卷十《山川·下湖》:"在钱塘门外,其源出于上湖(即西湖),一自玉壶水口流出,九曲沿城一带,至余杭门外;一自水磨头石函桥,东入策选教场、杨府云洞、北郭税务侧,合为一流,如环带然,有二斗门潴泄之。淳祐丁未,上湖水涸,城内诸井多竭,府尹虑之,遂自钱塘尉司北望湖亭下凿渠,引天目山水自余杭河由蔡家渡河口、清水港下湖河、羊角埂八字桥折入溜水桥斗门,凡作数,每用车运水而上,从尉司畔流入上湖,城内水口縣是流通,人赖其利。"

【译文】

澄水闸位于西湖长桥的南面,顺着钱湖门内各山的水分流为三道,一道水闸以钱湖门外北城下设置海子口,水流出省马院后面成为小水渠,人们引水流直到澄水闸流入西湖中,又修筑了三道水渠流出西湖,水渠上面都有石桥,后来水渠被民居堵塞,不过石桥还可以识别出来。西闸,位于赤山教场旁边。龙山浑水闸、清水闸,位于龙山。浙江清水、浑水二闸,位于便门外。保安闸,位于小堰门外。清湖上、中、下三闸,位于余杭门外。石函桥闸位于钱塘门外水磨头,因为湖水上涨,开凿这个水闸来泄水,水从下湖流出。安溪、化湾二斗门闸,位于钱塘县的北面。

浙江渡在浙江亭江岸,对西兴①。龙山渡在六和塔开化寺山下,对渔浦②。渔山渡在大朱桥及盐仓前,两岸相望不远③,江势可畏。浙东士夫惮于渡渔浦者,多由此渡。船头渡,在通江桥北。周家渡,在城内漆木巷④。司马渡,在油蜡局桥。萧家渡,在下中沙巷。边家渡,在仁和仓东。睦家渡,在丰储仓西。时家渡,在德胜堰南。

【注释】

①西兴:今杭州滨江区西兴街道。

②渔浦:在今杭州萧山区义桥镇内,是钱塘江、富春江、浦阳江三江汇流之地。

③相望:相距,相去。

④漆木巷:《咸淳临安志》卷三十九《山川十八》作"柴木巷"。

【译文】

浙江渡位于浙江亭江岸,正对着西兴。龙山渡位于六和塔开化寺山下,正对着渔浦。渔山渡位于大朱桥和盐仓前面,两岸相距不远,钱塘江水势令人生畏。浙东士大夫中畏惧从渔浦渡江的人,大多由此渡江。船头渡,位于通江桥的北面。周家渡,位于杭州城内的漆木巷。司马渡,位于油腊局桥。萧家渡,位于下中沙巷。边家渡,位于仁和仓东。睦家渡,位于丰储仓西面。时家渡,位于德胜堰南面。

卷十二

西湖

【题解】

　　本条介绍了南宋行都杭州的西湖。第一部分主要介绍西湖从北宋到南宋几次疏浚湖水的情况，重点叙述南宋绍兴、乾道、淳祐、咸淳年间四次疏浚湖水。第二部分详细介绍了西湖美景。包括苏堤，西湖上南山、北山的各桥、亭、园圃等。西湖位于杭州城的西部，是一个天然的湖泊，以其秀丽的自然风光著称。南宋时，西湖的自然景观得到了进一步的开发和美化，四周被群山环绕，湖中有多个小岛，如孤山、苏堤、白堤等，形成了独特的湖光山色。为了保证西湖的优美环境，南宋政府多次组织人力疏浚西湖，以防止湖水干涸和淤积。比如淳熙年间，宋孝宗下令疏浚西湖，清理湖底的淤泥，确保湖水的清澈；进一步修缮和加固苏堤和白堤。南宋政府还在西湖周围种植了大量的花草树木，美化了湖岸环境；孤山等小岛上也建有亭台楼阁，供游人休憩和观赏。西湖在南宋时期不仅是自然景观的胜地，还承担了重要的社会功能。南宋皇室在西湖周围建有多个皇家园林，如孤山的御花园等。这些园林不仅是皇室成员的休闲场所，也体现了皇家的威严和尊贵。西湖还是南、北宋文人墨客的聚集地，许多著名的文人如北宋的苏轼、南宋的陆游等都在此留下了大量的诗词作品。这些诗词不仅赞美了西湖的自然风光，也反映了南宋时的社会风貌和文人的思想情感。西湖的美景也吸引了许多画家，他们以西湖为题材创作了大量的绘画作品。这些作品不仅记录了南宋时期的西湖风貌,也成为了中国绘画艺术的重要组成部分。西湖也是普通百姓的休闲场所,每年的春季和秋季,西湖都会吸引大量的游客。百姓们可以在湖边散步、划船、赏花,享受自然之美。西湖的渔业资源丰富,为当地居民提供了重要的食物来源。南宋政府对西湖的渔业进行了严格的管理,规定了捕捞季节和捕捞方式。西湖的美景吸引了大量的游客,促进了当地旅游业的发展。湖边的酒楼、茶馆、客栈等服务业也得到了蓬勃发展,为当地经济带来了可观的收入。西湖的水域为杭州城提供了重要的水上交通通道,方便了货物的运输和人员的往来。西湖周围有许多寺庙和道观,如灵隐寺、天竺寺等。这些宗教场所不仅是信徒的朝圣地,也成为了西湖文化的重要组成部分。南宋时的西湖不仅是自然风光的胜地,更是南宋都城的重要组成部分,承载着丰富的文化、社会和经济功能。西湖的历史遗迹和文化意义,使其成为中国历史文化的重要象征。本条文字引自《咸淳临安志》卷三十二《山川十一·湖（上）》、卷三十三《山川十二·湖（中）》,但叙述的顺序不同。有少数文字见于《咸淳临安志》卷二十三《山川二·城南诸山》、《山川二·城西诸山》和卷十三《行在所录·宫观》、卷二十一《疆域六·桥道》、卷七十九《寺观五·寺院》、卷九十七《纪遗九·纪文·诗》,可看成是集几处内容于一处。

　　杭城之西有湖曰西湖,旧名钱塘①。湖周围三十余里,自古迄今,号为绝景②。唐朝白乐天守杭时③,再筑堤捍湖④。宋庆历间⑤,尽辟豪民、僧寺规占之地⑥,以广湖面。元祐时,苏东坡守杭⑦,奏陈于上,谓:"西湖如人之眉目,岂宜废之?"⑧遂拨赐度牒,易钱米募民开湖,以复唐朝之旧。

【注释】

① 钱塘：因钱塘县而得名。
② 绝景：极佳的风景。
③ 白乐天守杭时：唐穆宗长庆二年（822）七月，白居易任杭州刺史。
④ 再筑堤捍湖：指白居易任杭州刺史期间，下令在钱塘门外石函桥附近修筑白堤，以增加西湖的蓄水量。
⑤ 庆历：北宋仁宗的第六个年号，1041—1048年。
⑥ 规占：谋求占领。
⑦ 苏东坡守杭：宋哲宗元祐四年（1089）三月，苏轼知杭州。六年正月离任。
⑧ 西湖如人之眉目，岂宜废之：见苏轼《乞开杭州西湖状》："杭州之有西湖，如人之有眉目，盖不可废也……父老皆言十年以来，水浅葑横，如云翳空，倏忽便满，更二十年，无西湖矣。使杭州而无西湖，如人去其眉目，岂复为人乎？……使臣得尽力毕志，半年之间，目见西湖复唐之旧，环三十里，际山为岸，则农民父老，与羽毛鳞介，同咏圣泽，无有穷已。"

【译文】

杭州城的西面有个湖叫西湖，从前叫钱塘。西湖周围方圆三十多里，从古至今，号称极佳的风景。唐朝白居易任杭州太守时，再度修筑堤坝保护西湖。宋朝庆历年间，朝廷将当地豪民、佛寺侵占的湖地统统开辟出来，以拓宽湖面。元祐年间，苏轼知杭州，上奏皇帝说："西湖像人的眉毛眼睛，岂能废弃？"于是朝廷拨发度牒，交换钱和粮食招募百姓开挖西湖，来恢复唐朝的旧貌。

绍兴间，辇毂驻跸，衣冠纷集①，民物阜蕃②，尤非昔比。郡臣汤鹏举申明西湖条画事宜于朝③，增置开湖军兵，差委官吏管领任责，盖造寨屋、舟只，专一撩湖④，无致湮塞。修湖六井⑤,阴窦水口增置斗门水闸,量度水势,得其通流,无垢污之患。

【注释】

①衣冠:古代士以上戴冠,代指缙绅、名门世族。

②民物阜蕃:形容社会繁荣、物产丰富、百姓生活富足的状态。阜蕃,繁荣昌盛。

③汤鹏举:字致远,金坛(今江苏常州金坛区)人。由郡学贡赴京应试,中上舍第一。秦桧死,被召为殿中侍御史,奏请铲除秦桧死党余孽,释放受冤遭屈官员,并按原职起用。后被授为参知政事,主持枢密院,又封丹阳郡开国侯。宋高宗绍兴十八年(1148)知临安府,十九年离任。宋孝宗诏谥"敏肃",赠光禄大夫,入祀乡贤祠。

④撩湖:挖掘湖中淤泥。

⑤六井:唐朝杭州刺史李泌修建的六处蓄水设施。分别是相国井、西井、金牛池、方井(俗称四眼井)、白龟池、小方井(俗称六眼井)。

【译文】

绍兴年间,皇帝暂住杭州城,士人们纷纷聚集在那里。当地百姓生活富足、物产丰富,不是昔日能相比的。临安知府汤鹏举向朝廷郑重说明对西湖进行条理化的规划,增加设置开湖军兵,委派官吏承担责任,盖造军寨房屋,打造舟只,专门负责挖掘西湖中的淤泥,不致湖水湮塞。修复西湖六井,阴窦水口增置斗门水闸,测量水势,让湖水得以流通,没有污垢的隐患。

乾道年间,周安抚淙奏乞降指挥①,禁止官民不得抛弃粪土、载植荷菱等物秽污填塞湖港。旧召募军兵专一撩湖,近来废阙,见存者止三十余名,乞再填刺补额②,仍委尉司官并本府壕塞官带主管开湖职,专一管辖军兵开撩,无致人户包占。或有违戾,许人告捉③,以违制论。自后时有禁约,方得开辟。

【注释】

①周安抚淙:指周淙。字彦广,湖州长兴(今浙江长兴)人。乾道三年任知临安府,六年离任。在临安知府任间,曾修纂《乾道临安志》,是"临安三志"中最早的一部。
②填刺:征召军士以补军额。因宋时在军士脸上刺字,故称。
③告捉:举报捉拿。

【译文】

乾道年间,安抚使周淙奏请朝廷降下命令,禁止官民抛弃粪土、栽种荷菱等物秽污填塞湖港。之前招募军兵专门负责开掘湖中淤泥,近年来此事荒废,现在只剩下三十多名军兵,请求朝廷再次填补缺额,继续委托钱塘县尉连同地方政府中负责水利和防御事务的官员,头衔中增加"主管开湖"的职责,专门负责管理和指挥军兵进行西湖疏浚工作,不至于让人户侵占。如果有人违反,准许他人告发捉拿,以违反制度论处。自此之后不断颁布禁令,西湖方才得以疏浚。

淳祐丁未大旱①,湖水尽涸,郡守赵节斋奉朝命开浚②,自六井至钱塘上船亭、西林桥③、北山第一桥、苏堤、三塔、南新路长桥、柳洲寺前等处④,凡种菱荷茭荡,一切薙去⑤,方得湖水如旧。

【注释】

①淳祐丁未:即宋理宗淳祐七年(1247)。《宋史》卷六十六《五行

志四》:"淳祐七年,旱。十一年,闽、广及饶州旱。"

②赵节斋:即赵与𥲅。淳祐元年(1241)兼知临安府,十二年离任。

③西林桥:又称西泠桥。西湖三大情人桥之一,位于杭州西湖区孤山路西北端,连接着孤山路与北山街,是一座跨越湖面的单孔石拱桥。因南齐歌妓苏小小的爱情故事而闻名。

④柳洲寺:又称慧明院。位于西湖东南隅。始建于后晋石敬瑭天福五年(940),初名资福院。北宋真宗大中祥符年间改名慧明院。南宋光宗绍熙年间,改建为皇家御园"聚景园",寺庙被迁至柳州龙王堂通元庵侧。元代柳洲寺在战乱中被毁,明代重建。

⑤薙(tì)去:剪去。

【译文】

淳祐七年天气大旱,西湖水全部干涸,临安知府赵与𥲅奉朝廷命令开挖疏浚西湖,从六井至钱塘上船亭、西林桥、北山第一桥、苏堤、三塔、南新路长桥、柳洲寺前等处,凡是种植的菱荷茭荡,全部除去,这才让湖水如旧。

咸淳间,守臣潜皋墅亦申请于朝①,乞行除拆湖中菱荷,毋得存留秽塞,侵占湖岸之间。有御史鲍度劾奏内臣陈敏贤、刘公正包占水池②,盖造屋宇,濯秽洗马,无所不施。灌注湖水,一以酝酒,以祀天地、飨祖宗,不得蠲洁而亏歆受之福③;次以一城黎元之生④,俱饮污腻浊水而起疾疫之灾。奉旨降官罢职,令临安府日下拆毁屋宇⑤,开辟水港,尽于湖中除拆荡岸,得以无秽污之患。官府除其年纳利租官钱,销灭其籍,绝其所蒔本根⑥,勿复萌蘖矣⑦。

【注释】

① 潜皋墅：指潜说友。字君高，号赤璧子，缙云（今属浙江）人。淳祐元年（1241）进士。咸淳四年任知临安府，七年离任。知临安府期间，重视疏浚西湖，修葺名胜，整修道路。主修《咸淳临安志》。德祐元年（1275），元兵兵临平江，时知平江府潜说友降元。

② 鲍度：字身之，处州龙泉（今浙江龙泉）人，南宋官员。宋度宗淳祐七年（1247）进士。贾似道当政，迁为监察御史。咸淳五年（1269）元军围襄阳，左相江万里请增兵救援，贾似道不悦，指使鲍度弹劾江万里。

③ 歆受：神祇接受供品。

④ 黎元：百姓，民众。亦作"黎民"。

⑤ 日下：即日，当下。

⑥ 莳（shì）：栽种。

⑦ 蘖（niè）：草木砍伐后长出的新芽。

【译文】

咸淳年间，临安知府潜说友也向朝廷提出申请，请求铲除西湖中的菱荷，不得存留污秽堵塞湖水，侵占湖岸之间。御史鲍度弹劾宦官陈敏贤、刘公正包占水池，建造房屋，用西湖水涮洗污秽和洗马，无所不为。灌注湖水，首先是用于酿酒，酿好的酒以祭祀天地和祖宗，无法干净整洁，有亏天地和祖宗赐下的福禄；其次，杭州一城的百姓，都会因饮用污浊浑水而发生疾病、瘟疫。奉皇帝旨意，将此二人降官罢职，下令临安府马上拆毁侵占湖水的房屋，开辟水港，将西湖中的一切阻碍物拆除以清理湖岸，使得湖水没有污秽的隐患。官府免除租赁湖水种植人每年交纳的地租官钱，注销其户籍，断绝其所种植物的主根，不让它们再发芽。

且湖山之景四时无穷，虽有画工，莫能摹写。如映波桥侧竹水院①，涧松茂盛，密荫清漪，委可人意。西林桥即里湖内,俱是贵官园圃,凉堂画阁,高台危榭,花木奇秀,灿然可观。有集芳御园,理宗赐与贾秋壑为第宅家庙,往来游玩舟只不敢仰视,祸福立见矣。

【注释】
①映波桥:西湖苏堤上的第一座桥,位于苏堤南端,与花港公园相邻。

【译文】
湖山美景一年四季都无穷无尽,即便有画匠,也没法照着临摹出来。像映波桥一侧的竹水院,长在山涧旁的松树枝繁叶茂,浓密的树荫遮掩下湖水清澈泛起波纹,实在让人感到惬意。西林桥在里湖内,都是高官的园圃,建于水畔的雕梁画栋的亭台楼阁,建在高台上的屋宇,还有极为秀丽奇特的花木,色彩鲜明艳丽。有集芳御园,宋理宗赏赐给贾似道作为宅第家庙,往来游玩的舟只不敢仰视,否则立即就会遭遇不测。

西泠桥外孤山路有琳宫者二,曰四圣延祥观,曰西太乙宫。御圃在观侧,乃林和靖隐居之地,内有六一泉、金沙井、闲泉、仆夫泉、香月亭。亭侧山椒,环植梅花。亭中大书"疏影横斜水清浅,暗香浮动月黄昏"之句于照屏之上云①。又有堂扁曰挹翠,盖挹西北诸山之胜耳。曰清新亭,面山而宅,其麓在挹翠之后。曰香莲亭,曰射圃,曰玛瑙坡,曰陈朝桧,皆列圃之左右。旧有东坡庵、四照阁、西阁、鉴堂、辟支塔,年深废久,而名不可废也。

【注释】
①照屏:即屏风。

【译文】

西泠桥外孤山路有两座道观：四圣延祥观和西太乙宫。御圃在四圣延祥观一侧，是林逋隐居之地，里面有六一泉、金沙井、闲泉、仆夫泉、香月亭。亭子一侧有山椒，环绕着种植梅花。亭中在屏风上用大字书写"疏影横斜水清浅，暗香浮动月黄昏"诗句。还有堂匾名挹翠，意思是将西湖西北面各山的胜景都掬过来。清新亭，面对着山修建，山脚在挹翠堂的后面。香莲亭、射圃、玛瑙坡、陈朝桧，都在御圃的左右。之前有东坡庵、四照阁、西阁、鉴堂、辟支塔，时间太长荒废已久，但名字不可以废弃。

曰苏公堤。元祐年，东坡守杭，奏开浚湖水，所积葑草[1]，筑为长堤，故命此名以表其德云耳。自西迤北横截湖面，绵亘数里，夹道杂植花柳，置六桥[2]，建九亭，以为游人玩赏驻足之地。咸淳间，朝家给钱，命守臣增筑堤路，沿堤亭榭再一新，补植花木。向东坡尝赋诗云[3]："六桥横接天汉上，北山始与南屏通[4]。忽惊二十五万丈，老葑席卷苍烟空。"

【注释】

① 葑（fēng）草：古书上指"蔓菁""芜菁"。即茭白，又称为"菰"。
② 六桥：杭州西湖苏堤上的六座桥，分别是映波桥、锁澜桥、望山桥、压堤桥、东浦桥和跨虹桥。
③ 向东坡尝赋诗：此诗作于宋哲宗元祐七年（1092）四月。诗题《轼在颍州与赵德麟同治西湖，未成，改扬州。三月十六日湖成，德麟有诗见怀，次其韵》。
④ 北山：指西湖边的宝石山一带。南屏：指南屏山。

【译文】

苏公堤。元祐年间，苏轼任杭州知州，上奏朝廷疏浚湖水，将堆积的莳草筑造成长堤,故而将这条堤命名苏公堤,来表彰他的德行。苏公堤从西到北横截西湖水面,绵延数里,夹道错杂种植花柳,设置了六座桥,修建了九座亭子,作为游人玩赏留步休息的地方。咸淳间,朝廷出钱,命令临安知府增筑堤路,沿着苏堤的亭榭再次翻新,补种花木。从前苏轼曾经赋诗:"六桥横接天汉上,北山始与南屏通。忽惊二十五万丈,老莳席卷苍烟空。"

曰南山第一桥,名映波桥,西偏建堂①,扁曰先贤②。宝庆年③,大资袁京尹韶请于朝④,以杭居吴会⑤,为列城冠,湖山清丽,瑞气扶舆⑥,人杰代生,踵武相望⑦,祠祀未建,实为阙文。以公帑求售居民园屋⑧,建堂奉忠臣孝子、善士名流⑨、德行节义、学问功业。自陶唐至宋⑩,本郡人物许箕公以下三十四人⑪,及孝妇孙夫人等五氏,各立碑刻,表世旌哲而祀之。堂之外堤边,有桥名袁公桥,以表而出之。其地前挹平湖,四山环合,景象窈深。惟堂滨湖,入其门,一径萦纡,花木蔽翳,亭馆相望,来者由振衣,历古香,循清风,登山亭,憩流芳,而后至祠下。又徙玉晨道馆于祠之艮隅⑫,以奉洒扫,易扁曰旌德,且为门便其往来。直门为堂,扁曰仰高。

【注释】

①偏:不居中,边侧。

②先贤:(宋)董嗣杲《西湖百咏》卷上《先贤祠》诗序云:"宝庆二年,郡守袁韶奏请仿绍兴府鸿禧观规模,买地建祠。"

③宝庆:原作"宝历",按南宋并无"宝历"年号,应为宋理宗"宝庆"年号之误。宝庆,南宋理宗的第一个年号,1225—1227年。

④大资:资政殿大学士的简称。袁京尹韶:指袁韶。字彦淳,庆元府

（今浙江宁波）人。淳熙十四年（1187）登进士第。曾两度知临安府。韶，原作"歆"，据《咸淳临安志》卷三十二《山川十一·湖（上）·西湖》，《永乐大典》卷二千二百六十三改。

⑤吴会：泛指江浙一带。

⑥扶舆：盘旋升腾的样子。

⑦踵武：跟着前人的足迹走，比喻继承前人的事业。

⑧公帑：公款，政府的资产。

⑨善士名流：心地善良、品行端正的人和在社会上有名望、有影响力的人。

⑩陶唐：即唐尧，帝喾之子，初封于陶，后迁于唐。

⑪许箕公：即唐尧时期的传说人物许由（一作许繇）。字武仲，阳城槐里（今河南登封）人。隐居在沛泽，尧听说他很贤德，想要将天下让给他，许由不接受逃于颍水之阳的箕山之下。尧又想要征召许由为九州长，许由不想听，于是在颍水之滨洗耳。

⑫艮（gèn）：东北方。

【译文】

南山第一桥，叫映波桥，桥的西侧建堂，匾名先贤。宝庆年间，资政殿大学士、临安知府袁韶奏请朝廷，以杭州地处江浙地区，是城市之首，湖山清秀美丽，吉祥之气盘旋升腾，世世代代都有人杰出现，需要不断继承前人事业，却没有修建祠祀，实在是文献脱漏。袁韶于是用公款购买居民园屋，建堂供奉忠臣孝子，心地善良、品行端正的人和在社会上有名望、有影响力的人，有品德、坚守节操和正义的人，有学问、在社会上做出成就的人。从唐尧至宋朝，本郡人物许由以下三十四人，以及孝妇孙夫人等五人，各自立碑，向世人旌表贤哲并祭祀他们。堂的外堤边上，有座桥叫袁公桥，通过这种方式来表彰袁韶。堂所在的地方前面探入平湖，四座山环绕围合，景象幽深。唯独堂靠近西湖，进入堂的大门，一条小径曲曲折折，花木遮蔽形成绿荫，亭馆相望，来游览的人整理衣衫，经过名为"古香"的地方,感受着自然的清风,登上山亭,在名为"流芳"的地方小憩,然后到达祠堂下。又将玉晨道馆迁移到祠堂的东北角,通过洒扫行为来表达对神灵的敬意,将匾额更改为旌德,并且还开了门方便人们往来。直对着门的是堂,匾名仰高。

第二桥名锁澜。桥西建堂,扁曰湖山。咸淳间,洪帅焘买民地创建①。栋宇雄杰,面势端闳,冈峦奔赴,水光潋漾,四浮图矗四围②,如武士相卫。回眸顾盼③,由后而望,则芙蕖菰蒲蔚然相扶,若有逊避其前之意④。后二年⑤,帅臣潜皋墅增建水阁六楹,又纵为堂四楹,以达于阁。环之栏槛,辟之户牖,盖迤延远挹,尽纳千山万景,卓然为西湖堂宇之冠,游者争趋焉。

【注释】

①洪帅焘:指知临安府洪焘。咸淳二年(1266)以权刑部尚书兼知临安府。
②浮图:同"浮屠",佛塔。
③顾盼:向两旁或周围看来看去。
④逊避:退让,退避。
⑤后二年:《咸淳临安志》卷三十二《山川十一·湖(上)·西湖》作"后三年"。

【译文】

第二桥名叫锁澜。桥的西面修建了一座堂,堂匾名湖山。咸淳年间,安抚使洪焘购买百姓土地创建此堂。堂的外观和结构宏伟壮观,周边山峦起伏,如同奔腾的气势,湖水波光粼粼,四座佛塔矗立在湖山堂的四周,如同武士守卫。站在湖山堂回头张望,从堂后向前望过去,看到荷花和菖蒲长在一起十分繁茂,仿佛相互扶持,又好像在谦逊地避开堂宇的前方。过了两年,安抚使潜说友增建了六间水阁,又修建了四间堂,用来到达水阁。湖山堂四周环绕着栏杆,有门有窗,近处的美景直收眼底,远处的美景拉近眼前,千山万景都一览无余。湖山堂高远卓绝,是西湖堂宇之首,游人争先恐后地前往游玩。

第三桥名望山。桥侧有堂,扁曰三贤,以奉白乐天、林和靖、苏东坡三先生之祠。袁大资请于朝:"切惟三贤道德名节震耀今古,而祠附于水仙庙东庑,则何以崇教化、励风俗?"遂买居民废址,改造堂宇,以奉三贤,实为尊礼名胜之所。正当苏堤之中,前挹湖山,气象清旷;背负长冈,林樾深窈;南北诸峰,岚翠环合,遂与苏堤贯联也。盖堂宇参错,亭馆临堤,种植花竹,以显清概。堂扁水西、云北、月香、水影、晴光、雨色。

【译文】
第三桥叫望山。桥侧面有座堂,匾名三贤,三贤堂用来供奉白居易、林逋、苏轼三位先生。资政殿大学士袁韶上奏朝廷:"臣私下以为三位贤人的道德和名节震耀今古,而祠堂却依附于水仙庙的东侧间,何以推崇教化、激励风俗?"袁韶于是购买居民废弃的村坞,改建为堂宇,用来供奉这三位贤人,这个地方确实是用于尊崇和礼敬名胜古迹的场所。祠堂正处于苏堤之中,前面环抱湖山,气象清新空旷;背对长冈,林木幽深窈邈;南北各山峰,山岚青翠环绕围合,于是与苏堤贯联在一起。堂宇参差错落,亭馆临近苏堤,种植花木修竹,来显示清操。堂匾分别是水西堂、云北堂、月香堂、水影堂、晴光堂、雨色堂。

曰北山第二桥，名东浦桥。西建一小矮桥过水，名小新堤。于淳祐年间，赵节斋尹京之时筑此堤至曲院。接灵隐三竺梵宫，游玩往来。两岸夹植花柳至半堤，建四面堂，益以三亭于道左，为游人憩息之所，水绿山青，最堪观玩。咸淳再行高筑堤路，凡二百五十余丈，所费俱官给其券工也。

【译文】

北山第二桥，叫东浦桥。桥西建造一座小矮桥跨过水面，叫小新堤。这是宋理宗淳祐年间，赵与篡任临安知府时修筑的。这座堤直达曲院，连接灵隐三个天竺寺，方便人们往来游玩。桥两岸种植花木垂柳，一直种到半堤，修建了四面堂，在道路左侧增筑了三座亭，作为游人休息歇脚的地方。水绿山青，最值得观赏游玩。咸淳年间再次增高堤路，共二百五十多丈，修堤路所需费用都是官府支付纸币给工人。

曰北山第一桥，名涵碧桥①。过桥出街，东有寺名广化，建竹阁，四面栽竹万竿，青翠森茂，阴晴朝暮，其景可爱，阁下奉乐天之祠焉。曰寿星寺②，高山有堂，扁曰江湖伟观，盖此堂外江内湖，一览目前。淳祐赵尹京重创，广厦危栏，显敞虚旷，旁又为两亭，巍然立于山峰之顶。游人纵步往观，心目为之豁然。

【注释】

①涵碧桥：（清）陈文述《颐道堂集·诗选》卷二十二《涵碧桥》："在白沙堤，宋陈尧佐建，明孙隆重修，改名锦带桥。再西即孤山，与水仙王庙相近。"记文见《咸淳临安志》卷二十一《疆域六》。

②寿星寺：位于今杭州西湖北岸北山街附近，大致在今天的静逸别

墅处。据史料记载,寺内曾有一块巨大的奇石,名为"寿星石",这也是寺院名字的由来。

【译文】

北山第一桥,叫涵碧桥。经过桥出街,东面有寺庙叫广化寺,寺建有竹阁,四面栽种上万根竹子,青翠茂盛,阴天晴天,修竹早晚摇曳,景色可爱,竹阁下供奉着白居易。寿星寺,高山上有堂,匾名江湖伟观,此堂外面是钱塘江,怀抱西湖,江湖景色都在眼前。淳祐年间,临安知府赵与𥲅重新建堂,高楼危栏,宽敞虚旷,堂的旁边又建造了两座亭,巍然耸立于峰顶。游人漫步前往观赏,内心为之豁然开朗。

曰孤山桥,名宝祐,旧呼曰断桥。桥里有梵宫,以石刻大佛金装,名曰大佛头,正在秦皇缆舟石山上①,游人争睹之。

【注释】

①秦皇缆舟石山上:相传秦始皇出游至钱唐,船行到西湖时,突然遇到狂风暴雨,为了抵御恶浪,便把船系在了一块大石头上。

【译文】

孤山桥,名叫宝祐,以前叫断桥。桥里有佛寺,有石刻大佛表面鎏金,叫大佛头,正在秦始皇停泊船只的石山上面。游人争相观看。

桥外东有森然亭,堂名放生,在石函桥西。昨于真庙朝天禧年间①,平章王钦若出判杭州②,请于朝建也。次年,守臣王随记其事③。元祐东坡请浚西湖,谓每岁四月八日④,邦人数万集于湖上,所活羽毛鳞介以百万数⑤,皆西北向稽首祝万岁。绍兴以銮舆驻跸,尤宜涵养,以示渥泽⑥,仍以西湖为放生池,禁勿采捕,遂建堂,扁德生。有亭二:一以滨湖,为祝网纵鳞之所⑦,亭扁泳飞;一以枕山,凡名贤旧刻皆峙焉,又有奎书《戒烹宰文》刻石于堂上。

【注释】

① 真庙:指北宋第三位皇帝宋真宗。本名赵德昌,改名赵元休、赵元侃。宋太宗第三子,母为元德皇后李氏。至道三年(997),即位为帝。在位之初任用李沆、吕端等为相,勤于政事。景德元年(1004),在主战派宰相寇准的劝说下,御驾亲征,挫败辽军于澶渊,最后达成"澶渊之盟",实现宋辽百年间和平。在位后期,任用王钦若、丁谓等为相,刘皇后也逐渐干政。此外,他沉溺于"东封西祀"之中,谒曲阜孔庙、亳州太清宫,广建宫观,粉饰太平,劳民伤财,导致社会矛盾加深。死后庙号真宗,葬于永定陵。天禧:宋真宗的第四个年号,1017—1021年。

② 平章王钦若出判杭州:天禧三年(1019)六月,尚书左仆射兼中书门下平章事王钦若除太子太保、判杭州。

③ 王随:字子正,孟州河阳(河南孟州)人。登进士甲科,历知州郡,宋仁宗明道年中官至宰相。天禧四年(1020)以给事中知杭州。

④ 每岁四月八日:宋代时杭州西湖每年农历四月八日举行放生活动。(宋)蔡襄《蔡襄全集》卷2《四月八日西湖观民放生》:"盈舟载鱼虾,投泻清波际。应无校人欺,独行流水惠。非求升斗活,终免蝼蚁制。江湖自相忘,洲岛亦还逝。脱渊思曩戒,嗅饵省非计。为生岂不幸,萍藻庶可翳。"

⑤ 鳞介:泛指有鳞和介甲的水生动物。

⑥ 渥泽:指皇帝恩惠。

⑦ 祝网:《史记·殷本纪》:"汤出,见野张网四面,祝曰:'自天下四方,皆入吾网。'汤曰:'嘻,尽之矣!'乃去其三面,祝曰:'欲左,左;欲右,右;不用命,乃入吾网。'"后因以"祝网"为帝王施行仁

德之典。纵鳞：放鱼。

【译文】

桥外东面有森然亭，堂名放生堂，位于石函桥的西面。之前宋真宗天禧年间，平章王钦若从京城外任杭州知州，奏请朝廷修建此桥。次年，守臣王随记载此事。元祐年间，苏轼奏请疏浚西湖，他称每年农历四月八日，数万当地人聚集于西湖上，放生鸟类和鳞甲水生动物百万，这些鸟和动物都面向西北稽首祝福皇帝万寿无疆。绍兴年间，因为皇帝暂时停留在杭州，西湖尤其应该涵养，来表示皇恩浩荡，于是仍然以西湖为放生池，禁止民众采摘捕捞，于是建堂，堂匾名德生。有两座亭：一座亭临近西湖，是宣扬皇帝仁德放生的地方，亭匾名泳飞；一座亭枕着山，凡是名贤的旧石刻都矗立在那里，还有皇帝御书的《戒烹宰文》刻石放置在堂上。

曰玉莲①，又名一清，在钱塘门外菩提寺南沿城。景定间，尹京马光祖建②。次年，魏克愚徙郡治竹山阁改建于此③，但堂宇爽闿④，花木森森，顾盼湖山，蔚然堪画。

【注释】

① 玉莲：《咸淳临安志》卷三十二《山川十一·玉莲堂》："在钱塘门外菩提寺南。景定二年，马安抚光祖建。明年，魏安抚克愚既徙郡治之竹山阁，并奉玉莲堂奎扁揭于此。"

② 马光祖：字华父，赐号裕斋。咸淳三年（1267）拜参知政事。咸淳五年（1269），任知枢密院事，后以金紫光禄大夫致仕。卒谥庄敏。景定二年（1261），马光祖以提领户部财用兼知临安府。

③ 魏克愚：邛州蒲江（四川蒲江）人，字明己，号靖斋，魏了翁子。景定三年（1262），以两浙转运副使除太府少卿兼知临安府。

④ 爽闿（kǎi）：高大宽敞。

【译文】

玉莲堂,又叫一清堂,位于钱塘门外菩提寺南面沿城。景定年间,临安知府马光祖建造。次年,魏克愚徙郡治竹山阁改建于此。堂宇高大宽敞,花木茂密,顾盼湖山,草木茂盛可以入画。

曰丰豫门外有酒楼名丰乐①,旧名耸翠楼。据西湖之会,千峰连环,一碧万顷,柳汀花坞,历历栏槛间,而游桡画舫②,棹讴堤唱③,往往会于楼下,为游览最。顾以官酤喧杂④,楼亦临水,弗与景称。淳祐年,帅臣赵节斋再撤新创,瑰丽宏特,高接云霄,为湖山壮观,花木亭榭,映带参错,气象尤奇。缙绅士人乡饮团拜⑤,多集于此。更有钱塘门外望湖楼⑥,又名看经楼。大佛头石山后名十三间楼⑦,乃东坡守杭日多游此,今为相严院矣。

【注释】

① 丰乐:丰乐楼,初名为"耸翠楼",建于北宋徽宗政和七年(1117),南宋淳祐九年(1249)重建并更名为"丰乐楼"。是南宋临安官营大酒店中最著名的一座。《淳祐临安志》卷六《城府·楼观·丰乐楼》:"在丰豫门外,旧名耸翠楼。政和七年,郡守徐公铸于湖堂之右,以众乐亭旧址临湖始建此楼。"

② 桡(ráo):船桨。

③ 棹(zhào)讴:摇桨行船所唱之歌。棹,划船的一种工具,形状和桨差不多。

④ 官酤(gū):官府卖酒。

⑤ 乡饮:指乡饮酒礼,中国古代的一种嘉礼。一般是地方官按时在儒学举行的一种敬老仪式,参与者多为当地士人。

⑥望湖楼：在今杭州北山街宝石山下。因位置绝佳，可纵览西湖全景，故在宋时被正式命名为"望湖楼"。《淳祐临安志》卷六《城府·楼观·望湖楼》："一名看经楼，乾德五年，钱忠懿王建，去钱塘门一里。"

⑦十三间楼：因建筑群中有十三间楼而得名。最初是一座供奉石佛的寺院，名为十三间楼石佛院。北宋英宗治平二年（1065），更名为相严院。《淳祐临安志》卷六《城府·楼观·十三间楼》："去钱塘门二里许。苏公轼治杭日多治事于此，今为相严院。在大佛头缆船石山后。"

【译文】

丰豫门外有酒楼叫丰乐楼，原名耸翠楼。酒楼占据西湖中心地带，成千山峰相连成环，湖水一碧万顷。西湖边平地上绿柳成荫，四周高、中间低的坞里种满了花卉，透过栏杆看起来层次分明。游船画舫徜徉湖水中，船夫唱歌，堤岸上也有人应唱。人们往往在丰乐楼下相聚，是游览西湖最热闹的地方。不过官府卖酒人声喧杂，酒楼也临近湖水，与景色不相称。淳祐年间，安抚使赵与𥲅再次撤旧建新，新酒楼瑰丽宏伟，高接云霄，成为湖山的壮美景观，载满花木的亭榭，相互映衬，错落有层次，气象尤为新奇。士人举行乡饮礼和团拜，大多在此集会。还有钱塘门外的望湖楼，又叫看经楼。大佛头石山后面叫十三间楼，苏轼任杭州知州的时候经常到此游玩，如今是相严院。

丰豫门外有望湖亭三处，俱废之久。名贤遗迹不可无传，故书之使后贤不失其名耳。

【译文】

丰豫门外面有三处望湖亭，都荒废已久。名贤的遗迹不可以不传世，故而书写下来使后来的贤者不遗失这些贤人的名字。

曰湖边园圃。如钱塘玉壶①、丰豫渔庄②、清波聚景③、长桥庆乐④、大佛、雷峰塔下小湖斋宫、甘园、南山、南屏,皆台榭亭阁,花木奇石,影映湖山。兼之贵宅宦舍列亭馆于水堤,梵刹琳宫布殿阁于湖山,周围胜景,言之难尽。东坡诗云"若把西湖比西子,淡妆浓抹总相宜"正谓是也⑤。

【注释】

①钱塘玉壶:南宋时杭州西湖边的一处御园。位于钱塘门外。这里曾是南宋皇家园林的一部分,园内有奇花异木,景色宜人。南宋诗人杨万里在《晚泊玉壶得十绝句》诗中提到"游尽西湖赏尽莲,玉壶落日泊楼船",描绘了玉壶的优美景色。

②丰豫渔庄:南宋时期西湖边的一处园林。位于丰豫门外。这里曾是南宋皇家园林的一部分,园内有台榭亭阁、花木奇石,与湖山相映成趣。

③清波聚景:南宋皇家园林聚景园的一部分。又称西园,园内有会芳殿、瀛春堂等建筑,景色秀丽,南宋高宗等曾在此地赏花观景。

④长桥庆乐:南宋时期的一处皇家园林。位于长桥之西,旧名庆乐园。曾是平原郡王韩侂胄的私园,园内有西湖洞天等景观。

⑤若把西湖比西子,淡妆浓抹总相宜:诗题为《饮湖上初晴后雨二首其二》,全诗如下:"水光潋滟晴方好,山色空蒙雨亦奇。欲把西湖比西子,淡妆浓抹总相宜。"西子,即春秋时期越国美女西施。

【译文】

西湖边的园圃,像钱塘玉壶、丰豫渔庄、清波聚景、长桥庆乐、大佛、雷峰塔下小湖斋宫、甘园、南山、南屏,都是台榭亭阁、花木奇石,影映湖山。再加上权贵之家在水堤上排列亭馆,湖山上遍布寺庙殿阁,周围的美丽景色,用语言难以完全描述。苏轼有诗"若把西湖比西子,淡妆浓抹总相宜",正是这个意思。

近者画家称湖山四时景色最奇者有十:曰苏堤春晓[①]、曲院荷风[②]、平湖秋月[③]、断桥残雪[④]、柳浪闻莺[⑤]、花港观鱼[⑥]、雷峰夕照[⑦]、两峰插云[⑧]、南屏晚钟[⑨]、三潭映月[⑩]。春则花柳争妍,夏则荷榴竞放,秋则桂子飘香,冬则梅花破玉,瑞雪飞瑶。四时之景不同,而赏心乐事者亦与之无穷矣[⑪]。

【注释】

① 苏堤春晓:西湖十景之一。指寒冬过后苏堤报春的美妙景色。元代又称为"六桥烟柳"。

② 曲院荷风:西湖十景之一。位于西湖西侧,岳飞庙前,南宋这里辟有宫廷酒坊,湖面种养荷花。夏日清风徐来,荷香与酒香四下飘逸,游人身心俱爽,不饮亦醉。

③ 平湖秋月:西湖十景之一。每当清秋气爽,湖面平静如镜,皓洁的秋月当空,月光与湖水交相辉映,有"一色湖光万顷秋"之感。

④ 断桥残雪:西湖十景之一。以冬雪时远观桥面若隐若现于湖面而称著。

⑤ 柳浪闻莺:西湖十景之一,位于西湖东南岸。南宋时这里是行都杭州最大的御花园,其间黄莺飞舞,竞相啼鸣。

⑥ 花港观鱼:西湖十景之一。位于苏堤南段西侧,是由花、港、鱼为特色的风景点。

⑦ 雷峰夕照:西湖十景之一。每当夕阳西下时,峰影波光,互相辉映。旧时复有雷峰塔点缀其中,景色至为美胜。

⑧ 两峰插云:西湖十景之一,又称作"双峰插云"。天目山一支支脉遇到西湖分为南山、北山,形成环抱状的名胜景区,两山最高峰即

南高峰和北高峰。
⑨南屏晚钟：西湖十景之一，指南屏山净慈寺傍晚的钟声。
⑩三潭映月：西湖十景之一，被誉为"西湖第一胜境"。是西湖中最大的岛屿，风景秀丽，景色清幽。
⑪四时之景不同，而赏心乐事者亦与之无穷矣：此句话化用北宋文学家欧阳修《醉翁亭记》中"四时之景不同，而乐亦无穷也"。

【译文】

近者画家称湖山一年四季景色最新奇的有十种：苏堤春晓、曲院荷风、平湖秋月、断桥残雪、柳浪闻莺、花港观鱼、雷峰夕照、两峰插云、南屏晚钟、三潭映月。春天鲜花和柳叶争相斗妍，夏天荷花、榴花竞相开放，秋天桂花飘香，冬天梅花刺破寒冰，瑞雪纷飞。一年四季的景色不同，而愉悦身心的事情也会随之无穷无尽。

下湖

【题解】

本条叙述了南宋杭州城下湖的情况。杭州除了著名的西湖外,城内外还分布着多个湖泊,这些湖泊不仅在自然景观上各有特色,还在城市水利、农业灌溉、交通运输等方面发挥了重要作用。比如位于杭州城北的下湖,与西湖相对,是杭州城内重要的湖泊之一。下湖源出西湖,分为两条水流,最后合二为一。淳祐年间,西湖水干涸,临安知府引下湖水入城,解决了居民的饮水问题。除了下湖外,本条还简单介绍了名湖、御息湖、临平湖、石桥湖、定山湖、泛洋湖、石鼓湖的所在位置,穿插着文人诗词。御息湖,又名诏息湖,位于今杭州境内,因秦始皇巡狩所憩,故有"诏息"之名。南宋时,御息湖是重要的湖泊之一,与临平湖等共同调节上塘河的水位。临平湖位于今杭州临平区,是南宋时期重要的湖泊之一。临平湖与上塘河相连,是运河的重要补水来源。临平湖在南宋时不仅是重要的水源地,还在调节水位、保障航运方面发挥了重要作用。石桥湖、定山湖都用于调节水位或灌溉。泛洋湖位于杭州城东北,是南宋时期重要的湖泊之一。泛洋湖与上塘河相连,是运河的重要补水来源。泛洋湖在南宋时期不仅是重要的水源地,还在调节水位、保障航运方面发挥了重要作用。南宋杭州的湖泊体系在城市水利、农业灌溉、交通运输等方面发挥了重要作用。这些湖泊的存在,不仅为南宋杭州的繁荣提供了有力支持,也为后世留下了丰富的水利文化遗产。本条文字引自《咸淳临安志》卷三十四《山川十三·湖(下)》。

下湖在钱塘门外,其源出于西湖,一自玉壶水口流出,九曲沿城一带,至余杭门外;一自水磨头石函桥闸流出,入策选锋教场①、杨府云洞②、北郭税务侧,合为一流,如环带形,自有二斗门潴泄之。

【注释】

①入策选锋教场:"入"字原无,根据文意,据《咸淳临安志》卷三十四《山川十三·湖(下)》补。
②杨府云洞:南宋武将杨存中的园林。其名称来源于园内的假山洞穴。这些洞穴是人工堆土而成,外包石头,形成如云烟万状的景观。此外,园林还引泉水入洞,增添了自然之美。

【译文】

下湖在钱塘门外,其水源来自西湖。下湖有两条主要的水流路径:一条从玉壶水口流出,曲曲折折,沿着城墙一直流到余杭门外;另一条从水磨头石函桥闸流出,流经策选锋教场、杨府云洞、北郭税务一侧,最终与第一条水流汇合为一条水流,形成类似环带的形状。下湖设有两个斗门用于蓄水和放水。

淳祐年,西湖水涸,城内诸井亦竭,尹京赵节斋给官钱米,命工自钱塘尉廨北望湖亭下凿渠,引天目山水,自余杭河经张家渡河口达于溜水桥斗门①,凡作数坝,用车运水,经西湖,庶得流通城中,诸市民赖其利也。林和靖舣舟石函,因过下湖小墅,赋诗曰②:"平湖望不极③,云气远依依④。及向扁舟泊,还寻下濑归。青山连石埭⑤,春水入柴扉。多谢提壶鸟⑥,留人到落晖。"

【注释】

①张家渡:诸本同,《咸淳临安志》作"蔡家渡"。
②赋诗曰:诗题为《上湖闲泛舣舟石函因过下湖小墅》。
③平湖:《林和靖诗集》作"平皋"。水边平展之地。
④云气:《林和靖诗集》作"云树"。
⑤石埭(dài):石头筑的水坝。
⑥提壶鸟:即鹈鹕。

【译文】

淳祐年间,西湖湖水干涸,杭州城内的各口水井的井水也都枯竭了,临安知府赵与𥲅以官方出钱出米,下令工人从钱塘县尉衙署北面的望湖亭下开凿水渠,汲引天目山的水,从余杭河经过张家渡河口到达溜水桥斗门。期间共修筑了多个水坝,用车运水,经过西湖,才使得水流通到杭州城中,城内百姓都依赖其便利。林逋停舟石函,经过下湖的小别墅,写诗道:"平湖望不极,云气远依依。及向扁舟泊,还寻下濑归。青山连石埭,春水入柴扉。多谢提壶鸟,留人到落晖。"

钱塘定山南乡有名湖,刘道真《钱塘记》云①:"明圣湖在县南一百步②。又仁和东十八里,亦有此湖之名。仁和县东北十八里有湖名曰御息,故老相传,秦始皇东游,暂憩于此,故以名之。"

【注释】

①刘道真:即西晋人刘宝,字道真,山阳郡高平(今山东邹城西南)

人。善于骑射,作战勇敢,官至侍中。

②明圣湖:《淳祐临安志》卷十《山川·明圣湖》:"刘道真《钱塘记》云:'湖在县南二百步,父老相传湖中有金牛,古尝有见。其暎宝灵泉,照耀流精,神仙莫测,遂以明圣为名。'郦道元《水经注》此湖在县南江侧。按今涌金门、涌金池、金牛寺命名盖以此。又仁和县东十八里亦有此湖名。"

【译文】

钱塘县定山南乡有名湖,刘宝《钱塘记》记载:"明圣湖在钱塘县南一百步。仁和县东面十八里,也有湖叫明圣湖。仁和县东北方向十八里处有湖叫御息湖,年老有德的人口耳相传,秦始皇东游,暂时憩息于此地,故而叫御息湖。"

　　县东长乐乡曰临平湖①,前辈夜泛湖,赋诗曰②:"素彩皓通津,孤舟入清旷。已爱隔帘看,还宜卷帘望。隔帘卷帘当此时,惆怅思君君不知"。"三月平湖草欲齐,绿杨分映入长堤。田家起处乌龙吠③,酒客醒时谢豹啼④。山槛正当莲叶渚,水塍新擘稻秧畦⑤。人间谩说多歧路,咫尺神仙洞却迷。"⑥

【注释】

①临平湖:《淳祐临安志》卷十《山川·临平湖》:"《舆地广记》云在仁和县。《祥符经》云在县东长乐乡周回十里。湖中有白龙潭。吴志赤乌二年,宝鼎见,因呼为鼎湖。晋武帝咸宁中,彗星孛于角,占者云吴临平湖自汉末壅塞,至是复开。父老相传此湖塞天下乱,此湖开天下平。又吴郡言临平湖边得一石函,中有小石,青白色,长四寸,广二寸,刻其上作皇帝字,孙皓于是改元为天玺。晋安帝元兴二年,临平湖水赤,或以为祥瑞(详具临平山)。"

②赋诗曰：诗题为《夜泛临平湖有寄》，见（唐）权德舆《权文公集》卷六。
③乌龙：黑狗。
④谢豹：杜鹃鸟的别称。（宋）陈耆卿《嘉定赤城志》卷三十六《风土门一》："谢豹。（一名杜鹃，又名子规。曰谢豹者，以其声。）"
⑤水塍（chéng）：水田。
⑥"三月平湖草欲齐"几句：此诗为（唐）张祜《临平湖》。

【译文】

钱塘县东面长乐乡有临平湖，前辈夜间泛舟湖上，写诗道："素彩皓通津，孤舟入清旷。已爱隔帘看，还宜卷帘望。隔帘卷帘当此时，惆怅思君君不知。""三月平湖草欲齐，绿杨分映入长堤。田家起处乌龙吠，酒客醒时谢豹啼。山槛正当莲叶渚，水塍新擘稻秧畦。人间谩说多歧路，咫尺神仙洞却迷。"

仁和永和乡有湖者二：曰石桥湖，曰丁山湖①。天宗门外曰泛洋湖②。仁和长乐乡像光湖③，唐时湖中现五色光，掘地得弥勒佛石像，乃建寺及湖，名俱曰像光。仁和桐扣山下名石鼓湖④。

【注释】

①丁山湖：在今杭州临平区塘栖古镇西南面。
②泛洋湖：清代时已经淤塞成河，称泛洋河。
③像光湖：《淳祐临安志》卷十《山川·像光湖》："在仁和县之长乐乡。唐神龙元年，湖有五色光明，掘地得弥勒石像，乃建寺，奏以像光为额及名其湖。"
④石鼓湖：《咸淳临安志》卷三十四《山川十三·石鼓湖》："在仁和铜

扣山下。晋时出石鼓于岸,故名。"

【译文】

仁和县永和乡有两个湖:石桥湖和丁山湖。天宗门外有湖叫泛洋湖。仁和县长乐乡有湖叫像光湖,唐朝时湖中出现五色光芒,有人掘地得到弥勒佛石像,于是建造寺庙、开挖湖,寺和湖的名字都叫像光。仁和县桐扣山下有湖叫石鼓湖。

浙江

【题解】

　　本条介绍了杭州的浙江情况。第一部分简单叙述了浙江的流经情况。第二部分讨论了钱塘江潮的原因。钱塘江是浙江省第一大河,古称"浙江",是吴越文化的主要发源地之一。钱塘江的北源新安江是其正源,发源于安徽省休宁海拔1600多米的怀玉山主峰六股尖。南源马金溪,源出皖境内休宁青芝埭尖北坡。两源在建德梅城汇合后称富春江,至杭州闻家堰以下称钱塘江,最后注入东海。钱塘江流域支流众多,包括浦阳江、曹娥江、分水江、渌渚江等。其中,浦阳江流经诸暨、绍兴北,在杭州萧山区闻堰镇附近注入钱塘江;曹娥江流经新昌、嵊州、上虞,至绍兴东入杭州湾。钱塘江流域涉及浙江省内杭州、衢州、金华、绍兴、丽水5个设区市,共20多个县(市、区),流域面积五万五千多平方公里。钱塘江潮被誉为"天下第一潮",是世界一大自然奇观。其形成是天体引力和地球自转的离心作用,加上杭州湾喇叭口的特殊地形造成的特大涌潮。钱塘江河口呈巨大的喇叭形,杭州湾口南北两岸相距约100公里,至澉浦缩小到20公里,再上至海宁盐官,仅为2.5公里。这种独特的地形使得潮水涌入变浅的河道时,潮头受阻,形成壮观的潮涌。钱塘江潮每年最壮观的时候是农历八月十八,这一天被称为"潮神生日",是钱塘江大潮的高潮期。此时,太阳、月亮、地球几乎处在同一平面内,海水受到的引力最大,因此潮水最为汹涌。本条文字引自《咸淳临安志》卷三十一《山川十·江》。

浙江在杭城东南①,谓之钱塘江。内有浙山②,正居江中,潮水投山下曲折而行,有若反涛水势者。韦昭以钱塘③、松江、浦阳为三④,而不知浦阳在何地。今富阳即钱塘江,其江自古曰浙河,见于《庄子》书中⑤,其为东南巨浸昭昭也⑥。

【注释】

① 浙江:即今钱塘江。古代称渐水、浙河等。
② 浙山:原作"浙江",据《淳祐临安志》卷十改。浙山,又称海门山。(唐)白居易《长庆二年七月自中书舍人出守杭州路次蓝溪作》:"余杭乃名郡,郡郭临江汜。已想海门山,潮声来入耳。"
③ 韦昭:晋避司马昭讳,亦作"韦曜"。字弘嗣,吴郡云阳县(今江苏丹阳)人。三国时期吴国重臣、史学家。著有《汉书音义》《国语注》《官职训》《三吴郡国志》等。
④ 为三:为三条江。《尚书·禹贡》:"三江既入,震泽底定。"三江说法,历代各异。
⑤《庄子》:又名《南华真经》,战国时期庄子及其后学所著的道家学说的著作。主要反映了庄子的思想,涉及哲学、政治、社会、宇宙等诸多方面。
⑥ 巨浸:大河流。

【译文】

浙江在杭州城的东南面,称为钱塘江。江里面有浙山,正处于江中,潮水流经浙山时,因地形的阻挡和水流的折转,形成了反涛水势。韦昭以钱塘、松江、浦阳为三条江,不知浦阳在什么地方。今天的富阳即钱塘江,其江自古叫浙河,见于《庄子》一书中。浙江作为东南地区广阔的江河,十分显著突出。

按《吴越春秋·内传》云①:"吴王赐子胥死,乃取其尸,盛以鸱夷之革②,浮之江中。子胥因随流扬波,依潮来往,荡激堤岸。"又按《越王外传》云:"越王赐大夫种死③,葬于西山之下。一年,子胥从海上穿山胁而持种去,与之俱浮于海。故前潮水潘侯者,伍子胥也④;后重水者⑤,大夫种也。"恐此说荒诞无稽,不敢信。以《忠清庙记》言之⑥,非诞也。

【注释】

① 《吴越春秋·内传》:指《夫差内传》。《吴越春秋》,东汉赵晔撰写的一部记述春秋战国时期吴、越两国史事(包括一部分楚国)为主的史学著作,原为十二卷,后缺失两卷。前五篇为吴事,起于吴太伯,迄于夫差;后五篇为越事,记越国自无余以至勾践称霸及其后人,注重吴越争霸的史实。
② 鸱(chī)夷:革囊。
③ 大夫种:指春秋时期越王勾践的谋臣文种。文种与范蠡一起为勾践打败吴国立下了汗马功劳。越灭吴后,文种没有听从范蠡功成身退的建议,后被勾践赐死。
④ 故前潮水潘侯者,伍子胥也:伍子胥被吴王夫差赐死,尸体被投入江中。后人传说伍子胥的怨气化为汹涌的潮水,成为钱塘江潮的源头。因此,伍子胥被认为是钱塘江潮的"前潮"象征。
⑤ 重水:传说文种死后,其魂魄化为"重水",与伍子胥的前潮水相伴。
⑥ 《忠清庙记》:北宋名臣王安石撰,记文全文见《咸淳临安志》卷七十一《祠祀一·土神·记文》,又见于《临川先生文集》卷三十

八《伍子胥庙铭》。忠清庙,祭祀伍子胥的祠庙。

【译文】

根据《吴越春秋·内传》记载:"吴王赐死伍子胥,将其尸体盛在革囊之中,投入江中。伍子胥尸体因此随着水流漂动,随着潮水涨落,冲激堤岸。"又根据《越王外传》记载:"越王赐死大夫文种,将其葬于西山之下。一年后,伍子胥从海上穿过山峡将文种尸体带走,与其一起飘浮在海面上。故而钱塘江的前潮是伍子胥,后潮是大夫文种。"恐怕这一说法荒诞不稽,不敢相信。用《忠清庙记》的记载来看这件事情,则并非虚妄。

然诸家所说甚多,或谓天河激涌①,亦云地机翕张②。又以日激水而潮生,月周天而潮应。或以挺空入汉③,山涌而涛随;析木④、大梁,月行而水大。源殊派异,无所适从。索隐探微⑤,宜伸确论。大率元气嘘吸⑥,天随气而张敛;溟渤往来⑦,潮随天而进退者也。盖日者重阳之母,阴生于阳,故潮附之于日也。月者,太阴之精,水属阴,故潮依之于月也。是故随日而应月,依阴而附阳,盈于朔望,消于朒魄⑧,虚于上、下弦⑨,息于辉朒⑩,故潮有大小焉。但月朔夜半子,昼则午刻,潮平于地。次日潮信稍迟一二刻⑪。至望日,则潮亦如月朔信,复会于子午位。若以每月初五、二十日,此四日则下岸,其潮自此日则渐渐小矣。以初十、二十五日,其潮交泽起水,则潮渐渐大矣。初一至初三、十五至十八,六日之潮最大,银涛沃日⑫,雪浪吞天,声若雷霆,势不可御。进退盈虚,终不失期。且海门在江之东北,有山曰赭山,与龛山对峙,潮水出其间也。卢肇《潮论》所谓"夹群山而远入,射一带以中投"者是也⑬。若言狭逼,则东自定海,吞余姚、奉化二江,侔之浙江,尤甚逼狭,潮未闻其声。北望嘉兴太湖,水阔二百余里,故商舶船只怖于上潭⑭。惟泛余姚小江,易舟而浮运河,达于杭、越。盖以下有沙潭,南北之隔碍洪波,蹙遏潮势矣⑮。"

【注释】

① 天河:指银河。

② 地机:指大地活动的枢要。翕(xī)张:张合。

③ 汉:天汉,即银河。

④ 析木:星次名。我国古代天文学者将黄赤道附近一周天依西向东分为十二等分,称为星次,用以表明日、月、星的运行与节气的变换。十二次的名称为:星纪、玄枵、娵訾、降娄、大梁、实沈、鹑首、鹑火、鹑尾、寿星、大火、析木。

⑤ 索隐:阐发幽微的事理。

⑥ 元气:指天地未分前的混沌之气。嘘吸:呼吸吐纳。

⑦ 溟渤:溟海和渤海,多泛指大海。

⑧ 朏(fěi)魄:新月的月光。亦用为农历每月初三日的代称。《文选》卷二十《应诏燕曲水作诗》:"朏魄双交,月气参变。"李善注:"朏魄双交,谓三日也。凡朏魄之交,皆在月三日之夕。"

⑨ 上、下弦:指上弦月和下弦月。上弦,农历每月初七或初八,从地球上看,当月球运行到太阳以东90度时,能看到西边半圆此时的月相称上弦。下弦,农历每月二十二或二十三日,从地球上看见月亮东边的半圆,这时月相叫"下弦"。

⑩ 辉朒(nǜ):月圆月缺。

⑪ 潮信:潮水。因为潮水涨落有时,故称。

⑫ 银涛:银色的波涛。沃日:冲荡日头,形容波浪很大。

⑬卢肇：字子发，唐朝袁州宜春县（今江西宜春）人，唐会昌三年（843）状元及第。善词章，以文翰知名海内；一生著述甚多，惜多散佚。

⑭潬（tān）：水中的沙堆。

⑮戹遏：阻挡，遏止。本段内容多出自卢肇《海潮论》。

【译文】

然而各家的说法非常多，有人称潮汐的形成是由于银河的激荡，也有人说是由于地机的开合。又因为太阳的热量激发海水形成潮汐，月亮绕天一周也会影响到潮汐涨落。或者是月亮运行到接近银河时，山峦似乎随之涌动，而海涛也会随之而来；月亮运行到析木和大梁位置时，潮水也会变得更大。各种关于潮汐的理论来源不同，观点各异，让人难以抉择。因此需要深入探究，提出确切的结论。大概宇宙的元气通过呼吸般的运动，使得天空随着元气的扩张和收缩而变化；海洋的潮水也随之往来进退。太阳是阳气的源头，阴气生于阳气，因此潮汐与太阳的运行密切相关。月亮是阴气的精华，水也属于阴类，因此潮汐也与月亮的运行密切相关。所以潮汐的涨落随着太阳和月亮的运行变化而变化，依据阴阳的变化而变化，农历每月初一和十五时潮汐充沛，每月农历初三潮水消停，每月初七、初八时潮汐较小，月圆月缺时潮汐消停，故而潮汐有大有小。但初一的半夜子时，白天的午刻，潮水与地平线齐平，次日潮水到来的时间会稍微推迟一两刻。到十五时，潮水的时间就会像初一那样，在子午位会合。如果是每月的初五、二十日，这四天（指初一、十五、初五、二十日）潮位最低，潮水从这几天开始逐渐变小。到了初十、二十五日，潮水在湖泊中涌起，潮头渐渐变大。初一到初三、十五到十八这六天的潮水最大，白色的波涛直冲太阳，如雪的浪花似乎吞没了天空，潮声就像雷霆一样，势不可挡。潮水涨落消长，始终不会错过时间。海门在钱塘江的东北面，有山叫赭山，与龛山相对，潮水出入山间。卢肇《海潮论》所谓"潮水在群山之间穿行，随着地形的引导逐渐深入内陆。潮水在狭窄的通道中汇聚成一条线状的水流,如同射出的箭一般直冲向前",描述的就是这一景象。如果说地形狭窄导致潮水的汹涌,那么潮水从东面定海出发,吸收余姚江和奉化江,其河道与浙江相比,尤其狭窄,潮来的时候听不到声音。向北看嘉兴太湖,水面开阔宽度可达二百多里,故商船只畏惧水中的沙坎。只能在余姚小江中航行,换乘小船在运河中航行,然后抵达杭州、越州。大概因为水下有沙坎,南北之隔妨碍洪波,遏制了潮水的势头。

城内外河

【题解】

　　本条采用列举的方式，介绍了南宋杭城内外河流的流经情况。南宋杭州城内外河道交错，形成了一个大型的水上网络。城内有中河、东河、清湖河、茅山河等主要河道，城外则有上塘河、钱塘江等重要水道，这些河流不仅为城市提供了水源和灌溉便利，还承担了重要的交通功能。盐桥运河是南宋杭州城内最重要的南北向主干河道之一，因河道中有一桥是盐船靠岸的码头而得名，即今中河。它贯穿城区中部，南起凤山水城门，北至武林门水门，与钱塘江和京杭大运河相连。南宋时，盐桥运河两岸多为达官贵族府邸，是杭州城最繁华的地段；运河则承担了重要的航运功能，是杭州城内物资运输和人员往来的重要通道。东河位于城东，与中河平行，始凿于唐代，南宋时称菜市河，明代称东运河。东河同样是南宋杭州城内重要的运输河道之一，承担着物资运输和人员往来的重要功能。清湖河（又称浣沙河）是一条东西向河道，北接武林门，南通盐桥河。茅山河与中河平行，位于中河与东河之间。茅山河是钱塘江潮入杭城的关口，其开挖和疏浚是古代杭州抗击咸潮、治水用水的重要工程。南宋时，茅山河进入最为繁盛的时期，河上舟楫往来频繁。河流为杭城提供了便利的水上交通条件，船成为当时重要的交通工具。市河位于御街西侧，与御街并行，主要流经城区中部和北部。与盐桥运河类似，市河也是杭州城内重要的水上交通线路,承担着运输和排水的功能。龙山河是城外的一条重要河道,南起龙山浑水闸,经朱桥从南水门入城,与城内河道相连。龙山河与钱塘江相通,设有龙山浑水闸,用于控制潮水和船只的出入。它不仅是重要的航运通道,还在周边形成了繁华的龙山市镇。菜市河是城内的一条重要河道,主要流经城区东部,与盐桥运河平行。后沙河是城内一条较小的河道,主要位于城区南部,用于排水和局部区域的运输。宦塘河是城内的一条支流,主要位于城区北部,与盐桥运河相连,承担着运输和灌溉的功能。南宋时,杭州城的河道不仅用于运输物资,还承担着灌水、排水、人员往来等重要功能。本条文字引自《咸淳临安志》卷三十五《山川十四·河》。

茅山河,东自保安水门向西,过榷货务桥转北,过通江桥,一直至梅家桥。旧德寿宫之东,今宗阳宫,有茅山河,因展拓宫基填塞,及民户包占[①],虽存去水大渠,流至蒲桥后,被修内司营填塞故道[②],今废之久矣。

【注释】

①包占:用钱财包租占有。

②填塞故道:"故道"前原有"所不及"三字,依文意,据《咸淳临安志》卷三十五《山川十四·河》删。

【译文】

茅山河,东起保安水门向西流,经过榷货务桥转向北,流经通江桥,一直流至梅家桥。原本德寿宫的东面,如今的宗阳宫,有茅山河,因为拓展宗阳宫地基填塞河道,以及民户侵占河道,虽然保存着河水流通的大水渠,但水流到蒲桥的后面,河道被修内司营填塞,河水没法流到原先的旧河道里,如今茅山河废弃很久了。

盐桥运河，南自碧波亭①、州桥，与保安水门里横河合②，过望仙桥③，直北至梅家桥④，出天宗水门；一派自仁和仓后葛家桥⑤、天水院桥⑥、淳祐仓前出余杭水门水道。

【注释】

①碧波亭：位于钱塘江边，旧址在杭州旧治子城北门外，即今杭州中河南段毗接骨桥一带。

②合：此字底本原无，据《咸淳临安志》卷三十五《桥》补。

③望仙桥：位于通江桥北，跨越中河，东接望江路，西达中山路。

④梅家桥：即"通济桥"。位于今杭州西湖区体育场路中段。明代开始称为"梅东高桥"。

⑤葛家桥：位于今杭州临平区乔司街道葛家车村附近。

⑥天水院桥：位于今杭州市区体育场路与中山北路交叉口西侧，即武林广场电信大楼附近。

【译文】

盐桥运河，南起碧波亭和州桥，与保安水门里横河汇合。流经望仙桥，一直向北流到梅家桥，流出天宗水门；一条支流从仁和仓后面的葛家桥、天水院桥、淳祐仓前面流出余杭水门水道。

市河，俗呼"小河"，东自清冷桥西，流至南瓦横河转北，由金波桥直北至仁和仓桥转东，与茆山河水合①，由天水院桥转北②，过便桥，出余杭水门③。

【注释】

①与茆山河水：底本原无，据《淳祐临安志》卷十、《咸淳临安志》卷三十五《桥》补。

②由天水院桥转北:"由"字原无,据《咸淳临安志》卷三十五《桥》补。
③出余杭水门:此段文字删节自《咸淳临安志》卷三十五《桥》。

【译文】

市河,俗称"小河",东起清冷桥的西面,流到南瓦横河然后流向北面,经由金波桥一直向北流至仁和仓桥,然后转向东流,与茆山河水汇合,经由天水院桥然后转向北流,经过便桥流出余杭水门。

清湖河,西自府治前净因桥①,过闸转北,由楼店务桥至转运司桥转东,由渡子桥合涌金池水流至金文库②,与三桥水相合,南至五显庙后普济桥水相合,直北由军将桥至清湖桥投北③,由石灰桥至众安桥④,又投北与市河相合,入鹅鸭桥转西⑤;一派自洗麸桥至纪家桥转北,由车桥至便桥,出余杭水门。

【注释】

①净因桥:原址位于西河坊街的旧仁和署口,南宋时临安府衙门就在桥北。
②渡子桥:位于南宋临安城的西南方向,靠近当时的转运司河(今上城区劳动路),因此也被称为运司桥。
③军将桥:位于今杭州开元路和浣纱路、定安路相交处。
④众安桥:位于今杭州上城区庆春路、中山中路和中山北路相交处。
⑤鹅鸭桥:位于今杭州拱墅区楚妃巷南侧,跨越小河。

【译文】

清湖河,西起杭州府治前面的净因桥,经过水闸然后转向北流,经由楼店务桥流到转运司桥然后转向东流,经由渡子桥汇合涌金池水流至金文库,与三桥水汇合,向南流与五显庙后面的普济桥水汇合,一直向北经由军将桥至清湖桥然后向北流,经由石灰桥至众安桥,又向北流与市河汇合,流入鹅鸭桥转向西流;一支水流自洗麸桥至纪家桥转向北流,经由车桥至便桥,流出余杭水门。

城外运河,南自浙江跨浦桥,北自浑水闸、萧公桥①、清水闸、众惠桥②、椤木桥③、诸家桥转西④,由保安寨至保安水门入城。土人呼城外河曰贴沙河⑤,一名里沙河。

【注释】

①萧公桥:位于今杭州上城区贴沙河畔。
②众惠桥:位于杭州市庆春路与中山中路、中山北路相交处,横跨古清湖河(后世称浣纱河)。
③椤木桥:位于杭州候潮门外的贴沙河上。最初得名于吴越国时期,相传当时日本输入的椤木被堆放在桥附近,因此得名。后因附近有普济寺,也被称为普济桥。明代正德六年(1511),主事王光佐重建此桥,并更名为济川桥。
④诸家桥:《咸淳临安志》卷三十五《桥》作"朱家桥"。
⑤城外河:"外"原无,据《淳祐临安志》卷十、《咸淳临安志》卷三十五《桥》补。

【译文】

杭州城外的运河,南起浙江跨浦桥,北起浑水闸、萧公桥、清水闸、众惠桥、椤木桥、朱家桥转向西流,经由保安寨至保安水门流入杭州城。当地人称呼杭州城外的河为贴沙河,又叫里沙河。

龙山河①,南自龙山浑山闸,由朱桥至南水门,淤塞年深,不通舟楫。

【注释】

①龙山河：始凿于五代吴越时期，是连接钱塘江与杭州城内水系的重要通道，主要用于航运。

【译文】

龙山河，南起龙山浑山闸，经由朱桥流至南水门，河道淤塞年岁已久，不通舟楫。

外沙河①，南自竹车门北去绕城②，东过红亭税务前务已废圮。螺蛳桥③，东至蔡湖桥④，与殿司前军寨内河相合，转西过游奕寨前军寨桥，至无星桥⑤，坝子桥河相合，入艮山河，沿城入泛洋湖水转北，至德胜桥，与运河相合。

【注释】

①外沙河：《淳祐临安志》卷十《山川·外沙河》："南自竹车门北去，绕城东过红亭税务（今废）前螺蛳桥东，至蔡湖桥与殿司前军寨内河相合，转西过游奕寨前军寨桥、太平桥、端平桥、无星桥，与灞子桥河相合，入艮小河。沿城泛洋湖水，转北至德胜桥，与运河相合曰外沙河。旧志作外河。城外既有里沙河，则此河为外沙河明矣，今有外沙巡检司。"

②竹车门：原作"行车门"，据《淳祐临安志》卷十、《咸淳临安志》卷三十五改。

③螺蛳桥：因桥下石磡缝里螺蛳众多而得名。位于上城区清泰门内。

④蔡湖桥：位于杭州上城区采荷街道西南部。

⑤无星桥：《咸淳临安志》卷二十一《疆域六·无星桥》："艮山门外仁和尉司前。"

【译文】

外沙河，南起竹车门向北绕城，向东经过红亭税务前面税务已经废弃圮塌。的螺蛳桥,向东流至蔡湖桥,与殿司前面的军寨内河相汇合,转向西流过游奕寨前面的军寨桥,流至无星桥,与坝子桥河相汇合,流入艮山河,沿城流入泛洋湖水转向北流,流至德胜桥,与运河相汇合。

菜市河,南自新门外,北沿城景隆观后①,至章家桥②、菜市桥③、坝子桥④,入泛洋湖转北,至德胜桥,与运河合流。

【注释】

①景隆观:始建于宋宁宗嘉定十四年(1221)。最初名为通玄庵,后因宋宁宗赐名"景命力年阁",逐渐改称景隆观。

②章家桥:位于今杭州上城区清泰街。最初名为"装驾桥"。相传南宋绍兴二年(1132)宋高宗从绍兴返回临安时,曾在此泊舟整装,因此得名。后因谐音逐渐演变为此名。

③菜市桥:原作"菜市塘",据《淳祐临安志》卷十、《咸淳临安志》卷三十五改。位于今杭州上城区庆春路东段,跨越东河,连接庆春路与建国北路,是杭州城内重要的交通节点。

④坝子桥:位于杭州电视台右侧,横跨东河。始建于南宋,是一座三孔石砌拱桥,桥额刻有"东河第一桥"字样。桥名"坝子",来源于桥侧原有的艮山水门,水门上筑有水坝,东河水经此滚水坝与大运河交汇。

【译文】

菜市河,南起新门外,向北沿着杭州城景隆观的后面,流至章家桥、菜市桥、坝子桥,流入泛洋湖然后转向北流,流至德胜桥,与运河合流。

下塘河自南天宗水门接盐桥运河①、余杭水门,接城中小河、清湖河②,两河合于北郭税务前,由清湖堰闸至德胜桥,与城东外沙河、菜市河③、泛洋湖相合④,分为两派:一由东北上塘过东仓新桥,入大运河,至长安闸,入嘉兴路运河⑤;一由西北过德胜桥,上北城堰,过江涨桥⑥、喻家桥、北新桥以北⑦,入安吉州界下塘河。

【注释】

① 下塘河:《咸淳临安志》卷三十五《山川十四·河·城外·下塘河》:"南自天宗水门(接盐桥运河)、余杭水门(接城中小河、清湖河),二河合于北郭税务前,由清湖堰闸至德胜桥,与城东外沙河、菜市河、泛洋潮水相合,分为两派:……一由西北过德胜桥,上北城堰,过江涨桥、喻家桥、北新桥以北,入安吉州界,曰下塘河。"河自:原作"自河",据《咸淳临安志》卷三十五《山川十四·河·城外》改。盐桥:原作"沿桥",据前文及《咸淳临安志》卷三十五《山川十四·河·城外》改。

② 清湖河:因河水清澈而得名。

③ 菜市河:古称"沙河"。北接京杭大运河,南达钱塘江,是杭州城内重要的水运通道。因河畔菜市而得名,是城东重要的集市区域。清代以后被称为"东河",并逐渐成为杭州城内的景观河道。

④ 泛洋湖:又名"白洋湖"。《都城纪胜》记载白洋湖"有水数十里",是城北的重要景观。

⑤ 嘉兴路:各本相同。《咸淳临安志》卷三十五《山川十四·河·城外》作"嘉兴"。按,嘉兴在宋代为府,至元十四年(1277)改为嘉兴路。此处可再次证明《梦粱录》写作中的元代痕迹。

⑥ 江涨桥:位于今杭州市拱墅区,横跨京杭大运河,元末被毁。

⑦ 北新桥:位于今杭州拱墅区。

【译文】

下塘河,自南天宗水门与盐桥运河、余杭水门相接,与城中小河、清湖河相接，两河于北郭税务前面汇合，经由清湖堰闸至德胜桥，与城东外沙河、菜市河、泛洋湖相汇合，分为两条支流：一条支流由东北上塘经过东仓新桥，流入大运河，至长安闸，进入嘉兴路运河；一条支流经由西北过德胜桥，上北城堰，经过江涨桥、喻家桥、北新桥的北面，进入安吉州界下塘河。

新开运河①，在余杭门外北新桥北，通苏、湖、常、秀、润等河。凡诸路纲运及贩米客舟，皆由此达于杭都。

【注释】

①新开运河：《咸淳临安志》卷三十五《山川十四·新开运河》："在余杭门外北新桥之北，通苏、湖、常、秀、润等河，凡诸路纲运及贩米客舟皆由此达于行都。淳祐七年夏大旱，城外运河干涸，赵安抚与簽奏请，得临安府客旅船只经由下塘系有两路，一自东迁至北新桥，今已断流，米船不通；一自德清沿溪入奉口至北新桥，间有积水去处，亦皆断续。每米一石，步担费几十余千，米价之增，实由于此，若不亟行开浚，事关利害。今委官相视，见得自奉口至梁渚仅有一线之脉，止可载十余石米舟，自梁渚至北新桥，则皆干涸不可行舟，共三十六里，计五千五百三十九丈五尺，除已雇募乡夫，差委官属分段开掘外，又契勘塘岸一带都保久失修筑，日渐隳坍，纤路狭窄，艰于行往。今就此河所掘之土帮筑塘路，庶几水陆皆有利济，实一举而两得。一自北新桥至狗葬，开阔三丈，深四尺；一自狗葬至奉口，开阔一丈。自是往来浙右者亦皆称其便焉。"

【译文】

新开运河，在余杭门外北新桥的北面，贯通苏州、湖州、常州、秀州、润州等地河流。凡是各路的纲运以及贩米客舟，都由此河抵达行都杭州。

下湖河在溜水桥柴场北,自策选马军寨墙、八字桥[①],沿东西马塍[②]、羊角埂、上泥、下泥桥[③],直抵步司中军寨墙北;一派自打水楼南折入左家桥河[④],入江涨桥河;一派自八字桥、西策选军寨、神勇寨、步人桥,至古塘桥下[⑤],折入余杭塘河;一派自西堰桥、西溪山一带至饮马山,亦折入余杭塘河。

【注释】

①八字桥:位于杭州余杭区塘栖镇市心街往南的十字河口。

②东西马塍(chéng):五代吴越王钱镠用于养马的地方。因养马数量众多,被称为"海马",因此得名"马塍"。

③上泥:位于杭州文三路与保俶北路交叉路口,跨西溪河。始建于宋朝,原名上泥桥,后改名为上宁桥。下泥桥:原位于上宁桥附近,如今的下宁桥位置在杭州西湖区下宁巷口,即文二路桥往南一百多米处。始建于宋朝,最早叫下泥桥,后改名为下宁桥。

④左家河桥:也被称为左家桥,位于杭州市区,古新河在左家桥附近折向东,经过湖墅南路后,注入京杭大运河。

⑤古塘桥:原作"石塘桥",据《淳祐临安志》卷十、《咸淳临安志》卷三十五改。

【译文】

下湖河在溜水桥柴场的北面,自策选马军寨墙、八字桥,沿着东西马塍、羊角埂、上泥桥、下泥桥,直达步司中军寨墙的北面;一条支流从打水楼向南折入左家桥河,进入江涨桥河;一条支流自八字桥、西策选军寨、神勇寨、步人桥,至古塘桥下,折入余杭塘河;一条支流自西堰桥、西溪山一带至饮马山,也折入余杭塘河。

子塘河,自北郭税务驿亭下直抵左家桥,系下湖泄水去处。

【译文】

子塘河,自北郭税务驿亭下直达左家桥,是下湖泄水之处。

余杭塘河①,在余杭门外江涨桥,投西路至余杭县②。

【注释】

①余杭塘河:《咸淳临安志》卷三十五《山川十四·河·城外》:"余杭塘河,在北关门外江涨桥投西四十五里,至余杭县。""余杭门"即"北关门"。《咸淳临安志》卷十八《疆域三·城郭》:"余杭门(俗呼北关门)。"(明)田汝成《西湖游览志》卷二十《北山分脉城内胜迹·城圈》:"武林门,宋名余杭门,俗称北关门。"

②投西路:诸本均同,《淳祐临安志》卷十、《咸淳临安志》卷三十五作"投西四十五里"。

【译文】

余杭塘河,在余杭门外江涨桥,向西路流至余杭县。

奉口河,自北新桥至奉口大溪。

【译文】

奉口河,从北新桥流至奉口大溪。

前沙河,在菜市门外太平桥外沙河北水陆寺前入港,可通汤镇、赭山、岩门盐场。东坡尝雨中督役开汤村运盐河,赋诗曰①:"居官不任事,萧散羡长卿②。胡不归去来③,滞留愧渊明。盐事星火急,谁能恤农耕④。冬冬晓鼓动,万指罗沟坑。天雨助官政,泫然淋衣缨⑤。人如鸭与猪,投泥相溅惊。下马荒堤上,四顾但湖泓。线路不容足,又与牛羊争。归田虽贱辱,岂失泥中行。寄语故山友,切勿厌藜羹⑥。"

【注释】

①东坡尝雨中督役开汤村运盐河,赋诗曰:本诗题为《汤村开运盐河雨中督役》,写于北宋神宗熙宁五年(1072)十月。

②萧散:犹萧洒。形容举止、神情、风格等自然,不拘束。长卿:西汉著名辞赋家司马相如的字。

③胡不归去来:化用陶渊明《归去来兮辞》:"归去来兮,田园将芜胡不归。"

④盐事星火急,谁能恤农耕:(宋)朋九万《苏轼乌台诗案》:"轼为是时卢秉提举盐事,擘画开运盐河,差夫千余人。轼于大雨中部役,其河只为般盐,既非农事,而役农民,秋田未了,有妨农事。又其河中间,有涌沙数里,轼宣言开得不便。轼自嗟泥雨劳苦,羡司马长卿,居官而不任事;又愧陶渊明,不早弃官归去也。农事未休,而役夫千余人,故云'盐事星火急,谁能恤农耕'。"

⑤泫然:流泪的样子。

⑥寄语故山友,切勿厌藜羹:朋九万《苏轼乌台诗案》:"又言百姓已劳苦不易,天雨又助官政劳民,转致百姓疲役,人在泥水中,辛苦无异鸭与猪;又言轼亦在泥中,与牛羊争路而行,若归田,岂识于此哉!故云'寄言故山友,慎勿厌藜羹'而思仕宦,以讥讽朝廷,开运盐河,不当以妨农事也。"藜羹,用藜菜做的羹,泛指粗劣的食物。

【译文】

前沙河,在菜市门外面太平桥外沙河北面水陆寺前面流入港口,可通达汤镇、赭山、岩门盐场。苏轼曾经在雨中监督工役开挖汤村运盐河,写诗道:"居官不任事,萧散羡长卿。胡不归去来,滞留愧渊明。盐事星火急,谁能恤农耕。冬冬晓鼓动,万指罗沟坑。天雨助官政,泫然淋衣缨。人如鸭与猪,投泥相溅惊。下马荒堤上,四顾但湖泓。线路不容足,又与牛羊争。归田虽贱辱,岂失泥中行。寄语故山友,切勿厌藜羹。"

后沙河,在艮山门外坝子桥北。

【译文】

后沙河,在艮山门外坝子桥的北面。

宦塘河^①,在余杭门外板桥西。

【注释】

①宦塘河:原作"官塘河",据《淳祐临安志》卷十、《咸淳临安志》卷三十五改。《淳祐临安志》卷十《山川·宦塘河》:"在余杭门外板桥之西。丁未亢旱,资尹赵公与蒽开浚以通米舟。"

【译文】

宦塘河,在余杭门外板桥西面。

蔡官人塘河,在艮山门外九里松塘姚斗门,通河衢店、汤镇、赭山。

【译文】

蔡官人塘河,在艮山门外面九里松塘姚斗门,通达河衢店、汤镇、赭山。

施何村河①,在桐扣山水氽堰东,自运河入,通里外沙河。

【注释】

①施何村河:《淳祐临安志》卷十《山川·施何村河》:"在桐扣山水氽堰东。自运河入通里外沙河(地有姓施姓何人居,故名)。"

【译文】

施何村河,在桐扣山水氽堰东,自运河流入,沟通里外沙河。

赤岸河在赤岸,自运河入,通高塘、横塘诸河。

【译文】

赤岸河在赤岸,自运河流入,沟通高塘、横塘诸河。

方兴河在临平镇东,自运河入,通像光湖、赭山、汤镇。

【译文】

方兴河在临平镇东,自运河流入,沟通像光湖、赭山、汤镇。

湖船

【题解】

本条介绍了南宋杭州城的湖船情况。杭州多水,船只成为当地重要交通和旅游工具。杭州湖船数量多、种类全、大小不一,可满足不同人群的需要。皇家御舟是西湖上最为豪华和引人注目的船只。这些御舟专为皇帝、后妃和太子等皇室成员打造,极尽奢华。御舟通常用香楠木制成,装饰精美,四垂珠帘锦幕,悬挂七宝珠翠、龙船、棱子、闹竿、花篮等物。这些御舟平时不轻易使用,只在重大节日或皇室游湖时才会出现。西湖上的大型游船主要用于接待官员、富商和游客。这些船只通常能容纳数十人,长度可达数十丈。例如,五百料的大舫约长三二十丈,可容纳三五十人。这些船只装饰华丽,有的还设有楼阁和露台,供游客欣赏湖光山色。西湖上的中小型湖船数量众多,主要用于普通游客的日常游览。这些船只包括摇船、小脚船等。摇船是用橹划行的船只,早在北宋时就已经流行于西湖上。小脚船则专门用于载运游客、妓女、商人等,船上还提供各种娱乐活动,如唱曲、打弹、投壶等。除了用于游览的船只,西湖上还有一些功能性船只。例如,"三板船"是一种小型多桨船,主要用于捕鱼和运输。此外,还有专门用于疏通河道的"撩河船",由官府置办,用于清理河道淤塞。南宋时,西湖上的船只不仅是交通工具,还承载了丰富的文化与游艺活动,比如船上会举办各种游艺活动,如唱曲、舞蹈、杂技等,为游客提供丰富的娱乐体验。一方面,湖船是杭州百姓谋生的重要工具;另一方面,湖船也是游客游湖的必选,像寒食节、清明节,湖船供不应求,足见南宋杭州城人游乐之盛。

杭州左江右湖,最为奇特。湖中大小船只不下数百舫。有一千料者①,约长二十余丈,可容百人。五百料者,约长十余丈,亦可容三五十人。亦有二三百料者,亦长数丈,可容三二十人。皆精巧创造,雕栏画栱②,行如平地。各有其名,曰百花、十样锦、七宝、戗金③、金狮子、何船、劣马儿、罗船、金胜、黄船、董船、刘船。其名甚多,姑言一二。

【注释】

①料:最初指造船所需的物料,包括木材、钉、油、麻等,后来逐渐演变为衡量船舶容积和载重量的单位。宋代在用作船舶的容积单位时,1料约等于10立方尺。用作船的载重量时,1料约等于1石(约120斤)。

②画栱:有绘画装饰的斗拱。

③戗(qiàng)金:先在器物上刻划出图案花纹,然后在刻痕中填上金色。

【译文】

杭州左面是钱塘江,右面是西湖,最为奇特。西湖中大小船只不下数百只。有一千料的船,大约长二十多丈,可容纳上百人。五百料的船,大约长十多丈,也可容纳三五十人。也有二三百料的船,也长数丈,可容纳二三十人。湖船都是精工巧匠打造而成,雕栏画栱,行动如履平地。每只船都有名字,叫百花、十样锦、七宝、戗金、金狮子、何船、劣马儿、罗船、金胜、黄船、董船、刘船。船名非常多,姑且说几个。

更有贾秋壑府车船,船棚上无人撑驾,但用车轮脚踏而行,其速如飞。又有御舟,安顿小湖园水次①,其船皆是精巧雕刻创造,俱用香楠木为之②,只是周汉国公主游玩曾一用耳③。灵芝寺前水次④,有赵节斋所造湖舫,名曰乌龙,凡遇撑驾,即风波大作,坐者不安,多不敢撑出,以为弃物。

【注释】

①水次:船只停靠之处,码头。
②香楠木:楠树木材,气味芬芳,纹理细致,木质坚硬。(明)曹昭撰,王佐增《新增格古要论》卷八《香楠木(新增)》:"楠木出四川、湖广,色黄而香,故名,好刊牌匾。又有紫黑色者皆贵,白者不佳。"
③周汉国公主:宋理宗独生爱女。注释见本书卷十《诸王宫》。
④灵芝寺:位于今杭州柳浪闻莺公园内。原为吴越国主的临湖别墅,因园中生长灵芝,遂于北宋太平兴国元年(976)舍园为寺,命名为"灵芝寺"。吴越纳土归宋后,北宋朝廷赐额"灵芝崇福律寺"。南宋时成为重要的佛教寺院,宋高宗、宋孝宗曾四次临幸。

【译文】

更有贾似道府第上的车船,船棚上没有人撑船,只用车轮脚踏行进,船行进速度像飞一样快。还有御舟,放置在小湖园的码头,御舟都是精工巧匠雕刻而成,船身都使用香楠木,只有周汉国公主游玩时曾经使用过一次御舟。灵芝寺前面的码头,有赵与𥲻制造的湖舫,叫乌龙。凡是遇到乌龙船点篙行船,马上就会风浪大作,坐船者十分不安,大多时候不敢将该船撑出,因此成为废弃之物。

湖中南北搬载小船甚夥①,如撑船卖买羹汤、时果;掇酒瓶如青碧香②、思堂春、宣赐、小思、龙游新煮酒俱有。及供菜蔬、水果船，扑时花带朵、糖狮儿，诸色千千③，小段儿糖小儿、家事儿等船④。更有卖鸡儿、湖䴘海蜇螺头⑤，及点茶⑥、供茶果、婆嫂船、点花茶⑦、拨糊盆、拨水棍小船、渔庄岸小钓鱼船。

【注释】

①搬载：用车、船等工具运载。

②掇（duō）酒瓶：指流动售酒。掇，搬运。

③千千：宋代一种类似现在陀螺的玩具。（明）方以智《通雅·戏具》：："《南宋市肆记》载京瓦儿戏之场，有惜千千，盖如京师之放空钟，抽陀螺乎！形扁丸，有脐，以绳卷而放之，其转不已。谓之千千，或其遗称。"

④家事儿：即家什，家庭生活所用的各种器具。

⑤螺头：指螺蛳或田螺的肉。

⑥点茶：即泡茶。宋元之际的茗事术语之一。先用茶末调膏，以汤注之、以筅击之的瞬时的动作组合，即环回击拂以观茶汤色泽。

⑦点花茶：袁宾《宋语言词典》解释为"妓院仆役为刚进门的狎客所献之茶，狎客按例应给赏钱"。（宋）周密《武林旧事》卷六《歌馆》："外此诸处茶肆，清乐茶坊、八仙茶坊、珠子茶坊、潘家茶坊、连三茶坊、连二茶坊，及金波桥等两河以至瓦市，各有等差，莫不靓妆迎门，争妍卖笑，朝歌暮弦，摇荡心目。凡初登门，则有提瓶献茗者，虽杯茶亦犒数千，谓之'点花茶'。"

【译文】

湖中南来北往搬载货物的小船非常多，像撑船卖买羹汤、时令水果；流动售酒像青碧香、思堂春、宣赐、小思、龙游新煮酒都有。以及提供菜蔬、水果船，扑时花带朵、糖狮儿，诸色千千，小段儿糖小儿、家事儿等船。

还有卖鸡儿、湖𤂻海蛰螺头,及点茶、供茶果、婆嫂船、点花茶、拨糊盆、拨水棍小船、渔庄岸小钓鱼船。

湖中有撒网鸣榔打鱼船①,湖中有放生龟鳖螺蚌船,并是瓜皮船也②。又有小脚船③,专载贾客妓女、荒鼓板④、烧香婆嫂⑤、扑青器、唱耍令缠曲⑥,及投壶⑦、打弹百艺等船⑧,多不呼而自来,须是出着发放支犒,不被哂笑。

【注释】

①鸣榔:敲击船舷使发出声音。这种声音可以用来惊吓鱼群,使它们进入渔网中,或者用来作为歌声的节奏。

②瓜皮船:即瓜皮艇,一种简陋小船。

③脚船:指内河、港口等处运送人员、货物的小船。

④荒鼓板:指在酒楼妓院听候差遣、赚取小费的人。同书卷二十《妓乐》:"街市有乐人三五为队,擎一二女童舞旋,唱小词,专沿街赶趁。元夕放灯、三春园馆赏玩及游湖看潮之时,或于酒楼,或花衢柳巷妓馆家祗应,但犒钱亦不多,谓之'荒鼓板'。"

⑤烧香婆嫂:指的是那些专门从事宗教活动或为他人代为烧香祈福来获取报酬的妇女。

⑥耍令:宋代唱赚中的一种曲调形式。常含有少数民族音乐的成分,是一种活泼且具有特色的曲调。它既可以作为独立的歌唱形式存在,也可以与其他曲牌一起用于唱赚的曲牌联缀中。缠曲:是一种由多种曲牌联缀而成的套曲形式,通常用于说唱艺术或音乐表演中。形式较为灵活,可以根据不同的表演需求进行组合和变化。通常由引子、主体部分和尾声组成。

⑦投壶:中国古代一种兼具礼仪与娱乐功能的投掷游戏,起源于春

秋战国时期,盛行于士大夫阶层,一直延续至清末。源自古代的射礼,规则相对简单:参与者轮流用无镞之箭向壶中投掷,每人四箭,多中者为胜,负者需饮酒作罚。宋元时期,投壶的玩法更加多样化,出现了"贯耳""连中""骁箭"等多种投法。

⑧打弹:古称"捶丸",是一种古代的球类游戏,其主要玩法是用棒击球,目标是将球击入远处的窝穴中。

【译文】

湖中有撒网用木条敲击船舷的打鱼船,有放生龟鳖螺蚌的船,这些都是简陋的瓜皮船。还有小脚船,专门载着商人妓女、荒鼓板、烧香婆嫂、扑青器、唱耍令缠曲,以及投壶、打弹等各种技艺的船。这些船大多不用招呼就自己凑过来,游人必须得出钱犒赏,才不被人嘲笑。

若四时游玩,大小船支雇价无虚日①。遇大雪,亦有富家玩雪船。如二月八及寒食②、清明,须先指挥船户雇定船只③。若此日分舫船,非二三百券不可雇赁。至日,虽小脚船亦无空闲者。船中动用器具④,不必带往,但指挥船主一一周备⑤。盖早出登舟,不劳为力,惟支犒钱耳。更有豪家富宅自造船支游嬉,及贵官、内侍多造采莲船,用青布幕撑起,容一二客坐,装饰尤其精致。

【注释】

①虚日:空闲时间。

②二月八:这一天是祠山大帝诞辰,杭州城非常热闹。见本书卷一《八日祠山圣诞》。

③船户:以行船为业的人家,也叫"船家"。雇定:指先支付一定报酬预定。

④动用：使用。

⑤周备：周全齐备。

【译文】

一年四季都有人乘坐湖船游玩，大小船只每天都被雇佣，没有空闲。遇到大雪天，也有富人家玩雪船。如果是农历二月八日和寒食、清明，必须事先吩咐船户雇定船只。如果到了这一天才去租赁舫船，非得花费二三百纸币才能雇赁到。到了节日这一天，即便是小脚船也没有空闲的。船中使用的器具，不必由游人携带，只要吩咐船主一一准备齐全便可。游人早出登舟，不必辛劳耗费力气，只需要支付犒赏钱罢了。还有权贵人家自己制造船只游嬉，高官、宦官大多制造采莲船，船用青布幕撑起来，可以容纳一两名客人乘坐，装饰尤其精致。

江海船舰

【题解】

　　本条介绍了南宋远洋船只的航海情况。南宋造船业和航海业都十分发达，远洋船只在当时具有较高的技术水平和广泛的应用。南宋时期的远洋商船大小不等，最大的船只可达"五千料"，可载五六百人；中等的二千料至一千料船只，可载二三百人。这些船只通常采用全木结构，使用松木或杉木建造，部分木材甚至从日本进口。船体结构坚固，采用多层木板拼接，并用桐油和石灰填缝，防止漏水。船舱设计合理，一般分为多个独立舱室，即使部分舱室进水，也不会导致整船沉没。除了大型商船，南宋时期还存在许多小型快速帆船，如"钻风"等，这些船只通常配备八橹或六橹，每船可载百余人。这些小型船只更适合在近海和内河航行，具有较高的灵活性和机动性。浙江海运发达，海商的船只大小不一，大船可容纳五六百人，远洋航行。南宋人已经在船上使用指南针来辨别方向，积累了比较多的航海知识和经验，可以航行到比较远的地方。通过发达的海运，杭州城汇聚了来自四面八方的新鲜水果、海鲜、柴炭等日常生活用品，极大地丰富了杭州人的生活，呈现出一副繁荣的都市景象。南宋时期的远洋贸易对经济贡献巨大，海外贸易收入占南宋财政收入的15%左右。杭州作为都城，其繁荣的经济和发达的水运系统为远洋贸易提供了坚实的基础。

浙江乃通江渡海之津道，且如海商之舰大小不等，大者五千料①，可载五六百人；中等二千料至一千料②，亦可载二三百人；余者谓之"钻风"③，大小八橹或六橹，每船可载百余人。此网鱼买卖，亦有名"三板船"④。不论此等船，且论舶商之船⑤。

【注释】

① 五千料：根据宋代计量标准，这艘大型船舶，容积约为50,000立方尺，载重量约为300吨，常用于远洋贸易和运输。
② 二千料：这种船舶容积约为6000立方尺，载重量约为60吨。
③ 钻风：船体设计下部尖窄，便于破浪前行，适合在风浪较大的海域航行。钻风船在明代初期被广泛用于海运，尤其是在沿海地区的粮食运输中。
④ 三板船：亦称作"舢板"。中国古代最早的木板船之一。最初由三块木板构成，即一块底板和两块舷板，因此得名。三板船是一种结构简单的小型木板船，通常没有甲板，船体轻便，长度大约3米，整体形状类似柳叶，两头翘起，便于在狭窄水道中航行。不仅用于民用，还被广泛用于军事。其出现标志着从独木舟到木板船的过渡。
⑤ 舶商：从事海上贸易的商人。"舶"是航海的大船。（宋）晁补之《鸡肋集》卷二十《扬州杂咏七首》第一首，"舶商不入古盐沟，疏凿才争土一杯。"

【译文】

浙江是连接内陆河流与海洋的重要通道，海商舰船大小不一，大船五千料，可搭载五六百人；中等船两千料至一千料，也可搭载二三百人；其余船只称作"钻风"，使用大小八只橹或者六只橹划行，每艘船可搭载一百多人。进行撒网打鱼买卖的船只,也有叫"三板船"的。不讨论这些船,只讨论海商的船只。

自入海门①,便是海洋,茫无畔岸②,其势诚险。盖神龙怪蜃之所宅③,风雨晦冥时④,唯凭针盘而行⑤,乃火长掌之⑥,毫厘不敢差误,盖一舟人命所系也。愚屡见大商贾人,言此甚详悉⑦。若欲船泛外国买卖,则是泉州便可出洋⑧。迤逦过七洲洋⑨,舟中测水,约有七十余丈。若经昆仑⑩、沙漠、蛇龙、乌猪等洋⑪,神物多于此中行雨⑫,上略起朵云,便见龙现全身,目光如电,爪角宛然⑬,独不见尾耳。顷刻大雨如注,风浪掀天,可畏尤甚。但海洋近山礁则水浅,撞礁必坏船。全凭南针⑭,或有少差,即葬鱼腹。自古舟人云:"去怕七洲,回怕昆仑。"亦深五十余丈⑮。

【注释】

①海门:海口,河流入海之处。

②畔岸:边际。

③怪蜃(shèn):奇怪的蜃。蜃,传说中的一种妖怪,居住在海里,吐出的气可以形成楼阁的幻象。《周礼》卷十《秋官司寇下》,"蜃"(汉)郑玄注释:"蜃,大蛤也。"《本草纲目》卷四十三《鳞部·蛟龙·蜃》:"蛟之属有蜃,其状亦似蛇而大有角如龙状,红鬣,腰以下鳞尽逆,食燕子能呼气成楼台城郭之状,将雨即见,名蜃楼,亦曰海市。其脂和蜡作烛香,凡百步,烟中亦有楼阁之形。"

④晦冥:昏暗,阴沉。

⑤针盘:即罗盘。

⑥火长:指挥船只航行的人。

⑦详悉:详细全面。
⑧出洋:泛指到外国去。
⑨迤逦:连绵曲折、断断续续的样子。七洲洋:指海南文昌七洲列岛附近一带海面。
⑩昆仑:泛指中印半岛南及南洋诸岛。
⑪乌猪:今珠江口上、下川岛。
⑫行雨:降雨。
⑬宛然:真切清晰。
⑭南针:即指南针。
⑮五十余丈:约合160多米。

【译文】

船只进入海口,便是进入了海洋,周围茫茫一片没有边际,形势确实凶险。海洋是神龙怪蜃所居住的地方,狂风暴雨天气阴暗之时,船只只能凭借针盘航行,针盘由火长执掌,一丝一毫都不敢出现差误,因为一船人的生命都系于火长一人。我多次见到过大商人,他们说这件事的时候了解得十分详细。如果想要航行到外国做买卖,那么船只从泉州出海便可到外国去。船只一路曲折航行经过七洲洋,船中测量水位,大概有七十多丈深。如果船经过昆仑、沙漠、蛇龙、乌猪等地海面,神物大多在此地降雨,天上略微出现几朵白云,便看见有龙现出全身,龙的目光似电,龙爪和龙角清晰可见,唯独看不见龙尾。顷刻间大雨如注,风浪滔天,尤其令人恐惧。但海洋中靠近山礁则水浅,撞到山礁上必定会损坏船只。航海全凭指南针,如果稍有差错,便会立马葬身鱼腹中。自古船夫们便说:"航海出发的时候害怕经过七洲洋,返程的时候害怕经过昆仑洋。"大洋也水深五十多丈。

又论舟师观海洋中日出日入则知阴阳①,验云气则知风色顺逆,毫发无差。远见浪花,则知风自彼来;见巨涛拍岸,则知次日当起南风;见电光则云夏风对闪。如此之类,略无少差。相水之清浑,便知山之近远。大洋之水,碧黑如淀②;有山之水碧而绿,傍山之水浑而白矣。有鱼所聚,必多礁石,盖石中多藻苔,则鱼所依耳。每月十四、二十八日,谓之"大等日分",此两日若风雨不当,则知一旬之内多有风雨③。凡测水之时,必视其底,知是何等沙泥,所以知近山有港。

【注释】

①舟师:船夫,舵手。
②淀:浅的湖泊。
③一旬:十天。

【译文】

船夫观察海洋中太阳升起和落下则知道阴阳变化,察看云气则知道风向是逆风还是顺风,丝毫不差。远远地看见浪花,船夫便知道风从那边吹来;看见巨浪拍打着海岸,就知道第二天海上应当会刮起南风;看见闪电的光芒则说夏季的海风会从对面方向吹过来。如此之类,没有一点差错。船夫察看海水清澈浑浊与否,便知道山的远近。大洋中的海水,颜色碧黑像浅水的湖泊;有山的海水颜色碧绿,靠近山的海水浑浊且发白。鱼类聚集的地方,水中必定多礁石,大概是因为礁石中多有海藻海苔,鱼类依傍在其中。每月农历十四日、二十八日,称作"大等日分",这两天如果风雨失调,船夫们便知道十天之内多有风雨。凡测量水位的时候,船夫必定看海底,知晓是什么沙泥,自然便知道临近山有什么港口。

若商贾止到台、温、泉、福买卖①,未尝过七洲、昆仑等大洋。若有出洋,即从泉州港口至岱屿门②,便可放洋过海③,泛往外国也。其浙江船只,虽海舰多有往来,则严、婺、衢、徽等船④，多尝通津买卖往来⑤，谓之"长船等只"，如杭城柴炭、木植、柑橘、干湿果子等物，多产于此数州耳。明、越、温、台海鲜鱼蟹鲞腊等货⑥，亦上潬通于江浙。但往来严、婺、衢、徽州诸船，下则易，上则难，盖滩高水逆故也。江岸之船甚夥，初非一色：海舶、大舰、网艇⑦、大小船只、公私浙江渔浦等渡船、买卖客船，皆泊于江岸。盖杭城众大之区，客贩最多，兼仕宦往来，皆聚于此耳。

【注释】

① 台、温、泉、福：即台州（今浙江临海）、温州（今浙江温州）、泉州（今福建泉州）、福州（今福建福州）。
② 泉州港：宋元时期世界海洋贸易网络中高度繁荣的中心之一。岱屿门：福建泉州湾大坠岛。
③ 放洋：指船只离开港口经远洋航行至国外。
④ 严、婺、衢、徽：即严州（今浙江建德）、婺州（今浙江金华）、衢州（今浙江衢州）、徽州（今安徽歙县）。
⑤ 通津：四通八达的津渡。
⑥ 明、越：即明州（今浙江宁波）、越州（今浙江绍兴）。鲞（xiǎng）腊：腌制或风干的鱼肉食品。
⑦ 网艇：通常是指使用网具从事渔业捕捞的小型船只，主要用于近海或内河的网鱼作业。

【译文】

如果商人只到台州、温州、泉州、福州做生意，便不会经过七洲、昆仑等大洋。如果要出海做生意，则从泉州港口至岱屿门，便可出海航行，泛舟前往外国。浙江船只，虽海船多有往来，严州、婺州、衢州、徽州等地船只，也多从四通八达的津渡往来做生意，这些船只称作"长船等只"，像杭州城所需的木炭、木材、柑橘、干湿果子等物品，大多产于这几个州。明州、越州、温州、台州的海鲜鱼蟹鲞腊等货物，也向上航行到达江浙。但往来严州、婺州、衢州、徽州的各种船只，向下航行容易，向上航行则困难，因为滩高逆水行舟的缘故。江岸边的船只非常多，始终并非只有一种船，海舶、大舰、网艇、大小船只、公私浙江渔浦等渡船、做生意的客船，都停泊在江岸。这是因为杭州城地区开阔，往来各地的商贩人数最多，再加上官员们往来，都聚集于此地。

河舟

【题解】

本条叙述了南宋杭州城里河的船只情况。杭州水系发达,交通运输等很大程度上都依靠水运,无论是外地运到行都杭州的上供粮食,还是杭州日常所需的柴米油盐等物品,几乎都是从外地由水运而来。杭州的里河船只种类繁多,功能丰富,是当时经济、社会和军事活动的重要组成部分。如客货混杂船,称作"落脚头船",专载往来士贾诸色人等,以及搬载香货杂色物件等。货船,专门用来搬载诸铺米、盐袋和跨浦桥柴炭、下塘砖瓦灰泥等。客船,包括艟船、舫船、航船、飞篷船等。其中,艟船为小船,舫船和航船为中型客船,主要往来于杭州至苏、湖、常、秀以及江、淮等州的河道。纲船又称"漕船"或"漕运船",是专运"田赋"的船舶,其载重量一般为五六十吨。一些富豪人家自造家船用于日常往来,避免官府捉拿差拨之苦。贩米船,主要用于运输米粮,多是铁头舟,大小不一,有的来自外地,有的由临安所造。寺观庵舍船只,用于搬运斋粮柴炭等。粪船,用于搬运垃圾和粪便,数量众多。渔船,用于捕鱼,将鱼运到临安城中的鱼市出售。红坐船,由殿前司管理,用于管理河上运行的各类船只。多数里河船只吃水浅,适合在河湾和灌溉渠道中航行。船只设计综合了多种功能,既能用于运输,也能用于军事和渔业。杭州城每天进出的大小船只络绎不绝,展现出当地水运的发达和经济的繁荣。

杭州里河船只皆是落脚头船,为载往来士贾诸色等人,及搬载香货杂色物件等①。又有大滩船,系湖州市搬载诸铺米及跨浦桥柴炭②、下塘砖瓦灰泥等物,及运盐袋船只。盖水路皆便,多用船只。如无水路,以人力运之。

【注释】

① 香货:主要包括各种香料和药材,如乳香、檀香、丁香、没药、沉香等。南宋时,香料是重要的舶来品,通过海上丝绸之路从东南亚、南亚、西亚等地进口,受到社会各阶层的欢迎。杂色物件:泛指除了香货以外的各类物品,如生活用品、建筑材料等。

② 湖州市:即湖州镇市。见本书卷十三《两赤县市镇》。

【译文】

杭州里河船只都是落脚头船,搭载往来士人、商人等各色人等,并搬运装载各种香料和各式各样的物件等。还有大滩船,是湖州市搬运装载各米铺的米以及跨浦桥木炭、下塘砖瓦灰泥等物品,还有运送盐袋的船只。因为水路方便,多用船只运输。如果没有水路,就用人力运送。

向者汴京用车乘驾运物。盖杭城皆石版街道①,非泥沙比,车轮难行,所以用舟只及人力耳。若士庶欲往苏、湖、常、秀、江、淮等州②,多雇舺船、舫船③、航船、飞篷船等。或宅舍④、府第⑤、庄舍,亦自创造船只,从便撑驾往来,则无官府捉拿差拨之患。若州县欲差船只,多给官钱和雇⑥,以应用度⑦。

【注释】

① 石版:即石板。

②苏、湖、常、秀、江、淮：即苏州（今江苏苏州）、湖州（今浙江湖州）、常州（今江苏常州）、秀州（今浙江嘉兴）、江州（今江西九江）、淮安（今江苏淮安）。

③舫船：并连的两船，可载士卒。《战国策》卷十四《楚策一》："舫船载卒，一舫载五十人。"鲍彪注："舫，并船也。"

④宅舍：指官臣富贵人家。

⑤府第：达官贵族的住宅。

⑥和雇：官府出钱雇人。

⑦用度：费用，开支。

【译文】

从前汴京使用车辆运送物品。因为杭州城都是石板街道，不能与泥沙路相比，车轮难以行进，所以用船只和人力运输。如果士人和普通人想要前往苏州、湖州、常州、秀州、江州、淮州等州，多雇佣舠船、舫船、航船、飞篷船等。有的达官贵人和有钱人家，也会自己打造船只，方便撑船往来，没有官府缉捕和借用船只的担心。如果州县想要派遣船只，大多给予官钱和雇，以支付费用。

杭城乃辇毂之地，有上供米斛，皆办于浙右诸郡县①，隶司农寺所辖。本寺所委官吏，专率督催米斛，解发朝廷②，以应上供支用。搬运自有纲船装载③，纲头管领所载之船④，不下运千余石或六七百石。官司亦支耗券雇梢船米与之⑤。到岸则有农寺排岸司掌拘卸、检察、搜空。

【注释】

①浙右：浙江西部，大致为今浙江衢州地区。古人以北观南，故而左为东，右为西。

② 解发：起解发送。
③ 纲船：成批载运货物之船队。
④ 纲头：纲运船只的管理者。
⑤ 耗券：一种官方凭证，用于补偿船夫或船主在运输过程中因损耗而产生的额外费用。梢船：指由梢工驾驶的船只。梢工在船夫群体中地位较高，负责船只的驾驶和管理。

【译文】

杭州城乃是天子脚下，有上供米粮，都置办于浙西各郡县，隶属司农寺管辖。司农寺委派官吏专门负责监督催促米粮，起解运送到朝廷，以应对上供支付使用。搬运自然有纲船装载，纲头管辖运输船只，每次运输不下千余石或六七百石粮食。官府发放耗券用来雇佣梢船运输粮食，同时还会提供部分米作为报酬。船只到岸则有司农寺排岸司负责卸货、检察、搜查是否虚报。

又有下塘等处，及诸郡米客船只①，多是铁头舟②，亦可载五六百石者。大小不同，其老小悉居船中，往来兴贩耳③。寺观庵舍船只，皆用红油舠滩，大小船只往来河中，搬运斋粮柴薪④。更有载垃圾粪土之船，成群搬运而去。北新桥外赵十四相公府侧，有殿前司红坐船于水次管船。军士专造红酝⑤，在船私沽⑥。官司宽大，并无捉捕之忧。

【注释】

① 米客：粮商。
② 铁头舟：指船头用铁或其他坚硬材料加固的船。这种船只的特点是船头部分比较坚固。
③ 兴贩：经商，贩卖。

④斋粮:供僧人食用的粮食。
⑤红酝:可能是指黄酒。因为颜色看起来发红,故名。
⑥私沽:私自卖酒。

【译文】

还有下塘等处,各州府米商船只,大多是铁头船,也可以装载五六百石粮食。船只大小不同,船家老小都居住在船中,往来经商。大小寺观的船只,都使用红油舼滩船,大小船只往来河中,搬运斋粮木柴。还有装载垃圾粪土的船,成群搬运生活垃圾而去。北新桥外赵十四相公府侧面,有殿前司红坐船在码头上管理船只。军士们专门酿造红酝,在船私自卖酒。官府宽容大度,并没有缉捕的担忧。

论之杭城辐辏之地①,下塘、官塘、中塘三处船只,及航船、鱼舟、钓艇之类,每日往返,曾无虚日。缘此是行都②,士贵官员往来,商贾买卖骈集,公私船只泊于城北者夥矣。

【注释】

①辐辏(còu):形容人物的聚集和稠密。
②行都:因应时局而暂定的首都。

【译文】

杭州城是人烟稠密之地,下塘、官塘、中塘三处来往的船只,以及航船、鱼舟、钓艇等,每天往返,完全没有间断过。因为这里是行都,达官贵人往来,商人买卖汇集,公私船只停泊在杭州城北的非常多。

卷十三

两赤县市镇

【题解】

本条介绍了南宋行都杭州城下辖两个赤县钱塘县和仁和县所管辖的市镇名字和所在地。钱塘县和仁和县同为临安府治,唐宋时期,习惯将京都府治所在地称"赤县"。它们下辖十五个市镇。嘉会门外,浙江市。北关门外,北郭市、江涨东市、湖州市、江涨西市、半道红市。西溪,西溪市。惠因寺北教场南,赤山市。江儿头,龙山市。安溪镇前,安溪市。艮山门外,范浦镇市。汤村,汤村镇市。临平镇,临平市。城东崇新门外,南土门市。东青门外,北土门市。这些市镇不仅在地理位置上环绕临安城,而且各具特色。比如北关门外的半道红市,因地理位置优越,成为重要的商业集散地。临平镇作为临平市,是当时重要的商业中心之一。南渡以来,杭州成为南宋行都二百余年,人口繁盛,商业活动极为活跃。商贾买卖者数量比过去增加了十倍,往来频繁,其繁荣程度远超其他郡县。这些市镇的形成和发展,与大量商业人口的涌入和流动密切相关。本条文字引自《咸淳临安志》卷十九《疆域四·市》。

杭州有县者九,独钱塘、仁和附郭,名曰赤县。而赤县所管镇市者一十有五,且如嘉会门外名浙江市,北关门外名北郭市、江涨东市、湖州市、江涨西市、半道红市,西溪谓之西溪市,惠因寺北教场南曰赤山市,江儿头名龙山市,安溪镇前曰安溪市,艮山门外名范浦镇市,汤村曰汤村镇市,临平镇名临平市,城东崇新门外名南土门市,东青门外北土门市。

【译文】

杭州有九个县,唯独钱塘县、仁和县附郭,叫赤县。而赤县下辖十五个镇市,像嘉会门外的镇市叫浙江市,北关门外的镇市叫北郭市、江涨东市、湖州市、江涨西市、半道红市,西溪的镇市叫西溪市,惠因寺北教场南面的镇市叫赤山市,江儿头的镇市叫龙山市,安溪镇前面的镇市叫安溪市,艮山门外的镇市叫范浦镇市,汤村的镇市叫汤村镇市,临平镇的镇市叫临平市,城东崇新门外的镇市叫南土门市,东青门外的镇市叫北土门市。

今诸镇市,盖因南渡以来,杭为行都二百余年,户口蕃盛,商贾买卖者十倍于昔,往来辐辏,非他郡比也。

【译文】

如今的各镇市,因为宋高宗南渡以来,杭州作为行都已经二百多年,人口众多,做生意的商人人数比从前多十倍,人员往来汇聚,远非其他州府可比。

都市钱会

【题解】

本条叙述了宋代铜钱的钱文和南宋末年发行的纸币关子。铜钱是传统中国历代通行的货币,汉唐以来一直被广泛使用。宋朝建国后,铸造年份钱。开宝年间,铜钱上铸有"宋通元宝"字样。宝元年间则改铸"皇宋通宝"。到了景定年间,又铸有"景定元宝"。南宋时,货币单位逐渐发生变化。最初,七十七文钱为一陌,即七十七文钱当一百钱使用;后来民间逐渐减少为五十陌,即五十文铜钱当一百文使用,这称为"省陌"。南宋政府为了弥补货币流通的不足,开始印造会子,会子成为市场交易中的重要货币形式。到了咸淳年间,贾似道当权时,又变法增造金银关子,并规定十八界三贯的会子等同于一贯的金银关子,这种新的货币形式在全国范围内通行。金银关子发行之后,市场上物价大幅上涨,货币的价值有所下降。杭州作为南宋行都,人口繁盛,商业活动频繁,商贾买卖者数量比过去增加了十倍。为了适应经济发展的需要,南宋政府不断调整货币制度,从铜钱到会子,再到金银关子,反映了当时货币经济的复杂性和多样性。

铜钱乃历代所用之宝,汉唐以来,天下通行。宋朝开宝中,其钱文曰"宋通元宝"①。至宝元间②,则曰"皇宋通宝"。近世钱文皆著年号，景定年铸文曰"景定元宝"。朝省因钱法不通，杭城增造镴牌③，以便行用。元都市钱陌用七十七陌④，近来民间减作五十陌行市通使⑤。官司又印造会关子，自十五界至十八界行使⑥。至咸淳年间，贾秋壑为相日，变法增造金银关子，以十八界三贯准一贯关子⑦，天下通行。自因颁行之后，诸行百市，物货涌贵⑧，钱陌消折矣。

【注释】

①钱文：钱面上的文字。

②宝元：北宋仁宗的第四个年号，1038—1040年。

③镴(là)牌：用铅锡合金制作而成的牌。

④钱陌(mò)：本为一百文的钱。后成为钱的计量单位，名为一陌而实不足百文。(宋)沈括《梦溪笔谈》卷四《辩证二》："今之数钱，百钱谓之陌者，借陌字用之，其实只是佰字，如什与伍耳。唐自皇甫镈为垫钱法，至昭宗末，乃定八十为陌。汉隐帝时，三司使王章每出官钱，又减三钱，以七十七为陌；输官仍用八十。至今输官钱有用八十陌者。"

⑤行市：市面上通行的价钱。

⑥界：是发行会子的时间上的界分。北宋通用的纸币叫"交子"，南宋发行了新的纸币"会子"，"关子"则是南宋末年发行的一种纸币。关子发行后，一直与会子并行。随着会子发行量的逐渐增多，为防止伪钞的流通，会子的发行有分界之说，分界即期限："三年立为一界，界以一千万贯为额，随界造新换旧。"故会子分界发行后，三年为一界，旧会子收回。宋孝宗迫于财政压力，下诏第三界、第四界各展限三年，相当于发行量翻番。到了宋光宗年代，第七、八界会子各展三年。宋宁宗下诏会子界以三千万为额，翻了

三倍,额外还另加增印。因此造成使用混乱,货币贬值。

⑦准:如同。

⑧涌贵:价格突然昂贵。

【译文】

铜钱乃是历代所使用的金属货币,汉唐以来,天下通行铜钱。宋朝开宝年间,钱币上的文字是"宋通元宝"。宝元年间,钱币上的文字是"皇宋通宝"。近代钱币上的文字都写年号,景定年间铸造的钱币上的文字是"景定元宝"。朝廷因为钱法不畅通,杭州城增加制造镴牌,以方便人们使用。原先都市中七十七文钱作百文钱使用,近年来民间减作五十文当作一百文钱通行使用。官府又印造会关子,自十五界至十八界行使。至咸淳年间,贾似道担任宰相期间,变法增加制造金银关子,以十八界三贯金银关子如同一贯关子,天下通行。自从因为金银关子颁布发行之后,市场上各行各业的商品的价格普遍上涨,物价变得昂贵,货币的价值下降,购买了减弱了。

团行

【题解】

本条描述了南宋行都杭州城团行的名字和所在位置。行会制度最早起源于隋唐时期,随着商业的繁荣,同业商人和手工业者为了协调行业关系、解决矛盾、保护自身利益,自发联合组成行会。到了宋代,行会制度进一步成熟,从城市到乡村镇市,无论是商业、手工业还是其他服务性行业,都形成了自己的行会组织。宋代的行会涵盖了商业、手工业和服务行业的各个领域,行会不仅推动了商业和手工业的繁荣,还通过对外贸易对世界商贸秩序产生了深远影响。明清时期的行会组织沿袭了宋代的模式并进一步发展,促进了商业文明的形成。

市肆谓之"团行"者①,盖因官府回买而立此名,不以物之大小,皆置为团行,虽医卜工役②,亦有差使,则与当行同也③。然虽差役④,如官司和雇支给钱米,反胜于民间雇倩工钱,而工役之辈,则欢乐而往也。其中亦有不当行者,如酒行、食饭行,而借此名。

【注释】

①市肆：市场。团行：宋代行会组织。便于官府敛派和防止同业竞争而立。
②工役：给官府做杂事儿的人。
③当行：指为官府当差的行业。
④差役：此处指承担官府强制性任务的人。

【译文】

市场上所谓的"团行"，是因为官府购买物品而立此名目，不论所购物品大小，都设置行会组织，即便是医生、卜卦者和劳役人员，也被官府安排差役，他们的职责和地位与正式的行会成员相同。虽然是服差役，但像官府和雇一样会支付给这些组织钱米，所以服差役反而比民间雇佣的工钱更优厚，服差役的人，都很开心地前往应役。其中也有不被纳入行会组织的，比如酒行、食饭行，只是借用了"行"这个名字。

有名为"团"者，如城西花团、泥路青果团、后市街柑子团、浑水闸鲞团①。又有名为"行"者，如官巷方梳行、销金行、冠子行、城北鱼行、城东蟹行、姜行、菱行、北猪行、候潮门外南猪行、南土北土门菜行、坝子桥鲜鱼行、横河头布行、鸡鹅行。

【注释】

①鲞（xiǎng）：剖开晾干的鱼。

【译文】

有称为"团"的行会组织，比如杭州城西的花团、泥路青果团、后市街柑子团、浑水闸鲞团。还有名为"行"的行会组织，比如官巷方梳行、销金行、冠子行、城北鱼行、城东蟹行、姜行、菱行、北猪行、候潮门外南猪行、南土北土门菜行、坝子桥鲜鱼行、横河头布行、鸡鹅行。

更有名为"市"者,如炭桥药市、官巷花市、融和坊南市珠子市①、修义坊肉市、城北米市。且如橘园亭书房、盐桥生帛、五间楼泉福糖蜜②,及荔枝圆眼汤等物③。

【注释】

①融和坊南市:原作"融和市南坊",据《咸淳临安志》卷十九改。
②泉福糖蜜:泉州、福州所产的糖。
③荔枝圆眼汤:荔枝龙眼糖水。圆眼,即龙眼,俗称桂圆。

【译文】

还有叫"市"的行会组织,如炭桥药市、官巷花市、融和坊南市珠子市、修义坊肉市、城北米市。比如橘园亭书房、盐桥生帛、五间楼泉福糖蜜,及荔枝圆眼汤等物,也都有"市"。

其他工役之人,或名为"作分"者①,如碾玉作②、钻卷作、篦刀作、腰带作、金银打钑作、裹贴作③、铺翠作④、裱褙作⑤、装銮作⑥、油作、木作、砖瓦作、泥水作、石作、竹作、漆作、钉铰作⑦、箍桶作、裁缝作、修香浇烛作⑧、打纸作、冥器等作分⑨。

【注释】

①作(zuō)分:从事手工劳动的工匠。
②碾(niǎn)玉作:打磨雕琢玉器的作坊。
③裹贴作:专门制作商品包装纸的作坊。这些包装纸被称为"裹贴"或"仿单",主要用于包裹商品,并印有店铺的经营广告、商品

说明或商标等内容，兼具包装和广告的功能。
④铺翠：一种服饰制作工艺。将翠羽平铺缝于衣服之上，以作装饰。翠，指翡翠鸟的羽毛。
⑤裱褙（biǎo bèi）：装潢字画。
⑥装銮作：主要负责在梁栋、斗栱或什物塑像上施以彩绘和装饰的手工业作坊。
⑦钉铰（jiǎo）作：主要负责制作剪刀、钉子等金属工具和用品的手工业作坊。
⑧修香浇烛作：主要负责制作香料和蜡烛的手工作坊。
⑨冥器：也作"明器"，随葬的器物，后多指焚化给死者的纸制器物。

【译文】
其他为官府服差役的人，或者叫"作分"，比如碾玉作、钻卷作、篦刀作、腰带作、金银打钑作、裹贴作、铺翠作、裱褙作、装銮作、油作、木作、砖瓦作、泥水作、石作、竹作、漆作、钉铰作、箍桶作、裁缝作、修香浇烛作、打纸作、冥器等作分。

又有异名"行"者，如买卖七宝者谓之骨董行①，钻珠子者名曰散儿行，做靴鞋者名双线行，开浴堂者名香水行②。

【注释】
①行：店铺，商行。《都城纪胜·诸行》："市肆谓之行者，因官府科索而得此名，不以其物小大，但合充用者，皆置为行。"
②开浴堂者名香水行："浴堂"之所以又称为"香水行"，与当时浴堂池水中多放香料有关。（宋）洪迈《夷坚支志》辛卷十《萧大师》："须臾两青童各引入浴堂，香汤扑鼻。既毕，使周着皂袍，妻着红大袖衫帔，小儿黄背子导诣一室。"

【译文】

还有别称"行"的，比如买卖各种珠宝的称骨董行，钻珠子的叫散儿行，做鞋靴的叫双线行，开浴堂的叫香水行。

大抵杭城是行都之处，万物所聚，诸行百市自和宁门权子外至观桥下，无一家不买卖者。行分最多，且言其一二。最是官巷花作，所聚奇异飞鸾走凤、七宝珠翠首饰、花朵冠梳，及锦绣罗帛、销金衣裙、描画领抹①，极其工巧，前所罕有者悉皆有之。更有儿童戏耍物件，亦有上行之所②，每日街市，不知货几何也。

【注释】

①描画领抹：在领口处装饰有绘画或刺绣图案的领巾或缘饰。
②上行：上市进货。

【译文】

大概杭州城是行都所在之处，万物汇聚，各行各市从和宁门权子外至观桥下，没有一家不做生意。行会组织最多，姑且叙说其中一二。最是官巷花作，所聚集的是构思精巧的首饰，上面造型采用飞翔的鸾鸟和凤凰、镶嵌着七宝珠翠、带有花朵的冠梳，以及锦绣罗帛、销金衣裙、描画领抹，都极为精巧，非常罕见的首饰全部都有。还有儿童玩耍的各种物件，也有上市进货的地方，每天的街市上，不知道卖掉多少货物。

铺席

【题解】

本条介绍了南宋杭州城内各类店铺的名字分布、经营情况以及商业活动的特点。杭州城大小街道上到处都是各种铺席,而且店铺种类繁多,几乎没有空闲的房屋。这些铺席涵盖了生活的各个方面,包括茶房、酒肆、果子铺、香烛铺、油酱铺、食米铺等,形成了密集的商业网络。这些店铺不仅白天营业,夜晚也非常热闹,有些店铺甚至通宵营业。

杭州大街,自和宁门杈子外,一直至朝天门外清和坊,南至南瓦子北,谓之"界北"。中瓦子前,谓之"五花儿中心"。自五间楼北至官巷南街,两行多是金银、盐钞引交易铺,前列金银器皿及现钱,谓之"看垛钱",此钱备准榷货务算清盐钞引,并诸作分打钑炉鞴①,纷纭无数。

【注释】

①钑(sà):古代一种金属加工工艺,通常指在金属表面用金银嵌饰花纹和图案。炉鞴(bài):指铸造金属时使用的熔炉和鼓风设备。此处泛指铸造金属时所使用的各种工具。

【译文】

杭州大街,自和宁门杈子外,一直到朝天门外的清和坊,南至南瓦子的北面,称为"界北"。中瓦子的前面,称为"五花儿中心"。从五间楼北面至官巷南街,街道两边大多是金银、盐钞引交易铺,店铺门前陈列着金银器皿以及现钱,称为"看垛钱",这些钱是准备用于榷货务清算盐钞引的费用,以及用于各作坊部门器皿嵌饰加工的生产活动,当时作坊众多,生产活动十分繁忙。

自融和坊北至市南坊,谓之"珠子市",如遇买卖,动以万数。又有府第富豪之家质库①,城内外不下数十处,收解以千万计。

【注释】

①质库:当铺。

【译文】

从融和坊北面到市南坊,称为"珠子市",如果遇到交易,动辄上万钱。还有官宦和富豪之家开设的当铺,杭州城内外不下数十处,收进与解出的钱达千万之多。

向者杭城市肆名家,有名者如中瓦前皂儿水①、杂货场前甘豆汤②、戈家蜜枣儿、官巷口光家羹、大瓦子水果子③、寿慈宫前熟肉、钱塘门外宋五嫂鱼羹④、涌金门灌肺⑤、中瓦前职家羊饭⑥、彭家油靴、南瓦子宣家台衣、张家元子⑦、候潮门顾四笛、大瓦子丘家筚篥。

【注释】

① 皂儿水:一种用皂角树的种子皂角籽做成的饮料。(宋)庄绰《鸡肋编》卷上:"京师取皂荚子仁煮过,以糖水浸食,谓之水晶皂儿。"

② 甘豆汤:指以黑豆、甘草、生姜等原料熬煮的饮料。作为一种药方,具有解毒的功效。(晋)葛洪《肘后备急方》卷七《治卒中诸药毒救解方第六十八》:"甘草入腹即定方,称大豆解百药毒。尝试之,不效,乃加甘草为甘豆汤,其效更速。"(唐)孙思邈《千金要方》卷七十二《解百药毒第二》:"大豆汁解百药毒,余每试之,大悬绝。不及甘草,又能加之为甘豆汤,其验尤奇。"除了解毒,甘豆汤还有解渴、通便利尿等功效,宋人将其作为一种日常饮料销售。

③ 水果子:可能是各种干鲜水果。

④ 鱼羹:一种将鱼切成片、块甚至整鱼煮成的羹。鱼一般采用鲈鱼、鳜鱼、鲤鱼、鲫鱼等。宋嫂鱼羹原属于开封菜,可能汤汁浓稠,多用胡椒等调味品。

⑤ 灌肺:指将羊肺中灌入核桃仁、松子仁、杏仁等多种佐料、调味品然后煮熟制作的食物。是宋代常见食物,南宋行都临安府甚至有地名"灌肺桥"和"灌肺岭"。

⑥ 羊饭:羊肉与饭同烧。

⑦ 元子:泛指圆形的食品,如咸鸭蛋、肉丸等,都可以称为"元子"。

【译文】

从前杭州城有名的店铺,比如中瓦前面的皂儿水、杂货场前面的甘豆汤、戈家蜜枣儿、官巷口光家羹、大瓦子水果子、寿慈宫前熟肉、钱塘门外宋五嫂鱼羹、涌金门灌肺、中瓦前职家羊饭、彭家油靴、南瓦子宣家台衣、张家元子、候潮门顾四笛、大瓦子丘家筚篥。

自淳祐年有名相传者,如猫儿桥魏大刀熟肉、潘节干熟药铺,坝头榜亭安抚司惠民坊熟药局,市西坊南和剂惠民药局,局前沈家、张家金银交引铺,刘家、吕家、陈家彩帛铺,舒家纸劄铺。五间楼前周五郎蜜煎铺、童家柏烛铺①、张家生药铺,狮子巷口徐家纸劄铺、凌家刷牙铺、观复丹室。保佑坊前孔家头巾铺、张卖食面店、张官人诸史子文籍铺、讷庵丹砂熟药铺、俞家七宝铺、张家元子铺。中瓦子前徐茂之家扇子铺、陈直翁药铺、梁道实药铺、张家豆儿水②、钱家干果铺。金子巷口陈花脚面食店、傅官人刷牙铺、杨将领药铺。市南坊沈家白衣铺、徐官人幞头铺、钮家腰带铺。市西坊北钮家彩帛铺、张家铁器铺。修义坊北张古老胭脂铺。水巷口戚百乙郎颜色铺、徐家绒线铺、阮家京果铺③、俞家冠子铺。官巷前仁爱堂熟药铺,修义坊三不欺药铺。官巷北金药臼楼太丞药铺、胡家、冯家粉心铺、染红王家胭脂铺、淮岭倾锡铺。清河坊顾家彩帛铺、蒋检阅茶汤铺。升阳宫前仲家光牌铺、季家云梯丝鞋铺。太平坊南倪没门面食店,南瓦子北卓道王卖面店。腰棚前菜面店,熙春楼下双条儿划子店。太平坊大街东南角虾蟆眼酒店,漆器墙下李官人双行解毒丸。抱剑营街吴家、夏家、马家香烛裹头铺,李家丝鞋铺,许家槐简铺,沙皮巷孔八郎头巾铺、陈家绦结铺。朝天门戴家麎肉铺,外沙皮巷口双葫芦眼药铺。朝天门里大石版朱家裱褙铺、朱家元子糖蜜糕铺。太庙前尹家文字铺、陈妈妈泥面具风药铺。大佛寺疳药铺,保和大师乌梅药铺。三桥街毛家生药铺、柴家绒线铺、姚家海鲜铺。坝桥榜亭侧朱家馒头铺,石榴园倪家犯鲊铺、张省干金马杓小儿药铺。

三桥河下杨三郎头巾铺,清湖河下戚家犀皮铺。里仁坊口游家漆铺,李博士桥邓家金银铺、汪家金纸铺④。炭桥河下青篦扇子铺,水巷桥河下针铺、彭家温州漆器铺。沿桥下生帛铺、郭医产药铺,住大树下橘园亭文籍书房。平津桥沿河布铺、黄草铺、温州漆器、青白磁器,铁线巷笼子铺、生绢一红铺。荐桥新开巷元子铺。官巷内飞家牙梳铺,齐家、归家花朵铺,盛家珠子铺,刘家翠铺,马家、宋家领抹销金铺,沈家枕冠铺。小市里舒家体真头面铺⑤,周家折揲扇铺、陈家画团扇铺。

【注释】

① 桕(jiù)烛铺:指出售用桕脂做成的蜡烛的店铺。

② 豆儿水:一种用黑豆或紫豆煮制的饮料,夏季可以冰镇解暑。豆儿水的制作,据(宋)苏轼《物类相感志》记载,需将黑豆或紫豆用植物灰浸泡过滤后所得汁水煮。

③ 京果:一种点心果品。最初指京城名点,后泛指点心。

④ 金纸铺:经营丧葬祭祀用品的商店。

⑤ 头面:古时妇女喜在头插花、戴金银珠翠首饰,称为"头面"。泛指首饰。

【译文】

自淳祐年间有名相传的,比如猫儿桥魏大刀熟肉、潘节干熟药铺,坝头榜亭安抚司惠民坊熟药局,市西坊南和剂惠民药局,局前沈家、张家金银交引铺,刘家、吕家、陈家彩帛铺,舒家纸劄铺。五间楼前周五郎蜜煎铺、童家桕烛铺、张家生药铺,狮子巷口徐家纸劄铺、凌家刷牙铺、观复丹室。保佑坊前孔家头巾铺、张卖食面店、张官人诸史子文籍铺、讷庵丹砂熟药铺、俞家七宝铺、张家元子铺。中瓦子前徐茂之家扇子铺、陈直翁药铺、梁道实药铺、张家豆儿水、钱家干果铺。金子巷口陈花脚面食店、傅官人刷牙铺、杨将领药铺。市南坊沈家白衣铺、徐官人幞头铺、钮家腰带铺。市西坊北钮家彩帛铺、张家铁器铺。修义坊北张古老胭脂铺。水巷口咸百乙郎颜色铺、徐家绒线铺、阮家京果铺、俞家冠子铺。官巷前仁爱堂熟药铺,修义坊三不欺药铺。官巷北金药臼楼太丞药铺、胡家、冯家粉心铺、染红王家胭脂铺、淮岭倾锡铺。清河坊顾家彩帛铺、蒋检阅茶汤铺。升阳宫前仲家光牌铺、季家云梯丝鞋铺。太平坊南倪没门面食店,南瓦子北卓道王卖面店。腰棚前菜面店,熙春楼下双条儿划子店。太平坊大街东南角虾蟆眼酒店,漆器墙下李官人双行解毒丸。抱剑营街吴家、夏家、马家香烛裹头铺、李家丝鞋铺,许家槐简铺、沙皮巷孔八郎头巾铺、陈家绦结铺。朝天门戴家麑肉铺,外沙皮巷口双葫芦眼药铺。朝天门里大石版朱家裱褙铺、朱家元子糖蜜糕铺。太庙前尹家文字铺、陈妈妈泥面具风药铺。大佛寺疳药铺,保和大师乌梅药铺。三桥街毛家生药铺、柴家绒线铺、姚家海鲜铺。坝桥榜亭侧朱家馒头铺,石榴园倪家犯鲊铺、张省干金马杓小儿药铺。三桥河下杨三郎头巾铺,清湖河下咸家犀皮铺。里仁坊口游家漆铺,李博士桥邓家金银铺、汪家金纸铺。炭桥河下青篦扇子铺,水巷桥河下针铺、彭家温州漆器铺。沿桥下生帛铺、郭医产药铺,住大树下橘园亭文籍书房。平津桥沿河布铺、黄草铺、温州漆器、青白磁器,铁线巷笼子铺、生绢一红铺。荐桥新开巷元子铺。官巷内飞家牙梳铺、齐家、归家花朵铺,盛家珠子铺,刘家翠铺,马家、宋家领抹销金铺,沈家枕冠铺。小市里舒家体真头面铺、周家折揲扇铺、陈家画团扇铺。

自大街及诸坊巷,大小铺席,连门俱是,即无虚空之屋。每日清晨,两街巷门,浮铺上行[①],百市买卖,热闹至饭前,市罢而收。盖杭城乃四方辐辏之地,即与外郡不同。所以客贩往来,旁午于道②,曾无虚日。至于故楮羽毛③,皆有铺席发客,其他铺可知矣。其余坊巷桥道,院落纵横,城内外数十万户口,莫知其数。处处各有茶坊、酒肆、面店、果子、彩帛、绒线、香烛、油酱、食米、下饭鱼肉鲞腊等铺④。盖经纪市井之家⑤,往往多于店舍,旋买见成饮食⑥,此为快便耳。

【注释】

①浮铺:指流动的摊铺。

②旁午:纵横交错,纷杂。

③故楮羽毛:旧纸和禽类的羽毛。比喻看起来没有多少用处微不足道的东西。楮,纸。楮皮可制皮纸,故有此代称。

④鲞腊:指腌制的鱼肉干等。

⑤经纪:经商,做生意。

⑥旋(xuàn)买:这里指临时购买。"旋"有"临时"的意思。《东京梦华录》卷三:"往往只于市店旋买饮食。不置家蔬。"

【译文】

杭州城的主要街道和各个坊巷,无论大型店铺还是小型店铺,都是紧密相连,没有空置的房屋。每天清晨,两街的巷门,流动的摊贩上市进货,各种买卖,一直热闹到饭前,市场结束才收摊。因为杭州城是四方汇聚之地,与其他州府不同。所以商贩往来,在道路上纵横交错,从来没有冷清的时候。一些微不足道的东西都有店铺售卖给商人,其他店铺的经营可想而知。杭州城其余的坊巷和桥道,纵横交错,城内外数十万户人口,不知道具体有多少人。城中处处都有茶坊、酒肆、面店、果子、彩帛、绒线、香烛、油酱、食米、下饭鱼肉鲞腊等铺。因为从事商业活动和居住在杭州城中的普通百姓,临时在街边的店铺购买现成的饮食,这种生活方式非常方便快捷。

天晓诸人出市

【题解】

本条描述了南宋杭州城早市的热闹场景。每天四更天,负责报时的寺庙中的行者、头陀便开始在城中分地区报时,同时还兼报告天气情况,提醒当值人员不要耽误上班。例如,若天气晴朗,他们则报"天色晴明";如果是阴天,他们则报"天色阴晦";如果天下雨,则报"雨"。这种报晓方式不仅提醒百官和上番人员准备前往各自岗位,也方便了普通市民知晓天气情况,决定是否出门。报晓之后,杭州城的市井生活逐渐热闹起来。御街上的铺店纷纷开门营业,售卖各种早市点心,如煎白肠、羊鹅事件、糕、粥、血脏羹、羊血、粉羹等。冬天有五味肉粥、七宝素粥,夏天则有义粥、馓子、豆子粥等。此外,还有卖烧饼、蒸饼、糍糕、雪糕等点心的小贩,以满足赶早市的人们。在这些五花八门的早点中,不乏一些在当时比较出名的早点。正是这些花样繁多的早点,满足了南宋杭州人高、中、低档不同的早餐需要。杭州城的早市不仅供应食品,还有各种生活用品和商品。和宁门红权子前有买卖细色异品菜蔬、诸般嘎饭、酒醋时新果子、进纳海鲜品件等物的摊贩,填塞街市,吟叫百端。这种热闹的早市景象与北宋汴京的早市类似,充满了人间烟火气。

每日交四更[①],诸山寺观已鸣钟,庵舍行者[②]、头陀[③],打铁板儿或木鱼儿沿街报晓④,各分地方。若晴则曰"天色晴明",或报"大参",或报"四参",或报"常朝",或言"后殿坐";阴则曰"天色阴晦";雨则言"雨"。盖报令诸百官听公,上番虞候、上名衙兵等人及诸司上番人知之⑤,赶趁往诸处服役耳⑥。虽风雨霜雪,不敢缺此。每月朔望及遇节序,则沿门求乞斋粮。

【注释】

①四更:指晨一时至三时。

②行者:尚未剃度,没有正式出家而在寺庙中过着出家生活的佛教信徒。

③头陀:亦作"头陁"。僧人。

④报晓:发出声音,使人知道已经天亮。

⑤上番人:轮流值班的人。

⑥赶趁:抓紧时机从事。

【译文】

每天四更天,各山寺观便已开始敲钟,寺庙中的行者、头陀,打着铁板儿或是敲着木鱼儿沿街报晓,他们各自划分地方。如果天晴则说"天色晴明",或者报"大参",或者报"四参",或者报"常朝",或者说"后殿坐";阴天则说"天色阴晦";下雨则说"雨"。这些行者和头陀通知文武百官听从公家的安排,轮班值守的虞候、在衙门登记过姓名以便安排任务的士兵等人,以及各司中的轮值人员知道时间和天气情况,赶紧前往指定地点执行任务。即便是风雨霜雪天气,这些行者和头陀也不敢空缺一天。每月农历初一、十五以及遇到节气,他们便会沿门求乞斋粮。

最是大街一两处面食店及市西坊西食面店,通宵买卖,交晓不绝。缘金吾不禁，公私营干夜食于此故也①。御街铺店闻钟而起，卖早市点心，如煎白肠②、羊鹅事件③、糕粥④、血脏羹⑤、羊血粉羹之类⑥。冬天卖五味肉粥⑦、七宝素粥⑧，夏月卖义粥、馓子⑨、豆子粥。又有浴堂门卖面汤者，有浮铺早卖汤药二陈汤⑩，及调气降气并丸剂安养元气者⑪。有卖烧饼⑫、蒸饼、糍糕⑬、雪糕等点心者⑭，以赶早市，直至饭前方罢。

【注释】

①营干：办事，干活。
②煎白肠：即煎羊白肠，用肥羊大肠灌满羊血，加注羊油而成。
③羊鹅事件：羊和鹅的内脏。事件，什件儿。
④糕粥：应作"膏粥"。原是元宵节祭祀蚕神的祭品，因置膏于粥上，故名膏粥。膏，指肥油，是脂肪的液体状态。
⑤血脏羹：指用动物内脏煮制的羹品。血脏，即动物内脏。
⑥粉羹：可能是勾芡了的羹。因为后文有香辣素粉羹，有擂肉粉羹，看起来这种羹荤素都有。
⑦五味肉粥：五种肉做的肉粥。五味，泛指五种原料，并非酸甜苦辣咸五味。
⑧七宝素粥：类似今日的腊八粥，用七八种食材熬成一锅粥，应该是从佛教节日衍生出来的食物。
⑨馓子：用面粉做成一束细丝之后，油炸即成。亦称"板搭馓子"。
⑩二陈汤：以半夏和橘红为主要成分的中药方剂名。其名称来源于方中最重要的两味中药半夏和橘红。这两味药都是越"陈"越好，所以取名"二陈汤"。
⑪调气：调养气息身心。降气：中医学名词。平降逆气的一种治法。

适用于肺失肃降、气逆不平所致的咳喘痰多,或胃气上逆的呕吐呃逆等。安养:滋养。元气:中医名词,指人体的正气,与"邪气"相对。

⑫烧饼:《居家必用事类全集》庚集《从食品·烧饼》:"每面一斤,入油两半,炒盐一钱,冷水和搜骨鲁捶砑开,鏊上煿得硬烫,火内烧熟极脆美。"

⑬糍糕:疑即糍粑。

⑭雪糕:一种用米蒸制的雪白色糕点。

【译文】

杭州城主要街道有一两处面食店以及城市西坊西面的食面店,通宵经营,到天亮生意也不断绝。因为金吾卫不禁止宵夜,为官府服务和为私人干活的人,晚上都在这里吃饭的缘故。御街的店铺听到钟声开张,售卖早市点心,比如煎白肠、羊鹅事件、糕粥、血脏羹、羊血粉羹之类。冬天卖五味肉粥、七宝素粥,夏月卖义粥、馓子、豆子粥。还有浴堂门卖面汤的,有流动摊贩早起售卖汤药二陈汤,以及调气降气并丸剂滋养元气的。有卖烧饼、蒸饼、糍糕、雪糕等点心的,来赶早市,直到饭点前方才结束。

及诸行铺席,皆往都处侵晨行贩。和宁门红杈子前买卖细色异品菜蔬①,诸般嗄饭②,及酒、醋、时新果子,进纳海鲜品件等物,填塞街市,吟叫百端③,如汴京气象④,殊可人意。孝仁坊口水晶红白烧酒⑤,曾经宣唤,其味香软,入口便消。六部前丁香馄饨⑥,此味精细尤佳。早市供膳诸色物件甚多,不能尽举。自内后门至观桥下,大街小巷在在有之⑦,不论晴雨霜雪皆然也。

【注释】

①细色:珍贵物品。异品:珍奇的物品。

②嗄(xià)饭:指下饭菜肴。

③吟叫:模仿各种叫卖声调的口技。(宋)高承《事物纪原》卷九《博弈嬉戏·吟叫》:"京师凡卖一物,必有声韵,其吟哦俱不同,故市人采其声调,间以词章,以为戏乐也。今盛行于世,又谓之吟叫也。"百端:百般,各种各样。

④气象:气派。

⑤水晶红白烧酒:指晶莹剔透的红烧酒及白烧酒。水晶,多用指像水晶一样晶莹剔透之物。烧酒法是唐宋时期一种用火加热酒器以抑制发酵速度的制酒工艺,而非现代工艺中指代的蒸馏酒。元代以前酿酒,仍采用发酵工艺。发酵需要微生物参与,酒稍有不慎就会变酸涩。故而需要将"酒醅"加热,抑制其发酵速度,这种制酒工艺叫作"烧酒法"。唐宋时期的红烧酒多为用红曲或葡萄酿制,多以"红"或"红琥珀"形容酒色。

⑥丁香馄饨:可能是指馄饨的形状小巧精致,类似丁香花的形状。

⑦在在:处处,到处。

【译文】

至于各行的摊铺,都是早早前往杭州城,天刚刚亮便开始贩卖东西。和宁门红杈子前买卖细色异品菜蔬,各种下饭食品,以及酒、醋、时新果子,进纳海鲜品件等物品,铺席填满了街市,各种叫卖声,如同汴京当年的气派,令人心满意足。孝仁坊口水晶红白烧酒,曾经得到皇帝的传唤,酒味香软,入口便消融。六部前面的丁香馄饨,味道精细口感尤佳。早市供应膳食,各色物件特别多,不能完全列举。从内后门至观桥下面,大街小巷到处都是售卖各种食物的,不论晴天雨天霜雪天,天天如此。

夜市

【题解】

  本条通过列举的方式，简单介绍了南宋杭州城夜市的情况，主要是各街道坊巷售卖的不同食品，展现了杭州夜市的丰富生活。南宋时，随着城市经济的发展，宵禁制度被取消，城市中的商业活动不再受时间限制，夜市得以蓬勃发展。这种政策支持使得夜市几乎通宵营业，与早市无缝衔接，形成了"不夜城"的独特景象。南宋临安的夜市主要集中在御街一带。御街是临安城南北走向的主轴线，也是最重要的商业中心。此外，中瓦前的夜市也非常著名，售卖各种奇巧器皿和百色物件，与日间无异。夜市不仅遍布主要街道，还延伸至坊巷市井，形成了庞大的夜间市场网络。夜市中有各种小吃、点心、水果、酒水等。例如，有卖南食、北食的专柜，供应各档白酒，还有冷饮店售卖用果汁、蜂蜜、牛奶等配制的饮料。日用品，包括衣物、鞋帽、陶瓷、木器等。文化用品，如书画、书籍、文具等。娱乐商品，如玩具、乐器等。奢侈品，如金银首饰、宝石等。南宋夜市不仅是商业交易的场所，也是文化娱乐的中心。夜市中有各种地方戏曲和杂技表演，比如说书、音乐演奏、勾栏瓦舍等。南宋夜市的繁荣促进了商业的发展，增加了城市的经济活力。此外，夜市还成为文化交流的平台，各种艺术形式在此交融，丰富了市民的夜生活。

杭城大街，买卖昼夜不绝。夜交三四鼓，游人始稀；五鼓钟鸣，卖早市者又开店矣。大街关扑，如糖蜜糕、灌藕①、时新果子、像生花果、鱼鲜、猪羊蹄肉，及细画绢扇、细色纸扇、漏尘扇柄、异色影花扇②，销金裙段、背心段③，小儿销金帽儿、逍遥巾④、四时玩具、沙戏儿⑤。春冬扑卖玉栅小球灯、奇巧玉栅屏风捧灯球、快行胡女儿沙戏走马灯、闹蛾儿⑥、玉梅花⑦、元子⑧、槌拍⑨、金橘数珠、糖水鱼龙船儿、梭球香鼓儿等物。夏秋多扑青纱黄草帐子、挑金纱异巧香袋儿、木犀香数珠、梧桐数珠、藏香细扇⑩、茉莉盛盆儿带朵茉莉花朵、挑纱荷花满池娇背心儿⑪、细巧笼仗⑫、促织笼儿、金桃⑬、陈公梨、炒栗子、诸般果子及四时景物，预行扑卖，以为赏心乐事之需耳。

【注释】

①灌藕：将糖蜜或绿豆粉灌入藕中煮熟后切片而食的一道美食。

②异色影花扇：扇面采用双层纸或纱，在中间夹入剪纸图案，利用光影效果使扇子呈现出精美的花纹和图案。

③背心段：指一种采用缎面面料制作的背心。段，缎。

④逍遥巾：一块方形（亦有圆形）巾料，包于发髻之上，系上两根长长的剑头飘带。最初被称为"花顶头巾"，后因佩戴者行动间飘逸自在，被命名为逍遥巾。

⑤沙戏儿：宋时绘有图案的一种纸质玩具。

⑥闹蛾儿：古代妇女头上插戴的装饰品，将乌金纸剪成草虫的形状戴在头上。宋代正月十五元夕夜，妇女戴之以应时节，盖取"蛾儿戏火"之意。（明）刘若愚《酌中志》卷二十《饮食好尚纪略》：

"自岁莫(暮)正旦,咸头戴闹蛾,乃乌金纸裁成,画颜色装就者;亦有用草虫、蝴蝶者。"亦名"闹嚷嚷"。

⑦玉梅花:人工制作的白绢梅花。

⑧元子:即汤圆。

⑨槌拍:《东京梦华录》卷六《十六日》作"馉拍"。

⑩藏香:吐蕃地区所产的一种线香,原料用檀香、芸香、艾等,颜色有黑、黄两种,用来敬佛。

⑪挑纱荷花满池娇背心儿:指背心上挑纱图案着荷花、荷叶、鸳鸯、水鸟等池塘小景为主要元素,寓意着和谐、美好和自然的生机。

⑫笼仗:箱笼。

⑬金桃:即黄桃。

【译文】

杭州城的主要街道上,买卖昼夜不停。夜晚三四更天,游人才开始逐渐稀少;五更天寺庙的钟响,做早市生意的人又开店营业了。大街上扑卖糖蜜糕、灌藕、时新果子、像生花果、鱼鲜、猪羊蹄肉,以及细画绢扇、细色纸扇、漏尘扇柄、异色影花扇,销金裙缎、背心缎,小儿销金帽儿,逍遥巾、四时玩具、沙戏儿。春天、冬天扑卖玉栅小球灯、奇巧玉栅屏风捧灯球、快行胡女儿沙戏走马灯、闹蛾儿、玉梅花、元子、馉拍、金橘数珠、糖水鱼龙船儿、梭球香鼓儿等物。夏秋季节多扑卖青纱黄草帐子、挑金纱异巧香袋儿、木犀香数珠、梧桐数珠、藏香细扇、茉莉盛盆儿带朵茉莉花朵、挑纱荷花满池娇背心儿、细巧笼仗、促织笼儿、金桃、陈公梨、炒果子、各种果子以及四季可供观赏的事物,提前扑卖,作为赏心乐事之需。

衣市有李济卖酸文、崔官人相字摊、梅竹扇面儿、张人画山水扇,并在五间楼前大街坐铺。中瓦前有带三朵花点茶婆婆,敲响盏、掇头儿拍板,大街游玩人看了,无不哂笑。又有虾须卖糖、福公公背张婆卖糖、洪进唱曲儿卖糖。又有担水斛儿,内鱼龟顶傀儡面儿舞卖糖。有白须老儿看亲箭披闹盘卖糖。有标竿十样卖糖,效学京师古本十般糖。赏新楼前仙姑卖食药。又有经纪人担瑜石钉铰金装架儿,共十架,在孝仁坊红杈子卖皂儿膏、澄沙团子、乳糖浇①。寿安坊卖十色沙团②。众安桥卖澄沙膏③、十色花花糖。市西坊卖蚫螺滴酥,观桥大街卖豆儿糕一作"膏"、轻饧。太平坊卖麝香糖蜜糕、金铤裹蒸儿④。庙巷口卖杨梅糖、杏仁膏、薄荷膏、十般膏子糖。内前杈子里卖五色法豆,使五色纸袋儿盛之。通江桥卖雪泡豆儿水⑤、荔枝膏⑥。中瓦子前卖十色糖。更有瑜石车子卖糕糜乳糖浇⑦,亦俱曾经宣唤,皆效京师叫声。日市亦买卖。

【注释】

① 乳糖浇:往食品上浇上糖或蜜,和牛乳熬制而成。
② 沙团:类似今天的汤圆,将沙糖和洗净的绿豆或赤豆一起煮烂成泥状,再以染色的生糯米粉揉裹成不同颜色的团子形状,然后蒸熟或者在沸水中煮熟食用。
③ 澄沙膏:疑为豆沙过滤后和糖做成的膏。
④ 金铤裹蒸儿:金块状的类似粽子的食物。(宋)司马光《资治通鉴》卷一百四十《齐纪六》:"上志慕节俭,太官尝进裹蒸,上曰:'我食此不尽,可四破之,余充晚食。'"(元)胡三省注:"今之裹蒸,以据和糯米,入香药、松子、胡桃仁等物,以竹箨裹而蒸之,大才二指许,不劳四破也。"
⑤ 雪泡:疑为冰泡。宋代已经能够藏冰,可能用的冰沙。
⑥ 荔枝膏:是一种以乌梅、沙糖为主要原料熬制的膏状物,可以加水冲泡成饮料,称为"荔枝膏水"。

⑦糕縻乳糖浇：原作"糖縻乳糕浇"，据文意改。糕縻，糯米粉做成。《居家必用事类全集》庚集《糕縻》："羊头煮极烂提去骨，原汁内下回回豆，候软，下糯米粉成稠糕縻，下酥蜜、松仁、胡桃仁和匀供。"

【译文】

衣市上有李济卖酸文、崔官人相字摊、梅竹扇面儿、张人画山水扇，他们都在五间楼前面的大街上开店。中瓦前面有带三朵花点茶婆婆，敲着响盏，掇头儿拍板，大街上游玩的人看了，没有不嘲笑的。还有虾须卖糖、福公公背张婆卖糖、洪进唱曲儿卖糖。还有担水斛儿，内鱼龟顶傀儡面儿舞卖糖。有白须老头看亲箭披闹盘卖糖。有标竿十样卖糖，仿效京城古本十般糖。赏新楼前面仙姑卖食药。还有经纪人挑着镶嵌着玉石的涂金货架，共十架，在孝仁坊红杈子卖皂儿膏、澄沙团子、乳糖浇。寿安坊卖十色沙团。众安桥卖澄沙膏、十色花花糖。市西坊卖蚫螺滴酥，观桥大街卖豆儿糕一作"膏"、轻饧。太平坊卖麝香糖蜜糕、金铤裹蒸儿。庙巷口卖杨梅糖、杏仁膏、薄荷膏、十般膏子糖。其中前杈子里卖五色法豆，用五色纸袋儿盛着。通江桥卖雪泡豆儿水、荔枝膏。中瓦子前面卖十色糖。更有瑜石车子卖糕縻乳糖浇，也都曾经受到皇帝下令传唤，都仿效京城的叫卖声。白天市场上也买卖。

又有夜市物件，中瓦前车子卖香茶异汤，狮子巷口燠耍鱼①、罐里燠鸡丝粉、七宝科头②。中瓦子武林园前煎白肠、焐肠，灌肺岭卖轻饧，五间楼前卖余柑子③、新荔枝、木弹④，市西坊卖焦酸馅⑤、千层儿⑥。又有沿街头盘叫卖姜豉⑦、臕皮膎子⑧、炙椒酸犯儿⑨、羊脂韭饼⑩、糟羊蹄⑪、糟蟹。又有担架子卖香辣罐肺⑫、香辣素粉羹、腊肉细粉科头、姜虾、海蜇鲊、清汁田螺羹、羊血汤、湖瀽海蜇螺头瀽、馉饳儿⑬、瀽面等，各有叫声。

【注释】

① 燠（āo）：烹调方法，埋在灰火中煨熟，或用文火久煮。耍鱼：《（弘治）八闽通志》卷二十五《食货·耍鱼》："其状纤细，又曰黄丝耍。"

② 七宝科头："科头"在《梦粱录》中出现多次，《东京梦华录》卷六《十六日》也写作"科头"。《武林旧事》中有"科斗粉"（卷二《元夕》）、"科斗细粉"（卷六《市食》）。大概是蝌蚪形状、圆头尖尾的一种米粉。《尔雅翼》卷三十《科斗》："书云：'又今人作粉饵象科斗形，谓之科斗。'"

③ 余柑子：夏季岭南一种水果。（唐）孙思邈《千金翼方》卷三《本草中》："庵摩勒：味苦甘寒无毒，主风虚热气，一名余甘，生岭南交、广、爱等州。"

④ 木弹：即桂圆。（清）汪灏《广群芳谱》卷六十三《果谱·荔支四》："龙眼：原龙眼，一名益智……《增本草》：'一名鲛泪，一名木弹。原闽广蜀道出荔支处皆有之。'"

⑤ 焦酸馅：类似酸馅，可能烤或煎过，如炙焦馒头。

⑥ 千层儿：千层饼。

⑦ 姜豉：猪肉冻做好后切成条，浇上醋、豉汁、姜汁等调味汁，搭配香菜和韭黄食用。

⑧ 膘皮牒（zhé）子：可能是将肥肉皮切成薄片后蒸煮或炸制而成的一种食品。膘皮，肥肉皮。牒子，指食材切成薄片或细丝的烹饪方式。

⑨ 炙椒酸豝儿：花椒和醋调味制作的腌干肉再拿来炙烤。豝，即豝，一般指母猪或者两岁大猪。宋代可能指盐腌的干肉一类，后世少见。

⑩ 羊脂韭饼：类似韭菜盒子的一种烙饼，饼馅配料中有肥瘦猪肉臊子、韭菜粒、剁碎的羊脂等。

⑪糟羊蹄：指糟制的羊蹄。"糟"谓用酒或糟加上盐及其他调味品腌制食物，可以久藏。是宋代常见的烹饪方法。

⑫罐肺：即"灌肺"。

⑬馉饳（gǔ duò）儿：流行于宋代的一种蒜头圆形的有馅或无馅的油炸小面果儿，是种休闲食品。

【译文】

还有夜市物件，中瓦前面车子卖香茶异汤，狮子巷口爊耍鱼，罐里爊鸡丝粉、七宝科头。中瓦子武林园前面有煎白肠、鸠肠，灌肺岭卖轻饧，五间楼前卖余柑子、新荔枝、木弹，市西坊卖焦酸馅、千层儿。还有沿街头盘叫卖姜豉、膘皮朦子、炙椒酸犯儿、羊脂韭饼、糟羊蹄、糟蟹。又有担架子卖香辣罐肺、香辣素粉羹、腊肉细粉科头、姜虾、海蛰鲊、清汁田螺羹、羊血汤、湖澄海蛰螺头澄、馉饳儿、澄面等，各有叫卖声。

大街更有夜市卖卦①：蒋星堂玉莲相花字②、青霄三命③、玉壶五星④、草窗五星、沈南夫五星、简堂石鼓、野庵五星、泰来心鉴三命。中瓦子浮铺有西山神女卖卦，灌肺岭曹德明《易》课⑤。又有盘街卖卦人⑥，如心鉴及甘罗次、北算子者。更有叫"时运来时，买庄田，娶老婆"卖卦者。有在新街融和坊卖卦，名"桃花三月放"者。

【注释】

①卖卦：以替人占卜谋生。

②相花字：一种六爻占卜手法。通过抛掷铜钱，根据"花"（阴爻）和"字"（阳爻）的组合形成卦象，进行占卜。

③三命：八字推命术的一种方法。即通过分析一个人出生的年、月、日三个干支进行占卜，推断吉凶祸福。

④五星：指五星占卜。一种通过观察天象中的五星（金星、木星、水星、火星、土星）来预测吉凶祸福的占卜方法。

⑤《易》课：指《易经》占卜。利用"六爻""筮竹"等传统方法，通过对卦象的解读来预测各种可能性。

⑥盘街：指走街串巷售卖货品。

【译文】

大街上还有夜市上都有人占卜谋生，如蒋星堂玉莲相花字、青霄三命、玉壶五星、草窗五星、沈南夫五星、简堂石鼓、野庵五星、泰来心鉴三命。中瓦子浮铺有西山神女算卦，灌肺岭曹德明《易经》占卜。还有走街串巷的算卦人，如心鉴及甘罗次、北算子。更有叫"时运来时，买庄田，娶老婆"的算卦者。有人在新街融和坊算卦，叫"桃花三月放"。

其余桥道坊巷，亦有夜市扑卖果子糖等物，亦有卖卦人盘街叫卖，如顶盘担架卖市食，至三更不绝。冬月虽大雨雪，亦有夜市盘卖①。至三更后，方有提瓶卖茶。冬间，担架子卖茶、馓子、葱茶始过②。盖都人公私营干，深夜方归故也。

【注释】

①盘卖：串游贩卖。

②葱茶：原作"葱茶"，据文意改。葱茶，冬季宋代街市一种常见的养生饮品。具有药用价值，多见于医书治疗伤寒、感冒、头风等病的药方中，主要用于送服药丸或药散。（宋）苏轼、沈括《苏沈良方》卷三《麻黄丸》："每服一丸，葱茶或茶酒嚼下。"

【译文】

其余桥道坊巷，也有夜市扑卖果子糖等物品，也有算卦人走街串巷地招揽生意，像顶盘担架卖市食，到三更天都没有收摊。冬天即便是大雨雪天气，夜市上也有人在售卖东西。到三更天后，方才有人提瓶卖茶。冬天，夜市上开始出现担架子卖茶、馓子、葱茶的。大概是因为行都人忙于公私事务，深夜才回家的缘故。

诸色杂货

【题解】

本条列举了南宋杭州城内的各种杂货,从中可以看出,无论是吃喝玩乐还是日常生活用品、个人护理用品、儿童玩具等,杭州城内的杂货一应俱全,充分满足了人们的各种需求,反映了当时经济的繁荣和社会的稳定。另外,文中所记录的各类商品和流动摊贩,展现了当时丰富的市井生活和居民的日常需求。

凡宅舍养马,则每日有人供草料;养犬,则供饧糠[1];养猫,则供鱼鳅[2];养鱼,则供虮虾儿[3]。若欲唤锢路钉铰修补锅铫[4]、箍桶、修鞋、修幞头帽子、补修鱿冠[5]、接梳儿、染红绿牙梳、穿结珠子、修洗鹿胎冠子、修磨刀剪、磨镜,时时有盘街者,便可唤之。且如供香印盘者[6],各管定铺席人家[7],每日印香而去,遇月支请香钱而已[8]。供人家食用水者,各有主顾供之。亦有每日扫街盘垃圾者,每支钱犒之。

【注释】

①饧(xíng)糠:指做麦芽糖剩下的渣滓。

②鱼鳅:即泥鳅。

③虮(jǐ)虾儿:即水蚤。

④锢路:即锢露,指用熔化焊锡堵塞金属物品的破漏之处。(宋)陆游《老学庵笔记·续笔记》卷一:"市井中有补治故铜铁器者,谓之骨路,莫晓何义。《春秋正义》曰:《说文》云:'锢,塞也。'铁器穿穴者,铸铁以塞之,使不漏。禁人使不得仕宦,其事亦似之,谓之禁锢。"钉铰(jiǎo):指洗镜、补锅、铜碗等工作。

⑤鮸(zhěn)冠:古时以鱼脑骨为饰的冠。

⑥香印:也称作"印香",系将多种香料捣末和匀,然后用金属印格将香料末印成前后相属的文字,焚烧之后,字迹仍分明可识。

⑦管定:占定,固定。

⑧支请:领取。

【译文】

凡人家养马,每天都有人提供草料;养狗,则提供饧糠;养猫,则提供泥鳅;养鱼,则提供虮虾儿。如果想叫锢路钉铰修补锅铫、箍桶、修鞋、修幞头帽子、补修鮸冠、接梳儿、染红绿牙梳、穿结珠子、修洗鹿胎冠子、修磨刀剪、磨镜,不时有走街串巷的人,便可随时叫他们。像提供香印盘的人,各自有固定的店铺人家,每天提供印香然后离开,每月领取香钱。提供人家饮用水的人,各自有供水主顾。还有每天打扫街道清理垃圾的人,每日会出钱犒劳他们。

其巷陌街市①,常有使漆修旧人②,荷大斧斫柴,早间修扇子、打镴器③,修灶、提漏④,供香饼、炭墼⑤,并挑担卖油,卖油苕、扫帚、竹帚、笕帚、鸡笼担、圣堂拂子、竹柴、茹纸、生姜、姜芽、新姜、瓜、茄、菜蔬等物。卖泥风炉、小缸灶儿⑥、天窗砧头、马杓⑦。铜铁器如铜铫、汤饼、铜罐、熨斗、火锹[8]、火箸、火夹铁物、漏杓、铜沙锣、铜匙箸、铜瓶、香炉、铜火炉、帘钩。镴器如樽榼[9]、果盆、果盒[10]、酒盏、注子偏提[11]、盘、盂、杓,酒市急须[12]、马盂[13]、屈卮[14]、淬斗[15]、箸瓶。家生动事如桌[16]、凳、凉床、交椅、杌子、长朓、绳床、竹椅、栿笄、裙厨、衣架、棋盘、面桶[17]、项桶、脚桶、浴桶、大小提桶、马子[18]、桶架、木杓、研槌、食托、青白瓷器、瓯、碗、碟、茶盏、菜盆、油杆杖、楎辘、鞋楦[19]、棒槌、烘盘、鸡笼、虫蚁笼、竹笊篱、蒸笼[20]、畚箕[21]、甑箪[22]、红帘、斑竹帘、酒络、酒笼、筲箕[23]、瓷甏、砂钵、砂盆、水缸、乌盆、三脚罐、枕头、豆袋、竹夫人[24]、懒架、凉簟[25]、藁荐[26]、蒲合[27]、席子。

【注释】

①巷陌:街巷的通称。

②使漆:做油漆活。

③镴器:用铅锡合金制成的器皿。

④提漏:铁制或竹制的一种打酒、醋、酱油等液体的计量器具。

⑤炭墼(jī):将炭末和泥土捣紧所制成的块状燃料,可用来燃烧取暖。

⑥小缸灶儿:《学津讨原》本作"行灶儿",《学海类编》本作"茶灶儿",大一阁本、明抄本、清翁同书校钞本作"小灶儿"。

⑦马杓:形似马蹄的一种勺子。多用椰子壳制成,柄为竹制,也有木制。

⑧火锹:铲火炭的铁制工具。

⑨樽榼(zūn kē):两种盛酒的酒器。

⑩果盒:盛放酒食果品的盒子。

⑪注子偏提:一种酒壶。偏提在注子基础上稍加改动,去掉了柄,形状类似花瓶。(唐)李匡乂《资暇集》卷下《注子偏提》:"元和初,酌酒犹用樽杓,所以丞相高公有'斟酌'之誉。虽数十人,一樽一

构,揖酒而散,了无遗滴。居无何,稍用注子,其形若罂而盖、觜、柄皆具。大和九年后,中贵人恶其名同郑注,乃去柄安系,若茗瓶而小异,目之曰'偏提'。论者亦利其便,且言柄有碍而屡倾仄,今见行用。"

⑫急须:一种带柄的器具,用于煮茶或温酒。

⑬马盂:一种酒器,其形状类似匜(yí),有流(出水口)和环柄,用于盛酒。

⑭屈卮:一种曲柄的酒杯,其特点是杯身一侧有环柄,便于手持。

⑮渣(zǐ)斗:即渣斗,口部外撇呈漏斗形碗状,扁圆腹,平底。早期是茶具,用来容纳茶渣,后来成为酒席宴上盛放食物残渣兼具摆设的物件。

⑯家生:最初是"家庭生计"的缩写,宋时泛化为日常家什、器具。后沿用。

⑰面桶:指用来装洗脸水的盆。

⑱马子:中国古代的溲器因其形状为蹲伏的老虎,故称为"虎子"。因唐高祖李渊的祖父叫李虎,唐讳虎,遂把"虎子"改成"马子"。

⑲鞋楦(xuàn):把已完工的鞋套在上面用以整理和整饰鞋帮形状的一种脚型模子。

⑳蒸笼:用竹篾、木片等制成的蒸食物用的器具。

㉑畚箕(běn jī):即簸箕。一种用竹篾或柳条编成的器具。三面有边沿,一面敞口,用来簸粮食或暂时盛放东西。

㉒甑箄(zèng bì):古代炊具中的部件。甑,古代用于蒸饭的炊具,底部有许多透气的小孔,通常置于鬲(lì)或釜上蒸煮食物,类似于现代的蒸锅。箄,甑底部竹制或金属制的隔板,用于支撑食物并让蒸汽通过。它通常有孔洞,以便蒸汽能够均匀地穿透食物,使食物蒸熟。

㉓筲(shāo)箕:一种用细竹篾丝编织的圆形浅筐,主要用于淘米、

洗菜或盛饭。

㉔竹夫人：古代消暑用具。又称青奴、竹奴。编青竹为长笼，或取整段竹中间通空，四周开洞以通风，暑时置床席间。

㉕凉簟（diàn）：凉席。

㉖藁荐：用稻、麦等庄稼杆编织而成的草席。

㉗蒲合：一种用蒲草编的席子。

【译文】

大街小巷上，经常有做油漆活、修旧物的人，扛着大斧砍柴，早上修扇子、打镶器，修补炉灶、提漏，提供香饼和炭爇，并挑担卖油、卖油苔、扫帚、竹帚、筅帚、鸡笼担、圣堂拂子、竹柴、茹纸、生姜、姜芽、新姜、瓜、茄、菜蔬等物。卖泥风炉、小缸灶儿、天窗砧头、马杓。铜铁器如铜铫、汤饼、铜罐、熨斗、火锹、火箸、火夹铁物、漏杓、铜沙锣、铜匙箸、铜瓶、香炉、铜火炉、帘钩。镶器如樽榼、果盆、果盒、酒盏、注子偏提、盘、盂、杓，酒市急须、马盂、屈卮、滓斗、箸瓶。家居用品如桌、凳、凉床、交椅、机子、长桃、绳床、竹椅、柎笄、裙厨、衣架、棋盘、面桶、项桶、脚桶、浴桶、大小提桶、马子、桶架、木杓、研槌、食托、青白瓷器、瓯、碗、碟、茶盏、菜盆、油杆杖、楬辘、鞋楦、棒槌、烘盘、鸡笼、虫蚁笼、竹笅篱、蒸笼、畚箕、甑箪、红帘、斑竹帘、酒络、酒笼、筲箕、瓷甇、砂钵、砂盆、水缸、乌盆、三脚罐、枕头、豆袋、竹夫人、懒架、凉簟、藁荐、蒲合、席子。

及文具物件如砚子、笔、墨、书架、书攀、裁刀[①]、书蒻、簿子[②]、连纸，又有铙子、木梳、篦子、刷子、刷牙子、减装、墨洗[③]、漱盂子、冠梳、领抹、针线，与各色麻线、鞋面、领子[④]、脚带、粉心、合粉、胭脂、胶煤、托叶、坠纸等物。

【注释】

①裁刀:裁纸刀。

②簿子:簿册,本子。

③墨洗:洗毛笔时用以盛水的器具。

④领子:围巾。

【译文】

以及文具物件,如砚子、笔、墨、书架、书攀、裁刀、书剪、簿子、连纸,又有铙子、木梳、篦子、刷子、刷牙子、减装、墨洗、漱盂子、冠梳、领抹、针线,与各色麻线、鞋面、领子、脚带、粉心、合粉、胭脂、胶煤、托叶、坠纸等物。

又有挑担抬盘架①,买卖江鱼、石首②、鳎鱼③、时鱼④、鲳鱼⑤、鳗鱼⑥、鲚鱼⑦、鲫鱼、白鳓鱼、白蟹⑧、河蟹、河虾、田鸡等物⑨,及生熟猪羊肉、鸡、鹅、鸭,及下饭海腊鲞、膘鸭子⑩、炙鳅⑪、糟藏大鱼鲊⑫、干菜、干萝卜、菜蔬、葱姜等物。

【注释】

①盘架:放置物品的架子。

②石首:头中有像棋子的石头,所以叫石首鱼。

③鳎(ruò)鱼:即鲭鱼。(清)嵇曾筠《雍正浙江通志》卷一百一《物产一·杭州府》:"箬鱼,《(成化)杭州府志》'其形似箬,盖比目之类。俗书作鳎,非时出,惟富阳五月有之。"

④时鱼:学名鲥鱼,别名三来鱼、三黎鱼等,鲱形目鲱科鲥属鱼类。为中国一级保护动物。

⑤鲳鱼:一种常见的食用鱼类,广泛分布于中国沿海地区。

⑥鳗鱼:一种外观呈蛇形的食用鱼类。主要栖息于热带及温带地区的水域。无鳞,具有洄游特性,性情凶猛,昼伏夜出,趋光性强。

⑦鲚(jì)鱼:别名刀鱼、凤尾鱼等。为长江下游地区主要经济鱼类之一。体长侧扁,前部高,向后渐低,背缘平直,腹缘有锯齿状棱鳞。
⑧白蟹:梭子蟹。
⑨田鸡:即青蛙。(明)李时珍《本草纲目·虫四·蛙》:"鼃好鸣,其声自呼,南人食之,呼为田鸡,云肉味如鸡也。"
⑩膘鸭子:即肥鸭子。
⑪炙鳅:即炙烤泥鳅。
⑫糟藏:指用酒糟腌制食物的方法。

【译文】

还有挑着担抬着盘架的,买卖江鱼、石首、鲻鱼、时鱼、鲳鱼、鳗鱼、鲚鱼、鲫鱼、白鳡鱼、白蟹、河蟹、河虾、田鸡等物,以及生熟猪羊肉、鸡、鹅、鸭,及下饭海腊鲞、膘鸭子、炙鳅、糟藏大鱼鲊、干菜、干萝卜、菜蔬、葱姜等物。

又有早间卖煎二陈汤,饭了提瓶点茶,饭前有卖馓子、小蒸糕,日午卖糖粥、烧饼、炙焦馒头、炊饼、辣菜饼、春饼①、点心之属。

【注释】

①春饼:一种蒸制的薄饼,常卷生菜食用,是立春日节食。(宋)吕祖谦《东莱集》别集卷一《宗法条目》:"正月立春日荐春饼。"

【译文】

又有早上卖煎二陈汤,饭后提瓶点茶,饭前卖馓子、小蒸糕,中午卖糖粥、烧饼、炙焦馒头、炊饼、辣菜饼、春饼、点心之类。

四时有扑带朵花,亦有卖成窠时花①、插瓶把花、柏桂罗汉叶,春扑带朵桃花、四香、瑞香②、木香等花,夏扑金灯花③、茉莉、葵花、榴花、栀子花,秋则扑茉莉、兰花、木樨、秋茶花,冬则扑木春花、梅花、瑞香、兰花、水仙花、腊梅花,更有罗帛脱蜡像生四时小枝花朵,沿街市吟叫扑卖。及买卖品物最多,不能尽述。

【注释】

① 窠:量词,用同"颗"。

② 瑞香:中国传统名花,其树姿潇洒,四季常绿,早春开花,香味浓郁,因此而得名"瑞香"。(宋)陶谷《清异录》:"庐山瑞香花,始缘一比丘,昼寝盘石上,梦中闻花香酷烈,及觉求得之,因名睡香。四方奇之,谓为花中祥瑞,遂名瑞香。"

③ 金灯花:别称曼珠沙华、老鸦蒜、彼岸花等。属于石蒜科石蒜属多年生草本植物。花色鲜艳,除了具有较高的观赏价值,还承载着丰富的文化内涵和象征意义。

【译文】

一年四季都扑卖带朵花,也有卖成棵的时令花、插瓶的把花、柏桂罗汉叶的,春天扑卖带朵桃花、四香、瑞香、木香等花,夏天扑卖金灯花、茉莉、葵花、榴花、栀子花,秋天扑卖茉莉、兰花、木樨、秋茶花,冬天扑卖木春花、梅花、瑞香、兰花、水仙花、腊梅花,还有沿街叫卖用脱蜡工艺将罗帛制成模拟四季花卉形态的手工艺品的。各类商品琳琅满目,不能一一叙述。

及小儿戏耍家事儿,如戏剧糖果之类:行娇惜、宜娘子、秋千稠、糖葫芦、火斋郎果子、吹糖麻婆子孩儿等,糕粉孩儿鸟兽、像生花朵、风糖饼、十般糖、花花糖、荔枝膏、缩砂糖、五色糖、线天戏耍孩儿、鸡头担儿、罐儿、碟儿、镴小酒器、鼓儿、板儿、锣儿、刀儿、枪儿、旗儿、马儿、闹竿儿、花篮、龙船、黄胖儿、麻婆子、桥儿、棒槌儿,及影戏线索①、傀儡儿、狮子猫儿。

【注释】

①影戏：即现代的皮影戏、纸影戏。

【译文】

以及小孩子玩耍的各种物件,比如戏剧糖果之类：行娇惜、宜娘子、秋千稠、糖葫芦、火斋郎果子、吹糖麻婆子孩儿等,糕粉孩儿鸟兽、像生花朵、风糖饼、十般糖、花花糖、荔枝膏、缩砂糖、五色糖、线天戏耍孩儿,鸡头担儿、罐儿、碟儿、镴小酒器、鼓儿、板儿、锣儿、刀儿、枪儿、旗儿、马儿、闹竿儿、花篮、龙船、黄胖儿、麻婆子、桥儿、棒槌儿,及影戏线索、傀儡儿、狮子猫儿。

又沿街叫卖小儿诸般食件：麻糖①、锤子糖②、鼓儿饧③、铁麻糖④、芝麻糖⑤、小麻糖、破麻酥、沙团、箕豆、法豆、山黄褐青豆、盐豆儿⑥、豆儿黄糖、杨梅糖、荆芥糖⑦、榧子、蒸梨儿、枣儿、米食羊儿、狗儿、蹄儿、茧儿、栗粽、豆团、糍糕、麻团、汤团、水团⑧、汤丸、馉饨儿、炊饼、槌栗、炒槌山里枣、山里果子、莲肉、数珠、苦槌、荻蔗⑨、甘蔗、茅洋、跳山婆、栗茅⑩、蜜屈律等物⑪。并于小街后巷叫卖。

【注释】

①麻糖：主要以芝麻为材料制成的糖。将芝麻、沙糖等材料熬煮,以糖生丝线为佳。（明）韩奕《易牙遗意》卷下《果食》："麻糖：芝麻

一升、沙糖六两、饧糖二两、炒面四两,更和薄荷末少许,搜搦成剂切片。凡熬糖,手中试其稠粘,有牵丝方好。"

②锤子糖:指外形像锤子的一种糖。

③鼓儿饧:一种以饴糖为主要原料制成的糖果,通常呈块状或条状,口感软糯,带有浓郁的麦芽糖香味。

④铁麻糖:一种较为硬实的糖果,通常以蔗糖或饴糖为基础,加入芝麻、花生等坚果,经过熬制和冷却后制成。

⑤芝麻糖:主要以芝麻为材料制成的糖。

⑥盐豆儿:是一种将黄豆加调料熬煮后的豆子,作零食食用。

⑦荆芥糖:"荆芥"是一种清香气浓的中草药,宋代"荆芥糖"制作时将荆芥扎成花朵形状,将膏糖与芝麻层层涂抹后食用。(明)高濂《遵生八笺》卷十三《荆芥糖方》:"用荆芥细枝,扎如花朵,蘸糖卤一层,蘸芝麻一层,焙干用。"

⑧水团:即汤圆。

⑨荻蔗:指一种节疏细短,长得似荻的甘蔗。(宋)郑樵《通志》卷七十六《昆虫草木略第二·果类》:"甘蔗有三种:赤色者曰昆仑蔗,白色者亦曰竹蔗,亦曰蜡蔗,小而燥者曰荻蔗。"

⑩栗茅:即"茅栗",是一种小而味甜的栗子品种。(明)李时珍《本草纲目》卷二十九《果部》:"小如指顶者为茅栗,即《尔雅》所谓栭栗也,一名栵栗,可炒食之。"

⑪蜜屈律:即枳椇。鼠李科枳椇属高大乔木,可生食、酿酒、熬糖。

【译文】

沿街还有人叫卖小孩各种吃食:麻糖、锤子糖、鼓儿饧、铁麻糖、芝麻糖、小麻糖、破麻酥、沙团、箕豆、法豆、山黄褐青豆、盐豆儿、豆儿黄糖、杨梅糖、荆芥糖、榧子、蒸梨儿、枣儿、米食羊儿、狗儿、蹄儿、茧儿、栗粽、豆团、糍糕、麻团、汤团、水团、汤丸、馉饳儿、炊饼、榧栗、炒榧山里枣、山里果子、莲肉、数珠、苦楂、荻蔗、甘蔗、茅洋、跳山婆、栗茅、蜜屈律等物。都在小街后巷叫卖。

遇新春,街道巷陌官府差顾淘渠人沿门通渠①;道路污泥,差雇船只搬载乡落空闲处。人家有泔浆②,自有日掠者来讨去。杭城户口繁夥,街巷小民之家多无坑厕③,只用马桶。每日自有出粪人㴠去④,谓之"倾脚头",各有主顾,不敢侵夺,或有侵夺,粪主必与之争,甚者经府大讼,胜而后已。

【注释】

①淘:挖掘疏浚。

②泔浆:泛指用过的脏水。

③小民:指普通百姓。

④㴠(jiǎn):倾,倒。

【译文】

遇到初春,大街小巷官府雇佣淘渠人沿门疏通渠道;道路上的污泥,雇船只搬载到乡村空闲处。各户人家有用过的脏水,每天自然有人前来讨要。杭州城人口繁多,街巷百姓人家大多没有坑厕,大小便只使用马桶。每天自有出粪人倾倒马桶,这些人被称为"倾脚头",他们各有主顾,不敢侵夺,如果有人侵夺,粪主必定与之争夺,甚者要到官府拼命诉讼,直到官司胜了才肯罢休。

卷十四

祠祭

【题解】

本条简单介绍了南宋朝廷每年进行的祠祭。"国之大事,在祀与戎。"在传统中国,祭祀是一件十分重要且神圣的事情。历朝历代,国家都会根据礼制规定,在固定的时间,采用固定的仪式,祭祀某些神灵。宋朝建立后,将祠祭分为大、中、小祀不同规格,由皇帝亲自祭祀或者派遣官员代表自己前往祭祀。宋朝皇帝祭祀对象有郊祀、明堂礼、社稷、九宫贵神、先农、高禖、海神等,此外,太学、武学每年也会祭祀孔子和武成王。本条文字由《咸淳临安志》卷七十一《祠祀一·前言》、卷三《行在所录·郊庙》合并而成。

天子祭天地,诸侯祭社稷,大夫祭五祀①,上得以兼下,下不得以僭上②,古之制也。宋朝自郊祀宗庙社稷,与大、中、小三祠,及土域③、山海、江湖之神,先贤、名哲④、道德之士,御灾捍患、以死勤事功烈之臣⑤,皆宠以爵命⑥,列于祀典,奉常有司岁时荐飨焉⑦。

【注释】

①五祀：祭祀住宅内外的五种神。即户神、灶神、中霤神、门神、井神。

②僭上：谓越分冒用尊者的仪制或宫室、器物等。

③土域：地域。

④名哲：学问自成一家的人。

⑤功烈：功勋业绩。

⑥宠：尊崇。

⑦荐飨：祭献。

【译文】

天子祭祀天地，诸侯祭祀社稷，大夫祭祀五祀，上级祭祀可以包含下级祭祀的对象，但下级不能僭越上级的祭祀权限，这是古代的制度。宋朝自郊祀宗庙社稷，与大祀、中祀、小祀三等祠祭，以及地域、山海、江湖的神，先贤、名哲、道德之士，能够抵御重大灾难和祸患的人，为国家和人民的事业而献身的人、在国家治理、安定社稷等方面有显著功绩的臣子，国家会赐予他们爵位和荣誉，将这些功臣列入祀典中，由奉常和相关官员负责，在每年的特定时节举行祭祀活动。

郊祀在嘉会门外三里净明院左右，春首上辛祈谷①、四月夏雩②、冬至冬报，皆郊坛行礼，惟九月秋飨③，不坛而屋，设位于净明斋宫。春夏冬遇雨，亦望祭于斋宫，差宰执充献官行事。明堂，郊祀岁则不重举飨报之礼也④。

【注释】

①春首：初春。祈谷：古代祈求谷物丰熟的祭礼。

②夏雩（yú）：古代夏季为求雨而举行的祭祀。

③秋飨：秋季举行的宴饮活动。

④郊祀:古代在郊外祭祀天地。飨报:为报功德而祭祀。

【译文】

郊祀在嘉会门外三里净明院的左右,初春上旬的辛日举行祈谷礼、四月举行夏雩礼、冬至举行冬报礼,这些祭祀都在郊坛举行典礼,唯独九月秋飨,没有祭坛,在屋内举行,在干净明亮的斋宫中设置神位。春天、夏天和冬天如果遇到天气下雨,皇帝也会在斋宫中举行望祭,派遣宰执充任献官举行祭祀事宜。同一年内,如果已经举行了明堂祭祀,则不会再次举行郊祀的飨报之礼。

正月上辛,祀感生帝于宗阳宫斋殿。四立日,祀十神太乙①,祀于东、西太乙宫。惠照②、昭庆斋宫在净慈寺。对惠照有坛殿及燎坛③。夏至日,祭后土皇地祇④。立夏日,祭荧惑⑤。立秋日,祭白帝⑥。昭庆有望祭殿,立夏祭南方岳渎⑦,立秋祭西方岳渎。

【注释】

①十神太乙:即十神太乙真君,亦称十神真君。道教神仙。《道法会元》卷四五称:十神真君为"五福太一真君、天一太一真君、地下太一真君、四神太一真君、大游太一真君、小游太一真君、君基太一真君、臣基太一真君、民基太一真君、直符太一真君"。

②惠照:原作"惠昭",据《咸淳临安志》卷三《行在所录·郊庙》改。《咸淳临安志》卷三《行在所录·郊庙》:"惠照有坛殿、有燎坛,夏至日祭皇地祇,立夏祭荧惑,立秋祭白帝,旁为斋宫。"(宋)王应麟《玉海》卷九十三《郊祀·宴》:"国家祀帝者四,春祈、夏雩、秋享、冬报。其二在南郊圆坛,其二在城西惠照院望祭斋宫。"

③燎坛:燎祭天神的高台。

④后土皇地祇:土地神。

⑤荧惑:火星。亦为火神名,即火德真君。

⑥白帝:古神话中五天帝之一,主西方之神。

⑦岳渎:五岳和四渎的并称。亦泛指山河。古人认为名山大川是群神所居之处,历代王朝均将对岳渎诸神的祭祀当成国家的祀典。

【译文】

正月上辛日,在宗阳宫斋殿中祭祀感生帝。立春、立夏、立秋、立冬四个节气,祭祀太乙十神,在东、西太乙宫举行祭祀。惠照斋宫、昭庆斋宫在净慈寺。正对着惠照斋宫,有坛殿以及燎坛。夏至,祭祀后土皇地祇。立夏,祭祀火星。立秋,祭祀白帝。昭庆寺有望祭殿,立夏祭祀南方岳渎,立秋祭祀西方岳渎。

大社大稷坛在观桥东①,以春秋二仲、腊前一日祭皇地祇。九宫贵神坛在东青门外,以春秋二仲坛祭感生帝及九宫贵神。北太乙,西南摄提②,正东轩辕③,东南招摇④,中央天符,西北青龙⑤,正东咸池⑥,东北太阴⑦,正南天一之版位也⑧。

【注释】

①大社大稷:亦作"太社太稷",中国古代专门祭祀土神和谷神的地方。

②摄提:古星名。左摄提、右摄提之合称,属亢宿。摄提与斗杓一起,根据它的指向以建十二月时节。

③轩辕:星座名。在星宿北。共十七星,蜿蜒如龙,故称。其第十四星为一等大星,因在五帝座之旁,故为女主象。后多借指皇后。

④招摇:星名。即北斗第七星摇光。亦借指北斗。

⑤青龙:东方七宿(角宿、亢宿、氐宿、房宿、心宿、尾宿、箕宿)的总称。

⑥正东:《咸淳临安志》卷三《行在所录·郊庙》作"正西"。咸池:天神名。《楚辞·东方朔》:"哀人事之不幸兮,属天命而委之咸池。"王逸注:"咸池,天神也。"
⑦太阴:指北方之神。
⑧天一:神名。

【译文】

太社太稷坛在观桥东面,在仲春、仲秋、腊前一日祭祀皇地祇。九宫贵神坛在东青门外,以春、秋二仲坛祭感生帝和九宫贵神。北方是太乙神的版位,西南方是摄提的版位,正东方是轩辕的版位,东南方是招摇的版位,中央是天符的版位,西北方是青龙的版位,正东方是咸池的版位,东北方是太阴的版位,正南方是天一的版位。

藉田先农坛在玉津园南①,祀神农氏②,配以后稷氏③,以岁时祀之。

【注释】

①藉田:即籍田。古时天子亲耕之田。每逢春耕前,由天子、诸侯执耒耜在籍田上三推或一拨,称为"籍礼",以示对农业的重视。亦指天子示范性的耕作。先农坛:古代皇帝祭祀山川、神农的重要场所。
②神农氏:传说中的农业和医药的发明者。神农发明制作木耒、木耜,教民农业生产,又传说他遍尝百草,发现药材,教人治病。一说神农氏即炎帝。
③后稷氏:周朝始祖,据说他辅佐大禹,教民稼穑,树艺五谷。

【译文】

籍田先农坛在玉津园的南面,祭祀神农氏,以后稷氏配祀,一年按时祭祀。

高禖坛在郊坛东①。坛祭,设青帝神位于坛上②,南向,配伏羲帝③、高辛帝于西向北④,又设从祀简狄⑤、姜嫄位于坛下卯陛南西向北⑥。每岁春分日⑦,遣官致祭毕,收彻二从祀馔弓韣弓矢入禁中⑧,后妃以次行礼。

【注释】

① 高禖(méi):即媒神,古代帝王为求子所祭祀的神。《礼记·月令》:"是月(指仲春之月)也,玄鸟至。至之日,以大牢祠于高禖。"(汉)郑玄注:"高辛氏之世,玄鸟遗卵,娀简吞之而生契,后王以为媒官嘉祥而立其祠焉。变媒言禖者,神之也。"

② 青帝:中国古代神话中的五天帝之一,系东方之神,亦作"苍帝"。道教尊为"东方青帝青灵始老九炁天君"。

③ 伏羲帝:古代传说中的三皇之一。风姓。相传其始画八卦,又教民渔猎,取牺牲以供庖厨,因称庖牺。

④ 高辛帝:即帝喾。初受封于辛,后即帝位,号高辛氏。

⑤ 简狄:相传为有娀氏之女,帝喾之妻。吞玄鸟卵怀孕而生商代祖先契。

⑥ 姜嫄:亦作"姜原"。周人始祖后稷之母、帝喾之妻。传说她于郊野践巨人足迹怀孕生稷。

⑦ 春分:二十四节气之一。每年3月21日左右,太阳直射赤道,这天昼夜长短平均,以后昼渐长,夜渐短。

⑧ 馔:此处指祭品。弓韣弓矢:带有弓衣的弓。韣,弓套、弓衣。此处泛指弓箭。

【译文】

高禖坛在郊坛的东边。在祭坛祭祀时,在祭坛上设置青帝神的神位,神位面向南方。在祭坛的西边配祭伏羲帝、高辛帝,按照北上的顺序排列。又在祭坛下卯陛(即东阶)的南侧,设置简狄、姜嫄的神位,神位面向西方,按照北上的顺序排列。每年的春分日,朝廷派遣官员祭祀完毕,将两陪祭神的祭品、弓箭等撤走收入皇宫,妃嫔们依次行礼。

海神坛在东青门外太平桥东,祭江海神,为太祀①,以春、秋二仲遣从官行望祭礼。

【注释】
①太祀:即大祀。传统中国规格最高的祭祀,一般指祭祀天地、宗庙等。宋代国家祭祀分大、中、小祀。

【译文】
海神坛在东青门外太平桥的东面,祭祀江海神,为大祀,每年仲春、仲秋日,皇帝派遣近臣举行望祭礼。

太学春秋二仲上丁日祭先圣文宣王,配先贤兖国公①、邹国公②、沂国公③、郕国公及十哲先贤④,从祀七十二贤⑤、历代贤哲、忠孝公卿。武学祀昭烈武成王⑥,配留侯⑦,历代忠烈臣子⑧。

【注释】
①先贤兖国公:指孔子弟子颜回。字子渊,亦称颜渊,春秋时期鲁国(今山东曲阜)人。居陋巷,孔门七十二贤之首。是孔子最得意的弟子,以德行著称。唐太宗尊之为"先师",唐玄宗尊之为"兖公",宋真宗加封为"兖国公",元文宗为"兖国复圣公"。明嘉靖九年(1530)改称"复圣"。
②邹国公:指战国时期著名儒家思想家孟子。名轲,战国时期邹国

（今山东邹城）人，被尊为"亚圣"。宋神宗元丰六年（1083）封为邹国公。

③沂国公：春秋时期儒家思想家孔伋，字子思，鲁国人，孔子的嫡孙、孔子之子孔鲤的儿子。孟子曾受业于他的门人，并将其学说加以进一步发挥，后人把子思、孟子并称为思孟学派。徽宗封孔伋为"沂水侯"，元文宗封其为"沂国述圣公"。

④郕国公：孔子弟子、春秋末年儒家学派代表人物之一曾参。字子舆。七十二贤人之一。唐开元二十七年（739），封为"郕国伯"。南宋咸淳三年（1265）赠"郕国公"。明嘉靖九年（1530），封为"宗圣公"。十哲：指孔子的十个弟子：颜渊、闵子骞、冉伯牛、仲弓、宰我、子贡、冉有、季路、子游、子夏。自唐定制，从祀孔庙，列侍孔子近侧。开元时，颜渊配享，升曾参，后曾参配享，升子张。

⑤七十二贤：指七十二名德才出众的孔门弟子。后曾参、子张升为十哲，变成七十贤。

⑥昭烈武成王：一般指商末周初政治家、军事家姜太公。吕氏，名尚或望，后世称姜子牙、太公望、吕尚等。商朝末年隐居于海滨，后辅佐周文王及周武王克商。战后因功受封于齐，是齐国始祖。上元元年（760），唐肃宗正式追封姜太公为武成王，祭典与文宣王（孔子）相同。宋太祖建隆三年（962），下诏在东京开封府修武成王庙。景德四年（1007），宋真宗下诏在西京再建一座武庙。大中祥符元年（1008），加谥昭烈，称"昭烈武成王"，使其与"文宣王"孔子并立。

⑦留侯：指西汉初年功臣张良，字子房，相传为城父（今安徽亳州东）人。祖与父都是韩国大臣。秦灭韩后，他图谋复国，结交刺客，在博浪沙（今河南原阳东南）狙击秦始皇未中。逃亡至下邳（今江苏睢宁西北）时遇黄石公，得《太公兵法》。秦末农民战争中，聚众归刘邦。楚汉战争期间，提出不立六国后代，联结英布、

彭越,重用韩信等策略,并主张追击项羽,歼灭楚军,都被刘邦采纳。汉朝建立后封留侯。

⑧忠烈:指为正义而壮烈牺牲者。

【译文】

太学每年在仲春、仲秋上丁日祭祀孔子,祭祀时配享先贤颜回、孟子、孔伋、曾参以及十哲先贤,从祀七十二位贤人、历代贤哲、忠孝公卿。武学祭祀姜太公,张良配享,同时祭祀历代为正义而牺牲的臣子。

山川神

【题解】

本条介绍了南宋杭州城的部分山川神庙所在的位置,祠庙内所供奉的神灵名字,皇帝累次加封神灵的封号等内容,反映了当时的社会信仰和宗教文化。比如城隍庙,位于吴山,其神祇被认为能够影响岁之丰凶水旱、民之疾病祸福,祈而必应。朝廷多次加封其美号,称为"辅正康济明德广圣王"。昭济庙位于候潮门外浑水闸西,相传为吴王夫差庙,加封为"善应安济孚佑显卫侯"。忠清庙位于吴山,供奉的是楚大夫伍子胥,自唐立祠,至宋亦祀之。每年海潮大溢时,朝廷会举行祭祀活动,祈求国泰民安,其美号为"忠武英烈显圣福安王"。此外,文中还记载了平济王庙、顺济庙、嘉泽庙、水仙王庙、五龙王庙等,这些庙宇的神祇多与江涛、水患等自然现象相关,反映了当时人们对自然力量的敬畏和祈求庇佑的心理。南宋时,民间信仰和宗教活动极为丰富,山川神祇的祭祀体现了人们对自然和超自然力量的敬畏。朝廷对山川神祇的祭祀活动给予了高度重视,多次加封神祇美号,体现了官方对民间信仰的引导和利用。本条文字由《咸淳临安志》卷七十一《祠祀一》"土神""山川诸神",卷七十二《祠祀二·节义》合并而成。

城隍庙在吴山①,赐额永固。岁之丰凶水旱②、民之疾病祸福，祈而必应。朝廷累加美号曰辅正康济明德广圣王[3]。

【注释】

①城隍庙：祭祀城隍的庙宇。城隍为神名。主要职掌是守御城池，护国安邦，以保五谷丰登，国泰民安。《咸淳临安志》卷七十一《祠祀一·土神·城隍庙》："旧在凤凰山，据《国朝会要》为永固庙。绍兴九年，移宝月山。三十年，敕曰：'钱塘为郡尚矣，自版图归于我家逾二百年，维城与隍必有神主之，况岁之丰凶，时之水旱，民之疾疫，求焉而必应者哉！不知郡历几将而无一牍之奏以答神之休意者？聪明正直交感于幽显之间，固自有时也。朕今驻跸于此，视之不异畿甸。重侯美号，用疏不次之封，其歆其承，永妥尔祀，可特封保顺通惠侯。'乾道六年以后，累加封。咸淳八年，改辅正康济广德显圣王。"

②丰凶：丰收与荒歉。

③辅正康济明德广圣王：《咸淳临安志》卷七十一《祠祀一》作"辅正康济广德显圣王"。

【译文】

城隍庙在吴山，朝廷赐庙额永固。每年粮食丰歉、水旱灾害，以及百姓遇到的各种疾病困难等，向城隍庙祈祷必定得到响应。朝廷累次加封城隍神美号，称为辅正康济明德广圣王。

昭济庙在候潮门外浑水闸西[1]，相传为吴王夫差庙，加封曰善应安济孚祐显卫侯。

【注释】

①昭济庙：《咸淳临安志》卷七十一《祠祀一·土神·昭济庙》："在

潮门外浑水闸西,旧传为吴王夫差庙。淳化五年,守王化基建。乾道三年,周安抚淙修。庆元六年,赐庙额累封,今为善应安济孚祐显卫侯。淳祐九年,安抚赵与䕫重建。"

【译文】

昭济庙在候潮门外浑水闸的西面,相传是祭祀吴王夫差的祠庙,朝廷加封神为善应安济孚祐显卫侯。

忠清庙在吴山,其神姓伍名员,乃楚大夫奢之子①。自唐立祠,至宋亦祀之。每岁海潮大溢,冲激州城,春秋醮祭,诏命学士院撰青词以祈国泰民安②,累锡美号曰忠武英烈显圣福安王③。有行祠在仁和县治东南隅④。

【注释】

① 楚大夫奢:春秋后期楚国大夫伍奢。伍子胥之父。楚平王即位后,任命伍奢为太子太傅。时费无极有宠于平主,诬陷太子谋反,伍奢力主保护太子,被楚平王逮捕,不久与长子伍尚一起被杀害。
② 青词:道士上奏天庭或征召神将的符箓。用朱笔书写在青藤纸上,故称。又称绿素。
③ 锡:赐予。忠武英烈显圣福安王:《咸淳临安志》卷七十一作"忠武英烈显圣安福王"。
④ 行祠:临时的祭祀场所。通常用于祭祀某个名人,但设立在其非故乡的地方。

【译文】

忠清庙在吴山,神姓伍名员,是春秋楚国大夫伍奢的儿子。从唐朝开始建立祠庙祭祀伍子胥,至宋朝还祭祀。每年钱塘江涨潮,潮水冲激杭州城,春、秋两季举行斋醮祭祀,同时朝廷下诏命令学士院撰写青词以祈祷国泰民安,朝廷还多次加封神美号,称为忠武英烈显圣福安王。忠清庙有行祠在仁和县治所的东南隅。

吴越钱武肃王庙在方家峪宝藏寺[①],及龙山武功堂为钱文穆王庙[②],五王俱祀焉[③]。

【注释】

① 吴越钱武肃王庙:《咸淳临安志》卷七十一《祠祀一·土神·吴越钱武肃王庙》:"在钱湖门外方家峪宝藏寺之左,钱氏五王皆祠焉(前有丰碑,螭首趺极高大,虽已驳蚀,然细扪之若未尝刻字者。今在陈氏房廊之墙阴,山后有井颇大,栏甃甚古,名乌龙井。土人至今名此地为钱大王庙云。)"

② 钱文穆王:指五代吴越国第二代国君钱元瓘。字明宝,原名传瓘,吴越武肃王钱镠第七子。卒谥文穆。

③ 五王俱祀:指吴越国五位国君一起祭祀。五王,分别指武肃王钱镠、文穆王钱元瓘、忠献王钱佐、忠逊王钱倧、忠懿王钱俶。

【译文】

吴越钱武肃王庙在方家峪宝藏寺,龙山武功堂是祭祀钱元瓘的祠庙,同时一并祭祀五位吴越王。

平济王庙在浙江广子湾[①],累封曰显烈广顺王。

【注释】

① 平济王庙:《咸淳临安志》卷七十一《祠祀一·山川诸神·平济庙》:"在浙江庙子湾。乾道初,周安抚淙以上旨修筑江岸,遂建庙,诏赐额曰平济。庆元四年,封助顺侯。累封至咸淳三年为显烈广顺王。庙尝颓圮,端平三年,俞存义、孙应辰捐金倡率,撤而

新之,视前增壮。"广子湾:《咸淳临安志》卷七十一作"庙子湾"。

【译文】

平济王庙在浙江广子湾,朝廷多次加封神为显烈广顺王。

顺济庙①,元浙江里人冯氏②,自侯加至王爵,曰英烈王。王次子封助灵佐顺侯③。英显通应公庙④,即庙子头杨村龙王庙是也。

【注释】

①顺济庙:《咸淳临安志》卷七十一《祠祀一·山川诸神·顺济庙》:"《国朝会要》云浙江里民冯氏祠。绍兴三十年,赐顺济庙额。庆元庚申,封灵祐公。绍定间,重建庙,封英烈王。嘉定十七年,封次子为助宁侯。绍定六年,加助灵佐顺侯。"
②里人:同里的人,多引申为乡邻之意。
③次子:此二字原无,据《咸淳临安志》卷七十一补。
④英显:后原衍一"于"字,据《咸淳临安志》卷七十一删。

【译文】

顺济庙,原本祭祀浙江里人冯氏,神的封号从侯爵加封到王爵,称为英烈王。王的次子加封助灵佐顺侯。英显通应公庙,即是庙子头杨村龙王庙。

平波祠,赐额善顺庙①;钱塘顺济龙王,赐额昭应庙②,并在白塔岭之原③。孚应庙在磨刀坑④。广顺庙⑤,在龙山。惠顺庙⑥,在江塘。顺济龙王庙在汤村顺济宫⑦,三侯加王爵美号,曰广泽灵应,曰顺泽昭应,曰敷泽嘉应。自平济至顺济十庙,俱司江涛神也。

【注释】

① 善顺庙：《咸淳临安志》卷七十一《祠祀一·山川诸神·善顺庙》："在白塔岭。旧传民间建小祠保舟楫往来，号平波神祠。嘉定十七年，易祠为庙。咸淳元年，诏赐善顺为额。"

② 昭应庙：《咸淳临安志》卷七十一《祠祀一·山川诸神·昭应庙》："在白塔岭。绍兴间建，旧传钱塘顺济龙王。咸淳元年，诏赐昭应庙为额。"

③ 原：宽广平坦的地方。

④ 孚应庙：《咸淳临安志》卷七十一《祠祀一·山川诸神·孚应庙》："在磨刀坑龙山渡。乾道三年九月建。旧传水府龙王。咸淳元年，诏赐孚应庙。"

⑤ 广顺庙：《咸淳临安志》卷七十一《祠祀一·山川诸神·广顺庙》："在龙山，旧传镇江龙王小祠。咸淳元年，诏赐广顺庙。"

⑥ 惠顺庙：《咸淳临安志》卷七十一《祠祀一·山川诸神·惠顺庙》："在江塘。嘉定五年二月，江潮冲啮石塘，帅漕建庙以祷。咸淳二年，旨赐惠顺庙为额。四年七月，寿和圣福皇太后降钱重建。"

⑦ 顺济龙王庙：《咸淳临安志》卷七十一《祠祀一·山川诸神·顺济龙王庙》："在汤村镇。政和五年，郡守李偃以汤村岩门白石等处江潮侵啮，奏请同两浙运使刘既济措置用石版砌岸，因建庙。绍兴十四年重修，累封灵应、昭应、嘉应三王。"

【译文】

平波祠，朝廷赐庙额善顺庙；钱塘顺济龙王，朝廷赐庙额昭应庙，这两座祠庙都在白塔岭宽广平坦的地方。孚应庙，在磨刀坑。广顺庙，在龙山。惠顺庙，在江塘。顺济龙王庙在汤村顺济宫，三侯都被加封王爵美号，分别是广泽灵应王、顺泽昭应王、敷泽嘉应王。自平济至顺济十座庙，祭祀的神灵都是主管江涛的神。

嘉泽庙在钱塘门外二里^①,钱武肃曾封王爵,今改封曰渊灵普济侯。水仙王庙在西湖第三桥^②。

【注释】

①嘉泽庙:《咸淳临安志》卷七十一《祠祀一·山川诸神·嘉泽庙》:"旧在钱塘门外二里,号钱塘湖龙君。钱氏表请封广润龙王。国朝累封为渊灵溥济侯。庙始梁大同中,乾道五年,周安抚淙以祷雨应重建。淳祐八年,赵安抚与𪧐又建,且亭其前之井,扁曰寒泉。宝祐间,马安抚光祖更创。咸淳五年,安抚潜说友又葺而新之。"

②水仙王庙:《咸淳临安志》卷七十一《祠祀一·山川诸神·水仙王庙》:"在西湖第三桥北。宝庆乙酉,袁安抚韶建,自为记。今在崇真道院。"

【译文】

嘉泽庙在钱塘门外二里,钱镠曾加封神王爵,今改封神为渊灵普济侯。水仙王庙在西湖第三桥。

会灵庙^①,在柳洲。五龙王庙^②,在涌金门外上船亭。龙井惠济庙在风篁岭^③,美号王爵曰嘉应广济孚惠王。

【注释】

①会灵庙:《咸淳临安志》卷七十一《祠祀一·山川诸神·会灵庙》:"在涌金门外,即柳洲五龙王庙。中毁,寓惠明寺。庆元六年,祷雨应,赐庙额曰会灵王。安抚补之买地寺旁,未鸠工而去。开禧元年赵安抚师𧰼、淳祐七年赵安抚与𪧐先后创建。咸淳五年,安抚潜说友又更新之。"

② 五龙王庙：《四朝闻见录》卷一甲集《柳州五龙王庙》："出涌金门入柳州，上有龙王祠。开禧中，帅臣赵师睪重塑五王像，旒冕珪服毕具，其中三像一模韩侂胄像，二模陈自强像，三模师睪像。时韩、陈犹在，台臣攻师睪，唯于疏中及师睪自貌其像，不敢斥韩、陈云，至今犹存，未有易之者。过此皆不识。三人者恐未必以予言为信而易之，然师论疏可考也。"
③ 龙井惠济庙：《咸淳临安志》卷七十一《祠祀一·山川诸神·龙井惠济庙》："在风篁岭上。绍兴十八年，赐庙额，累封为嘉应广济孚惠王。咸淳五年，安抚潜说友更创，祠宇旁有德威亭（即旧龙井亭，东坡书扁）。"

【译文】

会灵庙在柳洲。五龙王庙在涌金门外上船亭。龙井惠济庙在风篁岭，累加封为，王爵美号为嘉应广济孚惠王。

南高峰龙王祠在荣国寺后钵盂潭①，累封曰孚应昭顺侯。

【注释】

① 南高峰龙王祠：《咸淳临安志》卷七十一《祠祀一·山川诸神·南高峰龙王祠》："在荣国寺后钵盂潭，累封为孚应昭顺侯。庙废已久。咸淳五年七月，安抚潜说友以久晴祷潭上，觉微雨沾衣，顷之甘澍如倾，乃即故址为创庙以答灵贶。"荣国寺：《咸淳临安志》卷七十八《寺观四·南高峰荣国寺》："天福间建，元系塔院，奉白龙王祠。宝祐五年，福王捐施重修，请富阳废寺额。咸淳六年，安抚潜说友创造华光宝阁、门庑、斋堂、亭台等屋，一切整备，且拓径以便登陟，又买官田二百亩为僧供。有五显祠。"

【译文】

南高峰龙王祠在荣国寺后钵盂潭，朝廷多次加封为孚应昭顺侯。

玉泉龙王祠在青芝坞净空寺内^①,其神加封美号曰嘉应普泽公。

【注释】

①玉泉龙王祠:《咸淳临安志》卷七十一《祠祀一·山川诸神·玉泉龙王庙》:"在净空院。嘉泰初,赐庙额曰灵泉。嘉定初,改仁惠。嘉熙四年,又改神运。淳祐八年赵安抚与𥲅重建庙。咸淳三年,太傅、平章贾魏公又捐钱葺而新之。神始封嘉应公,后加曰溥泽(详见玉泉及净空院)。"

【译文】

玉泉龙王祠在青芝坞净空寺内,神被加封美号嘉应普泽公。

忠节祠

【题解】

本条介绍了南宋杭州城几座忠节祠的所在位置、所祭祀的神灵、祠庙封号、神灵封爵等。旌忠庙位于丰乐桥，原址在德寿宫基，因建官迁至此处，俗称三圣庙。供奉的神祇包括高永能、景崇仪、程阁使等，他们在历史上因战功被封为侯爵，后屡有功绩，被加封为王爵。祚德庙位于车桥西青莲寺南，供奉的神祇包括程婴、杵臼、韩厥等，他们因忠义被封为王爵。灵卫庙位于钱塘门侧，供奉的神祇包括朱跸、金胜、祝威等，他们在抵御外敌时战死，被乡民立祠纪念，后被朝廷封为侯爵。忠勇庙位于行春桥寨中，供奉的神祇为张玘，他在解海州围时战死，被朝廷追赠官职并建庙祭祀。昭节庙位于保民坊庙巷东三班营，供奉的神祇包括乔元、陆轨等，他们在宋太祖受禅时坚守忠诚，被封为侯爵。显功庙位于保叔塔下，供奉的神祇为岳仲琚，他在抵御外敌时战死，被乡民立祠纪念，后被朝廷封为侯爵。南宋时期，社会对忠义精神极为重视，通过建立祠庙、举行祭祀活动等方式，表彰那些为国家和民族做出贡献的人物。这些祠庙的建立和祭祀活动，不仅是民间对英雄人物的纪念，也得到了官方的认可和支持，体现了官方对忠义精神的引导和推崇。本条文字引自《咸淳临安志》卷七十二《节义》。

旌忠庙在丰乐桥①,元在德寿宫基②,因建宫徙于此,俗呼三圣庙。按神姓高名永能③,绥州人;姓景名崇仪,字思谊,晋州人④;姓程名阁使,字博古,河南人⑤。元丰年间,因统军战殁⑥,庙食于凤翔府和尚原⑦。后方腊寇睦⑧,祷于神,凯奏而还⑨。始封侯爵,后屡有功,赐庙额,加号王爵,曰忠显灵应孚泽昭祐王⑩、忠显昭应孚济广祐王、忠惠顺应孚祐善利王,以旌忠观洒净主其朝夕香灯之供⑪。

【注释】

①丰乐桥:《咸淳临安志》卷二十一《疆域六·桥道·丰乐桥》:"善履坊东。"
②德寿宫:宋高宗退位后所居宫殿,见本书卷八《德寿宫》。
③神姓高名永能:即北宋将领高永能,字君举,绥州(今陕西绥德)人。宋英宗治平末年,种谔命高永能率领六千士兵作为前驱取绥州,五战皆捷。即知绥德城。宋神宗元丰初年,宋夏交战,高永能屡败夏人。五年(1082),夏军攻永乐城(今陕西米脂西),主帅徐禧刚愎自用,高永能献策不被采纳,最终城陷战死。
④晋州:治今山西临汾。
⑤河南:即河南府,治今河南洛阳。
⑥战殁:战死。
⑦庙食:谓死后立庙,受人奉祀,享受祭飨。凤翔府和尚原:今陕西宝鸡西南。
⑧睦:指睦州,今浙江建德东北。方腊起义被镇压后,朝廷将睦州改为严州。
⑨凯奏:胜利的乐曲。
⑩忠显:《咸淳临安志》卷七十二作"忠烈"。

⑪香灯：即长明灯。通常用琉璃缸盛香油燃点，设于佛像前或死者灵前。

【译文】

旌忠庙在丰乐桥，原在德寿宫房基上，因为建造德寿宫迁移到此地，俗称三圣庙。神姓高名永能，绥州人；姓景名崇仪，字思谊，晋州人；姓程名阁使，字博古，河南人。元丰年间，因为统军交战战死，人们在凤翔府和尚原建庙供奉这三位神。后来方腊起义进攻睦州，当地人向三圣祈祷，结果军队获胜而回。神一开始被加封侯爵，后来因为屡次立有功劳，朝廷赐庙额，加封王爵，分别是忠显灵应孚泽昭祐王、忠显昭应孚济广祐王、忠惠顺应孚祐善利王，由旌忠观负责管理旌忠庙的日常事务，包括清洁卫生以及早晚供奉香灯。

祚德庙在车桥西青莲寺南①，其神忠义，有祠墓②，俱在绛州太平县赵村③，以本州沦陷之久，庙庭存废不可知④。降旨就杭建庙，赐额加美号，升三侯为王爵，以表忠节：程婴封忠济王⑤，杵臼封忠祐王⑥，韩厥封忠利王⑦。

【注释】

①青莲寺：（明）田汝成《西湖游览志》卷二十一《北山分脉城内胜迹·佛刹》："青莲寺在车桥。北宋隆、德间钱氏建。祥符中，改净戒院。先是，宋元丰中，吴处厚以皇嗣未立，上书乞立程婴、公孙杵臼庙，诏封婴为成信侯，杵臼为忠智侯，庙食于绛。后又以韩厥存赵孤，三人皆以春秋祠于祚德庙。绍兴二十年，建祚德庙于院内，以春秋二仲祭之。至正末，张氏据圣寿、青莲二寺为府，而庙亦废。"

②祠墓：祠堂与坟墓。

③绛州:治今山西新绛。太平县:治今山西襄汾西南汾城镇。

④庙庭:祠庙。

⑤程婴:春秋时晋国义士。相传是古少梁邑(今陕西韩城西)人,是晋国卿赵盾及其子赵朔的友人。晋景公三年(前597),司寇屠岸贾以追究昔日刺杀晋灵公的主谋为名,将赵氏灭族。赵朔的妻子因为是晋成公的姐姐,幸免于难。不久,她产下一子,便是赵氏孤儿。赵朔门客公孙杵臼与程婴谋划,公孙杵臼携带别人的婴儿(一说是程婴献出自己的亲生儿子)假装是赵氏孤儿藏匿于山中,程婴出面告发,公孙杵臼和假冒的赵氏孤儿都被杀死,程婴则设法将真正的赵氏孤儿带到山中,隐姓埋名,抚养其长大成人。十五年后,晋景公听从韩厥建议,重立赵氏后,诛杀屠岸贾,程婴自杀以报公孙杵臼。淳祐二年(1242),宋理宗封程婴为忠济王。

⑥杵臼:即公孙杵臼。春秋时期晋国赵盾、赵朔父子的门客。赵氏被屠岸贾灭族,公孙杵臼与程婴合谋,由程婴藏匿并抚养真正的赵氏孤儿,公孙杵臼则与假冒的赵氏孤儿一并被屠岸贾等人杀死。

⑦韩厥:春秋时期晋国卿大夫。韩厥与赵氏关系莫逆。屠岸贾攻杀赵氏,很多人趁火打劫,韩厥则拒绝落井下石。后晋景公患病,韩厥趁机重提赵盾功劳,并说赵家现在没有后人祭祀,此话感动景公。他又趁机提起赵氏后人赵武,晋景公便将原赵氏田邑归还赵武,以续赵氏宗祀。

【译文】

祚德庙在车桥西青莲寺的南面,庙供奉的神灵忠肝义胆,神有祠堂和坟墓,都在绛州太平县赵村,因为绛州沦为金人占领区很久,不知道祠庙是否还存在。南宋皇帝下旨在杭州为神建造祠庙,赐庙额,给神加上褒美的称号,将三位神从侯爵升为王爵,来旌表神灵的忠节:程婴封忠济王,杵臼封忠祐王,韩厥封忠利王。

灵卫庙在钱塘门侧,其神因完颜宗弼犯境①,守臣退保赭山②,钱塘县令朱跸领卫司十将金胜、祝威,率民兵战击,以寡制众,殁于王事③。乡民感其忠义,葬于近郊,立祠以表死节④。乡民陈于朝省,赐庙额,各加侯爵,曰朱宰,封显忠侯;金胜,封忠佐侯;祝威,封忠祐侯,以旌忠烈之士。

【注释】

① 完颜宗弼:即兀术。女真族,金朝名将,金太祖完颜阿骨打第四子。参与金朝灭辽、灭北宋的战事。南宋建立后率军南下追击,一路上势如破竹,宋高宗被迫逃往海中避难。天眷二年(1139),进拜都元帅。金朝在燕京设置行台,以其为太保,领行台尚书省、都元帅如故,总军事、民政大权于一身。完颜宗弼多次南攻,后被南宋将领刘锜、岳飞所败,于是他改变思路,于天眷三年(1140),逼迫南宋签订"绍兴和议"。谥号忠烈。
② 赭山:在今杭州萧山区东北。
③ 王事:国家的政事。
④ 死节:为保全节操而死。

【译文】

灵卫庙在钱塘门一侧,供奉的神祇因为完颜宗弼入侵边境,守臣退保赭山,钱塘县令朱跸领导卫司十将金胜、祝威,率领民兵迎击,结果以寡敌众,为国捐躯。乡民感激其忠义,将他们埋葬在近郊,并建立祠庙来表彰他们为保全节操而死。乡民向朝廷陈请,朝廷于是赐庙额,并将每个人都加封了侯爵:朱宰,封显忠侯;金胜,封忠佐侯;祝威,封忠祐侯。以此旌表忠烈之士。

忠勇庙在行春桥寨中①,其神姓张名玘,系亲卫大夫②、果州团练使③、御营宿卫前军统制,因解海州围④,战殁于阵中,得旨赠容州观察使⑤,建庙赐额,海州仍立庙本寨。

【注释】

① 忠勇庙:《咸淳临安志》卷七十二《祠祀二·忠勇庙》:"在九里松。神系亲卫大夫、果州团练司、御营宿卫前军统制张玘。绍兴三十二年,从张子盖解海州围,玘用命战殁。旨赠容州观察使,建庙海州。其后又诏别建庙于临安府行春桥本寨之侧。"

② 亲卫大夫:武阶名。属横行正使十三阶列。宋徽宗政和六年(1116)创置。南宋高宗绍兴年间厘定入品武阶五十二阶之第十一阶,磨勘转翊卫大夫。从五品。

③ 果州团练使:官衔名。宋制,除团练使必曰"某州团练使"。在正任官中,团练使位在防御使之下,刺史之上。宋神宗元丰改制后为从五品。果州,今四川南充。

④ 海州:治今江苏连云港海州区。

⑤ 容州:治今广西北流。

【译文】

忠勇庙位于行春桥军寨中,神姓张名玘,为亲卫大夫、果州团练使、御营宿卫前军统制,因为解救海州围城,战死于阵中,皇帝下旨追赠为容州观察使,建造祠庙祭祀并赐庙额,海州仍然在本军寨为其建立祠庙。

昭节庙在保民坊庙巷东三班营。按:二神一姓乔名元,字伯仁;一姓陆名轨,字仲模,皆襄汉人①,在周时同为殿侍②。初宋太祖受禅③,驾自宣祐门入④,守关者施弓箭相向弗纳,移步趋他门而入。既受朝贺毕,顾近侍曰:"适移门守者何人⑤?"奏曰:"散直班⑥。"传旨降充下班。又问"宣祐守者何人?"答奏曰:"东三班。"传旨令宣引⑦。时本班之众知天命所归,皆引义自殒。太祖大惊,趣驾临幸慰问,仍命排阵使党彦进前往救数十人⑧,问得二人不死者,即乔、陆二神。召诘其故⑨,答曰:"臣止事一主⑩,所以乞死。"上慰劳再四,谓:"汝等忠孝,其班不废。"且赐名曰长入祗候⑪。从其请,所幸临为前引,仍赐青红二色帛为帽饰,满三年,授保义郎之职。二神既受誓而退,寻复效死⑫。上悯其忠节,厚加赗恤⑬,听本班庙祀。南渡初,吴山居民不戒于火⑭,杨殿岩观绯、绿二旗现于空中⑮,隐隐见乔、陆二字,其火遂熄,皆神之力也。孝庙曾观本班宿房,以黄罗扑门槩,遂宣问何所始⑯,左右备奏始末,上嘉叹忠孝节义如此。乙卯岁,赐庙额。庚申岁,封侯爵。甲子岁,加大字号⑰,曰:乔,封忠义威福英惠侯;陆,封忠烈威德英祐侯。

【注释】

① 襄汉:襄水和汉水共同流经区域的统称,在今湖北襄阳。
② 周:指五代最后一个王朝后周。殿侍:卫士、武阶名。作为侍卫军人,隶属前司东西班等诸班。职为参班,应奉朝殿侍卫祗应,或在宗室、文武臣僚下供差,及任诸路州县指使。
③ 受禅:指接受周恭帝禅位。后周显德七年(960),禁军殿前都点检赵匡胤发动陈桥兵变,周恭帝被迫禅位赵匡胤。
④ 宣祐门:东都汴京皇城左承天门内道北门。
⑤ 适:刚才,方才。
⑥ 散直班:"散直左第一、第二班,散直右第一、第二班"的简称。殿前诸班,隶殿前司。皇城近卫禁旅。

⑦宣引：皇帝宣召大臣，由宦官引见，称作"宣引"。

⑧排阵使："都排阵使"的简称。军职名。唐朝乾符年间始置，北宋沿置。统辖行营兵马将帅之一，仅次于行营都部署（主帅）、都监（副帅）。由节度使（从二品）武臣充。

⑨诘：追问。

⑩事：服侍。

⑪长入祗候："东三班"的别称。殿前东、西班所属禁卫十二班之一。

⑫效死：舍命报效。

⑬赙（fù）恤：抚恤助丧，亦指抚恤助丧的财物。

⑭不戒于火：指不小心失火。不戒，不警备。

⑮杨殿岩：指殿前都指挥使杨存中。殿岩，殿帅。

⑯宣问：皇帝向臣下询问。

⑰"乙卯岁"几句：此段文字《梦粱录》记载不详。据《咸淳临安志》卷七十二《祠祀二·昭节庙》："宝祐乙卯，有旨赐庙额曰昭节。自景定庚申迄甲子凡三加封。"乙卯岁，即宋理宗宝祐三年（1255）。庚申岁，即宋理宗景定元年（1260）。甲子岁，即宋理宗景定五年（1264）。

【译文】

昭节庙在保民坊庙巷东面的三班营。二神一姓乔名元，字伯仁；一姓陆名轨，字仲模，都是襄汉人，两人在后周同时同为殿侍。当初宋太祖接受周恭帝禅位，御驾从宣祐门进入，守护关门的人相互施放弓箭不予接纳，宋太祖便移步前往其他城门进入。接受大臣们朝贺结束后，宋太祖回头询问宦官："刚才让朕移步的守门人是什么人？"宦官回奏道："是散直班。"宋太祖传达谕旨将守城将士降职充任散直下班。又询问："守卫宣祐门的是什么人？"宦官回答说："东三班。"宋太祖传旨引见。这时东三班的众人知道赵匡胤已经夺取后周政权，都引义自杀。宋太祖听说后大为吃惊，赶紧前往慰问，并命令排阵使党彦进抢救自杀的数十人，询问得知有两人没死，此二人便是乔、陆二神。宋太祖召见两人追问他们自杀的原因，两人回答道："臣只服侍一个主公，所以请死。"宋太祖屡次慰劳他们说："你们都是忠孝之人，东三班不废除。"并且赐名为长入祗候。听从他们的请求，皇帝前往某地时让东三班担任前驱引导，并赐给青、红两色帛为帽子装饰，满三年，授予保义郎之职。乔、陆二人得到皇帝肯定的答复后退下，寻找机会再次自杀为后周皇帝效忠。宋太祖怜悯他们忠贞的节操，给予优厚的抚恤，任凭两人所在的东三班为他们建庙祭祀。南宋初年，吴山居民不小心失火，殿前都指挥使杨存中看到天空中出现绯、绿两色旗，隐约可以看到旗子上面有"乔""陆"两个字，大火于是熄灭，这都是两位神祇的功劳。宋孝宗曾经察看两位神祇所在班的宿舍，有黄罗盖在门概上，于是他询问别人此事始于何时，左右之人详细上奏事情的首尾经过，宋孝宗赞叹两位神祇如此忠孝节义。宋理宗宝祐三年，朝廷赐庙额。景定元年，加封神侯爵。景定五年，加封神大字号：乔元，封忠义威福英惠侯；陆轨，封忠烈威德英祐侯。

　　显功庙在保俶塔下，神姓岳名仲琚，世居霍山，为临安府吏。因兀术犯境，输家资募勇士①，推尉司金、祝二将充首将②，领兵迎敌，战死。合境怀其忠义，祠于延祥四圣观，号为保稷山王。乡民申明于朝，赐庙额显功，封爵曰忠翊侯，以褒忠节。

【注释】

①输：捐献。

②尉司："县尉司"的简称。为县尉治所。此处代指县尉。掌部辖弓手、兵士巡警，捕盗解送县狱，维护一县治安。南宋时，两赤县尉从八品，京畿县尉正九品，诸州上、中、下县尉从九品。二将：原

作"二十将",据《咸淳临安志》卷七十二改。

【译文】

显功庙在保俶塔下面,神姓岳名仲琚,世代居住在霍山,担任临安府小吏。因为金兀术进犯边境,神捐献家产招募勇士,推举尉司金某、祝某两位将领充当首将,领兵迎敌,结果战死。整个地区的人都怀念他们的忠义,在延祥四圣观建祠予以祭祀,号称保稷山王。乡民向朝廷说明此事,朝廷赐庙额显功,封神爵为忠翊侯,以褒扬他的忠贞节操。

仕贤祠

【题解】

本条简单介绍了南宋杭州城灵惠庙、嘉泽庙、三贤堂、昭贶庙、先贤堂的位置，所供奉的神灵名字、神灵的简单事迹，朝廷赐庙额、加封号等情况。比如灵惠庙，位于江涨桥化度寺，供奉的是东晋时期的陈项（字行嵩）。他因出使北方被扣留三年，但始终坚守节操，后被封为刺史，食邑于钱塘等地。嘉泽庙，供奉的是唐朝相国李泌（字长源），他曾任杭州刺史，因凿井引水解决了杭州百姓的饮水问题，被百姓立祠纪念。三贤堂位于西湖苏堤，供奉的是白居易、林逋和苏轼三位贤士，他们因在杭州任职期间的政绩和文化贡献被后人纪念。这些祠庙的建立体现了南宋时期对贤士的纪念和崇敬，反映了当时社会对道德、政绩和文化贡献的重视。本条文字由《咸淳临安志》卷七十二《祠祀二·仕贤》、卷三十三《山川十二·湖（中）》合并而成，《梦粱录》删减了大部分内容，仅列举人物。

灵惠庙[①]，在江涨桥化度寺[②]。按，神姓陈名项，字行嵩，会稽人[③]，仕于东晋，使虏留三年[④]，仗节不屈[⑤]，拔剑斫羁絷，复命于朝[⑥]。历四州刺史，食邑钱塘[⑦]、海盐、盐官三县之禄,死葬于皋亭山⑧。梁朝封王⑨,爵号崇善。宋朝赐庙额,以祷雨而应,初封侯爵,累加美号,进王爵,曰慈祐福善昭应王。且神生则忠于国,死则佑于民,正谓之武功忠孝、节义昭著,有行祠凡四十余处矣。

【注释】

① 灵惠庙:《咸淳临安志》卷七十二《祠祀二·仕贤·灵惠庙》:"在城北江涨桥镇界。旧志,神姓陈名项,字行嵩,会稽人。仕东晋,尝使虏羁留三年,仗节不屈,拔剑斫臂,复命于朝。历青、扬、荆、广四州刺史,食邑钱塘、海盐、盐官三县,葬于皋亭山,因庙焉。庙记云:梁大同二年,封兴善王,又改封崇善。国朝绍兴十九年,赐灵惠庙为额。庆元六年,以祷雨验,封福顺侯,累封至嘉熙四年为慈祐公。又累至淳祐十二年为慈祐福善昭应公。宝祐六年,遂列王爵(又有行祠在江涨桥镇及董家巷)。"

② 化度寺:始建于宋代,宋英宗治平二年(1065)更名为化度寺。元朝至正年间被毁。《咸淳临安志》卷八十一《寺观七·化度寺》:"梁朱异舍故居为寺。旧名众安,隋改众善,唐改重云,再改承云。治平二年,改今额。有崇善王庙,隋真观法师梦神人听戒,愿割庙庐之半以益佛宇。"

③ 会稽:治今浙江绍兴。

④ 虏:古时对北方外族或南人对北方人的蔑称。

⑤ 仗节:坚守节操。

⑥ 复命:执行命令后回报。

⑦ 食邑:又称采邑、采地、封地。中国古代诸侯封赐所属卿、大夫作为世禄的田邑(包括土地上的劳动者在内)。因古代中国之卿、大夫世代以采邑为食禄,故称为食邑,盛行于周。唐宋时亦作为

一种赐予宗室和高级官员的荣誉性加衔。

⑧皋亭山：位于今杭州东北隅。

⑨梁朝：南朝梁。

【译文】

灵惠庙在江涨桥化度寺。神姓陈名项，字行嵩，会稽人，在东晋入仕为官，出使北方少数民族被拘留三年，他坚守节操始终不肯屈服，拔剑砍断手臂，回朝复命。陈项历任四州刺史，食邑有钱塘、海盐、盐官三县，死后葬于皋亭山。梁朝封陈项为王，爵号崇善。宋朝赐庙额，因为向陈项祈雨获得感应，起初封为侯爵，后来朝廷多次加封褒扬赞美的称号，进封王爵，为慈祐福善昭应王。神生前忠于国家，死后庇佑百姓，正所谓武功忠孝、节义显著，有行祠共计四十多处。

嘉泽庙，在涌金门西井城下。其神姓李名泌①，字长源，唐朝相国邺侯②，曾守杭③，有风绩④。郡城苦于海汲，民食咸水，侯凿六井，引西湖清水入城中，郡民始得饮清水。郡人德之，立祠奉有香火。宋朝赐庙额，以褒其德。

【注释】

①神姓李名泌：中唐政治家、谋臣李泌。李泌出身辽东李氏，自幼聪颖，深得唐玄宗赏识。唐肃宗即位后，召李泌参与军国大事，宠遇有加。唐代宗即位后，李泌再被召为翰林学士，后接连遭受宰相元载、常衮排挤离开朝堂。唐德宗贞元三年（787），李泌被召入朝，升任中书侍郎、同中书门下平章事，累封邺县侯，世称"李邺侯"。

②相国：古官名。春秋战国时，除楚国外，各国都设相，称为相国、相邦或丞相，为百官之长。

③曾守杭：李泌于唐德宗建中二年(781)任杭州刺史。
④风绩：政绩。

【译文】

嘉泽庙在涌金门西井城下。神姓李名泌，字长源，唐朝宰相、邺侯。李泌曾经任杭州刺史，有政绩。杭州城人民苦于从海中打水，百姓都食用咸水，李泌开凿了六口井，引西湖清水流入城中，杭州百姓才得以饮用清水。杭州人都感念李泌的恩惠，建造祠庙以香火供奉李泌。宋朝赐予庙额，以褒扬李泌的德行。

三贤堂①，在西湖苏堤，奉白乐天、林和靖、苏东坡三先生之祠。

【注释】

①三贤堂：《淳祐临安志》卷六《城府·楼观·三贤堂》："旧在孤山竹阁，有白文公、林和靖、苏文忠公三像，后废不存。乾道五年，郡守周公淙重建于水仙王庙之东庑。嘉定壬午，府尹袁公韶改创于苏公堤，最为雅洁，游者乐之。"

【译文】

三贤堂，在西湖苏堤，是供奉白居易、林逋、苏轼三位先生的祠堂。

显应庙①，在龙井衍庆寺侧。神姓胡名则②，婺之永康人③，两曾尹杭④，有惠政⑤，在郡无江潮之患，疾告于朝，以兵部侍郎致仕⑥，葬龙井山。其本里方岩山有方寇聚众，夜梦紫袍金带神人现赤帜于空中，随即剿灭。朝省褒嘉，建庙赐额，封爵显灵侯，仍赐坟额显应。神之赫灵，乡民著于方岩矣。

【注释】

①显应庙:原作"显庆庙",据《咸淳临安志》卷七十二改。《咸淳临安志》卷七十二《祠祀二·仕贤·显应庙》:"在风篁岭龙井衍庆寺侧。神姓胡名则,婺之永泰人。天圣丙寅、明道癸酉,尝再守杭有惠政。在郡时独无潮患,以兵部侍郎致仕,葬钱塘龙井山中。建炎间,方寇猖獗,聚永康方岩山。贼夜梦紫袍金带神人现赤帜于空中,随就剿灭。朝廷褒嘉,为建庙,封显灵侯。自后累加封,其龙井坟赐显应墓。神之赫灵,著于方岩,此不悉载。"

②神姓胡名则:即北宋官员胡则,字子正,婺州(今浙江金华)人。宋太宗端拱二年(989)中进士第,是婺州有史以来第一个取得进士功名的文人。为官四十七年,历仕宋太宗、宋真宗、宋仁宗三朝,做了许多功国利民的好事。宋仁宗明道元年(1032),直言极谏,请求皇上免除衢、婺两州百姓身丁钱,百姓感恩,遂于方岩山顶(胡则少时读书之地)立庙以纪念他。民间称呼胡则为胡公大帝。

③永康:今属浙江。

④两曾尹杭:胡则于宋仁宗天圣四年(1026)自福州移知杭州,至天圣六年(1028)。明道二年(1033),由陈州移知杭州。景祐元年(1034),除兵部侍郎致仕。

⑤惠政:仁政,德政。

⑥致仕:辞官退休。

【译文】

显应庙在龙井衍庆寺的侧面。神姓胡名则,婺州永康人,曾经两次担任杭州知州,为官有德政。在杭州任职期间,没有江潮的灾祸,胡则以患病为由上奏朝廷,最终以兵部侍郎辞官退休,死后葬在龙井山。胡则老家方岩山有方寇纠集一群人作乱,夜晚梦见穿着紫袍金带的神人在空中展现红旗,贼寇很快被剿灭。朝廷褒扬嘉奖神人的功劳,建造祠庙并赐庙额,封神为显灵侯,并赐予坟额显应。胡则神灵显赫,被乡民供奉于方岩。

　　昭贶庙①,在浑水闸东江塘上。神姓张名夏,雍丘人②,宋授司封郎官,为浙漕时③,因江潮为患,故堤累行修筑,不过三年辄损,重劳民力,遂作石堤,得以无虞④。民感其功,立祠于江塘上。朝省褒赠太常少卿,累封公侯之爵,次锡以王爵,加美号曰灵济显祐威烈安顺王。祠之左右,奉十潮神。又有行祠在马婆巷⑤,名安济庙。

【注释】

① 昭贶庙:《咸淳临安志》卷七十二《祠祀二·仕贤·昭贶庙》:"在候潮门外浑水闸东,故司封郎官张夏祠也(《会要》作工部员外郎)。夏,雍丘人。景祐中为两浙漕使,江潮为患,故堤率用薪土,潮水冲击,每缮修不过三岁辄坏,重劳民力。夏始作石堤,延袤十余里,人感其功。庆历二年,立祠堤上。嘉祐六年,褒赠太常少卿。政和二年,封宁江侯,后改安济公,赐昭贶庙额。绍兴十二年以后,累封至庆元四年,锡以王爵。又累封至今,为灵济显祐威烈安顺王。淳祐八年,重建庙(又有安济庙在荐桥门外马婆巷,宣和间建)。"

② 雍丘:今河南杞县。

③ 浙漕:指两浙转运使。

④ 无虞:没有忧患,太平无事。

⑤ 马婆巷:位于今杭州上城区。

【译文】

　　昭贶庙在浑水闸东江塘上。神姓张名夏,雍丘人,宋朝授予其司封郎官。张夏任两浙转运使时,因为钱塘江大潮给百姓带来巨大损失,故而多次修筑江堤,但每次不超过三年堤岸就会损毁,不断耗费民力,于是张夏制作石堤,堤岸得以太平无事。百姓感念他的功劳,在江塘上建造祠堂供奉张夏。朝廷褒扬张夏的功劳,追赠其为太常少卿,累封公侯爵位,又授予王爵,加封美号灵济显祐威烈安顺王。祠堂的左右,供奉十位潮神。昭贶庙还有行祠在马婆巷,叫安济庙。

　　先贤堂在西湖苏堤南山第一桥①,奉陶唐许箕公,汉严先生②、吴将军凌公③、晋文正范公④、中尉褚公⑤、宋龙骧将军卜庄侯⑥、范先生⑦、齐褚先生⑧、顾先生⑨、杜先生⑩、梁太中大夫范公⑪、范先生⑫、记室褚公⑬、唐太常卿康公⑭、太尉褚公⑮、礼部尚书褚文公⑯、荆州大都督许公⑰、张先生,后梁吴越武肃钱王⑱、给事中罗公⑲、宋秦王忠懿钱公⑳、吏部侍郎郎公㉑、知制诰谢公㉒、谏院钱公㉓、和靖先生林公㉔、翰林学士沈公㉕、大中大夫钱公㉖、龙图学士陆、钱、虞三先生㉗、祕阁吴公㉘、八行崔先生㉙、太师崇国张文忠公㉚、孝节妇定夫人孙氏、夫人虞氏、孝女冯氏、节妇何氏、孝妇盛氏㉛。祠侧以道馆扁旌德,专奉洒扫。

【注释】

① 先贤堂:《淳祐临安志》卷六《城府·先贤堂》:"宝庆二年,袁公韶奏请仿越中先贤馆,取本府自古名德严子陵而下三十九人刻石作赞,具载事迹祠之西湖,室宇靓丽,遂为湖中胜赏。"

② 严先生:东汉隐士严光,字子陵,会稽余姚(今属浙江)人。曾与光武帝刘秀共同游学。刘秀称帝后,多次拒绝征召,后隐居富春山。

③ 吴将军凌公:凌统,字公绩,吴郡余杭(今浙江杭州余杭区)人。建安十三年(208)春跟从孙权攻黄祖,力战有功,拜承烈都尉。

后随周瑜破曹军于赤壁,迁校尉。

④晋文正范公:指西晋藏书家、学者范平。字子安,吴郡钱塘(今浙江杭州)人。在三国吴官至临海太守。吴国灭亡后,晋武帝司马炎征召他为官被拒绝。卒后谥号文贞(一作文正)先生。

⑤中尉褚公:指西晋藏书家、文学家褚陶。字季雅,吴郡钱塘(今浙江杭州)人。在西晋任九真太守,转中尉。

⑥宋龙骧将军卜庄侯:南朝刘宋将领卜天与。吴兴余杭(今浙江杭州余杭区)人。善射。元嘉三十年(453),刘劭弑杀宋文帝,卜天与仓促率领部众讨伐刘劭,遇害。孝武帝即位后,追赠卜天与龙骧将军、益州刺史,谥曰壮侯,并为其举哀。

⑦范先生:南朝刘宋时高士范叔孙。吴郡钱塘(今浙江杭州)人。少而仁厚,周穷济急。同里范法先父母兄弟七人同得疫死,无力丧葬,他悉备棺器,亲为殡埋。孝武帝孝建初,任其为竟陵王国中军将军,不就。

⑧齐褚先生:南朝萧梁时期的隐士褚伯玉。盐官(今浙江海宁西南)人,字元璩。隐居于西白山。齐高帝征召不就,于西白山敕立太平馆居之。

⑨顾先生:南朝宋、齐时学者顾欢。盐官(今浙江海宁西南)人,字景怡,一字元平。少孤,性好黄老,有道术。高帝时征为扬州主簿。著有《道德经义疏》四卷、《尚书百问》一卷。

⑩杜先生:南朝齐人杜京产,字景齐,钱塘(今浙江杭州)人。出身仕宦却不乐仕进。曾与同乡顾欢在始宁(今浙江上虞)东山开馆讲学,朝廷多次下诏征其为官,都不为所动。

⑪梁太中大夫范公:范述曾,字子玄,一字颖彦,吴郡钱塘(今浙江杭州)人。齐明帝时,为永嘉太守。梁武帝时任太中大夫。好施,其生平所得俸禄皆分施于民,及老,家徒四壁。

⑫范先生:南朝梁名士范元琰,字伯珪,吴郡钱塘(今浙江杭州)人。

好学,精通经史和佛教教义。

⑬记室褚公:南朝梁大臣褚脩。吴郡钱塘(今浙江杭州)人。初为湘东王国侍郎,武陵王引为宣惠参军、限内记室。性至孝,父母卒,哀毁过礼,至号恸呕血,因此毁卒。

⑭唐太常卿康公:南朝陈至隋唐时期的官员、文学家褚亮。钱塘(今浙江杭州)人。唐太宗李世民"十八学士"之一。卒赠太常卿,谥号康。

⑮太尉褚公:唐朝政治家、书法家褚遂良。褚亮之子,字登善,杭州钱塘(今浙江杭州)人。天宝六载(747),配享唐高宗庙庭,累赠太尉。

⑯礼部尚书褚文公:唐朝教育家、目录学家褚无量。字弘度,杭州盐官(今浙江海宁西南)人。卒赠礼部尚书,谥号为文。

⑰荆州大都督许公:唐朝名臣许远。字令威,杭州盐官(今浙江海宁)人。安史之乱时任睢阳太守,与张巡协力固守睢阳,后城破遇害。朝廷念其忠勇,追赠荆州大都督,图像于凌烟阁,敕建双忠庙于睢阳,按时致祭。

⑱后梁吴越武肃钱王:吴越国第一任国君钱镠。卒谥武肃王。

⑲给事中罗公:唐末五代文学家、诗人罗隐。本名横,字昭谏,自号江东生,杭州新城(今浙江杭州富阳区)人。多次入仕不利,后投奔吴越钱氏。后梁开平二年(908),钱镠表授其为给事中。

⑳宋秦王忠懿钱公:吴越国末代国君钱俶。宋太宗太平兴国三年(978),将吴越土地献与宋朝。卒谥忠懿。

㉑吏部侍郎郎公:北宋官员朗简。字叔廉,一字居敬、简之,自号武林居士。钱塘(今浙江杭州)人。卒赠吏部侍郎。

㉒知制诰谢公:北宋官员、诗人谢绛。字希深,杭州富阳(今浙江杭州富阳区)人。景祐中,擢知制诰。以文学闻名于世。

㉓谏院钱公:钱彦远,字子高,钱塘(今浙江杭州)人。吴越王钱倧

之孙,钱易长子。初以父荫补太庙斋郎,累迁大理寺丞。北宋宝元元年(1038)进士及第,又举贤良方正。曾任右司谏,上书陈事迁起居舍人,入直集贤院,知谏院。

㉔和靖先生林公:北宋隐士林逋。

㉕翰林学士沈公:北宋官员沈遘(1025—1067)。字文通,杭州钱塘(今浙江杭州)人。北宋仁宗皇祐元年(1049)进士。历江宁府通判、知制诰、知杭州。召知开封府,迁龙图阁直学士,拜翰林学士、判流内铨。明于吏治,令行禁止。著有《西溪集》。

㉖大中大夫钱公:北宋官员钱藻,字醇老。吴越王钱氏后裔。赠太中大夫。

㉗龙图学士陆、钱、虞三先生:分别指北宋大臣陆诜、钱明逸、虞奕。钱明逸,钱塘(今浙江杭州)人,字子飞。由殿中丞策制科,转太常博士。因吕夷简荐,为右正言。攻击范仲淹、富弼更张纲纪,多挟朋党。登科仅五年即知谏院,为翰林学士。神宗即位为御史所劾,罢去学士。虞奕,字纯臣。睦州乱,以龙图阁直学士知镇江府。

㉘祕阁吴公:北宋官员吴师礼。字安仲,杭州钱塘(今浙江杭州)人。徽宗初年任开封府推官,因处理蔡王宫吏不顺语一案表现出色,被提拔为右司谏,又改任右司员外郎,官至直秘阁、知宿州。

㉙八行崔先生:崔鶠,字迁硕。杭州仁和(今浙江杭州)人。宋徽宗大观中诏天下郡县保任士有八行者,崔鶠入太学。乡尊之曰"八行先生"。八行即孝、悌、睦、姻、任、恤、忠、和八种品行。

㉚太师崇国张文忠公:南宋著名思想家张九成。字子韶,号无垢,钱塘(今浙江杭州)人。绍兴二年(1132)状元及第,因反对秦桧的和议政策,多次遭到贬谪。秦桧死后被重新起用。宋理宗宝庆初年,朝廷特追赠其为太师,追封崇国公,谥号"文忠"。

㉛"孝节妇定夫人孙氏"几句:见本书卷十七《后妃列女》。

【译文】

先贤堂在西湖苏堤南山第一桥,供奉唐尧时期的许由,汉朝的严光,吴国将军凌统,西晋范平、中尉褚陶,南朝宋的龙骧将军卜天与、范叔孙,南朝齐的褚伯玉、顾欢、杜京产,南朝梁太中大夫范述曾、范元琰、记室褚修,唐朝太常卿褚亮、太尉褚遂良、礼部尚书褚无量、荆州大都督许远、张先生,后梁吴越钱武肃王钱镠、给事中罗隐,宋朝秦王忠懿钱公钱俶、吏部侍郎朗简、知制诰谢绛、谏院钱彦远、和靖先生林逋、翰林学士沈文通、大中大夫钱藻、龙图学士陆诜、钱明逸、虞奕三位先生、祕阁吴师礼、八行崔贡、太师崇国张文忠公张九成、孝节妇定夫人孙氏、夫人虞氏、孝女冯氏、节妇何氏、孝妇盛氏。有一处道馆被迁移至祠堂的东北角,其匾名旌德,专门负责供奉洒扫之事。

潘逍遥祠在潘阆巷①,以宅基建祠祀之。

【注释】

①潘逍遥:即宋初隐士潘阆,号逍遥子,故称。

【译文】

潘阆祠在潘阆巷,以宅地建造祠庙祭祀。

古神祠

【题解】

本条简单列举了南宋杭州城禹王庙、留侯祠等几座古神祠的名字、所在位置、所供奉的神灵名字等。杭州作为历史悠久的古城,拥有众多与历史人物相关的祠庙,这些祠庙不仅是祭祀的场所,也体现了当时社会对历史人物的崇敬和纪念。比如禹王庙,位于杭州清波门南至万松岭路口之间,相传大禹治水时曾到此地,后人立庙纪念。留侯祠,供奉汉高祖刘邦的主要谋臣张良,他被封为"留侯",故名"留侯祠"。张良辅佐刘邦成就帝业后隐退,后人敬仰其"功成不居"的高风亮节。萧相国祠,位于杭州弼教坊,供奉汉代名臣萧何。他辅佐刘邦建立了汉初法制,被称为"定律之祖",后成为刑狱体系的行业神。本条文字引自《咸淳临安志》卷七十三《祠祀三·古神祠》。

夏禹王庙①,在钱湖门城侧。汉留侯祠②,在吴山。灵护庙门即汉萧相国祠③,在定民坊④、艮山门外。显忠庙在长生老人桥⑤,俗呼"霍使君庙",加封美号曰忠烈顺济昭应王。周赧王庙⑥,在钱塘崇化观山。防风氏庙⑦,在廉德朱奥。申将军庙⑧,在临平斗门桥北。周绛侯庙⑨,即绛侯周勃也⑩,祠在临平镇。福德衍庆真君庙在肇元升平里⑪,吴下世传吴吕蒙也⑫。曹王庙在长乐像光湖南金奥村,相传曹子建也⑬。

【注释】

① 夏禹王庙:《咸淳临安志》卷七十三《祠祀三·古神祠·大禹庙》:"在钱湖门内。"

② 汉留侯祠:《咸淳临安志》卷七十三《祠祀三·古神祠·汉留侯祠》:"在吴山。端平元年,万殿帅文胜重建。"汉留侯,指西汉初年功臣张良。

③ 汉萧相国祠:《咸淳临安志》卷七十三《祠祀三·古神祠·汉萧相国祠》:"在定民坊,一在艮山门外,赐额灵护。"汉萧相国,指西汉初年功臣萧何。即:原作"门",据《咸淳临安志》卷七十二改。

④ 定民坊:位于今杭州市上城区北部,北临平海路,西临岳王路,东距中山中路约40米,南距里仁坊巷约140米。这里在南宋时是繁华的生活区。

⑤ 显忠庙:《咸淳临安志》卷七十三《祠祀三·古神祠·显忠庙》:"在长生老人桥西,俗名霍使君庙,绍兴间建。初吴王孙皓疾,有神降于庭,自言为汉霍光,求立祠于金山之咸塘以捍水患。见《吴越王纪》。宣和间赐今额。绍兴初,加封忠烈顺济昭应王。"

⑥ 周赧王:姓姬名延,慎靓王之子,周朝最后的君主。或称为"隐王"。

⑦ 防风氏:《咸淳临安志》卷七十三《祠祀三·古神祠·防风氏庙》:"在廉德乡朱奥村。(父老相传,乡民祈求田蚕之所,不知何代所立。按郡县志,防风氏居金鹅山。隋志载金鹅山在今余杭县。)"防风氏,中国上古时期神话传说中人物,治理洪水,教民稼穑,助禹立法。

⑧ 申将军庙:《咸淳临安志》卷七十三《祠祀三·古神祠·申将军

庙》:"在临平斗门桥北三十步。(乡民祈求田蚕古祠,父老相传谓楚申明父。白公作乱,楚王命明伐之,白公杀其父,后人为立祠。)"

⑨周绛侯庙:《咸淳临安志》卷七十三《祠祀三·古神祠·周绛侯庙》:"在临平镇。晋建武元年侯裔孙卓卜居临平,乡之大姓俞氏因即其地祠侯。建炎寇骑犯境,乡民环庙为栅以守,寇仰视旌旗蔽空,书曰汉绛侯周勃,皆罗拜遁去。自是灵异著闻,雨旸蝗疫,有祷必应。朝廷下其事奉常,见议封爵。"

⑩周勃:西汉初年大臣。秦末从刘邦起义,以军功为将军,封绛侯。吕后时,任太尉。吕后死,他与陈平定计,入北军号召将士拥护刘氏,诛杀企图发动叛乱的诸吕,迎立文帝,任右丞相。卒谥武。

⑪衍庆:原作"行庆",据《咸淳临安志》卷七十二改。

⑫吴下:泛指吴地。吕蒙:三国吴大将。字子明,汝南富陂(今安徽阜南东南)人。曾从孙权攻战各地,任横野中郎将。后随周瑜、程普等大破曹操于赤壁。鲁肃死,他代领其军,袭破关羽,占领荆州。

⑬曹子建:指三国时曹魏诗人曹植。字子建,谯县(今安徽亳州)人。曹操第三子,魏文帝之弟。封陈王,卒谥思,世称"陈思王"。著有《曹子建集》十卷。

【译文】

夏禹王庙,位于钱湖门内。西汉留侯张良祠,位于吴山。庙门上刻有"灵护"匾额的即西汉萧何相国祠,位于定民坊、艮山门外。显忠庙位于长生老人桥,俗称霍使君庙,朝廷加封神美号忠烈顺济昭应王。周赧王庙,位于钱塘崇化观山。防风氏庙,位于廉德乡朱奥村。申将军庙,位于临平斗门桥北。周绛侯庙,绛侯即周勃,祠庙位于临平镇。福德衍庆真君庙位于肇元升平里,吴地世传真君是三国东吴的吕蒙。曹王庙位于长乐像光湖南面的金奥村,相传曹王是曹植。

土俗祠

【题解】

本条介绍了南宋杭州城显应庙几座土俗祠的名字、所在位置、神灵封号等内容。比如显应庙,位于临安府治,即净因尼寺土地,赐庙额封爵曰"正祐安福侯"。旌忠庙,位于天庆坊,供奉的神祇为赵延翰、马仁禹,均为殿前指挥使,因翊卫有功而被立祠。金华将军庙,位于涌金门里水池上,供奉的神祇为曹杲,因浚三池、建涌金门有功而被立祠。三将军庙,位于潘阆巷。嘉应公祠,位于秀义坊。通应侯庙,位于开道坊。护国天王庙、白马神祠,位于寿域坊,后迁至粮料院巷口。这些祠庙的建立和祭祀活动,反映了南宋时期民间信仰的丰富性和多样性。民间信仰与官方宗教并存,共同构成了当时社会的宗教文化景观。本条文字引自《咸淳临安志》卷七十三《祠祀三·土俗诸祠》。

显应庙在临安府治^①,即净因尼寺土地,赐庙额,封爵曰正祐安福侯^②。翼灵庙在府治^③,相传为永福镇安王。旌忠庙在天庆坊^④,其神姓赵名延翰^⑤,姓马名仁禹,并殿前指挥使左右班,艺祖开基,翊卫有功^⑥,授节钺^⑦,赠侍中,莫知庙食于杭自何而始^⑧。

【注释】

① 显应庙:《咸淳临安志》卷七十三《祠祀三·土俗诸祠·显应庙》:"在府治,即净因寺土地也。宝祐五年,赐庙额曰显应。咸淳元年,封正祐侯。五年,安抚潜说友请于朝,加封安福。"

② 安福侯:原作"安福使",据《咸淳临安志》卷七十二改。

③ 翼灵庙:《咸淳临安志》卷七十三《祠祀三·土俗诸祠·翼灵庙》:"在府治。相传为永福镇安王。咸淳三年,洪安抚焘重建庙。五年,潜安抚说友请于朝,以翼灵为额。"

④ 旌忠庙:《咸淳临安志》卷七十三《祠祀三·土俗诸祠·旌忠庙》:"在天庆坊。神一姓赵名廷翰,一姓马名仁瑀,系殿前指挥使左右班。艺祖皇帝开基,翼卫有功,廷翰领彰国军节度使,卒赠侍中。仁瑀为朔州观察使、知瀛州,卒赠河中军节度使。庙食于杭,莫知所自始。景定五年,两浙运使以耆老之请上于朝,赐额曰旌忠。"

⑤ 赵延翰:《咸淳临安志》卷七十二作"赵廷翰"。

⑥ 翊(yì)卫:弼辅护卫。

⑦ 节钺:符节和斧钺。古代授予将帅,作为加重权力的标志。此处指节度使。

⑧ 庙食:谓死后立庙,受人奉祀,享受祭飨。

【译文】

显应庙位于临安府的治所,在净因尼寺的宅基上建成祠庙,朝廷赐庙额,封神祇为正佑安福侯。翼灵庙位于临安府的治所,相传神祇是永福镇安王。旌忠庙位于天庆坊,神祇姓赵名延翰,姓马名仁禹,两人生前都属于殿前指挥使左右班,宋太祖开国立业,两人辅佐护卫有功,被授予节度使,死后被赠予侍中头衔,人们都不知道两人死后何时在杭州城被人立庙祭祀。

金华将军庙在涌金门里水池上①,神姓曹名杲,真定人②,后唐为金华令③,仕于钱王④,尝于城隅浚三池⑤,建门名涌金,邦人德之⑥,为立祠。

【注释】

①金华将军庙:《咸淳临安志》卷七十三《祠祀三·土俗诸祠·金华将军庙》:"在丰豫门内涌金池前。神姓曹名果,真定人,仕后唐为金华令。时郡兵叛,神以计平之。吴越王嘉其功,就擢婺守。国初,钱氏来朝,委以国事,尝即城隅浚三池曰涌金。邦人德之,为立祠池上。嘉泰辛酉,京城灾,反风垂应,境内无虞。耆老以神赫灵而庙弗称,乃合力更筑。咸淳初,李安抚芾又撤而大之,且以钱氏'涌金池'三大字石刻立于庙之右偏。"

②真定:今河北正定。

③金华令:金华县令。金华,今属浙江。

④钱王:指五代吴越国国王。

⑤城隅:城角。多指城根偏僻空旷处。

⑥邦人:国人,百姓。

【译文】

金华将军庙位于涌金门里水池上,神祇姓曹名果,真定人,后唐时曾担任过金华县令,在吴越国国王手下为官,其曾经在城角开浚三个水池,修建涌金门,百姓们都感恩戴德,为神祇建立祠庙。

广福庙在盐桥①,神姓蒋,世为杭人,乐于赈施①。每岁秋成之际籴谷,如春夏价增时,以谷如元价出粜②,不图利源③;如岁歉④,则捐谷以予饥者。神死之日,嘱其二弟曰:"须存仁心,力行好事。"二弟谨遵兄训,恪守不违。里人立祠表其德,凡朝家祈祷,无不感应,遂赐庙额封爵,及其二弟并进侯位,曰孚顺、孚惠、孚祐之美号也。

【注释】

①赈施:救济布施。
②出粜:卖出粮食。
③利源:财利的来源。
④岁歉:年岁歉收。

【译文】

广福庙在盐桥,神姓蒋,世代居住在杭州,乐意救济布施。每年秋季粮食丰收的时候,蒋某收购稻谷,而春天、夏天粮价增高的时候,他依然按照原来的价格售卖稻谷,不图利润;如果遇到粮食歉收,则捐出粮食给饥民。神死的那天,嘱咐他的两个弟弟说:"你们一定要心存仁爱,努力做好事。"两个弟弟都谨遵兄长的教训,严格恪守,丝毫不违背。里人于是修建祠庙表彰蒋某的德行,凡是朝廷向该祠庙祈祷,没有不灵验的,于是朝廷赐庙额并加封神爵位,而且连同神的两个弟弟都进封侯爵,美号分别为孚顺、孚惠、孚祐。

三将军庙,在潘阆巷。嘉应公祠①,在秀义坊。通应侯庙②,在开道坊。护国天王庙③、白马神祠在寿域坊,今迁粮料院巷口故基。玉仙堂④,在大隐坊内。石姥祠⑤,在芳林乡。吴客三真君庙⑥,在石榴园巷。义勇武安王及清源真君庙在西溪法华山⑦,一在半道红街。华严菩萨庙⑧,在林潭⑨。半逻老人庙⑩,在县东北。霸王庙⑪,在芳林乡。会灵护国祠⑫,在端平桥东土塘上。灵休庙⑬,在城南厢江岸。真圣庙⑭,在白塔岭。半山七娘子庙在皋亭山,旧传崇善王妹也。

【注释】

① 嘉应公祠:《咸淳临安志》卷七十三《祠祀三·土俗诸祠·嘉应公祠》:"在百戏巷（今秀义坊）。"

② 通应侯庙:《咸淳临安志》卷七十三《祠祀三·土俗诸祠·通应侯祠》:"在开道坊,钱氏时建。"

③ 护国天王庙:《咸淳临安志》卷七十三《祠祀三·土俗诸祠·护国天王堂》:"在寿域坊口。旧传有力士遇大蛟,拔剑斩其首,土人因置石天王像以镇之。庙元在太庙室南,四孟朝献并大礼驾宿太庙率降香祈祷。景定五年毁,移创粮料院故基。"

④ 玉仙堂:《咸淳临安志》卷七十三《祠祀三·土俗诸祠·玉仙堂》:"在大隐坊内。咸淳六年,安抚潜说友重建。"

⑤ 石姥祠:《咸淳临安志》卷七十三《祠祀三·土俗诸祠·石姥祠》:"旧志据晏元献《舆地志》云芳林乡有石姥祠。"

⑥ 吴客三真君庙:《咸淳临安志》卷七十三《祠祀三·土俗诸祠·吴客三真君庙》:"在石榴园。乾道九年,曹善应建庙,系唐、葛、周三真君。宝庆间毁。"

⑦ 义勇武安王及清源真君庙:《咸淳临安志》卷七十三《祠祀三·土俗诸祠·清元真君义勇武安王庙》:"在西溪法华山。绍兴三十二年建,一在半道红。"

⑧ 华严菩萨庙:《咸淳临安志》卷七十三《祠祀三·土俗诸祠·华严菩萨庙》:"在林潭。"

⑨ 林潭:"林"字原无,据《咸淳临安志》卷七十二补。

⑩ 半逻老人庙:《咸淳临安志》卷七十三《祠祀三·土俗诸祠·半逻老人庙》:"祥符旧志云在县东北到县二十七里。"

⑪ 霸王庙:《咸淳临安志》卷七十三《祠祀三·土俗诸祠·霸王庙》:"在芳林乡。嘉泰间再建。"

⑫ 会灵护国祠:《咸淳临安志》卷七十三《祠祀三·土俗诸祠·会灵

护国祠》:"在艮山门外端平桥东土塘上。(其祠高僧秀真也。秀真,华亭人,号无隐事,见本门。)"

⑬灵休庙:《咸淳临安志》卷七十三《祠祀三·土俗诸祠·灵休庙》:"在城南厢界江岸名七郎堂。神系严州分水县弓兵,因方寇扰攘,阴卫有功,州县保请于朝立庙。绍兴戊午,江潮大作,府城医士叶永年舍屋建祠,雨旸祷辄应,咸淳初赐额。"

⑭真圣庙:《咸淳临安志》卷七十三《祠祀三·土俗诸祠·真圣庙》:"在白塔岭。咸淳二年建。"

【译文】

三将军庙,在潘阆巷。嘉应公祠,在秀义坊。通应侯庙,在开道坊。护国天王庙、白马神祠在寿域坊,如今迁到粮料院巷口的旧址。玉仙堂,在大隐坊内。石姥祠,在芳林乡。吴客三真君庙,在石榴园巷。义勇武安王及清源真君庙在西溪法华山,一在半道红街。华严菩萨庙,在林潭。半逻老人庙,在县东北。霸王庙,在芳林乡。会灵护国祠,在端平桥东土塘上。灵休庙,在城南厢江岸。真圣庙,在白塔岭。半山七娘子庙在皋亭山,旧传七娘子是崇善王的妹妹。

苏将军庙①,其神东晋骠骑将军②。灵应庙,按神称杨都督,并崇善王位下神也。义桥崔总管庙、尚将军庙③,四庙俱在肇元乡④。

【注释】

①苏将军庙:《咸淳临安志》卷七十三《祠祀三·土俗诸祠·苏将军庙》:"在肇元乡,钱氏建。按神东晋骠骑将军苏氏,崇善王之麾下。"

②骠骑将军:中国古代武将官职。汉武帝元狩二年(前121)始置,以霍去病为之,金印紫绶,位同三公。

③尚将军庙：《咸淳临安志》卷七十三《祠祀三·土俗诸祠·尚将军庙》："在肇元乡，去城四十里，元系钱氏建，更建炎兵火，乾道间再建。"

④四庙：指前面提到的苏将军庙、灵应庙、义桥崔总管庙、尚将军庙。

【译文】

苏将军庙，神是东晋骠骑将军。灵应庙，神称杨都督，都是崇善王位下的神祇。义桥崔总管庙、尚将军庙，四座祠庙都在肇元乡。

秦王庙在天云乡①，故老相传晋毛宝庙也②。济惠③、福济二王庙，在象光湖西。济惠义祠，在北葛沈村。白龙王庙在临平东山之中，又有龙祠在洞侧。通灵庙，即黑龙王祠④，在超山。赵忠献为邑宰时⑤，祷雨有感，累申朝省，封加美号曰通灵惠应宣济昭惠侯。

【注释】

①秦王庙：《咸淳临安志》卷七十三为"奉王庙"。《咸淳临安志》卷七十三《祠祀三·土俗诸祠·奉王庙》："在大云乡。（父老相传，神为晋毛宝，庙其旧宅也。庙之西有民田五百亩，号奉王坝，载于官之版藉，民之砧基其旧业也。及考之《晋书·毛宝传》，宅在阳武，放龟在武昌，守邾城日，与石季龙战，更与钱塘、盐官皆辽绝，况奉王之称，传亦不载，今姑传疑云。）"天云乡：《咸淳临安志》卷七十二作"大云乡"。

②故老：阅历多、见识广的老人。毛宝：东晋将领。字硕真，荥阳阳武（今河南原阳）人。多次平叛有功。随同西阳太守樊峻率军守护邾城（今湖北黄冈西北）。后赵进犯，攻陷邾城，毛宝溺水而死。

③济惠：《咸淳临安志》卷七十三《祠祀三·土俗诸祠·济惠二王

庙》:"在像光湖西。又一庙在北葛沈村。"

④黑龙王祠:《咸淳临安志》卷七十三《祠祀三·土俗诸祠·黑龙王庙》:"在超山。嘉定间,赵忠献公宰邑,祷雨屡验,请于朝,赐通灵为额,累封通灵惠应宣济昭惠侯。"

⑤赵忠献:南宋宗室赵希言,字若讷,惠王赵令廗元孙也。宋宁宗嘉定八年(1215)知仁和县。临平塘堤决,希言督役,亲捧土投石。卒赠资政殿大学士,封越国公,谥忠宪。邑宰:县邑之长,即县令。

【译文】

秦王庙在天云乡,故老相传是供奉晋朝毛宝的祠庙。济惠、福济二王庙,在象光湖的西面。济惠义祠,在北葛沈村。白龙王庙在临平东山中,洞侧还有龙祠。通灵庙,即黑龙王祠,在超山。赵希言任县令时,祷雨灵验,屡次向朝廷申请,加封神美号为通灵惠应宣济昭惠侯。

东都随朝祠

【题解】

本条主要记载了南宋杭州地区与汴京随朝迁移而来的祠庙及其祭祀情况。这些祠庙的建立和祭祀活动，反映了南宋时期对东都宗教文化的继承和延续。惠应庙原位于东京显仁坊，名为皮场土地祠。政和年间，该神被赐庙额并封为王爵。南宋南渡时，由直庙人商立携带神像随朝至杭州，在吴山至德观右侧建立祖庙，并在万松岭侍郎桥巷元贞桥等地建立行祠。庙中供奉的主神被认为是古神农，其在三皇时都曲阜，因集孝义勇烈之士播种采药，对世人有神功。两庑奉二十四仙医使者。二郎神祠，原位于东京，随朝迁至临安后，在官巷建立祠庙。绍兴年间建立祠庙，供奉清源真君，即二郎神。这些祠庙和神像随朝廷南迁，反映了当时社会对宗教信仰的重视。本条文字引自《咸淳临安志》卷七十三《祠祀三·东京旧祠》。

惠应庙[①]，即东都皮场庙，自南渡时，有直庙人商立者携其神像随朝至杭，遂于吴山至德观右立祖庙，又于万松岭、侍郎桥巷、元贞桥立行祠者三。按《会要》云："神在东京显仁坊，名曰皮场土地祠。政和年间赐庙额，封王爵。中兴，随朝到杭，累加号曰明灵昭惠慈祐王，神妃封曰灵婉嘉德夫人②、灵淑嘉靖夫人。"按庙刻云:"其神乃古神农,于三皇时都曲阜③,世人食腥膻者④,率致物故⑤,因集天下孝义勇烈之士二十四人,分十二分野⑥,播种采药,至今于世极有神功,两庑奉二十四仙医使者是也。自汉唐至今,奸寇助顺,其有圣迹,不可殚纪⑦。"

【注释】

①惠应庙:《咸淳临安志》卷七十三《祠祀三·东京旧祠·惠应庙》:"即皮场庙。在城中者四,一吴山,一万松岭,一侍郎桥,一元真观。按《国朝会要》:东京显仁坊皮场土地神祠,建中靖国元年六月封灵贶侯,崇宁元年三月封公,四年闰二月封灵惠王,七月加封灵惠显通王,十月封其配灵婉夫人,十一月改封灵淑夫人,大观元年十一月改封明灵昭惠王,三年赐额显灵应感庙及殿名曰享诚昭福。政和五年七月,改赐额曰灵应。南渡初,有商立者携其像至杭,舍于吴山看江亭,因以为祠。都人有疾者祷必应,盖以其为神农云。绍兴四年九月,祠毁,圣像俨然独存。理宗皇帝赐度牒、绫帛,命即故址创庙。咸淳五年八月,寿和圣福皇太后降钱修葺。十一月,王加封显祐,灵婉加嘉德,灵淑加嘉靖(按《会要》,神妃初封灵婉,未几改封灵淑,止是一神加封之际,乃误为二小君各给赞书,盖有司止据巫祝之言,不复考订耳)。"

②神妃:神祇的配偶。

③三皇:原文为"三王",据《咸淳临安志》卷七十三改。传说中上古时期三位杰出的部落首领,所指说法不一,一般指伏羲、神农和黄帝。曲阜:在今山东。

④腥膻:指肉食。

⑤物故:死亡。

⑥十二分野：我国古代星占学的迷信观点认为，人间祸福同天上星象有联系，因根据星辰的十二缠次（后亦根据二十八宿）将地上的州、国划分为十二个区域，使两者相对应，并根据某一天区星象的变异来预测、附会相应地区的凶吉。这种划分，在天称"十二分星"，在地称"十二分野"。其对应情况为：星纪（扬州，吴越）、玄枵（青州，齐）、娵訾（并州，卫）、降娄（徐州，鲁）、大梁（冀州，赵）、实沉（益州，晋）、鹑首（雍州，秦）、鹑火（三河，周）、鹑尾（荆州，楚）、寿星（兖州，郑）、大火（豫州，宋）、析木（幽州，燕）。

⑦殚纪：记述完全。

【译文】

惠应庙，即开封的皮场庙，南宋建立后，有直庙人商立携带神像随同朝廷来到杭州，在吴山至德观的右面建立祖庙，又在万松岭、侍郎桥巷、元贞桥建立三处行祠。根据《会要》记载："神在东京显仁坊，名叫皮场土地祠。政和年间朝廷赐庙额，封王爵。南宋建立，随同朝廷来到杭州，多次加封号叫明灵昭惠慈祐王，神的配偶封为灵婉嘉德夫人、灵淑嘉靖夫人。"根据庙刻记载："神是上古神农，在三皇时定都曲阜，世人食用生肉，大多因此死去，神因此召集天下孝义勇烈之士二十四人，分为十二个地区，播种采药，此举至今对于人世间有极大的功劳，祠庙两廊供奉的二十四位仙医使者就是那二十四个人。从汉唐至今，朝廷歼灭敌寇，顺应天意，都有神灵显灵庇佑，这些事迹无法一一记载。"

二郎神，即清源真君，在官巷，绍兴建祠。旧志云："东京有祠，随朝立之。"

【译文】

二郎神，即清源真君，在官巷，绍兴年间建祠。旧方志记载："东京有祠庙，宋朝建立后便建造而成。"

外郡行祠

【题解】

本条主要记载了南宋杭州地区以外地方的行祠,记述了各类祠庙及其祭祀情况。这些祠庙多为外郡的神祇在临安设立的行祠,比如东岳行宫、仰山祠、顺济祠等,体现了当时宗教信仰的广泛传播和地方神祇的影响力。东岳行宫。临安地区共有五个东岳行宫,分别位于吴山、西溪法华山、临平景星观、汤镇顺济宫、杨村山梵刹。这些行宫供奉东岳天齐仁圣帝,每年都有大量的信徒前来祭祀。灵顺庙。余杭地区设有七个灵顺庙的行祠,分别位于南高峰顶荣国寺、北高峰景德灵隐寺后山塔庙、钱塘门外九曲城下、钱塘县调露乡灵感寺、候潮门外瓶场湾、候潮门外普济桥东椤木教场侧普济寺、钱塘县六合塔寺南徐村新石塘。供奉的神祇为"五工",宋朝赐予美号,每年都有祭祀活动。顺济圣妃庙。主要位于艮山门外,另有行祠在城南萧公桥及候潮门外瓶场河下市舶司侧。顺济圣妃以佑护船舶、保佑民众疾苦而闻名,被封为"灵惠协应嘉顺善庆圣妃"。地方神祇在临安设立行祠,体现了其影响力和信徒的广泛分布。本条文字引自《咸淳临安志》卷七十三《祠祀三·外郡行祠》,并将《咸淳临安志》卷二十四《山川三·城东北诸山》、《山川三·城南诸山》等几处相关地方的记载集中交代。

东岳行宫有五①:曰吴山,曰西溪法华山,曰临平景星观②,曰汤镇顺济宫③,曰杨村坛山梵刹,俱奉东岳天齐仁圣帝香火。

【注释】

①东岳行宫:《咸淳临安志》卷七十三《祠祀三·外郡行祠·东岳庙》:"一在吴山。大观中造(详具中兴观)。绍兴七年,乡民合力重修。二十九年乃成。嘉泰四年、淳祐十二年重建者再。宝祐元年,理宗皇帝赐御书'东岳之殿'四大字。一在西溪法华山。乾道三年建。一在汤镇顺济宫侧。乾道间德寿宫行幸,赐银帛建五岳楼。淳祐三年,有旨重修。理宗皇帝赐御书'东岳行宫东岳之殿'八大字。"本书卷二《二十八日东岳圣帝诞辰》描述了南宋杭州人庆贺东岳大帝诞辰的情况。

②景星观:《咸淳临安志》卷七十五《寺观一·宫观·城内外·景星观》:"在临平镇。绍兴十年建东岳行祠。淳熙六年,移请今额。"

③顺济宫:《咸淳临安志》卷七十五《寺观一·宫观·城内外·顺济宫》:"去城四十里,在汤镇赭山之间,元系龙王庙。绍熙元年,移请云涛观为额。四年旱,祷而雨,改赐今额。嘉泰二年九月,锡三神侯爵,曰广泽,曰顺泽,曰敷泽。嘉定九年,增封曰广泽灵应,曰顺泽昭应,曰敷泽嘉应。观侧有东岳行祠。"

【译文】

东岳行宫有五处,分别位于吴山、西溪法华山、临平景星观、汤镇顺济宫、杨村坛山梵刹,都供奉东岳天齐仁圣帝香火。

广惠行宫有三①:曰钱塘门外霍山,曰在城金地山,曰千顷寺。按《会要》:"真君姓张名渤,血食广德军之祠山②。

始封灵济王,累加美号曰昭烈大帝,后改封昌福真君,今加宝号曰正祐圣烈昭德昌福崇仁真君。自祖父、祖母以下,若圣妃③、若诸弟、诸子、诸妇及女④,俱锡宋朝上爵封之⑤。然都人士庶奉祀者,有祷必应,如响斯答。"

【注释】

①广惠行宫:《咸淳临安志》卷七十三《祠祀三·外郡行祠·广惠庙》:"在钱塘门外霍山。按《国朝会要》:神姓张名渤,血食广德军之祠山。康定元年,始封灵济王。崇宁三年,赐庙额曰广惠,累封至正祐昭显威德圣烈王。宝祐丁巳,改封真君,凡再加令曰正祐圣烈昭德昌福。自祖父以下若弟若子若孙与其妇皆锡爵有差,独家子妇曰王曰妃。祠创于乾道庚寅,越二十有五年绍熙甲寅始成。既而有旨令修内司别为祠于金地山以便祈祷,然都人士女竞趋霍山,不以一关为惮也。景定二年洪安抚焘、咸淳四年安抚潜说友前后葺治,愈加严整云(又有祠在栖霞岭)。"本书卷一《八日祠山圣诞》,描述了南宋杭州人庆贺祠山大帝诞辰的情况。

②血食:受享祭品。

③圣妃:指真君的妻子。

④诸妇:指真君儿子的配偶。妇,妻子。

⑤锡:赏赐。上爵:上等爵位。

【译文】

广惠行宫有三处,分别位于钱塘门外霍山、杭州城金地山和千顷寺。根据《会要》记载:"真君姓张名渤,在广德军的祠山享受祭祀。一开始真君被封为灵济王,多次加封美号后叫昭烈大帝,后改封昌福真君,今加封正祐圣烈昭德昌福崇仁真君。从神的祖父、祖母以下,比如神的配偶、诸位弟弟、各个儿子、他们的妻子和女儿,都获得宋朝上等爵位的封号。

杭州百姓都供奉祭祀真君，向真君祈祷必定获得神的回应，并且真君的回应非常迅速。"

仰山二王庙，在观桥东马军司西营。按《宜春志》："二神俱姓萧，自汉显灵，世该祀典①。至宋功烈尤著②，锡以王爵。王之祖父母、若妻、若子、若妇，皆赐爵号。开庆衡、潭有变③，临瑞至太平皆不能前，神之阴相默助居多，陈于朝，褒其功，改赐号曰显德仁圣忠祐灵济王、福德仁圣忠卫康济王，其王祖父母以下及左右佐神，并沩仰二祖师④，凡列祠者，咸加赉焉⑤。"

【注释】

①世该祀典：累世应当享受祭祀。祀典，祭祀的典礼。
②功烈：功勋业绩。
③开庆衡、潭有变：指开庆元年（1259）蒙古人进犯衡州、潭州至卖卦岭。衡，衡州，治今湖南衡阳。潭，潭州，治今湖南长沙。
④沩（wéi）仰：即沩仰宗。佛教禅宗五家之一。由于此宗的开创者灵祐及其弟子慧寂先后在潭州的沩山（今湖南宁乡西）、袁州的仰山（在今江西宜春南）发扬禅宗，自成一派，故名。
⑤赉（lài）：赐予。

【译文】

仰山二王庙，在观桥东面侍卫亲军马军司的西营。根据《宜春志》记载："二神都姓萧，从汉朝开始显灵，累世都享受祭祀。到宋朝时神的功勋业绩尤为显著，于是朝廷赏赐神王爵。神的祖父母、妻子、儿子、儿媳妇等，朝廷都赏赐他们爵号。开庆年间衡州、潭州遇到突发事件，景定年间临瑞至太平交通受阻，无法通行，这些事件的解决，仰山神在暗中出力相助很多。地方上奏于朝廷,褒扬仰山神的功劳,朝廷于是下令改赐神封号为显德仁圣忠祐灵济王、福德仁圣忠卫康济王,仰山神的祖父母以下以及左右的佐神,连同汭仰两位祖师,凡是列入祠庙中受到祭祀的,朝廷都加以赏赐。"

显祐庙,在仁和百万新仓西。按神姓陈名果仁①,常之晋陵人也②。仕于隋,历司徒③。有叛臣沈法兴谋叛④,忌司徒威声,以食毒之而毙。其神忠愤赫灵⑤,以神矢中法兴死之。唐武德嘉其功⑥,庙祀焉,封爵忠烈公。梁加封福顺忠烈王。至后周封帝号。宋政和赐庙常州,以帝号非礼⑦,易以王爵,曰福顺武烈显应昭德王,仍奉诏书驰驿赐忠祐庙⑧,傅以帛版,而别为文告于行祠。因咸淳二年十二月,将郊祀天地,命京尹潜皋墅祈雪祥祷于庙⑨,即降大雪。蒇事之际⑩,明星有烂⑪,三灵顾歆⑫。由是岁丰,四方无虞⑬。皋墅识于行祠壁,以昭灵贶⑭,申朝赐爵,遣使缄词驰送忠祐庙,及别告于显祐行祠,以表大神之显灵也如此。

【注释】

①陈果仁:原作"陈仁果",据《咸淳临安志》卷七十三改。字世威。隋军将领。原为太仆丞元祐的部将。隋末沈法兴谋叛,引诱陈果仁背叛元祐。起兵叛乱后,沈法兴自称大司马,以陈果仁为司徒。
②晋陵:今江苏常州。
③司徒:中国古代职官。《周礼》以大司徒为地官之长,北周依《周礼》置六官,为地官府之长,以卿任其职。隋唐时期置太尉、司徒、司空为三公,正一品。

④沈法兴：隋末唐初割据势力。湖州武康（今浙江德清）人。义宁二年（618），宇文化及弑杀隋炀帝，沈法兴以诛讨宇文化及为名起兵，不久占据长江以南十几个郡。武德二年（619），沈法兴自称梁王。后屡败于李子通，走投无路下投江自杀。

⑤忠愤：忠义愤激。

⑥武德：唐高祖李渊的第一个年号，618—626年。此处借指唐高祖。

⑦非礼：不合礼节。

⑧驰驿：驾乘驿马疾行。

⑨潜皋墅：指潜说友。南宋处州（今浙江丽水西北）人，字君高。淳祐进士。咸淳六年（1270）知临安府，趋附贾似道以干进。后知平江（今江苏苏州），元军将至，弃城遁。宋亡，于福州降元，受宣抚使之命。后为人所杀。著有《咸淳临安志》，详备而有条理。

⑩蒇（chǎn）事：完成事情或结束事务。常用于古代祭祀、仪式或重要活动完成之时。

⑪明星有烂：出自《诗经·国风·郑风·女曰鸡鸣》："子兴视夜，明星有烂。"明星，指启明星，即金星。

⑫三灵：通常指天、地、人三灵，古代常用来象征天地神灵的庇佑。

⑬无虞：没有忧患，太平无事。

⑭灵贶：神灵赐福。

【译文】

显祐庙，在仁和县百万新仓的西面。神姓陈名果仁，常州晋陵人。在隋朝入仕为官，任司徒。叛臣沈法兴谋叛，忌惮陈果仁的威名，在食物中下毒杀害陈果仁。陈果仁死后成神，出于忠义之心而发怒，大显神灵，使用神箭射死沈法兴。唐高祖嘉奖陈果仁的功劳，建庙祭祀，封为忠烈公。后梁加封福顺忠烈王。后周加封帝号。宋朝政和年间，朝廷下令在常州建庙祭祀陈果仁，以帝号不合礼节，换成王爵，叫福顺武烈显应昭德王，朝廷仍然派人手持诏书骑乘驿马前往宣旨，用帛版传达皇帝的旨意，并在行祠中另立文告以示崇敬,同时赐庙额为忠祐庙。这是因为咸淳二年十二月,皇帝将郊祀天地,命令临安知府潜说友在庙中祈雪,随即天降大雪。完成祭祀的时候正值黎明时分,启明星明亮闪烁,象征着天地神灵的庇佑和眷顾。从此以后每年都粮食丰收,四方太平无事。潜说友在行祠墙壁上记录下此事,以此来昭显神灵赐福。他向朝廷申请为神灵赐爵位,朝廷于是派遣使者骑乘驿马,将密封好的赐爵位的诏书送到忠祐庙,并将此事另外告知显祐行祠,以此表明神灵大显神威。

灵顺庙,即徽州婺源灵祠,余杭立行祠者七:一在南高峰顶荣国寺,有华光楼,傍为射亭,有角抵台,又辟山径而夷之,以便登陟;一在北高峰,为景德灵隐寺后山塔庙;一在钱塘门外九曲城下;一在钱塘县调露乡灵感寺;一在候潮门外瓶场湾;一在候潮门外普济桥东椤木教场侧普济寺;一在钱塘县六合塔寺南徐村新石塘。宋朝赐五王美号,曰显聪昭圣孚仁福善王、显明昭圣孚义福顺王、显正昭圣孚智福应王、显直昭圣孚信福祐王、显德昭圣孚爱福惠王。每岁都人瓣香致敬者,纷纷咸趋焉。

【译文】

灵顺庙,即徽州婺源灵祠,余杭建有七座行祠:一在南高峰顶荣国寺,有华光楼,旁边是射亭,有角抵台,又开辟山路且将道路平整,以便于人攀登;一在北高峰,是景德灵隐寺后山塔庙;一在钱塘门外九曲城下;一在钱塘县调露乡灵感寺;一在候潮门外瓶场湾;一在候潮门外普济桥东面椤木教场侧面的普济寺;一在钱塘县六合塔寺南面徐村新石塘。宋朝赐五王美号,分别是显聪昭圣孚仁福善王、显明昭圣孚义福顺王、显正昭圣孚智福应王、显直昭圣孚信福祐王、显德昭圣孚爱福惠王。每年杭州人都手持香烛，纷纷前往神庙中向神表达敬意和祈求庇佑。

顺济圣妃庙在艮山门外①，又行祠在城南萧公桥及候潮门外瓶场河下市舶司侧。按庙记："妃姓林，莆田人氏，素著灵异，立祠莆之圣堆。宣和赐庙额，累加夫人美号，后封妃，加号曰灵惠协应嘉顺善庆圣妃。其妃之灵著，多于海洋之中佑护船舶，其功甚大，民之疾苦，悉赖帡幪①。"

【注释】

① 帡幪（píng méng）：帐幕。引申为覆盖、荫护。

【译文】

顺济圣妃庙在艮山门外，还有行祠在杭州城南面萧公桥以及候潮门外瓶场河下市舶司一侧。根据庙记记载："圣妃姓林，莆田人，一向有灵异，在莆田的圣堆建祠庙。宣和年间皇帝赐庙额，多次加封夫人的美号，后来加封妃号，加封号灵惠协应嘉顺善庆圣妃。圣妃的灵验，多体现为在海洋中庇佑船舶安全，功劳非常大，百姓的疾苦，都靠圣妃的庇佑。"

广灵庙在石塘坝，奉东岳温将军，请于朝，赐庙额封爵，自温将军以下九神皆锡侯爵，曰温封正祐，李封孚祐，钱封灵祐，刘封显祐，杨封顺祐，康封安祐，张封广祐，岳封协祐，孟封昭祐，韦封威祐。

【译文】

广灵庙在石塘坝，供奉东岳温将军，奏请朝廷，赐庙额并封爵，从温将军以下九位神灵都赐封侯爵：温封正祐，李封孚祐，钱封灵祐，刘封显祐，杨封顺祐，康封安祐，张封广祐，岳封协祐，孟封昭祐，韦封威祐。

梓潼帝君庙在吴山承天观①,此蜀中神②,专掌注禄籍③。凡四方士子求名赴选者悉祷之,封王爵曰惠文忠武孝德仁圣王,王之父母及妃,及弟、若子、若孙、若妇、若女,俱褒赐显爵美号,建嘉庆楼,奉香灯。

【注释】

① 梓潼帝君庙:《咸淳临安志》卷七十三《祠祀三·外郡行祠·梓潼帝君庙》:"在吴山承天观,端平三年建。"梓潼帝君,道教所奉主宰功名、禄位之神。传说姓张名亚子(一说名恶子)。居蜀七曲山(在今四川梓潼北)。仕晋战死,后人立庙纪念。唐宋时,屡封至英显王。据道教传说,玉帝命梓潼掌管文昌府和人间禄籍,故元仁宗延祐三年(1316)加封为"辅元开化文昌司禄宏仁帝君",遂与文昌合而为一,称为文昌帝君,成为主宰天下文教之神。
② 蜀中:主要指今四川成都平原及附近地区。或泛指剑南道之地。
③ 注:记载,登记。禄籍:为官食禄的簿籍。

【译文】

梓潼帝君庙在吴山承天观,这是四川地区的神祇,专门执掌记载为官食禄的簿籍。来自各地的士人,为了在科举考试中获得功名,纷纷前往梓潼帝君庙祈祷庇佑,封王爵为惠文忠武孝德仁圣王,王的父母以及配偶,还有弟弟、儿子、孙子、他们的配偶、女儿,朝廷都褒美赐予显要的爵位和美好的封号,建造嘉庆楼,用香灯来供奉。

卷十五

学校

【题解】

  本条详细记载了南宋杭州地区的各类学校及其教育制度,包括太学、宗学、武学、府学、县学和医学等。这些学校的设立和运作,反映了南宋时期对教育的重视和完善的教育体系。太庙,位于纪家桥东,原为岳飞的府邸,规模宏大,建筑壮丽。学内建有大成殿,供奉孔子及七十二贤,每年春、秋两季举行释奠礼。设有多个斋舍,如"服膺""存心"等,学生通过月考和季考逐步晋升,最终可参加科举。朝廷提供丰厚的学廪,学生享有良好的饮食待遇。宗学,位于睦亲坊,主要负责教育皇族子弟。设有大成殿、御书阁等建筑,包括"贵仁""立爱"等。武学,位于太学之侧,前洋街。建有武成殿,供奉姜太公及张良、诸葛亮等名将。学生通过月考和季考逐步晋升,教育内容侧重于军事知识。府县学,杭州府学位于凌家桥西,仁和县学和钱塘县学分别位于各自县左。设有多个斋舍,如"进德""兴能"等,学生享有良好的教育环境。医学,位于通江桥北。主要教授医学知识,供奉医神神应王。南宋时,教育体系完善,朝廷重视教育,通过设立各类学校培养人才。太学、宗学、武学等学校的设立,体现了南宋对不同领域人才的培养需求。本条系删节自《咸淳临安志》卷十一《行在所录·学校》、卷五十六《文事·府学》《县学》,并抄录了卷十二《行在所录·贡院》相关文字。

古者天子有学，谓之成均①，又谓之上庠，亦谓之璧水②，所以养育作成天下之士类，非州县学比也。高宗南渡以来，复建太、武、宗三学于杭都。太学在纪家桥东，以岳鄂王第为之③，规模宏阔，舍宇壮丽。学之西偏建大成殿，殿门外立二十四戟。大成殿以奉至圣文宣王④，十哲配享。两庑彩画七十二贤⑤，前朝贤士公卿诸像皆从祀。每岁春秋二丁行释奠礼，命太常乐工数辈用宫架乐歌《宣圣御赞》⑥，赞曰："大哉宣圣，斯文在兹⑦。帝王之式，今古之师。志则《春秋》⑧，道由忠恕⑨。贤于尧、舜⑩，日月共誉。惟时载雍，戡此武功⑪。肃昭盛仪，海宇聿崇⑫。"

【注释】

①成均：古代的大学。《礼记·文王世子》："于成均以及取爵于上尊也。"郑玄注引董仲舒曰："五帝名大学曰成均。"

②璧水：指太学。（南朝梁）何逊《七召·治化》："璧水道庠序之风，石渠启珪璋之盛。"

③岳鄂王：即南宋初年杰出的抗金将领、"中兴四将"之一岳飞。宋宁宗嘉泰四年（1204），追封岳飞为鄂王。

④至圣文宣王：即孔子。去世后受到历代统治者的追封。唐玄宗开元二十七年（739），加封文宣王。宋真宗大中祥符五年（1012），加封至圣文宣王。

⑤七十二贤：孔子的七十二名优秀学生。他们是孔子思想和学说的坚定追随者和实践者，也是儒学的积极传播者，为历代儒家尊崇。

⑥《宣圣御赞》：即宋高宗的《文宣王及其弟子赞》。

⑦斯文：礼乐教化、典章制度。

⑧《春秋》：春秋时期的编年体史书，记录了鲁隐公元年到鲁哀公十

四年鲁国的重要史实。据传为孔子据鲁国史修成。
⑨忠恕:儒家的道德规范。忠,谓尽心为人;恕,谓推己及人。
⑩尧、舜:古史传说中的两位圣王,远古部落联盟的首领。
⑪戢:收敛,收藏。武功:军事方面的功绩。
⑫海宇:海内,宇内。聿(yù)崇:崇敬。聿,文言助词,无义,用于句首或句中。

【译文】

古代天子有学校,称为成均,又称为上庠,还称为璧水,用来培养成就天下的士人,远非州、县学可以比拟。宋高宗自从定都南方以来,在行都杭州重新建起太学、武学、宗学三学。太学在纪家桥的东面,以岳飞府第修建而成,规模宏伟宽阔,房屋壮丽。太学的西偏修建大成殿,殿门外树立二十四枝戟。大成殿用来供奉孔子,以十哲配享。两庑殿彩画七十二贤的画像,前朝贤士、公卿画像都从祀。每年春、秋二丁日举行释奠礼,朝廷命令数名太常乐工用宫架乐歌唱《宣圣御赞》,赞歌如下:"伟大的宣圣王,是文化传承的核心人物。孔子的学说和品德被视为帝王的楷模,也是古今所有学者的老师。孔子的志向体现在《春秋》这部经典中,其思想的核心是忠恕之道。孔子的品德和智慧超越了古代圣王尧和舜,其声誉如日月般永恒。在孔子的教导下,社会安定,武力得以收敛。礼仪得以彰显,天下得以太平。"

置学官,自祭酒、司业、丞、簿、正、录等共十四五员①。学有崇化堂、首善阁、光尧石经之阁,奉高、孝二帝宸书御制札②,石刻于阁下,以墨本置于上堂之后。东西为学官位。主上登极,则临幸学宫,奠谒宣圣,及赐诸生束帛。学官、斋长、谕俱沾恩霈。高宗朝幸学之时③,曾幸养正、持志二斋,两斋长、谕,已免解人④,特与免省⑤;未免解人,与免解恩例。其两斋生,并免将来文解一次。

【注释】

①正、录:太学正、太学录的简称。学官名。隶国子监。北宋仁宗皇祐年间,胡瑗掌太学,始见太学正、太学录。太学正辅佐太学博士施行教典、学规,凡有违犯学规者,太学录辅佐太学正纠察学生之不守规矩者。均为正九品。

②宸书:指皇帝书写。宸,指帝王的住所、宫殿,引申为帝王的代称。

③幸学:(宋)赵昇《朝野类要》卷一《典礼•幸学》:"车驾幸太学,则有恩例。盖古之养老尊贤之故事。"

④免解:"免解试"之简称。即士人不参加发解试,但因为各种恩例而可以直接发解参加省试。

⑤免省:《朝野类要》卷二《称谓•免省》:"上舍试取中在省试前,即免省赴殿。"

【译文】

太学设置学官,从祭酒、司业、丞、簿、太学正、太学录等共十四五人。太学有崇化堂、首善阁、光尧石经阁,供奉宋高宗、宋孝宗两位皇帝亲笔书写的诏书、手札或者文章,阁下有石刻,将碑文拓本放置在上堂的后面。东、西是学官位。皇帝登基,会亲临太学,拜谒孔子,并赏赐太学生们布帛。学官、斋长、斋谕都会受到皇帝的恩赐。宋高宗朝皇帝亲临太学的时候,曾经前往养正斋、持志斋两个斋,两斋的斋长、斋谕,已经获得免解试的人,特别准予免省试;未免解试的人,给与免发解试恩例。这两斋的学生都免除将来的文解一次。

太学有二十斋:扁曰服膺、提身、习是、守约、存心、允蹈、养正、持志、节性、率履、明善、经德、循理、时中、笃信、果行、务本、贯道、观化、立礼。十七斋扁俱米友仁书①,余节性、经德、立礼斋扁张孝祥书②。各斋有楼,揭题名于东西壁。厅之左右为东西序对列位,后为炉亭。又有亭宇,揭以嘉名甚夥。

【注释】

①米友仁:两宋之际的书画家、鉴赏家、收藏家。一名尹仁,字元晖,小名寅哥、鳌儿,晚号懒拙老人。书画家米芾的长子,世称"小米"。

②张孝祥:南宋词人、书法家。字安国,别号于湖居士,鄞县(今浙江宁波)人。绍兴年间上书为岳飞辩冤,为权相秦桧所忌。后任中书舍人、直学士院、建康留守,为官颇有政绩。以显谟阁直学士致仕。

【译文】

太学有二十个斋,匾额分别是服膺、谡身、习是、守约、存心、允蹈、养正、持志、节性、率履、明善、经德、循理、时中、笃信、果行、务本、贯道、观化、立礼。其中十七个斋的匾额都是米友仁书写,其余节性斋、经德斋、立礼斋的匾额是张孝祥书写。各斋都有楼,在楼的东、西两面墙壁上有题名记。厅的左右两侧是东、西偏房,相对排列形成对称的布局,后面是炉亭。还有亭宇,都使用非常好的名字。

绍兴年间,太学生员额三百人①,后增置一千员,今为额一千七百一十有六员,以上舍额三十人,内舍额二百单六人,外舍额一千四百人②,国子生员八十人③。诸生衫帽出入,规矩森严。朝家所给学廪④,动以万计,日供饮膳,为礼甚丰。月书季考⑤,由外舍而升内舍,由内舍而升上舍。或释褐及第⑥，或过省赴殿，恩例最优，于此见朝廷待士之厚。而平日教养之功，所以为他日大用之地也。

【注释】

① 太学生：学校生员名。太学始设于西汉，唐朝凡文武百官三品以上子孙及郡县公子孙可入太学就读，研读儒家经典。宋太学生为八品以下官员子弟及平民子弟之优异者，享有免丁役、雇人代服差役以及赎罪等特权。

② "上舍额三十人"数句：三舍法是宋神宗时创立的取士法，分太学为外舍、内舍、上舍三等。依据一定年限和条件，由外舍升入内舍继而升上舍。最后按科举考试法，分别规定其出身并授以官职。在舍读经为主，以济当时科举偏重文词之不足。

③ 国子生：学校生员名。西晋时立国子学，所招生徒称国子生，后沿用此称呼。唐朝规定国子生须是三品以上官及功臣子弟，教授官定儒家经典。宋初建国子监，招收七品以上京、朝官子弟入学，分习五经，称监生或国子生。

④ 学廪：学校的经费。

⑤ 月书：指宋代太学每个月有考试，孟月经义，仲月论，季月策，按优劣记载在册，用来决定学习级别的升降。

⑥ 释褐（hè）：旧制新进士必在太学行释褐礼，脱去布衣而换穿官服。后用来比喻做官或进士的及第授官。

【译文】

绍兴年间，太学生名额是三百人，后来增加到一千人，如今名额是一千七百一十六人，其中上舍生名额三十人，内舍生名额二百〇六人，外舍生名额一千四百人，国子生八十人。太学生们都身着衫帽出入，规矩森严。朝廷所给的太学经费，动辄就是上万钱，每天提供饮食，待遇十分丰厚。太学每月、每个季度都有考试，学生从外舍升到内舍，由内舍升到上舍。或是科举中第，或是经过省试参加殿试，获得的赏赐最为优厚，从中可见朝廷对待士人的优厚。平时对士人的教育和培养，是为了让他们在未来能够承担重要的职责和使命。

太学内东南隅设庙廷，奉后土神祇，即土地神，朝家敕封号曰正显昭德孚忠英济侯。按赞书，相传为中兴名将，其英灵未泯，而应响甚著，盖其故居也。理或然与？自是遂明指为岳忠武鄂王，况鄂国已极于隆名，宜庙食增崇于命祀。谨疏侯爵，未正王封，仍改庙额曰忠显。神之父母妻子，下逮将佐，皆有命秩，华以徽号。

【译文】
太学内东南隅修建了庙庭，供奉后土神，即土地神，朝廷下敕加封神号为正显昭德孚忠英济侯。根据诏书记载，神相传为南宋中兴名将岳飞，其英灵未曾泯灭，而应答十分灵验，这是因为太庙是岳飞的故居。道理或许是这样？自是遂明白指神是岳飞，况且岳飞的名声和功绩已经达到极高的地位，应该被供奉在祠庙中享受祭祀得到更高的尊崇。岳飞死后被封为侯爵，还没有正式被封为王爵，就将庙额改为忠显。岳飞的父母妻子，下至将佐，都有封号爵位，享有美称。

宗学在睦亲坊①。按国朝宗子分为六宅②，宅各有学，学各有训导之官。中兴后，唯睦亲一宅③，置诸王宫大、小学教授④，专以训迪南班子弟⑤。嘉定岁⑥，始改宫学为宗学。凡有籍者宗子⑦，以三载一试，补入为生员，如太学法。置教授、博士⑧、宗谕⑨，立讲课，隶宗正寺掌之。学立大成殿、御书阁、明伦堂、立教堂、汲古堂。斋舍有六,扁曰贵仁、立爱、大雅、明贤、怀德、升俊。

【注释】

①宗学:"宗子学"的简称。官学名,隶宗正寺。南宋宁宗嘉定七、八年间,隶国子监。

②六宅:睦亲宅、广亲宅、亲贤宅、棣华宅、懿亲宅、繁衍宅。

③睦亲:即睦亲宅。宋太祖、宋太宗子孙聚居宅名。建成于宋仁宗景祐三年(1036)九月。

④诸王宫大、小学教授:凡在京城之宗子学(诸如睦亲宅、广亲宅官院大、小学)总名,南宋多用之。之前大学教授、小学教授各领其职,后大学教授可以兼任小学教授。南宋时常以一人兼两职,系衔"诸王宫大小学"。正八品。

⑤训迪:教诲启迪。

⑥嘉定岁:嘉定七年(1214)。

⑦宗子:皇族子弟。

⑧博士:"宗子学博士"的简称。学官名。隶宗子学。负责教导本学宗子。与国子博士同为正八品。

⑨宗谕:"宗子学谕"的简称。学官名。隶宗正寺。与宗子学博士共掌教导宗子学生事。正九品。

【译文】

宗学在睦亲坊。根据宋朝制度规定,皇族子弟分为六宅,每宅各自有学,学各有训导官。南宋建立后,唯独有睦亲宅一个宅,设置诸王宫大、小学教授,专门教诲启迪宗室子弟。嘉定年间,开始改宫学为宗学。凡是宗籍中登记过的皇族子弟,以三年考试一次,补入宗学为生员,如同太学的方法。宗学设置教授、博士、宗谕,设立专门的讲堂,隶属宗正寺掌管。宗学建有大成殿、御书阁、明伦堂、立教堂、汲古堂。有六间斋舍,匾额分别是贵仁、立爱、大雅、明贤、怀德和升俊。

武学在太学之侧前洋街。建武成殿,祀太公,曰昭烈武成王①,以留侯张良、武侯诸葛亮配,累朝诸名将从祀。学规依太学例试补,月考课升名。然教养之法未备②,下礼、兵部措置,立养士额,置武博③、武谕各一员④。淳熙、嘉泰,主上临幸武学,谒武成王,行肃揖礼⑤。学建立成堂⑥。斋舍有六,扁曰受成、贵谋、辅文、中吉、经远、阅礼。宗、武学俱有学廪、膳供⑦、舍选、释褐,一如太学例。

【注释】

①昭烈武成王:唐玄宗时,姜太公被封为"武成王",并建武成王庙。宋真宗时,加封为"昭烈武成王",祭祀仪式与孔子相同。

②教养:教育培养。

③武博:"武学博士"的简称。学官名。隶国子监。北宋神宗元丰改制,改武学教授为武学博士。南宋初罢置。高宗绍兴十六年(1146)三月复置。掌以兵法七书、弓马技艺训诱武学生。从八品。

④武谕:"武学谕"的简称。学官名。始设于北宋神宗元丰改制时,南宋初罢置。高宗绍兴十六年(1146)复置。职掌与武学博士同。正九品。

⑤肃揖:恭敬地拱手行礼。

⑥立成堂:《咸淳临安志》卷十一作"立武堂"。

⑦膳供:膳食供应。

【译文】

武学在太学侧面的前洋街。建有武成殿,祭祀姜太公,姜太公被称为昭烈武成王,以留侯张良、武侯诸葛亮配祀,历朝名将从祀。武学学规依照太学惯例试补,武学生每月通过考课升名次。不过武学教育培养学生的方法尚未完备,朝廷下令让礼部、兵部安排,确立培养士子的名额,设置武学博士、武学谕各一员。宋孝宗淳熙年间、宋宁宗嘉泰年间,皇帝亲临武学,拜谒武成王像,恭敬地向神像拱手行礼。武学建有立成堂。有六座斋舍,匾额分别是受成、贵谋、辅文、中吉、经远、阅礼。宗学、武学都有经费支持、膳食供应、舍内选拔、中第任官,一切都和太学的体例一样。

杭州府学在凌家桥西,士夫嫌其湫隘①,故帅臣累增辟规模,广其斋舍,总为十斋,扁曰进德、兴能、登俊、宾贤、持正、崇礼、致道、尚志、率性、养心。又有小学斋舍,在登俊后,以东、西二教掌其教训之职。次有前廊、录、正等生员。各斋有长、谕。月书季考,供膳亦厚,学廪不下数千,出纳、学正领其职。

【注释】

①湫(jiǎo)隘:居处低湿狭小。

【译文】

杭州府学在凌家桥的西面,士大夫们嫌弃府学低湿狭窄,故而浙西安抚使多次增加扩建府学的规模,拓展其斋舍,总共为十个斋,匾额分别是进德、兴能、登俊、宾贤、持正、崇礼、致道、尚志、率性、养心。还有小学斋舍,在登俊斋的后面,以东、西两教执掌小学斋舍的教导训诫的职责。下面有前廊、录、正等生员。各斋设有斋长、斋谕。每月、每季都有考试,府学供应的膳食也很丰厚,学校经费不低于数千钱,出纳、学正负责府学经费的管理。

仁和、钱塘二县学在县左,建庙学养士。仁和学有斋舍四,扁曰教文、教行、教忠、教信。钱塘学有斋舍六,曰友善、辨志、教行、教信、教文、教忠。诸县学亦如之。各县有学官,次有学职。生员日供饮膳,月修课考,悉如州学同。学廪:各县学不下数百,以为养士之供。

【译文】

仁和县、钱塘县两县的县学在县的左面,国家建庙学以培养士人。仁和县学有四个斋舍,匾额分别是教文、教行、教忠、教信。钱塘县学有六个斋舍,匾额分别是友善、辨志、教行、教信、教文、教忠。各县学也都是如此。各县有学官,下面有学职。生员每天供应饮食,每月考试,一切都像州学一样。学校经费:各县学的经费不低于数百钱,作为培养士人的供应。

医学在通江桥北,又名太医局,建殿扁曰神应,奉医师神应王,以岐伯善济公配祀①。讲堂扁曰正纪。朝家以御诊长听充判局职。本学以医官充教授四员,领斋生二百五十人。月季教课,出入冠带②,如上学礼。学廪饮膳,丰厚不苟,大约视学校规式严肃。局有斋舍者八,扁曰守一、全冲、精微、立本、慈用、致用、深明、稽疾。

【注释】

① 岐伯善济公:相传岐伯是黄帝时候的名医。今所传《黄帝内经》,就是上古医家托名黄帝与岐伯论医之作。(清)徐松辑《宋会要辑稿》礼二十之一百三十二:"光尧皇帝绍兴十七年,别建太医局于临安府,依在京旧制修建殿宇。十八年毕工,奉神像于殿。并

奉善济公,即歧伯也,于东庑,元在东京崇化坊。"

②冠带:戴帽子、束腰带。

【译文】

医学在通江桥的北面,又叫太医局,建造殿宇,匾额是神应,供奉医师神应王,以岐伯善济公配祀。医学讲堂匾额是正纪。朝廷以御医长充任太医局长官。医学以医官充当教授,有四个人,手下有斋生二百五十人。教授每月授课,出入要戴帽子、束腰带,像上学的礼仪。学校经费和饮食都很丰厚,大概根据学校规模样式严格要求。太医局有八处斋舍,匾额分别是守一、全冲、精微、立本、慈用、致用、深明、稽疾。

贡院

【题解】

本条详细记载了南宋杭州地区的贡院及其科举考试的相关情况。贡院是科举考试的重要场所。礼部贡院，位于观桥西，是省试和殿试的主要场所。本州贡院，位于钱塘门外王家桥，用于本州九县士人的发解试。两浙漕司贡院，位于北关门外沈家桥，用于两浙路寓士及有官人宗女夫等的发解试。别试院，位于大理寺之西，专门用于接待需要避嫌的贡士。宋代科举分为三级，发解试，每三年一次，八月十五日开始，各州郡县及各路运司同时放试。省试，三月上旬朝廷派遣官员到贡院，对各州府郡得解士人进行考试。殿试，由皇帝亲自出题，对省试合格者进行最终考试。考试分为三场，第一场考经义，第二场考论，第三场考策。贡院内设有弥封、誊录所及诸司官，确保考试的公正性。考生在贡院内可以购买点心、泡饭、茶酒等，考试期间有专人负责供应。中榜者将被授予官职，状元可除下郡通判，其他进士则被授予文学助教等职。中榜者会受到地方官员的欢迎和庆祝，州县会设宴庆贺。南宋时，科举制度是选拔官员的重要途径，贡院作为科举考试的场所，承载着无数士人的梦想。通过记载贡院的分布、考试流程及考生待遇，展现了南宋时期的文化特点和社会价值观。本条来自于《咸淳临安志》卷十二《行在所录·贡院》。

礼部贡院,在观桥西。中兴纪年①,诸郡贡生类试于各路转运所在州府就试②。绍兴十年③,诸州依条发解④,将省、殿试展一年⑤。向后科场,自十二年省试为准。至十四年,诸州发解如故,三年一次,降诏自是为定制。

【注释】

①中兴纪年:指从南宋第一任皇帝宋高宗朝开始。

②类试:"类省试"的简称。南宋初由于朝廷居无定所,政治中心无法确定,并且兵荒马乱交通困难,为了笼络人心,宋高宗在建炎三年(1129)和绍兴元年(1131)两次下诏在各路治所实行类省试。

③绍兴十年:1140年。

④发解:唐宋时期,参加贡举合格的人称为"选人",由所在州郡发遣解送到京城参与礼部会试,称"发解"。

⑤省:省试,科举中的第二级考试。自唐开元二十四年(736)以后至宋,省试由尚书省所属礼部主其事,人称礼部试或礼闱,又因为它在春季举行,亦称春闱或春试。明清时候,三省被废,吏、户、礼、兵、刑、工六部直属于皇帝,"省试"改称为"会试",即汇集全国举人于京师参加由礼部主持的考试之意。展:延缓。

【译文】

礼部贡院在观桥的西面。从宋高宗朝开始,各州府的贡生在各路转运使司所在州府参加类省试考。绍兴十年,各州依据制度举行解试,将省试、殿试延缓一年。以后的科举考试,以绍兴十二年省试为标准。至绍兴十四年,各州像原来一样举行解试,三年举行一次,皇帝下诏自此以后三年一次科举成为定制。

贡院置大中门,大门里置弥封、誊录所及诸司官。中门内两廊各千余间廊屋,为士子试处。厅之两厢列进士题名石刻,堂上列省试赐知贡举御劄,及殿试赐详定官御札,并闻喜宴赐进士御诗石刻①。别试院在大理寺之西②,专以待贡士之避亲嫌者③。

【注释】

①闻喜宴:科举活动中宴会之一,始于唐朝,是朝廷为中第举人举办的庆功宴会。当时地点多选择曲江之滨,因此又称为"曲江宴"。宋太平兴国九年曾设宴于琼林苑,因此称"琼林宴"。元代赐宴翰林国史院,明、清两代设宴于礼部,均称"恩荣宴"。历代虽名称不同,其内容大致没有变化,"琼林宴"在后世一直作为此类宴会的统称。
②别试院:《咸淳临安志》卷十二作"别试所"。
③亲嫌:指因亲属而徇私的嫌疑。

【译文】

贡院设有大中门,大门里设置弥封、誊录所和各司官员。中门内两廊各有一千多间廊屋,是士子们考试的地方。大厅的两厢陈列着进士题名石刻,堂上陈列着省试赐知贡举的皇帝手诏,以及殿试赐详定官的手诏,连同闻喜宴赏赐进士的御诗石刻。别试院在大理寺的西面,专门是招待回避亲属嫌疑的考生。

本州贡院在钱塘门外王家桥①,以待本州九县士人发解之处②。两浙漕司贡院在北关门外沈家桥,以待两浙路寓士及有官人宗女夫等发解之处③。

【注释】

① 本州贡院：指杭州贡院。

② 九县：南宋临安府下辖钱塘、仁和、余杭、临安、於潜、富阳、新城、盐官、昌化等九县。

③ 寓士：寄居别处的士人。

【译文】

杭州贡院在钱塘门外王家桥，是本州九县士人参加解试的场所。两浙转运司贡院在北关门外沈家桥，是寄居在两浙路的士人以及有官人宗女夫等参加解试的地方。

城内外诸宫观

【题解】

本条详细记载了南宋杭州城内外的道教宫观及其相关情况。这些宫观不仅是宗教活动的场所，也是当时社会文化的重要组成部分。城内宫观，有太乙万寿宫，位于城内，是最重要的宫观之一，供奉太乙神。天庆观，位于天庆坊，供奉圣祖保生天尊大帝，是官僚朝谒的重要场所。报恩观，位于观桥南报恩坊，供奉元贞观贡院西巷的香火。旌忠，位于丰乐桥东北，供奉凤翔府和尚原三圣庙的香火。此外还有天明、承天、天竺、灵应、至德、崇应等六宫观，分布在吴山左右。城外宫观，如洞霄宫，位于余杭大涤洞天，是最重要的外郡宫观之一。自汉武帝时期起，历经唐、五代至宋，已有1900余年历史。宫内有五洞交扃、九峰回抱，景色秀丽，是得道之士修行的胜地。此外还有鹤林观、景隆观、水府净鉴观、玉虚观、表忠观、真武观、旌德观、云涛宫、上清宫等。城内外女冠宫观，有福田宫、新兴宫、明贞宫、神仙宫、承天宫、西靖宫、灵耀宫、长清宫等九宫。南宋时，道教在临安地区极为盛行，宫观遍布城内外。这些宫观不仅是宗教活动的场所，也是社会文化的重要组成部分。道教的影响力深入社会各个阶层，从朝廷到民间，都对道教宫观给予了极高的重视。本条文字参考了《咸淳临安志》卷七十五《寺观一》"前言""宫观""道堂"，但无完全对应者。

释老之教遍天下①,而杭郡为甚。然二教之中,莫盛于释,故老氏之庐十不及一②。但老氏之教有君臣之分,尊严难犯,报应甚捷,故奉老氏者倍加恭敬,不敢亵渎③,此释氏之所不如也。且在城宫观,则以太乙、万寿为首,余杭洞霄次之。其他外郡,如醴泉、祐神、集禧、崇禧等观又次焉。此朝廷以待老臣执政,闲居侍从、卿监除提举主事之职,优宠也。今摭宫观在杭者④,除御前十宫观外,编次于后⑤。

【注释】

①释老:佛教与道教。

②老氏:指道教。因为道教尊奉先秦道家学派代表人物老子为始祖,故而道教又被称为老氏之教。

③亵渎:轻慢,冒犯。

④摭(zhí):有选择地拾取、挑选。

⑤编次:按照一定顺序排列次第。

【译文】

　　佛教、道教遍天下,杭州宗教信仰尤其多。不过佛、道两教之中,佛教尤为兴盛,所以道教宫观数量比不上佛寺十分之一。但道教有君臣上下的划分,上级的尊严难以冒犯,一旦冒犯报应来得非常快,故而信奉道教的人加倍恭敬,不敢轻慢,这是佛教所不及的。杭州城的道教宫观,以太乙宫、万寿观为首,其次是余杭洞霄宫。其他外地宫观,比如醴泉观、祐神观、集禧观、崇禧观等宫观又在其次。这是朝廷优待年老辞官的大臣们,闲居的侍从、卿监除授提举宫观主事的官职,是皇帝的优待宠幸。现在挑选杭州城的宫观,除却御前十宫观以外,编排次序如下。

天庆观在天庆坊①,以奉圣祖保生天尊大帝香火。郡家官僚朔望、到任,俱朝谒于此。报恩观,在观桥南报恩坊。元贞观②,在贡院西巷。旌忠观在丰乐桥东北③,以奉凤翔府和尚原三圣庙香火。中兴观④,即伍相公庙后;天明⑤、承天⑥,即梓潼庙。天庆、灵应、至德⑦、崇应六宫观⑧,俱在吴山之左右。鹤林观⑨,在俞家园。景隆观,在新门外。水府净鉴观⑩,在清水闸。玉虚观⑪,奉三官。表忠观奉钱王五庙香灯⑫,在龙山左右。贞武观,在太和寺后。玉清宫⑬,在葛岭下。旌德观⑭,在苏堤先贤堂后。云涛⑮、上清两宫观⑯,俱在雷峰塔寺之右。冲虚观⑰,在履泰乡。太清观⑱,在龙井山。景星观,在临平岳祠之侧。顺济宫,在汤镇岳宫之左右。

【注释】

① 天庆观:《咸淳临安志》卷七十五《寺观一·宫观·城内外·天庆观》:"在宰执府后。唐时为紫极宫。梁开平二年,改真圣观(有记,钱武肃王立,文多阙轶)。大中祥符二年,诏诸郡建天庆观,尝以元真观之。天禧三年,郡守王钦若以朝谒差远奏,徙天庆观额于此。绍兴二十六年,有旨重建,赐田五百亩,除其赋。绍定四年,毁,有旨重建,御书'天庆之观'四大字。而咸淳六年又增拨官田五百亩给之。观内有真宗皇帝御制赐守臣王钦若诗,高宗皇帝御书老子《道德经》石刻。"

② 元贞观:即元真观。《咸淳临安志》卷七十五《寺观一·宫观·城内外·元真观》:"在礼部贡院西。唐中宗景龙二年建,遂以景龙名(旧志作景隆,恐误)。后唐改中兴观,钱氏改钱明宫(相传钱武肃患目,祷而愈,遂改。今贡院桥下小石碣纪为钱明宫)。国朝雍熙二年,改元真观。大中祥符二年,为天庆观。天禧三年,守

王右相钦若奏徙天庆额于真圣观而复元真之旧,赐田凡五百亩。"

③旌忠观:《咸淳临安志》卷七十五《寺观一·宫观·城内外·旌忠观》:"在丰乐桥。绍兴元年,宣抚处置使张浚备秦凤帅吴玠陈请凤翔府和尚原三圣庙乞赐额曰旌忠。三年,张循王俊、杨和王存中于临安府踏道桥东立庙。绍兴十九年,杨和王奏请改赐观额。三十二年,徙于觉苑寺故基。淳祐壬子,毁,惟庙独存。宝祐丙辰,始建屋六楹(详见《祠庙门·旌忠庙》)。"

④中兴观:《咸淳临安志》卷七十五《寺观一·宫观·城内外·中兴观》:"在吴山。大观中,建东岳行祠,规制略具。绍兴七年,乡民始合民营葺之。二十九年,有茹氏者捐资讫成之,翼以道观。嘉泰辛酉,毁,包道成募缘重建,扁曰崇道庵。嘉定己巳,始请观额。绍定辛卯、嘉熙丁酉,仍毁,赵安抚与蕙议徙他所不果,乃即其地改卜,北向建庙。淳祐壬子,赵安抚与蕙又易向而东。明年,理宗皇帝御书'东岳之殿'四字以赐。"

⑤天明:即天明宫。《咸淳临安志》卷七十五《寺观一·宫观·城内外·天明宫》:"在吴山忠清庙后。嘉泰中建。"

⑥承天:即承天灵应观。《咸淳临安志》卷七十五《寺观一·宫观·城内外·承天灵应观》:"在吴山之巅,旧故天地水府三官堂。绍兴间,改冲天观。绍定四年毁。端平三年重建旨改赐今额,仍建梓潼帝君行祠。淳祐十年旨增建玉皇上帝宝阁。"

⑦至德:即至德观。《咸淳临安志》卷七十五《寺观一·宫观·城内外·至德观》:"在吴山之巅浑仪台侧,即十一曜太岁堂也。元隶太史局,绍定四年毁,羽士请以为庐。端平三年成,御书其扁曰'至德之观'。"

⑧六宫观:吴山六座宫观,为中兴观、天明观、承天灵应观、至德观、清源崇应观、显惠观。

⑨鹤林观:即鹤林宫。《咸淳临安志》卷七十五《寺观一·宫观·城

内外·鹤林宫》:"在城内俞家园。庆元乙卯旱,顺济观道士刘友真祷而雨。绍定辛卯,即所寓舍为观,请今额。咸淳元年太傅、平章贾魏公给田三百亩。"

⑩净鉴观:《咸淳临安志》卷七十五《寺观一·宫观·城内外·水府净鉴观》:"在潮门外清水闸东。旧在嘉会门外桐木园。世传五季马自然修炼于此。龙德三年,钱氏号水府院。国朝天圣四年,诏定天下名山洞府二十,钱塘江水府居其一,岁投龙简。政和改净鉴院。七年,增'水府'字,仍岁度道士一人。建炎间,徙今处。乾道四年,周安抚淙建水府扶桑大帝殿。嘉定七年,道士江师隆辟地重建。"

⑪玉虚观:《咸淳临安志》卷七十五《寺观一·宫观·城内外·玉虚观》:"在龙山。旧为三官院。钱武肃王龙德三年置,以奉天地水三官。祥符四年,赐今额。建炎初,荡于兵火。绍兴初,始草创。绍定六年,羽士陈永锡建三清阁。淳祐三年,朝廷斥赐焉。十一年,御书'玉虚之观三官之殿'八大字以赐。明年,又举御马院余地尽畀之,仍降度牒,造景福万年殿,奉皇帝元命。观西有张氏园,愿以归修内司,遂并行拨赐,即其地为三茅殿。"

⑫表忠观:《咸淳临安志》卷七十五《寺观一·宫观·城内外·表忠观》:"在城南龙山。熙宁十年,守赵清献公以钱氏坟庙芜废请于朝,即龙山废佛刹妙因院为观,俾钱氏之孙为道士,曰:'自然者首居之。'仍岁度其徒一人以供洒扫。诏赐额曰表忠。详具苏公所撰碑。绍兴间,杨节使存中、淳祐中赵安抚与𥲅、宝祐间颜安抚颐仲,前后修葺,数久复坏。而五王庙在观之西南数十步外,洒扫非便,于是屋颓圮久矣。咸淳七年,安抚潜说友合庙观为一,拓地筑基,改创三清大殿,而即殿之故址创五王庙。栋宇宏丽,像设森严,若内外门,若两庑,以至钟楼、斋堂、云林阁等,或增或葺,焕然更新。又辟逵而东,凿池而方,圣朝褒忠之意,至是益大章显云。"

⑬玉清宫:《咸淳临安志》卷七十五《寺观一·宫观·城内外·玉清宫》:"在钱塘门外葛岭。绍定元年,东朝降钱造,移赐额。二年,赐田一千亩,崇奉宁宗皇帝恭圣仁烈皇太后神御。理宗皇帝御书'玉清之宫'四字以赐。后有葛仙翁炼丹台。"

⑭旌德观:《咸淳临安志》卷七十五《寺观一·宫观·城内外·旌德观》:"在苏堤第一桥。宝庆二年,守袁同知韶创先贤祠,徙玉晨道官于东北隅,以供洒扫请于朝,赐额曰旌德。有西湖道院,有亭曰虚舟,曰云锦,皆枕湖。"

⑮云涛:即云涛观。《咸淳临安志》卷七十五《寺观一·宫观·城内外·云涛观》:"在西湖南山雷峰塔后。绍定四年创,移请今额。"

⑯上清:即上清宫。《咸淳临安志》卷七十五《寺观一·宫观·城内外·上清宫》:"在西湖雷峰塔北,相传葛仙翁炼丹旧址。淳祐间建,理宗皇帝御书'清净道场'。"

⑰冲虚观:又名冲虚宫。《咸淳临安志》卷七十五《寺观一·宫观·城内外·冲虚宫》:"在钱塘县履泰乡。绍定中建,名宁寿庵。淳祐六年,移请今额。"

⑱太清观:又名太清宫。《咸淳临安志》卷七十五《寺观一·宫观·城内外·太清宫》:"在钱塘县履泰乡龙井山路。绍熙元年建,宁宗皇帝御书'太清宫岁寒亭'及'养性'二字以赐。又有矩玉亭,咸淳四年旨赐惠顺贾贵妃充功德院。"

【译文】

天庆观在天庆坊,用来供奉圣祖保生天尊大帝的香火。杭州官员每月农历初一、十五,新官到任,都要拜谒天庆观。报恩观,在观桥南面的报恩坊。元贞观,在贡院西巷。旌忠观在丰乐桥东北,用来供奉凤翔府和尚原三圣庙的香火。中兴观,即伍相公庙;后面的天明观、承天观,即梓潼庙。天庆观、灵应观、至德观、崇应观六座宫观,都在吴山的左右两侧。鹤林观,在俞家园。景隆观,在新门外。水府净鉴观,在清水闸。玉虚观,供奉天、地、水三官。表忠观供奉钱王五庙的香灯,在龙山左右。贞武观,在太和寺的后面。玉清宫,在葛岭下面。旌德观,在苏堤先贤堂的后面。云涛观、上清宫两座宫观,都在雷峰塔寺的右面。冲虚观,在履泰乡。太清观,在龙井山。景星观,在临平东岳行祠的侧面。顺济宫,在汤镇东岳行宫的左右。

外有在城及附郭女冠宫观者九[1]:曰福田[2]、新兴[3]、明真[4]、神仙[5]、承天[6]、西靖[7]、灵耀[8]、长清等宫[9]。余外七县,首以余杭大涤洞天,即洞霄宫也[10]。

【注释】

[1] 女冠:女道士。

[2] 福田:《咸淳临安志》卷七十五《寺观一·宫观·城内外·女冠·福田宫》:"在荐桥门里,旧名彤云。熙宁十年改赐梵严观。嘉定中,恭圣仁烈皇后赐田一千亩,改今额。"

[3] 新兴:《咸淳临安志》卷七十五《寺观一·宫观·城内外·女冠·新兴宫》:"在城南众惠桥。嘉定间,女冠王景圆舍宅为宫,移请今额。"

[4] 明真:原作"明贞",据《咸淳临安志》卷七十五《寺观一·宫观》改。《咸淳临安志》卷七十五《寺观一·宫观·城内外·女冠·明真宫》:"在九里松步司前军教场之北。嘉定中建,宁宗皇帝御书'明真'二字。"

[5] 神仙:《咸淳临安志》卷七十五《寺观一·宫观·城内外·女冠·神仙宫》:"在钱塘门外东山街。"

[6] 承天:《咸淳临安志》卷七十五《寺观一·宫观·城内外·女冠·承天宫》:"在仁和县赤岸。嘉熙中建,宁宗皇帝御书'承天'二字。"

⑦西靖:《咸淳临安志》卷七十五《寺观一·宫观·城内外·女冠·西靖宫》:"在钱塘门外扫箒坞,开禧元年建。"

⑧灵耀:《咸淳临安志》卷七十五《寺观一·宫观·城内外·女冠·灵耀观》:"在钱塘县驰蠮岭下。绍定中建。"

⑨长清:《咸淳临安志》卷七十五作"常清"。《咸淳临安志》卷七十五《寺观一·宫观·城内外·女冠·常清宫》:"在鲍家田沂靖惠王府香火院。"

⑩洞霄宫:《咸淳临安志》卷七十五《寺观一·宫观·城内外·道堂·余杭县·洞霄宫》:"在县西南一十八里。汉武帝元封三年创公坛于大涤洞前,为投龙祈福之所。唐高宗时,迁于前谷为天柱观。光化二年,钱王更建。国朝大中祥符五年,漕臣陈文惠公尧佐以三异奏(一池泉涌,一枯木荣,一祥光现),赐额为洞霄宫,仍赐田十五顷,复其赋,后毁于兵。绍兴二十五年,旨赐钱重建。乾道二年,太上皇帝、太上皇后乘舆临幸,御书《度人经》一卷以赐。又明年,太上皇后复来游。淳熙六年,道藏成。八年,赐藏经。孝宗皇帝尝赐道士俞延禧《画古洞松诗》,光宗皇帝御书'怡然'二字赐延熹为斋扁。宁宗皇帝御书'演教堂'。理宗皇帝赐内帑铸钟,御书《清净经》一卷及'洞天福地'四大字以赐。"

【译文】

此外还有位于杭州城以及杭州属县的女道士宫观九座,分别是:福田宫、新兴宫、明真宫、神仙宫、承天宫、西靖宫、灵耀观、长清宫等宫观。其他七个属县,以余杭县大涤洞天,即洞霄宫为第一。

以下宫观二十有三:如洞霄宫者,按诸志书云:"自汉武帝迄唐①、五代,至宋一千九百余年,元名天柱,宋大中祥符年赐观额洞霄。"按《真境录》云②:"宫有五洞交局③,九峰回抱,千岩万谷,秀聚其中,或泉飞彤厦之檐,云锁碧坛之角。祥光神异,兼木返于春枝;抚掌泉灵,更丹藏于翠石。"

【注释】

①汉武帝:西汉皇帝,名刘彻。公元前141—前87年在位。
②《真境录》:即《大涤洞天真境录》。洞霄道士唐子霞撰。
③交扃(jiōng):互为门户。扃,门户。

【译文】

以下宫观二十三座:像洞霄宫,根据各地方志记载:"从汉武帝至唐朝、五代,至宋朝一千九百余年,原名天柱,宋朝大中祥符年间赐观额洞霄。"根据《真境录》记载:"洞霄宫有五个洞穴相互交错,九座山峰环绕,千岩万谷汇聚于此,景色秀丽。泉水从红色的屋檐飞落,云雾环绕在碧绿的坛角。这里祥光闪烁,神奇异常,树木四季常青;泉水灵动,仿佛能感应到拍掌之声,而丹砂则隐藏在翠绿的岩石之中。"

又有亭馆者七,扁曰漱玉、超然、税驾、翠蛟、飞玉、宜霜、聚仙是也①。自晋、宋以来②,得道之士许迈而下凡二十有四人焉③。更有神异曰"捣药禽"④,盖山中异鸟最多,仅有其一。昼隐夜鸣,莫得而见。声音清亮,彻旦不绝,类如杵药之声。曰五色云气出于洞中。高庙脱屣万几⑤,颐神物表⑥,遂于乾道二年自德寿宫行幸山中⑦,驻跸累日,敕大官进蔬膳⑧,御翰《度人经》以赐⑨。

【注释】

①聚仙:后原衍"贞扼"二字,据《咸淳临安志》卷七十五删。
②宋:指南朝第一个朝代刘宋(420—479)。是南朝中存在时间最

久、疆域最大的朝代,共传四世十帝。

③得道:指道术修炼完成。许迈:字叔玄,一名映,丹阳句容人。家世士族。少恬静,不慕仕进,接受郭璞的建议隐居修行。

④捣药禽:《咸淳临安志》卷七十五《寺观一·宫观·城内外·道堂·余杭县·神异·捣药禽》:"山多异禽,其最异者仅有其一,昼隐夜鸣,莫得而见。其音清亮,彻旦不绝,殊类杵药声。"

⑤脱屣(xǐ)万几:此处指宋高宗禅位宋孝宗。脱屣,比喻看得很轻,无所顾恋,犹如脱掉鞋子。万几,指君主日常处理的纷繁的政务。《尚书·皋陶谟》:"无教逸欲有邦,兢兢业业,一日二日万几。"孔传:"几,微也,言当戒惧万事之微。"

⑥颐神:保养精神,使神志安息宁静。物表:物外,世俗之外。

⑦乾道二年:公元1166年。行幸:指帝王出行。

⑧大官:此处指高级宦官。

⑨《度人经》:即《灵宝无量度人上品妙经》(又称《元始无量度人上品妙经》《太上洞玄灵宝无量度人上品妙经》),简称《度人经》。葛洪从孙葛巢甫所"造构",是魏晋时期道教古灵宝派早期经典作品之一。主要叙述高圣太上玉晨大道君,昔于始青天中,大浮黎国,宝珠之内受元始天尊传授《度人经》。经文所宣扬的"仙道贵生,无量度人"的思想以及济度不分贵贱,只要人们诚心"修斋""行香""诵经"累积功德都可以消灾、登仙的修行方式,革除了早期道教中许多庸俗粗鄙的内容。

【译文】

还有七座亭馆,匾额分别是漱玉馆、超然馆、税驾馆、翠蛟亭、飞玉亭、宜霜亭、聚仙亭。自晋朝、南朝刘宋以来,得道之士许迈以下共二十四人。更有神异的"捣药禽",因为山中奇异的鸟最多,此处仅叙述其中一种。捣药禽白天隐藏夜晚鸣叫,人没法看到。此鸟叫声清亮,从晚上叫到天亮都不停止,声音如同捣药声。五色云气从洞中涌出。宋高宗禅位,保养精神超脱世俗之外,于是在乾道二年自德寿宫来到此山中,停留了多日,皇帝下令高级宦官进蔬菜膳食,亲自撰写《度人经》予以赏赐。

自有天地即有此山,殊尤之迹胜矣①。苏文忠公诗②:"上帝高居悯世顽,故留琼馆在凡间。青山九锁不易到③,作者七人相对闲④。庭下流泉翠蛟舞,洞中飞鼠白鸦翻。长松怪石宜霜鬓,不用金丹苦驻颜。"又方干诗⑤:"早识吾师频到此,芝童药犬亦相迎。师今一去无消息,花洞石泉空月明。"其余名贤赋咏,不尽详述。

【注释】

①殊尤:特别,特殊。

②苏文忠公诗:此诗题为《洞霄宫》,作于北宋神宗熙宁六年(1073)。苏文忠公,即北宋文学家、书法家苏轼。南宋高宗时追赠太师,宋孝宗时追谥"文忠",故称。

③青山九锁:《洞霄宫志》卷二《九锁山》:"自余杭西郭外,行十有八里,逆溪水上,左右合七峰,皆拔地数百尺。其趾犬牙相错,行路并溪屈折者九,故云九锁。好事者悉命以名,一曰天关,二曰藏云,三曰飞鸾,四曰凌虚,五曰通真,六曰龙吟,七曰洞微,八曰云傲,九曰朝元。"

④作者七人:指与苏轼一起同游者七人。

⑤方干:唐朝诗人。字雄飞,号玄英,门人私谥曰玄英先生。睦州青溪(今浙江淳安)人。为人质野,喜凌侮。每见人设三拜,曰礼数有三,时人呼为"方三拜"。唐宪宗元和三年(808)举进士。唐懿宗咸通年间隐居会稽镜湖。诗题为《题天柱观鱼尊师旧院》。

【译文】

自从有天地以来便有此山,特殊的景色优美非常。苏轼有诗:"上帝高居悯世顽,故留琼馆在凡间。青山九锁不易到,作者七人相对闲。庭下流泉翠蛟舞,洞中飞鼠白鸦翻。长松怪石宜霜鬓,不用金丹苦驻颜。"方干也有诗:"早识吾师频到此,芝童药犬亦相迎。师今一去无消息,花洞石泉空月明。"其余名人贤士创作和吟诵的诗文,不一一详细叙述。

又有道堂者①,如西湖崇真道院②、灵应希真道堂以下③,城内外约有二十余处,皆舍俗三清道友④,及接待外路名山洞府往来云水高人⑤。时有神仙应缘现迹⑥,详于志传。

【注释】

①道堂:庙观。
②崇真道院:《咸淳临安志》卷七十五《寺观一·宫观·城内外·道堂·崇真道院》:"在苏公堤。咸淳四年,太傅、平章贾魏公给钱创建,仍拨租田以赡云侣。其地旧有水仙王庙,并以香火之奉属焉。"
③灵应希真道堂:《咸淳临安志》卷七十五《寺观一·宫观·城内外·道堂·灵应堂》:"在清波门外聚景园前。"
④舍:居住,休息。三清:指道教玉清、上清、太清三清境。
⑤路:宋朝行政区域,类似于明、清的省。洞府:神话传说中神仙居住的所在。云水:漫游。漫游如同行云流水一样漂泊无定,故称。
⑥应缘:顺应缘分。

【译文】

还有庙观,比如西湖崇真道院、灵应希真道堂以下,杭州城内外约有二十余处,都是用来居住舍弃世俗生活的道教道友,以及接待外路名山洞府往来的漫游高人。时常有神仙顺应缘分现身,志传中有详细记载。

城内外寺院

【题解】

本条叙述了南宋杭州城内外寺院的情况,包括寺院所在位置、数量、职能等。城内寺院有明庆寺,位于木子巷,是朝廷祈祷及官员建启圣节道场的重要场所。仙林慈恩普济教寺,位于盐桥东,寺内设有万善大乘戒坛,是僧尼受戒的重要地点。城内共有大小寺院57座,包括自七宝山开宝仁王寺以下的诸多寺院。城外寺院包括景德灵隐禅寺、三天竺演福上下、圆觉、净慈、光孝、报恩禅寺等,共有385座寺院。七县寺院包括余杭县径山能仁禅寺等185座寺院。塔院有六和塔,位于六和、慈恩开化寺。南高峰塔,位于荣国寺。此外还有圣果寺塔、定民坊佛牙塔、广化寺辟支塔、南山延寿法显院华严塔、净因寺双石塔等。僧塔,有上天竺寺隋朝僧贞观法师东冈塔,龙井寿圣寺辨才和尚塔。南宋时,佛教在临安地区极为盛行,寺院遍布城内外。这些寺院不仅是宗教活动的场所,也是社会文化的重要组成部分。本条文字由《咸淳临安志》卷七十六《寺观二·寺院》、卷八十二《寺观八》"尼院""庵"合并而成。不过《梦粱录》仅列举一些寺院名称及其总数。

明庆寺在木子巷,凡朝家祈祷,及宰执文武官僚建启圣节道场咸在焉。仙林慈恩普济教寺[①],在盐桥东[②]。寺有万善大乘戒坛③,僧尼受戒法之地。太平兴国传法寺④,在祐圣观东。千顷广化院在木子巷北⑤,系群臣僚佐建启圣节道场及祈祷去处。

【注释】

① 仙林慈恩普济教寺:《咸淳临安志》卷七十六《寺观二·寺院·仙林慈恩普济教寺》:"在盐桥北。绍兴三十二年,僧洪济大师智卿造,赐今额。隆兴元年,赐隆兴万善大乘戒坛额。淳祐三年,赐淳祐万善大乘戒坛额,又赐寺额及飞天法轮宝藏额,皆奎画也。六年,赐御制钟铭(见御制门)。宝祐元年,赐内帑钱造大佛宝殿。开庆元年,降钱买嘉兴府田二百余亩,赐名丰禾庄。寺有苏文忠公书《金刚经》石碑。"

② 东:《咸淳临安志》卷七十六作"北"。

③ 戒坛:僧徒传戒之坛。

④ 太平兴国传法寺:《咸淳临安志》卷七十六《寺观二·寺院·太平兴国传法寺》:"在祐圣观东。先是,京东太平兴国寺有传法院,绍兴初,普照大师德明随驾南渡,乞建院。淳熙二年,慧辨大师智觉奏请,始赐太平兴国传法寺额。淳祐七年,赐以御扁及'飞天法轮宝藏'六字。"

⑤ 千顷广化院:《咸淳临安志》卷七十六《寺观二·寺院·千顷广化院》:"在木子巷北。开平元年,吴越王钱氏建。旧名千顷,大中祥符九年改今额。中兴后,为临安府祝圣道场所。庆元六年,僧善彬建张真君行祠。"

【译文】

明庆寺在木子巷,凡是朝廷祈祷,以及宰执文武官僚举行启圣节道场都在那里举行。仙林慈恩普济教寺,在盐桥的东面。寺有万善大乘戒坛,是僧人尼姑接受戒法的地方。太平兴国传法寺,在祐圣观的东面。

千顷广化院在木子巷的北面,是群臣和属吏们举行启圣节道场和祈祷的去处。

城内寺院,如自七宝山开宝仁王寺以下大小寺院五十有七①。倚郭尼寺②,自妙净福全慈光地藏寺以下三十有一。又两赤县大小梵宫,自景德灵隐禅寺③、三天竺④、演福上下、圆觉、净慈报恩光孝禅寺以下寺院凡三百八十有五⑤。更七县寺院,自余杭县径山能仁禅寺以下一百八十有五⑥。

【注释】

① 开宝仁王寺:《咸淳临安志》卷七十六《寺观二·寺院·开宝仁王寺》:"在七宝山。先是,东京开宝寺有仁王院,僧慧照大法师晔随驾南渡。绍兴五年,奏请权建于七宝山,主大内祈禳事如故典。绍兴三年,始赐敕额。嘉泰甲子、绍定辛卯,一再毁。僧祖仁重建。端平元年,尚方铸钟以赐。淳祐元年,御书寺额以赐。三年,赐田三顷。景定五年,又毁。太傅、平章贾魏公施度牒、给省札,市材重建。"

② 尼寺:尼姑居住的寺院。

③ 灵隐禅寺:《武林旧事》卷五《灵隐禅寺》:"相传'灵隐禅寺'乃葛仙翁书,或云宋之问书。景德中,续加'景德'二字。有百尺弥勒阁、莲峰堂。方丈曰直指堂。千佛殿、延宾水阁、望海阁。理宗御书'觉皇宝殿妙庄严域'。又有巢云亭、见山堂、白云庵、松源庵、东庵等在山后,尤幽寂可喜。"

④ 三天竺:《武林旧事》卷五:"三天竺(自灵鹫至上竺郎当岭止)。"《钱塘遗事》卷一《三天竺》:"上中下天竺,三寺相连,其山门与灵隐共入,扁曰灵隐天竺之门。惟上天竺系观音坐正殿,敕赐号灵

感。临安祈祷则迎奉之。有敕赐宝厨顶,钳诸宝饰其上,有两珠,一赤一白,名日月珠。又有白黑相间如核样名鬼谷珠,又一大珠名珠母,又一大珠名猫儿眼睛,每遇迎奉,则如此饰。亦曾迎入大内祈祷焉。"

⑤净慈报恩光孝禅寺:原作"净慈光孝报恩禅寺",据《咸淳临安志》卷七十八乙。《咸淳临安志》卷七十八《寺观四·寺院·报恩光孝禅寺(即净慈)》:"显德元年建,号慧日永明院。太宗皇帝赐寿宁院额,绍兴十九年改今额。中毁。孝宗皇帝赐金讫成之,既而翠华临幸。嘉泰四年,又毁,朝廷仍给钱重建。嘉定十三年始成。闵胜甲湖山,独病远汲。绍定四年,主僧法薰于佛殿前凿双井。淳祐十年,建千佛阁,理宗皇帝御书'华严法界正遍知阁'八大字。景定五年,有旨增赐田。寺有慧日阁、五百罗汉堂、正明二年大铁锅。旧有慧日峰、法华台、铜迦毗罗神像、铜深沙神像,皆不存。"

⑥能仁禅寺:《咸淳临安志》卷七十六《寺观二·寺院·能仁寺》:"在涌金门里。嘉定元年,移请长桥侧废寺为额(按旧志,能仁寺在糯米仓。广顺元年,吴越王钱氏建,旧额承天。政和四年,改赐今额于四溪法华庵)。"

【译文】

杭州城内寺院,从七宝山开宝仁王寺以下大小寺院有五十七座。属县的尼姑居住的寺院,从妙净福全慈光地藏寺以下有三十一座。两赤县大小佛寺,从景德灵隐禅寺、三天竺、演福上下、圆觉寺、净慈报恩光孝禅寺以下寺院共有三百八十五座。还有七个县的寺院,从余杭县径山能仁禅寺以下共一百八十五座。

都城内外庵舍,自保宁庵之次①,共一十有三。诸录官下僧庵②,及白衣社会道场奉佛③,不可胜纪。或僧行欲建道场殿宇④,则持钵游于四方⑤,能事者干缘,不日可以成就,惟道坚志愿无二心耳。

【注释】

① 保宁庵:《咸淳临安志》卷七十六《寺观八·庵·西北保宁庵》:"在太庙前,绍兴四年建。"
② 僧庵:佛寺,佛庵。
③ 白衣:佛教徒着缁衣,因称俗家为"白衣"。
④ 僧行:僧众。
⑤ 持钵:佛教语,托钵,引申为行脚。

【译文】

行都杭州城内外的小寺庙,自保宁庵以下,共有一十三座。各僧录官下面的僧庵,以及未出家的佛教信徒建立道场用于奉佛修行,其数量之多难以尽数。有的僧众为了修建道场殿宇,则会手持钵盂游走于四方化缘,那些有能力的人会积极募化,短时间内便可以筹集到足够的资金和物资,完成道场的建设。僧人和信徒们一心向佛,毫不动摇,这种坚定的信念是他们能够建成道场的重要原因。

僧塔寺塔

【题解】

本条简单介绍了南宋杭州城僧塔寺塔的名字和所在位置。南宋时杭州的佛教文化极为兴盛，僧塔和寺塔数量众多，这些塔不仅是佛教信仰的象征，也承载着丰富的历史文化内涵。比如六和塔，位于杭州市西湖区之江路16号。始建于北宋开宝三年（970），由吴越王钱弘俶舍园建塔，最初为九层，后在南宋绍兴二十六年（1156）改为七层。塔高59.89米，内部为砖石结构，外部为木结构楼阁式檐廊，每层檐角挂有铁铃，塔内有螺旋阶梯相连。六和塔不仅是佛教"六和敬"的象征，还具有镇压钱塘江潮、导航航运等世俗功能。虽屡遭破坏，但至今仍屹立不倒。雷峰塔位于杭州西湖区雷峰山上。始建于北宋太平兴国二年（977），吴越王钱俶为庆贺王妃生子而建。塔在历史上多次被毁，现存的塔是2002年重建的。原塔为八角形砖木结构，塔身装饰精美，内部藏有大量佛教文物。不仅是杭州的标志性建筑之一，还与《白蛇传》等民间传说密切相关。灵隐寺双石塔位于杭州灵隐寺大雄宝殿前露台东西两侧。始建于北宋建隆元年（960），吴越王钱弘俶重建灵隐寺时立。为八面九层实心石塔，每层均包括平坐、塔身和塔檐。塔身雕刻精美，但目前塔刹部分已不存。该塔是北宋留存至今最古老的石塔之一，见证了灵隐寺的历史变迁。本条文字由《咸淳临安志》卷八十七《冢墓·僧塔》、卷八十二

《寺观八·佛塔》、卷七十六《寺观二·寺院》合并而成。

杭城有古僧塔者,如上竺寺有隋朝僧贞观法师东冈塔①,竹阁有唐朝鸟窠禅师塔②,四圣观御园玛瑙坡恩高僧塔③,放马场栖真院赞宁塔④,宝胜寺后山法慧大师塔⑤,龙井寿圣寺辨才和尚塔⑥,塔前有双株海棠。

【注释】

① 隋朝僧贞观法师东冈塔:《咸淳临安志》卷八十七《冢墓·僧塔·隋僧真观法师东冈塔》:"在天竺。隋开皇十五年,有真观法师居天竺,手标葬处。天禧间,守王相钦若访寻,得之东冈之下,甓甃甚工。"贞观法师,隋代高僧。一作真观,俗名范圣达,钱塘(今杭州)人。出家后深研经、律、论三藏,后至天台山,向天台宗的创始人智𫖮受天台宗教观,在凤篁岭建南天竺寺(后改称崇恩演福寺)。

② 鸟窠禅师:《咸淳临安志》卷七十《人物·方外·圆修》:"鸟窠道林禅师。富阳(今杭州富阳区)人。衣衲敝甚,寒暑不更,栖止山间,有鹊巢于其侧。经四十秋未尝下山。时人谓之鸟窠禅师。元和中,白居易出守兹郡,入山礼谒。"

③ 玛瑙坡恩高僧塔:"恩"字原无,据《咸淳临安志》卷八十七补。《咸淳临安志》卷八十七《冢墓·僧塔·恩高僧塔》:"在码瑙坡。僧晤恩所藏圆公《孤山》诗,有'竹荫高僧塔'之句。"

④ 赞宁塔:在放马场栖真院前。

⑤ 法慧大师塔:《咸淳临安志》卷八十七《冢墓·僧塔·法慧大师坟》:"在宝胜院后山。师名智圆,字无外,自号中庸子,能诗。将终,预斸所居岩为坟,令用陶器敛,自铭其墓。又作诗自挽,有云:

'陶器一藏荒木下,绿苔芳草任纵横。'"

⑥辨才和尚塔:《咸淳临安志》卷八十七《冢墓·僧塔·辨才塔》:"在龙井塔前。有海棠二株,乃师手植,苏颖滨为撰碑,见'龙井寺'。"

【译文】

杭州城有古僧塔,比如上竺寺有隋朝僧人贞观法师东冈塔;竹阁有唐朝鸟窠禅师塔;四圣观御园玛瑙坡有恩高僧塔;放马场栖真院有赞宁塔;宝胜寺后山有法慧大师塔;龙井寿圣寺有辨才和尚,塔前有双株海棠。

其寺塔者,如六和慈恩开化寺曰六和塔,荣国寺曰南高峰塔①,景德灵隐寺曰北高峰庙塔,崇寿寺曰保叔塔②。又显严院寺曰雷峰塔,曰圣果寺塔,定民坊曰佛牙塔,广化寺曰辟支塔,南山延寿法显院曰华严塔,净因寺曰双石塔③。大中祥符开元寺广九里,自南渡初,斥西北充军器所作院及民居④。寺元有铁塔、石塔者五。又有法华塔⑤,在端拱年⑥,僧文定建。千顷广化院。有慈化大佛塔,即了性塔。景德、灵隐、净慈报恩光孝寺各有铁塔,乃吴越钱王所造。

【注释】

①南高峰塔:《咸淳临安志》卷八十二《寺观八·佛塔·南高峰塔》:"天福中建,高可十丈。崇宁二年,僧修懿重修。乾道五年,僧义圆重建。"(宋)周密《武林旧事》卷五《南高峰塔》:"荣国寺有白龙王祠及五显祠,险峻甚于北峰,中有坠石,相传云昔有道者镇魔于此。又有颍川泉。"

②保叔塔:位于宝石山上,与雷峰塔遥相对应,建于五代十国时的吴越国,初名"应天塔"。《咸淳临安志》卷八十二《寺观八·佛

塔・保叔塔》:"在巨石山。咸平中,僧永保重修,土人因号保叔塔焉。"

③双石塔:《咸淳临安志》卷八十二《寺观八・佛塔・净因石塔》:"在府治前。元系净因尼院双塔,上刻佛像经咒,今在民屋后。风雨晦冥间,有祥光如然灯。"

④斥:开拓。

⑤法华塔:《咸淳临安志》卷七十六《寺观二・寺院・大中祥符寺》:"又有法华塔(端拱元年,僧文定建。咸平二年,赐名)。"

⑥端拱:宋太宗的第三个年号,988—989年。

【译文】

寺塔,比如六和慈恩开化寺六和塔、荣国寺南高峰塔、景德灵隐寺北高峰庙塔、崇寿寺保叔塔。显严院寺雷峰塔、圣果寺塔、定民坊佛牙塔、广化寺辟支塔、南山延寿法显院华严塔、净因寺双石塔。大中祥符开元寺方圆九里,从南宋初年,将西北方拓展充作军器所作院和民居。开元寺原有五座铁塔、石塔。还有法华塔,端拱年间,僧人文定建造。千顷广化院,有慈化大佛塔,即了性塔。景德寺、灵隐寺、净慈报恩光孝寺各自有铁塔,是吴越钱王建造。

街市有塔者,如阁门里杨府前有砖塔,巷名曰塔儿头①。龙山儿头岭名白塔岭,岭有石塔存焉。儿门北有军寨门,立双塔,呼为双塔寨。荐桥门外观音寺对有砖塔,年深矣。北关门外二郎庙,庙前亦有砖塔三。桥北杨三郎头巾铺,河岸相对有砖塔,塔在度子桥南。两浙运司衙桥南光相寺亦有双塔,立于寺前。西湖三潭,立三塔以镇之。余外有僧庵所建塔院及街市砖塔,近年者不赘详。

【注释】

① 塔儿头：《西湖游览志》卷十三："安阜坊旧名近民坊，从此而南，有净因塔，俗称塔儿头。"

【译文】

街市上有塔，比如阁门里杨府前面有砖塔，巷名塔儿头。龙山儿头岭叫白塔岭，岭上存有石塔。儿门北面有军寨门，矗立着双塔，称为双塔寨。荐桥门外观音寺对面有砖塔，建造时间已经很久了。北关门外二郎庙，庙前也有三座砖塔。桥北杨三郎头巾铺，河岸相对有砖塔，塔在度子桥的南面。两浙转运司衙桥南面的光相寺也有双塔，矗立在寺前。西湖三潭，竖立三座塔来镇压。此外有僧寺建造的塔院和街市上的砖塔，近年的塔不再另外叙述。

古今忠烈孝义贤士墓

【题解】

本条叙述了南宋杭州城古今忠烈孝义贤士墓的位置。南宋杭州城有许多忠烈孝义贤士的墓葬，这些墓葬不仅是历史的见证，也是后人缅怀先贤的重要场所。比如岳飞墓位于杭州市西湖区北山路80号的栖霞岭南麓。岳飞被秦桧陷害而死，绍兴三十二年（1162），宋孝宗为其平反，以一品官之礼改葬于此，并在历代屡有重修。现存的岳飞墓是1979年按南宋原规格修复的，墓前有铁铸的秦桧等四人跪像。林逋墓位于西湖孤山北麓放鹤亭西南。林逋是北宋著名的隐逸诗人，他生前筑庐孤山隐居二十余年，以种梅养鹤、赋诗作书名世。林逋墓历代屡有重修，1986年在原墓址上重建，现为杭州市文物保护单位。罗隐墓位于杭州市萧山区义桥镇罗幕村的罗墓畈。除了本条记载外，还有沈括墓，位于杭州市余杭区良渚街道安溪村太平山南麓。沈括墓早年遭受破坏，1983年文物普查时重新发现并得以重建。牛皋墓位于西湖景区栖霞岭社区剑门关紫云洞东。其墓始建于南宋，历代屡有修建。现在的牛皋墓是1983年重修的，墓道前立有石牌坊，坊柱镌刻明徐渭撰写的楹联。张宪墓位于西湖景区栖霞岭西的仁寿山麓。张宪是岳飞的重要部将，与岳飞父子一同被害。其墓始建于南宋，后屡建屡毁，2004年杭州市政府重新修缮。陈文龙墓位于宝石山葛岭南坡静逸别墅东侧。陈文龙是南宋末年名臣，元军入闽时,他发兵自守,兵败被俘至杭州后绝食自尽。其墓为1929年重修,墓碑上刻有"宋参知政事陈忠肃公墓"。本条文字引自《咸淳临安志》卷八十七《冢墓》。

夏后氏之墓见于晚周①。女娲坟,考之自唐明皇朝天宝年②,至今几四百有余年③,尚存也。夫陵谷变迁④,高深易位,彼何能若是之久哉?盖圣帝明皇⑤,天相神护,以至于斯耳。今摭钱塘、仁和两县之古冢备录于后。

【注释】
① 夏后氏:指夏后皋,孔甲之子,在孔甲死后继承王位。相传死后葬于崤山(今河南洛宁西北)。
② 唐明皇:即唐玄宗李隆基。他死后的谥号是"至道大圣大明孝皇帝",故又称唐明皇。天宝:唐玄宗李隆基的第二个年号,742—756年。
③ 几:相当于"大约"。
④ 陵谷:丘陵和山谷。比喻自然界或世事巨变。
⑤ 圣帝:圣君,圣主。明皇:贤明的皇帝。

【译文】
夏后氏的墓见于后周。女娲坟,推求可知从唐玄宗天宝年间至今大约有四百多年,现在还存在。丘陵变成山谷,山谷变成丘陵,高处和深处位置互换,丘陵和山谷如何能这样保持长久呢?这是由于历代圣明君主的庇佑和上天神灵的保护,这些古迹才能长久保存下来。现在挑选钱塘、仁和县两县的古墓详细记录在下面。

唐杜牧墓①,在南山东南,与佛日山夹境,名杜牧坞是也。吴越文穆、忠献王墓②,在龙山之南。吴越孝献世子墓③,在天竺前山。吴越忠懿妻贤德顺睦妃孙氏墓,在石人岭下。吴越王妃仰氏墓,在龙井山放马场。按《表忠观碑》刻载,钱氏墓在钱塘者凡二十有六墓焉。吴越太尉开国薛公墓,在灵石山。吴越给事罗隐墓④,在钱塘定山乡。和靖先生林处士墓,在孤山。杭守胡则侍郎墓⑤,在龙井广福寺之麓。都尉周邠⑥、待制周邦彦⑦、少师元绛三墓⑧,俱在南荡山。文宪强渊明⑨、襄恪赵密等墓⑩,并在西溪钦贤乡。少宰刘正夫墓⑪,在真珠岭。枢密章粢墓⑫,在宝石山。寺丞陈刚中墓⑬,在龙井岭上沙盆坞。

【注释】

① 杜牧:字牧之,号樊川居士,京兆万年(今陕西西安)人,唐代诗人。人称"小杜",以别于杜甫。与李商隐并称"小李杜"。因晚年居长安南樊川别墅,故后世称"杜樊川"。著有《樊川文集》。

② 吴越文穆、忠献王墓:《咸淳临安志》卷八十七《冢墓·吴越文穆王墓》:"在龙山之南原。和凝撰神道碑。"《咸淳临安志》卷八十七《冢墓·吴越忠献王墓》:"在龙山之南原。太常卿张昭撰神道碑。"吴越文穆、忠献王,分别指五代吴越国第二代、第三代君王文穆王钱元瓘(guàn)、忠献王钱佐。

③ 吴越孝献世子:指吴越文穆王钱元瓘第五子钱弘僔。忠逊王钱倧同母兄,曾被册立为吴越世子。十六岁患病暴毙,谥孝献。

④ 吴越给事罗隐墓:《咸淳临安志》卷八十七《冢墓·吴越给事罗隐墓》:"在钱唐县定山乡居山里。又昌化潎溪之杨村,俗号罗公墓弯,盖其祖墓。"

⑤ 杭守胡则侍郎墓:《咸淳临安志》卷八十七《冢墓·知杭州胡侍郎

则墓》:"在西湖龙井广福院之麓。范文正公作墓志铭。"胡则,原作"吴则",据改。

⑥周邠:原作"周仰",据《咸淳临安志》卷八十七《冢》改。字开祖,北宋钱塘(今浙江杭州)人,陈舜俞的女婿。宋仁宗嘉祐八年(1063)进士,宋哲宗绍圣元年(1094)被列于元祐党籍。

⑦周邦彦:字美成,号清真居士,杭州钱塘(今浙江杭州)人,北宋文学家、音乐家,"婉约派"代表词人。宋神宗时为太学生,因撰写《汴都赋》歌颂新法受到宋神宗的赏识,升任太学正。宋哲宗朝任国子监主簿、校书郎等职。宋徽宗时一度提举大晟府,负责谱制词曲,供奉朝廷。死后赠宣奉大夫。旧时词论称他为"词家之冠"。

⑧元绛:字厚之,钱塘(今浙江杭州)人。北宋大臣、文学家。祖籍南城县东兴乡苏源村(今江西黎川荷源乡苏源村)人,祖父元德昭为五代吴越丞相。中第后曾任江宁推官、江西转运判官等职。累迁翰林学士,拜参知政事,后以太子太保致仕。卒谥"章简"。

⑨强渊明:字隐季,杭州钱塘(今浙江杭州)人。中进士第后,调海州司法参军,历济、杭二州教授等职。后受知于蔡京,迁秘书少监、中书舍人等职。卒赠金紫光禄大夫、资政殿学士,谥文宪。

⑩赵密:太原清源(今属山西)人,字微叔。南宋初年将领。宋徽宗朝以材武授河北队将,戍燕。高宗建炎中从张俊征战,屡立军功,累迁左军统领、统制等职。绍兴年间为龙神卫四厢都指挥使,主管侍卫步军。后转太尉、殿前都指挥使。以少保致仕。卒赠少傅,谥襄恪。

⑪刘正夫:字德初,衢州西安县(今属浙江)人,北宋大臣、书法家。在太学与建州建阳人范致虚、处州龙泉人吴材、江屿号称"四俊"。宋神宗元丰八年(1085)中进士,除任真州(治今江苏仪征)教授。宋徽宗大观三年(1109)被召为工部尚书,拜右丞,次年进中书侍郎。政和六年(1116)擢拜少宰。卒谥文宪。

⑫章楶(jié)：字质夫，建宁军浦城县（今福建南平浦城）人。北宋名将、诗人。宋英宗治平二年（1065），进士及第。宋哲宗元祐六年（1091）任环庆路经略安抚使，多次击退西夏侵扰。累迁同知枢密院事，晚年以资政殿学士、中太一宫使致仕。累赠右银青光禄大夫、太师、秦国公，谥庄敏。

⑬陈刚中：字彦柔，闽清（今属福建）人，南宋诗人。宋高宗建炎二年（1128）进士。绍兴中累官太府寺丞。因惹怒秦桧被谪知安远县。

【译文】

唐朝杜牧的墓，在南山东南，与佛日山夹境，叫杜牧坞。吴越钱元瓘、钱佐的墓，在龙山之南。吴越孝献世子钱弘僎的墓，在天竺前山。吴越忠懿妻贤德顺睦妃孙氏墓，在石人岭下。吴越王妃仰氏墓，在龙井山放马场。根据《表忠观碑》记载，钱氏墓在钱塘有二十六座。吴越太尉开国薛公墓，在灵石山。吴越给事中罗隐的墓，在钱塘定山乡。林和靖的墓，在孤山。杭守胡则侍郎墓，在龙井广福寺之麓。都尉周郐、待制周邦彦、少师元绛三座墓，都在南荡山。强渊明、赵密等人的墓，都在西溪钦贤乡。少宰刘正夫的墓，在真珠岭。枢密章楶的墓，在宝石山。寺丞陈刚中的墓，在龙井岭上沙盆坞。

恭孝仪王赵仲湜墓①，在西湖显明寺。王生时，有紫光照室，视之则肉块，以刃剖开，婴儿在内。靖康时，诸军欲推而立之，仗剑以晓谕诸军曰："自有真王。"其军犹未退，遂自拔剑欲刺，六军方退②。约以逾月真王出，众喏，言："若真王不出，则王当立矣。"王阳许之，而阴实缓其期。未几，高庙即位于应天③。王间关而南，上屡嘉叹。王尝自赞其像曰："惟忠惟孝，不污不苟。皓月清风，良朋益友。湛然灵台④，确乎不朽。"

【注释】

① 恭孝：原作"敬恭"，据《宋史》卷二百四十五《濮王允让传》改。赵仲湜（shí）：字巨源，初名仲汩。宋太宗玄孙，楚荣王赵宗辅子。宋钦宗即位，授靖海节度使，改今名。宋高宗即位于南京，其率众往谒，诏袭封嗣濮王，加开府仪同三司，授检校少保、少傅。卒追封仪王，谥恭孝。

② 六军：天子所统领的军队。《周礼·夏官·序官》："凡制军，万有二千五百人为军。王六军，大国三军，次国二军，小国一军。"《左传·襄公十四年》："周为六军，诸侯之大者，三军可也。"后因以为国家军队的统称。

③ 应天：北宋四京之一的南京，今河南商丘。

④ 灵台：心，心灵。《庄子·庚桑楚》："不可内于灵台。灵台者，有持而不知其所持，而不可持者也。"（晋）郭象注："灵台者，心也。"

【译文】

恭孝仪王赵仲湜的墓，在西湖显明寺。赵仲湜出生的时候，有紫光照耀房间，人们看过去发现是个肉块，用刀将肉块剖开，有个婴儿在里面。靖康之变，军队想要推戴赵仲湜为皇帝，赵仲湜手持宝剑告知军队将士说："自然有真正的王者即位称帝。"但将士们还没有退走放弃，仪王于是拔出宝剑想要自杀，将士们这才退走。赵仲湜和将士们约定再过一个月会有真正的王者出现，众人答应他，并说："如果真王不出现，那么您就应该即位称帝。"赵仲湜表面上答应了他们的请求，但实际上却在暗中拖延时间。没有多久，宋高宗在应天府即位称帝。赵仲湜辗转向南奔赴应天，高宗多次赞叹他的忠义。赵仲湜曾经对自己进行描述："我始终坚守忠诚与孝道，不随波逐流，不苟且偷安，坚守原则。我有高洁的品德和清高的志趣，身边有志同道合的朋友。内心清澈明亮，精神永恒不朽。"

浙西提刑、龙图周格墓①,在独角门步司前军寨。前殿撰周杞墓②,在徐、范村之间③。忠毅毕再遇墓④,在西溪。祕阁朱弁墓⑤,在西湖。丞相李文靖墓⑥,在小隐山。紫芝赵师秀墓⑦,在葛岭。花翁孙季蕃墓⑧,在水仙庙侧。淳固先生宋斌墓⑨,在资国寺之右。忠武岳鄂王墓,在栖霞岭下。

【注释】

①周格墓:《咸淳临安志》卷八十七《冢墓·浙西提刑周龙图格墓》:"在独角门步司前军寨。公,处州人,为直秘阁、浙西提刑。建炎元年,讨叛卒陈通,与子肇丕俱遇害。朝廷嘉其死节,赠中大夫、直龙图阁,敕葬此地,其子祔焉。"

②周杞墓:《咸淳临安志》卷八十七《冢墓·周殿撰杞墓》:"在九里松滕家原水冈坞。公,龙图格之弟也。建炎三年知常州,值苗刘之变,倡义勤王,以功除右文殿修撰。洪内翰迈跋其檄书,谓公'闻变愤踊,即飞表请反正。适忠穆吕卫公制置淮浙兼领建康,亟驰介诒书,议起兵勤王。公倡与协,于是忠穆公及诸大将皆提兵道竟上。凡军之百役,刍茭、薪蒸、谷菽、泉帛、弓刀、甲楯、车船、人徒,动以万计,辰索暮办,调胹弥缝,不使一间语。师既东,身独留常,杜要害,使去者无却顾忧。取日虞渊,功最右席。迈常恨世徒知忠穆复辟之功为大,而周公首倡大义,则少有能言者'。"

③在徐、范村之间:《咸淳临安志》卷八十七作"在九里松滕家原水冈坞"。

④毕再遇:字德卿。祖籍兖州(今属山东),后居于临安西溪。南宋著名军事将领。宋宁宗开禧北伐,随统制陈孝庆取泗州、战灵璧,以战功自武节郎超授为武功大夫,除任镇江中军统制兼知盱眙军,授达州刺史,后以功授忠州团练使。开禧三年(1207)出兵解

楚州之围，再拜镇江都统制兼知扬州、淮东安抚使。以武信军节度使致仕。累赠太师，谥忠毅。

⑤朱弁：字少章，号观如居士，徽州婺源（今江西上饶婺源）人。出身太学生。宋高宗建炎元年（1127）自荐为通问副使出使金朝，被金人拘留，十六年始得放归。

⑥李文靖：即北宋前期宰相李沆。字太初，洺州肥乡（河北邯郸）人。宋太宗太平兴国五年（980），中进士甲科。淳化二年（991），拜给事中、参知政事。宋真宗咸平元年（998），任同中书门下平章事、监修国史，成为宰相。卒赠太尉、中书令，谥文靖。乾兴元年（1022）配享宋真宗庙庭。宋理宗时为昭勋阁二十四功臣之一。作为北宋太宗、真宗两朝的名臣，有"圣相"之美誉。

⑦赵师秀：字紫芝，又字灵秀，号天乐，永嘉（今浙江温州）人。宋太祖八世孙。南宋诗人"永嘉四灵"之首。宋光宗绍熙元年（1190）中进士。晚年寓居临安（今浙江杭州）。

⑧孙季蕃：孙惟信，字季蕃，号花翁。原籍开封（今属河南），后居婺州（今浙江金华）。出身于武官之家，但无意仕宦。擅长诗词，与赵师秀、刘克庄等文人交游甚密，其词作在当时颇受好评。

⑨淳固先生宋斌：字庸斋，袁州分宜（今江西分宜）人。年轻时师从朱熹，坚守师说。一生淡泊名利，专注于学术研究，至老年仍不懈息。去世后被私谥为"淳固先生"。

【译文】

浙西提点刑狱、直龙图阁周格的墓，在独角门步司前军寨。右文殿修撰周杞的墓，在徐村、范村之间。毕再遇的墓，在西溪。直祕阁朱弁的墓，在西湖。丞相李沆的墓，在小隐山。赵师秀的墓，在葛岭。孙季蕃的墓，在水仙庙侧。淳固先生宋斌的墓，在资国寺的右面。鄂王岳飞的墓，在栖霞岭下。

历代古墓

【题解】

本条叙述了南宋杭州城的几座古墓的情况，包括墓所在位置、相关传说故事等。杭州作为历史悠久的城市，拥有众多古墓葬。其中晋朝杜子恭墓位于钱塘县北郭。《南齐书》卷四十八《孔稚圭传》记载："东出过钱塘北郭，辄于舟中遥拜杜子恭墓。"唐朝马三宝墓在九里松行春桥水竹坞教场内。丁兰母亲的故居在艮山门外三十六里丁桥之右，冢墓在姥山之东。唐孝女墓在钱塘县孝女南乡，亚父冢在皋亭山。木娘墓在艮山门外太平乡华林里蔡塘东。苏小小墓位于杭州西湖边的西泠桥北侧，是一座圆形的石砌墓冢，墓前立有一块石碑，上面刻有"钱塘苏小之墓"六个大字。墓冢背靠孤山，面临西湖，周围绿树成荫，环境清幽，是游客游览西湖时的必到之处。苏小小的故事在历史上流传甚广，成为文学作品中常见的题材。墓的具体修建时间不详，但可以肯定的是，它在南宋时期已经存在，并且成为文人墨客凭吊的对象。这些古墓葬不仅是历史的见证，也承载着丰富的文化内涵和地方传说，是研究南宋时期社会、文化和丧葬习俗的重要资料。本条文字引自《咸淳临安志》卷八十七《冢墓·相传古墓》。

晋杜子恭墓①，在钱塘。唐马三宝墓②，在行春桥水竹坞教场内。其墓于绍兴末因增广教场,惟此冢独高大,寨卒欲去之,方举锸间③,墓中有黑蜂数百飞出着人,不可向而止。是夕,步帅感梦④,有一衣黄服之人曰:"吾钱王之子,葬此已久,祈勿毁。"辞语甚切。次早,有本军申至应梦,遂辍其役。

【注释】

①杜子恭:东晋吴郡钱唐(今浙江杭州)人。名炅,以字行。有秘术,善治病,传五斗米道。江南豪强及京邑贵盛,多事之为弟子。其门徒孙泰等传其道。

②马三宝:柴绍家僮。唐高祖起兵,柴绍走太原,马三宝与何潘仁联合,自称总管,被高祖封为左光禄大夫。从太宗平京师,拜太子监门率,破叛胡刘拔真。从平薛仁杲,迁左骁卫将军。与柴绍击土谷浑冲锋陷阵,以功封新兴县男。贞观初拜左骁卫大将军。卒谥忠。

③锸(chā):铁锹。

④感梦:感应于梦中。

【译文】

晋朝杜子恭的墓,在钱塘。唐朝马三宝的墓,在行春桥水竹坞教场内。其墓在绍兴末年因为拓宽教场,唯独此墓岿然高大,寨卒想要将其毁掉,刚刚举铁锹,墓中有数百只黑蜂飞出来蜇人,人无法靠近墓,只能停止施工。当天晚上,步军都指挥使咸方梦到有一个穿黄衣服的人对他说:"我是钱王的儿子,葬在此地已经很久了,请求你不要毁掉我的墓。"言辞非常真切。第二天早上,手下军士将开工遇到黑蜂的事情上报过来,与指挥使的梦相呼应,于是他放弃了这次工役。

丁兰母冢①。故居在艮山门外三十六里丁桥之右。母死,刻木事之如生。冢在姥山之东。

【注释】

①丁兰:(南朝梁)沈约《宋书》卷二十二《乐志四》:"丁兰少失母,自伤蚤孤茕,刻木当严亲,朝夕致三牲。"(唐)释道世《法苑珠林》卷六十二《业因部》:"丁兰,河内野王人也。年十五丧母,刻木作母,事之供养如生。兰妻夜火灼母面,母面发疮,经二日,妻头发自落如刀锯截然,后谢过。兰移母大道,使妻从服,三年拜伏。一夜,忽如风雨而母自还,邻人所假母颜和即与,不和则不与。(郑缉之《孝子传》曰:兰妻误烧母面,即梦见母痛。人有求索许,不先白母。邻人曰:枯木何知?遂用刀斫木母,流血。兰还,号,造服行丧。廷尉以木减,宣帝嘉之,拜太中大夫也者。)"

【译文】

丁兰母亲的墓。故居在艮山门外三十六里丁桥的右面。母亲去世,丁兰雕刻母亲的木像,如同对待活人一样对待木像。墓在姥山的东面。

唐孝女墓①,在钱塘孝女南乡。故老相传,昔有唐媿娘年十二三,母病,曾刲腹取肝②,和粥以进母。母病愈而媿娘以疮破入风而死③,里人葬于此,美其孝,故名曰唐孝女墓,记之。

【注释】

①唐孝女墓:《咸淳临安志》卷八十七《冢墓·唐孝女墓》:"在钱塘县孝女南乡。古老相传,昔有孝女唐媿娘年十二三,母病,刲腹取肝,和粥以进。母病愈而媿娘以破疮风死,葬此山。里人美其孝,故以唐墓名。"

②刲（kuī）：割。

③以疮破入风：即破伤风。

【译文】

唐朝孝女墓在钱塘孝女南乡。故老相传，从前唐朝有媿娘年纪十二三岁，母亲患病，媿娘割腹取肝，掺在粥中让母亲吃。母亲病愈而媿娘以破伤风死去，里人将她埋葬于此地，赞美她的孝行，故而将她的墓叫唐孝女墓，并记录下来。

亚父冢①，在皋亭山。木娘墓②，在艮山门太平乡华林里蔡塘东。昔蔡汝拨之庶母沈氏死③，汝拨尚幼，父用火葬，汝拨伤母无松楸之地④，尝言之辄泣。自后长成，以木刻母形，以衣衾棺椁择地葬之⑤。仍置田亩，造庵舍，命僧以奉晨香夕灯，乡人遂称为木娘墓。

【注释】

①亚父冢：《咸淳临安志》卷八十七《冢墓·亚父冢》："在皋亭山。亚父陈重，生有神异，寿百余而终。今显灵其地，有祷皆应。世传为亚父冢。"

②木娘墓：《咸淳临安志》卷八十七《冢墓·木娘墓》："在艮山门外太平乡华林里蔡塘东。里人朝奉大夫、通判瑞州蔡汝揆庶母沈氏卒，汝揆尚幼，父霖用浮屠法火之。汝揆既以父泽入仕，每伤无松楸之地，言之辄泣，刻木为形，衣衾棺椁，择地而葬。仍置赡茔田，建庵屋，命僧守之。乡人呼为木娘墓。"

③庶母：父亲的妾。

④松楸（qiū）：墓地多植松树和楸树，因借指坟墓。

⑤衣衾：衣服和被子，此处指装殓死者的衣服与单被。

【译文】

亚父冢,在皋亭山。木娘墓,在艮山门太平乡华林里蔡塘的东面。从前蔡汝拔的庶母沈氏去世,汝拔年纪还小,父亲采用火葬,汝拔伤感庶母死后没有坟墓,谈到此事便会哭泣流泪。后来他长大成人,用木头雕刻成庶母的形像,在棺椁内装殓好衣服、被子,挑选墓地埋葬。并购置田地,建造佛寺,让僧人守护墓地,早晚焚香点灯以示纪念,乡人于是称为木娘墓。

苏小小墓在西湖上①,有"湖堤步游客"之句②,此即题苏氏之墓也。

【注释】

① 苏小小:相传是南北朝时期南齐的歌妓,生活在钱塘。其人史料均无记载,其身世亦不可考,她的形象是建立在文化记忆与文学想象中。其故事最早出现于《玉台新咏》卷十《钱塘苏小小歌一首》中:"妾乘油壁车,郎骑青骢马。何处结同心,西陵松柏下。"
② 湖堤步游客:诗题全名为《湖堤步游客,言此苏小墓》,作者南宋诗人周紫芝。诗全文如下:"野水横分青草陂,谁埋玉树与琼枝。湖边山自向人绿,门外柳今何处垂。行雨行云钧是梦,施朱施粉未相宜。一从蕙死兰枯后,刚道桃花好面皮。"

【译文】

苏小小墓在西湖上,有诗题"湖堤步游客",便是题写苏小小的墓。

卷十六

茶肆

【题解】

　　本条叙述了南宋杭州城茶肆的情况。杭州城茶肆数量多，种类多样，功能丰富，不仅满足了不同社会阶层的需求，还成为了宋人社交、娱乐和商业活动的重要场所。许多茶肆成为士大夫和文人墨客聚会、交流的场所。一些茶肆则是商人、手工业者聚集的地方，用于洽谈生意。还有被称为"花茶坊"的部分茶肆设有妓女，以茶为名，来吸引顾客。而普通杭州百姓在茶肆中品茶、斗茶、聊天，成为日常生活的重要组成部分。从茶肆的装饰和经营来看，南宋杭州的茶肆注重装饰和环境营造，体现了较高的文化品位。茶肆内常插四时花卉、名人字画，摆放奇松异桧等植物，营造出雅致的氛围。茶肆不仅提供各种茶叶，还售卖各种特色茶饮，来吸引更多的顾客。为了更好地招揽生意，茶肆还提供点茶、送茶上门等服务，甚至还设有专门的"点茶人"和"暖水釜"（类似现代保温瓶）。总之，南宋茶文化极为发达，茶不仅是日常饮品，还与插花、焚香、挂画并称为"四艺"，成为文人雅士追求的生活方式。而作为茶文化重要场所的茶肆，则见证了这一时期茶文化的繁荣与发展。

　　汴京熟食店张挂名画，所以勾引观者，留连食客。今杭城茶肆亦如之，插四时花，挂名人画，装点店面。四时卖奇茶异汤,冬月添卖七宝擂茶①、馓子、葱茶,或卖盐豉汤②。暑天添卖雪泡梅花酒③,或缩脾饮④、暑药之属⑤。

【注释】

① 七宝擂茶:指将多种原料放进擂钵里仔细研磨后冲泡的一种茶。七宝,并非指材料的具体数量,而是形容材料数量多。擂茶,又称"醙茶"。指用擂体研磨后的一种茶。

② 盐豉(chǐ)汤:是一种以豆豉、馓子杂和肉煮的养生汤。盐豉,即豆豉,指用黄豆煮熟霉制而成的调味料。(宋)陈元靓《岁时广记》卷十一《卖节食》:"盐豉、捻头杂肉煮汤,谓之盐豉汤。又如人日造茧,皆上元节食也。"

③ 梅花酒:又叫梅子酒、梅酒。用梅子酿造的酒。

④ 缩脾饮:一种夏日饮用的凉水饮料,宋人常饮以消暑。主要原料有"缩砂仁"一味,其命名取义当从之。

⑤ 暑药:又称"夏药",是夏季制作的药剂。与"腊药"合称"暑腊药"。本书卷九《监当诸局》:"惠民利济局在大府寺内之右,制药以给。惠民局合暑腊药,以备宣赐。"

【译文】

开封熟食店悬挂名画,用来吸引看画者,让食客流连忘返。如今杭州城的茶肆也如此做,店内插着四季鲜花,张挂着名人画作,用来装点店面。一年四季售卖奇茶异汤,冬天添卖七宝擂茶、馓子、葱茶,或是售卖盐豉汤。夏天添卖雪泡梅花酒,或是缩脾饮、暑药之类饮品。

向绍兴年间,卖梅花酒之肆以鼓乐吹《梅花引》曲破卖之①,用银盂、杓、盏子②,亦如酒肆论一角二角③。今之茶肆,列花架,安顿奇松异桧等物于其上④,装饰店面,敲打响盏歌卖⑤，止用瓷盏、漆托供卖，则无银盂物也。夜市于大街有车担设浮铺点茶汤⑥，以便游观之人。

【注释】

①《梅花引》：词牌名，又名"小梅花""将进酒""行路难""贫也乐"。本为笛曲，后入词。调名本意即咏笛曲《梅花引》。曲破：唐宋乐舞名词。大曲的第三段称为"破"，单独演出时称"曲破"。节奏紧促，有歌有舞。宋代甚为流行，宫廷大宴时常同其他节目轮番演出。

②杓（sháo）：勺子。盏子：即茶盏。

③酒肆：即酒店，指卖酒及菜肴的店铺。酒店与酒肆的区别，最早见（晋）崔豹《古今注》卷上《都邑第二》："肆，所以陈货鬻之物也；店，所以置货鬻之物也。肆，陈也；店，置也。"角：古代酒器，青铜制，形似爵而无柱，两尾对称，有盖，用以温酒和盛酒。后来成为酒的计量单位。

④桧（guì）：桧树。一种常绿乔木，木材桃红色，有香气，可作建筑材料。

⑤响盏：青铜所制之杯形打击乐器，又称"水盏"。（明）李开先《李开先集》卷二《水盏》之《序言》："水盏，即响盏。体厚重而底洼削，以铜为之。以小铜杖击之，音如云璈。制如浅酒杯。"歌卖：歌吟叫卖招揽生意。

⑥车担：车载肩挑。浮铺：铺面。

【译文】

从前绍兴年间，售卖梅花酒的酒店以鼓乐吹奏《梅花引》曲破招徕顾客来卖酒，使用银制的盂、勺子和茶盏，也像酒肆那样一角、二角来卖酒。如今的茶肆，排列着花架，上面安放着造型奇异的松树、桧树等物品，用来装饰店面，店员敲打响盏吟歌叫卖，只用瓷盏、漆托来卖酒，没有银盂。到了夜市，大街上有车载肩挑的简易铺面，可以点茶汤以方便游览参观的人饮用。

大凡茶楼,多有富室子弟、诸司下直等人会聚①,习学乐器、上教曲赚之类②,谓之"挂牌儿"。人情茶肆本非以点茶汤为业,但将此为由,多觅茶金耳③。

【注释】

① 下直:犹言下班。古时官禁及中枢的官吏有值宿制度,上班称上直,下班称下直。直,同"值"。
② 曲赚:一种传统说唱艺术形式,属于"唱赚"的范畴。
③ 茶金:茶钱。

【译文】

大凡茶楼,多有富家子弟、各司下班人员等聚在一起,学习乐器,根据伎艺人学习曲赚之类,称为"挂牌儿"。人情茶肆本来并非以卖茶汤为主要业务,而是利用茶肆的名义,通过其他方式获取更多的茶钱罢了。

又有茶肆,专是五奴打聚处①,亦有诸行借工卖伎人会聚行老②,谓之"市头"③。大街有三五家开茶肆,楼上专安着妓女,名曰"花茶坊",如市西坊南潘节幹、俞七郎茶坊,保祐坊北朱骷髅茶坊,太平坊郭四郎茶坊,太平坊北首张七相干茶坊,盖此五处多有炒闹,非君子驻足之地也。更有张卖面店隔壁黄尖嘴蹴球茶坊,又中瓦内王妈妈家茶肆,名一窟鬼茶坊④。大街车儿茶肆、蒋检阅茶肆,皆士大夫期朋约友会聚之处。

【注释】

① 五奴：最初指靠妻子才艺谋生的人，后引申为妓院中的龟奴（即为妓院服务的人）。五，为乌龟之"乌"的借音。（唐）崔令钦《教坊记》："苏五奴妻张四娘，善歌舞，亦姿色，能弄《踏谣娘》。有邀迓者，五奴辄随之前。人欲得其速醉，多劝酒。五奴曰：'但多与我钱，虽吃锤子亦醉，不烦酒也。'今呼鬻妻者为五奴自苏始。"打聚：宋时称五奴辈以妓女为诱饵骗取钱财。（宋）周密《癸辛杂识续集》卷下《打聚》："闤闠瓦市，专有不逞之徒，以掀打衣食户为事，纵告官治之，其祸益甚。五奴辈苦之，切视其所溺何妓，于是敛金以偿其直，然后许以嫁之，且俾少俟课钱足日娶去。然所谓故尔悠悠，使延引岁月，而不肖子阴堕其计中，反为外护，虽欲少逞故智，不可得矣。其名曰'打聚'。"

② 行老：古代大都市中各行各业的头儿，兼为人介绍职业。

③ 市头：指卖艺人等会聚的茶肆。（宋）耐得翁《都城纪胜·茶坊》："又有一等，专是娼妓弟兄打聚处；又有一等，专是诸行借工卖伎人会聚行老处，谓之'市头'。"

④ 一窟鬼：此处茶肆借这一带有神秘色彩的店名来吸引顾客。明朝冯梦龙的小说集《警世通言》中有故事名为《一窟鬼癞道人除怪》，缪荃孙《京本通俗小说》第十二卷收有《西山一窟鬼》，王妈妈茶坊名"一窟鬼茶坊"，可能便是借用此民间故事，同时王妈妈与"一窟鬼"故事中的王婆同姓，也让顾客更容易代入故事中。

【译文】

还有茶肆，专门是五奴利用妓女骗钱的所在。也有茶肆是各种艺人头目聚集的地方，称为"市头"。大街上有三五家茶肆，楼上专门有妓女，这种茶肆叫"花茶坊"，像市西坊南潘节幹、俞七郎茶坊，保祐坊北朱骷髅茶坊，太平坊郭四郎茶坊，太平坊北首张七相干茶坊，这五处茶肆经常吵闹不休，并非君子停留的地方。还有张卖面店隔壁黄尖嘴蹴球茶坊,中瓦内王妈妈家茶肆,叫一窟鬼茶坊。大街车儿茶肆、蒋检阅茶肆,都是士大夫们定好日期与朋友聚会的地方。

巷陌街坊,自有提茶瓶沿门点茶①,或朔望日,如遇吉凶二事,点送邻里茶水,倩其往来传语。又有一等街司衙兵百司人,以茶水点送门面铺席②,乞觅钱物,谓之"龊茶"③。僧道头陀欲行题注④,先以茶水沿门点送,以为进身之阶⑤。

【注释】

①提茶瓶:(宋)耐得翁《都城纪胜·茶坊》:"提茶瓶,即是趁赴充茶酒人,寻常月旦望,每日与人传语往还,或讲集人情分子。"
②门面:商店的铺面。
③龊茶:官府兵丁差役向街肆店铺点送茶水,借以乞求钱物。《都城纪胜·茶坊》:"又有一等,是街司人兵,以此为名,乞觅钱物,谓之'龊茶'。"
④题注:指僧人通过书写文字、题词或绘画等方式,向施主或社会大众展示自己的修行成果或艺术才能,以此换取财物支持。
⑤进身:提高自身地位。阶:途径。

【译文】

大街小巷,有人手提茶瓶沿门卖茶,或是农历每月初一、十五,如果遇到喜事、丧事,主人会点送邻里茶水,请求对方帮忙传递消息或者协调事务。还有一些官府的兵丁或者差役,向店铺点送茶水,借此乞求钱物,这种做法被称为"龊茶"。僧人、道士、头陀想要通过展现才华募化财物,先点送茶水沿门馈送,作为接近或打动施主的手段。

酒肆

【题解】

本条叙述了南宋杭州城繁荣的酒肆文化。酒肆不仅是饮酒的场所，更是社交、娱乐和商业活动的重要空间。南宋杭州的酒肆形式多样，根据规模和功能的不同，可以分为官库酒楼、私人酒肆、茶酒肆、包子酒肆、散酒店、庵酒肆等。酒肆非常注重装饰以吸引顾客，门前通常会设置红色杈子、深红色门帘和红色灯笼。此外，酒肆内部还会挂名人字画，布置花草盆景，营造出高雅的氛围。除了去酒肆饮酒，酒肆还是文人雅士聚会、吟诗作对的地方。此外，酒肆还承担了一定的商业功能，如提供商贸活动场所，甚至兼营服装、字画、古玩等。一些酒肆还设有说书、讲史、小说、小唱等活动，成为城市劳动人民娱乐、休憩和消遣的场所。总之，南宋杭州的酒肆文化继承了北宋汴京的传统，同时结合了当地的特色，形成了独特的风格。酒肆的繁荣不仅带动了相关行业的发展，也反映了当时社会的经济繁荣和文化多样性。

中瓦子前武林园，向是三元楼康①、沈家在此开沽，店门首彩画欢门②，设红绿杈子，绯绿帘幕，贴金红纱栀子灯③，装饰厅院廊庑，花木森茂，酒座潇洒④。但此店入其门,一直主廊约一二十步,分南北两廊,皆济楚阁儿⑤、稳便坐席⑥。向晚⑦,灯烛荧煌⑧,上下相照,浓妆妓女数十聚于主廊槏面上⑨,以待酒客呼唤,望之宛如神仙。

【注释】

①三元楼:位于市南坊北面的中瓦。宋度宗咸淳六年(1270)创建。
②欢门:本书同卷《面食店》:"且言食店门首及仪式:其门首以枋木及花样沓结缚如山棚,上挂半边猪羊,一带近里门面窗牖,皆朱绿五彩装饰,谓之'欢门'。"
③栀子灯:形状类似栀子果实的灯。
④酒座:指酒店内的座位。
⑤济楚:整齐鲜明。
⑥稳便:安稳方便。
⑦向晚:傍晚。向,接近的意思。
⑧荧煌:光亮,明亮。
⑨槏(qiǎn):窗户旁边的柱子。

【译文】

中瓦子前面的武林园,从前是三元楼康家、沈家在此卖酒,店门口是用木枋扎成的彩楼,装饰华丽。门前设有红色和绿色的权子,挂着绯绿色的帘幕,店内悬挂着贴金的红纱栀子灯,酒店内的厅堂、廊庑装饰精美,花木茂盛,酒座潇洒。进入这种酒店的大门,一直沿着主廊走大约一二十步,便分为南、北两廊,里面都是整齐鲜明的阁儿、安稳方便的座席。傍晚时分,酒店内灯烛明亮,上下互相照映,浓妆艳抹的数十名妓女聚集在主廊窗户旁边的柱子上,等待酒客的呼唤。她们都很漂亮,望过去宛如神仙一般。

次有南瓦子熙春楼王厨开沽①,新街巷口花月楼施厨开沽②,融和坊嘉庆楼、聚景楼,俱康、沈脚店②。金波桥风月楼严厨开沽,灵椒巷口赏新楼沈厨开沽,坝头西市坊双凤楼施厨开沽,下瓦子前日新楼郑厨开沽,俱有妓女以待风流才子买笑追欢耳。如酒肆门首排设杈子及栀子灯等,盖因五代时郭高祖游幸汴京③,茶楼、酒肆俱如此装饰,故至今店家仿效成俗也④。

【注释】

①熙春楼:位于清河坊一带,靠近熙春桥。
②花月楼:(明)田汝成《西湖游览志》卷十三《南山分脉城内胜迹·城阛》:"通和坊东通金波桥,宋有花月楼,又东为熙春楼。"
③脚店:正店之外,比正店规模小的酒店的统称。
④郭高祖:指五代后周开国皇帝郭威。字文仲,邢州尧山县(今河北隆尧)人。
⑤成俗:固有的风俗习惯。

【译文】

接下来有南瓦子熙春楼王厨卖酒,新街巷口花月楼施厨卖酒,融和坊嘉庆楼、聚景楼,都是康家、沈家开设的规模较小的分店。金波桥风月楼严厨开卖酒,灵椒巷口赏新楼沈厨卖酒,坝头西市坊双凤楼施厨卖酒,下瓦子前面日新楼郑厨卖酒,这些酒楼都有妓女在等待风流才子前来寻欢作乐。像酒肆门口安置杈子和悬挂栀子灯等装饰,大盖是因为五代后周高祖郭威游玩汴京,茶楼、酒肆都是如此装饰,故而至今店家仿效固有的风俗习惯罢了。

大抵酒肆除官库、子库①、脚店之外,其余谓之"拍户"②,兼卖诸般下酒食次③,随意索唤④。酒家亦自有食牌,从便点供。更有包子酒店,专卖灌浆馒头⑤、薄皮春茧包子⑥、鰕肉包子⑦、鱼兜杂合粉⑧、灌燠大骨之类。

【注释】

①子库:官办酒库的分店。由官府直接管理,通常设有官妓和金银酒器,以供饮客使用。子库分布在城市的各个区域,提供高档酒水和配套服务,包括妓女陪酒、歌舞表演等。此外,子库还会在特定节日举办活动,吸引顾客。

②拍户:指从官私酒务、酒库、酒坊中买酒销售的小酒店。这种小酒店有时也会兼卖茶水饭食,或者并蓄娼妓。

③食次:食品。多指酒菜、点心之类。

④索唤:索取,挑选。

⑤灌浆馒头:发面带馅馒头,包的时候留了个口,吃时在口上浇以乳酪和醋,即所谓灌浆。

⑥春茧:一种外形类似蚕茧的有馅的蒸制面食。也称"面茧"。宋代常在立春制作,故又称"探春茧"。

⑦鰕(xiā):古同"虾"。

⑧鱼兜杂和粉:鱼肉烧麦做成的粉。鱼兜,指用豆粉皮或者面皮里面放上碎鱼肉。装好馅后,可以直接捏折粉皮后蒸熟,或是直接拿个碟子盖住然后蒸熟。

【译文】

大概酒肆除了官库、子库和脚店之外,其余的称为"拍户"。拍户除了卖酒,同时还售卖各种下酒食品,顾客随意选取。酒家自己也有菜单,客人可以根据自己的喜好随意点选食物。更有包子酒店,专门售卖灌浆馒头、薄皮春茧包子、虾肉包子、鱼兜杂合粉、灌燠大骨之类食品。

又有肥羊酒店,如丰豫门归家、省马院前莫家、后市街口施家、马婆巷双羊店等铺,零卖软羊大骨龟背①、烂蒸大片羊②、杂㷇③、四软④、羊㸑四件⑤。

【注释】

①大骨:可能是带肉羊胫骨。龟背:可能是带肉羊肋骨,形状像龟背壳。

②烂蒸大片羊:指将羊肉切成大片,熬制得非常软烂。

③杂㷇(wǔ):羊身上各部分混在一起炖煮。㷇,微火煮。

④四软:可能指羊身上四种比较软嫩的内脏。

⑤㸑:同"余"。把食物放到沸水里稍微煮一下就捞出。

【译文】

又有肥羊酒店,比如丰豫门归家、省马院前莫家、后市街口施家、马婆巷双羊店等铺,零卖软羊大骨龟背、烂蒸大片羊、杂㷇、四软、羊㸑四件。

有一等直卖店,不卖食次下酒,谓之"角球店",零沽散卖①,或百单四、七十七、五十二、三十八者是也。又有挂草葫芦、银马杓、银大碗,亦有挂银裹直卖牌,多是竹栅布幕,谓之"打碗头",只三二碗便行。更有酒店兼卖血脏、豆腐羹、爊螺蛳、煎豆腐、蛤蜊肉之属,乃小辈去处②。若酒力高美者,牌额卖过山之名③,其言一山、二山、三山之类是也。

【注释】

①零沽散卖:零卖。

②小辈:地位低贱的人。

③牌额:匾额,此处指门牌。过山:称佳酿的美名。宋人说酒香淳

厚，则以"山"代之。（宋）耐得翁《都城胜纪·酒肆》："酒阁名为厅院，若楼上则又或名为山，一山、二山、三山之类。牌额写过山，非特有山，谓酒力高远也。"

【译文】

有一种直卖店，不卖下酒食品，称为"角球店"，零卖酒，或百单四、七十七、五十二、三十八者。还有挂草葫芦、银马杓、银大碗，也有酒店在门口悬挂银质包裹的直卖牌作为标识，这种酒肆大多是竹栅布幕，称为"打碗头"，顾客通常只喝两三碗酒便离开。更有酒店同时售卖血脏、豆腐羹、爊螺蛳、煎豆腐、蛤蜊肉之类食品，乃是地位低贱的人饮酒去处。如果是酒质特别醇厚、品质上乘，这些酒肆就会在牌匾上写上"卖过山"的名号，如一山、二山、三山之类。

大凡入店不可轻易登楼，恐饮宴短浅[1]。如买酒不多，只坐楼下散坐，谓之"门床马道"。初坐定，酒家人先下看菜，问酒多寡，然后别换好菜蔬。有一等外郡士夫未曾谙识者，便下箸吃，被酒家人哂笑。然店肆饮酒在人出着，且如下酒品件，其钱数不多，谓之"分茶"[2]"小分下酒"[3]。或命妓者，被此辈索唤珍品，下细食次，使其高抬价数，惟经惯者不堕其计[4]。曩者东京杨楼、白矾、八仙楼等处酒楼盛于今日，其富贵又可知矣。且杭都如康、沈、施厨等酒楼店，及荐桥丰禾坊王家酒店、暗门外郑厨分茶酒肆，俱用全桌银器皿沽卖，更有碗头店一二处，亦有银台碗沽卖，于他郡却无之。

【注释】

①短浅：指时间短暂。

②分茶：钱钟书《管锥编》解释宋代"分茶"有两种含义：一指茗事，

一指沽酒市脯，虽着茶字，无关品茗。从《梦粱录》此处记载来看，分茶是一种食店。
③小分下酒：指顾客在酒肆中选择较为经济实惠的酒水和简单的下酒菜。
④经惯：习以为常。

【译文】

大凡进入酒店不可以轻易上楼，唯恐饮宴时间短。如果顾客买酒数量不多，便只在楼下随便坐，称为"门床马道"。顾客刚刚坐定，酒家先上看菜，询问顾客要多少酒，然后另外更换好菜肴。有外州来的士大夫不曾熟悉这种情况，看到看菜便下箸吃，于是被酒家人嘲笑。不过在酒肆饮酒，酒肆会根据顾客的需求和消费能力提供不同的服务，并提供各种下酒菜，花钱不多，这称为"分茶""小分下酒"。顾客在酒肆中召唤妓女陪酒助兴，妓女或酒肆的服务人员会诱导顾客点选高档、价格昂贵的菜品或酒水，这种诱导消费的行为会导致顾客支付更高的费用，只有那些经常光顾酒肆、熟悉其经营手法的顾客，才不会被其所欺骗。从前东京开封杨楼、白矾、八仙楼等处酒楼比今天杭州的酒楼更加兴盛，其富贵可想而知。行都杭州像康厨、沈厨、施厨等酒楼酒店，以及荐桥丰禾坊王家酒店、暗门外郑厨分茶酒肆，都使用全桌的银器皿卖酒；还有一两处碗头店，也有银台碗卖酒，其他州府却没有这种酒店。

分茶酒店

【题解】

本条详细叙述了南宋杭州城分茶酒店的情况。分茶酒店是一种具有特色的酒肆经营形式,主要以经济实惠、面向普通消费者为特点。分茶酒店的消费方式较为灵活,经营策略注重薄利多销,通过提供多样化的酒品和菜品,满足不同层次顾客的需求。顾客可以根据自己的需求选择少量的酒和简单的下酒菜。分茶酒店的服务比较周到,顾客进门后,会有专人提瓶献茶,迎接入座,随后由精通业务的店伙提供点菜服务。此外,分茶酒店还可能提供一些简单的娱乐服务,如安排妓女陪酒,但这种服务通常会诱导顾客消费更高价的酒品和菜品。分茶酒店的出现反映了南宋临安饮食业的多元化和层次化,既满足了普通百姓的消费需求,也体现了当时商业经营的灵活性和创新性。本条前半部分概述分茶酒店的特点,文字引自《东京梦华录》卷二《饮食果子》的前半部分。

凡分茶酒肆[1],卖下酒食品,厨子谓之"量酒博士[2]、师公"。店中小儿,谓之"大伯"。更有百姓入酒肆[3],见富家子弟等人饮酒,近前唱喏,小心供过[4],使人买物命妓,谓之"闲汉"[5]。又有向前换汤斟酒,歌唱献果,烧香香药,谓之

"厮波"⑥。有一等下贱妓女,不呼自来,筵前祗应,临时以些少钱会赠之,名"打酒座",亦名"礼客"⑦。有卖食药、香药果子等物⑧,不问要与不要,散与坐客,名之"撒暂"⑨。如此等类,处处有之。

【注释】

① 分茶酒肆:对应北宋的酒楼、酒店、酒肆的一部分服务,提供的餐饮服务、食物种类、服务人员类型与北宋的酒楼大同小异。不同的是卖下酒食品厨子称呼为"量酒博士",无"茶饭"二字。
② 量酒博士:指饭店的服务员。《东京梦华录》卷二《饮食果子》:"凡店内卖下酒厨子,谓之'茶饭量酒博士'。"量酒,即打酒,是给客人提供酌酒服务的。古代打酒很少过秤称,而是用不同容量的酒勺子。
③ 酒肆:与分茶酒肆不同,是以饮酒为主的娱乐场所。分为官库、子库、脚店、拍户,只有拍户兜售食次下酒。装饰与北宋的酒楼一致。
④ 供过:伺候,侍奉。
⑤ 闲汉:指无正当职业、以帮闲为生的人。《东京梦华录》卷二《饮食果子》:"更有百姓入酒肆,见子弟少年辈饮酒,近前小心供过,使令买物命妓,取送钱物之类,谓之'闲汉'。"
⑥ 厮波:与"闲汉"的职业功能相似,都是无正当职业,专在酒楼、妓院等场所侍奉顾客的小厮。《东京梦华录》卷二《饮食果子》:"又有向前换汤斟酒歌唱,或献果子香药之类,客散得钱,谓之'厮波'。"
⑦ 打酒座、礼客:指酒肆主动来宴席前卖唱,以此讨些小钱物的妓女。《东京梦华录》卷二《饮食果子》中作"打酒坐""礼客"。
⑧ 香药果子:指经香料浸渍过的果品。香药,即香料。

⑨撒暂:《东京梦华录》卷二《饮食果子》:"又有卖药或果实萝卜之类,不问酒客买与不买,散与坐客,然后得钱,谓之'撒暂'。"

【译文】

凡是分茶酒肆,售卖下酒食品,厨子称为"量酒博士、师公"。店中小儿,称为"大伯"。更有百姓进入酒肆,看见富家子弟等人饮酒,近前唱喏,小心侍奉,使唤人买东西召妓,称为"闲汉"。还有向前换汤斟酒,歌唱献果,烧香香药,这类人称为"厮波"。有一种下贱妓女,没有招呼自己前来,在筵席前伺候,到时候送给她们少量银钱会子,这些人叫"打酒座",也叫"礼客"。有人售卖食药、香药果子等物品,不问顾客要与不要,直接散发给坐客,称为"撒暂"。如此之类,酒店到处都有。

杭城食店,多是效学京师人,开张亦效御厨体式①,贵官家品件②。凡点索茶食,大要及时。如欲速饱,先重后轻③。兼之食次名件甚多④,姑以述于后:曰百味羹⑤、锦丝头羹⑥、十色头羹⑦、间细头羹、海鲜头食⑧、酥没辣、象眼头食⑨、莲子头羹、百味韵羹、杂彩羹、枕叶头羹、五软羹、四软羹、三软羹⑩、集脆羹、三脆羹、双脆羹⑪、群鲜羹、落索儿、焙腰子⑫、盐酒腰子、脂蒸腰子、酿腰子、荔枝焙腰子⑬、腰子假炒肺、鸡丝签⑭、鸡元鱼、鸡脆丝⑮、笋鸡鹅、奈香新法鸡、酒蒸鸡、炒鸡蕈⑯、五味焙鸡、鹅粉签、鸡夺真⑰、五味杏酪鹅⑱、绣吹鹅、间笋蒸鹅、鹅排吹羊大骨、蒸软羊⑲、鼎煮羊、羊四软、酒蒸羊⑳、绣吹羊、五味杏酪羊、千里羊、羊杂熓、羊头元鱼、羊蹄笋、细抹羊生脍㉑、改汁羊撺粉㉒、细点羊头、三色肚丝羹㉓、银丝肚、肚丝签、双丝签、荤素签、大片羊粉、大官粉、三色团圆粉、转官粉、三鲜粉、二色水龙粉㉔、鲜鲩粉、肫掌粉、梅血细粉、铺姜粉、杂合粉、珍珠粉、七宝科头粉、撺香螺、酒烧香螺、香螺脍、江瑶清羹[25]、酒烧江瑶、生丝江瑶、撺望潮[26]、青蝦、蟑蚷、酒炙青蝦、酒法青蝦、青蝦辣羹、酒掇蛎[27]、生烧酒蛎[28]、姜酒决明五羹、决明三陈羹、决明签、决明四鲜羹[29]、赤鱼分明、姜燥子赤鱼[30]、鱼鳔二色脍[31]、海鲜脍[32]、鲈鱼脍、鲤鱼脍、鲫鱼脍、群鲜脍、燥子沙鱼丝儿[33]、清供沙鱼拂儿[34]、清汁鳗鳔[35]、假团圆燥子、衬肠血筒燥子、麻菇丝笋燥子[36]、潭笋[37]、酿笋、抹肉笋签、酥骨鱼、酿鱼[38]、两熟鲫鱼[39]、酒蒸石首[40]、白鱼[41]、时鱼[42]、酒吹鳜鱼[43]、春鱼[44]、油炸春鱼、鲂鱼[45]、石首、油炸鮏鯏[46]、油炸假河魨[47]、石首玉叶羹[48]、石首桐皮[49]、石首鲤鱼炒鳝、石首鳝生[50]、石首鲤鱼兜子[51]、银鱼炒鳝、撺鲈鱼清羹、鮏鯏假清羹、蝦鱼肚儿羹、鮏鯏满盒鳅、江鱼假鰔[52]、酒法白虾[53]、紫苏虾[54]、水荷虾儿、虾包儿、虾玉鳝辣羹、虾蒸假奶查、虾鱼水龙、蝦鱼虾元子[55]、麻饮鸡虾粉、芥辣虾蹄脍[56]、麻饮小鸡、头汁小鸡、小鸡元鱼羹、小鸡二色莲子羹、小鸡假花红清羹、撺小鸡拂儿、笋㸇小鸡[57]、五味炙小鸡、小鸡假炙鸭、红燠小鸡、脯小鸡[58]、五色假料头肚尖、假炙江瑶肚尖、炸肚、山药鹌子、鸠子、笋焙鹌子、假燠鸭、清撺鹌子、红燠鸠子、八糙鹌子、蜜炙鹌子、鸠子、黄雀、酿黄雀、煎黄雀、辣燠野味、清供野味、野味假炙、野味鸭盘兔[59]、糊燠野味、清撺鹿肉、黄羊、獐肉、炙犯儿、赤蟹[60]、假炙蟹、枨醋赤蟹、白蟹辣羹、蝤蛑签[61]、蝤蛑辣羹、溪蟹、奈香盒蟹辣羹、蟹签、糊齑蟹、枨醋洗手蟹[62]、枨酿蟹、五味酒酱蟹、酒泼蟹生[63]、蚶子、炸肚燥子蚶、枨醋蚶、五辣醋蚶子[64]、蚶子明芽肚、蚶子脍、酒烧蚶子、蚶子辣羹、酒焐鲜蛤、蛤蜊淡菜、淡菜脍、改汁辣淡菜、米脯鲜蛤⑥、米脯淡菜、米脯风鳗、米脯羊、米脯鸠子、鲜蛤、假爊蛤蜊肉⑥、荤素水龙、白鱼水龙、江鱼水龙、肉水龙、腰子假淳菜、腰子假炒肺、羊爊下饭、假牛冻、假驴事件冻⑥、蛤蜊冻、鸡冻、三鲜冻、石首白鱼冻、鮓鳓假蛤蜊、三色水晶丝、五辣醋羊生脍、十色事件冻、三色炙润鲜粥、蜜烧簖肉⑥、炙犯儿江鱼、炙润爊獐肉、炙润江鱼咸豉、十色咸豉、下饭膂肉、假爊鸭下饭、二色炙润骨头等食品。更有供未尽名件，随时索唤，应手供造品尝⑥，不致阙典⑦。

【注释】

①御厨：供皇帝饮食的厨房。

②官家：宋朝皇帝被称为"官家"。

③如欲速饱，先重后轻：指来吃饭想快速吃饱，先上主食或较为丰盛的食物，然后上烹调速度较快的副食或小吃。

④食次：食品。多指酒菜、点心之类。名件：知名的物品。

⑤百味羹：指多种味道混合的羹，未必百味。

⑥锦丝头羹：锦带做成的羹，宴会上先上此菜。锦丝，即锦带，莼菜。头羹，指宴席上按照顺序先上的羹。

⑦十色：泛指颜色比较多的杂烩。

⑧头食：指宴席上按照顺序先上的食品，可能是固体食物。

⑨象眼：指食物的形状，类似非直角的平行四边形。（明）高濂《遵生八笺》卷十三《甜食类》中多处提到将食材"切象眼块"。

⑩五软羹、四软羹、三软羹：大概指几种羊内脏做成的羹汤。

⑪集脆羹、三脆羹、双脆羹：由几种清脆爽口的菜煮的羹。"脆羹"之"脆"，多指笋、蕈、菰、蕨等物。宋人常用其煮羹，又称其脆美。

⑫ 焅（kào）：一种烹饪方法。将食物文火烹煮，使汤汁变浓。

⑬ 荔枝焅腰子：用荔枝花刀切腰子，然后文火烹煮。

⑭ 鸡丝签：即鸡丝羹。签，宋人有时同"羹"。

⑮ 鸡脆丝：即鸡脯肉丝。

⑯ 炒鸡蕈（xùn）：蘑菇炒鸡。蕈，某种菌类植物。

⑰ 鸡夺真：用其他食材代替鸡肉，又能做出鸡肉的味道，达到以假乱真。

⑱ 五味杏酪鹅：鹅腹灌杏仁杂料烹制。

⑲ 软羊：可能是羊羔肉的另一种说法。因为肉质嫩软，蒸煮容易软烂。

⑳ 酒蒸羊：加酒水、葱、姜、豆豉，将羊肉蒸烂。

㉑ 细抹羊生脍：将生羊肉切作薄细条，腌制成的干肉食品。细抹，切肉手法，用刀切作薄细条。羊生，即为生羊肉制作的腌制食品。脍，《说文解字》："脍，细切肉也。"

㉒ 改汁：另外调汤汁。

㉓ 三色肚丝羹：不同部位的羊肚切丝做成的羹。三色，三样。

㉔ 水龙：肉丸。

㉕ 江瑶：亦作江珧，一种海蚌。壳略呈三角形，表面苍黑色。

㉖ 望潮：即短蛸。

㉗ 酒掇蛎：醉生牡蛎。

㉘ 生烧酒蛎：蛤蜊用酒等调料腌制，烧至半熟。

㉙ 决明四鲜羹：指用鲍鱼等多种海鲜煮的羹。决明，即石决明，又称鳆鱼，即一种鲍鱼类的海鲜。

㉚ 臊子：即臊子，细切的肉。又指烹调好加在其他食物中的肉末或肉丁。

㉛ 鱼鳔二色脍：生切双拼鱼鳔。

㉜ 海鲜脍：生切海鲜。

㉝ 臊子沙鱼丝儿：羊肉臊子煮鲨鱼肉丝。

㉞ 清供：即清汁供，清淡的蘸料。

㉟清汁鳗鳔：海鳗花胶。

㊱麻菇丝笋燥子：蘑菇和笋炒作臊子。麻菇，即蘑菇。

㊲潭笋：冬笋的别名。

㊳酿鱼：将鱼肚剖开，塞入其他原料后烹饪而成的一道菜。

㊴两熟：即先炸后煮。

㊵石首：即大黄花鱼。

㊶白鱼：鲌亚科的统称。

㊷时鱼：鲥鱼。

㊸鲚（jì）鱼：即鳜鱼。

㊹春鱼：黄鱼。

㊺鲂（fáng）鱼：与鳊鱼相似，银灰色，腹部隆起，生活在淡水中。经济鱼类之一。

㊻油炸鲑鲫：即油炸土步鱼。鲑鲫，即土步鱼。

㊼油炸假河鲀：指用鲫鱼代替河豚肉油炸的一道假制菜。假，指用其他食材仿制的一种烹饪方式，仿制食物与原菜无论外观还是口感都极相似。这种烹饪方式在宋代常见。河鲀，即河豚。

㊽玉叶羹：《新编纂图增类群书类要事林广记》别集卷十《面食类·玉叶羹（十分）》："乳团（二个薄片，切开再作方胜，切入粒内拌过入锅煮浮者为熟也）、蘑菇（四两细丝）、天花桑莪（二两去根）、竹笋（四两甲叶切）、山药（煮半熟去皮甲叶，切四两）、糟姜（三两，片儿切）。右件如法制造，分开，先以热汤烫过，再用熬成好汤浇上，用姜丝、青菜头。"

㊾桐皮：一种面条。《东京梦华录》有"桐皮面"，《都城纪胜》有"鲊鱼桐皮面"，《西湖老人繁胜录》有面名"桐皮"。

㊿鳝生：是假制菜。《新编纂图增类群书类要事林广记》别集卷十《面食类·鳝生（十分）》："生面筋一锅，以手按匀，薄笼内先铺粉皮，满以生粉丝抹过，将面筋放于粉皮上蒸熟，用油抹过，于案上

放冷。切作三寸长细丝条儿，三色粉皮各一片，皆三寸长细条儿。另顿放熟面筋一块，切作细丝，竹笋一十条，同上。切白蘑菇四两丝作细丝，蘑菇三两，浸开去沙石，葱油炒熟，丝作条儿。右将上件物料攒簇装于盘内，热汤烫好汤浇上，用青黄白三色萝卜丝、时新青菜头少许。”

(51)兜子：一种薄皮有馅的兜子形蒸食。以豆粉为皮，馅料可荤可素，一律切成粒状，根据馅料不同有不同种类。《居家必用事类全集》中记载了“鹅兜子”“杂馅兜子”“蟹黄兜子”“荷莲兜子”的制作方法，其共同特点都是将馅料切碎后加调料拌匀，用粉皮包裹后蒸熟。

(52)蝛：即蠊，蛤属。

(53)酒法白虾：酒为调料，依据固定程序腌制的白虾。

(54)紫苏虾：是将紫苏与虾搭配一起烹制的菜肴。紫苏，一种草本植物，叶可入药。

(55)虾元子：一种虾丸。

(56)芥辣虾：用芥辣做的虾。芥辣，《吴氏中馈录·制蔬·芥辣》：“二年陈芥子，碾细，水调，纳实碗内，韧纸封固。沸汤三五次泡出黄水，覆冷地上。倾后有气，入淡醋解开，布滤去渣。”

(57)㸅（yù）：腌藏食物的一种方法。将肉类在油中熬熟，拌以盐、酒和佐料，油渍在瓮中，以备取食。

(58)脯小鸡：小鸡制成的干肉脯。

(59)盘兔：（元）忽思慧《饮膳正要》卷一《聚珍异馔·盘兔》：“兔儿二个，切作事件；萝卜二个切；羊尾子一个切片；细料物二钱。右件用炒，葱、醋调和，下面丝二两调和。”

(60)赤蟹：梭子蟹科青蟹属的俗名之一。

(61)蝤蛑（yóu móu）：拟穴青蟹的俗名。

(62)枨（chéng）醋洗手蟹：即蟹酿橙，将橙子去瓤填入蟹膏后蒸熟的一道菜。枨,即橙子。酿,指在食材中塞入其他原料,然后加热成菜的方法。洗手蟹,活蟹剖析后加调料,立即可食者。谓之"洗手蟹",形容菜加工时间极短。

㊿蟹生:生蟹剁碎后,将放凉后的熟麻油和若干调味品一起放入蟹中拌匀。

㉔五辣醋:《易牙遗意》卷下《五辣醋》:"酱一匙,醋一,沙糖少许,花椒、胡椒各五十粒,生姜、轧姜各一分,砂盆内研烂,可作五分供之一方,煨葱白五分或大蒜少许。"

㉕米脯鲜蛤:米糁煮熟后加入蛤蜊肉。

㉖假爊蛤蜊肉:指用鳜鱼肉充当蛤蜊制作的仿制菜。假爊,指用其他食材仿制食物爊制而成的烹制方法,仿制原料与原菜无论外观还是口感都极相似。

㉗假驴事件:一种驴肉仿制食品。事件,指的是动物身体的一部分。

㉘蜜烧䐑肉:蜜汁烤背肌肉。䐑肉,即背脊肉。

㉙应手:方便、便利。

㉚阙典:憾事。

【译文】

杭州城的饮食店,大多是效仿开封人的做法,开张也效仿御厨的体制法度,以皇家食品为贵重。点菜和上菜时要迅速及时,不能让客人久等。如果客人希望快速吃饱,应该先上"重"的食物,再上"轻"的食物。同时食品名件甚多,姑且在后面进行叙述:百味羹、锦丝头羹、十色头羹、间细头羹、海鲜头食、酥没辣、象眼头食、莲子头羹、百味韵羹、杂彩羹、枕叶头羹、五软羹、四软羹、三软羹、集脆羹、三脆羹、双脆羹、群鲜羹、落索儿、焐腰子、盐酒腰子、脂蒸腰子、酿腰子、荔枝焐腰子、腰子假炒肺、鸡丝签、鸡元鱼、鸡脆丝、笋鸡鹅、奈香新法鸡、酒蒸鸡、炒鸡蕈、五味焐鸡、鹅粉签、鸡夺真、五味杏酪鹅、绣吹鹅、间笋蒸鹅、鹅排吹羊大骨、蒸软羊、鼎煮羊、羊四软、酒蒸羊、绣吹羊、五味杏酪羊、千里羊、羊杂熓、羊头元鱼、羊蹄笋、细抹羊生脍、改汁羊撺粉、细点羊头、三色肚丝羹、银丝肚、肚丝签、双丝签、荤素签、大片羊粉、大官粉、三色团圆粉、转官粉、三鲜粉、二色水龙粉、鲜虾粉、肫掌粉、梅血细粉、铺姜粉、杂合粉、珍珠粉、七宝科头粉、撺香螺、酒烧香螺、香螺脍、江瑶清羹、酒烧江瑶、生丝江瑶、撺望潮、青虾、蟑蚷、酒炙青虾、酒法青虾、青虾辣羹、酒撮蛎、生烧酒蛎、姜酒决明五羹、决明三陈羹、决明签、决明四鲜羹、赤鱼分明、姜燥子赤鱼、鱼鳔二色脍、海鲜脍、鲈鱼脍、鲤鱼脍、鲫鱼脍、群鲜脍、燥子沙鱼丝儿、清供沙鱼拂儿、清汁鳗鳔、假团圆燥子、衬肠血筒燥子、麻菇丝笋燥子、潭笋、酿笋、抹肉笋签、酥骨鱼、酿鱼、两熟鲫鱼、酒蒸石首、白鱼、时鱼、酒吹鲦鱼、春鱼、油炸春鱼、鲂鱼、石首、油炸鮭鯸、油炸假河豚、石首玉叶羹、石首桐皮、石首鲤鱼炒鳝、石首鳝生、石首鲤鱼兜子、银鱼炒鳝、撺鲈鱼清羹、鮭鯸假清羹、虾鱼肚儿羹、鮭鯸满盒鳅、江鱼假蛏、酒法白虾、紫苏虾、水荷虾儿、虾包儿、虾玉鳝辣羹、虾蒸假奶查、虾鱼水龙、虾鱼虾元子、麻饮鸡虾粉、芥辣虾蹄脍、麻饮小鸡、头汁小鸡、小鸡元鱼羹、小鸡二色莲子羹、小鸡假花红清羹、撺小鸡拂儿、笋熝小鸡、五味炙小鸡、小鸡假炙鸭、红爊小鸡、脯小鸡、五色假料头肚尖、假炙江瑶肚尖、炸肚、山药鹌子、鸠子、笋焙鹌子、假爊鸭、清撺鹤子、红爊鸠子、八糙鹌子、蜜炙鹌子、鸠子、黄雀、酿黄雀、煎黄雀、辣爊野味、清供野味、野味假炙、野味鸭盘兔、糊爊野味、清撺鹿肉、黄羊、獐肉、炙犴儿、赤蟹、假炙蝥、枨醋赤蟹、白蟹辣羹、蟪蛑签、蟪蛑辣羹、溪蟹、柰香盒蟹辣羹、蟹签、棚蟢蟹、枨醋洗手蟹、枨酿蟹、五味酒酱蟹、酒泼蟹生、蚶子、炸肚燥子蚶、枨醋蚶、五辣醋蚶子、蚶子明芽肚、蚶子脍、酒烧蚶子、蚶子辣羹、酒熝鲜蛤、蛤蜊淡菜、淡菜脍、改汁辣淡菜、米脯鲜蛤、米脯淡菜、米脯风鳗、米脯羊、米脯鸠子、鲜蛤、假爊蛤蜊肉、荤素水龙、白鱼水龙、江鱼水龙、肉水龙、腰子假淳菜、腰子假炒肺、羊爊下饭、假牛冻、假驴事件冻、蛤蟢冻、鸡冻、三鲜冻、石首白鱼冻、鮭鯸假蛤蜊、三色水晶丝、五辣醋羊生脍、十色事件冻、三色炙润鲜䏑、蜜烧簹肉、炙犴儿江鱼、炙润爊獐肉、炙润江鱼咸豉、十色咸豉、下饭簹肉、假爊鸭下饭、二色炙润骨头等食品。菜单中没有记载的菜品，客人随时点菜索取，酒店便会随时制作供应，让顾客品尝，不会出现任何疏漏或不足。

又有托盘檐架至酒肆中，歌叫买卖者，如炙鸡①、八焙鸡②、红燠鸡③、脯鸡④、爊鸭⑤、八糙鹅鸭、白炸春鹅、炙鹅、糟羊蹄⑥、糟蟹、燠肉蹄子、糟鹅事件、爊肝事件、酒香螺、海腊⑦、糟脆筋、千里羊⑧、诸色姜豉⑨、波丝姜豉⑩、姜虾海蛰鲊、膘皮炸子、獐犯、鹿脯⑪、影戏⑫、算条⑬、红羊犯、槌脯线条、界方条儿、三和花桃骨⑭、鲜鹅鲊⑮、大鱼鲊⑯、鲜鳇鲊⑰、寸金鲊⑱、筋子鲊、鱼头酱等⑲。鳋鱼⑳、虾茸㉑、鳗丝㉒、地青丝、野味腊、白鱼干、金鱼干、梅鱼干、鲚鱼干、银鱼干㉓、鱎鱼干、银鱼脯、紫鱼螟脯丝等脯腊从食㉔。

【注释】

①炙鸡：烤鸡。

②八焙鸡：《吴氏中馈录》炉焙鸡："用鸡一只，水煮八分熟，剁作小块。锅内放油少许，烧热，放鸡在内略炒，以宣子或碗盖定。烧及热，醋、酒相半，入盐少许，烹之。候干，再烹。如此数次，候十分酥熟取用。"

③红燠鸡：用酱和红曲熬制的鸡。

④脯鸡：干鸡肉脯。

⑤爊鸭：做法是将开肚洗净的鸭子放入汤锅中，大火烧开后撇去浮沫，转小火慢炖，盖上锅盖，让鸭子在锅中"焖香"。将炖好的鸭子放入由丁香、肉桂、甘松、茴香等十余味中药加上生姜、葱、黄酒等调料配制而成的老汤卤汁中浸泡，让其充分入味。

⑥糟羊蹄：用酒或酒糟腌制羊蹄。

⑦海腊:风干的海产品。

⑧千里羊:羊肉腌制成脯,可携带千里,由此得名。

⑨诸色姜豉:各种肉冻。

⑩波丝姜豉:疑即后文的波斯姜豉。

⑪鹿脯:干鹿肉。

⑫影戏:是把猪肉切成极薄的片,就像皮影一样,甚至可以透过光来。是一种极为形象的比喻。

⑬算条:指像算筹一样条形的腊肉。算,指算筹。古代算筹为长条形,以此得名。《吴氏中馈录·算条巴子》:"猪肉精肥,各另切作三寸长,各如算子样,以砂糖、花椒末、宿砂调和,得所拌匀,晒干蒸熟。"

⑭三和花桃骨:应为"三和鲊、桃花鲊和骨鲊"。三种腌制食品。

⑮鲜鹅鲊:腌鹅肉。

⑯大鱼鲊:腌大鱼。

⑰鲜鳇鲊:腌鳇鱼。鳇,即鳇鱼,是鲟科鳇属鱼类。

⑱寸金鲊:腌骨头。寸金,指约一寸长、一寸宽的骨头。

⑲鱼头酱:鱼头制作的酱。

⑳鰇(róu)鱼:干鱿鱼。

㉑虾茸:虾米碎。

㉒鳗丝:干鳗鱼丝。

㉓银鱼干:银鱼科间银鱼属的统称。

㉔紫鱼:笛鲷(diāo)科紫鱼属的鱼类。从食:犹言副食。指点心小吃等食品。

【译文】

　　还有一种用托盘或肩担货架携带各种食品小吃,来到酒肆中进行售卖的人。他们通过大声吆喝的方式来吸引顾客,推销自己的商品。他们售卖诸如炙鸡、八焙鸡、红燠鸡、脯鸡、燠鸭、八糙鹅鸭、白炸春鹅、炙鹅、糟羊蹄、糟蟹、爊肉蹄子、糟鹅事件、爊肝事件、酒香螺、海腊、糟脆筋、千里羊、诸色姜豉、波丝姜豉、姜虾海蛰鲊、膘皮炸子、獐犯、鹿脯、影戏、算条、红羊犯、槌脯线条、界方条儿、三和鲊、桃花鲊、骨鲊、鲜鹅鲊、大鱼鲊、鲜鳢鲊、寸金鲊、筋子鲊、鱼头酱等。鯀鱼、虾茸、鳗丝、地青丝、野味腊、白鱼干、金鱼干、梅鱼干、鲚鱼干、银鱼干、鳠鱼干、银鱼脯、紫鱼螟脯丝等脯腊副食。

荤素点心包儿：旋炙犯儿、灌爊鸡粉羹、科头擂鱼肉、细粉小素羹、灌肺、羊血、糊齑海蛰螺头、辣菜饼、熟肉饼、鲜虾肉团饼、羊脂韭饼。

【译文】

荤素点心包儿，有旋炙犯儿、灌爊鸡粉羹、科头擂鱼肉、细粉小素羹、灌肺、羊血、糊齑海蛰螺头、辣菜饼、熟肉饼、鲜虾肉团饼、羊脂韭饼。

四时果子：圆柑、乳柑、福柑、甘蔗、土瓜、地栗[①]、麝香甘蔗、沉香藕、花红[②]、金银水蜜桃、紫李、水晶李、莲子、棂桃、新胡桃、新银杏、紫杨梅、银瓜、福李、台柑、洞庭橘、蜜橘、匾橘、衢橘、金橘、橄榄、红柿、方顶柿、火珠柿、绿柿[③]、巧柿、樱桃、豆角、青梅、黄梅、枇杷、金杏[④]。此果未遇时，则有歌卖。

【注释】

① 地栗：荸荠的别名。

② 花红：也叫林檎或沙果。果实球形，像苹果而小，黄绿色带微红，是常见的水果。

③绿柿:(宋)施宿《会稽志》卷十七《木部》:"又有绿柿,会稽谓之椑,故有油椑、马蹄椑。"

④金杏:(唐)段成式《酉阳杂俎》卷十八《广动植之三·木篇》:"汉帝杏,济南郡之东南有分流山,山上多杏,大如梨,黄如橘,土人谓之汉帝杏,亦曰金杏。"

【译文】

四季果子:圆柑、乳柑、福柑、甘蔗、土瓜、地栗、麝香甘蔗、沉香藕、花红、金银水蜜桃、紫李、水晶李、莲子、棒桃、新胡桃、新银杏、紫杨梅、银瓜、福李、台柑、洞庭橘、蜜橘、匾橘、衢橘、金橘、橄榄、红柿、方顶柿、火珠柿、绿柿、巧柿、樱桃、豆角、青梅、黄梅、枇杷、金杏。在这些水果尚未成熟上市的季节,市场上已经有小贩在大声叫卖。

更有干果子,如锦荔①、木弹②、京枣③、枣圈、香莲、串桃、条梨、旋胜番糖、糖霜、番柈桃、松子、巴榄子④、人面子⑤、嘉庆子⑥、诸色韵果、十色蜜煎鲍螺、诸般糖煎、细酸⑦、四时像生儿时果、春兰、秋菊、石榴子儿、马院醍醐乳酪、韵果、蜜姜豉、皂儿膏、轻饧、玛瑙饧、十色糖、麝香豆沙团子。又有陈州果儿、密云柿、糖丝梅、山糖乌李、反旋果、莴苣、生菜、笋姜、油多糟琼芝、四色辣菜、四时细色菜蔬、糟藏。秋天有炒栗子、新银杏、香药、木瓜、楟子等类⑧。更有枱床卖熟羊、炙鳅⑨、炙鳗、炙鱼粉、鳅粉等物⑩。

【注释】

①锦荔:果实似荔枝而稍大。

②木弹:即龙眼。

③京枣:大枣。

④巴榄子:(宋)朱弁《曲洧旧闻》卷四:"巴榄子如杏核,色白,褊而尖长,来自西番。"

⑤人面子:(晋)嵇含《南方草木状》卷下:"人面子,树似含桃,结子如桃实,无味,其核正如人面,故以为名。以蜜渍之,稍可食。"

⑥嘉庆子:即李子。(宋)陈泳《全芳备祖》引韦述《西京记》:"东都嘉庆坊有李树,其实甘鲜,为京都之美果,故称嘉庆子。"

⑦细酸:(明)宋诩《竹屿山房杂部》卷六《养生部六·杂造制·细酸》:"切青梅细丝,茭白细丝,同紫苏新叶浸造霜梅水中,色味俱美。晒绝干,加青橘皮丝,以蜜润用。"

⑧枨(chéng)子:即橙子。

⑨炙鳅:鳅鱼用香油煎熟后再以羊脂烤。

⑩鳅粉:泥鳅米粉。

【译文】

还有干果子,比如锦荔、木弹、京枣、枣圈、香莲、串桃、条梨、旋胜番糖、糖霜、番梓桃、松子、巴榄子、人面子、嘉庆子、诸色韵果、十色蜜煎蚫螺、诸般糖煎、细酸、四时像生儿时果、春兰、秋菊、石榴子儿、马院醍醐乳酪、韵果、蜜姜豉、皂儿膏、轻饧、玛瑙饧、十色糖、麝香豆沙团子。还有陈州果儿、密云柿、糖丝梅、山糖乌李、反旋果、莴苣、生菜、笋姜、油多糟琼芝、四色辣菜、四时细色菜蔬、糟藏。秋天有炒栗子、新银杏、香药、木瓜、橙子等类。更有枱床卖熟羊、炙鳅、炙鳗、炙鱼粉、鳅粉等物品。

诸店肆俱有厅院廊庑,排列小小稳便阁儿,吊窗之外,花竹掩映,垂帘下幕,随意命妓歌唱,虽饮宴至达旦①,亦无厌怠也②。

【注释】

①达旦:直到次日凌晨。达,到。

②无厌怠:《学津讨原》本、清翁同书校钞本作"不妨"。

【译文】

当时的酒肆都设有厅堂、庭院和廊庑,里面排列着小巧而舒适的阁间。店铺的吊窗之外,花草竹木掩映。店内还设有垂帘,可以根据顾客的需求升降。顾客可以在店内随意召唤歌妓进行歌唱表演,这种娱乐服务使得顾客即使通宵达旦地饮酒作乐,也不会感到厌倦。

面食店

【题解】

本条叙述了南宋杭州城面食店的情况。作为南方城市,杭州的饮食原本具有鲜明的地方特色。随着南宋建立,大批北方人涌入南方,作为南宋行都的杭州城,自然成为当时最繁华、人口最多的城市。为了照顾和招徕北方人生意,杭州的面食店食品种类逐渐多样化,南方面食和北方面食都很多,并且随着时间推移,形成了独特的南方食材和北方烹任手法相结合的饮食文化。南宋杭州的面食店不仅是当时南北方饮食文化的代表,更是南北文化交流的重要载体。这种文化融合至今仍深深影响着杭州的饮食习惯和生活方式。本条介绍面食店的门首装饰以及店内点菜、吃饭过程的文字,引自《东京梦华录》卷四《食店》,所以不一定真实反映南宋时杭州面食店的情况。

向者汴京开南食面店、川饭、分茶[①],以备江南往来士夫,谓其不便北食故耳。南渡以来几二百余年[②],则水土既惯,饮食混淆,无南北之分矣。大凡面食店,亦谓之"分茶店"。若曰分茶,则有四软羹、石髓羹[③]、杂彩羹、软羊焙腰子、盐酒腰子、双脆石肚羹、猪羊大骨杂辣羹、诸色鱼羹、大小鸡羹、撺肉粉羹、三鲜大燠骨头羹。

【注释】

① 向者汴京开南食面店、川饭、分茶：(宋)孟元老《东京梦华录》卷四《食店》："大凡食店，大者谓之分茶。则有头羹、石髓羹、白肉、胡饼、软羊、大小骨角、犒腰子、石肚羹、入炉羊罨、生软羊面、桐皮面、姜泼刀、回刀、冷淘、棋子、寄炉面饭之类。吃全茶，饶斋头羹。更有川饭店，则有插肉面、大燠面、大小抹肉淘、煎燠肉、杂煎事件、生熟烧饭。更有南食店：鱼兜子、桐皮熟脍面、煎鱼饭。"(宋)灌园耐得翁《都城纪胜·食店》："南食店谓之南食、川饭分茶，盖因京师开此店，以备南人不服北食者。"本卷《面食店》另有记载："然店肆饮酒，在人出着，且如下酒件，其钱数不多，谓之'分茶''小分下酒'。"可见"分茶"一词含义比较笼统。

② 南渡以来几二百余年：建炎元年（1127），宋高宗登基称帝，南宋建立。1276年，元军兵临临安城下，宋恭帝投降。南宋残余势力先后拥立帝昺、帝昺为帝继续抗元。祥兴二年（1279），崖山海战失败后，陆秀夫携帝昺跳海身亡，南宋彻底灭亡。南宋享国152年。此处言"几二百余年"明显与南宋统治时间不符，应该是从南宋建立算到《梦粱录》写作的时间，即加上元朝部分时间。

③ 石髓羹：将石钟乳做成的羹。石髓，即石钟乳。古人认为石钟乳可入药，功效颇多。

【译文】

从前开封开设南食面店、川饭、分茶，为从江南地区来往开封的士大夫提供饮食，这样做的原因是称南方士大夫不习惯北方饮食。从南宋建立至今已经近二百多年，人们早已经习惯了水土，饮食上彼此混淆，没有南北方饮食的区别了。大凡面食店，也称为"分茶店"。如果说分茶，则有四软羹、石髓羹、杂彩羹、软羊焐腰子、盐酒腰子、双脆石肚羹、猪羊大骨杂辣羹、诸色鱼羹、大小鸡羹、撺肉粉羹、三鲜大爊骨头羹。

饭食，更有面食名件：猪羊盦生面①、丝鸡面、三鲜面、鱼桐皮面、盐煎面、笋泼肉面、炒鸡面、大爊面、子料浇虾䗫面、爊汁米子、诸色造羹②、糊羹、三鲜棋子③、虾䗫棋子、虾鱼棋子、丝鸡棋子、七宝棋子、抹肉银丝冷淘④、笋燥齑淘、丝鸡淘、耍鱼面。

【注释】

①猪羊盦(ān)生面：指将刚煮熟的面焖盖于生的牛羊肉上的一种面食。盦，本义为覆盖，常与食物连用，表示闷盖。

②造羹：《东京梦华录》卷四《食店》："吾辈入店则用一等琉璃浅棱椀，谓之'碧椀'，亦谓之'造羹'。"

③棋子：面食，取其形状类似棋子。文中的三鲜棋子、虾䗫棋子、虾鱼棋子、丝鸡棋子、七宝棋子，大概是在棋子面上撒上虾肉、鱼肉、鸡丝等。(宋)朱弁《曲洧旧闻》卷三："范氏自文正贵，以清苦俭约着于世，子孙皆守其家法也。忠宣正拜后，尝留晁美叔同匕箸，美叔退谓人曰：'丞相变家风矣。'问之，对曰：'盐豉棋子，而上有肉两簇，岂非变家风乎？'人莫不大笑。"

④冷淘：类似今天的冷面。(清)潘荣陛《帝京岁时纪胜·夏至》："夏至大祀。方泽乃国之大典。京师于是日家家俱食冷淘面，即俗说过水面也。乃都门之美品。"

【译文】

饭食，还有许多面食品种，比如猪羊盦生面、丝鸡面、三鲜面、鱼桐皮面、盐煎面、笋泼肉面、炒鸡面、大爊面、子料浇虾䗫面、爊汁米子、诸色造羹、糊羹、三鲜棋子、虾䗫棋子、虾鱼棋子、丝鸡棋子、七宝棋子、抹肉银丝冷淘、笋燥虀淘、丝鸡淘、耍鱼面。

又有下饭，则有㸌鸡①、生熟烧②、对烧、烧肉、煎小鸡、煎鹅事件、煎衬肝肠、肉煎鱼、炸梅鱼③、鮓鲫杂㸌、豉汁鸡④、焙鸡、大爊爓鱼等下饭。更有专卖诸色羹汤、川饭，并诸煎肉鱼下饭。

【注释】

① 㸌（kù）鸡：指通过慢火炖煮或焖烧的方式，使鸡肉酥软入味。㸌，指将食物炒后烹煮。

② 生熟烧：一种将生肉和熟肉混合烹饪的菜肴。具体做法可能是将部分肉类先煮熟，再与生肉一起炖煮或烧制，以达到独特的口感和风味。

③ 梅鱼：学名鲌（bó）鱼，又名贡鱼、梅鲌鱼，俗称梅白鱼、翘嘴白。是一种体型较小、肉质鲜美的鱼类。生长在特定水域，因其在梅雨季节洄游排卵时最为鲜美而得名。

④ 豉汁鸡：以鸡肉为主料，搭配豆豉、姜蒜等调料烹饪而成的一道菜。

【译文】

还有下饭菜，有㸌鸡、生熟烧、对烧、烧肉、煎小鸡、煎鹅事件、煎衬肝肠、肉煎鱼、炸梅鱼、鮓鲫杂㸌、豉汁鸡、焙鸡、大爊爓鱼等下饭菜。更有专门售卖各种羹汤、川饭，还有各种煎肉鱼下饭菜。

且言食店门首及仪式：其门首以枋木及花样沓结缚如山棚，上挂半边猪羊①，一带近里门面窗牖②，皆朱绿五彩装饰，谓之"欢门"。每店各有厅院、东西廊庑，称呼坐次③。客至坐定，则一过卖执箸遍问坐客④。杭人侈甚，百端呼索取覆⑤，或热或冷，或温或绝冷，精浇爊烧，呼客随意索唤。各卓或三样皆不同名，行菜得之⑥，走迎厨局前，从头唱念，报与当局者，谓之"铛头"⑦，又曰"著案"。讫行菜，行菜诣灶头托盘前去，从头散下，尽合诸客呼索指挥，不致错误。或有差错，坐客白之店主，必致叱骂罚工，甚至逐之。

【注释】

①半边：半条，半片。

②窗牖（yǒu）：窗户。

③称呼：招呼，安排。

④过卖：指酒楼食店里招呼客人的服务员。

⑤百端：多种多样，百般。取覆：谓禀告，请求答复。

⑥行菜：端送菜肴，亦指端送菜肴的人。

⑦铛头：执掌烹饪的厨师。

【译文】

姑且说一下面食店门面装饰和经营仪式：食店的门首，用枋木以及花样沓结，绑扎成山棚的形状，上面悬挂着半片猪羊。靠近店内的门面和窗牖，都使用红色和绿色的五彩装饰，这种装饰被称为"欢门"。每家店铺都有厅院，东西两侧设有廊庑，供客人称呼坐次。客人入座后，店家会安排过卖手持筷子，依次询问客人的需求。杭州人生活奢侈，客人可以随意点取各种食物，或热菜或凉菜、或温菜或特别凉的菜，店家都会精心制作，按照客人要求提供。同一桌的客人可能点的菜肴完全不同，甚至每桌的三样菜都可能有不同的名称，行菜拿到客人点的菜单，要前往厨房，将菜单从头到尾念出来，报告给厨房的"铛头"，铛头又叫"著案"。厨房按照要求准备好食物，最后由行菜用托盘将食物端上桌，从第一道菜逐一放下，完全符合客人的要求，不会出现错误。如果出现差错，客人告知店主后,店主会斥责相关员工,甚至将其开除。

有店舍专卖饦馇面①,如大燠饦馇、大燥子、料浇虾蟆②、丝鸡三鲜等饦馇,并卖馄饨。亦有专卖菜面、熟齑③、笋肉淘面,此不堪尊重,非君子待客之处也。又有专卖素食分茶,不误斋戒,如头羹、双峰、三峰、四峰、到底签、蒸果子、鳖蒸羊、大段果子、鱼油炸、鱼茧儿、三鲜、夺真鸡、元鱼、元羊蹄、梅鱼、两熟鱼炸、油河鲀、大片腰子、鼎煮羊麸④、乳水龙麸⑤、笋辣羹、杂辣羹、白鱼辣羹饭。

【注释】
① 饦馇:宋元之际的"饦馇"指条形的面食,煮制时可加入多种食材作浇头。
② 料浇虾蟆:可能是将虾作为浇头,搭配面疙瘩或其他面食制作而成。
③ 熟齑:指经过加工或腌制的熟蔬菜。类似于现代的腌菜或酱菜,常作为面食的配菜或调料。
④ 鼎煮羊麸(fū):一种以面筋(麸)为主要原料的食品。可能通过鼎煮的方式烹饪而成,类似于现代的面筋汤或煮面筋。
⑤ 乳水龙麸:是以乳制品和面筋为主要原料的食品。可能加入了乳水(乳制品)来增加风味和口感,是一种较为精细的素食。

【译文】
有店舍专门售卖饦馇面,比如大燠饦馇、大燥子、料浇虾蟆、丝鸡三鲜等饦馇,还兼卖馄饨。也有专门售卖菜面、熟齑、笋肉淘面,这些吃食不太受人尊重,并非君子招待客人的方法。又有店铺专门售卖素食分茶,不耽误斋戒,比如头羹、双峰、三峰、四峰、到底签、蒸果子、鳖蒸羊、大段果子、鱼油炸、鱼茧儿、三鲜、夺真鸡、元鱼、元羊蹄、梅鱼、两熟鱼炸、油河豚、大片腰子、鼎煮羊麸、乳水龙麸、笋辣羹、杂辣羹、白鱼辣羹饭。

又下饭如五味爊麸、糟酱烧麸①、假炙鸭②、干签杂鸠、假羊事件、假驴事件、假煎白肠、葱焐油炸、骨头米脯、大片羊、红爊大件肉、煎假乌鱼等。

【注释】
①糟酱烧麸：使用糟（酒糟）和酱烧制的面筋，味道浓郁，带有酒糟的香气。
②假炙鸭：可能是用面筋或豆制品制作而成的模仿烤鸭风味的素食菜肴。

【译文】
还有下饭菜，比如五味爊麸、糟酱烧麸、假炙鸭、干签杂鸠、假羊事件、假驴事件、假煎白肠、葱焐油炸、骨头米脯、大片羊、红爊大件肉、煎假乌鱼等。

下饭素面，如大片铺羊面、三鲜面、炒鳝面、卷鱼面、笋泼刀①、笋辣面、乳齑淘②、笋齑淘、笋菜淘面、七宝棋子、百花棋子等面，皆精细乳麸，笋粉素食。

【注释】
①笋泼刀：可能是以竹笋为主要食材的面食。
②乳齑淘：是指一种用乳汁或乳饼、齑等调料凉拌的冷面。齑，指将姜、蒜、葱、韭等捣碎成的调料。淘，即冷面。（唐）杜甫《槐叶冷淘》，朱鹤龄注："以槐叶汁和面为冷淘。"苏轼认为，制作"乳斋淘"应加入乳饼。（宋）苏轼《物类相感志》："乳斋淘，用乳饼酱肉妙。"

【译文】

下饭素面,比如大片铺羊面、三鲜面、炒鳝面、卷鱼面、笋泼刀、笋辣面、乳斋淘、笋韲淘、笋菜淘面、七宝棋子、百花棋子等面,在制作过程中注重精细加工,主要使用面筋、笋粉等原料,满足素食者的需求。

又有专卖家常饭食,如撺肉羹、骨头羹、蹄子清羹、鱼辣羹、鸡羹、耍鱼辣羹、猪大骨清羹、杂合羹①、南北羹、兼卖蝴蝶面②、煎肉、大熝虾蝶等蝴蝶面,及有煎肉、煎肝、冻鱼、冻鲞、冻肉、煎鸭子、煎鲚鱼、醋鲞等下饭。更有专卖血脏面、齑肉菜面、笋淘面、素骨头面、麸笋素羹饭。又有卖菜羹饭店,兼卖煎豆腐、煎鱼、煎鲞、烧菜、煎茄子,此等店肆乃下等人求食粗饱,往而市之矣。

【注释】

①合羹:称一碗面和肉一样多的面食为"合羹",称半碗为"单羹"。《东京梦华录》卷四《食店》:"面与肉相停,谓之'合羹'。"

②蝴蝶面:一种做成蝴蝶型的水煮面。是汤饼、水引面的俗称。

【译文】

又有专门售卖家常饭食的食店,比如卖撺肉羹、骨头羹、蹄子清羹、鱼辣羹、鸡羹、耍鱼辣羹、猪大骨清羹、杂合羹、南北羹、兼卖蝴蝶面、煎肉、大熝虾蝶等蝴蝶面,还有煎肉、煎肝、冻鱼、冻鲞、冻肉、煎鸭子、煎鲚鱼、醋鲞等下饭。更有专门售卖血脏面、齑肉菜面、笋淘面、素骨头面、麸笋素羹饭。又有售卖菜羹的饭店,同时兼卖煎豆腐、煎鱼、煎鲞、烧菜、煎茄子,这类食店乃是面向社会底层的普通民众,他们前往食店吃饭,只求满足基本的饮食要求罢了。

荤素从食店 诸色点心事件附

【题解】

本条叙述了南宋杭州城的荤素从食店,并附带介绍了各种点心。杭城内饮食店铺众多,分布广泛,包括茶坊、酒肆、面店、果子店、油酱店、食米店、下饭鱼肉店等。从食店提供的食品种类繁多,既有荤食,也有素食。荤食包括各种肉类、禽类、海鲜等,如炙鸡、八糙鹅鸭、糟羊蹄、糟蟹等;素食则有笋丝、麸笋、假肉馒头、菠菜果子馒头等。文中还提到了一些特色食品,如四色馒头、细馅大包子、米薄皮春茧、生馅馒头、笑靥儿、金银炙焦牡丹饼等。除了固定的店铺,还有沿街巷陌盘卖的流动摊贩,他们售卖各种点心和熟食,如馒头、炊饼、糖蜜酥皮烧饼、油炸从食等。南宋杭州的荤素点心制作精细,种类繁多,不仅满足了不同阶层的需求,还体现了当时社会的消费水平。另外,随着佛教的影响,素食文化在南宋时期非常流行,杭州出现了许多专门售卖素食的店铺,反映了当地佛教文化的发达。

市食点心①,四时皆有,任便索唤,不误主顾。且如蒸作面行卖四色馒头、细馅大包子,卖莱菔皮春茧②、生馅馒头③、馉子、笑靥儿、金银炙焦牡丹饼、杂色煎花馒头、枣箍荷叶饼、芙蓉饼、菊花饼、月饼④、梅花饼、开炉饼、寿带龟仙桃⑤、子母春茧⑥、子母龟、子母仙桃、圆欢喜⑦、骆驼蹄、糖蜜果食、果食将军、肉果食、重阳糕、肉丝糕、水晶包儿、笋肉包儿、虾鱼包儿、江鱼包儿、蟹肉包儿、鹅鸭包儿、鹅眉夹儿⑧、十色小从食、细馅夹儿、笋肉夹儿、油炸夹儿、金铤夹儿、江鱼夹儿、甘露饼⑨、肉油饼、菊花饼、糖肉馒头、羊肉馒头、太学馒头⑩、笋肉馒头、鱼肉馒头、蟹肉馒头、肉酸馅、千层儿、炊饼⑪、鹅弹。

【注释】

① 市食：市场售卖的食品。

② 莱菔（fú）：原作"米薄"，据《学津讨原》本改。即萝卜。

③ 生馅：指制作时包入的馅料为生的馅类食物，与"熟馅"相对。"生馅"为蒸制食品，（宋）周密《武林旧事》卷六将"生馅"列入"蒸作从食"条。

④ 月饼：南宋月饼是一种蒸制饼，《武林旧事》卷六将月饼列入"蒸作从食"条。

⑤ 寿带龟仙桃：是一种仙桃状带有寿字和乌龟纹饰的点心。

⑥ 子母春茧：《武林旧事》称为子母茧。应指一种包含大小两种的春茧。

⑦ 圆欢喜：一种圆形的蒸制糖面点心。

⑧ 夹儿：又称"夹子"。是一种炸制或煎制的有馅面食。

⑨ 甘露饼：指一种蒸制的口味甘甜的饼类。

⑩ 太学馒头：是太学中供应学子的一种有馅的包子。

⑪ 炊饼：原为"蒸饼"。宋仁宗名赵祯，因为要避圣讳，因此更作"炊饼"。

【译文】

杭州的市食点心,四季都有,顾客可以随时要求随时供应,不耽误顾客的需求。比如蒸作面行卖四色馒头、细馅大包子,卖菜蔽皮春茧、生馅馒头、馉子、笑靥儿、金银炙焦牡丹饼、杂色煎花馒头、枣箍荷叶饼、芙蓉饼、菊花饼、月饼、梅花饼、开炉饼、寿带龟仙桃、子母春茧、子母龟、子母仙桃、圆欢喜、骆驼蹄、糖蜜果食、果食将军、肉果食、重阳糕、肉丝糕、水晶包儿、笋肉包儿、虾鱼包儿、江鱼包儿、蟹肉包儿、鹅鸭包儿、鹅眉夹儿、十色小从食、细馅夹儿、笋肉夹儿、油炸夹儿、金铤夹儿、江鱼夹儿、甘露饼、肉油饼、菊花饼、糖肉馒头、羊肉馒头、太学馒头、笋肉馒头、鱼肉馒头、蟹肉馒头、肉酸馅、千层儿、炊饼、鹅弹。

更有专卖素点心从食店,如丰糖糕、乳糕、栗糕、镜面糕、重阳糕、枣糕、乳饼①、麸笋丝、假肉馒头、笋丝馒头、裹蒸馒头、菠菜果子馒头、七宝酸馅、姜糖辣馅②、糖馅馒头、活糖沙馅、诸色春茧、仙桃龟儿、包子、点子、诸色油炸素夹儿、油酥饼儿、笋丝麸儿、果子韵果、七宝包儿等点心。更有馒头店兼卖江鱼兜子、杂合细粉、灌燠软烂大骨料头、七宝料头。又有粉食店,专卖山药元子、真珠元子、金橘水团、澄粉水团、乳糖槌、拍花糕、糖蜜糕、裹蒸粽子、栗粽③、金铤裹蒸菱粽④、糖蜜韵果、巧粽、豆团、麻团、糍团及四时糖食点心⑤。

【注释】

①乳饼:李时珍称是腐乳。(明)李时珍《本草纲目》卷五十下《腐乳》:"释名:乳饼。"但据明人的制作方法,显然更像奶豆腐。(明)邝璠《便民图纂》第十五《制造类》上《造乳饼》:"取牛乳一斗,绢滤入锅,煎三五沸。先将好醋以水解淡,俟乳沸点入,则渐结

成,漉出,用绢布之类包盛,以石压之。"
② 姜糖辣馅:指馅料为姜辣味的馅类食物。
③ 栗粽:指馅加板栗的粽子。
④ 茭粽:指用茭叶包裹的粽子。茭,即菰,又称青菰,也就是现在的茭白。宋人常用菰叶包裹糯米煮成粽子。(宋)陆游《乙丑重五》诗:"盘中共解青菰粽,衰甚犹簪艾一枝。"
⑤ 糍团:即"糍糕团子"。指用糯米蒸熟捣烂成团的一种点心。是宋代常见的一种食品,宋代甚至有不止一条街巷名"糍团巷"。《咸淳临安志》卷十九《坊巷》:"长庆坊:保民坊对,俗呼糍团巷。"《梦粱录》卷七《禁城九厢坊巷》:"怀信坊,俗呼糍团巷。"可见其知名度。

【译文】

更有专门售卖素点心的副食店,售卖诸如丰糖糕、乳糕、栗糕、镜面糕、重阳糕、枣糕、乳饼、麸笋丝、假肉馒头、笋丝馒头、裹蒸馒头、菠菜果子馒头、七宝酸馅、姜糖辣馅、糖馅馒头、活糖沙馅、诸色春茧、仙桃龟儿、包子、点子、诸色油炸素夹儿、油酥饼儿、笋丝麸儿、果子韵果、七宝包儿等点心。更有馒头店兼卖江鱼兜子、杂合细粉、灌爁软烂大骨料头、七宝料头。又有粉食店,专卖山药丸子、真珠丸子、金橘水团、澄粉水团、乳糖槌、拍花糕、糖蜜糕、裹蒸粽子、栗粽、金铤裹蒸茭粽、糖蜜韵果、巧粽、豆团、麻团、糍团及四时糖食点心。

及沿街巷陌盘卖点心:馒头、炊饼及糖蜜酥皮烧饼、夹子、薄脆①、油炸从食、诸般糖食油炸、虾鱼划子、常熟糍糕、馉饳瓦铃儿、春饼、芥饼、元子、汤团、水团、蒸糍、栗粽、裹蒸、米食等点心。

【注释】

①薄（báo）脆：一种油炸的薄而脆的点心。

【译文】

以及商贩挑着担子或托着盘子，沿着街道巷陌叫卖各种点心，比如馒头、炊饼以及糖蜜酥皮烧饼、夹子、薄脆、油炸从食、诸般糖食油炸、虾鱼划子、常熟糍糕、馉饳瓦铃儿、春饼、芥饼、元子、汤团、水团、蒸糍、粟粽、裹蒸、米食等点心。

及沿门歌叫熟食：爊肉、炙鸭、爊鹅、熟羊鸡鸭等类，及羊血、灌肺、撺粉、科头应干市食，就门供卖，可以应仓卒之需。

【译文】

以及有商贩沿门大声吆喝售卖熟食，诸如爊肉、炙鸭、爊鹅、熟羊鸡鸭等类，以及羊血、灌肺、撺粉、科头应干市食，上门供卖，可以应付仓促之间的饮食需要。

米铺

【题解】

本条叙述了南宋杭州城的米铺情况。作为南宋政治、经济和文化中心,杭州城市人口众多,粮食需求量巨大,仅细民所食的米每日就达一二千石。米铺作为重要的商业形态,承担着供应城市居民日常粮食的重要职责。南宋杭州的米市规模庞大,米铺主要集中在城北的湖州市、米市桥、黑桥等地。这些地区靠近运河,便于运输来自苏、湖、常、秀、淮、广等地的客米。此外,新开门外草桥下南街也有米市,供应城内外的米铺。米铺的经营涉及多个环节,有米行、行头、牙人、脚夫和舟户等参与其中,分工明确。米铺供应的米种类繁多,包括早米、晚米、新陂䆃、冬春、上色白米、中色白米、红莲子、黄芒、粳米、糯米等。总之,南宋杭州的米铺通过完善的经营机制和分工协作,保障了城市居民的粮食需求,同时也促进了商业经济的繁荣。

杭州人烟稠密,城内外不下数十万户,百十万口。每日街市食米,除府第、官舍、宅舍、富室及诸司有该俸人外,细民所食,每日城内外不下一二千余石,皆需之铺家①。然本州所赖苏、湖、常、秀、淮、广等处客米到来。湖州市米市桥、黑桥俱是米行,接客出粜。其米有数等,如早米、晚米、新破砻②、冬舂③、上色白米、中色白米、红莲子④、黄芒⑤、上秆⑥、秔米⑦、糯米⑧、箭子米、黄籼米⑨、蒸米、红米⑩、黄米⑪、陈米⑫。

【注释】

① 之:到。

② 新破砻(lóng):新去除稻壳的米。破砻,一种传统的去除稻谷外壳的加工方法,以便于得到可食用的米粒。砻,去掉稻壳的农具,形状略像磨,多以木料制成。

③ 冬舂:指在农历腊月初六七,取水舂米,并将舂好的米放入仓库中,这种米叫"冬舂米"。

④ 红莲子:即红莲米。

⑤ 黄芒:即占城稻。

⑥ 上秆:《树艺篇·谷部》卷三《稻·再熟稻》:"上秆青稻或名火稻青苔,又名靠山青。五月种,九月熟,秆青米白。"

⑦ 秔(jīng)米:即粳米。粳稻的米。粘性较强,是常见的主食。

⑧ 糯(nuò)米:也称为"江米"。糯稻碾出的米。可以酿酒,也可以做糕点。

⑨ 黄籼(xiān)米:籼稻碾出来的米。米粒长而细,胀性大,黏性小。

⑩ 红米:即糙米。

⑪ 黄米:黍子去了壳的子实。比小米稍大,颜色很黄,煮熟后很黏。

⑫ 陈米:隔年的米,相对于新收割的米而言。

【译文】

杭州城人烟稠密,城内外不少于数十万户人家,有一百一十万人口。每天街市上食用的米,除了达官贵人、官府、有钱人以及各部门领俸禄的人之外,普通百姓食用的粮食,每天杭州城内外不少于一两千石,这些米都需要到米铺购买。杭州的米依靠苏州、湖州、常州、秀州、淮州、广州等处客米运到。湖州市的米市桥、黑桥都是米行,接待客人卖出粮食。杭州的米有多个等级,比如早米、晚米、新去壳的米、冬春米、上等色白米、中等色白米、红莲子、黄芒、上秆、秔米、糯米、箭子米、黄籼米、蒸米、红米、黄米和陈米。

且言城内外诸铺户,每户专凭行头于米市做价①,径发米到各铺出粜②。铺家约定日子,支打米钱。其米市小牙子亲到各铺支打发客③。又有新开门外草桥下南街,亦开米市三四十家,接客打发,分俵铺家④。及诸山乡客贩卖,与街市铺户,大有径庭。杭城常愿米船纷纷而来,早夜不绝可也。且叉袋自有赁户,肩驼脚夫亦有甲头管领⑤,船只各有受载舟户,虽米市搬运混杂,皆无争差,故铺家不劳余力而米径自到铺矣。

【注释】

①做价:指出售商品前,估定商品的价格。

②径:直,直截了当。

③牙子:即牙人。指居于买卖双方之间、从中撮合以获取佣金的人。

④分俵:分给,分施。

⑤甲头:管领夫役的头目。

【译文】

姑且说一下杭州城内外各米铺,每个米铺都专门由行头负责与外地粮商在米市洽谈价格,直接将米分配给各米铺出售。每户米铺家都会根据约定的日期,支付米钱并领取米。米市小牙子亲自到各米铺收取米款。新开门外草桥下南街,也开设了三四十家米市,行头协调批发商和零售商之间的交易,并安排米的分发,交易完成后行头会根据城内外各米铺的需求,将米分配到各个铺户。乡村的山乡客贩卖粮食,与杭州街市的米铺售米,做法大相径庭。杭州城希望米船纷纷而来,早晚都不断绝。运输装米的叉袋自然有赁户,肩驼脚夫也有甲头管领,船只各自有承载的船户,即使米市搬运混杂,却没有纷争差错,故而米铺家不需要费多余的力气,米便会被直接送到店铺中。

肉铺

【题解】

本条详细记载了南宋杭州城内外肉铺的经营情况、所售商品以及当时的肉类消费状况。杭州城内外肉铺数量众多,装饰精美,肉案和器具都显得新丽。每日各铺悬挂成整猪不下十余边,冬、年两节时,各铺日卖数十边。案前操刀者五七人,顾客可以随意索唤切割。猪肉名件繁多,包括细抹落索儿精、钝刀丁头肉、条撺精、窜燥子肉、烧猪煎肝肉、膂肉、蔗肉等。骨头也有多种,如双条骨、三层骨、浮筋骨、脊龈骨、球杖骨、苏骨、寸金骨、棒子、蹄子、脑头大骨等。中午时分,各铺还会销售爊熟食,如头、蹄、肝、肺四件,杂爊蹄爪事件,红白爊肉等。此外,还有盘街货卖,即流动摊贩。除了生肉,还有鲊铺(腌制肉类铺),兼货生熟肉。鲊的种类繁多,如算条、影戏、盐豉、皂角、钗松、脯界、方条、线条、糟猪头肉、玛瑙肉、鹅鲊、旋鲊、寸金鲊、鱼头酱、三和鲊、切鲊、桃花鲊、骨鲊、饭鲊、槌脯、红羊鲊、大鱼鲊、鲟鳇鱼鲊等。坝北修义坊有肉市,巷内两街皆是屠宰之家,每日宰杀数百口猪,供应城内外的面店、分茶店、酒店、鲊店及盘街卖爊肉的人。自三更开行上市,至晓方罢市。杭州城人口稠密,肉类消费量极大,但即使是府第、富家举办大型筵席,也能迅速办齐所需食材。

杭城内外肉铺不知其几,皆装饰肉案,动器新丽。每日各铺悬挂成边猪不下十余边。如冬、年两节①,各铺日卖数十边。案前操刀者五七人,主顾从便索唤刽切。且如猪肉名件,或细抹落索儿精、钝刀丁头肉、条撺精、窜燥子肉、烧猪煎肝肉、脊肉②、盦蔗肉③。骨头亦有数名件,曰双条骨、三层骨、浮筋骨、脊龈骨④、球杖骨、苏骨、寸金骨⑤、棒子、蹄子、脑头大骨等。肉市上纷纷,卖者听其分寸,略无错误。至饭前,所挂之肉骨已尽矣。盖人烟稠密,食之者众故也。

【注释】

①冬、年两节:指冬至和春节。
②脊肉:脊肉或脊梁上的肉。质地较为坚实,是肉类中较为珍贵的部分。
③盦(ān)蔗肉:以猪肉和甘蔗为主要材料的一道菜。
④脊龈骨:可能是指脊椎骨的一部分。
⑤寸金骨:一种比较细小的骨头,位于猪后腿或排骨部位。

【译文】

杭州城内外的肉铺不知道有多少家,肉铺都将肉案装饰一新,使用的刀具崭新明亮。每天各肉铺悬挂的成片的猪肉不下十多片。像冬至、春节,各肉铺每天售卖数十片猪肉。肉案前负责切肉的有五七人,主顾们就便要求切不同部位的肉。像猪肉的各部位,比如细抹落索儿精、钝刀丁头肉、条撺精、窜燥子肉、烧猪煎肝肉、脊肉、盦蔗肉。骨头也有几个部位,它们是双条骨、三层骨、浮筋骨、脊龈骨、球杖骨、苏骨、寸金骨、棒子、蹄子、脑头大骨等。肉市上人来人往,但卖肉的人倾听顾客们的具体要求,切肉没有一点差错。到饭点前,肉铺悬挂的猪肉和骨头已经售卖干净了。这是因为杭州城人口稠密,吃肉的人多的缘故。

更待日午^①，各铺又市爊臛熟食^②：头、蹄、肝、肺四件，杂爊蹄爪事件、红白爊肉等^③。亦有盘街货卖，更有犯鲊铺，兼货生熟肉。且如犯鲊^④，名件最多，姑言一二。其犯鲊者：算条、影戏、盐豉、皂角铤、松脯、界方条、线条、糟猪头肉、玛瑙肉、鹅鲊、旋鲊、寸金鲊、鱼头酱、三和鲊、切鲊、桃花鲊、骨鲊、饭鲊、槌脯、红羊犯、大鱼鲊、鲟鳇鱼鲊等类。冬间添卖冻姜豉蹄子^⑤、姜豉鸡、冻白鱼、冻波斯姜豉等。

【注释】

① 日午：中午。

② 爊臛（báo）熟食：可能类似于今天的焖煮或卤制熟食。

③ 红白爊肉：指红爊和白爊两种方式制作的爊肉。加红曲熬煮为"红爊"，"白爊"不加。

④ 犯鲊：腌制的猪肉。犯，指"大猪"。鲊，本指用腌、糟等方法加工的鱼类食品。也泛指腌制食品。

⑤ 姜豉：肉冻。是北宋寒食节的风俗饮食。（宋）吕原明《岁时杂记》云："寒食煮豚肉并汁露顿，候其冻取之，谓之'姜豉'，以荐饼而食之。或剜以匕，或裁以刀，调以姜豉，故名焉。"

【译文】

不必等到中午，各肉铺又开始售卖卤制的各种熟食，比如头、蹄、肝、肺四种物件，杂爊蹄爪事件、红白爊肉等。还有走街串巷的商贩售卖各种熟食，还有犯鲊铺，同时售卖生熟肉。像犯鲊，名件最多，随便说上一两个。犯鲊的部位有：算条、影戏、盐豉、皂角铤、松脯、界方条、线条、糟猪头肉、玛瑙肉、鹅鲊、旋鲊、寸金鲊、鱼头酱、三和鲊、切鲊、桃花鲊、骨鲊、饭鲊、槌脯、红羊犯、大鱼鲊、鲟鳇鱼鲊等类。冬天肉铺还添加售卖冻姜豉蹄子、姜豉鸡、冻白鱼、冻波斯姜豉等。

坝北修义坊,名曰肉市,巷内两街皆是屠宰之家。每日不下宰数百口,皆成边及头蹄等肉,俱系城内外诸面店、分茶店、酒店、犯鲊店及盘街卖爊肉等人,自三更开行上市,至晓方罢市。其街坊肉铺,各自作坊屠宰货卖矣。或遇婚姻日,及府第富家大席华筵数十处,欲收市腰肚,顷刻并皆办集,从不劳力。盖杭州广阔可见矣。

【译文】

坝北的修义坊,称为肉市,巷子里面两边街道都是屠夫们的家。屠夫每天宰杀不少于数百口猪,都是成片的猪肉以及猪头、猪蹄等肉。他们都是杭州城内外各面店、分茶店、酒店、犯鲊店以及走街串巷售卖爊肉的人,从三更天开始售卖猪肉,直到天亮才收摊。杭州街坊上的肉铺,都是在各自家里屠宰货卖猪肉。如果遇到有人结婚,以及有钱人家举行盛大宴会开设几十处宴席,想要购买猪腰、猪肚,一会儿工夫都能置办齐全,从来不需要劳心费力。可见杭州城规模宏大,肉铺极多。

鲞铺

【题解】

本条叙述了南宋杭州城水产铺的情况。"鲞铺"指专门售卖鱼鲞（即腌制或晾干的鱼）及其他海味产品的店铺。杭州城内外的户口浩繁，州府广阔，坊巷桥门及隐僻之处都有铺席买卖。城南浑水闸是鱼鲞的集散地，城内外的鲞铺不下一二百家。南宋杭州的水产资源极为丰富，市场上有名可查的水产品超过120种，约占市民日常食品种类的一半。鲞铺售卖的鱼鲞种类繁多，包括郎君鲞、石首鲞、望春春皮、片鲞、鳖鲞、鳗条弯鲞、带鲞、短鲞、黄鱼鲞、鲭鱼鲞等。此外，还有海味如酒江瑶、酒香螺、酒蛎、龟脚、瓦螺头等。除了鱼鲞和海味，铺中还兼卖大鱼鲊、鲟鱼鲊、银鱼鲊、饭鲊、蛮鲊、淮鱼干、盐鸭子、煎鸭子、煎鲚鱼、冻耍鱼、冻鱼、冻鲞、炙鳗、蒸鱼、炒白虾等。西湖和钱塘江是杭州人主要的水产来源，其中西湖的鲫鱼、鲤鱼、白鱼、鳜鱼等尤为著名。此外，螃蟹也是当时的重要水产品之一，深受市民喜爱。水产铺不仅销售新鲜的水产品，还提供经过加工的水产食品。由于水产品丰富且新鲜，杭人"善食鲜，多细碎水类，日不下千万"，水产铺的生意非常兴隆。为了方便小街狭巷的主顾，还有盘街叫卖的服务。

杭州城内外户口浩繁，州府广阔，遇坊巷桥门及隐僻去处,俱有铺席买卖。盖人家每日不可阙者,柴米油盐酱醋茶。或稍丰厚者,下饭羹汤尤不可无,虽贫下之人亦不可免①。盖杭城人娇细故也②。

【注释】

①贫下:贫贱穷困。

②娇细:贵重精致。

【译文】

杭州城内外人口众多,再加上城市规模大,遇到坊巷桥门以及偏僻的去处,都有店铺在做生意。杭州人家庭每天不可缺少的东西,是柴、米、油、盐、酱、醋、茶。稍微富裕的家庭,佐餐的羹汤尤其不可少,即便是贫穷人家吃饭的时候也不会少了羹汤。这是因为杭州人生活贵重精致的缘故。

姑以鱼鲞言之①。此物产于温、台、四明等郡②,城南浑水闸有团招客旅,鲞鱼聚集于此。城内外鲞铺不下一二百余家,皆就此上行③。合摙鱼鲞名件具载于后:郎君鲞④、石首鲞、望春、春皮、片鳓⑤、鲫鲞、鳅鲞、鲭鲞、鳗条弯鲞⑥、带鲞、短鲞、黄鱼鲞、鲭鱼鲞、鱓鲞、老鸦鱼鲞、海里羊。

【注释】

①鱼鲞(xiǎng):剖开晾干的鱼。

②温、台、四明:指温州、台州、四明(今浙江宁波)。

③上行:上市进货。

④郎君鲞:用大黄鱼制作的鱼干。

⑤片鳓(lè):用鳓鱼制作的鱼鲞。鳓鱼,亦称"鲅鱼""白鳞鱼""曹

白鱼"。因其体型较大,肉质厚实,适合制作成片状的鱼鲞而得名"片鲫"。

⑥鳗条弯鲞:用鳗鱼制作的鱼干。因其体型细长且弯曲而得名。

【译文】

姑且说一下鱼干。这一物品产自温州、台州、四明等州郡,杭州城南浑水闸聚集了大量的鱼行和商人,这里是鱼干交易中心。杭州城内外的鱼干铺不少于一二百家,都到这里批发采购。现将鱼干的名件详列如下:郎君鲞、石首鲞、望春、春皮、片鲫、鲻鲞、鳓鲞、鲒鲞、鳗条弯鲞、带鲞、短鲞、黄鱼鲞、鲭鱼鲞、鲢鲞、老鸦鱼鲞、海里羊。

更有海味,如酒江瑶①、酒香螺②、酒蛎③、酒蟅龟脚④、瓦螺头、酒坭子、酒鳠鲞、酱蛼蛎、锁官蛼、小丁头鱼、紫鱼⑤、鱼䑋⑥、蚶子⑦、鲭子、魟子、海水团、望潮卤虾、蛼鳒鲞、红鱼、明脯、鲞干、比目、蛤蜊、酱蜜丁、车螯⑧、江蠘、蚕蠘、鳔肠等类。

【注释】

①酒江瑶:指用江瑶制作的酒浸食品。

②酒香螺:用田螺制作的酒浸食品。

③酒蛎:用牡蛎(生蚝)制作的酒浸食品。

④酒蟅龟脚:可能是用某种类似龟脚形状的海鲜(如章鱼爪)制作的酒浸食品。

⑤紫鱼:俗名子鱼。属于笛鲷科紫鱼属。身体延长侧扁,呈紫红色,大者可达到70厘米以上,是一种热带和亚热带近底层鱼类。

⑥鱼䑋:主要指鱼的脂肪部分,富含胶原蛋白和脂肪,质地鲜嫩,味道醇香。

⑦蚶(hān)子：双壳纲中比较原始的类型。外壳厚而坚硬，呈扇形或卵圆形，生活在浅海泥沙中。肉味鲜美，营养丰富。

⑧车螯：学名为"文蛤"。是一种常见的食用贝类，广泛分布于中国沿海地区。其肉质鲜美，适合清蒸或煮汤。

【译文】

还有海味，比如酒江瑶、酒香螺、酒蛎、酒蟶龟脚、瓦螺头、酒坨子、酒鳅鲞、酱蛺蛎、锁官蛺、小丁头鱼、紫鱼、鱼膘、蚶子、鲭子、鲚子、海水团、望潮卤虾、蛺鲚鲞、红鱼、明脯、鲒干、比目、蛤蜊、酱蜜丁、车螯、江蟥、蚕蟥、鳔肠等。

　　铺中亦兼卖大鱼鲊、鲟鱼鲊、银鱼鲊、饭鲊、蟹鲊、淮鱼干、蟛蚏①、盐鸭子、煎鸭子、煎鲚鱼、冻耍鱼②、冻鱼、冻鲞、炙鳊③、炙鱼、粉鳅、炙鳗、蒸鱼、炒白虾。又有盘街叫卖，以便小街狭巷主顾，尤为快便耳。

【注释】

①蟛蚏(péng yuè)：一种类似蟹但个头小的海产品。

②冻耍鱼：一种将鱼肉加工后冷却成冻状的食品。

③炙鳊(biān)：将鳊鱼用火烤制的食品。

【译文】

店铺中也同时售卖大鱼鲊、鲟鱼鲊、银鱼鲊、饭鲊、蟹鲊、淮鱼干、蟛蚏、盐鸭子、煎鸭子、煎鲚鱼、冻耍鱼、冻鱼、冻鲞、炙鳊、炙鱼、粉鳅、炙鳗、蒸鱼、炒白虾。还有人走街串巷叫卖，以方便小街窄巷里的顾客，购买尤其方便。

卷十七

历代人物

【题解】

本条介绍了杭州地区自古以来的历代杰出人物及其事迹,涵盖了从上古到南宋时期的各类人物,包括政治家、文人、武将等。上古时期,如箕公、许由等。汉代,如严子陵、诸葛琮、孙钟、孙坚等。三国吴时期,如孙奥、孙韶、凌统、全琮等。晋代,如孙拯、范平、褚陶等。南北朝时期,如范元琰、顾欢、杜京产等。隋唐时期,如陆知命、褚亮、褚遂良、罗隐等。五代吴越国时期,如钱镠、杜建徽、成及等。这些人物的事迹体现了杭州地区深厚的历史文化底蕴,也反映了杭州作为江南重镇在各个历史时期的重要地位。本条文字由《咸淳临安志》卷六十二《人物三·列传》、卷六十三《人物四·列传》、卷六十四《人物五·列传》、卷六十五《人物六·列传》、卷六十六《人物七·列传》、卷六十七《人物八·列传》合并而成。

杭城湖光山色之秀,钟为人物,所以清奇杰特①,为天下冠。自陶唐至于秦、汉、晋、隋、唐之人物,彬彬最盛②;至宋则人物尤盛于唐矣。今以历代杭之人物考之,曰陶唐:箕公许由③,隐寓昌化晚溪④,有千顷山故居。

【注释】

①杰特:卓异,特出。
②彬彬:形容富有文采。
③箕公许由:许由死后,人们把他埋葬在箕山顶上,后来尧王封他为箕山公神,以配享五岳。
④昌化晚溪:位于浙江杭州临安区昌化镇附近。昌化溪是分水江的主源,发源于安徽绩溪县荆洲岭饭蒸尖,流经昌北、昌化等地,最终与天目溪汇合。

【译文】

杭州的湖光山色极为秀丽,这种自然之美孕育了杰出的人物,使得杭州的人物清奇卓越,堪称天下第一。自唐尧至于秦朝、汉朝、晋朝、隋朝、唐朝的杰出人才,富有文采的人物最为繁盛;到了宋朝,杰出人物的繁荣程度尤其超过唐朝。现在考察一下杭州历代杰出人物,唐尧时期:箕公许由,隐居在昌化晚溪,在千顷山有故居。

汉:严陵①,光武之故人②,不屈于朝,隐耕富春山。诸葛琮③、孙锺④、孙坚⑤、孙策字伯符⑥、孙瑜字仲异⑦、孙皎字叔明⑧、孙贲字伯阳⑨、吴景⑩、徐琨⑪、张俨⑫。

【注释】

①严陵:即东汉著名隐士严光。少有高名,与东汉光武帝刘秀是同学兼好友。刘秀即位后多次延聘严光,但他隐姓埋名,拒绝出仕。
②光武:指东汉开国皇帝光武帝刘秀。公元25—57年在位。南阳蔡阳(今湖北枣阳西南)人,字文叔。西汉皇族。王莽统治末年,与兄长刘演等起兵加入绿林军。更始元年(23),以少胜多,取得昆阳之战胜利,歼灭王莽军主力。建武元年(25),在鄗(今河北柏乡北)称帝,后来削平各地割据势力,统一全国。在位期间社

会生产发展,专制主义中央集权得到加强,史称"光武中兴"。庙号世祖。故人:旧交,老朋友。

③诸葛琮:东汉余杭县(今属浙江)人,任河间太守。

④孙锺:东汉富春县(今杭州富阳区)人,三国时期孙坚的祖先。

⑤孙坚:字文台,吴郡富春人。少为县吏,东汉末参与镇压许昌起义、黄巾起义。任长沙太守,借讨伐董卓之机扩大武装,被袁术任为破虏将军、豫州刺史。后奉术命率军征讨荆州刘表,为表部将黄祖所杀。孙权称帝,追谥武烈皇帝。

⑥孙策:字伯符,孙坚长子。坚卒,代统残部,依附袁术。后离术,率部千余人向江东发展,击败当地割据武装,占据吴、会稽、庐江等六郡;笼络士大夫,以张昭等人为谋主,奠定了孙吴政权的基础。后拜讨逆将军,封吴侯。建安五年(200),拟乘官渡之战的时机袭击许都,兵未发遇刺身亡。孙权称帝,追谥长沙桓王。

⑦孙瑜:孙坚弟弟。东汉建安九年(204)任丹阳太守。

⑧孙皎(jiǎo):三国吴吴郡富春人,字叔朗。孙瑜弟。始拜护军校尉,数拒魏军入侵,迁都护征虏将军,督夏口。后从吕蒙袭破江陵,擒杀关羽,定荆州。

⑨孙贲(bì):东汉末吴郡富春人,字伯阳。孙坚兄子。坚卒,依袁术,攻破周昂。从孙策共定豫章,领豫章太守,封都亭侯。

⑩吴景:孙破虏吴夫人弟。常随孙坚征讨,以功拜骑都尉,孙策时复任丹杨太守。

⑪徐琨:三国时期吴国开国功臣,孙坚的外甥,孙权的表兄弟。吴郡富春县人。随孙坚、孙策征伐有功,拜偏将军,督军中郎将。孙权当政后封广德侯,加号平虏将军。后跟随孙权讨伐黄祖,中流矢不治身亡。

⑫张俨:三国时期吴国吴郡吴人,字子节。张翰之父。弱冠知名,博闻多识,拜大鸿胪。使晋,贾充等并欲傲之,皆不能屈。

【译文】

汉朝:严陵,光武帝的故人,不屈服于朝廷,隐居富春山耕种。诸葛琮、孙锺、孙坚、孙策字伯符、孙瑜字仲异、孙皎字叔明、孙贲字伯阳、吴景、徐琨、张俨。

吴:孙奂字季明①、孙韶字公礼②、孙邻字公达③、孙亘字叔武④、郭成字元礼⑤、凌统字公绩⑥、全琮字子璜⑦、褚泰⑧、诸葛起字岑任⑨、丁谓⑩。

【注释】

① 孙奂:原作"孙奥",据《咸淳临安志》卷六十二《人物三·列传》改。三国吴吴郡富春人,字季明。兄孙皎。孙权攻石阳,以奂为前锋。赞其治军为诸将所不及。以功拜扬威将军,封沙羡侯。

② 孙韶:三国吴吴郡富春人,字公礼。伯父孙河遇害,统其众。孙权拜为承烈校尉。后为广陵太守、偏将军。孙权称帝,迁镇北将军,封建德侯。为边将数十年,能得士卒死力。

③ 孙邻:三国吴吴郡富春人,字公达。孙贲子。早有美誉。父卒,代领豫章太守,封都乡侯。有政绩。

④ 孙亘:年少时被孙权誉为"宗室颜渊",二十五岁封安东中郎将,与陆逊共抗刘备。封建武将军、丹徒侯。

⑤ 郭成:三国吴吴郡富春人,字符礼。有节义。乘扁舟泛五湖,以书剑自娱。孙权黄武中,征拜武义校尉,迁黄门侍郎。后封永兴、富春二县侯。

⑥ 凌统:三国时吴郡余杭人,字公绩。从孙权击山越,征江夏,与周瑜等破曹操,累有战功,迁校尉。从征合肥,统率士死战捍卫孙权,还拜偏将军。

⑦ 全琮:三国吴吴郡钱唐(今浙江杭州)人,字子璜。随父事吴,有

声名。孙权黄武初,击破魏舟师,迁绥南将军,封钱唐侯。山民起义,琮诱降得万余人。官至右大司马、左军师。
⑧褚泰:三国时仕吴,受封为临平侯。
⑨诸葛起:余杭人,任吴国步兵校尉。
⑩丁谞(xū):三国吴吴郡钱唐人。官至典军中郎。

【译文】
三国吴:孙奂字季明、孙韶字公礼、孙邻字公达、孙亘字叔武、郭成字元礼、凌统字公绩、全琮字子璜、褚泰、诸葛起字岑任、丁谞。

晋:孙拯字显世①、孙惠字德施②、孙晷字文度③、范平字子安④、褚陶字季雅⑤、暨逊字茂言⑥。

【注释】
① 孙拯:字显世,吴郡富春人。仕吴为黄门郎。入晋,为涿令。"八王之乱"中受牵连被捕入狱,死于狱中。
② 孙惠:字德施,吴国富阳人。晋惠帝永宁初,随齐王冏讨赵王伦,以功封侯,为大司马户曹掾。因得罪司马颖,逃附司马越,为纪室参军。谋迎惠帝还都洛阳,迁广武将军、安丰内史,封公。后与安丰太守何锐发生矛盾,起兵杀何锐,惧罪逃入蛮中,病死。
③ 孙晷(guǐ):字文度,吴国富春人。少有异行,虽家丰厚,仍常布衣蔬食,亲耕垄亩。侍父兄至孝,为时人所称。官府屡辟不就。娶虞喜弟女为妻,同尚简素,时人号为"梁鸿夫妇"。
④ 范平:字子安,吴郡钱塘人。好学博览群书,姚信、贺邵皆出其门。吴时举茂才,累迁为临海太守,甚有政绩。吴孙皓初,以病辞官归家,治儒学。吴平,屡次征召做官,不就任。太康中死,谥"文贞先生"。
⑤ 褚陶:字季雅,吴郡钱塘人。少聪慧,喜清淡闲默,以研读坟典自

娱。作有《鸥鸟赋》《水碓赋》等。入晋,为尚书郎,历九真太守,终于中尉。

⑥暨逊:余杭人,晋时封关内侯,以孝行闻名。

【译文】

晋朝:孙拯字显世、孙惠字德施、孙晷字文度、范平字子安、褚陶字季雅、暨逊字茂言。

宋:卜天与①、吴喜②、范叔孙③。

【注释】

①卜天与:南朝宋吴兴余杭人。善射。宋文帝以其旧将子,使教皇子射。太子刘劭杀文帝自立,旧将皆望风屈附。天与无暇披甲,挺身出战,臂断被杀。孝武帝即位,追谥壮。

②吴喜:吴兴临安人。本名喜公,宋明帝改名喜。初为领军府白衣吏,后为刘骏主书,刘骏即帝位,甚见信用,历河东太守、殿中御史诸职。明帝时,参与平定寻阳王刘子房等反,以功封东兴县侯,迁冠军将军。以功大为明帝所忌,赐死。

③范叔孙:南朝宋吴郡钱唐人。少仁厚,周穷济急,为乡里所敬。宋孝武帝孝建初,除竟陵王国中军将军,不就。

【译文】

南朝刘宋:卜天与、吴喜、范叔孙。

齐:顾欢字景怡①、宋广之字处深②、褚伯玉字元璩③、杜京产字景齐④、杜栖字孟山⑤、朱谦之字处光⑥、吕道惠⑦。

【注释】

①顾欢:南朝宋、齐时人,字景怡,祖籍吴郡盐官(今浙江海宁南)。

年二十从豫章雷次宗学玄儒诸义。后于剡县天台山开馆讲学,受业者常近百人。宋末征为扬州主簿,齐永明中征为太学博士,不就。诸子撰集欢《文议》三十卷,中有《夷夏论》《三名论》诸篇。

②宋广之:一作姓朱。南朝齐钱唐人,字处深。齐武帝永明中,仕临川王常侍。讲《老子》《庄子》,善清言。曾与顾欢往复论辩,才理精诣,众人称之。

③褚伯玉:字元璩,吴郡钱唐人。少寡嗜欲,年十八隐居剡县瀑布山,三十余年与世隔绝。王僧达为吴郡太守,苦迎下山,才交数言而归。齐高帝即位,又诏吴、会稽二郡以礼迎遣,称疾辞。高帝遂令于剡县白石山为立太平馆以居之。

④杜京产:字景齐,吴郡钱唐人。世传五斗米道,不慕荣势,专修黄老。州郡征辟不就,于始宁东山立学讲授。

⑤杜栖:南朝齐吴郡钱唐人,字孟山。杜京产子。世传五斗米道,能弹琴饮酒,名儒贵游多敬待之。豫章王萧嶷辟其为议曹从事。国子祭酒何胤以为学士,掌婚冠礼。父没,水浆不入口七日,恸哭而绝。

⑥朱谦之:南朝齐吴郡钱唐人,字处光。年数岁,父为族人朱幼方燎火焚死。谦之成人,手刃幼方,诣狱自首。被赦,为幼方子所杀。

⑦吕道惠:余杭(今杭州余杭区)人。隐居讲学,生徒从者以百计。范述曾出其门下。

【译文】

南朝齐:顾欢字景怡、宋广之字处深、褚伯玉字元璩、杜京产字景齐、杜栖字孟山、朱谦之字处光、吕道惠。

梁:范元琰字伯珪①、范述曾字子玄②、戚衮字公文③、褚脩④、盛绍远⑤。

【注释】

①范元琰：字伯珪，吴郡钱唐人。家贫好学，博通经史，兼通佛学。性谦恭，不以所长骄人。居乡以种菜为业，见人盗菜，退而不问，乡人化其德，无复偷盗。齐征为安北参军事，梁扬州刺史下辟命，皆不就。

②范述曾：字子玄，吴郡钱唐人。少好学，通《五经》章句，齐高帝引为文惠太子、竟陵王师友。历为尚书主客郎、太子步兵校尉，累迁至永嘉太守。在郡励志清廉，不受赠遗。梁时拜太中大夫。注《易文言》及所著杂诗赋数十篇。

③戚衮：字公文，吴郡盐官人。少游学建康，从国子助教刘文绍习《三礼》，以对策高第，授扬州祭酒从事史，兼太学博士，迁员外散骑常侍。敬帝时，出为江州长史。入陈，随程文季北伐，为北周所得。后得南归，历为国子助教、中卫始兴王府录事参军。有《礼记义》四十卷行于世。

④褚修：南朝梁人，祖籍吴郡钱唐。父善《周易》，历官《五经》博士。修少传父业，兼通《孝经》《论语》。初为湘东王国侍郎，累迁至国子助教。性至孝，母卒，以哀伤过度而卒。

⑤盛绍远：余杭人。仕梁封关内侯，辞遁。开门受徒，执贽称弟子者数百人。

【译文】

南朝梁：范元琰字伯珪、范述曾字子元、戚衮字公文、褚脩、盛绍远。

陈：顾越字允南①、杜之伟字子大②、钱逡字通甫③、杜稜字雄盛④；骆文牙一名牙，字旗门⑤；全缓字宏立⑥。

【注释】

①顾越：南朝陈吴郡盐官人，字允南，一作思南。家传儒学，尤精

《毛诗》。起家扬州议曹史兼太子左率丞。与贺文发同为梁南平王萧伟所重,人称"发越"。仕梁为五经博士。侯景之乱,逃难东归。陈文帝天嘉中,以国子博士侍读东宫。废帝即位,官散骑常侍、中书舍人,领天保博士,掌仪礼,犹为帝师。后被谮免官。有《毛诗义疏》等。

②杜之伟:南朝陈吴郡钱唐人,字子大。梁时任中书侍郎领大著作,掌国史。入陈后,历任鸿胪卿、大匠卿、太中大夫,奉命撰述《梁史》。

③钱遂:南朝陈临安人,字通甫,一作逺甫。梁武帝大同中,为庐陵王国侍郎、羽林监。入陈,迁东海太守。

④杜稜:字雄盛,吴郡钱塘人。少涉猎书传,初依广州刺史萧映,后归陈霸先,掌文牒。侯景之乱,随陈霸先入援建康,梁元帝授以石州刺史,封上陌县侯。入陈,迁中领军。武帝卒,与蔡景历定议立文帝,以功封永城县侯。谥成。

⑤骆文牙:字旗门,吴兴临安人。初为吴兴将帅,从陈蒨征讨杜龛、张彪等,每战则率先陷阵,勇冠诸军,以功授直阁将军。陈蒨即位,封常安县侯,迁越州刺史。又以平周迪之功,迁冠军将军。官至丰州刺史卒。

⑥全缓:原作"全绶",据《陈书》卷三十三《全缓传》改。南朝陈吴郡钱唐人,字弘立。从博士褚仲都学《易》,得其精微。通《老》《庄》,谈玄者皆推之。仕梁为尚书水部郎。陈宣帝太建中,位镇南始兴王府谘议参军。

【译文】

南朝陈:顾越字允南、杜之伟字子大、钱遂字通甫、杜稜字雄盛、骆文牙一名牙,字旗门、全缓字弘立。

隋:陆知命字仲通①、顾彪字仲文②、鲁世达③。

【注释】

①陆知命：隋富阳（今属浙江）人，字仲通。为人好学，耿介自持。仕陈，为太学博士、南狱正。陈亡归家。江南高智慧等起兵反隋，晋王杨广令往招降，说下十七城，得渠帅陈正绪、萧思行等三百余人，以功拜仪同三司。炀帝嗣位，拜治书侍御史。

②顾彪：隋余杭人，字仲文。明《尚书》《春秋》。炀帝大业中任秘书学士。著有《古文尚书疏》。

③鲁世达：余杭人。炀帝时为国子助教。撰《毛诗章句义疏》四十二卷。

【译文】

隋朝：陆知命字仲通、顾彪字仲文、鲁世达。

唐：褚亮字希明①、褚遂良字登善②、南国处士孙疆③、褚无量字洪度④、许远⑤、何公弁⑥、章成缅⑦、方宗⑧、凌准字宗一⑨、吴降字下己⑩、袁不约字还朴⑪、杜凌字腾云⑫、吴公约字处仁⑬、罗隐字昭谏⑭。

【注释】

①褚亮：唐杭州钱塘人，字希明。祖籍阳翟（今河南禹州）。博学强记，善属文。陈后主召作赋诗，仕为尚书殿中侍郎。入隋，为东宫学士。大业中，授太常博士。坐杨玄感事，贬西海郡司户。唐太宗时为文学馆十八学士之一，又为弘文馆学士。卒陪葬昭陵。有集二十卷，已佚，有辑本一卷。

②褚遂良：唐杭州钱塘人，字登善。褚亮子。博涉文史，尤工隶楷。贞观中，以善书为太宗所重。累迁谏议大夫，兼知起居事。二十二年，进中书令。次年，与长孙无忌同受顾命辅立高宗，封河南郡

公,世称褚河南。永徽三年(652),任吏部尚书、同中书门下三品,监修国史。后代为尚书右仆射,依旧知政事。六年,反对高宗废王皇后立武昭仪,因为武后所衔,累贬爱州刺史,忧愤而卒。其书法与欧阳询、虞世南、薛稷并称唐初四大家,自成一体,方整流美,对后世颇多影响。有《雁塔圣教序》《同州圣教序》《房玄龄碑》等刻石传世。

③孙疆:富春人,著有《大广益会玉篇》。

④褚无量:字弘度,杭州盐官人。举明经。历任国子司业、左散骑常侍及国子祭酒。曾奏请缮写刊校内库旧书,在其主持下,数年间四部充备。

⑤许远:杭州盐官人。天宝末拜睢阳太守,与张巡诸人婴城固守以拒安禄山。城破,被尹子奇执送洛阳,不久为禄山所杀。

⑥何公弁:余杭人。以孝著称。

⑦章成缅:唐朝於潜(今浙江杭州临安区)人。家贫力学。性笃孝。时称章孝子。

⑧方宗:余杭人。事亲居丧著至行者。

⑨凌准:初任浙东观察判官、侍御史。与王叔文为旧交,由其推荐拜翰林学士,旋迁员外郎,并参与革新活动。坐叔文事贬连州司马。撰有《邠志》二卷。

⑩吴降:字下巳,长庆二年(822)中进士第。曾为衡州刺史。

⑪袁不约:唐杭州新城人,字还朴。长庆三年(823)进士。李固言镇成都,辟为幕僚。仕至职方员外郎。工诗文。

⑫杜凌:字腾云,新城(今浙江杭州富阳区)人。唐末起兵,钱镠任杭州刺史,杜凌归附钱镠,屡立战功。

⑬吴公约:唐末余杭人,字处仁。负胆略,为县豪。以功署西桂镇遏使。从董昌御黄巢军于西鄙,加御史中丞。钱镠破越州,公约骁果先登,拜千牛卫将军。扞御疆域,屡挫敌锋,累迁工、刑、户部尚书。

⑭罗隐:唐余杭人,一说新城人。字昭谏,号江东生。本名横,以十举进士不第,改今名。以诗文名于当世。钱镠辟为掌书记,后迁节度判官、给事中等。有《谗书》《江东甲乙集》等。

【译文】

唐朝:褚亮字希明、褚遂良字登善、南国处士孙疆、诸无量字洪度、许远、何公弁、章成缅、方宗、凌准字宗一、吴降字下已、袁不约字还朴、杜凌字腾云、吴公约字处仁、罗隐字昭谏。

五代:武肃王钱镠字具美、杜建徽字延光①、成及字洪济②、马绰③、鲍君福字庆臣④、曹圭⑤、曹仲达⑥、水丘昭券⑦、吴敬忠⑧、孙陟⑨。

【注释】

①杜建徽:唐末五代新城(今杭州富阳区)人,字延光。杜棱子。少强勇,随父归钱镠,从征有功,军中称为"虎子"。后代父为武安都将。后为吴越国左丞相。历仕四王,累官国子祭酒,泾源、昭化诸军节度使。

②成及:唐末五代时钱塘人,字弘济。性笃厚,为乡里所重。唐僖宗乾符中为靖江都将。都将刘汉宏作乱,从钱镠讨平有功,拜团练使,及为副使。累官保大彰义等军节度使。

③马绰:唐末五代时杭州余杭人。初与钱镠俱事董昌,甚相得,镠以从妹归之。寻随昌于越州。唐昭宗乾宁二年,昌僭号称帝,绰弃家奔钱镠,奏授诸城都指挥使。女为钱元瓘恭穆夫人。

④鲍君福:历任衢州刺史、保顺军节度使等职。

⑤曹圭:原作"贾圭",据《咸淳临安志》卷六十四《人物·曹圭》改。仁和(今杭州余杭区)人,在吴越国任嘉兴都将。曾与族人镇守嘉禾,挫败淮人攻城,以功授苏州刺史。

⑥曹仲达：原作"曹仲远"，据《学津讨原》本、《咸淳临安志》卷六十改。五代时歙州人，徙临平。曹圭子。本名弘达，以避讳改。仕吴越，初为镇东军押牙，钱镠奇其貌，以妹许之。累授台、处二州刺史。钱元瓘即位，拜丞相。谥安成。

⑦水丘昭券：临安人。知书能文。仕吴越国。钱倧继位吴越王，图谋除去权臣胡进思，水丘昭券劝谏不听。钱倧计划失败，水丘昭券为胡进思所杀。

⑧吴敬忠：五代时於潜（今杭州临安区）人，从钱镠以八都兵讨刘汉宏有功。后梁太祖封镠为吴越王，敬忠亦以积功授正国功臣、浙西营田副使，累加太师。

⑨孙陟：五代时新城人。钱镠时，历官杭州刺史，加检校尚书。已而防御常州，调兵督战，没于阵。

【译文】

五代：武肃王钱镠字具美、杜建徽字延光、成及字洪济、马绰、鲍君福字庆臣、曹圭、曹仲达、水丘昭券、吴敬忠、孙陟。

宋：忠懿秦国王钱俶字文德、钱亿字延世①、钱惟演字希圣②、钱暄字载阳③、钱昆字裕之④、钱易字希白⑤、钱彦远字子高⑥、钱明逸字子飞⑦、钱勰字穆父⑧、钱龢字昷甫⑨，又字昷仲⑩、钱藻字醇老⑪、薛温字伯顺⑫、顾仁冀字子迁⑬、元德昭字明远⑭、元奉宗字知礼⑮、元绛字厚之、潘阆字逍遥、吴銊⑯、林和靖先生讳逋字君复、胡则字子正、陆滋字元象⑰、孙长者，志不载名与表、唐拱⑱、杨大雅字子正⑲、唐肃字叔元⑳、唐询字彦猷㉑、盛京㉒、盛度字公量㉓、郎简字叔廉、谢涛字济之㉔、谢绛字希深㉕、谢景初字师厚㉖、谢景温字师直㉗，叶杲卿字称之㉘，志多不载。徐复字希颜㉙，又字复之㉚。俞举善㉛、杨蟠字公济㉜、沈文通亦不载名㉝,以字代之。沈辽字浚达㉞、陆诜字介夫㉟、关鲁㊱、关沼字圣渊㊲、沈括字存中㊳、吴天秩字平甫㊴、强至字几圣㊵、王复字无考㊶、韦骧字子骏㊷、周邠字开祖、周邦彦字美成、周邦式字南伯㊸、虞奕字纯臣㊹、吴师仁㊺、吴师礼字安中㊻、八行先生崔贡字廷硕㊼、李鼗字彦渊㊽、滕茂实字颖秀㊾、史徽字洵美㊿、沈晦字元用㉛、张九成字子韶㉜、凌景夏字季文㉝、樊光远字茂实㉞、郎晔㉟、郭知运字次张㊱、施德操字彦执㊲、杨子平志不载名㊳、关注字子东㊴、姚真旧名叔兴㊵、杨由义字宜之㊶、俞烈字若晦㊷、余古㊸、赵巩字子固㊹、俞灏字商卿㊺、洪咨夔字舜俞㊻、赵汝谈字履常㊼、赵汝谠字蹈中㊽、李宗勉字强父㊾。

【注释】

①钱亿:钱元瓘之子,任奉国军节度使等职。

②钱惟演:字希圣,吴越王钱俶子。真宗朝,授太仆少卿,献《咸平圣政录》。预修《册府元龟》。大中祥符八年(1015),为翰林学士。坐贡举失实,降给事中,迁工部尚书。仁宗即位,拜枢密使。初附丁谓逐寇准,谓罪既萌,遂排挤丁、谓以求自解。宰相冯拯恶其为人,罢为镇国军节度观察留后。终崇信军节度使,赠侍中,谥思,改谥文僖。著有《金坡遗事》及《奉藩书事》等。

③钱暄:宋临安人,字载阳。钱惟演子。以荫累官驾部郎中,知抚州、台州,有治绩。性嗜学,仁宗皇祐间尝著《后汉功臣年表》。官至宝文阁待制。

④钱昆:宋临安人,字裕之。钱俶子。随钱俶归宋。太宗淳化三年进士。仁宗时官至右谏议大夫,以秘书监致仕。能诗赋,善草隶。

⑤钱易：宋临安人，字希白。钱惟演从弟。咸平二年（999）登进士第，为蕲州通判，请废肉刑，为真宗采纳。真宗东封泰山，献赋赞颂，召直集贤院，续献赋，并绘所经州县图经，为真宗赏识。累擢知制诰、翰林学士。文思敏捷，善绘画，工行书及草书。著有《南部新书》《金闺瀛州西垣制表》《洞微志》等。

⑥钱彦远：宋临安人，字子高。钱易子。仁宗景祐五年登进士第。历通判明州、知润州，迁起居舍人、知谏院。屡有举劾，多见听纳，任言职数有建明。

⑦钱明逸：字子飞，钱惟演从子。为吕夷简所知，擢右正言。上奏称范仲淹、富弼更张纲纪，纷扰国家；凡所推荐，多挟朋党。神宗立，御史劾明逸诣，附贾昌朝等以陷害正人，罢知永兴军。卒赠礼部尚书，谥修懿。

⑧钱勰：宋临安人，字穆父。钱彦远子。哲宗莅政补翰林学士，为章惇诽诋，罢知池州。藏书甚富，工行草书。

⑨钱龢（hé）：宋临安人，字岊仲，一字岊甫。钱勰弟。神宗熙宁间知龙泉县，为政务简易，以便于民。仕至直秘阁、知荆南府。岊甫：原作"岊甫"，据《咸淳临安志》卷六十五《人物·钱龢》改。

⑩岊仲：原作"岊仲"，据《咸淳临安志》卷六十五《人物·钱龢》改。

⑪钱藻：宋临安人，寓居苏州，字醇老。钱明逸从子。仁宗皇祐五年进士。二上书乞慈圣后归政。历枢密直学士、知开封府，为政简静有条理，不肯徇私取显。官终翰林侍读学士、知审官东院。

⑫薛温：钱塘人。任吴越国镇国左右都指挥使、睦州刺史等职。

⑬顾仁冀：钱塘人。少有文采，后与钱俶归宋。

⑭元德昭：抚州临川人，后徙余杭。本姓危，字明远。仕吴越为丞相，赐姓元。后从吴越王钱俶内附。卒谥贞正。

⑮元奉宗：宋余杭人，字知礼。元德昭孙。真宗景德间进士。仁宗初，知海门县，地苦斥卤，为凿池注甘泉，民甚利之。累官屯田员

外郎,致仕归。

⑯吴鈜(yǔn):宋余杭人。曾复位《切韵》献于朝。后为屯田郎中、史馆校勘。

⑰陆滋:字元象。杭州人。通晓《诗》《易》《春秋》等,因母亲生病多次错过入仕机会,最终放弃仕进,专注于学术研究。元象:原作"符象",据《两浙名贤录》卷一《儒硕·陆元象滋》改。

⑱唐拱:太原人,徙钱塘。子唐介在宋神宗朝曾任参知政事。宋仁宗表彰功臣,追封唐拱为右羽林将军,后又授骁卫将军。

⑲杨大雅:初名侃,字子正,宋州(今河南商丘南)人。因避宋真宗旧名改大雅。少好学文,躬履俭约。宋太宗端拱年间进士,历光禄寺丞,知新昌县,直集贤院。因不附权贵,二十七年未升迁。累官提点淮南路刑狱,历知制诰,终官亳州知县。曾为《新唐书》写序。

⑳唐肃:字叔元。钱塘人。举进士出身,累迁龙图阁待制、知审刑院。

㉑唐询:字彦猷,钱塘人。龙图阁待制唐肃之子。以参知政事曾公亮的亲嫌,出知苏州、杭州、青州,进位翰林侍读学士、右谏议大夫。召还京后,勾当三班院,判太常寺,累进给事中。卒赠礼部侍郎。有文集三十卷。

㉒盛京:余杭人。盛度之兄。宋真宗咸平年间登进士第,历官谏议大夫,出守江宁,以老乞便郡,诏移海州。终工部侍郎。

㉓盛度:字公量,铜陵(今属安徽)人。度支郎中盛豫之子。宋太宗端拱年间进士及第,任济阴县尉,历任封丘主簿、光禄寺丞、御史台推勘官、秘书郎,迁尚书屯田员外郎。在实地考察的基础上,参考汉唐以来古地图,绘成《西域图》献给朝廷。以太子少傅致仕。卒赠太子太保,谥文肃。

㉔谢涛:字济之。富阳人,祖籍河南阳夏。宋太宗淳化年间进士。历任四川梓州榷盐院判官、华阳县令、著作佐郎、曹州知州、侍御史等职。

㉕谢绛：字希深，杭州富阳人。北宋文学家、诗人。宋真宗大中祥符年间进士。仁宗天圣年间任国史编修官，因修史有功，迁祠部员外郎，后出任河南府通判。景祐中以兵部员外郎奉使契丹。卒赠司徒。

㉖谢景初：字师厚，号今是翁，杭州富阳人。谢绛长子。宋仁宗庆历六年（1046）中进士甲科，以大理评事出任余姚知县。宋神宗熙宁年间，因为反对王安石新法，以屯田郎中致仕。

㉗谢景温：字师直，小名锦衣奴，杭州富阳人。兵部员外郎谢绛次子。宋仁宗皇祐年间进士。因王安石力荐，被骤拔为工部郎中兼侍御史知杂事，并得到宋神宗的重用。后因忤逆王安石，被外放出京，历任邓、襄、澶等州知州，拜龙图阁直学士。博学洽闻，才华横溢，早年与谢景初、王安石、韩玉汝并称"四贤"。

㉘叶杲卿：名曙，避宋英宗讳，以字行。钱塘人。师事郡人林逋。曾任郑州长史，卒赠太子中允。

㉙徐复：字复之，建州（今福建建瓯）人。初游京师，举进士不中。归家，勤学《易经》，无意于仕进。游学淮、浙间，通晓阴阳、天文、地理、占射诸家之说以及七音、十二律等。庆历初，授大理评事，以疾固辞，乃赐号"冲晦处士"。后隐居杭州十余年。

㉚又字：原作"又表"，据《咸淳临安志》卷六十五《人物》改。

㉛俞举善：钱塘人。累世同居。宋仁宗明道年间受到朝廷褒奖。

㉜杨蟠：字公济，章安（今浙江临海东南）人，一作钱塘人。北宋仁宗庆历六年（1046）进士，曾任密州、和州二州推官。哲宗元祐四年（1089）苏轼知杭州时，杨蟠为通判。平生写诗数千篇，有《章安集》，已佚。

㉝沈文通：即沈遘。字文通，杭州钱塘人。与弟沈辽、叔父沈括并称"三沈"，以文名著称。宋仁宗皇祐元年（1049），中进士第二名（榜眼）。嘉祐七年（1062）任杭州知州，后任开封知府，政绩显著。

㉞沈辽：字叡达（一作睿达），钱塘人。沈括之侄，沈遘之弟。宋神宗

熙宁初年,为审官西院主簿。出监明州市舶司,迁太常寺奉礼郎,改监杭州军资库,摄秀州华亭令。后因故被夺官流放到永州、池州。

㉟陆诜:字介夫,余杭人。宋仁宗景祐元年(1034)进士。初任北京(今河北大名)签书判官,后以功升集贤校理、通判秦州(今甘肃天水)。历任陕西刑狱,湖南、湖北转运使,知桂州(今桂林)。晚年知成都府。一生清廉,死后"家无十金",苏轼曾作诗挽之。

㊱关鲁:钱塘人。宋真宗大中祥符五年(1012)进士,历知池州、台州,为尚书郎。

㊲关沼:字渊圣。杭州人。登元祐三年(1088)进士第。

㊳沈括:字存中,号梦溪丈人,杭州钱塘人。嘉祐八年(1063)中进士,授扬州司理参军,任满后回京,编校昭文书籍。神宗时参加王安石变法活动,任馆阁校勘、删定三司条例。宋神宗元丰三年(1080),任知延州兼鄜延路经略安抚使。元丰五年因永乐城陷落,被贬为筠州团练副使,随州安置。晚年隐居润州。所著《梦溪笔谈》一书,内容涉及自然科学与社会科学的广阔领域,具有极高的科学价值。

㊴吴天秩:字平甫,杭州人。勤苦该洽,学者多从之学习。性格恬退,杜门著书近二十年。后以郊社恩授大庚尉,调浮梁尉。

㊵强至:字几圣。杭州钱塘人。宋仁宗庆历六年(1046)进士,除泗州司理参军,历官浦江、东阳、元城令,开封府掾。宋神宗熙宁五年(1072),召判户部勾院,迁群牧判官。熙宁九年迁祠部郎中、三司户部判官。

㊶王复:钱唐人。多技能而医术尤精。筑室候潮门外,治园圃,作亭榭,与贤士大夫游唯恐不及,然终无所求。苏轼乃以"种德"名其亭而遗以诗。

㊷韦骧:原名让,字子骏,杭州钱塘人。宋仁宗皇祐五年(1053)进士。宋哲宗元祐元年(1086),擢利州路转运判官,移福建路。宋

徽宗建中靖国初,除知明州。以左朝议大夫提举杭州洞霄宫。工诗文,有《钱塘集》。

㊸周邦式:字南伯,钱塘人。宋神宗元丰二年(1079)进士,历任宝应县主簿、祥符县尉、通判磁州、提举秦凤等路常平、提举江东常平等。入对,留为尚书度支郎中,出提点淮西刑狱,徙两浙,又徙江东。

㊹虞奕:宋杭州钱塘人,字纯臣。虞策弟。神宗元丰八年(1085)进士。徽宗崇宁中提点河北刑狱。睦州起事,以龙图阁直学士知镇江,事平,论劳增两秩。累迁户部侍郎。

㊺吴师仁:吴师礼兄。杭州钱塘人。笃学厉志,不事科举。丧亲,庐墓下,日倩旁寺僧造饭一钵以充饥,不复置庖爨及蓄僮仆。宋哲宗元祐初年召为太学正,迁博士,后为颍川、吴王宫教授。

㊻吴师礼:字安仲,杭州钱塘人。太学上舍赐第,调泾县主簿,知天长县。召太学博士、秘书省正字。宋徽宗初年为开封府推官,擢右司谏,改右司员外郎。师礼工翰墨,后以直秘阁知宿州。

㊼崔贡:字廷硕,仁和人。为人端重有识,内行纯备。大观中,诏举八行,郡邑以崔贡应举,授密州文学。卒,乡人尊之曰八行先生。

㊽李䄻(táo):字彦渊。杭州富阳人。居官廉直,高宗绍兴年间除比部郎,辞秦桧联姻之请。屡拒秦桧子受学,遂请外。晚年谓贪与痴已绝,唯嗔未尽去,因榜其室曰"去嗔"。

㊾滕茂实:字秀颖,初名裸,吴(今江苏苏州)人,一作杭州临安人。善篆。徽宗政和八年进士。靖康元年以工部员外郎假工部侍郎副路允迪使金,被拘于代州。不屈,后郁愤而卒。

㊿史徽:字洵美,一字东美,盐官(今浙江海宁盐官镇)人。徽宗崇宁五年(1106)进士。累迁太常博士,进户部郎官。宣和七年(1125)时为京西路转运判官。进右司郎中,引疾致仕。高宗即位,起为司农少卿。建炎三年,金人进逼,扈驾至江口遇害。

(51)沈晦:字元用,号胥山,钱塘人。宋徽宗宣和六年(1124)状元。

(52)张九成：字子韶，号无垢居士，又号横浦居士，先居涿郡范阳（今河北涿州），后移居开封（今属河南）。宋代文学家、理学家。高宗绍兴二年（1132），为进士第一，授镇东军签判。绍兴五年（1135），赵鼎荐其于朝，召为著作佐郎，与修《神宗实录》，迁著作郎。因论和议忤秦桧，谪知邵州。秦桧死后，复秘阁修撰，起知温州。其以心学为核心、心性与事功相结合的思想，对南宋浙学产生了深远影响。

(53)凌景夏：字季文，余杭人。绍兴二年（1132）对策第二。在刑部员外郎任上，因反对权相秦桧构和被贬。绍兴二十二年复职，授左朝奉郎、知筠州。官终吏部尚书。

(54)樊光远：字茂实。汴梁（今河南开封）人，徙居临安府钱塘县（一作秀州嘉兴县）。绍兴五年进士及第，初授秀州海盐县主簿。历监察御史、福建路提点刑狱公事，累迁吏部郎官。

(55)郎晔：盐官人。编有《横浦日新录》，以儒学知名。

(56)郭知运：盐官人。绍兴二十一年进士甲科。秦桧强与之联姻，不就。后辞官隐居，号息庵老人。有文集四十卷。

(57)施德操：字彦执，海宁人。与同里杨璇皆力行好学，远近响慕。又与张九成友善。学者称为持正先生。著有《北窗炙輠录》等。

(58)杨子平：盐官人。因名犯宋度宗御名，以字行。与张九成、施德操并称“盐官三先生”。

(59)关注：钱塘人。绍兴五年进士。自号香岩居士，官至太学博士。有《关博士集》二十卷。

(60)姚真：旧名叔兴，新城姚村人。善武艺，任统制官。绍兴三十一年率领三千宋军抵抗金人入侵，因援兵未至而战死。朝廷为其立祠。

(61)杨由义：字宜之，开封（今属河南）人。高宗建炎初避地海昌，应进士举不第。馆于朱松之门，为朱熹业师。乾道九年（1173）为福建路转运使。官终刑部侍郎。

㉒俞烈:临安县人。淳熙八年进士。历任国子监博士、秘书郎等。
㉓余古:钱塘人。绍熙二年以布衣上书朝廷,光宗震怒,将其送秀州听读。
㉔赵巩:钱塘人。号西林先生。乾道八年进士。以文学著名,曾任秘阁修撰、知扬州等。
㉕俞灏:世居杭州,父徙家乌程。绍熙四年(1193)进士。曾任淮东宣抚。晚年居九里松,号青松居士。有诗集《青松居士集》。
㉖洪咨夔:字舜俞,号平斋,临安府於潜人,文学家、诗人。宁宗嘉泰二年(1202)举进士,授如皋簿。因触犯丞相史弥远,遂罢官九年,读书天目山下。绍定六年(1233),始除礼部郎官,又除监察御史。历任吏部侍郎兼给事中、侍读等职。深研经史,驰骛艺文。长于制诰,典丽该洽,风骨顾秀,被称为南渡后之大手笔。撰有《春秋说》30卷、《两汉诏令》30卷、《两汉诏令擥抄》100卷等。今存《平斋文集》30卷,《平斋词》1卷。
㉗赵汝谈:字履常,号南塘。宋太宗八世孙,余杭人。淳熙十一年(1184)登进士第,所著有《易》《书》《诗》《论语》《孟子》《周礼》《礼记》《荀子》《庄子》《通鉴》《杜诗》注。
㉘赵汝谠:字蹈中,号懒庵。余杭人。宋太宗八世孙。宋宁宗嘉定元年(1208)进士,与兄赵汝谈齐名,称为"二赵"。以祖荫补承务郎,历泉州市舶司、利州大军仓属。庆元元年(1195)赵汝愚罢相,韩侂胄斥其为朋党,被贬谪十年。史弥远当政后,因与其不合,自请外任湖南提举,又调江西提点刑狱。
㉙李宗勉:字强父,杭州富阳古城(今常安乡)人,开禧元年(1205)进士,历黄州教授、浙西茶盐司、江西转运司干官。嘉熙三年(1239),拜左丞相兼枢密使。

【译文】

宋朝:忠懿秦国王钱俶字文德、钱亿字延世、钱惟演字希圣、钱暄字载阳、钱昆字裕之、钱易字希白、钱彦远字子高、钱明逸字子飞、钱勰字穆父、钱龢字岊甫,又字岊仲、钱藻字醇老、薛温字伯顺、顾仁冀字子迁、元德昭字明远、元奉宗字知礼、元绛字厚之、潘阆字逍遥、吴鉽、林和靖先生讳逋字君复、胡则字子正、陆滋字元象、孙长者,志不载名与表、唐拱、杨大雅字子正、唐肃字叔元、唐询字彦猷、盛京、盛度字公量、郎简字叔廉、谢涛字济之、谢绛字希深、谢景初字师厚、谢景温字师直、叶杲卿字称之,方志多不记载。徐复字希颜,又字复之。俞举善、杨蟠字公济、沈文通也不记载名字,以字代替。沈辽字浚达、陆诜字介夫、关鲁、关沼字圣渊、沈括字存中、吴天秩字平甫、强至字几圣、王复字无考、韦骧字子骏、周邠字开祖、周邦彦字美成、周邦式字南伯、虞奕字纯臣、吴师仁、吴师礼字安中、八行先生崔贡字廷硕、李毂字彦渊、滕茂实字颖秀、史徽字洵美、沈晦字元用、张九成字子韶、凌景夏字季文、樊光远字茂实、郎晔、郭知运字次张、施德操字彦执、杨子平志不载名、关注字子东、姚真旧名叔兴、杨由义字宜之、俞烈字若晦、余古、赵巩字子固、俞灏字商卿、洪咨夔字舜俞、赵汝谈字履常、赵汝说字蹈中、李宗勉字强父。

  并历代英杰、文武贤良①、进士隐士之秀②,兼之博学精华、忠勇孝义之才,或身廉而直道以事③,或职显而位居三公④,或历谏臣忠于大朝⑤,或掌军务而好坟典⑥,或隐而不仕为教导之师,或著诸经子义疏⑦、诗颂笺表数百篇行于世⑧,或建立大功,终事中国⑨,忠节盛名,青史不朽⑩。详见于临安志书,考其始末则昭然矣⑪。

【注释】

①贤良:德才兼备的人。
②秀:指特别优异的人。

③直道:正直之道。
④三公:中国古代地位最尊显的三个官职的合称。说法不一,或指司马、司徒、司空,或指太师、太傅、太保。
⑤大朝:指朝会场所。
⑥坟典:三坟、五典的并称,后为古代典籍的通称。
⑦义疏:疏解经义的书。后泛指补充和解释旧注的疏证。
⑧诗颂:泛指诗歌。笺表:笺记,表章。
⑨中国:传统中原王朝以为居天下之中,故自称中国,而把周围其他地区称为四方。
⑩青史:指史书。古人在竹简上书写,也在上面记载历史,后来以青史作为史书的代称。青,竹简。
⑪昭然:显著、明显的样子。

【译文】

各个历史时期中才能出众的人物,文才与武略兼备、品德高尚的人才,进士和隐士中特别优异的人,加上学识渊博、精通多方面知识,忠诚勇敢、孝顺父母、敬重长辈的人才;或为人廉洁自律,做事坚守正道,公正无私地处理事务;或者位居三公,地位崇高;或者担任谏官,忠于朝廷和国家;或者是执掌军务而喜爱阅读《三坟》《五典》等古代经典文献;或者是选择隐居生活,不担任官职,成为传授知识、品德和智慧的老师;或者撰写对经典和诸子百家著作的注释和解释,创作诗歌、颂文、笺文和表文等文学作品数百篇,这些作品广泛流传,影响深远;或者为国家建立了显赫的功勋,一生致力于国家事务,拥有忠诚的节操和崇高的名声。这些人物的功绩和品德被记载在史书中,永垂不朽。详细记载见于临安地方志,考察这些人所作所为的全过程,才能明确是非曲直,从而对他们做出准确的评价。

状元表

【题解】

本条列举了两宋的状元名字、中举时间。科举制度是传统中国选拔官员的重要方式,自隋唐以来逐渐完善。南宋时,科举制度更加成熟,状元及第成为士人追求的最高荣誉。状元被授予承事郎,职除上郡签判;榜眼授承奉郎,探花授承务郎。状元回到家乡后,地方会为其立"状元坊",并举行庆祝活动。状元及第不仅是个人的荣耀,也是家族和社会的荣耀,体现了当时社会对读书人的尊重和推崇。本条文字引自《咸淳临安志》卷六十一《国朝进士表》。

科举,盛代皆举求贤之诏①。自宋太祖、太宗朝始诏举业②。端拱二年③,临轩唱名④,进士及第,状元文魁陈尧叟⑤。淳化三年⑥,孙何⑦。

【注释】

①盛代:盛世。
②举业:为应科举考试而准备的学业,此处指举行科举考试。
③端拱:北宋太宗使用的第三个年号,988—989年。

④临轩唱名:指科举考试结束后,皇帝在前殿接见新科进士。临轩,皇帝不坐正殿而御前殿。殿前堂陛之间近檐处两边有槛楯,如车之轩,故称。唱名,殿试结束后,皇帝呼名召见新科举中第的进士。始于宋太宗。

⑤文魁:文章魁首。陈尧叟:字唐夫,阆州新井县(今四川南部大桥镇新井村)人。左谏议大夫陈省华之子。端拱二年状元及第,授光禄寺丞、直史馆,迁秘书丞。大中祥符初,真宗封泰山,加其为尚书左丞,奉诏撰《朝觐坛碑》,进工部尚书,又献《封禅圣制颂》。真宗祭祀汾阴,又撰《亲谒太宁庙颂》以献。著有《请盟录》三集二十卷,已佚。

⑥淳化:北宋太宗使用的第三个年号,990—994年。

⑦孙何:字汉公,北宋汝州人,与其弟孙仅、孙侑合称"荆门三凤"。景德元年(1004),任太常礼院士,执堂三班院。又嘉升为知制诰,赐金腰带,紫蟒袍。与丁谓齐名,号为"孙、丁"。王禹偁尤雅重之。

【译文】

科举,历史上各盛世都会被广泛推行。从宋太祖、宋太宗朝开始下诏举行科举考试。端拱二年,皇帝在前殿接见新科进士,状元是陈尧叟。淳化三年,状元是孙何。

真宗朝:咸平元年①,孙仅②。三年③,陈尧咨④。景德二年⑤,李迪⑥。大中祥符五年⑦,徐奭⑧。八年,蔡齐⑨。

【注释】

①咸平:北宋真宗使用的第一个年号,998—1003年。

②孙仅:原作"孙瑾",据《学津讨原》本、清杨抄本、《宋史》卷三百六《孙仅传》改。字邻几。少勤学,与兄何俱有名于时。咸平元

年进士第一。
③三年:原作"二年",据《咸淳临安志》卷六十一《国朝进士表》改。
④陈尧咨:字嘉谟,阆州阆中县(今四川阆中)人,自号小由基。咸平三年中进士第一,初授将作监丞、济州通判。卒赠太尉,谥号康肃。
⑤景德:宋真宗赵恒的第二个年号,1004—1007年。
⑥李迪:字复古,祖籍赵郡赞皇(今河北赞皇),出生于濮州(今山东鄄城)。北宋宰相、诗人。景德二年(1005)状元及第,出任徐州通判。历任著作郎、直史馆、秘书监等职。在地方政绩卓著,在中央参与军国要务,出入内外,两度担任同平章事(宰相),以太子太傅致仕。卒赠司空兼侍中,谥号"文定",宋仁宗亲题其碑首为"遗直之碑"。
⑦大中祥符五年:宋真宗赵恒的第三个年号,1008—1016年。
⑧徐奭:字武卿,瑞安县木棉(今泰顺司前墩头)人。北宋大中祥符五年(1012),举进士第一,成为温州历史上第一位状元。初授官著作郎,任职集贤院。天圣四年(1026),以起居郎知制诰,出使契丹。
⑨蔡齐:字子思,莱州胶水县(今山东平度)人。大中祥符八年(1015)中状元。景祐二年(1035),升任礼部侍郎、参知政事(副宰相)。因与权臣不和,出任户部侍郎、知颍州。卒赠兵部尚书,谥"文忠"。

【译文】

宋真宗朝:咸平元年,状元孙仅。咸平三年,状元陈尧咨。景德二年,状元李迪。大中祥符五年,状元徐奭。大中祥符八年,状元蔡齐。

仁宗朝:天圣八年[①],王拱辰[②]。景祐元年[③],张唐卿[④]。宝元元年[⑤],吕溱[⑥]。庆历二年[⑦],杨寘[⑧]。六年,贾黯[⑨]。皇祐元年[⑩],冯京[⑪]。五年,郑獬[⑫]。嘉祐二年[⑬],章衡[⑭]。四年,刘辉⑮。六年,王俊民⑰。八年,许将⑱。

【注释】

①天圣:宋仁宗赵祯的年号,1023—1032年。

②王拱辰:原名王拱寿,字君贶,开封府咸平县(今河南通许)人。宋仁宗天圣八年(1030)状元,出任怀州通判,历任翰林学士、御史中丞。卒赠开府仪同三司,谥号懿恪。

③景祐:宋仁宗赵祯的年号,1034—1038年。

④张唐卿:青州(今山东淄川)人,字希元。宋仁宗景祐元年(1034)甲戌科状元。

⑤宝元:宋仁宗赵祯的年号,1038—1040年。

⑥吕溱:字济叔,扬州(今属江苏)人。宝元元年(1038)戊寅科状元。神宗即位后,知杭州,改知开封府。期间,精识过人,辩讼立断。卒赠礼部侍郎。

⑦庆历:宋仁宗赵祯的年号,1041—1048年。

⑧杨寘(zhì):字审贤,合肥(今属安徽)人。庆历二年(1042)进士第一,连中三元,授将作监丞,出任润州通判。

⑨贾黯:字直孺。河南穰县(今河南邓州)人。以直言敢谏闻名,首论韩琦、富弼、范仲淹可大用。宋仁宗庆历六年(1046)丙戌科状元。历官左正言、开封知府、中书舍人、给事中、御史中丞等职。与范仲淹友好,后卷入"濮议之争"。

⑩皇祐:宋仁宗赵祯的年号,1049—1054年。

⑪冯京:字当世。鄂州江夏(今湖北武昌)人。宋仁宗时进士。神宗时,为参知政事,与王安石争议新法,被贬豪州、成都府。哲宗即位,拜保宁军节度使,知大明府,又改镇彰德。后为侍讲,改宣徽南院使,拜太子少师致仕。

⑫郑獬:一作义夫,字毅夫,号云谷,安州安陆(今湖北安陆)人。仁

宗皇祐五年（1053）状元及第，授将作监丞、通判陈州。历任著作郎、三司度支判官等职。

⑬嘉祐：宋仁宗赵祯的最后一个年号，1056—1063年。

⑭章衡：原作"张衡"，据《续资治通鉴长编》卷一百八十五、《宋会要辑稿》选举七之一七、《宋史》卷三百四十七《章衡传》、《咸淳临安志》卷六十一《国朝进士表》改。字子平。建州浦城（今福建南平浦城）人。嘉祐二年（1057）进士第一名，授将作监丞、湖州通判。仕至宝文阁待制、集贤院学士、知郑州。

⑮刘辉：原名刘几，字之道，信州铅山（今江西铅山）人。嘉祐四年（1059）进士第一名。初授大理评事、签书河中府节度判官。仕至著作佐郎、签书建康节度判官厅公事。

⑯王俊民：字康侯，莱州掖县（今山东莱州）人。宋仁宗嘉祐六年（1061）殿试夺魁。为大理评事、徐州武宁军节度判官。

⑰许将：字冲元，福建闽县（今福建闽清）人。嘉祐八年（1063）中癸卯科状元。文武双全，廉洁奉公，深受宋神宗和宋哲宗的器重。曾任明州通判、兵部侍郎、尚书右丞、尚书左丞等职。

【译文】

宋仁宗朝状元：天圣八年，状元王拱辰。景祐元年，状元张唐卿。宝元元年，状元吕溱。庆历二年，状元杨寘。庆历六年，状元贾黯。皇祐元年，状元冯京。皇祐五年，状元郑獬。嘉祐二年，状元章衡。嘉祐四年，状元刘辉。嘉祐六年，状元王俊民。嘉祐八年，状元许将。

英宗朝：治平二年①，彭汝砺②。四年，许安世③。

【注释】

①治平：宋英宗赵曙的年号，1064—1067年。

②彭汝砺：字器资，饶州鄱阳（今江西鄱阳）人。英宗治平二年

(1065)进士第一,历官保信军节度推官、武安军节度掌书记、大理寺丞、权兵部侍郎等。

③许安世:字少张,开封襄邑(今河南睢县)人。宋英宗治平四年(1067)丁未科状元。历著作佐郎、集贤校理等,累官至尚书都官员外郎。

【译文】

宋英宗朝状元:治平二年,状元彭汝砺。治平四年,状元许安世。

神宗朝:熙宁三年①,叶祖洽②。六年,余中③。九年,徐铎④。元丰二年⑤,时彦⑥。五年,黄裳⑦。八年,焦蹈⑧。

【注释】

①熙宁:宋神宗赵顼的年号,1068—1077年。

②叶祖洽:原作"叶洽",据《宝庆四明志》卷十《叙人·进士》、《咸淳临安志》卷六十一《国朝进士表》改。原名叶衢,后改名祖洽,字亨甫,又字敦礼(一作惇礼),福建泰宁城关叶家窠(当时泰宁属邵武军)人。熙宁三年(1070)状元。历任奉国军判官、登闻鼓院判官、国子监丞等职。元祐年间上疏维护新法,被外放广西刑狱,旋改任海州知州。后因力主追贬王珪、优恤蔡确遗孤,不受哲宗器重,被贬为济州知州、洪州知州。徽宗朝任吏部尚书,因议事多与众不合而出知定州。

③余中:原作"俞中",据《建炎以来朝野杂记》甲集卷十三《取士·新进士期集》、《宝庆四明志》卷十《叙人·进士》改。宋神宗熙宁六年(1073)癸丑科状元。曾官国子直讲,知湖州,移知杭州后致仕。

④徐铎:原作"徐绎",据《咸淳临安志》卷六十一《国朝进士表》改。福建路兴化军莆田县崇业乡常泰里延寿村(今莆田市城厢区龙

桥街道延寿社区)人。北宋熙宁九年(1076)状元。

⑤元丰:宋神宗赵顼的年号,1078—1085年。

⑥时彦:字邦美,开封(今属河南)人。宋神宗元丰二年(1079)状元,授颖州判官,历任秘书正字、集贤校理、左司员外郎。出使辽国失败,坐罪罢免。徽宗时历任起居舍人、太常少卿、龙图阁直学士、开封府尹等。累迁工、吏二部尚书。

⑦黄裳:字冕仲,号演山、紫玄翁,南剑州剑浦(今福建南平)人。宋神宗元丰五年(1082)举进士第一,累官至端明殿学士。其词语言明艳,著有《演山先生文集》《演山词》等,词作以《减字木兰花》最为著名。

⑧焦蹈:北宋状元。字悦道,无为(今属安徽)人。勤于学,通经史百家,以文名。

【译文】

宋神宗朝状元:熙宁三年,状元叶祖洽。熙宁六年,状元余中。熙宁九年,状元徐铎。元丰二年,状元时彦。元丰五年,状元黄裳。元丰八年,状元焦蹈。

哲宗朝:元祐三年[①],李常宁[②]。六年,马涓[③]。绍圣元年[④],毕渐[⑤]。四年,何昌言[⑥]。元符三年[⑦],李釜[⑧]。

【注释】

①元祐:宋哲宗赵煦的年号,1086—1094年。

②李常宁:原作"李常",据《咸淳临安志》卷六十一《国朝进士表》改。字安邦。开封府延津县(今河南延津)人。年五十二获进士第一,初授宣义郎、签书镇海节度判官。

③马涓:字巨济,世称马御史、锦屏先生,阆州南部县(今四川南部)人。元祐六年(1091)中辛未科状元,授承事郎、签书雄武军节度

判官。崇宁二年(1103)安置吉州,入元祐党籍,其文集印板遭焚毁。靖康元年(1126)受命为起居舍人。

④绍圣:宋哲宗赵煦的第二个年号,1094—1098年。

⑤毕渐:字之进,荆州潜江(今湖北潜江)人。绍圣元年(1094)甲戌科状元。

⑥何昌言:字忠孺,江西峡江县人。

⑦元符:宋哲宗赵煦的第三个年号,1098—1100年。

⑧李釜:字元量。大名(今属河北)人,一说为淮水人。元符三年(1100)状元。

【译文】

宋哲宗朝状元:元祐三年,状元李常宁。元祐六年,状元马涓。绍圣元年,状元毕渐。绍圣四年,状元何昌言。元符三年,状元李釜。

徽宗朝:崇宁二年①,霍端友②。五年,蔡嶷③。大观三年④,贾安宅⑤。政和二年⑥,莫俦 杭人⑦。五年,何㮚⑧。八年,王昂⑨。宣和三年⑩,何㘆⑪。六年,沈晦 杭人⑫。

【注释】

①崇宁:宋徽宗赵佶的第二个年号,1102—1106年。

②霍端友:字仁仲,号诚斋,常州武进(今江苏武进)人。崇宁二年中状元。历官宣议郎、中书舍人、给事中、礼部侍郎等。官至通议大夫。著有《霍端友内制》二十卷和《霍端友外制》五卷。

③蔡嶷:原作"蔡嶷",据《宋史》卷三百五十四改。字文饶。开封府(一作真州)人。崇宁五年中进士第一名,初授秘书省正字。

④大观:宋徽宗赵佶的年号,1107—1110年。

⑤贾安宅:乌程(今浙江湖州)人,字居仁。宋徽宗大观三年己丑科状元。

⑥政和:宋徽宗赵佶的年号,1111—1118年。

⑦莫俦:字寿朋,宋吴县(今江苏苏州)人,莫卞之子。政和二年状元。靖康元年迁给事中,兼侍讲、直学士院,除吏部尚书,拜翰林学士、知制诰。后助金立张邦昌伪楚,权签书枢密院事,进权右丞相,京人称为"捷疾鬼"。建炎元年被贬为述古殿直学士提举亳州明道官。绍兴八年诏永不收叙,后除罪籍赦归吴县。著有《真一居士集》《内外制》《四六集》《道教科仪》《方外三集》《辨诬证误录》等。

⑧何㮚:字文缜,仙井监(今四川眉山仁寿县)人,政和五年进士第一,历官尚书右仆射,兼中书侍郎。死靖康之难。

⑨王昂:字叔兴,扬州人。徽宗重和元年状元,除秘书省校书郎。以文学称誉于时。高宗绍兴二年以待制身份知台州。

⑩宣和:宋徽宗赵佶的年号,1119—1125年。

⑪何涣:原作"何焕",据《咸淳临安志》卷六十一《国朝进士表》改。字仲浩。成都府路永康军人。宣和三年进士。

⑫沈晦:初名杰,字元用,号胥山。杭州钱塘县人。宣和六年进士。历著作佐郎、给事中。终徽猷阁直学士、知潭州。

【译文】

宋徽宗朝:崇宁二年,状元霍端友。崇宁五年,状元蔡嶷。大观三年,状元贾安宅。政和二年,状元莫俦杭州人。政和五年,状元何㮚。政和八年,状元王昂。宣和三年,状元何涣。宣和六年,状元沈晦杭州人。

钦宗朝,则无科举矣。

【译文】

宋钦宗朝,则没有举行科举。

高宗朝：中兴建炎二年戊申①，李易②。绍兴二年壬子③，张九成_{杭人}。五年乙卯，汪应辰④。八年戊午，黄公度⑤。十二年壬戌，陈诚之⑥。十五年乙丑，刘章⑦。十八年戊辰，王佐⑧。二十一年辛未，赵逵⑨。二十四年甲戌，张孝祥。二十七年丁丑，王十朋⑩。三十年庚辰，梁克家⑪。

【注释】

①建炎：宋高宗赵构的年号，1127—1130年。

②李易：字顺之，江都（今江苏扬州）人。高宗建炎二年进士第一名。绍兴元年擢太常博士，迁中书舍人，给事中，出知扬州。以朝散郎、敷文阁待制致仕。

③绍兴：宋高宗赵构的年号，1131—1162年。

④汪应辰：初名洋，字圣锡，世称玉山先生，信州玉山（今属江西）人。绍兴五年举进士第一人，高宗赐名应辰。授秘书省正字，以奏疏忤秦桧，出通判建州。高宗禅位，大典之礼多其所定。乾道中入觐，除吏部尚书，继而兼翰林学士。后以得罪中贵，除端明殿学士知平江府。

⑤黄公度：字师宪，号知稼翁，莆田（今属福建）人。绍兴八年进士第一，签书平海军节度判官。后被秦桧诬陷，罢归。桧死复起，仕至尚书考功员外郎兼金部员外郎。著有《知稼翁集》《知稼翁词》等。

⑥陈诚之：字自明，一说景明。仙山（今福建福州）人。绍兴十二年壬戌科状元。绍兴十五年为祠部员外郎后，以礼部侍郎出知泉州。不久召为翰林学士。累官至知枢密院事，端明殿学士。辛谥文恭。

⑦刘章：今浙江龙游县溪口镇寺下村人，字文孺。宋高宗绍兴十五年乙丑科状元，著有《补过斋拙稿》《非〈非国语〉》《刺〈刺孟〉》等。

⑧王佐：字宣子，号敬斋。绍兴府山阴县（今浙江绍兴）人。绍兴十八年进士第一人。累迁权户部尚书。职至宝文阁直学士。

⑨赵逵：原作"赵达"，据《宋史》卷三百八十一改。字庄叔。资州盘石县（一作内江县）人。绍兴二十一年殿试进士第一人。绍兴二十六年擢著作郎、起居郎。未及大用于中书舍人任上病卒。有"小东坡"之称。

⑩张孝祥：字安国，别号于湖居士，鄞县（今浙江宁波）人。唐代诗人张籍的七世孙。绍兴二十四年状元及第，授承事郎，签书镇东军节度判官。由于上书为岳飞辩冤，为权相秦桧所忌，诬陷其父张祁有反谋，并将其父下狱。次年秦桧死，授秘书省正字。宋孝宗时，任中书舍人直学士院、建康留守等职，颇有政绩。以显谟阁直学士致仕。善诗文，尤工于词，其风格宏伟豪放，为"豪放派"代表作家之一。有《于湖居士文集》《于湖词》等传世。

⑪王十朋：字龟龄，号梅溪。温州乐清（今属浙江）人。绍兴二十七年以"揽权"中兴为对，被宋高宗亲擢为进士第一，授绍兴府签判。历任大宗正丞、起居舍人、太子詹事等。以龙图阁学士致仕。

⑫梁克家：字叔子，泉州晋江（今福建泉州）人。绍兴三十年状元。淳熙九年拜右丞相，封仪国公。淳熙十三年晋封郑国公。卒赠少师，谥"文靖"。著有《淳熙三山志》《中兴会要》等。

【译文】

宋高宗朝：中兴建炎二年戊申，状元李易。绍兴二年壬子，状元张九成杭州人。绍兴五年乙卯，状元汪应辰。绍兴八年戊午，状元黄公度。绍兴十二年壬戌，状元陈诚之。绍兴十五年乙丑，状元刘章。绍兴十八年戊辰，状元王佐。绍兴二十一年辛未，状元赵逵。绍兴二十四年甲戌，状元张孝祥。绍兴二十七年丁丑，状元王十朋。绍兴三十年庚辰，状元梁克家。

孝宗朝：隆兴元年癸未①，木待问②。乾道二年丙戌③，萧国梁④。五年己丑，郑侨⑤。八年壬辰，黄定⑥。淳熙二年乙未⑦，詹骙⑧。五年戊戌，姚颖⑨。八年辛丑，黄由⑩。十一年甲辰，卫泾⑪。十四年丁未，王容⑫。

【注释】

①隆兴：宋孝宗赵眘的年号，1163—1164年。

②木待问：字蕴之，号抱经居士。永嘉郡（今浙江温州）人。隆兴元年状元及第。曾任洪州通判、校书郎兼国史院编修官及实录院检讨、著作佐郎、太子詹事、礼部尚书等职。谥文简。长于诗文，工于书法，有诗作传世。

③乾道：宋孝宗赵眘的年号，1165—1173年。

④萧国梁：字挺之。福州闽县（一作永福县，又作长乐县）人。乾道二年进士第一人。历著作郎、太子侍讲兼礼部郎中。终朝奉郎、广东转运司判官。

⑤郑侨：字惠叔。兴化军莆田县（今福建莆田）人。乾道五年进士第一人。历秘书省著作佐郎，出知福州。仕至参知政事、知枢密院事、观文殿大学生。谥忠惠。善行草，著《书衡》三篇。

⑥黄定：字泰之。福州永福县人。乾道八年进士第一人，授左承事郎、签书州节度判官厅公事。任满，召试入馆职，为秘书省校书郎。终直显谟阁，广东提举常平公事。

⑦淳熙：宋孝宗赵眘的年号，1174—1189年。

⑧詹骙（kuí）：字晋卿。绍兴府会稽县（一作严州遂安县）人。淳熙二年进士第一人，授承事郎、签书某州节度判官厅公事。仕至龙图阁学士、知宁国府。

⑨姚颖：福建长乐姚坑人，字洪卿。师事名儒郑锷。淳熙五年戊戌

⑩黄由：字子由，以字行，又字居正，号寅斋。宋孝宗淳熙八年辛丑科状元。奉命出使金国，回国后升任将作监、嘉王府赞读。绍兴中，因帮助宁宗即位，由天章阁侍制学士擢吏部侍郎。因处事严谨周密，深得宁宗赏识，权礼部尚书兼吏部尚书。后因上疏忤怒帝旨被弹劾，知成都，以学士奉祠。

⑪卫泾：字清叔，号后乐居士、西园居士，嘉兴华亭（今上海奉贤区）人，徙居平江昆山（今属江苏），孝宗淳熙十一年状元。与朱熹友善。宁宗开禧初，累迁御史中丞。参与谋诛韩侂胄，除签书枢密院事兼参知政事，后为丞相史弥远忌，罢知潭州。有《后乐集》。

⑫王容：原名午，字南强。十五岁入岳麓书院，从师张栻。宋孝宗淳熙十四年状元。金兵南侵时，力主复仇驱除金兵，遭主和派忌而劾之，谪为绍兴签判。宋宁宗嘉泰元年复召回朝廷，任起居郎职。

【译文】

宋孝宗朝：隆兴元年癸未，状元木待问。乾道二年丙戌，状元萧国梁。乾道五年己丑，状元郑侨。乾道八年壬辰，状元黄定。淳熙二年乙未，状元詹骙。淳熙五年戊戌，状元姚颖。淳熙八年辛丑，状元黄由。淳熙十一年甲辰，状元卫泾。淳熙十四年丁未，状元王容。

光宗朝：绍熙元年庚戌①，余复②。四年癸丑，陈亮③。

【注释】

①绍熙：宋光宗赵惇的年号，1190—1194年。

②余复：字子叔。乾道二年进士。在朝为官十五年，在任时体恤民情，兴修农田水利，修复名胜古迹，政绩优异。但官位不高，庆元二年特授秘书省著作佐郎（正八品）兼实录院检讨官。

③陈亮：原名陈汝能，字同甫，号龙川，学者称为龙川先生。婺州永

康(今浙江永康)人。南宋思想家、文学家。乾道五年上《中兴五论》。淳熙五年再诣阙上书,极论时事,反对和议,力主抗金。两度入狱。淳熙十五年第三次上书,建议由太子监军,驻节建康,以示锐意恢复。宋光宗绍熙二年被人诬告,第三次下狱。绍熙四年被宋光宗亲擢为状元,授签书建康府判官公事。宋理宗时追谥"文毅"。

【译文】

宋光宗朝:绍熙元年庚戌,状元余复。绍熙四年癸丑,状元陈亮。

宁宗朝:庆元二年丙辰①,邹应龙②。五年己未,曾从龙③。嘉泰二年壬戌④,傅行简⑤。开禧元年乙丑⑥,毛自知⑦。嘉定元年戊辰⑧,郑自诚⑨。四年辛未,赵建大⑩。七年甲戌,袁甫⑪。十年丁丑,吴潜⑫。十三年庚辰,刘渭⑬。十六年癸未,蒋重珍⑭。

【注释】

①庆元:宋宁宗赵扩的年号,1195—1201年。
②邹应龙:原作"邹应隆",据《宋史》卷四百一十九《邹应龙传》改。字景初,泰宁城关水南街(今属福建)人。庆元二年中状元。参与修纂《孝宗实录》。嘉熙元年二月,拜端明殿大学士,签书枢密院事、参知政事;不久,又诏授资政殿学士、知庆元府兼沿海制置使。不就任,辞职归隐故乡泰宁。
③曾从龙:字君锡,初名一龙,号云帽居士。晋江(今福建泉州)人,北宋昭文馆大学士曾公亮四世从孙。历任礼部侍郎、礼部尚书、太子詹事、参知政事等职。
④嘉泰:宋宁宗赵扩的年号,1201—1204年。

⑤傅行简：字居敬，一字敬父。庆元府鄞县（今浙江宁波）人。嘉泰二年省元，进士第一人。仕至著作佐郎。

⑥开禧：宋宁宗赵扩的年号，1205—1207年。

⑦毛自知：原名自得。衢州西安县（今浙江衢州）人。开禧元年进士第一人，因冒弟自知名应考，嘉定元年降第五甲。初授承事郎、签书镇东军节度判官厅公事。

⑧嘉定：宋宁宗赵扩的年号，1208—1224年。

⑨郑自诚：字信之，一字行之，号毅斋。福州侯官（今福州闽侯）人。嘉定元年进士第一人。累迁知枢密院事兼参知政事。以观文殿大学士、通议大夫致仕。谥文定。

⑩赵建大：字嗣勋，一字邦洪。温州永嘉县（今属浙江）人。嘉定四年进士第一人。历著作佐郎、知嘉兴府。

⑪袁甫：字广微，号蒙斋，庆元府鄞县（今浙江宁波）人。袁燮子。宋嘉定七年进士第一，授秘书省正字。后移司鄱阳，讲学学宫，修葺庐山白鹿洞书院，创建贵溪象山书院。端平元年兼任福建转运判官，迁秘书少监，疏指史嵩之不可重用，又反对进史嵩之为刑部尚书，被出知江州，再改知婺州。官终兵部侍郎，兼吏部尚书。卒谥正肃。

⑫吴潜：字毅夫，号履斋，宣州宁国（今属安徽）人。宋宁宗嘉定十年举进士第一。理宗淳祐十一年为参知政事，拜右丞相兼枢密使，封崇国公。次年罢相。开庆元年元兵南侵攻鄂州，被任为左丞相，封庆国公，后改许国公。被贾似道等人排挤，再度被罢相，谪建昌军，徙潮州、循州。景定三年为贾似道党羽下毒害死。德祐元年获得平反，次年追赠少师。

⑬刘渭：字志清，一字源流。婺州金华县（今浙江金华）人。嘉定十三年进士第一人。累迁翰林学士。

⑭蒋重珍：字良贵，号实斋，又号一梅老人。常州无锡县（今江苏无

锡)人。嘉定十六年进士第一人。守刑部侍郎致仕。谥忠文。

【译文】

宋宁宗朝:庆元二年丙辰,状元邹应龙。庆元五年己未,状元曾从龙。嘉泰二年壬戌,状元傅行简。开禧元年乙丑,状元毛自知。嘉定元年戊辰,状元郑自诚。嘉定四年辛未,状元赵建大。嘉定七年甲戌,状元袁甫。嘉定十年丁丑,状元吴潜。嘉定十三年庚辰,状元刘渭。嘉定十六年癸未,状元蒋重珍。

理宗朝:宝庆二年丙戌①,王会龙②。绍定二年己丑③,黄朴④。五年壬辰,徐元杰⑤。端平二年乙未⑥,吴叔告⑦。嘉熙二年戊戌⑧,周坦⑨。淳祐元年辛丑⑩,徐俨夫⑪。四年甲辰,留梦炎⑫。七年丁未,张渊徵⑬。十年庚戌,方逢辰⑭。宝祐元年癸丑⑮,姚勉⑯。四年丙辰,文天祥⑰。开庆元年己未⑱,周震炎⑲。景定三年壬戌⑳,方山京㉑。

【注释】

①宝庆:宋理宗赵昀的年号,1225—1227年。

②王会龙:字君遇。台州临海县(今属浙江)人。宝庆二年省元,进士第一人。历著作郎、提举福建市舶司公事、工部郎官。终太府卿。

③绍定:宋理宗赵昀的年号,1228—1233年。

④黄朴:字成父,一字诚甫。福州侯官县人。绍定二年进士第一人。历仕馆阁官、吏部郎,出知泉州。终朝请郎、广东路转运使。

⑤徐元杰:字仁伯,号梅野,江西上饶人。师事真德秀。理宗绍定五年进士。嘉熙年间丞相史嵩之服父丧未满,有诏起复,元杰适轮对,力沮成命,迁兼给事中、国子祭酒、权中书舍人。五年,中毒暴卒,传为嵩之下毒。官至工部侍郎,谥忠愍。

⑥端平:宋理宗赵昀的年号,1234—1236年。

⑦吴叔告:原作"吴叔吉",据《宋史》卷四十二《理宗纪二》、《文献通考》卷三十二《选举考五·宋登科记总目》改。字君谋。兴化军莆田县(今福建莆田)人。端平二年进士第一人。终直宝文阁、提举浙西常平公事,官朝请大夫。

⑧嘉熙:宋理宗赵昀的年号,1237—1240年。

⑨周坦:原作"周垣",据《宋史》卷四十二《理宗纪二》、《文献通考》卷三十二《选举考五·宋登科记总目》改。字平仲,一作平父。温州平阳县(今属浙江)人。嘉熙二年进士第一人。历著作郎,出知安吉州,进工部郎官。特授中奉大夫、守宝章阁直学士致仕。

⑩淳祐:宋理宗赵昀的年号,1241—1252年。

⑪徐俨夫:字公望,号桃诸。温州平阳县(今属浙江)人。淳祐元年进士第一人。历绍兴府通判,迁秘书郎。仕至礼部侍郎。

⑫留梦炎:字汉辅,号中斋。浙江衢州西安县(今浙江衢县)人。淳祐四年进士第一人。度宗咸淳元年任端明殿学士、签书枢密院事。咸淳三年兼参知政事、枢密使等职。恭帝德祐元年任右丞相兼枢密使、都督诸路军马。不久迁左丞相。端宗景炎元年降元,官至元丞相。

⑬张渊徵:字孟博,号平斋。建昌军新城县(今江西抚州黎川县)人。淳祐七年进士第一。历著作郎,兼司封郎官、史馆校勘。仕至部侍郎。

⑭方逢辰:原名梦魁,字君锡,号蛟峰,学者称蛟峰先生。淳安县城郭高坊(今属浙江)人。淳祐十年理宗临轩策士,亲擢他为进士第一,并且亲自将他改名为"逢辰"。此后他便以"君锡"为字。宝祐元年被召为秘书省正字。宋亡,元世祖起用其遭拒。

⑮宝祐:宋理宗赵昀的年号,1253—1258年。

⑯姚勉:字述之,一字成一,号雪坡。瑞州高安县(今江西高安)人。

宝祐元年进士第一人。历秘书省正字,进校书郎兼太子舍人。因忤贾似道,罢归。

⑰文天祥:初名云孙,字宋瑞,又字履善。自号浮休道人、文山。江南西路吉州庐陵县(今江西吉安青原区富田镇)人。与陆秀夫、张世杰并称为"宋末三杰"。宋理宗宝祐四年中状元。德祐元年元军南下攻宋,散尽家财,招募士卒勤王,被任命为浙西、江东制置使兼知平江府。升任右丞相兼枢密使,奉命与元军议和,因面斥元主帅伯颜被拘留,于押解北上途中逃归。后在福州参与拥立益王赵昰为帝,又自赴南剑州聚兵抗元。祥兴元年卫王赵昺继位后,拜少保,封信国公。后被俘,押至元大都,被囚三年,屡经威逼利诱,仍誓死不屈。明代追赐谥"忠烈"。

⑱开庆:宋理宗赵昀的年号,1259年。

⑲周震炎:字名光。太平州当涂县(一作宁国府繁昌县)人。开庆元年进士第一人。有'太平状元'之称,实系时相丁大全欲为公主择驸马,私置周震炎为状元。丁大全罢相、解职,其被降为第四甲。

⑳景定:宋理宗赵昀的年号,1260—1264年。

㉑方山京:字子高,号砚庵。庆元府慈溪县(一作绍兴府余姚县)人。景定三年进士第一人。终校书郎兼庄文府府学教授。

【译文】

宋理宗朝:宝庆二年丙戌,状元王会龙。绍定二年己丑,状元黄朴。绍定五年壬辰,状元徐元杰。端平二年乙未,状元吴叔告。嘉熙二年戊戌,状元周坦。淳祐元年辛丑,状元徐俨夫。淳祐四年甲辰,状元留梦炎。淳祐七年丁未,状元张渊徽。淳祐十年庚戌,状元方逢辰。宝祐元年癸丑,状元姚勉。宝祐四年丙辰,状元文天祥。开庆元年己未,状元周震炎。景定三年壬戌,状元方山京。

度宗朝:咸淳元年乙丑①,阮登炳②。四年戊辰,陈文龙③。七年辛未,张镇孙④。

【注释】

①咸淳:宋度宗赵禥的年号,1265—1274年。

②阮登炳:字显之,号玉渊。居平江府长洲县(今江苏苏州长洲县)。咸淳元年省元、状元。召试馆职,除秘书省正字。累迁吏部侍郎。入元不仕。

③陈文龙:初名子龙,宋度宗为之改名文龙,赐字君贲,字刚中,号如心,福建莆田人。咸淳四年状元。丞相贾似道爱其文,对其极为赏识器重。襄阳失守,上疏痛责贾似道用人不当,贾似道将其贬官抚州。益王称帝福州,其再次出任参知政事,上任后平定了漳浦、兴化叛乱。元军占领广州后,招降使者两次至兴化劝降,均被其焚书斩杀。后因部下降敌,其与家人均被元军抓获,绝食而逝。

④张镇孙:字鼎卿,号越溪,广南东路南海县熹涌(广东佛山顺德区伦教熹涌)人。咸淳七年中举,翌年赴京参加会试中进士第一。一度落职家居,元兵进迫闽广,组织兵勇截击。宋端宗立,特为召见,擢为龙图阁待制、广东制置使兼经略安抚使,赐佩剑弓矢。景炎二年元军吕师夔侵入广州,其领军收复,元兵败退。后广州再度沦陷,被俘身亡。

【译文】

宋度宗朝:咸淳元年乙丑,状元阮登炳。咸淳四年戊辰,状元陈文龙。咸淳七年辛未,状元张镇孙。

武举状元

【题解】

本条介绍了南宋武举状元的名字、中举时间。时间跨度从宋高宗朝一直到南宋末年宋度宗朝。根据史料记载,宋代武举考试的流程与文科考试类似,考生需经过严格的选拔,最终由皇帝亲自唱名。武举状元的待遇与文科状元相当,状元被授予秉义郎,榜眼授予从义郎,探花授予保义郎,均担任殿步司正副将等职。武举状元及进士在考试结束后,会受到官方的款待和庆祝,包括"鹿鸣宴"等庆祝活动。状元回到家乡后,地方会为其立"状元坊",并举行庆祝活动,以示荣耀。南宋时,武举制度得到了进一步的发展和完善,体现了国家对军事人才的重视。本条文字引自《咸淳临安志》卷六十一《国朝进士表》。

高宗朝,中兴南渡,志不载武举姓氏。自于孝庙朝以后,俱叮考之。淳熙八年,江伯虎①。十一年,林嶪②。十四年,黄褒然③。

【注释】

①江伯虎:初名南强,字君用。临安府人,因官徙福州永福县。淳熙八年武举第一人,赐武举及第,授秉义郎。淳熙十一年再应文举

进士科,登进士第四甲,换承事郎。仕至泉州通判。

②林㟽(biāo):字琪中。平江府(一作福州福清县)人。淳熙十一年武举进士第一人,赐武举及第。

③黄褒然:福建路(一作温州平阳县)人。淳熙十四年武举状元,补秉义郎。

【译文】

宋高宗朝,王朝中兴,朝廷南渡长江,地方志没有记载武举状元的姓名。自从宋孝宗朝以后,武举状元的名字都可以一一考查出来。淳熙八年,武举状元江伯虎。淳熙十一年,武举状元林㟽。淳熙十四年,武举状元黄褒然。

光庙朝①:绍熙元年,厉仲祥②。四年,林管③。

【注释】

①光庙:指宋光宗赵惇。

②厉仲祥:字约甫,更名仲方。婺州东阳县(今浙江金华东阳市)人。绍熙元年武举进士第一人,赐武举及第。

③林管:温州平阳县人。绍熙四年武状元,赐武举进士及第,授秉义郎。

【译文】

宋光宗朝:绍熙元年,武举状元厉仲祥。绍熙四年,武举状元林管。

宁庙朝①:庆元二年,周虎②。五年,陈良彪③。嘉泰二年,叶澟④。开禧元年,郑公侃⑤。嘉定元年,周师锐 杭人⑥。四年,林汝浃⑦。七年,刘必万 杭人⑧。十年,朱嗣宗⑨。十三年,陈正大⑩。十六年,杜幼节⑪。

【注释】

①宁庙:指宋宁宗赵扩。

②周虎:字叔子。泗州临淮县(今江苏泗州泗洪县东南)人。庆元二年武举进士第一人,授秉义郎、殿司步军同正将。仕至知和州。谥忠惠。

③陈良彪:字绰然。福州长乐县人。庆元五年武举进士第一人,赐武举进士及第,补从义郎。仕至知邕州。

④叶漴(chóng):字仲高。台州临海县人。嘉泰二年武举进士第一人,赐武举及第,补秉义郎。

⑤郑公侃:福州人。开禧元年武状元,赐武举进士及第,补秉义郎。

⑥周师锐:原作"周师",据《咸淳临安志》卷六十一《中兴右科进士表》、《宋会要辑稿》选举八之二二改。字仪父。婺州东阳县(一作临安)人。嘉定元年中武举进士第一人,赐武举及第,补秉义郎。

⑦林汝浃:原作"林必浃",据《咸淳临安志》六十一《中兴右科进士表》、《淳熙三山志》卷三十一《人物类·科名·本朝》改。字伯深。福州长溪县人。嘉定四年武举状元,赐武举及第,补秉义郎。

⑧刘必万:原作"刘必方",据《咸淳临安志》六十一《中兴右科进士表》、《宋会要辑稿》选举八之二三改。临安府人。嘉定七年武举状元,赐武举进士及第,补秉义郎。

⑨朱嗣宗:温州平阳县人。嘉定十年武举状元,赐武举进士及第,补秉义郎。

⑩陈正大:字子中。台州仙居县人。嘉定十二年武举状元,赐武举进士及第,补秉义郎。

⑪杜幼节:临安府人。嘉定十六年武举进士第一人,赐武举及第,补秉义郎。

【译文】

宋宁宗朝:庆元二年,武举状元周虎。庆元五年,武举状元陈良彪。

嘉泰二年，武举状元叶淙。开禧元年，武举状元郑公侃。嘉定元年，武举状元周师锐杭州人。嘉定四年，武举状元林汝浃。嘉定七年，武举状元刘必万杭州人。嘉定十年，武举状元朱嗣宗。嘉定十三年，武举状元陈正大。嘉定十六年，武举状元杜幼节。

理庙朝①：宝庆二年，杨必高杭人②。嘉熙二年，刘必成③。淳祐元年，赵国华④。四年，项桂发⑤。七年，章梦飞⑥。十年，陈亿子⑦。宝祐元年，程鸣凤⑧。四年，张宗德⑨。开庆元年，朱应举⑩。景定三年，俞葵⑪。

【注释】

①理庙：指宋理宗赵昀。
②杨必高：临安府人。宝庆二年武举进士第一人。
③刘必成：字景万，一字与谋，自号爱闲翁。福州长溪县人。嘉熙二年武举进士第一人。
④赵国华：台州仙居县人。淳祐元年武举进士第一人。
⑤项桂发：温州平阳人。淳祐四年武举进士第一人。
⑥章梦飞：原作"张梦飞"，据《咸淳临安志》卷六十一《中兴右科进士表》、《延祐四明志》卷六《人物考》改。临安府（一作温州平阳县）人。淳祐七年武举进士第一人。
⑦陈亿子：字则大。福州人。淳祐十年武举进士第一人。
⑧程鸣凤：字朝阳，号梧冈。徽州祁门县（今安徽黄山祁门）人。宝祐元年武举进士第一人，初授同正将。
⑨张宗德：原作"章宗德"，据《咸淳临安志》卷六十一《中兴右科进士表》改。宝祐四年武举进士第一人。
⑩朱应举：温州平阳县人。开庆元年武举状元及第。

⑪俞葵:景定三年武举状元及第。

【译文】

宋理宗朝:宝庆二年,武举状元杨必高杭州人。嘉熙二年,武举状元刘必成。淳祐元年,武举状元赵国华。淳祐四年,武举状元项桂发。淳祐七年,武举状元章梦飞。淳祐十年,武举状元陈亿子。宝祐元年,武举状元程鸣凤。宝祐四年,武举状元张宗德。开庆元年,武举状元朱应举。景定三年,武举状元俞葵。

度庙朝①:咸淳元年,王国②。四年,俞仲鳌③。

【注释】

①度庙:指宋度宗赵禥。
②王国:庐州合肥县(今安徽合肥)人,寓临安府。咸淳元年武举进士第一人。
③俞仲鳌:临安府人。咸淳四年武举状元及第。

【译文】

宋度宗朝:咸淳元年,武举状元王国。咸淳四年,武举状元俞仲鳌。

后妃列女

【题解】

本条分为两部分内容。第一部分简单介绍了宋真宗的皇后、宋仁宗的生母李皇后的性格、谥号、埋葬地等。第二部分从东汉末年孙策的母亲开始,一直到凌大渊妻子刘氏等若干贤德女性的代表。如宋章懿太后李氏,性庄重寡言,虽然仁宗为其子,但从未提及,直到去世后才被追册为皇太后,谥号章懿。吴夫人助治军国,甚有补益。此外,徐琨母孙氏定策破张英之谋。孙翊妻徐氏守节定谋,杀三凶得报夫冤。宋吴越忠懿王妃孙氏性端谨而聪慧,好学诗书,守忠以事上国等。儒家文化强调女性的德行,如贞节、孝道等,《后妃列女》中所记述的事迹体现了儒家思想对女性行为的规范和影响。在当时的社会环境中,女性的品德被视为家庭和社会稳定的重要因素,后妃及列女的贤德事迹被广泛传颂,以激励更多女性效仿。本条文字由《咸淳临安志》卷六十八《人物九》"后妃""列女"两条目合并而成。

宋:章懿太后李氏①,性庄重寡言②,虽以仁宗为己子,而后不曾言,中外罔知。后薨后,方追册皇太后,谥章懿,葬永定陵③。

【注释】

①章懿太后李氏：宋真宗妃嫔，宋仁宗生母。初为章献太后侍女，章献太后无子，将李氏献给宋真宗，生下一子一女。子即为日后的宋仁宗。宋仁宗出生后，章献太后以为己子，使杨淑妃抚育，众人畏惧太后，不敢言此事。故而直至李氏去世，宋仁宗并不知是其生母。宋仁宗明道元年（1032）二月，病重的李氏被封为宸妃。明道二年章献太后去世，燕王赵元俨告诉宋仁宗身世真相，宋仁宗尊李氏为皇太后，谥号庄懿。民间传说"狸猫换太子"中的李妃原型便是宸妃李氏。

②性庄重寡言，虽以仁宗为己子，而后不曾言，中外罔知：《宋史》卷二百四十二《后妃传上·李宸妃》："初，仁宗在襁褓，章献以为己子，使杨淑妃保视之。仁宗即位，妃嘿处先朝嫔御中，未尝自异。人畏太后，亦无敢言者。终太后世，仁宗不知为妃所出也。"

③永定陵：位于河南巩义蔡庄北一公里。宋真宗赵恒和章献明肃皇后刘氏、章惠皇后杨氏、章懿皇后李氏的合葬陵墓，章怀皇后潘氏附葬，章穆皇后郭氏陪葬。

【译文】

宋朝：章懿太后李氏，生性庄重沉默寡言，虽然宋仁宗是她的亲生儿子，但李太后却从没有说过，宫内外都没有人知道这件事情。李太后去世后，才追封她为皇太后，谥号章懿，安葬于永定陵。

汉：孙策破虏①，母吴夫人助治军国②，其有所补益。徐琨母孙氏③，定策破张英之谋④。孙翊妻徐氏⑤，守节定谋，杀三凶，得报夫之冤。

【注释】

①孙策破虏：此处疑《梦粱录》误。孙破虏指的是孙策的父亲孙坚。

②吴夫人:孙坚之妻,孙策、孙权之母,三国时期吴国创建过程中的重要人物。本吴人,后徙居钱塘。孙坚听闻其才貌娶之,生四子一女。孙坚去世后,吴夫人辅佐儿子孙策、孙权巩固了对江南的统治。建安七年(202),曹操命孙权"任质子",吴夫人明确表示反对,使孙吴政权避免成为曹操的附庸。

③徐琨母孙氏:吴郡富春(今浙江杭州富阳区)人,孙坚之妹。徐琨跟随孙策攻打当利口的张英,因为船少打算先驻军,等船凑齐了再渡河进攻。孙氏听闻这个消息对徐琨说,兵贵神速,敌人听到消息,一定会派遣援军;你们应该用芦苇做成筏子,配合船只紧急渡河,趁对方得到消息前发起进攻。徐琨将孙氏的话告诉孙策,孙策依计大破张英。

④张英:"张"字原无,据《咸淳临安志》卷六十八《人物九》补。

⑤孙翊(yì)妻徐氏:孙翊部将妫(guī)览、戴员对孙翊不满,收买孙翊家将边鸿,边鸿因此乘机刺杀了孙翊。妫览因贪图徐氏美貌,欲强纳之,徐氏假意许以晦日成亲,暗中与孙翊家将孙高、傅婴计议,晦日之时设下伏兵,乘妫览、戴员无备前来之时刺杀二人。

【译文】

汉代:孙策的母亲吴夫人帮助他治理军国大事,帮助极大。徐琨的母亲孙氏,谋定计策破张英的阴谋。孙翊的妻子徐氏,丈夫死后坚守节操,制定计谋,杀死三名凶手,为丈夫报仇雪恨。

晋:虞潭母定夫人孙氏①,年少丧偶遗孤,誓不改节,抚养训子,成义节以克战。孙晷妻虞氏②,弃华尚素,与晷同志③。至孝,奉舅姑起居尝馔④,不辞薪水井臼之劳⑤。孝妇严氏⑥,事舅姑不失起居供馔之礼。舅丧未葬,因火沿屋,哭告于天,孝心有感而火遂灭,无伤其棺。

【注释】

① 虞潭母定夫人孙氏：吴郡富春（今杭州富阳区）人。吴大帝孙权族孙女，嫁给虞忠为妻。虞忠战死，孙氏誓不再嫁，亲自抚养幼子虞潭。孙氏忧心国事，曾多次支持虞潭起兵赴国难，孙权封她为武昌侯太夫人，加金章紫绶。咸康六年（342）孙氏去世，晋成帝司马衍派遣使节吊祭，谥为定夫人。虞潭，字思奥。慈溪鸣鹤（今浙江宁波慈溪观海卫镇）人。东晋将领，东吴经学大师虞翻之孙、宜都太守虞忠之子。虞潭清白坚贞而有操守，自西晋末年入仕后，在军中二十余年，相继平定了张昌起义及陈敏之乱，后又协助平定王敦之乱、苏峻之乱。卒赠左光禄大夫、开府、侍中，谥"孝烈"。

② 孙晷妻虞氏：会稽（今浙江绍兴）人。与孙晷过着轻简朴素的生活，时人比作"梁鸿孟光"。

③ 同志：志趣相同，志向相同。

④ 舅姑：妻子对丈夫父母的称谓，俗称公婆。舅，丈夫的父亲，俗称公公。姑，丈夫的母亲，俗称婆母。

⑤ 薪水井臼：采薪和汲水、汲水舂米。泛指操持家务。

⑥ 孝妇严氏：东晋人孝明之妻。侍奉公婆以孝闻名。

【译文】

晋朝：虞潭的母亲孙氏，年纪轻轻丈夫去世，撇下年幼的儿子。孙氏发誓坚守贞节，抚养并教育儿子，最终使儿子成就了高尚的节操，并帮助他在战场上取得了胜利。孙晷的妻子虞氏，抛弃奢华的生活崇尚朴素，与孙晷志向相同。虞氏以至孝著称，亲自侍奉公婆的日常起居，为他们准备饮食。她不辞辛劳地操持家务，包括打水、舂米等劳作。孝妇严氏，侍奉公婆时不因任何困难而忽视对长辈的起居照料和饮食供应。公公去世尚未下葬，家中突发火灾，大火蔓延至灵柩所在，严氏向上天哭诉，最终她的孝心感动了上天，大火自动熄灭，没有损坏棺材。

唐：孝女冯氏①，少孤独，无兄弟共侍母，惟母子相依，誓不嫁以奉母。母病笃②，刲股治之不救③。葬母，乃结草庐墓下，以供晨香夕灯，侍奉如生。又刺血书经，报劬劳之恩④。以宅舍建梵宫荐母，仍不嫁，以死尽孝节。郡臣闻于朝⑤，赐束帛旌之⑥，敕颁寺额曰"报恩"，以表其孝也。节妇何氏⑦，年少丧偶，志不再嫁，奉姑至孝。忽贼掠归巢穴，欲污其节，遂定策解襦自刎⑧。贼惊，视而已死⑨，义而葬之。

【注释】

① 孝女冯氏：唐穆宗时人，居住在钱塘。宋时钱塘县有孝女南、北两乡，还有孝女墓在寺后山古城头。
② 病笃：病势沉重。
③ 刲（kuī）股：割大腿肉。割股疗亲，古代认为是一种孝行。
④ 劬（qú）劳之恩：指父母辛劳养育子女之恩。
⑤ 郡臣：指州郡地方官。
⑥ 束帛：捆成一束的布帛，古时作为馈赠的礼物。旌：表扬。
⑦ 节妇何氏：唐朝末年於潜莫某的妻子。
⑧ 襦（rú）：短衣，短袄。
⑨ 视而已死：《学海类编》本作"怜其节义"。

【译文】

唐朝：孝女冯氏年少时失去父亲，家中没有兄弟共同侍奉母亲，只有母女二人相依为命。为了更好地侍奉母亲，她发誓不出嫁。母亲患病且日益严重，冯氏将大腿肉割下来给母亲吃，结果仍然未能挽救母亲的生命。安葬母亲后，冯氏在坟墓旁边搭起一间草屋，早晚焚香点灯，如同母亲在世时一样侍奉。她还割破手指，用鲜血书写佛经，来报答母亲的养育之恩。冯氏将住宅改建成佛寺，为母亲祈福，并且她终身未嫁，以死尽孝道。地方官将冯氏的事迹上报朝廷，朝廷赏赐她束帛予以表彰，并为寺庙赐额"报恩"，来彰显冯氏的孝道。节妇何氏，年纪轻轻丈夫去世，她立志不再嫁人，侍奉婆母非常孝顺。忽然有盗贼出现，将何氏掳掠回巢穴，想要毁坏她的贞节，何氏于是定好计策解下短衣自杀。盗贼看到这一幕十分震惊，看到何氏已死，出于道义将她埋葬。

五代：吴越国恭懿太夫人吴氏①，讳汉月。性慈惠而节俭②，颇尚黄老学③，居常布练而已④。每侍王决事⑤，必以"忠恕"为言⑥。诸吴迁授⑦，皆峻阻，多加训励⑧，无令骄恣⑨。

【注释】

①吴越国恭懿太夫人吴氏：吴越文穆王钱元瓘宠妃、忠懿王钱俶之母吴汉月。钱塘人。被封为吴越国"顺德太夫人"，谥号"恭懿"。卒葬钱塘慈云岭西南施家山（今杭州玉皇山南麓八卦田旁）。

②慈惠：犹仁爱。

③黄老学：黄帝之学和老子之学的合称。黄老学注重修身养性，治国主张休养生息、无为而治等。

④居常：平时，日常。布练：布衣。

⑤王：指吴越国文穆王钱元瓘。决事：决断事情，处理公务。

⑥忠恕：儒家重要的伦理道德规范。忠，指尽心为人。恕，指推己及人。《论语·里仁》："夫子之道，忠恕而已矣。"

⑦诸吴：指吴氏的族人。

⑧训励：教诲勉励。

⑨骄恣：骄纵。

【译文】

五代：吴越国恭懿太夫人吴氏，名汉月。她生性仁爱节俭，十分崇尚黄老学，日常只穿布衣。每当侍奉吴越王处理公务，必定以"忠恕"作为处事原则。吴氏的族人得到升迁授官,吴氏都会严词拒绝,她反复教诲勉励族人,不让他们骄纵。

宋:吴越忠懿王妃孙氏①,讳太真。性端谨而聪慧②,延接姻宗③,以尽恩礼④。好学《诗》《书》⑤,严重而尚俭⑥,守忠以事上国⑦。

【注释】

①吴越忠懿王妃孙氏:吴越忠懿王钱俶妃子孙太真。孙氏十分节俭,宫中典礼,除会客外,皆不粉饰盛装。钱俶率兵出征,孙氏对出征将领十分关心,曾安排内侍及时抚慰家属。钱俶对其所做赞不绝口,并封其为"贤德夫人"。钱俶向宋太祖称臣,于开宝九年(976)与孙氏一起入宋朝拜宋太祖,宋太祖封其为吴越国王妃。

②端谨:端正谨饬。

③延接:接待。姻宗:皇室姻亲。此处指吴越国王钱氏的姻亲。

④恩礼:指地位高的人对地位低的人的特殊礼遇。

⑤《诗》《书》:指《诗经》和《尚书》。此处泛指儒家经典。

⑥严重:严肃稳重。

⑦以事上国:指吴越国以附属国身份对待北宋。宋朝建立后,吴越国审时度势,向宋朝称臣,并协助宋朝攻灭南唐。

【译文】

宋朝:吴越国忠懿王妃孙氏,名太真。她天性端庄谨慎,聪明有智慧。与家族或姻亲关系的人交往时,能够热情接待,尽心尽力地履行对长辈和亲人的礼节和义务。孙氏热爱学习儒家经典,为人谨严持重,崇尚节俭,对待宋朝恪守臣子忠节。

孝妇盛氏①,事舅姑尽孝,躬纺绩烹饪以养姑②。姑性太急,妇怡声下气③,每侍立无敢怠惰。娣姒敬顺和睦④,亦皆化之。姑病笃,贫无资医救,乃执簪珥裙襦鬻之⑤,以供其事,又刲胁取肝为常膳⑥。长姒潘氏亦刲股而进⑦,姑食而病愈。州家长官刘既济上于朝,诏旌表其门闾。

【注释】

①孝妇盛氏:昌化县百姓章钦的儿媳。

②纺绩:纺纱与缉麻。纺,指纺纱。绩,指缉麻。

③怡声下气:柔声平心静气。怡声,柔声。下气,指态度恭顺,平心静气。

④娣姒:妯娌。兄妻为姒,弟妻为娣。《尔雅·释亲》:"长妇谓稚妇为娣妇,娣妇谓长妇为姒妇。"郭璞注:"今相呼先后,或云妯娌。"

⑤簪珥:发簪和耳饰。后泛指女性首饰。裙襦:裙子和短袄。泛指衣服。

⑥胁:从腋下到肋骨尽处的部分。常膳:日常饮食。

⑦长姒(sì):年长的嫂子。姒,古代兄弟妻子中年长者。

【译文】

孝妇盛氏,侍奉公婆非常孝顺,亲自从事纺织和烹饪等家务劳动来供养婆婆。婆母生性急躁,盛氏在侍奉公婆时态度谦和,语气温和,在公婆面前侍立时不敢有丝毫懈怠。盛氏的表现影响了其他妯娌,使她们也变得敬顺和睦。婆婆病重,家中贫困无力支付医药费用,盛氏于是变卖了自己的首饰和衣服,来筹集费用。她还割下自己的肝脏做成日常饮食献给婆婆。长嫂潘氏也割下自己的大腿肉做成饭给婆婆吃,婆婆吃完这些便病愈了。地方长官刘既济将此事上报朝廷,朝廷下诏旌表其门闾。

凌大渊妻刘氏①,及笄许嫁②,请期将至③,而凌生告卒。

刘氏闻之，告于父母曰："儿闻女子以一志为良④，死生不易其节。儿已许凌，今既已丧，则吾夫也，儿当易服奔丧，誓咏《柏舟》⑤，不更二也。"父母以"女未尝践其庭⑥，何遽若此？"女答："以身许人而背之乎？有死而已。"决无易其志。父母惧其言而从所请。易粗衰⑦，临棺举哀⑧，以修妇道⑨，守义节。以兄子养为己子，与之娶妇，至于抱孙，白首不易其志也。

【注释】

①凌大渊妻刘氏：於潜县九里人。

②及笄（jī）：指女子成年，达到适婚年龄。古代女子年满十五岁束发加笄，表示成年。笄，束发用的簪子。许嫁：指已经订婚，许配给某人。

③请期：古婚礼六礼之一。男家行聘之后，卜得吉日，使媒人赴女家告成婚日期。形式上似由男家请示女家，故称"请期"。

④儿：古代子女对父母的自称。

⑤柏舟：《诗经·墉风》中的篇名。共二章。根据《诗序》："柏舟，共姜自誓也。"首章二句为："泛彼柏舟，在彼中河。"少女因母亲不同意她的恋爱而发出誓言，表示至死不会对情人变心。后称丧夫为"柏舟之痛"，夫死不嫁为"柏舟之节"。

⑥女：同"汝"。你。

⑦粗衰（cuī）：丧服中最重的孝服。

⑧举哀：在丧礼上高声号哭。

⑨妇道：指妇女应该遵守的行为准则。

【译文】

凌大渊的妻子刘氏，到了许嫁的年龄已与凌大渊订婚。婚期将至，凌大渊却突然去世了。刘氏得知后,告诉父母说:"我听说女子应坚守一种坚定的志向,无论生死都不会改变自己的节操和承诺。我已经许嫁给凌大渊,如今他已经过世,就是我的丈夫,我应当更换孝服前去奔丧,发誓像《柏舟》中所吟咏的那样,不再改嫁。"父母以"你未曾嫁入凌家,何必匆忙地这样做?"女儿回答说:"我已经许配给凌家,如今却要背信弃义吗?如果是这样,那我只有一死。"刘氏坚守贞节,不肯改变自己的志向。父母害怕她自杀,便听从了女儿的请求。刘氏换上粗布丧服,来到凌大渊的棺材前高声号哭,通过这些行为来践行妇人的道德规范,坚守贞节。她将兄长的儿子当成自己的亲生儿子来抚养,为他娶妻,直到抱孙子,一生都坚守贞节,白首不渝。

历代方士

【题解】

本条简单介绍了从三国到北宋徽宗朝生活在杭州的历代方士的名字、号等。方士，又称方术之士，是指古代从事求仙、炼丹、占卜等活动的人，通常被认为具有超凡的智慧和能力。方士以修真、炼丹、求仙等为志向，有的最终得道升仙，有的羽化成仙，有的则以其他方式隐化。他们的事迹被记载于《淳祐临安志》《咸淳临安志》以及《感应神仙传》中，部分方士的著作如《百论石室小隐集》也流传于世。道教是中国本土宗教，强调修炼成仙、长生不老等理念。方士作为道教文化的重要传播者，其活动在南宋时依然盛行。杭州地区自古以来就是道教活动的重要区域，历代方士的活动不仅反映了道教文化的传承，也体现了地方文化的特色。本条文字引自《咸淳临安志》卷六十九《人物十·方外（方士）》，但只存其人名字。

历代方士[①]：蔡经[②]。郭文[③]，字文举。葛洪字稚川[④]，号抱朴子。许迈字叔元[⑤]、杜子恭[⑥]、徐灵府号默希子[⑦]、钱道士[⑧]、令狐绚[⑨]、丁飞字翰之[⑩]、潘尊师[⑪]、马湘字自然[⑫]，管归真赐号元靖崇教法师[⑬]、正白先生。沈若济字子舟[⑭]，号洞元大师。徐立之旧名炳一⑮,号回峰先生。陆维之字永仲⑯,又名凝之,又表子才,号石室先生。考之,有著《百论石室小隐集》行于世矣⑰。王衷字天诱⑱,赐号悟静处士。徐奭⑲,赐号冲晦先生。

【注释】

①方士:指能炼制丹药寻访神仙以求长生不老的人。后泛指从事医、卜、星、相类职业的人。

②蔡经:三国时期吴国人。居于杭州余杭县。天玺二年,有神仙四人自称东方朔等往来蔡经居所。吴国即将灭亡,四人提前告知蔡经,蔡京尸解而去。

③郭文:晋朝名士。字文举,河内郡轵县(今河南济源南)人。从小喜欢山水,崇尚退隐。父母死后,郭文服丧完毕,离开家乡去游览名山。王导听说他的名声,派人去接,他不肯乘坐车船,挑着担子步行。他在王导的西园里住了七年,不曾走出过。后来他逃回临安,在山中构筑草庐住下。

④葛洪:东晋时期道士、炼丹家。字稚川,自号抱朴子,丹阳句容(今属江苏)人。出身于江南豪族,以儒学知名。后从方士郑隐学道。听闻交趾出产丹砂,自行请求出任勾漏令。赴任途经广州,刺史邓岳表示愿供其原料在罗浮山炼丹,遂从此隐居于罗浮山,修行炼丹,著书讲学。撰有《玉函方》一百卷(已佚)和《肘后备急方》三卷、《抱朴子内篇》二十卷等作品。

⑤许迈:东晋名士。字叔玄,一名映,丹阳句容人也。家世士族,而少恬静,不慕仕进。曾跟随鲍靓学习,后隐居余杭悬霤山。父母去世后,他将妻子遣送回家,自己与同道之人一起遍游名山大川。

⑥杜子恭:即杜炅,字子恭,钱塘人。东晋道士。奉行五斗米道,有

秘术,能为人治病。

⑦徐灵府:号默希子,钱塘天目山人。道士,通儒学。居住在天台山云盖峰虎头岩石室中十余年,日以修炼自乐。武宗会昌初,诏浙东观察使召之,乃献诗自陈,终不赴。著作今存《通玄真经注》12卷。

⑧钱道士:杭州临安人。其在成都玉局观观看黄箓道场,忽然有一道人仗剑持水来到,以所持水让钱道士饮用。水极其甘甜,钱道士从此之后不再饮食。

⑨令狐绚:余杭太守令狐纁之子。慕道,有神仙降临其家。曾经称自己被青衣人引导,朝谒太上老君,见到册命张天师代替尹真人的职任。

⑩丁飞:字翰之,济阳人,居住在钱塘龙泓洞周围。善于养生。

⑪潘尊师:居住在杭州曹桥福业观。曾有少年留宿其家六十日,不饮不食。临走时少年授给他两道王子符,可以救人疾苦危难。十余年后,少年复来留宿月余,他一日无疾而终,人们怀疑他得到尸解之道。

⑫马湘:即马自然。出身小吏世家却唯独喜好经史,经常随从道士出游。多有神异表现。宋真宗大中祥符九年(1016)卒,葬于其家东园。明年,东川奏剑州梓潼县道士马自然白日飞升,并对人说:"昨日已经在浙西羽化,如今玉皇下诏让我在此飞升。"皇帝下令杭州开棺,里面只有竹杖。

⑬管归真:钱塘人。十一岁入钱明宫修道。宋太宗雍熙初年,他遇到一个自称姓边的青衣人,传授他紫府符法。宋真宗大中祥符初年,朝廷诏其到官阙以符水治病,赐号元靖。宋仁宗天圣初年,加大法师,赐号正白先生。

⑭沈若济:洞玄大师。字子舟。家住钱塘。十三岁时成为道士,博通群书,擅医术。后居茅山。

⑮徐立之:旧名炳一。科举不第,转学道教,改名立之。隐居于西湖

回峰,人称回峰先生。

⑯陆维之:字永仲,一名凝之,字子才,号石室。余杭人。少年时遇道人点化,遂有修道之意。隐居于大涤山石室中。

⑰考之,有著《百论石室小隐集》行于世矣:此段文字原置于"载于淳祐、咸淳两志及《感应神仙传》中"后,据《咸淳临安志》卷六十九《人物十》改。

⑱王衷:字天诱。政和年间,郡守、监司推荐,赐号悟静处士。

⑲徐奭:徽宗朝赐号冲晦先生。曾居住万松岭下。墓在灵隐山石笋院。

【译文】

历代方士:蔡经。郭文字文举。葛洪字稚川,号抱朴子。许迈字叔元、杜子恭、徐灵府号默希子、钱道士、令狐绚、丁飞字翰之、潘尊师、马湘字自然、管归真赐号元靖崇教法师、正白先生。沈若济字子舟,号洞元大师。徐立之旧名炳一,号回峰先生。陆维之字永仲,又名凝之,又表子才,号石室先生。著有《百论石室小隐集》流行于世间。王衷字天诱,赐号悟静处士。徐奭赐号冲晦先生。

俱杭之得道仙士,有超世之志,修真之术①,或上升②,或羽化③,或葬而解化④,或羽化后游于外郡,乃真仙作用,使凡夫俗眼茫然不知⑤。诸士之详,载于淳祐、咸淳两志及《感应神仙传》中⑥。

【注释】

①修真:道教称得道修行。

②上升:道家谓修炼功成,得道升天。

③羽化:飞升成仙,后用作道教徒死亡的婉辞。

④解化:解脱转化。指舍弃肉身,修行成道。

⑤俗眼：尘世中人的眼睛，借指凡夫俗子。
⑥《感应神仙传》：情况不详，未见诸记载，疑作《神仙感应传》。五代蜀杜光庭撰。该书辑录古今之人与神仙感应相遇之事，记述人神相遇的故事七十五条，每条都以遇仙者名号为题。所记故事虽为道家假托神异之说，但往往引之有据。《宋史·艺文志》著录"杜光庭《神仙感遇传》十卷"，今存只有五卷。现存《云笈七签》节选本、明朝《道藏》本、《道藏举要》本，《四库全书》将该书著录于道家类存目。

【译文】

这些人都是杭州的得道仙士，他们追求超脱世俗的境界，有通过修炼道术以达到长生不老的法术。方士修炼成功后，有的飞升成仙，有的羽化成仙，有的在埋葬身体后解化为其他形态，有的在羽化后游历四方。这些是真正的仙道行为，凡夫俗子难以理解。方士们的详细情况，记载于淳祐、咸淳两部地方志以及《感应神仙传》中。

历代方外僧

【题解】

本条介绍了从南朝宋武帝以来到南宋孝宗朝生活在杭州的历代高僧的名字、法号,部分高僧还有简单的生平事迹介绍。其中南朝刘宋时的僧人,如慧静、慧基、慧集等。唐及五代时期的高僧,如慧琳、灵照、延寿等,其中延寿被称为"智觉大师",其事迹传播至高丽(今朝鲜半岛)。宋代的高僧如宗杲,他因与张九成的交往被牵连入政治斗争,最终得到平反,其著作《正法眼藏》被诏令随《大藏经》流行。佛教自东汉传入中国后,逐渐在中国扎根并广泛传播。到了南宋时,儒家、佛教和道教相互交融,佛教已成为社会文化的重要组成部分,许多高僧不仅精通佛学,还涉猎儒家经典,他们与士大夫阶层有着良好的互动,体现了当时社会文化的多元性和包容性。而佛教寺院不仅是宗教活动的场所,也是文化传播和社会交往的重要平台。本条文字引自《咸淳临安志》卷七十《人物十一·方外(僧)》。

历代高僧,自宋武帝朝为始①。僧慧静②、慧基③、慧集④、法匮⑤、净度⑥、僧瑜⑦、僧翼⑧、僧诠⑨、道琳⑩、僧旻⑪、明彻⑫、法开⑬、惠明⑭、昙超⑮。真观字圣远⑯,号南天竺岳师。

道钦号国一⑰,又号澄悟禅师⑱。圆脩⑲,号鸟窠道林禅师⑳。会通㉑,号招贤禅师。齐安㉒,号悟空禅师。道标㉓,号西岭和尚。

【注释】

① 宋武帝:南朝刘宋开国君主刘裕。420—422年在位。字德舆,小名寄奴。祖籍彭城郡彭城县绥舆里(今江苏徐州),生于晋陵郡丹徒县京口里(今江苏镇江丹徒区)。自幼家贫,后投身北府军为将。凭借军功得以总揽东晋军政大权,官拜相国、扬州牧,封宋王。永初元年(420)代晋自立,定都建康,国号宋。庙号高祖,谥号武皇帝,葬于初宁陵。

② 慧静:本姓邵,余杭人。刻苦修行,颜延之赞叹道:"荆山之玉,唯静是焉。"著有《文翰集》十卷。

③ 慧基:本姓耦。一作偶。年十五,宋文帝引见顾问,下敕于祇洹寺为设会出家。

④ 慧集:本姓钱,吴兴於潜人。年十八,于会稽乐林山寺出家,仍随慧基法师受业。著有《毘昙大义疏》。

⑤ 法匱:本姓阮,於潜人。少出家京师枳园寺,为法楷弟子。生性沉默寡言,礼诵《法华经》一部。

⑥ 净度:南朝刘宋僧人。余杭人。年少时游猎,曾经射杀一怀孕的母鹿。母鹿临死前产下幼子,并忍痛舐舐子鹿。净度大受触动,因而将弓箭折断,出家素食,诵经三十余万言。

⑦ 僧瑜:原作"瑜本",据《咸淳临安志》卷七十改。本姓周,余杭人。坐化十四天后,房间中生长出两株桐树,徒弟们认为是婆罗宝木,因此称他为双桐沙门。

⑧ 僧翼:原作"翼本",据《咸淳临安志》卷七十改。余杭人。止庐山寺,跟随慧远修习佛法。

⑨僧诠：姓张，辽西海阳（今辽宁西部）人。少年时游历河北、山东，博览佛经以外的典籍。晚年居于虎丘山。

⑩道琳：会稽山阴（今浙江绍兴）人。少出家，有戒行，精于禅理。后居富阳林泉寺。梁朝初年，出居齐熙寺。

⑪僧旻：原作"旻本"，据《咸淳临安志》卷七十改。本姓孙，富春人。其祖先是三国吴大帝孙权。南朝梁朝天监五年（506），前往上都，天子以礼相待。六年，注释《般若经》，南朝齐朝文惠帝、竟陵王子良等人对其十分尊敬。后隐居虎丘。

⑫明彻：本姓夏，钱塘人。

⑬法开：本姓俞，余杭人。

⑭惠明：本姓王，杭州人，居住在蒋州（今江苏南京）。

⑮昙超：灵隐山僧人。本姓张，清河人。

⑯真观字：原作"真宫宇"，据《咸淳临安志》卷七十改。真观，南天竺法师。字圣远，钱塘人。本姓范，父祖都曾为官。母亲任氏因为向佛祷告生下真观。隋文帝开皇十四年（594）大旱，刺史刘景安请真观讲《海龙王经》，刚讲完序，暴雨倾盆而至。

⑰道钦：即径山禅师。苏州昆山（今江苏昆山）人，姓朱，开山住持径山。唐大历三年（768），唐代宗将道钦召至阙下，亲自瞻礼，赐号国一禅师。谥大觉禅师。号国一："号"字原无，据《咸淳临安志》卷七十补。

⑱又号：二字原无，据《咸淳临安志》卷七十补。

⑲圆俯：即鸟窠道林禅师。富阳人，平时身着破旧僧衣，不论寒暑从不更换。居中在山间，有鹊鸟在他旁边筑巢，当时人称他为鸟窠禅师。

⑳号鸟窠道林禅师：原作"道林号鸟窠禅师"，据《咸淳临安志》卷七十改。

㉑会通：即招贤禅师。本姓吴，杭州人。唐德宗时为六宫使，后礼鸟

窠林禅师为僧。

㉒齐安：即盐官禅师。杭州人，本姓李。出生时有神光照室。朝廷赐谥悟空禅师。

㉓道标：富阳人。姓秦。永泰年间，住持南天竺寺。曾经在飞来峰的南西岭下面修葺茅堂，称为西岭草堂。世称西岭和尚。喜欢作诗，与吴兴皎然、会稽灵彻唱和，时人有"洞冰雪，摩云霄"的称誉。

【译文】

历代高僧，自南朝刘宋武帝朝开始。僧慧静、慧基、慧集、法匮、净度、僧瑜、僧翼、僧诠、道琳、僧旻、明彻、法开、惠明、昙超。真观字圣远，号南天竺岳师。道钦号国一，又号澄悟禅师。圆修，号鸟窠道林禅师。会通，号招贤禅师。齐安，号悟空禅师。道标，号西岭和尚。

慧琳字抱玉①，交游前后刺史、学士，如杜陟②、裴常棣③、陆则、杨凭④、卢元辅⑤、白居易、李幼、崔郙⑥、路异，俱造室讲论心要⑦。

【注释】

①慧琳：唐朝大历年间僧人。居天目山二十余年，前后刺史共九人都前往其住所讨论学佛心得。

②杜陟：襄州襄阳（今湖北襄阳）人，唐文宗大和五年（831）辛亥科状元。历官水部员外郎、度支郎、杭州刺史等。

③裴常棣：河东闻喜（今山西运城闻喜）人。元和四年（809）以兵部郎中出守杭州刺史。

④杨凭：字虚受，一字嗣仁，虢州弘农县（今河南灵宝）人，后徙居吴地。大历年间，与弟杨凝、杨凌接连登第，并有盛名，时号"三杨"。卒于太子詹事任。善诗文，富才学，重交游，与穆质、许孟容、李鄘友善，时称"杨、穆、许、李"。

⑤卢元辅：字子望，滑州灵昌（今河南滑县西南）人。唐朝宰相卢杞之子。元和八年至十年任杭州刺史。他在杭州凿浚西湖，引水灌溉，疏民之困，成为百姓爱戴的官吏。杭州西湖摩崖石刻还有卢元辅《游天竺寺》诗。
⑥崔郜：贝州武城（今山东德州武城县与河北故城县一带）人。
⑦心要：佛教语。指心性上精要的法义。

【译文】

慧琳字抱玉，与之前和之后的杭州刺史、学士交游，像杜陟、裴常棣、陆则、杨凭、卢元辅、白居易、李幼、崔郜、路异，都曾造访他的居室与之谈论心性上精要的法义。

灵照①，名龙华禅师，号真觉大师。行脩②，生有异相，两耳垂肩，称"长耳相禅师"，赐号崇慧大师。

【注释】

①灵照：即龙华禅师。高丽国人。吴越王修建龙华院，命其住持。号真觉禅师。
②行脩：号法真，泉州（今福建晋江）人。俗家姓陈。五代时期著名高僧。自幼出家，后参访雪峰义存禅师并得其心印。宋朝时被赐号"宗慧大师"，并在西湖南高峰的道场建定慧堂，后改名法相院。

【译文】

灵照，名龙华禅师，号真觉大师。行脩，出生时就具有与众不同的外貌或特征，两耳垂肩，称"长耳相禅师"，朝廷赐号崇慧大师。

延寿①，号抱一子，幼在俗，诵经感诸群羊跪听。后舍业为僧，聚徒讲道，传播高丽②。遣使尽弟子礼，奉金线织袈袈、紫水晶数珠、金藻罐为献。宋开宝入灭③,号智觉大师。崇宁岁④,追谥宗照禅师。

【注释】

①延寿:杭州人。初为吏,后弃业出家,著有《宗镜录》120卷。吴越国王请延寿住永明禅寺,十五年间聚徒近两千人,影响远播海外。宋徽宗崇宁年间,追谥宗照。

②高丽:918年,泰封(后高句丽)部将王建发动兵变,建立高丽国。935年,高丽灭新罗;936年,灭后百济,基本统一了朝鲜半岛中南部。以佛教为国教,同时儒学也十分兴盛。在其历史上与多个大陆国家保持宗藩关系,先后向后唐、后晋、后汉、后周、北宋、辽朝、金朝、元朝和明朝称臣。1392年,高丽大臣李成桂发动政变,废黜高丽恭让王,建立朝鲜王朝,高丽王朝灭亡。

③入灭:佛教指僧侣死亡。

④崇宁:宋徽宗第二个年号,1102—1106年。

【译文】

延寿,号抱一子,自幼归心佛乘,诵读佛经时感动群羊跪地聆听。后来舍弃家业出家为僧,聚集徒众讲道,名望远播高丽。高丽派遣使者执弟子礼,献给延寿金线织袈裟、紫水晶数珠、金藻罐。宋朝开宝年间延寿圆寂,号智觉大师。崇宁年间,追加谥号宗照禅师。

志逢①,号普觉大师。遇安②,号善智禅师。庆祥③,九曲禅师。行明④,开化禅师,太宗朝赐紫衣⑤、师号⑥。善昇⑦,天禧年诏注释御制《法音集》,赐号曰观大师⑧,又深于琴律。

【注释】

① 志逢：余杭人。曾经梦见到须弥山，看到三佛列坐。释迦指示他说："这是补弥勒处狮子月佛。"醒后阅读《大藏经》，与梦相符。后晋天福年间，抵达天台山云居寺。吴越国王号为普觉大师。

② 遇安：杭州人。五代时住北关倾心院，又召入居天龙寺。后居于光庆寺，号善智禅师。

③ 庆祥：即九曲禅师。杭州人。本姓沈，善于辩论，多闻强记。天台宗门下推为杰出。

④ 行明：即开化禅师。杭州人。本姓乾。先住能仁寺，后主持太和寺。

⑤ 赐紫衣：(宋)赞宁《大宋僧史略》卷下《赐僧紫衣》："古之所贵，名与器焉。赐人服章，极则朱紫，绿皂黄绶，乃为降次。故曰加紫绶必得金章，今僧但受其紫而不金也。寻诸史，僧衣赤黄黑青等色，不闻朱紫。案《唐书》，则天朝有僧法朗等，重译《大云经》，陈符命，言则天是弥勒下生，为阎浮提主，唐氏合微，故由之革命称周。法朗、薛怀义九人，并封县公，赐物有差，皆赐紫袈裟、银龟袋。其《大云经》颁于天下，寺各藏一本，令高座讲说。赐紫自此始也……今大宋唯诞节赐也。其或内道场僧已着紫，又赐紫罗衣三事，谓之重赐。"

⑥ 师号：指朝廷或国家权威机构授予高僧的荣誉称号，以表彰其在佛法修行、传播或社会贡献方面的卓越成就。

⑦ 善昇：钱塘人。本姓仲。天禧中，奉诏同注释御制《法音集》。完成后，赐号日观大师。卒后范仲淹公为其撰作塔铭。

⑧ 日观大师：原作"曰观大师"，据《咸淳临安志》卷七十改。

【译文】

志逢，号普觉大师。遇安，号善智禅师。庆祥，九曲禅师。行明，开化禅师，太宗朝赐紫衣、师号。善昇，天禧年诏令他注释御制《法音集》，赐号日观大师，他还精通琴律。

法照①，不妄交游，与和靖先生同时僧智圆为友。宰臣王钦若、王随、王化基深敬之②，崇宁岁赐号法照大师。

【注释】

①法照：原作"元照"，据《学津讨原》本、天一阁藏清抄本、《咸淳临安志》卷七十改。受业水心寺，参政王化基、丞相王钦若、王随等都十分敬重他。咸平年间，撰写《律钞义苑说》七卷。丞相王随撰塔铭，立碑于兜率寺。崇宁二年，赐号法照大师。

②王化基：字永图，真定（今河北正定）人。北宋大臣。太平兴国二年（977）进士及第。历任著作郎、知制诰、权御史中丞、工部侍郎、参知政事、礼部尚书。卒赠右仆射，谥惠献。

【译文】

法照，为人交友谨慎，与林逋同时代的僧人智圆是好友。宰相王钦若、王随、王化基都十分敬重他。崇宁年间，朝廷赐号法照大师。

道诚慧悟大师①，余弼《题上方寺诗》曰②："孤峰牢落几何年③，台殿于今插半天。已是精蓝夸绝徼④，更将宝塔在危巅。烟霞色任阴晴变，钟磬声随上下传。珍重老僧无别境⑤，一生幽趣只山川。"

【注释】

①道诚慧悟大师：钱塘人，居住在月轮山。天禧年间，撰写《释氏要览》三卷，又注释王勃所撰《释迦成道记》。

②余弼：会稽（今浙江绍兴）人。治平二年进士。

③牢落：荒凉，寂静。

④精蓝：佛寺，禅院。精，精进（佛教六度之一）。蓝，伽蓝。

⑤别境:原作"幻境",据《咸淳临安志》卷七十改。

【译文】

道诚慧悟大师,余弼《题上方寺诗》:"孤峰牢落几何年,台殿于今插半天。已是精蓝夸绝徼,更将宝塔在危巅。烟霞色任阴晴变,钟磬声随上下传。珍重老僧无别境,一生幽趣只山川。"

契嵩字仲灵①,自号潜子,姓李,赐号明教大师。熙宁岁季夏入灭,以释氏法荼毗②,而五根不坏③,名其塔曰五根不坏之塔。

【注释】

①契嵩:庆历年间居钱塘,后游京师。开封尹王仲仪上其所著书,仁宗览之,诏付传法院编次,赐名教师号。蔡襄知杭州,延置佛日山。
②荼毗(tú pí):梵语Jhapita的音译,指僧人死后火化。
③五根:佛教谓眼、耳、鼻、舌、身五种感觉器官。

【译文】

契嵩字仲灵,自号潜子,姓李,朝廷赐号明教大师。熙宁年间农历六月圆寂,火化后五根不坏,所建塔名叫"五根不坏之塔"。

赞宁①,太平兴国奉阿育王舍利朝②,太宗赐号通慧大师。真宗召对赐坐,以右阶升左阶僧录③,赐号通慧圆明大师。

【注释】

①赞宁:受业于祥符寺,学南山律,兼通六籍、史书、庄老百氏之学。太平兴国三年奉阿育王塔舍见宋太宗,赐号通慧大师。八年秋,诏撰《大宋高僧传》三十卷。崇宁三年,赐号通慧圆明大师。

②阿育王舍利：佛教重要的圣物之一。印度孔雀王朝第三代国王阿育王皈依佛教后，将释迦牟尼佛圆寂后的舍利分成八万四千份，建造八万四千座宝塔供奉。根据《法苑珠林》等佛教文献记载，阿育王在中国建造了十九座舍利塔，其中最著名的是西晋会稽鄮县塔，即今浙江鄞县鄮山阿育王寺的舍利宝塔。

③僧录："左、右街正僧录"的简称。僧官名。分左、右。唐朝设置左、右两街僧录司，各始设僧录官。北宋始设正僧录。主要管理教门事务。

【译文】

赞宁，太平兴国年间奉阿育王舍利塔入朝献给宋太宗，宋太宗赐号通慧大师。宋真宗召见赞宁并赐坐，将其从右阶僧录升为左阶僧录，并赐号通慧圆明大师。

宝达①，号刹利法师。

【注释】

①宝达：隐居灵隐山。善持秘咒。当时浙江潮暴涨，宝达诵咒止水。

【译文】

宝达，号刹利法师。

智圆孤山法师①，自号中庸子。

【注释】

①智圆孤山法师：钱塘人，本姓徐，字无外。

【译文】

智圆孤山法师，自号中庸子。

遵式①,姓叶,字知白。崇宁岁,赐号慧通大师,掌天台教观②。绍兴间,高宗降旨,赐号曰忏慧禅主大法师。塔号瑞光思悟,每诵咒,身出舍利。

【注释】

①遵式:本姓叶。其母祈祷观音,遂生遵式。苦心修习佛法,著《净土忏法》《金光明观音诸本忏仪》行于世,故号慈云忏主。崇宁二年,赐号慧通。绍兴三十年,赐号忏主禅慧大法师,塔名瑞光。
②天台教:中国佛教最早创立的一个宗派,因其实际创始人智顗大师(隋炀帝尊称其为"智者大师")栖止浙江天台山而得名。天台宗以《妙法莲华经》为正依经典,故也称"法华宗"。天台宗集合南北各家义学和禅观之说,并加以整理和发展,其主要思想是"实相"和"止观"。

【译文】

遵式,本姓叶,字知白。崇宁年间,朝廷赐号慧通大师,执掌天台教寺庙。绍兴年间,宋高宗降旨,赐号忏慧禅主大法师。塔号瑞光思悟。遵式每次诵咒,身上都会涌现出舍利。

元照①,姓唐,字湛如,号安忍子,赐号灵芝大智律师。

【注释】

①元照:钱塘人,本姓唐,母亲竺氏曾经梦有异僧托孕。幼时居于祥符寺,后得天台教真传。

【译文】

元照,本姓唐,字湛如,号安忍子,朝廷赐号灵芝大智律师。

宗本①,字无喆,姓管,号静慈圆照禅师。神宗召对,赐茶,入福宁殿说法,诏赐肩舆入内。

【注释】

①宗本:即净慈圆照禅师。宋神宗曾命其住相国寺慧林院。

【译文】

宗本,字无喆,本姓管,号静慈圆照禅师。宋神宗召对赐茶,让其进入福宁殿说法,并下诏允许宗本乘坐肩舆进入大内。

善本①,赐法涌大师号②。哲宗遣中使抚问,降旨宣赐高丽磨衲衣③,敕赐大通禅师。大观入灭,追谥圆定之号,塔号定光之塔。

【注释】

①善本:开封人。曾于京师应举,阅读《华严经》时顿悟。后继圆照禅师主持杭州净慈寺。元祐年间,驸马都尉张厚礼奏请奉诏住东京法云寺,苏轼作诗赠行。大观二年圆寂,葬于大慈山崇德院。

②法涌:原作"法通",据《咸淳临安志》卷七十改。

③高丽磨衲衣:一种极为精致的袈裟。相传产自高丽,以极精致的织物制成。其材质被称为"紫磨",是一种珍贵的绫罗类纺织品。磨衲衣不仅是一种宗教服饰,还象征着佛教僧侣的修行与地位。

【译文】

善本,朝廷赐号法涌大师。宋哲宗派遣内侍抚问,降旨赏赐高丽磨衲衣,敕赐大通禅师。大观年间圆寂,追谥"圆定",塔号定光塔。

元净①,字无象,姓徐,赐紫衣、辩才法师号。师生时,左肩有肉起如袈裟条,至八十一日方消,师之入灭,实八十一岁矣。

【注释】

① 元净:於潜人。十岁出家,二十五岁赐紫衣及辨才号。知杭州吕溱请元净住持大悲宝阁,居十年。后住持杭州上天竺十七年,还於潜。终老于南山龙井。

【译文】

元净,字无象,本姓徐,朝廷赐紫衣、辨才法师号。元净出生时,左肩上有肉突起像袈裟条,八十一天后方才消失。元净圆寂时,正好是八十一岁。

延寿兴教小寿禅师脩广[①],字叔徽,自京师至于四方,凡公卿至于学士大夫,知其名皆乐从之。景祐岁赐紫衣,诏赐宝月大师之号。

【注释】

① 延寿兴教小寿禅师:钱塘人,本姓王,字叔微。九岁出家,居明庆院。景祐二年,赐紫衣。五年,赐号宝月大师。

【译文】

延寿兴教小寿禅师脩广,字叔徽,从京师到全国各地,从公卿大臣到一般士大夫,都知道延寿禅师的大名并乐意跟随他修行。景祐年间朝廷赏赐他紫衣,下诏赐号宝月大师。

文益[①],于周显德时谥封大法眼禅师[②],塔名无相。

【注释】

①文益:本姓鲁,余杭人。后周显德五年谥大法眼禅师。
②显德:五代后周太祖郭威的年号,954—960年。

【译文】

文益,后周显德时谥封大法眼禅师,塔名无相。

道潜字参寥①,尝与苏东坡、秦少游两先生为密友,曾咏临平绝句云②:"风蒲猎猎弄轻柔,欲立蜻蜓不自由。五月临平山下路,藕花无数满汀洲。"东坡守杭时,因道潜入智果精舍③,赋诗云④:"云崖有浅井⑤,玉醴常半寻⑥。遂名参寥泉⑦,可濯幽人襟。"又作《参寥泉铭》,记之岁月。东坡爱其诗,尝称"无一点蔬笋气味⑧,体制绝似储光羲⑨,非近世诗僧比"。崇宁末老于江湖。既示寂⑩,有诗行于世,句句清绝可爱。法号曰妙总大师。

【注释】

①道潜:於潜浮溪村人,本姓何。幼年出家,熟读内外典,尤喜作诗。其诗集行于世。
②咏临平绝句:此诗题为《临平道中》。描绘了五月仲夏时节临平山下水边的优美风光,展现了江南水乡的清丽与宁静。
③智果精舍:在杭州孤山,吴越王所建。精舍,最初是指儒家讲学的学社,后来也指出家人修炼的场所。
④赋诗云:此诗题为《参寥上人初得智果院会者十六人分韵赋诗轼得心字》。是苏轼在宋哲宗元祐四年(1089)参寥上人初得智果院时,与会者十六人分韵赋诗所作,苏轼分得"心"字。诗中描绘了智果院的清幽环境和自然美景,表达了诗人对禅意生活的向往

和对友人的祝愿。全文如下:"涨水返旧壑,飞云思故岑。念君忘家客,亦有怀归心。三间得幽寂,数步藏清深。攒金卢橘坞,散火杨梅林。茶笋尽禅味,松杉真法音。云崖有浅井,玉醴常半寻。遂名参寥泉,可濯幽人襟。相携横岭上,未觉衰年侵。一眼吞江湖,万象涵古今。愿君更小筑,岁晚解我簪。"

⑤云崖:云气弥漫的山崖。此处指孤山。

⑥玉醴:玉泉。形容泉水甘甜可口。半寻:四尺。寻,古代长度单位。一寻八尺。

⑦参寥泉:苏轼《参寥泉铭》:"舍下旧有泉,出石间。"

⑧蔬笋气:指寒俭枯槁的禅林气。

⑨储光羲:润州延陵(今江苏丹阳西南)人。唐代官员、诗人。开元十四年(726)中进士第,后以沉沦下僚无法实现抱负辞官,与王维等人唱和。诗以田园题材写作名篇最多,时人已有"格高调逸,趣远情深"之评。

⑩示寂:佛教语。称佛菩萨及高僧身死。寂,即梵语"涅盘"的意译。言其寂灭乃是一种示现,并非真灭。

【译文】

道潜字参寥,曾与苏轼、秦观两位先生为密友,曾经咏诵临平绝句:"风蒲猎猎弄轻柔,欲立蜻蜓不自由。五月临平山下路,藕花无数满汀洲。"苏轼任杭州知州时,因为道潜主持智果精舍,赋诗道:"云崖有浅井,玉醴常半寻。遂名参寥泉,可濯幽人襟。"还写作《参寥泉铭》,记载下赋诗的时间。苏轼喜爱道潜的诗,曾经称赞他的诗歌"没有一点一般僧人诗作的寒俭枯槁气,非常像储光羲,远非近代诗僧可比"。崇宁末年,道潜终老于江湖。圆寂后,有诗流行于世间,诗句都清绝可爱。法号妙总大师。

怀显①,西湖持净大师,尝撰《钱塘胜迹记》。

【注释】

①怀显：政和年间撰写《钱塘胜迹记》五卷，朝请大夫、轻车都尉周邰作序引。

【译文】

怀显，即西湖持净大师，曾经撰写过《钱塘胜迹记》。

慧勤①，有欧阳文忠公赋诗送之曰②："越俗僭宫室，倾赀事雕墙③。佛屋尤其侈，眈眈拟侯王④。文彩莹丹漆，四壁金焜煌⑤。上垂百宝盖⑥，宴坐以方床⑦。胡为弃不居，栖身居京坊。辛勤营一室，有类燕巢梁⑧。南方精饮食⑨，菌笋鄙羔羊。饭以玉粒粳⑩，调之甘露浆。一馔费千金，百品罗成行。晨兴未饭僧，日昃不敢尝。乃兹随北客，枯粟充饥肠⑪。东南地秀绝，山水澄清光。余杭几万家，日夕焚清香。烟霏四面起，云雾杂芬芳。岂如车马尘，鬓发染成霜。三者孰苦乐，子奚勤四方。乃云慕仁义，奔走不自遑。始知仁义力⑫，可以治膏肓⑬。有志诚可嘉，及时宜自强。人情重怀土，飞鸟思故乡。夜枕闻北雁，归心逐南樯。归方能来否，送子以短章。"

【注释】

①慧勤：余杭人，居孤山。庆历年间游历京师二十年，曾与欧阳修有唱和交游。

②欧阳文忠公赋诗：此诗题为《送慧勤归余杭》。诗人通过对两种生活方式的对比，描述了慧勤法师放弃奢华生活，选择在都城过着清贫简朴修行生活。赞美了慧勤高尚的情操，表达了作者对他

的敬佩。欧阳文忠公，欧阳修，字永叔，号醉翁，晚号六一居士，江南西路吉州庐陵永丰（今江西吉安永丰）人。北宋政治家、文学家、史学家。宋仁宗天圣八年（1030）进士及第，早年曾因为积极参加范仲淹的庆历新政遭贬，晚年反对王安石新法。北宋诗文革新运动的领袖，"唐宋八大家"之一。死后累赠太师、楚国公，谥号"文忠"，世称欧阳文忠公。

③雕墙：用绘画装饰的墙壁。
④眈眈：形容房屋深邃的样子。
⑤焜煌：明亮、光辉的样子。
⑥百宝盖：指用各种珍宝装饰的伞盖。
⑦方床：卧榻。
⑧燕巢梁：指燕子在梁上筑巢。
⑨饮食：原作"饭食"，据《文忠集》卷二《送慧勤归余杭》改。
⑩玉粒：指米粒，形容米色泽晶莹透亮如玉般质量高。粳：原作"羹"，据《文忠集》卷二《送慧勤归余杭》改。
⑪枯粟：原作"枯栗"，据《文忠集》卷二《送慧勤归余杭》改。
⑫奔走不自遑。始知仁义力：原文无，据《文忠集》卷二《送慧勤归余杭》补。
⑬膏肓：人体心脏与横膈膜之间的部分。旧说以为是药效无法达到的地方，故引申为病症已达难治的阶段。

【译文】

慧勤，欧阳修写诗送他："越俗僭宫室，倾赀事雕墙。佛屋尤其侈，眈眈拟侯王。文彩莹丹漆，四壁金焜煌。上垂百宝盖，宴坐以方床。胡为弃不居，栖身居京坊。辛勤营一室，有类燕巢梁。南方精饮食，菌笋鄙羔羊。饭以玉粒粳，调之甘露浆。一馔费千金，百品罗成行。晨兴未饭僧，日昃不敢尝。乃兹随北客，枯粟充饥肠。东南地秀绝，山水澄清光。余杭几万家，日夕焚清香。烟霏四面起，云雾杂芬芳。岂如车马尘，鬓发染成霜。三者孰苦乐,子奚勤四方。乃云慕仁义,奔走不自遑。始知仁义力,可以治膏肓。有志诚可嘉,及时宜自强。人情重怀土,飞鸟思故乡。夜枕闻北雁,归心逐南樯。归方能来否,送子以短章。"

同时有惠思师。惠思曾于於潜西普明寺为《浴堂记》①,宰臣王安石赋诗赠之曰②:"绿净堂前湖水渌,归时正复有荷花。花前若见余杭姥,为道仙人忆酒家。"

【注释】

①於潜:隶属于浙江杭州临安区,处临安区中部,东邻天目山镇,东南、南接潜川镇,西连太阳镇,北界安徽宁国云梯畲族乡、仙霞镇。
②宰臣王安石赋诗赠之:此诗题为《送僧惠思归钱塘》。

【译文】

同时有惠思禅师。惠思曾在於潜西面普明寺撰写过《浴堂记》,宰相王安石写诗赠他:"绿净堂前湖水渌,归时正复有荷花。花前若见余杭姥,为道仙人忆酒家。"

惟尚①,本姓曹,幼岁为僧,遍参丛林②,得法于英普照。尝住寿圣,本雪峰结庵故地③,有荆榛蛇虺④,人莫敢居。师住八年,创立殿庑,为之一新。谢归故庐,后住荐福,以疾还庐入灭。

【注释】

①惟尚:盐官人。年少苦腹疾,百药不治,父母怜之,祈佛出家。七岁拜庆善寺元辨禅师为师。
②丛林:和尚聚居修行的处所,后泛指大寺院。

③雪峰：指唐末五代禅宗高僧雪峰义存。俗姓曾，福建泉州南安县人。其家世代奉佛，十二岁时跟随莆田玉涧寺主持庆玄修行。十七岁正式落发出家，法号义存。咸通六年（865），义存"鳌山成道"，明心见性，得悟生死。后返回福建，在当地官员和信众支持下，在福州西边象骨峰建造雪峰寺，唐僖宗赐寺额"应天雪峰寺"。雪峰义存是中国古代禅宗发展史上的著名禅师，他的雪峰禅法与北方的赵州禅法并驾齐驱，形成"北有赵州，南有雪峰"之势。结庵：搭盖草屋。结，用绳子捆扎。

④蛇虺（huǐ）：泛指蛇。虺，古书上记载的一种毒蛇。

【译文】

惟尚，本姓曹，幼年出家为僧，遍访大寺院参禅学法，从英普照禅师那里学得佛法。惟尚曾经住在寿圣禅院，此处原本是雪峰义存搭盖草屋的地方，荆棘丛生，蛇类繁多，人们都不敢在此居住。惟尚禅师在此居住了八年，创建了大殿和厢房，佛寺为之焕然一新。惟尚禅师辞谢回归原来的屋舍，后来住持荐福寺，因病回归故居圆寂。

守璋①，姓王，天姿介特②，凛不可犯。戒行精洁③，尤工于诗，号文慧禅师，有《柿园集》行于世。高庙于绍兴二年幸圆觉寺，因睹其集，宸翰亲洒《晚春》一绝赐之，见圆觉寺刻石于亭曰："草深烟景重④，林茂夕阳微。不雨花犹落，无风絮自飞。"

【注释】

①守璋：盐官人。

②介特：孤高特立，不追随流俗。

③戒行：佛教用语。指随顺戒体，在身、语、意三方面都能遵守戒律

的行为。后泛指恪守戒律的操行。

④草深:原作"山深",据《咸淳临安志》卷七十《人物十一·方外（僧）》改。

【译文】

守璋禅师,本姓王,天性刚直耿介,凛然不可冒犯。严格恪守佛教戒律,尤其擅长写诗,号文慧禅师,有《柿园集》流行于世间。绍兴二年宋高宗驾临圆觉寺,亲眼看到守璋禅师的诗集,亲自写下《晚春》一首绝句赐给禅师。该诗见于圆觉寺亭子中刻石,诗如下:"草深烟景重,林茂夕阳微。不雨花犹落,无风絮自飞。"

德明①,姓顾,字澹堂,入径山讲论禅教四年,因观竹溜以杵通节有声,豁然开悟②,遂号为竹筒和尚。绍兴年,两尝宣入慈宁殿,升座讲《般若经》法③。高庙奇之,赐号及法衣。

【注释】

①德明:盐官人,守璋禅师的弟子。绍兴十八年（1148）,进入径山礼拜真歇清了禅师,后开悟,号为竹筒和尚。著有《澹堂竹筒和尚语录》。

②开悟:佛教用语。指修行人证知现象没有真实性的经验。泛指领悟、解悟。

③《般若经》:《大般若波罗蜜多经》的简称。它是般若类经典的总集,由唐玄奘法师翻译,共600卷。是大乘佛教的基础理论之一,被称为"诸佛之智母,菩萨之慧父"。其核心思想是"般若空观",即通过智慧体悟"空性",认识到万事万物皆无固定实体,本质为空。

【译文】

德明禅师,俗家姓顾,字澹堂,进入径山讲论禅宗四年,因为观看竹溜用杵打通竹节有响声，豁然开悟，于是号为竹筒和尚。绍兴年间，两度被宣入慈宁殿，升座讲授《般若经》法。宋高宗非常惊奇，赐号以及法衣。

清顺字怡然①，可久字逸老②。所居皆湖山胜景，而清约介静，不妄与人交，无故不入城。士大夫多往见之，就馈米。日以一二合食，虽蔬茹亦未尝有，故人尤重之。同时有思聪师，亦似之，而诗差优。

【注释】

①清顺：原作"清润"，据《咸淳临安志》卷七十《人物十一·方外（僧）》改。

②可久：钱塘人。居西湖祥符寺，清介守贫。晚年杜门送客不逾阈，辟谷安坐十余年。

③清约：清净自守。介静：孤高恬静。

【译文】

清顺禅师字怡然，可久禅师字逸老。两人居住的地方都是有湖有山景色秀丽之地，但两人清静自守、孤高恬静，不随便与人交往，没有事情不进城。士大夫都纷纷前往拜谒他们，赠送他们稻米。两人每天吃一两盒饭，甚至连蔬菜都没有，故而人们尤为敬重他们。同时还有思聪禅师，也与他们两人相似，不过诗作的水平稍逊。

宗杲字昙晦①，姓奚，主径山，学徒一千七百众，来者犹未已，敞千僧阁以居之，号临济。中兴时，与张九成为方外交②，后因秦桧谓张九成诽谤朝政，疑宗杲和之，遂编海外③，四方衲子忘躯皆往从之④。续蒙宸恩放便⑤，复僧伽梨⑥，往阿育王山⑦，复居旧山⑧。孝庙为普安郡王⑨，遣使入山谒之，以偈献⑩。后建邸，再遣内侍供五百应真⑪，请讲法席⑫，亲书"妙喜庵"三字，并制赞宠之。自后退居明月堂而示寂，孝庙闻而叹息，诏以明月堂为妙喜庵，谥号普觉禅师，赐塔额曰宝光。此僧虽林下人⑬，而义笃君亲⑭，谈及时事，忧形于色而垂涕，其时名公巨卿皆称其才⑮。有《正法眼藏》等集⑯。淳熙初⑰，诏随《大藏》流行。

【注释】

① 宗杲：宣州宁国（今安徽宁国）人。字昙晦，号大慧，因曾归居妙喜庵，故又称妙喜。南宋禅宗高僧，禅宗史上"看话禅"的创始人。

② 方外交：指不涉尘世的朋友。方外，世外。

③ 后因秦桧谓张九成诽谤朝政，疑宗杲和之，遂编海外：宗杲与张九成是方外好友，当时秦桧当政，倡导与金人和议，张九成不肯附和。绍兴十一年（1141）五月间，张九成到径山寺拜访宗杲。两人谈论政局时，宗杲作诗："神臂弓一发，透过于重甲。衲僧门下看，当甚臭皮袜。"秦桧听说后，认为这是讥讽他倡导和议，于是罗列张九成、宗杲两人"谤讪朝政"的罪名，加以迫害。宗杲先被发配衡州（今湖南衡阳），后流放梅州（今广东梅州）。编，即编管，宋代一种刑罚，指将罪犯安置到一定地区，编入当地户籍，由地方官加以管束。海外，四海之外，泛指边远之地。宗杲先后被流放到衡州、梅州，特别是梅州，在宋代属于偏僻荒远之地。

④ 衲子：僧人。

⑤ 宸恩：皇帝的恩惠。绍兴二十五年（1155）冬，宗杲"蒙恩北还"。

⑥ 伽梨：亦作"伽黎"，即袈裟。绍兴二十六（1156）年春，诏复宗杲袈裟，重入僧籍。

⑦ 往阿育王山：绍兴二十六（1156）十一月，诏宗杲住阿育王寺。

⑧复居旧山：绍兴二十八年（1158），诏令宗杲重返径山寺。
⑨孝庙为普安郡王：绍兴十二年（1142），宋孝宗进封普安郡王，出宫居住。
⑩偈(jì)：即偈颂，梵语"偈佗"的又称。即佛经中的唱颂词。每句字数不等，通常以四句为一偈，其中多蕴含一些佛教思想。
⑪应真：佛教语。罗汉的意译，意谓得真道的人。
⑫法席：佛教语。讲解佛法的座席，也泛指讲解佛法的场所。
⑬林下人：指出家之人。林下，指山林田野退隐之处。
⑭君亲：君王与父母，也特指君主。
⑮名公巨卿：有名望的权贵。
⑯《正法眼藏》：一部专门对中国禅宗历史上著名高僧为主的机缘法语加以拈提的汇集。该书是宗杲在被流放至衡阳期间，因为有些僧人学子向他请益，他就拈提了一些祖师的机缘法语作为开示。两位弟子伊山冲密和雪峰慧然将宗杲每一次的开示都记录下来，后来整理成册，请宗杲题书名，宗杲题为《正法眼藏》。《正法眼藏》既反映了宗杲对禅宗史的看法，体现了宗杲时代的唐宋禅学的风貌，也是其教学特色的体现，是禅门重要经典。
⑰淳熙：南宋孝宗第三个也是最后一个年号，1174—1189年。

【译文】

宗杲字昙晦，本姓奚，主持径山寺，学徒一个七百多人，前来学习的人仍然络绎不绝，于是他便打开千僧阁让他们住在里面，号临济宗。南宋建立，宗杲与张九成是方外好友，后来因为秦桧称张九成诽谤朝政，怀疑宗杲与之唱和，于是将宗杲编管到偏远之地，四面八方的僧人都不顾及自身安危前往追随宗杲。后来蒙皇帝恩赐释放宗杲，恢复了他的僧人身份。宗杲于是前往阿育王山，再度住在从前的径山上。宋孝宗还是普安郡王的时候，派遣使者入山拜谒宗杲，宗杲以偈语进献。宋孝宗后来出宫建王府，再次派遣宦官出钱供养五百名高僧，请宗杲宣讲佛法，并亲自书写"妙喜庵"三字,还写赞文表示恩宠。后来宗杲退居明月堂圆寂,宋孝宗听说后叹息,下诏以明月堂为妙喜庵,谥号普觉禅师,赐塔额宝光。宗杲禅僧虽然是出家人,却忠心于君主,谈论起当时的政事,脸上显露出忧虑之色,忍不住流泪,当时有名望的权贵都称颂他的才能。宗杲有《正法眼藏》等著作。淳熙初年,皇帝下诏将该书收入《大藏经》流行于世。

盖杭之高僧散圣①,弃儒成道②,戒行精洁,学问孤高③,博习教典④,以训诸衲。著文翰⑤,修忏仪诸经法⑥,注《宗镜》⑦,论心要⑧,纂法语⑨,睹鬼神以礼问⑩,止潮水而击西兴⑪,感群羊而跪听⑫,坠大星以陨灵鹫⑬。列朝宣讲⑭,慧号锡顺,至于入灭,瑞光显然。盖丛林中素有儒者之风,故与公卿大夫及学士气味相投⑮,皆乐与之交,讲论道要⑯,题词咏诗,靡不起敬。以《大藏经·高僧传》《钱塘胜迹记》、临安新旧志皆备其详矣,兹不复赘。

【注释】

①散圣:犹散仙。
②成道:修行成佛,指领会佛道而得证正果。
③孤高:孤立高耸,形容学问高深。
④教典:指佛教。
⑤文翰:文章笔墨之事。
⑥忏仪:忏法。佛教徒修习忏悔所依据的仪轨。始于南朝梁武帝萧衍为妃郗氏制《慈悲道场忏法》,自后有《水忏法》《观音忏法》《阿弥陀忏法》等。
⑦《宗镜》:即《宗镜录》,是宋初永明寺禅师延寿纂集的一部著作,

一百卷。该书以禅理为准,统一唯识、华严、天台各宗教义,抒发己见,旨在以教悟宗,立论重在顿悟、圆修。因自认系"宗门宝镜",故名。

⑧心要:佛教语。指心性上精要的法义。

⑨法语:宗教的教言。

⑩睹鬼神以礼问:指志逢禅师事迹。

⑪止潮水而击西兴:指宝达禅师事迹。

⑫感群羊而跪听:指延寿禅师事迹。相传延寿七岁时诵《法华经》,一目下七行,读到得意处,竟使群羊跪听。

⑬坠大星以陨灵鹫:指遵式禅师事迹。天圣年间,遵式法师即将圆寂之际,点燃香烛拜佛,希望诸佛能见证他的往生。遵式于夜晚坐化时,人们看到一颗大星陨落在灵鹫峰,他因此被尊称为"慈云忏主"。

⑭宣讲:诵读讲解。

⑮学士:有学问的人。也泛指读书人。气味相投:指人的思想作风相同,彼此很合得来。气味,比喻性格和志趣。投,投合。

⑯道要:某种学说的精义。

【译文】

杭州的高僧们原本多为儒生,后来弃儒从佛,修行精进,戒律严明,学问高深且孤傲不群。他们博览佛教经典,著书立说,撰写忏仪、注解经典等。这些僧人还对《宗镜录》等重要佛学著作进行了注解和研究,探讨佛教的核心要义,并编纂了法语等佛教文献。高僧们能够与鬼神交流,并让其以礼相待;能够通过神通力量止住潮水,甚至击退潮水至西兴;高僧诵经时,群羊为之跪听;高僧圆寂时,天象出现异变,有大星坠落于灵鹫山。这些高僧在历代朝廷中宣讲佛法,受到皇帝和官员的敬重,并被赐予法号;高僧圆寂时,往往伴随着瑞光等祥瑞之兆,显示其修行成就。此外,这些僧人素有儒者之风,与公卿大夫及学士气味相投,因此他们都乐于与之交往；讲论道要，题词咏诗，士大夫们对之无不敬重。《大藏经·高僧传》《钱塘胜迹记》、临安新、旧方志都详细记载了这些高僧，这里不再重复叙述。

行孝

【题解】

本条介绍了南宋时杭州及周边地区一些感人至深的行孝事迹。富阳何氏女子因父母病重,百药无效,她割股为父母治病,最终父母康复。临安朱应孙在父母生病时,割股为父母熬汤,父母病情好转。俞廷用及其子亚佛,祖孙三代均以孝行著称,亚佛为父治病时也割股为药。此外,文中还记载了多位因父母病重而割股、剖心等极端行为以示孝心的人,这些行为在当时被视为至高无上的孝道。儒家文化强调"孝为百行之首",认为孝是所有美德的基础。这种思想在南宋时依然深入人心,社会对孝道的推崇达到了极高的程度。文中提到陈藏器《本草》中"人肉可疗疾"的说法,虽然并非真正认为人肉有药用价值,但这种观念反映了当时人们对孝心的极致推崇,认为孝心可以感动天地。本条文字引自《咸淳临安志》卷七十《孝感拾遗》。

陈藏器《本草》谓人肉可疗疾①,非谓人肉之果能疗疾也,盖以人子一念孝诚出于天性②,能动天地鬼神,故借此以奏功耳③。今摭杭之外邑行孝若子若女,载于新志者,考其姓名述之。

【注释】

①陈藏器:四明(今浙江宁波)人,唐代中药学家。自幼随父辈外出采药,辨识百草,后医术精进。他在论述中提出"本草茶疗"概念。《本草》:即《本草拾遗》。唐人陈藏器撰于唐玄宗开元二十七年(739)。以《神农本草经》虽有陶弘景、苏敬补集之说,然遗逸尚多,故为《序例》一卷、《拾遗》六卷、《解纷》三卷,共十卷,总曰《本草拾遗》。原书已佚,其文多见于《医心方》《开宝本草》《嘉祐本草》《证类本草》引录。

②人子:指子女。一念:一动念之间,形容极短的时间。

③奏功:产生功效。

【译文】

陈藏器在《本草拾遗》中提到"人肉可疗疾",并非真的认为人肉本身具有药用价值,而是强调人子出于孝心的至诚,这种天性能够感动天地鬼神,从而借助这种行为奏效。现在选取杭州周边地区因孝行被载入新志的男女姓名及事迹考证如下。

富阳何氏女子①、江阴村盛立旺二子②、富阳葛小闰③、临安朱应孙④、俞廷用子亚佛⑤。其家祖大成、父廷用及其子,凡三世行孝矣。临安锦北乡陈茂祖⑥,其父母俱病,皆疗而愈。临安邑人龚婆儿⑦、盐官邑人周阿二⑧、周小三、昌化邑农家子梅来儿⑨,以上皆因父母疾笃,百药罔功,思劬劳之恩,无以报答,或剖心,或刲股,以常膳而进之,莫不愈焉。于此可见孝为百行之源,天地神明亦为之佑助矣。

【注释】

①富阳何氏女子:《咸淳临安志》卷七十《人物十一·孝感拾遗·何

氏女子》："富阳义安人也。母病，与其幼弟诵佛祈安，日夜不绝声。久犹不瘥，乃刲肝为粥以进，其母遂瘳（嘉定壬申四月）。"

② 江阴村盛立旺二子：《咸淳临安志》卷七十《人物十一·孝感拾遗·盛立旺二子》："富阳江阴村人。立旺之妻病，其长男割肝，次亦割股，邑令程珌尝作诗揭于其门（嘉定癸酉六月）。"

③ 富阳葛小闰：《咸淳临安志》卷七十《人物十一·孝感拾遗·葛小闰》："亦富阳人。甫九岁，习句读。母朱氏病，炷香于臂以祷神，既又刲股。时程珌为令，引使前，齿实未龀，怜其幼小，出于天性，遂上其事于府（嘉定癸酉九月）。"

④ 临安朱应孙：《咸淳临安志》卷七十《人物十一·孝感拾遗·朱应孙》："临安县医士名源之子也。其母久病，乃刲股作糜以疗，未几母瘳（咸淳丙寅五月）。"

⑤ 俞廷用子亚佛：《咸淳临安志》卷七十《人物十一·孝感拾遗·俞廷用子亚佛》："临安邑人。年十二，母钟氏病，自三月至于五月，乃焚香刲股，母遂愈。廷用与父大成皆尝刲股，至亚佛凡三世云（咸淳丁卯五月）。"

⑥ 临安锦北乡陈茂祖：《咸淳临安志》卷七十《人物十一·孝感拾遗·陈茂祖》："居临安锦北乡。父名德，病久，医祷不疗，迄刲股而德病瘳。长老言：前此茂祖尝刲股以疗其母阿严，至是再见云（咸淳丁卯冬）。"

⑦ 临安邑人龚婆儿：《咸淳临安志》卷七十《人物十一·孝感拾遗·龚婆儿》："临安邑民文之子。文病甚，婆儿刲左股内肉以进，文乃瘳（咸淳戊辰三月）。"

⑧ 盐官邑人周阿二：《咸淳临安志》卷七十《人物十一·孝感拾遗·周阿二》："盐官人。母俞氏病，与其弟小三各刲肝以疗，又弟阿九通体钩灯以祷，俞氏有瘳。"

⑨ 昌化邑农家子梅来儿：《咸淳临安志》卷七十《人物十一·孝感拾

遗·梅来儿》:"昌化农家子。母阿黄危笃,乃斋月余,刲股以进,母至今无恙(咸淳戊辰十一月)。"

【译文】

富阳何氏女子、江阴村盛立旺二子、富阳葛小闰、临安朱应孙、俞廷用的儿子俞亚佛。俞家的祖父俞大成、父亲俞廷用以及他的儿子俞亚佛,三代人都以孝行著称。临安锦北乡陈茂祖,他父母都病重,陈茂祖割股为父母疗疾,父母痊愈。临安邑人龚婆儿、盐官邑人周阿二、周小三、昌化邑农家子梅来儿,以上这些人都因为父母病重,使用各种药物都没有效果,想到父母养育之恩,无以报答,他们或是剖心,或是割股,将人肉做成平常膳食给患病的父母吃,病者吃完后没有不痊愈的。由此可见孝是百行的源头,天地神明也会因此保佑相助。

卷十八

民俗

【题解】

本条简单介绍了南宋杭州的民间风俗、社会习俗等内容。首先是杭州卖吃食的人都效仿北宋都城开封的做派，注重店铺和商品的装饰，车担、盘盒器皿等都新洁精巧，追求食物精致可口，以吸引顾客。这种风气既效仿了北宋汴京的商业风貌，也因南宋高宗南渡后常宣唤买市而更加兴盛。其次，士、农、工、商各行各业都有自己的服装，如香铺人顶帽披背子，质库掌事裹巾着皂衫角带等，通过服装便可以轻易辨认出是何种职业的人。不过，自淳祐年间以来，服饰逐渐发生变化，一些年轻人不再遵循旧规，穿着奇装异服，这令恪守传统服饰文化的人生厌。第三，杭州人比较热情，邻里之间关系和睦，互帮互助。新搬来的人会得到邻居的帮助，如借东西、送汤茶、指引买卖等，这种互助行为被称为"暖房"。此外，邻里之间每月初一和十五也会互相往来，吉凶之事也会互相帮助。

杭城风俗，凡百货卖饮食之人，多是装饰车担儿①，盘盒器皿新洁精巧，以炫耀人耳目，盖效学汴京气象②。及因高宗南渡后，常宣唤买市③，所以不敢苟简④，食味亦不敢草率也。且如士农工商、诸行百户衣巾装着皆有等差。香铺人顶帽披背子⑤,质库掌事裹巾着皂衫、角带⑥。街市买卖人各有服色、头巾,各可辨认是何名目人。自淳祐年来,衣冠更易⑦,有一等晚年后生,不体旧规⑧,裹奇巾异服,三五为群,斗美夸丽,殊令人厌见,非复旧时淳朴矣。

【注释】

① 车担儿:原作"车盖担儿",据《学津讨原》本、明抄本等改。车载肩挑,又指盛放物品的车子和担子。

② 盖效学汴京气象:(明)沈士龙在《秘册汇函本东京梦华录跋文》中说:"余尝过汴,见士庶家门屏及坊肆阛扇,一如武林,心窃怪之。比读《东京梦华录》所载:'贵族士女小轿不垂帘幕,端阳卖葵蒲、艾叶,七夕食油面糖蜜煎果,重九插糕上以剪彩小旗,季冬二十四日祀灶,及贫人妆鬼神逐祟。'悉与今武林同俗,乃悟皆南渡风尚所渐也。"气象,气派。

③ 买市:购物。

④ 苟简:草率简略。

⑤ 背子:一种由半臂或中单演变而成的上衣。相传始于唐,盛行于宋元。

⑥ 角带:以角为饰的腰带。宋时下级官吏及庶民服饰。

⑦ 衣冠:衣服和冠,泛指衣着、穿戴。

⑧ 不体:不遵守。

【译文】

南宋杭州城的风俗中,从事百货和饮食行业的商贩,常常装饰车担儿以及盘盒器皿,使其新洁精巧,以吸引顾客的注意。这种风俗的形成,一方面是仿效北宋都城开封的商业风格,二是由于高宗南渡后,经常派人去外面市场上购买东西,商贩们为了迎合皇室需求,不敢在器具和食品质量上马虎。杭州城的士、农、工、商等各行业的从业者,其衣巾装着各有本色,不得越级。香铺人头上戴帽身披背子,质库的掌事裹着头巾身着皂衫,扎着角带。街市上的买卖人各有独特的服色和头巾,这些服饰的差异使得人们能够轻易辨认出他们的职业和身份。自从淳祐年间以来,服饰风尚发生了变化。有一些年轻的后辈,不再遵循旧规,头裹奇异的头巾,身穿怪异的服装,三五个人一群,相互比较谁更漂亮,夸耀谁的衣着更艳丽,实在令人不想看到。杭州城的风俗不再像以前那样淳朴了。

但杭城人皆笃高谊①,若见外方人为人所欺②,众必为之救解③。或有新搬移来居止之人,则邻人争借动事④,遗献汤茶⑤,指引买卖之类,则见睦邻之义。又率钱物安排酒食,以为之贺,谓之"暖房"⑥。朔望茶水往来,至于吉凶等事,不特庆吊之礼不废,甚者出力与之扶持,亦睦邻之道。不可不知。

【注释】

①笃高谊:以情谊为高,重视情谊。
②外方人:犹外乡人。
③救解:伸出援手,帮助别人脱离困难危险。
④动事:也做"动使",日用器物。
⑤汤茶:(宋)朱彧《萍州可谈》卷一:"茶见于唐时,味苦而转甘,晚采者为茗。今世俗客至则啜茶,去则啜汤。汤取药材甘香者屑之,或温或凉,未有不用甘草者。此俗遍天下。"
⑥暖房:指备礼贺人迁入新居或新屋落成。

【译文】

但杭州城人都重视情谊,如果看见外乡人被人欺负,众人必定为他伸出援手。如果有新搬来居住的人,邻居都争相借家事儿,赠送汤茶,指引买卖等,如此可见邻居彼此和睦相处的情义。此外,邻里们还会共同筹集钱物,安排酒食,举办庆祝活动,这种活动被称为"暖房"。农历每月的初一和十五邻里会相互赠送茶水。此外,在遇到吉凶等事时,邻里之间不仅会遵循庆吊之礼,还会出力帮助,体现了深厚的邻里情谊。不可以不知道。

户口

【题解】

本条介绍了南宋杭州从隋唐到南宋末年的人口数量。隋朝时,杭州有一万五千余户,唐太宗时增加到三万五千多户,唐玄宗时增加到八万六千多户。很显然,隋唐时期人口的不断增多,与贞观之治和开元盛世有着重要关系。北宋时,杭州人口有了飞速增长。宋神宗时杭州主户和客户加起来有二十万户,远远超过了隋唐时期的户数,这反映了宋朝建立后社会经济的迅速发展,人口的快速大量繁衍。靖康之变后,经过若干年的恢复,到南宋末,杭州主户和客户加起来有三十九万户,说明南宋时南方经济的持续发展。本条文字引自《咸淳临安志》卷五十八《风土·户口》,但人口数字略有出入,应该是抄录有误。

杭城今为都会之地,人烟稠密,户口浩繁,与他州外郡不同。姑以自隋、唐朝考之。隋户一万五千三百八十。唐贞观中[①],户三万五千七十一[②],口一十五万三千七百二十九。唐开元[③],户八万六千二百五十八。宋朝《太平寰宇记》[④]:钱塘户数,主六万一千六百八[⑤],客八千八百五十七[⑥]。《九域志》[⑦]:主一十六万四千二百九十三,客三万八千五百二十三。《中兴两朝国史》⑧:该户二十万五千三百六十九⑨。《乾道志》⑩:户二十六万一千六百九十二,口五十五万二千六百七。《淳祐志》⑪:主、客户三十八万一千三十五⑫,口七十六万七千七百三十九。《咸淳志》:九县共主、客户三十九万一千二百五十九,口一百二十四万七百六十。

【注释】

① 贞观:唐太宗李世民的年号,627—649年。

② 户三万五千七十一:《乾道临安志》卷二《户口》作"户三万五百七十一"。

③ 开元:唐玄宗李隆基的第一个年号,713—741年。

④ 《太平寰宇记》:北宋太宗时期乐史撰写的一部地理总志。该书记述了宋朝的疆域版图,广泛引用历代史书、地志、文集、碑刻、诗赋以至仙佛杂记等约二百种,且多注明出处,保留了大量珍贵的史料,是继《元和郡县志》后又一部现存较早较完整的地理总志。

⑤ 主:即主户。宋代根据产业的有无划分居民户等,其中拥有土地和资产、承担租税服役的人户叫主户。

⑥ 客:即客户。指没有土地的佃户。除一部分组成为城市贫民谓之坊郭客户外,绝大多数散居农村,以租佃地主的土地为生。

⑦ 《九域志》:即《元丰九域志》。北宋王存主编。十卷,始于四京,次列二十三路,终于省废州军、化外州、羁縻州,分路记载所属府、州、军、监及其距京里程、四至八到、主客户数、土贡、领县数和名称;每县下又详列距府州方位里程、所领乡数镇堡、寨名目以及名山大川。府州县皆标出其等第。文直事赅,条理井然。书中记述州县沿革,以元丰以前为主,涉及唐、五代只一笔带过。

⑧ 《中兴两朝国史》:应该是南宋时官方编修的记载宋高宗和宋孝

宗两朝历史的史书。现存宋代史料中，一般只记载包含宋高宗、宋孝宗、宋光宗、宋宁宗四朝的《中兴四朝国史》，关于《中兴两朝国史》的具体情况不详。

⑨二十万五千三百六十九：《乾道临安志》卷二《户口》作"二十万五千五百六十九"。

⑩《乾道志》：即《乾道临安志》。宋孝宗乾道五年（1169），时任临安知府的周淙编撰。原书十五卷，现存仅三卷。该书详细记载了南宋行都临安府的地理、政治、经济和文化等多方面内容，是研究南宋临安历史的重要文献。其体例为后来的《淳祐临安志》和《咸淳临安志》所继承。

⑪《淳祐志》：即《淳祐临安志》。成书于宋理宗淳祐十年（1250），施谔编撰。原书共五十二卷，现存第五至十卷，主要涵盖临安府的城府、山川等内容。该书在体例和内容上继承了《乾道临安志》的风格，但更加详细和系统，对南宋行都临安的地理、政治、经济、文化等进行了全面记载。

⑫三十八万一千三十五：《咸淳临安志》卷五十八《风土·户口》作"三十八万一千三百三十五"。

【译文】

杭州城在南宋时期已成为都会之地，人烟稠密，户口众多，与他州外郡截然不同。姑且说一下隋朝、唐朝的人口情况。隋朝时，杭州有一万五千三百八十户。唐朝贞观年间，杭州有三万五千七十一户，一十五万三千七百二十九人。唐朝开元年间，有八万六千二百五十八户。宋朝《太平寰宇记》记载：钱塘户数，主户有六万一千六百八，客户有八千八百五十七。《九域志》记载：主户一十六万四千二百九十三，客户三万八千五百二十三。《中兴两朝国史》记载：有二十万五千三百六十九户。《乾道志》记载：有二十六万一千六百九十二户，五十五万二千六百七人。《淳祐志》记载：主户和客户共三十八万一千三十五，七十六万七千七百三十九人。《咸淳志》记载:杭州九个县共有主户、客户三十九万一千二百五十九,一百二十四万七百六十人。

钱塘、仁和两赤县:《乾道志》:主、客户该十万四千六百六十九①,口该一十四万五千八百八。《淳祐志》:户该十一万一千三百三十六,口三十二万四百八十九。《咸淳志》:两赤县城主、客户一十八万六千三百三十,口四十三万二千四十六。自今而往,则岁润月长②,殆未易以算数也③。

【注释】

①该:表示肯定或推测。
②岁润月长:指人口随着时间推移不断增多。润,充实。
③殆:大概,几乎。

【译文】

钱塘县、仁和县两个赤县:《乾道临安志》记载:主户、客户共计十万四千六百六十九户,人口一十四万五千八百八。《淳祐临安志》记载:十一万一千三百三十六户,人口三十二万四百八十九。《咸淳临安志》记载:两赤县城主户、客户共计一十八万六千三百三十,人口四十三万二千四十六。自今天以来,随着时间推移杭州人口不断增多,大概不容易计算出来具体人数。

物产

【题解】

本条分类介绍了南宋杭州的各种物产,包括谷、丝、菜、果、竹、木、花、药、禽、兽、鱼等等,展现了杭州丰富的物产资源。杭州是南宋丝织业的中心,丝织品包括绫、锦、缎、纱、纻丝、罗、绢等,种类繁多,花色丰富。杭州及其周边地区是重要的茶叶产区,南宋时出现了诸如宝云茶、白云茶等名茶。南宋杭州的花卉种类极为丰富,种植有菊花、牡丹、梅花等。每种花都有多个品种,而且栽培技术也达到了较高水平,比如菊花通过嫁接和移种,能够培育出复色品种。牡丹培育出了冬天开花和秋天开花的品种。南宋杭州的药材种类繁多,涵盖了本地种植和外地输入的品种。比如玄参、白芷、千金子等本地药材,品质优良。此外,杭州还盛产其他药材,如麦门冬、地黄、薄荷等。杭州自然环境丰富多样,生活着鸟类、鱼类、昆虫、哺乳动物等。南宋杭州的鸟类资源丰富,麻雀、白鹞鸽、戴胜等都比较常见。杭州,尤其是西湖及周边水域,鱼类资源丰富。常见的鱼类包括鲤鱼、鲫鱼、鳜鱼、鲈鱼等。在杭州,猫、狗作为宠物被广泛饲养,还出现了狮猫这一宠物。本条文字引自《咸淳临安志》卷五十八《风土·物产》。

谷之品

粳①：早占城②、红莲、礌泥乌、雪里盆、赤稻、黄籼米、社稬③、光头糯、蛮糯。

【注释】

① 粳（jīng）：一种黏性较小的稻。《汉书》卷六十五《东方朔传》："驰骛禾稼稻粳之地。"（唐）颜师古注："稻，有芒之谷总称也。粳，其不黏者也。"

② 早占城：即占城稻。原产于占城（今越南），北宋时传入中国。特点是耐旱、适应性强、早熟。

③ 社稬（nuò）：原作"杜糯"，据《咸淳临安志》卷五十八《风土·物产》改。稬，同"糯"。

【译文】

粳：早占城、红莲、礌泥乌、雪里盆、赤稻、黄籼米、社稬、光头糯、蛮糯。

麦：大麦、小麦。

【译文】

麦：有大麦、小麦。

麻：赤①、白②、乌③、黄④。

【注释】

① 赤：即赤麻。属于荨麻科苎麻属植物，是一种多年生草本或亚灌

木。根和嫩茎叶可入药,具有一定的药用价值。
② 白:即白麻。通常指苎麻,属于荨麻科苎麻属植物。可用于纺织,其根和叶也有一定的药用价值。
③ 乌:即乌麻。通常指黑芝麻,属于胡麻科植物。其种子呈黑色,具有较高的营养价值。
④ 黄:即黄麻。主要用于提取纤维,可用于织麻布、制麻袋、打绳索等。

【译文】
麻:有赤麻、白麻、乌麻、黄麻。

豆:大黑、大紫、大白、大黄、大青、白扁、黑扁、白小、赤小①、菉豆、小红、楼子红、青豌、白眼、羊眼②、白缸、白豌、刀豆。

【注释】
① 赤小:草本植物,种子呈暗红色,可食用或入药。早在魏晋南北朝时期就有记载。《齐民要术》卷二引《杂五行书》:"以麻子二七颗,赤小豆七枚,置井中,辟疫病,甚神验。"
② 羊眼:形似羊眼的豆类。

【译文】
豆:有大黑豆、大紫豆、大白豆、大黄豆、大青豆、白扁豆、黑扁豆、白小豆、赤小豆、绿豆、小红豆、楼子红、青豌豆、白眼豆、羊眼豆、白缸豆、白豌豆、刀豆。

粟:狗尾①、金罂。

【注释】
① 狗尾:(元)胡古愚《树艺篇》卷一《谷部·黍》:"不散垂而无毛粒

粗者,今人呼狗尾粟也,即黍。"(明)王圻《(万历)青浦县志》卷一《土产》:"粟,俗名狗尾粟,即北方秋熟谷也。"

【译文】

粟:有狗尾粟、金罂粟。

丝之品

绫:柿蒂①、狗蹄②。

【注释】

① 柿蒂:(明)徐𤊹《笔精》卷三《诗谈·柿蒂绫》:"杭州古有柿蒂绫,白乐天《杭州春望诗》云:'红袖织绫夸柿蒂。'元张翥诗云:'为织春袍柿蒂绫。'乐天自注云:'柿蒂花者尤佳。'施肩吾诗云:'朝织葡萄绫,不知出何地。'"

② 狗蹄:《咸淳临安志》卷五十八《风土·物产·丝之品·绫》:"白文公诗'红袖织绫夸柿蒂'注云:杭州出柿蒂花者为佳,内司有狗蹄绫,尤光严可爱。"

【译文】

绫:有柿蒂绫、狗蹄绫。

罗①:花、素、结罗、熟罗。线住。

【注释】

① 罗:《咸淳临安志》卷五十八《风土·物产·丝之品》:"罗:(有花、素二种。结罗染丝织者名熟线罗,尤贵。)"

【译文】

罗:有花罗、素罗、结罗、熟罗。线住。

锦:内司街坊以绒背为佳。

【译文】
锦:内司街坊以绒背为优。

克丝:花、素二种。杜縡①,又名"起线"。鹿胎②,次名"透背"③,皆花纹特起,色样织造不一。

【注释】
①杜縡:《咸淳临安志》卷五十八作"杜绊"。
②鹿胎:通过折叠、捆扎、缝缀和染色等工艺,呈现出白色底色上带有紫色花纹,或紫色底色上有白色斑点类似鹿胎斑纹的图案。鹿胎织物在宋代被视为高档奢侈品,主要用于宫廷和贵族阶层的服饰或装饰品。
③透背:指正反两面都织有花纹的丝织品。属于高档丝织品,常作为贡品输送给朝廷,用于宫廷服饰或装饰。

【译文】
克丝:分花、素两种。杜縡,又名"起线"。鹿胎,次名"透背",都是花纹特意凸起,颜色式样织造方法不同。

纻丝①:染丝所织诸颜色者,有织金②、闪褐③、间道等类④。

【注释】
①纻丝:是一种先染丝后织造的色织物,色彩鲜艳,图案繁复。制作工艺非常复杂,需要经过多道工序。织物光滑、平整、柔软、亮泽,

最能体现出丝织物的优点,具有很高的艺术价值。

②织金:指在丝织品中织入金线,形成华丽的图案和光泽。

③闪褐:一种通过特殊染色和织造工艺制成的丝织品,颜色呈现深褐色或棕色。

④间道:指在织物中交替使用不同颜色的丝线,形成条纹或其他几何图案。

【译文】

纻丝:染丝所织各种颜色,有织金、闪褐、间道等。

纱:素纱、天净、三法暗花纱、栗地纱、茸纱。

【译文】

纱:有素纱、天净、三法暗花纱、栗地纱、茸纱。

绢:官机杜村唐绢,幅阔者密,画家多用之。

【译文】

绢:官府机杜村的唐绢,幅面宽且质地细密,画家多使用。

绵:以临安於潜白而细密者佳。

【译文】

绵:以临安於潜县白色且细密的绵为佳。

绸:有绵线织者,土人贵之。

【译文】

绸:有用绵线织成的绸布,受到杭州当地人的推崇。

枲之品

枲①:柘②、麻、苎③。

【注释】

①枲(xǐ):大麻的雄株,只开雄花,不结果实,称"枲麻"。
②柘(zhè):落叶灌木或乔木。树皮有长刺,叶卵形,可以喂蚕,皮可以染黄色。木材质坚而致密,是贵重的木料。
③苎(zhù):多年生草本植物,茎皮含纤维质很多,是纺织工业的重要原料。

【译文】

枲:有柘、麻、苎。

货之品

茶:宝云茶①、香林茶②、白云茶③,又宝严院垂云亭亦产。东坡以诗戏云④:"妙供来香积,珍烹具大官。拣芽分雀舌⑤,赐茗出龙团⑥。"盖南北两山、七邑诸山皆产。径山采谷雨前茗⑦,以小缶贮馈之。

【注释】

①宝云茶:产自杭州宝云山下宝云寺,故名。《咸淳临安志》卷五十八《风土·物产·茶》:"钱唐宝云庵产者,名宝云茶。"宝云庵即

宝云寺，位于宝云山下。《咸淳临安志》卷七十九《寺观五·宝云寺》："乾德二年钱氏建，旧名千光王寺，雍熙二年改今额……古迹有灵泉井、宝云茶。"

②香林茶：产自杭州天竺山下天竺寺香林洞，故名。《咸淳临安志》卷五十八《风土·物产·茶》："下天竺香林洞产者，名香林茶。"香林茶后通称龙井茶，李榕《(民国)杭州府志》卷八十一《物产四·饮馔属》："香林茶，今称龙井。"

③白云茶：因产自杭州白云峰，故名。《咸淳临安志》卷五十八《风土·物产·茶》："上天竺白云峰产者，名白云茶。"（清）冯桂芬《(同治)苏州府志》卷二十《物产》："又虎邱金粟山房旧产茶，烹之色白如玉，香如兰而不耐久，宋人呼为白云茶。"

④东坡以诗戏云：该诗题为《怡然以垂云新茶见饷报以大龙团仍戏作小诗》。

⑤拣芽：茶之精品。（宋）黄儒《品茶要录·白合盗叶》："茶之精绝者曰斗，曰亚斗，其次拣芽。"雀舌：一种用嫩芽烘焙的茶。（宋）王十朋集注《东坡诗集注》卷十三《怡然以垂云新茶见饷报以大龙团仍戏作小诗》："妙供来香积，珍烹具大官。拣芽分雀舌，赐茗出龙团。"集注："拣芽、雀舌，皆嫩茶名。"（宋）江少虞《皇朝事实类苑》卷五十八《广知博识》："雀舌茶牙：茶牙，古人谓之雀舌、麦颗，言其至嫩也。"雀舌体型细长寸余，细嫩类似鸟雀舌头，故名。

⑥龙团：（宋）熊蕃《宣和北苑贡茶录》："太平兴国初，特制龙凤模，遣使臣即北苑造团茶，以别庶饮，龙凤茶盖始于此……庆历中，蔡君谟将漕，创造小权团以进，被旨仍岁贡之。自小团出，而龙凤遂为次矣。元丰间，有旨造密云龙，其品又加于小团之上。"

⑦谷雨：是二十四节气之第六个节气，春季的最后一个节气。取自"雨生百谷"之意。此时降水明显增加，田中的秧苗初插、作物新种，最需要雨水的滋润，降雨量充足而及时，谷类作物能茁壮成长。

【译文】

茶:宝云茶、香林茶、白云茶,宝严院垂云亭也产茶。苏轼曾写诗开玩笑:"妙供来香积,珍烹具大官。拣芽分雀舌,赐茗出龙团。"杭州南北两山、七个县各山都产茶。径山采摘谷雨前的茗茶,放在小罐子里赠送给别人。

盐:汤镇、仁和村、盐官、浮山、新兴、下管、上管、蜀山、岩门、南路茶槽等场,常产之地。汉置盐官①,吴王濞煮海为盐之地②。

【注释】

①盐官:秦汉时主管盐政的官署,始置于战国秦国,废止于东汉末。
②吴王濞:即刘濞,沛县(今属江苏)人。汉高祖刘邦之侄,刘仲之子。因为跟随刘邦讨伐英布有功,被封为吴王,管辖三郡五十三城。封国东临大海,境内盛产海盐。他在封国内招纳天下亡命,大量采铜铸钱,煮海水为盐,规定吴国的百姓不交纳赋税,吴国成为富饶之地。"七国之乱"中兵败被杀。

【译文】

盐:汤镇、仁和村、盐官、浮山、新兴、下管、上管、蜀山、岩门、南路茶槽等盐场,都属于经常产盐的地方。汉朝设置盐官,这里是吴王刘濞煮海为盐的地方。

蜜、蜡、纸:余杭由拳村出藤纸,富阳有小井纸,赤亭山有赤亭纸。

【译文】

蜜、蜡、纸：余杭由拳村出产藤纸，富阳有小井纸，赤亭山有赤亭纸。

菜之品

谚云："东菜西水，南柴北米，杭之日用是也。"苔心矮菜、矮黄、大白头、小白头、夏菘。黄芽，冬至取巨菜，覆以草，即久而去腐叶，以黄白纤莹者，故名之。芥菜、生菜、菠薐菜、莴苣、苦荬、葱、薤①、韭、大蒜、小蒜、紫茄、水茄、梢瓜、黄瓜、葫芦又名蒲芦、冬瓜、瓠子、芋、山药、牛蒡、茭白、蕨菜、萝卜、甘露子、水芹、芦笋、鸡头菜、藕条菜、姜、姜芽、新姜、老姜。

【注释】

① 薤（xiè）：多年生草本植物，百合科葱属。《礼记·内则》："脂用葱，膏用薤。"

【译文】

谚语："东城的菜西城的水，南城的柴火北城的稻米，这些都是杭州人的日用。"苔心矮菜、矮黄、大白头、小白头、夏菘。黄芽，冬至取个头大的菜，盖上草，时间一久除去腐烂的叶子，剩下的叶子黄白色纤细光洁透亮，故而称黄芽。芥菜、生菜、菠薐菜、莴苣、苦荬、葱、薤、韭、大蒜、小蒜、紫茄、水茄、梢瓜、黄瓜、葫芦又名蒲芦、冬瓜、瓠子、芋、山药、牛蒡、茭白、蕨菜、萝卜、甘露子、水芹、芦笋、鸡头菜、藕条菜、姜、姜芽、新姜、老姜。

菌：多生山谷，名"黄耳蕈"。东坡诗云①："老楮忽生黄耳蕈②,故人兼致白牙姜。"盖大者净白名"玉蕈"③,黄者名"茅蕈",赤者名"竹菇",若食须姜煮姜黑勿食。

【注释】

①东坡诗:本诗题为《与参寥师行园中得黄耳蕈》。全诗如下:"遣化何时取众香,法筵斋钵久凄凉。寒蔬病甲谁能采,落叶空畦半已荒。老楮忽生黄耳菌,故人兼致白牙姜。萧然放箸东南去,又入春山笋蕨乡。"
②黄耳蕈:指楮树所生的木耳,色黄,故名。
③玉蕈:一种野生菌,可食用。

【译文】

菌:多生长在山谷中,叫"黄耳蕈"。苏轼有诗描述黄耳蕈:"老楮忽生黄耳蕈,故人兼致白牙姜。"个头大干净洁白的菌叫"玉蕈",黄色的菌叫"茅蕈",红色的菌叫"竹菇",如果要食用必须用姜煮姜变黑不要食用。

果之品

橘:富阳王洲者佳①。

【注释】

①王洲:原名孙洲,在富春江上游,东距浙江富阳市区二十公里,属场口镇。

【译文】

橘:产于富阳王洲的质量好。

橙:有脆绵木。

【译文】

橙:有品种叫脆绵木。

梅:有消便、糖透黄。

【译文】

梅:有消便梅、糖透黄梅。

桃:有金银、水蜜、红穰、细叶、红饼子。

【译文】

桃:有金银桃、水蜜桃、红穰桃、细叶桃、红饼子桃。

李:有透红、蜜明、紫色。

【译文】

李:有透红、蜜明、紫色等品种。

杏:金麻。

【译文】

杏:有金麻杏。

柿:方顶、牛心、红柿、椑柿、牛奶、水柿、火珠、步檐、曲柿[①]。

【注释】

①曲柿:原作"面柿",据《学津讨原》本、天一阁本改。

【译文】

柿:有方顶柿、牛心柿、红柿、椑柿、牛奶柿、水柿、火珠柿、步檐柿、曲柿。

梨:雪糜、玉消、陈公莲蓬梨、赏花甘香、霄砂烂。

【译文】

梨:有雪糜梨、玉消梨、陈公莲蓬梨、赏花梨甘香、霄砂烂梨。

枣:盐官者最佳。

【译文】

枣:产于盐官的枣最好。

莲:湖中生者名"绣莲",尤佳。

【译文】

莲:生长于湖中的莲叫"绣莲",尤其好。

瓜:青、白、黄等色,有名金皮、沙皮、密瓮、箬筒、银瓜。

【译文】

瓜:有青色、白色、黄色等颜色,有金皮瓜、沙皮瓜、密瓮瓜、箬筒瓜、银瓜。

藕:西湖下湖、仁和护安村旧名范堰产扁眼者味佳。

【译文】

藕:西湖下湖、仁和县护安村旧名范堰所产扁眼的藕味道好。

菱①:初生嫩者名"沙角",硬者名"馄饨",湖中有如栗子样古塘大红菱。

【注释】

①菱:菱角。

【译文】

菱:刚长出来且鲜嫩的菱叫"沙角",硬的菱叫"馄饨",湖中有长得像栗子样的古塘大红菱。

林檎①:邬氏园名"花红"。郭府园未熟时以纸剪花样贴上②,熟如花木瓜,尝进奉③,其味蜜甜。

【注释】

① 林檎:即沙果。谓此果味甜,果林能招来众禽,故有林檎、来禽之名。(唐)欧阳询《艺文类聚》卷八十七《林檎》:"《广志》曰:'林檎似赤柰子,亦名黑檎。'又曰:'一名来禽,言味甘熟则来禽也。'"
② 花样:供仿制的式样,泛指事物的式样或种类。
③ 进奉:进献给皇帝。

【译文】

林檎:邬氏园所产的叫"花红"。郭府园林檎没熟时用纸裁剪花样贴在上面,成熟后像花木瓜,这种林檎曾经进献给皇帝,吃起来味道甜如蜜。

枇杷:无核者名"椒子"。东坡诗云^①:"绿暗初迎夏,红残不及春。魏花非老伴^②,卢橘是乡人。"

【注释】

① 东坡诗:此诗题为《真觉院有洛花,花时不暇往,四月十八日,与刘景文同往赏枇杷》。全诗如下:"绿暗初迎夏,红残不及春。魏花非老伴,卢橘是乡人。井落依山尽,岩崖发兴新。岁寒君记取,松雪看苍鳞。"
② 魏花:牡丹品种之一。(宋)欧阳修《洛阳牡丹记·花释名第二》:"魏家花者,千叶肉红花,出于魏相仁溥家。始,樵者于寿安山中见之,斫以卖魏氏。魏氏池馆甚大,传者云:此花实出时,人有欲阅者,人税十数钱,乃得登舟渡池至花所。魏氏日收十数缗。其后破亡,鬻其园。今普明寺后林池乃其地,寺僧耕之以植桑麦。花传民家甚多,人有数其叶者,云至七百叶。钱思公尝曰:'人谓牡丹花王,今姚黄真可为王,而魏花乃后也。'"

【译文】

枇杷:没有核的枇杷叫"椒子"。苏轼有诗描述枇杷:"绿暗初迎夏,红残不及春。魏花非老伴,卢橘是乡人。"

木瓜:青色而小,土人劈片爆熟,入香药货之,或糖煎,名燻木瓜。

【译文】

木瓜:青色个头小,当地人将其切成片爆熟,加入香药售卖,或者用糖煎木瓜片,叫爎木瓜。

樱桃:有数名称之,淡黄者甜。

【译文】

樱桃:有好几个名字,淡黄色的樱桃味道甜。

石榴子:颗大而白,名"玉榴";红者次之。

【译文】

石榴子:颗粒大且颜色白的石榴子,叫"玉榴";其次是红色的石榴子。

杨梅:亦有数种,紫者甜而颇佳。

【译文】

杨梅:有好几个品种,紫色的杨梅很甜,非常好吃。

蒲萄①:黄而莹白者名"珠子",又名"水晶",最甜;紫而玛瑙色者稍晚。

【注释】

①蒲萄:今作"葡萄"。古代文献又写作"蒲桃""蒲陶"。汉武帝时张骞出使西域,引进了葡萄。《汉书》卷九十六上《西域传上·大宛国》:"汉使采蒲陶、目宿种归。"(唐)李颀《古从军行》:"年年战骨埋荒外,空见蒲桃入汉家。"(明)李时珍《本草纲目·果五·葡萄》:"葡萄……可以造酒……《汉书》言张骞使西域还,始得此种,

而《神农本草》已有葡萄,则汉前陇西旧有,但未入关耳。"
【译文】
蒲萄:黄色且晶莹发白的叫作"珠子",又叫作"水晶",味道最甜;紫色且呈玛瑙色的葡萄成熟稍晚。

鸡头①:古名"芡",名"鸡壅"平声,钱塘梁诸、窆头,仁和藕湖、临平湖俱产,独西湖生者佳,却产不多,可筛为粉。

【注释】
①鸡头:(明)彭大翼《山堂肆考》卷二百八《果品·芡实》:"《格物总论》:南楚谓之鸡头,北燕谓之芰。淮、徐、泗之间谓之芡。叶似荷而大,叶上蹙衄如沸,贴水而平,茎与苞皆有芒刺,其苞恰如鸡头。一名鸡壅。内着子如指头大,颗圆而色褐,有壳,其间肉白如米,可以济饥。"
【译文】
鸡头:古代叫"芡",又叫"鸡壅"平声,钱塘梁诸、窆头,仁和县藕湖、临平湖都出产鸡头,唯独西湖出产的鸡头好,但产量不多,可筛成粉。

银杏、栗子。

【译文】
银杏、栗子。

甘蔗:临平小林产,以土窖藏至春夏,味犹不变。小如芦者,名荻蔗,亦甜。

【译文】

甘蔗:临平小林出产,用土窖储藏到来年春夏,味道都还不变。个头小像芦的甘蔗,叫荻蔗,味道也很甜。

竹之品

竹:碧玉间黄金①、筀②、淡③、紫③、斑、金、苦④、方竹③、鹤膝④、猫头⑤。

【注释】

① 碧玉间黄金:(元)李衎《竹谱》卷七《异色品》:"碧玉间黄金竹,亦同上。但竿色金绿,枝节间凹处一道深黄。"(明)高濂《遵生八笺》卷十六《燕闲清赏笺·竹谱·碧玉间黄金》:"杭产竹,身全绿,每节直嵌金黄一条,亦天成也。"

② 筀(guì):《竹谱》卷四:"筀竹出江浙、河南北、湘汉、两江之间,俱有之。凡六种。有黄筀、绵筀、早筀、晚筀、石筀、操筀。节叶枝干皆同,但笋出时无斑花者名黄筀,劈开柔靱者名绵筀,笋出早者名早筀,笋出晚者名晚筀。"

③ 淡:《竹谱》卷四:"淡竹处处有之,凡三种。南方者高二丈许,大概与筀竹相类,但节密皮薄,节下粉白甚多,叶差小。笋箨上有细纹理,无斑花。北方者止高丈许,叶入药为良。笋食亦佳。医方用竹沥,惟出此竹者最妙。笋出土正墨色者名为乌花淡。"

④ 紫:《遵生八笺》卷十六《燕闲清赏笺·竹谱·紫竹》:"杭产,色紫黑,可作笙、箫、笛、管,诸用俱可,故雅尚者多畜之。"

⑤ 苦:《竹谱》卷四《全德品》:"苦竹处处有之,其种凡二十有二。北方有二种,一种节稀而坚厚,枝短叶长。一种与淡竹无异,但笋味差苦。江西及溪洞中出者本极大,笋味甚苦不可食。浙西出者,

笋微苦可食。"

⑥方竹:《遵生八笺》卷十六《燕闲清赏笺·竹谱·方竹》:"澄州产方竹,杭州亦有之。体如削成,劲挺可堪为杖,亦不让张骞筇竹杖也。其隰州亦出,大者数丈。"

⑦鹤膝:《竹谱》卷四《竹品谱·异形品上》载:"鹤膝竹,又名木穗竹,生杭州西湖灵隐山,中节密而内实,略如天坛藤,间有突起如鹤膝,人亦取为拄杖。生于闽峤者,俗名鼓槌竹,节筠臃肿而茎管削宛如鹤膝,笋可食。"

⑧猫头:《竹谱》卷四《异形品上》:"狸头竹,一名猫弹竹,处处有之……此笋出时,若近地坚硬,或碍砖石,则无间远近,但遇可出处,即穿土而出,犹狸首钻隙,无不通透也,故寓此名。"

【译文】

竹:有碧玉间黄金竹、筸竹、淡竹、紫竹、斑竹、金竹、苦竹、方竹、鹤膝竹、猫头竹。

竹笋:有数名,曰南路、白象牙、哺鸡、猫儿头、黄莺、晚篁①,皆即凉笋。和靖有"烟崖早笋肥"之句②。又有紫笋、边笋。

【注释】

①晚篁:原作"晚篡",据《咸淳临安志》卷五十八《风土·物产》改。(宋)沈括《梦溪笔谈》卷二十六《药议》:"如笙竹笋有二月生者;有三四月生者;有五月方生者,谓之晚篁。"

②烟崖早笋肥:本诗题为《湖山小隐》。全诗如下:"猿鸟分清绝,林萝拥翠微。步穿僧径出,肩搭道衣归。水墅香菰熟,烟崖早笋肥。功名无一点,何要更忘机。"

【译文】

竹笋:有好几个名字,叫南路、白象牙、哺鸡、猫儿头、黄莺、晚笙,都是凉笋。林逋有"烟崖早笋肥"的诗句描写竹笋。还有紫笋、边笋。

木之品

桑:数种,名青桑、白桑、拳桑、大小梅红、鸡爪等类。

【译文】

桑:有好几种,叫青桑、白桑、拳桑、大小梅红、鸡爪等。

梓:木中王。

【译文】

梓:木中之王。

柘。柏:孤山陈朝最古。

【译文】

柘。柏:孤山南朝陈朝的柏年代最古老。

松①:惟天目者针短、犀健②。栝子三针③,华山四针。

【注释】

①松:《咸淳临安志》卷五十八《风土·物产》:"松:数种,惟天目山者针短而犀健。括子松三针,华山松四针。白公诗:'拂城松树一

千株',指万松岭言,今多不存。"
② 犀健:原作"稚健",据《学津讨原》本、《咸淳临安志》卷五十八《风土·物产》改。
③ 栝(guā)子:即栝子松,叶子三针。(宋)周密《癸辛杂识前集·松五粒》:"凡松叶皆双股,故世以为松钗,独栝松每穗三须,而高丽所产每穗乃五鬣焉,今所谓华山松是也。"

【译文】

松:唯独天目山的松树松针短,犀利结实。栝子松是三根松针,华山松是四根松针。

桐、桧。楠:东坡诗云①:"中和堂后石楠树②,与君对床听夜雨③。"

【注释】

① 东坡诗:该诗题为《送刘寺丞赴余姚》。全诗如下:"中和堂后石楠树,与君对床听夜雨。玉笙哀怨不逢人,但见香烟横碧缕。呕吟思归出无计,坐想蟋蟀空房语。明朝开锁放观潮,豪气正与潮争怒。银山动地君不看,独爱清香生云雾。别来聚散如宿昔,城郭空存鹤飞去。我老人间万事休,君亦洗心从佛祖。手香新写《法界观》,眼净不觑登仙女。余姚占县亦何有,龙井白泉甘胜乳。千金买断顾渚春,似与越人降日注。"
② 石楠:原作"古楠",据《送刘寺丞赴余姚》改。
③ 夜雨:原作"雨声",据《送刘寺丞赴余姚》改。(唐)韦应物《示全真元常》:"宁知风雨夜,复此对床眠。"

【译文】

桐、桧。楠:苏轼有诗"中和堂后石楠树,与君对床听夜雨"描述楠树。

楮①、栎②、槐、杉、桂、檀③、梿④、枫⑤、榆。

【注释】

①楮（zhū）：常绿乔木。叶长椭圆形，花黄绿色，果实球形。木材坚硬，可制器具。

②栎（lì）：落叶乔木。叶子长椭圆形，结球形坚果，叶可喂蚕。木材坚硬，可制家具，供建筑用。树皮可鞣皮或做染料。亦称"麻栎""橡"，通称"柞树"。

③檀：落叶乔木。木质坚硬，用于制家具、乐器。

④梿（lián）：古书上说的一种丛生的树。

⑤枫：落叶乔木，春季开花。叶互生，通常三裂，边缘有锯齿，秋季变成红色。树脂可入药。亦称"枫香树"。

【译文】

楮树、栎树、槐树、杉树、桂树、檀树、梿树、枫树、榆树。

柳：今湖堤最盛。垂者名杨，长条可玩。

【译文】

柳：如今湖堤上柳树最茂盛。叶子下垂的柳树叫杨柳，长长的枝条可以观赏。

棕：名栟榈①，笋可蒸煨，味微苦，太冷。青神、凤集，目奇者名之。

【注释】

①栟榈（bīng lú）：棕榈的别称。

【译文】

棕：名栟榈，笋可通过蒸、煨的方式烹饪。笋味道微苦，性寒。有青神笋、凤集笋，称呼外形特殊的笋。

花之品

牡丹①：有数种色样，又一本冬月开花。诗云②："一朵妖红翠欲流③，春光回照雪霜羞④。"韩文公《咏牡丹诗》⑤："幸自同开俱隐约⑥，何须相倚斗轻盈？凌晨并作新妆面，对客偏含不语情。双燕无机还拂掠，游蜂多思正经营⑦。长年是事都抛尽⑧，今日栏边眼暂明⑨。"石曼卿诗⑩："独步世无吴苑艳⑪，浑身天与汉宫香。"又李山甫诗⑫："邀勒春风不早开，众芳飘后上楼台。数苞仙艳火中出，一片异香天上来。晓露精神妖欲动，暮烟情态恨成堆。知君也解相轻薄⑬，斜倚栏杆首重回。"又⑭："嫩黄妖紫间轻红，谷雨初晴早景中。静女不言还爱日，彩云无定只随风。炉烟坐觉沉檀薄⑮，妆面行看粉黛空。此别又须经岁月，酒阑把烛绕芳丛。"

【注释】

①牡丹：落叶灌木花卉、药用植物。秦汉以前，牡丹与芍药混称，秦汉时期，牡丹开始从芍药中分离出来，称为"木芍药"。牡丹最开始为人们所认识也因其药用价值。（清）徐大椿《神农本草经百种录·中品》："牡丹味辛，寒。主寒热；中风瘈疭、痉、惊、痫邪气；除症坚，瘀血留舍肠胃；安五脏；疗痈疮。"南北朝时牡丹开始被作为观赏植物栽培，宋代牡丹栽培技术进一步提高，牡丹种植也更加普遍，洛阳牡丹为"天下冠"。

②诗云：此诗题为《和述古冬日牡丹四首其一》，作者苏轼。全诗如下："一朵妖红翠欲流，春光回照雪霜羞。化工只欲呈新巧，不放闲花得少休。"

③妖红：原作"娇红"，据《咸淳临安志》卷五十八《风土·物产·花之品》、《和述古冬日牡丹四首其一》改。翠欲流：（宋）陆游《老学庵笔记》卷八："东坡《牡丹》诗云：'一朵妖红翠欲流。'初不晓'翠欲流'为何语。及游成都，过木行街，有大署市肆曰'郭家鲜翠红紫铺'。问土人，乃知蜀语'鲜翠'犹言鲜明也。东坡盖用乡语云。"

④回照：原作"回报"，据《咸淳临安志》卷五十八《风土·物产·花之品》、《和述古冬日牡丹四首其一》改。

⑤韩文公：指唐代著名文学家韩愈，古文运动开创者、"唐宋八大家"之一。《咏牡丹诗》：此诗原题为《戏题牡丹》。

⑥隐约：牡丹花开时，枝叶已盛，故云隐约。

⑦经营：此指蜂于花间盘旋采蜜。

⑧是事：事事，凡事。

⑨眼暂明：眼睛为鲜花照亮。

⑩石曼卿诗：本诗题作《牡丹》。全诗如下："春风晴昼起浮光，玉作肌肤罗作裳。独步世无吴苑艳，浑身天与汉宫香。"石曼卿，即石延年，北宋文学家、书法家。字曼卿，一字安仁。原籍幽州（今北京一带），后迁居宋城（今河南商丘南）。北宋文学家石介以石延年之诗、欧阳修之文、杜默之歌为"三豪"。

⑪世无：原作"性兼"，据《牡丹》改。吴苑：吴王的园林，象征着极度奢华与美丽。

⑫李山甫诗：此诗题为《牡丹》。李山甫，唐代诗人，主要活动于唐懿宗咸通年间。多次参加科举考试但落第，后来依附魏博节度使乐彦祯，任幕府从事。诗文风格雄健，尤其擅长七律。其作品多

有托讽,充满感时怀古之情。
⑬也:原作"已",据《才调集》改。
⑭又:此诗题为《牡丹》,作者是北宋诗人方惟深。
⑮沉檀:指沉香木和檀木。此指这两种香料燃烧后释放出来的香味。

【译文】

牡丹:有好几种颜色,还有一种在冬季开花的牡丹。有诗描述牡丹:"一朵妖红翠欲流,春光回照雪霜羞。"韩愈《咏牡丹诗》:"幸自同开俱隐约,何须相倚斗轻盈?凌晨并作新妆面,对客偏含不语情。双燕无机还拂掠,游蜂多思正经营。长年是事都抛尽,今日栏边眼暂明。"石曼卿诗:"独步世无吴苑艳,浑身天与汉宫香。"李山甫诗:"邀勒春风不早开,众芳飘后上楼台。数苞仙艳火中出,一片异香天上来。晓露精神妖欲动,暮烟情态恨成堆。知君也解相轻薄,斜倚栏杆首重回。"又有诗描述牡丹:"嫚黄妖紫间轻红,谷雨初晴早景中。静女不言还爱日,彩云无定只随风。炉烟坐觉沉檀薄,妆面行看粉黛空。此别又须经岁月,酒阑把烛绕芳丛。"

有一种秋开牡丹,城山诗咏云①:"白帝工夫缕彩霞②,肯将颜色弄韶华。酒黏织女秋衣薄,风动姮娥宝髻斜③。霜露莫摧今日蕊,轮蹄多看异时花。阴阳多苦栽培地,不趁春风有几家。"

【注释】

①城山诗咏云:此诗题为《牡丹》。
②白帝:古代神话中的西方之神。
③姮娥:即嫦娥。

【译文】

有一种秋天开放的牡丹,城山有诗咏叹:"白帝工夫缕彩霞,肯将颜色弄韶华。酒黏织女秋衣薄,风动姮娥宝髻斜。霜露莫摧今日蕊,轮蹄多看异时花。阴阳多苦栽培地,不趁春风有几家。"

芍药①:有早绯、玉白②、缀露、千叶,白者佳。

【注释】

①芍药:草本观赏花卉、药用植物。魏晋隋唐时期,芍药在园林建设中逐渐受到重视,上至皇家官殿、士大夫庭园,下至普通百姓家中皆有种植。宋代芍药的栽培达到鼎盛,以扬州最为著名,此外临安(今杭州)、洛阳皆盛产芍药。

②玉白:"白"字原无,据《咸淳临安志》卷五十八《风土·物产·花之品》补。

【译文】

芍药:有早绯、玉白、缀露、千叶,白花芍药更好。

梅花,有数品:绿萼、千叶、香梅。东坡和秦太虚有云①:"西湖处士骨应槁②,只有此诗君压倒③。"又云④:"江头千树春欲暗,竹外一枝斜更好。"林和靖诗二首⑤:"吟怀长恨负芳时,为见梅花辄入诗。雪后园林才半树,水边篱落忽横枝。人怜红艳多应俗,天与清香似有私。堪笑胡雏亦风味,解将声调角中吹。""众芳摇落独暄妍⑥,占断风情向小园。疏影横斜水清浅⑦,暗香浮动月黄昏⑧。霜禽欲下失偷眼⑨,粉蝶如知合断魂⑩。幸有微吟可相狎,不须檀版共金尊⑪。"

【注释】

① 东坡和秦太虚有云：此诗题为《和秦太虚梅花》。宋神宗元丰七年（1084）正月，作于黄州。秦太虚，指北宋词人秦观，字少游，一字太虚，号淮海居士，别号邗沟居士。

② 西湖处士：指的是宋代隐逸诗人林逋，隐居于杭州西湖孤山，以咏梅闻名。骨应槁（gǎo）：指林逋早已逝世。

③ 只有此诗君压倒：苏轼认为秦观的这首梅花诗压倒了林逋的咏梅诗。此诗，指秦观的《和黄法曹忆建溪梅花同参寥赋》。全诗如下："海陵参军不枯槁，醉忆梅花愁绝倒。为怜一树傍寒溪，花水多情自相恼。清泪斑斑知有恨，恨春相逢苦不蚤。甘心结子待君来，洗雨梳风为谁好？谁云广平心似铁，不惜珠玑与挥扫。月没参横画角哀，暗香消尽令人老。天分四时不相贷，孤芳转盼同衰草。要须健步远移归，乱插繁华向晴昊。"

④ 又云：此诗出自苏轼的《和秦太虚梅花》。

⑤ 林和靖诗二首：第一首诗题作《梅花》，第二首诗题作《山园小梅》。

⑥ 众芳：百花。摇落：被风吹落。暄妍：明媚美丽。

⑦ 疏影横斜：梅花疏疏落落，斜横枝干投在水中的影子。

⑧ 暗香浮动：梅花散发的清幽香味在飘动。

⑨ 霜禽：指冬天的禽鸟，与下句中夏天的"粉蝶"相对。

⑩ 合：应该。

⑪ 檀版：演唱时用的檀木柏板，此处指歌唱。金尊：豪华的酒杯，此处指饮酒。

【译文】

梅花，有多个品种，如绿萼、千叶、香梅。苏轼唱和秦观诗："西湖处士骨应槁，只有此诗君压倒。"又说："江头千树春欲暗，竹外一枝斜更好。"林逋咏梅诗两首："吟怀长恨负芳时，为见梅花辄入诗。雪后园林才半树,水边篱落忽横枝。人怜红艳多应俗,天与清香似有私。堪笑胡雏亦风味,解将声调角中吹。""众芳摇落独暄妍,占断风情向小园。疏影横斜水清浅,暗香浮动月黄昏。霜禽欲下失偷眼,粉蝶如知合断魂。幸有微吟可相狎,不须檀版共金尊。"

戴石屏《咏梅》诗曰①:"萧洒春葩缟寿阳,百花惟有此花强。月中分外精神出,雪里几多风味长。折向书窗疑是玉,吟来齿颊亦生香。年年茅舍江村畔,勾引诗人费品量。"王介甫诗曰②:"颇怪梅花不肯开,岂知有意待春来。灯前玉面披香出,雪后春容取胜回。触拨清诗成走笔,淋漓红褎趣传杯③。望尘俗眼那知此,只买夭桃艳杏栽。"

【注释】

① 戴石屏咏梅诗:此诗题作《梅花》。戴石屏,指南宋著名江湖诗派诗人戴复古。字式之,号石屏、石屏樵隐,天台黄岩(今浙江台州)人。诗作有《石屏诗集》《石屏词》等。
② 王介甫诗:此诗题作《咏梅》。王介甫,即王安石,字介甫。
③ 褎(xiù):同"袖"。

【译文】

戴复古《咏梅》诗:"萧洒春葩缟寿阳,百花惟有此花强。月中分外精神出,雪里几多风味长。折向书窗疑是玉,吟来齿颊亦生香。年年茅舍江村畔,勾引诗人费品量。"王安石咏梅诗:"颇怪梅花不肯开,岂知有意待春来。灯前玉面披香出,雪后春容取胜回。触拨清诗成走笔,淋漓红褎趣传杯。望尘俗眼那知此,只买夭桃艳杏栽。"

潘紫岩诗曰①:"柴门尽日少蹄轮,坐对横窗数点春。

心向雪中偏暴白,影来月上亦精神。十分洗尽铅华相,百劫修来贞洁身。笑杀唐人风味短,不应唤作弄珠人。"又咏落梅诗曰:"一夜风吹恐不禁,晓来零落已骎骎。忍闻病鹤和苔啄,空遣饥蜂绕竹寻。稚子踟蹰看不扫,老夫索莫坐微吟。窗前最是关情处,拾片殷勤付掌心。"杨元素落梅诗曰[2]:"夜来经雨学啼妆,今日摧红怨夕阳。已落旋随春水急,强留还怯晚风狂。应将别恨凭莺语,更把归期趁蝶忙。谁谓多情消不得,梦魂犹惜满栏香。"

【注释】

① 潘紫岩诗:此诗题作《梅花》。潘紫岩,即南宋官员潘牥(fāng),字庭坚,号紫岩,初名公筠,为避理宗讳改。福州富沙(今属福建)人。

② 杨元素落梅诗:此诗题作《落花》。杨元素,即杨绘,字元素,号先白,绵竹(今属四川)人。宋仁宗嘉祐元年(1056)登进士第,历官荆南府通判、开封府推官等职,后任翰林学士、御史中丞。卒谥肃轩。苏轼为杭州通判时,杨元素是知州,相互间多有唱和。

【译文】

潘牥咏梅诗:"柴门尽日少蹄轮,坐对横窗数点春。心向雪中偏暴白,影来月上亦精神。十分洗尽铅华相,百劫修来贞洁身。笑杀唐人风味短,不应唤作弄珠人。"咏落梅诗:"一夜风吹恐不禁,晓来零落已骎骎。忍闻病鹤和苔啄,空遣饥蜂绕竹寻。稚子踟蹰看不扫,老夫索莫坐微吟。窗前最是关情处,拾片殷勤付掌心。"杨绘落梅诗曰:"夜来经雨学啼妆,今日摧红怨夕阳。已落旋随春水急,强留还怯晚风狂。应将别恨凭莺语,更把归期趁蝶忙。谁谓多情消不得,梦魂犹惜满栏香。"

更有诸贤咏梅诗曰:"木落山寒独占春,十分清瘦转精神。雪疏雪密花添伴,溪浅溪深树写真。三弄笛声风过耳,一枝筇影月随身。吟魂欲断相逢处,恐是孤山隐逸人①。"韩偓梅花诗云②:"北陆候才变,南枝花已开。无人同怅望,把酒独徘徊。冻月雪为伴,寒香风是媒。何因逢越使,肠断谪仙才。"东坡又和杨公济诗③:"绿鬓寻春湖畔回,万松岭上一枝开。"学士任希夷宿直玉堂④,《赋梅下小池》诗云⑤:"眼见梅花照玉堂,只存浓绿覆宫墙。樛枝偃盖云千叠,下荫清池玉一方。"

【注释】

①"木落山寒独占春"几句:此诗题作《梅花》,作者是南宋末年诗人刘克庄。

②韩偓梅花诗云:此诗题作《早玩雪梅有怀亲属》。韩偓,字致光,号致尧,小字冬郎,号玉山樵人,京兆万年(今陕西西安)人。晚唐大臣、诗人,"南安四贤"之一。

③东坡又和杨公济诗:此诗题作《次韵杨公济奉议梅花十首·其三》。全诗如下:"绿鬓寻春湖畔回,万松岭上一枝开。而今纵老霜根在,得见刘郎又独来。"

④任希夷:南宋中期大臣,字伯起,号斯庵。宋孝宗淳熙三年(1176)中进士第。卒谥宣献。玉堂:学士院的别称。

⑤赋梅下小池:原作"赋梅边小池",据《咸淳临安志》卷十五《行在所录》改。

【译文】

还有许多贤人所写的咏梅诗,比如刘克庄的"木落山寒独占春,十分清瘦转精神。雪疏雪密花添伴,溪浅溪深树写真。三弄笛声风过耳,一枝筇影月随身。吟魂欲断相逢处,恐是孤山隐逸人。"韩偓的梅花诗:"北陆候才变,南枝花已开。无人同怅望,把酒独徘徊。冻月雪为伴,寒香风是媒。何因逢越使,肠断谪仙才。"东坡又唱和杨公济诗:"绿鬓寻春湖畔回,万松岭上一枝开。"学士任希夷宿直玉堂,有《赋梅下小池》诗:"眼见梅花照玉堂,只存浓绿覆宫墙。樛枝偃盖云千叠,下荫清池玉一方。"

红梅:有福州红、潭州红、柔枝、千叶、邵武红等种①。东坡诗云②:"寒心未肯随春态③,酒晕无端上玉肌④。"周必大在祕书省馆中次洪迈红梅韵诗云⑤:"红罗亭深宫漏迟,宫花四面谁得知?南唐内苑中有红罗亭,四面专植红梅,见《杂志》。蓬山移植是何世⑥,国色含酒纷满枝。初疑太真欲起舞⑦,霓裳拂拭天然姿⑧。又如东家窥墙女⑨,施朱映粉尤相宜。不然朝云颊薄怒⑩,自持似对襄王时⑪。须臾胭脂着雨落,整妆府照含风漪。游蜂戏蝶日采掇,嗟尔何异氓之蚩⑫。提壶火急就公饮,他日堕马空啼眉⑬。"周必大在祕书省署庭中,咏缃梅诗云⑭:"茧黄织就费天机⑮,传与园林晓出枝。东观奇章承诏后⑯,南昌故尉欲仙时⑰。芳心向日重重展,清馥因风细细知。诗老品题犹误在,红梅未是独开迟。"

【注释】

① 福州红、潭州红、邵武红:(明)田汝成《西湖游览志余》卷二十四《委巷丛谈》:"其种来自闽、湘中,故有福州红、潭州红、邵武红等号。"

② 东坡诗:此诗题为《红梅三首其一》。全诗如下:"怕愁贪睡独开

迟,自恐冰容不入时。故作小红桃杏色,尚余孤瘦雪霜姿。寒心未肯随春态,酒晕无端上玉肌。诗老不知梅格在,更看绿叶与青枝。"

③寒心:冰雪般高洁的性格。随春态:追随春天到来而做出的姿态。

④酒晕:饮酒后脸上泛起的红晕。这里代指白里透红的红梅。无端:无缘无故。玉肌:犹言玉容。这里代指红梅花瓣。

⑤周必大在秘书省馆中次洪迈红梅韵诗:此诗题为《次韵史院洪景卢检详馆中红梅》。

⑥蓬山:秘书省的别称。

⑦太真:即唐玄宗贵妃杨玉环。唐玄宗以为母亲窦太后祈福的名义,下敕杨氏出家为女道士,道号"太真"。此处指梅花摇曳,如同杨玉环要翩翩起舞。

⑧霓裳:即《霓裳羽衣曲》。唐代乐曲名,相传为唐玄宗所制。

⑨东家窥墙女:出自战国时期宋玉的《登徒子好色赋》。故事中,楚王问宋玉是否好色时,他反驳说自己并不好色,并以邻家女子为例:东家之女美貌非凡,增一分则太长,减一分则太短,着粉则太白,施朱则太赤。但即便她登墙窥视宋玉三年,宋玉也从未动心。此处指墙边的梅花犹如美女。

⑩朝云:指战国时期宋玉《高唐赋》中所描述的巫山神女,以美貌和神秘著称。颒(pīng):形容生气时脸色微变,面带怒色。薄怒:指微微生气的样子。

⑪自持似对襄王时:指巫山神女拒绝了楚襄王的追求,保持高洁的品质。此处暗喻红梅如同神女般高洁而不可侵犯。

⑫氓之蚩:《诗经·国风·卫风·氓》:"氓之蚩蚩,抱布贸丝。匪来贸丝,来即我谋。"氓,流亡之民。蚩,有两种解释:一是笑嘻嘻的样子,二是憨厚老实的样子。此处诗人感叹这些蜜蜂和蝴蝶的行为,与《诗经·氓》中"氓之蚩蚩"类似,意在讽刺它们的无知与

轻佻。

⑬堕马：从马上跌下来。比喻遭遇挫折或不幸。啼眉：形容悲伤的神情。

⑭咏缃梅诗：此诗题为《次韵真父著庭缃梅》。缃梅，浅黄色的梅花。是一种珍贵的梅花品种。（宋）范成大《范村梅谱》："百叶缃梅，亦名黄香梅，亦名千叶香梅。花叶至二十余瓣，心色微黄，花头差小而繁密，别有一种芳香，比常梅尤秾美，不结实。"

⑮茧黄：淡黄色，类似蚕茧的颜色。此句诗形容梅花的花瓣如同用天工织就的茧黄色丝绸，费尽了大自然的巧思。

⑯东观：古代皇家藏书和学者著述的地方。此处泛指秘书省中的士人。

⑰南昌故尉：指西汉名士梅福。梅福曾为南昌尉，后弃官归隐。传说他最终成仙。此处以梅福的典故比喻梅花的高洁与超凡。

【译文】

红梅：有福州红、潭州红、柔枝、千叶、邵武红等品种。苏轼有诗："寒心未肯随春态，酒晕无端上玉肌。"周必大在秘书省的馆舍里依照洪迈《红梅》诗的韵脚写诗道："红罗亭深宫漏迟，宫花四面谁得知？南唐内苑中有红罗亭，四面专植红梅，见《二老堂杂志》。蓬山移植是何世，国色含酒纷满枝。初疑太真欲起舞，霓裳拂拭天然姿。又如东家窥墙女，施朱映粉尤相宜。不然朝云瀕薄怒，自持似对襄王时。须臾胭脂着雨落，整妆俯照含风漪。游蜂戏蝶日采摭，嗟尔何异氓之蚩。提壶火急就公饮，他日堕马空啼眉。"周必大在秘书省署庭中咏叹缃梅诗："茧黄织就费天机，传与园林晓出枝。东观奇章承诏后，南昌故尉欲仙时。芳心向日重重展，清馥因风细细知。诗老品题犹误在，红梅未是独开迟。"

腊梅：有数本，檀心磬口者佳。东坡诗有"蜜峰采花作黄蜡"之句①，又诗云："万松岭上黄千叶②，玉蕊檀心两奇绝③。"周必大咏黄梅在省中次王十朋韵④:"化工未幻酴醾菊⑤,先放缃梅伴群玉⑥。幽姿着意添铅黄,正色向心轻萼绿。妆成自炫风味深,对此宁辞食无肉。方怜涪翁被渠恼⑦,中气悔屏杯杓醱。"

【注释】

① 蜜峰采花作黄蜡:此诗题为《蜡梅一首赠赵景贶》。全诗如下:"天工点酥作梅花,此有蜡梅禅老家。蜜蜂采花作黄蜡,取蜡为花亦其物。天工变化谁得知,我亦儿嬉作小诗。君不见万松岭上黄千叶,玉蕊檀心两奇绝。醉中不觉度千山,夜闻梅香失醉眠。归来却梦寻花去,梦里花仙觅奇句。此间风物属诗人,我老不饮当付君。君行适吴我适越,笑指西湖作衣钵。"

② 黄千叶:指腊梅的花瓣呈淡黄色,且花瓣繁多。

③ 玉蕊檀心:形容腊梅的花蕊洁白如玉,花心呈浅红色,整体显得格外娇美。

④ 周必大咏黄梅在省中次王十朋韵:此诗题为《次韵王龟龄大著省中黄梅》。王十朋,字龟龄,号梅溪,温州乐清县(今浙江乐清)人。南宋政治家、文学家。宋高宗绍兴二十七年(1157)。宋孝宗乾道七年(1171)以龙图阁学士致仕。博究经史,旁通传记百家。为文专尚理致,不为浮虚靡丽之词,以经术为根蒂,以理气为先。

⑤ 酴醾(tú mí)菊:指用于酿酒的菊花。

⑥ 群玉:比喻菊花。

⑦ 涪(fú)翁:宋代文学家、词人黄庭坚,字鲁直,号山谷道人,晚号涪翁。洪州分宁(今江西九江修水)人。北宋著名文学家、书法家,为盛极一时的江西诗派开山之祖。

【译文】

腊梅:有多个品种,其中花心呈紫檀色、花瓣较圆且花常半含、形似僧人磬口的梅花是佳品。苏轼诗有"蜜蜂采花作黄蜡"之句,还有诗:"万松岭上黄千叶,玉蕊檀心两奇绝。"周必大在中书省中咏黄蜡梅次韵王十朋:"化工未幻醝醲菊,先放缃梅伴群玉。幽姿着意添铅黄,正色向心轻萼绿。妆成自炫风味深,对此宁辞食无肉。方怜涪翁被渠恼,中气悔屏杯杓酥。"

碧蝉、棠棣、金林檎、郁李、迎春、长春。

【译文】

碧蝉、棠棣、金林檎、郁李、迎春、长春。

桃花:有数种,单叶、千叶。饼子、绯桃、白桃。

【译文】

桃花:有多个品种,有单瓣的,有重瓣的。饼子、绯桃、白桃。

杏花、玉簪、水仙、蔷薇、宝相、月季、小牡丹、粉团。

【译文】

杏花、玉簪、水仙、蔷薇、宝相、月季、小牡丹、粉团。

徘徊:贵官家以花片制作饼儿供筵。

【译文】

徘徊:富贵人家用花瓣制作成饼供于筵席之上。

佛见笑①、聚八仙②、百合、滴滴金。

【注释】

①佛见笑：即荼蘼。又名酴醾、重瓣空心泡。（宋）王十朋《梅溪集》卷《佛见笑》："学得酴醾白，更能相继芳。金仙粲然笑，鼻观不多香。"

②聚八仙：（清）沈自南《艺林汇考·植物篇》："今聚八仙，即八仙花，西湖山中在在有之。以其每枝开花七八朵相丛，故曰聚八仙。"

【译文】

佛见笑、聚八仙、百合、滴滴金。

石竹：和靖诗云①："深枝冉冉装溪翠，碎片英英翦海霞。"

【注释】

①和靖诗：此诗题为《山舍小轩有石竹二丛哄然秀发因成二章》。全诗如下："青帘有酒不妨赊，素壁无诗未足夸。所重晚芳犹在目，可关秋色易为花。深枝冉冉装溪翠，碎片英英翦海霞。莫管金钱好行市，寂寥相对是山家。"

【译文】

石竹：林逋诗："深枝冉冉装溪翠，碎片英英翦海霞。"

木香。酴醾：二种，有白而心紫者，亦有黄色者，俱香，馥馥然可爱①。省中种黄梅在酴醾侧。黄鲁直《戏答王观复酴醾诗》云②："谁将陶令黄金菊③，幻作酴醾白玉花。"

【注释】

①馥馥然:香气浓郁的样子。

②黄鲁直:即黄庭坚。《戏答王观复诗》:此诗题为《戏答王观复酴醿菊一首》。全诗如下:"谁将陶令黄金菊,幻作酴醿白玉花。小草真成有风味,东园添我老生涯。"

③陶令:指南朝文学家陶渊明。

【译文】

木香。酴醿:有两种,一种白色的花心是紫色的,另一种是黄色的,都香气扑鼻,非常可爱。省署中种植的黄梅树在酴醿花的旁边。黄庭坚《戏答王观复诗》:"谁将陶令黄金菊,幻作酴醿白玉花。"

樱桃花、萱草、栀子、蜜友、金镫、金沙、山丹。

【译文】

樱桃花、萱草、栀子、蜜友、金镫、金沙、山丹。

真珠:又名醮水,青条白蕊,灿然可玩。

【译文】

真珠:又名醮水,青葱的枝条,洁白的花蕊,灿烂而惹人喜爱。

翦红罗、锦带、锦堂春、笑靥、大笑、金钵盂。

【译文】

翦红罗、锦带、锦堂春、笑靥、大笑、金钵盂。

菊:品最多,有七十余种。

【译文】

菊:品种最多,有七十多种。

荷花,红白色千叶者,西湖荷荡边,风送荷香馥然。白乐天有"绕郭荷花三十里"之句①。枢属官杨万里在西府直舍②,咏盆池种荷诗二首曰③:"飞空天镜堕莓苔④,玉井移来盆内栽。坐看一花随手长,挨开半叶出头来。稍添菱荇相萦带⑤,便有龟鱼数往回。剩欲绕池三两匝,数声排马苦相催。"又曰:"西府寒泉汲十寻,深浇浅洒碧森森。高花已照红妆镜,小蕊新抽紫玉簪。钿破尚余新雨恨⑥,伞疏才作半池阴⑦。西湖瘦得盆来大,更伴诗人恐不禁。"

【注释】

① 绕郭荷花三十里:此诗题为《余杭形胜》。全诗如下:"余杭形胜四方无,州傍青山县枕湖。绕郭荷花三十里,拂城松树一千株。梦儿亭古传名谢,教妓楼新道姓苏。独有使君年太老,风光不称白髭须。"此诗作于白居易任杭州刺史期间,诗人以细腻的笔触描绘了杭州的自然风光和人文景观,表达了对这片土地的热爱。
② 枢属官杨万里在西府直舍:指杨万里任枢密院属官时在枢密院当值。宋孝宗淳熙十三年(1186)正月十八日,杨万里除枢密院检详诸房文字。杨万里,字廷秀,号诚斋。吉州吉水(今江西吉水黄桥镇泸塘村)人。南宋文学家,与陆游、尤袤、范成大并称为南宋"中兴四大诗人"。绍兴二十四年(1154)举进士。西府,指枢密院。

③咏盆池种荷诗二首：此诗题为《西府直舍盆池种莲二首》。
④飞空天镜：此处指莲花的花瓣。
⑤荇：多年生水生草本植物，叶片漂浮在水面，呈圆形或卵圆形，花金黄色。
⑥钿：古代妇女的首饰。此处用来比喻莲花的花瓣。
⑦才作：原作"还作"，据《杨万里集笺校》卷二十《西府直舍盆池种莲》改。

【译文】

荷花，红色和白色、花瓣众多的那种。西湖荷花池边，清风送来荷花的香气，浓郁芬芳。白居易有"绕郭荷花三十里"的诗句。枢密院属官杨万里在枢密院值班，写下两首咏叹盆池种荷的诗："飞空天镜堕莓苔，玉井移来盆内栽。坐看一花随手长，捱开半叶出头来。稍添荇苔相萦带，便有龟鱼数往回。剩欲绕池三两匝，数声排马苦相催。"还有诗："西府寒泉汲十寻，深浇浅洒碧森森。高花已照红妆镜，小蕊新抽紫玉簪。钿破尚余新雨恨，伞疏才作半池阴。西湖瘦得盆来大，更伴诗人恐不禁。"

瑞香：种颇多，大者名锦薰笼。东坡诗云①："幽香结浅紫②，来自孤云岑③。骨香不自知，色浅意殊深。"

【注释】

①东坡诗：此诗题为《次韵曹子方龙山真觉院瑞香花》。全诗如下："幽香结浅紫，来自孤云岑。骨香不自知，色浅意殊深。移栽青莲宇，遂冠薝蔔林。䌷为楚臣佩，散落天女襟。君持风霜节，耳冷歌笑音。一逢兰蕙质，稍回铁石心。置酒要妍暖，养花须晏阴。及此阴晴间，恐致悭喑霖。彩云知易散，鹏鴂忧先吟。明朝便陈迹，试著丹青临。"

②浅紫:原作"湘紫",据《次韵曹子方龙山真觉院瑞香花》改。
③孤云岑:原作"孤峰阴",据《次韵曹子方龙山真觉院瑞香花》改。

【译文】

瑞香:品种有很多,其中比较大的一种叫锦薰笼。苏轼诗:"幽香结浅紫,来自孤云岑。骨香不自知,色浅意殊深。"

红辛夷。

蕙:东坡题杨次公诗①:"蕙本兰之族,依然臭味同②。曾为水仙佩③,相识《楚辞》中④。"

【注释】

①东坡题杨次公诗:此诗题为《题杨次公蕙》。宋哲宗元祐五年(1090)五月作于杭州。全诗如下:"蕙本兰之族,依然臭味同。曾为水仙佩,相识《楚辞》中。幻色虽非实,真香亦竟空。云何起微馥,鼻观已先通。"杨次公,即北宋诗人杨杰,时任提点两浙刑狱。
②臭味:指香味。
③水仙:指屈原。(晋)王嘉《拾遗记》卷一:"屈原以忠见斥,隐于沅湘……被王逼逐,乃赴清泠之水。楚之思慕,谓之水仙,立祠。"
④楚辞:原作"楚词",据《苏轼诗集》卷三十二《题杨次公蕙》改。《楚辞》中提到许多香草,其中包括蕙。

【译文】

红辛夷。

蕙:苏东坡为杨次公的诗题字说:"蕙本兰之族,依然臭味同。曾为水仙佩,相识《楚辞》中。"

兰:东坡诗云①:"春兰如美人,不采羞自献②。时闻风露香,蓬艾深不见③。"

【注释】

①东坡诗:此诗题为《题杨次公春兰》。宋哲宗元祐五年(1090)五月作于杭州。全诗如下:"春兰如美人,不采羞自献。时闻风露香,蓬艾深不见。丹青写真色,欲补《离骚传》。对之如灵均,冠佩不敢燕。"

②羞自献:形容兰花自尊自重。

③蓬艾:蓬蒿和艾草。泛指丛生的杂草。

【译文】

兰:苏轼诗:"春兰如美人,不采羞自献。时闻风露香,蓬艾深不见。"

紫薇花:东坡诗曰①:"虚白堂前合抱花②,秋风落日照横斜。"后省有此花③,任希夷咏曰④:"清晓开轩俯凤池,小山经雨石增辉。琉璃叶底珊瑚立,轩出池边是紫薇。"

【注释】

①东坡诗:此诗题为《次韵钱穆父紫薇花二首》第一首。宋哲宗元祐五年(1090)秋作于杭州。全诗如下:"虚白堂前合抱花,秋风落日照横斜。阅人此地知多少,物化无涯生有涯。"

②虚白堂:位于杭州衙署内。唐白居易有《虚白堂》诗。

③后省:"中书后省"的简称。官署名。宋神宗元丰四年(1081)十月行新官制时创建。南宋高宗建炎三年(1129)复置,以中书舍人为长官,常除二员,余官同元丰之制。设上案、下案、制诰、记注案四案。吏额十员。

④任希夷吟曰:此诗题为《后省紫薇花》。

【译文】

紫薇花:苏轼诗:"虚白堂前合抱花,秋风落日照横斜。"中书后省有这种花,任希夷吟咏:"清晓开轩俯凤池,小山经雨石增辉。琉璃叶底珊瑚立,轩出池边是紫薇。"

紫杨、紫荆花。鸡冠①:有三色。凤仙、杜鹃。蜀葵:有二种。黄葵、映山红花、金银莲子花。罂粟。

【注释】

①鸡冠:(明)李时珍《本草纲目》卷十五《鸡冠》载:"鸡冠,处处有之……六七月梢间开花,有红、白、黄三色。其穗圆长而尖者,俨如青葙之穗;扁卷而平者,俨如雄鸡之冠。"

【译文】

紫杨、紫荆花。鸡冠:有三色。凤仙、杜鹃。蜀葵:有两种。黄葵、映山红花、金银莲子花。罂粟。

樱桃花:唐时樟亭驿种双树,白乐天诗云①:"南馆飞轩两树樱,春条长定夏阴成。素华朱实今虽尽,碧叶风来别有情。"

【注释】

①白乐天诗:此诗题为《樟亭双樱树》。

【译文】

樱桃花:唐朝时樟亭驿种植双树,白居易有诗:"南馆飞轩两树樱,春条长定夏阴成。素华朱实今虽尽,碧叶风来别有情。"

七里香、橙花。

【译文】

七里香、橙花。

榴花：有数种，单叶、千叶，色有数十样。唐时孤山有此花，白乐天诗云①："山榴花似结红巾②，容艳新妍占断春。色相故开行道地，香尘悔触坐禅人。"

【注释】

①白乐天诗：此诗题为《题孤山寺山石榴花示诸僧众》。全诗如下："山榴花似结红巾，容艳新妍占断春。色相故开行道地，香尘悔触坐禅人。瞿昙弟子君知否，恐是天魔女化身。"
②山榴花：即山石榴，又称杜鹃花。

【译文】

榴花：有多个品种，单瓣、多瓣，颜色有数十种。唐朝时孤山有此花，白居易有诗："山榴花似结红巾，容艳新妍占断春。色相故开行道地，香尘悔触坐禅人。"

木犀：有红黄白色者，甚香且韵。顷天竺山甚多，又长桥庆乐园有数十株，士夫尝往赏此奇香。向东坡送花赠元素诗云①："月阙霜浓细蕊干，此花元属桂堂仙。鹫峰子落惊前夜②，蟾窟枝空记昔年③。"高宗在德寿宫赏桂，尝命画工为岩桂扇面，仍制御诗分赐群臣、亲王云④："秋入幽岩桂影团，香深粟粟照林丹。应随王母瑶池宴，染得朝霞下广寒。"杨诚斋咏桂花诗云⑤："尘世何曾识桂林，花仙夜入广寒深。

移将天上众香国,寄在梢头一粟金。露下风高月当户,梦回酒醒客闻砧。诗情恼得浑无那,不为龙涎与水沉⑥。"华岳诗曰⑦:"西风吹老碧莲房,万壑风流坏麝囊。谩与篱花争晓色⑧,肯教盆蕙压秋芳? 月中有女曾分种⑨,世上无花敢斗香⑩。要识仙根迥然别,一枝开傍郑家墙⑪。"咏落英诗⑫:"净扫庭阶衬落英,西风吹恨入蓬瀛⑬。人从紫麝囊中过,马在黄金屑上行。眠醉不须铺锦褥,妍香还解作珠缨。宫娥未许填沟壑,收拾流苏浸玉罂。"

【注释】

① 东坡送花赠元素诗:此诗题为《八月十七日,天竺山送桂花,分赠元素》。宋神宗熙宁七年(1074)八月十七日作于杭州。全诗如下:"月阙霜浓细蕊干,此花元属桂堂仙。鹫峰子落惊前夜,蟾窟枝空记昔年。破衲山僧怜耿介,练裙溪女斗清妍。愿公采撷纫幽佩,莫遣孤芳老涧边。"元素,即北宋人杨绘,字元素。绵竹人,宋神宗朝曾任御史中丞。

② 鹫峰:指灵隐山飞来峰。

③ 蟾窟:指月宫。传说月宫中有蟾蜍。

④ 仍制御诗分赐群臣、亲王云:此诗题为《谢赐丹桂》,见(宋)曹勋《松隐集》卷十七。可知此诗作者是宋人曹勋,并非宋高宗。

⑤ 杨诚斋咏桂花诗:此诗题为《木犀初发呈张功父》。

⑥ 龙涎(xián):即龙涎香。抹香鲸病胃的分泌物。类似结石,从鲸体内排出,漂浮海面或冲上海岸。为黄、灰乃至黑色的蜡状物质,香气持久,是极名贵的香料。水沉:即沉香。

⑦ 华岳诗:此诗题为《岩桂》。华岳,字子西,贵池(今属安徽)人。因读书于贵池齐山翠微亭,自号翠微。宋宁宗开禧元年(1205)

因上书请诛韩侂胄、苏师旦，下建宁（今福建建瓯）狱。韩侂胄诛，放还。嘉定十年（1217）登武科第一，为殿前司官属。密谋除去丞相史弥远，事泄，下临安狱，杖死东市。诗豪纵，有《翠微北征录》。

⑧篱花：篱笆边的普通花卉。

⑨月中有女曾分种：传说中月宫仙女种桂树。

⑩世上：原作"地上"，据《翠微南征录》卷七《岩桂》、《两宋名贤小集》卷二百四十八改。

⑪郏家：原作"御家"，据《翠微南征录》卷七《岩桂》、《两宋名贤小集》卷二百四十八改。

⑫咏落英诗：此诗题为《岩桂落英》，作者华岳。

⑬蓬瀛：蓬莱和瀛洲。泛指仙境。

【译文】

木犀：有黄色、红色、白色的，它的香气浓郁且有韵味。以前天竺山的天长桥庆乐园有很多瑞香，士大夫们曾经前往观赏这种奇异的花香。从前苏轼写过一首送花赠杨绘的诗："月阙霜浓细蕊干，此花元属桂堂仙。鹫峰子落惊前夜，蟾窟枝空记昔年。"宋高宗在德寿宫的时候赏桂花，曾经命令画工绘制岩桂扇面，还写了一首御诗分别赏赐给群臣和亲王："秋入幽岩桂影团，香深粟粟照林丹。应随王母瑶池宴，染得朝霞下广寒。"杨万里咏桂花诗："尘世何曾识桂林，花仙夜入广寒深。移将天上众香国，寄在梢头一粟金。露下风高月当户，梦回酒醒客闻砧。诗情恼得浑无那，不为龙涎与水沉。"华岳诗："西风吹老碧莲房，万壑风流坏麝囊。谩与篱花争晓色，肯教盆蕙压秋芳？月中有女曾分种，世上无花敢斗香。要识仙根迥然别，一枝开傍郏家墙。"华岳咏落英诗："净扫庭阶衬落英，西风吹恨入蓬瀛。人从紫麝囊中过，马在黄金屑上行。眠醉不须铺锦褥，妍香还解作珠缨。宫娥未许填沟壑，收拾流苏浸玉罂。"

山茶、磬口茶、玉茶、千叶多心茶、秋茶。

【译文】

山茶、磬口茶、玉茶、千叶多心茶、秋茶。

东西马塍：色品颇盛。栽接一本有十色者。有早开，有晚发，大率变物之性，盗天之气，虽时亦可违，他花往往皆然。顷有接花诗云："花单可使十色黄，果夺天之造化忙。"

【译文】

东马塍和西马塍的茶花，颜色种类非常多。种植嫁接出了一株开十种颜色的茶花。还有早开花的茶花，晚开花的茶花，大概是改变了茶花的本性，窃取了天地之气，即使时令变化也可以违背。其他的花大多也是这样。不久前有一首关于嫁接花木的诗写道："花单可使十色黄，果夺天之造化忙。"

木芙蓉[①]：苏堤两岸如锦，湖水影而可爱。内庭亦有芙蓉阁，开时最盛。潘紫岩诗云[②]："为惜艳阳妆，新枝不肯长。绿深秋后雨，红坼夜来霜。偏向垂杨畔，多临古岸傍。年年根蒂在，开谢未渠央[③]。"

【注释】

①木芙蓉：锦葵科木槿属的落叶灌木或小乔木。花初开时为白色或淡红色，后逐渐变为深红色。因其花色一日三变，故有"三醉芙蓉"或"三变花"之称。其花、叶、根均可入药，具有清热解毒、消肿排脓、凉血止血等功效。

②潘紫岩诗：此诗题为《芙蓉》。
③开谢未渠央：原作"下阙"，据（宋）刘克庄《千家诗选》卷十《百花门·芙蓉》补。

【译文】

木芙蓉：苏堤两岸的木芙蓉开花时像锦缎一样美丽，湖水倒映着两岸景色，显得十分可爱。大内也有芙蓉阁，芙蓉盛开时像锦绣一样灿烂。潘紫岩有诗描述木芙蓉："为惜艳阳妆，新枝不肯长。绿深秋后雨，红坼夜来霜。偏向垂杨畔，多临古岸傍。年年根带在，开谢未渠央。"

药之品

云母①、藁本②、茵芋③、鬼臼④、木鳖⑤，以上《本草》载杭州所有。地黄⑥、牛膝⑦，仁和茧桥、白石种。干姜。上各件并岁贡。

【注释】

①云母：一种重要的造岩矿物，主要成分是含水的层状硅酸盐。性甘温，可纳气坠痰、止血敛疮，用于治疗虚喘眩晕等病症。
②藁本：伞形科山芎属的多年生草本植物。根茎和根可入药，具有散风寒、除湿、止痛的功效，常用于治疗风寒感冒、巅顶头痛、风湿痹痛、寒湿泄泻等症状。
③茵芋：植物名。芸香科茵芋属，常绿灌木。生山地，高尺许，叶互生。夏开小白花，果实球形，熟则色红。全体平滑有香气，茎叶皆有毒。
④鬼臼：小檗科。多年生草本。根状茎粗壮。茎上部有叶二三片。茎生叶有长柄，心脏形，三或五深裂几达基部，裂片再三或两裂至近中部，下面有白色长毛。花单生，先叶开放，蔷薇红色。根及根

状茎入药,功能除风湿、利气血、通筋骨、止咳嗽。

⑤木鳖:亦称"木鳖子"。葫芦科。多年生草质藤本。根块状。卷须与叶对生,不分枝。性温,味苦微甘,有毒,功能消肿、攻毒,主治痈疽、肿毒、瘰疬、痔疮等症。

⑥地黄:植物名。玄参科地黄属,多年生草本,高约六七寸,叶长椭圆形,上有皱纹,初夏开淡紫色花。根黄色,中医上称为"生地",可入药,有补血、强心等作用。蒸熟的熟地可治咯血、子宫出血等病症。

⑦牛膝:亦称"怀牛膝"。苋科。多年生草本。根入药,性平、味苦酸,生用活血散瘀,主治经闭、痛经;制用补肝肾、强筋骨,主治腰膝痹痛、关节不利等症。《农政全书校注》卷四十六:"山苋草,《本草》名牛膝,一名百倍,俗名脚斯蹬,又名对节菜……其茎有节如鹤膝,又有如牛膝状,以此名之。"

【译文】

云母、藁本、茵芋、鬼臼、木鳖,以上是《本草》中记载的杭州所拥有的药材。地黄、牛膝,仁和县茧桥、白石种植。干姜。以上这些都是每年进贡的物品。

蛇床子①:白石生。

【注释】

①蛇床子:是一味攻毒杀虫止痒药,为伞形科植物蛇床的干燥成熟果实。具有燥湿祛风、杀虫止痒、温肾壮阳的功效。

【译文】

蛇床子:产于白石村。

踯躅花①:根名天门冬,生钱塘、富阳。

【注释】

①踯躅花:为杜鹃花科植物羊踯躅的干燥花。祛风除湿,散瘀定痛。用于风湿痹痛、偏正头痛、跌扑肿痛、顽癣。(唐)白居易《山石榴寄元九》:"山石榴,一名山踯躅,一名杜鹃花。"

【译文】

踯躅花:根名天门冬,生长在钱塘县、富阳县。

白芷①。千金草②:茧桥生。

【注释】

①白芷:一味解表药,为伞形科植物白芷或杭白芷的干燥根。具有解表散寒、祛风止痛、宣通鼻窍、燥湿止带、消肿排脓的功效。

②千金草:又叫"牛筋草"。具有清热利湿、凉血解毒之功效。

【译文】

白芷。千金草:生长在茧桥。

威灵仙①、茱萸、泽兰②、鬼箭③、乌药④、钩藤⑤、覆盆子⑥、麦门冬⑦、白芨⑧、牵牛⑨、地骨皮⑩、牛蒡子⑪、地肤⑫、百合、香附子⑬、干葛⑭,并出富阳。木通⑮、何首乌⑯、刘寄奴⑰,生富阳小井。

【注释】

①威灵仙:是一味祛风湿药,为毛茛科植物威灵仙、棉团铁线莲或东北铁线莲的干燥根和根茎。具有祛风湿、通经络的功效。

②泽兰:是一味活血化瘀药,为唇形科植物毛叶地瓜儿苗的干燥地上部分。具有活血调经、祛瘀消痈、利水消肿的功效。

③鬼箭:具翅状物枝条或翅状附属物。气味苦寒、无毒,具有破血通经、解毒消肿、杀虫之功效。

④乌药:是一味理气药,为樟科植物乌药的干燥块根。具有行气止痛、温肾散寒的功效。

⑤钩藤:是一味平肝息风药,为茜草科植物钩藤、大叶钩藤、毛钩藤、华钩藤或无柄果钩藤的干燥带钩茎枝。具有息风定惊、清热平肝的功效。

⑥覆盆子:是一味收涩药,为蔷薇科植物华东覆盆子的干燥果实。具有益肾固精缩尿、养肝明目的功效。

⑦麦门冬:又名麦冬,为百合科植物沿阶草的块根,性微甘味苦,寒。入肺、胃、心经。主治肺燥干咳、吐血咯血、肺痿、肺痈、阴虚劳嗽、津伤口渴等。

⑧白芨(jí):是兰科白及属植物。多年生草本。叶自根生,花被不整齐,呈白色或红紫色,一般供观赏。根茎可作中药材入药,具有收敛止血、消肿生肌的功效。

⑨牵牛:别名喇叭花、牵牛花、大花牵牛等,为旋花科番薯属的一年生缠绕草本植物。种子为中药材牵牛子的来源,具有利水、泻下、消积等功效。

⑩地骨皮:中药名。枸杞的根皮。是一味清热药,为茄科植物枸杞或宁夏枸杞的干燥根皮。具有凉血除蒸、清肺降火的功效。

⑪牛蒡子:是一味解表药,为菊科植物牛蒡的干燥成熟果实。具有疏散风热、宣肺透疹、解毒利咽的功效。

⑫地肤:是沙冰藜属一年生草本植物。果实(地肤子)可入药,味辛、苦,性寒。归肾、膀胱经。有清热利湿、祛风止痒的功效。

⑬香附子:被子植物门莎草科莎草属植物,全株有一股特殊的香味,因此得名。香附子的根和花都可入药,具有理气解郁、调经止痛的功效。

⑭干葛：是豆科植物葛的干燥块根，呈长圆柱形。根可以入药，有升阳解肌、透疹止泻、除烦止渴的功效。

⑮木通：是一味利水渗湿药，为木通科植物木通、三叶木通或白木通的干燥藤茎。具有利尿通淋、清心除烦、通经下乳的功效。

⑯何首乌：是一味补虚药，为蓼科植物何首乌的干燥块根。具有解毒、消痈、截疟、润肠通便的功能。

⑰刘寄奴：多指菊科植物奇蒿的全草。（唐）孙思邈《千金翼方》卷三："（刘寄奴草）味苦温，主破血下胀，多服令人痢。生江南。"

【译文】

威灵仙、茱萸、泽兰、鬼箭、乌药、钩藤、覆盆子、麦门冬、白芨、牵牛、地骨皮、牛蒡子、地肤、百合、香附子、干葛，都出产自富阳县。木通、何首乌、刘寄奴，生长在富阳县小井。

藜芦①、草乌②、秦皮③、百部根④，生天目山。菖蒲、桑白皮⑤、芍药、荆芥⑥、薄荷⑦、紫苏⑧、天南星⑨，生於潜、昌化。天花粉即瓜蒌根⑩、马兜铃⑪、椿白皮⑫、白鲜皮⑬、石竹子蘥⑭。山蓣⑮。黄精⑯，生於潜余杭山。枸杞、茯苓⑰、半夏⑱、贯众⑲、地扁蓄⑳、苦练皮㉑、益母草㉒，生龙井山谷。山豆根㉓、牡丹皮㉔、车前子㉕。

【注释】

①藜芦：是一味涌吐药，为百合科植物藜芦、牯岭藜芦、毛穗藜芦、兴安藜芦及毛叶藜芦的根及根茎。具有涌吐风痰、杀虫疗癣的功效。

②草乌：是一味祛风湿药，为毛茛科植物北乌头的干燥块根。具有祛风除湿、温经止痛的功效。

③秦皮：是一种清热解毒药，为木犀科植物苦枥白蜡树、白蜡树、尖

叶白蜡树或宿柱白蜡树的干燥枝皮或干皮。具有清热燥湿、收涩止痢、止带、明目之功效。

④百部根：根数十相连，似天门冬而苦强。主治咳嗽。性微寒。

⑤桑白皮：是一味化痰止咳平喘药，为桑科植物桑的干燥根皮。具有泻肺平喘、利水消肿的功效。

⑥荆芥：是一位解表药，为唇形科植物荆芥的干燥地上部分。具有解表散风、透疹、消疮的功效。

⑦薄荷：是一味发散风热药，为唇形科植物薄荷的干燥地上部分。具有疏散风热、清利头目、利咽、透疹、疏肝行气的功能。

⑧紫苏：紫苏的干燥叶（或带嫩枝）。具有解表散寒、行气和胃的功效。

⑨天南星：是一味化痰止咳平喘药，为天南星科植物天南星、异叶天南星或东北天南星的干燥块茎。具有燥湿化痰、祛风止痉、散结消肿的功效。

⑩天花粉：是一味清热药，为葫芦科植物栝楼或双边栝楼的干燥根。具有清热泻火、生津止渴、消肿排脓的功效。

⑪马兜铃：为马兜铃科植物北马兜铃和马兜铃的果实。具有清肺降气、止咳平喘、清泄大肠的功效。

⑫桩白皮：学名"榆白皮"。榆科植物榆树的树皮、根皮。具有利水通淋、祛痰、消肿解毒之功效。

⑬白鲜皮：是一味清热药，为芸香科植物白鲜的干燥根皮。具有清热燥湿、祛风解毒的功效。

⑭石竹子：石竹科石竹属的多年生草本植物，植株的干燥地上部分可入药，具有利尿通淋、活血通经的功效，主治淋沥涩痛、经闭淤阻等病症。

⑮山蓣（yù）：为薯蓣科植物山药的块茎。

⑯黄精：是补阴药，为百合科植物滇黄精、黄精或多花黄精的干燥根茎。具有补气养阴、健脾、润肺、益肾的功效。

⑰茯苓：是一种利水渗湿药，为多孔菌科真菌茯苓的干燥菌核。具有利水渗湿、健脾、宁心安神的功能。

⑱半夏：是一味化痰止咳平喘药，为天南星科植物半夏的干燥块茎。具有燥湿化痰、降逆止呕、消痞散结的功效。

⑲贯众：是一种清热药，为鳞毛蕨科植物粗茎鳞毛蕨的干燥根茎和叶柄残基。具有清热解毒、驱虫的功效。

⑳地扁蓄：学名萹蓄。具有利尿通淋、清热利湿、杀虫止痒等功效。

㉑苦练皮：为楝科植物川楝或楝的干燥树皮和根皮。春、秋二季剥取，晒干，或除去粗皮，晒干。

㉒益母草：是一味活血调经药，为唇形科植物益母草的新鲜或干燥地上部分。具有活血调经、利尿消肿、清热解毒的功能。

㉓山豆根：是一味清热药，为豆科植物越南槐的干燥根和根茎。具有清热解毒、消肿利咽的功效。

㉔牡丹皮：是一味清热药，为毛茛科植物牡丹的干燥根皮。具有清热凉血、活血化瘀的功效。

㉕车前子：是一味利水渗湿药，为车前科植物车前或平车前的干燥成熟种子。具有清热利尿通淋、渗湿止泻、明目、祛痰的功效。

【译文】

藜芦、草乌、秦皮、百部根，生长在天目山。菖蒲、桑白皮、芍药、荆芥、薄荷、紫苏、天南星，生长在於潜县和昌化县。天花粉即瓜蒌根、马兜铃、椿白皮、白鲜皮、石竹子蘥、山蘋、黄精，生长在於潜余杭山。枸杞、茯苓、半夏、贯众、地扁蓄、苦练皮、益母草，生长在龙井山谷。山豆根、牡丹皮、车前子。

石膏，钱塘县西有山出，如雪莹白，旧县治亥地有狱产此。寒水石①，南高峰塔下生，软者寒水，硬者石膏。蒲黄②、榆白皮、凤眼草③、金星草④，生南高峰。黄皮⑤，生於潜及雷峰塔下。石燕[6]，九邑山洞中皆有之。枳实[7]、续断[8]、青蒿子[9]、香薷[10]、千年润土人呼为地蜈蚣草[11]、石香菜[12]。

【注释】

①寒水石：硫酸盐类矿物芒硝的晶体。功能清热降火、利窍、消肿。

②蒲黄：是一味止血药，为香蒲科植物水烛香蒲、东方香蒲或同属植物的干燥花粉。具有收敛止血、活血祛瘀、利尿通淋的功效。

③凤眼草：苦木科植物臭椿之果实。

④金星草：水龙骨科植物大果假密网蕨的全草。功能清热、凉血、解毒。

⑤黄皮：山茱萸科植物长圆叶梾木的树皮。功能为祛风散寒、活络止痛。

⑥石燕：为古生代腕足类石燕子科动物中华弓石燕及弓石燕等多种近缘动物的化石。具有除湿热、利小便、退目翳之功效。

⑦枳（zhǐ）实：是一味理气药，为芸香科植物酸橙及其栽培变种或甜橙的干燥幼果。具有破气消积、化痰散痞的功效。

⑧续断：是一味补虚药，为川续断科植物川续断的干燥根。具有补肝肾、强筋骨、续折伤、止崩漏的功效。

⑨青蒿（hāo）子：为菊科植物黄花蒿的果实。具有清热明目、杀虫之功效。

⑩香薷（rú）：是一味解表药，为唇形科植物石香薷或江香薷的干燥地上部分。具有发汗解表、化湿和中的功效。

⑪千年润：药草石斛的别名。是一种补虚药，为兰科植物金钗石斛、霍山石斛、鼓槌石斛或流苏石斛的栽培品及其同属植物近似种的新鲜或干燥茎。具有益胃生津、滋阴清热的功效。

⑫石香菜（róu）：为唇形科植物石香薷的全草。具有镇静、催眠、抗焦虑、止痛、抗惊厥等功效。

【译文】

石膏,在钱塘县西边的山里出产,颜色像雪一样洁白。过去的县治在亥地,那里有监狱,就产出这种东西。寒水石,生长在南高峰塔的下面,质地柔软的是寒水石,质地坚硬的是石膏。蒲黄、榆白皮、凤眼草、金星草,生长在南高峰。黄皮,生长在於潜县以及雷峰塔下。石燕,九邑山洞中都有。枳实、续断、青蒿子、香薷、千年润当地人称为地蜈蚣草、石香菜。

禽之品

雀,《宋书》云盐官屡有白雀之异①。鹅。鸡:有数种,山鸡、家鸡、朝鸡②。鸭、鹊、鸽、鹇③、雉④、鹌鹑、鸥、鹭、鹳、鸠、鹰、鹞⑤、鹘⑥、鸱⑦。燕:韩溉咏云⑧:"对语春风翠满衣,碧江迢递往来稀。远空尽日和烟去,深院无人带雨归。珠箔下时犹脉脉,画堂深处正依依。王孙尽许营巢稳,惯听笙歌夜不归。"

【注释】

① 《宋书》云盐官屡有白雀之异:《宋书》卷二十九《符瑞志下》多次提到白雀现于盐官。白雀,白色的雀,古代以为祥瑞。屡,原作"属",据《咸淳临安志》卷五十八《风土·物产·禽之品》改。
② 朝鸡:早晨报晓的雄鸡。(宋)袁文《瓮牖闲评》卷五:"朝鸡者,鸣得绝早,盖以警入朝之人,故谓之朝鸡。"
③ 鹇(xián):尾长,雄的背为白色,有黑纹,腹部黑蓝色;雌的全身棕绿色。是世界有名的观赏鸟。
④ 雉:通称野鸡。先秦时期便有捕食"雉"的记载。《孟子·梁惠王下》:"文王之囿方七十里,刍荛者往焉,雉兔者往焉,与民同之。"

⑤鹞(yào)：似鹰而小，是一种猛禽。雌鸟背羽灰褐色，腹羽白色而带棕褐横斑。雄鸟较小，背羽深灰，腹斑较深较细。以小鸟为食。
⑥鹘(hú)：即隼。
⑦鸱(chī)：本义指一种凶猛的鸟，鹞子。又名鹞鹰、老鹰、鸢鹰。
⑧韩溉：唐代诗人。

【译文】

雀，《宋书》记载盐官多次有白雀出现的异象。鹅。鸡：有几个品种，山鸡、家鸡、朝鸡。鸭、鹊、鸽、鹏、雉、鹌鹑、鸥、鹭、鹳、鸠、鹰、鹞、鹘、鸱。燕：韩溉写诗咏叹道："对语春风翠满衣，碧江迢递往来稀。远空尽日和烟去，深院无人带雨归。珠箔下时犹脉脉，画堂深处正依依。王孙尽许营巢稳，惯听笙歌夜不归。"

莺：危稹咏曰①："天上金衣侣，还能贶草莱。风流晋王谢②，言语汉邹枚③。公等久安在，今从何处来？山禽正嘈杂，慰我日徘徊。"

【注释】

①危稹：原作"元稹"，据《两宋名贤小集》卷二百六十五《巽斋小集》、《千家诗选》卷十九《禽兽门》改。此诗题为《闻莺》。危稹，字逢吉，旧名科。临川人。宋孝宗淳熙十四年（1187）中进士，任南康军教授。建龙江书院，奏罢经总制无名钱五千缗。
②王谢：六朝望族王氏、谢氏的并称。后为高门世族的代称。
③邹枚：汉朝邹阳、枚乘的并称。两人皆以才辩著名当时。后借指富于才辩之士。

【译文】

莺：危稹咏道："天上金衣侣，还能贶草莱。风流晋王谢，言语汉邹枚。公等久安在，今从何处来？山禽正嘈杂，慰我日徘徊。"

鸲鹆①、鹡鸰又名雪姑②、竹鸡③、䴔䴖④、鹘鸼⑤、绀练、鸬鹚亦名顽鹚⑥、钻沙、鱼虎、章鸡。白头翁,乌头白颊,蜡嘴⑦。告天子。杜鹃:沈乐山咏云:"到得春深便忆乡,要归归去底须忙。催残陇月情何切,染遍林花恨更长。梦破四山风雨夜,心灰万里利名场。为言蜀道今非昔,纵使归来亦断肠。"

【注释】

①鸲鹆(qú yù):一般指八哥。属于雀形目椋鸟科。

②鹡鸰(jí líng):又称点水雀、尾颤儿。体形纤小秀丽,嘴形细长,脚细长,后趾有长而下弯的爪。背部羽毛颜色纯一,中央尾羽比两侧的长,停息时尾上下摆动。生活在水边,吃昆虫等。种类较多,常见的有白鹡鸰。

③竹鸡:鸡形目雉科竹鸡属的小型禽类。喙黑色或近褐色,额与眉纹为灰色,头顶与后颈呈嫩橄榄褐色,并有较小的白斑。因其主要在竹林中生活,故名。

④䴔䴖(jiāo jīng):即池鹭。

⑤鹘鸼(gǔ zhōu):古书上记载的一种鸟。似山鹊而小,短尾,青黑色,多声。

⑥鸬鹚(hé):一种大型水鸟,体型较大,羽毛黑色,带有绿色光泽,嘴强而长,脚位于身体后部,善于游泳和潜水。常栖息于江河、湖泊、海洋等水域,以鱼类为食。

⑦蜡嘴:《三才图会》载:"蜡嘴生于象山,似雀而大。嘴如黄蜡色,故名。"

【译文】

鸲鹆、鹡鸰又名雪姑、竹鸡、䴔䴖、鹘鸼、绀练、鸬鹚又名顽鹚、钻沙、鱼虎、章鸡。白头翁,乌头白颊,蜡嘴。告天子。杜鹃:沈乐山咏叹道:"到得春深便忆乡,要归归去底须忙。催残陇月情何切,染遍林花恨更长。梦破四山风雨夜,心灰万里利名场。为言蜀道今非昔,纵使归来亦断肠。"

布谷①、画眉②。百舌:林和靖诗云③:"百种堪怜巧言语,一般惟欠好毛衣。"婆饼焦。提壶④:和靖过下湖别墅诗云⑤:"多谢提壶鸟,留人到落晖。"

【注释】

①布谷:《本草纲目》载:"(释名)(时珍曰)布谷名多,皆各因其声似而呼之。"

②画眉:《三才图会》:"画眉,似莺而小,黄黑色。其眉如画,故曰画眉。巧于作声如百舌。"

③林和靖诗:此诗题为《百舌》。全诗如下:"柳条初重草初肥,烟湿园林晚未稀。百种堪怜巧言语,一般惟欠好毛衣。欺凌红杏从头宿,讽刺黄鹂趁背飞。谁道关关便多事,更能缄默送芳菲。"

④提壶:一种观点认为提壶鸟指的是鹈鹕。另一种观点认为提壶鸟是一种山鸟,属于杜鹃科。这种鸟体型较小,因叫声似"提壶"而得名。

⑤和靖过下湖别墅诗:此诗题为《上湖间泛舣舟石函因过下湖小墅》。全诗如下:"平皋望不极,云树远依依。及向扁舟泊,还寻下濑归。青山连石埭,春水入柴扉。多谢提壶鸟,留人到落晖。"

【译文】

布谷、画眉。百舌:林和靖诗:"百种堪怜巧言语,一般惟欠好毛衣。"婆饼焦。提壶:林逋《过下湖别墅》诗云:"多谢提壶鸟,留人到落晖。"

黄雀。溪鶒①:和靖《春日即事》诗②:"鸳鸯如绮杜蘅肥③,溪鶒夷犹翠潋微。"偷仓、家鹩、八哥儿、披绵。鹭鸶:邵棠咏云④:"如鹇非鹤自精神⑤,天地江湖快尔生。既不鹃吟因甚瘦⑥,何尝食素也能清。随身钓具去无系,到处画图来便成。见说得鱼归较晚,芦花滩上月偏明。"徐灵祐咏鹭诗云⑦:"一点白如雪,顶黏丝数茎。沙边行有迹,空外过无声。高柳巢方稳,危滩立不惊。每看闲意思,渔父是前生。"钩辀⑧:和靖诗云⑨:"云木叫钩辀。"野凫⑩。

【注释】

①溪鶒(xī chì):动物名。鸟纲雁形目。形似鸳鸯而稍大,羽毛多紫色,尾如船舵。多栖息于溪涧湖沼间,以小鱼、小虫为食。亦称为"溪鸭"。

②和靖《春日即事》诗:此诗题为《池上春日即事》。全诗如下:"鸳鸯如绮杜衡肥,溪鶒夷犹翠潋微。但据汀洲长并宿,莫冲烟霭辄惊飞。已输谢客清吟了,未忍山翁烂醉归。钓艇自横丝雨霁,更从蒲荇媚斜晖。"

③杜蘅(héng):植物名。马兜铃科细辛属,多年生草本。有地下根茎,叶呈心脏形,有长叶柄,叶面有白斑。冬至春天开暗紫色小花。

④邵棠咏云:此诗题为《咏鹭鸶》。

⑤鹇(xián):鸟名,统称白鹇,类似山鸡而色白。

⑥既不鹃吟因甚瘦:谓鹭鸶鸟既然没有什么忧愁,缘何清瘦?鹃吟,即杜鹃鸟吟叫。中国古诗常用杜鹃的啼叫来表达哀伤之情,故有"杜鹃啼血"之语。

⑦徐灵祐咏鹭诗:此诗题为《鹭鸶》。

⑧钩辀(gōu zhōu):鹧鸪鸣声。

⑨和靖诗：此诗仅存残句："草泥行郭索，云木叫钩辀。"（宋）陈应行编《吟窗杂录》卷三十四上题为《山居诗》。

⑩野凫：野鸭。

【译文】

黄雀。鹡鸰：林逋《春日即事》诗："鸳鸯如绮杜蘅肥，鹡鸰夷犹翠潋微。"偷仓、家鹅、八哥儿、披绵。鹭鸶：邵棠咏叹道："如鹇非鹤自精神，天地江湖快尔生。既不鹈吟因甚瘦，何尝食素也能清。随身钓具去无系，到处画图来便成。见说得鱼归较晚，芦花滩上月偏明。"徐灵祐咏鹭诗："一点白如雪，顶黏丝数茎。沙边行有迹，空外过无声。高柳巢方稳，危滩立不惊。每看闲意思，渔父是前生。"钩辀：林逋诗："云木叫钩辀。"野凫。

兽之品

马：昔吴越钱王牧马于钱塘门外东西马塍，其马蕃息至盛，号为"马海"。今余杭、临安、於潜三邑，犹有牧马遗迹焉。豕、牛、鹿、虎、狐、麂。狸①：系牛尾玉面，生于昌化於潜山中。兔、獭。猫：都人畜之捕鼠，有长毛白黄色者称曰"狮猫"②，不能捕鼠，以为美观，多府第贵官诸司人畜之，特见贵爱。

【注释】

①麂狸：原作"狸麂"，据《咸淳临安志》卷五十八《风土·物产·兽之品》改。狸，（明）彭大翼《山堂肆考》卷二百一十九《毛虫·狐（附狸）》："狸：……一种面白而尾似牛，名玉面狸，又名牛尾狸，专食百果。"

②狮猫：（元）程钜夫《雪楼集》卷二十六《题武仲经知事狮猫画卷》："狮猫，盖旧时禁中所养，好洁善馋而不捕鼠。吁！养猫所以捕鼠也，以捕鼠为职，则目不停伺，爪不停攫，庶几无负所养者。是猫也，褥温而坐安，毛泽而体肥，养之者至矣。而澹乎若无营焉。所职何如哉？"

【译文】

马：过去吴越王在钱塘门外的东西马塍牧马，他的马繁衍得非常兴盛，号称马海。现在余杭、临安、於潜这三个县还有养马的遗迹。豕、牛、鹿、虎、狐、麂。狸：尾巴像牛尾一样，面容如玉，生长在昌化於潜山中。兔、獭。猫：杭州人家养猫用来捕鼠。有一种猫长着长长的毛，毛色为白黄色，被称为"狮猫"。这种猫不能捕鼠，只是因为好看，所以很多达官贵人家里都养，特别受主人的喜爱。

犬：畜以警盗。《太平广记》载灵隐寺造北高峰塔①，有寺犬自山下衔砖石至山巅，吻为流血。人怜之，以草系砖于背。塔成犬毙，寺僧恤衔砖之功，葬于寺门八面松下。又钱塘县界地名狗葬，桥名良犬，故老相传云：昔人被火燎几毙，犬入水以濡其主，得苏省，后犬死，里人葬之，立此名旌其义耳。

【注释】

①《太平广记》：宋太宗太平兴国二年（977），李昉、扈蒙、李穆、徐铉等十四位学者奉命编纂的一部大型类书。全书共500卷，取材于汉代至宋初的野史、小说、传记、道经、释藏等杂著。按题材分为92个大类，内容涵盖神仙、鬼怪、报应、精怪、异僧、女仙、草木、龙虎等众多主题。此外，书中还收录了大量已失传的古小说。因

成书于太平兴国年间,故得名《太平广记》。北高峰塔:《咸淳临安志》卷八十二《寺观八·佛塔·北高峰塔》:"天宝中,邑人建。高七层,屡坏屡修,中藏古佛舍利。元丰间,长老圆明大师重建。咸淳七年又毁,见议鸠工。"

【译文】

狗:养狗是用来警戒盗贼的。《太平广记》记载灵隐寺建造北高峰塔,寺里面的一条狗从山下把砖石衔到山顶,嘴都磨出了血。人们可怜它,就把砖石用草系在它的背上。塔建成后,狗死了。寺里的僧人怜惜这条狗衔砖的功劳,将它埋葬在寺门内的八面松下。还有,钱塘县境内有个地方叫狗葬,有座桥叫良犬。老人们相传,说过去有个人差点被火烧死,他的狗跳进水里弄湿身上的毛,然后打湿他的主人。这个人醒过来后狗却死了,村里的人把狗埋葬在这里,取这个名字是为了表彰狗的忠义。

虫鱼之品

鲤。鲫:西湖产者骨软肉松。鳜[①]:独西湖无此种。鳆[②]、鳊[③]、鳢[④]、鲻[⑤]、鳣[⑥]、鲈[⑦]、鲚[⑧]、鳝[⑨]、鲇[⑩]、黄颡[⑪]、白颊[⑫]、鮰鲫。石首:王右军帖云:"此鱼首有石,是野鸭所化。"蒲春鳖。鲨、鮹、白鱼[⑬]。鲥:六和塔江边生,极鲜腴而肥。江北者味差减。鯕[⑭]、鲘[⑮]、鳟、鳅[⑯]、鳗[⑰]、鳝、蚌、龟。鳖[⑱],又名神守。

【注释】

① 鳜(guì):体侧扁,背部隆起,黄绿色,全身有黑色斑点,口大,鳞片细小,尾鳍呈扇形。性凶猛,吃鱼、虾等。生活在淡水中。

②鲿(cháng)：身体侧扁，头较大，眼小。生活在海洋中。

③鳊(biān)：头尖，身体侧扁，呈菱形，尾巴小，鳞较细。生活在淡水中。

④鳢(lǐ)：身体圆筒形，头扁，背鳍和臀鳍很长，尾鳍圆形，头部和躯干都有鳞片。种类很多，最常见的是乌鳢。

⑤鲻(zī)：身体长，前部圆，体侧扁，头短而扁，吻宽而短，眼大，鳞片形，没有侧线。背部青灰色，腹部白色。生活在浅海或河口咸水和淡水交汇的地方。

⑥鳝(shàn)：同"鳝"。黄鳝。体呈鳗形，具暗色斑点，光滑无鳞。栖息池塘、小河、稻田的泥洞或石缝中。

⑦鲈(lú)：体侧扁，上部青灰色，下部灰白色，背部和背鳍有黑斑，口大，下颌突出。性凶猛，吃鱼虾等。生活在近海，秋末到河口产卵。

⑧鲚(jì)：体小侧扁，头小而尖，尾尖而细，银白色。生活在海洋中，有的春季或初夏到河中产卵。种类较多，常见的有凤鲚、刀鲚等。

⑨鳝(shàn)：通常指黄鳝，外形像蛇，身体黄色有黑斑。

⑩鲇(nián)：体表多黏液，无鳞，背部苍黑色，头扁口阔，有须两对，尾圆而短，不分叉，背鳍小，臀鳍与尾鳍相连。生活在淡水中，吃小鱼、贝类、蛙等。

⑪黄颡(sǎng)：体延长，前部平扁，后部侧扁，长十余厘米。青黄色，大多有不规则褐色斑纹。生活于江湖底层。

⑫白颊：体细长，亚圆筒形，头尖长，口大且有锯齿。栖息于淡水湖泊、河流中，以小鱼、虾类为食。

⑬白鱼：鲤形目鲤科中十余种鱼的统称。

⑭鲯(qí)：体侧扁，长达一米，尾柄细小，黑褐色，头高大，额部隆起，背鳍很长，尾鳍分叉深。生活在海洋中。

⑮鳘(móu)：古文献中提到的一种鱼，可能指一种体型较小的鳖。

⑯鳅：泥鳅。身体圆，侧扁，口小，有须，皮上有黏液，常钻在泥里。

⑰鳗(mán)：又叫白鳝，身体前圆后扁，背鳍、臀鳍和尾鳍连在一起，

生活在淡水中,到海里产卵。

⑱鳖:甲鱼。

【译文】

鲤。鲫:西湖所产的鲫鱼,鱼骨软,鱼肉松。鳜鱼:只有西湖没有这种鱼。鳟、鳊、鳢、鲻、鲈、鲦、鳝、鲇、黄颡、白颊、鲀鳎。石首:王羲之的字帖里说:'这种鱼的头部有石头,是野鸭变化而来的。'蒲春鳖。鲨、鮈、白鱼。鲥:生长在六和塔江边,鱼鳞下面的肉极其肥美。长江以北的白鲥味道就略微差一些。鲯、鮆、鳟、鳅、鳗、鳝、蚌、龟。鳖,又名神守。

鰕:湖河生者壳青,江产者名白鰕,大者名青斑鰕。蝤蛑①、黄甲②、蟛蜞③。彭蚏④,产盐官。

【注释】

① 蝤蛑(yóu móu):学名锯缘青蟹。别名石蟹、火蠘、红夹子、鬼脸儿。属于梭子蟹科。体型较大,外观类似普通螃蟹,但更为强壮。螯有力。生活在海边。

② 黄甲:螃蟹的别称。

③ 蟛蜞(péng qí):学名相手蟹。淡水产小型蟹类。身体较小,头胸甲略呈方形,螯足无毛,呈淡红色,步足有毛。常穴居于海边或江河泥岸,对农作物有一定危害。

④ 彭蚏(yuè):一种小型蟹。

【译文】

虾:生长在湖泊河流中的虾,壳是青色的;生长在江里的虾名字叫白虾,大的叫青斑虾。蝤蛑、黄甲、蟛蜞。彭蚏,产于盐官。

蟹:《淮南子》云:"蛤蟹珠龟①,与月盛衰。"皆阴属也。

西湖旧多葑田，蟹螯产之。今湖中官司开垦荡地，艰得矣。和靖诗有"草泥行郭索"之句。刘贡父诗云②："稻熟水波老，霜螯已上罾③。味尤堪荐酒，香美最宜橙。壳薄胭脂染，膏腴琥珀凝。情知烹大鼎④，何似莫横行？"

【注释】

①蛤蟹：原作"蚌蟹"，据《淮南子》卷四改。

②刘贡父诗：此诗题为《食蟹》。（宋）刘克庄《千家诗选》卷二十《昆虫门》作者题为"刘吉"。刘贡父，即刘攽，字贡父，号公非，临江军新喻（今江西新余）人。北宋著名史学家、文学家。与兄长刘敞同登仁宗庆历六年（1046）进士第。曾任国子监直讲、馆阁校勘。宋神宗朝因反对王安石新法，被外放为地方官。宋哲宗即位后被召回朝廷，历任中书舍人等职。学识渊博，尤其精通史学，是司马光编撰《资治通鉴》的主要助手之一，负责汉代部分。

③霜螯：《千家诗选》卷二十《昆虫门·食蟹》作"双螯"。罾（zēng）：四边有支架的方形渔网。

④大鼎：《千家诗选》卷二十《昆虫门·食蟹》作"鼎镬"。

【译文】

蟹：《淮南子》中说："蛤、蟹、珍珠、乌龟的肥瘦与月亮的盈亏有关。"这是因为它们都属于阴类。西湖过去有很多葑田，盛产螃蟹和鳖。现在湖中的官员们开掘荡地，很难找到了。林逋有"草泥行郭索"的诗句。刘贡父有诗："稻熟水波老，霜螯已上罾。味尤堪荐酒，香美最宜橙。壳薄胭脂染，膏腴琥珀凝。情知烹大鼎，何似莫横行？"

蠃①、蚬②、蛤。螺：有数种，螺蛳③、海螺、田螺、海蛳④。

【注释】

① 螷（pí）：狭长的蚌蛤。
② 蚬（xiǎn）：亦称"扁螺"。软体动物，介壳形状像心脏，表面暗褐色，有轮状纹；内面色紫。栖淡水软泥中。肉可食，壳可入药。
③ 螺蛳（luó sī）：淡水螺的通称。一般个体较小。
④ 海蛳：软体动物，属于腹足纲，与螺蛳同类但为异种。其螺壳呈圆锥形，通常生活在淡水中。味道鲜美，可供食用。

【译文】

螷、蚬、蛤。螺：有几种，螺蛳、海螺、田螺、海蛳。

金鱼，有银白、玳瑁色者。东坡曾有诗云①："我识南屏金鲫鱼②。"又曰："金鲫池边不见君③。"则此色鱼旧亦有之。今钱塘门外多畜养之，入城货卖，名"鱼儿活"④。豪贵府第宅舍沼池畜之。青芝坞玉泉池中盛有大者，且水清泉涌，巨鱼游泳堪爱。

【注释】

① 东坡曾有诗：此诗题作《去杭十五年复游西湖用欧阳察判韵》。全诗如下："我识南屏金鲫鱼，重来拊槛散斋余。还从旧社得心印，似省前生觅手书。蘋合平湖久芜漫，人经丰岁尚凋疏。谁怜寂寞高常侍，老去狂歌忆孟诸。"
② 南屏：指杭州西湖的南屏山，西湖的著名景点之一。
③ 金鲫池边不见君：此诗题作《往富阳新城李节推先行三日留风水洞见待》。全诗如下："春山磔磔鸣春禽，此间不可无我吟。路长漫漫傍江浦，此间不可无君语。金鲫池边不见君，追君直过定山村。路人皆言君未远，骑马少年清且婉。风岩水穴旧闻名，只隔

山溪夜不行。溪桥晓溜浮梅萼,知君系马岩花落。出城三日尚逶迟,妻孥怪骂归何时。世上小儿夸疾走,如君相待今安有。"

④鱼儿活:宋时称养殖、货卖金鱼的职业。

【译文】

金鱼,有银白色、玳瑁色的。苏轼曾有诗描述金鱼:"我识南屏金鲫鱼。"还有诗句:"金鲫池边不见君。"那么这种金鱼以前也就有了。现在钱塘门外有很多人蓄养金鱼,他们进杭州城来贩卖金鱼,被称为"鱼儿活"。豪贵人家的府第宅舍建造水池来蓄养金鱼。青芝坞的玉泉池中就有很多大个头的金鱼,池水清澈,泉水喷涌,巨鱼游来游去十分可爱。

免本州岁纳及苗税

【题解】

本条简单叙述了南宋杭州免土地税的情况。五代时期,杭州在吴越国统治范围内,吴越国领土狭窄,为了在强敌环伺的环境下维持独立状态,一方面大力征收赋税,强大兵力,同时又主动向中原王朝称臣纳贡,以换取对方的庇护。为了讨好中原王朝,吴越国每年都要以各种名义向中原王朝进贡,而这些巨大的开支,无疑就转嫁到吴越国百姓身上。宋朝兼并吴越国后,为了显示皇恩浩荡,下令免除各种苛捐杂税。但事实上,五代时期的许多赋税依然在宋代保留下来。南宋建立后,杭州成为行在,为了拉拢南方士人,稳固统治,南宋皇帝多次下诏减免杭州的赋税。从宋高宗到南宋末年宋度宗,几乎每个南宋皇帝都会以各种名义免除杭州部分土地税。这些做法一方面确实减轻了杭州百姓的赋税负担,但另一方面也显示了杭州百姓日常所承受的赋税十分沉重。本条文字引自《咸淳临安志》卷五十九《贡赋》。

杭州乃吴分野,号古扬州。昔武肃钱王统二浙,地狭民稠,赋敛苛暴,人不堪生。太宗朝纳土后,命考功范旻知两浙诸州事镇抚[①],除一切苛害之政,蠲损害之赋,民得更生,四野老稚咸鼓舞于德意之中②。绍兴年间,六飞南渡③,宽恩大颁,首除岁贡御绫百匹。

【注释】

①范旻:字贵参,范质之子,大名宗城(今河北威县东)人。太平兴国三年,吴越国归宋,为考功郎中、权知两浙诸州军事。

②德意:布施恩德的心意。《周礼·秋官·掌交》:"道王之德意志虑,使咸知王之好恶。"

③六飞:亦作"六验""六蜚"。古代皇帝车驾六马,疾行如飞,故名。后指称皇帝的车驾或皇帝。(唐)杜牧《长安杂题长句》之五:"六飞南幸芙蓉苑,十里飘香入夹城。"

【译文】

杭州是吴地对应的星次区域,号称古扬州。从前武肃王钱镠统治两浙地区,土地狭窄而人口稠密,赋税横征暴敛,百姓无法忍受这样的生活。宋太宗在位时,吴越国纳土归宋,皇帝任命考功员外郎范旻担任两浙诸州的长官,以安抚当地百姓。废除一切残酷虐待百姓的政令,免除损害百姓的赋税,百姓得以重获新生,田野中的老人小孩都在皇恩的感召下欢欣鼓舞。绍兴年间,高宗皇帝南迁,施行了宽大的仁政,首先废除了杭州每年贡奉一百匹御用绫的制度。

景定间,度宗践祚之初①,首遵先朝遗制,蠲免临安府近例岁贡,增添纳进钱一百一十五万八千五百四十贯有奇,更有资政帅臣申钱塘、仁和两赤县寺观、府第、官舍拨赐田地,免征折帛苗粮②,及册逃亏赋等苗税。

【注释】

① 践祚：天子即位、登基。

② 折帛：即折帛钱。宋代杂税。宋初实行和买绢，宋仁宗宝元年间，官府和买绢以钱三盐七作价。宋徽宗崇宁三年（1104），朝廷不再支付钱、盐，但百姓照纳绢。和买绢成为变相课征。南宋初年，两浙转运副使王琮建议，每匹绢折钱两千以助国用，称折帛钱。

【译文】

景定年间，宋度宗刚即位时，首先遵循先朝遗制，免除临安府近年按惯例每年上缴的贡物，还减免新增缴纳的钱一百一十五万八千五百四十多贯。更有历任主政的帅臣申报钱塘、仁和这两个京城辖区县内的寺庙道观、官员府第、官府房舍被拨赐的田地免征折帛、苗粮以及册逃亏赋等赋税。

咸淳岁，九县畸零税绢除赦文蠲免一尺以外，尹京潜皋墅更与本州代输一尺以上绢畸零税色计一十四万六千五百七十一匹有奇，总该界钱十八界会子计三万四千四百八十贯文。又苗米不及一升者①，朝家已行蠲放外，其一升以上至一斗以下秋苗米②，本州代输宽民力，通计八千八百一石有奇，总该界钱十八界二十六万九千七百五十贯。更代输咸淳七年本州夏税畸零钱共该十八界四十六万七千六百四贯。潜尹京首尾三载，代输颇多，诚有德于百姓，深足嘉尚矣③。

【注释】

① 升：《说文·斗部》："升，十龠也。"段注："律历志曰：'十合各本作十龠。误，今正。龠为合，十合为升，十升为斗，十斗为斛，而五量嘉矣。'"《唐律疏议》："二龠为合，十合为升，十升为斗，十斗为

斛。"

②斗:《说文·斗部》:"斗,十升也。"

③嘉尚:称赞。

【译文】

　　咸淳年间,杭州九个县的畸零税绢,除了朝廷赦文免除的一尺绢以外,临安知府潜说友还为本州百姓代缴了一尺以上绢畸零税总计十四万六千五百七十一匹多,折合为十八界会子共计三万四千四百八十贯钱。另外,凡是每亩田秋苗税不到一升的,朝廷已经下令免征,对于那些每亩田秋苗税在一升以下至一斗以下的,本州代为缴纳,以缓解百姓负担,总计八千八百零一石有余,折合十八界会子二十六万九千一百五十贯。再加上代为缴纳咸淳七年本州的夏税畸零钱,总共折合十八界会子四十六万七千六百零四贯。潜说友任临安知府前后三年,多次代替百姓纳税,实在是对百姓有恩德,很值得嘉许。

免本州商税

【题解】

本条简单介绍了南宋末年杭州减免商税的情况。南宋时杭州作为行都和经济中心,商业繁荣,商税成为政府重要的财政收入来源。杭州有五个税场,每年收入大量商税。然而,为了促进经济发展和稳定社会秩序,南宋政府在杭州采取了一系列商税减免措施。首先,为了减轻商人的负担,鼓励商业活动,朝廷经常降旨减免杭州的商税。宋度宗咸淳年间,朝廷先是下令减免杭州五天的商税,后来这种减免逐渐成为惯例,最终形成每五个月进行一次商税减免。至于税收缺口,则由朝廷拨款填补州府。其次,免除一些生活必需品如米、茶、盐、柴炭的商税。这些商品的免税政策不仅在灾荒时期实施,而且在平时也延续下来以保障民生。第三,当遇到水旱灾害时,南宋政府会临时减免商税,以减轻商人和百姓的负担,帮助恢复经济。这些税收减免措施在一定程度上促进了杭州商业的繁荣,也体现了南宋政府对经济和社会稳定的重视。本条文字引自《咸淳临安志》卷五十九《贡赋·商税》。

杭州五税场,自赵安抚节斋申请减放外,一岁共收十八界会四十二万贯为定额。景定改元以来①,朝家务欲平物价,纾宽民力,累降旨蠲免商税,仍令本州具合收税额申省科还②。咸淳二年二月,又降指挥再免商税五日,以便商贾。自后帅府遵承朝旨,接续展放蠲免税额,常以五月为期。朝省每五月一次,照本府征额拨一十八界一十七万五千贯文以补郡费,至今行之。百姓与商贾等人莫不歌舞,感戴上赐。此历代所罕有也。

【注释】

①景定改元:景定五年(1264年)十月二十六日,宋理宗驾崩。宋度宗接受遗诏即皇帝位。十二月辛丑,诏改明年为咸淳元年。

②科还:责令归还。

【译文】

杭州有五个税务场,自从安抚使赵与篡申请减免赋税之后,税场一年总共收取十八界会子四十二万贯作为固定的数额。景定改元以来,朝廷一直想要平抑物价,减轻百姓负担,多次下令减免商税,还命令本州将应该收取的税额上报给尚书省,由省部偿还。咸淳二年二月,朝廷又下达指令,再次免除杭州五天的商税,以便商人做生意。自此以后,安抚司遵照朝廷旨意,继续免除百姓的税额,通常以五月为期限。朝廷每五个月一次,按照临安府的商税征收数额拨出十八界十七万五千贯钱,用来补贴临安府的费用,这个做法一直到现在还在施行。百姓和商人等没有不唱歌跳舞感激皇上的恩赐的。这种免除商税是历代都很少有的。

恩霈军民

【题解】

本条叙述了南宋杭州朝廷颁布的各种恩典。杭州作为南宋行都,朝廷经常颁布恩典,以稳定社会秩序、促进经济发展和改善民生。这些恩典主要体现在以下几个方面。首先,南宋朝廷在杭州实施了多种赋税减免政策,以减轻百姓和商人的负担。其次,房租减免是朝廷重要的恩典,包括每逢重大节日,如冬至、元旦、寒食等,朝廷会蠲免房租,以示皇恩浩荡。遇到各种自然灾害时,减免房租成为常规救灾方式。在皇室重大事务,如皇帝登基、祭祀时,朝廷也会减免房租。第三,南宋朝廷还通过多种方式救济杭州社会弱势群体。平日里,临安府会对杭州城内鳏寡孤独之人进行救济,对弃婴进行收养。遇到灾荒,朝廷会发放粮食或减免赋税。第四,对士兵的恩典。为了保护皇帝的安全,杭州驻扎着大批军队。为了笼络士兵,让他们忠于皇帝,南宋朝廷对这些士兵有若干赏赐,包括四季服装、钱粮,照顾士兵的家属;士兵战死后,朝廷还会负责继续照顾阵亡将士的遗孀;修建漏泽园,用于安置无主死者等。这些恩典政策不仅体现了南宋朝廷的仁政理念,也在一定程度上促进了杭州的经济繁荣和社会稳定。

宋朝行都于杭,若军若民,生者死者,皆蒙雨露之恩。

但霈泽常颁①,难以枚举,姑述其一二焉。

【注释】
①霈(pèi)泽:雨水,比喻恩泽。

【译文】
宋朝将杭州作为都城,无论是军人还是百姓,活着的还是死去的,都得到了皇帝的恩典。但是皇恩常常颁布,多得难以一一列举,姑且讲述其中一二。

遇朝省祈晴请雨、祷雪求瑞,或降生及圣节日分、淫雨①、雪寒,居民不易,或遇庆典大礼明堂,皆颁降黄榜②,给赐军民各关会二十万贯文。盖杭郡乃驻跸之所,故有此恩例耳。兼官私房屋及基地多是赁居,还僦金或出地钱。但屋地钱俱分大、中、小三等钱,如遇前件祈祷恩典,官司出榜除放房地钱,大者三日至七日,中者五日至十日,小者七日至半月。如房舍未经减者,遇大礼明堂赦文条划,谓一贯为减除三百,止令公私收七百。或年岁荒歉,米价顿穹③,官司置立米场,以官米赈济,或量收价钱,务在实惠及民。更因荧惑为灾,延烧民屋,官司差官吏于火场上具抄被灾之家各家老小,随口数分大小给散钱米。

【注释】
①淫雨:持续过久的雨。《礼记·月令》:"天多沉阴,淫雨蚤降。"
②黄榜:也作"皇榜"。旧时天子所颁的诏书,以黄纸书写,故称。
③穹:通"穹"。高。

【译文】

遇到朝廷祈晴、求雨、求雪，或者皇子降生和皇帝生日，雨雪天气，天气寒冷，居民出行不便；或是遇到庆典，如举行明堂大礼，朝廷都会颁布降下黄榜，赏赐给军民二十万贯关子和会子。因为杭州是皇帝驻跸之所，所以有这样的恩典。公私房屋及宅地，大多是租赁居住的，要交租金或者出纳租地钱。只是房基地钱都分为大、中、小三个等级。如果遇到前面所说的祈求恩典的事情，官府会张贴榜文，免除房产土地税。大的免除三天到七天，中等的免除五天到十天，小的免除七天到半个月。如果房舍没有减收过房基地钱，遇到大礼明堂赦文条款，说一贯的房舍租金减免三百文，只让公私户主收取七百文房租。有时年岁歉收，米价突然暴涨，官府会设置米场，用官米来赈济灾民，有时会按照一定的价格出售粮食，目的就是要把实惠带给百姓。如果遇到火灾，百姓房屋被焚烧，官府派遣官吏在火灾现场记录下受灾人户，其家的大人和小孩，根据人口数发给钱和粮食。

官置柴场，城内外共设二十一场，许百司官厅及百姓从便收买，价钱官司量收，与市价大有饶润。民有疾病，州府置施药局于戒子桥西，委官监督，依方修制丸散㕮咀①。来者诊视，详其病源，给药医治。朝家拨钱一十万贯下局，令帅府多方措置，行以赏罚，课督医员，月以其数上于州家，备申朝省。或民以病状投局，则畀之药，必奏更生之效。

【注释】

①㕮（fǔ）咀：中医指把药物切成片或弄碎，以便煎服。

【译文】

官府设置了柴场，杭州城内外一共设置了二十一处，允许各级官府衙门和百姓们随意购买木柴，价钱由官府估量收取，和市场价格相比有很大的优惠。百姓有生病的，州府在戒子桥西设置施药局，委托官员监督，依照药方制作丸药和散药。诊治来医治的病人，详细了解其得病的缘由，然后开药治疗。朝廷拨下十万贯钱给药局，命令安抚司从多方面进行安排处置，实行赏罚制度，考核督促医官，每月把医官救治的人数上报给临安府，再详细申报给朝廷。如果有百姓因为生病来药局求药，药局就会给他药，一定能起到起死回生的效果。

局侧有局名慈幼，官给钱典顾乳妇，养在局中，如陋巷贫穷之家，或男女幼而失母，或无力抚养，抛弃于街坊，官收归局养之，月给钱米绢布，使其饱暖，养育成人，听其自便生理，官无所拘。若民间之人愿收养者听，官仍月给钱一贯、米三斗，以三年住支。更有老疾孤寡，贫乏不能自存及丐者等人，州县陈请于朝，即委钱塘、仁和县官以病坊改作养济院，籍家姓名，每名官给钱米赡之。此见朝家恤贫救老如此。

【译文】
医药局的侧面有慈幼局，官府出钱雇佣乳母，让她们在慈幼局中照顾孩子。像住在陋巷的贫穷人家，有的男孩女孩年幼就失去了母亲，有的家庭没有能力抚养孩子，就把孩子抛弃在街上，官府就把这些孩子收归到慈幼局中来养育他们，每月发放钱、米和绢布，使他们吃饱穿暖，养育他们直到长大成人，听凭他们自行安排生计，官府不加限制。如果民间有人愿意收养这些孩子，允许他们收养，官府仍然每月发放这些收养孩子的家庭一贯钱、三斗米，三年后停止供给。还有年老患病、孤儿寡妇、贫穷得不能养活自己的以及乞丐等人，州县向朝廷陈述请求，朝廷便委托钱塘县、仁和县的县官，把病坊改建成养济院，登记这些人的姓名，每人都由官府供给钱粮来赡养他们。由此可见朝廷体恤贫困、救助老人到了这样的程度。

又殿、步、马三司养军以护行都,及秋防之备。月给钱粮,春冬请衣绵,使之饱暖。遇有差出,日给口券,功成则赏。如三司招军补额之时,每刺一卒①,官给关会一二封,衣装七事件②,则出军先散处,发关会及衣装。则军妻老幼月支赡家米粮,随军日支券粮,功成则转资给犒③;如阵亡,官给津送④,妻儿仍支赡孺幼之粮。

【注释】

①每刺一卒:唐末五代时士兵逃亡严重,为了防止逃亡,就在士兵身上刺纹作为标记。宋朝建立后沿用五代的做法,也会在士兵身上刺字,但并非所有兵种都会刺字。
②衣装:衣着,装束。
③转资:迁改资格级别。
④津送:办理丧事。

【译文】

另外,殿前司、步军司、马军司供养军队,用来护卫行都以及做好秋季防卫北方少数民族政权南下入侵的准备。每月发给士兵钱粮,春、冬季节则提供衣服和丝绵,使他们吃饱穿暖。遇到军队开拔出发,每天都发给他们口券,完成任务就有赏赐。比如三司招募士兵补充兵额的时候,每征募一名士兵,官府就发给一两封关子、会子,七件衣物装备。士兵出发之前先到住处,发放会子和衣物装备。士兵的妻子老小,朝廷每月发放赡养家人的米粮,家属随军,每天发放凭券领取的粮食,作战立功后就转升官资并给予犒赏。如果有士兵战死,官府会给他们办理丧事,并提供供养孤寡幼子的粮食。

更有两县置漏泽园一十二所①,寺庵寄留槥椟无主者②,或暴露遗骸,俱瘗其中③。仍置屋以为春秋祭奠,听其亲属享祀。官府委德行僧二员主管,月给各支常平钱五贯、米一石。瘗及二百人,官府察明申朝家,给赐紫衣师号赏之。

【注释】

①漏泽园:宋代官府为贫困无依的人所设立的埋葬地,专门埋葬无主的尸骨。(宋)周密《武林旧事》卷六《骄民》:"贫而无依者则有养济院,死而无殓者则有漏泽园。"
②槥(huì)椟:小棺材。此处泛指棺材。
③瘗(yì):掩埋,埋葬。

【译文】

另外有两个县设置了十二所漏泽园,寺院、庵堂寄放的无主棺材,以及暴露在外的尸骨,都埋葬在漏泽园中。仍然建造房屋用来春秋时节举行祭奠,允许死者的亲属祭祀。官府委派两位有德行的僧人主管漏泽园,每月分别发放他们常平钱五贯、米一石。掩埋了二百人以上的漏泽园,由官府出具保状向朝廷申报,朝廷赐给僧人紫衣和法师称号作为奖赏。

恤贫济老

【题解】

本条简单叙述了南宋杭州富室在救济贫苦百姓方面的善举和措施。南宋时,杭州作为行都十分发达,有钱人很多。不过,贫富差距也较为明显,社会底层百姓生活困苦。杭州城的有钱人家大多为寄居杭州的外地人,而这些人中许多人都是商人,通过商业活动他们积累了巨额财富。他们中不乏好善积德之人。这些富室会在他人买卖不利、生活困苦时伸出援手,给予钱物帮助其恢复生计。对于那些因贫困而无法安葬逝者的人家,富室会赠送棺木,帮助其完成火葬。在大雪等恶劣天气下,富室会亲自查看贫困百姓的困境,夜间将碎金银或钱会塞入门缝,或赠送棉被、棉袄等御寒物品。可以说,这些杭州富人的做法,属于典型的行善积德,践行了儒家"仁爱""济世"的思想。

杭城富室多是外郡寄寓之人[①],盖此郡凤凰山谓之客山,其山高木秀,皆荫及寄寓者。其寄寓人多为江商海贾,穹桅巨舶[②],安行于烟涛渺莽之中,四方百货不趾而集,自此成家立业者众矣。

【注释】

①寄寓:暂时寓居。
②穿桅(wéi)巨舶:形容大船。桅,竖立于船的甲板上的长杆,用来挂帆悬旗或兼做吊杆柱等。

【译文】

杭州城里的富户人家大多是外郡寄居在此地的人。杭州的凤凰山被称为客山,凤凰山山势高峻,树木茂盛,为那些寄寓于此的人提供了庇护和荫凉。那些寄居在这里的人大多是江商海贾,乘坐着高大的船只,安稳地行驶在浩渺迷茫的烟雾波涛之中。四面八方的各种货物不用人们奔走就能聚集于杭州,从此在杭州成家立业的人很多。

数中有好善积德者,多是恤孤念苦,敬老怜贫。每见此等人买卖不利,坐困不乐①,观其声色,以钱物周给,助其生理;或死无周身之具者,妻儿罔措②,莫能支吾,则给散棺木,助其火葬,以终其事。或遇大雪,路无行径,长幼啼号,口无饮食,身无衣盖,冻饿于道者。富家沿门亲察其孤苦艰难,遇夜,以碎金银或钱会插于门缝,以周其苦,俾侵晨开户得之,如自天降。或散以绵被絮袄与贫丐者③,使暖其体。如此则饥寒得济,合家感戴无穷矣。俗谚云:"作善者降百祥,天神佑之;作恶者降千灾,鬼神祸之。天之报善罚恶,捷于影响。"世人当以此为鉴也。

【注释】

①坐:因为。
②罔措:喻无所适从,不知所措。
③絮袄:内充丝绵或棉絮的冬季上衣。

【译文】

这些富商之中有喜好做善事、积阴德的人，大多能体恤孤儿、顾念不幸之人，敬重老人、怜悯贫穷之人。每次见到这些人做生意不顺利而不高兴，就观察他们的神色，给钱和物来周济他们，帮助他们维持生计。有的人死后没有用来装殓的东西，他们的妻子儿女不知所措，没有能力应对，行善之人就施舍散发棺木，帮助他们进行火葬，来完成丧葬之事。有时候遇到因为大雪天气道路上没法行走、大人小孩哭叫着、口中没有食物、身上没有衣服和被子、在道路上受冻挨饿的人，富有人家就挨门挨户亲自查看其中的孤苦艰难之人，到夜里就把零碎的金银或者会子插在门缝里，用来救济他们的困苦，使他们早晨打开门就能得到这些钱财，就好像从天上掉下来的一样。或是发放棉被、絮袄给贫苦的乞丐，让他们暖和身体。这样那些饥寒交迫的人都会得到救济，全家人都会感恩戴德。俗话说："做善事的人上天会降下各种祥瑞，天神会保佑他；做恶事的人上天会降下各种灾祸，鬼神会祸害他。上天回报善良、惩罚罪恶，比影子随形、回响随声还要迅速。"世间的人要以此为鉴。

卷十九

园囿

【题解】

本条介绍了南宋杭州的园囿情况。作为都城，杭州园林苑囿既有皇家御苑，也有私家园林。皇家苑囿如大内御园、德寿宫、聚景园等，不仅规模宏大，建筑精美，还与自然景观紧密结合，成为后世园林建设的重要范例。如屏山园，位于净慈寺后，开庆年间扩建至雷峰山下，理宗时更名为翠芳园。园内有八面亭堂，可观赏湖山美景。四圣延祥园，位于西湖边，是南宋皇家园林之一。大内御园，位于凤凰山的西北部，是一座风景优美的山地园。地势高爽，视野开阔，是宫中避暑之地。除了皇家园囿，杭州的私家园林特别多，知名的如云润园，位于西湖北山一带，由杨存中建造。择胜园，位于九曲墙下，由嗣秀王赵伯圭建造。胜景园，位于雷峰塔东、长桥南，原为皇家别馆，后赐给韩侂胄，改名南园；韩侂胄死后收回皇家，改名庆乐园；淳祐年间又赐给荣王赵询，改称胜景园。南宋杭州的园林注重借山、借水、借势，将西湖的山水风光融入园林设计之中，形成开放式园林景观。这些园林建筑艺术达到了极高的水平，体现了当时社会的繁荣与审美趣味。它们不仅是观赏自然美景的场所，还兼具娱乐、休闲、社交等功能。

杭州苑囿，俯瞰西湖，高挹两峰①，亭馆台榭，藏歌贮舞,四时之景不同,而乐亦无穷矣。然历年既多,间有废兴,今详述之,以为好事者之鉴②。

【注释】
①两峰:即南高峰、北高峰。
②好事者:有某种爱好的人。

【译文】
杭州的园林,俯瞰西湖,高高地与南、北两高峰相对,亭台楼阁之间有美妙的歌舞,四季的景色不同,其中的乐趣也是无穷无尽的。然而岁月已经过去很久了,其间园林也有兴盛和荒废,现在详细地加以讲述,来作为喜好这种事情的人的借鉴。

在城万松岭内贵王氏富览园、三茅观东山梅亭、庆寿庵褚家塘东琼花园、清湖北慈明殿园、杨府秀芳园、张氏北园、杨府风云庆会阁。望仙桥下牛羊司侧,内侍蒋苑使住宅侧筑一圃,亭台花木,最为富盛。每岁春月放人游玩,堂宇内顿放买卖关扑①,并体内庭规式②,如龙船、闹竿、花篮、花工,用七宝珠翠,奇巧装结。花朵冠梳,并皆时样③。官窑碗碟④,列古玩具,铺列堂右,仿如关扑,歌叫之声清婉可听⑤。汤茶巧细车儿,排设进呈之器,桃村杏馆酒肆,装成乡落之景。数亩之地,观者如市。

【注释】
①顿放:放置,安放。
②内庭:宫禁以内。
③时样:入时的样式,时新的式样。

④官窑：宋代著名瓷窑之一。北宋大观、政和年间，宫廷自建瓷窑烧造瓷器，故称。其色以粉青为上，其纹以冰裂鳝血为高。南渡后又于杭州别建新窑。

⑤清婉：清亮婉转。可听：好听。

【译文】

杭州城中万松岭内贵王氏富览园、三茅观东山梅亭、庆寿庵褚家塘东琼花园、清湖北慈明殿园、杨府秀芳园、张氏北园、杨府风云庆会阁。望仙桥下牛羊司的侧面，宦官蒋苑使住宅侧面修筑了一座园圃，里面有亭台花木，最为富丽壮观。每年春天的时候，这里允许百姓游玩，堂宇内摆放着各种买卖摊位和赌博游戏，一切都按照内廷的规矩，如龙船、闹竿、花篮、花工，用七宝镶嵌珠宝翠玉，奇巧地装饰扎缚。花朵、冠帽、梳子，全都是时兴的样式。精美的官窑瓷器和各种古玩玩具被陈列出来，供人欣赏。这些物品被整齐地摆放在厅堂的右侧，陈列和售卖的方式类似于当时流行的关扑游戏。现场的叫卖声和歌声清脆悦耳，营造出热闹的氛围。茶店要准备好茶车和陈列茶具的器皿。桃花装点的村庄、杏花点缀的馆舍，还有酒店都被打造成乡村田园的景色。几亩大的地方，观看的人像集市上的人一样多。

城东新门外东御园，即富景园①，顷孝庙奉宪圣皇太后尝游幸。五柳园即西园、张府七位曹园。南山长桥庆乐园，旧名南园，隶赐福邸。园内有十样亭榭，工巧无二，俗云"鲁班造者"②。射圃、走马廊、流杯池、山洞，堂宇宏丽，野店村庄③，装点时景④，观者不倦。内有关门⑤，名凌风，关下香山巍然立于关前，非古沈即枯桪木耳⑥。盖考之志，其《闻见录》所载者误矣⑦。

【注释】

①富景园:又名东御园,俗称东花园。在今杭州郭东园巷一带。
②鲁班:春秋时期土木建筑、木匠祖师。
③野店:指乡村旅社。
④时景:季节,时令。
⑤关门:关口上的门。
⑥枿(niè):树木砍去后留下的树桩子。
⑦其:原作"与",据明抄本、天一阁本改。

【译文】

杭州城东面新门外东面的御园,即富景园,之前宋孝宗陪同吴太后曾经到此游玩。五柳园即西园、张府七位曹园。南山长桥庆乐园,旧名南园,皇帝赏赐给嗣荣王赵与芮。园内有十种亭榭,技艺高明独一无二,俗称"鲁班造者"。射圃、走马廊、流杯池、山洞等建筑宏伟壮丽。此外,园内还有野店、村庄等,刻意营造出一幅乡村风格的景观,游客游玩其间,流连忘返,乐此不疲。里面有一座关门,名叫凌风关,关下的香山高高地耸立在关前,不是古老的沉没于水中的树木就是枯朽的树枝罢了。通过对地方志的考察,发现某些地方的记载与实际情况存在出入,可能是由于《闻见录》等史料的记载有误。

净慈寺南翠芳园旧名屏山园①,内有八面亭堂,一片湖山,俱在目前。雷峰塔寺前有张府真珠园②,内有高寒堂,极其华丽。塔后谢府新园,即旧甘内侍湖曲园。罗家园、白莲寺园、霍家园、方家坞刘氏园、北山集芳园。四圣延祥观御园,此湖山胜景独为冠,顷有侍臣周紫芝从驾幸后山亭③,曾赋诗云④:"附山结真祠,朱门照湖水。湖流入中池,秀色归净几。风帘邃旌幢⑤,神卫森剑履。清芬宿华殿⑥,瑞霭蒙玉扆⑦。彷佛怀神京,想像轮奂美。祈年开新宫,祝釐奉天子⑧。良辰后难会,岁暮得斯喜。况乃清樾中⑨,飞楼见千里。云车倘可乘,吾事兹已矣。便当赋远游,未可回屐齿⑩。"

【注释】

①翠芳园:位于雷峰塔下,面对南屏山。

②真珠园:在雷峰塔前、翠芳园旁。因园内有真珠泉,故名。

③侍臣:皇帝左右的近臣。

④曾赋诗:此诗题为《四圣观后山亭》。

⑤邃:原作"遝",据四库本、《学海类编》本、《太仓稊米集》卷二十八《四圣观后山亭》改。旌幢:仪仗旗之泛称。即旗幢。

⑥芬:原作"芳",据《太仓稊米集》卷二十八《四圣观后山亭》改。

⑦玉扆(yǐ):饰玉的屏风,此处指宫殿上的屏风。

⑧祝釐(xī):祭神祝福。

⑨况:原作"洲",据《太仓稊米集》卷二十八《四圣观后山亭》改。

⑩屐齿:屐底的齿,借指足迹、游踪。

【译文】

净慈寺南面的翠芳园原先叫屏山园,里面有八座亭堂,一片湖山,一览无余。雷峰塔寺前面有张府真珠园,里面有高寒堂,极为华丽。雷峰塔后面的谢府新园,便是原先甘内侍的湖曲园。罗家园、白莲寺园、霍家园、方家坞刘氏园、北山集芳园。四圣延祥观御园,这一湖山胜景最佳,以前有侍臣周紫芝跟随御驾前往后山亭,曾赋诗:"附山结真祠,朱门照湖水。湖流入中池,秀色归净几。风帘邃旌幢,神卫森剑履。清芬宿华殿,瑞霭蒙玉扆。彷佛怀神京,想像轮奂美。祈年开新宫,祝釐奉天子。良辰后难会,岁暮得斯喜。况乃清樾中,飞楼见千里。云车倘可乘,吾事兹已矣。便当赋远游,未可回屐齿。"

园有凉台,巍然在于山巅,后改为西太乙宫黄庭殿。向朝臣高似孙曾赋诗曰[①]:"水明一色抱神洲,雨压轻尘不敢浮。山北山南人唤酒,春前春后客凭楼。射熊馆暗花扶宸,下鹄池深柳拂舟。白首都人能道旧,君王曾奉上皇游。"

【注释】

[①]高似孙曾赋诗:此诗题为《四圣观》。

【译文】

园内有凉台,巍然耸立在山巅,后来改为西太乙宫黄庭殿。以前朝臣高似孙曾经写诗描述:"水明一色抱神洲,雨压轻尘不敢浮。山北山南人唤酒,春前春后客凭楼。射熊馆暗花扶宸,下鹄池深柳拂舟。白首都人能道旧,君王曾奉上皇游。"

下竺寺园、钱塘门外九曲墙下择胜园[①]、钱塘正库侧新园、城北隐秀园、菩提寺后刘府玉壶园[②]、四井亭园、昭庆寺后古柳林杨府云洞园、西园、杨府具美园、饮绿亭、裴府山涛园、葛岭水仙庙西秀野园。集芳园,为贾秋壑赐第耳。赵秀王府水月园、张府凝碧园、孤山路张内侍总宜园、西林桥西水竹院落,里湖内诸内侍园围楼台森然,亭馆花木,艳色夺锦,白公竹阁,潇洒清爽。沿堤先贤堂、三贤堂、湖山堂,园林茂盛,妆点湖山。

【注释】

[①]择胜园:又名秀邸园。南宋杭州著名的私家园林之一。位于钱塘门外九曲墙下,其前身是刘家小园和观音庵。最初由嗣秀王赵伯

圭在绍定三年（1230）创建。园内建筑精美，景色宜人，曾悬挂有宋理宗御书的"择胜""爱闲"两块匾额。

②刘府：原作"谢府"，据《咸淳临安志》卷十三《行在所录·苑囿》改。玉壶园：《咸淳临安志》卷十三《行在所录·苑囿》："玉壶园：在钱塘门外。本廊王刘光世园，后属之临安府。"

【译文】

下竺寺园、钱塘门外九曲墙下择胜园、钱塘正库侧新园、城北隐秀园、菩提寺后刘府玉壶园、四井亭园、昭庆寺后古柳林杨府云洞园、西园、杨府具美园、饮绿亭、裴府山涛园、葛岭水仙庙西秀野园。集芳园，是皇帝赏赐贾似道的府第。赵秀王府水月园、张府凝碧园、孤山路张内侍总宜园、西林桥西水竹院落，湖边有很多宦官的园子，亭台楼阁整齐林立，亭馆中的花木鲜艳夺目，超过了周围的景色。白居易曾在此地修建的竹阁，风格潇洒清爽。沿着湖堤的先贤堂、三贤堂、湖山堂，园林树木茂盛，与周围的湖山景色相得益彰。

九里松嬉游园①、涌金门外堤北一清堂园。显应观西斋堂观南聚景园，孝、光、宁三帝尝幸此，岁久芜圮②，迄今仅存一堂两亭耳。堂扁曰鉴远，亭曰花光，一亭无扁，植红梅。有两桥曰柳浪、曰学士，皆粗见大概。惟夹径老松益婆娑。每盛夏秋首，芙蕖绕堤如锦，游人舣舫赏之。顷有侍从陆游舟过，作诗咏曰："圣主忧民罢露台，春风侧苑昼常开。尽除曼衍鱼龙戏③，不禁刍荛雉兔来④。水鸟避人横翠霭，宫花经雨委苍苔。残年自喜身强健，又作清都梦一回。"⑤"水殿西头起砌台⑥，绿杨闹处杏花开。箫韶本与人同乐，羽卫才闻岁一来⑦。鹢首波生涵藻荇⑧，金铺雨后上莓苔。远臣侍宴应无日，目断尧云到晚回⑨。"高似孙游园咏曰⑩："翠华不向苑中来,可是年年惜露台。水际春风寒漠漠,官梅却作野梅开。"

【注释】

①九里松嬉游园:以古松夹道而闻名,是杭州最古老的风景林带之一。园林成景于唐玄宗开元年间,在宋代本是大府酒库的一部分,后来改建为园林。园林内景色清幽,松树成荫,与自然山水相得益彰,是文人墨客喜爱的游赏之地。

②芜圮:荒芜坍塌。

③曼衍鱼龙:又做鱼龙百戏,是汉代百戏之一。所谓"漫衍",就是张衡在《西京赋》中说的长百寻(约合八十丈)的巨兽;所谓"鱼龙"就是舍利兽(即"狻猊"),先在庭院里舞蹈,然后跃入殿前池中戏水,变成比目鱼,跳跃击水,喷出水雾遮蔽天日,再变成八丈长龙,出水在庭院中游戏,熠熠闪光。以上所记载的是由艺人扮成珍异动物的一种变幻神异的杂技表演。后以此典或形容宴舞欢会、鱼龙彩灯之盛,或比喻事物变化迅奇多端。

④刍荛(ráo)雉兔:借指普通百姓。刍荛,割草打柴的人。雉兔,野鸡和兔子。亦指猎取野鸡和兔子。《孟子·梁惠王下》:"文王之囿方七十里,刍荛者往焉,雉兔者往焉,与民同之。"

⑤"圣主忧民罢露台"几句:此诗题作《小舟过御园二首其一》。

⑥"水殿西头起砌台"几句:此诗题作《小舟过御园二首其二》。

⑦羽卫:皇帝的卫队和仪仗。

⑧生:原作"先",据《咸淳临安志》卷十五《行在所录·赋咏》改。

⑨目断:原作"日望",据《咸淳临安志》卷十五《行在所录·赋咏》。

⑩高似孙游园咏曰:此诗题为《聚景园》。

【译文】

九里松嬉游园、涌金门外堤北一清堂园。显应观西斋堂观南聚景园,宋孝宗、宋光宗、宋宁宗三位皇帝曾经到此游幸。不过时间过去太久这些园已经荒废坍塌,至今只剩下一间堂两座亭罢了。堂扁叫鉴远,亭叫花光,还有一座亭没有匾额,园内种有红梅。有两座桥,分别叫柳浪桥和学士桥,都能大概看出原来的样子。园林中夹道的老松树随风摇曳,姿态婆娑。每到盛夏和初秋时节,湖边的荷花盛开,环绕堤岸如同绚丽的锦缎。游人划着小船靠近岸边,欣赏这美丽的景色。从前有侍从大臣陆游乘舟经过这里,作诗咏叹道:"圣主忧民罢露台,春风侧苑画常开。尽除曼衍鱼龙戏,不禁刍茏雉兔来。水鸟避人横翠霭,宫花经雨委苍苔。残年自喜身强健,又作清都梦一回。""水殿西头起砌台,绿杨闹处杏花开。箫韶本与人同乐,羽卫才闻岁一来。鹢首波生涵藻荇,金铺雨后上莓苔。远臣侍宴应无日,目断尧云到晚回。"高似孙的游园咏写道:"翠华不向苑中来,可是年年惜露台。水际春风寒漠漠,官梅却作野梅开。"

张府泳泽环碧园,旧名清晖园,大小渔庄,其余贵府内官沿堤大小园囿、水阁、凉亭,不纪其数。御前宫观俱在内苑,以备车驾幸临憩足之处。内东太乙宫有内苑,后一小山名曰武林山,即杭城之主山也。宰臣楼钥曾赋长篇咏云①:"易君求赋武林山,日困尘劳无暂闲②。我求挂冠欲归去,念此诗债须当还。武林山出武林水,灵隐后山无乃是。此山亦复用此名,细考其来真有以③。天目两乳到钱塘④,一山环湖万龙翔。扶舆磅薄拥王气,皇居壮丽环宫墙。湖阴一峰如怒猊⑤,势临城北尤瑰奇。吴越大作缁黄庐⑥,为穿百井以厌之。从来有龙必有珠,此虽培塿千山余⑦。中兴南渡为行都,崇列原庙太乙庐。曾因祠事来登眺,阛阓尘中有员峤⑧。薰风时来洗袢暑⑨,绿树阴阴隐残照。我得暂来犹醒心,羡君清福住年深。长安信美非吾土,倦翼惟思归故林。"

【注释】

①宰臣楼钥曾赋长篇:此诗题作《题太乙宫林山赠易高士》。宰臣楼钥,此处记载有误。楼钥官至参知政事,属于执政,并非宰臣(宰相)。楼钥,字大防,旧字启伯,号攻媿主人,明州鄞县(今浙江宁波)人。南宋大臣、文学家。宋孝宗隆兴元年(1163)中进士第,待阙期间曾随汪大猷使金,著有《北行日录》,记使金见闻,多中原沦陷之感。历仕宋孝宗、宋光宗、宋宁宗三朝。庆元年间被列入庆元党籍。开禧三年(1207),韩侂胄败死,起为翰林学士,迁吏部尚书。后授参知政事、资政殿大学士。

②日困:原作"身困",据《攻媿集》卷五《题太乙宫林山赠易高士》、《咸淳临安志》卷十五《行在所录·赋咏》改。

③真:原作"具",据《攻媿集》卷五《题太乙宫林山赠易高士》、《咸淳临安志》卷十五《行在所录·赋咏》改。

④天目两乳:指天目山的两座主峰东、西天目山。

⑤怒猊(ní):发怒的狻猊。猊,传说中一种类似狮子的神兽,能食虎豹。

⑥缁(zī)黄庐:指僧寺和道观。因为僧人穿缁(黑色)服,道士戴黄冠,故称。

⑦培塿(lóu):小土丘。

⑧阛阓(huán huì):市井、闹市,形容繁华的街市。尘中:指尘世之中,这里指繁华的杭州城。员峤:神话中的仙山。这里用来比喻太乙宫林山的景色,仿佛在闹市中隐藏着一座仙山。

⑨袢暑:原作"溽暑",据《攻媿集》卷五《题太乙宫林山赠易高士》、《咸淳临安志》卷十五《行在所录·赋咏》改。

【译文】

张府泳泽环碧园,旧名清晖园,有着大大小小的渔庄,其余权贵府第、宦官沿着湖堤修建的大小园圃、水阁、凉亭不计其数。御前宫观都在内苑,以备皇帝驾临。里面的东太乙宫有内苑,后面一座小山叫武林山,即杭州城的主山。宰臣楼钥曾赋长诗一首咏叹道:"易君求赋武林山,日困尘劳无暂闲。我求挂冠欲归去,念此诗债须当还。武林山出武林水,灵隐后山无乃是。此山亦复用此名,细考其来真有以。天目两乳到钱塘,一山环湖万龙翔。扶舆磅薄拥王气,皇居壮丽环宫墙。湖阴一峰如怒猊,势临城北尤瑰奇。吴越大作缁黄庐,为穿百井以厌之。从来有龙必有珠,此虽培塿千山馀。中兴南渡为行都,崇列原庙太乙庐。曾因祠事来登眺,阛阓尘中有员峤。薰风时来洗袢暑,绿树阴阴隐残照。我得暂来犹醒心,羡君清福住年深。长安信美非吾土,倦翼惟思归故林。"

城南则有玉津园,在嘉会门外南四里。绍兴十八年①,金使来贺高宗天申圣节②,遂宴射其中③。孝庙尝临幸游玩,曾命皇太子、宰执、亲王、侍从、五品以上官及管军官讲宴射礼。孝庙御制诗赐皇太子以下官曰:"一天秋色破寒烟④,别篆连堤压巨川⑤。欣见岁功成万宝,因行射礼命群贤。腾腾喜气随飞羽,袅袅凄风入控弦。文武从来资并用,酒馀端有侍臣篇。"时光庙在东宫侍驾,恭和曰:"秋深欲晓敛寒烟⑥,翠木森围万里川。阊阖启关传法驾⑦,玉津按武会英贤。皇皇圣父明如日,挺挺良臣直似弦⑧。蹈舞欢呼称万岁,未饶天保报恩篇。"宰臣曾怀恭和曰:"名园佳气霭非烟⑨,冠佩朝宗似百川。五品并令陪宴射,四镞端欲序宾贤⑩。恩涵春意鱼翻藻,威入秋声雁落弦。竣事更容窥典雅,宸章应陋柏梁篇⑪。""江山秋日冠轻烟⑫,别院风光胜辋川⑬。位设虎侯恢盛典,技精杨叶拔名贤。礼均湛露宣飞斝⑭,乐奏钧天看发弦。圣主经文兼纬武,全胜巡幸射蛟篇⑮。"其余群臣俱有恭和诗,不得罄竹而载。

【注释】

①绍兴十八年:原作"绍兴四年",据《咸淳临安志》卷十五改。即公元1148年。

②天申圣节:即宋高宗生辰天申节(农历五月二十一日)。宋朝将皇帝和部分皇太后、皇后的生辰设为圣节。

③宴射:古代射礼之一。指聚饮习射。此处指在庆贺天申节宴饮时习射。宴,有时也写作"燕"。

④"一天秋色破寒烟"几句:此诗题为《游玉津园赐皇太子以下官》。

⑤籞(yù):帝王的禁苑。

⑥"秋深欲晓敛寒烟"几句:此诗题为《和燕射》。

⑦传:原作"开",据《咸淳临安志》卷十五《行在所录·赋咏》改。

⑧挺挺:正直的样子。

⑨"名园佳气霭非烟"几句:此诗题为《恭和御制玉津园宴射》。

⑩镞:即镞矢,用于礼射。

⑪柏梁:源自"柏梁台联诗"的典故。传说汉武帝和群臣曾在柏梁台联诗,汉武帝起头,然后群臣每人依次联一句,每句七字,句句用韵,限用平水韵,后人就把这种诗体称为柏梁体。

⑫"江山秋日冠轻烟"几句:此诗题为《恭和御制玉津园宴射其二》。

⑬辋(wǎng)川:水名。即辋谷水。诸水会合如车辋环凑,故名。在陕西蓝田南,源出秦岭北麓,北流至县南入灞水。唐诗人王维曾置别业于此。

⑭斝(jiǎ):古代青铜制的酒器,圆口三足。

⑮射蛟:指汉武帝射获江蛟事。后诗文中作为颂扬帝王勇武的典故。《汉书》卷六《武帝纪》:"五年冬,行南巡狩,至于盛唐,望祀

虞舜于九嶷。登潜天柱山，自寻阳浮江，亲射蛟江中，获之。舳舻千里，薄枞阳而出，作《盛唐枞阳之歌》。遂北至琅邪，并海，所过礼祠其名山大川。"

【译文】

杭州城南有玉津园，在嘉会门外南面四里。绍兴十八年，金朝使节前来祝贺宋高宗生辰天申节，南宋朝廷于是在玉津园举行宴射。宋孝宗曾经前往玉津园游玩，他下令皇太子、宰执、亲王、侍从、五品以上官员和高级军官们一起谈论宴射礼仪。宋孝宗还写诗赐给皇太子以下官员。诗全文如下："一天秋色破寒烟，别蘬连堤压巨川。欣见岁功成万宝，因行射礼命群贤。腾腾喜气随飞羽，袅袅凄风入控弦。文武从来资并用，酒余端有侍臣篇。"当时宋光宗还是东宫太子，正好陪伴在宋孝宗身边，他恭敬地和诗一首："秋深欲晓敛寒烟，翠木森围万里川。闾阖启关传法驾，玉津按武会英贤。皇皇圣父明如日，挺挺良臣直似弦。蹈舞欢呼称万岁，未饶天保报恩篇。"宰臣曾怀恭敬地和诗两首："名园佳气霭非烟，冠佩朝宗似百川。五品并令陪宴射，四镞端欲序宾贤。恩涵春意鱼翻藻，威入秋声雁落弦。竣事更容窥典雅，宸章应陋柏梁篇。""江山秋日冠轻烟，别院风光胜辋川。位设虎侯恢盛典，技精杨叶拔名贤。礼均湛露宣飞罩，乐奏钧天看发弦。圣主经文兼纬武，全胜巡幸射蛟篇。"其余群臣都有和诗，没法完全都记载下来。

史魏王弥远出判宁国府[①]，理庙命宰执、侍从于此园设燕饯行，有朝官胡铨赋诗曰："饯行朱邸帝城春[②]，随例颠忙宴玉津。报国独劳千一虑，钧天同听十三人[③]。金卮宣劝君王重，花露湔愁醉梦真。却忆故人猿鹤在，便思投劾乞其身[④]。"按玉津园乃东都旧名，东坡尝赋诗，有"紫坛南峙表连冈"之句[⑤]，盖亦密迩园坛也。

【注释】

① 史魏王弥远出判宁国府……朝官胡铨赋诗曰：此处记载有多处错误。首先，史弥远从未任宁国府知府，也并未被封为魏王。此处"判宁国府"的魏王应该是宋孝宗的次子赵恺。宋孝宗乾道七年（1171）二月，赵恺进封魏王，判宁国府。其次，"理庙"应为"孝庙"，即宋孝宗。史弥远，字同叔。明州鄞县（今浙江宁波鄞州区）人。宰相史浩第三子。宋孝宗淳熙十四年（1187）中进士。宋宁宗开禧三年（1207），韩侂胄北伐失败，金朝来索主谋。时任礼部侍郎兼资善堂翊善的史弥远与杨皇后等密谋，在玉津园槌杀韩侂胄，后函其首送金请和。次年签订嘉定和议。史弥远因此升任右丞相兼枢密使兼太子少傅，进封开国公，从此独相宋宁宗十七年。嘉定十七年（1224）宋宁宗病死，史弥远伪造遗诏拥立宗室子赵昀即位，废皇子赵竑为济王，又逼其致死。而后九年里，史弥远完全控制朝政。卒后追封卫王，谥忠献。宁国府，即宣州（今安徽宣城宣州区）。乾道二年（1166），以宋孝宗潜邸升为府。

② "饯行朱邸帝城春"几句：此诗题作《赋咏·玉津园饯魏王》。胡铨，字邦衡，号澹庵，吉州庐陵县（今江西吉安青原区值夏镇）人。宋高宗建炎二年（1128）进士。绍兴八年（1138），秦桧力主与金人议和，胡铨上疏力斥和议，乞斩秦桧、孙近、王伦三人，因此遭贬。宋孝宗即位后，起知饶州，历官至权兵部侍郎，后以资政殿学士致仕，归庐陵，从事著述。卒赠通议大夫，赐谥忠简。

③ 钧天：九天之一，指天的中央。语出《吕氏春秋·有始览·有始》："中央曰钧天，其星亢氏。"此处借指帝王。

④ 投劾乞其身：原作"投老乞闲身"，据《咸淳临安志》卷十五改。

⑤ 紫坛南峙表连冈：此诗题为《玉津园》。全诗如下："承平苑囿杂耕桑，六圣勤民计虑长。碧水东流还旧派，紫坛南峙表连冈。不逢迟日莺花乱，空想疏林雪月光。千亩何时躬帝藉，斜阳寂历锁

云庄。"

【译文】

史弥远出判宁国府,宋理宗命宰执、侍从在玉津园设宴饯行,朝官胡铨赋诗:"饯行朱邸帝城春,随例颠忙宴玉津。报国独劳千一虑,钧天同听十三人。金卮宣劝君王重,花露湔愁醉梦真。却忆故人猿鹤在,便思投劾乞其身。"玉津园是东都开封的旧名,苏轼曾经赋诗描述过玉津园,诗中有"紫坛南峙表连冈"之句,这是因为玉津园也紧挨着圜坛的缘故。

嘉会门外有山名包家山,内侍张侯壮观园、王保生园。山上有关名桃花关,旧扁蒸霞,两带皆植桃花,都人春时游者无数,为城南之胜境也。城北城西门外赵郭园。又有钱塘门外溜水桥东西马塍诸圃,皆植怪松异桧,四时奇花,精巧窠儿,多为龙蟠凤舞、飞禽走兽之状,每日市于都城,好事者多买之,以备观赏也。

【译文】

嘉会门外有山名叫包家山,宦官张侯壮观园、王保生园就在那里。包家山上有一道关隘,名叫桃花关,旧匾是"蒸霞"。桃花关两侧都种着桃花,杭州人春天时来游玩的不计其数,这里是城南的美景所在。杭州城北城西门外赵郭园。还有钱塘门外溜水桥东西马塍各圃,都种植造型奇特的松树和桧树,四季奇花,花卉种植的技艺非常高超,常将花卉修剪成龙蟠凤舞、飞禽走兽等形状,每天在杭州城售卖,喜欢的人大多会买下来,用来观赏。

瓦舍

【题解】

本条介绍了南宋杭州的瓦舍情况。分为三部分，首先是简单介绍了"瓦舍"一词的含义，其次是解释了一下杭州瓦舍建立的原因，第三是采用列举的方式叙述了杭州各坊市瓦舍的所在位置和名称。瓦舍又称瓦子、瓦肆、瓦市，是宋代城市中一种集娱乐、商业为一体的综合性游艺场所。南宋杭州的瓦舍数量众多，据《西湖老人繁胜录》记载，城内有5座，城外有20座，共计25座；而《武林旧事》则提到临安有23座瓦舍。这些瓦舍分布在杭州城的四周，其中以北瓦最为著名，其内有13座勾栏，规模宏大。瓦舍内的表演内容极为丰富，涵盖了当时几乎所有的曲艺品种，包括杂剧、说书、小唱、相扑、傀儡戏、影戏、说经、打谜等。此外，还有模仿秀、杂技、舞蹈等多种表演形式。这些表演不仅吸引了大量观众，还促进了各种技艺的交流与发展。瓦舍起初是为了满足士兵闲暇时的娱乐需求而设立，后来逐渐成为市民的游艺场所。它不仅为流浪艺人提供了固定的表演场所，还推动了城市娱乐业的繁荣，成为市民阶层文化生活的重要组成部分。

瓦舍者，谓其"来时瓦合[①]，去时瓦解"之义，易聚易散也，不知起于何时。顷者京师甚为士庶放荡不羁之所，亦为子弟流连破坏之门。杭城绍兴间驻跸于此,殿岩杨和王因军士多西北人②,是以城内外创立瓦舍,招集妓乐,以为军卒暇日娱戏之地。今贵家子弟郎君因此荡游③,破坏尤甚于汴都也。

【注释】

①瓦和:临时凑合。

②杨和王:指南宋初年将领杨存中。

③郎君:古代对贵公子的称呼。

【译文】

瓦舍,说的是它"来的时候像瓦片聚合,离开的时候像瓦片破碎"的意思,瓦舍中的人容易聚集也容易离散。不知道这种风气是什么时候兴起的。以前汴京竟然成为了士人和平民百姓放荡不羁的场所,也是纨绔子弟流连忘返、毁坏前程和学业的地方。杭州城绍兴年间皇帝曾临时停留在这里,殿帅杨存中因为手下士兵大多是西北人,所以在城内外创建了瓦舍,招募歌伎乐人,作为士兵闲暇时娱乐游戏的地方。现在富贵人家的子弟郎君因此在瓦舍放纵游玩,造成的破坏比汴京还要严重。

其杭之瓦舍,城内外合计有十七处,如清泠桥西熙春楼下,谓之南瓦子;市南坊北三元楼前谓之中瓦子;市西坊内三桥巷名大瓦子,旧呼上瓦子;众安桥南羊棚楼前名下瓦子,旧呼北瓦子;盐桥下蒲桥东谓之蒲桥瓦子,又名东瓦子,今废为民居;东青门外菜市桥侧名菜市瓦子;崇新门外章家桥南名荐桥门瓦子;新开门外南名新门瓦子,旧呼四通馆;保安门外名小堰门瓦子;候潮门外北首名候潮门瓦子;便门外北谓之便门瓦子；钱湖门外南首省马院前名钱湖门瓦子，亦废为民居；后军寨前谓之赤山瓦子；灵隐天竺路行春桥侧曰行春瓦子；北郭税务曰北郭瓦子，又名大通店；米市桥下米市桥瓦子；石碑头北麻线巷内则曰旧瓦子。

【译文】

杭州的瓦舍，城内外共计十七处，比如清泠桥西熙春楼下，称为南瓦子；市南坊北三元楼前称为中瓦子；市西坊内三桥巷叫大瓦子，以前叫上瓦子；众安桥南羊棚楼前叫下瓦子，以前叫北瓦子；盐桥下蒲桥东称为蒲桥瓦子，又被叫东瓦子，如今废弃为民房；东青门外菜市桥侧叫菜市瓦子；崇新门外章家桥南叫荐桥门瓦子；新开门外南叫新门瓦子，以前叫四通馆；保安门外叫小堰门瓦子；候潮门外北首叫候潮门瓦子；便门外北称为便门瓦子；钱湖门外南首省马院前叫钱湖门瓦子，也荒废为民居；后军寨前称为赤山瓦子；灵隐天竺路行春桥侧是行春瓦子；北郭税务是北郭瓦子，又叫大通店；米市桥下米市桥瓦子；石碑头北麻线巷内是旧瓦子。

塌房

【题解】

本条简单介绍了南宋杭州的塌房。塌房并非指建筑倒塌,而是供商人寄存货物的栈房,类似现代的仓库。塌房多由富商、官宦或寺院经营,主要建在湖心岛或水边,目的是方便货物的运输和存储,同时也兼具商业功能。杭州城的塌房主要集中在北关水门内、梅家桥畔和白洋湖一带。据记载,这些地方建有数十所塌房,每所塌房有数百间甚至上千间房屋,用于存放都城店铺及客旅的货物。塌房建筑精致,造型优美,通常采用曲廊飞檐的设计,四面环水,隔岸设有浮桥,方便货物运输和人员往来。塌房经营者每月向租用者收取租金。经营者还会安排专人负责巡检和管理,确保货物安全。

柳永《咏钱塘》词曰[1]:"参差十万人家。"此元丰前语也[2]。自高庙车驾由建康幸杭,驻跸几近二百余年,户口蕃息,近百万余家。杭城之外城,南西东北各数十里,人烟生聚,民物阜蕃,市井坊陌,铺席骈盛,数日经行不尽,各可比外路一州郡,足见杭城繁盛矣。

【注释】

① 柳永《咏钱塘》词：即柳永的词《望海潮·东南形胜》："东南形胜，三吴都会，钱塘自古繁华。烟柳画桥，风帘翠幕，参差十万人家。云树绕堤沙，怒涛卷霜雪，天堑无涯。市列珠玑，户盈罗绮，竞豪奢。重湖叠巘清嘉。有三秋桂子，十里荷花。羌管弄晴，菱歌泛夜，嬉嬉钓叟莲娃。千骑拥高牙，乘醉听箫鼓，吟赏烟霞。异日图将好景，归去凤池夸。"柳永，原名三变，字景庄，后改名永，字耆卿。因排行第七，又称柳七。崇安（今福建武夷山）人。北宋著名词人，婉约派代表人物。宋仁宗景祐元年（1034）暮年及第，历任睦州团练推官、余杭县令、晓峰盐监、泗州判官等职，以屯田员外郎致仕，故世称柳屯田。

② 元丰：宋神宗年号，1078—1085年。

【译文】

柳永咏钱塘词"参差十万人家"，这是元丰年间以前对杭州的描述之词。自从宋高宗御驾从建康到达杭州，朝廷留在那里近两百多年，期间杭州人口繁衍生息，达到近百万多家。杭州城的外城，南、西、东、北各数十里。杭州城人口密集，物资丰富，经济繁荣，城市的街道和坊市上店铺林立，几天之内都走不完，与外地州郡不相上下，足见杭州城的繁荣兴盛。

　　且城郭内北关水门里，有水路周回数里①，自梅家桥至白洋湖、方家桥直到法物库市舶前，有慈元殿及富豪、内侍、诸司等人家，于水次起造塌房数十所②，为屋数千间，专以假赁与市郭间铺席宅舍及客旅寄藏物货③，并动具等物，四面皆水，不惟可避风烛，亦可免偷盗，极为利便。

【注释】

① 周回：周围。

②塌房：又名邸店，存放商旅货物的地方。

③假赁：租借，租赁。

【译文】

而且在城郭内北关水门里，有环绕数里的水路，从梅家桥到白洋湖、方家桥，一直到法物库市舶前，有慈元殿及富豪、内侍、诸司等人家，在水边建造了数十所塌房，有数千间房屋，专门用来出租给城郭里的店铺、民宅，以及供客旅存放货物和用具等物品。塌房四周都被水环绕，不但可以避免火灾，还可以防止盗贼的偷窃，非常方便。

盖置塌房家，月月取索假赁者管巡廊钱会，顾养人力，遇夜巡警，不致疏虞。其他州郡，如荆南、沙市①、太平州②、黄池皆客商所聚，虽云浩繁，亦恐无此等稳当房屋矣。

【注释】

①沙市：在今湖北荆州沙市区。

②太平州：北宋太宗太平兴国二年升南平军置，治当涂县。黄池：今安徽当涂黄池镇。

【译文】

大概那些设置塌房的人家，每个月向租赁的人收取巡廊钱钞，用来雇养人力，到了夜里巡逻警戒，不至于疏忽出错。其他的州郡，比如荆南、沙市、太平州、黄池等地，都是客商聚集的地方，虽说十分繁荣，但恐怕也没有这样安稳妥当的房屋了。

社会

【题解】

本条介绍了南宋杭州的各种社会。南宋时期的杭州,社会文化生活极为丰富,其中"社"是当时社会活动的重要组成部分。"社"是一种由从事特定艺术或技艺活动的人员组成的同业团体。这些团体的成员往往精通多种技艺,他们在瓦舍勾栏、歌馆茶坊等场所表演,为市民提供丰富的娱乐活动。此外,南宋杭州的"社"还与节庆活动紧密相连。例如,在重阳节、冬至等重要节日,市民们会通过各种社团组织的活动来庆祝。这些活动不仅丰富了市民的日常生活,也促进了文化艺术的传播和发展。总体而言,南宋杭州的"社"是当时社会文化生活的重要组成部分,它们通过组织和推广各种艺术活动,推动了市民文化的繁荣,展现了南宋时期杭州作为都城的繁华与活力。

文士有西湖诗社,此乃行都搢绅之士及四方流寓儒人寄兴适情赋咏①,脍炙人口②,流传四方,非其他社集之比。武士有射弓踏弩社,皆能攀弓射弩③,武艺精熟,射放娴习,方可入此社耳。更有蹴鞠、打球、射水弩社,则非仕宦者为之,盖一等富室郎君④、风流子弟与闲人所习也。

【注释】

①搢绅：同"缙绅"。古时官吏插笏于绅带间，故称仕宦为搢绅。此处泛指为官的士人。流寓：流落他乡居住。寄兴：寄托情趣。适情：顺适性情。赋咏：创作和吟诵诗文。
②脍炙（kuài zhì）人口：比喻好的诗文受到人们的称赞和传诵。脍，切细的肉；炙，烤熟的肉，都是人们爱吃的食物。
③攀弓射弩：一种形象说法。攀弓即弯弓，指的是双手呈弯弓射箭姿势。
④一等：一种，一些。

【译文】

文人学士中有西湖诗社，这都是京城的官员以及四方寓居、流亡的文人寄情于文字。他们的诗歌脍炙人口，流传到四方，与其他社不可同日而语。武士中有射弓踏弩社，他们都能拉弓射箭，武艺精通娴熟，射法精准，才能进入这个社团。还有蹴鞠、打球、射水弩社，这些就不是官员们做的事了，大概是那些富家子弟、风流少年和闲人所喜好的活动。

奉道者有灵宝会，每月富室当供持诵正一经卷①。如正月初九日玉皇上帝诞日，杭城行香②，诸富室就承天观阁上建会。北极佑圣真君圣降及诞辰，士庶与羽流建会于宫观或于舍庭。诞辰日，佑圣观奉上旨建醮，士庶炷香纷然。诸寨建立圣殿者俱有社会，诸行亦有献供之社。遇三元日，诸琳宫建普度会，广度幽冥③。

【注释】

①正一经卷：道教经典之一，属于《道藏》中的"四辅"经书。最早约成于东汉末年。根据《正一经治纪品目录》记载，正一经共有

正目经九百三十卷,符图七十卷,合计一千卷。

②行香:道教斋醮科仪中的一种重要仪式,其核心是通过燃香来表达对神明的敬意,并借助香烟传达祈愿和敬意。

③广度幽冥:佛教中的一个概念,主要与地藏菩萨的愿力相关。地藏菩萨以"广度幽冥"为己任,其核心是救度阴间的众生,帮助他们脱离苦海,走向解脱。广度,即普度,意为普遍救度一切众生,使他们从苦难中解脱,达到彼岸。

【译文】

信奉道教的人会举行灵宝会,每月由富人提供斋饭,然后他们一起诵读《正一经》。比如正月初九日是玉皇上帝诞辰之日,杭州城的人们要去进香,许多富贵人家就在承天观的楼阁上举办集会。北极佑圣真君下凡及诞辰,士人和百姓会与道士在宫观中举办法会,或者在自己家中举行。生日这天,佑圣观奉圣旨设立醮坛,士人和百姓都纷纷前来焚香。各个军寨建有圣殿的,都有自己的会社,各个行业也有各自献供的会社。遇到上元、中元、下元三元日,各个道观都会举行普度大会,为幽冥中的亡魂超度。

二月初三日梓潼帝君诞辰,川蜀仕宦之人就观建会。三月二十八日,东岳诞辰。四月初六日,城隍诞辰。二月初八日,霍山张真君圣诞。四月初八日,诸社朝五显王庆佛会①。九月二十九日,五王诞辰。每遇神圣诞日,诸行市户俱有社会,迎献不一。如府第内官②,以马为社。七宝行献七宝玩具为社。又有锦体社、台阁社、穷富赌钱社、遏云社、女童清音社、苏家巷傀儡社、青果行献时果社、东西马塍献异松怪桧奇花社。鱼儿活行以异样龟鱼呈献。豪富子弟绯绿清音社、十闲等社。有内官府第以精巧雕镂筠笼,养畜奇异飞禽迎献者，谓为可观。遇东岳诞日，更有钱燔社、重囚加愿社也③。

【注释】

①五显王：是中国南方地区尤其是江西、福建、广东等地广泛流传的一种民间信仰。最早起源于唐代江西婺源一带。据《祖殿灵应集》记载，唐朝光启年间，有五位神人降临婺源邑民王瑜的园中，自称受天命来此方福佑百姓。当地人遂建庙祭祀，庙号"五通"。此后，五显王信仰逐渐扩散至江南地区。道教将五显王纳入其神仙体系，尊其为"上善五显灵官大帝"，并将其与华光大帝相融合。五显王信仰在民间极为盛行，信徒认为五显王能够保佑风调雨顺、五谷丰登、经商获利、读书登第等。其诞辰为农历九月二十八日，这一天各地会举行隆重的庙会和庆祝活动。

②府第内官：指在宫廷或府第中负责内务管理和服务的官员或仆从。

③加愿：原作"枷锁"，据《学海类编》本、四库本、明删节本改。

【译文】

农历二月初三是梓潼帝君的诞辰，四川地区为官之人在道观建会。农历三月二十八日，是东岳诞辰。农历四月初六日，是城隍的诞辰。农历二月初八日，是霍山张真君的圣诞。农历四月初八日，杭州各个行会和社会团体会组织成员前往五显王庙进行朝拜，举行庆祝活动。农历九月二十九日，是五王的诞辰。每当遇到神仙诞辰之日，各个行业的商户都会有社团活动，迎接和进献的方式各不相同。比如府第内的宦官，用马作为祭品。七宝行进献七宝玩具组成社。还有锦体社、台阁社、穷富赌钱社、遏云社、女童清音社、苏家巷傀儡社、青果行献时果社、东西马塍献异松怪桧奇花社。卖鱼的以不寻常的龟鱼进献。豪富子弟有绯绿清音社、十闲等社。内官府第会使用精巧雕镂的筠笼饲养奇异飞禽，进献给神祇，非常值得一看。遇到东岳神的诞辰，还有钱燔社、重囚加愿社。

奉佛者有上天竺寺光明会，俱是富豪之家及大街铺席，施以大烛巨香，助以斋赍供米，广设胜会，斋僧礼忏三日，作大福田①。又有善女人②，皆府室宅舍内司之府第娘子夫人等，建庚申会③，诵《圆觉经》④，俱带珠翠珍宝首饰赴会，人呼曰"斗宝会"。更有城东城北善友道者建茶汤会，遇诸山寺院建会设斋，又神圣诞日，助缘设茶汤供众。

【注释】

①福田：佛教语。佛教以为供养布施、行善修德能受福报，犹如播种田亩，有秋收之利，故称。

②善女人：通常指那些信佛、闻法并行持善业的女性。在佛经中，"善女人"与"善男子"相对，二者共同代表了佛教徒中的在家信众。

③庚申会：一种宗教集会活动，源自道教的守庚申习俗，后被佛教吸收并融合。其核心是通过诵经、守夜等方式祈求神明庇佑，避免"三尸神"上天奏报人间罪过。

④《圆觉经》：全称为《大方广圆觉修多罗了义经》，是一部重要的佛教大乘经典。相传此经由唐代罽（jì）宾国沙门佛陀多罗在洛阳白马寺译出。全经分为序、正、流通三部分，共有十二章，每章以问答形式展开，分别由十二位菩萨提问，佛作答，以长行和偈颂的形式宣说如来圆觉的妙理和修行方法。其核心思想是"圆觉"，即圆满的觉性。强调一切众生本具佛性，因妄念而流转生死；通过修行，众生可以回归本有的清净觉性。《圆觉经》在汉传佛教中具有重要地位，受到天台宗、华严宗及禅宗的高度推崇。

【译文】

信佛的人有上天竺寺光明会，都是有钱人家以及大街上的店铺，进献巨大的香烛，捐献钱财和粮食，用于法会的斋饭供应，大规模地举办宗教集会，邀请僧人、道士诵经、礼忏，举办斋戒活动，持续数日，形成盛大的宗教节日。还有善女人，都是达官贵人的娘子、夫人等，她们组织了庚申会，诵读《圆觉经》，每次聚会她们都会佩戴珠翠珍宝等首饰参会，因此这个会也被称为"斗宝会"。还有城东城北信佛的善男信女组织的茶汤会，遇到各山寺院组织会设斋，还有神祇的诞辰，茶汤会准备茶汤提供给大众。

四月初八日，六和塔寺集童男童女善信人建朝塔会。九月初一日，湖州市遇土神崇善王诞日，亦有童男童女迎献茶果，以还心愫。每月遇庚申或八日，诸寺庵舍集善信人诵经设斋或建西归会①。宝叔塔寺每岁春季，建受生寄库大斋会②。

【注释】

①善信人：指在家信仰佛教的善男信女。包括善女信人和善男信人。
②斋会：佛寺在特定时间举行的集会。

【译文】

农历四月初八日，六和塔寺召集信仰佛教的童男童女组织朝塔会。农历九月初一日，湖州市正赶上土神崇善王的诞辰，也有童男童女向神祇进献茶和水果，来还心愿。每月遇到庚申日或者八日，各寺庙庵舍都会召集善信人准备斋饭供僧侣和信众食用或者组织西归会。宝叔塔寺每年春季，都会组织受生寄库大斋会。

诸寺院清明建供天会。七月十五日，建盂兰盆会。二月十五日，长明寺及诸教院建涅槃会。四月八日，西湖放生池建放生会，顷者此会所集数万人。太平兴国传法寺向者建净业会，每月十七日集善男信人，十八日集善女信人入寺诵经，设斋听法，年终以所收赀金，建药师道场七昼夜，以终其会。今废之久矣。其余白莲①、行法②、三坛等会③，各有所分也。

【注释】

①白莲：净土宗的一种集会形式。源于东晋慧远在庐山创立的白莲社，后在南宋时期广泛传播。白莲会的主要活动包括念佛、诵经、斋戒等，目的是通过集体修行帮助信众往生西方极乐世界。南宋时期，白莲会的发起者多为在家信士，参与者包括各阶层人士，活动场所也从寺院延伸至民间宅第。

②行法：一种以修行佛法为主题的集会。通常由僧侣或在家信众组织，内容包括诵经、礼忏、禅修等。这种集会旨在通过集体修行提升信众的佛法修为，同时也为社会大众提供参与佛教活动的机会。

③三坛：与佛教的"三坛大戒"有关，是佛教徒受持沙弥戒、比丘戒和菩萨戒的仪式。这种集会通常在寺院举行，由高僧主持，目的是帮助信众正式进入佛门，成为合格的佛教徒。

【译文】

杭州城各寺院在清明节组织供天会。农历七月十五日，组织盂兰盆会。农历二月十五日，长明寺以及各教院组织涅槃会。农历四月八日，西湖放生池组织放生会，以前放生会聚集数万人。太平兴国传法寺以前组织净业会，每月十七日召集信仰佛教的男子，十八日召集信仰佛教的女子入寺诵经，设斋听法，年终寺庙以所收到的钱财，组织七天七夜的药师道场，来作为净业会的结束。如今净业会已经废止很久了。其他像白莲会、行法会、三坛会等，都各有特点。

闲人

【题解】

本条简单介绍了南宋杭州城的闲人类型、所从事的活动等。杭州的"闲人"群体涵盖了各个阶层,从富商子弟到普通市民,他们通过参与娱乐活动和社交聚会,形成了一个多元化的社会网络。"闲人"中有许多精通各种技艺的人,他们不仅技艺高超,还通过表演和比赛获得社会认可和经济收益。杭州的"闲人"生活是当时社会文化繁荣的缩影,反映了南宋时期市民文化的享乐主义倾向,也反映了南宋时期杭州作为都城的经济和文化盛况。

闲人本食客人①。孟尝君门下有三千人②,皆客矣。姑以今时府第宅舍言之,食客者:有训导蒙童子弟者,谓之"馆客"③。又有讲古论今、吟诗和曲、围棋、抚琴、投壶④、打马⑤、撇竹写兰,名曰"食客",此之谓闲人也。

【注释】

①食客:即寄宿于豪门贵族与主人闲情娱乐、偶尔出谋划策的门客。
②孟尝君:名田文。战国四公子之一。齐国贵族。门下有食客数

千。曾为齐、秦、魏国之相。

③馆客：指寄宿于豪门贵家教导子弟的门客。

④投壶：中国古代投掷游戏。由礼射演化而成，为士大夫宴饮间的娱乐活动。以席间酒壶为靶，参加者在离壶5—9尺外，轮流向壶口或壶耳投射一定数目的无镞箭，按投中的箭数或中箭之格局分别给以一定的"数"，"数"多者为胜，输者罚酒。

⑤打马：一种游戏。即打双陆，属于弹棋之类。因双陆的棋子作马头形，故称为打马。

【译文】

闲人本来就是靠人吃饭的。孟尝君门下有三千人，都是门客。姑且以现在的府第宅舍来说，食客中有教导蒙童子弟的人，称为馆客。还有一些人谈论古今、吟诗唱曲、下棋抚琴、投壶打马、撇竹写兰，称为食客，这就是所谓的闲人。

更有一等不著业艺食于人家者①，此是无成子弟，能文、知书、写字、善音乐，今则百艺不通，专精陪侍涉富豪子弟郎君，游宴执役，甘为下流，及相伴外方官员财主到都营干。又有猥下之徒②，与妓馆家书写柬帖取送之类，更专以参随服役资生③。旧有百业皆通者，如纽元子④，学像生叫声⑤，教虫蚁⑥，动音乐，杂手艺，唱词白话，打令商谜⑦，弄水使拳⑧，及善能取覆供过⑨，传言送语。又有专为棚头，斗黄头、养百虫蚁、促织儿，又谓之"闲汉"⑩，凡擎鹰、架鹞、调鹁鸽、斗鹌鹑、斗鸡、赌扑落生之类。

【注释】

①人家：指他人之家。

②猥下：鄙陋，低下。

③资生：赖以谋生。

④纽元子：即杂班、杂扮。宋杂剧的散段。（宋）灌园耐得翁《都城纪胜·瓦舍众伎》："杂扮或名杂旺，又名纽元子，又名技和，乃杂剧之散段。在京师时，村人罕得入城，遂撰此端，多是借装为山东、河北村人，以资笑。"

⑤学像生：是语言类演艺中的一种表演形式，是指演员模仿各种事物的声音和动作，类似于今所谓"口技"的一种表演形式。因模仿各种动物、事物所发声惟妙惟肖、栩栩如生而称为学像生，在宋史料中又多称为"乔像生"。

⑥虫蚁：小鸟雀的通称。

⑦打令：行酒令。商谜：即猜谜。

⑧弄水：戏水，在水上作竞技表演。

⑨取覆：谓禀告，请求答复。供过：侍奉，侍候。

⑩闲汉：指在市井中斗鸡、斗蟋蟀、赌博等游手好闲并以此为生的人。

【译文】

还有一种人，不从事任何行业，靠给人家帮忙为生，这些人都是不成器的子弟，能写文章，懂书法，会写字，擅长音乐。现在这些人什么技艺都不会，专门陪着富豪子弟游乐宴饮，奔走效力，心甘情愿地自甘堕落；还有人陪着外地官员、财主到杭州来谋求官职。还有一些地位卑贱的人，专门负责为妓院与客人之间传递书信、简帖之类的东西，以此来谋取生活费用。过去有对各种技艺都精通的人，如纽元子、学像生叫声的艺人、调教虫蚁的艺人、演奏音乐的艺人、会各种手工艺的艺人、表演唱词的艺人、说白话的艺人、行酒令的艺人、猜谜语的艺人、玩水技的艺人、表演拳术的艺人，以及善于猜中覆藏之物、供说所犯过失、传递话语、说吉利话的艺人。还有专门当斗蟋蟀棚头、斗黄头的，养百虫蚁、促织儿的，又叫闲汉，凡是架鹰、放鹞、调教鸽子、斗鹌鹑、斗鸡、赌扑落生之类的，都是他们的专长。

又有一等手作人①,专攻刀镊②,出入宅院,趋奉郎君子弟,专为干当杂事③,插花挂画、说合交易、帮涉妄作,谓之"涉儿"④,盖取过水之意。更有一等不本色业艺,专为探听妓家宾客,赶趁唱喏,买物供过。及游湖酒楼饮宴所在,以献香送欢为由,乞觅赡家财,谓之"厮波"。

【注释】

①手作人:手艺人。

②专攻:专门研究。攻,致力于学习或研究。刀镊:刀与镊子。除毛发的工具,借指理发整容。

③干当:在宋代原用"勾当"一词,用来指主管办理某种公务。南宋时,因避宋高宗赵构名讳,从而改称"干办"。此处泛指处理各种杂事。

④涉儿:由"渡水"这一动作而转嫁到市井中以帮闲为生的手艺人上,他们常常利用办事之便,偷做手脚,从中渔利。(宋)灌园耐得翁《都城纪胜·闲人》:"又有是刀镊手作,人长于此态,故谓之'涉儿',取过水之意也。"

【译文】

又有一类手工艺人,专门做理发修面的工作,出入于富贵人家的宅院,讨好公子王孙,专门负责办理杂事,如插花挂画、说合买卖、帮他们欺诈妄为,这种人被称为"涉儿",大概是取像水一样到处流动而涉足各处的意思。还有一种不从事本业的人,专门打探妓院、酒馆的客人消息,匆忙赶去唱喏行礼,购买物品提供给客人。还有在游湖、酒楼、宴会的场所,以献香、劝酒为由,乞求财物养家糊口,被称为"厮波"。

大抵此辈,若顾之则贪婪不已①,不顾之则强颜取奉②,必满其意而后已,但看赏花宴饮君子出着发放何如耳③。

【注释】

①顾:照管,注意。

②强颜:厚着脸皮不知羞耻。取奉:趋奉,迎合奉承。

③出着:办法,主意。发放:发落,处置。

【译文】

　　大概此类人,如果被雇佣,他们会贪婪不已;如果不被雇佣,他们会强行表现,试图获取赏钱。一定要满足他们的愿望才行,只看赏花宴饮的君子怎么样罢了。

雇觅人力

【题解】

本条介绍了南宋杭州雇佣人力的情况。作为南宋的都城,杭州经济繁荣,城市生活丰富多彩,雇佣劳动成为一种常见的经济现象。无论是官营手工业、商业服务业,还是私人家庭,都广泛依赖雇佣劳动力。一个有意思的现象是,许多宅第中雇佣的杂役,都采用了宋代下级军士的名字,比如虞候、承直太尉等,反映了宋代官称在社会上的泛用化。雇佣劳动通常通过"行老"或"牙人"进行中介。这些中介人负责介绍劳动力,并在必要时提供担保,防止雇工逃跑或盗窃雇主财物。许多雇佣关系是临时性的,雇主根据需求随时雇佣或解雇劳动者。南宋杭州普遍的雇佣劳动现象,反映了当时社会经济的高度发展和城市生活的繁荣。

凡雇倩人力及干当人①,如解库掌事②、贴窗铺席主管③、酒肆食店博士④、铛头、行菜、过买、外出醫儿⑤、酒家人⑥、师公、大伯等人⑦,又有府第宅舍内诸司都知⑧、太尉、直殿、御药⑨、御带⑩、内监寺厅分⑪,雇觅大夫⑫、书表⑬、司厅子⑭、虞候⑮、押番⑯、门子⑰、直头⑱、轿番小厮儿⑲、厨子、火头⑳、直香灯道人㉑、园丁等人。更有六房院府判提点、五房院承直太尉、诸内司殿管判司幕士、六部朝奉雇倩私身轿番安童等人㉒，或药铺要当铺郎中、前后作、药生作㉓，下及门面铺席要当铺里主管、后作、上门下番当直安童㉔，俱各有行老引领㉕。如有逃闪，将带东西，有元地脚保识人前去跟寻㉖。

【注释】

①干当人：又称干人。指富豪和官员家中豢养的一种处理各种杂事的人。

②解库：是宋代江北人的说法，指古时抵押物后放款收息的典当铺。江南人称为"质库"，亦作"库质"。

③贴窗铺席主管：管理店铺的日常运营，包括货物陈列和销售。

④食店博士：即"量酒博士"。主要负责接待食客，提供酒水服务。

⑤外出髬（sēng）儿：古代食店外出兜售食品的小厮。

⑥酒家人：酒店里的伙计。

⑦大伯：此处指酒店中招呼客人的小厮。

⑧都知：负责府第内事务的总管，管理府内的日常事务和人员，类似于现代的管家。

⑨御药：负责府第内的医药事务，管理药品和医疗设备。

⑩御带：负责府第内的安全保卫工作，类似于现代的保安。

⑪内监寺厅分：负责府第内的宗教事务，管理佛堂、道观等宗教场所。

⑫雇觅：雇佣寻觅。

⑬书表：负责书写文书、记录事务的文员。

⑭司厅子：管理府第内厅堂事务的人员，负责接待和安排活动。

⑮虞候：负责府第内治安和巡逻的人员。

⑯押番：宋代禁军中比兵高一级的军士，此处泛指负责押送物品或人员的差役。

⑰门子:守门人,负责府第大门的开关和安全。
⑱直头:负责府第内日常事务的杂役。
⑲轿番小厮儿:负责抬轿和跑腿的杂役。
⑳火头:专管烧火做饭者。
㉑直香灯道人:负责佛堂或道观的香火和灯具维护。
㉒安童:童仆。
㉓药生作:负责药材的炮制和加工。
㉔上门下番当直安童:负责店铺的日常服务,如接待顾客、传递物品等。
㉕行(háng)老:古代大都市中各行各业的头儿,兼为人介绍职业。
㉖地脚:犹言当地。

【译文】

凡是雇佣人力和干当人,比如解库掌事、贴窗铺席主管、酒肆食店博士、铛头、行菜、过买、外出醫儿、酒家人、师公、大伯等人,还有达官贵人家中的内诸司都知、太尉、直殿、御药、御带、内监寺厅分,雇觅大夫、书表、司厅子、虞候、押番、门子、直头、轿番小厮儿、厨子、火头、直香灯道人、园丁等人。还有六房院府判提点、五房院承直太尉、诸内司殿管判司幕士、六部朝奉雇倩私身轿番安童等人,或者药铺需要当铺郎中、前后作、药生作,以及门面铺席需要当铺里主管、后作、上门下番当直安童,都各自有行老引领。如果被雇佣人有逃亡,携带东西逃走,会有原地脚保识人前去追踪寻找。

如府宅官员、豪富人家欲买宠妾、歌童、舞女、厨娘、针线供过、粗细婢妮①,亦有官私牙嫂及引置等人②,但指挥便行踏逐下来③。或官员士夫等人欲出路④、还乡、上官、赴任、游学,亦有出陆行老,雇倩脚夫脚从⑤,承揽在途服役,无有失节。

【注释】

①粗细婢妮:指干粗活、细活的婢女。

②牙嫂:即牙婆,介绍人口买卖的妇女。

③踏逐:物色,访求。

④出路:出门。

⑤脚夫:指替人搬运货物、行李的人。脚从:负担行李、跟随他人一起上路的人。

【译文】

像官府宅邸中的官员、富豪人家想要购买得宠的小妾、歌童、舞女、厨娘、擅长针线活的女子、侍奉起居的女子、粗细活都干的婢女,也有官办的和私人的牙嫂以及介绍推荐的人,只要吩咐一声,她们就会去寻找合适的人选并带到跟前。有的官员士大夫等人想要出发上路、回乡、到上级官府办事、前往任职、外出求学游历,也有陆路出行的行商,雇佣脚夫,脚夫承担路途上的各种事务,不会失职。

四司六局筵会假赁

【题解】

本条介绍了南宋杭州的四司六局情况。南宋杭州的"四司六局"是一套为社会各阶层提供宴会筹备、礼仪接待、餐饮服务等的专业机构，类似于现代的婚庆公司或活动策划公司。四司指帐设司、茶酒司、厨司、台盘司。六局指果子局、蜜煎局、菜蔬局、油烛局、香药局、排办局。四司六局的工作人员均为专业人士，分工明确，服务高效。雇主只需支付费用，无须操心细节。四司六局的服务价格公道，不会过度收费，确保雇主利益。另外，雇主可以根据需求选择服务项目和服务地点。四司六局的出现反映了南宋杭州商业的高度发达和社会分工的精细化。这种专业化的服务模式不仅为官府和富贵人家提供了便利，也推动了城市经济的发展。此外，四司六局的存在也体现了南宋社会对礼仪和生活品质的重视。

凡官府春宴或乡会①，遇鹿鸣宴，文武官试中设同年宴，及圣节满散祝寿公筵，官府各将人吏差拨四司六局人员督责，各有所掌，无致苟简。或府第斋舍，亦于官司差借执役，如富豪士庶吉筵凶席，合用椅卓陈设、书画器皿、盘合动事之类，则雇唤局分人员，俱可完备。凡事毋苟。

【注释】

①春宴:(宋)赵昇《朝野类要》卷一《故事·春宴》:"中兴以来,承平日久。庆元间,京尹赵师䦈奏请从故事,排办春宴。即唐曲江之遗意也。即于行都西湖,用舟船妓弟,自寒食前排日宴会。先宴使相、两府、亲王,次即南班郡王、嗣秀、嗣濮王、杨开府、两李太尉,次请六曹尚书、侍郎、统兵官,次宴节度、承宣、观察使、南班及都承、知閤、御带、环卫官,次都司密属官,次宴卿、监,次宴六曹郎中、郎官,并是京尹馆伴。后京尹李澄,遵故事奏请如前供办。后开禧以后兵兴及追扰百色行铺,害及于民,此宴不复举矣。"乡会:旧时在京同乡官吏及文人的集会。《朝野类要》卷五《同年乡会》:"诸处士大夫同乡曲并同路者,共在朝及在三学,相聚作会,曰乡会。若同榜及第聚会,则曰同年会。"

【译文】

凡是官府举办的春季宴会或者乡试后的聚会,或者遇到鹿鸣宴,或者文武官员中第后举办同年宴,以及皇帝圣节在道场结束时举办的祝寿公宴,官府各自安排人吏差派四司六局的人员来监督管理宴席,各自掌管不同的事务,不能有丝毫疏忽。有的府第斋舍,也从官府借调差役。如果是富裕人家,不论士大夫还是平民百姓,举办吉庆筵席或者丧葬酒席,需要用到桌椅来陈设书画、器皿、盘盒之类的物品时,那么去雇佣传唤相应行局分工的人员,这些东西就都能置办齐全了。凡事不要敷衍了事。

且谓四司六局所掌何职役①,开列于后:如帐设司,专掌仰尘②、录压、卓帏③、搭席、帘幕、缴额、罘罳④、屏风、书画、簇子⑤、画帐等;如茶酒司,官府所用名"宾客司",专掌客过茶汤、斟酒、上食、喝揖而已⑥。民庶家俱用茶酒司掌管筵席,合用金银器具⑦,及暖荡、请坐、谙席、开话、斟酒、上食、喝揖、喝坐席,迎送亲姻、吉筵庆寿、邀宾筵会、丧葬斋筵、修设僧道斋供,传语取覆⑧,上书请客,送聘礼合,成姻礼仪,先次迎请等事;厨司,事前后掌筵席生熟看食、䬻饤⑨、合食⑩、前后筵几盏食、品坐歇坐⑪、泛劝品件、放料批切⑫、调和精细美味羹汤、精巧簇花龙凤劝盘等事⑬;台盘司,掌把盘、打送、赍擎、劝盘、出食、碗碟等;果子局,掌装簇饤盘看果、时新水果、南北京果、海腊、肥脯、脔切、像生花果、劝酒品件;蜜煎局,掌簇饤看盘果套山子、蜜煎像生窠儿;菜蔬局,掌筵上簇饤看盘菜蔬,供筵泛供异品菜蔬、时新品味、糟藏像生件段等;油烛局,掌灯火照耀、上烛、修烛、点照、压灯、办席、立台、手把、豆台、竹笼、灯台、装火、簇炭;香药局,掌管龙涎、沈脑、清和、清福异香、香垒、香炉、香球、装香簇烬细灰,效事听候换香,酒后索唤异品醒酒汤药饼儿;排办局,掌椅卓、交椅、桌凳、书桌,及洒扫打渲、拭抹供过之职。

【注释】

①职役:职事。

②仰尘:天棚,天花板。

③卓帏:即桌围,围在桌子边的装饰物,多用布或绸缎做成。

④罘罳(fú sī):室内花格似网或有孔的屏风。

⑤簇子:一种图画卷幅形式,尺寸较小,可揣入怀中,展开可悬挂在墙壁之上的挂轴。

⑥喝揖:喊喝别人作揖。

⑦合用:与他人共同使用。

⑧取覆：谓禀告，请求答复。
⑨籹（nǔ）饤：以环饼为主要食材的陈设食品。
⑩合食：合祭。
⑪歇坐：宾客下桌闲谈。
⑫批切：指用削、斜僻刀刀法。
⑬劝盘：劝酒时用来放酒杯的盘子。

【译文】
以下列举四司六局所负责的具体职务：比如帐设司，专门负责天棚、录压、桌帏、搭建宴席、帘幕、缴额、罘罳、屏风、书画、簇子、画帐等；茶酒司，官府使用的名字是"宾客司"，专门负责客人的茶汤、斟酒、呈献食品、喝揖罢了。普通百姓人家都使用茶酒司掌管筵席，与他人共同使用金银制作的酒茶器具，以及暖荡、请坐、谙席、开话、斟酒、上食、喝揖、喝坐席、迎送姻亲、吉筵庆寿、邀请宾客的筵会，丧葬斋筵，修设僧道斋供，传语取覆，上书请客，送聘礼合，成姻礼仪，先次迎请等事；厨司，掌管筵席上的生熟看食、籹饤、合祭、前后筵几盏食、品坐歇坐、泛劝品件、放料批切、调和精细美味羹汤、精巧簇花龙凤劝盘等事；台盘司，掌把盘、打送、赍擎、劝盘、出食、碗碟等；果子局，掌装簇饤盘看果、时新水果、南北京果、海腊、肥脯、商切、像生花果、劝酒品件；蜜煎局，掌簇饤看盘果套山子、蜜煎像生窠儿；菜蔬局，掌筵上簇饤看盘菜蔬，供筵泛供异品菜蔬、时新品味、糟藏像生件段等；油烛局，掌灯火照耀、上烛、修烛、点照、压灯、办席、立台、手把、豆台、竹笼、灯台、装火、簇炭；香药局，掌管龙涎、沈脑、清和、清福异香、香垒、香炉、香球、装香簇烬细灰，效事听候换香，酒后索唤异品醒酒汤药饼儿；排办局，掌椅桌、交椅、桌凳、书桌，及洒扫打渲、拭抹供过之职。

盖四司六局等人，祗直惯熟，不致失节①，省主者之劳也②。欲就名园异馆、寺观亭台，或湖舫会宾，但指挥局分③,立可办集④,皆能如仪。俗谚云:"烧香点茶,挂画插花,四般闲事⑤,不宜累家。"若有失节者,是祇役人不精故耳⑥。且如筵会,不拘大小,或众官筵上喝犒⑦,亦有次第,先茶酒,次厨司⑧,三伎乐,四局分,五本主人从⑨。此虽末事,因笔述之耳。

【注释】

①失节:失去控制。

②主者:主人。

③指挥:指示。

④办集:办成。

⑤般:种,类,样。闲事:无关紧要的事情。

⑥祇役人:奉命从事某种差事的人。

⑦喝犒:大声宣布赏赐。

⑧厨司:厨师。此处指厨师做菜上菜。

⑨人从:随从。

【译文】

大概四司六局的人,经常服务,对礼仪非常熟悉,不会出现安排失当的情况,能为主人省去不少操劳。主人想要到有名的园林、别致的馆舍、寺庙道观、亭台殿堂,或者在湖中的船舫上会见宾客,只要指挥一下相关部门或人员,马上就能置办齐全,都能符合礼仪规范。俗话说:"烧香、点茶、挂画、插花,这四种闲事,不适合外行人做。"如果有失礼的人,这只是办事的人不精心的缘故罢了。就像筵席聚会,无论规模大小,或者是众官员在筵席上犒劳饮宴,也都有一定的顺序。先赏赐负责茶水和酒水服务的人员,其次是赏赐负责烹饪的人员,第三是赏赐负责表演的乐人,第四是赏赐四司六局相关服务人员,第五是赏赐宴会主人的随从人员。这只是一些琐碎不重要的事情,却也记录下来。

卷二十

嫁娶

【题解】

  本条详细叙述了南宋杭州的婚嫁习俗。南宋时杭州的婚俗深受当时社会文化与儒家礼仪的影响，形成较为固定的流程和仪式，主要包括说媒、订婚、行聘、发奁、迎娶、三朝回门等几部分。男女婚姻多由父母之命、媒妁之言决定。中等以上人家通常会请媒婆说合，称为"穿婚"。男女双方通过占卜得吉后，男家会备礼邀请女方家长见面，称为"相亲"。若中意，会以金钗插于冠髻中，称为"插钗"；若不满意，则送彩缎两匹，称为"压惊"。订婚是正式结婚前的重要仪式，又称"传红"或"缔姻"。订婚当天，两家会挂灯结彩，厅上供奉和合二仙神像，点燃红烛，邀请亲友吃订婚酒。订婚后，男家需送聘礼，古称"纳征"，俗称"聘礼"或"财礼"。聘礼通常包括金银、绸缎等贵重物品。女家接受聘礼后，也会回赠礼物，称为"回盘"。婚礼前一天，女家会准备嫁妆，称为"发奁"。嫁妆通常包括子孙桶（桶内盛有红蛋、喜果等）、棉被（内放花生，寓意生儿育女）等。嫁妆需在女家和男家分别陈列，以示隆重。迎娶是婚礼的高潮部分，俗称"拜堂"。花轿通常在婚礼前一天下午抬至男家，晚间需百烛齐燃，称为"亮轿"。新娘在出发前需举行"辞家宴"，辞别父母和亲属。新娘由喜娘伴行，跨过火盆或马鞍，象征驱邪和平安。新娘抵达男方后，需跨过红毡或麻袋，象征传宗接代。拜堂仪式包括拜天地、拜高堂、夫妻交拜等环节。拜堂后,新人需向长辈敬茶,完成婚礼仪式。婚后第三天,新娘偕新郎回娘家拜见岳父母,称为"双回郎"。新娘回娘家后,通常会住七天或一个月,再由新郎接回。此外,还有婚礼中撒谷豆以驱邪,新娘用扇子遮面,新郎需三次催妆后新娘才肯上轿,新人共饮合卺酒,象征夫妻一体等习俗。南宋时期的嫁娶习俗不仅体现了当时社会的礼仪规范,还反映了人们对婚姻的重视和对家庭幸福的祈愿。这些习俗在杭州地区一直延续至今,成为当地文化的重要组成部分。本条内容与《东京梦华录》卷五《娶妇》少量语言相似。

婚娶之礼,先凭媒氏以草帖子通于男家①。男家以草帖问卜或祷签,得吉无克,方回草帖。亦卜吉,媒氏通音,然后过细贴②,又谓"定帖"。帖中序男家三代官品③、职位、名讳④,议亲第几位男,及官职、年甲、月日、吉时生,父母或在堂⑤、或不在堂,或书主婚何位尊长,或入赘,明开将带金银、田土、财产、宅舍、房廊、山园,俱列帖子内。女家回定帖,亦如前开写⑥,及议亲第几位娘子,年甲、月日、吉时生,具列房奁、首饰、金银、珠翠、宝器、动用⑦、帐幔等物,及随嫁田土、屋业、山园等。

【注释】

① 媒氏:官名。掌管婚姻之事。后泛指说合婚姻的人。《周礼·地官·媒氏》:"媒氏,掌万民之判。"草帖:俗称"八字帖"。旧时婚俗中写明男方或女方的生辰八字等的帖子,相对于"细帖"而言。
② 细贴:又叫定帖,上面详细写明家庭、本人及有关的财产情况。相亲前,媒人先将女家的草帖送至男家,男家占卜后觉得合适,便将自家草帖回复女家。双方都同意,再转送细帖。细帖是男家先

送,女家后送。过细帖后,婚约便定了下来。

③三代:指曾祖父、祖父、父亲三代。

④名讳:尊长或所尊敬的人的名字。

⑤在堂:指父母亲健在。

⑥开写:逐项写出。

⑦动用:此处指器皿、器具,也可以泛指日常生活用品。

【译文】

杭州婚娶的礼仪,男女双方达成初步婚配意向后,先让媒人将女方的八字帖告知男方。男方拿着八字帖进行占卜或者祈祷抽签,得到男女双方八字相合没有相克的结果,方才将男方的八字帖通过媒人转交给女方。女方也进行占卜,双方八字相合大吉大利,媒人将这一结果给男女双方互通消息,然后将细帖交到对方手中,细贴又称"定帖"。细帖中依次排列男方家祖上三代的官品、职位、姓名等内容,讨论婚事的是家中第几个儿子,以及该儿子所任官职、年岁、出生月日生辰,父母健在与否,或者书写主婚人是哪位长辈,或者男子将来是否入赘,明白写明聘礼是多少金银、田土、财产、宅舍、房廊、山园,都一一列在细帖里面。女方回定帖,也如男方所写,以及商议婚事的是家中第几位姑娘,年岁、出生月日生辰,一一列举房奁、首饰、金银、珠翠、宝器、动用、帐慢等物品,还有随嫁的田土、屋业、山园等。

其伐柯人两家通报①,择日过帖,各以色彩衬盘安定帖送过,方为定论。然后男家择日备酒礼诣女家,或借园圃,或湖舫内,两亲相见,谓之相亲。男以酒四杯,女则添备双杯,此礼取男强女弱之意。如新人中意②,即以金钗插于冠髻中③,名曰插钗④。若不如意,则送彩缎二匹,谓之压惊,则姻事不谐矣。

【注释】

①伐柯人：指媒人。《诗经·豳风·伐柯》："伐柯如何？匪斧不克。取妻如何？匪媒不得。"

②新人：新娶的妻子或新嫁的丈夫。此处泛指相亲的男女。

③金钗：金制或涂金的钗。钗，古代妇女的一种首饰，由两股簪子合成。

④插钗：相亲后，如果男方同意，男方就在女子的冠髻中插入金钗，称作"插钗"；没看中，男方就送给女子两匹彩缎，称作"压惊"。

【译文】

　　交换定帖之前，媒人会先向双方家庭通报情况，然后双方家庭挑选一个良辰吉日正式交换定帖，定帖通常被放置在色彩鲜艳的衬盘中。双方家庭通过交换定帖，正式确定婚约。然后男方会挑选吉日准备好酒礼前往女家，届时或借用园圃，或者在湖舫内，议亲的男女相见，这一过程称为相亲。相亲的时候，男方备酒四杯，而女方则添备双杯，这种安排被认为有"男强女弱"的寓意。如果男方中意，便会以金钗插于女方冠髻中，这称为"插钗"。如果男方不乐意，则会赠送女方两匹彩缎，这称为"压惊"，那么就说明这桩婚事不成。

　　既已插钗，则伐柯人通好议定礼，往女家报定。若丰富之家，以珠翠首饰、金器、销金裙褶①，及段匹、茶饼②，加以双羊牵送，以金瓶酒四罇或八罇③，装以大花银方胜，红绿销金酒衣簇盖酒上，或以罗帛贴套花为酒衣，酒担以红彩缴之。男家用销金色纸四幅，为三启一礼物状，共两封，名为双缄，仍以红绿销金书袋盛之，或以罗帛贴套五男二女绿盝④，盛礼书为头合，共轿十合或八合，用彩袱盖上送往。

【注释】

①裙褙:原作"裙褶",据四库本、明删节本、明抄本改。指裙子和褙子。
②茶饼:聘礼送茶饼,可能寓意女子婚后从一而终。因为茶树一旦种植,不可移植。
③金瓶酒:用于婚姻嫁娶时作聘礼,指用金瓶装的酒。
④五男二女:传说周武王有五个儿子、两个女儿,后人以"五男二女"为一种子孙繁衍、家庭有福气的表现,经常将该图印制在纸张或礼品上表示祝福。盝(lù):古同"簏",竹箱或小匣。

【译文】

插钗之后,媒人会在男女双方之间进行沟通,协助双方家庭商议聘礼的具体内容。男方家庭会根据商议的结果,将聘礼送往女方家。如果有钱人家,聘礼有珠翠首饰、金器、销金裙褙,以及成匹的绸缎和茶饼,再加上两只羊和酒。酒是金瓶酒,一般数量是四罇或者八罇,酒瓶用大花银方胜装饰,外面覆盖着红绿销金酒衣,或者是罗帛贴套花酒衣,酒担用红彩装饰。此外,男方家还会准备四幅销金色纸,写成三份婚启和一份礼物状,红绿销金书袋盛装封好,一共两封,叫双缄。或者是用罗帛贴套盛装着五男二女绿盝,里面盛放着礼书作为头盒,一共凑成十盒或者八盒,盒上面用彩色包袱盖上后送往女方家。

女家接定礼合,丁宅堂中备香烛、酒果,告盟三界①,然后请女亲家夫妇双全者开合。其女氏即于当日备回定礼物,以紫罗及颜色段匹、珠翠须掠、皂罗巾段、金玉帕環、七宝巾环、篚帕鞋袜女工答之。更以元送茶饼、果物以四方回送,羊酒亦以一半回之,更以空酒罇一双投入清水,盛四金鱼,以箸一双、葱两株安于罇内②,谓之"回鱼箸"。若富家、官户③,多用金银打造鱼箸各一双,并以彩帛造像生葱双株,挂于鱼水罇外答之。

【注释】

①三界：指天、地、神明。

②更以空酒罇一双投入清水，盛四金鱼，以箸一双、葱两株安于罇内：寓意"如鱼得水"和"葱葱郁郁"。

③官户：在宋代，官户指的是官员的家庭家族。只要是入了品级的官员，其家族都可以被算作官户。官户虽然要如同常人一样缴税纳粮，但是却可以免除绝大部分的徭役差役。官户在触犯法律的时候，很多时候还可以按照不同的品级实行不同的宽免政策，其中包含了议、请、减、赎等各种方式。宋朝政府对官户也有一些禁令，比如禁止官户在所任州县私办田产，并禁止经营诸如场务、河渡、坑冶等等行业。

【译文】

女家收到定礼的礼盒后，会在宅堂中准备好香烛、酒果等供品，告盟天、地、神明，然后请一位夫妇双全的亲属来开启礼盒。女方在收到定礼的当天，要准备回礼，回礼包括紫罗、颜色缎匹、珠翠首饰，以及诸如皂罗巾缎、金玉帕环、七宝巾环、篚帕鞋袜等女工制品。另外，还有男方所送的茶饼、果物、羊、酒等物品的一半。女方还会准备一个空酒罇，将清水倒进去，放入四尾金鱼，再插入一双筷子和两株葱，这个回礼叫"回鱼箸"。如果是有钱人家和官户，可能会用金银打造鱼箸各一双，并使用彩帛造像生葱双根，挂在鱼水罇外面。

自送定之后，全凭媒氏往来，朔望传语。遇节序，亦以冠花彩段合物酒果遗送，谓之"追节"。女家以巧作女工、金宝帕环答之。次则下财送聘，预令媒氏以鹅酒①，重则羊酒,导日方行送聘之礼②。且论聘礼,富贵之家当备三金送之,则金钏、金镯、金帔坠者是也。若铺席宅舍,或无金器,以银镀代之。否则贫富不同,亦从其便,此无定法耳。更言士宦,亦送销金大袖黄罗销金裙、段红长裙,或红素罗大袖段亦得。珠翠特髻、珠翠团冠、四时冠花、珠翠排环等首饰,及上细杂色彩段匹帛,加以花茶果物、团圆饼、羊酒等物。又送官会、银铤,谓之"下财礼",亦用双缄聘启礼状。或下等人家,所送一二匹,官会一二封,加以鹅酒、茶饼而已。若下财礼,则女氏得以助其虚费耳。又有一等贫穷父母兄嫂,所倚者惟色可取,而奁具茫然,在议亲者以首饰衣帛③,加以楮物送往④,谓之"兜裹"。今富家女氏既受聘送,亦以礼物答回,以绿紫罗双匹、彩色段匹、金玉文房玩具、珠翠须掠女工等如前礼物。更有媒氏媒箱、段匹、盘盏⑤、官楮、花红礼合惠之⑥。

【注释】

① 鹅酒:白鹅和酒的合称。春秋战国时期古人婚俗便有奠雁一项。《仪礼·士昏礼》记载有"下达,纳采,用雁",取雁忠贞从夫之意。后来由于此俗普遍后对雁的需求数量剧增,雁渐渐不易得到,人们便以白鹅代雁。

② 导日:原作"道日",据《学海类编》本、《学津讨原》本、明删节本改。

③ 议亲:议婚,说亲。

④ 楮物:泛指钱币。

⑤ 盘盏:带有底盘的一种饮器。

⑥ 花红:此处指红绸,表示喜庆。

【译文】

男方送定礼之后,婚事的沟通全凭媒人往来。每月的初一和十五,媒人都会给双方传话沟通。遇到节庆日,男方也需向女方赠送礼物,包括冠花、彩缎、合物、酒果等,这一过程被称为"追节"。女方在收到男方的追节礼物后,会以巧作女工、金宝帕环等物品作为回礼。接下来是挑选日子送聘礼。男方在送聘礼之前,会通过媒人向女方通报送聘的具体日期。此时,男方需准备鹅酒作为先导礼物,如果表示重视,则会使用羊酒。富贵之家的聘礼通常包括金钏、金镯、金帔坠在内的三金。如果是一般人家,若无金器,可以用银镀器替代。贫富不同,根据其家庭实际情况,这没有固定的规定。再说一下官宦之家的聘礼,除了上述物品外,还会增加销金大袖黄罗销金裙、缎红长裙,或者红素罗大袖缎。珠翠特髻、珠翠团冠、四时冠花、珠翠排环等首饰,以及上等细杂色彩缎匹帛,加上花茶果物、团圆饼、羊酒等物品。还会送官会、银铤,这叫"下财礼"。也使用双缄聘启礼状。社会下层人家,聘礼送一两匹绢缎,官会一两封,加上鹅酒、茶饼罢了。如果送彩礼,女方家就可以用它来贴补那些不必要的花费罢了。还有一类贫穷人家的父母和兄嫂,所倚仗的只是女子的容貌,嫁妆寥寥无几甚至无从谈起,男方会在议亲的时候以首饰、衣帛以及少量钱财送往女方,这种行为被称为"兜裹"。现在的富家女接受聘礼后,也予以回礼,包括绿紫罗双匹、彩色缎匹、金玉文房玩具、珠翠须掠女工制品,与前面的礼物相同。还有媒氏媒箱、缎匹、盘盖、官楮、花红礼盒赠送。

自聘送之后①,节序不送,择礼成吉日②,再行导日,礼报女氏亲迎日分。先三日,男家送催妆花髻、销金盖头③、五男二女花扇、花粉盝、洗项、画彩钱果之类。女家答以金银双胜④、御罗花幞头、绿袍、靴笏等物。

【注释】

①聘送：谓订婚时男家向女家赠送财礼，也称下财礼。

②礼成：仪式结束，此处指婚礼完成。

③盖头：旧时女子外出，用以蔽尘、遮挡容颜的面巾。

④答：此处指回礼。

【译文】

完成聘礼赠送后，节庆日通常双方不再继续赠送礼物。接下来，男方会选择一个良辰吉日，举行"导日"仪式，正式通知女方婚礼的具体日期。婚礼前三天，男方送催妆礼，包括花髻、销金盖头、五男二女花扇、花粉盝、洗项、画彩钱果之类到女方家。女方家以金银双胜、御罗花幞头、绿袍、靴笏等物品作为回礼。

前一日，女家先往男家铺房，挂帐幔，铺设房奁器具、珠宝首饰、动用等物，以至亲压铺房，备礼前来暖房①。又以亲信妇人与从嫁女使看守房中，不令外人入房，须待新人方敢纵步往来②。

【注释】

①暖房：指备物贺人新婚。

②纵步：漫步，信步。

【译文】

婚礼前一天，女方先往男方家布置新房，挂帐幔，铺设房奁器具、珠宝首饰、动用等物品，并让至亲准备好礼品前来暖房。又让亲信妇人和从嫁女在婚房中看守，不让外人进入婚房，必须等待新人到来才能随意走动。

至迎亲日,男家刻定时辰,预令行郎各以执色①,如花瓶、花烛、香球、沙罗、洗漱妆合、照台、裙箱、衣匣、百结青凉伞、交椅,授事街司等人,及顾借官私妓女,乘马及和倩乐官鼓吹,引迎花檐子或粽檐子藤轿②,前往女家迎取新人。其女家以酒礼款待行郎,散花红、银碟、利市钱会讫,然后乐官作乐催妆③,克择官报时辰催促登车,茶酒互念诗词,催请新人出阁登车。既已登车,擎檐从人未肯起步,仍念诗词,求利市钱酒毕④,方行起檐作乐。

【注释】

①行郎:男家派遣到女家迎亲的人。执色:指作仪仗用的器物。
②檐子:肩舆之类。唐初盛行,用竿抬,无屏障。
③催妆:指迎亲时,男方要反复催促,新娘才启行。
④利市:节日或喜庆所赏的喜钱。

【译文】

等到迎亲这一天,男方定好婚礼时辰,预先吩咐行郎等迎亲人各自拿着迎亲的器物,如花瓶、花烛、香球、沙罗、洗漱妆盒、照台、裙箱、衣匣、百结青凉伞、交椅等,授事街司等人以及雇佣的官私妓女,骑着马,连同雇佣来的乐官鼓吹,引导着迎亲的花檐子或粽檐子藤轿,前往女家迎娶新娘。到达女方家后,女方用酒礼款待男家迎亲人,散发花红、银碟、利市钱等赏钱,然后乐官奏乐催妆,克择官报道时辰,催促新娘登车,茶酒司互相念催妆诗词,催请新娘出阁登车。新娘登车后,擎檐之人仍然不肯走,仍在念诗词,目的是求取喜钱,得到喜钱后他们方才抬起檐子奏乐出发。

迎至男家门首,时辰将正,乐官、妓女及茶酒等人互念诗词,拦门求利市钱红。克择官执花斗,盛五谷豆、钱、彩果,望门而撒①,小儿争拾之,谓之"撒谷豆"②,以压青阳煞耳③。方请新人下车,一妓女倒朝车行,捧镜,又以数妓女执莲炬花烛导前迎引,遂以二亲信女使左右扶侍而行,踏青锦褥或青毡花席上行。先跨马鞍背④,平秤过。入中门,至一室中少歇,当中悬帐,谓之"坐虚帐"⑤。或径迎入房室内,坐于床上,谓之"坐床富贵"⑥。其家委亲戚接待女氏亲家及亲送客⑦,会汤次拂,备酒四盏款待。若论浙东,以亲送客急三杯或五盏而回,名曰"走送"⑧。

【注释】

①望门:向门。

②撒谷豆:旧时婚俗。新妇下车,有阴阳人持斗,内盛谷、豆、钱、果、草节等物,口念咒语,望门而撒,以破煞神,谓之"撒谷豆"或"撒豆谷"。

③青阳:即青羊,传说中的木精、煞神。

④跨马鞍背:旧时婚俗,婚礼当天,在男方门口放置马鞍,新人入门时跨过。

⑤坐虚帐:指在婚礼当天,新娘进门后,在一间搭着帐子的房间稍坐。又称"坐帐"。

⑥坐床富贵:指在婚礼当天,新娘进门后,直接进入房间内,坐在床上。又称"坐床""坐富贵"。孙锦标《通俗常言疏证·妇女》:"《金陵杂志》:'两新人入房,由伴娘扶之盘膝坐于床头;男东女西,任人调笑,不言不动,谓之作富贵。'今江北谓之坐富贵。两人敛膝而坐,无任人调笑之事。"

⑦其家:原作"之家",据明删节本、明抄本、《学津讨原》本、天一阁

本改。

⑧走送：婚嫁日，女家送亲人将新娘送至男家门前即返回。

【译文】

迎亲队伍来到男方家门前，吉时快到了，乐官、妓女以及茶酒等人互相念吉利诗词，拦住门口求取吉利钱。克择官手执花斗，里面盛着五谷豆、钱、彩果等物品，朝着门抛撒，小孩儿们争相拾取，这称之为"撒谷豆"，是用来压制青阳煞。这一切完毕才请新娘下车，一个妓女手里捧着镜子，倒朝着婚车行走。男方家又让多名妓女手执莲花形状的花烛在新娘前面引导迎接，让两名亲信女使左右扶着新娘脚踩着青锦褥或青毡花席上面前行。新娘先跨过马鞍背和平秤。进入中门，来到一房间中少作歇息，房间当中悬挂慢帐，这称之为"坐虚帐"。或者男方直接将新娘迎入婚房中，坐在婚床上，这称为"坐床富贵"。男方家委托亲戚接待女方亲家以及送亲人员，要招待对方喝汤然后掸去衣服上的尘土，并准备四盏酒款待。如果说浙东地区，女方送亲人员饮完三五杯酒便迅速往回走，这种接待方式被称为"走送"。

向者迎新郎礼，其婿服绿裳、花幞头，于中堂升一高座①，先以媒氏或亲戚互斟酒，请下高座归房，至外姑致请②，方下座回房"坐富贵"。今此礼久不用矣，止用妓乐、花烛迎引入房。房门前先以彩帛一段横挂于楣上，碎裂其下。婿入门，众手争扯而去，谓之"利市缴门"，争求利市也③。婿登床右首座，新妇座于左首，正"坐富贵"礼也。

【注释】

①高座：浙东旧俗，婚礼上，新郎在进新房前，先在高座上暂坐，待亲朋好友喝酒后，下座回新房。

②外姑：岳母。《尔雅·释亲》："妻之母为外姑。"

③利市：吉利，好运。

【译文】

从前迎接新郎的礼仪，女婿身着绿色裳、戴花幞头，坐在中堂一个高座位上，先让媒人或者亲戚互相斟酒，请女婿走下高座回到房内，等到岳母前来迎请，女婿方才走下座位回房中，这称为"坐富贵"。如今这一礼仪很久不再为人所用了，只是使用妓乐、花烛迎引新娘入房。婚房门前先用一段彩帛横挂在门楣上，将其下垂的部分撕碎。新人入门，众人用手争相拉扯这块彩帛并将其扯走，这称为"利市缴门"，目的是争相求得好运。女婿登上婚床坐在右首，新娘坐在左首，正是"坐富贵"的礼仪。

其礼官请两新人出房，诣中堂参堂。男执槐简，挂红绿彩绾双同心结①，倒行；女挂于手，面相向而行，谓之"牵巾"②。并立堂前，遂请男家双全女亲，以秤或用机杼挑盖头，方露花容。参拜堂次诸家神及家庙③。

【注释】

①绾（wǎn）：打结。

②牵巾：新郎新娘用彩缎结同心，并相挽而行。

③参拜：以礼拜见。

【译文】

礼官请两位新人出房，前往中堂参拜。新郎手执槐木手板，身上披挂着红绿彩色绾成的双同心结，倒退着走；新娘将同心结挂在手上，面对着新郎行走，称为"牵巾"。两人一起站立在堂前，延请男方家儿女双全的女性亲戚，用秤杆或用织布机的织梭挑开新娘的盖头，这才露出新娘的花容月貌。新人去参拜堂上的家神神主并去家庙行礼。

行参诸亲之礼毕,女复倒行,执同心结,牵新郎回房,讲交拜礼,再坐床。礼官以金银盘盛金银钱、彩钱、杂果撒帐。次命妓女执双杯,以红绿同心结绾盏底①,行交卺礼毕②,以盏一仰一覆,安于床下,取大吉利意。次男左女右结发③,名曰"合髻"。又男以手摘女之花,女以手解郎绿抛纽,次掷花髻于床下,然后请掩帐。

【注释】

① 盏:应为"珓"或者"珓杯",主要用于占卜。(宋)程大昌《演繁露》卷三《卜教》:后世问卜于神,有器名杯珓者,以两蚌壳投空掷地,观其俯仰,以断休咎。自有此制后,后人不专用蛤壳矣。或以竹,或以木,略斫削使如蛤形,而中分为二。有仰有俯,故亦名杯珓。杯者,言蛤壳中空可以受盛,其状如杯也。珓者,本合为教,言神所告教,现于此之俯仰也。"

② 交卺(jǐn):旧时夫妻结婚的一种仪式。把一个匏瓜剖成两个瓢,新郎新娘各拿一个饮酒。卺,古代结婚时用作酒器的一种瓢。

③ 结发:我国古礼,洞房之夜新人各剪下一绺头发,绾在一起作为永结同心的信物,称为"结发"。

【译文】

向亲戚们行礼完毕,新娘再次一边倒退着行走,一边手执同心结,牵引着新郎回到新房。夫妻行交拜礼后,两人再次坐在婚床上。礼官拿着盛着金银钱、彩钱、杂果的金银盘,将盘子里面的东西用来撒帐。接下来礼官吩咐妓女手执两个杯子,将红绿色同心结在酒盏底系在一起,新人举行交卺礼后,将酒盏一个口朝上,一个口朝下,放置于婚床底下,取大吉大利的意思。接下来是将新郎左边头发、新娘右边头发各剪下一绺绾在一起,这称为"合髻"。新郎用手摘下新娘头上戴的花朵,新娘用手解开新郎的绿抛纽,将花髻扔于床下,然后将帐子掩上。

新人换妆毕,礼官迎请两新人诣中堂,行参谢之礼。次亲朋讲庆贺,及参谒外舅姑已毕①,则两亲家行新亲之好,然后入礼筵。行前筵五盏礼毕,别室歇坐,数杯劝色,以叙亲义,仍行上贺赏花节次②,仍复再入公筵,饮后筵四盏,以终其仪。

【注释】

①外舅姑:妻子的父母。
②节次:逐次,依次。

【译文】

新人完成婚礼前期仪式后,更换妆容和服饰,礼官引导两位新人前往中堂,向长辈和宾客行参拜礼,表达感谢。亲戚朋友们向新人表达祝贺,新人拜见女方的父母,双方亲家互相赠送礼物,表示新亲戚之间的友好关系,然后新人进入宴席,开始婚礼宴饮环节。前筵喝五盏酒,喝完酒后新人会暂时退到别室休息,宾客们会继续劝酒,增进新人与宾客之间的感情。在休息后,新人会继续参与婚礼的其他环节,如接受宾客的贺礼和赏花等仪式,新人再次回到宴会厅,进行后筵的饮酒环节,通常为四盏酒,至此婚礼的礼仪部分正式结束。

三日,女家送冠花、彩缎、鹅蛋,以金银缸儿盛油蜜顿于盘中①,四围撒贴套丁胶于上,并以茶饼、鹅羊、果物等合送去婿家,谓之"送三朝礼"也。其两新人于三日或七朝九日,往女家行拜门礼。女亲家广设华筵,款待新婿,名曰"会郎"②,亦以上贺礼物与其婿。礼毕,女家备鼓吹迎送婿回宅第。

【注释】

①油蜜：高质量的天然蜂蜜。这种蜂蜜结晶细腻似油脂状，故称。
②会郎：新郎、新娘在婚礼后第三天回女家，女家招待新女婿。

【译文】

婚后第三天，女方家会准备礼物送到男方家，这些礼物包括冠花、彩色丝织品和鹅蛋，用金银镶边的缸儿盛着的油蜜、茶饼、鹅羊以及各种果物，这些礼物被置在盘子上，四围还会撒上套丁胶，这种习俗被称为"送三朝礼"。新婚夫妇在婚后第三天、第七天或第九天前往女方家拜访，称为"拜门礼"。在"拜门礼"期间，女方家会广设华筵，款待新婿，这一仪式称为"会郎"，也赠送礼物给新郎。礼毕，女方家准备鼓吹迎送女婿返回住宅。

女家或于九朝内移厨往婿家致酒①，谓之"暖女会"②。自后迎女回家，以冠花、段匹、合食之类送归婿家，谓之"洗头"③。至一月，女家送弥月礼合④，婿家开筵，延款亲家及亲眷⑤，谓之"贺满月会亲"。自此礼仪可简。遇节序，两亲互送节仪。若士庶百姓之家贫富不等，亦宜随家丰俭⑥，却不拘此礼。若果无所措⑦，则已之。

【注释】

①移厨：犹移庖，指临时借用别人庖厨设席请客。致酒：劝酒，劝人喝酒。
②暖女会："会郎"之后九天，女家前往男家，男家设宴。（宋）孟元老《东京梦华录》卷五《娶妇》："三日女家送彩段、油蜜、蒸饼，谓

之蜜和油蒸饼。其女家来作会,谓之暖女。"

③洗头:古代婚嫁习俗。古代新娘回娘家后,要返夫家时娘家赠以礼物,称"洗头"。

④弥月:整月。

⑤延款:接纳款待。

⑥随:顺应。

⑦措:筹划办理。

【译文】

女方家或者在婚后九天内前往女婿家,借用其家的厨房置办酒席招待客人,称为"暖女会"。自此以后迎接女儿回家,走时将冠花、丝织品、盒装食物之类送到女婿家,称为"洗头"。婚后满一个月,女方家送弥月礼盒,男方家则设宴招待亲家以及亲眷,这称为"贺满月会亲"。自此以后,礼仪可以简化。遇到节日,两亲家互相赠送节日礼物。如果是士庶之家,家境贫富不同,也应该根据家庭的经济情况进行调整,不必拘泥于这些礼节。如果家庭条件确实没法筹措这些事情,可以适当省略某些环节。

育子

【题解】

本条叙述了南宋杭州的育子习俗。南宋杭州的育子习俗深受中原文化的影响，同时结合了当地的风俗，形成了独特而丰富的仪式和传统。孕妇临产时，娘家会送"催生礼"。婴儿出生第三日，亲友会前来庆贺，称为"三朝礼"。三朝礼时，还会举行"落脐灸囟"的仪式，即处理脐带并进行相关仪式。接下来是"洗三礼"，即为婴儿洗浴，寓意清洁和健康。婴儿满月时，主人家会设宴庆祝，亲友前来送礼，有"围盆"和"添盆"礼。婴儿出生百日时，主人家会再次设宴庆祝，称为"百晬礼"。这一仪式象征婴儿顺利度过百日关，寓意健康成长。婴儿周岁时，会举行"抓周"仪式。家人将各种物品摆放在婴儿面前，观察其抓取的物品，以此预测未来的职业和志向。另外，本条关于"催生礼""围盆""搅盆""添盆""周晬"的文字，与《东京梦华录》卷五《育子》相关内容相似。

杭城人家育子，如孕妇入月期将届①，外舅姑家以银盆或彩盆盛粟秆一束②，上以锦或纸盖之，上簇花朵、通草，贴套五男二女意思，及眠羊卧鹿③，并以彩画鸭蛋一百二十枚、膳食羊、生枣、栗果，及孩儿绣褓彩衣④，送至婿家，名"催生礼"。

【注释】

①入月：指妇女孕期足月。

②粟秆：即谷秆。

③眠羊卧鹿：宋时的一种糕饼。制成羊、鹿眠卧于地之花样。用作吉庆礼品。

④绣綳（bēng）：刺绣的用具。又被称作绣花圈，作用就是将布撑起来方便进行刺绣。綳，同"绷"。

【译文】

杭州城人家生孩子，如果孕妇产期将近，娘家会用银盆或彩盆里面盛着一束粟秆，上面盖着装饰着成簇的花朵和通草的锦或纸，并附有五男二女图样的花纹，以及眠羊卧鹿，并以彩画鸭蛋一百二十枚、膳食羊、生枣、栗果和孩儿绣綳彩衣送至女婿家，这叫"催生礼"。

足月，既坐蓐分娩①，亲朋争送细米、炭、醋。三朝，与儿落脐炙顖②。七日名"一腊"③，十四日谓之"二腊"，廿一日名曰"三腊"。女家与亲朋俱送膳食，如猪腰、肚、蹄脚之物。

【注释】

①坐蓐：生孩子。旧时妇女分娩时身下铺草，故称临产为"坐蓐"。蓐，草席，泛指所垫之物。

②顖（xìn）：同"囟"，囟门。婴儿头顶前方正中顶骨未合缝的地方。

③一腊：宋代民间的风俗，生子七日为一腊。（明）田艺蘅《留青日札》卷七《玉笑零音》："人之初生，以七日为腊；人之初死，以七日

为忌。一腊而一魄成，故七七四十九日而七魄具矣。一忌而一魂散，故七七四十九日而七魂泯矣。"

【译文】

孕妇怀孕足月，然后临盆生产，亲朋好友们争相赠送细米、炭、醋等物品。孩子出生三天，给新生儿脱落脐带，灸囟门。出生七天称为"一腊"，出生十四天称为"二腊"，出生二十一天称为"三腊"。产妇娘家和亲朋好友都会赠送饮食，比如猪腰、肚、蹄脚等食物。

至满月，则外家以彩画钱或金银钱杂果①，及以彩段、珠翠、颐角儿食物等送往，其家大展"洗儿会"。亲朋俱集，煎香汤于银盆内②，下洗儿果彩钱等③，仍用色彩绕盆，谓之"围盆红"。尊长以金银钗搅水，名曰"搅盆钗"。亲宾亦以金钱、银钗撒于盆中，谓之"添盆"。盆内有立枣儿，少年妇争取而食之，以为生男之征。浴儿落胎发毕，以发入金银小合，盛以色线结绦络之。抱儿遍谢诸亲坐客，及抱入姆婶房中，谓之"移窠"。若富室宦家，则用此礼。贫下之家，则随其俭。

【注释】

①外家：泛指母亲和妻子的娘家。
②香汤：放入香料的热水。
③下：投入，放入。

【译文】

等到满月，孩子外祖家送来彩画钱或金银钱杂果，以及彩缎、珠翠、颐角儿食物等，隆重召开"洗儿会"。这一天亲朋好友全都聚集在一起，先在银盆里熬好香汤，然后汤中放入洗儿的果子、彩钱等物品，仍然使用彩带绕盆，称为"围盆红"。长辈用金银钗搅动汤水，这个钗子称为"搅盆钗"。亲朋好友也将金钱、银钗撒入盆中，此举称为"添盆"。汤盆内如果有直立的枣子，年轻的少妇们会争相将枣子取出来吃掉，认为能带来生男孩的吉兆。新生儿沐浴完，将胎发剃掉后，将胎发放入金银制的小盒子里面，用彩色线打结系好。家人抱着新生儿向到场的亲朋坐客们一一道谢，并抱入姆婶房中，这称为"移窠"。如果是有钱人家、官宦人家，就会采用这个礼节。贫穷的下等人家，便根据家庭情况省略处理。

生子百晬，即一百日，亦开筵作庆。至来岁得周，名曰"周晬"[1]。其家罗列锦席于中堂，烧香炳烛，顿果儿、饮食，及父祖诰敕[2]、金银七宝玩具、文房书籍、道释经卷、秤尺刀翦、升斗等子[3]、彩段花朵、官楮钱陌、女工针线、应用物件，并儿戏物，却置得周小儿于中座，观其先拈者何物，以为佳谶，谓之"拈周试晬"。其日诸亲馈送，开筵以待亲朋。

【注释】

[1]周晬（zuì）：（宋）孟元老《东京梦华录》卷五《育子》："至来岁生日，谓之'周晬'。罗列盘琖于地，盛果木饮食、官诰笔研算秤等、经卷针线、应用之物，观其所先拈者以为征兆，谓之'试晬'。此小儿之盛礼也。"

[2]诰敕：朝廷封官授爵的敕书。

[3]等子：即戥（děng）子。称小量东西的衡器。

【译文】

孩子出生百日，即一百天的时候，家里还会举办宴会庆贺。等到来年孩子过了一周岁，称为"周晬"。生孩子的人家会在中堂罗列好锦席，烧香燃烛，放置好果子、各种饮食，以及父亲、祖父的官诰敕命、金银装饰的各种玩具、文房书籍、佛道经卷、秤尺刀剪、升斗等子、彩缎花朵、官楮钱陌、女工针线、应用物件，还有小孩儿游戏的物件，然后把一周岁的小孩儿放置在物品中间的座位上，看他先抓哪个物品，以此来预测孩子未来的职业和志向，这被认为是吉兆，此举称为"拈周试晬"。这一天亲戚们都会赠送礼物，主家举办宴会招待亲朋。

妓乐

【题解】

本条叙述了南宋杭州的妓乐情况。教坊起源于唐代,最初是宫廷内负责俗乐表演和训练的机构。宋朝继承了唐代的教坊制度,教坊主要负责宫廷和官方场合的音乐、舞蹈、戏曲表演。教坊艺人不仅为皇室和贵族提供娱乐,还在重大节日、庆典和外交场合表演。此外,教坊还承担着培养和选拔艺术人才的职能。北宋前期,教坊隶属于宣徽院,元丰改制后重新隶属太常寺。教坊内部设有使、副使、判官、都色长、色长等职位,负责管理和组织乐工的训练与演出。教坊设有十三部色,包括筚篥部、大鼓部、杖鼓部、拍板色、笛色、琵琶色、筝色、方响色、笙色、舞旋色、歌板色、杂剧色、参军色等,各部色分工明确。宋代教坊的表演形式丰富多样,包括歌舞、器乐演奏、杂剧、傀儡戏等。南宋初年废除教坊,衙前乐部的乐人逐渐成为宫廷和地方宴乐的主要承担者。衙前乐是指州府衙门所置的乐队,主要服务于地方官员的公务宴乐和庆典活动。衙前乐营的乐人不仅在地方官府表演,还参与民间活动,促进了音乐文化的传播和交流。衙前乐营的乐人虽然隶属于官府,但有一定的艺术自由。他们在完成官府任务的同时,也会在瓦舍、勾栏等场所表演,与民间艺人交流,提升技艺。然而他们的身份仍然受到限制,属于乐籍,社会地位较低。衙前乐的表演形式丰富多样,包括器乐演奏、歌舞、杂剧等。这种多样化的表演形式不仅丰富了地方文化生活，也为宋代艺术表演的地理空间开拓做出了贡献。

散乐传学教坊十三部，唯以杂剧为正色。旧教坊有筚篥部、大鼓部、拍板部。色有歌板色①、琵琶色、筝色、方响色、笙色、龙笛色、头管色、舞旋色、杂剧色、参军等色②。但色有色长、部有部头③。上有教坊使副、钤辖、都管、掌仪、掌范，皆是杂流命官④。其诸部诸色，分服紫、绯、绿三色宽衫，两下各垂黄义襕。杂剧部皆诨裹，余皆幞头帽子。更有小儿队、女童采莲队。其外别有钧容班人，四孟乘马从驾后动乐者是也。御马院使臣，凡有宣唤或御教，入内承应奏乐。

【注释】

①歌板色：演唱时打拍板的艺人。
②参军：表演参军戏的艺人。
③部头：宋代伶官乐师、教坊属下各部的头领，即各乐部之首。
④杂流命官：指那些在教坊、瓦舍等机构中担任管理或表演职务的官员。他们不属于正流官职，但有一定官阶。

【译文】

散乐、传学教坊共有十三个部门，只有杂剧才被视为正统。以前的教坊设有筚篥部、大鼓部、拍板部。艺人有歌板色、琵琶色、筝色、方响色、笙色、龙笛色、头管色、舞旋色、杂剧色、参军等等部门和艺人种类。但是乐妓也有乐妓的头儿，部也有部的头儿。上面有教坊使、教坊副使、钤辖、都管、掌仪、掌范，这些都是杂流官员。至于各部各品的官员，分别穿着紫色、绯色、绿色的宽衫，两边的衣摆上都垂着黄色的帛带。杂剧艺人都裹着头巾，其余的人都是戴幞头或者帽子。还有小儿队、女童采莲队。另外还有钩容班的人,他们在每年四季的第一个月骑马跟随在皇帝的车驾后面奏乐。御马院的使臣,只要有宣召传唤,或者奉皇帝之命就要进宫演奏音乐。

绍兴年间,废教坊职名,如遇大朝会、圣节、御前排当及驾前导引奏乐①,并拨临安府衙前乐人,属修内司教乐所集定姓名,以奉御前供应。向者汴京教坊大使孟角球曾做杂剧本子,葛守诚撰四十大曲,丁仙现捷才知音。南渡以后,教坊有丁汉弼、杨国祥等。景定年间至咸淳岁,衙前乐拨充教乐所都管、部头、色长等人员,如陆恩显、时和、王见喜、何雁喜、王吉、赵和、金宝、范宗茂、傅昌祖、张文贵、侯端、朱尧卿、周国保、王荣显等。

【注释】

①排当:在特殊时间安排的宴会,程序复杂,以别于一般的宴席。通常指帝王在宫中所设的宴会,有时也泛指家庭中的宴会。

【译文】

绍兴年间,废除了教坊的职位名称,如果遇到大型朝会、皇帝的生日、御前宴会以及皇帝出行时在前面引导演奏音乐,都要从临安府衙前的乐人中调拨,由修内司教乐所集合确定艺人姓名,在皇帝御前供应。从前汴京教坊大使孟角球曾经创作杂剧本子,葛守成撰写了四十首大曲,丁仙现才思敏捷且通晓音律。南渡以后,教坊有丁汉弼、杨国祥等人。景定年间到咸淳年间,衙前乐被调派充当教乐所的都管、部头、色长等人员,比如陆恩显、时和、王见喜、何雁喜、王吉、赵和、金宝、范宗茂、傅昌祖、张文贵、侯端、朱尧卿、周国保、王荣显等人。

且谓杂剧中末泥为长①,每一场四人或五人。先做寻常熟事一段,名曰"艳段"。次做正杂剧,通名两段。末泥色主张②,引戏色分付,副净色发乔,副末色打诨。或添一人,名曰"装孤"。先吹曲破断送,谓之"把色"。大抵全以故事,务在滑稽,唱念应对通遍。此本是鉴戒,又隐于谏诤,故从便跣露,谓之"无过虫"耳。若欲驾前承应,亦无责罚,一时取圣颜笑。凡有谏诤,或谏官陈事,上不从,则此辈妆做故事,隐其情而谏之,于上颜亦无怒也。

【注释】

①杂剧中末泥为长:(元)陶宗仪《南村辍耕录》卷二十五:"院本、杂剧,其实一也。国朝院本、杂剧,始厘而二之。院本则五人,一曰副净,古谓之参军;一曰副末,古谓之苍鹘,鹘能击禽鸟,末可打副净,故云;一曰引戏,一曰末泥,一曰装孤。又谓之五花爨弄。"

②末泥色主张:指末泥色从事主持工作,在演出中勾念致语、口号。二者皆由一文一诗组成。末泥,只勾念杂剧,后期侧重于表演一途。主张,主宰。

【译文】

并且说杂剧中的末泥是领班,每场有四人或五人。先表演一段寻常的故事,叫"艳段"。其次是正杂剧,通常是两段。末泥这个角色负责主导表演,引戏这个角色负责吩咐安排,副净这个角色负责装模作样,副末这个角色负责插科打诨。有时会添加一个人,名叫"装孤"。先吹奏曲破送别,叫"把名"。大概都是根据旧例创作,一定要幽默风趣,演唱、念白要自然流畅。这本是用来鉴戒世人的,又隐含着劝谏的意思,所以就不做过多修饰,称它为"无过虫"罢了。如果想要在皇帝面前表演,也不会受到责罚,一时之间讨得了皇帝的欢心。凡是有进谏规劝之事,或者谏官陈述事情,皇上不听从,那么这些杂剧艺人就会装扮成讲故事的样子,故事中隐藏真实的情况,委婉地向皇上劝谏,皇上的脸色也不会发怒。

又有杂扮,或曰"杂班",又名"纽元子"①,又谓之"拔和",即杂剧之后散段也。顷在汴京时,村落野夫罕得入城,遂撰此端,多是借装为山东、河北村叟,以资笑端。今士庶多以从省,筵会或社会,皆用融和坊、新街及下瓦子等处散乐家女童装末,加以弦索赚曲,祗应而已。

【注释】

①纽元子:原作"经元子",据本书卷十八《闲人》改。

【译文】

还有杂扮,或者称之为"杂班",又称之为"纽元子",又称之为"拔和",就是杂剧之后的散段。以前在汴京的时候,乡下人很少进城,于是艺人就创作了这些段子,多数是假扮成山东、河北的乡下人,以供大家发笑。如今士人和普通百姓大多因为举办简单的筵席聚会或者社日集会,都用融和坊、新街以及下瓦子等地方的散乐家的女童扮演末角,再加上弦索之类的说唱曲艺,只是应景而已。

大凡动细乐,比之大乐,则不用大鼓、杖鼓、羯鼓、头管、琵琶等,每只以箫、笙、筚篥、嵇琴①、方响,其音韵清且美也。若合动小乐器,只三二人合动尤佳,如双韵合阮咸②,嵇琴合箫管,锹琴合葫芦琴,或弹拨十四弦,独打方响,吹赚动鼓《渤海乐》一拍子至十拍子。又有拍番鼓儿、敲水盏、打锣板、和鼓儿,皆是也。

【注释】

①嵇琴：魏晋竹林七贤之一的嵇康善抚琴，精通乐理，故称琴为嵇琴。
②阮咸：古乐器名。简称"阮"。拨弦乐器。古琵琶的一种。形状略像月琴，柄长而直，四弦有柱。相传晋阮咸创制并善弹此乐器，因而得名。

【译文】

大凡演奏细乐，与演奏大乐相比，就不用大鼓、杖鼓、羯鼓、头管、琵琶等乐器，每支曲子只用箫、笙、筚篥、嵇琴、方响，它们的音韵清脆动听。如果演奏小型乐器，只需要两三个人一起演奏就更好了。就像双韵与阮咸相配合，嵇琴与箫、管相配合，锹琴与葫芦琴相配合。有的人弹奏十四弦乐器，独自击打方响，吹奏赚并擂动演奏《渤海乐》从一拍子到十拍子的鼓，还有拍打番鼓儿、敲击水盏、敲打锣板、击打和鼓儿，都是这样。

街市有乐人三五为队，擎一二女童舞旋，唱小词，专沿街赶趁。元夕放灯、三春园馆赏玩及游湖看潮之时，或于酒楼，或花衢柳巷妓馆家祗应，但犒钱亦不多，谓之"荒鼓板"。若论动清音，比马后乐加方响、笙与龙笛，用小提鼓，其声音亦清细轻雅，殊可人听。

【译文】

街市上有三五个乐人组成的乐队，带领一两个女童一边跳舞一边唱着小曲，专门沿着街道赶场表演。在元宵节放灯、农历三月在园林馆舍游玩观赏，以及游湖观潮的时候，有的在酒楼，有的在花街柳巷的妓馆里表演，只是赏钱也不多，被称为"荒鼓板"。如果要演奏清亮的音乐，就会在马后乐的基础上增加方响、笙和龙笛，再用小提鼓伴奏，其声音清脆细微、轻柔雅致，特别动听。

更有小唱，唱叫执板慢曲、曲破①，大率轻起重杀，正谓之"浅斟低唱"。若舞四十六大曲，皆为一体。但唱令曲小词②，须是声音软美，与叫果子③、唱耍令不犯腔一同也。

【注释】

①小唱：是以宋词为歌词进行演唱的一种表演形式，唱的是包含小令在内的词调。这些歌曲有的可能在有限的程度上保留着传统的形式，在当时被认为是比较雅的。

②令曲：小唱、嘌唱、叫果子、唱耍令之短小唱曲子。

③叫果子：宋代一种说唱艺术，模仿各种叫卖的声音。

【译文】

还有小唱这种演唱形式，演唱者手持拍板演唱慢曲、曲破，大多都是轻声起唱而重声收尾，这就被称为"浅斟低唱"。如果演奏四十六首大曲，都是一样的风格。只要演唱令曲小词，就必须声音轻柔美妙，兴之所至时模仿叫卖果子的声音，演唱耍令、不违背腔调都一样。

朝廷御宴，是歌板色承应。如府第富户，多于邪街等处择其能讴妓女，雇倩祗应。或官府公筵及三学斋会、缙绅同年会、乡会，皆官差诸库角妓祗直。自景定以来，诸酒库设法卖酒，官妓及私名妓女数内拣择上中甲者，委有娉婷秀媚、桃脸樱唇、玉指纤纤、秋波滴溜、歌喉宛转，道得字真韵正，令人侧耳听之不厌。官妓如金赛兰、范都宜、唐安安、倪都惜、潘称心、梅丑儿、钱保奴、吕作娘、康三娘、桃师姑、沈三如等，及私名妓女如苏州钱三姐、七姐、文字季惜惜、鼓板朱一姐、媳妇朱三姐、吕双双、十般大胡怜怜、婺州张七姐、蛮王二姐、搭罗丘三姐①、一丈白杨三妈、旧司马二娘、裱背陈三妈、屉片张三娘、半把伞朱七姐、轿番王四姐、大臂吴三妈、浴堂徐六妈、沈盼盼、普安安、徐双双、彭新等。后辈虽有歌唱者，比之前辈，终不如也。

【注释】

①搭罗：《通俗编》卷二十五："搭罗，乃新凉时孩子所戴小帽，以帛维缕如发圈然。"

【译文】

朝廷举办御宴时，由歌板色负责表演。像官宦人家和富裕人家，大多在花街柳巷等地，挑选那些能唱歌的妓女，雇来应酬宾客。有时官府的公宴以及太学、武学、宗学的学斋聚会，官员同榜登科者的聚会，乡试与会试的聚会，都是官府差遣各个官库中的艺妓去值班侍奉。自从景定年间以来，各个酒库通过各自的办法来卖酒，在官妓以及未入籍的妓女当中，挑选出中上等的，确实有身姿美好、面容如桃花般娇艳，嘴唇似樱桃般红润、手指纤细柔美、眼神灵动流转、歌喉婉转美妙、咬字准确、音韵纯正，让人侧耳倾听而不厌烦的妓女。官妓如金赛兰、范都宜、唐安安、倪都惜、潘称心、梅丑儿、钱保奴、吕作娘、康三娘、桃师姑、沈三如等，及私名妓女如苏州钱三姐、七姐、文字季惜惜、鼓板朱一姐、媳妇朱三姐、吕双双、十般大胡怜怜、婺州张七姐、蛮王二姐、搭罗丘三姐、一丈白杨三妈、旧司马二娘、裱背陈三妈、屉片张三娘、半把伞朱七姐、轿番王四姐、大臂吴三妈、浴堂徐六妈、沈盼盼、普安安、徐双双、彭新等。后辈虽然也有擅长歌唱的人，但和前辈相比终究是比不上的。

说唱诸宫调①，昔汴京有孔三传编成传奇灵怪，入曲说唱；今杭城有女流熊保保及后辈女童皆效此，说唱亦精，于上鼓板无二也。盖嘌唱为引子四句就入者谓之"下影带"。无影带，名为"散呼"。若不上鼓面，止敲盏儿，谓之"打拍"。

【注释】

①诸宫调：又称诸般官调，是在原宫调基础上发展起来的一种比较高级的说唱艺术。是取同一宫调的若干曲牌形成短套，首尾一韵，再把不同宫调的短套联成长篇，杂以说白，叙述故事。它有韵文和散文两部分，交相组成，而以韵文为主。

【译文】

说唱诸宫调，从前汴京有个叫孔三传的人编写传奇灵怪，入曲说唱。如今杭州城里有女艺人熊保保以及年轻的女童都效仿这种说唱形式，她们在击鼓、敲板方面的精湛技艺也和前人没有差别。大致说来，以嘌唱作为引子，唱了四句就进入正曲的被称为"下影带"。没有影带这种形式的，被称为"散呼"。如果不敲鼓面，只是敲击盏儿，就叫"打拍"。

唱赚①，在京时只有缠令、缠达。有引子、尾声为缠令。引子后只有两腔迎互循环，间有缠达。绍兴年间，有张五牛大夫，因听动鼓板中有《太平令》或赚鼓板，即今拍板人节扬处是也，遂撰为"赚"。赚者，误赚之之义也，正堪美听中，不觉已至尾声，是不宜为片序也。又有"覆赚"，其中变花前月下之情及铁骑之类。

【注释】

①唱赚：原系南宋初年，张五牛在缠令、鼓板基础上，综合诸多曲艺形式而发展起来的一种全新歌唱艺术。"赚"指令人应接不暇，眼

花缭乱之意。分为头、尾以及中间各曲三个部分,引子和尾声合称缠令,中间部称为缠达。可以是一支或数支曲子构成,以循环的方式反复歌唱,也可以省去缠达而一曲带尾结束演唱。

【译文】

唱赚这种曲艺形式,在京城的时候只有缠令、缠达。有引子、尾声的叫缠令。引子之后只有两段音乐,反复交替,中间也有缠达。绍兴年间,张五牛大夫因为听到动鼓板演奏中有《太平令》,有的是赚鼓板曲调,就是现在拍板在节奏强烈处演奏的曲调,于是就创作了"赚"这种曲调。"赚",是因失误而失去钱财的意思。正当我们听得如痴如醉的时候,不知不觉就到了尾声,所以不适宜做一个简短的序言。又有"覆赚",将曲赚中的曲调改编,加入了花前月下之类的爱情故事以及战争场面等内容。

今杭城老成能唱赚者,如窦四官人、离七官人、周竹窗、东西两陈九郎、包都事、香沈二郎、雕花杨一郎、招六郎、沈妈妈等。凡唱赚,最难兼慢曲、曲破、大曲、嘌唱①、耍令、番曲、叫声,接诸家腔谱也。若唱嘌耍令,今者如路岐人王双莲②、吕大夫唱得音律端正耳。今街市与宅院,往往效京师叫声,以市井诸色歌叫卖物之声,采合宫商成其词也。

【注释】

①嘌(piāo)唱:(宋)程大昌《演繁录》卷九:"凡今世歌曲,比古郑、卫又为淫靡。近又即旧声而加淫泄者,名曰嘌唱。"
②路岐人:宋元时民间艺人的俗称,尤指经常流动表演的江湖艺人。亦称为"路岐"。

【译文】

如今杭州城中年纪较大、能唱赚的人,比如窦四官人、离七官人、周竹窗、东西两陈九郎、包都事、香沈二郎、雕花杨一郎、招六郎、沈妈妈等。大凡唱赚这种表演形式，最难的是同时兼唱慢曲、曲破、大曲、嘌唱、耍令、番曲、叫声等各种曲调，并且要衔接各家的唱腔曲谱。如果是演唱嘌唱、耍令两种曲艺形式的人，现今像路岐艺人王双莲、吕大夫，演唱得音律纯正准确。如今杭州的街市和宅院中，人们常常模仿北宋京城的叫卖声，将市井中各种唱歌叫卖物品的声音，按照宫商等音律编排成歌词。

百戏伎艺

【题解】

本条介绍了南宋杭州的各种民间技艺。南宋时杭州民间杂耍活动极为丰富，主要包括杂技表演，如爬竿、走索、弄碗、过刀门、过圈子等；舞蹈与武术结合，如舞剑、舞判官、斫刀蛮牌等，融合了舞蹈与武术的动作；口技与魔术，如模仿飞鸟、禽兽的叫声，模仿集市小贩的叫卖声，还有魔术表演。除了瓦舍勾栏，杂耍表演还广泛存在于街头巷尾和仕宦之家的厅堂。在神圣诞辰或节庆日，寺庙会搭建戏台，举办大型杂耍表演。南宋杭州的杂耍艺人通常会结成同业团体，称为"社会"。这些"社会"按专业划分，规模不等，少则一二十人，多则数百人。南宋杭州繁荣的杂耍百戏反映了当时市民阶层对娱乐生活的追求，体现了南宋时期享乐消费型的民间俗文化特点。

百戏、踢弄家①，每于明堂、郊祀年分，丽正门宣敕时用此等人，立金鸡竿，承应上竿抢金鸡。兼之百戏，能打筋斗②、踢拳、踏跷③、上索④、打交辊、脱索、索上担水、索上走装神鬼⑤、舞判官⑥、斫刀蛮牌⑦、过刀门、过圈子等。

【注释】

① 踢弄家：指在杂技中施展各种伎艺的人。
② 打筋斗：《通俗编》卷三十一《打筋斗》："《乐府杂录》：寻橦、跳丸、旋盘、觔斗，悉属鼓架部。崔令《教坊记》：汉武时于天津桥设帐殿，酺三日，教坊一小儿，筋斗绝伦。朱子诗：'只么虚空打筋斗，思君辜负百年身。'"
③ 踏跷（qiāo）：踩高跷。表演者装扮成戏剧或传说中人物，踩在有踏脚装置的木棍上，边走边表演。
④ 上索：（宋）高承《事物纪原》卷九《高絚》："梁有高絚伎，云今戏绳者，谓上索者是也。亦踏索之事，云非自梁始也。"
⑤ 索上走装神鬼：一种带有杂技性质的傩戏。
⑥ 舞判官：宋代表演打鬼内容的舞蹈。亦称"跳判官""跳钟馗"。
⑦ 蛮牌：用粗藤做的盾牌。古代有《蛮牌舞》。一种群体性战阵类舞蹈，人数众多。

【译文】

表演百戏杂耍的艺人，每当在明堂祭祀天地、郊祀天地以及有大赦的年份，在丽正门宣布大赦的时候，朝廷就会让这些艺人竖起金鸡竿，应和着进行上竿夺金鸡的表演。再加上表演百戏，他们能翻跟斗、踢拳、踩高跷、爬绳索、打滚、从绳索上脱身、在绳索上担水行走、装扮鬼神、扮演判官跳舞、耍斫刀蛮牌、穿过刀门、钻圈等。

  理庙时，有路岐人名十将宋喜、常旺两家。有踢弄人如谢恩、张旺、宋宝哥、沈家强、自来强、宋达、杨家会、宋赛歌、宋国昌、沈喜、张宝哥、常家喜、小娘儿、李显、沈喜、汤家会、汤铁柱、庄德、刘家会、小来强、鲍老儿、宋定哥、李成、庄宝、潘贵、宋庆哥、汤家俊等。遇朝家大朝会、圣节，宣押殿庭承应,则官府公筵,府第筵会,点唤供筵,俱有大犒。

【译文】

宋理宗在位时,有两个民间艺人叫十将宋喜、常旺。有表演踢弄技艺的人,像谢恩、张旺、宋宝歌、沈家强、自来强、宋达、杨家会、宋赛歌、宋国昌、沈喜、张宝哥、常家喜、小娘儿、李显、沈喜、汤家会、汤铁柱、庄德、刘家会、小来强、鲍老儿、宋定哥、李成、庄宝、潘贵、宋庆哥、汤家俊等人。遇到朝廷举行大朝会、皇帝诞辰的圣节,艺人被宣召到宫殿前的庭院中表演歌舞技艺等。还有官府的公宴、府第中的筵席聚会,被点名传唤去表演节目的艺人,都会获得丰厚的犒赏。

又有村落百戏之人,拖儿带女,就街坊桥巷呈百戏使艺,求觅铺席、宅舍钱酒之赀。且杂手艺①,即使艺也,如踢瓶②、弄碗、踢磬、踢缸、踢钟、弄花钱、花鼓槌、踢笔墨、壁上睡、虚空挂香炉、弄花球儿、拶筑球、弄斗、打硬③、教虫蚁、弄熊、藏人、烧火、藏剑、吃针、射弩端、亲背、攒壶瓶等,绵包儿、撮米酒、撮放生等艺。淳祐以后,艺术高者有包喜、陆寿、施半仙、金宝、金时好、宋德、徐彦、沈兴、赵安、陆胜、包寿、范春、吴顺、金胜等。此艺施呈,委是奇特,藏去之术,则手法疾而已。

【注释】

① 杂手艺:也称"杂手伎"。(宋)魏泰《东轩笔录》卷二:"一日,宴官僚于斋厅,有杂手伎,俗谓弄碗注者,献艺于庭。"
② 踢瓶:一种古代杂技表演形式,指演员仰卧、双脚上举摆弄瓶罐进行表演。

③打硬：充硬，不服输。《敦煌变文集·燕子赋》："雀儿打硬，犹自落荒漫语：'男儿丈夫，事有错误，脊被揎破，更何怕惧。'"

【译文】

又有来自村落表演杂技的人，拖儿带女，在街坊桥巷表演杂技施展技艺，谋求得到店铺老板、住户们给予钱财酒食。杂手艺，就是使艺，比如踢瓶、弄碗、踢磬、踢缸、踢钟、弄花钱、花鼓槌、踢笔墨、壁上睡、虚空挂香炉、弄花球儿、捹筑球、弄斗、打硬、教虫蚁、弄熊、藏人、烧火、藏剑、吃针、射弩端、亲背、攒壶瓶等，绵包儿、撮米酒、撮放生等技艺。淳祐年间以后，艺术高超的艺人有包喜、陆寿、施半仙、金宝、金时好、宋德、徐彦、沈兴、赵安、陆胜、包寿、范春、吴顺、金胜等。这种技艺表演出来确实奇特，那隐藏东西的手法，不过是手法快罢了。

凡傀儡，敷演烟粉灵怪、铁骑公案、史书、历代君臣将相故事话本，或讲史，或作杂剧，或如崖词①。如悬线傀儡者②，起于陈平六奇解围故事也③。今有金线卢大夫、陈中喜等，弄得如真无二，兼之走线者尤佳。更有杖头傀儡，最是刘小仆射家数果奇，大抵弄此多虚少实，如巨灵、神姬、大仙等也。其水傀儡者，有姚遇仙、赛宝哥、王吉、金时好等，弄得百怜百悼。兼之水百戏，往来出入之势，规模舞走鱼龙，变化夺真，功艺如神。更有弄影戏者④，元汴京初以素纸雕簇，自后人巧工精，以羊皮雕形，用以彩色妆饰，不致损坏。杭城有贾四郎、王昇、王闰卿等熟于摆布，立讲无差。其话本与讲史书者颇同，大抵真假相半，公忠者雕以正貌，奸邪者刻以丑形，盖亦寓褒贬于其间耳。

【注释】

①崖词：宋代诗赞形式的一种说唱文学，以七字句韵文为主。

②悬线傀儡：小木偶。

③陈平六奇解围：指西汉开国功臣陈平为刘邦出谋划策，成功化解六次危机的事件。包括离间项羽与范增；乔装诱敌，解荥阳之围；封韩信为齐王，稳定军心；联齐灭楚，奠定胜局；计擒韩信，巩固刘家天下；解白登之围。《史记》卷一百三十《太史公自序》："（陈平）六奇既用，诸侯宾从于汉。"

④影戏：《都城纪胜》："凡影戏乃京师人初以素纸雕镞，后用彩色装皮为之。其话本与讲史书者颇同，大抵真假相半，公忠者雕以正貌，奸邪者与之丑貌，盖亦寓褒贬于市俗之眼戏也。"

【译文】

凡是用傀儡表演的，如表演艳情故事、神灵鬼怪故事、铁骑公案故事、史书、历代君臣将相的故事话本，有的讲史，有的表演杂剧，有的像崖词。像悬线傀儡戏，起源于陈平六出奇计解除围困的故事。现在有金线卢大夫、陈中喜等人，傀儡制作得和真的没有两样，尤其是里面装上线的工艺更好。还有杖头傀儡，最数刘小仆射家的技艺的确奇特，一般表演这种傀儡戏虚构多写实少，比如表演巨灵、神姬、大仙之类的角色。那些表演水傀儡戏的人，有姚遇仙、赛宝哥、王吉、金时好等，他们表演得让人百般怜爱、百般哀伤。再加上水百戏中各种人或事物来来往往进进出出的态势，模拟舞动游走的鱼龙，变化逼真，技艺出神入化。还有表演皮影戏的人。当初在汴京时，最早是用白纸雕刻人物，从那以后艺人的技艺更加巧妙精湛，就用羊皮雕刻人物，再用彩色装饰，这样就不会损坏。杭州城有贾四郎、王昇、王闰卿等人，他们善于摆布人偶，表演起来不出差错。他们表演的话本与讲史书的人颇为相同，大体上是真假参半，将公正忠诚的人塑造成正面形象，将奸邪的人塑造成丑恶形象，大概也是寓褒贬于其中吧。

角抵

【题解】

本条介绍了南宋杭州的相扑情况。相扑称为"角抵"或"争交",是宋代最受欢迎的体育活动之一。它不仅是一种竞技运动,还是一种表演艺术,深受各阶层人士的喜爱。南宋杭州的相扑比赛主要有两种形式。官方比赛通常在重大节日或庆典时举行,如皇帝祭拜郊坛、行明堂大礼等场合。比赛场地包括护国寺南高峰的露台,这里是全国最高级别的相扑比赛场地。民间比赛在瓦舍勾栏中进行,这些比赛具有商业表演性质。南宋时期,相扑运动已经形成了专业的组织。例如,"角抵社"是专门的相扑社团,负责组织比赛、培养选手和制定比赛规则。南宋杭州有许多著名的相扑选手,如王急快、赛关索、韩铜柱等。此外,女子相扑也非常流行,甚至在宫廷表演中也有女子相扑的身影。因女子相扑选手的装束较为暴露,与男子相扑相似,在北宋时曾引起司马光等保守人士的批评。南宋相扑比赛已经形成了一套完整的规则,称为"社条",裁判称为"部署"。比赛禁止使用拳打脚踢,主要通过角力取胜。获胜者可以获得丰厚的奖品,如旗帐、银杯、彩缎、锦袄、官会、马匹等,有时还会被授予官职。相扑在南宋不仅是一种体育活动,还是一种重要的社交和娱乐方式。它不仅丰富了市民的文化生活,还促进了体育运动的职业化和专业化。

角抵者①，相扑之异名也，又谓之"争交"。且朝廷大朝会、圣节、御宴，第九盏例用左右军相扑，非市井之徒，名曰"内等子"②，隶御前忠佐军头引见司所管，元于殿、步诸军选膂力者充应名额，即虎贲郎将耳③。每遇郊拜④、明堂大礼、四孟车驾亲飨，驾前有顶帽，鬓发鬙松，握拳左右行者是也。遇圣节、御宴、大朝会，用左右军相扑，即此内等子承应。但内等子设额一百二十名，内有管押人员十将各二名，上、中等各五对，下等八对，剑棒手五对，余皆额里额外，准备祗应。三年一次，就本司争拣上名下次入额。其管押以下至额内等子，亦三年一次，当殿呈试相扑，谢恩赏赐银绢外，出职管押人员，本司牒发诸州道郡军府，充管营军头也。前辈朝官曾赴御宴，有诗咏曰："虎贲三百总威狞，急飐旗催叠鼓声。疑是啸风吟雨处，怒龙彪虎角亏盈。"盖为渠发也⑤。

【注释】

① 角抵（dǐ）：两人以力、技相校的游戏。
② 内等子：皇宫中的禁卫。南宋临安城相继出现"角抵社""相扑社"等比较专业的角抵组织以及专门为宫廷表演的职业相扑手，也称"内等子"。
③ 虎贲郎将：官名。汉晋时亦可为虎贲中郎将之简称。北魏设为专职，为军内中级军官。阶从五品上。
④ 郊拜：皇帝于郊外祭祀上帝神祇。
⑤ 渠：它。

【译文】

角抵，就是相扑的另一个名字，也被称为"争交"。而且朝廷举行大朝会、皇帝生辰、御宴时,第九盏酒照例要举行左右军相扑比赛,这些人不是市井无赖,而是叫"内等子",隶属于御前忠佐军头引见司管理。原先是在殿前司、步军司等军队中挑选身强力壮的士卒来凑足名额,即所谓的虎贲郎将。每当遇到在郊外祭祀天地、在明堂举行大礼,以及每年四季的第一个月的时候,皇帝亲自去祭祀,在车驾前面有头戴顶帽、鬓发蓬松、握着拳头在左右行走的人,就是相扑手了。遇上圣节、御宴、大朝会,就让左右军的相扑手参加,就是这些内等子来表演。但是御前忠佐军头司引接等子设置一百二十名,其中有管押人员十将各二名,上等各五对,中等各五对,下等八对,剑棒手五对,其余都是额里额外准备祗应。三年一次,就在本司选拔上等名次的人填补下次的名额。管押以下到额内等子,也是每三年一次,在大殿上表演相扑,感谢皇恩赏赐银钱和绢帛外,离京到地方任职的管押人员,由本司颁发公文,让他们到各州、道、郡、军、府任职,担任管营军头。前辈朝廷官员曾经参加御宴,有诗咏叹道:"虎贲三百总咸狞,急飑旗催叠鼓声。疑是啸风吟雨处,怒龙彪虎角亏盈。"这诗大概就是为他们所写吧。

　　瓦市相扑者,乃路岐人聚集一等伴侣,以图摽手之资。先以女飑数对打套子,令人观睹,然后以膂力者争交。若论护国寺南高峰露台争交,须择诸道州郡膂力高强、天下无对者方可夺其赏。如头赏者,旗帐、银杯、彩段、锦袄、官会、马匹而已。顷于景定年间贾秋壑秉政时,曾有温州子韩福者胜得头赏,曾补军佐之职。杭城有周急快、董急快、王急快、赛关索、赤毛朱超、周忙憧、郑伯大、铁稍工韩通住、杨长脚等,及女占赛关索、嚣三娘、黑四姐女众,俱瓦市诸郡争胜,以为雄伟耳。

【译文】

在瓦市中表演相扑的人，都是些流浪艺人聚集在一起，靠表演相扑来挣钱。先让几名女相扑手互相搏斗演练几套招式，让人们观看，然后才让力气大的人比赛相扑。如果说到在护国寺南高峰露台进行相扑比赛，就必须挑选各道、州、郡之中力气非常大、天下无敌的人才能够夺得奖赏。像头等奖赏的东西，不过是旗帐、银杯、彩缎、锦袄、会子、马匹罢了。不久前在景定年间，贾似道执政的时候，曾经有个温州人韩福有幸获得头名的奖赏，曾经补任军佐的职位。杭州城有周急快、董急快、王急快、赛关索、赤毛朱超、周忙憧、郑伯大、铁稍工韩通住、杨长脚等男相扑选手，以及女占赛关索、嚣三娘、黑四姐等女相扑选手，他们都在各郡瓦舍里表演相扑，都想争个高低，这被认为是一种壮观的场面。

小说讲经史

【题解】

本条介绍了南宋杭州城中"说话"艺术的盛况,以及各类说书人的表演内容和风格。"说话"即说书,当时"说话"分为四家,各有门庭,其中"小说"被称为"银字儿",内容包括烟粉、灵怪、传奇、公案等故事。讲经是指演说佛书;说参请是宾主参禅悟道之事;讲史书则是讲说《通鉴》、汉唐历代书史文传等,内容涉及兴废争战之事。本条列举了多位当时杭州城知名的说书人,如谭淡子、翁三郎、戴书生、周进士、张小娘子等,足见该项活动之发达。"说话"这种表演形式主要在瓦舍勾栏中进行,深受市民喜爱,其流行反映了南宋时市民文化的兴起和对知识传播的重视。文中还提到了商谜活动,包括猜诗谜、字谜、戾谜、社谜等,以及相关的猜谜术语和流程,说明这也是当时杭州人喜闻乐见的一种娱乐活动。总之,这些表演不仅满足了杭州市民的娱乐需求,还起到了普及知识、传播文化的作用。

说话者谓之"舌辩"①,虽有四家数,各有门庭②。且小说名"银字儿"③,如烟粉、灵怪、传奇、公案、朴刀杆棒④、发迹变泰之事⑤,有谭淡子、翁三郎、雍燕、王保义、陈良甫、陈郎妇、枣儿、余二郎等,谈论古今,如水之流。

【注释】

①舌辩:上古称口才敏捷的人为舌辩,唐宋时称说书的人为舌辩。
②门庭:门派。
③小说:宋代的小说是一种讲述奇谈异事的口头艺术,具有后世小说的某些特征。与讲史相比篇幅更短、题材更广泛。宋代小说有一百四十多种,但大多数已佚失。银字儿:指宋代说话人所演述的小说故事。大概是因为演述这类小说时,以银字管吹奏相和,故有此称。银字,指笙笛类管乐器上用银作字,以表示音调的高低。借指乐器。
④朴刀杆棒:指描述江湖游民、侠客或盗匪等社会底层人物抗争与生存的故事。朴刀,一种短刀头、长刀把的兵器,可以双手使用,适合步战。既可以作为农具,也可以作为武器。因其结构简单、制作成本低,且杀伤力相对较小,在宋代民间广泛使用,未被严格禁止。杆棒,一种简单的木制兵器,通常用于近战格斗。既可以单独使用,也可以与朴刀头组合,形成一种类似长枪的武器。
⑤发迹变泰:原作"发发踪参",据明删节本改。指人由隐微而得志显达,即从贫穷或低微的地位变得富有或显赫。

【译文】

擅长说话的人,被称为"舌辩",虽然分为四家,但各自有不同的门派。而且小说名叫"银字儿",内容如胭粉、灵怪、传奇、公案,以及朴刀杆棒、发迹变泰之类的事情。著名表演者有谭淡子、翁三郎、雍燕、王保义、陈良甫、陈郎妇、枣儿、余二郎等人。他们谈论古今之事,就像流水一样顺畅自然。

谈经者①,谓演说佛书②。说参请者,谓宾主参禅悟道等事,有宝庵、管庵、喜然和尚等。又有说诨经者③,戴忻庵。讲史书者④,谓讲说《通鉴》⑤、汉唐历代书史文传⑥、兴废争战之事,有戴书生、周进士、张小娘子、宋小娘子、丘机山、徐宣教;又有王六大夫,元系御前供话,为幕士请给⑦,讲诸史俱通,于咸淳年间,敷演《复华篇》及中兴名将传⑧,听者纷纷,盖讲得字真不俗,记问渊源甚广耳⑨。但最畏小说人,盖小说者,能讲一朝一代故事,顷刻间捏合⑩,与起令随令相似⑪,各占一事也。

【注释】

①谈经:即说经。是继承唐代俗讲中的演说佛经故事演变而来。

②演说:根据原意论述解说。

③诨经:诙谐地讲说佛经故事。

④讲史书:北宋时讲史已很盛行。南宋时更为盛行。《西湖老人繁胜录·瓦市》:"惟北瓦大,有勾栏十三座。常是两座勾栏专说史书。"

⑤《通鉴》:即《资治通鉴》。由北宋著名史学家、政治家司马光主编,刘攽、刘恕、范祖禹等多位学者协助编纂完成的一部编年体通史。全书共294卷,记载了从周威烈王二十三年(前403)到五代后周显德六年(959)共1362年的历史。其内容以政治、军事为主,同时也涉及经济、文化、民族关系等方面,旨在通过历史的兴衰成败,为统治者提供借鉴。宋神宗认为该书"鉴于往事,有资于治道",因此赐名"资治通鉴"。

⑥书史:典籍,指经史一类书籍。

⑦请给:俸禄,薪俸。

⑧敷衍:表演。《复华篇》:书内容不详,据书名推测,应该是描述南宋抗金收复失地的故事。中兴名将传:描述南宋初年抗击金人入

侵的南宋知名将领的传记。南宋人将宋高宗重建宋王朝及南宋初年宋军抵御金军入侵这段历史称为"中兴"。关于南宋中兴名将,现在流传有《中兴四将图》,南宋人章颖曾撰写过《皇宋中兴四将传》,后来扩充为《南渡十将传》等。

⑨记问:记诵诗书以待问或资谈助。渊源:事物的本原、师承。

⑩捏合:凭空编造。

⑪起令随令:指行酒令时,当场指物赋诗、即兴捏合故事。

【译文】

谈经的人,指的是讲说佛书的人。所谓的参讲,指的是宾客和主人一起参禅悟道之类的事情,表演者有宝庵、管庵、喜然和尚等人。还有用诙谐语言讲述佛经故事的人,如戴忻庵。讲述史书,指讲说《资治通鉴》、汉朝、唐朝历代典籍文人传记、王朝兴亡战争故事,说书人有戴书生、周进士、张小娘子、宋小娘子、丘机山、徐宣教等人;还有王六大夫,原先曾在皇帝跟前讲书,享受朝廷卫士的俸禄,对于各朝代历史都十分精通。咸淳年间,他表演《复华篇》以及南宋中兴名将传,听书的人非常多,确实讲得内容不浅陋,而且他的学问根基很深、涉猎很广。不过最敬服说小说的人,原因是说小说的人,能讲说一朝一代的故事,顷刻间就能编出一段情节,这和行酒令中的起令、随令相似,各自讲说一个故事。

商谜者①,先用鼓儿贺之,然后聚人猜诗谜、字谜、戾谜、社谜,本是隐语②。有道谜,来客念思司语。讥谜,又名"打谜"。走智,改物类以困猜者。正猜,来客索猜。下套。商者,以物类相似者讥之,又名"对智"。贴套,贴智思索。横下,许旁人猜。问因,商者喝问句头,调爽,假作难猜,以走其智。杭之猜谜者,且言之一二,如有归和尚及马定斋,记问博洽,厥名传久矣。

【注释】

①商迷:猜谜。

②隐语:指不直说本意而借别的词语来暗示的话。

【译文】

　　商谜的人,先敲鼓祝贺,然后聚拢众人猜诗谜、字谜、戾谜、社谜,本来是隐语。有一道谜,谜面是'来客念思司语'。讥谜,又叫"打谜"。走智,改变事物的类别来困扰猜谜者。正猜,是指来猜谜之人主动要求猜谜。设陷阱。说商谜的人用相似的事物来让别人猜,又叫"对智"。贴套,用心思考后放下谜面,任由别人去猜谜底。出谜语人通过提问来引导猜谜者思考,他故意假作难猜,以此来考验猜谜者的智慧。杭州的猜谜者,我就说一说其中一两个吧。像有归和尚和马定斋,他们学问渊博,记忆力强,美名流传已经很久了。

中华经典名著
全本全注全译丛书
（已出书目）

周易	国语
尚书	晏子春秋
诗经	穆天子传
周礼	战国纵横家书
仪礼	战国策
礼记	史记
左传	列女传
韩诗外传	吴越春秋
春秋公羊传	越绝书
春秋穀梁传	华阳国志
春秋三传	水经注
孝经·忠经	洛阳伽蓝记
论语·大学·中庸	大唐西域记
尔雅	史通
孟子	贞观政要
春秋繁露	营造法式
说文解字	东京梦华录
释名	梦粱录

唐才子传	六韬
大明律	吕氏春秋
廉吏传	韩非子
徐霞客游记	山海经
读通鉴论	黄帝内经
宋论	素书
文史通义	新书
鹖子·计倪子·於陵子	淮南子
老子	九章算术（附海岛算经）
道德经	新序
帛书老子	说苑
鹖冠子	列仙传
黄帝四经·关尹子·尸子	盐铁论
孙子兵法	法言
墨子	方言
管子	白虎通义
孔子家语	论衡
曾子·子思子·孔丛子	潜夫论
吴子·司马法	政论·昌言
商君书	风俗通义
慎子·太白阴经	申鉴·中论
列子	太平经
鬼谷子	伤寒论
庄子	周易参同契
公孙龙子（外三种）	人物志
荀子	博物志

抱朴子内篇
抱朴子外篇
西京杂记
神仙传
搜神记
拾遗记
世说新语
弘明集
齐民要术
刘子
颜氏家训
中说
群书治要
帝范·臣轨·庭训格言
坛经
大慈恩寺三藏法师传
长短经
蒙求·童蒙须知
茶经·续茶经
玄怪录·续玄怪录
酉阳杂俎
历代名画记
唐摭言
化书·无能子
梦溪笔谈
东坡志林

唐语林
北山酒经（外二种）
折狱龟鉴
容斋随笔
近思录
洗冤集录
传习录
焚书
菜根谭
增广贤文
呻吟语
了凡四训
龙文鞭影
长物志
智囊全集
天工开物
溪山琴况·琴声十六法
温疫论
明夷待访录·破邪论
潜书
陶庵梦忆
西湖梦寻
虞初新志
幼学琼林
笠翁对韵
声律启蒙

老老恒言	二十四诗品·续诗品
随园食单	词品
阅微草堂笔记	闲情偶寄
格言联璧	古文观止
曾国藩家书	聊斋志异
曾国藩家训	唐宋八大家文钞
劝学篇	浮生六记
楚辞	三字经·百家姓·千字文·弟子规·千家诗
文心雕龙	
文选	经史百家杂钞
玉台新咏	